长水集

【上 册】

谭其骧 著

人民出版社

目　　录

自　序

这是我的第一部个人著作。作为一个一辈子做学问的人，年逾七十，为什么以前从没有出过一本书，这才是第一部呢？

客观原因是由于：各个时期都有一些比写书更迫切需要应付的业务，不可能腾出时间来著书立说，写上几十万字。解放以前，主要是为衣食而要同时担任几种职务，或同时在几个学校开几门课，经常还要换开新课，终年忙于备课讲课。解放以后初期教学工作仍然十分繁重。五十年代中期以后，转入以科研为主，先后承担了几项大型集体编写任务的负责人，一项未完又上一项，直到现在还很难预计再过若干年才能摆脱。而我是极不愿意在列入国家计划的集体任务未完成以前自己先搞个人著作的。

除了客观原因之外，还有一些主观因素。首先是我写文章出手很慢，一篇东西总是要一改再改才肯拿出去，花的时间比别人多得多。因而在承担着教学工作或集体编写任务时，别人往往可以挤出时间来写出成本专著或大量论文，而我则实在无此能力。

更重要的使我写作特少的主观因素是我对著述的要求较高，我认为，在课堂上可以把别人的研究成果用作自己的讲授资料。所以我教书的胆子相当大，不仅开过中国通史、几门断代史、史学史、文化史、专著研究等课，连不属于本行的地理学、社会学的课也教过。寒暑假期内说定，一开学就上堂，内容不是完全没有自己的看法，但大部分都是常识性的或别人阐述过的东西。但我对待著述的态度与此迥然不同。总觉得文章千古事，没有独到的识解，不能发前人所未发，写它干什么？写一部书至少基本上应自出机杼，人所共知的东西，何必写进去？前人已讲过的话，更不肯照搬。正因为如此，所以自我弱冠之年率尔操觚以来至今已半个世纪，只能断断续续写出一些零星论文，连讲义也没有编成过一部，更不要说撰写有组织有系统的专著了。

说来真正惭愧，不仅成本的书写不出，就是那已发表的几十篇论文，真正能达到自己心目中所悬鹄的者也不多。因而多年来朋友们和几家出版社不止一次鼓励我将这些文章辑成一编问世，我却兴趣不大，迟迟不敢应命。我有我的想法：旧作反正已经发表了，如有人要看，可以在旧刊物上找到，何必再费工夫去搜集汇编？有这个时间，再为集体工作多尽一点力量，或多写一二篇新作，不是更好吗？

我这种想法到最近几年才有所改变。

一则由于这些年来老一辈学者乃至中年学者出论文集的很多，看到人家都在出，自己也就心动。毕竟已经老了，若及身连自己的论文集也看不到一本，未免有点说不过去。

二则由于发现了有些错误的相传旧说，自己在几十年前业已为文驳正，却由于刊载这些论文的刊物目前已难以见到，以致错误的旧说仍在学术界里继续传播。例如：

1941 年我在当时搬迁在贵州遵义的浙江大学的《史地杂志》发表过一篇《播州杨保考》，论证见于宋濂《杨氏家传》（《宋学士文集》卷十一）的，以唐末入据播州的杨氏始祖为“其先太原人”，五传至北宋以同族宋初名将杨业的玄孙为嗣，“自是守播者皆业之子孙也"这一说法绝不可信。播州土司杨氏先世实为唐代泸叙边徼地区少数民族中的酋豪,后裔渐次汉化,遂依托为中朝名门之后,著于谱牒。宋濂为杨氏撰家传,自当以杨氏谱牒为本,因而传中记载,与史乘显相悖谬之处甚多,自不能因此文出于名家之手而遽尔置信。可是前几年史学界却仍然有人以宋濂《杨氏家传》为据,著文宣扬杨业的后裔在遵义做了几百年的土司。文中没有提到曾经有人否定或怀疑《家传》的可靠性,可见作者显然没有看到过我的旧作,否则他总不至于仍然径以《家传》为据而对拙作不加辩驳。

　　1942年出版的浙江大学《徐霞客先生逝世三百周年纪念刊》上,有我的《论丁文江所谓徐霞客地理上之重要发现》一文,指出了丁文江在其《徐霞客年谱》中所提出的"知金沙江为扬子江上游,自先生始,亦即先生地理上最重要之发见也"一说是完全错误的。实际霞客以前千百年来有许多著作都载明金沙江比岷江更为源远流长,"霞客所知,前人无不知之",不过前人因为"岷山导江"一语出于《禹贡》,《禹贡》既然被收入作为儒家经典的《尚书》,所以谁也不敢说《禹贡》错了,金沙江才是真江源。霞客"敢言前人所不敢言,其正名之功,诚有足多,若云发现,则不知其可"。这本《徐霞客先生逝世三百周年纪念刊》,解放后商务印书馆还重印过一次。可是近年来在报刊上为文介绍、宣扬徐霞客的一些作者,大概都没有看到过这本纪念刊,所以在他们的文章里,谈到徐霞客在地理学上的贡献时,依然都袭用了丁文江的那一套。

　　这种情况还可以列举几件,用不着在这里一一赘陈了。这就促使我感觉到把旧作汇集起来重新发表,不是没有意义的,甚至可以说有此必要的。

　　自己的想法有所改变了,组织上又大力予以支持,先后委派赵永复、葛剑雄二位同志帮助我做编选、校定的工作，刘思源同志为我清绘插图，历时二年，始克定稿。三位同志为此都付出了大量的劳动，在此理应致以诚挚的谢意。

全集分为上下两集，上集所收的是解放以前的旧作，下集所收的是解放以后截止发表于1981年的作品。编选的条件很宽，不问精粗深浅，只要基本上可以算是学术性的文字，都被选入了。只有极少数几篇，或由于对文章结论的正确性自己已有所怀疑，或由于当初发表时署的是别人的名字，如今再收入自己的集子似可不必，或由于发表时虽然署了我的名字，实际我只提供了一部分资料，执笔者并不是我自己，这些才在被删除之列。

上下集都是按文章的内容分类编排的，这样也许可以给读者带来一些方便。但不按成文年代的先后排列，读者便不容易看出我各个时期治学述作的经过，在这里我想就此略述梗概。

我在大学里受潘光旦先生的影响，选择了中国移民史作为研究方向。我的毕业论文即以《中国移民史要》为名，全文约七八万字，略述自上古直到清代国境内各族的迁移大势。写成后得到了潘先生的好评，认为经过一番修订补充，可以争取出一本小册子。但我自己觉得由于题目太大，写得太简单粗糙了，此后就一直没有肯花工夫去充实提高它。进了研究院以后，虽然不久就对魏晋南北朝史、中亚交通史都发生了兴趣，写过这二方面的学期论文，又由于和顾颉刚先生展开了关于两汉州制的讨论，从而提高了我在读大学本科时业已萌发的对沿革地理学的兴趣，但我到选择毕业论文题时，还是舍不得丢开移民史。不过此时的想法与以前已有不同，觉得要研究移民史，应该一个地区一个地区逐步搞，或一个时代一个时代逐步搞，而不应急急于搞全面的史略、史要或简史，搞清楚当前各地区人民的来历，才是研究移民史的首要课题。于是我决定主要根据地方志中的材料，按今省区一省一省地搞，先从材料比较好找的湖南省做起。半年之后，我写成了《中国内地移民史——湖南篇》一文，通过答辩，毕业于研究院。又半年，1932年6月，刊载于燕京大学的《史学年报》，这是我第一篇公开发表的论文。翌年，南京中央大学所办《方志月刊》要求转载。此时我已放弃了一省一省写下去的念头，便把标题改成《湖南人由来考》以应之。但这篇文章只说明了出于汉族血统的湖南人的由来，在撰写此文搜集材料过程中，我又发现了近代的湖南"汉人"中又有相当一部分出于少数民族血统，因而在1933年又写了一篇《近代湖南人中之蛮族血统》。此后我的主要研究方向虽然转向了沿革地理，但对一地区人口的来历仍然很感兴趣，所以1935年一到广州，即有《粤东初民考》之作；1940年一到遵义，即有《播州杨保考》之作。除了按地区研究之外，同时也还选了几个特定时代做研究，1934年先后发表了《辽代"东蒙""南满"境内之民族杂处》和《晋永嘉丧乱后之民族迁徙》二文。在研究移民史的过程中，不免要牵涉到对少数民族族源分布等方面的研究，因而后来在四十年代又写了两篇论述十六国北朝时代丁零族和一篇考证羯族的文章。

我在中学时代就对地理发生兴趣，特别喜欢看地图；在书报上看到一个不熟悉的地名，定要在地图上找出它的位置来。我的两个兄弟同样有此兴趣。记得有几次在寒暑假期内，我们兄弟间常常以考问某一个县名在哪一省哪一部分作为游戏，有时甚至还要问到这个县的四周是哪些县。在大学学习时代，我曾把历代正史地理志大致翻过一遍，注意到地方行政区划的变迁。有了这个基础，所以我当研究生时才会在班上对顾颉刚先生讲义中讲到的西汉十三刺史部制度提出异议，开展讨论。（讨论函件当时由顾先生作为他的《尚书研究讲义》的附录印发给班上同学，1980年才作为史学界的一件档案由我交《复旦学报》发表。）这就更提高了我研究沿革地理的兴趣和信心。那年冬天我完成了毕业论文，虽然还没有正式取得研究生毕业证书，已有可能离校找职业。（那时燕京的研究生学制定为两年毕业。如果到时学分未读满或论文未写成，可以再拖上一二年。如不到两年学分已读满，毕业论文已通过，就可以不再留在学校里，但仍要到满二年时才算正式毕业。）寒假期间我的伯父把我推荐进北平图书馆当上了馆员。事有凑巧，原在辅仁大学历史系担任教中国沿革地理一课的柯昌泗先生，因家庭纠纷仓促离开北平。春季开学在即，学校不便将这门原定一学年的课程半途停开，一时又找不到有名望有资历的老教师接替这门课。正在为难，我的老师邓之诚先生听到这个消息，便向当时辅仁的代校长沈兼士先生竭力推荐我去接替。这个偶然的机会，竟把我这个尚未正式毕业的研究生推上了大学的讲台。

1932年春我开始教中国沿革地理这门课。二年之后，顾颉刚先生又邀我协助他创办以研究沿革地理为主旨的"禹贡学会"，编辑出版《禹贡半月刊》。从此沿革地理——后来改称历史地理——便成为我一生治学的主要方向。

可是，从1932年春到1934年底这三年，除教课外还得为北平图书馆做编目工作，1934年春以后又要为《禹贡半月刊》做编辑工作。并且教书往往不止一个学校，同时教上二三个学校；教的也不止一门沿革地理，还开过两门断代史。从1935年秋到1936年夏，离开北平到广州学海书院任教，又不得不停开沿革地理改开史学名著《通鉴》、《通典》、《通考》研究。1936年秋回北平，除在燕京、清华两校历史系开沿革地理外，又在清华社会系开中国近代社研究。抗战初期二年半留在燕京,除沿革地理外又得新开中国地理。所以从 1932 年初到 1940 年初这八年之内,能从事写沿革地理方面的文章的时间大致不到一半。这一时期除为《禹贡半月刊》写了一些以考订校正正史地理志为主的短文外,较长的有《新莽职方考》、《清代东三省疆理志》;也写了少数书评,其中较有分量的是《渤海国志长编评校》。

　1940 年春离开北平到贵州进浙江大学任教,1946 年秋复员到杭州,直到杭州解放。在这九年半内,除教中国历史地理外,还教了中国通史、断代史、文化史、史学史等课,大部分时间仍花在备课教课上。又编绘了几幅用土纸石印的历史地图。所以述作还是很少。除上面已提到的有关移民和民族史的几篇外,历史地理方面较有分量的是《论丁文江所谓徐霞客地理上之重要发现》、《秦郡新考》和《秦郡界址考》三篇。同时对辽史也研究过一阵,但取得的成果更少。

　解放后第一学年仍在浙大,历史系停办,这一年专一学习马列主义,不教书,也不写作。第二年转来复旦。开始四年半除半年下乡搞土改,半年思想改造外,全力从事教学工作,教的是中国通史第二、第三两段,每星期都有六七节课。这一时期几乎停止了对历史地理的研究,只在 1953 年为顾颉刚、章巽二位先生所编的《中国历史地图——古代史部分》作了一番校订工作。

　从 1955 年春起,此后约二十年中,只开过两学年的中国历史地理的课,除参加政治活动和十年动乱期间被迫停止工作三年外,全部力量差不多都放在《中国历史地图集》的编绘工作上,能够挤出来写一些东西的时间甚至比以教书为主的年代更少。这一时期的述作主要是:

　(1)1959 年响应百家争鸣的号召,参与了关于评价曹操,讨论蔡文姬生平、作品等课题的争论,对郭沫若同志的论述提出一些不同意见。

(2)1958 年邻近上海市区的江苏省十县划归上海市管辖,1959 年起在这些新划入上海市的西部地区发现了新石器时代的遗址,报刊上一时刊载了许多文章说解放前中外学者说上海成陆历史不过一二千年都说错了,现在考古发现证实上海历史至少已有五六千年。我觉得解放以前的"上海"和1958 年以后的"上海"所指地域范围相差太大,前者都在冈身以东,后者包括了大片冈身以西地区,二者不可混为一谈。解放前说那时的上海成陆不过一二千年并没有错。搞科学研究应该实事求是,不应该硬说解放前资产阶级学者的论述全是错的。因而从 1960 年起,我写了几篇关于上海成陆年代兼及上海得名和建镇年代的文章,目的端在提倡实事求是的学风,指出现今约有六千平方公里面积的上海市成陆年代先后相差达几千年,这几千年内海陆变迁极为复杂,既不能看作大陆不断在以同一速度向外涨,更不能因在西部发现了五六千年前的文化遗址就说全上海的历史都有那么久。

(3)1957 年春在编绘《中国历史地图集》的西汉河北地区时,发现杨守敬《历代舆地图》中的西汉河北水道画得不符合于《汉书·地理志》记载,而《汉书·地理志》的记载,证明《说文》、《水经》又有讹误;西汉时河北平原诸大水是分道入海的,还没有像后世那样合流于天津形成海河水系。由此又不得不进而探索河北平原水系由分道入海演变为合流入海,亦即从《汉书·地理志》时代的情况逐步发展为《水经注》时代的情况的过程。正好碰上复旦大学在 5 月 27 日召开校庆学术报告讨论会,我便把这一番探索成果在历史系作了一次题为《海河水系的形成与发展》的报告。当时由于时间匆促,来不及写成论文,只写了一个报告提纲,附以几篇用文言文写的考证水道变迁的笔记，打印分发给听众，并由邮寄发了几十份给有关单位和历史地理界的朋友。会后因忙于编绘《中国历史地图集》，《图集》工作结束后又忙于其它工作，竟直到今天还抽不出时间来把当时的报告提纲改写成正式论文付诸公开发表。但1957年印发报告提纲后因各方来函索取者甚多，又曾两次加印各数十份以应需求。学术乃天下之公器，自己有所发现，尽管还没有写成论文正式发表，既然人家急于想知道、利用此项研究成果，我认为不应保密，应该有求必应。自1957年至今二十多年，已有许多书刊、论文、历史地图采用了此项研究成果，我从不以此为忤。但想不到去年竟有人（我曾寄赠报告提纲给他）以此为主要内容，写了一篇专文公开发表，文末还说这是他多年钻研的收获，这就不能不使我吃惊了。此人在学术界已有一定地位，不知何以竟无视科学道德一至于此？宁不可叹！

　　同年夏，我应侯仁之同志之邀去青岛，在疗养所里住了一个月，为他所主编的《中国古代地理名著选读》撰写其中《汉书地理志选释》那一部分。我只注释了全志一百零三个郡国中的六个郡，却在认真阐释的过程中，发现不仅在中原地区的河南河北，就是在西南的云贵高原，西北的河西走廊，《汉志》的水道经流都有和后世不一样的地方。这也就是说，全国许多地区的河流在历史时期都在不断发生变化。解放以前我对历史地理的研究基本上局限于政区沿革范围以内，从这一年起，才扩展到了水道变迁的研究。

　　研究河北平原水道的下游及其海口必然要牵涉到渤海湾海岸的变迁问题，因此到1965年又写了一篇《历史时期渤海湾西岸的大海侵》。不过我写的有关海岸变迁的文章倒并不始于此篇，这以前研究上海成陆年代的文章实际上也就是研究长江口南岸的海岸变迁。

（4）三十年代中期禹贡学会同仁提出要把旧时代的沿革地理改造为现代的、科学的历史地理。要达到这一目的,需要从两方面入手:一是把研究广度从疆域、政区、都邑、河渠等几个项目扩展为包括自然地理、人文地理的各个领域;二是把研究深度从满足于考证描述地理现象的变化,推进到探索这些变化的原因和规律,而后者的难度一般有过于前者。五十年代以前,我在这方面几乎谈不上有什么成就。多数文章只谈各个时代的具体不同情况,不谈何以会变;少数文章仅仅是语焉不详地带到几句。进入六十年代,才有所突破。

五十年代以前我讲中国历史地理这门课时,每次讲到历代黄河的变迁,除要讲到历史上历次重要决溢改道外,一般还要把历史时期分成几个段落,指出各个段落的不同情况,哪几段决溢频仍,不断改道,哪几段相对地平静无事。但我一直讲不清楚何以不同时期会出现迥不相同的情况。过去治黄河史的学者,惯于把各个时期黄河灾害轻重的原因,归之于时世的治乱和防治工程的成败。我觉得归之于时世治乱则与史实不符:实际上乱世黄河不见得多灾,治世往往反而多决多徙;归之于工程成败则于事理不可通,总不能说数千年来的治河技术一直在退步,贾鲁、潘季驯、靳辅等人主持的河工反而不及大禹和王景的工程有效。直到六十年代初我认识到黄河的决徙虽在下游,病原则在于中游黄土高原的严重水土流失,水土流失的轻重与植被的好坏密切相关,而当地人民的土地利用方式则是植被好坏的决定因素。我抓住这一关键因素的历史演变认真做了一番探索,这才基本上找出了各个历史时期河患轻重不同的根本原因。写成了《何以黄河在东汉以后会出现长期安流的局面》一文。我自以为这才是一篇够得上称为历史地理学的研究论文,文章的结论对当前社会主义建设事业也有一定参考价值。

(5)1958 年安徽寿县出土战国楚鄂君启金节,节上的铭文是一件极好的说明当时楚国境内水陆交通路线的资料。考古学界不少人对此做了研究考释,但由于节文中的地名多难以作出确释,当然也就不可能理清楚当时的交通路线。商承祚先生移书以其中一些地名征求我的看法,我为了要答复他,不得不对节文中的地名和路线作一番全面考订,才在 1962 年写了一篇《鄂君启节铭文释地》。后二年这篇文章引起了黄盛璋同志的驳难,我又写了一篇答辩。前后二篇文章合起来,自以为基本上理清楚了节文提到的水陆路线,但仍有可商不备之处。1966 年文物出版社准备将有关这个节的诸家考释辩难文字汇为一集出版,来函询及是否需要有所改动或增删。我当即动手写一篇短文作为前二篇的后记,对前二篇有所修订补充,未及成篇,十年浩劫开始,遂尔搁笔。前年想把这篇未成之作找出来写完它,无奈已经找不到了。

(6)1973 年长沙马王堆三号汉墓出土了三幅帛制汉文帝时代的地图,其中最重要的一幅是长沙国西南部当时的深平防区(兼及邻近地区)的地形图。原图已断裂破碎成三十二大块和一些碎块,经故宫修裱工人裱糊成三十二片,文物出版社将这三十二帛片摄成比原物缩小一半的一份照片寄赠复旦历史地理研究室。张修桂同志费了很大力气将这三十二张照片拼接成一幅整图,1975 年我据以写成了刊载于《文物》的两篇介绍、阐释文字。可惜由于三十二帛片原来的层次,经过揭开、裱糊后已搞不清楚,特别是那些碎块应与整块如何粘连,很不容易判断,所以张修桂同志所拼接成的图,与马王堆汉墓帛书整理小组所拼接出来的图,虽大体相同,但不尽相同。文物出版社在《文物》上和后来出版的《马王堆汉墓帛书古地图》专刊里都只肯采用整理小组所拼的一种，不肯两种并用，因而拙文中的论述，有若干处与印出来的图并不相应。但我相信张图今后总可以印出来。

除上述几项外，还有一些零篇也写成于编绘《中国历史地图集》时，而发表于近年，如《金代路制考》、《陈胜乡里阳城考》等。所以要考金代路制是为了在编绘金代地图时需要对金代分路制度作一番通盘的了解。所以要考陈胜乡里是由于当时报刊上连续发表了几篇讨论这个问题的文章，引起了我的兴趣。

还有一些研究课题，文章虽写成于近年，材料、观点却也是在编图过程中搜集、形成的。如对云梦泽、洞庭湖和鄱阳湖在历史时期的演变过程，我们所编绘的图，都是按我当时的研究成果画的，与传统说法迥不相同，但当时来不及把取得这些研究成果的考订、探索过程写成文字。编图工作结束后，我自己还是由于太忙，只写成了一篇《云梦与云梦泽》；关于洞庭湖和鄱阳湖的演变，都交由张修桂同志在编图时所取得的材料、看法的基础之上，再加以补充修订，写成论文，一篇是《洞庭湖演变的历史过程》（《历史地理》创刊号），另一篇是《鄱阳湖演变的历史过程》；后者署了我和张修桂二人的名（《复旦学报》社会科学版 1982 年第 2 期）。但我只提供史料和看法，未尝动笔，所以都没有收入本集。这三篇我自以为对历史时期长江流域地貌和水系变迁的研究都作出了一定的贡献。

在编图过程中还记下了许多考订历史地名的地理位置和政区建置沿革的文字，由于近年来我又忙于别的工作，抽不出时间来把这些东西整理成论文发表。经过整理已经发表了的只有《元代的水达达路和开元路》一篇。

在以编图工作为主的二十年中，还插入过另一项国家任务，就是五十年代末六十年代初的《辞海》历史地理条目编写工作。我作为这一学科的分科主编，大约花了一年多将近两年时间暂时把主要精力转入此项工作，自己写了几百条，又审查修改了二三千条。此项工作也并不是单纯汇集纂录前人旧说，还经常发现并解决了一些前人搞错或没有搞清楚的问题。只是受辞书的体例限制，不可能把词条写成研究论文。当时所收集的材料和论证过程都有记录，交《辞海》编辑部保管，和编图记录一样，这些记录我也希望今后能有机会写成一条条小考证，公之于世。六十年代初已有这种想法，也曾试写了《北河》、《阴山》二条，用笔名投《中华文史论丛》作为补白发表。可惜此后未能继续写下去。

编图工作基本结束后，自 1975 年起，我的工作转入以主编《中国自然地理·历史自然地理》一书为主。我自己写了一部分水系变迁的稿子，又审阅修改了全书大部分稿子，1977 年 12 月、1978年 1 月集中华东师大搞了两个月汇总修改定稿工作，于一月卅日结束回家，二月一日突发脑血栓形成。从此住院治疗了一年又八个月，因后遗症半身不遂不可能再进一步康复而出院。在住院期间，我并没有停止述作。1978 年应《中华文史论丛》之邀，我请邹逸麟同志将我在《历史自然地理》中所写关于《水经》河水一节，改编为专题论文，稍加修订后以《山经河水下游及其支流考》为题发表于《论丛》的复刊号即第七辑。这是我的一篇得意之作。古今学者讲到汉以前古黄河全都只知道有一条见于《禹贡》的河道，谁也不知道还有其它记载。如今被我从《山经》中找出这么一条经流凿凿可考，远比《禹贡》河水详确得多的大河故道来，怎不令人得意！1979 年又陆续写了《云梦与云梦泽》、《辽后期迁都中京考》等三篇。当然，这些文章的资料都是在中风以前早已搜齐了或基本收齐了的。

出院以后截止 1981 年底二年多时间内,由于又承担了修订《中国历史地图集》这一任务,学校里和社会上又有一些活动不能不参加,所以出品似乎反而不如住院期间多。也还有些作品虽写成于这个时期,但由于或发表于这个时期以后,或至今尚未发表,所以没有收入这本集子。就已发表而收入这集子的而言,只有《西汉以前的黄河下游河道》一篇分量较重,自以为有一些相当重要的创见。

这本集子所以要截止于 1981 年(只有《上海市大陆部分的海陆变迁和开发过程》一文的后记虽写于 1982 年,因后记理应附见于原作之后,不得不破例收入),这是因为我的第一篇作品发表于 1932 年,到这一年刚满五十年。五十年之久,才这么一点成就,比起有些早已出过好多本集子或专著的同志来,实在令人惭愧。所可引以自慰的,是我对集体编写任务自问确是出了不少力。1981 年以后我所承担的集体项目更多更重了,但我仍然愿意一如既往,把主要精力放在完成这些项目的工作上,因为这些都是为了建设、发展祖国社会主义文化所必须早日完成的项目!我希望能够再工作十年,一方面完成这些项目,另一方面把学术界瞩望甚殷的《中国历史地理概论》写出来,此生也就不算白活了。至于《长水集》何日再出续集,目前尚难预计。

集中各篇文字和观点,原则上都保持当年发表时的原样,不作改动。不改动不等于我目前仍然认为所有当年的论证、观点全部正确。只是由于目前实在抽不出工夫来再一篇篇仔细审核修改,所以觉得还是这样办比较好。因此有一点应请读者注意,即各篇中所谓“今天”,指的都是撰文时的“今”,此“今”与这本集子出版时的“今”当然已不会完全相同。

　　原则上不改,但上集所收解放以前旧作对少数民族族名往往沿用古籍中用"犭"旁的字眼,行文叙事或语涉侮慢,这不能不作为例外,稍作改动。所改族名也只是改"犭"旁为"亻"旁,不用解放以后新定的族名。

　　最后需要解释一下这个集子何以要以长水为名。这并无深意,不过因为我是嘉兴人,据六朝人记载,嘉兴在秦始皇以前本名长水。

谭其骧

1984. 1. 3. 上海淮海路寓庐。

秦 郡 新 考

　　三百年来学者言秦郡者无虑数十家，聚讼纷如，莫衷一是。陈氏芳绩(《历代地理沿革表》)、洪氏亮吉(《卷施阁文甲集·与钱少詹论地理书》)稍有所见，王氏鸣盛(《十七史商榷》)、杨氏守敬(《历代舆地图·秦郡县表序》)都无足取，金氏榜(《礼笺》附录《地理志分置郡国考》)、梁氏玉绳(《史记志疑》)、刘氏师培(《左盦集·秦四十郡考》)因仍旧说，略无创获。钱氏大昕考经证史，深邃绵密，古今殆罕其匹，于此独拘泥于《班志》三十六郡目，置史汉纪传于视若无睹，唧嗫再四，终难自圆其说(《潜研堂文集》《秦四十郡辨》、《秦三十六郡考》、《答谈阶平书》、《再与谈阶平书》、《答洪稚存书》，《廿二史考异》)。姚氏鼐识解最为通达，所言皆中肯綮，惜未能勤搜博采以证实之(《惜抱轩文集·复谈孝廉书》)。全氏祖望所得綦多，唯限于初并天下时之三十六郡(《汉书地理志稽疑》)；王氏国维乃推而及于嬴秦一代所有之郡，而不免好奇穿凿(《观堂集林·秦郡考》)。近人或宗全、或宗王，皆凭臆进退，非能确证其所宗者为无误无遗也。余早岁治舆地之学，于此亦未遑深究。六年前，为浙大史地研究所编绘《中国历史地理图》，更事参订；始知前贤论辩虽勇，稽考犹疏，王固未足深信，全亦实有未尽；辄以所见，著之该图所附《图说》。诚非敢谓三百年来所聚讼者，至是遂获定论，要于旧说或不无补益。《图说》全书既久久弗克杀青，因先以有关秦郡者辑为斯篇问世。其诸郡界址，则别有《秦郡界址考》(载《真理杂志》第一卷第三期,本书第13页),览者可参阅焉。

内史 《汉书·地理志》,本秦京师为内史,分天下作三十六郡。

以上内史。内史体制与外郡迥异,不在郡数内。裴骃《史记集解》误入,陈芳绩始别出。

上郡 《史记》《秦本纪》、《魏世家》,秦惠文君十年,魏尽入上郡于秦。

巴郡 《华阳国志·巴志》,周慎王五年(秦惠文后九年),秦取巴,执王以归;赧王元年(惠文王后十一年),置巴郡。

汉中 《秦本纪》、《楚世家》,秦惠文王后十三年,攻楚汉中郡,取地六百里,置汉中郡。

蜀郡 《秦本纪》、《张仪列传》、《华阳国志·蜀志》,惠文王后九年,伐蜀,灭之,贬蜀王更号为侯,以陈壮相蜀;十一年,公子通封于蜀;十四年,陈壮反,杀蜀侯通;武王元年,复伐蜀,诛陈壮。《水经·江水注》,成都,秦惠王二十七年(后十四年),遣张仪与司马错灭蜀,遂置蜀郡。盖谓陈壮反后,改国为郡也。惟据常璩《蜀志》,则壮诛后公子恽及绾又相继为蜀侯,其时盖国郡并置;至周赧王三十年(秦昭王二十二年)绾诛,始但置蜀守。

河东 《秦本纪》,昭襄王二十一年,魏献安邑。《秦始皇本纪》,始皇即位时,秦地已北收上郡以东,有河东、太原、上党郡。

陇西 《水经·河水注》,狄道,汉陇西郡治,秦昭王二十八年置。

北地 《匈奴列传》,秦昭王时起兵伐残义渠,于是秦有陇西、北地、上郡,筑长城以拒胡。按北地介陇西、上郡之间,为义渠戎故地,义渠既灭,秦始得筑长城西起陇西东讫上郡也。秦灭残义渠,据《范雎列传》事当在昭王三十五六年之际。

南郡　《秦本纪》，昭襄王二十九年，攻楚，取郢为南郡。

南阳　《秦本纪》，昭襄王三十五年，初置南阳郡。

上党　《秦本纪》、《韩世家》、《赵世家》、《白起列传》，韩上党郡以秦昭襄王四十五年降赵（《秦本纪》作四十七年，《韩世家》作四十四年，并误；此据《赵世家》、《白起传》），四十八年入秦。

三川　《秦本纪》、《蒙恬列传》，庄襄王元年，初置三川郡。

太原　《秦本纪》，庄襄王四年，初置太原郡。

东郡　《始皇本纪》、《魏世家》、《蒙恬列传》，始皇五年，拔魏二十城，初置东郡。王氏国维据《穰侯列传》，穰侯卒于陶，而因葬焉，秦复收陶为郡，因谓秦初并天下三十六郡中有陶郡。今按《始皇本纪》五年所拔魏二十城中南有雍丘，东有山阳；《曹相国世家》、《绛侯世家》、《樊哙列传》、《汉书·高帝纪》并云二世三年攻破东郡尉于成武；陶地介在濮阳（东郡治）、雍丘、山阳、成武之间，是知东郡既置，陶必遂即并入，三十六郡中已有东郡，不得别有陶郡也。

云中　雁门　《匈奴列传》，赵武灵王置云中、雁门、代郡。《河水注》，云中，秦始皇十三年立云中郡；此盖入秦之年。

颍川　《始皇本纪》、《韩世家》，始皇十七年，秦虏韩王安，尽入其地为颍川郡。

邯郸　巨鹿　《浊漳水注》，巨鹿，巨鹿郡治，秦始皇二十五年灭赵以为巨鹿郡。按《始皇本纪》，十九年，尽定取赵地东阳；《王翦列传》，十八年翦将攻赵，岁余，遂拔赵，赵王降，尽定赵地为郡，是二郡当置于始皇十九年，郦注误。

上谷　渔阳　右北平　辽西　《匈奴列传》，燕亦筑长城，置上谷、渔阳、右北平、辽西、辽东郡以拒胡。《圣水注》，秦始皇二十三年置上谷郡；《鲍丘水注》，始皇二十二年置渔阳郡、右北平郡；

《濡水注》,始皇二十二年置辽西郡;皆指入秦之年。按《始皇本纪》、《燕世家》,秦定燕蓟在二十一年,此作二十三年、二十二年并误。

砀郡 《始皇本纪》、《魏世家》,始皇二十二年,秦灭魏,尽取其地以为郡县。《睢水注》,睢阳,秦始皇二十二年以为砀郡。

泗水　薛郡 《始皇本纪》,二十三年,击荆,取陈以南至平舆。张守节《正义》,楚淮北之地尽入于秦。《睢水注》,相县,秦始皇二十三年以为泗水郡。《泗水注》,鲁县,秦始皇二十三年以为薛郡。

九江 《淮水注》,寿春县,秦始皇立九江郡,治此。按《始皇本纪》、《楚世家》、《王翦列传》、《蒙恬列传》,秦灭楚取淮南地在始皇二十四年。

辽东 《始皇本纪》、《燕世家》,始皇二十五年,秦拔辽东,虏燕王喜。《大辽水注》,襄平县,秦始皇二十二年灭燕置辽东郡,治此;二十二当作二十五。

代郡 《始皇本纪》、《赵世家》太史公曰,始皇二十五年,秦破代,虏代王嘉。《灅水注》,高柳县,旧代郡治,秦始皇二十三年,虏赵王迁,以国为郡;二十三当作二十五,赵王迁当作代王嘉。

会稽　长沙 《始皇本纪》,二十五年,定荆江南地,降越君,置会稽郡。《湘水注》,临湘县,秦灭楚立长沙郡。

齐郡　琅邪 《始皇本纪》、《齐世家》,始皇二十六年,虏齐王建,灭齐为郡。《淄水注》,临淄,秦始皇二十四年灭齐为郡,治临淄;二十四当作二十六。《潍水注》,琅邪,秦始皇二十六年灭齐以为郡。

以上三十二郡,名见《汉志》,核实为始皇二十六年初并天下时所有。

黔中 《秦本纪》、《楚世家》,秦昭襄王三十年,拔楚巫、黔中郡以为黔中郡。《汉志》缺,《续汉书·郡国志》补出,裴骃列为三十六郡之一,清儒除钱氏大昕、钱氏坫、王氏鸣盛外皆因之。

广阳 《㶟水注》,蓟县,秦始皇二十三年灭燕以为广阳郡。《汉志》缺,清儒顾氏炎武主《班志》以驳郦注,全氏祖望、梁氏玉绳主郦注以补《汉志》。全氏曰:燕之五郡皆燕所旧置,以防边也,渔阳四郡在东,上谷在西,而其国都不与焉。自蓟至涿三十余城,始皇无不置郡之理,亦无反并内地于边郡之理。且始皇之并六王也,其国如赵之邯郸,魏之砀,楚之江陵、陈、九江,齐之临淄,无不置郡者,何以燕独无之? 郦道元之言,当必有据。王氏国维采全说而谓郡之果名广阳与否不可知,又列之三十六郡之外,了无理据。惟郦注二十三年系二十一年之误。

陈郡 《陈涉世家》,攻陈,陈守、令皆不在。按《始皇本纪》,二十三年,取陈以南至平舆,虏荆王;陈郡当置于是年。秦于六国故都多置郡,且自陈以至平舆,实得《汉志》淮阳、汝南二郡之地,果优足以置一大郡。《汉志》缺,姚氏鼐始补出,而不详其年。王氏国维谓郡名始见于《陈涉世家》,其置年当在秦之末叶;以意揣度耳,盖未尝取证于《始皇本纪》。又《楚世家》,王负刍五年,秦灭楚,名为楚郡云。全氏祖望据此谓秦有楚郡,治陈,《陈涉世家》中陈守即指此。按秦以庄襄王讳子楚,故称楚为荆,《世家》云云,当从《集解》引孙检说,名字连上读,盖谓灭去楚名,以楚地为秦郡也,而楚郡之楚,则为衍文。是治于陈之郡,仍当从《陈涉世家》作陈郡为是。

闽中 《东越列传》,闽越王无诸及越东海王摇者,其先皆越王勾践之后也;秦已并天下,皆废为君长,以其地为闽中郡。《汉志》缺;《晋书·地理志》补出,而与南海等三郡同列为既并天下后所置,唐宋以来诸家皆因之。洪氏亮吉始谓秦并天下在二十六年,是闽中之置,尚在南海等三郡之先。王氏国维又谓《始皇本纪》系降越君于二十五年,则闽中郡之置,亦当在是年,《本纪》但书降越君置会稽郡,文有所略也。今按《王翦列传》系南征百越之君于二十六年尽并天下之先,可证成王氏之说。陈氏芳绩谓闽中在秦未见有县,安得有郡;不知闽中秦县之所以不见记载,实由汉武定东越后徙其民江淮间而虚其地,建置中绝,后世遂不复可考,非秦世果无县也。

以上四郡,补《汉志》之缺,连上合得三十六郡。《秦本纪》,秦王政立二十六年,初并天下为三十六郡;《始皇本纪》,二十六年,分天下以为三十六郡,即此是也。裴解释三十六郡有九原、鄣、内史而无广阳、陈、闽中,《晋志》因之,唐宋以来无异说。陈氏芳绩、洪氏亮吉、金氏榜始别内史于郡数外而补以东海;全氏祖望始退九原、鄣而补以广阳、陈;王氏国维始退东海而补以闽中,然王氏又退广阳、陈而补以陶、河间,是其失也。

南海　桂林　象郡　《始皇本纪》,三十三年,略取陆梁地,为桂林、象郡、南海。三郡既置于已并天下后七年,自不当在三十六郡数之内,自裴解以来无异说。独钱氏大昕以《汉志》所载秦郡适得三十六,而三郡在其中;又以班氏东汉人,其言当可依据;遂谓秦一代建置止于此数。史公记事,皆言其大者,三十六郡非必二十六年所有,以二十六年初并天下罢封建为郡县,此秦变古一大端,故特于是年大书分天下为三十六郡。不思班氏志西汉地理犹多讹漏,岂言秦制反能无?且班所脱载而明见于《史记》纪传之秦郡亦夥矣,钱又焉得一一曲容之于三十六数之内乎?

九原　《始皇本纪》,三十二年,使蒙恬北击胡,略收河南地;三十三年,西北斥逐匈奴,自榆中并河以东属之阴山以为三十四县,又渡河取高阙陶山北假中。《匈奴列传》叙事略同,惟三十四县作四十四县。此役史但言立县,不言置郡,盖文有所略,不然,不应以三(或四)十四县之多而不置郡。陈氏芳绩遂谓榆中必是一郡,即《汉志》金城、安定二郡;不知金城乃湟中羌故地,安定乃北地分郡,除濒河二三边县外,不得为匈奴故地。全氏祖望始以《汉志》之九原当之。其言曰:《匈奴传》赵有雁门、代郡、云中三郡以备胡,而九原特云中北界,未置郡也。始皇三十三年以前,其于边郡,多仍前之旧,不闻增设。三十三年,蒙恬辟河南地四十余县,盖以四十余县置九原。何以知之?徐广所谓阳山在河北,阴山在河南者,刘昭以为俱属九原之安阳,则九原统属河南四十四县可知矣。然则九原不当在始皇二十六年所并三十六郡之内。王氏国维因其说,又曰:始皇三十五年除道,道九原抵云阳,自是九原之名,始见于史;故三十二年始皇之碣石,归幽北边,自上郡入,至三十七年始皇崩于沙丘,其丧乃从井陉抵九原,从直道至咸阳,明始皇三十二年以前,未有九原郡也。今按纪传明言三十三年先收河南地,又渡河而北,知拓地跨河套内外;河套内外于《汉志》为五原及其分郡朔方,而《汉志》又于五原郡下明言秦九原郡,是全氏之说,断无可疑。前人皆以九原列于三十六郡之内,至是乃别出。

以上四郡,名见《汉志》,始皇三十三年开胡越置。

东海(分薛郡置) 《陈涉世家》,陈王初即位,陵人秦嘉等皆特起,将兵围东海守庆于郯。《绛侯世家》,项籍已死,因东定楚地泗川、东海郡,凡得二十二县。《汉书·楚元王传》,汉六年,立交为楚王,王薛郡、东海、彭城三十六县;《高帝纪》六年记此事,东海作郯郡。东海治郯,楚汉之际亦称郯郡也。《汉志》、《续志》、裴解并脱此郡;惟《汉志》东海郡下注引应劭曰:郦元《沂水注》、魏收《地形志》皆曰秦置郯郡,《元和志》又谓秦分薛为郯,东海之称转

— 7 —

晦。陈氏芳绩始据应说以驳正裴解，别内史于郡数外而足以凑；洪氏亮吉、金氏榜、黄氏廷鉴（《第六弦溪文集》）、刘氏师培因之。姚氏鼐、全氏祖望始正名为东海。王氏国维始断为既并天下后所析置，其言曰：秦以水德王，故数以六为纪，二十六年始分天下为三十六郡，六之自乘数也，次当增燕齐六郡为四十二郡，六之七倍也，至三十三年南置南海、桂林、象郡，北置九原，其于六数不足者二，则又于内地分置陈、东海二郡，共为四十八郡，六之八倍也。按王氏以东海为后置而不当在三十六郡之内可信，惟其秦置郡必为六之倍数，因谓东海与南海、九原等同置于三十三年之说则殊嫌无据。汉以五数为纪，百三郡国何尝为五之倍数乎？秦置东海之年，史无明征；《始皇本纪》，三十五年，立石东海上朐界中，以为秦东门，疑即在是年也。

常山（分邯郸置）　自来言秦郡者皆不知有此郡。今按《张耳陈余列传》，二世元年，武臣王赵，使韩广略燕，李良略常山，张黡略上党；李良已定常山，复使略太原；其明年，王离围赵于巨鹿，陈余北收常山兵得数万人。兹所谓常山者，既非故国名，则必与上党、太原同为郡名；其后张耳王赵，更名常山，实本于此。《张苍列传》，陈余击走张耳，耳归汉，汉以苍为常山守，从韩信击赵：明常山之称，非仅国名矣。其时汉未有常山，置守盖遥领耳。《汉书·高帝纪》，三年，韩信东下井陉，斩陈余，获赵王歇，置常山、代郡，常山入汉始此，或径以为置郡之年，误也。赵代之地非只二郡，史特举此以概其余。常山迤南为邯郸，则别将斩歊自河内出北击降之（本传）；据此亦可证常山国虽为赵之更名，而常山郡之与邯郸，固二而非一。

济北（分齐郡置）　《项羽本纪》、《田儋列传》，故齐王建孙田安，项羽方渡河救赵，田安下济北数城，引兵降项羽；羽定天下，立安为济北王,都博阳。《留侯世家》,下邳圯上老父谓良曰:后十三年,孺子见我济北谷城山下。自来以为楚汉之际所增置,独姚氏鼐、王氏国维以为秦郡。姚氏仅引史文而未能证其为郡名,王氏但据《汉书·高帝纪》六年以齐地七郡立子肥为齐王,中有济北,遂谓此汉初之郡,当因秦故。夫济北或系泛指济水以北,汉初之郡,亦有因于楚汉之际所增置者,是二氏之说,恐不足以传信。今按博阳、谷城,地皆在济水以南,而史系之济北,则济北非泛指济水以北而为郡名可知;田安下济北,在秦末六国初起时,则济北之为秦郡又可知。至《曹相国世家》,从韩信破齐,遂取临淄,还定济北郡,则已在楚汉之三年矣;盖齐并济北,仍以为郡也。

胶东(分琅邪置)《项羽本纪》、《田儋列传》,徙齐王田市更王胶东。姚氏鼐曰:此或秦置耶,或楚汉置耶,举未可知。按项羽封建诸王,率因秦郡之旧,则以秦置为是。王氏国维曰:今以秦四十二郡还之六国,则除六郡为秦故地,六郡取之胡越外,楚得其八,赵亦如之,燕得其五,韩、魏共得其七,齐得其二。夫齐地之大,虽不若楚、赵,以视韩、魏,固将倍之;且负海饶富,非楚、赵边地之比也。今举全齐之地仅置二郡,其不可解一也。又曰:余以为三十六郡之分,在始皇二十六年,时齐国新定,未遑建置,故略分为齐与琅邪二郡,其于区画,固未暇也。迄于疆理既定,则齐尚有五郡。何以征之?曰,《汉书·高帝纪》曰,以胶东、胶西、临淄(即齐郡)、济北、博阳、城阳郡七十三城立子肥为齐王,此汉初之郡,当因秦故;加以琅邪,共得七郡,为田齐故地,如此则秦之疆理列国,庶得其平。今细加推寻,王氏悉举汉初齐地七郡以为因于秦故,殊未敢信。胶西名不见于楚汉。博阳据《项羽本纪》、《田儋列传》乃济北王都,是楚汉之初,其地犹属济北,安得谓秦世已分建为郡?《田儋列传》,田荣反,击项羽于城阳;王氏执此以为秦有城阳郡之证。

不知此城阳乃《汉志》济阴之属县，城通作成，非郡名也。《项羽本纪》，项梁使沛公及羽别攻城阳，屠之，四破秦军濮阳东。济阴之成阳邻接濮阳，若《汉志》之城阳国，则去濮阳六百里而遥矣。城阳一名数见于汉初诸将列传，皆指此地。惟济北、胶东立国于楚汉之初，得王说益可以证其为旧都矣。齐分济北，琅邪分胶东，齐七十余城，分隶四郡，平均郡得十余县，秦之疆理齐土，已可得其平，毋庸多至七郡也。

　　河内（分河东置）《项羽本纪》，赵将司马卬定河内，数有功，故立卬为殷王，王河内。姚氏鼐曰，盖秦有河内郡也。准以济北、胶东建国因于故郡之例，其说可信。《高祖本纪》，二年，虏殷王，置河内郡，此入汉之年，非始置之年也。河内西阻王屋、析城诸山，本与河东隔绝，自成一区；昭襄王三十三年魏入南阳，秦始有其地，时东不得邢丘、怀，北不得宁新中，地狭不足以立郡，率以并属河东；其后壤地虽拓，军机悾偬，未遑建置；始皇既并天下，始依山川形便，更加区画；此衡情度势，可推而知者。《张耳陈余列传》，二世元年，耳、余说赵王武臣北徇燕代，南收河内；二年，章邯引兵至邯郸，徙其民河内；事皆在司马卬定河内之前。又《樊哙列传》，击秦军出亳南，河间守军于杠里，破之；王氏国维以为秦郡有河间之证。然杠里数见于《高祖本纪》、《樊哙列传》、《曹相国世家》、《灌婴列传》，迹其地望，当在东、砀之间，非河间所部，全氏祖望已辨其为误文。全疑为三川守之军，自今观之，则河内更为近是。间、内一字之讹，且密迩东、砀。若夫河间则既名不著于秦末楚汉，且远在勃海之滨，齐、赵隔于其间，焉得南军于中原乎？

　　衡山（分九江置）《项羽本纪》，立番君吴芮为衡山王。其建郡之年，姚氏鼐以为未可知，今从前例亦断以为秦置。《始皇本纪》，二十八年，西南渡淮水，之衡山、南郡；衡山与南郡并举，盖其时已建郡矣。

以上六郡,《汉志》缺,始皇二十六年后析内郡置。

秦一代建郡之于史有征者四十六,备列如上,然非得谓秦郡必止于是数。《续志》以丹阳为秦鄣郡,裴骃、《晋志》因之;而清儒多以鄣郡与东阳、吴郡皆不见于秦记而始见于《汉书·高帝纪》六年以封荆王,因一概断为楚汉之间所增置。夫《史记》既不立专篇以志地理,秦一代之郡,自无由悉数见于一代之史,然则马彪之言,未必遽是,亦未必定非。且项羽之自立为西楚霸王,王梁楚地九郡,中间已有鄣与东阳二郡(姚鼐《项羽王九郡考》、钱大昕《廿二史考异》、刘文淇《楚汉诸侯疆域志》),是吴果后置,鄣与东阳,更安见其必非秦旧耶?又《黥布传》,项籍死,天下定,布遂剖符为淮南王,九江、庐江、衡山、豫章郡皆属布;四郡除九江外前人亦目为非秦郡。今按郦元《赣水注》,南昌,秦以为庐江南部(即庐江郡之南部都尉);是豫章果后置,庐江亦未必非秦旧也。夫考古之事,竭其能事耳。生千百年之后,上究千百年前之典章经制,史文阙略,焉得必无遗漏?多闻阙疑,庶几其可;若必欲断言为三十六或四十八,徒见其牴牾凿枘,是亦不可以已乎?

(原载《浙江学报》第二卷第一期,1947 年 12 月)

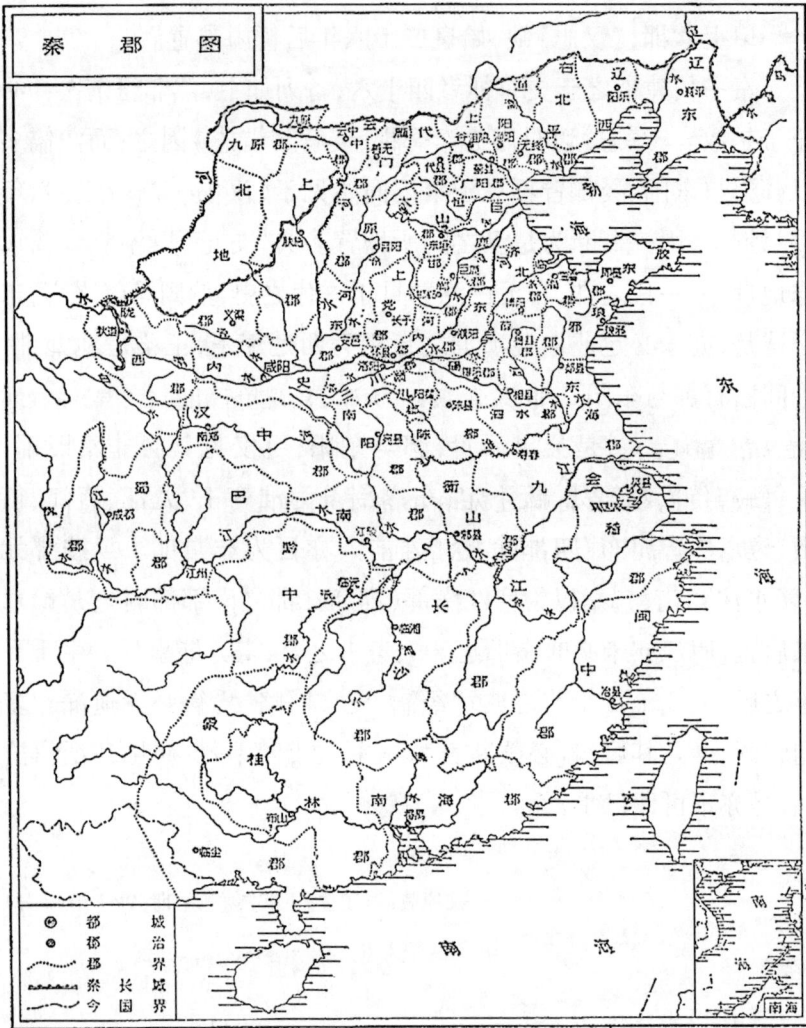

秦郡图

秦郡界址考

  清儒及近人考秦郡者夥矣,纷纷聚讼于郡目之出入,建置之先后,独于界址,辄略而勿及;然二千年来郡县界划,实肇基于斯,岂可置之不究?杨守敬《嬴秦郡县图》一准《通典》,自序曰:以君卿之说较古也。余考君卿之说既不合于同时之《元和志》,且与马、班记载亦多显相刺谬者,是未必确可依据。窃谓汉制袭秦,其间增损离合之迹,往往可寻,与其轻信《通典》,孰若推本班《志》,究其因革,为差可近于事实也。爰本斯旨,悉心钩稽,详加厘订,既著之图,复为之辨,以俟世之大雅君子教焉。

  内史 杨图东尽今豫陕省界,关中之地为秦王业所基,断不能割以隶外郡;秦函谷关在今灵宝县西南里许,是则豫境自灵宝以西,亦当在内史界内。杨图东南抵今陕、鄂省界,按《秦本纪》、《楚世家》,秦败楚丹阳,遂取汉中之郡。武关,应劭以为秦之南关,京相璠以为楚通上洛陁道。是自关以南,丹阳之地,亦当属汉中。

  汉中 北界辨见内史,又东北今郧、郧西、白河诸县之地,杨图以隶南阳,按其地汉属汉中,秦亦当属汉中。

  蜀郡 杨图西尽临邛,南不逾大渡,按《司马相如列传》:邛莋冉駹者,近蜀,道亦易通,秦时尝通为郡县,至汉兴而罢。是邛莋冉駹之地,皆在郡界内。西有邛则不止于临邛,南有莋则兼有大渡内外之地矣。邛于《汉志》为邛崃山北,邛水之域,青衣、徙二县;莋

— 13 —

于《汉志》为邛崃山南,至于旄牛之地。(《续汉书·郡国志》刘昭注引常璩曰:邛崃山本名邛莋,故邛人、莋人界也。)汉武帝收邛莋以为沈黎郡,虽郡治在大渡水北,然罢郡而后,都尉乃在水南之旄牛。常璩《蜀志》:周赧王三十年,秦蜀守张若取笮及其江南地。江即大渡矣。则旄牛之内属,不始于汉也。汉越嶲郡治邛都,属县多以笮名,知其地亦为邛莋人所居;然距蜀遥远,相如镂灵山、梁孙水始得通之,非秦之故壤矣。

巴郡 杨图东尽今川、鄂省界,按《秦本纪》:昭襄王三十年,蜀守若伐楚,取巫郡及江南地,以为黔中郡。《水经·江水注》:巫县,故楚之巫郡也,秦省郡立县,以隶南郡。是巫县地初入秦当属黔中,后属南郡,未尝属巴。巴郡东界,但当东至鱼复,与汉制同。常璩《巴志》:巴子之地,北接汉中,南极黔涪。秦置郡当因巴子故封,是江南自今涪陵以东黔江下流之地,亦不得在界内。

三川 西界辨见内史。南境鲁阳、犨、叶阳,当属南阳;东南境昆阳、应、父城、襄城、郏、阳城、负黍、纶氏,当属颍川。汉制如是也。《高祖纪》:与南阳守齮战犨东,破之,略南阳郡,齮走保城守宛。可确证犨为南阳边县。新郑、苑陵、尉氏,疑亦当属颍川,故郑地,韩所都也。尉氏,《汉志》属陈留,陈留,梁之分郡;顾《孝王世家》言其西界至于高阳。高阳,亭名,《续志》属圉县,尉氏更在其西,则汉初不属于梁也。东境圉当属陈郡,《汉志》如是也。自大梁以东,当属砀郡,汉属陈留。《秦本纪》:庄襄王元年,韩献成皋、巩,秦界至大梁,初置三川郡。其时大梁犹在界外,至始皇二十二年,始获大梁,魏王请降,尽取其地,以为砀郡,此为大梁属砀之明证。自河以北,河内之地,于三十六郡当属河东,后自为郡。(详本书《秦郡新考》)楚汉之际为殷,全祖望曰:太史公序十八王曰"魏分为殷",则不属三川矣。按河内入秦,在昭襄王时,时三川之

— 14 —

地,犹为周、韩所有也。

颍川 西北界辨见三川。东界、南界略依汉制,旧不知秦有陈郡,故以汉之淮阳、汝南为颍川旧壤也。

河东 秦初并天下时,郡东境当有河内之地,辨见三川。河内当北尽安阳,安阳故魏邑宁新中。《秦纪》:昭襄王五十年拔之,更名。时邯郸犹为赵有,自邺以北,始为赵境,战国赵魏之国界,大抵即秦之郡界矣。汉河内郡界亦北包隆虑、荡阴,安阳汉为荡阴县地。其后别河内为郡,二郡当略依今豫晋省界为界,汉制固如是也。

东郡 东以济水为界,济东谷城秦属济北,见《留侯世家》,寿良汉初属梁,《孝王世家》北猎良山,即其地。于秦当属薛郡(辨见砀郡)。东北自茌平以外,亦当属济北,汉初之制如是也。(《汉志》高唐属平原,《王子侯表》茌平为济北王子国,《郡国志》茌平属济北。)《汉志》济阴郡及山阳之成武,亦当在界内。据《秦纪》、《穰侯传》,昭襄王时,穰侯封陶,蒙武伐齐河东为九县,竈攻齐取刚寿。盖其时所下齐地,并以属陶;穰侯既卒,秦复收陶为郡;迨始皇五年,定酸枣、燕虚,明年拔濮阳,遂并陶于卫,以置东郡;其后汉收项羽梁地东、砀二郡,自取东郡河、济之间以通齐,而以砀郡及东郡济、濮以左王彭越,都于济阴之定陶,济阴自是属梁,迄于梁孝王不改。后人以济阴为梁之分国,因谓秦属砀郡,未尝深考也。《高祖纪》,周勃、曹参、樊哙诸《传》:二世三年,攻破东郡尉于成武。知成武为东郡属县,济阴介在濮阳、成武之间,益知其属东而不属砀矣。(成武汉初属济阴,《外戚侯表》郑成侯下注云:济阴郑成,在成武之东南也。《续志》郑成省入成武,成武还隶济阴。)

砀郡 西界至大梁,辨见三川。北无济阴,辨见东郡。西南柘、苦二县当属陈,《汉志》如是也。南界当有《汉志》沛郡西北诸县之地。《梁孝王世家》：武帝元朔中，平王襄有罪，削其八城。（《汉书·文三王传》作五县，钱氏大昕已证其不可信。）《王子侯表》，孝元以后梁王子分封属沛者又八国。以地望准之，自郸、谯北至芒、栗，则所削八县也；自栗以西北，则分封别属之八邑也。（见《汉志》者六。）沛与山阳、陈留皆邻接梁国，所以知削县入沛者，以《汉志》三郡领县之数，沛为特多也。（沛三十七，山阳二十三，陈留十七，沛属县得自其他王国分封者仅二县，而山阳领县中，已有八县得自梁、东平之分封。）故吴、楚之反，先击梁棘壁，足证其时砀南之地，犹为梁有。（棘壁即《睢水注》之棘亭，在芒县西南。）汉之东平及东郡之寿良，虽亦在梁孝王封域内，地近齐、鲁，似不得属砀，山阳自泗以东亦然。全祖望曰：东平本宋地，宋亡，齐得之，本不属梁，其属梁自封彭越始，秦属齐郡，楚汉之际，属楚国也。今按项羽自王梁楚地九郡，而齐地别为齐、济北、胶东三国，东平若秦属齐郡，则羽不得有之，当从《元和志》作属薛郡。迨羽亡而分其楚地王韩信，梁地王彭越，楚大梁小，故割东平之地以界梁耳。

辽东 东南当逾今鸭绿江，有朝鲜半岛东北隅之地，南近大同江。《太康三年地记》：乐浪遂成县有碣石山，长城所起。《晋志》：遂城县，秦筑长城之所起。《通典》：长城起遂城碣石山，遗迹犹存。按遂成废址在今平壤西南，是秦境近于大同江之证一也。《史记·朝鲜列传》，汉与朝鲜以浿水为界。《魏志·东夷传》引《魏略》：汉以卢绾为燕王，朝鲜与燕界于溴水。溴水即浿水，传写致讹。浿水即今清川江，汉初封疆当因秦旧，是秦界近大同江之证二也。

上谷 南界循汉制，旧不知秦有广阳郡，故举蓟南之地亦以属上谷也。《匈奴列传》：武帝元朔中，弃上谷之斗辟县造阳地以予胡。《汉书》传末赞曰：弃造阳之北九百余里。造阳，燕筑长城所起，故址无可确考，要必为上谷属县中之最北者。元朔以前，汉之斗辟地在造阳之北凡九百余里,则至少包有今之上都河一带。汉初疆界当因于燕、秦之旧,是杨图北止于今之赤城,失之近矣。

南郡 北界自今襄阳以北,抵豫鄂省界,邓、山都、筑阳、阴、酂诸县,于汉属南阳,秦亦当属南阳。诸县中山都最偏南,旧为南阳之赤乡,秦以为县,见《沔水注》。东界自邾、鄂以东,初属九江,改属衡山;邾,楚汉之际为衡山王吴芮所都。南与长沙、黔中接壤,其界当在今湘鄂省界之北,汉制如是也。西界缘江应包有巫县,同汉制,辨见巴郡。其南清江流域,为故楚黔中郡地(参《责善》半月刊二卷十九期严耕望《楚秦黔中郡地望考》),秦亦当属黔中。于汉亦属武陵,不属南郡;武陵,黔中之更名也。

泗水 北界循汉制沛郡、楚国之界,不得有滕而有傅阳。汉楚国即秦泗水郡,沛者楚之分郡也。又不得沛郡之公丘、广戚,而有东海之阴平,前者本鲁壤,后者本楚壤,由孝武以后,王子封侯而改隶者也。西北界见砀郡,西南循汉制沛郡界,包有下蔡。自下邳、凌东傅海,于汉为东海、泗水、临淮三郡国之地,于秦当属东海。汉之临淮,据《晋志》系析沛、东阳二郡所置。淮北下相、取虑、徐,则沛分也,秦属泗水。自盱眙、淮陵以南,渐于江海,则东阳分也(盱眙、淮陵,并江都王子之封国,江都,东阳之更名也,《汉志》曰广陵),秦属东海。

薛郡 东界当有《汉志》东海之郚乡、合乡、昌虑、建阳、承,故鲁境,由王子封侯而别属者也。南界辨见泗水。自傅阳东渐海,旧亦以属薛,以不知有东海郡也。西界辨见砀郡,而《汉志》山阳之瑕丘,实鲁之分封也。北界凡《汉志》泰山属县斗入鲁、东平二国之间者,悉当在界内,其改隶盖亦由于王子分封,乘丘、宁阳、桃山、桃乡、富阳,皆载于《侯表》,刚、巨平故亦鲁地也。自亭亭、梁父而北,当属济北,汉初之制如是也。杨图几尽举泰山以属薛,非是。

九江 江北东界辨见东海，西界辨见南郡，其在今豫境者，循汉制江夏之界。江南皖境当有今青弋江流域以西之地，汉丹阳郡境，旧以为秦属鄣郡者也。按鄣非三十六郡之一，乃秦末或楚汉间诸侯王所增置，清儒已有定论。鄣郡析自会稽，然方其建置之初，非得全有《汉志》丹阳郡之地，今青弋江于《汉志》曰庐江，江在汉初庐江郡界内，故郡以水氏，而庐江者，九江之分郡也。孝武元狩初，衡山国除，更立六安国，但有衡山故境东北之地，其南则并入庐江，西南则立为江夏，庐江既得衡山之地，遂割其江南诸县以隶于鄣（始改称丹阳）。自是郡境悉在江北，而庐江遂名不符实。赣境自汉之安成以西当属长沙，汉制如是也。汉武帝时，以宜春、建成、安平为长沙王子封国，疑其先亦当属长沙。九江西境后分为衡山（详本书《秦郡新考》），衡山北不得有六；六，楚汉时九江王英布所都，南有今潜、霍诸山，即秦汉所谓衡山矣。

会稽 西界当有《汉志》丹阳之东境，辨见九江。南界杨图从《通典》《通考》，全有今浙江省境，而《元和志》、《寰宇记》则并以旧台、温、处三州为秦闽中郡故壤。考《史记·东越列传》，秦已并天下，闽越王无诸及越东海王摇皆废为君长，以其地为闽中郡。明闽中兼有东海之地，东海实当今浙江南部，都东瓯，即今永嘉。是李、乐之说，较杜、马为可信也。

长沙 北界辨见南郡。东界辨见九江。南界据《南越列传》当有粤境阳山关以北，桂境汉零陵县以西之地，湘境自九疑西南，汉属苍梧，于秦当属桂林。

邯郸 秦初并天下，分太行以东赵地为邯郸、巨鹿二郡：邯郸当有西部山丘地带，《汉志》之赵国、魏郡、常山、真定、中山；巨鹿当有东部平原地带，《汉志》之巨鹿、广平、清河、信都、河间。《通典》以南北剖分二郡，邯郸但有南部赵、魏、广平之地，较之巨鹿，不过四分之一,广狭悬殊,毋乃不伦。况广平为巨鹿之分郡,《郦注》《续志》具见始末,邯郸犹不得有之乎?全祖望以常山、中山、真定属诸邯郸,虽未有明证,却合情理。其后析邯郸北部为常山。(详《秦郡新考》。)常山得战国中山故地,自房子以北属常山,自鄗以南属邯郸,鄗,赵之王子侯国也。《汉志》巨鹿之象氏、柏乡、广平之张,皆赵之王子侯国,其初亦当属邯郸。东北当有《汉志》涿郡之樊舆、广望,中山王子之封国也。而中山之北新城,志末刘向论十二国分域,以为涿郡属县,盖后来益封中山者,于秦当属广阳。南界辨见河东。

巨鹿 西界辨见邯郸。东北有《汉志》勃海郡之地而不全;北则安次、文安当属广阳。《武五子传》:燕王旦坐臧匿亡命,削其三县。此其二也。东则自浮阳、章武以南,当属济北,战国齐之北地,其间侯国,皆齐所分封。惟居中大河左右之地,据《王子侯表》,汉初属广平、清河、广川、河间诸国,秦属巨鹿。《通典》举易、滱以南,呼池以北,沧海以右,《汉志》涿郡、中山、河间、勃海之地,并以属秦之上谷,最为疏谬。

齐郡 齐之西境,秦自昭襄王以来,已稍蚕食之,后分隶于东、薛二郡。始皇既举全齐,遂裂其地以为齐、琅邪二郡。齐南括泰、岱,北临渤海,有今鲁北之平原地带,琅邪西起沂沭,东迄荣成,有今鲁东之半岛丘陵地带。琅邪于秦地为极东,故《始皇纪》二十八年东巡狩,登琅邪,刻石颂秦德,言四迄则曰"东有东海",言东土则曰"至于琅邪"也。杨图从《通典》,齐郡东逾潍胶,至于海;琅邪但有高密以南沂沭上游;如是则琅邪东界,转不及齐郡之远,显与史实背缪。二郡分界,据《王子侯表》考之,滨海略以《汉志》北海郡之丹水为界,水西故甾川之分壤,甾川齐之分国;水东故胶东、胶西之分壤,二国皆析自琅邪者也。内地略以菑、汶与潍、沂之分水为界,《汉志》琅邪郡之西北隅当属齐,汉初属菑川;泰山郡之东边诸县当属琅邪,汉初属城阳。齐郡后析为齐、济北二郡(详《秦郡新考》)。齐得《汉志》之齐、菑川、千乘,兼有北海之地。济北得《汉志》之平原、济南、泰山,兼有勃海、东郡之地。自汉文帝析齐郡为齐、菑川二国,齐但有故郡之西半,而《三王世家》武帝立子闳为齐王,犹曰:关东之国无大于齐者。齐东负海,天下膏腴地,莫盛于齐者矣。故知齐兼有千乘十五县之地也。千乘当济、漯入海之口,《河水注》引伏琛曰:河海之饶,兹焉为最。郡属县被阳、繁安皆齐王子之封国,使齐无千乘,则《汉志》齐郡仅十二县,断不足以当关东大国之目。滨海之县惟台乡,又为成帝时析自菑川者,焉得有负海膏腴之誉乎?王氏国维《汉郡考》据《史记》讹字误以汉初千乘之地为属于胶西,辨见拙著《汉初封建图说》。《史记》集解引徐广曰:济北分平原、泰山。此指汉初之济北而言,秦之济北于汉初为济北、博阳二郡,自吕后以后,有济南而无博阳,济南即博阳之更名也,故知济南实济北故壤。

琅邪 西界辨见齐郡。西南当有《汉志》东海之费、南城、即丘、利成,本城阳王子之封国。其后析其东北境为胶东。(详《秦郡新考》。)琅邪有《汉志》之琅邪、城阳,胶东有《汉志》之东莱、胶东、高密,而琅邪自今胶州湾以东,亦当属胶东;其中皋虞一县,明为胶东王子之封国。郡名胶东,而地跨胶西者,犹济北之兼包济南,辽东之辖有辽西也。

黔中 北接汉中,有峡江两岸及清江流域之地,辨见巴郡、南郡。杨图从《通典》悉以摈之界外,盖由误以汉武陵郡为尽得秦黔中郡之故境也。西北今四川东南隅黔江流域之地,郦元《江水注》以为乃昭襄王时司马错取楚黔中地所经由,疑亦当在界内,汉初始割属巴郡。西界无可确征,《汉志》武陵郡西界包有今贵州东部旧思南、思州等府,此殆武帝经营西南夷所增辟,杨图径以为秦黔中之故界,非也。

陈郡 郡境于《汉志》为淮阳国、汝南郡。《始皇纪》:二十三年击荆,取陈以南平舆,虏荆王。陈为淮阳,平舆则汝南也。惟汉之汝南有期思、弋阳二县,在淮水以南,盖孝武元朔间削自淮南者,于秦当属九江。(《侯表》六安王子有终弋侯,下注汝南,疑即在弋阳境。)

象郡 旧说郡域限于今越南境及粤省西隅,未得其全。按《海内东经》,沅水出象郡镡成。镡成,《汉志》属武陵,在今湘省西南隅,此郡之北界也。《淮南子·人间训》:尉屠睢五军,一塞镡成之岭;明其地在秦越界上。《海内东经》又云:郁水出象郡,而西南注南海。而《高帝纪》臣瓒注引《茂陵书》谓象郡治在临尘,水及县于《汉志》悉属郁林,今桂省之西部也。《昭帝纪》,元凤五年,罢象郡,分属郁林、牂柯。是郁林而外,郡境又兼有《汉志》牂柯之地。惟界址无可确征,依地势推之,则今黔省东南隅介在镡成、郁林之间,滇桂接壤地带距临尘近而距且兰、夜郎远,或足以当之矣。

东海 郡境全有《汉志》之泗水、广陵二国,东海、临淮二郡有之而不全。泗水,汉武析东海所置,非秦之泗水。广陵,故楚汉之际东阳郡,盖分东海南境所置,其地介在江淮间,右九江,左大海,旧不知秦有东海郡,遂以为九江之分壤;不思九江自是南楚,安得有东海滨之地? 故自楚汉之际下迄汉初,九江及其分郡衡山、庐江、豫章则为淮南国,东阳及其南北滨海之郡东海、吴、会稽则隶荆、楚,虽君主数易,疆界固判然不变也。汉之东海西北接于泗、祊,于秦当分属薛郡、琅邪、泗水,辨已见前。临淮,汉武析沛、东阳二郡置,其在淮北者,故沛地也,秦当属泗水。

(原载《真理杂志》第一卷第二期,1944 年 3 月)

讨论两汉州制致顾颉刚先生书

附：一、顾颉刚先生附说
　　二、两汉州制问题讨论书后

甲，谭其骧与顾颉刚书

颉刚师：

先生《尚书研究讲义》中所列之十三部，非西汉之十三部（不但非武帝时之制，亦且非平帝时之制），兹已证实。

（一）西汉司隶校尉部不在十三部之列。十三部刺史之初置，在元封五年(《武帝纪》、《百官公卿表》)，而司隶校尉之初置则在其后之十七年——征和四年(《百官公卿表》)。是知十三部云者，其中并无司隶校尉一部也。

（二）西汉有朔方刺史一部。《汉书·地理志》："武帝攘却胡越，开地斥境，南置交趾，北置朔方之州。兼徐、梁、幽、并夏周之制，改雍曰凉，改梁曰益，凡十三部，置刺史"。虽未明言十三部之名为何，但以文意推之，则朔方亦一部也。且朔方为一部，故可曰"朔方之州"；若朔方但为一郡，则州郡为截然不同之物，断不能作如是云也。此言证之以他书而益信：

《汉书·地理志》颜师古注引胡广记："……分雍州，置朔方刺史"。

《晋书·地理志》:"(汉武帝)南置交趾,北有朔方,凡为十三部(凉、益、荆、扬、青、豫、兖、徐、幽、并、冀十一州,交趾、朔方二刺史,合十三部)"。

《晋志》并州条:"汉武帝置十三州,并州依旧名不改,统上党、太原、云中、上郡、雁门、代郡、定襄、五原、西河、朔方十郡,又别置朔方刺史。"

是则朔方郡为朔方郡,属并州,朔方刺史部为朔方刺史部,分自雍州,果两不相关者也。按朔方郡,元朔二年置(《武帝纪》),而朔方刺史部则自为元封五年所置也。

(三)终西汉但曰交趾刺史部,不曰交州刺史部。"交州"字样,不见《汉书·地理志》本文,惟颜师古注中有之耳。而颜注实误。观夫上引《汉志》"南置交趾,北置朔方之州……",《晋志》"汉武帝南置交趾,北有朔方……",皆称交趾而不称交州。而《晋志》之注则复明言所谓十三部乃十一州二部之合称,交趾未尝称州也。又,师古注引胡广记云:"汉既定南越之地,置交趾刺史,别于诸州,令持节治苍梧"。交趾不曰州,其制度果有别于州也。

以司隶为十三部之一,朔方并入并州,交趾为交州,盖东汉建武、建安二代改制后之制:

《后汉书·百官志》:"司隶校尉,孝武帝置,成帝省。建武中复置,并领一州"。可知司隶至此始预于十三州之列也。

《后汉书·光武纪》建武十一年:"是岁省朔方牧,并并州"。

《晋书·地理志》:"(后汉)省朔方刺史,合之司隶,凡十三部"。盖既省朔方,复以司隶为一部,于是仍合十三部之数也。朔方自武帝元封中置,至此省,计几百四十年。

《晋志》交州条:"元封中……置交趾刺史以督之。……顺帝永和九年（骧案：永和无九年，只有六年），交趾太守周敞求立为州，朝议不许，即拜周敞为交趾刺史。……建安八年，张津为刺史，士燮为交趾太守，共表立为州，乃拜津为交州牧。"交趾至建安八年始立为州。若误以为武帝元封中所立，则前后相差三百有余年矣。

前汉十三部，后汉亦为十三部，《前汉书·地理志》既不明言所谓十三部之名为何，于是后之人乃多有误认后汉之制即为前汉之制者矣。此不特先生为然，即号称地学专家之白眉初氏，以及各种坊间发行之地理沿革图，亦莫不有此误也。（手头无杨守敬图，不知此图有无此误。）

兹复列表以明东西汉之异制：

西汉	司隶	十三部												
		交趾	朔方	十一州										
				并	冀	豫	凉	兖	徐	青	荆	扬	益	幽
东汉	司隶	交		并	冀	豫	凉	兖	徐	青	荆	扬	益	幽
		十二州												
		十三部												

十二州既为东汉之制而非西汉之制，故先生所谓"《尧典》之十二州系袭诸汉武之制"一义应有所改正也。然推翻此点，殊无伤于全文之大旨；不但无伤，且益可证实之。何者？盖西汉抚有朔方、交趾之地而不以为州，《尧典》中之尧亦抚有朔方、南交之地而亦不以为州，此点汉制与《尧典》全然相合；至西汉实际只有十一州，而《尧典》有十二州者，当由于《尧典》作者有意凑成"天之大数"。按《尧典》未明言朔方南交不在十二州之列，但既与嵎夷、西相并列，嵎夷、西非州名，朔方、南交自亦不以为州也。

学生　谭其骧

二十·十·二晚

乙，顾颉刚与谭其骧书

其骧学兄：

顷接来书，读之快甚。西汉的十三州久已成为一个谜，现在经你这样一整理，觉得大有弄清楚的可能了。

我的讲义所以如此说，自然是用《汉书·地理志》的注文。注文于每一郡下皆注明"属某州"，所以很容易引得读者把它辑集起来，排成一篇州郡统属的目录。我的讲义固如此，就是王应麟的《通鉴地理通释》也是如此。这些"属某州"的注文是什么人注的呢？你说是颜师古注的，我则以为不是颜师古而是班固。凡是《汉书》的注文，不管是颜氏自注或是引别人的注，均书明其姓名。即如"臣瓒"的不知其姓，也必书其名。至于颜氏自注，则称"师古曰"。其不书人名的，便是班固的原注。反观《地理志》，也是如此。今录其朔方郡与交趾郡两条如下：

"朔方郡（武帝元朔二年开；西部都尉治窳浑；莽曰沟搜；属并州。师古曰：'窳音庾，浑音魂'。）"

"交趾郡（武帝元鼎六年开；属交州。）"

则朔方郡条颜氏之注仅有"窳浑"二音，其它悉是原有；交趾郡条则全非颜氏之笔了。

我在讲义中所以这样写，正因为这注是班固原注的缘故。我当时也诧怪注文和叙论中的说话冲突，何以班固一人在一篇之中而有二说？但我想，注文逐郡逐县记录，当是班固根据官府簿籍为之，叙论包举大纲，则是班固自己做的文章，其正确性自比注文差一点，所以就择取了注文，而把朔方并入并州了。

但讲义上虽这样写了，我心中总觉得未安。所以那天上课时，在黑板上写道："此表所列系汉平帝时地理制度，与武帝时已多不同"。为什么这样写呢？因为《平帝纪》上说：

"四年……更……十二州名。分界郡国所属，罢置改易，天下多事。"这件事是发动于王莽的，《王莽传》上记他的奏书道：

"圣王序天文，定地理，因山川民俗以制州界。汉家地广二帝三王，凡十三州；州名及界多不应经。《尧典》十有二州，后定为九州。汉家廓地辽远，州牧行部，远者三万余里，不可为九。谨以经义正十二州界，以应正始。"我很疑《地理志》注文所说"属某州"云云就是这一次"以经义正十二州界"后的区画。

现在接读你的来信，使我更相信注文所云不是汉武帝时的制度。你说武帝置十三部刺史在元封五年，而其置司隶校尉在征和四年，后了十七年，当然司隶校尉不在十三部之内。十三部中，有了《禹贡》的九州，又加了《职方》添出的幽、并二州，再加上了交趾、朔方二部，当然已足十三之数，更插不下司隶校尉。这是极确切的论断。

可是十三州不仅是一个数目问题，而尚有事实问题在后面。汉武帝时，四面拓地，为《禹贡》九州所不能包，故必于向日九州之名有所更变。其"改雍曰凉"者，非真改雍州之名为凉州也，乃在雍州之外更新辟一个凉州也（酒泉、武威、张掖、敦煌四郡）。其"改梁曰益"者，亦非真改梁州之名为益州也，乃在梁州之外更新辟一个益州也（犍为、牂柯、越嶲、沈黎、汶山、武都、益州七郡）。所谓兼周制而有幽州者，实兼有燕将秦开所辟之上谷、渔阳、右北平、辽东、辽西五郡，加以新辟之真番、临屯、乐浪、玄菟四郡耳。所谓兼周制而有并州者，实兼有赵武灵王所辟之云中、雁门、代三郡及秦始皇所辟之九原郡耳。朔方之地，只有一郡，倘使为此一郡而特置一刺史部，岂非与他部广狭相差太殊。就是把元朔四年所置的西河郡归给这个刺史部,也只有两郡之地,依然不广。且并州本应属冀州,只以北境所开太大,故使脱离冀州而独立;若北境已有朔方刺史部管辖了,并州就没有独立的资格了。同样,如果汉武帝时已有并州刺史部了,朔方郡已属于它了,试问以何种的需要而再置一朔方刺史部呢?

因为这个缘故,所以我对你的话赞成一半,反对一半。赞成的,是武帝时朔方不名州;反对的,是朔方刺史部与并州刺史部同时存在。我以为并州之名亦是后起(所谓周制《职方》当然靠不住),武帝时只有朔方刺史部,平帝时由王莽"以经义正十二州界"及"更名"的结果,才改为并州刺史部。至胡广所谓"分雍州,置朔方刺史",这和扬雄《并州箴》所谓"雍别朔方",恐都由《禹贡》来而不由汉制来,因为朔方之地如照《禹贡》讲当属雍州之域而汉制本无雍州之名也。

我尤其反对的,是你讲的朔方郡属并州;朔方刺史部分自雍州,两不相关之说。朔方既已属于并州,何必再设一朔方刺史部呢? 朔方刺史部既分自雍州,朔方郡又何以属于并州呢? 现在我们已知道朔方分自雍州之说为古典主义之下的说法,则知朔方刺史部是从朔方郡升起来的;而朔方刺史部之复降为朔方郡及其属于并州,当然是后起的事了。

你的所以致误。是由《晋书·地理志》说"并州统朔方等十郡",又说"又别置朔方刺史"而来。《晋志》之所以致误,亦由于《汉志》的自相矛盾。《汉志》在注文里说"朔方郡属并州",故《晋志》有"并州统朔方等十郡"之说。《汉志》在叙论里说"武帝北置朔方之州,置刺史",故《晋志》有"又别置朔方刺史"之说。至《汉志》之所以致误,乃由于汉武帝和汉平帝的两次改制,弄糊涂了。

既然并州为后出,司隶校尉又为征和四年所置,那么元封五年的"置刺史部十三州"岂不少了一州？再有一州是什么？

我对于这个问题，也不能作满意的答复。所以然者，武帝时的分州材料我们已看不见了。看得见的，只是东汉初年班固写的《汉书》，那是在王莽改制以后的，西汉的事情给他弄乱的已不少了。

但我们从《汉书》里看，也可寻出些痕迹来。《平帝纪》元始元年："大司农部丞十三人，人部一州，劝农桑。"那时不是已有了司隶校尉了吗？为什么不说十四州而依然是十三州呢？我想，这可以有两种解释。

其一，汉武帝元封五年本置十二部刺史，因为后来增加了司隶校尉，故有十三部，而倒记其事于元封五年。

其二，司隶校尉本不在十三部之内，故置司隶校尉之前（元封五年）称十三州，置司隶校尉之后（元始元年）亦称十三州。

第一个解释似乎不经，但史书里实有其例。如《史记·秦始皇本纪》于二十六年统一之后，记其地之四至云："东至海暨朝鲜，西至临洮羌中，南至北向户，北据河为塞"。其实"北据河为塞"乃是始皇三十二年"蒙恬击胡，略取河南地"及三十三年"西北斥逐匈奴，城河上为塞"之事；记在二十六年，早了七年了。作史者既有这种"倒记"的事情，就说不定元封五年的十三部刺史也是在这一个例子之下出现的。

第二个解释也很可能。司隶校尉所部既有司隶校尉，自然不必再有刺史。既称十三部刺史，则司隶校尉不在内也可知。所以平帝时虽已有司隶校尉而仍称十三州，足证武帝元封五年虽无司隶校尉而自有十三州。到元始四年，王莽始改十三州为十二州。但汉武帝时的十三州是什么呢？这还是待猜的一个谜。

照我想，《禹贡》的九州，当然是照样分的。（雍州之所以改为凉州,因为新辟的地偏于西北方的太多,而《禹贡》中所说的雍州诸地已大都包在三辅中了。)幽州,因燕的拓地到辽宁而来,《禹贡》的不收或者因作书在燕国拓地以前,或者因已满了九数,不能再添之故,皆不可知。但战国诸子已说得多,汉武帝又在朝鲜辟四郡,是不容不设的,于是有了十州。加上"南置交趾,北置朔方之州",于是有了十二州。再有一州,我猜它是西南夷;所谓"改梁曰益",我疑它是平帝时的话而不是武帝时的,在武帝时原是梁州与益州并列的。因为——

(1)如果把武帝时所辟之西南夷合之于《禹贡》之梁州,则奄有今四川、贵州、云南三省之地。四川一省已够大,况加以云贵两省,这一个刺史部未免太大了。除非王莽以经义正定,否则不当如此。(试看清代于四川置一总督,云贵又置一总督,就可想见当年的刺史行部也不能相差太远。)

(2)巴蜀诸郡久已化为中国,而牂柯、越巂、益州诸地则尚为蛮夷,因生活习惯的不同,治理的方法应与诸夏有异,颇有特立一刺史部的需要。这和朔方之不属雍州,交趾之不属扬州与荆州,其情形正相类。《汉书·食货志》云:

"汉连出兵三岁,诛羌灭两粤,番禺以西至蜀南者,置初郡十七;且以其故俗治,无赋税。"

这十七个初郡据晋灼注云:"元鼎六年,定越地以为南海、苍梧、郁林、合浦、交趾、九真、日南、珠厓、儋耳郡;定西南夷以为武都、牂柯、越巂、沈黎、汶山郡及《地理志》、《西南夷传》所置犍为、零陵、益州郡"。交趾九郡,既然因为是"初郡"而独置一刺史部了,为什么西南夷七郡(连属荆州之零陵则为八郡)独异,要与治法不同的汉中、巴、蜀诸郡合置一刺史部呢?合置一刺史部也罢了,为什么不以诸夏文化之汉中、巴、蜀为主而曰梁州,反以蛮夷文化之牂柯、越嶲为主而曰益州呢？因为有了这些疑窦，所以我猜想汉武帝时本以西南夷独立为一刺史部，与梁州刺史部是并列的。这一刺史部所以名曰益州者，因元封二年已立有益州郡，故过了三年立十三部刺史时，即以益州郡升做益州刺史部；正似以交趾郡升做交趾刺史部，以朔方郡升做朔方刺史部一样。当时并无所谓"改梁曰益"之说。到了王莽时，离武帝立郡立部已有百年了，华化已浸洽于蛮夷了，他才更定州名，而有"合梁于益"之事。后人不知其因由，乃以此制为武帝原定，而有"改梁曰益"的解释。

以上两个解释似都有其可能性，虽则都没有充分的证据，只好存疑。在这两个解释中，我以为第二个解释颇为近情，就那时的政治制度看是应当有此区划的；否则雍也不必别朔方，荆扬也不必别交趾了，大可复《禹贡》的九州了。

至于你说交趾改为交州是汉献帝建安八年的事，以前无称交州的，这也未免过于信任《晋志》。建安八年固然有表立交州的事，但在没有证明《汉书·地理志》注文不是班固原注之前，我们不能说班固时无"交州"之名。在没有证明扬雄的《交州箴》(见《艺文类聚》州部)是伪作以前，我们也不能说扬雄时无"交州"之名。我以为这一名大概是王莽立的，故即为扬雄所用，到东汉初还未废，故又为班固所用，不知何时废弃了，故至建安八年而又上表立之。

总上所言，作一结论。我对于你的话，赞成的是：(1)元封五年之十三部内无司隶校尉一部；(2)元封五年之十三部内有朔方刺史部，不属并州；(3)元封五年之十三部内有交趾刺史部，不称交州。

对于你的话不赞成的是：(1)朔方刺史部与并州刺史部同时存在；(2)朔方郡属并州，朔方刺史部分自雍州，两不相关；(3)交州之名始于东汉建安八年。

我以为我们这次讨论的结果,有下列收获:(1)汉武帝时的十三州,究竟如何,我们已不可知。(2)平帝时王莽所定的十二州,大约就是现在《汉书·地理志》注文中所举的某郡属某州之文(除了司隶校尉)。其时朔方为并州,交趾为交州,合之《禹贡》九州及幽州正是十二。(3)东汉建武中设司隶校尉,领一州,合之于王莽时十二州则为"十三部"。这即是《汉书·地理志》注文中所载的。后人因后汉的制度而载于前汉的史书,遂错认为前汉的制度。这个错误,班固不能不负责任。

存疑的有下列二事:(1)并州之名似非武帝时原有的,若是有了就不必再置朔方刺史部了。王莽时,似因整齐州名之故,将此刺史部改为并州,而以朔方郡属之。到光武即位,再明诏定之。(2)武帝时所置的西南夷七郡,实有立一刺史部之资格。或武帝时曾以梁州与益州并列,至王莽而合并之。班固不知,遂以为武帝改梁曰益。(彼时交趾刺史部所辖九郡,无异说。朔方刺史部所辖当有朔方、五原、西河、上、云中、定襄、雁门七郡。至后属并州之太原与上党两郡,彼时似应属冀州。又后属益州之汉中、广汉、巴、蜀四郡,彼时似应属梁州。)

有了上面的结论,更照我的见解,写定这三朝的州制如下:

(一)汉武帝所立之十三州:①豫州刺史部,②冀州刺史部,③兖州刺史部,④徐州刺史部,⑤青州刺史部,⑥荆州刺史部,⑦扬州刺史部,⑧(梁州刺史部?)。以上《禹贡》所有。⑨幽州刺史部,⑩凉州刺史部,⑪朔方刺史部,⑫交趾刺史部,⑬益州刺史部。以上除凉州东半外,皆《禹贡》所无。(假使益州与梁州并立,则益州全为《禹贡》所无。)

(二)王莽所更定之十二州:①豫州,②冀州,③兖州,④徐州,

⑤青州，⑥荆州，⑦扬州，⑧凉州，⑨幽州。以上为因仍汉武帝之制。⑩并州，此由朔方刺史部改。⑪交州，此由交趾刺史部所改。⑫益州，此似由梁州刺史部与益州刺史部所合。

（三）光武帝所列之十三州：①豫州，②冀州，③兖州，④徐州，⑤青州，⑥荆州，⑦扬州，⑧益州，⑨凉州，⑩并州，⑪幽州，⑫交州。以上十二州刺史部，因仍王莽之制；惟交州刺史部其后改为交趾刺史部。⑬司隶校尉部。此为新制，即西汉三辅及三河之地。

这一个表，不知尊见以为如何？敬待商榷。

这些问题，如果班固当年精心考核一下，正不必劳我辈的讨论。不幸他把西汉、新莽和东汉的三朝制度胡搅一阵，把《汉书·地理志》弄成了"四不像"，表面上说武帝，而实际则把新莽的十二州和东汉的司隶校尉安放进去，弄得人莫名其妙。自《晋书·地理志》沿袭了他的误谬，一直到我们现在。我们现在虽有跳出他的圈套的可能了，可惜汉武帝时的材料已找不到了！

但我们不要怕，只要肯找，总有新材料可以发现！

顾颉刚启

二十·十·三·

丙，谭其骧再与顾颉刚书

颉刚师：

复函赞成敝见者三点，反对敝见者亦三点。兹再就所反对之三点讨论如下：

一、先生以为朔方刺史部与并州刺史部不能同时存在，武帝时有朔方而无并州，并州乃王莽以"经义更定十二州界"之结果，即是前之朔方刺史部，此言恐有误。按《汉书》，朱博曾为并州刺史；

据本传,事在哀帝建平二年为丞相之前。又成帝绥和元年更刺史为牧(《纪》),是处称并州刺史而不曰并州牧,自当又在绥和之前。而王莽之更定十二州名则在其后十余年之平帝元始年间(《纪》作四年,《传》作五年),是并州之名不自王莽始可知。又翟方进亦在成帝世曾为朔方刺史(本传),是则并州部之与朔方部,事实上果尝同时存在者也。

先生不以并州为汉武十三部之一部,因以梁州充十三之数,并详言益梁分立之可能,于理可通,然于事无证。《汉书》王尊、孙宝、任安、王吉、王襄皆曾为益州刺史,而梁州刺史不闻一人焉。盖西汉果无梁州,改梁为益之言为可信。且使武帝时益梁果同时并有,果至王莽而始合而为一,则王莽崇古之人,岂有不名之为梁而名之为益之理?(梁有经义可据。)

二、先生以为"分雍州置朔方"之雍州为《禹贡》雍州而非汉制雍州,以为既有朔方刺史部不能另有朔方郡统于并州,此言甚是。特先生因不承认并州之并朔方而存在,故以朔方、五原、西河、上、云中、定襄、雁门七郡属朔方;太原、上党二郡属冀州。今既已证实并州、朔方确曾同时存在,则朔方所统将为何几郡乎?钱大昕《廿二史考异》卷十四言《后汉书·郡国志》"右并州刺史部郡九"下注"《古今注》曰:'建武十一年十月,西河、上郡属魏'"之"魏"字系误:"按《光武纪》,建武十一年省朔方牧,并并州。此西河、上郡必朔方刺史部所部,至是始属并州耳。《班史》,冯野王为上郡太守,朔方刺史萧育奏封事荐之,是上郡属朔方部之证也。注文当有脱漏,又因下引《魏志》而衍一'魏'字耳"。其证甚健全。且按上郡略当今陕北之榆林道,西河、朔方在今内蒙古河套内外,皆在黄河以西,依地理言此三郡确可与河以东太原、上党、定襄、雁门诸郡分立而成为一部,则其说益可信也。又五原与朔方同年所置,境土紧接，关系最切，动辄相与连称，疑亦属朔方。如此，《汉书》注文中之所谓并州九郡，当有一半属朔方，一半属并州。

三、先生以《汉志》注文及扬雄《交州箴》为西汉末东汉初有交州之称之证，因以为交趾于王莽时曾改称交州，沿及于班固作《汉书》时，其后始改称交趾，至建安八年又改交州。但《后书·岑彭传》："（建武四年，彭）引兵还屯津乡，当荆州要会，喻告诸蛮夷，降者奏封其君长。初，彭与交趾牧邓让厚善，与书陈国家威德。……"是时光武势力未及荆湘以南，故岑彭屯兵要会而招谕之，则是所谓交趾牧邓让者，乃王莽所任命者也。王莽时亦称交趾矣，岂独扬雄作《交州箴》之某年某月称交州乎？又《后书·南蛮传》："建武十六年，交趾女子征侧及其妹征贰反，……略六十五城，自立为王。交趾刺史及诸太守仅得自守。"使莽世果称交州，则建武十六年已改称交趾矣，班固《汉书》之成在其后（章帝建初五年），应无"交州"字样。岂莽改汉武之称，光武建武中又改莽之称，至班固作《汉书》时又改建武之称，其后又称交趾，又改交州乎？如此改复纷更，东汉非十六国五代，窃以为必无之事也。

总上所论，因对先生所谓讨论结果收获三事，窃以为应有所改正：

（1）汉武帝时之十三州，当仍以第一信表中所列者为是。并州与朔方同时存在，无梁州。《汉志》注中并州九郡当分隶于朔、并二部。（2）平帝时，王莽所更定之十二州已不可知。据《后汉书》建武初年有并朔方入并州之记载，又叠见交趾刺史之称，则王莽之制一仍西汉之制也，何改之有？（3）光武建武十一年省朔方并并州，在未尝证明此言不确之前，未有确证可证明王莽时已曾合并之前，东汉司隶而外之十二州当仍以"就西汉十三部并省改称而成"之说为是。

仍然不明白者为二事:(1)交州之称究竟是否在建安八年以前已有之?(2)《汉书·地理志》注文非师古所注,亦不似班固所注,究竟系何人何时所注?

此则必有待于详查前后两《汉书》及新莽时之著作而后始有解决之希望也。

学生　谭其骧

十月九日

丁,顾颉刚再答谭其骧书

其骧学兄:

上旬接读来函,佩甚。

你既寻出了朱博在成帝绥和元年前曾为并州刺史,又寻出了翟方进在成帝世曾为朔方刺史,那么,并州自是先于王莽的更定州名而存在,且确是与朔方刺史部同时存在。

我在扬雄《益州箴》中也寻出了益州不与梁州同时存在的证据。写在下边,证明我上次猜测的失败。箴文云:"岩岩岷山,古曰梁州。华阳西极,黑水南流。……义兵征暴,遂国于汉。拓开疆宇,恢梁之野"。"列为十二,光羡虞夏。"按所谓"恢梁之野"者,即汉武帝于《禹贡》梁州之外更辟西南夷也。所谓"列为十二"者,即于巴、蜀、汉中、广汉原有之四郡以外更辟犍为、武都、牂柯、益州、越嶲、汶山、沈黎七郡也(按尚有一郡不可知,或后来有所并省)。然则益州确是梁州所扩大的而不是与梁州并峙的可知了。

并州既与朔方刺史部同时存在,益州又不与梁州同时存在,则武帝所设的十三部刺史的事实可定,且足证明《汉书·地理志》叙论中的话是不错的。这十三部里是:①冀州刺史部,②兖州刺史部,③青州刺史部,④徐州刺史部,⑤扬州刺史部,⑥荆州刺史部,⑦豫州刺史部。以上七部,大致为《禹贡》的旧地,故沿用《禹贡》的旧名。(所不同者,为冀州移至东面而以河东与并州;扬州移至江南而以淮南与徐州。)⑧凉州刺史部,⑨益州刺史部。以上二部,为《禹贡》所有,不用《禹贡》的旧名。(凉州的西北部、益州的西南部新辟于汉武帝,非《禹贡》的雍州梁州所有。)⑩幽州刺史部,⑪并州刺史部。以上二部,非《禹贡》所有而为战国时所已辟。(幽州为燕所辟地,并州为赵所辟地。惟并州所属之太原、上党二郡原在《禹贡》之冀州,又幽州所属之朝鲜四郡则为汉武帝所辟。)⑫朔方刺史部,⑬交趾刺史部。以上二部,非《禹贡》所有,亦非战国时所辟,乃初辟于秦始皇,不久放弃,继辟于汉武帝者。

至于你说《后汉书》建武四年有交趾牧邓让,是王莽时任命的。可见王莽时亦称交趾而不称交州。又建武十六年交趾女子征侧反。交趾刺史仅得自守,可见光武帝时亦称交趾而不称交州。加以建武初年有并朔方入并州之记载,可见王莽时朔方与并州两刺史部亦是同时存在的。因此,你说"王莽之制一仍西汉之制也,何改之有?"我以为单就这方面看,证据固甚充足。但再就别方面看,则《汉书·平帝纪》有"更十二州名"的记载,《王莽传》中又有"谨以经义正十二州名分界,以应正始,奏可"的话,以及扬雄的《十二州箴》,班固的《汉书》自注,则是明明说王莽改西汉之制,且交趾之名亦确改为交州的。所以关于这个问题,你和我的主张各有理由,亦各有证据;我固不能掩没你的证据,你也不能抹杀我的证据。只恨古书太多牴牾,古人不可复生,无法作根本解决耳。

不过,我还要说我的主张是对的,因为扬雄的《州箴》终是一件王莽时的史料(见《汉书·扬雄传》、《后汉书·胡广传》),早于你所根据的。按《十二州箴》的名目,依《艺文类聚》之次,为:

①冀州，②扬州，③荆州，④青州，⑤徐州，⑥兖州，⑦豫州，⑧雍州，⑨益州，⑩幽州，⑪并州，⑫交州。

依《古文苑》之次则为：①冀，②兖，③青，④徐，⑤扬，⑥荆，⑦豫，⑧益，⑨雍，⑩幽，⑪并，⑫交。其《交州箴》云："交州荒裔，水与天际。越裳是南，荒国之外。爰自开辟，不羁不绊。……大汉受命，中国兼该。南海之宇，圣武是恢。稍稍受羁，遂臻黄支。杭海三万，来牵其犀。"按《汉书·平帝纪》："元始元年春正月，越裳氏重译献白雉一，黑雉二，诏使三公以荐宗庙。群臣奏言'大司马莽功德比周公'，赐号安汉公。""二年春，黄支国献犀牛。（应劭注，'黄支在日南之南，去京师三万里'。）"又《王莽传上》云："莽复奏曰：'太后秉政数年，恩泽洋溢，和气四塞，绝域殊俗靡不慕义：越裳氏重译献白雉，黄支自三万里贡生犀'。"读此可知这两件事是王莽秉政之初了不得的德化南夷的感应。《交州箴》中也这样说，足见扬雄此箴是作于平帝元始二年（公元二年）之后的。然而箴中又说"大汉受命"，足见是时汉尚未亡，自当是在王莽始建国（公元九年）之前。这六年之中应当归在哪一年呢？这固然不可知，但元始四年王莽即更定十二州了，扬雄受了这时代的刺激，即为新定的十二州作上十二箴，自然是可能的。所以我以为扬雄作箴的十二州即是王莽更定的十二州，王莽更定的十二州并非不可知。

王莽的十二州，比汉武帝的十三部确是不同了：

第一，并朔方部于并州，于是本有的十三部变成十二部。（扬雄《并州箴》云，"雍别朔方，河水悠悠。此辟獫鬻，南界泾流。画兹朔土，正直幽方。"汉武帝时的并州在河东，不能以泾水为界；朔方在河西，不能与幽州相值。今既合并，故《箴》文云然。）

第二，改交趾之名为交州，使十二州的名称划一（《尧典》云"宅南交"，是"交"字已可独立，王莽取之，所谓"以经义正"也）。

第三，改凉州之名仍曰雍州（这当然也是"以经义正"的。扬雄《雍州箴》曰，"黑水西河，横截昆仑，邪指阊阖，画为雍垠"。按昆仑为地枢，阊阖为天门，是当时将雍州之地扩至无穷远矣。又云"陇山以徂，列为西荒。……并连属国，一护攸都"。是将张掖等郡、匈奴属国、西域都护皆兼包于雍州之中矣）。

这三点，都是就扬雄的《十二州箴》中钩稽出来的。假使我们能见那时的图志，所得当远不止这些，因为《平帝纪》中说："分界郡国所属，罢置改易，天下多事，吏不能纪"，实在王莽把汉武帝的地界改得太多了，你说"何改之有"，这绝非事实。

但何以王莽时有交趾牧呢？又何以光武帝时有交趾刺史呢？我想，这或许是沿用习惯上的名称而不是当时的正式名称。例如北京这个地名，是明代和南京对立而有的，在那时原是一个正式的名称。清兴以后，没有南京了，北京只应叫顺天，但大家还叫它北京，这便是习惯的名称。现在已改名为北平，然而民间却依然沿用着"北京"这一旧称。

但建安八年既有张津表立交州事，则可证东汉时确曾把交州之名改回为交趾。但这是何年的事，书缺有间，不可知了（看班固《地理志》注文尚称交州，此事当在班固之后）。

又《后汉书》有建武初年并朔方入并州的记载，你以此证明两部合并为光武时事而非莽时事。但我以为扬雄的《并州箴》中已说明了把朔方并入并州，则便不能不说是王莽时事。我想，这也有一种可能的解释。光武即帝位，当然要把王莽的政令悉数推翻，则朔方自与并州分而设牧。但到建武六年六月，因户口耗少而吏职繁多，下诏省减吏员，这一年就并省了四百余县。到九年又省关都尉，十年又省定襄郡。在这减政的潮流之中，朔方是曾被王莽并省过的，自然旧事重提，又把朔方牧裁去了。

以上的话,不知你以为如何？愿赐讨论。

顾颉刚

二十,十,廿四。

附：一、顾颉刚先生附说

这几封通信都是讨论汉代的州制的,为什么要印了发与诸位同学,占据《尚书研究》一课的时间呢？这有两个原因：一是借此可以明白古人治学方法的不正确,使得我们从此不要再上他们的当;二是借此可以对于以前注解《尧典》"肇十有二州"一语的各家说作一个总评判,使得这些妄意的猜测从此失掉它们存在的地位。

（中略）

临了,敬致感谢于谭其骧先生。要不是他提出质问,我们一定循着传统的见解,习用班固在《汉书·地理志》注文中的说法。现在经过这样的辩论之后,不但汉武帝的十三州弄清楚,就是王莽的十二州也弄清楚,连带把虞舜的十二州也弄清楚了。对于这些时期中的分州制度,二千年来的学者再没有像我们这样的清楚的了！庄子说,"知出乎争",这是极确切的一句话。希望诸位同学更能在他处提出问题,让我们永远的争下去,让我们常常的得到新知,无愧于这一个"研究"的课目！

二、两汉州制问题讨论书后

1930 年秋,我进北平燕京大学历史系当研究生。第二学年秋季开学,我选读了顾颉刚先生所讲授的"尚书研究"一课。顾先生在讲义中讲到《尚书·尧典》篇时,认为其写作时代应在西汉武帝以后，一条重要的论据是：《尧典》里说虞舜时"肇十有二州"，而先秦著作称述上古州制，只有九分制，没有十二分制的。到汉武帝时置十三刺史部，其中十二部都以某州为名，自此始有十二州，所以《尧典》的十二州应是袭自汉武帝时的制度。为了让同学了解汉代的制度，当时还印发给班上同学每人一部《汉书·地理志》，作为《尚书研究讲义》的附录。我读了这一段讲义之后，又把《汉书·地理志》翻阅了一遍，觉得顾先生在讲义里所列举的十三部，不是西汉的制度，实际上是东汉的制度。有一天下课时我对顾先生提出了自己的看法。先生当即要我把看法写成文字。我本来只想口头说说算了，由于他提出了这一要求，迫使我不得不又查阅了《汉书》、《后汉书》、《晋书》等书的有关篇章，结果益发增强了对自己看法的信心，就把这些看法写成一封信交给了顾先生。想不到他在第二天就回了我一封长信，结论是赞成我的看法三点，不赞成的也是三点。这就进一步激发了我钻研的兴趣和辩论的勇气，六天之后，我又就他所不赞成的三点再次申述我的论据，给他写了第二封信。隔了十多天他又给了我一复信，对我第二封信的论点又同意了一点，反对二点。通信讨论到此结束。不久，他把四封信并在一起又写了一个附说，加上一个"关于尚书研究讲义的讨论"的名目，作为这一课的讲义的一部分，印发给了全班同学。这一学期顾先生在"尚书研究"一课上所发的讲义很多很多，可惜我把这份讲义的本文早已不知丢到哪里去了，至今只留下一册《汉书·地理志》和这一份《讨论》。《汉书·地理志》早已装订成册，成为我插架图书之一。《讨论》共二十三页，因是散页，压在书箱底下，夹杂在旧纸堆中，多年没见过面了。前不久清理书箱，又把它翻了出来，搁置案头。适值《复旦学报》编辑部同志见访，把这份东西借去看了一遍。随即建议要在《学报》上发表，并以将当时通信的经过简单叙述一下,再谈谈现在有何感想见嘱,准备作为原件的书后一起与读者见面。通信的经过略如上述,下面就谈一点感想。

这是一场展开于师生之间的学术讨论。这师生不是过去的师承关系,而是正在课堂上发生授受学业关系的师生。这位老师还不是一位普通的教师,而是一位誉满宇内的名教授,举世钦仰的史学界权威!而我这个学生,一个二十岁刚出头的毛头小伙子,竟然敢于对这样一位老师所写的讲义提出不同意见,直言不讳地说您那一点讲错了,胆量可真不小。

我这点胆量应该是值得肯定的。没有我这点胆量,就不会引起这场讨论。然而,这场讨论之所以能够充分展开,导致取得颇为丰硕的成果,从而基本上解决了历史上一个相当重要的问题,关键决不在于我这个学生敢于提出质问,而在于作为老师的顾先生对待这样一个大胆学生的态度。当我对他提出口头意见时,他既不是不予理睬,也没有马上为他自己的看法辩护,而是鼓励我把意见详细写下来。当我交给了他第一封信后,他仅仅用了一天时间,就回答了我一封长达六七千字的长信,可见他是何等重视我的意见。我两次去信,他两次回信,都肯定了我一部分意见,又否定了我另一部分意见。同意时就直率承认自己原来的看法错了,不同意时就详尽地陈述自己的论据,指出我的错误。信中的措辞是那么谦虚诚恳,绝不以权威自居,完全把我当作一个平等的讨论对手看待。这是何等真挚动人的气度!他不仅对我这个讨论对手承认自己有一部分看法是错误的,并且还要在通信结束之后把来往信件全部印发给全班同学,公之于众,这又是何等宽宏博大的胸襟!正是在顾先生这种胸襟气度的感召之下,才促使我对这个问题努力深入钻研下去,勇于独立思考,提出了一些合理的见解,对这个问题的解决作出了一定的贡献。而顾先生后来之所以会写出《两汉州制考》①这篇名著，我的这两封信当然是起了推动作用的。

开展这场讨论之后的第二年，我开始走上了大学讲台；从四十年代初起一直到现在，还陆续带过十多个研究生。至今当老师当了将近半个世纪了，可是我和我的学生之间却从来没有展开过像这一次那样热烈的学术讨论，不论是书面的还是口头的。难道是学生对我的讲授完全同意，一点意见都没有吗？这是不可能的。看来讨论之展不开，原因该是由于我这个老师诱导无方，而当学生的也不够大胆。这种情况也不单是我的课堂上如此，其他教师的班上基本情况大致也都是如此。师生之间的关系只限于一方讲课一方听课而没有讨论，这不是一种理想中的最高学府的应有现象。

解放以来有若干年各教研组规定要定期举行教师之间的学术讨论，各门课程规定一学期要举行两三次同学之间的课堂讨论。但这种讨论一般都是各人各说一套，很少针锋相对展开辩难。学生在课堂讨论中的发言，又往往是从书本上或报刊上抄来的，很少出自自己钻研，独立思考。并且讨论一般只限于口头，不要求写下来，讨论会一结束，讨论也就过去了。老师和学生既各搞各的讨论，学生参加讨论的兴趣也就有限。因此，尽管制度上规定有讨论，实际上讨论的效果很不理想，远远赶不上半个世纪前我和顾老师之间展开的这场关于西汉州制的辩论。当年这场讨论，不仅像顾先生在附记里所说的那样把一个二千年来多少学者没搞清楚的问题基本上搞清楚了，还有一点顾先生没有提到而同样很重要的，那就是：通过这场讨论，使我这个青年对历史地理发生了浓厚的兴趣，又提高了我做研究工作的能力。这对于我后来能够在大学里

---

① 载 1934 年《国立中央研究院历史语言研究所集刊外编·蔡元培先生六十五岁庆祝论文集》。

当一名还算称职的教师,在学术上多少能够取得一些成就,是起了很大的作用的。这也就是说,师生之间开展学术讨论,既对学术本身有利,又对培养人才有利。所以今天我重读了这份《讨论》,深感当前为了加速搞四化,加速培养人才,在大学里大力提倡开展各种学术讨论,包括师生之间的讨论,是很有必要的。这需要形成一种风气。而要造成这种风气,光靠领导号召是办不到的,还得需要我们当老师的当学生的共同努力!

（原载《复旦学报》1980 年第 3 期）

《两汉州制考》跋

顾颉刚师因为《两汉州制考》这篇文章的写作和我有点特殊关系,排版时,把样张送来命我校读。校读的结果,我觉得文中尚有几处论断颇有商量的余地,又有几次误引了不可靠的史文,应该加以考证。今不揣浅陋,敢以所见附记于此,谨请教于顾师,并希望读者赐以讨论。

一、第五章根据钱大昕、全祖望二人的考证,定以朔方、五原、上郡、西河四郡为朔方部的属部。我以为此外又有北地一郡,也很有属于朔方郡的可能。首先提出此种意见的也是钱大昕,他在《廿二史考异》卷二临淮郡下云:"北地当属朔方";可是并没有说明为什么当属朔方。① 按班书卷七十八《肖望之传》:"(宣帝时)西羌反,汉遣后将军征之。京兆尹张敞上书言:'国兵在外,军以夏发,陇西以北,安定以西,吏民并给转输,田事颇费,……来春民食必乏。……愿令诸有罪,非盗受财杀人及犯法不得赦者,皆得以差入谷此八郡赎罪。'……于是天子复下其议两府,丞相、御史以难问张敞,敞曰:'……窃怜凉州被寇,方秋饶时民尚有饥乏,病死于道路,况至来春将大困乎?'"同论一事,一则曰"陇西以北,安定

---

① 钱坫《新斠注地理志》、徐松《集释》谓王(念孙)校同,今查《读书杂志》并无此文,徐释不知何据。

以西"八郡,一则曰"凉州",二者的意义,隐若相等。北地在安定以东,则不在凉州范围之内,自当属于朔方。再者,北地郡地南界泾水,东邻上郡,与朔方、五原、西河等郡呼连一气,跨河套内外;以三辅为中心而论,实在是一个北边的郡,而与西边的凉州诸郡,关系较为疏远。钱大昕的推测不为无理,只是一时我们还找不出一个确切的证据来核实此事。

二、第八章据扬雄《十二州箴》,推定王莽时十二州之分界凡七事。此点我以为很值得考虑一下。诚如文中所云:"文人的歌诗,不能即看作那时的图志,"《州箴》里有许多话是绝对认真不得的。例如《扬州箴》有云:"江汉之浒","沅湘攸往",汉水经行的是江夏等郡,湘水经行的是长沙等郡,沅水经行的是武陵等郡,我们若据此便谓江夏、长沙、武陵等郡王莽就并属扬州,那么荆州就没有存在的可能了;但《十二州箴》里又明明有《荆州箴》,这荆州在荆之阳,为江汉所朝宗,有巫山,有衡山,有云梦泽,又明明就是江夏、长沙、武陵等郡之地。又《幽州箴》有云:"燕、赵本都",赵国的都城在邯郸,距黄河已不甚远,常山、真定、中山、河间、信都、巨鹿、清河诸郡国,皆在其北,若邯郸属幽,那么冀州又跑到哪里去了?若曰赵曾都代,"燕、赵本都"云者,指广阳与代而言,然代系邯郸破灭而后之国都,则不得谓为赵之本都也。《州箴》之不可依据有如此,所以不但"终有许多不能断定的问题",就是此文所已然指出的七事,也不见得件件确实可信。我以为《禹贡》"荆、河惟豫州",荆、河二字自此便成为一个古典式的名词,失去了原来的意义。《豫州箴》曰"郁郁荆河",不过是引用旧词而已,不得据此便断谓王莽时的南阳郡必改属了豫州。《十二州箴》里像"郁郁荆、河"这一类的句子很不少。若都把来认真了,则应该列为改属的郡国尚多:

《徐州箴》云："海、岱伊淮"，按岱即泰山，在泰山郡西北境，既以岱为徐州北界，则泰山应属徐，介在泰山、琅邪间之城阳自亦应属徐。又云："大野既潴"，按大野泽在山阳郡西北境，则山阳亦应属徐；又东平介在泰山、山阳间，在济水南，当亦属徐。言淮而不及江，则广陵、临淮又当属扬。

《兖州箴》云："悠悠济、河，兖州之寓"，按渤海、平原、千乘介在河、济间，则应属兖，而陈留、淮阳在济水南，则应属豫。

特不知何以此文单单采用了"郁郁荆、河"这一句。其实，"海、岱伊淮"、"大野既潴"、"悠悠济、河"都是袭自《禹贡》的套语，和"郁郁荆、河"一般。"郁郁荆、河"信得，这几句也信得，这几句信不得，"郁郁荆、河"也信不得，是应该受同等待遇的。

可是话又说回来了。《州箴》虽然不可尽信，但也不必完全置之不理。上年我作《新莽职方考》时，执意以为歌箴不可以证地理，除把司隶诸郡勉强分配于雍、豫诸州外，其余州界分划，一仍西汉之旧贯，不加更改。今日思之，深觉未免过分。此文考定河东、河内、太原、上党四郡当属冀州，皆甚合理，什九可信。

三、第九章叙东汉更名之郡，河南尹下从《续志》原注云：本河南郡，建武十五年更名。按列传欧阳歙（卷六十九上），世祖即位，除为河南尹，建武五年坐事免，王梁（卷十二）继之为河南尹，三年而迁。是建武元年已改郡为尹矣，不待十五年，《志》注误。

叙东汉省并之郡，广阳郡下引《续志》原注云：世祖省入上谷郡，（明帝）永平八年复。按《和帝纪》：永元八年复广阳郡，是《志》误"元"为"平"也。定襄郡、五原郡下云：未知何时复。按《世祖纪》，建武二十六年，云中、五原、朔方、北地、定襄、雁门、上谷、代八郡民归于本土，疑二郡复置当在此时。

叙东汉增置之郡，任城国下云：按《郡国志》后序云，章帝置郡国二,尚有一,未详。济北国下云:按《郡国志》后序云,和帝置三,则尚有一,未详。今按章帝实置任城国一,《志》序云二,误也。顺帝所置之吴郡一,序文脱去,故得适合百五之总数。和帝置三,济北、河间而外,又有广阳。(济北复西汉初旧制,河间、广阳复建武十三年前旧制。)

又按永昌置郡,《志》作永平二年,《纪》、《传》作永平十二年。考益州西部都尉置于永平十年,见《志》、《传》所引《古今注》,郡既置在设都尉之后,则作十二年是,作二年非。

四、第十一章叙献帝兴平元年分凉州河西四郡为雍州,四郡下引章怀太子注云:金城、酒泉、敦煌、张掖。今按武威郡地在金城、张掖之间,雍州决无有金城、张掖而无武威之理。西汉人言河西四郡者,皆指武威、张掖、酒泉、敦煌而言,言五郡始以金城列入。《魏志·庞清传》(卷十八)注引《典略》云:建安初以河西四郡为雍州,以张猛为武威太守,知四郡中有武威而无金城也。章怀注不可据。而雍州所领实不止四郡,此外张掖,张掖、居延二属国,当亦属之;《献帝纪》但言四郡者,因西汉之旧观念,以张掖及二属国视若一郡也。

五、结论据《汉志》之分上下卷、东汉及曹操时的制度,推定武都郡应属于凉州。此点我不以为然。晋常璩著《华阳国志》,以古梁州为境界,分为巴、汉中、蜀、南中四部分,武都郡即被列于《汉中志》。郡下曰:

"本广汉西部都尉治也,元鼎六年别为郡。"

即此郡本是广汉郡的辖地,属益州;元鼎前盖为白马氏所据,故置都尉以镇之,待削平而后,因罢都尉,别为郡,仍属益州。下文又曰:

"建兴七年……还属益州,……蜀还属雍州,太康六年还

　　梁州。"

言还者,知西汉旧属益州也。《班志》百三郡国之次第皆与部刺史区域无涉,正不必因其在下卷,便断为当属凉州。郡地有氐、羌之患,与凉州诸郡利害略同,故东汉以之改属凉州耳。

　　六、西汉部刺史的治所问题,自来颇多异说,此文既以《两汉州制考》为名,似乎也应该把此事提出,加以研讨。

1934 年 4 月 28 日

（原载《国立中央研究院历史语言研究所集刊外编·
蔡元培先生六十五岁庆祝论文集》,1934 年）

新莽职方考

目　次

	乐鲜	广有						
并州	增山	归新	沟搜	获降	受降	得降	填狄	厌狄
交州	南海	郁平	新广	交趾	桓合	九真	日南	

附考

　莽郡县官制

　莽制采伪古书

　莽改汉郡县名通例

　《汉书·地理志》以新莽所易郡县名载入注文,而疏漏舛错为甚。近世朴学诸家之治班书者每于此有所补正,然所见不同,得失参互,未足以征一代之制度。今以本书、后书纪传及《水经注》为主,旁及汉魏杂著,博稽先儒考证,参以私见,写为是编,俾世之言新室史事者,或可用资借镜焉。

　汉自武帝而后,分海内为司隶部一、刺史部十三(十一州二部)。自元帝而后,有郡国一百三。至孝平元始二年,凡县、邑、道、侯国千五百八十七。据《百官表》及《地志》后序。按实数但得千五百七十八。时莽已秉政矣。元始五年,莽始以经义更州名,分界凡十二州。据《莽传》。按《平帝纪》作四年,疑当以《传》为是。州名见扬雄《十二州箴》(《古文苑》卷十四)《莽传》中,始建国四年,下书曰:"州从《禹贡》为九。"天凤元年,下书曰:"九州之内县二千二百有三"。依文义,一若其时州制用九。案同传,天凤三年有并州牧宋弘,《禹贡》无并州,则不得谓元始制定之十二州,至始建国而从《禹贡》更为九也。元始五年,莽奏立十二州之言曰:"《尧典》十有二州,后定为九州。汉家廓地辽远,州牧行部远者三万余里,不可为九,谨以经义正十二州名,分界以应正始。"岂即位而后又有改九之议而未曾见诸实行乎?并稍增置郡县,迄于天凤元年,总有郡一百二十五,今可考者一百一十六。县二千二百三。今可考者一千五百八十五。大郡至分为五郡,今可考者仅一郡分为二三。县以亭为名者三百六十,今可考者一百一十二。粟米之内曰内郡,其外曰近郡。有障徼曰边郡。

其后,岁复变更,一郡至五易名,而还复其故。吏民不能纪。《莽传》中。兹编一以天凤为断。后此改制有可考见者,并附志之云尔。

雍州,故汉凉州。平帝元始五年,以司隶所部之三辅并入,更为雍州。扬雄《雍州箴》云:"黑水西河,横截昆仑,邪指闾阖,画为雍垠,上侵积石,下碍龙门。自彼氐羌,莫敢不来庭,莫敢不来臣。每在季主,常失厥绪,侯纪不贡,荒侵其宇,陵迟衰微,秦据以戾,兴兵山东,六国颠沛。上帝不宁,命汉作京,陇山以徂,列为西荒,南排劲越,北启强胡,并连属国,一护攸都。盖安不忘危,盛不讳衰,牧臣司雍,敢告赘衣。"《莽传》下有雍州牧陈庆。

西都京兆郡 汉旧郡,京师。始建国四年,以为新室西都。天凤元年,分置六乡。《莽传》中。同传有京兆大尹甄寻。全曰(全祖望《汉书地理志稽疑》):当云"王莽曰西都京兆大尹,后又分其旁县为郡二,曰京尉、师尉。"(卷二)按之下引《三辅黄图》,则京尉所领大都系扶风属县,师尉所领大都系冯翊属县,全说未审。

京尉郡 天凤元年,分三辅为六尉郡,《莽传》中。此其一。《志》脱。《三辅黄图》(此据师古注引,与今传本《三辅黄图》小有不同。)云:"渭城、安陵以西,北至栒邑、义渠十县,属京尉大夫府,居故长安寺。"

师尉郡 六尉郡之一。《志》脱。《黄图》云:"高陵以北十县,属师尉大夫府,居故廷尉府。"《莽传》下,地皇二年,拜田况为师尉大夫。

翊尉郡 六尉郡之一。《志》脱。《黄图》云:"新丰以东,至湖十县,属翊尉大夫府,居城东。"全曰:莽分左冯翊曰前辉光,后又分其郡二,曰翊尉、光尉。(卷二)按之《三辅黄图》,则翊尉所领大都京兆属县,光尉所领大都京兆、扶风属县,全说未审。

光尉郡 元始四年,置为前辉光郡。《平帝纪》、《莽传》上、中有前辉光、谢嚣。《楼护传》,元始中,以广汉太守征入,为前辉光。天凤元年,更名六尉郡之一。《志》脱。《黄图》云:"霸陵、杜陵,东至蓝田,西至武功、郁夷十县,属光尉大夫府,居城南。"

扶尉郡 六尉郡之一。《志》脱。《黄图》云:"茂陵、槐里以西,至沔十县,属扶尉大夫府,居城西。"全曰:莽分右扶风曰后丞烈,后又分其郡二,曰扶尉、烈尉。(卷二)按之《三辅黄图》,则仅扶尉所领系扶风属县,列尉所领乃冯翊属县,全说未审。

列尉郡 元始四年,置为后丞烈郡。《平帝纪》。吴曰(吴卓信《汉书地理志补注》):《莽传》:以郿邯为后丞烈。(卷三)按《莽传》上,居摄元年,以王舜为太傅左辅,甄丰为太阿右拂,甄邯为太保后承。后承,犹左辅、右拂,非郡名也。吴说未审。天凤元年,更名六尉郡之一。《志》脱。《黄图》云:"长陵、池阳以北,至云阳、祋祤十县,属列尉大夫府,居城北。"汉三辅旧领县五十七:新丰、段校(段玉裁《经韵楼集》卷五《校汉书地理志注》)更原注"秦曰骊邑"为"莽曰骊邑。"按《史记·始皇纪》:十六年,置骊邑。《高祖纪》:十年,更命骊邑曰新丰。原注未误,段校非也。蓝田、郑、湖、下邽、南陵、奉明、池阳、莲勺、频阳、邰阳、祋祤、云陵、云阳、鄠、盭厔、𣸣、美阳、郿、雍、栒邑、陈仓、沔、虢,仍旧名。《三辅黄图》:莽六尉共领县六十。京兆领县若干无考。三辅旧县外又领义沟等县。

常安 汉长安。《莽传》中:始建国元年,更名京兆大尹及六尉大夫,共治常安城中。师古曰:王莽篡位,改汉郡县名,普易之也。下皆类此。周曰(周寿昌《汉书注校补》):案本《志》内郡县注,莽更名固多,而阙者亦过半。师古谓为普易,必是颜在唐初所见班书钞本如是。迨传钞脱略,递刊尤漏,故令《志》中未载者,间于《后汉书》、《水经注》等书刺补一二,亦可证也。(卷二十一)案普易二字,颜原意未必作全数讲,犹言大都耳。今《志》固脱漏,当不至此。郦在颜前,而《水经注》所载莽郡县名之不见于今班志者,仅极少数,岂得谓郦注亦脱漏过半,且与班志之脱漏者适相巧合乎? 船利汉船空。(凡不注出处者,用《志》文也。《志》以官本为据,他本不同者,附见之。) 华坛汉华阴。或本《渭水注》(《水经注》)亦用官本,或本不同者,附见之。)讹作华疆。 水章汉霸陵。先谦曰(王先谦《汉书补注》卷二十八):莽名县即取秦穆章霸功之义。 饶安

汉杜陵。　千春汉高陵。　师亭汉栎阳。或本《渭水注》讹作师高,当属师

尉郡。　涣汉翟道。　冀亭汉夏阳。　达昌汉衙。　粟城汉粟邑。

谷喙汉谷口。　修令汉鄜。　监晋汉临晋。　调泉汉重泉。　桓

城汉武城。　制昌汉沈阳。　德骧汉襄德。　氾爱汉征。　异赤汉

万年。　长平汉长陵。　渭阳汉阳陵。　京城汉渭城。　槐治汉槐里。

郁平汉郁夷。　漆治汉漆。　扶亭汉隃糜,当属扶尉郡。　通杜汉

杜阳。段曰:近人或云"莽曰通杜"四字,乃"诗曰自杜"之讹,则非矣。杜,训塞,

故莽以为名不善,而曰通杜。　好邑汉好畤。　嘉平汉安陵。　宣城汉

茂陵。《渭水注》城作成,成国故渠径县城南。《地理志》曰:宣帝县焉。(今《志》

脱此四字。)　宋祁曰:宣下当添室字。　广利汉平陵。　新光汉武功。

《莽传》上:元始五年,以为安汉公采地,名曰汉光邑。盖新室既建,复更此名。

义沟汉义渠道。故属北地,改属京尉。

厌戎郡(莽郡为郡、为国,不可详考,兹编一体作郡。)汉陇西郡。《后书·蔡

邕传》:六世祖勋,王莽初授以厌戎连率,勋逃不仕。古符牌有厌戎郡虎符,背文曰:"新

与厌戎𨝌𨜣连率为虎符。"(罗振玉《增订历代符牌图录》)　旧领县十一:上邽、

安故、首阳、羌道、临洮,仍旧名。

操虏汉狄道。　亭道汉氐道。　德道汉予道。　顺夏汉大夏。

汪本(明汪文盛本,汪远孙《汉书地理志校本》所据。)误作顺陵。　相桓汉襄

武。　西治汉西。王国维曰:虎符背文二半字,似西道二字之半。此郡属县多以

道名,疑莽之西治,亦名西道也。(王国维《观堂集林》卷十八)

金城郡　《志云》:"莽曰西海",非也。说见西海。　旧领县十三:枝

阳、榆中、枹罕、河关、破羌、安夷,仍旧名。

修远汉允吾。《后书·逸民传》:梁鸿父让,莽时封修远伯。　兴武汉

浩亹。　罕虏汉令居。　金屏汉金城。　顺砾汉白石。宋祁曰:砾,一

本作乐。按《河水注》亦作砾,砾与石义相关,作乐非也。　修远亭汉允街。

《志》脱亭字,据《河水注》增。何焯曰(何焯《义门读书记·前汉书》卷二):一郡

不应有两修远,疑注中有讹字。允吾注修字,监本半刻为食字,岂饬字耶?说殊

牵强,盖未知此允街之修远应增一亭字也。**监羌** 汉临羌。《志》作盐羌,据《河水注》改。盐与监,字近而讹也。通例,凡县名上一字称临者,莽改为监。

西海郡 《平纪》:元始四年,置西海郡。《莽传》上:元始五年,遣中郎将平宪等多持金币,诱塞外羌,使献地,愿内属。宪等奏言:"羌豪良愿等种人口可万二千人,愿为内臣,献鲜水海、允谷盐池,平地美草皆予汉民,自居险阻处为藩蔽。"事下莽,莽奏曰:"今谨案已有东海、南海、北海郡,未有西海郡,请受良愿等所献地为西海郡。"《后书·西羌传》:至王莽辅政,欲耀威德,以怀远为名,乃令译讽旨诸羌,使共献西海之地,初开以为郡。是西海乃拓地所置之初郡,非金城之更名也。先谦曰:莽纳羌所献地,因并金城之名,改为西海耳。《志》文不讹。按莽好事骛名,岂得拓地而不置郡? 先谦之说非也。《河水注》亦以西海郡为莽讽羌献地所置,然其下又曰"金城郡,王莽之西海也。"王峻(吴卓信《补注》卷五十四注引王峻《汉书正误》)因谓,盖初置郡时本在金城之外,其后废弃,遂移其名于金城耳。说尚可通,但《后书·西羌传》:王莽末,四夷内侵,及莽败,众羌遂据西海为寇。更始、赤眉之际,羌遂放纵,寇金城、陇西。明证其时西海、金城犹非一郡,则其说虽可通,而事有未必然也。《志》:临羌西北至塞外,有仙海盐池。师古曰:阚骃云,西有卑和羌,即献王莽地为西海郡者也。是西海亦曰仙海,即《传》所云鲜水海,今之青海也。《河水注》:湟水东南流,径龙夷城,故西零之地也。《十三州志》曰:城在临羌新县西三百一十里,王莽纳西零之献以为西海郡,治此城。《元和志》:龙夷城,即今河源军西一百八十里成戎城是也。(卷三十九)《莽传》上有西海太守程永。**元始中置,领县五。**《西羌传》:初开以为郡,筑五县,边海亭燧相望焉。县名无考。龙夷城当是一县,然无由证其当时是否亦称龙夷也。

填戎郡 汉天水郡。《原涉传》:莽末,拜镇戎大尹。《后书·隗嚣传》、《马援传》,《水经·渭水注》并作镇戎,或以为是。按琅邪郡莽曰填夷,长沙郡莽曰填蛮,雁门郡莽曰填戎,三方皆曰填,则此曰填戎不误。

阿阳郡 分天水郡置。《志》脱。《渭水注》:成纪县,王莽之阿阳郡治也。《莽传》下有成纪大尹李育。先谦曰:盖阿阳治成纪,故有此称。

天水郡 旧领县十六:街泉、罕幵、绵诸道、阿阳、略阳道、成纪、奉捷、陇、豲道,仍旧名。

平相汉平襄。 填戎亭汉戎邑道。 望亭汉望垣。 冀治汉冀。　纪德汉勇士。　识睦汉清水。《莽传》中：封王氏齐缩之属为侯，大功为伯，小功为子，缌麻为男，其女皆为任。男以"睦"、女以"隆"为号焉。　兰盾汉兰干。

张掖郡　汉武威郡。旧领县十：姑臧、张掖、疑当增一亭字。武威、鸾乌、媪围、宣威，仍旧名。

晏然汉休屠。　播德汉揩次。　敷虏汉朴劁。　射楚汉苍棁。

设屏郡　汉张掖郡。全所据本屏作平。旧领县十：显美，仍旧名。

官式汉觻得。　渠武汉昭武。　贯虏汉删丹。　否武汉氏池。

传武汉屋兰。　勒治汉曰勒。　揭虏汉骊靬。　罗虏汉番和。　居成汉居延。

辅平郡　汉酒泉郡。旧领县九：天陖、池头、绥弥，仍旧名。

显德汉禄福。　载武汉表是。　乐亭汉乐涫。　辅平亭汉玉门。萧武汉会水。汪本作肃武。　测虏汉乾齐。

敦德郡　汉敦煌郡。初改文德，继改敦德(王国维《敦煌汉简跋》二。)古符牌有救德郡。虎符背文曰"新与敦德广桓连率为虎符。"郡名下缀县名，殊不可解，岂郡守兼县令之职乎？王国维曰：盖莽以古之连率所统非一国，故于郡下复举一县，使若统二郡者，实则仍领一郡而已。旧领县六：冥安、效谷、渊泉、龙勒，仍旧名。

敦德亭汉敦煌。《志》脱亭字，据出土汉简增。(罗振玉《流沙坠简释》二)姞(钱坫《新斠注地理志》)作敦德亭。徐(徐松《集释》)释以意加。(卷十二)周曰：疑下有亭字。(卷二十四)以通例，凡郡县同名者，县下加一亭字也。

广桓汉广至。

安定郡　《莽传》下有安定卒正王旬。《后书·隗嚣传》作安定大尹王向。旧领县二十一：复累、安俾、朝那、泾阳、卤、阴密、安定、疑当增一亭字。参缩、阴槃、爰得、眴卷、彭阳、鹑阴，仍旧名。增置县一。

铺睦汉高平。　抚宁汉抚夷。　监泾汉临泾。　乌亭汉乌氏。

广延亭汉三水。　安桓汉安武。　乡礼汉祖厉。　月顺汉月氏道。

安民《平纪》:元始二年,罢安定呼池苑,以为安民县。《渭水注》:略阳川水又西径略阳道故城北。建武八年,中郎将来歙等二千人自安民县之杨城,从番须回中,伐木开山道至略阳。则县至建武初犹未废也。《方舆纪要》:安民县应在平凉府华亭县界。（卷五十八）

威戎郡　汉北地郡。《志》作威成,据《河水注》改。旧领县十九:马领、直路、昫衍、方渠、䧹孤、归德、回获、弋居、大、仍旧名。义渠道改属京尉郡。

威戎亭汉灵武。《志》作威成亭,以意改。　特武汉富平。坫曰:或本作特武。（卷十三）《河水注》作持武。　令周汉灵州。　通道汉除道。

吾街汉五街。　延年道汉略畔道。　泥阴汉泥阳。　功著汉都郫。

西亭汉廉。疑当属归新郡。

豫州,汉旧州。平帝元始五年,以司隶所部之河南、弘农并入。扬雄《豫州箴》云:"郁郁荆河,伊雒是经,荥播枲漆,惟用攸成,田田相掔,庐庐相距。夏殷不都,成周攸处,豫野所居,爰在鹑墟,四陕咸宅,宇内莫如,陪臣执命,不虑不图。王室陵迟,丧其爪牙,靡哲靡圣,捐失其正,方伯不维,韩卒擅命,文武孔纯,至厉作昏,成康孔宁,至幽作倾。故有天下者,毋曰我大莫或余败,毋曰我强靡克余亡。夏宅九州,至于季世,放于南巢,成康太平。降及周微,带蔽屏营,屏营不起,施于孙子,王赧为极,实极周祀。牧臣司豫,敢告柱史。"

保忠信卿　汉河南郡。始建国四年,以为新室东都。天凤元年,更郡名曰保忠信,置卿。益属县满三十,分置六州,州五县。《莽传》中。　《志》误卿为乡,或本《谷水注》,亦误。全曰:莽将都雒,故欲进其官于京兆尹之上,名曰卿,美其名曰保忠信。是官名非地名也,今流俗本以卿为乡,大谬。（卷二）王曰（王念孙《读书杂志》）:保忠信卿,以官名而列于《地理志》者,与京兆尹、左冯翊、右扶风同义,后汉谓之河南尹,义亦同也。（卷四之六）周曰:《莽传》,分长安城旁六乡,置帅各一人。又曰:常安西都曰六乡,自以东都制如长安,故亦改为乡,特设卿以重其任。班氏此注所引,皆地名沿革,不能旁及官制,全志可证。至《莽传》所改之保忠信卿,即此乡之卿。彼官名,此地名也。(卷二十一)按周说似是而非也。《周官·大司徒》:五州为乡。今保忠信统六州,则宜若为乡是也。然莽制初非全仍《周官》(详附考),且莽方营建东都,恢宏其制,岂肯于西都设六乡,于此都反只设一乡?《莽传》下文:分郡,置六州。此六州正与西都之六乡相当,则不能以郡为乡可知矣。至所云注所引不能及官制,王说已足破之。莽以始建国五年即欲迁都雒阳,终其世未得实行。《传》中:始建国五年,莽曰:"玄龙石文曰'定帝德,国雒阳'。符命著明,敢不钦奉!其以始建国八年,岁缠星纪,在雒阳之都。"天凤元年正月,莽曰:"予以二月建寅之节,行巡狩之礼毕,即于土中居雒阳之都焉。"群公奏言:"皇帝春秋尊,且无巡狩,以安圣体。"因更以天凤七年,岁在大梁,苍龙庚辰,行巡狩之礼。厥明年,岁在实沈,仓龙辛巳,即土之中雒阳之都。乃遣太傅平晏、大司空王邑之雒阳,营相宅兆,图起宗庙、社稷、郊兆云。

祈队郡 天凤元年,析河南郡置六队郡之一。《志》脱。《莽传》中:以陈留以西付祈隧。祈隧,故荥阳。《济水注》:荥阳,王莽立为祈隧。盖分河南之荥阳诸县所置郡也,治荥阳。《传》上文,天凤元年,以河东、河内、弘农、河南、颍川、南阳为六队郡。河南,当作荥阳也。周曰:队是隧本字省文。(卷五十五)全所据本祈作祁。河南郡,旧领县二十二:荥阳、京、平阴、中牟、河南、卷、巩、谷成、故市、密、新成、开封、成皋、梁、新郑,仍旧名。天凤元年,保忠信卿增益之,县不可考。其后并陈留、陈留以西诸县入祈队。

义阳汉雒阳。《志》作宜阳,据《莽传》改。《莽传》下:地皇元年,立子临为统义阳王。 师成汉偃师。《谷水注》作师氏。坫作师氏。校曰:本或作师成,误刻也。(卷四)不知其言之所据。 治平汉平。吴所见《水经注》作河平。(卷九)坫作河平。校曰:本或作治平。(卷四) 阳桓汉阳武。 中亭汉缑氏。 原桓汉原武。 左亭汉苑陵。

右队郡 汉弘农郡。天凤元年,更名六队郡之一。《莽传》下有右队大夫宋纲。旧领县十一:弘农、宜阳、丹水、新安、商、陆浑、上雒,仍旧名。

昌富汉卢氏。宋祁曰:昌富,疑作昌当。 黄眉汉陕。 陕亭汉黾池。　君亭汉析。或本《丹水注》讹作古亭。

左队郡　汉颍川郡。天凤元年,更名六队郡之一。《莽传》下有左队大夫王吴。《后书·郅恽传》有左队大夫逯并。旧领县二十:昆阳、颍阳、长社、新汲、郾、郏、舞阳、颍阴、密高、许、父城、成安、阳城、纶氏,仍旧名。

颍川汉阳翟。　定城汉定陵。　相城汉襄城。　左亭汉偃陵。

监颍汉临颍。　嘉美汉周承休。或本《汝水注》美讹作萁。

汝坟郡　汉汝南郡。《志》作汝汾。齐曰(齐召南《汉书官本考证》):当是汝坟之讹。周曰:汝南故为汝坟地,于汾无涉,观下女阴莽曰汝坟可证。(卷二十一)《汝水注》亦误作汝汾,汪本作汝分,汪校曰:当作汝汾。

赏都郡　分汝南郡置。《志》云:分为赏都尉。齐曰:当是赏都郡之讹。盖莽改汝南郡曰汝坟郡,又分置赏都郡耳。钱曰(钱大昕《三史拾遗》卷三):宜禄县,莽改曰赏都亭。此亦赏都为郡名之证也。《莽传》下有赏都大尹王钦。　汝南郡,旧领县三十七:平舆、阳安、瀙强、富波、女阳、铜阳、吴房、南顿、朗陵、濯阳、期思、慎阳、召陵、弋阳、上蔡、项、定陵,《汝水注》:汝水又东南径定陵县故城北,王莽更之曰定城矣。王据此谓下脱"莽曰定城"四字。(卷四之六)陈奂曰(见汪远孙《地理志校本》):窃谓不然。颍川郡定陵下有"莽曰定城"四字,两郡县名同,岂莽改名亦同?当是郦注误以莽改颍川之定陵遂移到汝南之定陵耳,未可据增四字。周曰:陈氏似是而非,《志》注"莽曰定城"四字本在此定陵下,误写在颍川郡之定陵下,郦氏所见《汉书》或不似今本之误耳。(卷二十一)按王、周之说皆非,陈说是而又非也。《汝水注》原文未言此定陵属何郡,察其上文为颍川郏县,下文为颍川郾县,则明是颍川之定陵。下云"莽更曰定城"与《汉志》合,初无可疑。王说固非,陈谓不当增是,谓郦注误谓此系汝南之定陵则非,周据郦注而谓今本《汉书》误以四字入颍川定陵下,更谬。仍旧名。

新安汉阳城。　至成汉安成。　乐庆汉细阳。　宣孱汉宜春。

汝坟汉女阴。疑下有亭字,《颍水注》作汝渍。吴引《晋书·地道记》:女阴县有临丘乡,即诗所谓汝坟。新迁汉新蔡。《莽传》下:地皇元年,立子安为新迁王。

《后书·郅恽传》注引谢沈书:郑敬闲居新迁,都尉逼为功曹。按曰:王莽改新蔡县为新迁也。今按郑敬闲居,时在光武复汉之后,都尉亦是汉制,且系郡官而非县官。此所谓新迁都尉,盖犹言新任汝南郡都尉某某耳,与莽时之新迁县无涉。李注未审。　新德汉新息。　慎治汉慎。　新亭汉西平。　闰治汉寖。华望汉西华。　长正汉长平。　赏都亭汉宜禄。《莽传》上:元始四年,帝封莽子临为赏都侯。　新延汉新郪。　归惠汉归德。　新明汉新阳。始成汉安昌。　均夏汉安阳。　乐嘉汉博阳。《志》作乐家,据《颍水注》改。王曰:乐嘉于义为长。(卷四之六)汪曰:《三国志》、《晋书》俱作乐嘉。新利汉成阳。或本《淮水注》讹作利新。

吾符郡　汉沛郡。全所据本作吾府。

延城郡　分沛郡置。《志》脱。蔡邕《汉交阯都尉胡府君夫人黄氏神诰》(海源阁本《蔡中郎集》卷四):曾祖父仕为延城大尹。沛郡旧领县三十七:龙亢、谷阳、萧、向、铚、下蔡、山桑、公丘、敬丘、沛、建成、高、高柴、溧阳、东乡、临都、义成,仍旧名。

吾符亭汉相。　笃亭汉竹。　力聚汉广戚。　吾丰汉丰。

单城汉郸。宋祁曰:单当作留。案汉县曰郸,知莽县作单不误也。或本《淮水注》亦讹作留城。　延成亭汉谯。　蕲城汉蕲。　贡汉虹。　华乐汉辄。　符合汉符离。　归思汉夏丘。　肴成汉洨。《志》作育成。毛本作有成。王曰:当为肴城之误也。师古曰:洨音肴,是洨、肴同音,故莽改洨为肴成,犹上文郸县之改单城,蕲县之改蕲城也。《水经注》作育城,(按官本《淮水注》作肴城。)亦后人以误本《汉书》改之。新校本改为肴城是也。汲古阁本作有城,(按毛本实作有成。)亦误。(卷四之六)　传治汉芒。　毛本作博治。《睢水注》亦作传治。　思善汉城父。　田平汉建平。　赞治汉鄐。《淮水注》作鄐治。　成富汉栗。(栗,《睢水注》作粟。以莽名证之,则作粟是也。)合治汉扶阳。　平宁汉平阿。　会谷汉祁乡。

陈定郡　汉梁国。《莽传》下有陈定大尹沈意。　旧领县八:睢阳,仍旧名。天凤后,以陈留雍丘以东诸县并入。

节砀汉砀。　嘉谷汉鄐。《续志》刘昭注有谷亭，古句渎之丘，莽氏县以此。　予秋汉杼秋。　蒙恩汉蒙。　己善汉己氏。　陈定亭汉虞。下治汉下邑。《志》作下洽，据《获水注》改。

冀州，汉旧州。平帝元始五年，以司隶所部之河东、河内，及并州所部之太原、上党并入焉。扬雄《冀州箴》云："洋洋冀州，鸿原大陆，岳阳是都，岛夷皮服，潺湲河流，夹以碣石。三后攸降，列为侯伯，降周之末，赵魏是宅。冀土麋沸，炫潭如汤，更盛更襄，载从载横，陪臣擅命，天王是替，赵魏相反。秦拾其弊，北筑长城，恢夏之场。汉兴定制，改封藩王。仰览前世，厥力孔多，初安如山，后崩如崖。故治不忘乱，安不遗危，周宗自怙，云焉有予隳，六国奋矫，果绝其维。牧臣司冀，敢告在阶。"

兆队郡　汉河东郡。天凤元年，更名六队郡之一。《志》作兆阳，据《莽传》。河东乃六队之一，知阳系队之讹也。《涑水注》作洮队。或本亦误作兆阳，一本作洮阳。吴曰：兆即洮，《左传》所谓宣汾洮也，古字通用。（卷五）段既曰阳当为队，又曰：兆阳之义，当取在京兆之东；矛盾不足辨。旧领县二十四：猗氏、解、河北、汾阴、闻喜、濩泽、端氏、临汾、垣、长修、蒲子、绛、狐讘、骐，仍旧名。

河东汉安邑。　勤田汉大阳。吴曰：《名胜志》，闲田在今平陆县西六十里，即虞芮相让之处也，故王莽改曰勤田。　蒲成汉蒲反。　兆亭汉左邑。《涑水注》作洮亭。先谦曰：兆，洮之省字。《涑水注》引司马彪曰：洮水出闻喜县，故王莽以县为洮亭也。周曰：是左邑下"莽曰洮亭"四字系错简，宜入闻喜下。（卷二十一）按《涑水注》下文又曰：左邑，故曲沃也，王莽之洮亭也。《郡国志》：闻喜，邑本曲沃，无左邑县，是东京并左邑入闻喜。彪时已无左邑，故附洮亭之名于闻喜下耳。《志》不误。　延平汉皮氏。　香平汉平阳。汪曰：香，宋本作乡。坫曰：疑当作平乡。（卷三）　干昌汉襄陵。　黄城汉彘。有年亭汉杨。　朕北汉北屈。

太原郡　旧领县二十一：晋阳、葰人、中都、邬、孟、汾阳、阳曲、原平、上艾、虑虒,仍旧名。

界美汉界休。 太原亭汉榆次。 干合汉于离。 兹同汉兹氏。 狼调汉狼孟。 多穰汉平陶。 致城汉京陵。 大宁汉大陵。 示汉祁。 繁穰汉阳邑。 信桓汉广武。

上党郡 旧领县十四:长子、屯留、余吾、铜鞮、沾、涅氏、壶关、泫氏、高都、潞、猗氏、阳阿,仍旧名。

上党亭汉襄垣。 谷近汉谷远。

后队郡 汉河内郡。天凤元年,更名六队郡之一。《后书·伏湛传》:莽时为后队属正。 旧领县十八:汲、武德、波、山阳、州、共、平皋、修武、温、获嘉、轵、沁水、隆虑、荡荫,仍旧名。

河内汉怀。 河中汉河阳。 雅歌汉朝歌。 平野汉野王。

魏城郡 汉魏郡。城,一作成,《莽传》下有魏成大尹李焉。旧领县十八:邺、馆陶、沙、内黄、清渊、繁阳、元城、梁期、武始、邯会、阴安、邯沟,仍旧名。

利丘汉斥丘。 魏城亭汉魏。 黎蒸汉黎阳。 即是汉即裴。
(应劭曰:裴者非。) 延平汉平恩。或本《浊漳水注》讹作延年。 桓安汉武安。

巨鹿郡

和成郡 分巨鹿郡置。《志》脱。《后书·邳彤传》:彤初为王莽和成卒正。注引《东观汉记》曰:王莽分巨鹿为和成郡,居下曲阳。《光武纪》作和戎。或本《浊漳水注》作和城。 巨鹿郡,旧领县二十:巨鹿、广阿、廮陶、临平、下曲阳、贳、堂阳、安定、敬武、乐信、武陶、柏乡、安乡,仍旧名。

富平汉南䌓。 宁昌汉象氏。 宜子汉宋子。 功陆汉杨氏
先谦曰:陆盖睦之误,《王莽传》可证。 秦聚汉鄡。《浊漳水注》:衡水又北径鄡县故城东。《竹书纪年》梁惠成王三十年,秦封卫鞅于鄡,改名曰商;即此是也。故王莽改曰秦聚也。 乐市汉新市。《志》作市乐,据《浊漳水注》改。 历

— 61 —

聚汉历乡。

井关郡　汉常山郡。旧领县十八：石邑、桑中、灵寿、蒲吾、井陉、封斯、关、平棘，仍旧名。

井关亭汉元氏。　常山亭汉上曲阳。疑当属常山郡。　久门汉九门。　多子汉房子。　直聚汉中丘。　禾成亭汉鄗。《高祖功臣表》有禾成孝侯公孙昔，或以为即此地者，非也。《浊漳水注》公孙昔封国作和城，在巨鹿郡敬武、贳县之间，与此常山郡之鄗相去远，初不相涉。坫曰：禾亦作和，莽有禾成郡，故此县曰亭也。（卷六）言禾亦作和者，以公孙昔封国《表》作禾成，而鄗注作和城也。既知与此县无涉，则坫说亦非也。　畅苗汉乐阳。一本作阳苗。昭曰（钱大昭《汉书辨疑》）：非也，《浊漳水注》亦作畅苗。（卷十四）或本《浊漳水注》讹作申苗。　顺台汉平台。　分乡汉都乡。　延亿汉南行唐。

平河郡　汉清河郡。或本《淇水注》讹作河平。《后书·隗嚣传》有王莽平河大尹谷恭。旧领县十四：清阳、东武城、绎幕、贝丘、信成、恖题、信乡、缭、枣强，仍旧名。

播亭汉灵。《志》夺亭字，据《河水注》增。　厝治汉厝。　善陆汉鄃。　胥陵汉东阳。　乐岁汉复阳。

桓亭郡　汉赵国。旧领县四：邯郸、易阳、襄国，仍旧名。

寿仁汉柏人。

富昌郡　汉广平国。旧领县十六：广平、张、朝平、南和、斥章、任、南曲、广乡、平利、平乡、阳台、城乡，仍旧名。

列治汉列人。　直周汉曲周。　直梁汉曲梁。　富昌汉广年。疑下有亭字。

真定郡　旧领县四：肥累，仍旧名。

思治汉真定。　囊实汉稾城。　绵延汉绵曼。

常山郡　汉中山国。旧领县十四：卢奴、新市、新处、毋极、陆成，仍旧名。

善和汉北平。　朔平汉北新成。昭曰：《水经注》作朔宁。（卷十五）

按《滱水注》作朔平。上文言曹水出朔宁县曹河泽,与此县无关,昭误。 **和亲**汉唐。 **翼和**汉深泽。 **北陉**汉苦陉。 **兴睦**汉安国。 **顺平**汉曲逆。 **顺调**汉望都。 **宁险**汉安险。宋祁曰:邵本作宁阴。案汉县曰险,作险是也。

新博郡 汉信都国。《后书·李忠传》:王莽时为新博属长。旧领县十七:扶柳、高堤、广川、平堤、西梁、昌成,仍旧名。

新博亭汉信都。 **历宁**汉历。 **乐信**汉辟阳。 **序中**汉南宫。《志》作序下,据《浊漳水注》改。赵曰(赵一清《水经注释》):《汉志》作序下,隋人讳忠故改之。(卷十) **闰博**汉下博。 **顺桓**汉武邑。 **朔定亭**汉观津。疑当属朔定郡。 **乐丘**汉乐乡。 **桓分**汉桃。 **田昌**汉东昌。昭曰:疑是西昌。(卷十五) **修治**汉修。毛本误作修洽,或本《淇水注》讹作治修。

朔定郡 汉河间国。旧领县四:候井,仍旧名。

陆信汉乐成。 **桓隧**汉武隧。 **乐成亭**汉弓高。《志》脱亭字,据《浊漳水注》增。汪曰:莽改乐成为陆信,又改弓高为乐成,乐成下不应有亭字。骧曰:此例非一,如弘农,陕县更曰黄眉,而黾池更曰陕亭。东海,祝其更曰犹亭,而厚丘更曰祝其亭等皆是,汪说非也。

兖州 汉旧州。扬雄《兖州箴》云:"悠悠济河,兖州之宇,九河既导,雷夏攸处,草繇木条,漆丝绨纻,济漯既通,降丘宅土。成汤五徙,卒都于亳,盘庚北渡,牧野是宅,丁感雊雉,祖己伊忠,爰正厥事,遂绪高宗,厥后陵迟,颠履汤绪。西伯戡黎,祖伊奔走,致天威命,不恐不震,妇言是用,牝鸡是晨,三仁既知,武果戎殷,牧野之禽,岂复能耽,甲子之朝,岂能复笑。有国虽久,必畏天咎,有民虽长,必惧人殃,箕子歔欷,厥居为墟。牧臣司兖,敢告执书。"《莽传》下有兖州牧王闳。

治亭郡 汉东郡。古符牌有武亭郡虎符,背文曰"新与武亭 连率为虎符"。王国维曰:亭下二字,皆从水旁,疑清治二字之半,而武亭亦即治亭之初名。王莽之纂，成于东郡翟义之平，则名此郡为武亭，固其宜也。

寿良郡 分东郡置。《志》脱。《莽传》下有寿良卒正王闳。东郡旧领县二十三：畔、聊城、东阿、利苗、须昌、寿良，疑当作寿良亭。乐昌、阳平、白马、南燕、廪丘，仍旧名。天凤后，并陈留封丘以东诸县入治亭。

治亭汉濮阳。徐松曰：东郡下已言"莽曰治亭"不应县与同名，二者疑有一误。（卷四）先谦曰：郡县同名者多，何疑于莽？徐说非。按郡县同名者，县下例加一亭字，今郡曰治亭，县不能名治亭亭也，《志》文不误。畔治汉畔。观治汉观。《志》畔观二字联书作一县。段氏《地理志观县考》（《经韵楼集》卷五）以《巨洋水注》、《平准书》、《续志》、《翟方进传》、《地形志》证畔观本二县名。又曰：《地形志》平原郡聊城下云：有畔城。亦古畔不连观之证也。按《恩泽侯表》卫公国下注观，亦可证莽于汉县单名者，辄加一治字于下，此县莽曰观治，亦可证汉县曰观。顺丘汉顿丘。戢楯汉发干。建睦汉范。功崇汉茌平。《莽传》中：始建国元年，封长子宇之子宗为功崇公。武昌汉东武阳。加睦汉博平。黎治汉黎。清治汉清。瑞狐汉离狐。谷城亭汉临邑。《续志》谷城下云：春秋时小谷，莽县取名于此。《续志》有临邑，又有谷城。先谦曰：据莽名亭之义，是后汉分临邑置谷城也。

陈留郡 《莽传》中：制诏陈留大尹太尉，其以益岁以南付新平，新平，故淮阳。以雍丘以东付陈定，陈定，故梁郡。以封丘以东付治亭，治亭，故东郡。以陈留以西付祈隧，祈隧，故荥阳。陈留已无复有郡矣，大尹太尉皆诣行在所。案事在天凤之后，兹编以天凤为断，故仍列此郡。旧领县十七：陈留疑当作陈留亭。小黄、成安、雍丘、酸枣、外黄、封丘、尉氏、平丘、浚仪，仍旧名。增领县一。

康善汉宁陵。东明汉东昏。襄平汉襄邑。惠泽汉长罗。顺通汉傿。长固汉长垣。济前汉济阳。益岁汉圉。故属淮阳。《莽传》中：其以益岁以南付新平。苏林曰：陈留圉县，莽改曰益岁。

巨野郡 汉山阳郡。旧领县二十三：昌邑、东缗、方与、巨野、疑当作巨野亭。薄、黄、中乡、平乐、郑、瑕丘、甾乡、曲乡、西阳，仍旧名。

　　　　黾平汉南平阳。　　成安汉成武。　　湖陆汉湖陵。《郡国志》湖陆下
云：故湖陵，章帝更名。刘昭注《前汉志》：王莽改曰湖陆，章帝复其号。《泗水
注》校本注云：盖光武中兴，凡莽所改即不行用，至章帝改湖陵为湖陆，改橐为高
平，偶与莽同，以莽不足道，故直曰章帝更名耳。　　高平汉橐。《郡国志》：高平，
故橐，章帝更名。刘昭注《前汉志》：莽改曰高平，章帝复莽此号。　　利父汉单
父。或本《泗水注》讹作利善。　　君美汉都关。《志》脱，闽本、汪本注君美二
字。昭曰：都有美义，或是莽曰君美欤。（卷十四）　　城谷汉城都。　　戚亭
汉爰戚。　　告成汉邛城。或本《泗水注》作部城。（邛城，《志》误作部成，据
《外戚侯表》、《玉篇》正。或本《泗水注》亦作邛城。）　　足亭汉栗乡。

济平郡　汉济阴郡。《志》于冤句下云：莽改定陶曰济平。据《耿纯传》及
《济水注》知系改郡名为济平也。陈奂以为改县名为济平者非。《后书·耿纯传》：父
艾，为王莽济平尹。旧领县九：定陶、葭密、成阳、句阳、乘氏，仍旧名。

　　　　济平亭汉冤句。　　祁都汉吕都。　　鄄良汉鄄城。　　万岁汉秺。
《瓠子河注》：秺县，王莽之万岁。世犹谓之为万岁亭也。

泰山郡　旧领县二十四：奉高、博、茌、卢、肥成、蚩丘、柴、盖、
梁父、东平阳、莱芜、巨平、嬴、牟、乘丘、富阳、式，仍旧名。

　　　　柔汉刚。　　桓宣汉南武阳。　　蒙恩汉蒙阴。　　翼阴汉华。　　宁
顺汉宁阳。　　襃鲁汉桃山。《志》作襄鲁。毛本作衰鲁。闽本、汪本作襄，无
鲁字。按各本皆误也。《恩泽侯表》有襃鲁节侯公子宽，以周公世鲁顷公玄孙之
玄孙奉周祀，元始元年封。　　郭亭汉桃乡。《汶水注》：西南径桃乡县故城，世
以此为郭城，非也。盖因巨新之故目耳。

莒陵郡　汉城阳国。旧领县四：阳都，东安，仍旧名。

　　　　莒陵汉莒。疑下有亭字。　　著善汉虑。

新平郡　汉淮阳国。旧领县九：阳夏、宁平、扶沟、固始、新平、
疑当增一亭字。柘，仍旧名。圉，改隶陈留郡。天凤后，以陈留益岁以
南诸县并入。

陈陵_{汉陈。或本《渠水注》讹作陵陈。}　　赖陵_{汉苦。师古曰：《晋太康}
地记》云：城东有赖乡祠，老子所生地。《续志》：春秋时曰相，有赖乡。先谦曰：
赖乡，即《史记》厉乡。厉、赖古通，莽氏县以此。

有盐郡　汉东平国。旧领县七：东平陆、章、樊，仍旧名。

　　有盐亭_{汉无盐。}　　延就亭_{汉任城。}　　成富_{汉富城。}　　顺父_汉
亢父。

青州，汉旧州。扬雄《青州箴》云："茫茫青州，海岱是极，盐铁
之地，铅松怪石，群水攸归，莱夷作牧，贡篚以时，莫怠莫违。昔在
文武，封吕于齐，厥土涂泥，在丘之营，五侯九伯，是讨是征，马殆其
衔，御失其度。周室荒乱，小白以霸，诸侯金服，复尊京师。小白既
没，周卒凌迟，嗟兹天王，附命下土，失其法度，丧其文武。牧臣司
青，敢告执矩。"《莽传》下：地皇二年，莽以玺书令田况领青、徐二州事。

河平郡　汉平原郡。古封泥有平原大尹章。（吴熊《封泥汇编》）当是初置
大尹时，尚未改郡名。古符牌有河平郡虎符，背文曰"新与河平羽贞连率为虎符。"旧
领县十九：平原、《莽传》中：始建国元年，以平原、安德、漯阴、鬲、重丘封孺子婴为
定安公国。高唐、重丘、平昌、阿阳、安惠、楼虚、安，仍旧名。增置
县一。

　　河平亭_{汉鬲。}　　羽贞_{汉羽。}　　分明_{汉般。}　　美阳_{汉乐陵。}
安城_{汉祝阿。}　　东顺亭_{汉瑗。}　　翼成_{汉漯阴。}　　巨武_{汉漯阳城，即北}
漯阴城。《志》脱漯阳城，并脱巨武。《河水注》：漯水历北漯阴城南，伏琛谓之漯
阳城。又《经》：河水东北过漯阴县北。《注》云：河水右径漯阴县故城北，王莽之
巨武县也。（先谦曰：说家因谓《汉志》脱漯阳一县，并脱"莽曰巨武"四字。案郦
元两注皆作漯阴县，无漯阳县之名，《经》之漯阳，旧本自作漯阴，至《注》中北漯
阴及漯阳城，并不称县。后人因巨武疑文，必为《汉志》增漯阳县，未为征信也。）
张乡_{汉枌。}　　乐安亭_{汉富平。或本《河水注》讹作安乐亭，疑当属乐安郡。}
宜乡_{汉合阳。}　　清乡_{汉龙额。}

　　建信郡　汉千乘郡。《后书·崔骃传》：祖篆，莽以为建新大尹。《孔

僖传》:及篆,仕王莽为建新大尹。注:莽改千乘国曰建信,又改曰建新。案《莽传》,始建国四年,改十一公号,以新为心,后又改心为信。朱(朱一新《汉书管见》)曰:据此,则建新当是莽初改之名,后又改为建信,如十一公号之改新为信也。(卷三)李注信在新前,误。旧领县十五:千乘、东邹、博昌、建信,疑当作信亭。琅槐、乐安、被阳、高昌、延乡,仍旧名。

延亭汉湿沃。　　鸿睦汉平安。　　施武汉蓼城。　　利居汉狄。
瓦亭汉繁安。　　常乡汉高宛。

乐安郡　汉济南郡。旧领县十四:东平陵、邹平、梁邹、土鼓、阳丘、菅、历城、著、宜成,仍旧名。

台治汉台。　　于陆汉于陵。　　济南亭汉般阳。疑当属济南郡。
修治汉朝阳。　　利成汉猇。

济南郡　汉齐郡。旧领县十二:昌国、巨定、广、广饶、昭南、平广、台乡,仍旧名。

齐陵汉临溜。　　利治汉利。　　东宁汉西安。　　监朐汉临朐。
禺聚汉北乡。

北海郡

翼平郡　分北海郡置。《志》脱。《莽传》下有翼平连率田况。北海郡,旧领县二十六:淳于、平寿、剧、全曰:《水经注》引《志》曰:王莽更名愈县。今无此文。(卷三)按莽更甾川之剧曰愈,与此北海之剧无涉,全说非。都昌、平的、乐望、饶、斟、桑犊、平城、密乡、羊石、石乡、上乡、新成、胶阳,仍旧名。

北海亭汉营陆。　　上符汉剧魁。　　诛郅汉安丘。　　道德汉瓡。
探汤汉益。　《志》作探阳。《巨洋水注》作涤荡。按《后书·刘盆子传》有王莽探汤侯田况。李注:莽改益县曰探汤。乃知探阳、涤荡皆误。汪引梁氏曰:汤、荡古通,阳与涤并传写之误。所聚汉平望。　　弘睦汉柳泉。宋祁曰:睦当作陆。坫曰:睦本或作陆。(卷九)周曰:莽改县名多作睦,因其改制,封王氏男为睦也。睦字似不误。(卷二十三)　翼平亭汉寿光。　　拔垒汉乐都。拔一作杖,一作枝也。(后人校语掺入原注。)石乐汉成乡。

东莱郡

夙夜郡　分东莱郡置。《志》脱。《莽传》下有夙夜连率韩博。东莱郡,旧领县十七:腄、曲成、䁵、育犁、卢乡、徐乡,仍旧名。

披通汉掖。　利卢汉平度。　意母汉黄。　监朐汉临朐。

望利汉牟平。　弘德汉东牟。　夙敬亭汉昌阳。　夙夜汉不夜。夜下疑脱亭字。　东莱亭汉当利。毛本误作来莱亭。　延乐汉阳乐。毛本误作廷乐。识命汉阳石。

甾川郡　旧领县三:东安平、楼乡,仍旧名。

俞汉剧。或本《巨洋水注》作愈。

郁秩郡　汉胶东国。旧领县八:昌武、下密、郁秩、疑当作郁秩亭。挺、观阳,仍旧名。

即善汉即墨。　晓武汉壮武。　始斯汉邹卢。

高密郡　旧领县五:昌安,仍旧名。

章牟汉高密。　养信汉石泉。　原亭汉夷安。　顺成汉成乡。

徐州,汉旧州。扬雄《徐州箴》云:"海岱伊淮,东海是渚,徐州之土,邑于蕃宇,大野既潴,有羽有蒙,孤桐蠙珠,泗沂攸同,实列蕃蔽,侯卫东方,民好农蚕,大野以康。帝癸及辛,不祇不恪,沉湎于酒,而忘其东作,天命汤武,剿绝其绪祚。降周任姜,镇于琅邪,姜姓绝苗,田氏攸都,事由细微,不虑不图,祸如丘山,本在萌芽。牧臣司徐,敢告仆夫。"

填夷郡　汉琅邪郡。旧领县五十一:不其、海曲、赣榆、朱虚、梧成、灵门、虚水、琅邪、被、缾、雩段、黔陬、云、计斤、稻、平昌、长广、东莞、昌、兹乡、箕、高广、高乡、柔、丽、伊乡、新山、高阳、昆山、参封、折泉、博石、房山、慎乡、石山,仍旧名。

祥善汉东武。　诸并汉诸。　季睦汉姑幕。　填夷亭汉临原。

被同汉柜。　何焯曰："莽曰被同"四字疑被下注,误入柜下。吴径以此四字列被下。按《胶水注》亦以为柜县之改名,则应仍《志》之旧也。或本《胶水注》讹作袟国。　纯德汉邞。　盈庐汉皋虞。　今丘汉横。或本《潍水注》讹作台丘。　清泉汉魏其。毛本作青泉。　识命汉裨。　盛睦汉即来。宋祁曰:睦字当作陆。周曰:似不误,说见前。(卷二十三)　顺理汉武乡。宋祁曰:理当作里。周曰:此或别有所据。不然,理字亦非误也。(卷二十三)　泠乡汉驷望。　宁乡汉安丘。　蒲陆汉高陵。毛本作蒲睦。昭曰:闽本作满睦。(卷十四)闽本误也。　诚信汉临安。

沂平郡　汉东海郡。《后书·刘盆子传》:赤眉与王莽沂平大尹战。元始中,莽以西羌献地置为西海郡,配东海、南海、北海三郡而为四海。今三海皆仍旧名,而独更东海为沂平,于理不合,疑系分置,而非更名也。旧领县三十八:郯、戚、朐、南成、山乡、建乡、临沂、容丘、于乡、都阳、阴平、都平,仍旧名。

兰东汉兰陵。　章信汉襄贲。　闰俭汉下邳。　承翰汉良成。平端汉平曲。　厌虏汉开阳。　顺从汉费。　流泉汉利成。　东海亭汉海曲。　博睦汉兰祺。毛本作溥睦。　缯治汉缯。　就信汉即丘。犹亭汉祝其。　祝其亭汉厚丘。　业亭汉东安。　合聚汉合乡。承治汉承。昭曰:闽本作承始。(卷十四)闽本误。　建力汉建阳。　从阳汉曲阳。毛本误作从羊。　息吾汉司吾。　端平汉曲平。(曲平,《志》作平曲。东海一郡不应有二平曲。《后书·万修传》:永初七年,邓太后绍封修曾孙丰为曲平亭侯。又以莽所更名一曰平端、一曰端平推之,知第二平曲系曲平之误也。)徐亭汉部乡。　弘亭汉武阳。　博聚汉新阳。　付亭汉建陵。卢聚汉昌虑。

淮平郡　汉临淮郡。《后书·侯霸传》:王莽时,为淮平大尹。旧领县二十九:取虑、开阳、赘其、高山、盐渎、东阳、昌阳、堂邑、乐陵,仍旧名。

徐调汉徐。　淮敬汉淮浦。　武匡汉盱眙。《淮水注》作匡武。

秉义汉公犹。《泗水注》作康义。　　成信汉僮。　　监淮亭汉射阳。　　睢陆汉睢陵。陈奂曰：陆，元本作睦，非。睢陵、淮陵，莽皆改为睢陆、淮陆也。

嘉信汉淮阴。周曰：以韩信封地。故名也。（卷二十三）　　淮陆汉淮陵。

从德汉下相。　　楼房汉富陵。　　著信汉播旌。　　永聚汉西平。　　成丘汉高平。　　成乡汉开陵。　　平宁汉广平。　　建节汉兰阳。　　相平汉襄平。亭闲汉海陵。南监本作亭门。（王鸣盛《十七史商榷》卷十九引。）美德汉舆。

鲁郡　古封泥有"文阳大尹"章，文即汶。汉铜印、汉碑、《后书·王梁传》，汶阳皆作文阳。（吴式芬、陈介祺《封泥考略》）疑改鲁国置文阳郡也。旧领县六：鲁、卞、蕃、薛，仍旧名。

汶亭汉汶阳。　　驹阳汉驹。

和乐郡　汉楚国。旧领县七：彭城、留、吕，仍旧名。

吾治汉梧。　　辅阳汉傅阳。　　和乐亭汉武原。或本《泗水注》脱和字。　　善丘汉甾丘。

水顺郡　汉泗水国。或本《淮水注》作顺水。旧领县三：

生凌汉浚。《志》作生交，依《淮水注》改。安盖浚之坏字也。　　淮平亭汉泗阳。疑当属淮平郡。（《泗水注》泗阳作淮阳。）　　于屏汉于。

江平郡　汉广陵国。旧领县四：江都、高邮，仍旧名。

安定汉广陵。《淮水注》作定安。　　杜乡汉平安。

扬州，汉旧州。扬雄《扬州箴》云："矫矫扬州，江汉之浒，彭蠡既潴，阳鸟攸处，橘柚羽贝，瑶琨篠簜，闽越北垠，沅湘攸往。犷矣淮夷，蠢蠢荆蛮，翩彼昭王，南征不旋。人咸踬于垤，莫踬于山；咸跌于污，莫跌于川；明哲不云我昭，童蒙不云我昏。汤武圣而师伊吕，桀纣悖而诛逢干，盖迩不可不察，远不可不亲，靡有孝而逆父，罔有义而忘君。太伯逊位，基吴绍类，夫差一误，太伯无祚，周室不匡，勾践入霸。当周之隆，越裳重译，春秋之末，侯甸叛逆。元首不可不思，股肱不可不孳，尧崇屡省，舜盛钦谋。牧臣司扬，敢告执筹。"《莽传》下：地皇二年。拜李棽为大将军扬州牧。赐名圣。《后书·马严传》：父余，王莽时为扬州牧。

庐江郡　《后书·李宪传》：王莽时，为庐江属令，迁偏将军庐江连率。旧领县十二：居巢、龙舒、临湖、雩娄、枞阳、寻阳、灊、皖、湖陵，仍旧名。

昆乡汉舒。　庐江亭汉襄安。　诵善汉松兹。

延平郡　汉九江郡。旧领县十五：寿春、浚遒、橐皋、合肥、建阳、全椒，仍旧名。

平阿汉成德。　阴陆汉阴陵。《通典》：莽改阴陵为阳陵。先谦曰：《淮水注》亦作阴陆，《通典》盖误。　明义汉历阳。　山聚汉当涂。　蚕富汉锺离。　武城汉东城。　扬陆汉博乡。汪本作杨陆。　延平亭汉曲阳。　阜陆汉阜陵。

会稽郡　旧领县二十六：阳羡、山阴、丹徒、余姚、由拳、乌程、句章、冶、回浦，仍旧名。

泰德汉吴。　风美汉曲阿。　乌孝汉乌伤。《浙江水注》引《异苑》曰：东阳颜乌以淳孝著闻，后有群乌助衔土块为坟，乌口皆伤。知汉县名乌伤，以乌口伤也。莽县名乌孝，以颜乌孝也。　毗坛汉毗陵。　余衍汉余暨。徐松曰：宋本作余行。（卷十）汪曰：正统本作余行。　疏房汉诸暨。　有锡汉无锡。　娄治汉娄。　会稽汉上虞。疑下有亭字。　展武汉海盐。或本《沔水注》讹作辰武。　尽忠汉剡。　末治汉大末。《浙江水注》作末理。周曰：治字作理，当由唐末避讳承写沿讹。观《后汉书》注，凡治字俱作理可证。（卷二十三）　淮睦汉余杭。《志》作进睦，毛本同。汪本作淮睦，《浙江水注》亦作淮睦。全曰：《南史》有下淮，其地在此，淮睦所由名也。（卷三）古封泥有"进睦子印"章，则进睦亦非无据，特恐地不在此耳。　谨汉鄞。　泉亭汉钱唐。　海治汉鄮。汪曰：正统本作海治，误。　诛岁汉富春。

丹阳郡　旧领县十七：于潜、春谷、句容、泾、丹阳、石城、胡孰、陵阳、芜湖、溧阳、歙、宣城，仍旧名。

无宛_{汉宛陵。}　　相武_{汉江乘。}　　宣亭_{汉秫陵。}　　候望_{汉故鄣。}

愬虏_{汉黝。}

九江郡　汉豫章郡。《莽传》下有九江连率贾萌。《后书·马严传》注引《东观记》有九江连率平河侯王述。古封泥有"豫章南昌连率"一印。（《考略》）当是莽初置连率时尚未改名。旧领县十八：彭泽、赣、南城、雩都、南野，仍旧名。

宜善_{汉南昌。}　　桓亭_{汉庐陵。}　　乡亭_{汉鄱阳。}　　蒲亭_{汉历陵。}

徐松曰：宋本作蒲立。（卷十）　治干_{汉余干。}　　九江亭_{汉柴桑。}　　治翰_{汉艾}　　偶亭_{汉新淦。}　　多聚_{汉建成。}　　修晓_{汉宜春。或本《赣水注》讹作循晓。}　　宜生_{汉海昏。}　　豫章_{汉鄡阳。}　　安宁_{汉安平。}

安风郡　汉六安国。旧领县五：六、蓼、阳泉，仍旧名。

美丰_{汉安丰。或本《决水注》作美风，盖因下安风之名而讹。}　　安风亭_{汉安风。}

荆州，汉旧州。扬雄《荆州箴》云："杳杳巫山，在荆之阳，江汉朝宗，其流汤汤。夏君遭鸿，荆衡是调，云梦涂泥，包匦菁茅，金玉砥砺，象齿元龟，贡篚百物，世世以饶。战战栗栗，至桀荒溢，曰：'我在帝位，若天有日，不顺庶国，孰敢余夺？'亦有成汤，果秉其钺，放之南巢，号之以桀。南巢茫茫，包楚与荆，风慓以悍，气锐以刚，有道后服，无道先强，世虽安平，无敢逸豫。牧臣司荆，敢告执御。"《莽传》下：天凤五年，以费兴为荆州牧。

前队郡　汉南阳郡。天凤元年，更名六队郡之一。《莽传》下有前队大夫甄阜，属正梁丘赐。又诏左队大夫王吴，率十万众迫措前队丑虏。按即指光武起于南阳也。旧领县三十六：蠜、育阳、博山、阴、雉、山都、蔡阳、莽之母功显君邑。新野、棘阳、武当、舞阴、西鄂、郦、安众、冠军、比阳、随、叶、邓、春陵、湖阳、乐成、复阳，仍旧名。

南阳汉宛。　闰衍汉杜衍。　　南庚汉鄷。或本《沔水注》讹作南庚。

　前亭汉涅阳。　　阳城汉堵阳。先谦曰：县在秦名阳城，见《曹参传》注，莽

复故。　宜禾汉筑阳。　　农穰汉穰。或本《清水注》讹作丰穰。　平善

汉平氏。　厉信汉朝阳。　　鲁山汉鲁阳。《志》脱，据《潕水注》增。　新

林汉新都。《莽传》上：成帝永始元年，封莽为新都侯。　　红俞汉红阳。

宜乐汉博望。

南顺郡　汉南郡。旧领县十八：临沮、华容、宜城、邔、当阳、中

庐、枝江、秭归、若、巫，仍旧名。

　江陆汉江陵。　居利汉夷陵。　　郢亭汉郢。　　相阳汉襄阳。

南顺汉编。疑下有亭字。　江南汉夷道。　　江夏汉州陵。　　言程汉

高成。

江夏郡　旧领县十四：西阳、邾、轪、鄂、安陆、沙羡、蕲春、鄢、

云杜，仍旧名。

　江阳汉西陵。　守平汉竟陵。　　襄非汉襄。　　闰光汉下雉。《江

水注》作润光。　当利汉锺武。

南平郡　汉桂阳郡。旧领县十一：南平、桂阳、阳山、含洭、阴

山，仍旧名。

　宣风汉郴。　大武汉临武。　　便屏汉便。　　南平亭汉耒阳。

除虏汉曲江。　基武汉浈阳。《溱水注》作綦武。

建平郡　汉武陵郡。旧领县十三：索、镡成、无阳、酉阳、佷山、

零阳、充，仍旧名。

　屏陆汉孱陵。　监沅汉临沅。《志》作监原，毛本作监元，据《沅水注》

改。通例，凡县名上一字称临者，莽改为监，而下一字不改。　　沅陆汉沅陵。

毛本误作阮陆。　迁陆汉迁陵。　会亭汉辰阳。　　建平汉义陵。疑下

有亭字。

九疑郡　汉零陵郡。旧领县十：零陵、始安、夫夷、营浦、都梁，

仍旧名。

九疑亭汉营道。九疑山在南，郡、县得名以此。　　泠陵汉泠。　　溥

闰汉泉陵。《湘水注》作溥润。　　洮治汉洮阳。　　锺桓汉锺武。

填蛮郡　汉长沙国。《湘水注》作镇蛮。《莽传》中：天凤三年，以冯英为长

沙连率。称其旧名也。旧领县十三：罗、连道、益阳、攸、酃、承阳、湘南、

昭陵、容陵，仍旧名。

抚睦汉临湘。《湘水注》作抚陆。　　闰隽汉下隽。　　声乡汉茶陵。

思成汉安成。《赣水注》作用成。

益州，汉旧州。《王莽传》中、《西南夷传》有庸部牧史熊。师古曰：莽改益州

为庸部。《莽传》下有庸部牧李晔。《后书·公孙述传》：王岑杀王莽庸部牧。注：王莽

改益州为庸部，其牧宋遵也。《廉范传》：祖父丹，王莽时为大司马庸部牧。注：王莽改

益州为庸部。案莽制天下为十二州，未闻曾改为部，且《莽传》中，天凤三年，定百官保

灾之制有曰：东岳太师立国将军保东方三州一部二十五郡，南岳太傅前将军保南方二

州一部二十五郡，西岳国师宁始将军保西方一州二部二十五郡，北岳国将卫将军保北

方二州一部二十五郡。则州自是州，部自是部，不得谓莽改益州为庸部也。部制之详，

今不可考，庸部其一耳。特不知何以庸部之名数见，而其他若干部之名皆不一见。始

建国元年，天凤三年见益州就都大尹冯英上言有云"空破梁州，功终不遂。"案益州于

《禹贡》为梁州之域，此云梁州，盖用古义，即指益州。扬雄《益州箴》云："岩岩

岷山，古曰梁州，华阳西极，黑水南流。茫茫洪波，鲧堙降陆，于时

八都，厥民不隩。禹导江沱，岷嶓启乾，远近底贡，磐错砮丹，丝麻

条畅，有粳有稻，自京徂畛，民攸温饱。帝有桀纣，湎沉颇僻，遏绝

苗民，灭夏殷绩。爰周受命，复古之常，幽厉夷业，破绝为荒。秦作

无道，三方溃叛，义兵征暴，遂国于汉。拓开疆宇，恢梁之野，列为

十二，光羡虞夏。牧臣司梁，是职是图，经营盛衰，敢告士夫。"

新成郡　汉汉中郡。全所据本作新城。《后书·马援传》：莽末，为新成大

尹。旧领县十二：西城、旬阳、南郑、褒中、房陵、安阳、成固、沔阳、

武陵、上庸、长利，仍旧名。

钖治_{汉钖。}《沔水注》钖误作锡。

就都郡　汉广汉郡。《莽传》中有就都大尹冯英。旧领县十三：绵竹、葭明、郪、新都、白水、刚氐道,仍旧名。

子同_{汉梓潼。《莽传》中：自言定命于子同。}　美信_{汉汁方。}　统睦_{汉涪。《莽传》中：始建国元年,封陈崇为统睦侯。}　吾雒_{汉雒。或本《江水注》讹作广信。}　广信_{汉广汉。}　致治_{汉甸氐道。}　摧房_{汉阴平道。徐松曰：宋本作推房。}（卷十一）

导江郡　汉蜀郡。《后书·公孙述传》：天凤中,为导江卒正,居临邛。旧领县十五：成都、郫、繁、青衣、绵虒、旄牛、徙、湔氐道、汶江、广柔,仍旧名。

就都亭_{汉广都。疑当属就都郡。先谦曰：莽于此置就都大尹。（《莽传》中）}　监邛_{汉临邛。}　邛原_{汉江原。}　严治_{汉严道。}　步昌_{汉蚕陵。}

西顺郡　汉犍为郡。旧领县十二：江阳、南安、资中、牛鞞、南广、朱提、堂琅,仍旧名。

僰治_{汉僰道。}　戢成_{汉武阳。}　符信_{汉符。}　新通_{汉汉阳。}

孱鄢_{汉存鄢。}

集嶲郡　汉越嶲郡。《若水注》：王莽遣任贵为领戎大尹守之,更名为集嶲也。（《后书·公孙述传》：越嶲任贵,杀王莽大尹据郡降。　疑此以任贵为集隽大尹误也。）旧领县十五：邛都、遂久、灵关道、台登、定莋、会无、莋秦、大莋、姑复、三绛、苏示、阑、卑水、潜街、青蛉,仍旧名。

就新郡　汉益州郡。《莽传》中：天凤元年,益州蛮夷杀大尹程隆。称其故名也。旧领县二十四：滇池、双柏、同劳、铜濑、连然、俞元、收靡、谷昌、秦臧、邪龙、味、昆泽、叶榆、律高、不韦、云南、嶲唐、弄栋、比苏、贲古、健伶、来唯,仍旧名。

有棳_{汉毋棳。}　胜僰_{汉胜休。}

同亭郡　汉牂柯郡。_{昭曰：《西南夷传》夜郎国有且同亭,故莽谓之同亭。}

(卷十四)《莽传》中有牂柯大尹周歆。称其故名也。《西南夷传》歆作钦。旧领县十七：故且兰、镡封、鄨、漏卧、平夷、同并、谈指、宛温、毋单、漏江、西随、都梦、谈槀、进桑，仍旧名。

    有敛_{汉毋敛}。   同亭_{汉夜郎}。   从化_{汉句町}。

    巴郡 旧领县十一：江州、枳、阆中、垫江、朐忍、宕渠、鱼复、充国，仍旧名。

    监江_{汉临江}。 或本《江水注》讹作盐江。   安新_{汉安汉}。   巴亭_{汉涪陵}。

    乐平郡 汉武都郡。旧领县九：上禄、平乐道、沮、嘉陵道、循成道，仍旧名。

    循虏_{汉武都}。   善治_{汉故道}。   乐平亭_{汉河池}。   扬德_{汉下辨道。毛本作杨德}。

    幽州，汉旧州。扬雄《幽州箴》云："荡荡平川，惟冀之别，北厄幽都，戎夏交偪。伊昔唐虞，实为平陆，周末荐臻，迫于獯鬻。晋溺其陪，周使不阻，六国擅权，燕赵本都。东限秽貊，羡及东胡，强秦北排，蒙公城壖。大汉初定，介狄之荒，元戎屡征，如风之腾，义兵涉漠，偃我边萌，既定且康，复古虞唐。盛不可不图，衰不可或忘，堤溃蚁穴，器漏箴芒。牧臣司幽，敢告待傍。"《莽传》中：始建国元年，流刘棻于幽州。

    垣翰郡 汉涿郡。旧领县二十九：涿、《圣水注》：涿县，莽更名垣翰。赵曰：当是垣翰亭，落亭字。(卷十二)周曰：盖涿县附郡治，故同郡改一名也。(卷二十二)先谦曰：郡曰垣翰，武垣曰垣翰亭，无涿郡复名垣翰之理，此道元误郡为县耳。按南平郡领南平亭，又领南平，是涿县非必无复名垣翰之理，特道元注别无更郡曰垣翰之文，揣之其书通例称郡而略县，则谓为误郡为县，实是也。莽于汉郡县同名者，往往更郡名则县名不更，如弘农郡更曰右队，河南郡更曰保忠信，沛郡更曰吾符，平原更曰河平，千乘更曰建信，琅邪更曰填夷，其所领与郡同名之县皆仍旧名。涿郡更曰垣翰，而涿县仍旧名，亦其例也。谷丘、故安、南深泽、蠡吾、易、广望、州乡、临乡、饶阳、中水、阿武、新昌,仍旧名。

遒屏汉遒。《巨马水注》作遒屏。　顺阴汉范阳。全曰:以在顺水之阴也。(卷三)或本《易水注》讹作通顺。　深泽汉容城。　言符汉鄚。高亭汉高阳。　广望亭汉安平。　握符汉樊舆。古封泥有渥符子夫人一印(《考略》),则握应作渥也。　宜家汉成。　广阳汉良乡。　章符汉利乡。有秩汉益昌。《巨马水注》作有秩。吴、周、先谦引宋祁曰:作有杖。案今本宋祁曰作有秩。　章武汉阳乡。　移风汉西乡。　垣翰亭汉武垣。阿陆汉阿陵。　广堤汉高郭。

迎河郡　汉勃海郡。胡曰(胡渭《禹贡锥指》卷十三中之下):迎河即逆河,说者谓莽多忌讳,改逆曰迎也。坫曰:迎,逆也。古迎、逆字同用。(卷八)先谦曰:迎、逆义同,今文《尚书》作迎河,莽用今文也。旧领县二十六:阳信、东光、千童、重合、定、高成、参户、柳、东平舒、重平、安次、文安、景成、束州、建成、章乡、蒲领,仍旧名。

浮城汉浮阳。　吾城汉阜城。　迎河亭汉南皮。或本《淇水注》作逆河。　桓章汉章武。　检阴汉中邑。　为乡汉高乐。　泽亭汉成平。乐亭汉临乐。　居宁汉修市。

朔调郡　汉上谷郡。《后书·耿弇传》:父况,为王莽朔调连率。(《寇恂传》作上谷太守耿况。)《景丹传》:莽时为朔调连率副贰。又《郭伋传》:莽时为上谷大尹。周曰:既有朔调,复存上谷,即莽将大郡分为五之证。《莽传》:每下诏书,辄系其故名,朔调之又名上谷,亦此类也。(卷二十五)按周说既云朔调与上谷同存,又以上谷为朔调之故名,前后矛盾。观夫耿况于《弇传》作朔调连率,于《恂传》作上谷太守。《丹传》,更始立,丹降为上谷长史。则朔调于上谷,实一郡之更名,而非分郡也。旧领县十五:军都、居庸、雊瞀,仍旧名。

沮阴汉沮阳。　塞泉汉泉上。　树武汉潘。　朔调亭汉夷舆。博康汉宁。　长昌汉昌平。　广康汉广宁。　拚陆汉涿鹿。或本《㶟水注》作襦陆。　久居汉且居。　谷武汉茹。　祁汉女祁。　下忠汉下落。

通路郡　汉渔阳郡。毛本误作北顺。《鲍丘水注》《续志》并作通潞。旧领县十二:雍奴、平谷、安乐、白檀,仍旧名。

得渔汉渔阳。　举符汉狐奴。　通路亭汉路。《鲍丘水注》路作潞。汪曰:疑非是,上党郡有潞县,与此不同字。　泉调汉泉州。　敦德汉犀奚。平犷汉犷平。　要术汉要阳。　匡德汉滑盐。

北顺郡　汉右北平郡。旧领县十六:平刚、无终、石成、字、土垠,仍旧名。

铺武汉廷陵。　俊麻汉俊靡。　衰睦汉聚。　北顺亭汉徐无。伏狄汉白狼。　夕阴汉夕阳。　淑武汉昌城。　揭石汉骊成。大揭石山在县西南。先谦曰:揭当为碣。　平房汉广成。　笃睦汉聚阳。　平阳汉平明。

辽西郡　昭曰:当有"莽曰令支"四字。何以知之?雁门郡莽曰填狄,其属县埒则曰朔狄亭。代郡莽曰厌狄,其属县代则曰厌狄亭。上谷郡莽曰朔调,其属县夷舆则曰朔调亭。渔阳郡莽曰通路,其属县路则曰通路亭。右北平莽曰北顺,其属县徐无则曰北顺亭。今辽西属县惟令支,莽曰令氏亭,亦其例也。(卷十五)按属县以亭为名,其郡名非必与相同,此例甚多。安定郡三水,莽更曰广延亭,郡不曰广延,而仍旧名。五原郡五原,莽更曰填河亭,郡不曰填河,而曰获降。莽县以亭为名者三百六十,不得有三百六十郡与之同名也。昭说非。《莽传》中有辽西大尹田谭。旧领县十四:海阳、新安平、柳城、阳乐、狐苏,仍旧名。

钼虑汉且虑。昭曰:钼、且同声。(卷十四)　令氏亭汉令支。　肥而汉肥如。昭曰:而、如古字通。(卷十五)　勉武汉宾从。　禽虏汉交黎。河福汉徒河。　言房汉文成。　冯德汉临渝。　选武汉絫。

辽东郡　旧领县十八:新昌、无虑、房、候城、险渎、居就、高显、安市、平郭、番汗、沓氏,仍旧名。

昌平汉襄平。　长说汉望平。　顺睦汉辽队。　辽阴汉辽阳。桓次汉武次。　北安平汉西安平。　文亭汉文。毛本误作受亭。

玄菟郡　旧领县三:

下句骊汉高句骊,始建国四年更名。(《传》中)　下殷汉上殷台。玷曰:依义当脱台字。(卷十四)　玄菟亭汉西盖马。

乐鲜郡　汉乐浪郡。旧领县二十五:朝鲜、讹邯,含资、粘蝉、遂成、带方、驷望、列口、长岑、屯有、昭明、镂方、提奚、浑弥、吞列、东暆、不而、蚕台、华丽、邪头昧、前莫、夫租,仍旧名。

乐鲜亭汉浿水。　增土汉增地。　海桓汉海冥。

广有郡　汉广阳国。或本《漯水注》讹作广公。旧领县四:方城、广阳,仍旧名。

伐戎汉蓟。《漯水注》作代成。　阴顺汉阴乡。

并州,汉旧州。平帝元始五年,以太原、上党二郡改隶冀州,以朔方部并入。汉武帝置十三刺史部,朔方是其一,至是并省。中兴悉复西京旧制,至建武十一年而朔方又归省,盖因于莽也见《后书·光武纪》及《郭伋传》。扬雄《并州箴》云:"雍别朔方,河水悠悠,北辟獯鬻,南界泾流,画兹朔土,正直幽方。自昔何为,莫敢不来贡,莫敢不来王。周穆遐征,犬戎不享,爰貊伊德,侵玩上国。宣王命将,攘之泾北,宗周罔职,日用爽蹉,既不俎豆,又不干戈,犬戎作乱,毙于骊阿。太上曜德,其次曜兵,德兵俱颠,靡不悴荒。牧臣司并,敢告执纲。"《莽传》中始建国三年见并州,天凤三年见并州牧宋弘。《后书·郭伋传》:以上谷大尹迁并州牧。

《莽传》中:民弃城郭,流亡为盗贼,并州平州尤甚。胡三省《通鉴注》:此时未有平州,平字误。钱曰(钱大昕《通鉴注辨正》卷一)西河郡有平周县,周与州,古字通用。《路博德传》:西河平州人。即平周也。西河本属并州,故云并州平州,非辽东之平州也。沈曰:(沈钦韩《汉书疏证》卷三六)平州,盖莽分幽州所置。《魏志》:公孙度自立为辽西侯平州牧。本此。或以为西河之县,在并州部内,故云并州平州。若仅一县流亡,岂足以概莽之乱?案沈非驳钱平州即西河县平周之说甚是,但莽制未闻有十三州,则不能有平州也。当依胡注以平字为误。

增山郡　汉上郡。《志》脱。《后书·马援传》:兄员,莽末为增山连率。

注:莽改上郡为增山。《河水注》:王莽以马员为增山连率,归世祖,以为上郡太守。司

马彪曰：增山者，上郡之别名也。周曰：凡汉郡县为莽改名者，《水经注》定例必曰王莽之某名也，此无之，而但引司马彪别名之说，疑非定莽改者。又曰：西河郡有增山县，则安知非分增山为一郡而置连率耶？（卷二十四）骧曰：盖郦所见班《志》已脱"莽曰增山"四字，故《河水注》不曰王莽之某名也，而但引司马之说。司马知增山即上郡，而增山之名不见于班《志》，故不径曰更名，而称为别名。不得据此便谓增山非莽之更名也。济南郡莽曰乐安，而千乘郡有乐安县，则不得以西河郡有增山，便谓增山郡乃西河之分郡也。《传》下文：及莽败，员去郡避地凉州，世祖即位，遣员复郡。郦注谓归世祖，以为上郡太守，即复郡也，亦可证增山即上郡。**旧领县二十三：肤施、独乐、木禾、平都、原都、雕阴、雕阴道、龟兹、定阳、望松，仍旧名。**

上陵時汉阳周。横山在南，有黄帝冢，莽曰桥時，使者四时致祠。（《传》中）　**广信**汉浅水。　　**积粟**汉京室。　　**卑顺**汉洛都。　　**黄土**汉白土。**上党亭**汉襄洛。县离上党郡极远，且上党郡已有上党亭，汉之襄垣也，不应又名上党亭，疑以汉县名近似而误。　郡原名上郡，疑此县实名上亭。衍一党字。**漆墙**汉漆垣。汪本作漆墙。　　**奢节**汉奢延。　　**排邪**汉推邪。　　**桢干**汉桢林。　　**坚宁**汉高望。　　**利平**汉高奴。　　**坚宁小邑**汉宜都。先谦曰：县无四字为名者，疑衍小字。

归新郡　汉西河郡。**旧领县三十六：驹虞、鹄泽、美稷、中阳、皋狼、平周、鸿门、蔺、千章、增山、**全曰：莽改上郡曰增山，则西河之增山必改名，而今脱矣。（卷三）按郡县同名者多，郡与他郡属县同名者亦多，何独于增山只许一为郡名，而不许再为县名？全说非也。**圜阳、广衍、虎猛、离石、谷罗、土军、平陆、盐官，仍旧名。**

　　富成汉富昌。　　**阴平亭**汉平定。　　**截虏**汉乐街。　　**廉耻**汉徒经。**好成**汉大成。　　**广翰**汉广田。　　**方阴**汉圜阴。　　**香阑**汉益阑。周曰：阑一本作兰。（卷二十四）　**讨貉**汉宣武。　　**桓车**汉武车。　　**饶衍**汉饶。**广德**汉方利。　　**慈平亭**汉隰成。　　**监水**汉临水。毛本误作坚水。**五原亭**汉西都。疑当属获降郡。　**山宁**汉阴山。　　**伏觥**汉觥是。　　**助桓**汉博陵。

沟搜郡　汉朔方郡。旧领县十：三封、修都、呼遒,仍旧名。

　　武符汉朔方。　　监河汉临河。　　极武汉窳浑。　　沟搜亭汉渠

搜。《志》脱亭字,据《河水注》增。　　绥武汉沃野。　盐官汉广牧。　　推武

汉临戎。

获降郡　汉五原郡。《莽传》下：左迁鲁匡为五原卒正。称其故名也。旧

领县十六：河阴、蒲泽、宜梁、莫黮、河目,仍旧名。

　　成平汉九原。　　固调汉固陵。　　填河亭汉五原。　　振武汉临

沃。繁聚汉文国。　　南利汉南兴。　　桓都汉武都。　　延柏汉曼柏。

艾虏汉成宜。　　固阴汉稒阳。　　鄣安汉西安阳。毛本及《河水注》误作漳

安,汪本及或本《河水注》并作障安,县与漳无涉,以在边徼,故曰障安也。

受降郡　汉云中郡。旧领县十一：陶林、犊和、原阳、沙南、北

舆,仍旧名。

　　远服汉云中。　　贲武汉咸阳。　　桢陆汉桢陵。　　希恩汉沙陵。

汪本误作希思。　　顺泉汉武泉。　　常得汉阳寿。周曰：一本作长得。（卷

二十五）

得降郡　汉定襄郡。旧领县十二：成乐、襄阴,仍旧名。

　　椅桐汉桐过。　　通德汉都武。　　伐蛮汉武进。　　永武汉武皋。

遮要汉骆。　　迎符汉安陶。　　桓就汉武就。　　厌胡汉武要。　　著武

汉定襄。　　闻武汉复陆。

填狄郡　汉雁门郡。古封泥有雁郡太尉章。(《考略》)岂未改填狄前曾名

雁郡乎？旧领县十四：楼烦、洼陶,仍旧名。

　　阴馆汉善无。　　敬阳汉沃阳。　　当要汉繁畤。　　遮害汉中陵。

富臧汉阴馆。《志》作富代,据《漯水注》改。王曰：富臧于义为长。（卷四之七）

桓州汉武州。　　善阳汉剧阳。　　崞张汉崞。《漯水注》：县南面玄岳,右背

崞山,处二山之中,故以崞张为名。　　平顺汉平城。　　填狄亭汉埒。章

昭汉马邑。　　伏阴汉强阴。

厌狄郡　汉代郡。旧领县十八：当城、高柳、马城、延陵、且如、阳原、参合、灵丘，仍旧名。

安德汉桑乾。　道仁汉道人。　班副汉班氏。　猇聚汉猇氏。

乎胡汉平邑。　竟安汉东安阳。或本《漯水注》讹作竞安。　平葆汉平舒。　厌狄亭汉代。　广平汉广昌。汪本作广屏。《巨马水注》作广屏。《漯水注》：连水又西径王莽城南。据此则莽之广平与汉之广昌，盖非一城。

鲁盾汉卤城。

交州，故汉交趾。平帝元始五年更名。扬雄《交州箴》云："交州荒裔，水与天际，越裳是南，荒国之外，爰自开辟，不羁不绊。周公摄祚，白雉是献，昭王陵迟，周室是乱，越裳绝贡，荆楚逆叛，四国内侵，蚕食周宗，臻于季赧，遂以灭亡。大汉受命，中国兼该，南海之宇，圣武是恢，稍稍受羁，遂臻黄支，杭海三万，来牵其犀。盛不可不忧，隆不可不惧，顾瞻陵迟，而忘其规摹，亡国多逸豫，而存国多难，泉竭中虚，池竭濒干。牧臣司交，敢告执宪。"

南海郡　旧领县六：番禺、博罗、中宿、龙川、四会，仍旧名。

南海亭汉揭阳。

郁平郡　汉郁林郡。旧领县十二：布山、安广、阿林、广郁、中留、桂林、定周、增食、领方、雍鸡，仍旧名。

中潭汉潭中。　监尘汉临尘。

新广郡　汉苍梧郡。旧领县十：谢沐、高要、封阳、端溪、冯乘、富川、荔浦，仍旧名。

广信亭汉广信。玷曰：似当作新广亭。（卷十四）按《浪水注》亦作广信亭，玷说非。　大贺汉临贺。　猛陆汉猛陵。汪本误作孟陆。

交趾郡　旧领县十：羸陵、安定、苟屚、麊泠、曲易、北带、稽徐、西于、龙编、朱㲮，仍旧名。

桓合郡　汉合浦郡。旧领县五：徐闻、高凉、朱卢，仍旧名。

桓亭汉合浦。坫曰:疑当作桓合亭。(卷十四)先谦曰:《温水注》亦作桓亭,《志》文不误。　大允汉临允。《温水注》作太允。

九真郡　旧领县七:居风、都庞、余发、咸骧、无切,仍旧名。

骧成汉胥浦。或本《温水注》作欢城。　九真亭。汉无编。

日南郡　旧领县五:朱吾,比景、卢容、象林,仍旧名。

日南亭汉西卷。

据汉代漆器铭文,知新莽时又有子同、成都二郡,见日本《东方学报》所载梅原末治《汉代漆器铭文集录补遗》第二。子同当分自广汉,成都当分自蜀郡。

八三年校后记。

附　考

莽郡县官制

州　仍汉旧,置牧。天凤元年,定制,公氏作牧,见礼如三公。地皇元年,赐号为大将军。二年,以州牧刺举怠解,更置牧监、副秩,元士冠汝冠,行事如汉刺史。

郡　始建国元年,改郡太守曰大尹。天凤元年,置卒正连率,职如太守。卒正,侯氏;连率,伯氏;无爵。为尹置大夫,六尉、六队之尹也。置卿,保忠信之尹也。地皇元年,赐号为偏将军。始建国元年,改郡都尉曰太尉。天凤元年,置属令、属长,职如都尉。属令,子氏;属长,男氏;无爵。为尉置属正,六尉、六队之尉也。缘边又置竟尉,以男为之。地皇元年,赐号为禆将军。

县　始建国元年,改县令、长曰宰。地皇元年,赐号为校尉。

都　天凤元年,分西都为六乡,置帅各一人。分东都为六州,置长各一人,人主五县。六州,《莽传》原文作六郊州。刘奉世曰:当为六郊,衍州字。何焯曰：州长，准《周官》，与前州牧准《虞书》者不同。刘以为衍字，误也。故下文亦称六州。

部　天凤元年，置州牧部监二十五人，见礼如三公。监位上大夫，各主五郡。王氏念孙以《汉纪》为正，谓此文本作置州牧，其礼如三公。郡监二十五人，监位上大夫，各主五郡。今本《汉书》"其礼"误作"见礼"，"郡监"误作"部监"，而部监二十五人，又误在见礼如三公之上，遂致文不成义。《后汉·隗嚣传》注所引，已与令本同。（卷四之十五）王说以文义言是也，然天凤三年，莽下诏令百官保灾，有曰"东方三州一部、南方二州一部、西方一州二部、北方二州一部"。《隗嚣传》本文亦作告州牧部监。古封泥有东部监之印。（《汇编》）则莽制确有部，部确置监，传文又似不误。所难解者一监主五郡，百二十五郡便为二十五监，不得与州牧合计才二十五人也，疑州牧下脱十二人三字。《传》中、《传》下有庸部牧史熊、李晔，系部牧而非部监，岂部于监之外又置牧乎？抑置牧之部，与置监之部二而非一乎？又保灾令四方合计才五部，中央宁得有二十部乎？亦不可解。出土汉简之一文曰"牧监之部其勉于考绩"，又一简文曰"始建国四年五月己丑下"罗《释》谓二简书法一一相同，当为一书，则《莽传》以牧监之置系之天凤，殆失之矣。

莽制采伪古书

十二州州置牧　《尧典》："肇十有二州，咨十有二牧。"元始五年，莽以经义更州名分界凡十二州，州置牧，本此。《尧典》不载十二州之名，此新莽十二州既谓系以经义更置者，则原莽之意，盖以为舜之十二州即此也。冀、兖、青、徐、扬、荆、豫、雍、幽、并十州，皆《禹贡》《职方》之旧名。益州则《禹贡》之梁州，汉武帝伐平西南夷，置为武都、牂柯、益州、越巂、犍为、沈黎、汶山七郡，以地在梁州旧境之外，故取增益之义，更州名曰益，而莽因之也。先秦以来旧籍言古制者皆无交州，然《尧典》云："申命羲叔宅南交"，是交字已见于经义矣，故莽亦列以为十二州名之一。莽败后约百年，马融释《尧典》之十二州，乃于《禹贡》《职方》十一州之外，益以见于《尔雅》之营州。后此经学者并宗师之，传之既久，遂成定说，而莽说乃不复为人所知。今按《禹贡》,海岱之间惟青州。《尔雅》齐曰营州,营州即青州也。既有青州,不应复有营州,马说不可通。莽以交州充数,较马实胜一筹也。

卒正、连率、属长 《王制》:天子千里之外设方伯,五国以为属,属有长;十国以为连,连有帅;三十国以为卒,卒有正;二百一十国以为州,州有伯。天凤元年,莽置卒正、连率(连率即连帅也,古率、帅字通,《汉纪》作连帅。)、属长得名于此。惟《王制》一卒三连,一连二属,属长隶于连帅,连帅隶于卒正,三者各为一等,皆诸侯之长也。莽以卒正连率为郡守,属长为郡尉,虽爵位有高下,职守有殊别,然不相统属,皆一郡之长也。则称名虽同而性质迥异,兹列表剖解如下(见下页):

六队、六乡、六州 《周官》:大司徒掌六乡,五家为比,五比为闾,四闾为族,五族为党,五党为州,五州为乡。乡大夫,每乡卿一人;州长,每州中大夫一人;党正,每党下大夫一人;族师,每族上士一人;闾胥,每闾中士一人;比长,五家下士一人;遂人掌六遂,五家为邻,五邻为里,四里为酂,五酂为鄙,五鄙为县,五县为遂。遂大夫,每遂中大夫一人;县正,每县下大夫一人;鄙师,每鄙上士一人;酂长,每酂中士一人;里宰,每里下士一人;邻长,五家则一人。天凤元年,莽于东西二都置六乡、六州、六队,《传》师古注曰:队音遂。周寿昌曰:莽之六队,即六遂也。古遂、队字相通,《易·震卦》震遂泥,《释文》荀本作队。《书·费誓》鲁人三郊三遂,《史记》作隧。队是隧本字省文,《周官·考工记》匠人:广二尺,深二尺谓之隧。《释文》隧本作遂。故知莽以六遂为六队也。(卷五十五)略仿此制而颇多更革,表解如下:(见第84、85页)

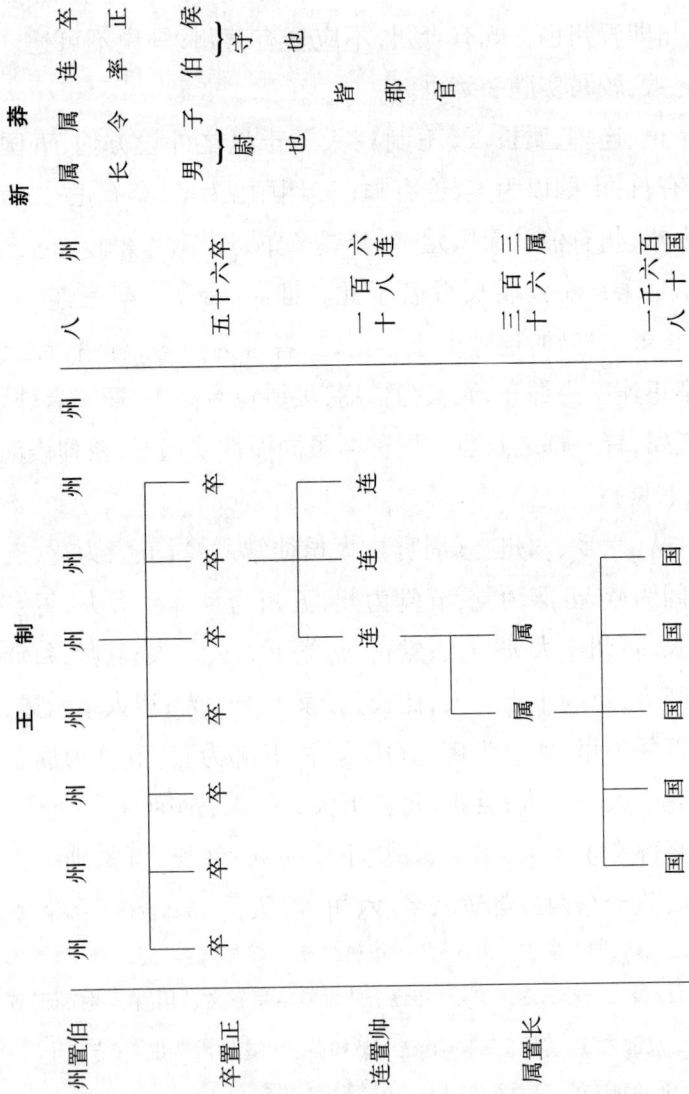

新莽

侯伯子男 〉守也
正 率 令 长 〉尉也　皆郡官也

卒 连 属 州　八
五十六卒
一百一十八连
三百六十属
一千六百八十国

王制

州　州　州　州　州　州　州
卒　卒　卒　卒　卒　卒　卒
连　连　连
属　属
国　国　国　国　国

州置伯
卒置正
连置帅
属置长

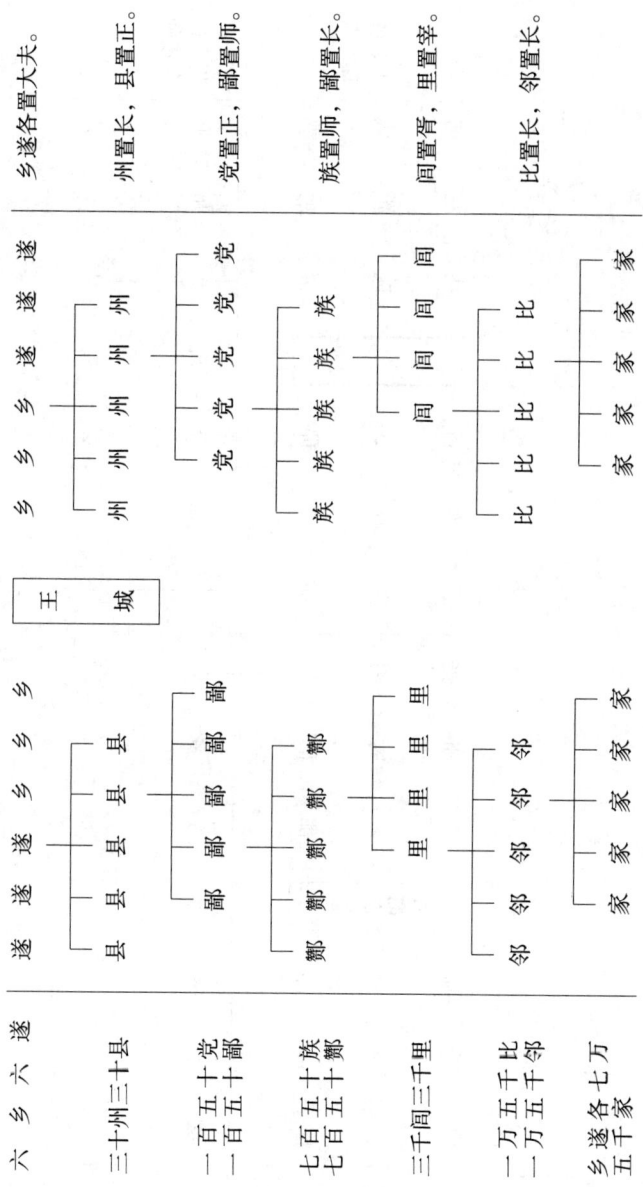

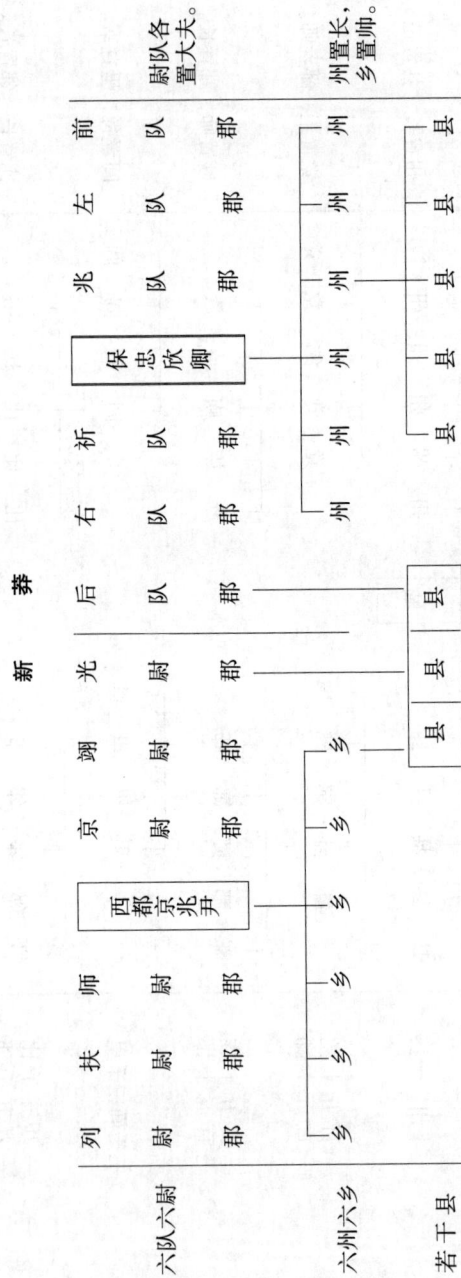

尉队各队置大夫。

州置长，乡置帅。

新 莽

	前	左	兆		祈	右	后	光	翊	京		师	扶	列	
	队	队	队	保忠欣卿	队	队	队	尉	尉	尉	西都京兆尹	尉	尉	尉	六队六尉
	郡	郡	郡		郡	郡	郡	郡	郡	郡		郡	郡	郡	
	州	州	州	州	州	州			乡	乡	乡	乡	乡	乡	六州六乡
	县	县	县	县	县		县	县	县						若干县

莽改汉郡县名通例

莽之改易汉郡县名,其取义于当地之历史、山川、风土者仅极少数,大半皆着意于字面之音训。有以音义通而更名者,有以义同而更名者,有以音通而更名者,有以义相反而更名者,兹略举其通例数则如下,备参考焉。

甲 音义通

长安——常安一 下注数字系县所隶郡在《汉志》中之次第。

襄城——相城一二 襄阳——一五 襄平——二七 平襄——五五。

傅阳——辅阳九九

肥如——肥而七六

安平——安宁四十

江陵——江陆一五 阴陵——一八 阜陵——一八 湖陵——一九 阿陵——二六 于陵——三十 睢陵——三七 淮陵——三七 屖陵——四二 沅陵——四二 迁陵——四二 桢陵——六六 猛陵——七九

曼柏——延柏六五 绵曼——八六

乙 义同_{或近似}

临晋——监晋二 临颍——一二 临朐——三二 临朐——三四 临沅——四二 临邛——四六 临江——五一 临羌——五四 临泾——六十 临水——六三 临河——六四 临尘——七八

周寿昌曰:莽于县名,临皆改为监,而下一字多仍之。或以其子临为太子故为之讳,而取守曰监国之义乎?独临汾、临湖、临沂、临洮四县未改,盖莽好信五行小数,以汉为火德,此四县皆水旁,又临为其子名,取水克火之意,故不改耳。此外惟涿郡之临乡未改名,盖莽视乡制甚崇也。(卷二十一)说甚疏谬。谓水旁不必改,何以临沅、临江、临泾、临水、临河皆改?且水旁未改者,亦不只此四县,尚有南郡之临沮。此外沛郡之临都、巨鹿之临市,皆非水旁而未改,又将何以为解乎? 临淄改为齐陵,临湘改为抚睦,则县名有临字者亦非定改为监字也,此于他例亦然。

武城——桓城二　阳武——九　原武——九　武安——二二
锺武——四三　安武——六十　武车——六三　武都——九五　武州——六八　武次——七四　武隧——八九

章武——桓章二七

广武——信桓六　襄武——相桓五三　武城——桓就六七

武邑——顺桓八八　南武阳——桓宣三一

界休——界美六　周承休——嘉美一二

严道——严治四六　僰道——四七

下邑——下治九六

槐里——槐治三

粟邑——粟城二

安险——宁险八七　安丘——宁乡三五

广宁——广康七十　宁——博康七十　宁陵——康善一一

郁夷——郁平三

抚夷——抚宁六十

增地——增土七六

谷口——谷喙二

漆垣——漆墙六二

推邪——排邪六二

金城——金屏五四

济阳——济前一一

临武——大武四一　临贺——七九　临允——八一

下博——闰博八八　下隽——一〇三

下雉——闰光一六　下邳——闰俭三六

高郭——广堤二六

文国——繁聚六五

粟——成富二一

丙　音通

顿丘——顺丘一〇

九门　久门二四

鄜——谨三八

梓潼——子同四五

珘——贡二一

灵州——令周六一

且虑——钼虑七三

平氏——平善一四　己氏——九六

俊靡——俊麻七二

洨——肴成二一

丁　义相反

于寓——于合六　符离——二一

谷远——谷近七

东昏——东明一一

刚——柔三一

西安——东宁三二

不夜——夙夜三四

平曲——平端三六　曲平——端平三六

曲阳——从阳三六

发干——戢楯一〇

沮阳——沮阴七〇　泥阳——六一　夕阳——七二　辽阳——七四

稒阳——固阴六五

即裴——即是二二

无锡——有锡三八　　无盐——有盐亭九七

毋棳——有棳四九　　毋敛——五〇

圜阴——方阴六三

剧阳——善阳六八

强阴——伏阴六八

且居——久居七〇

曲周——直周八五　　曲梁——八五

曲逆——顺平八七

剧——俞九一

兰干——兰盾五五

亢父——顺父九七

高句丽——下句丽七五

上殷台——下殷七五

杜阳——通杜三

宛陵——无宛三九

历乡——历聚二三　　合乡——三六　　北乡——禺聚三二

附同字颠倒

犷平——平犷七一

潭中——中潭七八

富城——成富九七

戊　其他

一　以故郡名为郡所治之县名

安邑——河东五　　怀——河内八　　阳翟——颍川一二

宛——南阳一四

二　加治字

漆——漆治三　黎——一〇　清——一〇　观——一〇

慎——一三　厝——二五　台——三〇　利——三二　缯——三六

承——三六　娄——三八　钖——四四　西——五三　冀——五五

修——八八

平——治平九

郪——赞治二一

大末——末治三八　日勒——勒治五七

三　加亭字

郢——郢亭一五　文——七四　驹——九八　广信——七九

安风——一〇二

爰戚——戚亭一九　临乐——乐亭二七

四　加城字

蕲——蕲城二一　魏——二二

郫——单城二一

五　加陵字

莒——莒陵九四　陈——九五

六　加屏字

便——便屏四一　酒——二六　于——一〇〇

七　加吾字

丰——吾丰二一　雒——四五

八　改汉为新或信

安汉——安新五　汉阳——新通四七　广汉——广信四五

九　改阳为亭

河阳——河亭八　高阳——二六　汶阳——九八

(原载《燕京学报》第15期,1934年6月。收入《廿五史补编》第二册时略有修改,王伯祥先生有跋)

西汉地理杂考

陈豨官称

　　王任生君作《西汉代郡建置考》，谓《史记》高纪、卢绾传、侯表、《汉书》绾传、侯表以陈豨为赵相国，《史记》淮阴侯传以豨为巨鹿守，悉误，当从《汉书》高纪作代相国。豨反时周昌方为赵相，故知非赵相国。豨北监代边兵，巨鹿在常山南，不临边，故知非巨鹿守。豨自立为代王，史文时以代、豨连称，足征实为代相国。王君以此文质于余，余以《史》、《汉》复核之，则知《史》纪及《史》、《汉》表称赵相国不误，《史》淮阴侯传称巨鹿守亦不误，而《汉》纪称代相国，于实虽差是，于名殊未正。豨为代相国居于代，此无可置疑者，惟七年初拜时果为代相国，九年代地既并于赵，便当称赵相国。汉初诸侯王国有并置二相者，如贯高、赵午同相张敖，见《张耳传》、《田叔传》，故周昌相如意，初无碍于豨之亦为赵相也。昌居赵都邯郸，豨职在监边兵，故居代，盖宠将以相之名，犹唐之使相矣。豨虽居代，然赵代兵皆属之，反而赵、代地皆为所有。高祖得至邯郸，便以为善，其后一战于曲逆，再战于东垣，皆赵地也，足证豨为全赵之相而非代地一方之相，称赵相则名实皆符。（惟《史》、《汉》卢绾传，七年初拜即称为赵相国，误以后蒙前。）称代相则以实差是，以居于代，于名不正，以于时代非国名也。豨之为代相国在高祖七年,而《淮阴侯传》记豨之辞别韩信于长安,有在六年之可能,则豨盖初拜为巨鹿守,迨七年代地既平,始迁为代相国,史公所载,未必羌无依据也。

西汉极盛时郡国数

《汉书·地理志》所载郡国凡一百三,此乃以平帝元始二年之册籍为据者。考之元帝以前,犹不止此数。武帝元封三年削平朝鲜,辟置四郡,于时天下郡国增至百又一十,于西汉一代为极盛。以此百一十较之《汉志》之百三,则金城(郡)未建,济北(国)犹存,又有沈黎、文山、象、珠崖、儋耳、真番、临屯七郡,缺一而多八。(《汉志》凡八十三郡,二十国。其时《汉志》之清河郡为国,广平、淮阳二国为郡,东平国为大河郡,高密国为胶西郡,凡九十二郡、一十八国。又京兆尹为右内史,左冯翊为左内史,右扶风为主爵都尉,信都国为广川国,广阳国为燕国。)其后天汉四年罢沈黎,减为百九;昭帝始元五年罢儋耳、临屯、真番,减为百六;元凤五年罢象郡,减为百五;宣帝地节三年罢文山,减为百四;至元帝初元三年罢珠崖,始为百三。自初元三年下迨元始二年,都凡四十七年,中惟成帝鸿嘉二年分丹阳郡地置广德国,即年罢还,此外未尝有所损益,故百三之数,实为西汉一代之常制。

五　属　国

《汉书·武帝纪》元狩二年,匈奴昆邪王杀休屠王,并将其众合四万余人来降,置五属国以处之。按五属国俱见《班志》,陇西治勇士之满福(元鼎后析属天水),北地治三水(元鼎后析属安定），上郡治龟兹，西河治美稷，五原治蒲泽。张守节《正义》、杜佑《通典》并缺西河，张补以云中，杜补以张掖。云中无据。张掖有属国，亦武帝所置，见《续志》。但《霍去病传》：尽将其众渡河，降者数万人。又曰：乃分处降者于边五郡故塞外，而皆在河南。明降众悉已渡河而东，五属国皆在河南，不得在其河西故地之张掖也，知杜说亦误。张掖属国之设，必在五属国之后，《匈奴传》：征和中破车师，尽得其王民众而还。或即因以建属国于张掖矣。《宣帝纪》五凤三年置西河、北地属国以处匈奴降者，张、杜盖据此以西河为后置而摈之。然考《班志》所载属国惟五，于后来增置张掖、北地、金城等属国皆不载，则美稷之属国，亦当为元狩旧制，五凤所置西河属国，或别是一处，或元狩初置后曾经罢废，至是复设耳。

汉初胶西国都

《史记·汉兴以来诸侯年表》：齐分胶西，都宛。《集解》徐广曰：乐安有宛县。《水经·瓠子河注》引《史记》徐广皆作高苑。按《巨洋水注》：溉水出桑犊亭（于《汉志》为县，属北海）东复甑山，亭故高密（当作胶西）郡治，世谓之故郡城。是高帝初置胶西郡，治桑犊，自文帝以郡建国，实都高密，其后宣帝遂径以高密名其国，迄于元始不改。《潍水注》：潍水径高密县故城西，汉文帝十六年，则为胶西国，宣帝本始元年，更为高密国。明言高密之为国都，自胶西时已然，初不始于高密。乃《瓠子河注》又有高苑之说，盖郦注杂采群书，未尝加意比勘也。窃谓史公原文亦当作高密，其后讹密为苑，徐广、郦元所见本是也。更其后又讹苑为宛，脱去高字，则今本是也。夫高苑于《汉志》为千乘属县（东汉更千乘名乐安），地处济、淄之间，去胶西亦已远矣，且中隔齐、菑川二国，二国与胶西同日俱立,使胶西而都于高苑,则二国何以为国? 王国维《汉郡考》不审其谬,且据以为汉初千乘地属胶西之证,疏矣。

汉初千乘之地属齐

汉初千乘之地自当属齐。盖自文帝析齐郡为齐、菑川二国,齐但有故郡之西半。而《三王世家》武帝立子闳为齐王,犹曰关东之国无大于齐者,齐东负海,天下膏腴地莫盛于齐者矣,故知齐兼有《汉志》千乘十五县之地也。千乘当济、漯入海之口,《河水注》引伏琛曰:河海之饶,兹焉为最。郡属县被阳、繁安,皆齐王子之封国。使齐无千乘,则《汉志》齐郡仅十二县,断不足以当关东大国之目,滨海之县惟台乡又为成帝时析自菑川者,焉得有负海膏腴之誉乎?

楚汉之际太原郡迭属魏、代

楚汉之际十八王封地,《史》、《汉》纪、表载述颇为明备。独太原一郡,《史记·高祖纪》及《汉书·高帝纪》、《魏豹传》作魏地,魏豹既虏,地属汉,为河东、太原、上党三郡;《史记·月表》及《汉书·异姓王表》作代地,灭魏则属汉为河东、上党郡,灭代则属汉为太原郡。二说差异,自来说者疑之而不能决。今以《淮阴侯列传》、《曹相国世家》考之,则伐魏之役,二人攻城野战,喋血逐北,不出河东郡境。已定魏地,信引兵东北击赵、代,破代兵,禽夏说于阏与。阏与在上党沾县(《郡国志》),太原之南界也。参从信击赵相国夏说于邬东,又围赵别将戚将军于邬城中。邬,太原属县之近于河东者也。(时陈余以代王傅赵,赵、代实同一国。故代之将相,

— 97 —

亦得被以赵称。）可确证汉所定魏地，实止于河东、上党，自河东、上党引而东北，始取太原于赵、代军之手，是《表》是而《纪》《传》非也。然《曹相国世家》称参定魏地凡五十二城，《汉书》参传城作县，五十二之数，与《汉志》太原、河东、上党三郡之总县数五十九相近。若魏地只有河东、上党二郡，二郡于《汉志》领县共三十八，楚汉间当犹不及此数，何来五十二之多？是三郡与五十二县，当亦有所本，非漫无根据者。以当时情势度之，盖三郡五十二县者，初分十八王时魏之封域也：河东、上党属魏，太原属代者，魏、代入汉时之疆理也。而太原之自魏入代，当在汉二年三月、五月之间，其时魏豹方从高祖东击项羽，魏地无主，陈余亦方以张耳不死而背汉，故乘虚侵据也。《本纪》《豹传》之误，在以豹初受封时之郡数，为入汉时之郡数，亦犹《参传》之误以初封时之县数，为入汉时之县数也。

西 楚 九 郡

项羽自立为西楚霸王，王梁楚地九郡。九郡之目，《史》《汉》缺载，自来考史者遂不一其说，当以姚鼐《项羽王九郡考》之说为是，梁地二郡，砀一，东二；楚地七郡，陈三，薛四，泗水五，东海六，东阳七，郯八，会稽九（《惜抱轩文集》卷二）。程一枝《史铨》无东、陈而有临淮、彭城，按彭城，汉景帝时分泗水所置；临淮，武帝时分广陵所置。全祖望《经史问答》无东阳、郯而有南阳、黔中，然其时南阳实为王陵所据，黔中僻在边隅，北有临江，东有长沙、义帝，长沙之东又有衡山、九江，羽不得悬隔数国而有之。刘文淇《楚汉诸侯疆域志》无陈而代以颍川之半，至十八王中之韩，但有颍川之又一半，盖由刘不知秦有陈郡，故强为分割，以求足数也。钱大昕《廿二史考异》无陈而代以吴郡,梁玉绳《史记志疑》、汪之昌《青学斋集》皆从之。按《灌婴列传》,既破项籍,渡江破吴郡,及吴下,得吴守,遂定吴、豫章、会稽郡。是为项羽有吴郡,且非会稽之别称(何焯《义门读书记》、姚鼐斯篇俱有此误解)之明征。然秦之陈郡于十八王无所属,则必属西楚,而楚既有陈,若更有吴,便不止九数,因疑吴郡之分置,当在西楚既建之后,方其分封之初,犹未得有之也。

高祖末年汉天子自有郡十五

《史记·汉兴以来诸侯年表》:高祖末年,汉独有三河、东郡、颍川、南阳,自江陵以西至蜀,北自云中至陇西,与内史,凡十五郡。东郡、颍川,十一年已罢属梁、淮阳,明载《汉书》本纪,史公此处误记。是时汉郡十五,当如下列:河东、河内、河南、南阳、南郡、巴郡、广汉、蜀郡、云中、上郡、北地、陇西、汉中、上党、内史。

河东、河内、河南是谓"三河",江陵以西至蜀则南郡、巴郡、广汉(《水经·江水注》:高帝六年置)、蜀郡,北自云中至陇西则云中、上郡、北地、陇西,又汉中与诸侯地隔绝,上党既不属代,且在太行山右,必为汉地无疑(本表:内地北距山以东,尽诸侯地),合南阳、内史,适得十五。全祖望《汉书地理志稽疑》、钱大昕《廿二史考异》、齐召南《汉书考证》皆因史公之误,仍数东郡、颍川。钱及姚鼐《项羽王九郡考》并谓高帝十一年但分二郡之半以益梁、淮阳,非废此二郡。不思《纪》文明曰"罢东郡、罢颍川郡",安得谓非废乎?既数二郡,故钱脱广汉、上党,齐脱广汉,复强以秦制计之,合三河为河东、三川,全则竟以十五之数为不可信,擅增至十八郡。(东郡、颍川外,又加魏郡、武陵而缺上党。魏郡,《水经·浊漳水注》作高帝十二年置。按郡境于秦有河内、东郡、邯郸三郡之地。邯郸,赵郡也,高帝爱幸如意,宜不得削割其地,是魏郡之析置,当在四月帝崩之后。武陵空有其名耳,故史公不以数入。)王国维《汉郡考》知东郡、颍川之不当数,又以脱去广汉而不足十五之数,遂谓高祖五年初定天下时有郡十六,六年以云中属代,则为十五,至十一年复置云中,罢东郡、颍川则为十四,史公习闻十五郡之名,又习闻东郡、颍川为汉郡,故既称与内史为十五,又并数东郡、颍川。其说虽辩,而误昭然。夫五年齐、代未建,九年始并渭南、河上、中地三郡为内史,则五年何止十六郡,六年何止十五郡? 六年始徙韩王信于太原,则五年有太原而无颍川也。(自余所考,五年又有汝南,六年于汝南外又有淮阳,二郡至十一年始以界淮阳。)

《枚乘传》二十四郡、十七诸侯

《汉书·枚乘传》,乘说吴王曰:"夫汉并二十四郡、十七诸侯,其珍怪不如东山之府。"按十七诸侯为文帝十六年(齐、淮南分国)至后七年(长沙国除)间之事,知二十四郡亦此时之郡数。乘之说吴,在景帝三年吴王举兵之后,而犹称文帝末年之制者,习俗相沿也。十七诸侯者:

吴　楚　赵　燕　代　梁　城阳　齐　济北　济南　菑川　胶西　胶东　淮南　衡山　庐江　长沙

二十四郡可确知者二十二:

内史　河东　河内　河南　上党　南阳　南　巴　蜀　广汉　汉中　陇西　北地　上　云中(以上高帝末年旧郡十五)　魏(以上高帝后析置)　东　颍川　淮阳　汝南　河间　琅邪(以上高帝后削自诸侯)

所缺二郡以文景间郡国建置推之,则其时内史或已分为左右,
一也,河间或已析出广川,二也。内史之分左右,《地理志》以为在
武帝建元六年;《百官公卿表》以为在景帝二年;而《表》中晁错于
元年已自中大夫迁左内史,则《志》固非,《表》亦未的,故疑文帝末
年已然。吴楚以前建国皆因于故郡,惟菑川、广川不详其始,疑亦
未能例外。菑川当在齐王则薨,亡后,齐地属汉后析自临淄;广川
当在河间王福薨,国除后析自河间。齐与河间之绝皆在文帝十五
年,二郡之分置当略相同时,其明年菑川建为国,而广川终文帝之
世仍为郡。王国维《汉郡考》误十七诸侯为文帝后七年(长沙国
除)至景帝二年(立河间等六王)两年间事(其时实有十六国),故
于二十四郡除二十二同于上列外,其余二郡,则以左右内史定之而
不疑,然既数左右内史,则不当更数内史,时长沙绝而未续,乃未数
入,是其疏也。

《汉书·景帝纪》中元六年五月诏曰"三辅举不如法令者",三
辅之称始见。时未有京兆、冯翊、扶风,此三辅者谓左右内史、主爵
都尉也。主爵都尉本主爵中尉,掌列侯(《百官表》),是年四月更名
(《史记》景纪),其分土治民,亦当始比。自此以前,但有二内史,不得
有三辅也(主爵地原属右内史),即令有之,主爵亦不得称为内史。

（原载《益世报》1942 年 3 月 24 日及 1943 年 7

月 15 日,《文史副刊》第三及第三七期）

《宋州郡志校勘记》校补

　　杨氏守敬读《宋州郡志校勘记》，以所见批注于眉端；既竟，又撰为序一篇，夹附卷中。校与序皆未经刊露。汉阳徐行可先生依杨氏手校本钞录一册，由武陵余让之先生转借与本会①。杨氏一代地学大师，此虽零词片语，亦觉可珍。因亟为董理，刊载于此。杨氏之说亦有未尽妥善者，传写尤多讹字，不揣愚陋，为作核校若干则，附注于各条后。

1936 年 11 月,其骧记。

　　宋、齐、北魏、隋《地理志》夺误最多，以习之者颇少故也。成氏校之，有功地学不小。如据哀公十二年杜注橐皋在淮南逡道(当作道,传写者之误)，证晋世不作逡道；据李雄之汉康晋穆帝改为晋康，疑晋原为晋康之误；又疑治平为始平；白马为白水；农阳为丰阳之误；于建安郡增建安县；于建宁郡增俞元县，皆至精确。是成氏著有《禹贡班义述》，于地理本专家也。然亦有核之未审者，如魏兴太守领县十三，今数之只十二县，原注疑；成氏以安乐县补之。余按《水经》，沔水又东过魏兴安阳县南，《注》引《华阳国志》，安阳故隶汉中，魏分汉中立魏兴郡，安阳隶焉。晋世没于李特，故《晋

---

① 指禹贡学会。

— 102 —

志》不见。则所遗之一县盖安阳耳。又如堂狼令，本《志》云：后汉、《晋太康地志》属朱提。成氏以《续志》无朱提、堂狼，据《普志》朱提郡下云蜀置，疑《志》"后汉"下脱"无"字。案积古斋有汉洗云：汉安二年朱提堂狼造。又有章和元年堂狼造、永建元年朱提造等洗。近日著录又有元和四年堂狼造，永元二年堂狼造，皆后汉有朱提郡、堂狼县之证。《续志》漏（或后汉末省），《晋志》说未足据也。其他已水本巴水之误，政和□□□□成氏未及订正，小小疏漏，未足为成氏病也。

卷三十五

丹阳尹　阳，毛作杨，从殿本。他处不悉著。

〔校〕"杨"字不误，《瘗鹤铭》丹扬外仙尉，《晋志》丹扬山多赤柳，在西，是其证。（骧曰：二"扬"字并当作"杨"，传写者之误。杨是本字，阳、扬皆属假借。）

本吴郡司盐都尉署。　郡，南监本作县。

〔校〕"郡"字是。

卷三十六

水阳男相　水，《南齐志》作永。

〔校〕"水"实"永"字之误。

江夏又有曲陵县。

〔补〕当接上为一条。此江夏无令、公、侯、子、相字样，观下文泰始并安陆，知安陆只领一县，并无江夏县。上文领县二者，系后人据误本改。（骧曰：杨说非也。休文志州郡大较以孝武大明八年为正，曲陵，明帝泰始六年始并于安陆，当自为一条。上文领县二不误，惟"江夏又有"四字衍，"县"字当易以令、长、侯、相等字样。）

卷三十七

复以西阳蕲水、已水、希水三屯为县。 "已",殿本作"直"。

〔校〕"已水",当作"巴水"。

熙平令,吴立为尚安,晋武改。

〔补〕按:《晋志》常安、熙平二县并属始安。《水经注》:漓水又南得熙平水口,又南径其县西,县本始安之扶乡也,孙皓割以为县。不云权立为尚安。按常安故城在今永宁州南,熙平故城在今阳朔县东四十里,二县相去颇远,无并合之理。当是《宋志》熙平令吴立;别有常安令吴立为尚安,晋武更名;传写者误合为一条耳。

本建平流离民。 案:新兴太守东关令、上庸太守新安令并云本建平流民,疑此宣汉令下亦当作本建平流民,"离"字当衍。

〔校〕"离"字非衍,"杂"字之误耳。

安康令二:汉安阳县,属汉中,汉末省。魏复立,属魏兴,晋武帝太康元年更名。何云魏立,非也。原本脱"属魏兴"三字,据沈志原文增。

〔补〕按:《水经·沔水注》引《华阳国志》:安阳故隶汉中,魏分汉中立魏兴郡,安阳隶焉。则非汉末省,魏复立。而《水经注》下文洋水下云,安康县治有戍统寓,是安阳安康相去甚远。(按,此文属汉水,不在洋水下。"统离",郦注原文作"统领流杂",此传写者之脱误。)今按安阳故城在城固县东,安康故城在汉阴厅西二十里,安得合之为一?自《宋志》行而作《晋志》者遂不收安阳县,后人且据以删《华阳国志》之安阳县,非《水经注》何从理之?然则当从何承天说以安康为魏置。"王"字是"天"字之误。

略阳太守,晋《太康地志》属天水。 案:晋泰始中已改魏广魏郡为略阳郡,略阳县即郡志,太康时已不得属天水。("志"字是

"治"字之误。)何况略阳、天水各自为郡,略阳太守何得属天水耶? 疑
《太康地志》下脱"故"字。

〔校〕"何"字衍。(此条当在第一"何"字上端,传写者误列在第二
"何"字上端。)

卷三十八

枞阳令,前汉枞县,晋《太康地志》有枞阳县。"枞",三本并作
"徙",案《两汉志》、《晋志》并作"徙",当以作"徙"为是。《南齐
志》作"枞",徙之传写为枞,未知误自何时也。

〔校〕既以作"徙"为是,又有三本作证,而仍从毛作
"枞",何耶?

牂柯太守 《汉志》作"牂柯"。师古曰,船杙也。《华阳国
志》,楚庄跻灭夜郎,以且兰有椓船牂柯处,乃改其名为牂柯。志
作"牂牁",六朝俗字也。

〔补〕《水经注》作"牂柯"。(骧曰:殿本《史记·西南夷传》、《南越
传》、《续志》、《宋志》、《晋志》并作"牂牁","牁"涉"牂"而误。《南齐志》作"牂
柯"。)

堂狼令,后汉、晋《太康地志》属朱提。 案《续志》无堂狼令。
《晋志》益州朱提郡下云蜀置;故《续志》亦无朱提郡,不得云后汉
属朱提也,疑后汉下脱"无"字。

〔校〕成说非也。今有元和四年堂狼造洗,又有延光二年
堂狼造洗,皆后汉有堂狼县之证。《续志》漏也,《晋志》说不
足据。

又有章和元年堂狼造,永建元年朱提造,汉安二年朱提堂
狼造。(骧曰:杨说可疑。所称诸堂狼造洗,堂狼非必县名。汉安二年一洗,若
堂狼是县,朱提当是郡,据常璩《志》则是时尚称犍为属国,不得有朱提郡也。疑

朱提乃县名，堂狼系乡名。《续志》不漏。）

又按《华阳国志》，朱提郡，建安二十年邓方为犍为属国都尉，先主因易为郡，非后汉原有。

南秦长，本名南昌，晋武帝太康元年更名。

〔补〕据《华阳国志》，朱提郡有南秦，又有南昌，然则晋武并南昌于南秦也。

怀帝分朱提立。　"怀"，毛作"武"，从三本。案《晋志》及《太康地志》南广县尚属朱提郡，知南广郡非武帝所分立也。

〔校〕案《华阳国志》，南广郡，蜀延熙中置；建武元年有王逊移朱提郡治南广；李雄定宁，复置郡，则亦非晋怀帝立也。

母掇令　《续志》、《晋志》并作"母掇"，与此同；《班志》作"毋棳"，师古曰："毋"读"无"同，棳字从木。据莽曰有棳，则作"毋"读"无"，者是。

〔补〕《水经注》作"毋棳"。

甘东令　《南齐志》作"甘泉"。

〔校〕此当从《齐志》作"甘泉"。

中溜令　《续志》同；《班志》作"中留"；《南齐志》亦作"留"。

〔补〕《水经注》作"中留"。

定安令，汉旧县。　《续志》同；《班志》、《晋志》并作"安定"。殿本《续志》亦作"安定"。

〔校〕作"安定"是，《魏志·陈留王纪》吕兴都督交州，封定安侯。"安定"当作"定安"，传写者之误。

寿泠令　"泠"，毛误"冷"，从三本。

〔补〕《水经注》作"泠"。

北景长　案《两汉》、《晋》、《南齐志》并作"比景"，如淳曰：日中于头上，景在己下，故名之。据此则作"北"者非，当订正。

〔补〕《水经注》作"比景"，又《水经注》引阚骃云："比"读荫庇之"庇"。

《水经注》作"日中头上，影当身下，与影为比。"

《旧唐志》作"北景"，吴仁杰《刊误》云云。

（原载《禹贡半月刊》第六卷第七期）

《补陈疆域志》校补

　　《补陈疆域志》四卷,武进臧励和撰;旧无刻本,上海开明书店据稿本采入《二十五史补编》。其骧因王伯祥先生之介,得于排印时获睹其校样焉。研读一过,深服作者用力至勤,体思至密,全书排列得宜,考定详审;洵足与其乡先辈洪氏父子之《补三国》、《补梁》等作,后先辉映,入著作之林矣。惟是作史之难,不在有功,而在无过;补志尤然。《补三国疆域志》纰缪甚多,故谢锺英为之补注,吴增仅别有《郡县表》之作,皆所以匡其不逮;而吴表仍有未尽处,杨守敬复作为补校。《东晋》、《十六国》、《补梁》诸志虽后无续辑,然以之与徐文范之《东晋南北朝舆地表》相校,则漏略立见,有不胜枚举者矣。臧氏此志,实亦未能例外。其骧前尝读《陈书》、《南史》,积有札记,以考证地理者居多,今即据以核臧著,凡得可资校补者百余条,因录以充《禹贡》篇幅,并就正于臧先生及世之大雅君子。

卷　一

　　扬州州治,《陈书·程文季传》:"世祖嗣位,除宣惠始兴王府,限内中直兵参军,是时王为扬州刺史,镇冶城"。

　　〔补〕废帝时高宗为刺史,太建末始兴王叔陵为刺史,治并在东府城。《世祖沈皇后传》:"刘师知矫敕谓高宗曰:'今四方无事,王可还东府经理州务'"。《叔陵传》:"太建九年除扬州刺史,十一年至都,治在东府"。

丹阳尹,《宋志》:"汉置郡,治宛陵,晋太康二年移治建业"。《寰宇记》:"晋元帝渡江,都建康,改丹阳郡为丹阳尹。陈领县七"。

〔补〕梁分置南丹阳郡,属南豫州《陈书·高祖纪》,镇采石《陈书·程灵洗传》。《世祖纪》:"天嘉五年五月,罢南丹阳郡"。

建康有宫城。又名台城。

〔补〕又名京城。《后主纪》:"祯明三年,晋王广入据京城"。有东府城。

〔补〕一名东府,一名东城。《长沙王叔坚传》:"太建十四年高宗崩,翌日,叔陵于殿内斫后主,不死,为叔坚所擒,须臾自奋得脱,出云龙门,入于东府城"。《叔陵传》:"突走出云龙门,驰车还东府"。乱定。尚书八座上奏有曰:"叔陵仍奔东城,招集凶党"。《萧摩诃传》:"叔陵奔东府城,摩诃率军趣屯城西门"。《叔陵传》:"摩诃将兵至府西门"。

有冶城。《陈书·高祖纪》:"永定二年,诏临川王蒨西讨,舆驾幸冶城寺亲送焉"。

〔校〕原注一条应列在冶城寺下,此处应引用《骆牙传》"永定三年,除安东府中兵参军,出镇冶城"一条。

有东、西掖门。《陈书·侯安都传》:"贼骑至,安都开东、西掖门与战,大败之"。

〔校〕按上引史文,事在梁敬帝绍泰元年,不合志例。

〔补〕有六门。《始兴王伯茂传》:"时六门之外有别馆,以为诸王冠婚之所"。《通鉴注》六门:大司马门、万春门、东华门、西华门、太阳门、承明门。

〔补〕有安乐宫。《文学传》:"天嘉中,世祖召阴铿,使赋新成安乐宫,铿援笔便就"。

有西省。《陈书·侯安都传》:"天嘉四年,帝于坐收安都,囚于西省"。

〔校〕按原文西省上有"嘉德"二字。《高祖纪》:"永定三年,诏依前代置西省学士"。列传沈不害、陆琰并于天嘉中为嘉德殿学士,盖西省即在嘉德殿。又西省即中书省,至德元年囚叔坚于西省,《通鉴注》:"中书省为西省,门下省为东省"。《世祖纪》:"永定三年六月,入居中书省"。

〔补〕有尚书省。《世祖沈皇后传》:"高宗受遗诏辅政,入居尚书省"。《徐孝克传》:"尚书省在台城内下舍门中,有阁道,东西跨路通于朝堂。其第一即都官之省,西抵阁道"。

〔补〕有永福省。《废帝纪》:"自梁室乱离,东宫焚烬,太子居于永福省"。

〔补〕有兰台。《虞荔传》:"文帝令荔将家口入省。荔以禁中非私居之所,乞停城外。不许,乃令住于兰台"。

〔补〕有太学。《高宗纪》:"太建三年,皇太子亲释奠于太学"。

〔补〕有玄武观。《蔡景历传》:"景历拜官日,适值舆驾幸玄武观"。

〔补〕有至真观。《张讥传》:"讥教授《周易》、《老》、《庄》,至真观道士姚绥传其业"。

有蒋山。

〔校〕按蒋山即钟山也,《志》已有钟山,此复出,但当于钟山下添"一名蒋山"一句耳。《元和志》:"钟山,吴大帝时蒋子文发神异于此,因改曰蒋山,宋复名钟山"。又按《志》于蒋山下引《陈慧纪传》"贺若弼据蒋山",钟山下引《后主纪》"贺若弼据钟山",其实即一事也。

〔补〕有青溪中桥。《张贵妃传》:"台城陷,晋王广斩贵妃,榜于青溪中桥"。

〔补〕有婚第。《始兴王伯茂传》:"六门之外有别馆,以为诸王冠婚之所,名为婚第"。

〔补〕有太庙。《高祖纪》:"永定元年,迁景皇帝神主祔于太庙"。

〔补〕有冶城寺。见上冶城下。

〔补〕有一乘寺、法云寺。《张讥传》:"讥教授《周易》、《老》、《庄》,一乘寺沙门法才、法云寺沙门慧休等皆传其业"。

丹阳

〔补〕有龙山、《宣帝纪》:"太建四年诏曰:'姑熟饶旷,荆河斯拟,龙山南指,牛渚北临'"。《寰宇记》:"龙山在当涂县南二十二里,桓温常以九月九日与僚佐登此,周回十五里"。南州津、《宣帝纪》:"太建四年诏曰:'姑熟饶旷,荆河斯拟,自梁末兵灾,凋残略尽,此虽务优宽,犹未克复。自今有罢任之徙,许分留部下,其已在江外,亦令迎还,悉住南州津里安置"。《通鉴》注:"南州即采石"。按《高祖纪》:"梁绍泰元年十二月,石头、采石、南州悉平"。采石与南州明非一地,胡注误。**姑熟、采石。**见当涂下。

江宁

〔补〕有梁元帝陵。《世祖纪》:"天嘉元年六月,葬梁元帝于江宁"。

句容

〔补〕有茅山。《马枢传》:"隐于茅山,亲故并居京口,每秋冬之际,时往游焉"。

建兴郡,《陈书·宣帝纪》:"太建十年,罢义州及琅邪、彭城二郡,立建兴郡,属扬州,领县六"。

〔校〕义州与建兴郡无关。"义州及"三字应删。

《信义王只传》:"至德元年立,寻为使持节都督,琅邪、彭城二郡太守"。

《南平王嶷传》:"至德元年立为王,寻除南琅邪、彭城二郡太守"。《后主纪》:"至德二年,以南琅邪、彭城二郡太守南平王嶷为扬州刺史"。盖太建十年后罢建兴,复立二郡。

盐官,汉旧县。《陈书·高祖纪》:"永定二年,割吴郡盐官、海盐、前京三县置海宁郡,属扬州"。寻省郡,并省海盐入盐官。其前京县梁属信义县,今以还属。

〔校〕寻省以下史无明文,作者盖以《隋志》不及海宁郡,有盐官而无海盐，前京废入常熟，陈曰南沙，属信义郡，故作如是云耳。今按《徐陵传》："子份累迁豫章王主簿太子洗马，出为海盐令"，豫章王受封在太建元年，是太建中仍有海盐县也。

桐庐

〔补〕有下淮。《留异传》："王琳败，世祖遣沈恪代异为郡，实以兵袭之。异出下淮抗御，恪与战，败绩，退还钱塘。异表启逊谢，仍使兵戍下淮及建德以备江路。"

富阳，本汉富春县。《宋志》："孙权黄武四年以为东安郡，七年省。晋简文郑太后讳春，孝武改曰富阳"。《方舆纪要》、《一统志》：陈属钱塘郡。《陈书·高宗柳皇后传》："后弟盼，太建中尚世祖女富阳公主"。

〔补〕梁武帝太清三年，以富阳为富春郡《梁书·侯景传》，寻罢郡。

《侯瑱传》：子净藏尚世祖第二女富阳公主，太建三年卒。盖净藏卒后公主再嫁柳盼。

长城

〔补〕有瑞陵、嘉陵。《高祖纪》："永定元年，追尊皇考曰景皇帝，陵曰瑞陵；追谥前夫人钱氏号为昭皇后，陵曰嘉陵"。

临安，《宋志》："吴临水县，晋太康元年更名"。《一统志》："梁陈间省"。按《南史·陈文帝纪》："侯景之乱，避地临安县郭文举旧宅"。则梁时有临安县也，陈当因之。

〔补〕《骆牙传》：吴兴临安人，世祖即位，寻为临安令。此陈有临安之证。

原乡

〔补〕《沈炯传》：封原乡县侯。始封在梁元帝世，陈因而封之。

东扬州,《梁书·武帝纪》:"普通五年,分扬州、江州,置东扬州"。《敬帝纪》:"太平元年,罢东扬州"。《陈书·世祖纪》:"天嘉三年,以会稽、东阳、临海、永嘉、新安、新宁、晋安、建安八郡置东扬州",寻省新宁入新安,以永嘉属东嘉州,东阳属缙州。建安晋属丰州,今领郡三。

〔校〕《寰宇记》:"瑞安,梁陈属东嘉州",作者谓永嘉属东嘉州本此。今按东嘉州不见于《陈书》,是陈无东嘉州也。缙州初曰婺州《通鉴注》,敬帝绍泰二年,除留异为缙州刺史,陈因之《异传》。天嘉三年异平即罢州,以郡隶东扬州,此后缙州不见于史,是天嘉后无缙州也。《永阳王伯智传》:太建中,都督东扬、丰二州诸军事。《鄱阳王伯山传》:至德四年,都督东扬、丰二州诸军事。可证东扬州与丰州接界,中间并无东嘉与缙州,二句当删。领郡三,当作领郡五。又下文东嘉州、缙州二条当删。

〔补〕会稽,《隋志》:"会稽旧置会稽郡,平陈郡废,又废山阴、永兴、上虞、始宁四县入"。是陈有会稽县也。《沈君理传》:尚会稽长公主。

永兴

〔补〕《留异传》:封永兴县侯。始封在梁敬帝绍泰二年,陈初因之。

剡,有松山。《陈书·韩子高传》:张彪奔松山,浙东平。

〔校〕按上引史文,事在梁敬帝世,不合志例。

〔补〕有南岩。《钱道戢传》:"天嘉元年,领剡令,镇于县之南岩,寻为临海太守,镇岩如故。"

乐安《陈书·裴忌传》:太建元年,改封乐安县侯。

〔补〕《长沙王叔坚传》:后主乳母乐安君吴氏。按裴忌太建十年吕梁军败陷于周，是吴氏受封在太建十年后。

遂安

〔补〕《程灵洗传》：封遂安县侯。始封在梁绍泰元年，陈初因之。

金华郡，本吴东阳郡，陈芳绩《历代地理沿革表》：梁大同六年改金华郡，寻复。《通典》：梁陈置金华郡。《寰宇记》：吴东阳郡，梁陈曰金华。《一统志》：东阳郡，梁末置缙州，陈改置金华郡。诸书建置牴牾，莫可详考，盖梁曾改东阳为金华，寻复旧，至陈又改金华也。

〔校〕按《陈书》五金华郡，而东阳郡则迭见。《高祖纪》：永定三年，遣江德藻衔命东阳问民间疾苦。《世祖纪》：天嘉三年，东阳郡平。《陆山才传》、《韩子高传》、《沈君理传》并于天嘉中为东阳太守；《裴忌传》：太建元年授东阳太守；是终陈一代未尝改东阳为金华也，《通典》、《寰宇记》、《一统志》之说不足信。

〔补〕《后主纪》：祯明二年，立皇子恮为东阳王。

丰安

〔补〕《留异传》：高祖以世祖长女丰安公主配异第三子贞臣。

信安郡，《寰宇记》：陈改信安县为信安郡。按《一统志》陈有信安县，疑陈于信安县治郡，非改置也。领县二。

〔校〕此条当删，所领县二，列在东阳郡下。按《沈恪传》、《徐度传》，世祖初，皆曾都督会稽、东阳、临海、永嘉、新安、新宁、信安、晋安、建安九郡，是陈初有信安郡也。至天嘉三年以会稽等八郡置东阳州，其地即恪、度之归辖，而独无信安郡，盖于时信安已罢，并入东阳矣，故此后信安郡不见于史。

信安，有信安岭。《陈书·王质传》：质率所部度信安岭，依于留异。

〔校〕按上引史文，事在梁敬帝世，当易以《留异传》"异外示臣节,阴怀两端,与王琳自鄱阳信安岭潜通信使"一条,信安岭与鄱阳郡接界,故曰鄱阳信安岭。

永宁,有桃支岭。

〔补〕有岩下。《华皎传》:天嘉三年,征留异、侯安都于岩下,出战,为贼斫伤。当即桃支岭之岩口也。《侯安都传》:异奔桃支岭,处岭谷间,于岩口竖栅,以拒王师。

丰州,《陈书·废帝纪》:光大二年,割东扬州晋安郡为丰州。

《隋志》:建安郡,陈置闽州,仍废,又置丰州。《五代志》:建安郡,陈置丰州。《通典》、《寰宇记》:陈置闽州后,又改为丰州。

〔补〕《陈宝应传》:高祖受禅,授闽州刺史。闽州始置。《世祖纪》天嘉三年置东扬州,所领八郡中有建安、晋安,以其时宝应反迹已著,故虚夺之。闽州其实未罢,《世祖纪》天嘉四年仍见闽州刺史陈宝应。天嘉五年宝应平,乃罢,光大中复置,更名丰州。《陈慧纪传》:光大元年除丰州刺史。与《纪》异。

东侯官,本汉侯官县。《隋志》:闽旧置东侯官。《方舆纪要》:梁陈间省侯官入东侯官。

原丰,《宋志》:"晋太康三年省建安典船校尉立"。《一统志》:"陈置丰州,取县为名";又云:"陈初废入侯官,因侯官为原丰"。按侯官故城在今侯官县,原丰废县在今闽县,盖陈废原丰而改侯官曰原丰也。

〔校〕东侯官下从《方舆纪要》之说,既已以侯官为并入东侯官,而原丰下又从《一统志》之说,谓原丰即侯官之更名,自相牴牾。按宋齐以来,有侯官、原丰而无东侯官;《方舆纪要》谓梁改原丰为东侯官。《陈宝应传》:"晋安侯官人,梁敬帝绍泰二年封侯官县侯,陈初因之"。侯官盖省而复置,则陈世但有侯官与东侯官耳,无原丰,《一统志》之说不足信。州治疑当在东侯官,隋更曰闽县,泉州治之。

〔补〕《陈宝应传》:封侯官县侯。(见上。)

〔补〕有东山寺。《虞寄传》:"依陈宝应于晋安,常居东山寺"。

南安,《寰宇记》:吴置东安县,晋置晋安郡于此,陈立南安县。

〔校〕《隋志》:南安旧曰晋安,置南安郡;平陈郡废,县改名焉。是南安之名始于隋,不始于陈。

蒲田,陈废帝分南安立。《陈书·虞寄传》:"宝应夜走至蒲田,顾谓其子曰:'早从虞公计,不至今日!'"

〔校〕《隋志》:南安,平陈又置蒲田,寻废入。是蒲田始置于隋,陈世但有此地名耳,未立县,地属晋安。

有莆口。

〔校〕亦当列在南安县下。

丹徒

〔补〕有郄昙墓。《始兴王伯茂传》:"天嘉二年,征北军人于丹徒盗发晋郄昙墓,大获晋右将军王羲之书及诸名贤遗迹;事觉,其书并没县官,藏于秘府,世祖以伯茂好古,多以赐之"。

晋陵

〔补〕有延陵季子庙。《萧允传》:"至德中,出为会稽郡丞,行经延陵季子庙,设苹藻之荐,托为异代之交"。

江阴郡,《隋志》:梁置。《陈书·高祖纪》:"永定元年,以江阴郡奉梁主为江阴王"。

〔补〕《高祖纪》:"永定二年四月,江阴王薨,以梁武林侯萧谘息季卿嗣为江阴王"。《高宗纪》:"太建三年六月,江阴王萧季卿以罪免,封东中郎将长沙王府谘议参军萧彝为江阴王"。

信义,《通鉴》:"陈临海王光大元年,到仲举子郁尚世祖妹信义长公主"。

〔校〕《到仲举传》："初，子郁尚文帝妹信义长公主，出为宣城太守，是年迁南康内史"。按光大元年矫诏事发，仲举废居私宅，《传》乃有此语，则尚主当在光大元年之前也，《通鉴》脱一初字。

《补》《蔡凝传》："太建元年，以名公子选尚信义公主，拜驸马都尉"。盖光大元年到郁伏诛，至是又以公主配蔡凝。

南豫州州治，《通鉴》："隋文帝开皇九年，陈遣南豫州刺史樊猛帅舟师出白下"。胡注："陈南豫州治宣城，时徙镇姑熟白下城，合白石垒"。

〔校〕《宣帝纪》：太建四年诏曰："姑熟饶旷，荆河斯拟"，是其时已治姑熟矣。按白下城即白石垒，在江乘县境，自齐迄陈为琅邪郡治《寰宇记》，与姑熟相去甚远，南豫州似无徙镇白下之可能。《樊猛传》："隋将韩擒虎之济江也，猛在京师，第六子巡摄行州事，擒虎进军攻陷之，巡及家口并见执。时猛与左卫将军蒋元逊领青龙八十艘为水军，于白下游弈，以御六合兵"。据此擒虎已陷南豫州，猛方游弈白下，明州治不在白下。《后主纪》："祯明三年，樊猛帅舟师出白下，散骑常侍皋文奏将兵镇南豫州，寻陷于擒虎，文奏败还"。益证白下自白下，猛戍之；南豫州自南豫州，文奏镇之；二者初不相涉。盖胡注本有脱讹，作者从而误解之耳。

当涂，有采石、《九域志》："太平州当涂有采石"。牛渚矶、《九域志》："太平州当涂有牛渚山"。姑熟。

〔校〕按牛渚山即采石山，一地异名，无庸分列。《寰宇记》："牛渚山突出江中，谓为牛渚，古所津渡处也，山北谓之采石"。又曰："采石在城西北牛渚山之上，最狭"。《一统志》：“采石在今当涂县西北二十里。姑熟即今当涂县治”。按南朝当涂县治在今南陵县北，隋始移今治，于南朝则丹阳县地也。采石、姑熟并当属丹阳县。丹阳县今为镇，在当涂县东。《华皎传》：戴僧朔平王琳有功，兄僧锡卒，代为南丹阳太守。镇采石是也。安吴，《宋志》：吴立。《陈书·吴明彻传》：封安吴县侯。

〔校〕按受封在梁敬帝绍泰中，陈因之；华皎平，进爵为公。临江郡，《后主纪》：“至德四年，立皇弟叔谟为临江王”。

〔校〕谟字是显字之误，别有巴东王叔谟。按《叔显传》作临海王，《纪》作临江王；至德中划江而守，江北地非陈有，知临江误。此志于临海郡下已录传文，此本纪一句当删。

晋州，《隋志》：“同安郡，梁置豫州，后改曰晋州；后齐改曰江州，陈又曰晋州”。《寰宇记》同。《通典》：“梁置荆河州，后改为晋州，北齐改曰江州，陈又曰晋州”。《陈书·宣帝纪》：“太建五年伐齐，平固侯敬泰克晋州城。十一年，周师南侵，自拔还京师，没于周”。未没时领郡三。

〔校〕荆河州即豫州之别称，所引《通典》一节当删。《宣帝纪》：“太建八年分江州晋熙、高唐、新蔡三郡为晋州”。是太建五年初克晋州城，但以其地属江州，至是始立晋州也。《叔陵传》：“太建元年，授都督江、郢、晋三州诸军事，江州刺史”。晋州盖遥领耳。北江州，《隋志》：“南陵，陈置北江州”。《通典》同。

〔校〕《鲁悉达传》：“侯景之乱，悉达纠合乡人保新蔡，招集晋熙等五郡，尽有其地。景平，梁元帝授北江州刺史，抚绥五郡，甚得民和。永定中，济江归高祖，仍授北江州刺史”。是梁末已置北江州，陈特因之耳；疑初治新蔡，即南新蔡，太建后属晋州。天嘉中悉达卒后，始移治南陵。《华皎传》：“戴僧朔除北江州刺史,领南陵太守"。

卷 二

广陵

〔补〕有永宁楼。《宣帝纪》:"太建十一年,龙见于南兖州永宁楼侧池中"。

秦郡,《陈书·宣帝纪》:"太建五年伐齐,吴明彻克秦州水栅,秦州城降"。《吴明彻传》:"初,秦郡属南兖州,后隶谯州,至是诏以谯之秦、盱眙、神农三郡还属南兖州"。

〔校〕《宣帝纪》:"太建五年,割南兖州之盱眙郡属谯州。七年三月,以秦郡属谯州,盱眙、神农二郡还隶南兖州。五月,割谯州之秦郡还隶南兖州"。是秦郡之隶谯,秦、盱眙、神农三郡之还隶南兖,皆在太建七年,《传》作五年误,且三郡之改隶不同时。

尉氏,有六合镇、桃叶山。《通鉴》:"隋文帝开皇九年伐陈,晋王广率大军屯六合镇桃叶山"。

〔校〕按六合自太建十一年没于周,久非陈土,上引史文不合志例,当删。

阳平郡,《隋志》:安宜,梁置阳平郡。《陈书·宣帝纪》:"太建五年伐齐,阳平城降。十一年,周师南侵,自拔还京师,没于周"。

〔校〕《宣帝纪》:"太建五年五月,阳平郡城降。九月,阳平城降"。是阳平有二,其一为郡,又其一疑为县。此安宜之阳平为郡,当引《纪》文五月一条。阳平城疑是宋阳平故城,属阳平郡。《志》下文北兖州又有一阳平郡,下引《通鉴》注,以为阳平郡治阳平城,其地当在淮阴县西,领太清一县。按安宜果在淮阴之西,胡注之阳平郡即《隋志》之阳平郡,属北兖州。《志》以为阳平郡有二，误。太清县亦阳平之属县，《南齐志》阳平郡领太清、安宜等四县是也。

沛郡《通鉴》注："梁泾州在石梁，程文季所克之城即此，入陈后州废，又并泾城、东阳二郡为沛郡"。

〔校〕《宣帝纪》：程文季克泾州城，徐榎克石梁城。是泾州与石梁非一地，胡注误。

淮阴

〔补〕有清口城。《宣帝纪》："太建十年四月戊午，遣军度淮北，对清口筑城，壬戌，清口城不守"。

南谯州

〔补〕亦称谯州。《吴明彻传》："都督南、北兖，南、北青，谯五州"；《程文季传》："都督谯州"；《淳于量传》："都督南、北兖，谯三州"，皆指南谯也。

新昌郡

〔补〕《后主纪》："祯明三年，立皇弟叔荣为新昌王"。蕲有蹋蹶山。《舆地志》："陈将荀朗破齐将郭元建于蹋蹶山"。

〔校〕按《荀朗传》上引史文，事在梁季，当删。

安州，本梁东徐州，魏置东楚州。《方舆纪要》："陈太建五年伐齐，克之"。《陈书·宣帝纪》："太建七年，改梁东徐州为安州"。

〔校〕《萧摩诃传》："太建七年，随吴明彻进围宿预（安州治），击走齐将王康德"；《纪要》云"五年克之"误。《吴明彻传》："梁元帝承圣中，为安州刺史。"《世祖沈皇后传》："永定中，有安州刺史沈钦"；《周炅传》："太建六年，都督安、蕲等六州"。按梁陈之际以安为州名者不一，非此镇于宿预之安州也。

东海，有郁口。《陈书·鲁悉达传》："齐遣行台慕容绍宗以众三万来攻郁口诸镇,兵甲甚盛。悉达与战,败齐军,绍宗仅以身免"。

〔校〕梁陈之际,鲁悉达据有晋熙、新蔡、南陵等五郡。其地位大江中流,绍宗来攻郁口诸镇,必不能远在东海也。都口属何郡县待考。

怀文,《隋志》:"沭阳,梁置县曰怀文"。

〔校〕按《隋志》实以怀文为东魏所置。

司州

〔补〕一曰南司州。《淳于量传》:"太建六年都督郢、巴、南司、定四州"。《高宗纪》太建六年、七年下诏赦江北诸州内,并有南司。

北徐州

〔补〕定远郡,《隋志》:"定远,梁置临濠郡,后齐改曰广安,开皇初郡废"。《寰宇记》:"梁置临濠郡于废东城,在定远县东"。又曰:"梁天监三年,土人蔡丰据东城,自魏归梁;武帝嘉之,改曰丰城,立为定远郡"。《周文育传》:"文育孙瑒,太建中历晋陵、定远二郡太守,九年卒"。盖梁初立郡为临濠,旋入魏;天监中来归,改曰定远。后齐曰广安,至陈太建中伐齐得之。十一年没于周。领县一。

定远,汉东城县。《隋志》:梁改曰定远。

马头郡,《陈书·宣帝纪》:"太建五年伐齐,沈善度克马头城。十一年,周师南侵,自拔还京师,没于周"。未没时领县无考。

〔校〕《隋志》:"涂山旧曰当涂,后齐改为马头,置郡曰荆山;开皇初改县曰涂山,废郡"。是马头乃县名,而非郡名,郡名当作荆山也。而陈制实因于北齐,为改编如下:

荆山郡,《隋志》:"北齐置,治马头城"。《陈书·宣帝纪》:"太建五年伐齐,克之,十一年,周师南侵,自拔还京师,没于周"。未没时领县一。

马头,本汉当涂县,北齐改名。

〔补〕马头,有荆山。《宣帝纪》:"太建十年,樊毅为大都督,督朱沛、清口上至荆山缘淮众军"。

城阳,有楚子城。《陈书·宣帝纪》:"太建五年,伐齐,樊毅克楚子城"。

〔校〕按原文楚子城上有广陵二字,《樊毅传》亦作广陵楚子城。是楚子城属广陵,疑非城阳之楚城。城阳,东魏置西楚州仟城郡,《地形志》西楚州治楚城。

新蔡郡,《隋志》:"梁建州领新蔡郡,又固始,后齐置新蔡郡"。《陈书·新蔡王叔齐传》:"太建七年,立为新蔡王"。

〔校〕叔齐封国,疑当是晋州之南新蔡郡。此新蔡地处边疆,似无封王建国之理。《鲁悉达传》:"景乱,纠合乡人保新蔡,招集晋熙等五郡",是南新蔡得简称为"新蔡"之证也。

定州,《隋志》:"麻城有北西阳,陈废北西阳置定州"。《五代志》:"麻城,陈置定州"。《通鉴》:"陈宣帝太建五年,定州刺史田龙升以江北六州七镇叛入于齐,诏周炅讨平之,尽复江北之地",寻失之。未失时领郡二。

〔校〕定州始建于梁,本蛮地,天监十三年蛮酋以地来降,置定州,治蒙笼城《梁书·安成王秀传》,十四年叛入魏《方舆纪要》。《地形志》:"定州领弋阳(州治)、建宁等五郡,后复入于梁"。《周炅传》:"元帝承圣元年,都督江、定二州"。天嘉初,炅以地来归,陈始有定州,陈特迁州治于建宁郡之赤亭耳;赤亭、北西阳皆在隋麻城县境,故《隋志》云"陈废北西阳县置定州"也。其实西阳之废与定州无关,《隋志》:"后周改定州曰亭州",以治赤亭故也。

州治北西阳。

〔校〕北西阳与定州无涉,见上述。且《隋志》明言陈废北西阳,安得复有北西阳为州治乎? 当作治赤亭。

永安郡,领县无考。义阳郡,领县二。

〔校〕按《隋志》:"永安、义阳二郡,后齐属北江州,开皇初州郡并废"。是二郡于陈是否属定州不可知也。定州属郡可考者有四,列如下:

〔补〕建宁郡,《宋志》:"孝武大明八年,省建宁左郡为县,属西阳,南齐复为郡,改名北建宁,属司州"。《隋志》:麻城旧有建宁郡。开皇初郡废,领县无考。有赤亭。《魏书·田益宗传》:"梁建宁太守黄天赐筑城赤亭"。《周炅传》:"初,萧督定州刺史田龙升以城降,诏以为定州刺史,封赤亭王"。

〔补〕弋阳郡,《地形志》有。《周炅传》:太建五年,田龙升叛入于齐。其党有弋阳太守田龙琰。领县无考。有亭川。《周炅传》:"龙升使龙琰率众二万阵于亭川"。

〔补〕阴平郡,《隋志》:麻城有阴平郡,开皇初废。领县无考。有水陵、阴山。《周炅传》:"田龙升叛入于齐,齐遣历阳王高景安帅师于水陵、阴山为其声援"。

〔补〕定城郡,《隋志》:麻城有定城郡,开皇初废。领县无考。

南司州 随州 温州 应州 顺州 濡州 岳州 沔州 土州

〔校〕按太建十二年七月,周总管司马消难以郧、随、温、应、土、顺、沔、濡、岳等九州,鲁山、甑山、沌阳、应城、平靖、武阳、上明、涓水等八镇内附,遣其子为质以求援。八月,诏镇西将军樊毅进督沔、汉诸军事以救之。时消难已为周将王谊所败,失地大半。毅师既至,及周将元景山战于漳口,《通鉴》注安陆西五十里有漳水。三战三北，城邑为消难所据者，景山皆复取之。其真得举以归陈者仅鲁山镇、甑山镇等数地耳，九州皆不应入《志》。　　上引史事，参据《宣帝纪》及《通鉴》。又按《宣帝纪》："十二年九月，诏改安陆郡为南司州"，安陆郡即郧州治，非实有其地，以其为消难之旧地，故虚领之耳。《通鉴》："太建十二年十二月，周进丞相坚爵为王，以安陆等二十郡为随国。"郧、随、温、应、顺、土六州皆在国境之内。又"太建十四年，隋将邓孝儒攻甑山镇，将军陆纶以舟师求之，为所败，涢口、甑山、沌阳守将皆弃城走"，盖至是而九州八镇尽入于隋矣。

随郡

〔补〕《宣帝纪》："太建十二年，司马消难封随郡公"。

汶川郡，《隋志》："甑山，梁置梁安郡，西魏改曰魏安郡，寻改郡为汶川"。《寰宇记》："汉安陆县，后魏置汉川郡"。"汶""汉"形似，传写误耳。陈领县三。

〔校〕甑山在今汉川县境，汉安陆县在今安陆县北，二地相去甚远，汶川当与汉川无涉。

汉阳，《寰宇记》："周显德五年，平淮南，划江为界，江南以汉阳、汉川二县居大江之北，先进纳世宗"。

汉川，见上。

〔校〕《寰宇记》所引乃五代后周世宗显德中事，作者岂以为宇文周时事耶？大误。《隋志》："汉阳，开皇十七年置，曰汉津；大业初改焉"。是陈无汉阳也。汉阳、汉川二县并当删。

北新州，《隋志》："江夏郡，梁分置北新州"，又"长寿，梁置北新州"。《寰宇记》："梁置北新州，寻分北新州为土、富、洄、泉、豪五州。梁末，北齐得之，遣慕容俨守之；为陈将侯填攻围，凡二百日不下；后因二国通和，复归陈"。

〔校〕太建十二年司马消难以九州内附，有土州而无北新、富、洄、泉、豪。盖五州自齐归陈后,旋入于周,周以并入土州耳。

江州,《宋志》:晋太康元年置。《通鉴》:梁敬帝太平元年,分江州、巴山、临川、安成、豫章_{汪梅村曰:章当作宁}。四郡立高州。《梁书·敬帝纪》:太平二年,以浔阳、南太原、高塘、齐昌、南新蔡为西江州。《陈书·世祖纪》:天嘉四年,罢高州,隶入江州。《宣帝纪》:天嘉初,省西江州入江州;太建五年,罢齐昌。

〔校〕江州,殿本《宋志》作晋惠帝太康元年立;太康系武帝年号,据《晋书》纪志,则知太为元字之误。此志径作晋太康元年,非也。

《周迪传》:梁元帝授迪高州刺史。是高州不始于太平也。按《通鉴》原文:太平元年十一月,诏分江州四郡置高州。胡注:"四郡盖临川、安成、豫宁、巴山"。是本未有误,特汪所据者系误本耳。作者未窥原书,但转录汪说,遂致无中生有。

查《宣帝纪》并无省西江州入江州之文。《周迪传》:"高祖受禅,王琳东下,迪时为江州刺史,欲自据南川,乃总召所部八郡守宰结盟,声言入赴"。按其时高州已立,吴州未罢,西江州当已并入江州,故江州得领有八郡。_{八郡为豫章、庐陵、南康、寻阳、太原、齐昌、高唐、新蔡。}然则西江州以太平二年正月创置,同年十月_{入陈为永定元年。}已罢,先后不过数月而已。

迪所部八郡,《通鉴》注作南康、宜春、安成、庐陵、临川、巴山、豫章、豫宁。按宜春隋炀帝始置,安成等四郡时属高州,临川虽为迪之巢穴,实非江州之辖境,至巴山、豫宁则有黄法氍、余孝顷、熊昙朗辈,于名于实,皆非迪之所部也。

《宣帝纪》太建五年罢南齐昌郡,六年诏曰"江州之齐昌、新蔡、高唐",前后矛盾不可解。

州治,《齐志》镇寻阳,《一统志》梁太平二年移治豫章。

〔校〕梁太平二年,以寻阳新置西江州,故移江州治于豫章;陈初西江州既罢,江州当即还治寻阳。《华皎传》:"天嘉元年,琳平,镇湓城,知江州事;三年,督寻阳等五郡军事寻阳太守,监江州如故"。《孔奂传》:"光大二年,为寻阳太守,行江州事"。《陆琼传》:"太建中,授长沙王长史,行江州府国事,带寻阳太守"。《蔡景历传》:"高宗时迁寻阳太守,行江州府事"。皆陈世江州治寻阳之明证也。

豫章郡

〔补〕《高祖纪》:永定二年,追封皇子立为豫章王,谥曰献。

建城

〔补〕《世祖沈皇后传》:世祖即位,追赠后父,封建成县侯,子钦袭爵。

康乐

〔补〕《侯瑱传》:梁末封康乐县公,陈初因之。《陈宝应传》天嘉五年有康乐县侯林冯。

锺陵,《陈书·陈拟传》:高祖践阼,封从子襃锺陵县侯。

〔校〕襃,《宗元饶传》作衰。

高昌,《陈书·任忠传》:天嘉二年,封高昌县侯。又《樊毅传》:天嘉二年,封高昌县侯。

〔校〕查《任忠传》并无此文,《樊毅传》封高昌县侯事在太建初。

遂兴

〔补〕《叔慎传》:祯明三年,湘州助防遂兴侯正理助叔慎举兵赴难。

南康,《陈书·高祖纪》:永定元年,追赠皇弟休先,封南康郡王。

〔补〕《高祖纪》:永定元年,弟子昙朗袭封南康王。《昙朗传》:天嘉元年,闻昙朗薨,以长男方泰袭爵。

赣

〔补〕有灨水。《萧引传》:太建末,自番禺还至灨水,而高宗崩。

南野

〔补〕有大庾岭。《王劢传》:萧勃平,授衡州刺史。王琳据有上流,衡、广携贰,劢不得之镇,留于大庾岭。

丰城

〔补〕《长沙王叔坚传》:天嘉中,封丰城侯。

新建,《陈书·黄法氍传》:封新建县侯。

〔校〕按法氍受封在梁敬帝世,陈因之。

新吴,《一统志》:陈置南江州于此,寻废。

〔校〕《高祖纪》:梁简文帝大宝元年,授豫州刺史,领豫章内史;旋改授都督六郡军事南江州刺史。按高祖时屯南康,据有江州南部豫章等郡,此所谓南江州,盖即豫州之更名也,与其后新吴之南江州无涉。

《梁书·敬帝纪》:太平二年二月,萧勃反,南江州刺史余孝顷以兵会之。《通鉴注》:孝顷据新吴,盖就置南江州,命为刺史。是南江州不始于陈。陈永定二年,余孝顷举兵应琳,为周迪所擒,罢废当即在是年。

建昌,《陈书·到仲举传》:改封建昌县侯。又《徐陵传》:封建昌县侯。

〔补〕按仲举改封,事在天嘉三年;陵受封,事在高宗篡历之初。陵子俭,后主初袭封。并见本传。

东兴

〔补〕《沈恪传》：梁世封东兴县侯，陈因之。

西丰，《陈书·周迪传》：天嘉二年，封西丰县侯。

〔校〕查《迪传》无此文。《周敷传》："梁元帝世封为西丰县侯，陈因之，天嘉中增邑五百户"。殆"迪"为"敷"之讹，又误增邑为受封欤？

安复，有龙川宁朔堤。《通鉴》：陈临海王光大二年，章昭达决龙川宁朔堤，引水灌江陵。又名龙陂，《水经注》：南城西南有赤坡冈，冈下有淡水，东北流入城，又东北出城，西南注于龙陂。

〔校〕查《通鉴》原文，事在宣帝太建二年，"南城"上脱纪字。按《江水注》，纪南城在江陵西北；史文亦明言引水灌江陵，是堤在梁境南郡江陵界也。《志》误列在此，安复在今江西境。匪夷所思。

庐山

〔补〕一曰匡岭。《徐伯阳传》："鄱阳王为江州刺史，伯阳奉使造焉，王率府僚与伯阳登匡岭置宴"。

郢州州治，梁镇江夏，陈当因之。

〔补〕《鲁广达传》：都督郢州以上十州诸军事，顿江夏。

竟陵郡，梁末王琳并湘郢，据以拒陈，后陈平王琳，遂复焉。太建中没于周。

〔校〕按《世祖纪》，讨平王琳事在天嘉元年，"其明年，以武昌、国川为竟陵郡，以安流民"。据此可知陈所收郢州地盖只限于大江以南；惟鲁山一城在江北，至江北汉右之竟陵郡，则当琳之东下，已为宇文所乘，其后陈实未尝得克复之，故天嘉二年以其流民南渡者，立侨郡于武昌、国川也。《孙玚传》："王琳东下，玚留镇郢州，周遣将奄至，玚助防张世贵举外城以应之"；足证其时周已得郢州江北地。故《通鉴》注曰：周得鲁山则全有汉、沔，陈因其所欲而饵之。

《志》作"平琳复，太建中始没于周"，不知所据。又于郢州末别列竟陵郡一条，下引《世祖纪》天嘉二年立郡之文，遂致郢州领有二竟陵郡，何不考之甚耶？

霄城，有樊浦。《陈书·淳于量传》：光大元年，华皎构逆，量自郢州樊浦拒之。

〔校〕《寰宇记》：武昌县有樊山，又有樊港。樊浦疑即樊港。

西陵

〔补〕《周炅传》：梁承圣中，封西陵县侯，陈初因之。

沙阳，有夏口、南浦。《陈书·后主纪》：祯明二年，郢州南浦水黑如墨。

〔校〕《宋志》："汝南本沙羡土，晋末汝南郡民流寓夏口，因立。"又曰，"晋武太康元年，复立沙羡，治夏口；孝武太元三年，省并沙阳，后以其地为汝南实土"。是夏口乃汝南治所，非沙阳属地也。汝南为江夏郡治，江夏为郢州治，则《纪》所谓郢州南浦，亦当在汝南县境；《寰宇记》南浦在江夏县南三里是也。隋改汝南为江夏。

上隽郡，《寰宇记》：陈改上隽郡为隽州，天嘉元年，还复本名。

〔校〕按此节见《寰宇记》蒲圻县下引盛弘之《荆州记》。又崇阳县下有云：梁承圣三年，改上隽郡为隽州，陈天嘉四年，州废。先后二说不相合，盛说疑非。

下隽

〔补〕《叔陵传》：马客陈仲华以诛叔陵功，为下隽太守。

疑下隽郡即上隽郡之误，《寰宇记》：梁于下隽县置上隽郡。

溾阳，有沌阳镇、鲁山城。《陈书·世祖纪》：天嘉元年，齐军守鲁山城，戊午，弃城走。《宣帝纪》：太建十二年，周司马消难以沌阳、鲁山等镇内附。

〔校〕二镇既本非陈土,因消难而内属,则不当隶江夏也。溠阳,江夏属县。按消难率以归陈者,凡九州八镇,此二镇疑当是九州中之沔州境。鲁山,天嘉元年曾得之于齐,明年即举以赂周,因周人许归安成王顼故也。《周书·杜杲传》,同时赂周者,又有黔中数州之地。

长沙郡

〔补〕《高祖纪》:永定二年,追封皇子权为长沙王,谥曰思。

临湘

〔补〕有射堂。《叔慎传》:祯明三年,诈降,擒隋军庞晖斩之,叔慎坐于射堂,招合士众。

〔补〕有鹅羊山。《叔慎传》:隋将薛胄兵次鹅羊山,拒战,大败,胄乘胜入城。

南江,陈于新吴立。《陈书·周敷传》:南江酋帅并顾恋巢窟,私署令长,不受召,唯敷独先入朝。

〔校〕"南江"统指赣水所经诸郡,时属江州。犹言"南州"、"南川"、"南中"耳,非县名。《敷传》原文,"琳平,授豫章太守,是时南江酋帅"云云。文义甚明。此志不特误以为县,且以为长沙郡之属县,诚匪夷所思。《华皎传》:"天嘉初,知江州事,时南州守宰多乡里酋豪,不遵朝宪,文帝令皎以法驭之"。正可为《敷传》此段作注解。《熊昙朗传》:"王琳东下,世祖征南川兵。江州刺史周迪、高州刺史黄法氍欲沿流应赴。昙朗据新淦县应琳,带江为城,列舰断遏迪等,迪与法氍因帅南中兵筑城围之"。按其时江州分置高州,此所谓"南川"、"南中"者,统指江高二州而言也。《志》谓南江县陈于新吴立;按梁末曾于新吴置南江州,作者岂因是而致误欤?

衡阳郡,《陈书·衡阳王昌传》:天嘉元年,封衡阳王。

〔补〕昌以二月受封,三月薨。《世祖纪》:四月,立皇子伯信为衡阳王。

新康

〔补〕横桥江、新康口。《叔慎传》:祯明三年,武州刺史邬居业率其众自武州来赴(湘州)。出横桥江,闻叔慎败绩,乃屯于新康口。

重安,《陈书·程灵洗传》:改封重安县公。

〔补〕按本传,灵洗改封事在光大元年;子文季,太建二年袭封。

邵陵郡,《陈书·章昭达传》:天嘉元年,改封邵陵郡公。

〔校〕按本传,昭达受封,事在废帝即位之初。天康元年。

〔补〕《邵陵王兢传》:祯明元年,立为邵陵王。邵陵,《吴明彻传》:至德元年,追封邵陵县侯。

〔补〕本传:以其息惠觉为嗣。

谢沐

〔补〕《淳于量传》:梁承圣元年,封谢沐县侯,陈初因之。

沅州,《陈书·世祖纪》:天喜元年,分荆州之天门、义阳、南平、郢州之武陵四郡,置武州;其刺史督沅州,领武陵太守,治武陵郡。《宣帝纪》:太建七年,改武州为沅州。沅陵郡,《陈书·世祖纪》:天嘉元年,以都督所部六县为沅州。别置通宁郡,以刺史领太守,治都尉城。《一统志》:陈天嘉元年,分置沅州及通宁郡;太建七年,州废,改置沅陵郡。

〔校〕按《孙玚传》:及吴明彻军败吕梁太建十年,寻授都督荆、郢、巴、武、湘五州诸军事,郢州刺史。《宣帝纪》:太建十一年,樊毅都督荆、郢、巴、武四州军事。《宗元饶传》:太建中,为荆、雍、湘、巴、武五州大中正。《叔文传》:至德二年,都督湘、衡、武、桂四州诸军事,湘州刺史。《方泰传》:至德二年,为武州刺史。《叔慎传》:祯明元年,出为都督湘、衡、武、桂四州诸军事,湘州刺史。同传:祯明三年,武州刺史邬居业请赴难。《荀法尚传》:祯明中,都督郢、巴、武三州。《王勇传》:及隋军临江,诏授总督衡、广、交、桂、武等二十四州诸军事。据上引纪传,是太建七年后仍有武州之称。盖太建七年罢通宁之沅州,改武陵之武州为沅州,旋复以武陵为武州,而史阙其文也。天嘉元年,分武陵郡为二:一曰武陵,治旧郡治;一曰通宁,治旧都尉城,领都尉所部六县。《志》"天嘉元年以都尉"云云,都尉上当增"武陵"二字。

公安

〔补〕有马头。《陈慧纪传》:杨素下自巴峡,慧纪遣将拒之,战败,素进据马头。《寰宇记》:马头戍在县西北。

永安

〔补〕《钱道戢传》:以预平张彪功封永安县侯。

〔补〕南郡,《后主纪》:至德元年,立皇弟叔澄为南郡王。建置沿革、治所、领县不可考。按陈世未见有虚封之例,故有王当必有其郡也。

〔补〕雍州,《宗元饶传》:太建中,为荆、雍、湘、巴、武五州大中正。是陈有雍州。其建置沿革、治所、领郡不可考。

河东郡

〔补〕《河东王叔献传》:至德元年,子孝宽袭爵。

夷陵

〔补〕有歧亭。《通鉴》:开皇九年,陈南康内史吕忠肃屯歧亭。注:《杨素传》:忠肃屯歧亭,正据江峡;则歧亭在西陵峡口也。

有安蜀城。《陈书·章昭达传》:周兵又于峡下南岸筑垒,名曰安蜀城。

〔校〕注下当增"昭达攻降之"五字，不然则周人筑之，与陈何干？按本传，事在太建二年。

祐州，《通典》：梁武帝天监中置宜州，后魏改为拓州，陈尝得之，以为重镇。《方舆纪要》：陈光大二年，沈恪为荆州刺史，都督武、祐二州诸军事。"祐"即"拓"之讹也。《陈书·宣帝纪》：太建十二年，淳于陵克祐州城。《南史》作柘州城，"柘"与"祐""拓"字均形似。盖光大后没于周，至此又克也。郡县无考。梁宜州有宜都郡，陈以宜都属南荆州，则祐州之郡县无考矣。

〔校〕《沈恪传》、《陆子隆传》、《宣帝纪》叠见祐州，而"拓州"则曾不一见，作"祐州"是也。《通典》之说殊不足信，《纪要》又从而附会之。又《世祖纪》，天嘉二年，分荆州、宜都、河东等四郡置南荆州，嗣后不闻。按祐州境与荆、信、武等州接界，因疑祐州盖即以南荆州改置者也。

人复，《隋志》：旧曰鱼复，西魏改。

〔校补〕《徐世谱传》：梁末封鱼复县侯，天嘉元年，增户五百户。据此则西魏改人复，陈世复曰鱼复也。

乐乡，有巫峡、马鞍山、磨刀涧、《南史·陈宜黄侯慧纪传》：祯明三年，隋师济江，慧纪欲趣台城，遣南康太守吕肃将兵据巫峡，以五条铁锁横江，隋将杨素横击之，争马鞍山及磨刀涧。延洲。同上：隋军屡捷，吕肃遁保延洲。

〔校〕《通鉴》注曰：按《水经》江水出巫峡。过秭归、夷陵，径流头、狼尾滩，而后东径西陵峡。去年冬杨素破戚昕，其舟师已过狼尾而东，吕忠肃所据者，盖西陵峡也。当从《杨素传》作"江峡"为通。据此，则"巫峡"系讹文，峡实在建平郡巫县界，马鞍山、磨刀涧当并在夷陵县界西陵峡附近。《三国·吴志·陆逊传》：黄武元年，刘备从巫峡、建平连围至夷陵界，逊破其四十余营，备升马鞍山，陈兵自绕。是夷陵有马鞍山之确证也。

《通鉴》：忠肃弃栅而遁，复据荆门之延洲。则延洲当在宜都县界也。

番禺

〔补〕有孤园寺。《徐陵传》：子俭，太建初欧阳纥反，俭持节喻旨，纥惧俭沮其众，不许入城，置俭于孤园寺。

新丰

〔补〕《蔡景历传》：子征，太建中袭封。

东阳郡，本齐乐昌郡。汪士铎《南北史补志》：陈以为东阳郡。《陈书·东阳王佺传》：祯明二年，立为东阳王。

〔校〕按《隋志》，四会旧置绥建郡，又有乐昌郡，平陈，二郡并废。《方舆纪要》：乐昌郡，隋废。是陈世乐昌郡实未改名为东阳。汪说无据，不足信。佺之封国东阳郡当属东扬州，即此志误作金华郡者也。

新州，《陈书·沈恪传》：都督十八州。《南康王昙朗传》：都督十九州。内均有新州。

〔校补〕《南康王昙朗传》，下当增"子方泰"三字，或改作"《南康嗣王方泰传》"，因都督十九州者，是方泰非昙朗也。《欧阳頠传》：都督广、交、越、成、定、明、新、高、合、罗、爱、建、德、宜、黄、利、安、石、双十九州。《志》既引用沈恪、方泰二传，不应独遗此，理当补入，在《沈恪传》上。下皆类此。

高凉郡

〔补〕《王勇传》：祯明末，高梁女子洗氏举兵应隋军。"高梁"当即高凉。

南合州，《梁书·武帝纪》：普通四年，分广州置合州。太清元年，以合州为南合。

〔补〕《欧阳頠传》、《沈恪传》,《方泰传》均作"合州",盖简称也。又《王冲传》:梁元帝授冲都督衡、桂、成、合四州;是梁末亦然。

始安郡

〔补〕《后主纪》:至德元年,立皇子深为始安王。

东衡州,《陈书·世祖纪》:天嘉元年,改桂阳之汝成县为庐阳郡,分衡州之始兴、安远二郡置东衡州。

〔校〕《欧阳頠传》:梁元帝承制以始兴郡为东衡州,以頠为都督刺史;是东衡州梁末曾置,不始于陈天嘉。《钱道戢传》:留异平,拜都督东西二衡州诸军事,衡州刺史,领始兴内史。据《世祖纪》,则知始兴郡系东衡州之治所。《周迪传》天嘉三年有衡州刺史侯晓,据《安都传》则知晓乃东衡州刺史。是东衡州有时亦得简称为"衡州"也。

始兴郡,《陈书·世祖纪》:即位,封皇子伯茂为始兴王。

〔补〕《高祖纪》:永定元年,追赠皇兄道谭封始兴郡王,兄子顼袭封。《世祖纪》:永定三年,徙顼为安成王,封皇子伯茂为始兴王。《宣帝纪》:太建元年,以叔陵为始兴王。《后主纪》:太建十四年,立弟叔重为始兴王。

始兴

〔补〕《欧阳頠传》:梁太平二年,高祖封頠始兴县侯,受禅因之。

西衡州,《梁书·武帝纪》:天监六年,分湘、广二州置衡州。《隋志》:含洭,梁置衡州。《陈书·宣帝纪》:太建十三年,分衡州始兴郡为东衡州,衡州为西衡州。按《宣帝纪》,太建五年,西衡州献马生角;是太建十三年之前已名西衡州;盖天嘉时置东衡州,即改衡州为西衡州耳。且以始兴郡为东衡州,亦在天嘉时,非太建十三年始分也。

〔校〕《沈君理传》：天康元年，都督东衡、衡二州诸军事，东衡州刺史，领始兴内史。《沈恪传》，光大二年，都督十八州，有衡及东衡。是太建以前皆称衡州，不称西衡州也。特其时以有东衡州，故俗称治含洭之旧衡州为"西衡州"耳。太建五年后盖并二衡为一，至十三年复分，始定以衡州称西衡州。《衡阳王伯信传》祯明元年出为西衡州刺史，是其证。太建后仍有称西衡州为衡州者，仍旧称也。《伯信传》，祯明三年有西衡州刺史王勇；《方庆传》作衡州刺史王勇。

梁信郡

〔补〕《任忠传》：后主嗣位，改封"梁信都郡公"。都字疑衍。

南定州，《隋志》：郁林郡，梁置定州，后改为南定州。

〔补〕《欧阳頠传》、《沈恪传》、《方泰传》均作定州，盖简称也。又《淳于量传》，梁末都督桂、定、东西宁四州，是梁世已然。

〔补〕宜州，《欧阳頠传》都督十九州，《沈恪传》都督十八州，《方泰传》都督十九州，内均有宜州。建置沿革、治所、领郡无考。

臧书体制有未尽善者，篇中不及一一细校；兹归纳之约有七端，历述如下：

一、引证史文，未能择其最切当最关紧要者。如建康有宫城，又名台城，下引南康嗣王《方泰传》，"方泰所部将士离散，乃弃船走；及台城陷，与后主俱入关"。应以改用《任忠传》"祯明三年，降隋，引韩擒虎军共入南掖门，台城陷"为当。

二、引用史料,时或舍原料而用次料。如建康有陶家后渚,下引《南史》,应改用《陈书·高祖纪》。南豫州州治下引《通鉴》,应改用《陈书·后主纪》。巴陵郡巴丘下引《方舆纪要》,应改用《陈书·世祖纪》。宜都有荆门城,下引《通典》,应改用《陈书·叔慎传》。此病最繁,不胜枚举。

三、同一性质之史事,其记载方式,及引用史料,未能一律。如封建侯王,或纪年或不纪年,或用纪或用传。私意凡有年月可考者,皆当详载;凡纪传并见者,当用纪。

四、凡作志引证史事,或全录,或选录。若选录则必须有例,或用首见,或用末一次见。此志如石头城下引祯明二年九月一条,则是用后见者。但太极前殿下引永定元年事,则又系用最先见者。是无一定之例也。且有非首见,亦非最后见者。如白下下引太建十一年一条,按《宣帝纪》,太建五年,北讨都督吴明彻统众十万发自白下,在十一年前;《方泰传》,祯明三年,领水军于白下往来,断遏水路,在太建十一年后。

五、引证史事,遇同书纪传或二传以上并载者,未能审度情宜,择其最相当者。如北掖门下引《袁宪传》一条,应改用《后主纪》"祯明三年,贺若弼进攻宫城,烧北掖门"。临海郡下引《宣帝纪》一条,应改用《废帝纪》"光大二年,太后特降帝为临海王"。

六、《志》以陈为名,故凡两国交兵,事互见于齐、周、隋《书》者,自应以引用《陈书》为合理,殊不必好奇立异,采录他史。而此志则时犯是病。如京口下引《隋书》开皇九年贺若弼济江一条,按事迹具见于《陈书·宣帝纪》及《萧摩诃传》,则不应采及《隋书》也。

七、陈初受梁禅,境宇弥塞:江北入于高齐;郢湘诸州则或为王琳所有,或为北周所据。天嘉、光大以来,中流渐复。太建北伐,始克定淮南。凡此既非开国时旧土,自宜详记其隶入版图之岁月。此志于太建所得淮南地皆能一一记注,甚合史法,然于中流诸州则概不及一字,遂使读志者几疑永定中即有郢、湘、巴、荆,岂非惑乎!?

(原载《禹贡半月刊》第五卷第六、七期,1936 年 6 月 10 日)

讨论宋代分路与张家驹书

附：张家驹来信

张家驹致谭其骧第一书

关于《宋朝事实》陕西六路问题，颇有欲求教于先生者。生自始对《宋朝事实》所载即极为怀疑；自后执笔重行整理材料，自觉焕然大白。生之所以不取其材料者，有如下之解释：

（一）《宋朝事实》所载，应为宣和初幽、燕未平之制（跋语云云）。今考其所载，俱与当时实际之情形不合，如京东之分东西，京西之有南北，河北之有东西。查之史籍，均属无有，则吾人可知《宋朝事实》所载为元丰二十三路之制。惟当时陕西分置转运司（见《宋志》），故李氏即就二十三之制而加上陕西诸路也，可以无疑。宋人记地理制度之书，多以元丰二十三路作标准，如欧阳忞之《舆地广记》为政和时书，而政和亦无此制度，实元丰时制度也。则《宋朝事实》不载宣和制度，故不取其说。

（二）李氏所载，其主旨在于"州县之升降"耳，故于路之区别甚不注重。其蓝本当为《九域图志》等书，故误漏当所不免。今举其例：

（1）京畿路——《事实》无。

—— 139 ——

（2）有京西北路而无京西南路。

今陕西之无鄜延路,延安府等州府入陕西路,亦当为漏误也。

（三）读《宋史·职官志》,谓宣和初置都司二于陕西,漕司三员分领六路,可知仍分六路之制。生曾一度以为陕西当时共有漕员五人,故陕西共有五路。厥后查《宋史·地理志》,谓宣和四年收复燕山府路及云中府路之地,天下共二十六路。陕西如分五路,则与二十六之数不符,仅得二十五路而已。故知《宋朝事实》漏鄜延路之目也。

（四）《事实》但云陕西路,而陕西路之下有永兴军路;所谓陕西路,不过《事实》沿习惯之称呼而已。何以知之? 苟当时永兴、鄜延合并一路而以陕西为名,则其下不应再有永兴军路。然则其合六路而总之曰陕西,沿习惯上之称呼也,可以大明。

既有以上之解释,故《宋代分路考》一文,绝未提及李攸《事实》之制。

又南宋是否以安抚使分路? 因时间所限,未能细查。生初因北宋一代,较为复杂,故翻《长编》凡二次,逐年查对,故知当时并未改制。至南宋以后,是否已改? 颇有可疑之处,虽未经细查,然读《宋志》似即可知其未改。亦有如下之解释:

（一）《宋志》卷八八页六上:"江南东西路,建炎元年,以江宁府洪州并升帅府。四年,合江东、西为江南路,以鄂、岳来属。又置三帅:鄂州路统鄂、岳、筠、袁、虔、吉州,南安军。江西路统江、洪、抚、信州,兴国、南康、临江、建昌军。建康府路统建康府,池、饶、宣、徽、太平州,广德军。"则江南东、西合并为一事,又置三帅府为一事,其不言合江东、西分为三路,实仍以转运司为分路之主也。

（二）《宋史·职官志》又载南渡后淮南路曾一度分七路置安抚司，此七路之名不见于《地理志》，又不常见于其他史籍，此诚可怪者！苟以安抚使为分路之主，《地理志》当大书分淮南为七路也。

（三）《通考·户口考》引《宋会要》载嘉定十六年制，仍分十六路，因知其仍以转运司为主也。

以上之理由，为生不取安抚使分路之理由，故言南宋制度处一以转运司为标准。又以时间所限，未能逐年往《系年录》、《三朝政要》等书上细对。日后有暇，当补成之。

元祐元年诸路之合并，则甚确。盖见之史册者，皆合而不分也。《长编》载有每路置使一员之诏，并司马温公奏对一文，因引于文中。细查其合并之情形，与提点刑狱之合并同，故引合并提点刑狱之诏以明之矣。

（谭其骧致张家驹第一书已佚，内容大要见以下张家驹第四书。）

张家驹致谭其骧第二书

生谓利州路分东西实原于疏忽，盖以《地理志》中言之凿凿，因未细翻对《纪》、《传》也。至若谓《舆地广记》、《宋朝事实》所记非当时制度，虽似失诸过当，然亦未尝无所根据也。试举李焘《长编》所载，证明元祐元年以后永兴军、秦凤、京东、京西、淮南东、西等路之合并似为事实：

"诏河北、陕西转运提点刑狱司，共同按行相度……"（卷三七三，页九下）

"淮南路转运司言……"（卷三七四,页二一上）

"诏郑、滑州并隶京东路"（卷三七四,页二三上）

"陕西路转运司言,本路近些……"（卷三七五,页一上）

"河北转运……司言"（卷三七五,页一二上）

"京东路转运司言"（卷三七五,页一二上）

元祐元年以后屡见之,此生之所以大惑不解者也。

《官志》之语百思不得解,恐仍系分六路也。敢陈鄙见,尚祈赐教为荷。

谭其骧致张家驹第二书

骧谓元祐元年后,京东、京西、淮南等路只提点刑狱合并而转运司未并者,不仅系根据元祐元年之史文作字面解释,且有元祐元年后之记载可以证实之。试举数则:如《食货志》崇宁三年有京西北路,是京西分南北也。政和三年有河北西路,是河北分东西也。元符元年提点京东刑狱程堂言京东、河北灾,民流未复,今转运司东西路岁额无虑二百万,是明言京东于提点刑狱为一路,于转运则为东西二路也。至来书所举元祐后只称河北、淮南而不分东西诸条,窃以为此乃当时人沿袭北宋早年制度之言,非可取资考证。此例非一,如熙宁五年,已分京西为南北,淮南为东西,而《本纪》熙宁六年有云,"京西、淮南、两浙、江西、荆湖六路",仍以京西、淮南作一路计亦是也。知《本纪》熙宁六年所言之不足为据,则可知《长编》所载诸条之非元祐后事实矣。

张家驹致谭其骧第三书

来示敬悉。先生所言各点,生亦大以为然,盖生所言元祐元年分路各点,所举证据均极不充分,至是已大白矣。前所举列河北、淮南不分路之例,亦当如先生言,乃当时人沿袭北宋早年制度已。窃以为考据之难即在于此。盖当时人记之无心,而后人反因此而凿凿有据也。

张家驹致谭其骧第四书

来示敬悉。关于刊印讨论函件事,生意以为甚是,刻已将第二次来示奉上。至第一函,因房舍搬迁时曾将所有函件包裹,存于四楼之储物室,一时竟未觅得,至为抱歉。惟大意生亦能约略忆之,大概尊函所言三事:

1. 宋代分路不以安抚经略司分路,诚如生说。

2. 生所谓政和《舆地广记》、宣和《宋朝事实》所载非当时制则非(生谓为元丰制,今亦觉其非),盖宣和二十六路,不如生之所说,元祐元年合并淮南、河北……等路为提点刑狱司,非转运使司也。故宣和二十六路当为陕西六路之废,但所废之年月不可考。《宋朝事实》无鄜延路只能如生言遗漏。至《宋史·官志》所谓以都漕二员置长安,漕臣三员分领六路则颇费解。

3. 南宋以后亦不以安抚司分路,但生文中有利州路分东西,又自乱其例。

来示中大意大概若是,苟先生不嫌烦琐,或可重写一篇,刊之篇末也。

（原载《禹贡半月刊》第四卷第一期张家驹《宋代分路考》，

附张家驹与谭其骧往来书札,1935 年 9 月）

《辽史·地理志》补正

上京临潢府——《契丹国志·四京本末》:"上京临潢府乃大部落之地"。又本志开州下云:"太祖平渤海,徙其民于大部落"。大部落当系此时通俗之称。

天显十三年更名上京,府曰临潢。——按天显十三年十一月改元会同,《纪》书改元在前,"诏以皇都为上京,府曰临潢"在后,则此曰"天显十三年"宜改曰"会同元年"。

泰州德昌军节度,海北州广化军中刺史,通州安远军节度,宾州怀化军节度,祥州瑞圣军节度,海州南海军节度,渌州鸭渌军节度,开州镇国军节度,保州宣义军节度,双州保安军下节度,锦州临海军中节度,来州归德军下节度。——《契丹国志·州县载记》节镇三十三处,海北州其一;建观察、防御、团练使八处,泰州其一;通、宾、祥、海、渌、开、保、双、锦、来诸州皆系刺史州,与此异。见于《国志》者当系初制,此则后之改制也。

又《国志》州县有不载于《地理志》者,节镇:锦州、双州、莱州、同州;刺史:胜州、温州、松州、山州、武德州、新州、卫州、燕州、苹州、嵒州、古州、演州、弘东州、仙洞州、文州、兰州、慎州、拱州、渝州、宋州、许州、零州、平州;投下:骦州、随州、卫州、和州、澄州、全州、义州、员州、唐州、粟州、黑州、河州、茂州、曷童县、五花县。(又有节镇"坤州",当即《地理志》之仪坤州;投下"微州",当系徽

— 145 —

州之误；"问州"，当系闾州之误；"濠州"当即壕州；"遂昌州"疑即遂州）。《国志》虽荒陋，当不至凭空捏造，则《地志》难辞疏漏之责矣。

头下军州，征税各归头下。——"头下"或作"投下"，据此知"头下"是也；"投"盖俗字。头下州唯上京道有之，见于《志》者凡十六，见于《契丹国志·州县载记》者凡二十三，中惟六州相同。六州而外，《契丹国志》二十三州之中，十三州州名皆不见于《志》，其荆、荣、麓、宗四州则见于东京道，为刺史州。《志》于宗州下云："耶律隆运以所俘汉民置；圣宗立为州，隶文州王府；王薨，属提辖司"。据此知《国志》所据册籍在王薨之前，而《志》所据则在其后。又贵德州下云"太宗时察割以所俘汉民置，后以弑逆诛，没入焉"；遂州下云"耶律颇德以部下汉民置，穆宗时颇德嗣绝，没入焉"；双州下云"沤里僧王从太宗南征，以所俘镇、定二州之民建城置州，察割弑逆诛，没入焉"；川州下云"太祖弟明王安端置，会同三年诏为白川州，安端子察割以大逆诛，没入，省曰川州"。是四州初置时皆系头下州。

上京道头下成州、懿州。——按中京道已有成州，东京道已有懿州，此复出。初，圣宗女晋国长公主以上赐媵户置成州，军曰长庆；越国公主以上赐媵户置懿州，军曰庆懿，更曰广顺；并隶上京。后成州改隶中京，更军名曰兴府；懿州改隶东京，更军名曰宁昌。《志》但当于中京道成州、东京道懿州下并增一句曰"初隶上京道，为投下州"，斯可矣，不应重见于此也。太平三年赐越国公主私城之名曰懿州，军曰庆懿，见《圣宗纪》；《志》又于上京道懿州下误"越国公主"为"燕国公主"。

肃州，重熙十年州民亡入女直，取之复置。——《纪》重熙九年十二月，"以所得女直户置肃州"。

西京大同府,唐云中大同军节度;晋高祖代唐,以契丹有援立功,割山前代北地为赂,大同来属,因建西京敌楼棚橹具,广袤二十里,元魏宫垣占城之北面,双阙尚在。辽既建都,用为重地,非亲王不得主之;初有大同军节度,重熙十三年升为西京,府曰大同。——按重熙十三年改云州为西京,见《兴宗纪》;《志》序亦谓"兴宗升云中为西京,于是五京备焉"。今于"重熙十三年升为西京"句前一再谓"因建西京","辽既建都",一若重熙前已有西京,殊不可解。

武州,魏置神武县;唐末置武州;唐改毅州;重熙九年复武州。——按唐武州治文德县,故城在今察哈尔宣化县。僖宗改毅州;后唐太祖复武州;明宗又为毅州;潞王仍为武州;石晋割献于辽,更曰归化州;已见本卷上文。此治于神武县之武州,故城在今山西神池县东北,初与唐之武州无涉,盖重熙所创置。《志》云"唐末置武州;唐改毅州;重熙复"者误也。

金肃州——《兵卫志》作"金肃军",岂初置为军,后改为州乎?

(原载《禹贡半月刊》第一卷第二期,1934 年 3 月)

元陕西、四川行省沿革考

世祖中统元年,八月己酉,始立秦蜀行中书省,治京兆。(《本纪》、《廉希宪传》、《商挺传》)

宪宗七年遣左丞相阿勒达尔、参知政事刘太平会计京兆、河南钱谷,此为以省臣行事陕西之始。惟其时省臣责有专任,地方庶政犹总于宣抚司,不得即以视同中统后之行省也。九年,宪宗崩,时刘太平、霍鲁海在关右办集粮饷,亦称行尚书省事。

初,四月戊戌,以巴崇、廉希宪、商挺为陕西、四川等路宣抚使,五月乙未,分汉地为十道,并陕西、四川为一道,以希宪为京兆等路宣抚使,此为秦、蜀划为一政区之始。至是改宣抚司为行中书省,进希宪为右丞,以挺为金行省事。

始建省以秦蜀为名,《纪》《传》相合。独《百官志》称"秦蜀五路四川行省",大误。既曰"秦蜀",毋庸复赘以"四川";金分陕西为五路,称陕西五路则可,称秦蜀非只五路也。

旋改称陕西四川行省。

改称之确时不可考。《百官志》谓在中统三年,今按《本纪》中统二年八月已见此称,疑不始于三年也。《纪》三年三月以平章政事冯穆特、廉希宪、参政商挺、断事官穆苏行中书省于陕西四川,《志》盖据此以为改名之始。《地理志》据此以为建省之始。

陕西四川疑系简称,正式全名当为"陕西五路西蜀四川行省",见《纪》至元六年九月、八年九月,《张焱传》。

时一称陕蜀行省,见《纪》中统二年十二月;一称陕西行省,见于《纪》者始中统三年六月;而秦蜀之名,犹因仍未废,见《纪》至元元年八月、二年闰五月。

至元二年,闰五月癸亥,移省治于兴元。(《纪》)

三年,十二月辛酉,自兴元移利州。(《纪》、《百官志》)

初京兆设行省,利州设四川行枢密院,至是诏罢行院,移行省治利州,以赛典赤、也速带儿金行中书省事。

自移治后一称四川行省,见《纪》至元三年十二月、五年七月;然仍有称陕西行省者,见《纪》至元四年正月、二月。五年,七月丙午,还治京兆。(《纪》)

自还治后仍有称四川行省者,见《纪》五年十二月、八年二月。

八年,二月己亥,再移治兴元。(《纪》)

九月丙寅,罢陕蜀行省,以陕西诸路直隶尚书省,改立四川行省。(《纪》)

四川境内独立行省始此。中统二年六月庚申,宋泸州安抚使刘整举城降,以整行夔府路中书省事,然其时元犹未有夔路,行省盖设于军前耳,无地方之任。三年,整入朝,授行中书省于成都、潼川两路,时元有之而不全。同列嫉整功,将谋陷之,整惧,请分帅潼川,改授潼川都元帅。《纪》载授行省事在七月,《传》载授都元帅亦在七月,则行省盖未及开署,即以整迁官而作罢矣。

十一月丙戌,四川行省自兴元移治成都。(《纪》)

时一称川蜀省,见《纪》十年正月。

九年,正月庚辰,京兆复立行省(《纪》),旋罢。

罢期当在同年十月,时封皇子忙哥剌为安西王,即以王相府代行省统治陕西诸路。《纪》十年二月又见"川陕行省",不可解。

十年四月辛丑,四川行省罢。(《纪》)

《李勿兰吉传》至元十年六月将兵赴成都,与察不花同权省事,与此不合,未知孰是。

十五年,复置四川行中书省于成都。(《汪良臣传》)

是年川蜀悉平,以汪良臣为中书左丞行四川中书省事。《纪》九月癸未,有东西川行枢密院,设成都、潼川、重庆、利州四处宣慰司。行省建立,当即在此时。

四川行省一称西川行省,见《纪》十六年七月、十八年十二月、十九年十二月等。

十六年七月戊申,罢。(《纪》、《汪良臣传》)

汪良臣改授安西王相,不赴。

十七年十月壬午,复立陕西四川等处行中书省,治安西。(《纪》、《李德辉传》、《汪惟正传》)

《纪》同年七月,立行省于京兆,以前安西王相李德辉为参知政事;盖未及开省,至是更以不花为右丞,李德辉、汪惟正并左丞。

十五年七月,改京兆府为安西府;十六年,升路。然京兆之称,因仍未废。

时一称安西行省,见《李德辉传》、《纪》十八年二月、三月;一称京兆行省,见《纪》二十年三月;一称京兆四川行省,见《纪》十八年七月;一称秦蜀行省,见《汪惟正传》。

十八年分省四川(《汪惟正传》、《百官志》),旋立为行省。

《志》《传》但作以陕西四川行中书分省四川,今按《纪》本年十二月见“西川行省”,明年九月见“四川行省”,十二月又见“西川行省”,则陕西未罢省以前,四川固已视同独立行省矣。

二十年三月己未,陕西行省罢。(《纪》)

《纪》二十二年五月甲申,立汴梁宣慰司,依安西王故事,汴梁以南至江亲王镇之;以是知罢省后立京兆宣慰司,以安西王镇之。京兆宣慰司见《纪》二十年十一月。

二十二年,复置陕西四川行省。(《汪惟正传》)

当在二、四月间,以《纪》二月犹见"西川行省",《兵志》四月见陕西行省故也。

二十三年,分为陕西、四川二省。(《百官志》、《地理志》)

月份不可考。陕西行省一称安西省,见《纪》二十四年六月、八月、十月等;一称京兆省,见《纪》二十七年十二月。

二十五年,五月癸丑,四川行省移治重庆。(《纪》)

二十七年,三月庚申,还治成都。(《纪》)

成宗大德三年,二月丁巳,罢四川行省,改立宣慰司。(《纪》)

七年,六月己丑,罢四川宣慰司,复立行中书省。(《纪》)

(原载《禹贡半月刊》第三卷第六期,1935 年 5 月)

附：沿革简表

时间	中统元年	三年	至元二年	三年	五年	八年二月	九月	十一月	九年正月	十月	十年
建置	秦蜀行省		陕西五路西蜀四川行省				（直隶中书省）		陕西行省	（安西王相府）	
									四川行省		
治所	京兆		兴元	利州	京兆	兴元	兴元	成都	京兆		
									成都		

时间	十五年	十六年	十七年	十八年	二十年	二十二年	二十三年	二十五年	二十七年	大德三年	七年
建置	四川行省		陕西四川行省	陕西行省	京兆宣慰司隶安西王	陕西四川行省	陕西行省			陕西四川行省	陕西行省
				四川行省	四川行省		四川行省				四川行省
治所	成都		安西	安西	安西	安西	安西	安西	成都	安西	安西
				成都	成都		成都	重庆			成都

元福建行省建置沿革考

元代福建行省置罢分合，迁徙频繁，《元史》本纪、地理志、百官志既记载不一，《新元史》行省宰相年表、百官志、地理志亦自相矛盾。读史者苦于莫可适从。或尽置《元史》《新元史》之说而从《三山续志》，以为《续志》修于元致和间，一代典籍尚存，当以为正，而《元史》则修于易代之后，典籍未免散佚，容有未审。然正史纪志非由杜撰，其言当必有据，即令偶有舛误，岂能尽误而无一语可信乎？间尝欲萃诸家之说，证以载纪，衡以事理，重为《福建通志》作一信而可征之沿革篇。奈史事千端万绪，才识不足以驭之，荏苒半载，终虚此愿。今但就可考见诸端，草为是篇，其疑而不可决者阙焉。

始建年月及其治所

《八闽通志》卷一引《三山续志》："元至元十四年，置福建广东道提刑按察司。十五年，置福建行中书省。"《元史·地理志》江浙行省泉州路下："至元十四年，立行宣慰司兼行征南元帅府事。十五年，改宣慰司为行中书省。"并谓始建行省在至元十五年。今按《元史·世祖本纪》："至元十四年九月甲辰，福建行省以宋二主在其疆境，调都督忙兀带、招讨高兴领兵讨之。"卷一五三《焦德裕

— 153 —

传》:"十四年,拜福建行省参知政事。"是十四年九月已有福建行省矣,不始于十五年。又按卷一六二《李庭传》:"至元十四年,拜福建行中书省参知政事,改福建道宣慰使。"卷一三三《忽剌出传》:"十四年,升资善大天福建行省左丞,迁江淮行省,除右丞。"是则十四年朝命设福建行省,盖未几即撤,行省规模,实际未尝布置就绪;十五年福建全土底定,始再命立省。史家以十四年之命未见事实,故径以十五年为行省始置之年也。《新史·地志》福州路、泉州路下并谓至元十七年始置,误。

《世祖本纪》:"十五年三月乙酉,诏蒙古带、唆都、蒲寿庚行中书省事于福州,镇抚濒海诸郡。"卷一二九《唆都传》:"十四年,升福建道宣慰使行征南元帅府事,十五年,进参知政事行省福州。"卷一三一《忙兀台传》:"十五年,师还福州,拜参知政事,诏与唆都等行省于福,镇抚濒海八郡。"卷一六二《高兴传》:"十五年夏,诏忙古台立行省于福建,兴立行都元帅府于建宁以镇之。"并谓十五年初立省,治在福州。《三山续志》同。独《地志》谓治在泉州。今按《唆都传》"行省福州"下云:"征入见,帝以江西既定,将有事于海外,升左丞,行省泉州,诏谕南夷诸国。"是初治确在福州,惟同年即有诏移省泉州耳。《新元史·行省宰相年表》置此事于十六年,盖朝命发于十五年,泉州开省则在十六年也。

福州、泉州二省并立

今福建一地元代曾同时置有福州、泉州二省,《三山续志》及《元史》诸志皆脱载。按《世祖本纪》,至元十七年时已有泉州行省,"正月,戊辰,复置行中书省于福州",此并置二省之始也。"四月,诏以隆兴、泉州、福建置三省不便,令廷臣集议以闻。""五月,福建行省移泉州。"此言移者,盖并也。其后又曾分立,"二十年三月,并泉州行省入福建行省。"

漳州曾为行省治

福、泉二州之外,福建行省又曾治于漳州。《本纪》,至元二十年,"罢福建道宣慰司,复立行中书省于漳州";《新史·行省宰相年表》,至元二十年,"左丞也先帖木儿行省漳州",是也。诸志并脱载。《本纪》,至元二十一年二月,"以福建宣慰使管如德为泉州行省参知政事",则其前已还治于泉州矣。

历次废置年月

《世祖纪》:至元二十二年正月,"卢世荣请罢福建行中书省,立宣慰司隶江西行中书省。"自至元十五年初建行省后,至是始罢废。《元史》、《新元史》诸志所记皆同。独《三山续志》谓初置省十六年即罢,二十年复置,二十二年复罢。今按至元十七年有泉州、福州二省,俱见上述,又《纪》十八年三月有福建省左丞蒲寿庚,十九年九月有泉州省,知《续志》误也。

二十二年罢省后,何年复置,《本纪》及《新元史》志皆未明言①。独《三山续志》云在二十三年。今按《元史·兵志》四站赤:"二十三年四月,福建、东京两行省各给圆牌二面。"知《续志》是也。

《高兴传》:至元"二十八年罢福建行省,以参知政事行福建宣

---

① 《元史》志记福建行省沿革不及至元二十二年后事。

慰使；二十九年，复立福建行省，拜右丞。"二十三年复置后，又有此一度废置。《三山续志》所记同。《世祖纪》载二十八年二月罢省，未明言二十九年复省。《新元史》脱载。

《成宗纪》：大德三年二月，罢福建等处行中书省，立宣慰司都元帅府。至元二十九年复置后，至是罢。《三山续志》同。《新元史》志误作二年。

《顺帝纪》："至正十六年正月壬午，改福建宣慰使司都元帅府为福建行中书省。"大德废省后，至是复置。《官志》记此事在十六年五月；九月，始罢帅府开省署。

末年分省之制

《元史·官志》："至正十八年，福建行省右丞朵歹分省建宁，参政讷都赤分省泉州。"《新元史·行省宰相年表》："至正二十四年，平章政事陈友定分省延平。"按此三分省而外，又有兴化分省，不详于正史。《八闽通志》卷八七引吴源《至正近记》，志之最详。今节录之：至正十九年正月，三旦八称平章，安童称参政，开分省于兴化路治。二十年正月，右丞苦思丁继任。二十一年四月，参政忽都沙、元帅忽先继任。二十二年六月，左丞余阿里继任。二十四年四月，左丞观孙继任；旋德安以郎中摄行分省事。二十五年，左丞帖木儿不花继任；未几，复以德安摄任；十一月，哈散、黄希善兵陷兴化，分省罢。

（原载《禹贡半月刊》第一卷第一期，1934 年 9 月）

释明代都司卫所制度

一

明太祖吴元年，罢诸翼统军元帅，置武德、龙骧等十七卫亲军指挥使司，核其所部兵五千人为卫，卫设指挥，千人为千户所，所设千户，卫所之建始此。天下既定，度要害地系一郡者设所，连郡者设卫，于是边腹内外，卫所棋置矣。洪武七年申定其制，每卫设前、后、中、左、右五千户所，大率以五千六百人为一卫，一千一百二十人为一千户所，一百一十二人为一百户所，每百户所设总旗二，小旗十。军士皆世籍，官拨牛田，平居垦屯以自给；遇有征伐则命将充总兵官，调卫所军领之；既旋，将上所佩印，官军各回卫所；盖得唐府兵之遗意焉。

卫所初并隶于大都督府。洪武三年，始建杭州、江西、燕山、青州、河南、西安、太原，武昌八都卫，分统浙江、江西、北平等各行省境内之卫所。四年，增置成都、广东、定辽、建宁、大同五都卫及西安行都卫。行都卫者，与行省不同治所之都卫也①。六年，又置广西都卫。七年，又置福州都卫。八年十月，改都卫为都指挥使司，行都卫为行都指挥使司：曰浙江（旧杭州）、江西、北平（旧燕山）、

---

① 时陕西省，西安都卫并治西安，又别于河州设都卫，故曰行。

山东(旧青州)、河南、陕西(旧西安)、山西(旧太原)、湖广(旧武昌)、四川(旧成都)、广东、广西、福建、辽东(旧定辽)、福建行(旧建宁)、山西行(旧大同)、陕西行(旧西安行)。天下卫所分统于各都司及行都司,惟中书省境内卫所直隶大都督府。十三年,罢中书省,改大都督府为五军都督府,因以直隶诸卫所隶中军都督府。十四年,置中都留守司,统凤阳等卫。十五年,置云南、贵州二都司。二十年,置大宁都司。二十一年,改为北平行都司。二十七年,增置四川行都司。永乐元年,罢北平都司,所属卫所设直隶行后军都督府。又改北平行都司为大宁都司。宣德五年,增置万全都司。成化十二年,增置湖广行都司。嘉靖十八年,置兴都留守司,统显陵等卫。自是而后,天下除南北二直隶区外,凡有都司十六,行都司五,留守司二,遂为有明一代定制。

卫所以在京在外而有内外之别,内卫所品秩崇于外卫所。京卫中有上直卫亲军指挥使司二十六,不隶五军都督府。又有非亲军而不隶五府者卫十五,武功、永清、彭城及诸陵卫所二:奠靖、牺牲。隶于都督府者,留守左等卫三十三,牧马、蕃牧二所。南京卫中亲军不隶五府者卫十七、所一,又分隶五府者卫三十二、所一(并听中府节制)。外卫所中有为军民司者,兼理军民政务,职位较崇,洪武二十三年置于边地不设州县之处。又有王府护卫,洪武五年置,每府设三护卫;王府仪卫司,洪武三年置,掌侍卫仪仗,品秩比千户所。卫领千户所以左、右、中、前、后五所为常制,或有不止五所者,则以左左、中中、中前等为名。又有守御千户所,独驻一地,以守御某地为名,直隶于都司,然亦有隶于卫者。又有屯田千户所、群牧千户所,则以其以农牧为重,异于常所,品秩比守御所。万历初内外卫凡四百九十三,守御、屯田、群牧千户所三百五十九,仪卫司二十五;又土官之隶于都司卫所者,宣慰使司二、招讨使司

一、宣抚司六、安抚司十七、长官司六十四。(《万历重修会典》)

永乐元年设北京留守行后军都督府,后又分为五府,称行在五军都督府。十八年,除行在字,在应天者加南京字。自后天下都司卫所除亲军等卫外,并隶于北京五府;南京五府领南京诸卫所,而仍各以其方隶于北京五府。

左军都督府在京领留守左等卫,在外领浙江、辽东、山东三都司。

右军都督府在京领留守右等卫,在外领陕西、四川、广西、云南、贵州五都司,陕西、四川二行都司及直隶宣州卫。

中军都督府在京领留守中等卫,在外领河南都司、中都留守司及南直隶区内诸卫所,又直隶沂州等卫、汝宁等所。

前军都督府在京领留守前等卫,在外领湖广、福建,江西、广东四都司,湖广、福建二行都司,兴都留守司及直隶九江卫。

后军都督府在京领留守后等卫,在外领大宁、万全、山西三都司,山西行都司及北直隶区内诸卫所,又直隶德州等卫、武定等所。

二

置卫所以统辖军伍,设都司以掌一方兵政,其初本与地方区划不相关。洪武初或罢废边境州县,即以州县之任责诸都司卫所;后复循此例,置都司卫所于未尝设州县之地,于是此种都司卫所遂兼理军民政,而成为地方区划矣。①

---

① 《明史·地理志》称此种卫所为实土卫所,附见于各布政司下,无实土者不载,以其与地理无涉也。

今按都司十六,其中辽东都司全系实土;万全都司大半系实土;大宁都司初治元大宁路,皆实土,永乐元年内徙侨治保定府,所辖卫所并侨治直隶境内各州县,遂无实土。此外山东等十三省都司,所辖卫所大率即设在各该省州县境内,然陕西、四川、湖广、云南、贵州五都司亦领有实土卫所。行都司五,陕西、四川二司系实土,山西、湖广、福建三司非实土。留守司二,俱无实土。

辽东都司治定辽中卫,领卫二十五,州二。(《一统志》)

定辽中、左、右、前、后、东宁卫,自在州治辽阳城

海州卫治海州城

盖州卫治盖州城

复州卫治复州城

金州卫治金州城

广宁、广宁中、左、右卫治广宁城

义州、广宁后屯卫治义州城

广宁中屯、左屯卫治锦州城

广宁右屯卫治旧闾阳县临海乡

广宁前屯卫治古瑞州

宁远卫治曹庄汤池北

沈阳中卫治沈阳城

铁岭卫治古嚚州

三万、辽海卫、安乐州治开元城

万全都司治宣府左卫,领卫十五,守御千户所四,堡五。内蔚州卫治山西大同府蔚州,延庆左卫治直隶延庆州,永宁卫治延庆州永宁县,保安左卫治直隶保安州,广昌守御所治蔚州广昌县,美峪守御所治保安州境,四卫二所非实土。

宣府左、右、前卫、兴和守御所治宣府城

万全左卫治元宣平县

万全右卫治德胜堡

怀安、保安右卫治元怀安县

怀来、延庆右卫治元怀来县

开平卫治独石堡

龙门卫治元龙门县

龙门守御所治李家庄

长安岭堡　雕鹗堡　赤城堡　云州堡　马营堡

　　陕西都司领有实土卫九，所二。

宁夏、宁夏前、左屯、右屯卫治元宁夏路

宁夏中卫治元应理州

洮州军民卫治元洮州

岷州军民卫治元岷州

河州军民卫治元河州路

靖虏卫治金保川县

西固城守御军民所（属岷州卫）

归德守御所治元贵德州（属河州卫）

　　四川都司领有实土卫一，所一；又土官招讨使司一，安抚
司一；及茂州卫属长官司三，重庆卫属宣抚司二。

松潘军民卫治元松州（领千户一，长官司十七，安抚司四）

叠溪守御军民所治古翼州（领长官司二）

天全六番招讨司（本元六番、天全二招讨司）

思曩日安抚司

　　湖广都司领有实土卫一，所一，又土官宣慰使司二；及九
溪卫属安抚司一，镇远卫属长官司一。

施州军民卫治元施州（领宣抚司四，安抚司八，长官司十三，

蛮夷长官司五)

　　大田军民所(属施州卫,在卫西北三百五十里)

　　永顺军民宣慰使司(领州三,长官司六)

　　保靖州军民宣慰使司(领长官司二)

　　　　云南都司领有实土卫三,又孟琏、麻里、八寨等长官司。

　　金齿军民卫治元永昌府(领县一,安抚司四,长官司三)

　　澜沧军民卫治在元北胜府境(领州一)

　　腾冲军民卫治元腾冲府

　　　　贵州都司领有实土卫十一,所二。

　　普定军民卫治元普定路

　　新添军民卫治元新添葛蛮安抚司(领长官司五)

　　平越军民卫(领长官司三)

　　龙里军民卫(领长官司二)

　　都匀军民卫

　　安庄卫

　　清平卫(领长官司二)

　　毕节卫

　　威清卫

　　平坝卫

　　安南卫

　　关索岭守御所(属安庄卫)

　　普市守御所

　　　　陕西行都司治甘州左卫,领卫十二,守御所三。

　　甘州左、右、中、前、后卫治元甘州路

　　肃州卫治元肃州路

　　山丹卫治元山丹州

永昌卫治元永昌路

凉州卫治元西凉州

镇番卫治小河滩城

庄浪卫以永昌地置

西宁卫治元西宁州

镇夷守御所治兔儿关南

古浪守御所以庄浪卫地置

高台守御所治高台站

四川行都司治建昌卫，领卫六，所七。

建昌、建昌前卫治元建昌路（领长官司三）

宁番卫治元苏州

越巂卫（领长官司一）

盐井卫治元柏兴府

会川卫

礼州守御后所、中中所，在元礼州境

打冲河守御中前所

德昌守御所治元德昌路（以上四所属建昌卫）

冕山桥守御后所治冕山堡（属宁番卫）

打冲河守御中左所（属盐井卫）

迷易守御所（属会川卫）

二

十三省都司所辖卫所，及南北二京之直辖卫所，每有不在本省布司或本直隶区境内者。换言之，即都司与布司、直隶卫所与直隶州县之区划，虽大体相同，而不免小有出入。盖军政上之设施，事实上有不能与民政设施完全一致者也。

　　沂州卫直隶中府,按沂州属山东兖州府。

　　德州、德州左卫直隶后府,按德州属山东济南府。

　　莒州守御所直隶中府,按莒州属山东青州府。

　　武定守御所直隶后府,按武定州属山东济南府。

　　宁山卫直隶后府,按卫治山西泽州。

　　平定守御所直隶后府,按平定州属山西太原府。

　　蒲州守御所隶直隶潼关卫,按蒲州属山西平阳府。

　　归德卫直隶中府,按归德府属河南。

　　汝宁守御所直隶中府,按汝宁府属河南。

　　潼关卫直隶中府,按潼关地属陕西西安府华州。

　　嘉兴守御中左所隶直隶苏州卫,按嘉兴府属浙江。

　　九江卫直隶前府,按九江府属江西。

　　上直隶卫所之不在直隶州县区内者。　（山东、山西、河南、陕西、浙江、江西）

　　　　磁州守御所隶山西潞州卫,按磁州属河南彰德府。

　　上山西卫所之不在山西布司境内者。（河南）

　　　　颍州卫隶河南都司,按颍州属直隶凤阳府。

　　　　颍上守御所隶河南都司,按颍上县属颍州。

　　上河南卫所之不在河南布司境内者。（南直隶）

　　　　镇远卫隶湖广都司,按镇远府属贵州。

　　　　清浪卫隶湖广都司,按地属镇远府。

　　　　偏桥卫隶湖广都司,按地属镇远府。

　　　　五开卫隶湖广都司,按卫治贵州黎平府。

　　　　铜鼓卫隶湖广都司,按地属黎平府湖耳蛮夷长官司。

　　　　黎平守御所隶湖广五开卫,按地属黎平府。

中潮守御所隶湖广五开卫,按地属黎平府洪舟泊里蛮夷长官司。

新化屯所隶湖广五开卫,按地属黎平府新化蛮夷长官司。

新化亮寨守御所同上。

隆里守御所隶湖广都司,按地属黎平府隆里蛮夷长官司。

上湖广卫所之不在湖广布司境内者。(贵州)

永宁卫隶贵州都司,按永宁宣抚司属四川。

乌撒卫隶贵州都司,按乌撒军民府属四川。

赤水卫隶贵州都司,按地属永宁宣抚司。

摩泥所隶赤水卫,按地属永宁宣抚司。

阿落密所同上。

白撒所同上。

七星关守御后所隶贵州毕节卫,按地属四川乌撒府。

兴隆卫隶贵州都司,按地属四川播州宣抚司重安长官司。

黄平守御所隶贵州都司,按地属播州宣抚司黄平安抚司。

乌撒卫后所隶贵州乌撒卫,按地属云南霑益州。

上贵州卫所之不在贵州布司境内者。(四川、云南)

瞿唐卫属湖广行都司,按地属四川夔州府奉节。

忠州守御所属湖广行都司,按忠州属四川重庆府。

上湖广行司所辖卫所之不在湖广布司境内者。(四川)

(原载《禹贡半月刊》第三卷第十期,1935 年 7 月)

清代东三省疆理志*

　　有清疆理封略,内地率因明旧,更易者鲜;惟边陲为前代版图所不及,经营恢拓,自列置军府以迄创建郡县,其设治之沿革,境域之损益,多有足述者。白山黑水间为国族发祥之地,初年历行封禁,自柳边以外,但列旗屯,渺无民居。中叶以后,法令渐弛。长春、昌图,创建于嘉庆;呼兰、绥化,滥觞于咸同。光绪初叶,始以开拓为务。于是鸭绿以西,接畛开原、伊通之东,至于五常、敦化,设官置吏,胥为州里。其后迭遭甲午、庚子、甲辰之难,益锐意于移民实边,下迨丁未建省,宣统改元,而哲盟十旗,多成井邑,长白千里,遍置守令,北极呼伦、瑷珲,东尽挠力、穆棱,举历古屯戍莫及之地而悉郡县之;诚国家之弘猷,民族之伟业也。辨厥疆理,尤治史者当务之急。《大清一统志》、《盛京通志》乃乾隆旧籍,《吉林通志》亦光绪中叶之作,虽载述颇称典核,惜未尽一代之制。近时《清史稿·地理志》及《黑龙江志》稿、《奉天通志》相继行世,皆草率成编,脱略刺谬,不一而足,识者病之。今参稽群籍,荟萃众说,首述经制沿革,次志境界所至,并及城治、户口、邮驿、卡伦、界牌、鄂博、

---

* 此编初拟规模颇备,旋以薄于事役,匆匆整装南行,致未及将全文杀青。兹所刊布者,仅限于吉林、黑龙江二省之沿革、疆域两部分,与序文所述内容,广狭迥不相伦,惟阅者谅焉。

铁道、电报、矿局诸端，凡属政令之设施，靡所或遗。征信阙疑，力求详而不诬，简而不阙，庶几堪备一代之掌焉。

吉　林

吉林　明置羁縻卫所百余，领于奴儿干都司。后为扈伦之辉发、乌拉、叶赫三部，兼有哈达部北境，东海之瓦尔喀、渥集、呼尔哈诸部，长白山之讷殷部。崇德以前，先后归降。顺治十年设昂邦章京于宁古塔，康熙元年改称镇守宁古塔等处将军。十五年移驻吉林乌拉，仍旧称。乾隆二十二年改称镇守吉林乌拉等处将军。乾嘉之际及光绪中，内蒙古哲里木盟之郭尔罗斯前旗，陆续开垦，置郡县来隶。光绪三十三年建行省，裁将军，设巡抚。宣统三年定制分道四，辖府十一、直隶厅一、厅四、直隶州一、州二、县十八。

疆域　东循乌苏里江、松阿察河，逾兴凯湖，循白棱河至河源，又循穆棱河、兴凯湖间分水岭，至横山会处，直南至大瑚布图河口，又循大瑚布图河至河源，循珲春河及海中间之分水岭，至图们江口土字界牌，与俄罗斯东海滨省界。南自红旗河口起，以图们江与朝鲜咸镜北道界。北自嫩江折东处起，以嫩江、松花江与黑龙江属郭罗斯后旗界；自苇塘沟河以西，以松花江与黑龙江界。自红旗河口西循红旗河、外鹿马沟，折北循英额岭，折西循古洞河、二道江，折南而西循头道江、汤河，又西折北循斐德里山，折西北绝辉发河，循亮子河、大星顶、伊通河至小黑顶子东，折西南绝新开、赫尔苏、叶赫诸河源至威远堡边门东，接柳边，折西循柳边，与奉天界；折东北循柳边，至布尔图库边门南，与奉天属科尔沁左翼后旗界；至伊通边门西，折西北至月海屯，与中旗界；折北至三王泡，与右翼前旗界；折东北至大洼屯南，与后旗界；折东接嫩江东流处，与黑龙江属扎赉特旗界。

旧界东至于海，越海有库页岛。西界黑龙江，自毕展河以西，起分水岭北迄外兴安岭，凡水之东注南注者，皆属吉省。惟极北乌底河流域为瓯脱地，中、俄双方均不得占住。库页岛自乾隆中已为俄、日分占。咸丰八年定瑷珲之约，黑龙江、混同江以北之地入于俄。十年定北京之约，次年勘界，竖立耶字、亦字、喀字、拉字、那字、倭字、帕字、土字八界牌，复失混同江、乌苏里江、松阿察河、瑚布图河、图们江以东之地。其倭字界牌立于小孤山顶，土字界牌立于图们江口距海四十五里处，并与条约不符。光绪十二年重勘，移倭字牌于准对瑚布图河口大绥芬河北岸山坡高处，土字牌于距海三十里处。又补立玛字牌于拉字、那字二牌之间，啦字、萨字二牌于帕字、土字二牌之间。其耶字牌据原约应立于乌苏里江口西莫勒密地方，旋以地势低洼，立牌恐被水冲，议定立于乌苏里口迤上三里许高阜处。三姓副都统恐距岸较远，仍于莫勒密多立一牌，以为印证。其后俄人明占暗侵，遂移立于通江子入乌苏里江处，东距原址约九十里。

旧界南包长白山，以图们江源、鸭绿江与朝鲜界西南至于帽儿山、伊尔哈雅范山与奉天界。光绪初年以来，奉省东向开边，先后设临江、长白、安图、抚松诸府县于长白山区，宣统中两省会议，改定今界。

库勒岭迤南磨盘山一带，旧属奉天，光绪初改隶吉省。

又乾隆二十七年于松花江北岸借地设站五，东起卜雅密河，西迄汤旺河，北以封堆为界。光绪三十四年还隶黑省。

吉林府 繁疲难，要缺。巡抚兼副都统，民政、交涉、提学、提法、度支司、劝业道驻。隶西南路道。治所曰吉林乌拉，一作几林乌喇，一作吉临乌喇，一作乌拉鸡林，又名船厂。康熙十二年建城。明乌拉伊罕河、齐努温河、伊努山、阿济、讷穆河、佛尔们河、伊拉齐河、伊实、罗罗、奇塔穆河、噶哈、塔克提音、伊勒门河、鄂山、富尔哈河、萨尔连、库哷讷河、松阿哩、屯齐山等卫,绥哈河、讷敏河地面,后属乌拉部。太祖癸丑年平之。康熙十年移宁古塔副都统来镇,十五年吉林副都统与宁古塔将军互相移驻,吉林添设副都统,三十一年移驻伯都讷,雍正三年复设,光绪三十三年裁。雍正五年置永吉州,属奉天府。乾隆二年添设宁古塔理事通判,十二年罢州,改设宁古塔理事同知,并隶将军,二十二年并改称吉林乌拉,二十八年裁通判,光绪七年定为吉林直隶厅,八年升为府。初领伯都讷、双城二厅,伊通一州,敦化、磐石二县,后陆续罢领。北七十里打牲乌拉城,满语布特哈乌拉,俗称乌拉,本乌拉国都。顺治十四年设总管,属内务府(乾隆十三年后兼辖于将军),乾隆五年增设协领,与总管同城分理,属吉林副都统。

光绪八年设吉林分巡道,驻府,统辖全省府、厅、州、县,三十四年裁。

疆域　东以老爷岭、海青岭界额穆,南以蚂蜒河岭界桦甸,西南以大青岭岔路河界磐石,西以岔路河、驿马河界双阳。据原奏,实则岔路河西驿马河东之地,归吉归双,屡经争议,迄未能定。北以柳边界德惠,东北界舒兰,其北段循松花江、老河身。

长春府　繁疲难,要缺。近边,西南路道驻。治宽城子,同治四年建城。明三万卫、福余卫地,后属内蒙古郭尔罗斯前旗。乾隆五十六年始招民私垦。嘉庆五年奏准设郭尔罗斯理事通判厅于长春堡,旋改称长春,亦称吉林。道光五年徙治,光绪八年改抚民,定称长春。十五年升府,领农安县,宣统元年罢领。光绪三十四年设西路兵备道,驻府。宣统元年定为西南路分巡兵备道兼参领衔。道光五年设分防长春堡巡检,光绪八年裁。分防照磨旧驻农安,光绪十五年移靠山屯,十六年又移东北九十里朱家城子。郭尔罗斯前旗天聪七年降,扎萨克辅国公府在农安县北松花江西岸。

疆域　东北界德惠,其南端循驿马河,东南以柳边界双阳、伊通,西南界奉天、怀德,西北界长岭,又界农安,其东段循伊通河。郭尔罗斯前旗除划属府县外,余壤东以松花江界新城,南界农安、长岭,西界奉天开通,北界奉天安广,黑龙江大赉、肇州。

伊通直隶州　冲繁难,要缺,近边,隶西南路道。地名伊通河,又作依通,伊图,伊屯,一秃,易屯,一统。光绪十四年建城。明塔山、达喜穆鲁、雅哈河、乌尔坚山、伊屯河、勒克山、乌苏、呼鲁河、康萨、穆苏等卫,后属叶赫部。天命四年平之。雍正六年设伊通河佐领,属吉林副都统。嘉庆十九年设分防伊通河巡检,属吉林理事同知。光绪八年置州,属吉林府,宣统元年升直隶。分防巡检旧驻磨盘山,旋改州同,光绪二十八年移驻州西九十里赫尔苏。北八十五里伊通边门,西九十五里赫尔苏边门,即克勒苏门,西南里布尔图库边门,又名半拉山门,并于康熙二十年置防御,隶将军,布尔图库门旧名布尔图库苏巴尔汉,乾隆中奉部文裁苏巴尔汉四字。

疆域　东界双阳、磐石,南界奉天东平、西安、西丰,以柳边界奉天开原,西北以柳边界奉天昌图、奉化、怀德及长春。

濛江州　隶西南路道,治蒙江口。明阿鲁河、恰库河、尼玛瑚山、雅奇山、札哈、赛音、乞忽等卫,鄂尔珲山所,后属讷殷部。太祖初平之。旧为封禁地,属吉林城驻防。光绪三十三年置州,不属府。

疆域　东南以头道江、汤河界奉天抚松,西南以斐德里山界奉天临江、通化、柳河、辉南,北以那尔轰岭界磐石、桦甸,东北以松花江界桦甸。

农安县　疲难,中缺,隶西南路道,治龙湾,光绪十六年建城。旧为郭尔罗斯前旗地。光绪八年设分防农安照磨,属长春厅。十五年建县,隶长春府,宣统元年罢隶。

疆域　东南以伊通河界德惠、长春,南界长春,西界长岭,西北界郭尔罗斯前旗,东北以松花江界新城。

长岭县 隶西南路道,地名长岭子。旧为郭尔罗斯前旗地。光绪三十三年以新放蒙荒并割农安县西境农家、农齐、农国三区。置县,不属府。分防主簿驻新安镇,光绪十五年设,旧属农安,立县时改隶。

疆域 东北界郭尔罗斯前旗,东界农安,南界长春,西南界奉天怀德、辽源、科尔沁左翼中旗,西北界奉天开通。

桦甸县 隶西南路道,治桦树林子。明穆陈、布尔堪、穆勤等卫,后属讷殷、辉发太祖丁未年平之。二部。清初为封禁地,属吉林城驻防。光绪三十三年置县,治桦皮甸子。三十四年勘界割磐石、敦化二县地益之,移治,不属府。

疆域 东以新开岭、富尔岭、牡丹岭、荒沟岭界敦化,东南以哈尔巴岭界延吉,南以古洞河、二道江界奉天安图、抚松,西南以松花江、那尔轰岭界濛江,西界磐石,北界吉林额穆。

磐石县 繁疲难,要缺,沿边,隶西南路道,治磨盘山。明法河卫,后属辉发部。清初北境属吉林城驻防,南境属奉天围场。光绪八年设分防磨盘山巡检,属伊通州,但有南境;十四年改州同,二十八年建县,兼得北境,属吉林府,宣统元年罢隶。

疆域 东界桦甸,中段循柳树河、头道、荒沟,南以那尔轰岭界濛江,西南界奉天辉南、东平,自辉发河以北循亮子河,西界伊通,北界双阳,东北界吉林。

舒兰县 隶西南路道,治朝阳川。明阿林、呼兰山等卫,旧属吉林府北境。宣统元年置县于舒兰站,兼得五常厅南境,二年徙治。西北巴彦鄂佛啰边门,旧名法特哈,康熙中更名,二十年设防御,隶将军。

疆域 东以老黑顶子、玲珰岭、滚马岭、三岔岭、兰陵岭,南以呼兰岭东西土山,太平岭、荃草顶子界额穆,西南界吉林,西以老河身、松花江界吉林,北界榆树,东北界五常,其东段循兰棱河。

德惠县 隶西南路道,治大房身。旧为郭尔罗斯前旗地。宣统二年析长春府东境，_{沐德、怀惠二乡。}并附以夹荒地置。

疆域　东以松花江界新城、榆树，南以柳边界吉林，西界长春，其南端循驿马河，北以伊通河界农安。

双阳县　隶西南路道，治苏斡延站。明苏完河、伊尔们河、萨喇等卫，后属乌拉部。宣统二年析吉林府西界置县。

疆域　东以驿马河、岔路河界吉林，南界磐石，西界伊通，中间一段循伊巴丹河，北以柳边界长春。

滨江厅　要缺，西北路道驻，地名哈尔滨。本双城府沿江滩地。光绪三十二年设滨江分防同知厅，辖傅家甸、四家子二处。宣统元年改为双城府分防同知厅。二年割双城东北境益之，旋又改分防为抚民。光绪三十二年设哈尔滨江关道驻厅，辖松花江两岸依兰、呼兰等处，兼隶黑省。宣统元年定为西北路分巡兵备道兼参领衔，辖境限于江南，专属吉省。

疆域　东界阿城，西南界双城，其西段循苇塘沟，北以松花江界黑龙江呼兰。

新城府　繁疲难，要缺，沿边，隶西北路道。地名伯都讷，又名讷尔浑，一作那拉洪。旧城在今城东二十五里，康熙三十二年移建，因号新城。明三岔河卫，后为科尔沁蒙古所部锡伯人侵占，清初抚定蒙人，划江为境。顺治中设伯都讷协领，康熙三十一年移吉林副都统来镇，宣统元年裁。雍正五年设长宁县，属奉天府，乾隆二年裁，改设分防伯都讷州同，属永吉州。十二年改州同为巡检，属吉林理事同知，二十六年裁。别设办理蒙古事务委署主事驻守，属理藩院，嘉庆十六年裁，改设伯都讷理事同知厅。光绪三年移治孤榆树屯，新城留驻分防巡检，三十一年升为新城府，还治。

疆域　东界榆树，其北段循灰塘沟，南以松花江界德惠、农安，西以松花江界郭尔罗斯前旗，北以松花江界黑龙江肇州，东北以拉林河界双城。

双城府 冲繁难,要缺,近边,隶西北路道,治双城堡,一名双城子,旧有土城二,故名。嘉庆中修筑,合为一。明拉林河卫,旧属拉林城驻防。嘉庆十七年移驻京旗垦荒,十九年设双城堡委协领,隶阿勒楚喀副都统。二十三年改实任,咸丰二年裁,改设副都统衔总管。光绪八年裁,仍设协领。光绪八年置双城抚民通判厅,后隶吉林府,宣统元年升为府。东一百里拉林城,一作兰陵城。雍正三年设驻防协领,乾隆九年添设副都统,三十四年裁副都统,以协领隶阿勒楚喀副都统。拉林分防巡检与厅同年设。

疆域 东界阿城、宾州、长寿,东南界五常,南以拉林河界榆树,西以拉林河界新城,北以松花江界黑龙江呼兰,东北界滨江,其西段循苇塘沟。

宾州府 冲繁难,要缺,隶西北路道,治苇子沟,光绪七年建城。明费克图河卫,旧属阿勒楚喀驻防。光绪七年设宾州抚民同知厅,二十八年升直隶,领五常一厅,长寿、敦化二县。宣统元年升府,罢领。分防巡检原驻烧锅甸子,二十八年移驻一面坡。

疆域 东逾摆渡河界方正,东南以大青山界长寿,南以阿什河界双城,西界阿城,其北段循小猞狸河、蜚克图河,南端循大石头河,北以松花江界黑龙江巴彦、木兰、大通。

五常府 繁疲难,要缺,隶西北路道,治欢喜岭,光绪七年建城。明默伦河卫,旧属吉林城驻防。同治八年置五常堡,县东三十五里。协领隶焉。光绪七年设五常抚民同知厅,与协领名同治异。二十八年隶宾州直隶厅,宣统元年升府。分防经历驻南六十里山河屯,巡检驻西九十里兰彩桥,并与厅同时设。

疆域 东以茨老矛山老岭界宁安,南以大沙河、兰棱河界额穆,西南界舒兰,其东段循兰棱河,西界榆树,其北段循兰棱河,北以背阴河、到搬岭、索多和山、庙岭界双城,大红顶、鸡爪顶子、蚂蜓、窝集界长寿。

榆树直隶厅 繁疲难,要缺,沿边,隶西北路道,治孤榆树屯。明摩琳卫,旧属伯都讷城驻防。嘉庆十六年设分防孤榆树屯巡检,隶伯都讷厅。光绪三年移伯都讷理事同知来治,仍旧名。八年改抚民,后隶吉林府,三十一年升府,还治新城。另设榆树县,属新城府。宣统元年升直隶抚民同知厅。

疆域 东界五常,其北段循兰棱河,南界舒兰,西南以松花江界德惠,西界新城,其北段循灰塘沟,北以拉林河界双城。

长寿县 疲难,中缺,近边,隶西北路道,地名蚂蜓河,治所曰烧锅甸子。明玛延山卫,旧属阿勒楚喀城驻防。光绪七年设分防蚂蜓河巡检,属宾州厅。二十八年置县,隶宾州直隶厅,宣统元年罢隶。

疆域 东北以柳树河、蚂蜓河、大黄泥河、东老岭、龙爪沟山界方正,东南以毕展、窝集、东蚂蜓窝集界宁安,南界五常,西以春秋岭、笔架山界双城,西北界宾州。

阿城县 隶西北路道,治阿勒楚喀城。雍正七年修建旧城,同治七年移建今城于旧城西。旧作按出虎,俗称阿什河。明岳喜、阿实等卫。雍正四年设阿勒楚喀协领,属吉林城,乾隆九年改属拉林城。二十一年添设副都统,宣统元年裁。光绪初地属宾州厅,宣统二年置县。

疆域 东界宾州,其北段循小猞狸河、斐克图河,南以阿什河界双城、滨江,北以松花江界黑龙江呼兰。

延吉府 繁疲难,要缺,沿边,东南路道驻,地名南冈,又名烟集冈,治所曰局子街。明布尔哈图河、赫图河、锡磷、吉朗吉海兰、爱丹等卫,后属窝集部之雅兰太祖庚戌年取之。等路。清初为南荒围场,康熙后属珲春驻防。光绪八年设南冈分防县丞,属敦化县,十一年裁,还隶珲春。二十八年设延吉抚民同知厅,兼得宁古塔南境,宣统元年升府。宣统元年设东南路分巡兵备道兼参领衔,驻珲春厅,二年移驻。

疆域　东以转角楼山、嘎雅河、摩天岭、牡丹岭、吉清岭界汪清，东南以图们江界朝鲜，南界和龙，西南以窝集界奉天安图，哈尔巴岭界桦甸，西北以哈尔巴岭、义松岭界敦化，北以义松岭、老松岭界宁安。

宁安府　冲繁难，要缺，沿边，隶东南路道，治宁古塔城，康熙五年移建今城于旧城东南五十里。明坚河、沙兰、穆陈、萨尔浒、沃楞、多林山、海兰城、穆瑚珲河、呼尔哈河、富勒坚、额珲河、札津、祐实哈哩、锡磷、佛讷赫、呼勒山、札穆图、穆当阿山、克音河、呼济河、布拉等卫，德里沃赫、窝集坚河、索尔和、绰河等所，后属窝集部之宁古塔、呼尔哈、太祖庚戌年降。锡磷等路。顺治十年设宁古塔左右翼梅勒章京，康熙元年改称副都统，十年移一员驻吉林乌拉，十五年还治，裁一员，宣统元年尽裁。雍正五年置泰宁县，属奉天府，七年废。设分防宁古塔巡检，属吉林理事同知，乾隆二十一年改属副都统，光绪八年裁。三十三年自三岔口移绥芬厅来治，宣统元年升府，二年更名。

疆域　东以卡台山、卡伦山、黑王岭界穆棱，关老婆岭界东宁，东南以老松岭界汪清、延吉，南以大黑背界敦化，西南界额穆，其北段循老岭，西界五常，西北界长寿，北界方正、依兰。

东宁厅　隶东南路道，治三岔口。明率宾江、额哲密河、塞珠伦等卫，绥芬河地面，后属瓦尔喀部、崇德以前陆续归降。窝集部之绥芬路。太祖庚戌年降。旧绥芬河以北属宁古塔城，以南属珲春城。光绪二十八年设绥芬抚民同知厅，三十三年移厅治于宁古塔，以巡检留驻。宣统元年设东宁分防通判厅，旋改抚民。

疆域　东以那字、倭字界牌，大瑚布图河帕字界牌界俄罗斯东海滨省，南以通肯山、土门岭界珲春，西南以七十二顶子、十八顶子、母猪碣子、老松岭界汪清，西界宁安，西北界穆棱，其北段循细鳞河，西段循穆棱窝集岭，北以黄窝、集山界密山。

珲春厅 _{隶东南路道,光绪七年展筑旧城。}明穆霞河、乌尔珲山、通垦山、密拉、阿布达哩、瑚叶等卫,喀勒达所,后属瓦尔喀部、窝集部之瑚叶路。_{太祖庚戌年降。}库尔喀部。_{天聪二年降。}初为南荒围场。康熙五十三年设珲春协领,隶宁古塔城。同治九年赏加副都统衔。光绪七年添设副都统,宣统元年裁。光绪末地属延吉厅,宣统元年析密江站以东之地置珲春抚民同知厅。

疆域 东南以帕字、啦字、萨字、土字界牌界俄罗斯东海滨省,西以图们江界朝鲜,西北以碾子岭、荒沟岭、青松岭界汪清,北以土门岭、通青山界东宁。

敦化县 _{疲难,中缺,隶东南路道,治阿克敦城,俗呼奥东,一作敖东。光绪七年建新城于旧址西二里许。}明赫通额河、农额勒、赫什赫河、布达等卫,后属窝集部之赫席赫路。_{太祖初取之。}旧属额穆、赫索罗佐领防地。光绪七年置县,隶吉林府,二十八年改隶宾州直隶厅,宣统元年罢隶。

疆域 东界延吉,西南以荒沟岭、牡丹岭、富尔岭、新开岭界桦甸,北界额穆,其西段循庆岭、崴虎岭,东段循大黑背,又以大黑背界宁安。

穆棱县 _{隶东南路道,地名穆棱河。}明穆棱河、富伦河、萨尔布等卫,后属窝集部之穆棱路。_{太祖辛亥年取之。}旧属宁古塔驻防。光绪二十八年设分防穆棱河知事,属绥芬厅,宣统元年置县。

疆域 东南界东宁,西南界宁安,北以龙爪沟岭界依兰,东北界密山,其东段循青沟岭。

额穆县 _{隶东南路道,地名额穆,赫索罗,一作鄂谟和索罗,汉语直称额穆索。}明翰朵里、额伊瑚、推屯河、塔拉、托罕河等卫,佛多和站。后属窝集部之鄂谟和苏鲁、佛讷赫托克索二路,_{太祖初取之。}及讷殷部。乾隆三年设额穆赫索罗佐领,属吉林副都统。宣统元年析敦化县北界、吉林府东界、绥芬府西界、五常府东南界置县。

疆域　东界宁安，南以大黑背、通沟岭、牡丹岗、巍呼岭、庆岭界敦化，西南界桦甸，其江东一段循漂河岭，西以海青岭、老爷岭界吉林，西北界舒兰，北以大沙河、兰棱河界五常。

汪清县　隶东南路道，治百草沟。明舒兰哈、阿布达哩卫，后属库尔喀部。清初地属宁古塔珲春城。宣统元年析延吉厅北境、绥芬府南境置县，治汪清河南岸之哈顺站，旋徙治。

疆域　东北界东宁，东南界珲春，南以图们江界朝鲜，西界延吉，西北界宁安。

和龙县　隶东南路道，治和龙峪，又名大硐子。明赓金河、哈赡等卫，后属瓦尔喀部。旧属珲春城驻防。光绪二十八年设分防和龙峪经历，属延吉厅，宣统元年置县。

疆域　东南以图们江界朝鲜，西南界奉天安图。其东段循外马、鹿沟、红溪河，西北以英额岭、大顶子界奉天安图，北界延吉。其西段循窝集岭，东段循羊目顶子、莺咀硐子、鹁鸽硐子、风都岭、灯笼岭。

依兰府　繁疲难，要缺，沿边，东北路道驻，治三姓城，满语依兰哈拉，康熙五十四年建今城于旧城之西。明和屯卫，后属呼尔哈部。崇德以前陆续归降。清初赫哲喀喇人居之。康熙五十三年设三姓协领，隶宁古塔副都统，雍正十年添设副都统，宣统元年裁。光绪三十二年置府，领临江一州，大通、汤原二县。隶哈尔滨江关道。三十四年大通、汤原划归黑省，宣统元年罢领。乾隆二十七年于松花江北岸借地设站，起卜雅密河，迄汤旺河西之古木讷城。光绪三十二年析属依兰府大通县、汤原县，三十四年划归黑省。宣统元年奏准拟分东境设勃利县，治倭肯河上游碾子河。宣统元年设东北路分巡兵备道兼参领衔，驻府。

疆域　东以对头硐子、杉松顶子，东南以哈达岭、察库兰岭、滴道岭界密山，南以龙爪沟岭界穆棱、宁安，西以牡丹江界宁安、方正，以业河、珠琪河界方正，西北以松花江界黑龙江大通、汤原，东北界桦川。中间一段循苏木河。

临江府　繁疲难，要缺，隶东北路道，治拉哈苏苏。明乞勒尼卫，喜楼林城，后属呼尔哈部。清初赫哲喀喇人居之，地属三姓，后属富克锦。光绪三十三年置临江州，隶依兰府，宣统元年升府。宣统元年奏准拟分南境设宝清州，兼得密山北境，治宝清河岸望山坡。

疆域　东以二吉力河、小白山界绥远，孤山子、小水界饶河，南以挠力河界饶河、密山，西南以葛兰棒子山界密山，西界桦川、富锦，北以松花江界黑龙江汤原、兴东道，以混同江界俄罗斯阿穆尔省。

密山府　隶东北路道，地名蜂蜜山，治所曰高丽营。明兴凯卫，后属窝集部之穆棱路，瓦尔喀部。旧分属三姓城、宁古塔城。光绪三十三年析依兰南境、绥芬北境置府。设治时报部铸印，原作蜜山，印文颁到，误作密山，遂仍之。宣统元年奏准拟分东南境设临湖县于兴凯湖北岸龙王庙。

疆域　东界饶力，又界虎林，其东段循小黑河，南以松阿察河亦字界牌、兴凯湖喀字界牌、白棱河拉字、玛字界牌界俄罗斯东海滨省，西南以黄窝集山界东宁，青沟岭界穆棱，西界依兰，西北以倭肯河界桦川，北界临江。

虎林厅　隶东北路道，治呢吗口。明尼满河卫，后属瓦尔喀部，窝集部之穆棱路。旧自穆棱河以北属三姓城，以南属宁古塔城。宣统元年析密山府东境置呢吗口分防同知厅，二年改虎林抚民同知厅。

疆域　东以乌苏里江、松阿察河界俄罗斯东海滨省，南以小黑河界密山，西界密山，西北以堪达山、那丹哈达拉岭，北以好七里星河界饶河。

绥远州 <small>隶东北路道,治伊力嘎。</small>明穆勒肯山、和尔迈、搜里等卫,后属呼尔哈部、奇雅喀剌部之锡拉忻路。<small>天命元年招降。</small>清初奇勒尔赫哲人居之。宣统元年析临江州东境置州。

疆域　东以耶字界牌、乌苏里江界俄罗斯东海滨省,南以固米小河、太平山界饶河,西界临江,北以混同江界俄罗斯阿穆尔省。

方正县 <small>繁疲难,要缺,近边,隶东北路道,治方正泡。</small>明季属呼尔哈部。清初地属三姓城。光绪三十三年置大通县,辖地跨松花江两岸,治江北崇古尔库站。三十四年割江北地归黑省。宣统元年移治更名,割宾州、长寿东境益之。

疆域　东以珠湛河、业河、牡丹江界依兰,南界宁安,其东段循三道河,又以龙爪沟山、东老岭、黄泥河、蚂蜒河、大柳树河、桃儿山界长寿,西逾桶子河源界宾州,北以松花江界黑龙江大通。

桦川县 <small>隶东北路道,治悦来镇,又名苏苏屯。</small>明和啰噶卫,后属奇雅喀喇部之音达珲路。<small>天命元年招降。</small>清初地属三姓城。宣统元年置县,治佳木斯,二年移治。<small>初拟治于桦皮川,县以得名。</small>

疆域　东界富锦,东南以倭肯河界临江、密山,西南界依兰,北以松花江界黑龙江汤原。

富锦县 <small>隶东北路道,地名富克锦。</small>明额勒河、斡赉城、弗思木等卫,后属呼尔哈部。清初为赫哲喀喇人本部,地属三姓城。光绪七年设赫哲富替新协领隶焉。八年更名富克锦,宣统元年裁。光绪三十三年设分防富克锦巡检,隶临江州,宣统元年置县。

疆域　东界临江,南以七里星河界临江,西界桦川,北以松花江界黑龙江汤原。

饶河县 <small>隶东北路道,地名饶力河,治小加级河。</small>明实尔固辰、乌苏里河等卫,后属瓦尔喀部,窝集部之乌尔固辰路。<small>太祖辛亥年取之。</small>清初赫哲人居之,地属三姓城,后属富克锦。宣统元年析密山府东北境置县。

疆域　东以乌苏里江界俄罗斯东海滨省，南界虎林，西逾大索伦河界密山，西北以饶力河、孤山子、小水界临江，北以太平山、固米小河界绥远。

黑　龙　江

黑龙江　明置羁縻卫所数十，领于奴儿千都司。清初为索伦、达呼尔、俄伦、春毕喇尔、巴尔虎、鄂勒特诸部，天聪以来次第征服。顺治初全境底定，统于宁古塔将军。康熙二十二年以宁古塔副都统萨布素征罗刹，即授为镇守黑龙江等处将军，驻黑龙江城。今城东北十里之旧爱呼城。二十九年移镇墨尔根，三十八年再移齐齐哈尔，皆仍旧称。光绪庚子前后，内蒙古哲里木盟之札赉特、杜尔伯特、郭尔罗斯后三旗，陆续开垦，置郡县来隶。三十三年建行省，裁将军，设巡抚。宣统三年定制辖道三、府七、直隶厅三、厅三、州一、县七、总管一、协领二。

疆域　西自海拉尔河口对岸之阿巴海图鄂博起，循额尔古纳河与俄罗斯萨拜喀勒省界。北及东自额尔古纳河口起，循黑龙江与俄罗斯阿穆尔省界。南自嫩江折东处起，以嫩江与吉林属郭尔罗斯前旗界，松花江与吉林界。自阿巴海图西至塔尔巴干达呼鄂博，北与俄罗斯萨拜喀勒省界。自塔尔巴干达呼南至阿鲁布拉克，折东穿贝尔池，东南至索岳尔济山顶，与外蒙古车臣汗部、内蒙古乌珠穆沁部界。自索岳尔济山东循洮儿河至噶海河口，与奉天属之内蒙古科尔沁右翼前旗界；折东南至大洼屯南，与后旗界；折东接嫩江折东处，南与吉林属之内蒙古郭尔罗斯前旗界。

旧界西至尼布楚。自康熙二十八年与俄定界约，弃尼布楚，西以额尔古纳河、安巴格尔必齐河,北以外兴安岭为界。东界吉林,自毕占河以上,凡水之西注黑龙江者,悉属黑省。咸丰八年定瑷珲之约,起额尔古纳河口,迄松花江、黑龙江汇流处,中俄分江为界,盖失安巴格尔必齐河以东、外兴安岭以南之地。江左惟瑷珲城对岸,北自精奇里河,南至霍尔莫勒津屯对岸,原住满洲旗户之地,仍属中国。其西界:光绪六年封堆起布底音河,穿石头泊,抵伯勒格尔沁河。光绪九年重勘,起布底音河口,横截伯勒格尔河,沿博尔和里鄂模东岸,至于江,凡六十四屯。庚子之变,俄乘衅侵占,迄未归还。

龙江府 冲繁疲难,要缺,巡抚兼副都统,民政提学提法司驻,治所曰卜魁,一作卜奎,一作布克依。康熙三十年建城,移城西南十五里齐齐哈尔站于城,因称齐齐哈尔城。一作奇察哈哩。明拜苦、兀剌忽、阮里河、葛称哥等卫。康熙二十三年设火器营参领,水师营总管暂守。三十年授打牲总管副都统衔暂守。三十四年额设齐齐哈尔城守尉,三十七年移墨尔根副都统来镇,裁城守尉。光绪三十一年裁副都统。乾隆二年设黑龙江理事通判,三年裁。光绪三十一年设黑水抚民同知厅,宣统元年升为龙江府。光绪三十四年奏准拟设甘南直隶抚民同知厅,治西南嫩江西富拉尔基。光绪三十一年设兼按察使衔分巡黑龙江刑名驿传道,驻厅,旋改分巡道兼按察使衔,管辖黑水、大赉二厅刑名驿传事务,三十三年裁。

疆域 东界拜泉,东南界安达,西南以鸭绿河、嫩江界大赉,西北界西布特哈,东北界嫩江。

呼兰府 冲繁难,要缺,即呼兰城,一作霍伦,一作胡兰,又作湖兰。明初地属朵颜卫,后置兀兰、木郎等卫。雍正十二年设呼兰城守尉。光绪五年裁,改设副都统,呼兰厅及后设绥化厅并归节制。其时呼兰三城,此为中路。三十二年裁,以协领留驻。光绪十一年设呼兰城分防经历,属呼兰厅,十五年裁。三十一年呼兰厅自巴彦苏苏移治,升为府,领州一县二。

疆域　东以漂河、绰罗河界巴彦,南以松花江界吉林阿城、滨江、双城,西界肇州,西北界兰西,北以濠河界兰西、绥化。东北以大荒沟界巴彦,自大荒沟源南接漂河源。

巴彦州　繁难,要缺,治巴彦苏苏。明卜颜、亦马刺等卫。同治元年设呼兰理事同知厅,初借治呼兰城,三年工就移治。与城守尉划疆而治,直隶将军。光绪五年归呼兰副都统节制。呼兰三路,此为南路。三十一年移厅于呼兰城,改设巴彦州。同治八年设巴彦苏苏委协领,光绪五年移委协领于北团林子,另设协领,隶呼兰副都统,三十二年移驻东兴镇。旧设分防经历,驻西北赵胡窝堡,光绪三十四年改为兴隆镇分防州判。旧设分防巡检驻厅西集厂,旋罢。

疆域　东界木兰,其南段循大黄泥河,南以松花江界吉林宾州,西以漂河、大荒沟、绰罗河界呼兰,北以濠河界绥化、余庆,自濠河源东接东兴镇界,东北界东兴镇,其南段循少陵河。

兰西县　冲繁难,要缺,治双庙子。光绪三十一年析呼兰府西北境置。

疆域　东界绥化,东南以濠河界呼兰,南界呼兰,西界安达、肇州,北界青冈,其东以呼兰河界青冈、海伦。

木兰县　疲难,中缺,地名大小木兰达,治卜雅密河东岸索伦张口。明木兰河卫。光绪三十一年析巴彦州东境置县,治小石头河,三十四年卜雅密河以东地段自吉林三姓来隶,宣统元年移治。宣统元年巡检移驻西北木兰镇。

疆域　东以二道河界大通,南以松花江界吉林方正、宾州,西界巴彦,南段循小石头河,东北界东兴镇,中间一段循二道河。

绥化府　冲繁难,要缺,治北团林子。明哈郎、克音河、阿者迷、可吉河等卫,那门河地面,旧属呼兰城驻防。光绪五年移巴彦苏苏委协领来驻,隶呼兰副都统。呼兰三路,此为北路。三十二年移驻铁山包。光绪十一年析呼兰厅北境设绥化理事通判厅,三十一年升为府,分防经历驻东北上集厂,光绪十六年设,属呼兰厅,三十一年改隶。领县一。光绪三十一年设分巡绥兰海兵备道,驻府,兼辖呼兰府海伦厅及吉江两省松花江沿岸地,三十二年移改兴东道。

疆域　东岸余庆,其北段循尼尔吉河,南以濠河界巴彦呼兰,西界兰西,西北以克音河、呼兰河界海伦,东北界兴东道。

余庆县　繁难,要缺,治余庆街。明纳剌吉河卫。光绪十一年设分防余庆街经历,属绥化厅,三十一年置县。

疆域　东以大伊吉密河、呼兰河、铁山包河界铁山包,南循黑山岭、濠河界东兴镇、巴彦,西界绥化,西北以尼尔吉河、呼兰河界绥化,东北界兴东道。

海伦府　繁疲难,要缺,治通肯城。明童宽山卫,旧属齐齐哈尔城驻防。光绪二十五年设通肯城副都统,三十一年裁,以协领留驻。光绪三十一年设海伦直隶抚民同知厅,领青冈县,三十二年增领拜泉县,宣统元年升为府。光绪三十四年奏准拟设通北县,治通肯河北、胡裕尔河南、九道沟西,隶府。

疆域　东界兴东道,东南以克音河界绥化,南以呼兰河界绥化,兰西,西以七道沟子、通肯河界讷河、拜泉、青冈,北界讷河,其东段循胡雨尔河。

青冈县　疲难,中缺,治柞树冈。旧为依克明安公旗地。光绪二十四年出放荒地,旋属通肯城驻防,三十一年置县。依克明安辅国公旗属额鲁特蒙古,乾隆中自新疆移来,安置于齐齐哈尔莽奈冈东北,通肯、胡裕尔河旷地,归将军衙门管辖,与内外蒙古领于理藩院者不同,公府在西北胡裕尔河北岸。

疆域　东以通肯河界海伦,呼兰河界兰西,南界兰西,西南界安达、兰西,北界拜泉。

拜泉县 繁难,要缺,治巴拜泉。旧为依克明安公旗地。光绪二十四年出放荒地,旋属通肯城驻防,三十二年置县。

疆域 东以七道沟子、通肯河界海伦,南界青冈,西界龙江、安达,北界讷河,中间一段循印京河、胡雨尔河至敖伦河口。

嫩江府 治墨尔根城,康熙二十五年筑。明木里吉、亦力克、兀答里卫。康熙二十三年设墨尔根协领,二十五年设城守尉,三十二年移黑龙江副都统来镇,裁城守尉。三十七年副都统移镇齐齐哈尔,以协领留驻。四十九年复设副都统。宣统元年置府,裁副都统。鄂伦春牲丁散在各处,向归布特哈城统辖。同治十年奏收于内兴安岭内外,分为五路。光绪八年于墨尔根境内设副都统衔兴安城总管以专辖之。初暂治兴安岭西喀勒塔尔奇站(四站),十年建城于迤东十八里之太平湾,迁居之,以地处洼下,逾岁即坍塌不可居,遂还寓四站。二十年裁总管,改设协领四员,办理鄂伦春事宜,分隶各城,以阿里、多布库尔两路合设协领一员,属墨尔根,驻多布库尔河下游北岸(阿里路佐领驻阿里河源北岸)。

疆域 北及东循伊勒呼里山、小兴安岭脊界瑷珲道黑河、瑷珲,南界讷河,西南循博里克山、甘河、嫩江界西布特哈,西以大兴安岭脊界呼伦道呼伦。

讷河直隶厅 治东布特哈城,地名博尔多。明布尔哈、兀的河、阿真同真、兀答里等卫,兀的河所,别儿真站。旧属布特哈城驻防。雍正十年设博尔多副总管隶之。光绪二十年改布特哈总管为副都统,自依倭齐移驻。三十一年裁副都统,改设总管二员,分驻东西布特哈。宣统元年裁东路总管,改置讷河直隶抚民同知厅。

疆域 东循小兴安岭脊界兴东道,南界海伦、拜泉、龙江,西以嫩江界西布特哈,北界嫩江。

瑷珲直隶厅 瑷珲道驻,治萨哈连乌拉,即黑龙江城,俗称爱呼,一作艾浑,一作艾虎。明考郎兀、忽里吉山、速温河、巴忽鲁、答里山等卫,真河、揆河等所,速温河地面,忽里平寨。康熙十三年设水师营总管暂守。二十三年设黑龙江城副都统二员,一与将军同驻江东旧瑷珲城,一驻今城。三十二年移旧城一员于墨尔根。光绪三十四年改称瑷珲副都统。宣统元年设瑷珲直隶抚民同知厅,又设分巡瑷珲等处兵备道加参领衔驻厅,裁副都统。光绪二十年裁兴安城驻防,以毕拉尔路鄂伦春属布特哈城,设协领一员,旋拨归黑龙江城。三十二年改归兴东道兼理,三十四年仍设专官还隶,宣统元年建署于逊河、占河汇流处。

疆域　东以黑龙江界俄罗斯阿穆尔省,南以逊河界兴东道,西循兴安岭脊界嫩江,北循额克尔山、乌克萨河界黑河。

黑河府　隶瑷珲道,治大河屯,一作大黑河屯。明撒秃河卫。旧属黑龙江城驻防。宣统元年置府。光绪二十年以库玛尔路鄂伦春属黑龙江城,设协领一员,三十二年建署于上游霍尔沁地方。

疆域　东以黑龙江界俄罗斯阿穆尔省,南循额勒克尔山、乌克萨力河界瑷珲,西循伊勒呼里山、小兴安岭脊界嫩江,西北以倭勒克河、北以呼玛尔河界瑷珲道。

瑷珲道直辖　明薛列河、哈喇察、卜鲁丹、木河、塔哈、忽儿海、亦速里等卫。旧属黑龙江城驻防。宣统元年改隶。光绪三十四年奏准拟设呼玛直隶抚民同知厅于西尔根卡伦,漠河直隶抚民同知厅于漠河口东岸。宣统二年呼玛厅拟移呼玛尔河口北岸,河南划属黑河府。

疆域　北及东以黑龙江界俄罗斯阿穆尔省,南循伊勒呼里山界嫩江,倭勒克呼玛尔河界黑河,西自额尔古纳河口循大兴安岭脊界呼伦道。

呼伦直隶厅　呼伦道驻,治呼伦贝尔城,一作呼伦布雨尔,俗称海拉尔。明只儿蛮、亦速河、阿鲁必河、失郎山、札童、罕麻、伊木河等卫,海剌儿所。雍正十年定由京简派内大臣或侍郎一员为呼伦贝尔统领,三年一更。乾隆八年罢。额设副都统衔总管,归将军管辖,光绪七年改为副都统。宣统元年设呼伦直隶抚民同知厅,又设分巡呼伦等处兵备道加参领衔，驻厅，裁副都统。境内有索伦、巴尔虎、额鲁特三部游牧，雍正十年各设总管，索伦厢黄、正白两旗游牧场在治东乌苏约斯山北，额鲁特厢黄旗在治东南西尼克河南，索伦正黄、正红两旗在治南辉河南。再南为索伦厢红、厢蓝两旗，西南越辉河为新巴尔虎正蓝旗。新巴尔虎厢黄、正白二旗在治西南乌尔顺河东，陈巴尔虎厢白、正蓝旗在治西北和罗博山南。光绪二十年以托河路鄂伦春属呼伦贝尔城，设协领一员，驻大兴安岭西海拉尔河北。光绪三十四年奏准拟设舒都直隶抚民通判厅于大兴安岭西麓免渡河车站。

疆域　东循大兴安岭脊界嫩江、西布特哈，南界喀尔喀车臣汗部、内蒙古乌珠穆沁右翼旗，西界胪滨，其南段循乌尔顺河，西北以额尔古纳河界俄罗斯萨拜喀尔省，北以根河界呼伦道。

胪滨府　隶呼伦道，治满洲里。明阿儿温、亦儿古里等卫。旧属呼伦贝尔城驻防。光绪三十三年设边垦分局。总局在呼伦贝尔。三十四年初拟设满珠府，旋置府，更名。新巴尔虎厢白旗游牧场在治东南海拉尔河南，厢红、厢蓝两旗在治西南阿鲁布拉克北，正黄、正红两旗在治西南呼伦池西。

疆域　东界呼伦，西及南界喀尔喀车臣汗部，北界俄罗斯萨拜喀尔省，其东段循额尔古纳河。

呼伦道直辖　明古贲河、安河、木塔里等卫。旧属呼伦贝尔城驻防。宣统元年改隶。光绪三十三年委员设治于吉拉林金矿地，号设治局。三十四年奏准拟设室韦直隶抚民同知厅于局治。

疆域　东循大兴安岭界瑷珲道嫩江，南以根河界呼伦，西北以额尔古纳河界俄罗斯萨拜喀尔省。

兴东道直辖　治托萝山北。明蜀河、弗河、嘉河、哈里分、也速河、札里、速温河等卫，五音所，黑龙江、撒哈连地面。旧自内兴安岭东北属黑龙江城驻防，西南属呼兰城驻防。光绪三十二年自绥化城移绥兰海道来驻岭东，改为分守兴东兵备道。三十四年定治所，划疆界。光绪三十四年奏准拟设萝北直隶抚民同知厅附道治，佛山府治嘉荫河北观音山，乌云直隶抚民通判厅治乌云河口南，车陆直隶抚民通判厅治逊河南车陆卡伦,皆濒黑龙江岸,春源直隶抚民通判厅治伊春河南岸,鹤冈县治鹤立河西鹤立冈。宣统中拟移治鹤冈县于汤原县东境。

疆域 东北以黑龙江界俄罗斯阿穆尔省,东端以松花江界吉林临江,南界汤原、大通,西循小兴安岭脊包布伦山界嫩江、讷河、海伦、绥化、余庆、铁山包、东兴镇,北以逊河界瑷珲。

大通县 近边,隶兴东道,治岔林河口东北。明萨黑、以阿哈阿等卫,兀的罕所、兀鲁温、施伯河地面。旧属呼兰城驻防。乾隆二十七年拨借吉林,安设台站,属三姓城驻防。光绪三十二年置县,治崇古尔库站。壤地跨松花江两岸,属吉林依兰府。租赋吉江二省各半分解。三十四年吉、江分江为界,以江北地段仍置原县改隶,宣统三年徙治。

疆域 东界汤原,其南段循小古洞河,南以松花江界吉林依兰、方正、宾州,西以二道河界木兰,北界东兴镇兴东道。

汤原县 近边,隶兴东道,治汤旺河口东北。明屯河、秃河、脱伦兀等卫,兀者屯河所。旧属呼兰城驻防。乾隆二十七年以汤旺河以西地段拨借吉省。光绪三十二年并借河东地置县。壤地跨松花江两岸,属吉林依兰府。租赋解归江省。三十四年吉、江分江为界,以江北地段仍置原县改隶。分防巡检驻十二人代河东高家屯,宣统二年设。拟设之鹤冈县,宣统中拟移治于高家屯东。

疆域 南以松花江界吉林临江、富锦、桦川、依兰,西界大通,北界兴东道。

肇州厅 繁难,要缺,近边,治元肇州故城。明撒察河、古鲁等卫。旧为内蒙古郭尔罗斯后旗地。光绪二十七年出放荒地,三十二年置肇州抚民同知厅。东北肇东分防经历治昌五城,光绪三十四年设。西茂兴站,光绪八年设,掌路记防御,属齐齐哈尔城驻防。北至多耐凡五站,均为所辖,三十四年裁。郭尔罗斯后旗,天命九年降,镇国公府在茂兴站西南,辅国公衙扎萨克府在布拉克台东北。(光绪九年缘事削镇国公扎萨克,别以一等台吉署扎萨克晋辅国公衔,俗称署公,子孙亦相继袭职。)

疆域 东界兰西、呼兰,南以嫩江界吉林属郭尔罗斯前旗,松花江界吉林新城,西以嫩江界大赉,北界安达。按此系旗界,垦地零星散在界内。

大赉厅 冲疲难,要缺,近边,治莫勒红冈子。明塔儿河、兀讨温河、阮里河等卫,卓儿河地面。旧为内蒙古扎赉特旗地。光绪二十五年出放荒地,三十年设大赉抚民通判厅。分防经历二,一驻景星镇,光绪三十一年设;一驻塔子城,三十四年设。扎赉特旗,天命九年降。扎萨克多罗贝勒府在景星镇西南绰尔河北。

疆域 东以嫩江界龙江、安达、肇州,南界吉林属郭尔罗斯前旗,西界奉天安广镇,东及科尔沁右翼后旗,北界西布特哈,东北以鸭绿河界龙江。按此系旗界,垦地零星散在界内。

安达厅 冲繁难,要缺,近边,治谙达屯。旧为内蒙古杜尔伯特旗地。光绪三十年出放荒地,三十二年设安达抚民通判厅。光绪三十四年委员设治于嫩江东岸多耐站,旋又奏准拟设武兴直隶抚民同知于设治所,又拟设林甸县治西北大林家店,隶龙江府。杜尔伯特旗,天命九年降。扎萨克固山贝子府在多耐站东南。

疆域 东界拜泉、青冈、兰西,南界肇州,西以嫩江界大赉,北界龙江,中间一段循九道沟。按此系旗界,垦地零星散在界内。

西布特哈 治依倭齐。明塔赛、罕麻、赛克、阿伦等卫。清初诸打牲部落杂居之,总称布特哈。康熙二十三年分设索伦达呼尔总管,三十年设满洲总管以统之。同治十一年加满洲总管副都统衔。光绪八年以所属鄂伦春牲丁改隶兴安城驻防,二十年升满洲总管为副都统,移驻博尔多。三十一年裁,改设总管二员,此为西路。光绪三十四年奏准拟设布西直隶抚民同知厅于总管治,诺敏县千西北诺敏河东岸,隶嫩江府。

疆域 东以甘河、嫩江界嫩江、讷河,南界龙江、大赉、奉天属科尔沁右翼后旗,以洮儿河界前旗,西循大兴安岭脊界呼伦,北循博里克山界嫩江。

东兴镇 旧为巴彦苏苏属之山林地方。光绪二十一年安置旗屯。三十二年移巴彦苏苏协领于东兴镇,与州县分疆而治,径隶将军。

疆域 东界兴东道,其南段循沙河子,南界大通,西南界木兰,西北以少陵河界巴彦,北界铁山包、余庆。

铁山包 旧属北团林子辖地。光绪二十一、二年安置旗屯。三十二年移北团林子委协领于铁山包,旋改授正协领,与州县分疆而治,径隶将军。光绪三十四年奏准拟设铁骊县于协领治,隶海伦府。

疆域 东界兴东道,南界兴东道东兴镇,西以呼兰河、铁山包河界余庆,北以大依吉密河界余庆。

参据书目:

乾隆《一统志》

嘉庆《一统志》

《皇朝通典》职官、兵、州郡

《皇朝文献通考》职官、兵、舆地

光绪《大清会典事例》户部疆理、吏部官制、兵制、官制

《盛京通志》乾隆四十四年

《吉林通志》光绪十七年

《黑龙江志稿》民国二十一年

《呼兰府志》宣统元年

《东三省政略》徐世昌宣统元年

《东三省沿革表》吴廷燮宣统元年

《吉林外纪》萨英额道光六年

《吉林地志》附《鸡林旧闻录》魏声和民国二年

《吉林地理记要》魏声和民国七年

《吉林纪事诗》沈兆禔宣统三年

《吉林调查局文报初编》宣统二年

《吉林舆地略》光绪二十四年

《黑龙江外纪》西清嘉庆十五年

《黑龙江述略》徐宗亮光绪十七年

《黑龙江舆图说》屠寄光绪二十五年

《龙沙纪略》方式济

《卜魁纪略》英和

《柳边纪略》杨宾康熙二十九年

《宁古塔纪略》吴振臣康熙六十年

《东三省舆地图说》曹廷杰光绪十三年

《东北边防辑要》曹廷杰光绪十一年

《清史稿·地理志》

《大清职官迁除录》乾隆三十九年

《大清搢绅全书》、《爵秩全览》、《大清最新百官录》、《宪政最新百官录》同治十年、十三年,光绪五年、八年、十二年、二十年、二十二年、二十四年至宣统三年

《清一统分省地舆全图》咸丰以前旧刻

《清季分省舆图》光绪末年石印

《满洲新地图》日本明治三十九年地理研究会

《黑龙江舆图》屠寄光绪二十五年

《黑龙江全省舆图》宣统三年

《吉林省地图》缪学贤民国元年

（原载《史学年报》第三卷第一期,1940年）

《清史稿·地理志》校正(一)

直　隶

明为北京,置北平布政使司、万全都指挥使司。

按明成祖永乐元年,建北京于顺天府,称行在;罢北平布政使司,以所领直隶北京行部。京与布政使司二者不并存,此既曰"明为北京",即不应复曰"置北平布政使司"也。又永乐十九年改北京为京师,洪熙初复称行在,正统六年罢称行在,定为京师,自后以为常:是"北京"但为一时之制耳,非可以概一代,二字亦应改为"京师"。

清顺治初定鼎京师,为直隶省,置总督一,曰宣大。驻山西大同,辖宣府,顺治十三年裁。

《疆臣年表》:吴孳昌以顺治元年七月总督宣大、山西,至十三年五月张悬锡继任始曰宣大,十五年七月裁。与此异,当以《表》为正。又《疆臣年表》、《清史列传》卷七十九《骆养性传》,骆以顺治元年六月总督天津军务,十月罢,是顺治初直隶境内曾有总督二,特为时甚暂耳。

巡抚三,曰顺天。驻遵化,辖顺天、永平二府,康熙初裁。

《疆臣年表》顺治十八年十月裁顺天巡抚,《清史列传》卷六《王登联传》:顺治十八年六月圣祖仁皇帝御极,裁顺天巡抚。是顺天巡抚裁于顺治十八年圣祖即位后,此曰"圣祖初裁"则可,曰

"康熙初裁"则非矣。又本《稿》卷二十五《宋权传》:顺治元年巡抚顺天如故,初驻密云,旋以遵化当冲要,诏移驻之。

曰保定。驻真定,辖保定、正定、顺德、广平、大名、河间六府,顺治十六年裁。

《疆臣年表》:顺治六年八月以直隶、山东、河南总督兼保定巡抚,十五年裁直隶总督,复以潘朝选巡抚保定,康熙五年十二月巡抚王登联罢,是后不见纪载。此曰"顺治十六年裁",误。又"正定"正应作真。

曰宣府。驻宣府镇,辖延庆、保安二州,顺治八年裁。

《疆臣年表》、《清史列传》卷二十六《雷兴传》,兴以顺治元年十月巡抚天津,六年五月始裁,则顺治初直隶境内巡抚有四。

五年置直隶、山东、河南三省总督。驻大名。

《年表》及卷二十四《张存仁传》,顺治六年八月,始以存仁总督直隶、山东、河南,巡抚保定,此作"五年",误。

十六年改为直隶巡抚,明年移驻真定。康熙八年复移驻保定,雍正二年复改总督。

《年表》顺治十五年五月,裁直隶、山东、河南三省总督,直隶巡抚则康熙六年正月始设,二者初不相涉;此曰十六年改总督为巡抚,误。

《志》叙州县沿革,或以正文,或为注,无一定体例。如此段移驻真定一句与移驻保定一句性质相同,而一者为注,一者为正文。下类此者甚多,不赘举。

先是顺治十八年增置直隶总督,亦驻大名,康熙五年改三省总督,八年裁。

《年表》及卷三十六《朱昌祚传》,康熙四年六月,以昌祚为直隶、山东、河南总督,此作"五年",误。《志》叙省之建置沿革止于此。今按雍正二年置直隶布政使司,直隶始比行省,此事关系名义至巨,而《志》脱之。(初年仍明制,直隶不设布政使司,设守道于保定,带山西布政司参政衔。）

康熙三十二年改宣府镇为宣化府。降延庆、保安二州隶之。

注一句当删,二州已于顺治十年降属宣府镇矣（见宣化府下）不始于宣府改府时也。（初年仍明制为直隶州）

雍正二年增置张家口厅。

《一统志》宣化府关隘作雍正三年。

三年升天津卫为直隶州。

《会典事例》作二年。

九年为府。

《会典事例》作八年。

十一年热河厅、易州并为直隶州。

当曰,"以热河厅为承德直隶州";此不出承德二字,据文义则误为热河直隶州矣。易州为直隶州,本志保定府下作雍正十二年。

乾隆四十三年复升热河厅为承德府。

承德前曾为州,未尝为府,"复"字当删。光绪三十年置朝阳府。　明年置建平隶之。

叙承德府建置沿革自设厅起,而于朝阳则否,体例不一。吴廷燮《光绪增改郡县表》朝阳府、建平县三十年正月同时设。三十三年升赤峰县为直隶州。置开鲁等四县隶之。

按赤峰州实领开鲁、林西二县,此曰"四县",误。"三十三年"或作三十四年。

《志》于州县沿革或既见于州县,又见于府州,又见于省,或见于州县府州而不见于省,或但见于州县,或但见于府州,体例参差不一。窃意州县之沿革当叙见于州县,府州之沿革当叙见于府州,省之沿革当叙见于省,凡州县府州沿革之见于省,州县沿革之见于府州者,皆当删。

令京尹而外领府十一、直隶州七、直隶厅三、散州九、散厅一、县百有四。

实查散州凡一十二：祁、安、晋、开、磁、沧、景、平泉、蔚、延庆、保安、滦，并顺天所领通、昌平、涿、霸、蓟五州共一十七；县凡一百零八，并顺天所领一十九，共一百二十七。《志》所著录县共一百二十二，脱临城、建平、阜新、绥东、开鲁五县。

顺天府　明领州六，县二十五。

按《明史·地理志》，顺天府领州五、县二十二，此误。清以遵化为直隶州，割玉田、丰润隶之，省漷县，增宁河，故领州五、县十九。

雍正九年置宁河。

《会典事例》作元年。

通州　隶东路厅。

当曰：东路厅驻，州隶之。

阜平　顺治末省，康熙二十二年复置。

《一统志》顺治十六年省入曲阳、行唐二县，康熙二十二年复置。

青　顺治末省兴济入之。

《一统志》顺治六年并兴济入青县，此作"顺治末"，误也。

河间府　隶清河道。

《一统志》隶天津道，是也，此误。

平泉州　雍正七年置八沟厅为南境。

《会典事例》作八年。

隆化　光绪三十年以张三营子置。

按二十九年初议设县，治张三营子，朝命缓设，见《光绪增改郡县表》。旋复依前议设县，则治唐三营，民国自唐三营移治黄姑屯也。"三十年"或作三十四年。

朝阳府　乾隆三十年置塔沟厅为东境，三十九年析置三塔厅，四十三年置朝阳县，光绪三十年以垦地多熟升府，以建昌隶之，又置县三。领县四：建昌。

《会典事例》乾隆三年置塔子沟厅，此衍"十"字，脱"子"字。"三塔厅"应作三座塔厅。"又置县三"者，建平、地名新丘，与府同年设。阜新、地名鄂尔土坂，亦三十年设。绥东地名小库伦，光绪三十四年设。也，《志》并脱。

赤峰直隶州　光绪三十三年升直隶州，增置林西领县一：

林西

按赤峰州实领二县，此脱开鲁，与州及林西同年置。

赤城　明赤城

注"赤城"下脱堡字。

万全　明万全右卫，康熙三十二年改置。

《一统志》古迹：万全右卫，康熙三十二年改置万全县，以张家口、膳房、新河口、洗马林等四堡并入。

蔚州　有卫，康熙三十二年改，乾隆二十二年省入。

注"改"字下脱"为蔚县"三字。县以乾隆二十二年省并入州。州卫同城而治，初仍明制，州属大同，卫属宣镇，雍正六年州改属宣化府。

延庆州　旧隶宣府镇为东路，顺治末省永宁县入卫，康熙三十二年改，乾隆二十六年又省延庆卫及所辖五千户所入之。

《一统志》关隘：顺治十六年并永宁县入永宁卫，康熙三十二年又并卫入延庆州。此叙永宁县沿革未尽；且杂入延庆州沿革中，眉目不清。又"康熙三十二年改"者，改隶也，非改置，词义不明。

独石口厅　明初为开平卫，顺治初为上北路，隶宣府镇，康熙中置县丞,曰独石路,并卫入赤城,雍正十二年置理事厅。

按宣德五年始自故开平城移开平卫于独石口,"明初",初字当删。《一统志》康熙三十二年并卫入赤城县,仍设参将驻防曰独石路,叙次甚明。此先曰"置县丞",后曰"并卫入赤城",又不出参将驻防句而以"曰独石路"接"置县丞"后,何其混淆杂乱之甚也!

永平府　先是雍正初以顺天之玉田、丰润来隶。

《一统志》作三年,《会典事例》作四年,本志玉田下作二年。

玉田　雍正二年自顺天改属,乾隆八年来隶。

"改属"下脱永平二字。

赵州直隶州　领县五:柏乡　隆平　高邑　宁晋　脱临城一县。

遵化直隶州　明县属蓟州,康熙十五年升州,改隶顺天。

明蓟州本隶顺天,此不当云"改",当作"径"。

(原载《禹贡半月刊》第一卷第三期,1934 年 4 月 1 日)

《清史稿·地理志》校正（二）

奉　天

清天命十年三月，定都沈阳；天聪八年，尊为盛京。

《纪》，天聪八年四月，诏以沈阳为“天眷盛京”，赫图阿拉城为“天眷兴京”。盛京盖简称也。

顺治元年，设内大臣副都统及八旗驻防；三年，改内大臣为昂邦章京，给镇守总管印。

《职官志疆臣年表》：内大臣昂邦章京驻盛京。“元年”下当增曰：定鼎京师，以盛京为留都。

康熙元年，改昂邦章京为镇守辽东等处地方将军。

《职官志疆臣年表》：初改将军，徙驻辽东，即辽阳城，明辽东都司旧治也。

四年，改镇守奉天等处地方将军。光绪三十三年三月，罢将军，置东三省总督，奉天巡抚，改为行省。

《职官志疆臣年表》：乾隆十二年，改奉天将军为盛京将军，移驻盛京。此脱。光绪三十三年自盛京将军改为督抚也。

又《职官志》：宣统二年，省奉天巡抚，以总督兼其事。此亦脱。

光绪三十三年，奉天、吉林、黑龙江始置总督巡抚，比于内省，然其前置将军时已有“东三省”之称。此断以三十三年罢将军置督抚为改省,但于奉天府下则云"光绪三十一年为奉天省治",凤凰厅下又云"光绪二年改置厅,直隶行省",遂自相矛盾。又未改省前凡三将军辖境内府州县并隶奉天府,当于奉天锦州各条下注明。

承德　康熙三年置县。

《职官志》作二年,《盛京通志》①作四年。

（《会典事例》,雍正七年升县为直隶州,乾隆七年仍为县。按承德为奉天府治,清制府治皆为县,不得为州,更不得为直隶州,此所云云,疑系误以直隶承德府之沿革羼入也。）

《沈阳县志》②,宣统三年省承德县。此脱。（《职官志》作二年。）

辽阳州　明定辽中卫,兼置自在州。

当曰:明定辽中、左、右、前、后卫,东宁卫,并置自在州;辽东都司治。

康熙三年六月,县升为州。

《一统志》、《盛京通志》作四年。

复州　雍正四年分盖平地置复州厅;十一年改为州。

《一统志》、《盛京通志》:雍正五年设复州通判,十二年升为州。《盛京通志》一作十三年升为州。

抚顺　光绪三十三年(兴仁县)移治抚顺城,更名。

《沈阳县志》、《抚顺县志略》③、《东三省沿革表》④作三十四年,是。

开原　明洪武二十年置三万卫于元开元路故城西;二十一年徙此,改开元为开

---

① 《盛京通志》,乾隆四十九年本。
② 《沈阳县志》,一九一七年本。
③ 《抚顺县志略》,宣统三年本。
④ 《东三省沿革表》,吴廷燮撰,宣统元年本。

原;永乐七年兼置安乐州。

《志》通例皆不及前代沿革,此独异。依例但当曰:明三万卫、辽海卫,兼置安乐州。

按《一统志》改"元"为"原"事在置卫前:盖初改开元路为开原路,旋罢路置三万卫也。此置卫年月据《明史·地志》,改元为原年月则据《盛京通志》;既已罢路置卫,又改路名之元为原,遂矛盾不可通。

今开原县治即是元开元城,此既曰初置卫于故城西,下不曰徙于故城而用一词义含糊之"此"字,读者不察,将误以"此"与开元故城为二地矣。

康熙三年六月置县。 铁岭 盖平康熙三年六月置县。

《盛京通志》并作四年。

盖平 又西南六十里有熊岳防守尉,旧驻副都统,后裁。

《职官志》:驻防副都统,雍正五年增置熊岳一人;道光二十三年徙驻金州。

金州厅 雍正十二年置宁海县。

《东三省沿革表》作十年。

《一统志》、《盛京通志》:清初地属海城;康熙三年改隶盖平;雍正五年设金州巡检属复州通判,十二年置县。

道光二十三年改金州厅。

《奉天省府厅州县建置考》①作二十二年,海防同知厅;后仍为宁海县;光绪六年裁县复设厅。此脱。

锦州府 明置中、左、右屯三卫。

"中"上脱"广宁"二字。府地在明共置广宁中屯、左屯、右屯、

————————

① 《辽东文献征略》,金毓黻撰,卷一,民国本。

广宁、广宁中、左、右、广宁前屯、后屯、义州、宁远十一卫,而此脱其八。

康熙三年置广宁府并县为治;四年改置,徙治锦。

本《志》锦、广宁下并作三年十二月改置。

领州三。

《三》当作《二》:义州、宁远州。

锦州设府,仍属奉天府;迨奉天府改尹为知府,锦州府始直隶盛京将军。此制与内地异,当为叙明。又昌图府、兴京厅、凤凰厅旧皆隶于奉天府尹。

锦　明置广宁中屯卫及右屯卫。

当曰:明广宁中屯、左屯、右屯卫。(左屯卫与中屯卫同城而治。)

康熙元年七月改锦州为锦县,隶奉天府。

但当曰:康熙元年七月置县隶奉天府。锦州,元代之旧制,废已久矣;此时特置县于广宁三屯卫之地耳,非改州为县也。

《一统志》作三年六月,盖误以改隶广宁府之年月为置县之年月也。《建置考》宣统□年废锦县,此脱。

旧驻副都统,光绪三十四年裁。

《职官志》:雍正五年,徙盛京副都统一人驻锦州;宣统元年省。

义州　明义州卫。

当曰:明义州卫及广宁后屯卫。

崇德元年以封察哈尔;康熙十四年察哈尔叛,讨平之;六十一年设通判;雍正十一年置州,隶府。

《盛京通志》:康熙十四年设义州巡检司,属广宁;雍正二年移锦州府通判分辖;十年设管边同知,并辖边外地方;十二年升为州。
《一统志》:康熙十五年设巡检司,六十一年移锦州府通判驻此;雍正十年改设同知管辖;十二年升为义州。

宁远州　　明宁远卫。

当曰:明宁远卫及广宁前屯卫。

康熙三年置州,隶广宁府。

《盛京通志》:康熙二年设州,隶奉天府;三年,隶广宁府。此误以改隶之年为初置之年。

广宁　　明广宁卫。

当曰:明广宁卫及广宁中、左、右三卫。

康熙三年十二月,府移锦州,县隶府。

《会典》、《一统志》并作四年。

绥中　　光绪二十八年六月置县。

下当增曰:治中后所。

新民府　　嘉庆十八年六月分承德、广宁二县地置新民厅。

《府志》①、《县志》②,乾隆初年巨流河巡检移驻新民屯;嘉庆十三年析承德、广宁地为新民厅,设抚民同知。

镇安　　明广宁卫之镇安堡。

下当增曰:天命七年克镇安。以《志》例,凡辽东明卫所城堡皆书入清年月也。

营口直隶厅　　奉锦山海关道改为分巡锦新营口兵备道,驻厅。

"奉锦"上应增"同治五年初设"六字,"改"上应增"至是"二字。

兴京府　　乾隆三十八年设理事通判,光绪三年改为兴京抚民同知。

①　《新民府志》,宣统元年本。
②　《新民县志》,一九二六年本。

《职官志》：二十八年，增兴京理事通判一人，光绪二年省；《会典事例》：光绪三年，改兴京理事同知为抚民同知。疑二年改通判为同知，三年复改理事为抚民也。

驻副都统。

《职官志》，光绪元年增置。

通化　　光绪三年置县。

《建置考》作二年，治头道沟。《沿革表》分岫岩地设，治头道江。

桓仁　　光绪三年置县。

《桓仁县志》①作二年。《建置考》治六道沟。《沿革表》分岫岩地设，治六道河。

辑安　　明置州卫之鸭绿江部。

"置"，"建"之刊误。

光绪三十八年置县。

《沿革表》、《建置考》作二十八年；《桓仁县志》作二十九年。当是误"二"为"三"。

凤凰直隶厅　　明置凤凰城。

当曰：明东宁卫之凤凰城堡。

乾隆四十一年设凤凰城巡司。

《一统志》、《盛京通志》：天聪八年设兵驻通远堡；崇德三年移此镇守。

《盛京通志》：四十一年设巡检，归岫岩通判管辖。光绪二年改置厅。

《会典事例》作三年。《沿革表》：二年改厅，设同知。

---

① 《桓仁县志》，民国本。

岫岩州　　明置岫岩堡。

下当增曰:天命六年降。

乾隆三十七年设岫岩城通判;光绪二年改为州。

《会典事例》:乾隆三十七年于岫岩城设理事通判,隶锦州府;光绪三年改为州。《建置考》:乾隆三十八年移熊岳通判为岫岩通判;光绪三年改州。

安东　　光绪二年置县。

《会典事例》作三年。

宽甸　　明东宁卫之宽甸六堡。

下当增曰:天命六年降。

长白府　　明建州卫之鸭绿江部。

《长白征存录》①:明初属建州、率宾、海兰诸卫;后分隶于长白山讷殷部、鸭绿江部。

光绪三十三年置府。

《征存录》:咸、同以前隶兴京;光绪初属通化县;二十九年属临江县;三十四年九月奏准设府。《沿革表》作三十二年九月,"二"当是"四"之误。

海龙府　　光绪五年以流民垦鲜园场地置厅。

《建置考》、《县志》②,光绪四年置通判厅。"园"当作"围"。

西安　　二十九年移治大兴镇。

《县志略》③作大疙疸。

昌图府　　嘉庆十一年设昌图额勒克理事通判。

《会典事例》作十二年于科尔沁突额勒克地方设昌图厅。

---

① 《长白征存录》,宣统二年本。
② 《海龙县志》,一九一三年本。
③ 《西安县志略》,宣统三年本。

奉化　光绪三年改置县。

《建置考》作四年。

康平　旧名康家屯,光绪三年移八家镇经历治此。

《建置考》作四年。

六年改置县。

《建置考》作七年。

靖安　光绪三十年以右翼前旗垦地置县。

下当增曰:治白城子。

（原载《禹贡半月刊》第一卷第九期,1934 年 7 月 1 日）

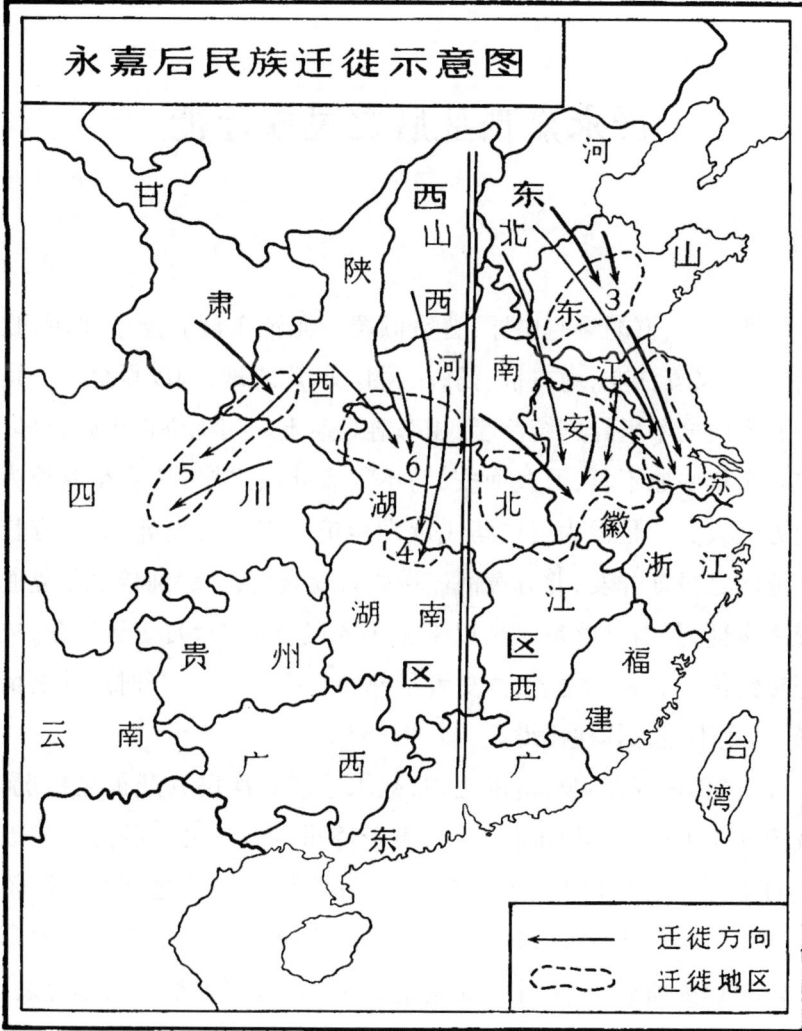

永嘉后民族迁徙示意图

甘肃 陕西 西山西 河北 河南 东 山东 江苏 浙江 四川 贵州 云南 湖北 湖南区 江西区 广东 广西 福建 台湾

迁徙方向
迁徙地区

晋永嘉丧乱后之民族迁徙

西晋末，五胡崛起中原，晋室倾覆。元帝东渡立国于建康，收辑人心，又安江左，南方荆、扬、江、湘、交、广之地，赖以得全。于是中原人民之不堪异族统治者，相率避难斯土。初犹侨寄思归，终以二百余年中原不复，习久而安，乃不复有北风之想，其后裔遂长为南方之人矣。是役为吾中华民族发展史上之一大关键，盖南方长江流域之日渐开发，北方黄河流域之日就衰落，比较纯粹之华夏血统之南徙，胥由于此也。然以事出于人民自动，无关朝廷法令，故正史纪传罕有载及之者；读史者虽熟知有此事，而于当时迁徙之情形，乃竟不能悉其梗概焉。

虽然，在现存史料范围之内，欲求了解此次民族迁徙之概况，其道亦非无由。其道惟何？曰，由于侨州、郡、县之纪载是。良以是时于百姓之南渡者，有因其旧贯，侨置州、郡、县之制。此种侨州、郡、县详载于沈约《宋书·州郡志》，萧子显《南齐书·州郡志》，及唐人所修之《晋书·地理志》中。吾人但须整齐而排比之，考其侨寄之所在地及年代等等，则当时迁徙之迹，不难知其大半也。兹编所述，即为依据是种纪载，并佐以列传中材料，研究所得者。惟地理参差，于晋江左及南北朝为尤甚，沈约生方其时，犹有"巧历不算"（《州郡志》序）之叹，何况千数百年后之今人？故疏漏阙略谅所不免，但求能无大疵耳。

本西晋十九州,后分为二十一州。东晋初立,但有荆、扬、交、广、江、湘六州,徐州一半,豫州唯得谯城;司、兖、豫、冀、幽、并、平、雍、凉、秦、青及徐之淮北尽没北族,梁、益、宁则为巴氏李氏所据。东晋治下之地接受移民,北族治下之地输出移民;李氏则颇能与民休息,其民甚少外移,后又为晋所并,遂亦转而接受移民。见于晋、宋、齐《志》者,北方诸州并有输出移民,独乎州无①;接受移民只限于江域诸州,宁、交、广三州无②。盖以平州僻阻辽域,所遭兵革之祸较浅,即须播徙,亦多近迁朝鲜,罕有远走江南者;宁、交、广,处荆、扬、江、湘、梁、益之南,北人之南渡者,极少有能越荆、扬诸州而至于此诸州者也。兹先以现行省制划分接受移民区域,分别论列如下:

江　苏

江苏省所接受之移民,较之其他各省为特多,以帝都所在故也。见诸《宋志》者,计有侨郡二十三,侨县七十五③。其中来自北方诸省者,以山东占极大多数(十五侨郡、三十九侨县),河北次之(一侨郡、五侨县),河南、山西、陕西又次之(河南一郡、二县,山西三县,陕西一郡、一县),独甘肃无。而本省及安徽省境内淮南、北

---

① 《宋志》云:自夷狄乱华,司、冀、雍、凉、青、并、兖、豫、幽、平诸州一时沦没,遗民南渡,并侨置牧司。但遍查诸志,皆无以平州移民所创立之侨郡县。《宋志》盖概括言之,非是实指也。

② 此据侨州、郡、县之纪载而立言。实际其时中原流民之栖止地,自不限于侨州、郡、县之所在。林请《闽中记》:永嘉之乱,中原仕族林、黄、陈、郑四姓,先入闽。客家初次南徙,据近人研究,亦在此时。则中原人有远徙福建、广东者。惟本篇所述,专从大处着想,故未遑及此。

③ 《宋志》于晋、宋、齐三志中为最精,且《晋志》纪侨州、郡、县略而不尽,南齐时则已多并省,故兹篇论列,每举《宋志》以为表率。

之人,又多有侨在江南、北者(本省三郡、二十一县,安徽二郡、三县)。至侨民麕集之地,则江南以今之江宁、镇江、武进一带为最,江北以今之江都、淮阴诸县地为最。

兹据《宋志》,表苏省境内之侨州、郡、县如下。并以东晋、宋初及南齐之制之异于是者,列入备考焉。以次各省仿此。表中凡地名不标,见于备考中之侨地标以"══"号。

郡名统县	本地	侨地①	备　考
			东晋曾侨置魏郡(河南),统肥乡、元城(河北);广川郡统广川(河北);高阳郡统北新城、博陆(河北);堂邑郡统堂邑(江苏)于<u>江宁</u>。宋元嘉中省,以其民并建康。
南徐州	江苏	镇江	东晋曾侨立兖州、青州、并州于此。
南东海郡　郯　朐　利城	山东　江苏	镇江	晋元帝初,郡及三县并侨在<u>常熟</u>境,后徙。又有襄贲(山东)、祝其、厚丘(江苏),寄治<u>丹阳</u>。
南琅邪郡　临沂	山东	句容　江宁	齐永明中,徙郡治<u>江宁</u>。晋元帝初,曾以琅邪国(山东)流人立怀德县,侨在<u>江宁</u>。宋初,郡又领阳都、费、即丘(山东)。齐又领谯(河南),本宣祚,平阳郡(山西)民立。
南兰陵郡　兰陵　承	山东	武进	宋初又领合乡(山东)。
南东莞郡　莒　东莞　姑幕	山东	武进	宋初又领盖(山东)。

① 本地侨地在今省某县,悉据《大清一统志》。凡侨县之无确地可考者,即以其所隶郡之侨地为侨地。例如,承侨在何地不可考,以兰陵郡侨在武进,亦作武进。

郡名统县	本地	侨地	备　考
临淮郡　东阳 　　海西　射阳　淮浦 　　淮阴　广陵 　　长乐	安徽 江苏 河北	武 进	宋初又领盱眙(安徽)。齐又领浚(江苏)。 初置郡,后并省为县。
淮陵郡　徐 　　司吾 　　阳乐	安徽 江苏 河北		宋初又领广阳(河北)、下相(江苏)。
南彭城郡　吕　武原 　　抒秋　僮　下邳　北陵 　　傅阳　蕃　薛　开阳 　　洨	江苏 山东 安徽		宋初又有南下邳郡,领良城(江苏)。又有南沛郡(江苏),并省入此郡。 齐又领彭城(江苏)。
南清河郡　清河　东武城 　　绎幕　贝丘	山东		
南高平郡　金乡　高平 　　湖陆	山东 江苏		宋初又领巨野、昌邑(山东)。
南平昌郡　安丘　东武 　　高密 　　新乐	山东 河北		宋初又有南高密郡,领淳于、黔陬、营陵、夷安(山东)。又有乐陵郡(山东)。
南济阴郡　城父　冤句 　　单父　城阳	山东	疑亦在武进内	宋初又领句阳、定陶(山东)。
南濮阳郡　廪丘 　　榆次	山东 山西		宋初又领鄄城(山东)。
南泰山郡　南城　武阳 　　广平	山东 河北		宋初又有广平郡(河北),寄治镇江,领广平、易阳、曲周(河北),元嘉中省并来属。
济阳郡 　　鄄城 　　考城	河北 山东 河南		
南鲁郡　鲁　西安			宋初又领樊(山东)。

郡名统县	本地	侨地	备　　考
			东晋曾侨置燕国(河北),疑亦在武进境内。
淮阳郡 　　上党 　　晋宁(济岷郡流寓来配)	河南 山西 山东	淮阴 —— 宿迁	本流寓郡,并省来配。
			宋末失淮北,侨立兖州东平郡、济北郡于淮阴。《齐志》,北兖州东平郡,领寿张(山东)。又有阳平郡(河北)。又高平、济北、泰山、鲁(山东)、新平五郡荒。
济阴郡　定陶 　　　顿丘	山东 河北	睢宁	
南兖州	山东	江都	东晋曾侨立青州、徐州于此。宋初南沛郡领有符离、洨、竹邑(安徽),侨在江都。又领抒秋(江苏),侨在无锡。
建陵(属海陵郡)	江苏	泰县	
山阳郡	山东	淮安	
秦郡　秦 　　尉氏	陕西 河南	六合	宋初又领平丘、外黄、雍丘、浚仪(河南)。
			齐徒齐郡来治六合,领临淄、西安、昌国、益都(山东)、宿豫(江苏)。
北淮郡　晋宁　宿预　甬城	江苏	江都、高邮、泰县一带	《齐志》,建元四年,罢四郡,以并广县郡。郡地约当此三县境。
北济阴郡　定陶　冤句 　　馆陶　阳平 　　上党	山东 山西		
下北邳郡　僮　下邳	江苏		
东莞郡　莒　诸　东莞 　　柏人	山东 河北		

郡名统县	本地	侨地	备　考
			东晋曾侨立辽西郡,统肥如、真定、新市(河北)、路(山西)。宋以并广陵郡。又曾侨置幽州在高邮境。又曾置司州于徐,冀州于江北,当亦在此带。宋初又有南东平郡;统范、蛇丘、历城、朝阳、寿张、平陆(山东);南平原郡,统平原、高唐、茌平(山东);雁门郡,统楼烦、阴馆、崞、广武、马邑(山西);济岷郡,统营城、晋宁(山东);南齐郡,统临淄(山东)(又领西安,后配南鲁郡);后并并入广陵郡。
			明帝末失淮北,侨立青州、冀州于灌云,青州领齐郡、北海郡。《齐志》,青州北海郡,领都昌,广饶、胶东、剧、下密、平寿(山东),与州同治。齐郡初与州同治,后徙。东莞、琅邪二郡领即丘,南东莞、北东莞(山东),治东海。冀州(河北)以北东郡为实土,治沭阳。

《宋志》:"南徐州备有徐、兖、幽、冀、青、并、扬七州郡邑"(南徐州今镇江武进一带),实查则又有司州之广平郡,后省为县,豫州之南鲁郡,领鲁县,并隶南徐州。五方杂处,无远勿至,盖以此州为最。

安　徽

安徽省境内侨民之来自北方诸省者,以河南占极大多数(八侨郡、五十四侨县),河北次之(一侨郡、六侨县),山东、山西又次之(各三侨县),陕、甘二省无。而本省及江苏省境内淮南、北之人,亦多侨在大江南北(本省四郡、十三县,江苏一郡、六县)。江北所接受之移民较江南为多,此与苏省境内之情形相反。侨在江南者都聚于下游芜湖附近一隅,江北则散处江、淮间,自滁、和以至于颍、亳,所在皆置侨郡县。

郡名统县	本地	侨地	备　考
淮南郡 　　当涂 　　逡道 　　繁昌 　　定陵 　　襄垣	安徽	当涂	东晋侨立襄城郡(河南),领繁昌、定陵等县。又立上党郡(山西),领上党、襄垣等县。后省并来配。
		南陵	
		宣城	
	河南	繁昌	
		青阳	
	山西	芜湖	
			东晋曾侨立豫州于芜湖,当涂。明帝世,宣城曾为南豫州治。时失淮北,侨立高平郡于淮南当涂,领高平、金乡(山东)。旋立睢陵(江苏)。时本当涂已废,当系指此侨当涂。
阳平郡　濮阳 　馆陶　阳平	河北 山东	灵璧	宋初又领廪丘(山东)。濮阳本流寓郡,并省来配。
燕　朝歌 　　　(属锺离郡) 乐平	河南 山东	临淮	宋初有东燕郡,领燕白马、考城(河南)、平昌(山东),并省来配。
			明帝失淮北,侨立豫州于临淮。
虞 　　　(属马头郡) 济阳	河南 河北	怀远	又领零县,《志》云,晋安帝立,疑系灵县(山东)之侨县。
顿丘 谷熟　(属新昌郡) 鄪	河北	滁	东晋立顿丘郡(河北),领沛县(江苏),并省来配。
		和	
	河南	全椒	

郡名统县	本地	侨地	备　　考
考城 信都　　（属盯眙郡） 睢陵	河南 河北 江苏	盯 眙	《齐志》，又领长乐（河南），疑是侨立。
			东晋曾侨立高密郡（山东）于盯眙。元嘉中，南兖州亦曾治此，后徒。
南沛郡　沛　萧　相	江苏	天长	
南豫州	河南	和	
雍丘 　　　　（属历阳郡） 龙亢	河南 安徽	和 含山	
南谯郡　山桑　谯　铚 　　城父 　　蕲 　　扶阳	安徽 江苏	全椒 巢 无为	《齐志》，又领北许昌（河南）、曲阳（江苏）。
南汝阴郡　汝阴　慎　宋 　　阳夏　安阳	安徽 河南	合肥	
南梁郡　瞧阳　蒙　宁陵 　　虞　南汲　陈	河南	寿	宋初又领阳夏、安丰（河南）。《齐志》，又领北谯（安徽）、梁（河南）。
阴安　　（属晋熙郡）	河北	桐城	郡领有南楼县，《齐志》作南楼烦（山西），疑系侨立。
			庐江郡今舒城地。《齐志》领有和城、西华（河南）。
颍川郡　邵陵　临颍 　　曲阳	河南 江苏	巢	《齐志》，又领南许昌（河南）。
陈留郡　浚仪　小黄 　　雍丘　白马　封丘 　　襄邑　尉氏	河南	寿	宋初又领酸枣（河南）。

郡名统县	本地	侨地	备　考
汝南郡　上蔡　平舆　北新息　真阳　安城　南新息　临汝　阳安　西平　瞿阳　安阳	河南	江淮间	
陈郡　项　西华　阳夏　苌平　父阳	河南	淮江间	《齐志》，又领南陈（河南）。
南顿郡　南顿　和城			
汝阳郡　汝阳　武津			
西汝阴郡　汝阴　宋　安城　楼烦	安徽 河南 山西		《齐志》，又领固始、新蔡、汝南（河南）。
豫州	河南	寿	豫州郡、县在淮西，而寄治于此。
			《齐志》又有西南顿郡，领西南顿、和城（河南）、谯（安徽）、平乡（河北）；北谯郡领谯、蕲（安徽）、宁陵（河南），并侨治于垒。
蒙　魏　　　（属谯郡）　长垣	河南 河北	蒙城 毫	故为郡，并省来属。
安城　　　　（属汝阴郡）　楼烦	河南 山西	阜阳	
陈留郡　小黄　浚仪　白马　雍丘	河南	毫	宋初又领酸枣（河南）。

今江南有当涂、繁昌二县，其名皆得于东晋世所立之侨县。按当涂，西晋故属淮南郡，今怀远县地；繁昌，故属襄城郡，今河南临颍县地，睹名思义，犹可想见当时河南、淮南人之走在江南也。

湖　北

湖北一省可划分为三区而论。一,江域上游,江陵、松滋一带;其侨民多来自山西、陕西、河南,又有苏、皖之淮域人。二,江域下游,武昌、黄梅一带,其侨民多来自河南,亦有安徽之淮北人。三,汉水流域,上自陨西、竹溪,下至宜城、钟祥,而以襄阳为之中心;是区所接受之移民倍于本省其他二区,而以来自陕西者为最多,河南、甘肃次之,河北、山西、安徽、四川又次之。

郡名统县	本地	侨地	备　　考
南新蔡郡　苞信　慎　宋	河南 安徽	黄梅	
			东晋曾侨立豫州于黄冈,旋徙。荆州西阳郡,今黄冈地,领义安县,泰始二年以来流民立,不知系何地流民。《齐志》,又领期思(河南)。
汝南　(属江夏郡)	河南	武昌	
			《齐志》有义阳郡,侨在孝感,领平舆、平阳、平春(河南)。
新兴郡　定襄　广牧　新丰	山西 陕西	江陵	宋初又领云中、九原(山西)、宕渠(四川)。
			东晋侨立义阳郡于南郡界,宋废。
南河东郡　闻喜　永安　松滋　谯	山西 安徽	松滋	宋初又领广戚(江苏)、弘农(河南)、临汾、安邑(山西),孝建中省。弘农,本东晋侨郡,并省来配。
			《晋志》安帝又侨立长宁郡于荆州,查汉、晋旧无长宁郡。

郡名统县	本地	侨地	备　考
雍州	陕西	襄阳	梁州、秦州并曾侨治于此。宋初，雍州又领北上路郡，疑即梁州之北上洛郡。又领北京兆郡，统北蓝田、霸城（陕西），义阳郡，统平氏、襄乡（河南）。
京兆郡　新丰　社	陕西	襄阳	宋初又领蓝田、南霸城（陕西）、卢氏（河南）。《齐志》，又领魏（河北）。
			始平、扶风、冯翊（陕西）、河南（河南）、广平（河北）、义成（安徽）等郡，并曾侨治襄阳，后徙。
始平郡　始平　武功　平阳	陕西 山西	均	
义成郡　义成　万年	安徽 陕西		宋初又领下蔡、平阿（安徽）。
扶风郡　郿	陕西	谷城	宋初又领魏昌（河北）。
冯翊郡　高陆	陕西	宜城 锺祥	《齐志》，又领莲勺（陕西），在锺祥境。
			《齐志》，齐兴郡治上蔡（河南），在锺祥境。
南天水郡　略阳　河阳　西华阴	甘肃 陕西	宜城	西戎流寓立，初领冀（甘肃）。
华山郡　华山　蓝田			胡人流寓立。
新兴郡　（巴、汉流民立） 东关　（建平流民） 吉阳　（益州流民）	楚川陕一带	竹溪	宋初又领兴县（巴东夷人）。
新安　（建平流民）（属上庸郡）	楚川界	竹山	
北上洛郡　北上洛	陕西	郧西	

郡名统县	本地	侨地	备　　考
			《齐志》又有齐兴郡,在郧阳境,领略阳(甘肃)。
南上洛郡　上洛　商	陕西	襄阳、南阳一带	
弘农郡　卢氏　圉 邯郸	河南 河北		明帝末立,寄治五垄,今地待考。

今省境内有松滋县,亦得名于东晋之侨县。按松滋,西晋故属安丰郡,今安徽霍丘县地。

江西　　湖南

江西、湖南二省处皖、鄂之南,距中原已远,故流民之来处者较少,且其地域仅限于北边一小部分。

江西

县　　　名	本地	侨地	备　　考
松滋 　　　　(属寻阳郡) 安丰	安徽	九江	东晋侨立松滋、安丰、弘农三郡,后省为县。宋元嘉中,又以弘农(河南)省并松滋。

湖南

郡名统县	本地	侨地	备　　考
南义阳郡　平氏 厥西	河南 湖北	安乡	东晋侨立平阳郡(山西),后省为县。宋孝建中,以并厥西。
			东晋又侨立东义阳郡,属荆州,不知其他。
湘阴　(巴峡流民立, 属湘东郡)	四川	湘阴	

四 川

四川省境内共有十余侨郡,数十侨县,然其情形至为简单:侨民除绝少数系河南人外,尽皆来自陕西、甘肃及本省之北部;侨地除彭山一地外,尽皆侨在成都东北、川陕通途附近一带。彭山亦接近成都。

郡名统县	本地	侨地	备　考
白水郡(仇池氏流寓立)	甘肃	昭化	领新巴等六县。
永昌　(以侨户立) 　　　(属成都郡)		成都	以何地侨户立不可考。
怀宁郡(秦、雍流民立) 　西平 　万年　治平	甘肃 陕西		治平当系始平之误。 领始康等四县。
始康郡(关陇流民立)	陕甘		
南汉(汉中流寓)(属宋 兴郡)	陕西		
巴西郡　阆中　南充国 　安汉　平州 　西充国　益昌　晋兴 　汉昌	四 川	绵阳 安 彰明	
江阳郡　江阳　汉安　绵水	四川	彭山	
南阴平郡　阴平	甘肃	德阳	
晋熙郡　(秦州流民立)	甘肃	绵竹 德阳	领晋熙、苌阳二县。
安固郡　略阳　桓陵 　临渭　清水 　下邽	甘肃 陕西		

郡名统县	本地	侨地	备　考
南汉中郡　南郑　南苞中 南沔阳　南城固 南长乐	陕西		
北阴平郡　阴平　桓陵 南阳　顺阳	甘肃 河南	梓潼	桓陵本安郡民,流寓立。
武都郡　武都　下辩　汉阳 略阳　安定	甘肃	剑 阁	略阳、安定系本郡民流寓配。
南新巴郡　新巴　晋安 城晋　汉昌 桓陵			
南晋寿郡　晋寿　兴安 兴乐　邵欢　白马	四川	彭	
天水郡　上邽　西	甘肃		
			元嘉中曾立北巴西郡(四川),属益州。《齐志》又有扶风郡,领华阴、茂陵(陕西),今地不可考。
			又有宋宁郡,免吴营侨立;宋兴郡,免建平营侨立,并寄治<u>成都</u>。

河　南

　　河南省之大部分属黄河流域,南境旧南阳府及光州、信阳一带则属淮、汉流域。此淮、汉流域刘宋及萧齐皆据有之,故亦侨置郡县,以处北土流民。其中大半都来自本省北部,而宛、邓、丹、浙之间,亦有来自陕西、甘肃及河北南部者。

郡名统县	本地	侨地	备　考
新蔡郡　新蔡　鮦阳　东苞信　固始　西苞信	河南	固始 商城	
			弋阳郡,今潢川地,《齐志》,领有上蔡、平舆(河南)。
曲阳　（属颍川郡）	江苏	鄅城	
司州	河南	信阳	
南汝南郡　平舆　北新息　真阳　安城　南新息　安阳　临汝	河南	信阳 安陆 一带	
许昌　（属南阳郡）	河南	南阳	
池阳　（属新野郡）	陕西	新野	
槐里　郑(属顺阳郡) 清水(属顺阳郡)	陕西 甘肃	淅川	
河南郡　河南　新城　河阴	河南	新野	宋初又领阳城、缑氏、洛阳(河南)。
广平郡　广平	河北	邓	宋初又领易阳、曲周、邯郸(河北)。
北河南郡　新蔡　汝阴	河　　南		明帝末立,寄治宛中。
苞信　上蔡　固始 缑氏　新安　洛阳	南	阳	
			元嘉末,司州曾侨立于汝南,旋徙。
			东晋末,刘裕北平关洛,曾侨置河内郡于洛阳,领温、野王、轵、河阳、沁水、山阳、怀、平皋、朝歌(河南);东京兆郡于荥泽,领长安、万年、新丰、蓝田(陕西)、蒲阪(山西)。

陕 西

陕西自终南山以南属汉水流域,曰汉中,东晋及宋、齐皆据有之。其侨民几尽皆来自甘肃、四川及本省之北部。

郡名统县	本地	侨地	备　考
长乐 安晋 （蜀郡流民） 延寿 （属魏兴郡） 宣汉 （建平流离民）	四川	石泉	
宁都 （蜀郡流民） （属安康郡）	四川	汉阴	
南上洛郡　上洛　商　渠阳 农阳	陕西	白河	宋初又领阳亭(陕西)。
			宋初,梁州有北宕渠郡,领宕渠,本巴西流民(四川)。
秦州	甘肃		《齐志》,秦州又领仇池郡(甘肃)。
武都郡　下辩　上禄	甘肃		宋初又领河池(甘肃)、故道(陕西)。
陈仓	陕西		
略阳郡　略阳　上邽	甘肃		宋初又领清水(甘肃)。
安固郡　桓陵　南桓陵	甘肃		郡县并张氏在凉州始立。
西京兆郡　蓝田　杜　鄠	陕西	南	
南太原郡　平陶	山西		宋初又领清河、高堂(山东)。
南安郡　桓道　平陶	甘肃	郑	
冯翊郡　莲芍　频阳　高	陕西		
陆　万年　下辩	甘肃		
陇西郡　襄武　临洮　河关 狄道　大夏　首阳	甘肃		
始平郡　始平　槐里	陕西		

郡名统县	本地	侨地	备　考
金城郡　金城　榆中	甘肃	南	
安定郡　朝那	甘肃		
天水郡　河阳　新	甘肃		
西扶风郡　郿　武功	陕西		
北扶风郡　武功　华阴　始平	陕西		
		郑	孝建中,以氐民立广长郡,成阶县（甘肃）,寻省。
宕渠　（属华阳郡）	四川		郡寻徙治四川广元县境。
北阴平郡　阴平	甘肃		宋初又领绵竹、资中（四川）。
平武	四川		胄旨（甘肃）。
南阴平郡　阴平	甘肃	汉中、川北一带	

山　东

山东省全境皆属北部中国,然亦有侨州、郡、县者,以刘宋尝据有省境今黄河以东南之一大部分也。试分省境为三区,则东端登莱半岛于输出输入两无关系,河以西北为输出区,中间一段为输入区。外省侨民大都来自河北,亦有河南之河以北及山西人。

郡名统县	本地	侨地	备　考
北济阴郡　离狐	山东　河北	单	
发干　（属东安郡）	山东	沂水	
阳平　（属鲁郡）	山东	曲阜	

郡名统县	本地	侨地	备　　考
阳平郡　顿丘 　　乐平 　　平原 　　元城 　　馆陶	河北 山东 河北 山东	汶山 宁阳 东平	
太原郡　太原	山西	长清	
冀州	河北	历城	
广川郡　广川　武强　中水	河北	长山	宋初又领枣强(河北),大明中省。
平原郡　平原　鬲　安德 　般　平昌　茌平　高唐 　广宗	山东 河北	邹平	
清河郡　清河　武城　绎幕 　贝丘　零　鄃 　安次	山东 河北	淄川	
乐陵郡　乐陵　阳信 　厌次　泾沃 　新乐	山东 河北	博兴	
魏郡　安阳 　魏　肥乡　蠡吾　顿丘 聊城　博平 　临邑	河南 河北 山东	历 城 临邑	
河间郡　乐城　城平　武垣 　章武　南皮　阜城	河北	寿光	
顿丘郡　顿丘　卫国 　阴安　阳平	河北 山东	章丘	
高阳郡　安平　饶阳 　高阳　新城 　鄚	河北 河南	临淄	
勃海郡　蓨　长乐 　重合	河北 山东	高苑	宋初又领浮阳、高城(河北),大明中省。长乐本为郡,疑是东晋侨立,省为县。

因上所述,若更以接受移民性质上之差异为准,则此九省又大致可画分为二大区,六小区:

甲,东区,包括江域下游及淮域。是区以河域下游,山东、河北及河南东部之人为移民主体,内分三小区:

一,江苏之大江南北,——以山东及本省北部人为移民主体,河北、皖北副之。

二,安徽省及河南之淮以南,湖北之东部,江西之北边——以河南及安徽北部人为移民主体,河北、苏北副之。

三,山东之河以南,——以河北及本省之河以北人为移民主体。

乙,西区,包括江域上游及汉域。是区以河域上游,甘肃、陕西、山西及河南西部之人为移民主体,内分三小区。

四,湖北江域上游及湖南北边,——以山西人为移民主体,河南副之。

五,四川省及陕西之汉中,——以甘肃及陕西北部人为移民主体,川北副之。

六,河南、湖北二省之汉水流域,——以陕西及河南之西北部人为移民主体。

依此划分法,作晋永嘉丧乱后民族迁徙大势图(见第205页)。

如图所示,是永嘉丧乱后民族迁徙之大势,为北之东部人徙南之东部,北之西部人徙南之西部。虽四川人以李特、谯纵先后为乱之故,亦有北走汉中,东走湖北湖南者(见以上各表),然究属少数例外也。

若即以侨州、郡、县之户口数当南渡人口之约数①,则截至宋世止,南渡人口约共有九十万,占当时全国境人口约共五百四十万之六分之一。西晋时北方诸州及徐之淮北,共有户约百四十万(《晋书·地理志》),以一户五口计,共有口七百余万,则南渡人口九十万,占其八分之一强。换言之,即晋永嘉之丧乱,致北方平均凡八人之中,有一人迁徙南土;迁徙之结果,遂使南朝所辖之疆域内,其民六之五为本土旧民,六之一为北方侨民是也。南渡人户中以侨在江苏者为最多,约二十六万;山东约二十一万,安徽约十七万,次之;四川约十万,湖北约六万,陕西约五万,河南约三万,又次之;江西湖南各一万余,最少。以是足知此次民族播徙,其主要目的地乃在江域下游,而与中上游之关系较浅。至中上游之开发,则犹有待于唐、宋、元、明之世。

江苏省中南徐州(见前)有侨口二十二万余,几占全省侨口十之九。南徐州共有口四十二万余,是侨口且超出于本籍人口二万余。有史以来移民之盛,迨无有过于斯者矣。

中原遗黎南渡,虽为民族一般之趋势,然其间要以冠冕缙绅之流为尤盛。《王导传》曰:"洛京倾覆,中州仕女避乱江左者十六七"。考东晋、南朝虽立国江左,然其庙堂卿相,要皆以过江中州人士及其后裔任之。尝统计《南史》列传中人物,凡七百二十八人(后妃、宗室、孝义不计),籍隶北方者五百有六人,南方但得二百二十二人,则导之言询非虚语也。自是而后,东南人物声教之盛,遂凌驾北土而上之。文中子曰:"江东中国之旧也,衣冠礼乐之所

---

① 侨州、郡、县之户口数,非即南移人口之确数,以侨郡县所领,非必尽是侨民,而本土郡县所领,亦非尽本土之民也。然以之当约数,当可无大误。

就也"(《中说·述文篇》)。杜佑作《通典》,其叙扬州(今江、浙、皖、闽、赣诸省)一节,有曰:"永嘉之后,帝室东迁,衣冠避难,多所萃止。艺文儒术,斯之为盛。今虽闾阎贱品,处力役之际,吟咏不辍,盖颜、谢、徐、庾之风扇焉"。

南徐州所接受之移民最杂,最多,而其后南朝杰出人才,亦多产于是区,则品质又最精。刘裕家在京口(镇江),萧道成萧衍家在武进之南兰陵(武进),皆属南徐州。故萧子显称南徐州曰:"宋氏以来,桑梓帝宅,江左流寓,多出膏腴"。南徐州之人才又多聚于京口。今试于列传中查之,则祖逖范阳遒人,刘穆之东莞莒人,檀道济高平金乡人,刘粹沛郡萧人,孟怀玉平昌安丘人,向靖河内山阳人,刘康祖彭城吕人,诸葛璩琅邪阳都人,关康之河东扬人,皆侨居京口。

中原人民南迁,其所由之途径,颇多可寻。如汉水为陕甘人东南下之通途,故南郑、襄阳为汉域二大都会,同时亦为陕甘移民之二大集合地。金牛道(即南栈道)为陕、甘人西南下之通途,故四川省境内之侨郡县,皆在此道附近。时邗沟已凿,穿通江、淮,故沟南端之江都及其对岸之镇江、武进,遂为山东及苏北移民之集合地。淮域诸支流皆东南向,故河南人大都东南迁安徽,不由正南移湖北也。

南迁之时代,亦略有先后可寻。大抵永嘉初乱,河北、山东、山西、河南及苏、皖之淮北流民,即相率过江、淮,是为第一次。元帝太兴三年,以琅邪国人过江者侨立怀德县于建康,盖为以侨户立郡县之第一声。其后并侨置徐、兖、幽、冀、青、并、司诸州郡于江南北;明帝继之,又置徐、兖诸侨郡县于江南。

《宋志》序："自夷狄乱华,司、冀、雍、凉、青、并、兖、豫、幽、平诸州一时沦没,遗民南渡,并侨置牧司"。

南徐州序："晋永嘉大乱,幽、冀、青、并、兖州及徐州之淮北流民相率过淮,亦有过江在晋陵郡界者。徐、兖二州或治江北。江北又侨立幽、冀、青、并四州"。

《晋志》司州后序："元帝渡江,亦侨置司州于徐"。

《晋志》徐州后序："明帝又立南沛、南清河、南下邳、南东莞、南平昌、南济阴、南濮阳、南太平、南泰山、南济阳、南鲁等郡以属徐、兖二州"。

成帝初以内乱引起外患,江、淮间大乱,于是淮南人及北方人之向之侨在淮南者,更南走渡江,是为第二次。

《宋志》扬州淮南郡："中原乱,胡寇屡南侵,淮南民多南渡。成帝初,苏峻祖约为乱于江、淮,胡寇又大至,民南渡江者转多,乃于江南侨立淮南郡及诸县"。

南徐州："晋成帝咸和四年,司空郗鉴又徙流民之在淮南者于晋陵郡界。"

南豫州："成帝咸和四年,侨立豫州,治芜湖"。

自康、穆以后,"胡亡氐乱",中原兵燹连年,而以关右所遭之破坏为最甚,于是陕西、甘肃之人,多南出汉水流域;时桓温已灭蜀,故亦有南走四川境者,是为第三次。

《宋志》雍州："胡亡氐乱,雍、秦流民多南出樊、沔。晋孝武始于襄阳侨立雍州,并立侨郡县"。

秦州："晋孝武复立,寄治襄阳。安帝世,在汉中南郑"。

西京兆郡、西扶风郡："晋末三辅流民出汉中侨立"。

益州安固郡："晋哀帝时,流民入蜀侨立"。怀宁郡,晋熙郡,并秦、雍、关、陇流民,晋安帝立。

宋武帝北平关洛,复有青、冀、司,兖之地。自宋武帝没,南北交相侵略,而宋人屡败。少帝世既已失司州,文帝世,魏人又大举南侵,以至于瓜步(六合县东南),至明帝世而淮北四州及豫州、淮西并没北庭,于是其民多南渡淮水;又文帝世氐人数相攻击,关陇流民亦多避难,走在梁益,是为第四次。

《宋志》司州:"少帝景平初,司州复没北虏,文帝元嘉末,侨立于汝南"。

南兖州北淮郡、北济阴郡、北下邳郡、东莞郡,并宋末失淮北侨立。

兖州:"宋末失淮北,侨立兖州,寄治淮阴"。又侨立东平郡于淮阴,侨立济南郡于淮阳。泰始五年,侨立高平郡于淮南当涂县界。

徐州:"明帝世,淮北没寇,侨立徐州,治钟离"。

青州:"明帝世失淮北,于郁州侨立青州"。

雍州冯翊郡、秦州冯翊郡,三辅流民出襄阳、汉中,元嘉中侨立。

益州南新巴郡、南晋寿郡,元嘉中以侨流于剑南立。

《齐志》梁州:"宋元嘉中,……氐虏数相攻击,关陇流民多避难归化"。

此后,魏一于北,齐、梁、陈篡夺于南,治乱之势既非昔比,而中原人民南迁之风,亦因之大杀。魏兵之屡下江、淮,南人既多被虏北迁[①];至孝文帝立而崇经礼士,浸浸华化,于是中原士族向之避

---

① 最著者如宋元嘉二十八年,魏太武帝自瓜步退归,俘广陵居人万余家以北(《南史》卷二)。西魏恭帝元年,下江陵,虏其百官士庶以归,没为奴婢者十余万(《北史》卷九)。

难在江左者,又相率慕化来归①。自晋江左以来之移民趋势,至是乃为之一变;而中原之文化物力,始得稍稍复兴②。不过南渡乃是正流,北旋究属返响,隋唐而后,南北文野声名之比,终非汉魏之旧矣。

(原载《燕京学报》第十五期,1934 年 6 月)

----

① 最著者如刁雍、韩延之、王慧龙,俱南土亡命,效力魏室有殊功。王肃、刘芳俱世仕江左,因难入魏,时孝文改制,朝章国典,多出其手。儒者如沈重、何妥,文学如王褒、庾信,并系梁室遗臣,被征入北(《北史》各本传)。

② 隋文中子作《元经》,以魏、周继晋、宋为华夏中统,虽立言礼乐,但可以由此窥见南北朝治乱盛衰嬗递之一般也。

羯　考

　　晋世崛起中原者号五胡。匈奴、鲜卑、氐、羌皆习见经传史乘，族类源流，班然可睹；独羯族前史未闻。六朝正史载及其由来者，仅《晋书·石勒载记》上："其先匈奴别部羌渠之胄"及《魏书·羯胡石勒传》："其先匈奴别部"二则。二者俱以为匈奴之别部，别部通常解作同一种类之别支。又《载记》增"羌渠之胄"四字，而匈奴单于中有羌渠，见《后汉书·南匈奴传》及《晋书·刘玄海载记》。南匈奴十九种中有羌渠，见《晋书·匈奴传》，似即羯所从出。故自来史家辄认羯为匈奴支族之一。谬说流传，千年来迄未有諟正者。遂令五胡减而为四，西胡混于北狄，中古白色人种迁徙之一大事，竟湮没不彰，宁勿深可叹异？今请得而辨析之，并推究其种系之渊源本末焉。

　　按史籍用"别部"二字，含义甚泛，所指非一。《后汉书·西羌传》："湟中月氏胡，其先大月氏之别也。"《通典·边防典》于薛延陀、仆骨、同罗、拔野古、斛薛、阿跌各条下并云"铁勒之别部"，果属同种别支。若《通典·边防典》、《旧唐书·突厥传》以卑鼻可汗为突厥别部，是则非特同种，亦且同支同姓（阿史那），惟不属于大可汗一系耳。然如北周宇文氏，诸史或以为鲜卑，或以为匈奴。《通典·边防典》宇文莫槐条目注云："今考诸家之说，其鲜卑之别部。"兹所谓别部，盖谓宇文之于鲜卑，乃以异族而隶属之也（参周一良《论宇文周之种族》,《历史语言所集刊》七本四分册）。又《新唐书·沙陀传》:"沙陀，西突厥别部处月种也。始突厥东西部分治乌孙故地，与处月、处蜜杂居。"明沙陀与突厥本非同种，特以西突厥既霸西域，沙陀为所役属，遂亦以别部称耳。故《载记》及《羯胡传》"匈奴别部"云云，殊不足据以定羯族之为匈奴支族。

又按匈奴羌渠单于卒于汉中平五年（《后汉书·南匈奴传》）。石勒卒于晋成和八年（据事迹推定,《载记》下作七年，误），年六十（《载记》下），当生于晋泰始十年，上距中平五年八十六岁。勒果羌渠之胄，非其曾孙，即其玄孙，安得不详世数，泛言胄裔乎？羌渠既卒，子於扶罗、呼厨泉迭为单于，於扶罗子豹，豹子即汉主渊也，又迭为左部帅（《刘玄海载记》）。勒果亦羌渠后，则于单于部帅为近属，安得父祖已微为小率，勒且随人行贩，赖人资赡，为人力耕，遭饥乱而不能自活，至被执卖为奴（《载记》上）乎？且北狄十九种，屠各最豪贵，故得为单于，统领诸种。（《晋书·匈奴传》）勒果单于苗裔，则屠各贵种也，安得云为别部乎？又"石勒，上党武乡羯人也。"（《载记》上）而南单于子孙在塞内者，皆冒姓刘氏。自魏以来刘氏虽分居五部，然皆家于晋阳汾涧之滨（玄海《载记》）。姓氏地望，亦两不相合（参吕思勉《燕石札记》胡考）。是《载记》"羌渠之胄"云云,"羌渠"二字，必非匈奴单于之名，自不得据此以石勒为匈奴贵胄、羯种为屠各近属也。至羌渠为匈奴十九种之一，斯果无可否定者，然亦未得以为羯是匈奴之证。何者？十九种者,《晋书·匈奴传》仅谓乃入居中国而为匈奴单于所统领之北狄部落耳，初未尝谓为尽属匈奴种类。间尝考之，则其中赤勒[①]实即丁零（参见本书《记五胡元魏时之丁零》），雍屈疑

---

① 通行本《晋书》作"赤勒",《御览》八〇〇引作"赤勒","赤勒"是也。

即郁鞠。丁零者，铁勒诸部所从出；郁鞠者，索头鲜卑之别派；皆匈奴北边之异族也。

由上所论，可知《载记》及《羯胡传》所载羯族由来，实不足以证其为匈奴同种。六朝人著作亦有明言羯为匈奴者，如《世说新语·识鉴篇》注引《石勒传》曰："匈奴之苗裔也"。斯则殆远方传闻之辞，文士率尔之谈，亦犹《宋书·索虏传》之以芮芮为蠕蠕，《旧唐书·北狄传》之以奚为匈奴别种耳，殊未可信据。抑羯之非匈奴，于史传果有明证乎？

《晋书·石季龙载记》上："太子詹事孙珍问侍中崔约曰：'吾患目疾，何方疗之？'约素狎珍，戏之曰：'溺中则愈'。珍曰：'目何可溺？'约曰：'卿目䁖䁖，正耐溺中。'珍憾之，以白（太子）宣。宣诸子中最胡状目深，闻之大怒，诛约父子。"同载记下：冉闵"诛诸胡羯，无贵贱男女少长皆斩之，死者二十余万人。""屯据四方者，所在承闵书诛之，于时高鼻多须，至有滥死者。"是羯人形貌，具深目、高鼻、多须之特征，显系中亚白色阿利安人种。夏曾佑著《中国古代史》因曰："案此则胡羯之状，颇类今亚洲西境诸族人，而非匈奴种也"。[①] （第二篇第二章第十节）羯非匈奴，且一属白种，一属黄种，夏氏已发其端，惜未畅厥说耳。王国维撰《西胡续考》（《观堂集林》卷十二），泥于羯与匈奴同种之旧说，乃反据此立论，谓匈奴形貌类西胡，则颠矣。案近代东西学者研究匈奴种族问题，虽有突厥、蒙古二说，尚无定论；要其属于东方黄色人种中之间尔泰语系，此则证之以漠北前后史迹，《史》、《汉》所载匈奴语言，断无可置疑

---

① 吕思勉、黄文弼皆谓夏氏始据《石季龙载记》疑匈奴为白种人，今查原文，何尝有此意，未免厚诬夏氏矣。

者。至于匈奴形貌，虽不见于中土史乘①，然西史所述则为大头、小眼、宽胸、平鼻；霍去病墓前石刻所呈，则为面阔、须稀、唇厚、鼻平、目小。（参白鸟库吉《西域史之新研究》，《东洋学报》三卷一号。黄文弼《古代匈奴民族之研究》，《边政公论》二卷三、四、五合期）斯正蒙古利亚族之特征，与深目、高鼻之羯胡，判然不同，焉得混为一谈乎？

羯之出于西胡，其证非特容貌一端而已，此外又得以三事证之：

《晋书·石勒载记》上："奉表推崇（王）浚为天子曰：'勒本小胡，出于戎裔。'"同书《佛图澄传》："（石）季龙以澄故，下书曰：'朕出自边戎，忝君诸夏。至于飨祀，应从本俗，佛是戎神，所应兼奉。'"勒、虎俱自谓"出于西戎"，知非出于北狄之匈奴也。虎且以祀佛为本俗，则此所谓"戎"，知非近在陇右之氐、羌，惟中亚自汉以来即为佛法所风靡，适足当之。斯证一也。

勒、虎诸载记辄称其种人曰胡，而前赵、北凉、夏诸主之载记不然。又勒《载记》下："勒伪称赵王，……号胡为国人。"季龙《载记》上："太武殿画古贤悉变为胡。"又云："宣诸子中最胡状目深。"细玩文义，可知凡此之谓胡，其义至狭，既非诸夷之泛称，即匈奴亦不在内，乃专指形状特异之后赵国人即羯人而言。案自东晋以降，狭义之胡，实为西域人所专。西域诸国人据《史》、《汉》、《北史》、

---

① 《刘玄海载记》：玄海"姿仪魁伟，身长八尺四寸，须长三尺余"，晋武帝及王济俱称其仪容之美。子和，"身长八尺，雄毅美姿仪。"《刘曜载记》：曜"身长九尺三寸，垂手过膝，生而眉白，目有赤光，须髯不过百余根，而皆长五尺"。凡此皆个人异相，不足以概全类，要其并无白种人之特征则可见。且白种人容貌在东方人心目中可以为怪，可以为丑，宜不得反以为美也。即如石勒、石虎《载记》，俱但称其状貌奇异，而不言美。

《唐书》所载，以形貌言，皆深目、高鼻、多须髯，正与羯状同；以言语言，则虽有小异，而大同，自相晓知也。自今考之，当属阿利安语系。（参王国维《西胡考》、《西胡续考》，《观堂集林》卷十二）①然则羯之为西域阿利安人种甚明。斯证二也。

勒初起时有众十八骑，《载记》上备举其名。其中至少有三人确知其系出中亚：曰支雄，其先月支胡人，见《通鉴·晋纪》九，永嘉三年注引《后赵支雄传》。曰支屈六，其先亦月支胡人，见邓名世《古今姓氏书辨证》卷三。曰夔安，自天竺徙辽东，亦见邓氏《辨证》同卷。案古代中亚诸国人人居中土者，率以其国号为姓氏。如天竺人有竺法兰、竺佛调等；安息人有安清、安玄等；康居人有康僧会、康僧渊等；月支人有支谶、支谦等，又王世充本姓支；石国人有石演芬，又释神会俗姓石；不胜备举。（诸僧俱见《高僧传》，王世充、石演芬见《唐书》本传。）雄、屈六之以支为氏，正与此同一事例。因疑石勒之姓石，殆亦当由于其本为石国②（今塔什干 Tashkend）人故。《载记》谓系勒初起时所奉主帅汲桑所命，此臆说耳。设果有此事，则勒之本姓为何？改氏又何所取义？何以更无一语道及耶？若谓勒本无姓，则其时塞内诸胡皆有姓氏，何独勒无？勒本人及其基本部伍既多系出中亚③，则羯族与中亚之关系可见。斯证三也。

---

① 王氏谓西汉时匈奴、西域，兼被胡称，后汉以降，匈奴浸微，西域诸国，遂专是号。案东汉后匈奴仍得称胡，其证不胜举。如北朝时著称之山胡，即系刘玄海五部之苗裔。王说非也。惟狭义之胡，实专指西域人而言。

② 石国始见于《魏书·西域传》，作"者舌"，《隋书》、《唐书》、西域传作"石"。《新唐书》："石国，故康居小王窳匿城池。"是汉世已为康居之附庸小国矣。

③ 建立大月氏国之月氏人虽为迁自敦煌、祁连间之东方民族（或以为羌，或以为氐，或以为突厥，尚无定说；亦有以为阿利安者），然自汉以后，中土所谓月支胡，率指月支国境内之土著阿利安人而言者也。

　　有斯三证,则羯为中亚阿利安人种,非匈奴同类;冉闵所诛限于羯而不及匈奴;晋、魏二书"匈奴别部"之解,当一如宇文之于鲜卑、沙陀之于突厥,已毋庸赘陈。惟羯之本义如何? 中亚地广,羯人原居何处? 阿利安支派甚众,此族系属何类? 此则尚须研讨者也。

　　羯之本义不见于六朝记载。《魏书·羯胡传》:"其先匈奴别部,分散居于上党武乡羯室,因号羯胡。"此倒因为果之说也,羯室当得名于为羯人所居耳。兹以唐史对照之,则羯者,实即柘羯人之简称。故唐人记安禄山之种族,或作羯胡,或作柘羯(参陈寅恪《唐代政治史述论稿》上篇)。而柘羯者,其人出于葱岭之西,索格的亚那(Sogdiana)、塔什干一带。玄奘《西域记》飒秣建国(即康国,今撒马尔罕 Samarkand)条:"兵马强盛,多诸赭羯。赭羯之人,其性勇烈,视死如归,战无前敌。"《新唐书·西域传》安国(今布哈拉 Bokhara)条:"募勇健者为柘羯,柘羯,犹中国言战士也。"同传石国条:"石,或曰柘支,曰柘折,曰赭时。""治柘折城","显庆三年,以瞰羯城为大宛都督府。"据此可知赭羯即柘羯之异译,即柘支、柘折、赭时、瞰羯,亦当与柘羯出于同一语源。柘羯原义或本《西域记》目为种族名,或本《西域传》作战士解,孰是孰非,殊难断言。① 要之,古代索格的亚那(撒马尔罕、布哈拉等地属之)、塔什干一带人民,或全部,或一部,有柘羯之称也。此项记载虽始见于

------

① 　前者如陈寅恪《唐代政治史述论稿》,谓本义乃种族名,引申作战士之通称。后者如白鸟库吉《西域史之新研究》,以柘羯为突厥语 Sagas 之译音,义即战士。愚案,据《西域记》之文,虽以解作种族名为顺,然亦未始不可作战士解。又石国或曰柘支,岂拓支本石国人民之专称,以其人勇健而善战,寖假而邻国即以此名其战士乎? 或石国本取战士之美名以为国号,由国号而衍为国人之称号,久之凡与石国人民同族者皆以柘羯称乎?

唐代，然其地自汉至唐，皆以伊兰民族被治于突厥族人（康居、嚈哒及昭武九姓等，参白鸟库吉《粟特之研究》，英文《东洋文库研究股专刊》第二号），制度语言，宜无大变动。则柘羯之称，当由来已久。质言之，五胡之羯，与唐代之羯，语其源本，理无二致，皆索格的亚那、塔什干一带①之伊兰族人也。

羯之本土、种族既明，复次，当寻究《载记》所谓"羌渠之胄"之正确解释，亦所以阐明匈奴部落中杂有羯人之原由也。羌渠非匈奴单于名，既如上文所考。近者吕思勉撰《胡考》，乃有羌渠犹言羌酋之说。钱穆著《国史大纲》，亦曰，史称石勒"匈奴别部羌渠之胄"，则此种虽属匈奴，而与西羌为近。今按上文已考定羯人为中亚伊兰族，是此说不待辨。然则羌渠二字，究当作何解乎？余读《史记·大宛列传》，"为发导译至康居"，《索隐》曰："居音渠"，因悟羌渠盖康居②之异译也。居既音渠，至康之于羌，亦仅洪细之别。③且今之细音于古辄作洪音，如江，古读若缸；章，古读若当。是"羌渠"之羌，疑亦当读若康。"康居"，与"羌渠"，以今音读之，虽属有别，以古音读之，则等是康渠。羯人本以康居之臣民降附匈奴，故匈奴即以康居称之。复以匈奴之部落入居塞内，当时秉笔者未遑深究，未由知其即系马、班所谓"康居"，遂别创"羌渠"之新译耳。

---

① 柘羯之称，见于唐人记载者，虽仅康、安、石三国，其实被施号者，必不限于此三国人。晋以前同属粟弋之索格的亚那，其他诸国无论矣，即索格的亚那迤南（古大月氏）、迤东（古大宛）之地，亦当在内。大抵自葱岭以西，至于咸海，北起亚历山大山，南抵兴都库什山，即隋唐时代所谓昭武九姓诸国之地，风土大同，种族毋殊，皆柘羯桑梓之邦也。

② 康居之原音，东西学者尚无定说。

③ 章炳麟《新方言释词》："羌，乃也。今人言羌音皆如刚，亦或如姜。"刚之于康，则发送之别耳。

　　何以知羯本康居臣民？以索格的亚那塔什干之地，汉世故康居领土也。二地不见于《史》、《汉》，然《史记·大宛列传》记张骞奉使之经历曰："大宛以为然，遣骞为发导译（《汉书·张骞传》作译道）抵康居，康居传至大月氏。"自大宛都城贵山（今 Kasan）至阿姆河北大月氏之王庭，断乎无需绕道亚历山大山北之康居本土①，而索格的亚那之撒马尔罕、夏儿（shahr）等地，实所必经，则索格的亚那之为康居领土可知，塔什干介在康居本土及索格的亚那之间，更可推见。又《后汉书·西域传》："栗弋国属康居。"栗弋，《晋书·西域传》康居国条作粟弋，《晋书》是也。粟弋即《宋书·索虏传》、《魏书·西域传》、《周书·异域传》之粟特，亦即索格的亚那也。② 北朝以后，二地虽不复为康居所领，而史家犹往往能追述旧事。《魏书·西域传》："者舌，故康居国。"者舌，即《新唐书》柘支（石国）之异译。又《新唐书·西域传》以石国为《汉书·西域传》康居五小王故地之一。《隋书·西域传》以康国为康居之后，米（今马江 Maghian）、史（今夏儿）、曹（今米塘 Mitan）、何（今喀沙尼亚 Kashania）四国为旧康居之地。《旧唐书·西域传》："康国，即汉康居之国也。"又《新唐书》亦以何、史二国为康居五小

---

① 近人或以晋之康居，元魏之悉万斤，隋唐之康国（今撒马尔罕），为汉康居本土，非也。《史记·大宛列传》："康居在大宛西北，可二千里，行国。"《汉书·西域传》记康居国有冬夏迁都之俗。而撒马尔罕东距贵山不过千里，且索格的亚那土肥水美，农业富饶，不得为冬夏迁都之游牧行国也。

② 《通典·边防典》："栗弋一名粟特。"魏、周二《书》以粟特为古之奄蔡，非也。《后汉书》谓栗弋"出名马、牛、羊、葡萄众果，其土水美，故葡萄酒特有名焉。"与索格的亚那风土正合。《晋书》康居国，即今撒马尔罕，传云："与栗弋、伊列邻接。"则栗弋不得远在黑海之滨。奄蔡于《后汉书》别有传。又按栗弋或粟特有二义，广义乃指全索格的亚那，狭义乃指隋唐时代之何国即贵霜匿而言（白鸟库吉《粟特之研究》），上引《晋书》所云栗弋，即狭义者也。

王故地之二。① 康、米、史、曹、何诸国,皆故粟特之地也。

至康居之羁事匈奴,此则《史记·大宛列传》、《汉书·西域传》明载之。元帝时匈奴郅支单于且移庭康居,借其兵以侵陵乌孙、大宛,胁服阖苏(即奄蔡)等国,亦具载于《汉书·陈汤传》。可知康居臣民果多役属于匈奴者也。康居臣民中羯族素以勇健善战著称,故役属于匈奴者,此族人殆居多数。羯人与康居本土人②本非同族,特以其同为康居国民,"北狄以部落为类"(《晋书·匈奴传》),故自匈奴人视之,则等是羌渠种③人,等是羌渠之胄耳。

上考羯族之渊源竟。兹请附论三事,以殿此文。

一曰羯族之衍义。羯本中亚索格的亚那、塔什干一带伊兰族人之专名,而六朝时中土所谓"羯",则已由专称衍而为通称。凡深目高鼻之西域胡人,俱得以此呼之。石勒统号胡为国人,既未尝分别是羯非羯,故史籍或曰"胡",或曰"羯",或曰"胡羯",究其含义,亦无二致。然此犹为羯之正解。又间有移以指非西胡者,如《晋书·前凉张寔传》:愍帝下诏于寔,斥汉主匈奴刘载(聪一名载)为羯贼;同传:寔叔父肃请击载将刘曜(即前赵主),亦曰:"羯逆滔天,朝廷倾覆",斯其例也。盖羯于诸夷中形貌最为怪奇不类中国人,遂衍而为丑诋诸夷之辞耳。

---

① 另二国一为安(布哈拉),一为火寻(今基瓦 Khiva),疑误。《隋书·西域传》:"安国,汉时安息国也",盖安息之属国也,火寻更在其西,亦当为安息故地。安国虽非康居故地,然地势近接,故其人亦属柘羯。

② 白鸟库吉考定康居本土人为突厥族,见《西域史之新研究》。至汉末六朝东来传灯诸康姓高僧,当系粟特人,而非本土人,故王导以鼻高眼深戏康僧渊。(《高僧传》初集卷四)

③ 缪凤林《中国通史纲要》"四裔国族表"以北凉为羌渠,后赵为力羯(亦十九种之一);钱穆《国史大纲》亦以羯为力羯,未知所据。

　　二曰石赵以后之羯人。冉闵诛诸胡羯，死者数十万人（上引）。或以为羯族遂亡，非也。《慕容儁载记》，闵使人常炜答儁记室封裕之问曰："诛胡之日，在邺者略无所遗。"知在外者犹多未尽。《冉闵载记》，署其子"胤为大单于骠骑大将军，以降胡一千（《韦谀传》作数千）配为麾下。"石祇攻邺，降胡栗特康①等叛应之。则在邺者亦未尝灭绝也。故前燕、前秦之世，史乘犹往往载及。慕容恪克广固，"徙鲜卑、胡羯三千余户于蓟"（儁《载记》）。苻坚平邺，"徙关东豪杰及诸杂夷十万户于关中"，而苻融乃有"鲜卑、羌、羯，布诸畿甸"，"鲜卑、羌、羯，攒聚如林"之忧。（坚《载记》）自后乃不复闻，盖微弱不足以自表见矣。至唐代始复著柘羯之祸，此则乃当时之新移民，非六朝旧羯之遗裔也。

　　三曰羌渠族中之康居本土人。羌渠既如上文所考，即康居之异译，则隶属于匈奴之羌渠族中，宜亦杂有康居人在内，非必尽属羯族也。《御览》七三〇引《十六国春秋·后赵录》："张季，字文伯，羌渠部人也。"张季疑即羌渠部中之康居本土人。史不概称羯胡而别呼为羌渠部人，盖自羯人视之，羌渠本非吾族类也。然康居与羯初既同属一国之民，迨归匈奴，辗转入居塞内，又编置一部之中。更历数百年，至于西晋之末，其关系之密切可喻。《后赵载记》，石勒初起十八骑中有张曀仆、张越。级桑既败，勒奔胡部大张訇督②于上党。洎僭位赵王，以张离、张良等为门生主书，司典胡人出内。离、良石虎时并位至尚书仆射。此外如张敬、张斯、张

---

　　①　"栗"疑当作"粟"，盖本粟特人，亦以国号为姓也。
　　②　"訇"及"屈六"乃羯人常用之名，如石勒初名訇，石虎祖曰訇邪，十八骑中有支屈六是也。足见羌渠与羯，语言文化，业多同化。此处又称訇督为胡，盖晋世胡与羌渠本已难于区别，且訇督部众中多胡耳。部大，胡中称号。

夷、张屈六①、张贺度、张伏都、张举、张春、张季、张沈等,皆一代将相大臣。冉闵之篡,赵人百里内悉入城,胡羯去者填门;及诛胡羯,张举、张春、张季,偕石岳、石宁、赵鹿率众万余人出奔,张沈、张贺度,各据地抗命。又张越为勒之姊夫,虎子邃、遵之妻皆张氏。诸张中,殆多羌渠。是羌渠在石赵政权之下,其政治机会及社会地位,初未尝有逊于号为国人之羯胡也。

一九四五年八月廿二日

(原载浙江《东南日报》1947年1月9日,《历史与传说》第一期)

---

① “訇”及“屈六”乃羯人常用之名,如石勒初名訇,石虎祖曰訇邪,十八骑中有支屈六是也。足见羌渠与羯,语言文化,业多同化。此处又称訇督为胡,盖晋世胡与羌渠本已难于区别,且訇督部众中多胡耳。部大,胡中称号。

记五胡元魏时之丁零

（一）源　流

丁零,汉世处匈奴之北,《史记·匈奴列传》作丁灵。《汉书·匈奴传》作丁零,又作丁令。汉初冒顿单于始北服丁零,宣帝初年,匈奴衰耗,丁零乘弱攻其北,末年,郅支单于西走,西破坚昆,北降丁令。《魏略》云,丁灵在康居北,去匈奴庭接习水七千里(《史记·匈奴列传》索隐引)。

其后有留居北荒者,有入居塞内者。其留北者,五胡以来,或作丁零。《魏书·卫操传》,立碑颂桓帝功德,有云:南壹王室,北服丁零。《宋书·索虏传》、《南齐书·芮芮传》并云:芮芮(即蠕蠕)北接丁零,是其例也。又号敕勒,《晋书·前燕载记》:慕容皝北袭敕勒,大获而还。《魏书·世祖纪》神䴥三年,"敕勒万余落叛走",是其例也。而元魏时特著高车之称,魏收书有《高车传》,传叙其族类之称号云:初号狄历,北方以为敕勒,诸夏以为高车丁零。狄历、敕勒皆丁零之音转,高车则得名于其俗多乘高轮车(《新唐书·回纥传》)。隋以后又讹敕勒为铁勒,《隋书》、《旧唐书》皆有《铁勒传》,《新唐书》附著《回纥传》,回纥,铁勒十五种之一也。其内迁者,不知其所自始,要当在东汉或魏晋世,《晋书·匈奴传》南匈奴十九种,赤勒居其一,赤勒即敕勒矣。敕勒与匈奴异族,所以列以为南匈奴者,盖其人本为匈奴所服属,随匈奴而内徙者也。惟赤勒之名其后不见于史,五胡元魏时凡塞内之丁零,止号丁零,不著他称。

《魏书·高车传》:高车,盖古赤狄之余种也。其说不知所本。按高车有狄氏,丁零之酋豪多翟氏,狄、翟古通用,诚如魏收说,则狄、翟盖以种族为氏,惟无由证其为赤狄耳。丁零之又一大姓曰鲜于氏,疑为鲜虞之音转,以国为氏。鲜虞,白狄种也。然则丁零殆白狄之余种乎?五胡元魏时,丁零聚处以中山为最盛,亦有在西河者。中山,古鲜虞之虚也,西河亦白狄故居,《国语·齐语》:桓公西征,攘白狄之地,遂至于西河。汉后内徙之丁零适与古白狄之居处略同,此尤耐人寻味。

丁零,曹魏时已见。《晋书·后赵载记》:中山丁零翟鼠叛勒,攻中山、常山,计其时当在愍帝建兴四年。然其前怀帝永嘉六年,勒自棘津北渡河击向冰,令主簿鲜于丰挑战,丰疑即丁零之仕于石氏者。石勒起于上党,上党亦丁零种落之所聚也。自元魏高宗、显祖间置广阿镇于冀、定、相三州界上,屠各、丁零诸胡,劫盗为息(详下节)。其后丁零不复见于史载,盖其人已渐次归于同化。肃宗孝昌二年,五原降户鲜于修礼反于定州,朔州城人鲜于阿胡等据城反(《魏书》纪,修礼事散见诸传),孝昌之前有怀朔镇将渔阳鲜于宝业,子世荣仕齐至领军大将军太子太傅(《北齐书·世荣传》),此诸鲜于或即丁零之裔,惟无可确证。修礼反于定州,岂以州境多其族类乎?宝业父子籍渔阳,渔阳北接密云,东连辽濡,皆丁零故地也(详下节)。邓名世《古今姓氏书辩证》,唐贞观所定高阳郡五姓,其一曰鲜于氏。高阳即昔之中山,此丁零遗裔之著闻于后世者也。

(二)聚　处

太行山绵亘河北,陵谷深险。从来中原多故,桀骜亡命之徒,往往啸聚其中。自魏晋后遂为诸胡所据,其间种落尤众者,丁零是也。魏世著称西山丁零。盖太行之地虽分属于定、相、并三州,自定、相而言,则山在西境。定州之中山、常山、赵三郡,实为丁零根本所在,故赵、燕以来,丁零之向背,辄为一方大局安危之所系。魏定中原,犹时出骚扰,历六七十岁,始得宁息。

晋愍帝建兴四年,大蝗,中山、常山尤甚。中山丁零翟鼠叛石勒,攻中山、常山。勒率骑讨之,获其母妻而还。鼠保于胥关,遂奔代郡(《后赵载记》)。穆帝永和七年,燕主儁南定中山,十二月,鼠率所部降,封为归义王(《前燕载记》、《通鉴》)。

孝武帝太元九年,燕主垂杀丁零翟斌,斌兄子真、从弟成自邺北走,初屯中山之承营,继迁常山之行唐,连秦以抗燕者期月(详本书240页《记翟魏始末》)。

太元十一年八月,丁零鲜于乞保曲阳西山,闻燕主垂南伐,出营望都,剽掠居民。尚书右仆射录留台赵王麟自出讨擒之(《通鉴》)。十二年五月,燕主垂南征翟辽,井陉人贾鲍招引北山丁零翟遥等五千余人,夜袭中山,陷其外郭。章武王宙以奇兵出其外,太子宝鼓噪于内,合击,大破之,尽俘其众,唯遥、鲍单马走免(《通鉴》)。

魏太祖皇始二年三月,围中山,燕慕容麟谋劫禁兵弑逆不成,出奔西山,依丁零余众。七月,麟自丁零中入乌桓,麟军因其众复入中山,杀慕容详,遂僭称尊号(《后燕载记》、《魏书·太祖纪》、《通鉴》)。中山既平,其明年,徙山东六州吏民杂夷以实代,时中山太守仇儒不乐内徙，亡匿赵郡，推群盗赵准为主，连引丁零，杀害长吏，扇动常山、巨鹿、广平诸郡。中领军长孙肥率骑三千击破之于九门。（《魏书》肥传）

天兴五年二月，沙门张翘自号无上王，与丁零鲜于次保聚党常山之行唐。四月，太守楼伏连讨斩之。（《魏书》纪、《伏连传》）

太宗永兴三年二月，诏北新侯安同、肥如侯贺护持节循察并、定二州，及诸山居杂胡、丁零，宣语抚慰，问其疾苦。（《魏书》纪、同传）

泰常二年十一月，诏叔孙建等讨西山丁零翟蜀洛支等，悉灭余党而还。（《魏书》纪、《通鉴》）

世祖神䴥元年十月，定州丁零鲜于台阳、翟乔等二千余家，叛入西山，劫掠郡县，州军讨之失利。闰月，诏镇南将军叔孙建击之。明年正月，台阳等归罪，诏赦之。（《魏书》纪、《通鉴》）

太平真君八年三月，徙定州丁零三千家于京师。（《魏书》纪，原文定作安，按天兴三年已改安州为定州。）

十二年正月，车驾围宋盱眙，遗其守将臧质书曰："吾今所遣斗兵，尽非我国人，城东北是丁零与胡，南是氐、羌，设使丁零死，正可减常山、赵郡贼，胡死减并州贼，氐、羌死减关中贼。"（《宋书·臧质传》、《通鉴》）

高宗太安二年，丁零数千家亡匿井陉山中，寇窃并、定。冠军将军陆真，与并州刺史乞伏成龙，自乐平东入，与定州刺史许宗之并力讨灭之。（《魏书》纪、真传、宗之传、《通鉴》）

韩均除广阿镇大将，加都督定、冀、相三州诸军事。均清身率下，明为耳目，广设方略，禁断奸邪，于是赵郡屠各、西山丁零聚党山泽以劫害为业者，均皆诱慰追捕，远近震踮。（《魏书·韩均传》，按均之镇广阿，略当在高宗和平、显祖皇兴之间。）

太祖天兴五年，车驾征姚兴，次于晋阳。而上党群盗秦颇、丁零翟都等,聚众于壶关。十一月,诏左将军莫题帅众三千讨之。已而上党太守捕颇斩之,都走林虑。诏题搜山穷讨,尽平之。(《魏书》纪、题传)

太宗曾亲征丁零翟猛。(《魏书·韩茂传》)

泰常元年,丁零翟猛雀驱迫吏民入白涧山为乱。诏内都大官张蒲,与冀州刺史长孙道生等讨之。道生欲径以大兵进击。蒲曰:吏民弗乐为乱,为猛雀所迫胁耳,今不分别并击之,虽欲返者,其道无由,必同心协力,据险以拒官军,未易猝平也。不如先遣使谕之,以不与猛雀同谋者皆不坐,则必喜而离散矣。道生从之,降者数千家,使复旧业。猛雀与其亲党百余人出走,蒲等追斩之于林虑山。余种窜于行唐及襄国,左部尚书周几穷讨,悉诛之。(《魏书》蒲传、几传、《通鉴》)

世祖神麚三年,遣尚书公孙轨屯壶关。会上党丁零叛,轨讨平之。轨既死,世祖谓崔浩曰:吾行过上党,父老皆曰公孙轨为受货纵贼,使至今余奸不除,轨之咎也。其初来单马执鞭,返去车百辆载物而南,丁零渠帅乘山骂轨,轨怒取骂者之母,以矛刺其阴而杀之。(《魏书》轨传)

太行而外,丁零又有散处于河、汾之间,燕山之麓者,种落稍微,寇盗罕闻。

魏太祖天兴二年八月,西河丁零帅翟同内附。(《魏书》纪)(按晋后西河郡西距大河,东至汾滨,中包吕梁山。)

太宗泰常二年四月,榆山丁零翟蜀率营部遣使通刘裕、冯跋,使人王特儿等通于司马德宗,章武太守捕特儿等囚送京师。(《魏书》纪)(按今昌平、通县间有榆河,即《水经注》之温榆河。榆山疑即榆河所出之山,即居庸关下之军都山也。故南通江左,章武为必经之道。)

世祖延和元年七月,将讨冯文通,诏安东将军奚斤发幽州民及密云丁零万余人运攻具出南道。(《魏书》纪、斤传、《通鉴》)

上述各地,殆为塞内丁零之原始居处。自五胡以来,又有因乱播迁他方者。苻坚之平墓容晰,徙丁零翟斌于新安(详下节);魏有中原,徙并州丁零三千家于平城(见上);此明载于史乘者也。

翟斌之众,秦末大率还于河北。然亦有仍留河南者,斌于晋太元九年正月从慕容垂自石门济河向北,九年九月,秦美水令张统言于梁州刺史梁熙,犹曰"丁零杂虏,跋扈关、洛"(《前秦载记》)可证。代都丁零其后无闻,岂五原、朔州之鲜于,又系迁自平城者耶?

翟辽自行唐袭破黎阳,僭号称王,恢拓疆土,东届泰山,西迄荣阳,南接陈、颖。其种族当有因之而散在韩、魏、宋、鲁间者。慕容宝自中山还走龙城,其后辽西亦有丁零,盖系随宝而北迁者,此可推度而知者也。

燕慕容盛建平元年(魏天兴元年),墓容奇与丁零严生、乌桓王龙阻兵叛盛,引兵迫龙城。盛出击破之,执奇而还,斩龙、生等百余人。(《后燕载记》、《通鉴》)

燕慕容熙光始中(魏天兴四年至天赐三年),丁零民杨道猎于白鹿山,为契丹所获。飘流塞外,至大难北及大黎国,逐水草而射猎为业。至十月,乃收苇为城,水浇令冻,高一丈五尺,东西七八十里,南北二十余里,名凌城,居其中。至冯跋太平十九年(魏始光四年),道降冯跋(汤球《十六国春秋辑补》引《御览》一九二)。

(原载《益世报》1942 年 10 月 4 日,《文史副刊》第十六期)

记翟魏始末

晋自王纲解纽，夷狄叛臣，乘时窃据。小者跨连郡邑，擅命一方，大者割裂区宇，僭号称制，项背相望，更仆难数。魏崔鸿之《十六国春秋》所录但以二赵、四燕、五凉、三秦、成、夏为限，殊未得其全。梁萧方等之《三十国春秋》，纂集殆备，惜其书不传。十六国外诸割据者大抵以仇池杨氏、辽西段氏、辽东宇文氏历年最久，西燕慕容氏、后蜀谯氏、南魏翟氏占地较广，杨、段、宇文，《魏书》皆有传（杨《宋书》、《齐书》、《北周书》亦有传，段《晋书》有《段匹磾传》），西燕《魏书》附见《慕容廆传》，谯纵《晋书》列《叛逆传》。独丁零翟氏乘苻末之乱，初则扰乱司、冀，继乃建号兖、豫，经历十载，囊举七郡，重经反复于晋、燕间，亦一时之雄国也，而诸史罔有专记，殊无由窥见其本末①。今刺取群书，荟为一篇，疑者考之，晦者疏之，倘亦治史者所不弃欤！

晋废帝太和五年苻秦平慕容氏。明年徙关东豪杰及杂夷于关中，丁零翟斌亦在其中，处之于新安、渑池。斌仕秦为卫军从事中郎（《晋书·前秦载记》、《通鉴》）。

孝武帝太元八年，秦师败于淝水。十二月，斌②兄弟首举兵叛

---

① 《隋书·经籍志》梁有《翟辽书》二卷，不著撰人，亡。

② 《晋书·孝武帝纪》作前句町王翟辽，辽系斌之误，句町王待考。

秦,旬日之间聚众四千,谋逼洛阳。燕故宜都王慕容桓之子凤①及故臣之子燕郡王腾、辽西段延等,各帅部曲归之。秦豫州牧苻晖使骁将毛富讨斌。凤曰:"凤今将雪先王之耻,请为将军斩此氐奴。"乃擐甲直进,丁零之众随之,大败秦兵,斩毛富,遂进克陵云台戍②,收万余人甲仗。会慕容垂自邺受秦长乐公丕命将兵讨斌,行至河内,尽杀氐兵及氐将飞龙。既济河,军容甚盛。九年正月,凤等皆劝斌奉垂为盟主。斌从之,遣使诣垂,垂欲袭洛阳,垂且未知斌之诚伪,乃拒之曰:"吾来救豫州,不来赴君,君既建大事,成享其福,败受其祸,吾无用焉。"迨至洛阳,晖闭门拒守。斌复遣长史河南郭通往说垂,垂犹未许。通曰:"将军所以拒通者,岂非以翟斌兄弟山野异类,无奇才远略,必无所成故耶?独不念将军今日凭之可以济大业乎?"垂乃许之。斌遂帅众会垂,劝垂称尊号,未许。从垂引兵而东。垂称燕王承制于荥阳,以斌为建义大将军,封河南王,斌弟檀为柱国大将军,封弘农王。与俱自石门济河向邺。邺城之围,丁零、乌桓之众为垂效力者二十余万。(《晋书》前察、后燕载记、《通鉴》)

　　七月,翟斌仕燕恃功骄纵,邀求无厌。又以邺城久不下,乃潜有二心,垂太子宝请除之。垂曰:"河南之盟,不可负也。若其为难,罪由于斌。今事未有形而杀之,人必谓我忌惮其功能。吾方收揽豪杰,以隆大业,不可示人以狭,失天下之望也。籍彼有谋,吾以智防之,无能为也。"燕宗室大臣范阳王德、陈留王绍、骠骑将军农皆曰:"翟斌兄弟恃功而骄,必为国患。"垂曰:"骄则速败,焉能为患?彼有大功,当听其自毙耳。"礼遇弥重。斌讽丁零及西人请斌

----

① 燕之亡也,桓死难,凤时年十一,阴有复仇之志,鲜卑、丁零有气干者皆倾身与之交结,见《通鉴》海西公太和五年。

② 胡三省注,魏文帝筑台在洛城西,秦置戍焉。

为尚书令,垂访之群僚。安东将军封衡厉色曰:"马能千里,不免羁绊,明畜生不可以人御也,斌戎狄小人,遭时际会,兄弟封王,自骊兜以来,未有此福,忽履盈忘止,复有斯求,魂爽错乱,必死不出年也。"垂犹隐忍容之,令曰:"翟王之功宜居上辅,但台既未建,此官不可便置,待六合廓清,更当议之。"斌怒,密应苻丕。初,垂以邺城坚固,用魏武故智,引漳水以灌之,至是不没者尺余。斌潜使遣丁零夜往决堰溃水,事泄,垂杀斌及其弟檀、敏,余皆赦之。斌兄子真夜将营众北走邯郸,引兵还向邺,欲与丕内外相应。垂太子宝与冠军大将军隆击破之,真还走邯郸。垂之太原王楷,陈留王绍言于垂曰:"丁零非有大志,但宠过为乱耳,今急之则屯众为寇,缓之则自散,散而击之,无不克矣。"垂从之。八月,真自邯郸北走,乃使慕容楷、慕容农率骑追之,及于下邑。① 楷欲战,农曰:"士卒饥倦,且观贼营,不见丁壮,殆有他变。楷不从,进战,燕兵大败。真北趋中山,屯于承营。"②垂谓诸将曰:"苻丕穷寇,必无降理,丁零叛扰,乃我心腹之患。"遂引师去邺,北屯新城,③为击真之备,会秦振威将军刘库仁所遣公孙希、幽州刺史王永所遣宋敞,连兵败燕师于蓟南,进据唐城。真在承营与遥相首尾。十月,苻丕遣宦者冗从仆射光祚将兵数百赴真,与相结纳,又遣将邵兴招集冀州郡县,与祚期会襄国。时燕军疲弊,秦师复振,冀州郡县皆观望成败。既而燕师破兴于襄国,祚循西山走归,冀州郡县复从燕。刘库仁为部下所杀,公孙希之众闻乱自溃,希自唐城奔于真。垂遣慕容农自信都

---

① 无考。洪亮吉《十六国疆域志》以梁国之下邑当之,地望不合。
② 《方舆纪要》引《续通典》:坞名,在定州东南。
③ 胡三省注,肥乡之新兴城也。按新兴城在今肥乡县治东南。

西击破翟嵩于黄泥。① 十一月，又破真从兄辽于鲁口。② 辽退屯无极，农屯藁城以逼之。时燕抚军大将军麟屯据中山，十二月，农与合兵进袭辽，大破之，辽单骑奔真。垂引师还围。十年二月，燕兵既下幽州，慕容农引兵会慕容麟于中山，共攻承营，先率数千骑至郭下，观察形势。真望见，陈兵而出，燕诸将欲退，农曰："丁零非不劲勇，而翟真懦弱，今简精锐望真所在而冲之，真走，众必散矣，乃邀门而躄之，可尽杀也。"使骁骑将军国帅百余骑冲之，真走，其众争门，自相蹂藉，死者太半，遂拔承营外郭。三月，麟受命移屯信都，农奉召还邺，承营之围得解。垂别遣乐浪王温屯中山，兵力甚弱。丁零四布，分据诸城。温抚旧招新，郡县壁垒争相归附。真夜袭中山，温击破之，自是不敢复至。四月，邺中饥甚，垂将北趣中山，真畏逼去承营，徙屯行唐。真司马鲜于乞杀真及诸翟，自立为赵王，营人共杀乞，立真从弟成为王，其众多降于燕。五月，垂至常山，围成于行唐。经八十余日，成长史鲜于得斩成出降。垂屠行唐，尽坑成众，遂引军北都中山，僭称尊号。(《晋书·后燕载记》、《魏书》慕容垂传、刘库仁传、《通鉴》）

鲜于乞之杀翟真也，翟辽南奔黎阳，晋黎阳太守滕恬之甚爱信之。恬之喜畋猎，不爱士卒。辽潜施奸惠，以收众心。太元十一年正月，恬之南攻鹿鸣城，③辽于后闭门拒之，恬之东奔鄄城，辽追执

---

① 此事见《后燕载记》，月日无考，姑系于此。黄泥，亦无考。

② 辽，《载记》作真子，此从《通鉴》。鲁口即今饶阳县治。《元和郡县志》：公孙渊叛，司马宣王征之，凿滹沱入派水以运粮，因筑此城。盖滹沱有鲁沱之名，因号鲁口。

③ 《元和郡县志》，鹿鸣故城在白马县北三十里，城西南即白马津。按白马在今滑县东。

之,遂据黎阳。① 晋豫州刺史朱序遣将军秦膺、童武与淮、泗诸郡
共讨之。三月,晋泰山太守张愿以郡叛降于辽。八月,辽寇晋谯
城,朱序击走之。十二年正月,辽遣其子钊寇晋之陈、颍,朱序遣秦
膺击走之。燕魏郡太守齐涉叛连张愿,愿帅万余人进屯祝阿之瓮
口,②招翟辽共应之。二月,燕师大破愿兵于瓮口,斩首七千八百
级,愿脱身保三布口。③ 四月,晋高平人翟畅执太守徐含远以郡降
辽。燕王垂谓诸将曰:"辽以一城反复三国④之间,不可不讨。"五
月,垂自帅诸将南攻辽,以太原王楷为前锋都督。辽众皆燕赵之
人,闻楷至,皆曰,太原王子,吾之父母也。⑤ 相帅归之。辽惧,遣
使请降。垂以为徐州牧、河南王,前至黎阳,受降而还。(《晋书·孝
武帝纪》、朱序传、后燕载记、《通鉴》)

　　十月,辽复叛燕,遣兵与叛贼章武王祖、勃海张甲共寇抄清河、
平原。十一月,晋松滋太守王遐之讨辽于洛口,败之。十三年二
月,辽遣司马燕琼诣燕谢罪。燕主垂以其数反复,斩琼绝之。辽
怒,乃自称大魏天王,改元建光,置百官,以清河崔逞为中书令。五
月,徙屯滑台⑥,欲阻河以自固也。七月,遣将翟发寇晋洛阳,河南
太守郭给拒破之。十四年四月,寇晋荥阳,执太守张卓。十月,遣
丁零故堤诈降于燕冀州刺史温帐,刺温杀之,并其长史、司马、驱
帅、守兵二百户奔西燕。燕辽西王农邀击于襄国,尽获之,惟堤走

---

① 《元和郡县志》黎阳县东南一里黎阳镇故城,古翟辽城也,翟辽于此僭号。按
　　唐黎阳县在今浚县东北郊。
② 《方舆纪要》,瓮口戍在今禹城县南,祝阿城在县西南十七里。
③ 《方舆纪要》,三布口在今肥城县东,盖与泰山相近。
④ 谓晋、燕及西燕也。
⑤ 楷父恪相燕,封太原王,有惠政,燕、赵之人怀之,故云然。
⑥ 《太平寰宇记》,滑州白马县有滑台,符坚乱后,丁零翟辽据之。按白马故城在
　　今滑县东二十里,滑台即今县治。

免。是年,燕清河太守贺耕聚众定陵①以叛,南应翟辽,农讨斩之。十五年正月,晋朱序北击西燕于上党,辽乘虚谋向洛阳。序引兵还击辽子钊于石门,遣参军赵蕃破辽于怀县,辽宵遁。张愿寇晋金乡,陷之,围太山太守羊迈,晋龙骧将军刘牢之遣参军向钦之击走之。会翟钊救愿,牢之战败引还。已而钊还,牢之进平太山。八月,追击钊于鄄城,钊走河北,又败辽于滑台,张愿来降②。(《晋书·孝武帝纪》、朱序传、刘牢之传、后燕载记、《魏书》慕容垂传、崔逞传、《通鉴》)

　　十六年十月,辽卒,子钊代立,改元宝鼎。攻燕邺城,慕容农击走之。十七年二月,钊遣其将翟都侵燕馆陶,屯苏康垒③。三月,燕主垂引兵南击,进逼苏康垒。四月,都南走滑台。钊求救于西燕,西燕主永谋于群臣。中书侍郎太原张腾请速救之,以成鼎足之势,永不从。六月,垂处于黎阳津,④钊列兵南岸拒守。垂诸将虑其兵精,谏不宜济河。垂笑曰:"竖子何能为? 吾今为卿等杀之。"遂徙营就西津,去黎阳四十里,为牛皮船百余艘,伪列兵仗,沂流而上。钊亟弃营西拒,垂潜遣桂林王镇率骁骑将军国自黎阳津夜济,营于河南,比明而营成。钊闻之,亟还攻镇等营。垂命镇等坚壁勿战。钊兵往来疲竭,攻营不能拔,将引去,镇等引兵出战。垂别遣骠骑将军农自西津济,与镇等夹击,大破之。钊还走滑台,携妻子率数百骑北济河,登白鹿山,⑤凭险自守,燕兵不得进。农曰:"钊

---

① 《方舆纪要》,定陵当在今威县四境。
② 晋滑台之捷,张愿来降,主其事者,《纪》作朱序,《通鉴》作刘牢之,《传》又误以迈为苻坚将。
③ 《方舆纪要》:当在馆陶县西南境。
④ 《元和郡县志》:即白马津。《纪要》引《山堂杂论》:浚、滑间渡河处,昔皆以白马为名,然主河北而言则曰黎阳,主河南而言则曰白马。
⑤ 《水经·清水注》:河内修武县北白鹿山东之黑山,清水所出。《方舆纪要》:白鹿山在辉县西北五十里。

无粮,不能久居山中。"乃引兵还,留骑候之。钊果下山,还兵掩袭,尽擒其众。钊单骑奔长子,所统七郡①、户三万八千皆入于燕。始翟斌于癸未岁起兵河南,后五年,岁在戊子,辽僭立黎阳,又五年至是,岁在壬辰而灭。初,郝晷、崔逞及清河崔宏、新兴张卓、辽东夔腾、阳平路纂、②皆仕于秦,秦乱归晋,晋以为冀州诸郡,各将部曲营于河南,既而为翟氏所虏,受其官爵。翟氏败,皆降于燕。(《晋书·孝武帝纪》、后燕载记、《魏书·慕容永传》、《通鉴》)

钊在西燕,慕容永以为车骑大将军、兖州牧,封东郡王。明年三月,为永寇晋河南。未几谋反,永杀之。(《晋书·孝武帝纪》、《魏书·慕容永传》、《通鉴》)

(原载《益世报》1942 年 12 月 17 日,《文史副刊》第廿二期)

---

① 钊所统七郡无可确考。大抵其地北迫阳平(治馆陶)、魏郡(治邺),南接陈、颍,东界廪丘、高乎,西据荥阳。于西晋为司州之荥阳郡、冀州之顿丘郡及阳平、魏郡之南境、兖州之陈留、济阴二郡及濮阳之西半。然则荥阳一也;顿丘二也;阳平之南境前燕分置贵乡郡,三也;(《太平寰宇记》:慕容晰置,寻省。《北史·列女传》有慕容垂贵乡太守常山房湛,知前、后燕之间,此郡不废。)魏郡之南境后赵分立黎阳郡,四也;(《方舆纪要》:石赵立。徐文范《东晋南北朝舆地表》列在石虎建武二年,所据待查。)陈留五也;济阴六也;濮阳之西半后赵分立东燕郡,七也。(沈《志》:晋江左分濮阳立。《晋志》石虎立洛州,属郡有东燕。《纪要》:石勒立。徐《表》作勒建平三年,所据待查)惟晋惠帝分陈留为济阳,(沈《志》)石虎又立建兴郡于济阳之句阳,(徐《表》作建武七年,所据待查)则不只七郡,盖中间曾经并省也(建兴即济阳故地)。初建国时,东有高平、泰山,自刘牢之击走翟韩,当复为晋土。钊亡后二年,燕慕容农略青、兖、廪丘,(故濮阳之东半)高平、泰山诸郡始自晋入燕(《通鉴》)。又汲郡、河内,介黎、滑、荥、洛之间,翟氏数寇荥、洛,其地实所经行,故得陈兵于石门、洛口、怀县,则二郡殆亦曾为魏有。

② 郝晷无考。张卓疑即十四年被执之荥阳太守。崔逞、崔宏《魏书》皆有传。逞,苻坚败后仕晋为清河、平原二郡太守,为翟辽所虏,授以中书令。宏(《传》作玄伯,以名犯高祖讳,用其字也),秦乱避难于齐、鲁之间,为翟辽、张愿所留縶。夔腾,《古今姓氏书辩正》以为石虎太保夔安之玄孙,其先自天竺徙辽东。按自安至腾相距不过五十年,疑不得为玄孙。安,石勒初起时八骑之一也。路纂见《新唐书·宰相世系表》,曾孙恃庆,《魏书》有传。

辽代"东蒙"、"南满"境内之民族杂处

——满蒙民族史之一页

迩来日人盛倡满蒙非中华旧有之说,以为侵略东北之借口。司马昭之心,路人皆知,初不庸置辩。然国人所习知者仅为秦、汉、隋、唐历朝之抚有东北土地而已;至于近百年以前此东北土地曾与吾中夏民族发生何种关系,则知之者甚少,为文以阐述之者更未之前闻也,禾子*不学,窃尝致意于满蒙民族史之研究。深知此东北土地,初不仅曾为吾中华朝廷所有,亦且曾为吾中华民众所有;不仅在汉族统治下为属于吾中国之土地,即在其他民族统治之下,亦曾为吾中华人民生息繁衍之地也。全史完成,犹待时日,今先刺举《辽史》所载,草为此文,刊诸报端,俾国人咸知此义焉。

唐末五代值中原丧乱之际,鲜卑后裔之契丹,突兴起于东北。契丹之根据地在潢水两岸,即今西喇木伦河流域是也,当热河并辽宁二省之北部。十世纪初酋长耶律阿保机代立,先后破奚、室韦、突厥、回鹘、吐浑、党项、沙陀、女真诸部,复深入内地掠河北、河东、幽、蓟诸郡,其末年,更灭东海上之大国渤海,得五京十五府,子德

---

* 本文发表时署名谭禾子。

光继之,助石敬瑭取后唐,得北边燕云十六州,遂改国号曰辽,东自海,西至于流沙,北绝大漠,信威万里,至今西人之以陆路通于吾国者,犹称吾曰契丹。

辽虽以游牧民族建国,然自太祖阿保机而后,即颇知兴农业,作城郭,改行国为居国。惟居国需众多之人口,契丹本部人当以战争为务,无暇及此,以是必取之于异族人。故《五代史·契丹传》即称太祖攻陷幽、涿城邑,俘其人民,依唐州县置城以居之。既立九年,国人欲代,太祖乃以九年来所得汉人自为一部以治汉城。汉城在炭山(今察哈尔独石口外之黑龙山)东南滦河上,即后魏之滑盐县也。其地可植五谷,太祖率汉人耕种,为治城郭,邑屋廛市如幽州制度,汉人安之,至不复思归,卒以是复并诸部。自后终辽鼎盛之世,每有攻陷破灭,皆俘徙其人以处于本部未开发之地,使事农商。辽之武力,威劫东北者百有余年,而"东蒙"、"南满",遂成为塞内外各民族之大杂处场。

兹先据《本纪》、《兵卫志》所载,分别其所徙自来之种族部落如下:

(一)汉人

唐天复二年,七月,以兵四十万伐河东、河北,攻下九郡,获生口九万五千。九月,城龙化州(今热河翁牛特旗境内)于潢河之南。(《纪》)

三年,十月,引军略至蓟北,俘获以还。(《纪》)

天祐二年,击刘仁恭,拔数州,尽徙其民以归。(《纪》)

太祖即位元年,刘仁恭子守奇率其众数千人来降,命置之平卢城(今热河朝阳县)。(《纪》)

即位六年,春,亲征幽州,东西旌旗相望,亘数百里,所经郡县望风皆下,俘获甚众,振振而还。(《兵卫志》)

神册元年,冬,攻蔚、新、武、伪、儒五州,俘获不可胜计,尽有代北、河曲、阴山之众。(《兵卫志》)

五年,攻天德军,拔其城,擒宋瑶,俘其家属,徙其民于阴山南。(《纪》)

六年,十一月,下古北口,分兵略檀顺、安远、三河、良乡、望都、潞、满城、遂城等十余城,俘其民,徙内地。十二月,徙檀顺民于东平(今辽宁辽阳县)、沈州(今辽宁沈阳县)。皇太子掠定州,俘获甚众。(《兵卫志》)

六年,十月,晋新州防御使王郁以所部山北兵马内附。十二月,王郁率其众来朝,徙其众于潢水之南。(《纪》)

天赞三年,五月,徙蓟州民实辽州地。(《纪》)

会同七年,伐晋,徙所俘户于内地。(《纪》)

大同三年,南伐,攻下贝州高老镇,徇地邺都、南宫、堂阳,杀深州刺史,俘获甚众。(《纪》)

四年,九月,自将南伐,攻下安丰、内丘、束鹿等城,大获而还。(《纪》)

保宁九年,耶律沙、敌烈献援汉之役所获宋俘。(《纪》)

乾亨元年,七月,大败宋兵。耶律沙遣人上俘获。(《纪》)

统和二年二月,韩德威袭河东,献所俘。(《纪》)

四年四月,破固安,大纵俘获。六月,以所俘分赐皇族。七月,以宋归命者二百四十人分赐从臣。十二月,休哥败宋军于望都,遣人献俘。拔冯母镇,大纵俘掠。拔深州,纵兵大掠。(《纪》)

五年正月,破束城县,纵兵大掠。(《纪》)

六年,十一月,攻下祁州,纵兵大掠。(《纪》)

十五年,二月,庚子,徙梁门、遂城、泰州、北平民于内地。

丁巳。诏品部旷地,命民耕种。(《纪》)

二十五年,城中京,实以汉户。(《续通考》)

(二)渤海(靺鞨粟末部所建国号)

神册四年,二月,修辽阳故城,以汉民、渤海户实之。又为定配偶,教树蓺,以生养之,以故逃亡者少。(《续通考》)

天显元年,灭渤海。三月,班师,以大諲譔举族行,于皇都西筑城以居之。三年,十二月,诏迁东丹(即渤海)民以实东平。其民或亡入新罗、女直,因诏困乏不能迁者,许上国富民给赡而隶属之。五年,二月,以先所俘渤海户赐李胡。(《纪》)

开泰八年,迁宁州渤海户于辽、土二河(土河今日老哈河)之间。(《纪》)

(三)党项

神册元年,亲征突厥、吐浑、党项、小蕃、沙陀诸部,皆平之,俘其酋长及其户万五千六百。(《纪》)

五年,征党项,俘获二千六百口。(《兵卫志》)

天赞三年,西征党项等国,俘获不可胜纪。(《兵卫志》)

保宁五年,春,惕隐休哥伐党项,破之,以俘获之数来上。(《纪》)

统和元年,七月,破党项,俘获数千。(《纪》)

(四)女真

唐天复三年,伐女直,下之,获其户三百。(《纪》)

统和四年,正月,讨女直,获生口十余万。(《纪》)

六年,击破女直,献俘。(《纪》)

太平六年,黄翩领兵入女直界,徇地,俘获不可胜计,得降户二百七十。重熙九年,以所得女直户置肃州(今辽宁开原县东北)。(《纪》)

(五)其他

唐天复元年,破室韦于厥及奚帅辖剌哥,俘获甚众。(《纪》)

三年,以先是德祖俘奚七千户,徙饶乐之清河(今热河平泉县西南),至是,创为奚迭剌部,分为十三县。(《纪》)

即位六年秋,亲征术不姑(《兵卫志》作背阴国)。俘获以数万计。(《纪》)

即位六年,以兵讨两冶,以所获僧崇文等五十人归西楼(即临潢府,今热河林西县境①)。(《纪》)

神册元年,亲征突厥、吐浑、党项、小蕃、沙陀诸部……(上引)

四年,征乌古部(《兵卫志》作于骨里国),俘获生口万四千二百。(《纪》)

会同二年,以乌古部水草肥美,诏北、南院徙三石烈(《续通考》作三锡林)户居之。(《纪》)

三年,乌古献伏鹿国俘。(《纪》)

九年,三月,吐谷浑遣军校恤烈献生口千户。(《纪》)

保宁三年,十一月,胪朐河于越延尼里等率户四百五十来附,乞隶宫籍,诏留其户分隶敦睦、积庆、永兴三宫。(《纪》)

---

① 即今巴林左旗林东街临潢府故城。

同年,右夷离毕奚底遣人献敌烈俘。(《纪》)

九年,吐谷浑叛入太原者四百余户,索而还之。(《纪》)

统和六年八月,伐折立、助里二部,俘获。(《纪》)

十年,十二月,伐高丽。十二年,三月,高丽遣使请所俘人畜,诏赎还。(《纪》)

二十八年,伐甘州回鹘,破肃州,尽俘其民,诏修土隗口故城以实之。(《纪》)

二十八年,伐高丽。二十九年,所俘高丽人分置诸陵庙,余赐内戚大臣。(《纪》)

开泰三年,耶律世良遣使献敌烈俘。(《纪》)

四年,四月,耶律世良等上破阻卜俘获数。(《纪》)

四年,四月,耶律世良击破勃括,获其辎重及所诱于厥之众,并迁迪烈得所获辖麦里(《续通考》作木实)部民,城胪朐河(今蒙古车臣汗境内克鲁伦河)上以居之。(《纪》)

寿隆二年,徙乌古敌烈部于乌纳水以扼北边之冲。(《纪》)

四年,徙阻卜(《通考》作准卜)等贫民于山前。(《纪》)

据此,则当时塞内外民族之被契丹武力所劫徙,以处于阴山、辽水间者,不下二十余种。其中以汉人为最多,渤海、党项(按即指西夏)次之,吐浑、女直、奚、乌古、高丽等又次之。至各民族播居之地域,及其户口数则可见之于《地理志》中。

上京道

临潢府十县:一县燕、蓟俘户置,户三千五百;三县渤海汉户合置,户一万;五县皆迁渤海户置,户万余;一县不明。

祖州二县,皆迁渤海户置,户三千;一城,党项、吐浑俘户置,户一千。

怀州二县,以渤海、汉俘户合置,户二千五百。

庆州三县，一县迁渤海户置，一县括落账户人户置，户六千，一县不明。

泰州二县，一县契丹户置，一县山前民因罪配遣至此置，户七百。

长春州一县，燕、蓟犯罪者流配于此置，户二千。

乌州一县，俘汉民置，户一千。

永州三县，二县迁渤海户置，户六千；一县不明。

仪坤州一县，以四征所俘居之置，户二千五百。

龙化州一县，女直、汉俘户置，户一千。

降圣州一县，迁渤海户置，户八百。

饶州三县，皆迁渤海户置，户六千。

头下军州皆王、外戚、大臣及诸部从征俘掠所置，计十六州，户三万四千三百。其中壕、原、福、顺四州户七千八百，系汉俘民，其他不明所俘自。

边防城因屯戍而立，计五州四城，二州渤海、女直、汉人配流之家七百余户居之，一州一城皆迁女直户置，一州契丹部落置，其他不明。

总上京道三十一县：俘汉户置者四县，户七千二百；迁户置者十四县，户二万五千八百余；迁渤海、汉俘户合置者五县，户一万二千五百；迁女直、汉俘户合置者一县，户一千；以党项、吐浑俘户置者一县，户一千；以四征所俘置者一县，户二千五百；三县不明；其以契丹本户置者，二县而已，头下军州全系俘户置。边防城惟一州契丹部族置。上京道之地，当今热河之北大半，辽宁北部之旧洮昌道，吉林东北一角，北展至今蒙古车臣汗境内之克鲁伦河。此地自元兴以来，历明及清，沦为牧场者几六百年，至近今始渐事开辟，世人每以为新事业，孰意一千年前，已曾建如许城郭有如许娴于农事之汉人、渤海人耕耘于兹乎？

东京道

辽阳府,神册四年以渤海、汉户建为防御州,天显三年迁东丹国民居之,升为南京,旋改东京,统县九,户万余。

开州,开泰三年迁双、韩二州千余户置。

定州,统和十三年,徙辽西民置,户八百。

保州来远县,初徙辽西诸县民,又徙奚,汉兵置,户千。

宣州,开泰二年,徙汉户置。

来远城,以燕军置。

海州,移泽州民置。户一千五百。

显州,迁东京三百余户置。

康州,迁渤海率宾府人户置。

宗州,耶律隆运以所俘汉民置。

乾州海北州,世宗以所俘汉户置。

贵德州,察割以所俘汉户置。

沈州乐郊县,太祖俘三河民建三河县,后更名。

灵源县,太祖俘蓟州吏民建渔阳县,后更名。

广州,太祖迁渤海户置铁利州,寻省,开泰七年以汉户置。

辽州棋州,太祖以檀州俘于此置檀州,后更名。

庆云县,太祖俘密云民于此建密云县,后更名。

遂州,耶律颇德以部下汉民置。

通州,以黄龙府叛人燕颇余党千余户置。

双州,沤里僧王从太宗南征以俘镇、定二州之民置。

银州永平县,太祖以俘户置。

咸州,招平、营等州客户数百置。

信州，开泰初以所俘汉民置。

宾州，统和十七年迁兀惹户置。

黄龙府，保宁七年废，开泰九年以宗州、檀州汉户一千复置。

东州，以渤海户置。

尚州，以渤海户置。

顺化城，开泰三年以汉户置。

宁州，统和二十九年以渤海降户置。

衍州，以汉户置。

连州，以汉户置。

归州，太祖平渤海，以降户置，后废，统和二十九年伐高丽，以所俘渤海户复置。

祥州，兴宗以铁骊户置。

总东京道州、府、军城八十七，详其民户之族类自来者约三之一。东京本渤海故地，既灭渤海，几尽徙其户上京，其地空，乃以汉俘实之焉。故因汉户所建州县独多，而迁渤海本户以置者较少;渤海人之渤海，至是乃为汉人之渤海矣。至宾州以兀惹户置，祥州以铁骊户置，兀惹、铁骊（靺鞨之一部）皆东北小民族也。东京道之地，当今朝鲜之北部，辽宁、吉林之大部，东北展至鞑靼海峡，今俄属之沿海州皆在其辖境内。而城郭之居，多聚于辽以东，沨以北，此地自秦汉以来，几经汉人移殖，几为东北民族所获据，此为汉人移殖之又一次，或亦为较大之一次也。

中京道

大定府，故奚王牙帐地，统和二十五年实以汉户置。

大定县，以诸国俘户置。

长安县，以诸部人置。

恩州,太宗建州,开泰中以渤海户实之。

恩化县,开泰中渤海人户置。

惠州,太祖俘汉民数百户置。

惠和县,圣宗迁上京惠州民、括诸宫院落帐户置。

高州,开泰中圣宗伐高丽,以俘户置。

三韩县,开泰中伐高丽,俘扶馀(辰韩)、新罗(弁韩)、高丽(马韩)三国之遗人置,户五千。

武安州,太祖俘汉民置,复以辽西户益之。

利州阜俗县,唐末役使奚人迁居于此,统和四年置县。

榆州,太宗南征,以所俘镇州民置。

泽州,太祖俘蔚州民,立寨居此,开泰中置州。

北安州,圣宗以汉户置。

兴中府,太祖平奚及俘燕民,置霸州,重熙十年升兴中府。

兴中县,太祖俘汉民居此,置霸城县,重熙中更名。

黔州,太祖平渤海,以所俘户居此,安帝置州,析宜、霸二州汉户益之。

盛吉县,太祖平渤海,俘兴州盛吉县民来居置。

宜州,兴宗以定州俘户置。

弘政县,世宗以定州俘户置。

锦州,太祖以汉俘置。

严州,太祖平渤海,迁汉户杂居兴州境,圣宗于此建城焉。

川州弘理县,统和八年以诸宫提辖司户置。

建州,唐昌乐县,太祖完葺故垒,置州,汉乾祐元年。故石晋太后诣世宗,求于汉城侧耕垦自赡,许于建州南四十里给地五十顷,营构房室,创立宗庙。

来州,圣宗以女直五部岁饥来归置。

隰州,圣宗括帐户置。

迁州,圣宗平大延琳,迁归州民置。

润州,圣宗平大延琳,迁宁州民置。

海滨县,本东京城内渤海民户,因叛移于此。

总中京道二府六州,统十六州,十三州皆因移民而置,亦以汉俘为最多,渤海次之,间亦有以奚、女直、高丽及契丹本部人置者,中京道之地,当今热河南部,辽宁东南一角,此地于秦汉为中朝郡县,自隋唐以来,久为奚所占据,至是复以汉人为民族主体焉。

据上所述,是辽代"东蒙"、"南满"境内各民族之混徙杂处,显然当以二点为最重要:其一,为渤海之西居辽河上游;其二,为幽、蓟、镇、定等处汉人之北徙;而后者尤为关系重大。此诸民族之被徙,虽处于俘虏形式之下,然生聚既众,经济之势力乃不可侮,契丹虽为统治者,但人口特少,《兵卫志》称上、中、东三京丁籍之可纪者二十二万六千一百,蕃、汉转户为多,是州县丁壮之不及也;《营卫志》称辽宫卫正户八万,蕃、汉转户十二万三千,则并皇室之护卫,亦以异族人为多矣。大抵城郭之居,农事发展之区,即为汉民族势力之所在地。此不特中京、东京为然,即契丹根据地之上京亦然。天庆中,女真既强,屡寇边,国势倾危,临潢留守耶律赤狗儿召军民谕之曰:"契丹、汉人,久为一家,今边方有警,国用不足,……"是可见汉人在临潢之众多,并其势力之雄厚足以左右国是也。西人以契丹称我中国,实则契丹国确系以汉人为主体,而契丹、渤海人副之者也。其后,金既灭辽,称契丹曰汉人。此契丹,非仅指契丹种人也,契丹国人皆在其内;契丹国人本以汉人为多数,则命名之由来,非全无根据者矣。

(原载《国闻周报》第十一卷第六期,1934.2.29,署名谭禾子)

粤东初民考

　　古代粤东境内之居民属于何种族,自来说者不一。有以为越族者;有以为蜑族者;有以为瑶族者。细案之,则皆臆度之谈,未尝深究之于载籍也。越灭后句践子孙之散处江南海上者,仅限于今浙、闽二省,其苗裔至秦末汉初有闽越王无诸、越东海王摇,而粤东无闻焉。赵佗建号南越,此特是国名耳,与种族初不相涉。且楚为荆蛮,而成王即位,天子赐之胙曰:"镇尔南方夷、越之地",洞庭、苍梧间于汉为长沙武陵蛮,而吴起取之,史称"南平百越",足见古代"越""蛮"一义,同为中原人对南方民族之通称。是则秦汉时人即或有以"越"指称粤东种族者,亦不得便以粤东初民为"越族"也。蜑族最初见于巴中,常璩《华阳国志》述之,六朝以来,始辗转移入粤东。瑶族于汉晋时称盘瓠种,《后汉书》及南朝诸史《南蛮传》言之綦详,唐宋之际,始度岭而南。二者并属迁来客族,亦非粤东土著。由余考之,有史以来最先定居于粤东境内者,实为今日僻处于海南岛之黎族,汉唐时称为"里"或"俚"者是也。此事史乘所记,本甚明显,特自来读史者未有能理而董之者耳。今请备陈其证,并略述俚族盛衰迁移之迹,为世之治西南民族史者进一新解焉。

　　"里"为粤东民族名之最早著录于史乘者。范书《南蛮传》:"建武十六年,交趾女子征侧、征贰反,九真、日南(今安南)、合浦(今广东高、雷、钦、廉一带)、"蛮里皆应之"（其九真之里已见于同传建武十二年）。"蛮里"犹言"蛮荆"，以里为蛮之一种也。魏晋以降作"俚"。张华《博物志》："交州夷名俚子"，不曰有俚子而曰名俚子，可知俚为岭南之主族。《隋书·地理志》叙扬州风俗曰："自岭以南，其俚人则质直尚信，诸蛮则勇敢自立"，别俚于诸蛮，亦以有主客众寡之分，非得相提并论故也。《志》又曰："有（铜）鼓者号为都老，群情推服，本之旧事，尉佗于汉自称'蛮夷大长老夫臣'，故俚人犹呼其所尊为倒老也，言讹故又称都老云"。此语最妙，明示秦、汉时南越国人即俚人，而俚之所以不见于《史》、《汉》者，以其时中原人与俚相处犹暂，未尝熟知其种族名，故率以泛指南人之"蛮"、"越"称之也。

汉人之移殖粤东，唐宋以来始盛。自唐以前，俚为粤东之主人。惟汉魏时其族之文化程度盖甚低。晋宋以来，与汉人接触既久，文明日进，其渠帅始有崛起据有一方，受中朝冠带者，宋大明中合浦大帅陈檀归顺，拜龙骧将军，旋以为高兴太守是也。梁侯景反后，岭表大乱，于是俚峒酋豪，所在蜂起。其中最著者，曰高凉冯氏。冯氏本北燕之后，国灭后浮海归宋，留居新会（此说确否待考），世为牧守。及梁大同中有罗州刺史融者，为其子高凉太守宝娶越大姓洗氏女为妻，遂为诸蛮首领。洗氏为俚族第一伟人，佐其夫及子若孙三代，历事梁、陈、隋三朝，先后讨平李迁仕、欧阳纥、王仲宣诸乱，梁、陈易代之际，皆能保境安民，一方为之晏然。其盛时踞有西江及海南一带，即番禺亦时为其号令所及。陈氏之亡，隋总管韦洸安抚岭外，至岭下逡巡不敢进，晋王广遗洗氏以陈主谕降书，乃遣其孙魂帅众迎洸，入至广州，岭南得定。积功至册为谯国夫人，开府置长史以下官属。仁寿初卒，谥诚敬夫人。子仆，陈太建中以平欧阳纥功封信都侯，加平越中郎将，转石龙太守，诏使持节。孙魂,隋初以迎降功表为仪同三司,暄拜为罗州刺史,盎高州刺史(《隋书·谯国夫人传》)。洗氏卒后,盎复以击潮、成等五州僚有功拜汉阳太守。隋亡还岭表,啸聚首领,有众数万,地二十余州,西自苍梧,东至番禺,南有朱厓。武德五年以地来降,授上柱国高州总管,封越国公。贞观初或告盎叛,盎举兵拒境,太宗遣韦叔谐喻之,乃遣子智戴入侍。贞观五年亲入朝,宴赐甚厚。俄而罗窦诸峒僚叛,诏盎率部落二万为诸军先锋击破之。盎奴婢至万余人,所居地方二千里,贞观二十年卒(《唐书》本传)。子智戴,武德中拜春州刺史;智彧,东合州刺史;智玳,恩州刺史(或作潘州);智圯、智戭,先后拜高州刺史。融又有族孙士翙,隋冈州刺史,入唐官至右武卫将军。盎又有族子子猷,高宗、玄宗朝岭南五管每有征讨,辄恃以为援。冯氏而外,俚中渠帅之著称史乘者,梁时西江有陈文彻兄弟,出兵高要。唐初循、潮有杨世略,武德五年与冯盎同时降,授循州总管。此外隋末唐初粤东溪峒酋长,冈州有冯岑翁,梁化有邓马头,罗州有庞靖、冯季康,新州有洗宝彻、洗智臣、何如瑛,广州有高法证。虽无从确知其为何种族,疑皆系俚族也。盖自梁至唐,岭南名为中朝领土,实际在俚帅统治之下者,垂百余年云。此为俚族之极盛时代。与俚同时雄据粤东者,又有从粤西迁来之僚族,然其势力殊不及俚族之雄厚,且中朝每假俚人之力以平僚,如冯盎之讨平潮、成五州僚、罗窦诸洞僚是也。唐世岭南僚事最剧,而俚乱鲜闻,则以俚已逐渐同化于汉人矣。宋代始讹“俚”为“黎”,黎始专以海南岛为聚处。惟钦州,至南宋时尚有之(周去非《岭外代答》),此后遂不复见存于大陆。然至今粤东村落仍多以“黎”为名,如英德之黎洞墟、黎洞坑,台山之黎洞墟,龙川之黎头嘴等,犹足征其地皆昔日黎族聚居之处也。海南之黎有“生”、“熟”之分,《广东通志》曰:“熟黎其先本南、恩、藤、高、梧、化人”,是则“生黎”盖海南之土著,“熟黎"乃大陆俚人迁入者，故汉化为甚。俚在大陆时以西江为根据地，至今琼州语有一种与梧州、廉州相似者，号西江黎语云。

（原载《禹贡半月刊》第七卷第一、二、三合期，1937 年 4 月）

播州杨保考

　　播州肇建于唐贞观中：九年初置曰郎州，十一年废，十三年复置更名（《唐书·地理志》）。准以《元和郡县志》所载八到，其地约有今绥阳、遵义二县。唐末为杨保所据。宋大观二年，即其酋豪所献之地，分建为播州及遵义军。州、军全境西北包有今赤水、鳛水及桐梓县之南部，远较唐界为广；东北以娄山支脉接珍、承诸州，绌于唐界。南宋季年，复西展有今仁怀县地。元明时播州有广狭二义：前者概括播州司（初曰安抚，改曰宣抚，又改宣慰）所领诸处而言，后者但以播州宣慰及附郭长官之辖地为限。明万历二十八年平杨应龙，改土归流，分全司之地为遵义、平越二府，而播州直辖地裂为遵义、仁怀、桐梓三县。清及民国又析桐梓、仁怀为赤水、鳛水。州以播称先后都九百六十年，而杨保据有其土垂八百三十年。自唐末以迄明季，虽版籍列于职方，然专制千里，自相君臣，赋税之册不上户部，兵役之制不关枢府，名托外臣，实为一独立政权。西南夷族之大，盖自汉之夜郎、唐宋之南诏、大理而外，无出其右者。元明之世有"思播田杨，两广岑黄"之谚，言土司之最巨者。实则田、岑、黄三姓，亦非杨氏之比也。而诸史记播州，率但及其对中朝之顺逆向背，靡有致意于杨保民族本身之出处发育，与夫杨氏政权之创立经历者。即杨保一名，犹且迟至明季平杨应龙后，始见于李化龙之《播地善后事宜疏》（《图书集成·职方典》卷六四〇）。改流而后，曾未几时，其人悉归湮没同化。至于今日，并世学人，当地耆宿，竟罕有能知杨保为何物者。史迹晦沉，能勿兴叹！今以《杨氏家传》为本，参证正史、府志及舆地杂书，阐述其梗概如下。文献失征，稽考为难，兹篇非敢为尽得杨保之首委，要可以发前人所未见，补旧史之不备云耳。

一、杨保出处（上）

宋濂为播州宣慰司宣慰杨氏作《家传》（《宋学士文集》卷三一），叙其世系云：其先太原人，入播始祖端，唐末人，五传至昭，无子，值同族杨业之曾孙延朗之子充广持节广西，与昭通谱，辍其子贵迁为昭后。自后守播者，皆业之子孙也。按《家传》为文，例以其族之谱牒为据，而谱牒类多依托虚饰之辞，不足征信。杨业父子祖孙，一门功烈，其佚事遗闻，自宋以来，盛传民间，播州杨氏故自附为其同族后人以为荣。若勘以史实，则诞妄立现，延朗乃业之子而非孙，延朗之子乃文广而非充广（《宋史·杨业传》）。杨氏谱牒盖以贵迁之孙亦名文广（《家传》），因改文为充。文广以皇祐四年从狄青南征侬智高，五年乱定，叙为广西钤辖，知宜、邕二州（《宋史》狄青传、杨业传），而贵迁当其父在位时，曾击破"闽（即明代之水西）寇"，其嗣世在庆历、皇祐以前，其卒方值智高称乱未平（《家传》），是贵迁一生实在文广南行之前，迨至文广之"持节"广西，贵迁已谢弃人世矣。

《元史·杨赛音不花传》记事与《家传》略同，亦以端为太原人，而子贵迁，但称族子，不著业后之说，盖修史者有所抉择焉。不知所以以端为太原人者，以其可与业通谱也，知贵迁为业后之不可信，则端之为太原人，亦不足信。

《续遵义府志·杂记》引《杨氏族谱》，所载与《家传》不同。

充广作克广,而谓承昭后理播事者乃始于其父延朗,贵迁非其子,乃端之嫡裔,延朗时同知罗氏收而养之,克广立五年,贵迁长成,遂以播事归之。盖杨氏子孙,支派既繁,传说或异也。而其中以中朝大将立功朔、代之六郎延朗,俾长蛮中,荒诞有过于《家传》矣。

播州宣慰司同知罗氏,及与杨端同时入播者令狐、成、赵、犹、娄、梁、韦、谢八姓,皆称系出太原①,则以与杨氏本属同族,故率以杨氏之祖贯为祖贯也。《罗氏族谱》内载有始祖荣《忠爱堂叙》、杨端《忠爱堂谱序》二篇,然二文出自口授(《艺文》清罗尔经《族谱序》),其为后人赝作无疑。荣《叙》中有"长官""安抚"之称,此元明以后之土官制度也。

唐时入播者又有另一杨氏、另一罗氏,及著于桐梓之成氏,其后为仁怀土官之安氏,真州长官之郑氏,与杨、令狐合称七大姓。杨氏始祖威,称广平清河人。罗氏始祖莹,称抚州宜黄人②。成氏始祖展,称交城人。安氏始祖增,亦称广平清河人。郑氏始祖开龙,称凤阳(阳,翔之误)岐山人(《土官》及《杂记》引《心斋随笔》,《随笔》据《正安草志》),其言皆出攀附,未可置信。今但辨郑说之谬,可以为例,其他不复赘论。传说唐宰相郑畋长子开成,荫边镇职,四子即开龙,娶朱温女,官淮南节度使,亡于后唐,其后以平播乱移居,在杨端等之前(同上)。两《唐书》畋传皆不载开成、开龙,畋有子名凝绩,亦不以开字名行辈也。且开龙入播,最早已在后唐时,更不得在杨端之前也(端入播在唐乾符初,后详)。畋,荥阳人,此作岐山,盖以畋曾节度凤翔,立功岐山,转相附合。

---

① 《遵义府志·土官》引唐罗荣《忠爱堂叙》、《艺文》明万历罗仪廷《族谱序》、《建置》引清陈怀仁《心斋随笔》。

② 莹疑即荣,后裔传说纷歧,在播者作荣,称太原;在真者作莹,称抚州也。《府志·土官》即合以为一。

元明时播州土官又有王氏，亦称太原嫡系，又有何氏、宋氏，亦称其始祖在唐季或为大将军，或为节度使，以征播留守，其悠忽不待辨。

二、杨保出处（下）

《杨氏家传》称端之讨播，道自泸州合江，明何缨《罗秉信碑记》（《府志·土官》罗氏引）作"道由泸、叙"。今考泸、叙实杨保之祖贯，非止径行已也。《碑记》又云：罗荣四传至太汪，太汪少而孤，闽叛，出依泸州叔祖仁勇家避住。足征荣虽入播，其子孙犹有留泸者，太汪为闽所迫逐，返于故乡。《杨传》：侬智高叛，贵迁欲效汉制南粤故事，出牂柯，出其不意击之，即如泸，次于南川，其季父要杀之。夫智高乱于邕，邕在播南，安用北如泸？盖如泸为史实，而意图报国之说，则虚构也①。贵迁何由如泸，今无由晓，要之其为自新邦返于故土则可知。故贵迁子光震助官军破泸南夷乞弟，《宋史·泸州蛮传》但称"熟夷杨光震"，而不冠以播州，以其本非客军也。

杨保出自泸、叙，然兹所谓泸、叙，非即泸、叙二州之直辖省地，乃指唐宋时二州都督府所领之羁縻州而言，泸领及叙领南广②溪峒诸羁縻州中之大多数部落与杨保祖先大抵属同一种族（下详），惟杨保始祖之故居，则当为泸领之浙、顺、能诸州。《唐书·地理志》

---

① 其后狄青平智高，据《宋史》青传及《蛮夷传》，颇得蕃落骑兵之力，中间当有调自播州者。袁捅《清容集》有《题黄宗道绘播州杨氏女策马夺昆仑关图》，此女不知为贵迁阿谁也。

② 水名，源出川滇边界，流经珙高、庆符等县，入江。汉南广县治，在今珙县西南，其辖地甚大，东至今赤水河。

泸州都督府领羁縻州十四,自来可指证其地望者凡十州,皆在泸南永宁河及西南长宁河,南广水流域。其顺州,《方舆纪要》但称在泸州境,奉、浙、能三州所在,诸家舆地书皆不之及。今考四州,惟奉州未详,其他皆可研索得之。浙、鳛同音,浙州领县四,其一曰浙源,可知州、县并以水名,是浙水即《水经》之鳛部水,今之鳛水也。又一县曰鳞山,今鳛水县境中部有老灵山,或足以当之。赤水河流经赤水县境称仁水,顺、仁音相近,今县境东南犹有顺江场,濒水北岸,可知地以水名,唐作顺州,宋明曰仁怀(今赤水即明仁怀,清康熙中始徙于今之仁怀),其揆一也。《明一统志》:永宁司东有唐蔺州废址,有碑在赤水唐朝坝。检《唐志》泸、叙羁縻州无以蔺名者,自顾氏《纪要》以来以为疑,初不知蔺即能之音转也。唐朝坝在今赤水县南境,距古蔺县治约三十里。顺州领县五,其一来猿;能州领县四,其一猿山。今赤水县中部有袁家官山,山西麓有猿猴滩,二县当各有其一隅矣。总而观之,则顺、浙、能三州实在鳛水及赤水河下游一带,有今赤水全县,鳛水县西大半(即仁怀、赤水旧境)及古蔺县之东北部。而合江、泸县南境之邻接黔境者,于唐史虽未有明证,以宋事证之,亦当有三州之地①。兹三州者,北距泸县、合江远者一二百里,近者仅数十里,故杨保得以泸,合概称之。杨保自唐末入播,是后遂以播州为其根据地,然泸、合发祥之地,果仍世世保之勿失。迟至北宋末叶大观中,竟以纳土而得载录于史。

① 尝观唐宋时黔蜀边地建置,窃怪自今桐梓、遵义以东,则有溱、珍、夷、播、思、费诸州,自永宁河以西,则有泸、叙诸羁縻州,独介在桐梓、永宁之间之赤水、鳛水二流域,纵广各数百里,何以无一州一县之设。今得此解,有拨云见日之感。至川境羁縻诸州故址之所以皆著在记录,此诸州之所以湮没不彰,良由一则自宋以来,即已逐渐辟为省地,故老遗民,犹能指其旧治。一则久居蛮夷,迨至明季改流,时去诸州之废,盖已六七百年,杳无遗址可寻矣。

《宋史·叙州三路蛮传》：南广蛮，大观三年有夷酋罗永顺、杨光荣、李世恭等各以地内属，诏建滋、纯、祥三州。按光荣乃贵迁之次子（《家传》），其上年献播州地，诏建播州，见《渝州蛮传》；滋、纯二州《徽宗纪》作"以泸夷地置"，盖杨保据地在渝州之南，泸、叙之东南，故史文错称互见。滋州，今赤水县治附近之地。（州领县二，其一仁怀，明置仁怀县之所本也，故治今俗称瓮城。）纯州，今泸县、合江之南境①。祥州，今庆符、长宁县地（《统志》）。三州旧地各属何氏，史文虽未明指，自其次第及姓氏州境坐落推之，则滋、纯自为罗、杨之地，当即浙、顺二州地之近于汉界者也。宣和中二州并废为寨堡，自后遂不见于史，意者其中一部分当复为杨保所据，其余则以并入泸县、合江，此今日黔、蜀省界之渊源也。

两《唐书》未为泸、叙羁縻诸族列传，无由知其酋豪之姓氏，以与入播诸家相印证。《宋史·泸州蛮传》于晏州山外六姓、纳溪二十四姓及长宁等十郡八姓之外，别有所谓七姓、十九姓者，不系地望，皆居近汉界，自相团结，助官兵讨"叛夷"，号"义军"，略似"熟夷"杨光震之畴。十九姓地属晏州，见《熊本传》；七姓虽无确证，疑即入播杨保之姓之留居故地者也。宋泸州属夷有罗忽余（《西南诸夷传》），又元立夷民罗氏党九人为九姓蛮夷总把（《天下郡国利病书》、《读史方舆纪要》，地在今永宁河中流，唐宋纳州境也），此罗氏或为与杨保罗氏同宗而异派者。

（万历二十七年，杨应龙陷綦江，声言江津、合江皆播故土，统兵清理，见茅端征《万历三大征考》。其言似非全无依据，盖应龙

---

① 宣和二年废州及属县九支为九支城，《大清一统志》在泸州城东南九十里，与仁怀、永宁界，地名九支坝。州又领安溪县、美利城，《一统志》：安溪废县在合江西南一百里，又南为美利城。按安溪即安乐溪，亦即赤水河。

犹能知其先世之所从来。)

三、泸夷族类

诸书记杨保皆不及其族类所属,或作苗,盖漫谈也;亦不及其风俗语言,无由与西南其他各民族比较。仅《贵州通志》(成于乾隆六年)《苗蛮篇》杨保条云:其婚姻葬祭,颇同汉人,亦有挽思哀悼之礼,但性狡而犷,间或缘事,官司差役拘提,辄抗拒不出。(李宗昉《黔记》、檀萃《说黔》略同)此盖明末或清初之观察,时杨保汉化已深,原有习俗,丧失殆尽矣。今则其人已无遗类,亦无从实地考验。

杨保既出自泸夷,然则泸夷之族类有可考乎?曰:有。但今兹谓有者,乃指泸、叙近徼夷族全体而言。若专欲考杨保始祖故居之顺、浙、能等州之人,则文献阙如,实渺无影迹可寻。吾侪自不能断言此诸州之居人必与其西邻诸州为同族,然赤、鳛二水流域与永宁、长宁、南广诸水流域壤地错接,中无崇山峻岭之隔,天然环境,大体不异,则至少可谓同族之可能多于非同族也。用敢不惮辞费,备考泸夷之族类如下:

叙州于汉为僰道,汉制邑通蛮夷日道(《百官公卿表》),是僰道必邻接僰人区域。常璩《蜀志》、《水经·江水注》则谓县本僰人居之,以其近于汉界,故秦汉时巴蜀民或窃出商贾,取其僰僮,因以致富(《史记·西南夷传》),然常《志》已云汉民多渐斥徙之。此指僰道县境而言。而迤南近徼一带,自后亦未闻有僰。取而代之者,则为其西邻沈黎、越嶲之倮罗族。

唐宋泸、戎(宋改戎为叙)所领羁縻州多罗、逻、卢等字名其属县:纳州有罗围、播罗、罗当、罗蓝、罗掌;晏州有罗阳,即以为郡额;奉州有罗逢;宋州有卢吾;长宁州有青卢、罗门;连州有逻游、罗龙;

— 275 —

德州有罗连；为州有僧罗，筠州有罗余；武昌州有罗虹、罗新①。盖得名于其人之族类，即今所谓倮罗也。《宋史·泸州蛮传》有罗苟、罗个、罗始等族，支派虽异，要其为罗则一。《宋史·熊本传》：熙宁六年，泸州罗晏夷叛。是则明以晏州之夷族为罗矣。《唐书·地理志》，萨州、晏州皆仪凤二年招生僚置。《太平寰宇记》，泸州管汉户若干，僚户若干。《泸州蛮传》，泸州西南徼外，古羌夷之地。又云：淯水（今长宁河）夷者，羁縻十州五囤蛮也，杂种夷僚，散居溪谷中。《元史·地理志》，叙州与长宁军地相接，均为西南夷族。诸书或以羌、或以僚称唐宋以来泸戎近徼夷族。按古羌人嫡裔，即今川、康、甘、青之"番子"，僚即今散在湘、黔之仡佬（今桂僚，非古川僚），皆与倮罗有别。然古人以羌、僚名西南民族，其所指甚广，非必限于一类；"夷僚"、"蛮僚"之称，其含义实与蛮夷相埒，自不得据此便谓南广溪峒之非罗族也。且古人为文尚典雅，凡称名不见于经传前史者，每摒弃勿喜用。羌僚、倮罗同出于西戎，皆为今藏人之支派，族类本相近，宜其以羌僚概称倮罗也。

《唐书·南蛮传》，戎泸间有葛僚，居依山谷林菁，逾数百里，俗喜叛州县。此僚盖在戎泸州县境内，与西南徼外羁縻诸夷殊不相涉。故同传下文又称：大中末，昌、泸二州刺史以贪沓致僚叛。昌州即今大足。足证葛僚出没之区在大江以北，去南广甚远。

倮罗族类甚繁，《唐书·南蛮传》析为乌、白蛮二种（今日黑倮罗、白倮罗），盖仅就爨中所有者而言，非足以尽之也。如黔中之

---

① 两《唐书·地理志》、《太平寰宇记》、《宋史·西南诸夷传》，晏夷村落亦多以罗名，《元史·地理志》有上罗计、下罗计、罗星等长官司，亦在南广溪峒间。

牂柯、东谢、南谢、西赵诸蛮,即为非乌非白之罗族。今考唐宋时之泸夷,当亦在乌白二种之外。《泸州蛮传》,乌蛮侵强大,擅劫晏州山外六姓及纳溪二十四姓生夷。熙宁十年,罗苟夷犯纳溪寨,议者言:"若罗苟不加诛,则乌蛮观望,为害不细"。《元史·地理志》,高州邻乌蛮。是泸夷非乌蛮也。按乌蛮旧居黔西、滇东一带。(汉夜郎故国,其在滇境者,六朝以来称东爨乌蛮。)其北徙南广,当在唐宋之际。庆历初,部族已盛(《泸州蛮传》),泸夷为所侵迫,益附汉以自存,侵寻而汉化不可复辨(其中当有一部分西返于金沙江右)。明中叶以后,泸南夷族著称史乘者惟永宁。永宁者,乌蛮也。唐宋南广诸罗,遂湮没无闻①。

《明史·永宁宣抚司传》,成化十六年,白僧僧羿子与都掌大坝蛮相攻。礼部侍郎周洪谟言:"臣本叙人,知叙蛮情,白僧僧相传为广西流蛮,有众数千。"夫洪谟以乡人谙习蛮情,其言"白僧僧"来处,必得之于蛮中。蛮中传说不可尽信,但亦有其可信处。广西距泸、叙极远,迁移途径无可踪迹,此不可确信者;然泸、叙白倮罗之为后来流蛮,故为众止数千,则要无可疑。南广溪峒诸夷自唐宋时已著称,是与后来之白蛮,判然必非一类也。洪谟又言:"羿子者,永宁宣抚所辖"。按"夷子"名见《唐书·南蛮传》,东连东谢,西距西赵,准其地望,约在今黔西一带,当与乌蛮邻接。是明世泸南之羿子,盖为宋元以来附乌蛮而北徙者,亦非唐世土著也。

《元史·地理志》,四十六囤蛮夷千户所领豕蛾夷地,在庆符向南,抵定川(《纪要》,定川溪在筠连县治西北),唐羁縻定州之支

---

① 杨保故地之能州,治令古蔺县治,而元明时播界乃在其北,其失地经过,虽不见于记载,要亦由于唐宋时乌蛮之北侵,则可知也。

江县也。《方舆纪要》，叙州府南三百里摸索关，当蛮夷溪口，蛮有摩些种，俗呼摩些关，语讹为摸索也。按千户所领四十六囤，其中以摩为名者凡十四，以许为名者凡三，是《元史》所谓"豕蛾夷"，实即《纪要》之摩些蛮。以地望准之，庆符、定川正当府南，惟三百里则失之过远。（《一统志》，庆符距府百二十里，筠连距府二百五十五里。）然旧籍记道里多不甚确切，《纪要》以此关置之府治宜宾县下，足证其知之匪详，三百里特估计之数耳。（或摩些元世本在定川以北，至明徙于川南，亦未可知。）四十六囤中又有以落为名者，都二十二处。考乌蛮有分支曰落兰部，一称罗落。（《元志》云南省礼州条）依摩些之例推之，则囤名亦当原自其人之族类矣。摩些、落兰之入居南广，盖远在乌、白二蛮之前。《一统志》以为《元史》之豕蛾夷，即《唐书》泸领羁縻思蛾州思蛾二字之讹。（叙州府古迹废思蛾州条）据此则唐世泸南已有摩些。或疑《一统志》此言仅以音同为推测之依据，似不足取信，第证以史事，实相契合。《元史·地理志》叙云南各州县夷族，多远溯往古，所载摩些、落兰三族，遍布于今云南及西康旧建昌道属境内，而以金沙江迤北为盛。（今滇省西北隅犹多此族）其在大凉山一带者，至唐而为乌蛮所侵夺。（邛部州、姜州二条，邛部在今越嶲北，姜州在今会理东。）三族被逐后徙于何处，史未明载，意者其中当有一部分东渡金沙，转徙南广溪峒间矣。

摩些、落兰三族于唐世已播在泸戎近徼，果矣，然三族特南广夷族之一小部分耳，非足以当泸南多数民族之诸罗。何以明之？摩些虽与倮罗同属藏缅语系，然摩些自摩些，罗自罗，本非一族。且《唐书》以罗或以思峨名州县，足证古人亦未尝不知其别，是摩些非罗也。至落兰虽为乌蛮之支派，然元世既以落名其所居，推之唐世，亦当如是。是落兰与罗亦不得混为一谈。大抵三族仅播在南广水、长宁河流域①，落兰最微，仅有村囤而无州县，摩些较盛，但其大部落之足以建州立县者亦仅二处而已。

三族既仅为泸南之少数民族，且其聚处又偏于西部，则自杨保之出处而言，自以出于罗之可能为多，而出于三族之可能少。且宋元以后，史载汆蛾与乌白蛮事迹，皆著其专称，独于诸罗率以地为名，一若其称杨光震、杨光荣之但曰"熟夷"、"熟酋"而不著其族类，是则杨保之为罗大抵可信，特未有确据耳。

泸南夷族之著名于载籍者，又有吕郜蛮②、阿永番③，二族在泸南历史均无可考见，要之与"罗"有别。④ 载籍所著泸南有名目诸夷，既非唐宋时之罗，然则斯罗果为何罗耶？罗罗族类自黑白二种而外，又有乾、海、妙、葛、阿者、阿乌、撒弥、撒定等类，总计见于《南诏野史》、《滇海虞衡志》等书者不下三四十种，斯罗又应为其中之何种？欲解决此问题，史事之钩稽印证已无所施其技，当求之于风俗语言之比较。但诸书记泸南罗皆未尝及此，其后裔又已久归同化，故此法亦归无用。质言之，时至今日，泸南罗族系问题之确切答案已无从获得。若必欲作一近是之解释，无已，请以推断出之。窃意罗出于羌，先世本居于蜀之西南近徼，《史记》所谓徙筰都、冉駹诸夷是也⑤。其时族类犹纯，称名惟一。迨后南逾金沙，

---

① 《唐书》晏州领有思峨县。又《宋史·西南诸夷传》有江安界婆婆村首领，摩些之些本读若娑，娑婆村或为些族。晏州有落运村，《泸州蛮传》：乐攻城附近有地名落婆，乐攻在今江安县南百里。此皆长宁河有三族之证。

② 《纪要》庆符县条引旧志云：南广水源出吕郜蛮部，吕郜或为地名，待考。

③ 《纪要》纳溪条云：纳溪源出阿永番部永宁属彝也。

④ 《杨氏家传》：五代末，端曾孙三公被囚于闽，阿永蛮酋长黑定与闽有连，夜窃载与俱归，发兵助之复国。可证阿永非杨保同类，而与乌蛮关系甚密切，故其在川者为永宁属部，在黔者与闽有连。

⑤ 见于记载者始此，其始徙时代不可考，当远在汉武以前。

夺僰人故土而有之①。历年数百,迄于隋唐,部族日繁,居处日广,汉人知之亦日稔,遂或以形容,或以衣饰,或以习俗,或以宗派,分别名之,而黑、白、乾、海诸称以起。然此仅为南中之派别,非可以蒙之以蜀徼②。泸罗名著唐初③,地接沈黎、越嶲,前论已推定为汉后出自蜀徼。夫惟出自蜀徼,且为时甚早,与滇、黔后起支派不相关涉,故得因仍旧习,但以罗称也。上文欲以黑白诸族强相指附,宜其不可通解矣。宋世泸罗有罗苟、罗个、罗能之分,此则乃南广溪峒间自相区别者,亦犹滇黔之分为黑、白、乾、海等等也。

附: 《唐书》泸领及戎领南广溪峒诸州今地考

纳 《纪要》在今珙县南。按州以纳溪得名,纳溪即今乘宁河,当有今叙永、纳溪二县地。《寰宇记》,泸州南界、东南界皆接纳州,可见纳境不得远在珙县之南。州与连州拜有都宁县,今珙县之都宁驿,应为连州属县之故治。

萨 《一统志》在珙县界。

晏 《一统志》在兴文县西。按县有晏峰、思晏江。《纪要》,州领柯阴县,在江安县西南境。

巩 《一统志》在珙县西南。

奉 无考。

浙 考见本文。

---

① 南徙必非止一次,早者亦在汉之前,夜郎即罗族也。

② 今建昌罗亦有黑白之分,此乃南诏时由云南徙入者,非汉世越嶲夷之嫡裔。见《元志》罗罗司宣慰司条。

③ 各羁縻州县大半高宗以前置。

顺　考见本文。

思峨　《一统志》在珙县东。

淯　《一统志》今长宁县治。按今长宁河旧名淯溪。

能　考见本文。

高　《一统志》在今县南。

宋　《利病书》、《纪要》：高县西有宋水，州及所领宋水县盖以
　　水名。

　　《一统志》：承宁县泸水卫界有宋江，入纳溪，盖白废州得名。

　　疑后说是，在今古宋县境。

长宁　《一统志》在今县东北。

定　《利病书》在筠连县定川溪南。《一统志》在珙县西南。

　　《纪要》：所领县支江，在庆符县东南。

　　以上泸领。

连　《一统志》在筠连县境。

南　《寰宇记》在州南五百三十五里。

德　州南五百六十四里。

为　州南四百九十里。

洛　州南四百二十里。

移　州西南五百八十七里。

悦　《一统志》在兴文县南。按县有悦江。

镜　《寰宇记》作景，在州南三百九十六里。疑即《宋史·地理志》
　　之照。

筠　《一统志》在筠连县南。

志　《寰宇记》在州西四百五十六里。

盈　州南五百六十七里。

武昌　州南一千二百十七里。

扶德 　《一统志》在珙县南。

播朗 　《一统志》在珙县西北。

献　　见《寰宇记》，在州南六百六里。《宋志》亦有，《唐书》不载，
　　　　疑系改名。

　　　　以上戎领南广溪峒。

　　总泸领诸州，北接江安、纳溪，南界滇边，东起鳛、赤二水流域，西迄筠连、庆符。戎领南广诸州，更在庆符西南，远者去戎五六百里，乃至千里，当在滇境。然亦有数州在筠连、兴文、珙县一带，与泸领诸州壤地错接，境界难分，故扶德州，《寰宇记》并见于泸、戎；而悦州，《宋志》以隶泸州，杨光震载于《泸传》，而杨光荣列在《叙蛮》也。

四、杨保据有播土

　　杨保之入据播土，始于播州宣慰司同知罗氏之始祖荣，时在唐大历初年。经营缔造，历十载之久，乃克抵定①。罗荣《忠爱堂叙》有云："蔡经略三战而无功，何司马九争而败绩。"疑荣前已有蔡、何二人欲侵夺兹土，但无所成就。荣传四世至太汪，太汪冲年嗣位，乾符初闽蛮见侵，势不可支，遂弃地还走泸南。蔡、宋、康、高四人先后助之恢复弗克，最后乞援于杨端。端于乾符三年偕舅氏谢某率七姓八姓之众，自泸州合江径入白绵②，据险立寨，结土豪娄、蒋、黄三氏，为久驻计。闽出寇，端出奇兵击之，大败，寻纳款结盟而

---

①　《府志·土官》引罗荣《忠爱堂叙》、《艺文》杨端《忠爱堂谱序》、罗仪廷、罗尔经《族谱序》，谱说虽经后人附丽，细审之类多史实可寻，此类是也。其云"值夜郎浊乱，奉天子命帅师南征，官至太保，世受封侯"等，皆不可信。

②　今遵义县南二十里半边街，一作白锦，疑非。

退,杨保遂复有播土。然自是杨氏代为酋主,罗氏退居副贰矣①。

《杨氏家传》、《元史·杨赛音不花传》称:唐季南诏陷播州,久弗能平。乾符三年,杨端以应募起,竟复其城,遂使领之,子孙世袭其职。明以后著述诸家,以唐末南诏陷播,明载《唐书》,而五代以来杨氏世长斯土,亦为事实,因相率信之不疑。不知二事果确,一先一后,相去十余年,中间实无联系。南诏之陷播,唐自复之,端之所复,乃系杨保族在播鄙之故土。至其后之据有播州城邑,自唐言之,乃失而非复。此盖宋元以后杨氏子孙渐习诗书,浸濡礼义,耻其先祖之出于蛮夷,故刺取前史,巧相比附。不谓数百年通儒硕学,竟无一不堕其术中,转相称引,明为酋豪割据,反以"功在国家、泽被生民"誉之,(《家传》赞)斯诚喷喷怪事矣。今请分别考而辟之,庶还我史实之真。

《唐书·懿宗纪》:大中十三年,南诏陷播州,其明年咸通元年,安南都护李鄠复之。是播州之陷于南诏,为时仅一年,未尝久弗能平也。或谓咸通元年后曾再度沦没,(《贵州通志·建置》)此国之大事,何以不见于史?或以为《唐书·南蛮传》载咸通十四年,南诏自蜀回寇黔中,经略使秦匡谋惧奔荆南,播州复失即在此时②。此说颇近于情理,但非事实。考南诏寇黔中、匡谋出奔一事,时在咸通十四年五月,(《通鉴》)而播州司马肖遘之召还,则在韦保衡贬死之后。(两《唐书》本传)保衡卒年不可考,其贬斥在咸通十四年九月。(两《唐书·僖宗纪》)是遘最早在九月以前犹官在播州,足证先时南诏之寇黔中,播州未尝复失。盖敌军甫及边境,匡谋已惧而先

---

① 罗《谱》、杨《序》、仪廷《序》、《府志·土官》引何缵《罗秉信碑记》、《杨氏家传》。七姓八姓见上文。

② 清冯苏《滇考》,原文误作乾符元年。

奔,故逾月而身膺显戮,亲族缘坐搜捕,非谓已尽失府西郡邑,兵临城下,不得已而出走也。匡谋虽奔,各州县犹有守令,南诏自亦不得率尔取之,故诸史但记匡谋之出奔而不及黔中州县之得失,以本无可记也。以上考南诏陷播。

自古命将出师,兵校可以召募,主帅则未闻。且南诏大敌,非同小寇,设果有人焉,以应募起而能克敌复已失之州郡,此耸世之丰功奇迹,史官必大书而特书之,何以两《唐书》只字不及,此理之不可通者也。同一复播,而杨氏谱以为为唐室讨南诏,罗氏谱以为助太汪击闽蛮,非昏曚无识者不难辨其真赝矣。惟《家传》叙端之用兵,在白绵高遥山(今遵义县西三十里),而不及州城(今绥阳县治左右),此点犹能存其本素。由是观之,可知大中、咸通间唐与南诏大国之争为一事,所争者城邑州县;乾符初杨保与闽部族之争又一事,所争者特播州西南边鄙之溪峒耳。惟其为部落之争,故传说偕杨氏同入播者,为七姓八姓之众,而非若千万之大军也。以上考杨保复播。

杨端自泸州合江至于白绵,所取何道,《家传》未明载。郑珍《白绵考》以为径由仁怀(《府志·古迹》引),盖就地理言,此道循赤水河,牛渡河谷溯行而上,本最为近捷也。但统当时情势及杨氏前后事迹观之,则知郑说殊非。夫仁怀在乐闽水西,而闽、播实世代以乐闽为疆界[1]。方乾符初闽东侵,白绵在乐闽水东,杨保且不能保,则水西之仁怀必为闽所有可知。杨氏若欲经由此道以至白绵,所历艰阻必多,用力巨而成功之可能少;《家传》称自泸州合江径

---

[1]　乐闽水在今遵义县西四十里,东距自绵不过三十里,或作落闽,或作罗明,今县西南濒水有罗明城。

入白绵,可知当时端必绕行他途,故可以不战而至于白绵也。北宋皇祐中,贵迁自播如泸,次于南川而卒,以后例前,端之自泸如播,当亦由此。唐宋南川在今綦江县境,合江、纂江间多平原,自綦江溯松坎河南行逾大娄山以达遵义,亦黔蜀间古今之通道也。端十三传至粲,值宋宁、理二宗时,闽酋伟桂弑父自立,粲声罪致讨,辟地七百里,盖至自而仁怀始为杨保所有,时距端之复播已三百四五十年矣。

杨氏复播之初,大抵但有乐闽水东、唐带水县之地(今遵义县中部),县治何时为其所有,今已无考。其时播州州治在今绥阳县治左右。詹珍《尹珍讲堂铭序》(《府志·古迹》引)云:万历甲辰秋,余修旺草公署,掘地得碑,曰汉尹珍讲堂,唐广明元年七月六日播州司户崔礽立。足证广明初州治犹归朝廷,其后遂不见于史。《五代史。职方考》载前、后蜀所有州皆不及播州,盖已为酋长所据。惟以《家传》考之,自端而后,三世皆困于罗闽,子牧南痛父业未成,日夜忧愤,牧南子部射伐之而战死。部射之子三公被执半载,赖阿永酋长之力,仅得复国。根本未固,大难方殷,恐未必能开疆拓土。三公子实嗣位,始著武功于溪峒,其时宋祖已受命矣。疑播州之入于杨氏,当亦在此时。然则唐末五代时始陷播州者,当别是一夷族而非杨保也。

自娄山迤北,包距夜郎(坝名,在桐梓县北七十里),今桐梓县之南半部,于唐为珍州辖地。其地西北连接鳛水,盖自大历以来,已多杨保散居溪峒间。杨端复播,兹土实所经行。然于时端方举全力以争白绵,州距白绵尚远,官未遑分兵占据城邑。是其列入杨保版图,当亦在唐末五代之际。宋宣和中,废在白绵之播州,改置播川县于此(治在今桐梓县南三里,见《贵州通志》),以隶南平军(《宋志》、《明通志》),盖以为播地之近于省界者易于控制也。元至元十五年,宣抚邦宪请于朝,复以此地还隶播州(《元史》本纪,时县名已易为鼎山）。

北宋及南宋初，杨保领土大抵北以夜郎、桑木（关名，在今绥阳县治北娄山支脉上）为界，南以乌江为界，东以三渡（关名，在今遵义、湄潭界上）、洪江为界；其西界颇不整齐，北部远包故土赤水、鳛水，距娄关三百里有余，南部以乐闽界闽部，近迫白绵、穆川，相去仅三四十里耳。此一区域，可称为播州本部，即杨保之基本领地。自后播州之疆界，虽日益扩大，然言杨保民族之聚处，要以此区为主。

自杨实之卒，众子纷争，各据一方。已而裂为上、下二州，居白绵者号上州，居播州旧治者号下州，以洪江为界。更七传历二百余年不能一，杨氏中衰（《家传》、《宋朝事实》），方大观中拓土议兴，招诱酋豪归附，一时黔管故壤，尽列封疆，上、下杨亦各纳土，诏即其地分建播州及遵义军（《宋朝事实》）。当时假令金人之患不作，新党再执政柄数十年，则要荒之辟为郡县，勿庸待诸明季矣（南宋后播州文明大开，盖即导源于大观中之设施）。宋室南渡，边事遂因循不问，杨氏用得绵其世绪勿绝。迨嘉定末，上杨粲内并下杨，外逐罗、闽，播势始强。粲子价、价子文、文子邦宪相继嗣立，皆雅有雄略。值元兵南犯，宋室每资其兵力以救蜀，边裔之事，益优容之。五十年间，杨氏日以滋大。《家传》纪诸人仅限于援蜀破闽之功，盖文有所略。实则《元史·地理志》所列播州安抚司（宋嘉熙三年始置，治今遵义县）所领三十三处，其开拓之始，当即在此时。三十三处今不尽可考，其可考者则北有綦江、南平等处，今綦江、桐梓、南川县地①；东有沿河、祐溪等处，今沿河县地；南有黄平府、葛浪洞等处，今黄平县地；六洞、柔远等处，六洞，今平舟县地，柔远，当在今八寨县地；

---

① 北界綦江之三溪、母渡、南川之东乡坝。明万历二十七年，杨应龙陷綦江，退屯三溪，立石于三处为播界，见《三大征考》。当本于元时旧界。

小姑、单章,小姑,今都匀县地,单章当即今丹江县地;平伐、月石等处,今贵定、平越县地;纵广皆几及千里,约计之盖十倍于旧土矣。《家传》,至元十二年,邦宪奉表以播州、珍州(今正安、绥阳一带,宋咸淳末即废以属播)、南平军(即其后之綦江、南平等处)三州之地降。此就宋世建有郡县者而言,非谓杨保领土尽于此也。下文即有播下邑黄平云云,可证黄平之属播,不始于元,其余各处,亦当例此①。自后数经迁变②,至明初而略以旧遵义全府、平越府属之湄潭、余庆、瓮安、黄平四州县及都匀府属之清平县西境为界。播州宣慰司领黄平、草塘安抚司二,播州、真州、容山、余庆、白泥、重安长官司六,皆有印信;又瓮水长官司一,无印信(洪武十七年厘定,见《明统志》、李化龙《播地善后事宜疏》)。洪武二十二年,割重安地建兴隆卫,隶贵州(《纪要》)。成化十二年,讨平湾溪、夭坝、千诸苗,设安宁宣抚司以隶播,领怀远、宣化二长官司,靖南、龙场二堡③。自后播州(杨辉嫡子爱及其后人)、安宁(辉庶子友及其后人)骨肉相仇,攻杀不已,杨氏中衰,水西永宁,浸浸蚕食其西疆。(李化龙疏,下详)嘉靖七年,改安宁为凯里,降安抚,割隶贵州(《播州传》),欲以息

① 宋末杨氏疆土犹不止三十三处,又有雄威、思胜二军,纳土时已隶别籍,见《家传》至元二十八年。

② 其关系疆界之盈缩者,如大德元年,朝洞蛮内附,立长官司二,命播州领之,皇庆二年以乖西府隶司,并见《元史·本纪》。朝洞未详,乖西在今开阳县东六十里。明玉珍割南平、綦江长官司为綦江县,见《府志》引万历旧志。

③ 《明史·播州土司传》:湾溪本重安长官司辖境,旋为牛苗所据,至是设宣抚司,即今清平县西之凯里。夭坝、千乃播属怀远故地(《府志》引《明史稿》),至是建立司、堡。诸司、堡今地不可确知,当有今八寨及麻江西部一带。《贵州通志》,八寨,故夭坝地也。(《都匀土司传》作夭漂,地望亦合。)故烂土(在今三合县境)、丹章(疑即《元史》之单张,《都匀土司传》之丹彰,在今之丹江。)诸苗得以时施骚扰(田汝成《炎徼纪闻》)。怀远不见前史,疑即《元史》所谓柔远是也。其沦为"生苗",当在元世。

争也。二十三年,水西又取其乐闽水西之地,万历初颇复故业而不能①。二十八年平播,以播州宣慰长官之地分建遵义、桐梓、仁怀三县②。以真州长官之地,分建真安州、绥阳县(县境自桑木以南,旧属播州),置遵义府以统之,隶四川(清雍正七年改隶贵州);以容山长官地建湄潭县,余庆、白泥二长官地建余庆县,草塘安抚、瓮水长官地建瓮安县,黄平安抚、重安长官地建黄平州(清康熙中又省兴隆卫并入),于平越卫建府以统之,隶贵州。而凯里除宣抚司(清康熙四十二年裁并清平县)外,所属司、堡旋覆没于"生苗",至清雍正六年,始辟为新疆,列置同通。

五、杨保同化诸族

杨保入播之初,其时"播州本部"一带之夷族,族类甚繁。一曰罗:州治本隋牂柯县地。《唐书·地理志》,武德三年,以牂柯首

---

① 《播地善后事宜疏》正疆域条:儒溪、沙溪、水烟、天旺、缉麻山、李博垭、仁怀、石宝、瓮平等处,皆播州世业。杨氏中衰,为永宁、水西侵占,后应龙当事,治兵相攻,恢复故业。《明史·贵阳土司传》,初,应龙之祖相以内难走水西,客死,宣抚万铨挟之,索永烟、天旺地,听还葬,其地遂为水西所据。及平播,遵义、水西以渭河中心为界。按儒溪、沙溪、水烟、天旺皆在乐闽水西,属遵义西乡(清并为天旺、沙溪二里,沙溪在天旺西)。渭河即乐闽所注,二名可通称也。李《疏》其余诸处,当在今仁怀、赤水境内。(今仁怀南乡有李博里、缉麻山近永宁,万历二十二年讨播,一支由永宁、缉麻入。二十七年,应龙子朝栋守缉麻山防永宁,见《三大征考》。)盖自友、爱以至相、烈(应龙父),杨氏先世所辟水西地,殆已丧失大半,至应龙力图恢复,仁怀、赤水遂再隶版籍,独闽西、水烟、天旺等里,迄其覆亡,仍为水西所有。(其后还属遵义,当在清初削平水西之后。)

② 《利病书》,长官司地左抵永安驿,右抵海龙囤,当有令遵义县偏西大半,《府志·建置》引万历旧志,谓仁怀境内别有一长官,于史无征,存以待考。

领谢龙羽地置牂州,领县三,其一建安,本牂柯①。牂柯谢氏为罗族②,建安是其属地,必有其族人矣。二曰僚:《元和郡县志》:"珍州南接夷僚界",珍州之南即播州也。《家传》:三公自闽还至界上,谢巡检帅夷僚逆之。会济江,夷僚忽怀异志,引舟岸北,呼谢曰:"为我语若主,当免我科赋,否则我不以济。"三公既涉,以术厌之,僚伏地哀祈,誓输赋不敢反。据此则夷僚乃当时杨保所统治之民众。《宋史》以播州部族属之渝州蛮,谓即古板楯七姓蛮,唐世之南平僚③。按板楯七姓,即巴氏李特所从出,南平僚据《唐书》所载风俗观之(人楼居,梯而上,名曰栏干),真僚种也。南平僚所播居之地域甚广④,其在白绵附近者曰穆僚,《家传》文广时有老鹰寨穆僚之叛,讨夷之。文广三传至轸,自白绵徙治堡北二十里之穆家川,是为湘江。按穆家川即今遵义县治,今治北十五里许又有穆家林,川、林当并得名于居人。老鹰寨今不可考,距二地想必不远。三曰徭,《家传》:初,西平徭视诸蛮尤桀黠难制,文广偕谢成忠夜入其棚擒获之,寻数其罪,贷焉。按同传,杨端初入白绵,时结土豪奥、蒋、黄三氏为久驻计。蒋、黄为宋元以来湖南衡、永、郴、桂一带徭中著姓,疑此三氏亦为徭族,意唐宋时播州境内徭峒必不止一处⑤。其在白绵者,此三氏为大,而以在西平者尤为桀黠耳。三氏为白绵土豪,是杨保入播以前,徭族当即为兹土酋主,夷僚特其部属。《家传》,文广时有黄仪标者,盗发光震墓,文广捕斩之。事连其弟理郭,理郭奔高州蛮谋作乱,为谢都统所斩。仪标疑即唐季黄

①　其后贞观九年割置播州也。
②　《南蛮传》:"其首领称鬼主",可证,其他夷族无此称。
③　《渝州蛮传》、《地理志》称杨氏为南平夷人。
④　《渝州蛮传》:西南接乌蛮、昆明哥蛮。
⑤　《寰宇记》:黔管蕃种落十五,其一莫徭。

氏土豪之族人，其所奔之高州蛮亦为苗徭族（下详）。上述三族而外，又有小火杨及新添族二部，皆宋祖受命之初，文广高祖实治播时所歼灭。计其入播时代，当亦在杨氏之前。二族所属族类，不可确考。元有新添葛蛮安抚司，在今贵定县治，未知与播之新添，是否一族。蛮之以葛为名者，有罗有僚，《寰宇记》黔管蕃种落十五，其一葛僚。元明时贵定迤东一带多僚①，此新添族疑亦为僚族。

　　播地自汉武迄唐末，除梁、隋之际约四十年、隋末唐初十余年外，世为郡县，当时中土之人，必有以仕宦经商而留居斯土者，惟为数盖鲜，渺无可稽。自今考之，汉族之移殖播州，亦当托始于杨氏时。《家传》，文广再传至选，始立，值徽、钦播迁，高宗南渡。性嗜读书，择名师授子经，闻四方士有贤者，辄厚币罗致之，岁以十百计。选子轼，留意艺文，蜀士来依者愈众，结庐割田使安食之。由是蛮荒子弟多读书攻文，土俗为之大变。轼子粲，幼受《大学》，能悟其要旨，长好鼓琴投壶，建学养士，作《家训》十条。粲子价，好学善属文。先是设科取士未及播，价请于朝，而岁贡士三人。绍定中，北兵入剑，蜀中避地者多归之。价子文，留心文治，建孔子庙以励国人，民从其化。文子邦宪，亦好书史，时值元世祖平宋。邦宪子汉英，即赛音不花，为政急教化，大治泮宫，南北士来归者众，皆量才用之。喜读濂洛书，为诗文尚体要，著《明哲要览》九十卷、《桃溪内外集》六十四卷，而其妻田氏亦善读书。据此可知南宋以来汉人之徙播，与杨保之汉化，关系至为密切，且互为因果。始则杨氏以濡慕华化，因招致汉士；继则汉士徙播日多，杨保汉化日甚；终则杨保

---

　　① 《方舆纪要》，麻哈州元为仡佬寨，清平县多仡佬诸苗。

汉化既甚，汉人不复以蛮荒视之，儒者甘受其罗致，避乱者更相率归之以为乐土矣。

播州由于杨价之请命,始设科取士,计其时约在理宗初年。后十年而郡士冉从周举嘉熙二年进士,历官为珍州守,时号"破荒冉家"(《明统志》)。同时州人又有冉氏兄弟琎、璞二人①,有文武才。淳祐初,余玠制置四川,筑馆招贤,冉往谒之,为划城合州钓鱼之策,城成,西蜀赖以不堕垂四十年②。至今言播州人才者,郑黎以前,厥推冉氏。按冉氏非汉,亦非杨保,属冉家蛮。冉家蛮者,苗族也。播州之冉,源出珍州,其移居时代,当在杨保有播之后。琎、璞、从周虽居于播界③以播土显以世,间犹称珍籍云④。其子孙仍还居正安⑤。

自杨端初入播,历八十五年而实灭小火杨、新添族;又一百三十余年(据前后事迹推定),而文广讨平穆族,西平诸蛮。《家传》称当文广之时,蛮僚为边患,杨氏先世所不能縻结者,至是叛讨服怀,无复携贰,封疆辟而户口增矣。杨保之统一播境,实始于此。自是诸蛮不复能保持其独立,遂日渐同化,而冉、汉等族之先后入播者⑥,以众寡悬殊,久而亦变为杨保。故元明之世,播州本部之内,杨保而外,不复闻有异族⑦。

---

① 《府志·古迹》即以从周为璞子,据《播雅·郑宣传》,知未有实验。
② 合州城破在至元十五年。
③ 琎、璞故居在令绥阳县西南五里丷木山,琎墓在县之朗里,璞墓在县之金里。旧说府东四十里之冉家林为二冉故宅,非是,详《府志·古迹》。
④ 《府志·郑宣传》作"珍州冉从周"。
⑤ 《府志·古迹》。
⑥ 元、明世黔东诸苗多有入播者,如思州田氏,下详。
⑦ 杨应龙多用苗兵,此系招之于江外者。应龙又夺民田以养苗,见《播地善后筑》田粮条。时距播之覆亡,不过数年耳。

罗闽以西,今仁怀县及遵义县之天旺、沙溪等里,本为乌蛮闽地;至南宋嘉定末,始列入杨保版图。元明时记播事者皆不及此方,其间族类之盛衰变迁,莫可得而考。今仁怀县西乡接界古蔺者有安罗里,平播时其地有夷目安銮,率先投诚(《播地善后疏》顺夷情条)。此安氏疑即乌蛮之后,明代水西安氏之同宗。杨保七大姓中亦有安氏。相传其始祖名增,而銮之始祖名朝何(《府志·土官》),足见二安族派非一。

夜郎以北,今桐梓北境及綦江之南境,旧为南平僚及木攀首领赵氏所据。宋熙宁、大观中,先后开置州县。宣和二年,并为南平军①。此南平僚中亦有穆族,嘉定末,南平夷穆永忠盗据公家田,粲帅众讨平之,斩永忠,归其田南平,见《家传》。木攀属何族未可确知,大抵非僚即罗,居杂僚地,木攀又似得名于楼居,故疑为僚。《唐书·南蛮传》:牂柯蛮首领初为谢氏,后为赵氏。又疑木攀即牂柯之后也。南平军至宋季而入于杨氏,于元为綦江、南平等处,明初以其北半部割隶綦江县,而南半部遂并为播州宣慰直辖领土。应龙称乱时有头目穆焰者,盘踞楠木山、羊简台等峒,当綦江入播之冲(《三大征考》),焰殆即穆僚永忠之族裔。

杨保之有闽西、南平,虽较晚于"本部",但平播时师经二地,不闻有何其他族类,意者数百年间,罗、僚、木攀诸族,大体亦已归于同化矣。今惟仁怀县尚有苗、仡佬、倮罗三族,合计仅七八百户(《续志·杂记》)。

"播州本部"益以闽西、南平,即明代播州宣慰及长官之辖地。

---

① 《渝州蛮传》、《熊本传》、《地理志》:熙宁三年,建荣懿、扶欢二寨,在今綦江南界,与桐梓错壤。八年,建铜佛坝为南平军,在桐梓北境,皆僚地。大观二年建溱州及溱溪、夜郎二县,治荣懿寨木攀首领赵奉地。《家传》,贵迁如泸,南川巨族赵隆要杀之。当即奉之先辈也。

平播初,播境旧民或死或徙,遗下无主土田甚多。时异省流徙,辄假播籍以希冒占。总督李化龙因疏请定制,凡不能作杨保语者,无问曾否寄住,皆不得妄自指认(《播地善后事宜疏》限田制条)。足证播之旧民,悉为杨保,他族寄住者,仅极少数耳。

六、杨保移殖境外

杨保以客族入据黔中,割据垂八百年,拓地周数千里,盖其文化程度及政治能力,必有超越于土著诸族者。故不特异族之在其"本部"境内者,不三百年而悉归同化,即"本部"以外之邻近地域,亦多为其族人移殖所届。大抵唐末五代已启其端,易世而后,往往能蔚为一方巨族,君临诸族,犹、郑二氏是其例也。自宋元之际迄于有明,杨氏益强,大启疆宇,每下一地,辄遣其酋豪长之。一时民族聚处遂随其政治势力之所及而大事扩张,罗、杨诸氏是其例也。故言杨保民族史者,殊不得以播州本部为限。今略依时代之先后,铨次诸家移殖之经过如次,而各以其当地之土著种族附论焉。

犹酋樵《瓮水世谱》:(《府志·土官》引《心斋随笔》引)犹氏始祖崇义,唐乾符中讨苗夷有功,授宣慰使抚播。子朝觐袭,广明元年从征黄巢阵没,赠播、瓮万户。其载崇义、朝觐官爵事功绝不可信,惟播、瓮仅洪江下游一水之隔,相去匪遥,犹氏于乾符、广明即由播迁瓮,则非绝不可能。至南宋绍兴中开设瓮水寨,时犹氏已为当地土酋矣(《纪要》引旧志)。景定中,播人有犹道明者举进士,盖其族也(《利病书》、《府志》据川、贵《通志》)。道明既显,瓮水后人因牵以入谱,而置之熙宁时。按播州设科取士,始于理宗初年,熙宁中不得有进士也。《元史》播州所领三十三处中无瓮水,盖犹微甚。

明初始著,授长官,①但无印信,仍不得与播、真等六长官并列。按瓮地界乌、洪二江之间,西邻西平寨,宋为徭地;东据乾溪等寨,明四牌苗所据,景泰中尤为苗"贼"黄龙、韦保出入之所。苗、徭当即为当地之土著民族。

《正安草志》称,七大姓中,先入播者为郑氏。而记郑氏始祖开龙之事迹,乃在梁、唐之世(见第一节引),与杨、罗二氏事迹矛盾。按《草志》之说自本于郑氏谱牒,郑氏修谱者,于此等无关荣辱之事,似无庸虚撰。细思开龙为五代时人未必非事实,而所谓先入播者,播乃真之误也。其后他姓相继移真,而终以郑氏为大。至南宋嘉、熙间有昌孙者,率民兵御元兵有功(《明统志》),元初因而官之(《心斋随笔》),称珍州思宁等处蛮夷总管,遂世为一方酋长。②

宋初高州蛮酋田仙以地内附(《高州蛮传》),太平兴国三年,夷州蛮任朗政来贡(《本纪》);大观元年,大骆解上下族帅骆世华、骆文贵献其地,明年,建为珍州(《纪》、《志》)。是年,蕨平帅任应举、任汉崇献地,三年,建为承州(《纪》、《志》、《宋朝事实》)。四州皆明世真州地也③。诸族在北宋时已大,其移居时代当在郑氏之先。以姓氏及其地望推之,田为苗中大姓(湘西、黔东),骆为徭中著姓(湘南),州境东距思南不远,思南土司即为田氏,是诸族亦为苗、徭也。宋元之际郑氏既长斯土,骆遂降居其次。万历平播之役,军入真州,用正副长官郑葵、骆麟为向导,即其裔也。(《播州传》、李化龙《平播疏》)

真州又有冉氏,自南宋淳熙以来亦世为酋豪。(《府志·土官》引

---

① 《利病书》、《纪要》并作安抚,疑误,当以李《疏》为正。

② 《方舆纪要》,昌孙元末人,执献明玉珍将于明,因得世有其地。按明初归降者自是郑瑚,见《明史·播州传》,《纪要》误。

③ 今正安、道真、绥阳三县。高、夷二州不能全在境内,要必有其一部分。

袁治《土官记》)琲、璞、从周,殆其族人。按王通明《广异记》(《蛮书》引):盘瓠七男,各为一姓:田、雷、冉、向、蒙、文、叔孙。盘瓠者,相传为苗族之鼻祖。冉氏唐后散处川、黔间,别称冉家蛮,一曰南客子,自酉阳迤南,至于乌罗(今松桃),沿河、婺川,其族最盛,世为部落之长(《炎徼纪闻》、《利病书》)。真州界接婺川,婺川之有冉家,始于唐武德初(《旧唐书·地理志》),其入真当在杨保之前。

《元史》播州所领土官三十三处,但列其名目于《地理志》,此外一无著录,其中惟珍州、思宁等处,即明之真州长官司,已见前;又黄平府即明之黄平安抚司,白泥等处即明之白泥长官司,旧州、草塘等处,即明之草塘安抚司,六洞、柔远等处,明平州六洞长官司有其地,平伐、月石等处,明大平伐、杨义二长官司有其地,沿河、祐溪等处,明因之不更,其酋豪姓氏,尚有可征。七处中可确知为杨保者一:黄平罗氏,始祖季明,太汪之十六世孙也(《土官》引罗氏谱)。元至元中,黄平蛮叛,季明奉杨氏命讨平之,遂受封于此(《利病书》)。疑当为杨保者四:白泥杨氏,始祖万,宋景定中以征八播蛮功受封(《利病书》);又平州六洞、杨义二长官皆杨氏(《纪要》),沿河、祐溪长官张氏(《纪要》),张氏为明季播州奏民七姓之一,与杨世姻娅(下详)。出于宋家者二:草塘宋氏、大平伐宋氏。平伐在今贵定县南境,草塘之宋亦出于都匀、贵定(《土官》引《心斋随笔》引《宋氏谱》),此一带其民多宋家,其酋多宋氏(《纪要》、《贵州通志》),二宋殆其同类也。宋家盖自也罗族之支裔,明世著于水东。

三十三处盖以至元为限断,其后皇庆二年复以乖西府隶播州宣抚司(《元史·本纪》)。明代乖西土酋亦姓杨氏(《纪要》)。按至大四年初定乖西蛮,立乖西府,以蛮酋阿马知府事(元《纪》),是杨氏之代为酋长,殆始于皇庆改隶之后。

明初播州领二安抚、七长官,除播州长官在"播州本部",黄平、草塘二安抚，真州、白泥、瓮水三长官已见前文外，又有容山长官韩氏，始祖志聪，播人，洪武间以征普定功受封。① 重安长官张氏，始祖佛保，永乐四年以招辑蛮民向化功受封（《播州传》）。副长官冯氏，始祖铎，从宣慰杨鉴（元末明初）征麻哈有功，授职（《利病书》）。余庆长官毛氏，始祖㠛，元至正间从宣慰杨加祯征蛮有功受封（《利病书》，加祯，《家传》作嘉贞）。四姓非杨保即系他族之同化或投效于杨保者。

成化十二年，置安宁宣抚司，领怀远、宣化二长官司。二长官无考，安宁则以授播州宣慰杨辉之庶子友。②

又有安宁左副长官何氏，始祖清，成化中以征叛苗有功授职世袭；清顺治十五年改授岩门长官（《贵州通志》，岩门在今黄平县东南）。

黔东自古为诸苗所聚居，间有宋家、蔡家、仡佬、木老等族。杨保至宋元之际始有其地，距播既远，同化颇迟。故元明时黄平诸司虽属播领，仍称苗疆。其著者容山、白泥之间，江内为七牌，江外为四牌之苗，黄平、凯里一带有九股黑苗；凯里以南有夭苗（《平播疏》、《播州传》、《纪要》、《一统志》），而杨保特为少数民族耳。时黔东诸夷中佯僙者，一曰横黄（《炎徼纪闻》），一曰杨黄（《檀萃说蛮》），一曰杨荒（《贵州通志》）。明清之世其族散居于都匀、石阡、施秉、龙泉（今凤冈）、黄平、余庆、黎平、龙里，有杨、龙、张、石、欧等姓，《通志》以为即播之遗民。按佯僙婚丧以犬相遗，足征未脱苗俗，殆为苗中之略经杨

---

① 《贵州通志》、《方舆纪要》作土酋张氏，证以《明史·石邦宪传》："正长官土舍张向，副长官土舍韩甸。"疑长官亦以张、韩分任正副。张氏无考，韩氏成化中长官瑄，见《播州传》。

② 《播州传》：二十二年以罪撤废，正德初复以畀友子宏，嘉靖初，改名凯里，割隶贵州。

保化者,所以别于九股红、黑诸"生苗"耳。

乖西在乌江之南,今开阳县东。《元史·本纪》称乖西蛮曰带(至大三年),一作觧(至顺三年),带、觧当系蜑之音转。《纪》延祐七年,有播州蜑蛮等羊笼等来降,此蜑蛮未必在乖西,要可知元世播领之内有蜑蛮也。① 明以来不见记载,殆同化于杨保或水西矣。②

《一统志》,石阡府苗蛮有杨保,以龙泉为多。《贵州通志》,杨保多在遵义、龙泉。按龙泉旧属思南、石阡,未尝入播领,足证杨保民族之聚处,亦不得以政治势力所及为限。明以来黔东土司除播领外,又有铜仁府之省溪司、提溪司、大万山司、乌罗司、平头著可司正长官皆杨氏(《纪要》),疑其中不无杨保分子。副长官为田、张、冉、戴诸氏,当为苗族。一若真州之以郑氏为长,而骆、冉副焉。又独山州之丰宁上下司正长官(《一统志》),思南府之水德江司、石阡府之石阡司副长官(《纪要》)、思南安化县之土主簿、镇远府之土通判、土推官(《贵州通志》),皆杨氏。又有石阡府之石阡司、龙泉司、葛彰葛商司,思南府之蛮夷司,正长官皆安氏(《纪要》)。按诸苗无以安为姓者,惟罗中有之。水西距石阡、思南较远,而龙泉实多杨保,则诸安大抵亦出于播州。又镇远府之偏桥司正长官安氏,左右副长官皆杨氏。卭水司正长官杨氏,副长官袁氏(《一统志》),袁亦杨保大姓也。又四川石耶洞、平茶洞、邑梅洞三司,与黔之沿河、松桃接壤,其酋皆杨氏,或始于宋宣和,或始于宋末,或始于元世(《纪

---

① 常璩《巴志》,其地南极黔、涪,其属有濮、賨、苴、共、奴、獽、夷、蜑之蛮。《寰宇记》,黔管蕃种落十五,蛮蜑居其一。
② 开阳明代属水西。

要》)。播州杨氏托始于太原杨业,而石耶亦称杨业之裔,邑梅亦称系出太原(《利病书·上川东道》)。然则三司之杨,亦有出于播州之可能。

七、杨 保 遗 裔

明万历二十八年平播之役,除擒斩俘获"逆党"首从外,招降播民凡一十二万六千余名口(《平播疏》)。盖自杨氏倡乱,几经征讨,以迄事定,播土旧民,或徙或死,存者仅十之一二云(《善后疏》)。乱流初殄,地阔人稀,善后之计,设总兵统正兵一万以事防守,建卫所招官军五千以务屯垦,又尽收"逆党"头人庄田入官,听三省之民愿占籍者承种(同上)。于是蛮髦爨焚之区,骎骎变而为内地矣。天启改元,奢安变起,遵城三陷三复,杀掠一空,继以年荒,民悉逃散,至于千里无烟(《府志·年纪》)。杨保劫余之民,复经此难,益荡然鲜有孑遗。其后甲申之际,全川鼎沸,独遵义以远在荒徼获全,附近之人,以为乐土,相率蜂屯蚁聚于斯(《府志·艺文》、张为政《遵郡纪事序》)。顺治四年,有姚黄余党袁韬之乱,康熙十二年至十九年,有吴三桂之乱,乱作时屠戮既多,乱定后辄发种招耕,而领占应佃者,皆汉地之人也(《年纪·艺文》、李凤翔《遵义科名录序》)。盖自是而汉人遂为播土之主人翁,八百年来生聚长养,割据于斯之杨保,历劫之余,丧亡什九,存者亦以政治上之优势已失,又处于大多数汉人濡染之下,不复能保持其民族之特性。《遵义府志》成于道光二十一年,《风俗篇》称各属极僻所在,尚有此族数家。道光距今又百年,此数家亦归消灭。作者来遵义,询之当地父老,皆云久已无可指认矣。

播州旧民虽丧亡什九,但未尝死尽灭绝。故杨保民族虽已成为一过去之历史名词,然杨保族之血统,果犹长在人间也。惜杨保望族大姓之谱牒，久已难于寻访①，今日所可资以搜索者，仅方志中之零星记载耳。兹但就《遵义府志》及《续府志》所载，胪列诸姓之以学行科名显者如下。虽其中大半在疑似之间，确然有据者仅少数，要可以略窥杨保（包括杨保嫡系及苗、伶诸族之同化于杨保者）遗裔之一斑焉。

杨氏 杨保杨氏有二：一端后，即宣慰族人；一威后，未见记乘。宋元时播人举进士者共九人，而杨氏居其四；列传于《府志》者五人，而杨氏居其二。进士中有邦彦、邦杰二人，登咸淳十年榜，当为宣慰邦彦之兄弟行。明世杨氏自弃于夷，摒绝诗礼，宣慰头目而外，遂不复有能著名载籍者。② 平播之役，杨氏以祸首见夷，宣慰嫡系一族，盖所遗无几。然朝栋（应龙子）子寿松，更名含赤，避居绥阳，族谱称犹有后裔（《续府志·杂识》引）。天启中有端裔杨生者，郡守卢安世为序其族谱（《府志·艺文》），有云：杨氏虽当零落之后，而厥族犹彬彬蔚起，以文化武，以治易乱。又《府志·列传》孝友，明清之际有遵义杨长春者，亦端之裔孙。是则杨氏果未尝无后也。近世（指改流后）遵义各属多杨氏，而以遵义为尤多，见于《府志》《续府志》选举篇者，阖府明贡生一人，清进士三人，内遵义二人；举人三十六人，内遵义二十四人（府学六人，中间当以遵义人为多）；贡生四十六人，内遵义十三人（府学八人）；武进士、举人共二十四人，内遵义二十人。见于列传者，明一人，遵义；清十九人，内遵义十二人；孝友、行义、文学、艺术，除杨长春外，清十五人，内遵义六人。其中疑必有出于杨保者（列传中有确知为非杨保者，

---

① 陈怀仁乾隆时人，所著《心斋随笔》，引诸家谱牒甚多。迨郑珍修府志，见者仅罗氏谱一种。

② 仅万历时遵义杨正东以讦奏应龙，列传《府志》。

明遵义一人,清遵义二人,正安一人)。

罗氏 播平设威远卫,与府同城,以故宣慰同知罗其宾为指挥。其宾生十子,分其庄为十,曰十衙,今其地犹仍此称。卫职传至清初万彦奉裁(《土官》引《罗氏谱》)。万彦子士柏,康熙举人,仕为日照令,迁刑部主事(《选举》、《列传》)。康熙《旧府志》云(《土官》引):罗氏世守播土,子孙至今科第不乏。罗尔经序其族谱云(《艺文》):"本朝受命,文运振兴,吾族之捷南宫、领乡荐、应贡举、歌子衿者,济济称盛。"惜诸人名字,今已不可备举,仅清初有罗尔达者,贡于府学,殆与尔经同辈次。尔经,诸生,能诗,著于《播雅》。宣慰同知一族多聚处于遵义,又仁怀之安罗里得名于安、罗二姓。平播时罗氏头目有国明、国显二人,名见《善后疏》,不知是否为杨保嫡系。近世遵义罗氏,亦以遵义为多,仁怀次之。《选举》阖府清进士二人(府学);举人除士柏外十人,内遵义二人(又一人借正安籍,府学六人);贡生除尔达外十六人,内遵义四人,仁怀四人(府学六人);武举三人,内遵义二人。《列传》除士柏外清八人,内遵义五人,仁怀三人;《孝友》一人(《列传》确知非杨保者,遵义四人)。

郑氏 播平,以真州长官郑葵从军向导有功,授本州土同知,传至清初裁革(《土官》引《正安志》)。康熙中其族有郑宜者,中辛卯科乡试,于州为改流后第一人。① 又《列传》、《孝友》有明诸生州人郑宣,文名绍雍。《选举》有康熙丙寅拔贡州人郑绍美。按葵文名绍爵,《列传》又有真州土官嗣子郑绍业,《列女》有土官郑绍勋妻,是"绍"字当为郑氏之辈次,绍雍、绍美之与绍爵、绍业、绍勋,宣之与葵,皆兄弟行也。近世遵属郑氏仍以正安为极盛。《选举》清进

① 《选举》、《列传》、《播雅》,其先正安举人,皆系邻县借籍。

士二人;举人除宜外三人,内正安一人;贡生除绍美外二十六人,内正安二十一人;武举二人,正安。《列传》除宜外,明一人,清六人,内正安一人。清《孝友》除宜外三人;《行义》二人;《艺术》四人,内正安一人(《列传》确知非杨保者,遵义清三人,《行义》一人,《艺术》三人,即郑珍一族,原籍江西吉水)。

安氏 杨氏时播州本部境内不闻有安氏,疑其族远自唐宋时已东迁于龙泉、石阡、思南矣。近世遵义安氏不著于《选举》、《列传》。惟《列女》有二安氏,四安某之妻,四安某及一安氏皆仁怀人,殆为平播时安罗村头目安銮之族裔。

令狐氏 成氏 《府志・土官》云:今桐梓县二姓最蕃,即令狐滈,成展之裔。成氏世居城北二十里涧坝村。按常璩《华阳国志・南中志》,蜀延熙中以巴西令狐衷为南广太守。杨保中之令狐,疑即衷之裔孙,盖为汉裔之久经夷化者也。二姓于杨氏时当亦世为土官,惜已无考。仅洪武间桐梓令狐远以行义教化族里,列传《府志》。近世二姓于遵属惟著于桐梓,而以令狐为盛。《选举》,令狐明贡生二人,清举人二人(内府学一人),贡生十二人(内府学一人),武举一人;成氏明贡生一人,清贡生四人。《列传》,令狐清一人(《列女》桐梓多此二姓,又遵义、正安亦有令狐)。

以上唐入播七大姓(仁怀安、罗二氏附)。

赵氏 播州赵氏有二:一杨保嫡系。《一统志》,绥阳赵家里有三抚墓,三抚即乾符初赵氏入播始祖之子。[1]《家传》:南宋末杨氏有裨将赵暹、赵寅,佐余玠御元兵有功,殆其族也。一木攀之裔。木攀赵氏自唐末以来世长溱溪,传至北宋大观中始纳土。纳土之前已有族人高峰,官至长沙太守,元祐八年告归,著有诗集(《续府

---

[1] 一作明时人,在播征服九溪十八硐苗族,厥功甚伟,见《续府志・杂记》。

志·流寓》引《赵氏谱》、《府志·列传》)。《选举》景定中有进士播州赵炎卯,明洪武中有进士桐梓赵仕禄。近世遵义赵氏仍以木攀故地之桐梓为盛,杨保根据地之遵义次之。《选举》明贡生三人,桐二,遵一;清进士二人,遵义;举人十一人,桐四,遵二(府学四人);贡生三十六人,桐十四,遵五(府十二);武举十五人,桐七,遵五。《列传》清十一人,桐六,遵五;《孝友》、《行义》、《文学》、《艺术》明一人,桐梓;清十人,桐三,遵五。

犹氏 《家传》,南宋时杨氏有幕官犹泳,深得轼、粲父子倚重。《选举》,宋景定中有进士犹道明。按道明墓在今桐梓城北园田坝(《府志·古迹》)。近世遵属犹氏亦惟桐梓为著,县北夜郎里有犹官坝。《选举》,明贡生一人,清举人四人,皆桐梓。《列传》无。(《列女》桐梓有犹某妻六、犹氏二,又遵义犹某妻一、犹氏二。)

娄氏 《三大征考》,万历二十七年,应龙遣娄国等以偏师犯南川、江津。近世遵属娄氏著于桐梓、正安。《选举》,清贡生桐梓七人,正安一人;武举正安一人。《列传》清桐梓、正安各一人。

梁氏 杨氏有播时未见。近世遵属各邑皆有梁氏,以绥阳、遵义较盛。《选举》清进士一人,遵义;举人四人,遵二;贡生十一人,绥六,遵一;武举六人,遵五。《列传》、《行义》、《文学》,绥阳各一人。

韦氏 杨氏有播时未见。近世遵属韦氏不著于《选举》、《列传》,惟《列女》,绥阳、桐梓各有韦氏一,正安有韦姑二。

谢氏 唐牂柯蛮首领姓谢氏,杨氏初叶世世与谢氏通婚,①而

---

① 《家传》,端之舅氏曰谢将军;文广部将谢石近,为其子惟聪之母舅。又罗太汪之七世孙杰从亦娶谢氏,见《土官》引《罗氏谱》。

外御强敌,内定大策,亦惟谢氏是赖。① 岂杨保之谢,实渊源于牂柯(或东南西诸谢),播州故牂柯地,故籍其声威以资镇压土著耶?南宋以后罕见记载,惟《明史·李应祥传》有平播时"贼首"谢朝俸。② 近世遵属各邑除绥阳外,皆有谢氏名著府乘。《选举》明举人二人,贡生一人,并遵义;清举人二人,遵、桐各一;贡生十三人,正四,桐四,遵二,仁二(府一);武举一人,仁怀。《列传》无,惟《忠义》、《列女》中有之。

以上合令狐、成氏偕杨端同入播八姓。(木攀赵氏附)

王氏 杨光震时有帐卒王龙(《家传》)。宋端平初,播州王震生拒元兵谷口有功。明洪武初,更播州军民都镇抚司为长官司,治宣慰司郭内,授土酋王慈世守(《一统志》)。《王氏谱》云,同太原嫡系入播(《府志·土官》引)。播平,长官王积仁以附播被擒献俘,与杨氏俱灭(李化龙《善后疏》)。明中叶后,播州又有总把官王氏,传至材,应龙时提调湄、瓮。子其质,偕七姓讦奏应龙,庚子出师;率士兵向导有功(《列传》据《家谱》)。其质兄其宾,工诗(附其质传)。入清,其宾孙任弼,任弼孙所师,所师子以纯,侄以中,以中子槐森,皆列传《府志》。又有仁怀里头目王继先,播平,以其率先归诚授冠带总旗(《善后疏》)。近世遵属王氏仍以遵义、仁怀较多。《选举》明贡生四人,遵二,仁二;清进士二人,遵一;举人三十一人,遵十六,仁二(府三);贡生六十六人,遵十三,仁十七(府九);武科十八人,遵

---

① 《家传》:谢将军偕端同入播,三公自闽返国,谢巡检帅夷僚逆之,又佐实讨平小火杨及新添杨。子都统佐贵迁破闽寇,又为光震击斩闽党宋大郎兄弟,为文广讨平叛僚。文广、惟聪之世,大事皆谋于谢石近、谢成忠,成忠又讨平西平徭。

② 元泰定中,有播州蛮酋谢鸟穷叛而后降,以为蛮夷官,见《本纪》,其所在地不可考。殆非杨保嫡系,故归降较迟。

九，仁三。《列传》清二十二人，遵十三，内其质一族五人，仁二；《孝友》、《行义》、《文学》、《艺术》清十五人，遵三，仁三。

何氏 何氏始祖中立，传说亦于唐僖宗时入播，今遵义治东四十里有何家寨，即其祖居(《土官》)。旧袭播州总管，明初何婴归附，改授长官(《播州传》)。万历庚子，长官恩弃职率七姓赴阙上书，请讨应龙。平播之役，恩及弟殷与有功焉(《土官》)。又应龙之党有把总何汉良(《土官》引《綦江县志》)。近世遵属何氏以遵义、仁怀为著(桐梓缺，惟《列女》中有之)。《选举》，明贡生一人，进士一人，遵义；清举人七人，遵五，仁一(府一)；贡生十一人，遵四，仁四(府二)；武科五人，遵义。《列传》清二人，遵、仁各一。《孝友》清二人，遵、仁各一(《列传》遵义一人，确知非杨保)。

宋氏 宋氏始祖宣，传说亦于唐乾符间征播留居。明洪武初，授其裔道纯千户长官，辖沙溪等里。隆、万间，杨氏夺其田庄，多加杀害，宋宗富及宋銮、宋世臣父子，先后偕五司七姓讦奏应龙。(《土官》据《宋氏庙碑》)《元史·泰定帝纪》有播州蛮宋王保(三年十一月)，未知是否即沙溪一族。近世遵属宋氏以正安为著，绥阳、桐梓亦有之，与沙溪地望不合(遵义宋氏惟见于《列女》，仁怀全缺)。《选举》，清举人二，绥一(府一)；贡生三，正二，绥一。《列传》、《孝友》、《行义》清二人，正一、桐一。

骆氏 播平，以真州副长官骆麟向导有功，授本州土通判；清初裁革(《土官》)。明季遵义镇所属武职中有骆麒(《职官》)，疑即麟之兄弟行。清康熙末年举人有遵义骆玉图，自序其家世，云系出唐骆宾王，与宋珍州上、下骆解同族。玉图孙元宾，嘉庆副榜，邃于义理之学，《府志》有传。近世遵属骆氏独盛于正安。《选举》，清举人三，正安二(府一)；贡生七，正安六(府一)。《列传》惟元宾一人。

冉氏 平播之役，真州土官冉晟率先归附(《土官》引《正安志》)。晟犹子似桂，以崇祯拔贡官贵定知县(《土官》引袁治《土官记》，《选举志》未载)。近世遵属冉氏正安最盛，绥阳、遵义亦有之。《选举》，清举人一，绥阳；贡生十三，正安十一，遵义一(府一)。《列传》，清二人，正一，绥一。

袁氏 万历中讦奏应龙七姓之一。二十五年，应龙临合江，索袁子升，缒城下，磔之(《播州传》)。播平，以上赤水里头目袁年父遭酷祸，投降最早，授所镇抚职衔；下赤水里头目袁鉴，念其返诚归正，授冠带总旗(《善后疏》)。年殆即子升之子也，鉴后积功官至副总兵(《土官》)。天启中，鉴弟威远卫指挥佥事蠡，以拒奢安，被擒，不屈而死，入《府志·忠义传》。蠡子蕙芳，以生员袭父职，援黔救滇，厥功为多(《土官》)。《袁氏谱》推溯其源于宋理宗时始祖世明(《土官》引)，今按赤水有袁家官山，其麓有猿猴场，猿山之名见于《唐书》，是则无论山以人名，或人以山名，赤水当自唐代已有袁氏，殆为杨保大姓之留居故地者也。近世遵属袁氏仍以接壤赤水之仁怀为盛，遵义次之(绥阳缺，惟《忠义》、《列女》中有之)。《选举》，明武举一，遵义；清进士一，举人四，并遵义；贡生二十八，仁怀二十二，遵义一(府五)；武举六，仁怀五。《列传》，明一人，遵义；(沙溪人，沙溪西接仁怀。)清二人，遵一，仁一。仁怀袁心培，鉴八世孙也。《孝友》、《行义》、《文学》四人，仁二，遵一。

以上土官土目六姓

田氏 宋初高州蛮酋姓田氏，高州有今绥阳地。播本土之田，《炎徼纪闻》以为乃思州宣慰裔，永乐改流，族人多入播。今以《家传》证之，宋末杨文有总管田万，文子汉英之母、妻皆田氏，则田、杨以黔中大土酋世为姻娅，田氏因而入播，果不始于永乐，特改流以后，移居益盛耳。其后宣慰辉之妻及应龙之妾皆田氏，应龙二女嫁田氏之族驷。① 近世遵族田氏,亦以遵义、绥阳较盛。《选举》,清举人二,遵义;贡生八人,遵二,绥三。《列传》,清二人,绥一。

　　张氏　《明统志》,洪武初,宣慰杨铿率其属张坤、赵简来朝。《炎徼纪闻》,张氏与杨氏世姻娅。《播州传》,杨烈之母,烈子应龙之妻,皆张氏。应龙屠张氏,并及其母,张叔时照与何恩、宋世臣等上变告应龙反。近世遵属张氏以遵义较盛。《选举》,明贡生二;清进士三,遵义二;举人二十一,遵义十一(府五);贡生五十三,遵义七(府十五);武科十五人,遵义六(府四);《列传》,明一人,遵义;清二十一人,遵义十一;《孝友》,明二人;《孝友》、《行义》、《文学》,清十一人,遵义三。(《列传》确知非杨保者明一人,清遵义五人,《孝友》清遵义一人。)

　　卢氏　《元史·杨赛音不花传》:播南有卢崩蛮。《家传》作黄平南蛮卢奔,疑即明世播州卢氏所从出。杨氏有播时未见。万历三十一年播州"余逆之乱",其酋有卢文秀(一作文政)、卢里受(《播州传·土官》引《四川日志》),卢崩殆亦苗族。《明史·石邦宪传》,嘉靖末,真、播间犹有苗卢阿项之乱。近世遵属惟桐梓不闻有卢氏。《选举》,清进士一人,遵义;举人三人,绥二,遵一;贡生八人,仁三,遵二,绥、正各一(府一);武举三人,遵义。《列传》,清三人,仁二,绥一。

　　谭氏　杨氏有播时未见。万历三十一年播州"余逆之乱",其酋有谭里保。近世遵属谭氏著于遵义、绥阳、桐梓。《选举》,清进士一人,举人一人,并遵义;贡生四人,遵二,桐一(府一)。《列传》,清三人,遵二,绥一。

　　吴氏　《明史·石邦宪传》,有播州头目吴绲,《刘綎传》,有"贼魁"吴尚华。《播州传》,癸卯"余逆之乱",为首者吴洪。② 近

　　① 《播州传》、《土官》引《心斋随笔》,田氏名雌凤,白泥司人。
　　② 《土官》引旧《州志》,洪本应龙用事长官。

世遵属吴氏以遵义、绥阳较盛。《选举》，明贡生二人；清进士一人，遵义；举人十人，遵四、绥四（府二）；贡生七人，遵一、绥一（府一）；武举六人，遵四、绥一（府一）。《列传》，清二人，绥阳；《孝友》，明一人，遵义。

以上合袁、罗二氏，明季号"奏民七姓"。（《炎徼纪闻》）七姓世为杨氏目把，大事咨决焉。应龙初惑七姓，虐所属黄平等五司。久而觉其欺，稍夺之权，遂交恶，其人不堪应龙之凌逼，多逃附内地，偕土官何恩、宋世臣、王其质等上飞文告应龙反，因号"奏民"。大抵七姓除袁、罗而外，皆出自黔东苗族，起宋元之际，以迄明初，陆续入播。田、卢出处已见本条。张、谭、吴并苗中大姓，张尤著于偝傍中，吴尤著于湘、黔边境之红苗中。

任氏　宋夷州、承州蛮酋皆姓任氏，地入播领后未见。近世遵属任氏仁怀最盛，其次即夷、承故土之正安、绥阳。《选举》，明贡生一人，绥阳；清举人七人，仁怀；贡生二十人，仁十一，正二（府、遵七）；武举一人。《列传》，明一人，仁怀；清四人，仁三、绥一；《孝友》，清二人，仁一。（《列传》确知非杨保者，仁怀明一人，清一人。）

穆氏　宋世白绵附近及南平军境内皆有僚穆族，杨应龙时有头目穆炤。近世遵属穆氏惟著于仁怀，地望不合（遵义穆氏仅一见于《列女》，桐梓全缺）。《选举》，清贡生二人，武举一人；《列传》无（《列女》除仁怀、遵义外，绥阳亦有穆氏一）。

以上杨氏前土著夷族二姓。

一九四零年十月中旬始事，四一年一月脱稿，十月印成，距郑子尹先生《遵义府志》刻成适百年。十月廿四日识于湄潭永兴场万寿宫后身，撰稿时寓遵义尚家巷之南楼。

（原载《史地杂志》第一卷第四期，1942 年 10 月）

《播州杨保考》后记

这是四十年前的一篇旧作,写成于 1940 年冬,时寓遵义老城尚家巷浙江大学史地研究所;发表于 1941 年秋出版的浙江大学《史地杂志》第一卷第四期。《史地杂志》的纸张印刷极为粗劣,不易保存,且当时印数大约不过数百册,经过四十年来几度沧桑,这种杂志能流传至今者殆已绝无仅有,这篇拙文因而也就不为当世学人所知。今年五月,在北京香山别墅出席中国民族关系史学术讨论会,行箧中携有此文的油印本一册,偶为侯哲安同志所见。侯老虽然从事贵州民族研究多年,也不知道过去有过这么一篇研究统治了"播州"地区将近八百年的贵州古代民族"杨保"的专文,戏称为"海内珍本",特嘱校勘一过,将以刊载于《贵州民族学院学报》。

现在发表在这里的,基本上照录原作,只改正原印本字句讹误,不作文义上的改动。侯老曾建议译成语体文以求适应时代,鄙意则认为原作所用文言文很浅近,一般对民族史有兴趣有研究的同志不会看不懂;四十年前的旧作,还是让它保持四十年前的原貌比较好。若要翻译,就不免要做些改动,既费事,也没有多大意义,因而也就没有照侯老的意见办。所以文中的"今"指的是四十年前的今,此点希读者注意,不要误会。惟原文中的少数民族名一般皆采自旧籍,间有对少数民族语涉侮慢处,亦酌予改正。至于立场观点方法等方面存在的问题,肯定不在少数,那就得希望读者一方面原谅它是一篇四十年前的作品,一方面仍严肃地予以批评指正。

这篇文章所论证的,主要有两点:一,宋濂的《杨氏家传》以播州杨氏族谱为本,说杨保首领杨氏的始祖杨端"其先太原人",唐末入播据有其地,五传至北宋时杨昭,无子,以同族宋初名将杨业曾孙持节广西、与昭通谱的杨充广之子贵迁为嗣,"自是守播者皆业之子孙也",这是杨保汉化后的依附虚构之辞,不可据为信史。其他与杨端同时入播的杨保首领,有罗氏等九姓,亦称系出太原,另有杨氏等七姓分别称出自广平清河、抚州宜黄、交城、凤翔岐山,情况应与杨端家族相同,都不可信。二,杨保是唐末从泸(治今泸州市)、叙(治今宜宾市)二州的边徼羁縻州地区迁来播州的少数民族,这种民族应为罗族(今称彝族)的一支。

我的第一个论点,近年来又从出土文物中得到了实证。《文物》1974年第1期载有贵州博物馆所撰《遵义高坪播州土司杨文等四座墓葬发掘记》一文,文末附录了出土于杨文墓的《杨文神道碑》碑文。杨文是杨端的十五世孙,卒于南宋末咸淳元年(1265),约早于撰成于明洪武初年的宋濂《杨氏家传》百有余年。碑文记杨氏先世作"汉以来,聚族会稽,至鼻祖端,始入□□□□……",可见宋时杨氏家族还只说先世出自会稽,还没有会稽之前籍隶太原之说;《家传》中"其先太原人"以及杨贵迁系杨业之后的说法,显然是宋末明初之间编造出来的。

碑文也可以作为我的第二个论点杨保出自泸叙羁縻州之说的佐证。碑文有云:"其奉朝贡为刺史,则先在武德也;其特命袭爵,其(当为'在'之误)开元也"。杨氏之先在武德时只为刺史,开元时已袭爵,虽没有说明所刺何州,所袭何爵,要之可以证明《家传》

中杨端寓家京兆,以应募将兵逐南诏入播之说也出于捏造。为刺史而又袭爵,又可见杨氏在杨端以前是某一羁縻州的世袭刺史,这个羁縻州应在泸叙州的边徼。

元明以来西南各省土司的族谱,说他们的祖先出于中原,以从军征伐至西南某地而成为当地的土司的很多,这种记载虽不能说百分之百,至少可以说大多数是靠不住的。最近读《民族研究》1981 年第 4 期,中有《莫友芝的族属初探》一文,也以充分的论据证实了清代著名学者独山莫与俦友芝父子一族明明是宋元以来当地的土著布依族,而莫氏族谱却说原籍是江南江宁府上元县人,明弘治中始祖某以征都匀苗遂留居都匀,继迁独山。曾国藩即据以叙入其《莫犹人(与俦)先生墓表》。这和宋濂据播州杨氏族谱写成《杨氏家传》是同样的情况,同样是不可信的。可见研究西南民族史的同志们,对那些族谱和以族谱为本的家传墓表等文字中有关先世的记载,千万不能轻易置信。

我虽然认为这篇四十年前的旧作所作出的结论基本正确,但也有自己觉得论据比较薄弱,论断不一定可信的地方。这主要指上述第二论点的后半部分,即杨保系罗(彝)族的一支的说法。说杨保出自“泸夷”应该是没有问题的,但以杨保所出之泸夷断为罗族,主要论据只是唐宋泸叙羁縻州很多属县都以罗、逻、卢等字为名,认为“盖得名于其人之族类”,这显然是不够坚强的。县名多用罗字,只能说这个罗字应为当地少数民族的语言,这种语言习惯于用罗这一字音作为地名;但不能说罗就是这个民族的族名。我在这篇文章写成后若干年,曾一度产生过杨保可能是古代僰人后裔的一支的想法,并且还找到了几条有利于证明这种想法的资料。可惜当时或是没有抄录下来,现在记不起了,或是录下来了而现在找不到了,因而目前也就无法作进一步的考索。在这里姑且书以存疑,我自己不知要到何日才能令人信服地解决这个问题,只得深切地谨以此寄希望于治西南民族史特别是贵州民族史的同志们!

一九八一年九月十五日识于上海淮海中路寓斋

（原载《贵州民族学院学报》1982 年第 1 期,社会科学版）

湖南人由来考*

上篇　历史上之陈迹——当时
记载之一鳞半爪

上古秦汉湖南境内民族之推测

上古世荆、楚称为蛮夷。《诗》曰："蛮、荆来威"，又曰："蠢尔蛮、荆，大邦为仇"①是也。故更在楚南之今湖南地，几不为中原人所知。《尚书》中有所谓"崇山"，有所谓"苍梧"，②其地皆在今湖南境，然当时中原人对于此诸地之知识，其模糊隐约盖与秦汉人之视蓬莱、方丈等耳。春秋桓公十三年蛮与罗子共败楚师，杀其将屈瑕。③ 罗，当今湘阴、平江二县境。文公十一年楚子伐麇。④ 麇，当今岳阳、临湘之地。自是湖南之东北境始入于历史时期。至诸夏势力之侵入湖南，则要始于战国初吴起相楚悼王，南并蛮、越，取洞庭、苍梧之地，于是湖南之东部湘、资二流域入于楚。其后复西

---

* 此系燕京大学研究院毕业论文，作于 1931 年；原名《中国内地移民史湖南篇》，
　　刊登于燕大史学年报，《方志月刊》转载时，编者改作此名。

① 《小雅·采芑》。

② 《尧典》。

③ 《左传》。

④ 《左传》。

向并吞沅、澧二流域,曰巫中,①而湖南之全部皆入于楚矣。是时湖南境内之民族,除土著之蛮夷而外,外来之移入者,当即为湖北境内之荆、楚民族。观夫屈原以楚之王室,而徘徊于沅、澧之间,啸傲以汨罗之畔,是湖南之已为楚人所熟知熟至也可知矣。秦汉时之湖南人,盖即此时移入之荆、楚民族之后裔也。

秦昭襄王二十九年,遣将白起伐楚,略取蛮夷,即楚巫中之地置黔中郡。既灭楚,又即吴起所并洞庭、苍梧之地置长沙郡。② 自是长沙、黔中号南垂要地,中原资以南向镇服百越。秦始皇帝三十三年发逋亡人、赘婿、贾人略取陆梁地,③汉武帝元鼎六年发江、淮、巴、蜀诸郡兵及罪人以平南越,④皆道出三湘。于是湖南地不仅为荆、楚人之所至,间亦有中原之人,以谪戍从征而来居是土者。然西汉时湖南四郡,曰长沙、零陵、桂阳、武陵。长沙据湘水下流,在诸郡之东北,距中原最近,而新莽易之曰填蛮郡。⑤ 因名思义,其地蛮众之悍可知。零陵据湘水上流,当中原通南越之要道,然于汉武时号曰"初郡",比之交趾九郡、西南夷七郡。⑥ 长沙、零陵如此,湘水流域如此,则武陵、桂阳可知,沅、澧流域可知矣。南越王赵佗有曰:"西北有长沙,其半蛮夷亦称王"。⑦ 是即以政治关系言,是时湖南境亦未尝全隶于汉廷也。中原人之开始大量来移湖南,湖南之始为中原人所开发,其事盖促成于莽末更始之世。方是时中原大乱,烽烟四起,田园尽芜,千里为墟,百姓皆无以为生,必

① 《后汉书》卷一一六《南蛮传》。
② 《史记·秦本纪》。
③ 《史记·秦本纪》。
④ 《汉书》卷九五《南越传》。
⑤ 《汉书·地理志》。
⑥ 《汉书·食货志》晋灼注。
⑦ 《汉书·南越传》。

有南阳、襄阳诸郡之人,南走避于洞庭、沅、湘之间,筚路蓝缕,以启此荒无人居之山林旷土也。故西汉户口,元始为盛,东汉户口,永和为盛,以全国言,永和之户,不加于元始;然以长沙等四郡言,则百四十年间,户增四倍,口加五倍,①此非自然滋生所可致,外来之移殖者盖有以致之也。《前汉书》不志武陵、长沙诸蛮,而《后汉书》志其"寇乱"特盛,以此亦足证后汉世湖南境内汉民族之陡然增加,以致引起此种冲突也。②

　　三国争雄,荆州在其中。师旅所从出,东西南北之人萃焉。锋镝之所向,田园庐舍毁焉。湖南在是时盖为文化上一进步时期,生聚上一退步时期。

六朝时湖南所接受之外来移民

　　晋惠帝末年,巴氐李氏乱蜀,梁、益之人多有避地出峡者,史称巴、蜀流人布在荆、湘间者汝班、蹇硕等数万家。客势既盛,主乃生妒。以是此等流人每为旧百姓所侵苦,并怀怨恨。怀帝永嘉五年,正月,遂共推其魁杰杜弢为主,据长沙反,攻破郡县,湘州刺史荀眺委城走广州。复南破广州之师,下零、桂诸郡;北败荆州之军,侵掠

---

① 《汉书·地理志》、《续汉书·郡国志》。

② 湖南在东汉时不特户口激增,即在文化上亦为一积极进展之时期。《后汉书》卷一百零六《卫飒传》载:建武中飒"迁桂阳太守,郡与交州接境,颇染其俗,不知礼制。飒下车修庠序之教,设婚姻之礼,期年间邦俗从化"。后"茨充代飒为桂阳,亦善其政。教民种殖桑柘麻纻之属,劝令养蚕织履,民得利益焉。"卷七十一《宋均传》载:建武中均"调补辰阳长,其俗少学者而供巫鬼,故为立学校,禁绝淫祀,人皆安之。"又《卫飒传》注引《东观记》,"元和中荆州刺史上言:臣行部人长沙界,观者皆徒跣,臣问御佐曰:'人无履亦苦之否?'御佐对曰:'十二月盛寒时,并多割裂,血出,燃火燎之。春温或脓溃。建武中桂阳太守茨充教人种桑蚕,人得其利。至今江南颇知桑蚕织履,皆充之化也'。"盖自此而湖南人始稍知华夏之衣冠礼乐,浸假而亦自比于中原人矣。

武昌、安城、邵陵、衡阳、长沙、宜都。诸太守内史,并为所害。一时
湘州之全部,荆州之半部,皆为所有。其再明年,是为愍帝建兴元
年,朝命始以征南将军王敦、荆州刺史陶侃讨之。前后数十战,迭
败陶侃之师于石城、林鄣等处,旋以寡不敌众,将士渐多物故,至建
兴三年八月,卒为陶侃所破。其杰将王真率众降,豉逃窜不知所
往。计自初起以至于斯,前后凡五年,乱始平。①

此万余家梁、益流人虽遭斯厄难,"顿伏死亡者,略复过半"②,
然其后百五十余年,降至刘宋泰始、元徽之际,其后裔犹多布在湘
土者。王僧虔为湘州刺史,始表割益阳、罗、湘西三县缘江巴峡流
民立湘阴县③,此移民之来自西方者也。

自永嘉祸作,中原沦于胡羯,遗黎南渡大江流域者,何啻数百
十万。此在全国移民史上是为华夏民族之第一次大南徙。然接受
此项移民之地域,以扬、荆言,扬倍蓰于荆;以荆州言,襄阳倍蓰于
南郡;以南郡言,又以在今湖北境内者为多,在今湖南境者为少。
此可以东晋南朝所置侨州郡县之多寡,略见其梗概。据《宋书·
州郡志》、《晋书·地理志》,则是时侨郡之在今湖南界内者,有南
义阳一郡,南河东半郡。

(一)南义阳郡《晋志》:"穆帝时以义阳流人在南郡者立为义
阳郡。"又曰:"安帝又立南义阳、东义阳、长宁三郡。"按《宋志》:
"南义阳太守,晋末以义阳流民侨立。"别无义阳郡,是南义阳即义
阳也。《大清一统志》:东晋义阳郡在今安乡、澧州界内,隋废,故
治在今安乡县西南。东晋宋初郡所属县可考者凡三:曰平阳,本为

---

① 《晋书》帝纪卷六十六《陶侃传》、卷一百《杜弢传》。
② 杜瞍与应詹书中语,见《杜弢传》。
③ 《南齐书》卷三五《王僧虔传》。

郡,在今山西南境,江左侨立,晋末省为县。曰厥西,曰平氏,皆本属义阳,在今河南南境,随郡侨立。是今日安乡、澧州之地,当时曾有山西、河南之人移殖于斯土也。义阳郡在宋有户千六百零七,口九千七百四十一。

(二)南河东郡《晋志》:"江左又以河东人南寓者于汉武陵郡孱陵县界上明地侨立河东郡。"《宋志》:"南河东太守,晋成帝咸康三年征西将军庾亮以司州侨户立。"据《大清一统志》,汉孱陵县地当今湖北之公安、松滋二县,湖南之华容、安乡二县,并澧州之一部分。南河东郡隋废,故治在今松滋县境。东晋、宋初郡所属县凡八:曰安邑、闻喜,本属河东郡,在今山西西部。曰永安、临汾,本属平阳郡,在今山西西部。曰弘农,本为郡,在今河南西境,江左立侨郡,后并省为县。以上本属司州。曰谯,本属谯郡,在今安徽北境。曰松滋,本属安丰郡,在今河南东南境。以上皆本属豫州,曰广戚(据《宋志》。《晋志》作大戚,避隋讳而改),本属彭城,在今江苏西北境。以上本属徐州。

此八县某几县侨置于今湖北境,某几县侨置于今湖南境,已不可考。大体言之,则今日华容、安乡、澧州之地,当时曾有山西、河南及江苏、安徽北部之人,移殖于斯土也。南河东郡在宋有户二千四百二十七,有口万零四百八十七。此移民之来自北方者也。

隋唐时代之湖南其情形甚暗昧。东汉以来,历代史传之称述湖南"蛮乱"者,未尝有间。然自隋之开国以至于唐开元,中间百三四十年,未尝闻有一次"蛮乱"。开元而后,虽有一二次,[1]亦等闲视之。至唐末而始有群蛮肇起之记载。[2] 岂隋唐全盛之际,湖南境内

---

[1] 开元十二年有覃行璋之乱,见新旧两《唐书》本纪、《新唐书》宦者《杨思勗传》。元和六年有辰溆州张伯靖之乱。见《新书》纪。

[2] 辰州为宋邺所据,溆州为昌师益所据,澧州为向壤所据,见《新书》纪乾符六年。

之蛮族已皆归化为王民乎？此以进化之史则衡之为不可通,抑亦事理所必无也。以情度之,意者隋唐帝国仅为一政治军事上之向外发展时代,对于南部国土之开发,殊鲜进步,故不为蛮族所嫉视乎？

下篇　今日湖南人之由来——后世追述之整理与统计

一、以五种方志氏族志表为据

《湖南通志》无氏族志。湖南诸府、州、县方志之有氏族志者,计凡五种:一曰道光《宝庆府志》;二曰光绪《邵阳县乡土志》;三曰光绪《武冈州乡土志》;四曰光绪《湘阴县图志》;五曰光绪《靖州乡土志》。邵阳、武冈即宝庆府所统州县,故实际上此诸氏族志所志及之地域,即宝庆一府,靖州一州,湘阴一县是也。

宝庆府东接衡、永二府,西接辰、沅、靖诸州,南接广西之桂林府,北接长沙府。占地几及全资水流域,并沅水上流一小部分。汉置昭陵、都梁、夫夷三县于此。宋置府,明清辖县四:邵阳、新化、新宁、城步;州一:武冈。邵阳即附郭县,民国废府,以府名为县名。武冈州易曰武冈县。十七年,复改宝庆曰邵阳。靖州前通道,后会同,左绥宁,右广西之锦屏。占地沅水上流一小部分。宋始置州,明清为靖州直隶州治所。民国废州曰靖县。湘阴县当湘水入洞庭之口。长沙在其南,岳阳在其北,左平江,右沅江、益阳。秦置罗县于此,刘宋始建湘阴。明清隶长沙府。三地合今七县,于全省七十五县为十分之一不及。以地域之广狭言,此诸县占地较广,约及全省面积六分之一。然此七县有在省境之中部者(邵阳、新化),有在省境之西南部者(武冈、新宁、城步、靖),有在省境之东北部者(湘阴),是以方位言,已五得其三。故虽只七县,而其情形实即全省大部分共通情形之代表。

道光《宝庆府志》，新化邓显鹤所撰，①经始于道光二十五年三月，越四年至二十九年六月成书。精当博洽，称一时名手笔。前志皆无氏族表，至是始创为《氏族表》十二卷。卷一表列爵，卷二表勋卫，卷三、卷四、卷五表邵阳，卷六、卷七、卷八表新化，卷九、卷十表武冈，卷十一表新宁，卷十二表城步。事属空前，赅备为难；故所列氏族颇多不详明其世系所自来者。《邵阳县乡土志》，邑人姚炳奎所主纂，经始于光绪三十二年，翌年成书。采府志之氏族表著为志，复增补而修正之，精密更有过焉。《武冈州乡土志》，邑人张德昌纂，光绪三十四年成书。其氏族志所列氏族少于府志所列三十余族，且两书太半不能相合。岂修此志者竟未见府志耶？ 抑以府志所列尽属谬误因割弃之而另创耶？ 诚不可得而知之矣。《靖州乡土志》，知州秀水金蓉镜所纂，光绪三十四年成书。《湘阴县图志》，邑人郭嵩焘撰。郭氏字筠仙，积学能文，官至侍郎，归老于乡，自任此志总纂。书成于同治中，而为藩司李某所扼，卒历若干年至光绪六年仅得以私资付刊。然其书搜罗广备，考证精详，虽《宝庆志》犹有未逮也。湘阴县方志始修于南宋淳祐中，明成化、嘉靖两续之，其书今皆已佚。存者有《康熙志》、《乾隆志》、《道光志》，皆无氏族表，此志始创之。

今以《宝庆志氏族表》中所别列之列爵、勋卫二项与他族一并计算，则邵阳县氏族之见列者，有一百四十二族（列爵勋卫占二十二）；新化县氏族之见列者，有一百三十族（爵勋占四）；武冈州氏族见列者有八十五族（爵勋占八）；新宁县有十六族（爵勋无）；城

---

① 邓显鹤字南村，学者称湘皋先生，与欧阳绍铬并负重名于当时诗坛。尤邃于乡土掌故之学，著有《楚室》、《沅湘耆旧录》等书。

步县有二十四族(爵勋占六)。邵阳县复依乡土志增二十三族,合得百六十五族。总计一府全五州县,共四百二十族。又《武冈州乡土志》别列武冈四十八族。《靖州乡土志·氏族志》共列靖州五十一族。《湘阴志》共列湘阴二百三十三族;亦有同出一源而分列为数族者,今仍之,亦有但于共列湘阴二百三十小注中提及之者,为整齐划一起见,今不计。

此一府、一州、一县约共七百族之湖南人中,有多少为土著,有多少系徙移而来者?此为本论文讨论之开端。

湖南地在古为苗、蛮所聚居,本非汉家之故国。依理除苗、蛮外,自无所谓土著;凡是汉人,莫非他处所徙移而来者。但徙移既久,年远代湮,子孙或不复能忆其祖宗所自来,乃有以土著称者焉。氏族志表中所列族姓有曰"世居某县某里"者,今姑认之为土著,则此七州县中土著与外来移民数目上之分配有如下表:

第 一 表

	邵阳	新化	武冈	新宁	城步	宝庆府	靖州	湘阴县	共	武冈州
土著	2	1			3	6	2	1	9	
外来移民知原籍	119	65	63	14	17	278	41	198	517	45
外来移民不知原籍	22	23	10	1	2	58	4	1	63	3
不明	22	41	12	1	2	78	4	33	115	
	165	130	85	16	24	420	51	233	704	48

说明:《武冈州乡土志》所列氏族不能与《宝庆志·武冈表》相合。故另列一项,不入统计。以下诸表皆仿此。

土著但得九族,占全数百分之一。外来移民知原籍、不知原籍合计得五百八十族,占全数百分之八十二。世系不明不知为土著抑外来者共一百一十五族,占全数百分之十七强。此百余族中能有几族为土著虽不可知,然以已知者之比例推之,则要亦不过三五族而已,全体合计,充其量不过百分之二三。

此九姓土著之中:宝庆府六族,其一曰邵阳之同庄李氏,世居邵阳西乡,其二曰邵阳之墨溪黄氏,世居邵阳墨溪。此二姓皆不似真土著。且李氏所记世系不过五代,第四代为元皇庆中进士,疑亦是宋世所徙来者;黄氏所记世系共十三代,第十一代为康熙武举,疑亦是元末明初所徙来者也。其三曰新化之石界扶氏,《表》云:"世系未列。《宋史》所称梅山扶氏、苏氏,盖新化氏族之最古者也。"按扶氏初非新化一邑之姓,湖南各县有之者不少。在鄮尤为庞然大族,①但他省罕睹,或果为土著也。《宋史》所称扶氏系梅山蛮之酋长,是新化之扶又为蛮族而非汉族也。其四曰城步之黔宁王沐氏。本姓李,元季徙濠州定远,从明太祖为养子,因姓朱。旋取李朱之所同改姓木氏,又加水旁,姓沐氏。致爵后还徙城步。李姓为天下最普通之姓,亦不知其果为真土著否也。此外城步凉国公蓝氏、颖国公杨氏,虽未明言为世居,然蓝氏为苗蛮氏族中之大姓,东起闽浙,西至云贵,莫不有之;杨氏亦为西南溪峒中之大姓,而二族所托始之蓝昌见、杨再思二人本身又为据有溪峒之酋长,则此两族盖本为土著之蛮族,汉化而冒汉籍者也。靖州二族皆溪峒蛮酋之裔。一曰杨氏,亦系出杨再思,《表》云:"今之诸杨,散居黔楚最繁,靖之六团里峒人,杨姓湖耳长官司,皆其后人,其为汉民者通道、会同、绥宁、靖之古二里尤多。"同是蛮酋杨再思之后,而或为峒人,或为汉民,可见此所谓蛮,此所谓汉,其区别不在乎种族之有异,而在乎风习之已否汉化也。一曰姚氏,系出姚明敖。《志》云:"居中洞里下戈村,其兜鍪尚存。"姚明敖者,杨氏纳土后之靖

① 同治十二年《鄮县志》卷十四《选举志》,扶氏选乡贡者得三十四人。

州一蛮酋,于宋孝宗乾道三年曾"作乱寇边",数月而平。① 湘阴一族,曰中塅焦氏。《表》云:"其先曰琼,世居湘阴,元末从明太祖金陵,以功累擢福建卫指挥佥事。洪武十四年从征云南,道卒洞庭。子孙流寓长沙。琼传八世至俊,嘉靖中迁今地。"是所谓世居云者,始于琼之前乎? 始于琼乎? 始于琼之八世孙乎? 辞意颇费解,要之其非为真土著则可知也。如此,表所列土著九族之中,其可信为真土著者,但有五族。此外四族当是迁徙已久,世系不明,致误作"世居"云云。

外来移民之有原籍可考者,五百一十七族。此五百一十七族之原籍为何地乎? 换言之,此五百一十七族之今日湖南人,其祖先何自来居湖南乎?

兹请先依省别,列表如下:

第 二 表

	邵阳	新化	武冈	新宁	城步	宝庆府	靖州	湘阴县	共	百分比	武冈州
江西	71	48	31	9	9	168	14	142	324	63.1	32
江苏	12②	1	8		1	22	6	11	39	7.6	1
河南	7	2	4			13	2	7	22	4.3	3
福建	1	1	2	1		5	2	7	14	2.7	1
安徽	2③		3			5	5	3	13	2.5	1
河北	5		2			7	1		8	1.6	
山东		1			1	2	2	2	6	1.2	2
广西			2	1		3	2		5	1.0	
浙江	1				1	2	2		4	0.8	

① 《宋史》卷四九四《西南溪峒诸蛮》下页二下。
② 诸志表有曰江南江左者,作江苏计。
③ 诸志表有曰淮南者,作安徽计。

	邵阳	新化	武冈	新宁	城步	宝庆府	靖州	湘阴县	共	百分比	武冈州
四川	1					1	1	1	3	0.6	
山西	1					1			1	0.2	
陕西								1	1	0.2	
湖北	2	2	1		1	6		12	18	3.5	
湖南	15	9	9	3	4	40	3	12	55	10.7	4
	118	6	62	14	17	275①	40②	198	513	100	44③

江西省最多,占全数几及三之二,湖南本省次之。此湖南诸族若再考求其祖贯,则其中太半当又系江西人也。江西以外之外省移民,合计不过百分之二十六;而其中又以江苏、河南、湖北、福建、安徽诸省为较多,此合而言之也。分言之:则江西移民于湘阴占百分之七十二,于宝庆占百分之六十一,于靖州占百分之三十五。自东北至于西南,以次递减,适与各地距江西之远近成正比例。湖南本省移民于宝庆占百分之十五,于湘阴占百分之七,于靖州占百分之八,则以宝庆居省境之中部,湘阴靖州僻在一隅故也。江西与江苏于各地皆居外省移民之第一第二位,自余则参差无定序矣。然亦有以距离之远近以为转移者:如湖北移民惟湘阴、宝庆有之,而靖州独阙;广西移民惟靖州、宝庆有之,而湘阴独阙是也。

兹再进一步考求各省内部之分布状态,表如下:

---

① 本二百七十八族,三族所徙自之地不知今属何省:一,连河套子岭;一,吾安;一,太平富金。

② 本四十一族。一族所徙自之地不知今属何省,曰武阳。按绥宁县境内马楚时曾置武阳寨,户为蛮庶废。广西故有武阳县,宋废,因曰武阳镇。此所谓武阳系明时之武阳,不知何指。

③ 本四十五族。一族所徙自之地不知今属何省,曰梅城。

第 三 表 甲 江西

		邵阳	新化	武冈	新宁	城步	宝庆府	靖州	湘阴县	共		武冈州
不知何府州县		8	7	20	2	3	40	5	7	52	}52	7
南昌	南昌	1	1	1		1	4	1	25	30		1
	新建							1	1	2		
	丰城	3				1	4	1	44	49	}88	
	进贤			1			1		1	2		
	奉新								2	2		
	修水								3	3		
	清江	1	1				2		3	5		1
	新淦				1		1		1	2	}8	
	新喻		1				1			1		
瑞州	高安		1			2	3		2	5		
	宜丰				1		1		1	2	}8	
	上高	1					1		1	1		
	宜春								1	1		
	分宜	1					1		1	1	}3	
	萍乡	1					1		1	1		
吉安	庐陵	17	7	1	2	2	29	1	17	47		1
	泰和	23	22	2	1		48	3	3	54		20
	吉水	4		2	2		8		20	28	}152	1
	永丰								2	2		
	安福	9	6	3	1		19		2	21		
九江	德化								1	2	}3	
	德安							1	1	1		
饶州				1			1		1	2		
	余干								1	1	}4	
	德兴								1	1		
抚州								1	1	1		
	金溪	2	1				3		1	4	}5	

	邵阳	新化	武冈	新宁	城步	宝庆府	靖州	湘阴县	共		武冈州
大庚								1	1	}1	
	71	48	31	9	9	168	14	142	324	324	32

说明:1,原志表所记之县名有非今名者,易以今名,府州名仍之。府县名同列者,或府
　　　名为今县名。

　　　2,设有一族自泰和徙新化,再徙邵阳,如新化表列有此族则邵阳项下作为自新化
　　　移来,如新化表中不列此族,则邵阳项下作为自泰和移来。

　　　3,南昌县为南昌府治,凡称南昌府及南昌县者皆列南昌南昌项。余仿此。

　　　4,凡称洪州者列"南昌南昌"条,凡称吉州者列"吉安庐陵"条。余仿此。

　　泰和最多,丰城、庐陵次之,南昌、吉水、安福又次之。泰、丰、庐三县合计共得百五十族,较之江西以外各外省之总数,犹多十六族。六县合计共得二百二十八族,占全移民数十之四,全省移民数十之七。南昌丰城二县旧属南昌府,庐陵、泰和、吉水、安福四县旧属吉安府;民国废府,以吉安府所属属庐陵道。此外南昌府属庐陵道属(今道府制皆废,为便于称述起见,故引用之)又得三十族,合一道一府共得二百五十八族,占全省移民十之八。不知府州县者得百分之十六,其大部分当亦系庐陵道、南昌府人也。(例如《宝庆志》武冈表未言明何府州县二十族,泰和二族,《武冈州乡土志》未言明何府州县者七族,泰和二十族,二书虽不能相合,然由此可见《宝庆志》未明之二十族中,太半皆系泰和人也。)

　　此合而言之也。分言之,则于宝庆以吉安府为最多,于湘阴以南昌府为最多,可知江西南部人多移湖南南部,江西北部人多移湖南北部也。或以为由此足证南昌、吉安之所以独占多数于江西者,以今表所根据者仅为宝庆、靖州、湘阴一府、一州,一县之材料耳。若通省计之,则将不如是。此言不然。于宝庆虽以吉安为首,然次

之者南昌也;于湘阴虽以南昌为首,然次之者吉安也;是知分论之虽有孰首孰次之别,合论之则同以吉安、南昌为首也。

第 三 表 乙 江苏

		邵阳	新化	武冈	新宁	城步	宝庆府	靖州	湘阴县	共		武冈州
不知何府州县		2		3			5			5		
江宁	上元 江宁	4		1			5	3	3	11		
苏州	吴								5	5		
松江			1				1			1		
	武进 无锡							1	1	1 1		
	镇江 溧阳	1				1	1 1			1 1		
淮安	山阳	1					1	1	1	2		
	江都	2		1				3		1		4
	兴化			1				1				1
	高邮			1				1				1
	泰								1			1
邳									1	1		
泰兴		2						2	1	3		
		12	1	8			1	22	6	11	39	

江宁最多,此有特殊原因,容后解释之。吴县(苏州)、江都(扬州)次之。此外县各一二族,散在江域及淮南。淮北惟邳县一族。

第 三 表 丙 河 南

	邵阳	新化	武冈	新宁	城步	宝庆府	靖州	湘阴县	共		武冈州
不知何府州县		1	1			2			2		
开封　祥符	1						1		1		1
荥阳			1								
太康								1	1		
睢			1			1			1		1
宁陵	2					2			2		
安阳								1①	1		
汲							1		1		
辉								1②	1		
怀庆		1				1			1		
武陟	1					1			1		
南阳			1			1			1		
唐								3③			1
新野									3		
汝宁	1								1		
上蔡	2						1	1	4		
	7	2	4				2	7	22		3

县各一二族，大半散在省东北境黄河两岸，南部淮汉流域亦得数族，西部崤、函、伊、洛之间无一族。

---

① 表谓其先曰韩溟，忠献之孙也。按忠献韩琦之谥，《宋史》卷三一二，韩琦相州安阳人也。

② 表谓其先曰邵维，宋康节公雍之弟。按《宋史》卷四二七，邵雍其先范阳人，父徙衡漳，又徙共城。雍年三十游河南，葬其亲伊水上，遂为河南人。邵氏之为河南人自雍始，维为雍之弟，未必亦曾籍河南也，当从父籍共城是。按共城即今辉县。

③ 表谓出自汉上蔡侯邓隲，高密侯禹之孙也。按《后汉书》卷四六，邓禹，南阳新野人也。

第 三 表 丁 福建

	邵阳	新化	武冈	新宁	城步	宝庆府	靖州	湘阴县	共		武冈州
闽侯			1			1			1		
罗源	1					1			1		
永福							1		1		
福清								1	1		
晋江								1	1		
上杭								1	1		
莆田			1	1		2	1	3	6		1
光泽								1	1		
漳浦		1				1			1		
	1	1	2	1		5	2	7	14		1

　　除光泽、上杭而外,其余十二族,皆在沿海地带;而莆田一县,独占其半数。

第 三 表 戊 安徽

	邵阳	新化	武冈	新宁	城步	宝庆府	靖州	湘阴县	共		武冈州
不知何府州县							1①		1		1
泗			1			1			1		
凤阳	1		2			3			3		
定远	1					1		1	2		
寿								1	1		

---

① 志不言徒自,据《湖南文征·国朝文》卷一一九刘基定作《储石友先生死难行状》补。

	邵阳	新化	武冈	新宁	城步	宝庆府	靖州	湘阴县	共		武冈州
徽州　　休宁							1	1	1 1		
和 　　含山							1 1		1 1		
六安							1		1		
	2		3		5		5	3	13		1

除旧徽州属二族而外,其余十一族,皆在江、淮之间;而凤阳一府得其半数。此有特殊原因,容后解释之。

第 三 表　己　河北

	邵阳	新化	武冈	新宁	城步	宝庆府	靖州	湘阴县	共		武冈州
不知何府州县	1					1			1		
顺天　大兴 　　三河 　　顺义	1 1		1 1			2 1 1			2 1 1		
清苑	1					1			1		
广平							1		1		
怀来	1					1			1		
	5		2			7	1		8		

县各一二族。除广平而外,皆在北平附近。怀来后属察哈尔,为便于计算,仍置河北。

第 三 表 庚 山东

	邵阳	新化	武冈	新宁	城步	宝庆府	靖州	湘阴县	共		武冈州
不知何府州县		1				1	1		2		1
曲阜								1	1		
阳信								1	1		
曹州							1		1		
牟平					1	1			1		
高密											1
		1			1	2	2	2	6		2

第 三 表 辛 广西

	邵阳	新化	武冈	新宁	城步	宝庆府	靖州	湘阴县	共		武冈州
桂林			1			1			1		
兴安							1		1		
全			1	1		2			2		
怀集							1		1		
			2	1		3	2		5		

除怀集一族而外,其余四族,皆在最挤近湖南之桂林府境。

第 三 表 壬 浙江

	邵阳	新化	武冈	新宁	城步	宝庆府	靖州	湘阴县	共		武冈州
杭	1					1			1		
吴兴					1	1			1		
长兴							1		1		
绍兴							1		1		
	1				1	2	2		4		

第 三 表 癸 四川

	邵阳	新化	武冈	新宁	城步	宝庆府	靖州	湘阴县	共		武冈州
华阳							1		1		
巴 江津	1					1		1	1 1		
	1					1	1	1	3		

第 三 表 子 山西 陕西

	邵阳	新化	武冈	新宁	城步	宝庆府	靖州	湘阴县	共		武冈州
山西 代	1					1			1		
陕西 鄜								1	1		

第 三 表 五 湖北

	邵阳	新化	新宁	武冈	城步	宝庆府	靖州	湘阴县	共		武冈州
武昌	1					1			1		
沔阳	1					1		4	5		
襄阳		1				1			1		
黄冈 麻城		1				1		1	1 1		
荆州 江陵 监利			1		1	2		1 6	3 6		
	2	2	1		1	6		12	18		

全十七族皆在荆、襄以东;而沔阳、监利二县,与湖南接壤,占
其大半。

第 三 表　　寅　　湖南本省

	邵阳	新化	武冈	新宁	城步	宝庆府	靖州	湘阴县	共		武冈州
不知何州县							1		1	}1	
长沙								4	4		1
湘潭								1	1		
宁乡		1	1			2			2	}13	
益阳								1	1		
湘乡	1	1				2			2		
安化		3				3			3		
岳阳	1					1		1	2		1
华容			1			1		1	1	}7	
平江								3	3		
临湘								1	1		
衡阳	2					2			2	}2	
武陵								1	1	}1	
溆浦			2			2			2	}2	1
黔阳			1			1			1	}2	1
麻阳			1			1			1		
零陵					1	1			1	}1	
靖县			1		1	2			2	}3	
会同							1		1		
邵阳	9	3	1	1	1	6			6		
新华	1		2	1		12			12	}23	
武冈		1	1	1	1	4			4		
城步							1①		1		
	14	9	10	3	4	40	3	12	55	55	4

于宝庆除本府外,以湘水流域为最多,沅水流域次之,澧水流域无一族。于湘阴湘水流域几占其全数,沅水流域得一族,澧水、

---

① 表云:其先曰再兴,仕宋,征苗由武冈、城步迁。南宋时武冈有二杨再兴,一汉人,绍兴初从岳飞伐金战殁于小商桥;一徭人,绍兴中迭起为乱。今城步新宁徭人尤多杨姓,此所谓城乡徙来杨再兴之后人,疑系徭杨而非汉杨也。

资水二流域无一族。于靖州二族皆在接近州界之沅水上流。

湖南人之祖籍分布状态，既略如上列诸表所示，今试申论之：

表中最令人注意之一点，厥为江西省籍之占绝大多数，得全数三之二，超过其他各省总和二倍以上。此实移民史上罕有之特殊情形，抑亦氏族史上所应大书特书者也。此情形虽不为外省人熟知，亦不为"正史"、"要籍"所记载，然湖南本省人则往往有熟知之者①，湖南各地之方志亦往往有提及之者。② 惜乎人之知之者不思加以细究，书之言之者太为轻描淡写耳。

与湖南接境之省份，计有江西、湖北、四川、贵州、广东、广西六省，何以湖南人绝大多数来自江西，而与其他五省关系极鲜？此则必先明乎各地开发先后之程序，始可以解之。古来华夏民族之根据地在黄河流域。黄河流域谷粟之丰，户口之盛，四方莫能与京，此无待乎吾人之辞赘。至南方之开发，则可分为三个时期：第一期肇端于东晋之渡江，六朝隋唐继之，其地域则古所谓扬州，今江、浙、皖、闽、赣诸省。③ 第二期肇端于五代之纷乱，两宋元明继之，

---

① 湖南故老传说，谓湖南人皆系江西移民之后裔，故湖南人自来称江西人曰江西老。老者老子之谓。易言之，即祖宗是也。

② 康熙十九年《浏阳县志》卷十四《拾遗志》有云浏鲜土著，比闾之内，十户有九皆江西之客民也。康熙四十四年《沅陵县志》卷末《杂记》有云，沅邑皆江右来者。民十二《永顺县风土志》第十五节人种及人数有云：土著而外，多迁自江西。

③ 《晋书·王导传》曰：洛京倾覆，中州仕女避乱江左者十居六七。据《宋书·州郡志》、《晋书·地理志》，是时侨州郡之在今江苏、安徽境内者更仆难数。福建今以林、黄、陈、郑四姓为大族。据唐林谞《闽中记》，此四姓亦永嘉时所迁也。福州曰晋安，泉州为晋江，皆以晋时移民而得名。太史公曰：关中之地于天下三分之一，而量其富，什居其六。是秦汉时以陕西最为殷实。晋元帝谓诸葛恢曰：今之会稽，昔之关中。东晋之初，浙江已取陕西而代之矣。至唐韩愈遂有当今赋出天下，江南居十九之语。江南泛指今江、浙、赣、皖之地。"杨一益二"之谚，谓中国之盛，扬州为第一，而成都次之。

其人,绍兴初从岳飞伐金战殁于小商桥;一徭人,绍兴中迭起为乱。今城步新宁徭人尤多杨姓,此所谓城步徙来杨再兴之后人,疑系徭杨而非汉杨也。地域则古所谓荆州,今湖北、湖南诸省。① 第三期是为明以后之西南云、贵、广西开发。② 广东之开发与第二期差相同时而稍后,③而四川之开发则可列之于第一期而稍先。④ 湖南之开发属于第二期,是故开发之者,出发地必须为第一期已开发之地。据此,则六邻省中,广东、广西、贵州三省已无资格。四川之开发虽甚早,但只限于川北接近陕、甘一带,⑤南至于成都平原;其西南接近云、贵、湖南之地,向为西南夷、板楯蛮、巴蛮所聚居,历代未尝加意经营,故在此等地域尚未开发以前,四川人之移入湖南,其道犹不可通也。西晋末年虽以避兵难之故,一时梁、益流人布在湘土者十万,不幸遭逢祸变,流离死亡,荡然无复孑遗,其后竟无以为继者。至今湖南人之为四川人后裔者,盖千不得一,则以其道本属不经,除以意外原因偶然来徙者外,更无理由能使多数之四川人,得以湖南为其移殖之目的地也。至于湖北,地接古来文化最高、户口最密之河南,自东汉、三国以来,襄阳、江陵、江夏即并为天下之

---

① 属本文所论范围。

② 明太祖定鼎金陵,徙旧民置云南,另徙江浙人口以实京师。至今云贵世家大族,犹能溯其世系自来至于江南。据云南人云,昆明城南数十里有江南会馆,中有碑记江南人之始迁者数百人皆明初以从征游宦而来者。广西上四府有"无湖不成广"之谚,言广西人大都来自湖南。是知广西之开发亦后于湖南之开发也。

③ 北宋时官吏谪徙每以岭南为极远,遇赦则稍迁岭北衡、永诸地,可见广东在当时较之湖南尤为荒僻也。

④ 四川于西汉时即已人才辈出。至汉末刘备以梁益区区千里之地,北抗中原之曹魏,东拒据有大江流域、珠江流域之孙吴,其富厚可知矣。

⑤ 陕甘为四川移民之出发地,正如山东、河南之为东南诸省移民之出发地。然自明末以来,情形又变。

重镇，四方之人，多所萃止，声名文物，比盛于中原，其人自多有南走而徙于衡、湘间者矣。然此盖仅为历史上某一时期已过去之陈迹，其影响之及于今日者极鲜。近世以来，而湖南、湖北之经济情形，遂大非昔比。《宋史·食货志》：

"淳熙三年臣僚言：湖北百姓广占官田，量输常赋，似为过优。比议者欲从实起税，而开陈首之门。殊不思朝廷往年经界，独两淮、京西、湖北依旧，盖以四路被边，土广人稀，诱之使耕，犹惧不至，若履亩而税，孰肯远徙力耕，以供公上之赋哉？今湖北惟鼎、澧地接湖南，垦田稍多，自荆南、安、复、岳、鄂、汉、沔汙莱弥望，户口稀少，且皆江南狭乡百姓，扶老携幼，远来请佃，以田亩宽而税赋轻也。……"（卷一七四页九上）

湖北在汉晋时虽已有若干汉民族直接来自黄河流域生息其间，然自宋金分裂，而田畴尽废，土著往往而绝，第一期已然开发之成绩，遂归乌有。迨夫第二次重新开发之，则其人皆来自江左右矣。按鼎即明清之常德府，澧即清代之澧州直隶州，于宋属湖北，于今属湖南。于兹可见湖南之开发早于湖北之重新开发，而湖北之重新开发，先及于接近湖南之地，而后渐次北向扩展者也。是故南宋以后，湖南人移殖湖北则为可能，欲湖北人移殖湖南，则为倒行逆施，势所不可能也。

大抵自峡以东，汉民族在长江流域之扩展，由东而西。是以江西之开发，后于江东（泛指江、浙、皖），而先于两湖。晋之渡江，浔阳郡（江西北部）已为多数侨民所归注，[1]至有宋而江南西路人才辈出，与浙、闽相颉颃，[2]可以想见其财富户口殷盛之一斑。以视荆湖南

---

① 《宋书·州郡志》、《晋书·地理志》。
② 一九二三年《科学杂志》丁文江《历史人物与地理的关系》。

北,则其时盖犹土旷人稀,鲜经开发。赣、湘境地相接,中无巨山大川之隔,于是自密趋稀之移殖行动,自然发生矣。故江西人之开发湖南,鲜有政治的背景,乃纯为自动的经济发展。(下详)其时代,则两宋、元、明江西人口超越一般平衡线之时,正湖南省草莱初辟之际也。(下详)

江西省中,又以庐陵一道、南昌一府占绝对大多数,此其故盖有二:其一,境地最为接近湖南也;其二,赣江贯其中,田畴早辟,人烟最为稠密也。① 此外北境之九江府得三族。东境之饶州府得四族。抚州府得五族。南境通赣南道但得大庾一族,则以山岭重叠,地瘠而道阻,于全省为最迟开发之地故也。

江西人之移入湖南,其原因几纯为经济的。江西而外,外省人之移入湖南,则经济的原因之地位较低,另有政治的原因在焉。

政治的原因惟何? 从征,谪徙,从宦,与夫明代卫所镇戍之制是也。湖南地自昔即为官吏谪徙之所,在唐宋为尤盛。其最著者,如刘禹锡之谪居朗州,寇准之谪居道州,皆于当地之文化风气,有深长之关系。② 间亦有以是而病卒于当地者,其子孙来守其墓,因入籍为当地人,如宋宁宗庆元中韩侂胄贬故相赵汝愚于永州,未至,道卒于衡,其后子孙辗转流徙于沅、湘间,至今犹多为湖南人,③是其例也。湖南之西南诸郡壤接溪峒,故又为历代蛮防之要地。自宋以来,征令时出,军旅迭经,以是而将吏之因从征而落籍其地者,亦不在少。如靖州之黄、姚、潘、明、蒙五姓,皆南宋中以征蛮而来,事定留居,是其例也。然人之以谪戍从征而流寓异乡者,

---

① 南昌、丰城、庐陵、泰和、吉水五县皆紧傍赣江。
② 《旧唐书》卷一六〇本传,《宋史》卷二八一本传。
③ 《秋声馆遗集》卷九《赵氏谱序》。

大抵无眷属与俱,故其血属之能流传及于后世者殊少。因官知州、知县、训导、教授诸职而卜居者即稍多,而犹以明代卫所镇戍之制度,其造成之结果,最为远大。卫所云者,国家镇守四方之垦屯军政机关。卫设指挥,所设千户,其下所辖士卒,平居则耕耘以赡衣食,有事则效命疆场以为地方捍御。此辈兵将来自异乡,食采斯土,在明隶于卫籍,及国亡而列在平民。故凡明代卫所之所在,莫不有指挥千户之后裔焉。

宝庆在明:于邵阳有宝庆卫之设;于武冈则有守御千户所之设;其后岷王梗复自云南徙封武冈,置岷王府,于是腰金纡紫之徒,群相聚处于一城。氏族表以列爵勋卫别为二表以冠其余,兹去其同于各县表中所已有者,得四十族:

> 王爵二族　公爵二族　侯爵一族　伯爵一族　指挥十三族　千户十四族　百户五族　镇抚一族　云骑尉一族

此四十族之祖籍分布情形为:

> 江苏九　河北五　安徽四　江西四　河南三　本省三
> 湖北二　四川一　山东一　世居一　不知原籍七

靖州蕞尔小邑,僻在边隅,然以地处蛮夷之腹心,故亦为军防之重镇。洪武初既已置有靖州卫,三十年,复增设汶溪屯镇千户所,亦驻靖州。计氏族志所列明代移入靖州者二十三族,其中有六族即系受指挥千户之职而来者也。此六族祖籍之分布为:

> 江苏二　山东一　浙江一　江西一　不可考一

此外非必指挥千户而亦以膺镇戍之命来移者,又有二族:江苏一族,安徽一族。

试以此靖州八族合诸宝庆四十族统计之,则外省人之以是种原因来徙者,要以江苏为最多,得十三族,几及全数之半(三十八,见第二表);河北、安徽次之,各得五族,然以与全数较(河北七、安

徽十),则比例尤大;江西虽亦得五族,以与全数较(一百八十二),
则渺不足重;自余皆不过二三族。何以江苏、河北、安徽三省独多,
其原因殊简单。按江苏、安徽在明代合称南直隶,为太祖桑梓之
邦,以是南直隶人之以从龙起义得军功而膺封爵者,不可胜计。迨
夫全国底定,镇戍之责,自亦多所委任之矣。至河北则为燕王藩邸
所在,故自永乐而后,新设卫所,其镇将往往以河北人为之。而江
苏之所以以江宁为最多,安徽之所以以江淮之间为最多,河北之所
以以北平附近为最多,其原因亦皆在于是也。①

　　湘阴县虽非卫所之所在,然历代以来,四方人士之因官而留居
是邦者,亦不在少数。见于氏族表者,得十八族;而江西籍但居其
四,其他外省人居其十三,本省人居其一。今请更以全宝、靖、湘七
州县氏族中之以政治原因而来移者合计之,则共得七十族(不知
原籍者除外)。其祖籍之分布有如下:

　　　江苏十六　江西十一　河南十　安徽九　河北五　本省
　　　五　山东四　福建三　湖北三　浙江一　四川一　广西
　　　一　陕西一

　　再试以全移民数减去此种以政治原因来移者,配以百分,以与
原来之百分比并列,则有如下表:

第　四　表

	全		减去政治移民	
江　　西	324	63%	71%	313
其他外省	134	26%	18%	80
本　　省	55	11%	11%	50
	实　数	百　分	百　分	实　数

---

① 安徽、江淮之间,帝乡也。江宁,洪武、建文之都也。北平,永乐而后都也。

本省无多变动。所可显见者，江西以减去政治移民而其比例益高，其他外省以减去政治移民而比例益低。于此足证政治原因于江西为不足重，而于其他外省移民为甚足重。设无政治的原因，则此诸省之湖南移民，更将远不及今日实际所有者也。

北六省中，以最近之河南为最多。中七省中，以最近之江西为最多。独南五省中，不以最近之黔、桂、粤为最多，而以福建为最多者，福建之开发，于南五省中为最早故也。福建人中，以沿海地带之人最为富有进取性，故此一地带人，又居福建移民之大多数。

广西亦有五族，四族皆在桂林府境。但桂林之与湖南，风俗、习惯、文化、语言相同，自然地理一气相连，与其谓为外省，无宁视之若本省，反较合理。

湖北得十七族，居外省移民之第四位。全十七族皆在荆襄以东，则以近世湖北之开发，亦是自东徂西故也。沔阳地势低洼，多水灾。谚有云："湖北沔阳州，十年九不收。"①以是沔阳人之以避灾流徙他处者甚多。

湖南本省得五十五族，仅后于江西，超过其他一切外省，良以境土密迩，迁徙便利，此为当然之现象。省境中以湘水流域为最多，沅、资次之，澧无一族，于此可知湖南各部分开发之先后也。湘阴所接受者长沙府六族，岳州府五族，常德府一族，皆位于省之东北境，洞庭湖附近。宝庆府境之内：新化对邵阳之移民有九族，对武冈二族，新宁一族；邵阳对各县皆有，合计六族；武冈对各县皆一族，合计四族；新宁、城步则只有接受，无输出，城步转而对府境以

---

① 一九三一年十一月三日天津《大公报》《灾后之汉口》。

外更在西南之靖州,输出一族,于此可以推见各州县开发之程序,亦大略称是也。

以省为单位,既述其大概情形如上。于是更可作一分区之研究焉。试以三大流域为单位,则此七州县所接受之各流域移民数,有如下:

黄河流域　有移殖关系者五省　共三十八族

长江流域　有移殖关系者六省(本省除外)　共四百零一族

珠江流域　有移殖关系者二省　共一十九族

试以河北、河南、山东、山西、陕西、湖北为湖南之北方,以江苏、浙江、安徽、福建、江西为湖南之东方,以广东为南方,以四川为西方,则此七州县所接受各区之移民数,有如下:

东方　三百九十四族　北方　五十六族　南方　五族

西方　三族

可见湖南之开发,其功在乎本流域人,而与其他流域之关系极少;其功在乎东方人、北方人,而南方、西方之关系极少,——不但极少也,实际南方广西四族,等于本省;此外广西一族,与西方四川一族,系以政治原因而来徙者,即谓之曰绝无关系,亦无不可。故此兹以湖南为目标之移民现象,质言之,即为一东北对西南之移民现象也。

东北对西南移民初非湖南一省所特具之情形,在整个中国内地移民史中,此乃一极普遍之事实。北方黄河流域不能言,中部、南部十二省中,除四川外,其大概情形,殆莫不如此。此趋势以江苏、浙江、安徽为起点,——此三省人大多数系直接来自中华民族发祥地之黄河流域——西南而江西、福建,而湖南、湖北、广东,终至于广西、云南、贵州。故吾人若以东南五省人之移殖湖南为父子关系,则东北四省(陕西、湖北除外)人之移殖湖南,不仿称之为祖孙关系也。父子之关系切,祖孙之关系疏矣。①

上所历述,皆系对今日湖南人之祖先何自而来居湖南,——简言之,即"何自来"一问题之解答。何自来既大致得解,于是又一问题发生,即今日湖南人之祖先何时始来居湖南,——简言之,即"何时来"是也。今先以有原籍可考之外省移民徙入湖南之时代,依代列表如下:

第 五 表 甲

	邵阳	新化	武冈	新宁	城步	宝庆府	靖州	湘阴县	共	百分比	武冈州
东汉							3	3	0.6		
晋	1					1			1	0.2	
唐	1					1			1	0.2	
五 代		3	1			4		18	22	4.9	
北 宋	6	17				23	1	6	30	6.6	1
南 宋	11	10	2		1	24	11	9	44	9.8	2
元	18	3	8	4	2	35	5	29	69	15.1	2
明	62	21	41	7	10	141	19	108	268	58.8	37
清	4	1				5	1	12	18	3.8	2
	103	55	52	11	13	234	37	185	456	100	42
不可考	1	1	2			4	1	1	6		

其原籍不可考者,虽不能知其为外省为本省,姑亦表之如下:

---

① 北方偏西之陕、甘二省,本与江、浙、皖三省之关系甚鲜,故对湖南之关系更鲜,通七州县但得陕西一族。

第 五 表 乙

	邵阳	新化	武冈	新宁	城步	宝庆府	靖州	湘阴县	共	百分比	武冈州
五　代	1					1			1	2.3	
北　宋	1	3				4			4	9.1	
南　宋		1		1		2	1		3	6.8	
元	5	4	2			11			11	25.0	
明	13	2	6			21	3	1	25	56.8	3
清											
	20	10	8	1		39	4	1	44	100	3
不可考	13	13	2		2	19			19		

说明:一,各族迁徙,方式不同。有直接自外省移入此七州县者,有先移入湖南他府州县,然后再自该府州县移入此七州县者。兹表所列,取其入湖南之年代。又自湖南本省移入七州县者,亦不列。

　　二,《宝庆志》氏族表中或有不盲徙时,而言其始迁祖为谁,另于世系表中,可以得知其某世孙曾得何朝何代何年之功名者。今姑以其子孙得功名年代,作一世三十年上推之。《湘阴志》、《靖州志》、《武冈志》亦有类似此情形者。但极少,每志不过一二族。

　　二表所表示者相同:其一,五代以前湖南人之后裔之见存于今日之湖南者,已极鲜;其二,五代启其端,两宋、元、明继其绪,是为今日湖南人祖先移入湖南之极盛时代。其三,清以后,移殖状态静止,关系殊鲜。

　　五代以前,外省人之移入湖南者,或为因避世乱,以荒僻之地视同世外桃源而趋就之,表所列邵阳晋唐二族是其例也。或以获罪朝廷,谪徙从宦而来,表所列湘阴东汉三族是其例也。其徙迁之原因,太半皆为被动的。故至者不多,其能流传及于后世者尤鲜。至五代而江西人始有有组织自动的湖南开发行动,《湘阴志》引《益阳县志》:"唐同光二年,高安蔡邦领洪州三百户来潭州开垦。"(剑滩杨氏条)潭州即明清之长沙府。据上表,唐一代三百年,其时外省移民之见存者，只一族。五代才五十年，而其见存者反有二十二族之多，是则蔡邦辈移殖之功效也。此风降及于两宋之世而益盛，甚至正史亦记载及之。《宋史·地理志》荆湖南北路卷四后序：

> "荆湖南北路……其土宜谷稻，赋入稍多。而南路有袁吉壤接者，其民往往迁徙自占，深耕溉种，率致富饶。自是好讼者亦多矣。"

"率致富饶"盖为自动移民之一最大动力，犹如百年前欧洲人之移殖美洲，今日河南山东人之移殖东北是也。故其后裔之见存于今日宝庆等七州县者，犹有八十一族之多。北宋占其十之四，南宋占其十之六。按北宋百六十余年，南宋百五十年。而北宋时所接受之移民反见少于南宋者，则宋室之南渡，自有以致之。元代九十年间，其接受移民之速度，又有增进，甲乙二表合计共有八十族，几与三百余年之两宋相埒。明代是为各时代中最重要之一时代，即积极移民，开发，以底于成功之一时代也。二表合计，共有二百九十五族。二百七十余年间，其所接受之移民，超过其他各时代之总和。此二百九十五族之中，除十之一二系以政治原因被动来移者外，十之八九皆系以经济原因自动来移者。

明代之于西南方开发，功绩至伟，范围至广，既不仅限于此七州县，亦不仅限于湖南一省，云、贵、广西诸省现有汉民族之大部分，莫不为此时代所移入者。惟湖南自宋元以来，本已有相当开发，明代乃从而完成之。至云、贵、广西则于是时尚为草莱初辟时期，降至今日，犹未足语乎完成也。

各氏族志表中所列清代移入族数之所以大减于宋、元、明，其故当有二：一为地方人口至明而已达于相当饱和点，后此遂不复需要大量之外来开发者，——此原因解释实际上移民数之所以少于前代。一为距诸志编纂之年代太近，此辈移民往往尚为单家只户，未得成为一氏族，故志表不列之，——此原因解释志表所载，盖尤少于实际所有。

何以知湖南人口至明而已达于相当饱和点？此可以土地之开发程度证实之。太史公曰："楚越之地，地广人稀。"[1]班固曰："楚有江汉川泽山林之饶，江南地广，或火耕水耨。民食鱼稻，以渔猎山伐为业。果蓏蠃蛤，食物常足。故呰窳偷生，而亡积聚，饮食还给，不虑冻饿，亦亡千金之家。"[2]此西汉时湖南之经济状态也。姚思廉曰："湘川之奥，土旷民闲。"[3]此南齐之湖南之经济状态也。降至南宋时而绍兴十二年知邵州吴稽仲犹有湖南、广西闲田甚多之言。[4]更至明初而湖南地犹未尽利，洪武十七年以辰、永、衡、宝等处宜种桑而植者少，命淮徐取种二千石给其地，令民种之，以足衣食。[5]是可知自西汉以至于明初，湖南经济始终未尝发达至一般平衡线，湖南人口始终未尝臻于饱和点也。然至明末清初而景象即判然不同。顾炎武曰："近年深山穷谷，石陵沙阜，莫不义阙耕耨。"[6]更至清道光中而魏源有曰："今则承平二百载，土满人满，湖北、湖南、江南各省，沿江、沿汉、沿湖向日受水之地，无不筑圩捍水成阡陌，治庐舍其中，于是平地无遗利。且湖广无业之民，多迁黔、粤、川、陕交界，刀耕火种，虽蚕丛峻岭，老林邃谷，无土不垦，无门不辟，于是山地无遗利。"[7]一则人稀，一则人满，而转其机则在

---

① 《史记》卷一二九《货殖传》。
② 《汉书·地理志》。
③ 《南齐书·州郡志》。
④ 《湖南通志·杂志》三。
⑤ 《湖南通志·杂志》六。
⑥ 顾炎武《天下郡国利病书》卷七四页九上。
⑦ 魏源《古微堂内外集》卷六《湖广水利论》。

乎明初明末之间，故曰，湖南至明代而人口已达于相当饱和点也。而明代移民之真价值，明代开发湖南之功绩之可贵从可知矣。

总之：自五代以至于明，六七百年间，是为"如此今日"之湖南构成时期。微此六七百年间吾先民之经营奋斗，则湖南至今盖犹为榛莽地带，安得比于"中原"哉？

以上乃举湖南全省而言者。

自省境以内各部分之比较言之：则五代以前五族，湘阴得其三，邵阳得其二，足见此二县为多数汉民族所至，早于自余新化、武冈诸县。五代时潭州为江西移民开垦之目的地。虽但曰潭州，可以作湖南东北部一隅观也。故湘阴在此时所接受之外来移民特多，见存今日者犹有一十八族。[①] 宝庆亦有五族。但据表，新化五代三族（甲表），其中一族系五代时徙至茶陵，五传始转辗至新化者。茶陵属潭州，此族大概即蔡邦所领三百户之一也。此外二族则仍是以避乱而来为蛮中客户者。邵阳一族（乙表），乃是以政治关系而被周行逢放至其地者。独武冈一族（甲表），五代时徙至邵阳，一传至武，未言以何故来徙。故五代一时期，乃长沙属，——湖南东北部之开始经济开发时期，宝庆属，——湖南中部偏西南犹未与也。宝庆在此时期所接受之移民，其性质犹大致与五代以前相同。

宝庆属之开发，盖始于北宋，稍后长沙一步。然只限于北境新化、邵阳二县，南境武冈、城步、新宁诸县犹未与也。二县中又以新化为特盛，所以然者，复有政治上之原因在。按新化与安化二县地自昔本为徭蛮所据，宋初号曰梅山蛮，时出侵扰附近州郡。神宗时王安石用事，开拓苗疆之议兴，乃以章惇经制湖南北蛮事，传檄蛮酋，勒兵入其地，逼以纳土。叛徭既平，因设县置治，招徕汉民耕垦

---

① 湘阴在五代时隶岳州，宋后始隶潭州。

之,于是蛮疆成为汉土。① 是为宋代西南开发之一大事件。甲表新化条下有八族,乙表新化条下全三族,皆系徙自熙宁、元丰年间者,当然此直接原因有以致之。

梅山之纳土在熙宁,熙宁时即有汉族人来至其地;靖州本亦为蛮疆,亦在熙宁中纳土,然以远在省境之最西南,且纳土后又中经变乱,②故除少数例外外,盖自南宋时其地始为汉族人所至。南宋时邵阳与新化之发展甚平衡,武冈后之,而新宁、城步亦渐为汉民族足迹所至。③ 湘阴在南北宋时之发展,均不若五代之速。元代以湘阴、邵阳、武冈之发展为最,新化、靖州后之,新宁、城步则已开始入于开发时期。明代为各部分同时积极进展之时代,初无东西南北孰缓孰速之可分。除新化外,自余六州县明代一代所接受之移民,皆超过其他各时代之总和:于武冈占全数百分之七十九,于城步占百分之七十七,于新宁占百分之六十四,于邵阳占百分之六十,于湘阴占百分之五十八,于靖州占百分之五十一,于新化占百分之三十八。武冈、新宁、城步三邑僻在宝庆府之南部,于宋元时未尝加意开发,故至此遂崛起为新兴垦殖区,其接受移民之速率更超于新化、邵阳等已经相当开发诸地之上焉。三邑自明以前,汉之于蛮,每不过十之一二,经此转变,盖不旋踵而十得四五矣。④

时代愈后,移民迁徙之目的地愈在僻远,此自然之理也。见于上二表者,自汉晋以至于明,其序不紊。五代则湘阴,北宋则新化、

---

① 《宋史》卷四九四《梅山峒传》、《诚徽州传》。
② 《宋史》卷四九四《梅山峒传》、《诚徽州传》。
③ 按新宁设县在南宋,城步设县在明。
④ 然于城步则降至清代嘉、道之际,依然蛮多于汉。《宝庆府志》卷九《疆里表》一:"城步五峒,其地广于八都,其民众于汉族。"盖于三邑之中,城步之开发又居最后焉。

邵阳,南宋则靖州,明代则武冈、新宁、城步;以此理推之,则清代移民之所及当更在僻远,不应在腹部。然见于上二表者,湘阴十二族、邵阳四族、新化一族、靖州一族,武、城、新则并无一族,适与此应有之趋势相反,此盖例外不经之现象也。或此仅为经一次世乱(明清鼎革)后初年之现象,故其移民乃是补充的而非开发的。中年承平而后,必有不然者矣。故魏源之言曰:"湖广无业之民,多迁黔,粤、川、陕交界"。湖北与川、陕界,湖南与黔、粤界,与黔交界之处是在省境之西部,与粤交界之处是在省境之南部,皆于全省为最僻远之地也。

吾人既已概念地明了今日湖南人祖先之移入湖南,——亦即"如此今日"之湖南之构成,——为在何代,为在何代至何代,今兹当更进一步研究,即在某一代中,又以某几朝之成绩最为伟大,某几朝关系较轻?

东汉移入湘阴之见存者三族,其移入之时代在安帝建光年间。邵阳晋代一族,在武帝咸宁年间。唐代一族,在唐之季世。

五代移入湘阴者十八族,移入新化者三族,皆在后唐之同光中。① 故同光实为湖南开发史上最可纪念之一日也。此时由江西移入湖南者盖不只蔡邦所领自洪州至潭州之三百户而已,他州人亦已有之。即如湘阴十八族中,白茅村许氏,九桥王氏,一都彭氏,桃林吴氏,铜盆里吴氏,其先并吉州人,亦于同光中迁湘阴。吉州与洪州接壤,意者当时吉州人中,必亦有若洪州之蔡邦其人者,率

---

① 中湘阴一族转由长沙,明万历中徙阴。一族转由平江,旋徙阴。传十六世徙阴。一族转由醴陵,旋徙阴。一族转由巴陵,传十六世徙阴。然无论其为直接移入或为辗转来徙,其于五代同光中至湖南东北部则一也。又新化一族,转由茶陵,至新化时当已入宋。茶陵在五代或属衡州,或属潭州。

领乡人,大举来移斯土也。又新化三族,其先并吉州人。移入邵阳者二族,皆在五代之季世①。

自北宋以至于清,每代列一分朝表如下:

第 六 表 甲

	邵阳	新化	武冈	新宁	城步	宝庆府	靖州	湘阴县	共	武冈州	邵阳	新化	共
?	2	3②				5		1③	6				
初		1				1			1		1		1
建隆 960—962	1	3				4		1④	5				
大中祥符 1008—1016		1				1			1				
嘉祐 1056—1063								2	2				
治平 1064—1067	1					1			1				
中叶								1⑤	1				
熙宁 1068—1077	1⑥	4				5			5			2	2
元丰 1078—1085		4⑦				5			5			1	1
元祐 1086—1093							1⑧		1				
大观 1107—1110		1				1			1				
宣和 1119—1125								1	1				
	6	17				23	1	6	30		1	3	4

说明:设有一族自外省某地北宋建隆中一徙邵阳,明洪武中再徙新化。如邵阳表列有此族,则新化项下作洪武计;如邵阳表不列此族,则新化项下作建隆计。

---

① 中一族徐氏,仕马楚。周行逢立而放之邵州,因家。周行逢之立在周显德三年。一族一传而至武冈。表列入武冈项下。

② 族先徙衡阳,一传徙化,一族先徙湘乡,后裔明初徙化。

③ 元季避乱丰城,明初复来徙。

④ 先徙巴陵饶村,八传徙阴。

⑤ 先徙邵阳,明嘉靖徙阴。

⑥ 先徙新化,十传徙邵。

⑦ 一族先徙邵阳,一传徙化。

⑧ 先徙绥宁,后裔徙靖。

第 六 表 乙

	邵阳	新化	武冈	新宁	城步	宝庆府	靖州	湘阴县	共	武冈州		新化	新宁	靖州
?	2①		2②		1	5	1③	3④	9			1		1
绍兴 1131—1162	1					1	5⑤	1	7					
乾道 1163—1173							1		1					
庆元 1195—1200								1	1	1				
嘉泰 1201—1204	1					1		1	2					
开禧 1205—1207	1					1			2					
嘉定 1208—1224	1					1	1⑥		2					
理宗 1225—1264							1		1					
淳祐 1241—1252	1						1		1					
宝祐 1253—1258							1		1					
景定 1260—1264													1	1
咸淳 1265—1274	2					2	1	1	4					
景炎 1276—1278							2⑦	2						
季	2⑧	10⑨				12			12				1	1
	11	10				24	11	9	44	1		1	1	3

① 一族先徙衡阳,一传徙邵阳。
② 一族先徙溆浦,后裔元泰定中徙武。一族先徙会同,后裔洪武二年徙武。
③ 先徙天柱,元末徙靖。
④ 一族先徙衡山,传六世元初徙长沙,传四世明初徙阴。一族先徙平江,传九世徙阴。
⑤ 一族先徙辰州,三传徙靖。
⑥ 原文宋嘉祐十年由吉安迁靖,今传二十六世。按嘉祐系北宋仁宗年号,其时靖州犹为蛮族杨氏所据,当不至有汉人徙入。且嘉祐只八年,并无十年。自嘉祐至清末,亦不能但有二十六世,当是南宋宁宗嘉定之误,作嘉定。
⑦ 一族先徙巴陵,再徙阴。
⑧ 一族先徙安化,明洪武中徙邵为勋卫。
⑨ 一族先徙邵阳,旋徙化。一族先徙湘乡,一传徙化。

第 六 表 丙

	邵阳	新化	武冈	新宁	城步	宝庆府	靖州	湘阴县	共	武冈州		邵阳	新化	武冈	
?			1			1	3		4			1		1	
初	3					3		4①	7	1		1	1		2
元贞 1295—1296								2	2						
大德 1297—1307			1			1			1				1		1
皇庆 1312—1313	2	1②				3		1	4						1
中叶		1				1		2③	3			1			1
泰定 1324—1327	2					2	1	2	5						
天历 1328—1329			1			1			1						
元统 1333—1334						1		1④	2						
至元 1335—1340			1⑤					2⑥	2						
至正 1341—1367	5⑦		2		2	9		7⑧	16	1					
末	6⑨	1	2	4		13	1	8	22				2	2	6
	18	3	8	4	2	35	5	29	69	2		5	4	2	11

---

① 一族先徙长沙,传三世徙阴。

② 原文云,元皇祐元年。按皇祐系宋仁宗年号,非元代之年号,依始祖九世孙系嘉靖岁贡推,则皇裸元年当系皇庆元年之误,作皇庆计。

③ 一族先徙长沙,传六世徙阴。一族先徙平江,子徙阴。

④ 先徙长沙下泥港,明洪武徙阴。

⑤ 其确年已不可考,约在天历、元统之际。

⑥ 一族先徙平江,子徙阴。元至元年号有二,一为世祖前至元,一为顺帝后至元,察原文词意,此当是后至元。

⑦ 一族先徙武冈,一传徙邵。

⑧ 一族先徙平江,明洪武中徙阴。一族先徙浏阳,明正统中徙阴。一族先徙华容,明洪武徙阴。

⑨ 一族先徙新化,三传徙邵。一族先徙祁阳,明洪武徙邵。一族先徙长沙,明永乐徙邵。

第六表　丁

	邵阳	新化	武冈	新宁	城步	宝庆府	靖州	湘阴县	共	武冈州	邵阳	新化	武冈	靖州	湘阴		武冈州
初	1			3③	4④	1		1①	3								2
洪武 1368—1398	20②	2	9	3③	4④	38	12	18⑤	56	11	4		3	1		8	
永乐 1403—1424	23⑥	6⑦	13⑧	1		42	1	56⑨	110	18	6		2	2	1	11	
洪熙 1425	2	2	8⑩			13	1	1⑪	15	4	1		2	2		2	
			1			1			1								

① 先徙长沙，十一传至湘阴。原文云，明时由江南西路吉安府迁，按江南西路系宋时之称，吉安府系明以来时之称，是则此族之徙究在宋在明以后，未可必也，姑仍以置之明。

② 一族先徙新宁，三传至邵。

③ 一族先徙邵阳，三传至宁。

④ 一族先徙靖州，弘治徙城。

⑤ 一族先徙湘潭，传三世徙阴。一族先徙巴陵，传九世明季徙阴。

⑥ 一族先徙零陵，康熙中徙邵。

⑦ 一族先徙邵阳，七传徙武。

⑧ 一族先徙邵阳，传四世徙武。

⑨ 一族先徙湘潭，传四世徙阴。一族先徙长沙，传十二世徙阴。一族先徙长沙，传十三世徙阴。嘉靖中徙化。

⑩ 一族先徙华容，传十三世徙阴。一族先徙长沙，嘉靖中徙武。

⑪ 先徙平江，子徙武。

	邵阳	新化	武冈	新宁	城步	宝庆府	靖州	湘阴县	共	武冈州	邵阳	新化	武冈	靖州	湘阴		武冈州
宣德 1426—1432							1	1	2								
正统 1436—1449	1	1						1①	1								
景泰 1450—1456	1	1	3			2	1		3					1			
天顺 1457—1464		2	1②		1	4		1	5								
成化 1465—1487	1	2	1			5		8	13	1							
中叶			1	1	1	2		3	5								
弘治 1488—1505	3		1	1		4			4			1				1	
正德 1506—1521	2	2	1		1	6	1	2	9	1		1				2	
嘉靖 1552—1566	6	1	2	1		12	1	8③	21							1	
隆庆 1567—1572		1	3	1		3		1	4		1						
万历 1573—1619	1	1	1		1	6		1	7								
天启 1621—1627	1	1				1	1		1								
崇祯 1628—1643			1			1		2	1								
末						1		5	6	3							1
	62	21	41	7	10	141	19	108	268	37	13	2	6	3	1	25	3

① 先徙临湘，清康熙中徙阴。
② 一族先徙邵阳，二传徙武。
③ 一徙先徙湘潭，旋徙阴。

第 六 表 戊

	邵阳	新化	武冈	新宁	城步	宝庆府	靖州	湘阴县	共	武冈州
初		1				1	1		2	
顺治 1644—1661	1					1		1①	2	
康熙 1662—1722	1					1		9	10	1
雍正 1723—1735								2	2	
乾隆 1736—1795	1					1			1	
嘉庆 1796—1820	1					1			1	1
	4	1				5	1	12	18	2

北宋以熙宁、元丰之间为最多,合计十三族。初年(包括初、建隆二项)次之,合得七族。南宋以末季为最多(包括咸淳、景炎、季三项),约得全数十之四。元代亦以末季为最多(包括至正与末二项),超过其他各朝之总和,约得全数十之五·五。明代以初年为最多(包括初与洪武二项),超过其他各朝之总和,约得全数十之七。清代以康熙为最多,而清师之底定湖南,在顺治末年,康熙实湖南之清初也。熙宁、元丰之所以独盛于北宋,其原因系于政府之开发招徕,已见上述。此外则皆盛于初年或末年。盖朝代鼎革之际,兵革扰攘,人民每多自冲要之处,流徙转移于穷乡僻壤以避祸,及夫乱事既平,故国之田园已芜,流寓地之经营方兴,于是乐于斯土而不复思返矣。是其迁徙之原因,无关乎政府之奖励,乃为人民自动的寻谋生路。元末明初尤为西南移殖之极盛时期,吾人若假定诸志表中所谓元末即指至正一朝,所谓明初即指洪武一朝,则至正、洪武五十八年间,此七州县所接受之外省移民之见存者,计

---

① 先徙长沙,康熙徙阴。

有二百二十九族,几及自汉至清全移民史时代——千七八百年——之半。

第一问题为何自来,第二问题为何时来,既已并见上释。最后吾人所欲加以解释者,为第一问题与第二问题之相互关系,亦可目之为第三问题,即"何时,何自而来"? 亦为之分代列表如下:

第 七 表

		邵阳	新化	武冈	新宁	城步	宝庆府	靖州	湘阴县	共		武冈州
汉	河南								3	3	}3	
晋	江西	1					1			1	}1	
唐	山西	1					1			1	}1	
五代	江西		3	1			4		8	22	}22	
北宋	江西 江苏 河南 湖北	4 2	17				21 2	 1	4 1 1	25 2 2 1	}30	
南宋	江西 江苏 河南 福建 山东 广西	11	9 1	1 1		1	22 2	5 2 2 1 1	7 1 1	34 3 3 2 1 1	}44	1
元	江西 福建 安徽 浙江 广西 四川 湖北	15 1 1 1	3	4 1 1 1	3 1	2	27 2 1 1 2 1	3 1 1	28 1	58 3 2 1 2 1 1	}68	1 1

		邵阳	新化	武冈	新宁	城步	宝庆府	靖州	湘阴县	共		武冈州
明	江西	38	15	24	6	6	89	6	83	178		30
	江苏	10	1	7		1	19	4	10	33		1
	河南	5	1	3			9		2	11		3
	福建		1	1	1		3		3	6		
	安徽	2		2			4	4	3	11	268	1
	河北	5		2			7			7		2
	山东		1				2	1	2	5		
	浙江					1	1	2		3		
	广西			1			1	1		2		
	四川	1					1		1	2		
	陕西								1	1		
	湖北	1	2	1		1	5		3	8		
清	江西	2	1				3		1	4		
	河南	2					2			2		
	福建								3	3	18	
	河北							1		1		
	湖北								8	8		
		103	55	51①	11	13	233	36②	185	454		454

汉、晋、唐三代共五族，而北方之河南、山西居其四。以是足证五代以前，外省人之移入湖南者，大都来自北方也。五代为"今日湖南人"祖先之开始移入时代，而是时外省人之至宝庆、湘阴者二十二族，竟无一族非江西。北宋中外省人之入宝庆者二十三族，而江西居其二十一。湘阴六族，江西居其四。靖州一族，系河南人，则系因官而来也。总五代、北宋五十二族，江西居其四十七，非江西但有五族，十之一耳。故此一时代，吾人可名之曰"纯江西时代"，此时代江西而外之外省移民，为江苏、河南、湖北三省之人，

---

① 武冈知籍知时者本五十二族，中一族地名不知今属何省，曰太平富金。
② 靖州知籍知时者本三十七族，中一族地名不知今属何省，曰武阳。

他省尚未与也。按此三省人之移入湖南者,历代合计,为数亦仅后于江西,而胜于其他各外省。是则移民人数之多寡,盖与移民史之久暂为适成正比例者。南宋四十四族,非江西居其十。元代六十八族,非江西亦居其十。合计百十二族,非江西居其六之一。各方之来移者,至是稍杂。然靖州南宋十一族,非江西居其六,考其实,则福建二族、江苏二族、山东一族,皆"征蛮"而来;广西一族,系因官而来。其情形与江西移民之以开垦旷土为目的者,迥乎不同。此一时代,吾人姑名之曰"初期混杂时代"。明代为西南移民之极盛时代,亦即移民分子最为复杂之一时代,计移入此七州县者,其祖籍共有十二省区。十八省中之未至者,西北之山西、甘肃,西南之云南、贵州,南方之广东而已。江西籍得百七十八族,非江西籍得八十九族,非江西籍居全数三之一,江西籍二之一。故此一时代,吾人可名之曰"大混杂时代",亦即"后期混杂时代"。此大混杂时代构成之原因有二:其一,为明代镇戍制度之结果,非江西外省人之因此入籍宝庆者二十五族(占全数六十七八分之三),入籍靖州者五族(占全数十二几二之一);其二,则有系于移民状态之自然发展者也:——一地方当初开发时,社会生活程度过于简陋,生产组织缺少变化,远方之人,于该地之风土情形既不熟悉,单家只户,昧然来徙,殊难战胜此陌生的自然,以求得生存,故必为邻省之人,始能有此胆量以赴之也。及夫开发已有相当成绩,社会各方面日臻繁荣,不必耕者始有食,不必织者始有衣,生存之机会渐益宽人,于是五方八处之人,皆得猬然而集矣。

自五代以至于明,无论为纯为杂,其以江西人为外省移民之主体则一。独唐代则不然。清代外省移民共十八族,而湖北得其八:几及二之一,居第一位,江西反退居第二位,福建、河南,亦见增高。吾人虽不能据此遽为断定江西自是即失去其首席地位，但至少可谓时至清代，湖北、福建之人，已继江西人之后而亦为湖南移民中之重要分子矣。故此一时代，则名之曰"转变时代"。《武冈州乡土志·氏族志序》云："兹称大姓望族，自元末明初由江右迁来者十之七，明末国初由闽、鄂、河南、皖省及邻近府县迁来者十之三。"此言最足以代表清代湖南移民之特殊性。

上述系指外省移民而言者，至湖南本省人之移入此七州县，其情形又稍有不同，表如下：

第 八 表

	邵阳	新化	武冈	新宁	城步	宝庆府	靖州	湘阴县	共	百分比	武冈州
五 代								2	2	1.8	
北 宋		3	1			4			4	3.5	
南 宋	4	2	1			7	2		9	8.0	
元	2	3	2	1		8		5	13	11.5	
明	14	8	7	3	8	40	1	31	27	63.7	
清	4	1	2			7		6	13	11.5	
	24	17	13	4	8	66	3	44	113	100	

说明:原湖南本省人之移入宝庆等七州县者,只五十五族。本表以他省人之自本省他县转徙而来者亦列入之。故多出五十八族,共一百一十三族。例如:某族本江西泰和县人,元代徙湖南湘乡县,至明由湘乡入邵阳。第五表甲所列,取前一时代,此表所列,取后一时代。

不同者何在？明以前诸代地位之降低，明与清二代地位之增高是也。此必须与外省移民各时代之百分数并列而后明：

第 九 表

	外省移民	本省移民
明以前	37.4%	24.8%
明	58.8%	63.7%
清	3.8%	11.5%

明以前诸代之地位降低约百分之十三,明代增高约百分之五,清代增高约百分之八。于是足证时代愈后,则本省移民亦愈为繁剧也。

清代之本省移民特盛,故本省移民之特殊情形,即是清代之特特殊情形。再以时代为单位,列比较表如下:

第 十 表

	湖 南	湖 北	江 西	其他外省	
清以前	18%	2%	60%	20%	百分
	100	10	318	108	实数
清	13	8	4	6	实数
	42%	25%	13%	20%	百分

其他外省于清代、清以前各占百分之二十,初无更变。所异者,湖南、湖北地位之增高,江西地位之降低是矣。按湖北与湖南今虽分列各为一省,然在历史上果曾同属于一省,于自然地理上人文地理上皆不可为分者也。由是益可证两湖之地在明以前大部皆开发未臻成熟,故其移民状态多为接受的而少有输出的,时至清代,湖南与湖北之人口密度已增高至差可比拟于邻近江西等省,故其接受移民之需要,日渐退减,而输出移民需要,日渐加增,——对

本省比较迟开发地之输出之繁剧,特其征象之一瑞耳。①

　　清代江西人之移入湖南者并不多,是则谣所谓"江西填湖广"②之湖广,盖太半系指湖北而言,湖南关系殊鲜也。

二、以二十三种文集并湖南文征中之族谱序等文字为据

　　上章以宝庆等五种府州县地方志中之氏族志表为据,阐发湖南移民之大概情形,略已无遗。今请更以二十三种明清二代湖南人所作之文集,并湘潭罗汝怀所辑《湖南文征》中之谱牒序等文字为据,亦作为统计表若干幅,以证前所言者,是否为一般之现象,抑一部之特殊情形。

　　然地方志为搜集一地方之文献而作,文集中之谱牒等之字则为作有个人之酬酢而作,氏族志志一地方之族姓,虽不能云谓全无缺漏,要可以十得其八九,族谱序、墓志铭所载,则于其一人之所识者,犹或未全,遑论全地方之氏族? 例如茶陵族姓以陈、谭、周、李为大,③然通此二十余种文集,但能告吾人以一谭姓之自来,外此则为刘、彭、罗、胡诸文,于陈、周、李三大姓并无所及,以是可知此种散篇文字之结合,其为史料之价值,实远在方志氏族志表之下也。故根据此种史料所得之结论,其与上章同者,果有互相印证之功,其不与上章同者,亦不能以是而推翻上章之结论也。

　　文集刊行之多寡,以地方文化程度之高低为转移。故本文所采之二十三种之作者,长沙府人独占其十八,岳州府人占其二,衡

---

① 宝庆、靖州当云贵高原之斜坡,据苗岭与武陵之山汇,故地势特高,魏默深所谓山地是也。湘阴濒洞庭南岸,地势卑湿,至今每当湘江水涨,附近尽成泽国,曩日更可知矣。魏默深所谓向日受水之地是也。

② 魏源《古微堂内外集》卷六《湖广水利论》。

③ 《怀麓堂后集》卷三《茶陵谭氏族谱序》。

州府人占其二,此外六府四州竟无一人。以是而其记载所及之族姓;亦以长沙府为最多,共得九十五族(湘阴除外);岳州府次之,共得二十族;此外衡、永、郴、桂、湘南诸郡合得二十二族。今即以此为单位,合列"徙自""徙时"各一表如下。至西部常德、辰、澧诸郡,则但得七族,未免太少,因不列焉。

第 十 一 表

	长沙善化	其他长沙府属九县	岳州府	衡永郴桂	共	
江西	2	13	6	7	28	
吉安府卢泰二县	3	17	1	5	26	
其他		6			6	
南昌府	3	2	2	1	8	78
临江府		1		1	2	
瑞州府	1	1			2	
九江府		1			1	
赣州府		1	1		2	
建昌府		1	1		2	
袁州府			1		1	
江苏		1			1	
苏常二府	2	4	1		7	
宁镇二府	1		1		2	14
淮扬二府				1	1	
徐州府海州	1	1		1	3	
浙江　杭湖二府	2				2	6
宁绍二府	4				4	
安徽　徽州府	2	1		1	4	5
凤阳府	1				1	
福建		2			2	2
河南		1	1		2	2
山东			1	1	2	2
山西		1			1	1

359

	长沙善化	其他长沙府属九县	岳州府	衡永郴桂	共	
广东				2	2	}2
云南			1		1	}1
湖北	2	1		1	4	}4
湖南　长沙府	4	2	2		8	
衡州府		1		1	2	
宝庆府		3			3	
常德府		1			1	}16
道　州			1		1	
乾　州	1				1	
	29	62	20	22	133	
	四族不可考		一族不可考			

说明:本表族数太少,分县计则嫌过于纷繁,但以省计则嫌过于笼统,故取府制,一依《大清会典事例》所载,以其为光绪间之制也。

第 十 二 表

	长沙善化	其他长沙府属九县	岳州府	衡永郴桂	共	
东汉		1			1	}1
唐		1	1	1	3	
季	1		1		2	}5
五代		1	2		3	
后唐		3			3	
后晋			1		1	}8
后周		1			1	
北宋		2	1	2	5	
仁宗神宗	1	4			5	}10
南宋		5			6	
高　宗		3	1		4	}14
孝宗宁宗		2		2	4	

		长沙善化	其他长沙府属九县	岳州府	衡永郴桂	共	
元	末	1	5 2	2		6 4	}10
明	初洪武永乐 中叶 末	2 3 3 1	2 10 5 2	4 1 1	1 5 2 1	5 22 11 5	}43
清	顺康雍 乾嘉道	5 7	1 2		3	3 6 9	}18
		24	52	15	18	109	
		十九族不可考		六族不可考	四族不可考		

以徙自而论:江西最多,居第一;湖南本省次之,居第二;江苏又次,居第三;此与上章所得结论全同。江西居全数百分之五十八强,湖南居全数百分之十二强,江苏居百分之十强,此与上论大同而小异。然考江西比例数之所以见低者,实由于长沙、善化(即今长沙一县)二邑之特殊情形所造成,非此诸府州共通之现象也。试以此二邑与他州县分列,各配以百分而视之,则其间因果甚明:

第 十 三 表

	江西	江苏	浙江	安徽	福建	豫鲁晋	粤滇	湖北	湖南		
长沙善化	9	4	6	3				2	5	29	实数
	31%	12%	21%	10%				7%	19%	100	百分比
其 他	60	10	2	2	5	3	2	11		104	实数
	66%	9.5%	2%	2%	5%	3%	2%	1.05%		100	百分比

其他州县之百分比几与上论尽同,江西得三之二,本省得十之一,其他外省得四之一。长、善独异,江西但居三之一,江、浙、皖三省大盛,合得百分之四十余,几占全数之半。则以长、善为湖南之省会,一省政治经济重心之所在,远方之人,颇多因商因宦而来者故也。江、浙、皖三省之人为近五百年来中国人中最为活跃之分子,以是其人之来移长、善者亦特多。浙江六族之中,宁、绍居第四,安徽三族之中,徽属居其二,宁、绍、徽属之人,固为善于经商宦游者也。

江西省之中,又以吉安府为最多,南昌府次之,其他各府属无甚轩轾之分,此亦与上论全同。更可证吉安、南昌实为全湖南人祖先自来之大本营,非仅宝庆、湘阴而已也。移入长沙府属者亦以吉安府人为最多,而南昌府人居次,则上论所谓江西南部人移湖南南部,江西北部人移湖南北部之言,于此必须为之加一注释。即在此种场合而言,所谓湖南南部,盖不仅指宝庆、衡、永、郴、桂诸郡而已,即长沙府属之大部分,亦在其范围之内,所谓湖南北部者,则仅限于湘阴以北,岳州、澧州等接近湖北之地;而湘阴者,盖于政治区域虽属长沙,然于移民区域言则属于岳州。作者未尝亲至两湖,但习闻两湖人之言曰,湖南自湘阴、平江而北,其俗即不类于湖南,而富有"湖北味"。然则习俗之不同,果与其人之血统自来,有深切之关系。良以湘阴、平江而北之人,其祖先为南昌人,自此以南之人,其祖先为吉安人,而南昌、吉安之俗,固本不相同也。

且平江、湘阴而北之湖南人,以其为南昌人之后裔之故,而富有"湖北味",则自此直可以想见即湖北省之人,其大半当亦为南昌人之后裔也。①

---

① 此推论是否完全确实,有待异日研究。

江苏省中,不复以宁、镇之人为最多,而以苏、常之人为最多,此则以上章所列州县多为军事上之重镇,而此章所列者并无此特性也。苏、常二府之人盖又为江苏人中最活跃之分子,故除有特殊原因外,其对外移民,当亦常居江苏各府之冠也。

以徙时而论:明代最盛,居百分之三十九·四;清代次之,居百分之十六·八;南宋又次,居百分之十二·八;北宋与元又次之,各居百分之九·二;再次为五代,得百之七·三;再次为唐,得百之四·六;再次为汉,得百之一。此则与上章所得结论,颇多差异之处:其一、明代地位之相对的降低;其二、清代地位之大为增高;其三、明以前亦相对的略有增高。何以有此差异,总其原因,不外二点:

一、上章所论列之七州县,其地在湖南全省中比较为迟开发之地,故其所接受之元明以前移民特少,本章所论列诸郡县,皆为比较早开发之地,故其所接受之元明以前移民亦较多。唐世有五族之多,岳州、长沙各得其二,衡、永得其一,可证长、岳开发之独早于他方也。然自大体言之,则五代实依然不失为今日绝大多数长、岳人祖先之开始移入时期。故志之言曰:"其族姓多旅处,自五代、宋、元以来无改其田庐丘垄者,殆指不胜屈。[1]"

二、清康熙间两湖分省,以长沙为湖南省会,长沙之都市性质,以是大形发达。以经济文化生活之进展,于是本省各州县之人,有慕其繁华逸乐而来居者。以政治军事中心之形成,于是四方外省之人,有膺守土治民之责而来移者。故自设省而后,康、雍、乾、嘉百余年间,以长沙为目的地之移民趋势,遂顿然大盛。影响所及,遂致全府之各时代移民比例,亦为变更。然试一考其实,则接受此种移民者,大抵皆仅限于长沙之都市区域而已,与乡村区域之关系

---

① 同治十三年《平江县志》知县麻维绪序。

为极鲜也。王湘绮之言曰："长沙分立善化，善化多流寓，自为风气。"①按清以长沙、善化二县为长沙府之附郭县，而都市区域，地属善化。可证此为省会所在之特殊情形，故自为风气而不与他方同也。据表，清代移民十八族，其中十二族皆移长、善，其余各地但得六族而已。

第一点所以解释明以前比例数增高之故，第二点所以解释清代比例数增高之故，至于明代之所以见低，则即是由于清与明以前之见高之故，兹不复论。

（又上章以外省移民与本省移民分别而论，故见于表中之清代移民比例数特低。本章所表以族数太少，未分本外省，是亦清代所以见高之故也。按实际清代十八族中，六族皆徙自本省，明代四十五族中，本省但得五族。）

三、结论及其他

根据上二章讨论所得，兹请以数语总括全篇之要旨，俾读者得一简当明确之概念：

一曰：湖南人来自天下，江、浙、皖、闽、赣东方之人居其什九；江西一省又居东方之什九；而庐陵一道，南昌一府，又居江西之什九。

二曰：江西人之来移湖南也，大都以稼穑耕垦；江苏、安徽、河南、山东人之来移湖南也，大都以为官作宦，以经商服贾。而长沙都会之地，五方杂处，尤多江、浙、皖长江下游之人。

三曰：江西南部之人大都移湖南南部，江西北部之人大都移湖南北部，而湖南南北部之分，以湘阴、平江作之界。

---

① 欧阳述《雯盦诗稿》王闿运序。

四曰：湖南人来自历古，五代、两宋、元、明居其什九；元、明又居此诸代之什九：而元末明初六七十年间，又居元、明之什九。

五曰：五代以前，湖南人多来自北方；五代以后，湖南人多来自东方。南宋以前，移民之祖籍单纯，几尽是江西人；南宋以后，移民之祖籍渐臻繁杂，始多苏、豫、闽、皖之人。清代以前，江西移民与其他外省移民相较，其他外省相差悬如；至清代而湖北、福建之人，有崛起而与江西并驾齐驱之势。清代以前，本省移民与外省移民相较，本省移民地位甚低；至清代而本省移民之地位，有崛起而超越于外省移民之上之势。

正论既结，兹请更略述与本问题有关系之三数琐事。

湖南人之祖先既太半皆系江西人。以是江西人之风习赋性，自为构成湖南人之风习赋性之主要分子。江西人以刻苦耐劳著，于妇人为尤甚，此风亦承袭于衡、湘间。宋范致明云："江西妇人皆习男事，采薪负重，往往力胜男子，设或不能，则阴相诋诮。衣服之上，以帛为带，交结胸前后，富者至用锦绣。其实便操作也，而自以为礼服。……巴陵、江西、华容之民，犹间如此，鼎、澧亦然。"[1]又如宗祠兴于江西，宋世已甚盛行；至今湖南各处亦多有之，吴敏树所谓吾乡族姓"聚则有祠堂，有谱牒"是也。江西人重宗祠，尤重先人庐墓，故其人之来移湖南者，往往已更历数世，支繁派衍，然犹以时归省庐墓不肯辍，所以不忘本也。

唐宋时湘中人家多居板屋，宋神宗时章惇开梅山，有诗云："人家迤逦多板屋，火耕硗确石畬Ⅲ。"[2]自江西人至而其俗乃变，刘长信《刘氏砖屋房义仓记》云：

---

① 宋范致明《岳阳风土记》。
② 同治十年《新化县志风俗》。

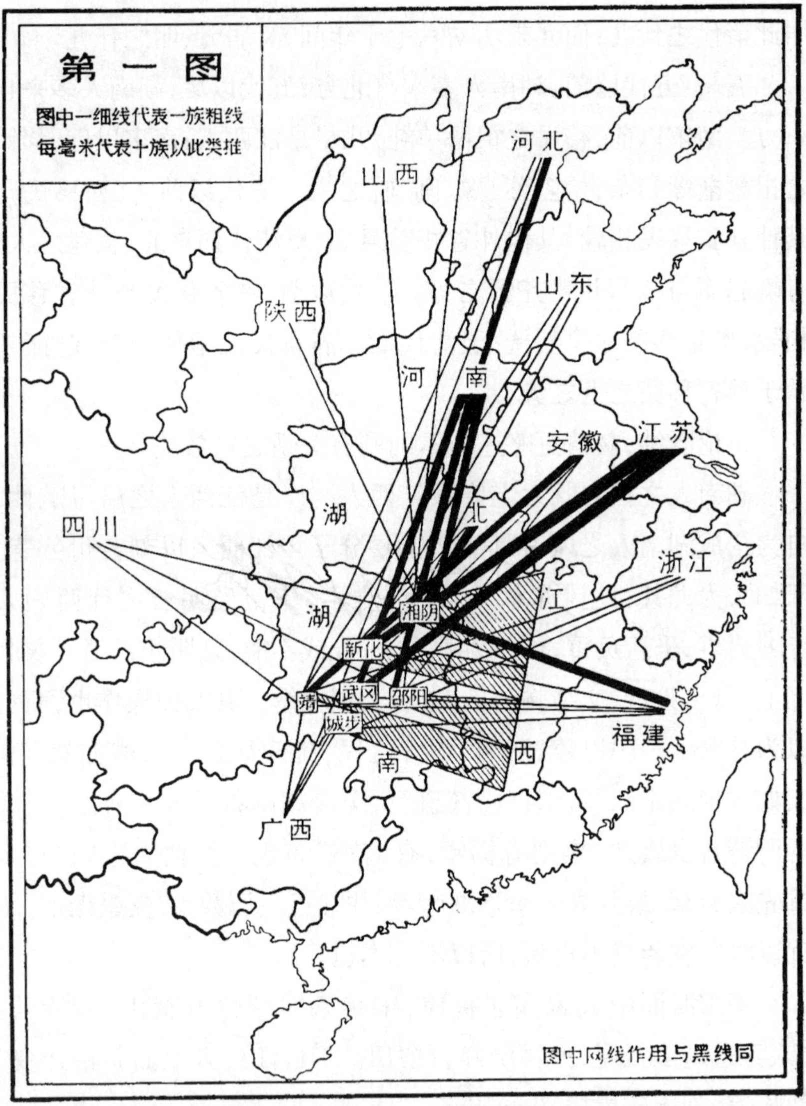

第 一 图

图中一细线代表一族粗线
每毫米代表十族以此类推

山西　　河北

山东

陕西

河 南

安徽　江苏

湖　北

四川　　　　　　　　浙江

湖　　　湘阴　　江

新化

武冈　邵阳

城步　　　　　　福建

南　　　西

广西

图中网线作用与黑线同

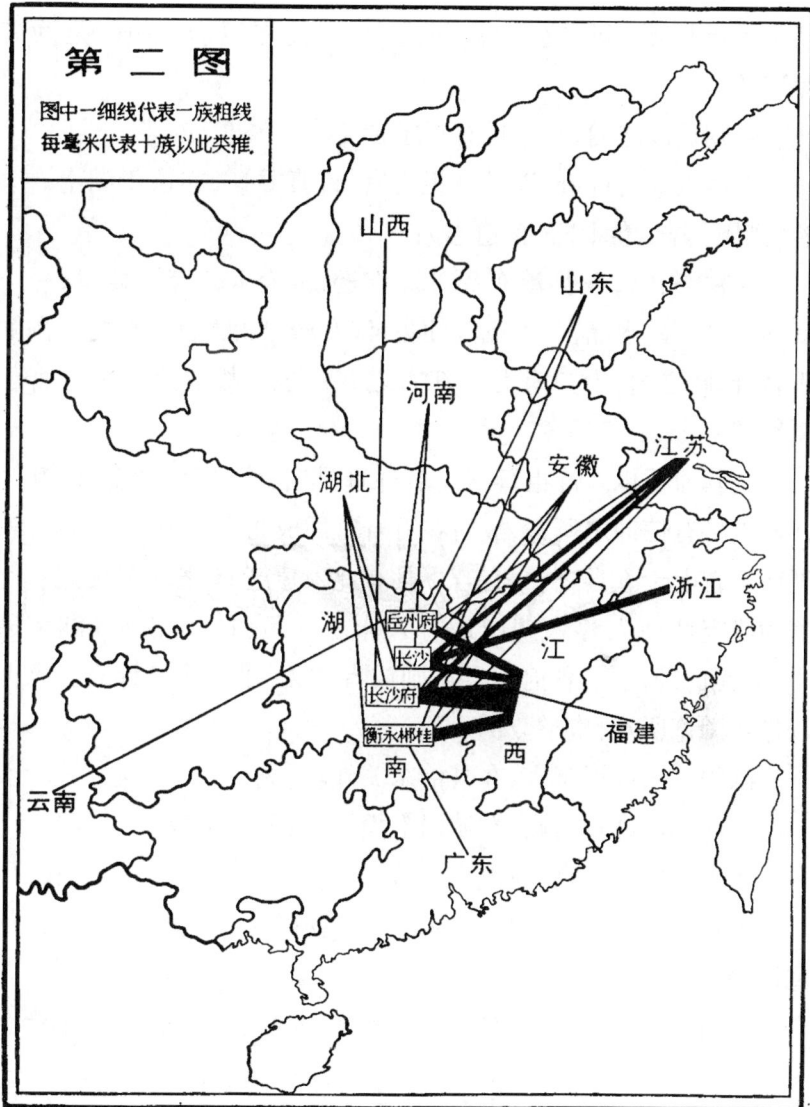

第二图

图中一细线代表一族粗线
每毫米代表十族以此类推.

"新宁刘氏五大房,皆来自江西。吾砖屋房迁宁邑为最早。……新宁屋皆板壁,利贤公因江西之旧,筑砖屋以居。……是为砖屋房。"①

今则比闾之内,已罕见有板屋者矣。

江西人好祀许逊,以是许祖行宫、许真君庙,亦遍于湖南。康熙《浏阳县志》卷十四《拾遗志》:

"许祖行宫,在县治东关外。许逊,汝南人。弃官修道,……后逐蛇在南昌水晶宫,逊飞升仙去,江右居以大建宫观祀之。浏鲜土著,比闾之内,十户有九皆江右之客民也。故亦建许祖行宫于浏地。"

是其原委也。许祖行宫一名许真君庙,俗名万寿宫。以其为江西人特有信仰之所寄,故所在万寿宫即成为实际上之江西会馆。湖南全省七十五县之中,有若干县有此项建筑,有若干县无之? 此盖为研究江西人移入湖南最有兴味之一问题也。惜乎《湖南通志》并无此种记载,各府州县志则或有或无,难以作统计表。今但以作者浏览所及,略举数例于下:

浏阳　曰许祖行宫,在县治东关外。(见上)

平江　曰许真君庙,在城内上面街,康熙中建。②

龙山　曰万寿宫,在城南。③

永顺　曰许真君庙,在东门外,乾隆年建,嘉庆二十三年重修。④

保靖　曰万寿宫,又乡都祠庙之中,九都、十二都、十三都皆有

---

① 光绪十九年《新宁县志》。
② 同治十三年《平江县志·民祀》。
③ 光绪三年《龙山县志》卷十《祀志》下。
④ 同治十三年《永顺县志》。

江西庙。①

靖州　日万寿宫,即江西省乡祠。②

浏阳、平江在省境之东边,与江西接界;龙山、永顺、保靖、靖州在省境之极西,与川、黔、桂接界;以是可见此项建筑,遍及于湖南全境。

江西人之会馆曰万寿宫;江西而外,其他各地人之客居于湖南者,福建人有天后宫,湖北人有封哲宫,湖南本省各府之人又有各不相同之崇祀,各建祠宫以为会馆。今亦为之举例如下:

平江　有封哲宫,在北城三德街,祀鲁班。乾隆十年湖北客民等倡众建。③

龙山　有东岳宫,在城西,附祀三间大夫。又称三间宫。常德府人建。

有南岳宫,在城南。唐霄将军万春附祀。长沙府人建。

关圣大帝宫,宝庆人建。

南将军庙在城北,祀唐南霁云,汉马伏波将军配祀。辰州府人建。④

永顺　有天后宫。⑤

保靖　有天后宫。有浙江宫。⑥

靖州　有广济宫,即长沙府乡祠。有寿佛宫,即衡州府乡祠。有太平宫,即宝庆府乡祠。⑦　有永州会馆。⑧　有三元宫,

---

① 同治十年《保靖县志》。
② 光绪五年《靖州直隶州志》。
③ 同治十三年《平江县志·民祀》。
④ 光绪《龙山县志》。
⑤ 同治十三年《永顺县志》。
⑥ 同治《保靖县志》注。
⑦ 《靖州乡土志》。
⑧ 光绪五年《靖州直隶州志》。

即江、浙、皖三省乡祠。有忠烈官，即贵州省乡祠。有玉虚官，即广东省乡祠①。有福建会馆。②

永顺、保靖、龙山三县旧属土司辖地，清雍正间始改土归流。③故其地之汉人自什九皆是雍正而后移入者。观夫上所列此诸地所有之会馆，则可知此辈外来移民中，除江西人外，又多福建人及本省长、辰、常、宝之人也。是与吾人前论所谓清代移民之特殊情形，适能相合。

前论谓时至清代，湖南之接受移民之需要，已日渐退减，而输出移民之需要，日渐加增，对本省比较迟开发地之输出之繁剧，特其征象之一端耳。此为一端，则另一端为何事乎？曰：向外发展是也。

明清之际战乱，四川人口大减。事定之后，两湖之人，大举入川垦荒，谚所谓"湖广填四川"④是也。此移殖急流起于清师底定四川之初（康熙二年），康熙十年，已有定各省贫民携带妻子入蜀开垦者准其入籍之诏。降至于雍正初而其风犹未尽艾，雍正六年有劝湖广、广东、江西之民毋轻去其乡之谕。⑤陈鹏年湘潭人，康熙末叶官江苏布政使。其《高唐李氏族谱序》中有云："余比年出官吴中，家园日远，时聆邻壤之民，挈家入蜀，巴蜀之民罢焉，风俗流失，无逾此者。"⑥是则所谓"湖广填四川"之湖广，湖南人所占，当非少数。此以经济原因而外徙者也。

---

① 《靖州乡土志》。
② 光绪五年《靖州直隶州志》。
③ 同治《永顺县志》、同治《保靖县志》、光绪《龙山县志》。
④ 魏源《古微堂内外集》卷六《湖广水利论》。
⑤ 《皇朝通典·食货典》户口。
⑥ 《道荣堂文集》卷四。

咸、同中太平军兴,佐清室平定之者,湖南人之功为最。一时湘军、楚军之名,著于天下。自是而后,湖南人尤多以军功而胙茅土于四方者。东至苏、皖,南至闽、浙,西至黔、蜀,北至关、陇,莫不有之。① 同治间陕甘"回乱",波及新疆,诸城先后失守。光绪二年,诏以左宗棠为陕、甘总督,率所部湘军出关规复之。翌年,南北路俱平。其军队屯驻当地,其后多落籍为民人。至今湖南人与西北陕、甘人;东北之平、津人,鼎足而为新疆省中汉人之三大派。此以政治原因而外徙者也。故吾人于此又可得一结论焉。其言曰:

湖南在清初以前是为接受移民地域,在清初以后是为输出移民地域。

附或问代答二则

或问:天下最不可信之文籍,厥为谱牒:今子以谱牒为依据,而作内地移民史,安能得史实之真相耶? 对曰:谱牒之不可靠者,官阶也,爵秩也,帝皇作之祖,名人作之宗也。而内地移民史所需求于谱牒者,则并不在乎此,在乎其族姓之何时自何地转徙而来。时与地既不能损其族之令望,亦不能增其家之荣誉,故谱牒不可靠,然惟此种材料则为可靠也。今请即就湖南范围以内,举数例为证:

安化田头萧氏"萧氏之先,出于宋大夫萧叔大心,以采邑为氏。至汉文终侯何以功第一封于酂。……其居吾邑之田头,盖昭明太子之后,有讳俭者,观察湖南遂家焉。后因马氏之乱,迁于江西。宋神宗时开梅山,置安化县。其孙国清乃由泰和转徙于此。……今观其谱牒,断以始迁之国清为祖,盖以

---

① 同治《平江县志》麻维绪序。

传信也。……"①

田头萧氏之是否为萧叔、萧何、昭明太子之后，是不可知。然其为萧国清之后，宋神宗时迁自江西泰和，则吾侪殊无理由以否认其为真确。盖萧国清既非名人，江西泰和亦非萧氏郡望所著之地，使兹谱而存心作伪，则昭明太子之后湖南观察使萧俛既已家湖南矣，又何必言宋神宗时复自江西迁，以自乱其系统乎。

> 安化小淹杨氏"……而弘农之杨，出自晋武公，亦以邑氏。……吾里小淹之杨，其先亦出弘农，顾世次已邈，自其祖某公由兴国州迁此，……"②

小淹杨氏之是否系出弘农，是不可知。然其不言自弘农迁而言自江西兴国州迁，则可信也。

> 长沙马氏"我湖南马氏其先盖出汉伏波将军，世居扶风。唐显庆中有为吉州永新令者，遂留家豫章。明永乐间晚益公自江右徙居衡州，再徙长沙。……"③

豫章马氏之是否出于马伏波（援），是不可知。然长沙马氏不言徙自扶风而言徙自豫章，则可信也。马伏波以征蛮卒于湖南④，使兹谱而存心伪托，则言马伏波死后子孙留家可矣，又何必言绕道自豫章来徙乎？

此言材料之可信者也。其有不可信者，本文不采之。例如：

> 巴陵王江刘氏"刘之先长沙定王以汉懿亲而食南国，……定王之祐纪于南国，而诸刘之盛因之，岂不以天哉。"⑤

---

① 《陶文毅公集》卷三十八《田头萧氏族谱序》。
② 《陶文毅公集》卷三十八《小淹杨氏族谱序》。
③ 《道荣堂文集》卷四《马氏族谱序》。
④ 《后汉书》卷五十四《马援传》。
⑤ 《桦湖文集》卷三《王江刘氏族谱序》。

词意含糊,因托始于汉懿亲之食采南国,是不可信也。

> 城步颖国公杨氏"其先日章,华阴人。章十一世孙曰震,字伯起,汉太尉。震三十世孙曰幼言。幼言曾孙曰居忠,自淮南徙溆州。生再思,再思因唐李之乱,据有溪峒,附于马楚。楚武穆王为之请命于梁。梁开平四年,命再思为诚州刺史,加授尚书左仆射。……"①

杨氏为西南溪峒著姓,散在靖州、通道、绥宁、城步、新宁一带。五代以至于宋初,杨氏据靖州四县之地,号日溪峒诚徽州。统二十二州峒,皆以杨氏作之刺史。宋神宗熙宁时始纳土置郡县。② 其后哲宗元祐中犹有杨晟台之乱,③明英宗正统中犹有新宁蛮杨文伯之乱。④ 至今此诸地溪峒犹多杨姓,数以万计。⑤ 是杨氏之为苗蛮民族也可知,而此处托始于汉太尉杨震,荒谬难稽,断乎不可信也。

本篇所列湖南族姓总计约有七八百之多,势不能一一加以细考。今兹姑以作者观察所及,凡有所辨论考证者,皆附注于正文或表格之下,疏漏在所难免焉。

或问,方志中有人物传,有流寓传,此非亦是移民史之史料乎?今作者宁广采诸家文集中之族谱序、墓志铭等散篇文字,而反不采此种较为现成之材料者,固何为耶? 对曰,是有故,盖以流寓传之大部分虽貌似史料,而实际并非真史料,流寓传之一部分与夫人物传之载明族姓自来者,虽确为史料而非今日所宜用,且其价值亦远

---

① 《宝庆府志》氏族表列爵。
② 《宋史》卷四九四《诚徽州传》。
③ 《宋史》卷四九四《诚徽州传》。
④ 光绪十一年《湖南通志》八十三引《明史》。按《明史》本纪未见。盖据列传。不知何传,俟考。
⑤ 《武冈州乡土志·徭种志》、《靖州乡土志·志人类》、《宝庆府志》卷九《疆里表》一村团

不若氏族志、族谱序等之足重。

（一）流寓传所载，或为短期之寄寓，三五年而他去，或仅游历经境，作片刻之羁留。以其为名人也，故史志备载之，然与移民果何关？故曰，虽貌似史料而实际并非真史料也，此种记载，自根本不能采用。

（二）流寓传所载，亦有因流寓而终其身于斯地者；一百篇人物传中，亦或有一二篇载明其族姓所从来者。然流寓之终其身于斯地者，未必及长子孙。人物之明其世系自来者，每皆近在一二世之内。是此种史料所表示者，其关系仅止于一时而已。其人在宋，不能知其后裔之是否能传及于元。其人在元，不能知其后裔之是否能传及于明，故曰虽为史料，而非今日所宜用也。且氏族志、表、谱牒序等文字，列载一姓之世系自来，此其姓必已成族于斯地也。而流寓传人物传所载，则其关系仅止一身一家而已，故曰，其为史料之价值，亦远不若氏族志、族谱序等之足重也，此种记载，非根本不能采用，本篇为舍远取近，舍轻取重起见，既已采氏族志、族谱序等较为美善之材料，故暂置此种于缓用。

附根据书目

道光《宝庆府志》　清新化邓显鹤撰　道光二十九年刊本

《湘阴县图志》　清湘阴郭嵩焘撰　光绪六年刊本

《靖州乡土志》　清秀水金蓉镜纂　光绪三十四年刊本

《邵阳县乡土志》　清邵阳姚炳奎纂　光绪三十三年刊本

《武冈州乡土志》　清武冈张德昌纂　光绪三十四年刊本

《湖南文征》　清湘潭罗汝怀辑　同治十年刊本

《怀麓堂集》　明茶陵李东阳著　乾隆壬午刊本

《薑斋文集》《王船山先生遗集》第四十六　明衡阳王夫之著

同治四年湘乡曾氏刊本

《道荣堂文集》 清湘潭陈鹏年著 乾隆壬午诗文集本

《知耻斋文集》 清湘乡谢振定著 道光十二年重刊本

《陶园全集》 清湘潭张九镇著 道光癸卯重刊本

《岣嵝集》 清衡山旷敏本著 乾隆四十年刊本

《陶荩江集》 清安化陶必铨著 嘉庆丙子刊本

《墨香阁集》 清茶陵彭维新著 道光二年家刊本

《陶文毅公全集》 清安化陶澍著 道光淮北士民公刊本

《秋声馆遗集》 清湘潭欧阳勋著 咸丰八年刊本

《李文恭公全集》 清湘阴李星沅著 同治诗文集本

《守默斋杂著》 清善化何应祺著 同治辛未刊本

《寒香馆文钞》 清善化贺熙龄著

《胡文忠公全集》 清益阳胡林翼著

《曾文正公文集》《全集》第七 清湘乡曾国藩著 光绪二年刊本

《天岳山馆文钞》 清平江李元度著 光绪六年刊本

《绿漪草堂全集》 清湘潭罗汝怀著 光绪九年家刊本

《思益堂集》 清长沙周寿昌著 光绪十四年刊本

《罗罗山文集》 清湘乡罗泽南著 民国甲子上海会文书局诗文集石印本

《柈湖文集》 清巴陵吴敏树著 光绪癸巳刊本

《虚受堂文集》 清长沙王先谦著 光绪庚子刊本

《湘绮楼文集》 清长沙王闿运著 光绪庚子全集本

《谭浏阳全集》 清浏阳谭嗣同著 民国上海文明书局排印本

（原载《方志月刊》第六卷第九期，1933 年 9 月）

近代湖南人中之蛮族血统

汉民族自古以来,只以文化之异同辨夷夏,不以血统之差别歧视他族。凡他族之与华夏杂居者,但须习我衣冠,沐我文教,即不复以异族视之,久而其人遂亦不自知其为异族矣。故汉民族同化异族之能力,极其伟大;其血统在世界各民族中,最为复杂。

历史上异族之与汉族发生同化作用者,以来自北方者为著。盖北方民族之武力特盛,往往能入据中原,创建朝代,垂数十百年之久,其人既具有新兴民族之朝气,又处于战胜者之优势地位,用能建功立业,多所表见,史册煌煌,载甚纂详。北方民族之移入中原者,自以卜居于北部者居大多数,故自来言民族史者皆知今日中国北部人口中,富有鲜卑、突厥、回纥、契丹、女真、满洲等族之血液。以此为据,或又引而伸之,遂谓中国人血液愈北愈杂,愈南愈纯粹,其说颇为一般人所崇信。殊不知按之史实,则北方人中固多东胡、北狄人之血液,南方人中,亦不少蛮族之血液,北方人之血液固极复杂,南方人之血液,亦不得谓为纯粹,流俗之见,可谓知其一而不知其二者也。

北方之异族为客,多以武力入主中原,故其来踪去迹,较为显而易见;南方之异族为主,多为汉族政权所统治,故其混合同化之迹,隐晦难寻。自来治西南民族史者,未必人人皆抱优胜劣败、蛮种日就灭亡之谬见,然而终不肯明言蛮族之已并合于汉族者,亦以苦于史籍所载之不足以证成其说耳。无论史籍上关于此类事实之记载，在北为习见不鲜①，在南为绝无仅有。即以私家谱牒而言，北族也往往肯自认出于夷狄②，于内迁之由来，通婚之经过，历历可按。南方之蛮族，则当其始进于文明，自无谱牒一类之记载，迨夫知书习礼，门第既盛，方有事于谱牒，则或已数典而忘祖，或欲讳其所从出，不得已乃以远祖托名于往代伟人，臆造其徙移经过。易世而后，其讹误遂至于莫可追究，民族混合之迹，荡焉无遗。又如以姓氏推定族系由来一法，在北方亦为人所常用，在南方则扞格难行。盖北方民族之姓氏与汉姓截然有别，读史者见拓跋、长孙、尉迟、宇文，即可知其为鲜卑，见耶律；即可知其为契丹；见完颜、石抹，即可知其为女真；此诸姓不特显扬于北魏、辽、金当世，并能著迹于国亡百年之后，故鲜卑诸族血统之常存于中土，亦昭然若揭焉。而南方民族则不然。南方民族之语言与汉语同为单音系统，以是其姓氏亦属单音，以单音之姓氏，译为汉字，结果除极少数外，自与汉姓完全无异。汉族有张、王、刘、李、赵，蛮族亦有张、王、刘、李、赵，人但知其为张、王、刘、李、赵，设非语言习俗有异，乌可得而知其是否汉族耶！

史籍既无记载，谱牒又曲讳而掩饰，姓氏又不足以辨族系，然则吾侪欲于今日一般南方人中，踪寻业经汉化之蛮族遗裔，欲于久已混合之民族血统中，探索蛮族之因子，得非为不可能乎？是亦不然，要在吾侪能善用史料耳。史籍无明白记载，可以侧面以推测之；谱牒而有讳饰之嫌，可因其伪而求其真；姓氏本身虽无从辨别

---

① 如唐代、明初，多北族人显功业于中土，《唐书》、《明史》皆明载其族系之由来。
② 作者曩读河北省各府县志，见其中即多有此类记载，惜当时未予摘录。就一时记忆所及，则如永清之贾氏乃金后，新河之脱氏乃元后。

民族,然但须区以地域、证以古今望族、蛮酋姓氏之因缘迁变,则蛛丝马迹,未始无线索可寻也。三者之中,尤以姓氏一端最富于普遍性,其应用之范围最广。兹篇所述,即为以此种方法研究而得之结果。其他史料有可作旁证者,间亦附见焉。

湖南自战国时虽已有中原人生息其间①,然其时蛮多汉少,蛮族所受华夏文化之影响盖极微,故西汉一代,无蛮事之记载。汉末王莽之乱,中原人士,始大举移殖荆湘②,至东汉时而蛮汉间冲突迭生,“蛮乱”时闻矣。其时接触既繁,蛮族中一部分人口,当已颇染汉化。范书《南蛮传》记东汉一代蛮乱,多有以五里六亭善蛮讨平者,此所谓“五里六亭善蛮”者,盖即后世所谓“熟徭”、“熟苗”也。各蛮族皆有“生”、“熟”之分,而“生”、“熟”之分,初无种族上之根本不同,不过因其汉化程度之深浅,予以区别而已。故生熟随时代而推移,其始为生,既而进于熟,熟之斯极,遂变而为“汉”矣。是则东汉时之熟蛮,迟至魏、晋、六朝时,当已尽变为汉,惜今所传魏、晋、六朝载籍之涉及湖南人与事者极少,故莫可得而考。自汉而后,迄于隋唐,湖南境内之“省地”日拓,蛮疆日缩,汉族政权之势力愈益深入,蛮族之汉化程度亦愈益增高。迨至唐末,中原方疲于内争,自无力以统制边疆,一时蛮中酋豪渠帅,遂纷纷崛起,斥逐官吏,割据郡县,小者称雄峒寨,大者率仿中朝制度,自署为知州刺史,叙置属吏。朝廷因其成局,往往假于符命,于是湘西一带归于土司统治者,垂数百年。宋熙宁、崇宁间,新党用事,开疆拓土之议兴,章惇辈数用兵以征不服,而南江诚、徽、梅山诸蛮,遂复为王土;独北江因仍未革,历元明二代,至清雍正间始改土归流。湘南衡、

---

① 说见拙作《中国内地移民史·湖南篇》上篇(即本书所载《湖南人由来考》)。
② 见本书所载《湖南人由来考》。

永、郴、桂一带,虽无建州立郡传世久远之土司,然自宋庆历以来,变乱迭兴,至清道光问犹然。每一乱定,朝廷辄增置吏司,加意抚治,故州县之名号虽多因旧,而昔之溪峒,今日率成省地。唐末以来史载蛮事渐繁,《宋史·西南溪峒诸蛮传》尤为详赡,蛮中豪帅姓氏,多所著录。今试以唐宋时各地之蛮族大姓与各当地明清以来之著姓对比,其中多有相合者;而同为一地之蛮姓,以著称于唐宋时者与著称于明清时者相较,则转多不同。此其故可熟思而得也。盖蛮姓之著录于史与否,无论为朝廷之顺民或叛逆,皆可为已否与汉族发生相当接触之征,故其著录于唐宋时者,更历数世,至明清而大率已变为汉;其著录于明清时者,在唐宋时当犹辟处于深山穷谷间,与汉族极少接触者也。① 准此以观,则唐宋时逼处蛮疆之汉,其中必有一部分为著称于魏、晋、六朝时之蛮,而明清以来著称之蛮,又当为异日之汉也。特以史料关系,吾侪今日所可得而考者,仅为此种不断之蜕变过程中间之一段——即唐宋之蛮变为近代之汉——已耳。②

兹请先就近代湖南氏族中秉有蛮族血统者,举其彰彰显著者,一一敷陈如下:

向氏 向氏为湖南蛮姓中之最早见于记载者。后汉建武二十三年,武陵蛮精夫③相单程作乱④,相氏疑即向氏,相、向同音,一

---

① 此指大体而言。亦有族类极繁者,则虽为一姓,其各部分同化时代,往往先后相去颇远。详见下文。
② 此亦指大体而言。实则近代湖南人中亦有汉晋及明清时之蛮族后裔可寻,惟远不及唐宋之多耳。
③ 蛮中名渠帅曰精夫。
④ 《后汉书·南蛮传》。

姓而异译也。相单程之乱，武威将军刘尚发诸郡兵万余人溯沅水入武溪①击之，一军悉没。明年春，单程下攻临沅②。又明年，伏波将军马援击破之，援旋即病卒于军，谒者宗均抚降之。此役为湖南蛮汉冲突之第一声，而相氏实为其魁帅。其根据地在沅水中游，即今武陵西南之辰、沅一带也。唐宋以来，向氏遍处于资、沅、澧三水之间。唐乾符六年石门蛮向环陷澧州③，历三十余年至梁乾化二年降于马楚④。宋靖康以来，"盗贼"盘踞澧州所属，独慈利县向思胜等五人素号溪峒归明，能保境安民⑤。元顺帝至正十四年，澧州峒酋向思永兵劫石门县⑥，此向氏之见于澧域者也。石晋天福中溪州彭士愁为刘勍所破，遣诸蛮酋长向存祐等纳款于勍⑦。宋熙宁中招纳誓下州⑧峒蛮向永胜，以其地归版籍⑨，此向氏之见于酉（沅水支流）、澧之间，即宋世北江之地者也。宋世辰州所属蛮司分南北江，北江即州北唐溪州之地，南江则州西南沅水南北，北包武溪，南逾沅水，唐锦、奖、叙三州之地⑩。南江溪峒凡十六州，曰富、曰鹤、曰保顺、曰天赐、曰古，则向氏居之。富州故城在今麻阳县东北⑪，在南江诸州中最号富强，其酋通汉，光宪、光普、行猛、

---

① 五溪之一，在今泸溪、乾县。
② 令武陵县西。
③ 《唐书·僖宗纪》。《五代史·雷满传》但作澧阳人，然《唐书·邓处讷传》亦作石门峒酋。
④ 《五代史·楚世家》。
⑤ 《宋史》卷四九三《西南溪峒诸蛮传》。
⑥ 光绪《湖南通志》苗防三引《澧州志林》。
⑦ 《九国志》卷一一《彭师暠传》。
⑧ 清永顺府一带，详见彭氏条。
⑨ 《宋史》卷四九三《西南溪峒诸蛮传》。
⑩ 大致如此，其详不可得而考。《宋史·溪峒传》曰：南江诸蛮自辰州达于长沙、邵阳。北江当并有湖北旧施南府之地，南江当并有贵州旧黎平府之地。
⑪ 《太平寰宇记》江南道。

永丰、永晤皆受朝命知州事①。熙宁中章惇经制南北江,六年,光晤献先朝所赐剑及印来归顺,余州以次降②,此向氏之见于沅域者也。宋初梅山峒③有舒、向二族,后苏氏居之,数侵夺舒、向二族地④,此向氏之见于资域者也。

除北江一带之桑植上下峒、驴迟峒三土司,传袭至清雍正年间始尽革除外⑤,其余澧、沅一带之向氏,自熙宁以来,盖已渐次汉化,安于耕读,隶于编户。故明清两代蛮中酋豪遂不复以向氏称,而言湘西北显姓望族者,向氏必屈一指焉。据《湖南通志·选举表》⑥,向氏列名于科第者,以辰、沅、永三府为中心,西至乾州厅,北迄澧州、石门、慈利,南起靖州、绥宁、武冈、城步,东抵武陵、桃源、安化。(自安化以东,宁乡、长沙、湘阴、平江、巴陵、临湘、攸县、茶陵、衡山亦间有之。)其中尤以溆浦向氏为最盛。溆浦向氏在明代有举人二人,副榜二人,恩岁贡生二十二人,阖县中称第一族;清代有进士二人,举人七人,恩赐副榜一人,拔贡四人,恩岁贡二十四人,为全县第二族,仅次于舒氏。按溆浦介资、沅之间,东北接安化,东连新化,以地望测之,则溆浦之向氏,当即宋初卜居于安化、新化一带(即梅山十峒)者,其后为苏氏所侵夺,乃西迁于此也。次于溆浦者,为黔阳向氏,黔阳向氏之进于文明特早,在宋末宝祐年间,已有进士一人,时距熙宁之纳土,约一百八十年。在明

---

① 又有力通、贯升、光泽三人名见于史。
② 《宋史》卷四九三《西南溪峒诸蛮传》。
③ 详下文扶氏条。
④ 《宋史·梅山峒蛮传》。
⑤ 《湖南通志》苗防五附《土司考》引《永顺府志》。
⑥ 光绪十一年修刊本。此所谓清代仅指是年以前,下文同。凡述近代科举人物而不注出处者,悉据此志。

代有进士一人，举人三人①，岁贡十三人②，为全县第一族；清代有举人一人，拔贡一人，恩岁贡十四人③，为全县第二族，仅次于杨氏。黔阳，宋南江之地也。此外旧辰州府属之沅陵、辰溪、泸溪，旧沅州府属之芷江、麻阳，明清各有举贡若干人，惟为数不多。永顺一府清雍正七年改土归流新设，自乾隆中叶以来，向氏充贡者，阖府共得八人，道光而后，更有登乡榜者二人。乾州厅明镇溪军民千户所之上十里地，汉弁与土官并置，犹是羁縻之意；清康熙四十三年，始改土归流，裁所设厅④。自乾隆以来向氏充贡者，得三人。辰、沅、永三府及乾州，皆宋南北江之地也。澧州向氏较之辰、沅为后进，澧州、石门、慈利，清代并有获举贡者。此三州县与上述唐宋之蛮中向氏之地域，适相吻合。此外散在省境各方之向氏，武陵、桃源疑出自澧州一系；靖州、绥宁、武冈、城步，疑出自南江一系；自安化以东，则为后来自西部诸系移去者，中以平江为最盛。

舒氏　舒氏亦著称于宋世蛮中。南江、梅山一带，舒、向二族往往连称，惟不见于澧域。梅山之舒已见上述。南江诸州则曰叙、曰峡、曰中胜、曰元，并舒氏居之，其酋德郛（叙州）、德言、君强（元州）、光银（中胜州），皆受朝命。熙宁中，峡州舒光秀以刻制其众不附，六年，富州向氏既归顺，光银、光秀等亦相继降⑤。四州之

---

① 同治《黔阳县志》作五人。
② 《县志》作十五人。
③ 《县志》作十七人。
④ 同治《永绥厅志·建置》。
⑤ 《宋史·溪峒传》。

地,在今芷江及黔阳县境①,中以叙、峡二州为大②。

舒氏与向氏情况极相仿佛,不特在蛮中为然,即汉化而后亦然。向氏以溆浦为盛,舒氏亦复如是。溆浦舒氏在明代有举人三人,恩岁贡八人,次于向、李而为全县第三族。在清代有进士一人,举人七人,副榜一人,恩赐举人二人,恩赐副榜一人,拔贡八人,恩岁贡二十九人,其盛况遂超出向氏之上,一跃而为全县第一族。黔阳向宠孙以宋末宝祐间成进士,而同县舒孟桂亦以宝祐四年登科,与文天祥同榜。惟黔阳向氏之盛仅次于溆浦,舒氏则明清二代合计仅副榜一人,贡生三人,犹不及沅州在明代有举人一人,贡生四人,武冈在清代有举人一人,拔贡一人,恩岁贡二人。舒氏分布所及之地域与向氏亦略同,而不及向氏之广,除上述数地外,计辰之辰溪,沅之麻阳、乾州,常之桃源,澧之石门及长沙、浏阳、邵阳皆有之③。

田氏 田氏蛮最早著于澧中:东汉元初二年,武陵澧中蛮田山、高少等攻杀长吏④。刘宋元嘉十八年,天门澧中蛮田向求等为寇⑤。自后不见于史。酉溪⑥田氏稍晚出,而传世最久。刘宋元徽中,有酉溪蛮王田头拟及其弟娄侯子都之乱⑦。宋建隆四年,前

---

① 叙、峡、中胜在黔阳县境,"元"一作"园",在芷江县境。可据《寰宇记》、《元丰九域志》、《舆地广记》、《宋史·地理志》参证得之。
② 《宋史·溪峒传》张翘之言。
③ 所谓有无,皆系指列名于方志选举表者而言,下文同。
④ 《后汉书·安帝纪》注引《东观记》。
⑤ 《宋书》卷九七《蛮夷传》。
⑥ 五溪之一,在旧永顺府及川鄂接壤之地,约当宋世所谓北江。
⑦ 《南齐书·豫章文献王嶷传》。

溪州刺史田洪赟归顺①。乾德四年,下溪州刺史田思迁来贡②。元明以来,田氏世袭施溶州、腊惹洞、田家洞三处土司,降至清雍正五年始纳土③。南江田氏在五季及宋世颇极一时之盛,与舒、向二族鼎足称雄,据有奖、锦、懿、晃四州。懿州则万盈、处崇、汉琼、汉希、汉能,奖州则处达,锦州则汉希、汉琼、保全,晃州则汉权,皆受朝命④。熙宁六年向、舒二氏先后降,独田氏有元猛者桀骜难制,惇遣左侍禁李资将轻兵往招谕,竟为所杀。惇进兵破懿州,南江州峒悉平。遂置沅州,以懿州新城为治所⑤,即今芷江县治也。其奖州则在今县治之西,锦州在今麻阳县西,晃州即今晃县之地。盖宋世南江三姓,向处东北,舒处东南,而田处其西,故其开化亦较迟于二姓。舒、向宋以后无闻,田氏则虽经纳土,仍世为溪峒土官。承平时颇赖以挟束苗蛮,若郡县力弱,往往引蛮作乱,侵陵省地。宋靖康多故,泸溪县无守御,徙治于沅陵之江口,蛮酋田仕罗等遂雄据其地⑥。淳熙中沅州仡伶为寇,遣归明官田思忠往招抚之⑦。元置五寨长官司,明置筸子坪长官司于故锦州之北鄙,并以田氏世官之⑧。其余辰、沅沿边土指挥、土守备等,田氏亦居其太半⑨。

---

① 《宋史·溪峒传》。洪赟名见于《九国志》作汫赟,天福中为彭氏部属,降于马楚。
② 《宋史·溪峒传》。洪赟名见于《九国志》作汫赟,天福中为彭氏部属,降于马楚。
③ 《湖南通志》苗防五《土司考》引《永顺府志》。
④ 此外又有五溪统军都指挥司田汉度。
⑤ 《宋史·溪峒传》。
⑥ 《宋史·溪峒传》淳熙七年前知辰州章才邵言。
⑦ 《宋史·溪峒传》。
⑧ 道光《凤凰厅志》沿革附《废土司考》。
⑨ 参永绥、凤凰等志事记。

五寨、筸子坪二司,至清康熙四十六年始归裁革,改设凤凰厅①。

近代湖南田氏之列名于方志选举表者,以麻阳,凤凰为最盛,锦州蛮之后裔也。麻阳,明代有举人一人,恩岁贡二十二人,为全县第一族;清代有拔贡四人,恩岁贡十九人②,阖县中仅次于张、滕二氏,惟张氏恐非一族。凤凰,清代有恩岁贡二十人,嘉庆后有拔贡二人,道光后有举人二人,其中一人光绪初又成进士,为全县第一族。其余南江一带,芷江、黔阳、乾州、靖州、武冈皆有田氏列名科第,中以武冈较盛③。酉溪田氏之后裔,其盛况迥不及南江。永顺、龙山、永绥三厅县清代共有举人二人,贡生四人。辰州四县介南北江之间,除东边溆浦一县外,三县皆有田氏,中以沅陵、辰溪为盛④。澧中田氏蛮虽唐宋以来无闻,然其遗裔安土重迁,至今犹有宅居于故土者。澧州六邑除东端安乡一县外,五邑皆有田氏。中以石门、永定、澧州为盛⑤,石门即六朝时天门郡所在地也。近代湖南田氏除上述数地外,常德之武陵、桃源、沅江,岳州之平江、华容、临湘,长沙之善化、益阳、湘阴、湘乡、醴陵、攸县,永州之零陵、道州、宁远皆有之,惟田姓较为普通,其中能否有半数以上为蛮族后裔,在未知其迁徙从来以前,殊不敢臆测。

彭氏 宋世"北江蛮酋最大者曰彭氏,世有溪州,州有三,曰上、中、下溪,又有龙赐、天赐、忠顺、保静、感化、永顺州六,懿、安、

---

① 道光《凤凰厅志》沿革附《废土司考》。
② 据同治《县志》。《湖南通志》清恩岁贡仅九人,相差一倍以上,未识何故。
③ 明清举人各一,清贡生二。
④ 沅陵明举三人,清贡二人。辰溪明贡六人,清贡二人。
⑤ 澧,明贡六人,清进一人,举一人,拔一人,贡一人。永,清副一人,贡十二人。石,明贡二,清拔一,贡十。据同治《直隶州志》。

远、新、给、富、来、宁、南、顺、高州十一，总二十州皆置刺史，而以下溪兼都誓主，十九州皆隶焉，谓之誓下州。"①唐溪州旧治在今龙山县东南，五代马楚徙治于今永顺县东南，宋咸平后广立诸州，因号旧治曰上溪州，新治曰下溪州。永顺、保静即今县所因。其余诸州，大抵皆在清永顺府境西北，逾省界有鄂之来凤、川之酉阳等县地。北江二十州不尽为彭氏所有，然彭氏世袭下溪州刺史，实为二十州盟主，其威力足以侵陵并号令诸州②。其酋豪之见于史载者：唐末有溪州刺史士愁，昆弟强，能诱胁诸蛮，锦、奖诸州皆归之，统兵万余人，数寇澧、朗、辰边境，石晋天福中，为楚将刘勍所破，降于马氏。其子师暠入质长沙，历事希广、希萼，官至强弩指挥使，领辰州刺史，后随希萼归江南，卒于金陵③。宋初有知溪州允林、师皎，④其后允殊、文勇、儒猛、仕端、仕义、师晏相继为下溪州刺史，又有上溪州刺史文庆、师宝，忠顺州刺史文绾，知龙赐州师党等⑤。熙宁六年章惇经制南北江，誓下州峒蛮彭德儒等先以其地归版籍；九年，师晏遂降。朝廷以其地隶辰州，列置寨戍，令出租赋如汉民。元丰以后，有彭仕诚者复为都誓主，复立保顺、永顺、渭、龙赐、蓝、吉等州，并以彭氏知州事⑥。自是而后，北江弃于羁縻者更数百年。明以其地分属永顺、保靖二宣慰司⑦，至清雍正四、五年始先

---

① 《宋史·溪峒传》。

② 同上：彭仕羲尝杀誓下十三州将，夺其符印，并有其地，贡奉赐与悉专之。旋以大兵临之，仕羲乃陈本无反状，愿以二十州旧地复贡奉内属。

③ 参《五代史·楚世家》、《通鉴》卷二八二、《九国志·彭师暠传》。士愁，《五代史》作士然，《九国志》作士愁，此从《通鉴》。

④ 其时犹仍唐制但为溪州，未分诸州。

⑤ 乾德中又有溪州团练使允足、溪州义军都指挥使允贤，天禧中又有儒猛之子仕汉、儒霸、儒聪，天圣中又有文绾之子儒索，熙宁中又有师晏之兄师彩。

⑥ 《宋史·溪峒传》。暠降年见《本纪》。

⑦ 又有隶于湖北施州卫宣慰司者。

后改土归流,立永顺、保靖、龙山三县,置永顺府以辖之①。

永、保二司虽至清代始归版图,然彭氏之读书习礼,接受汉族文化,实远在其前。明成化中许土官子弟入附近儒学②。弘治十六年定制,以后土官应袭子弟悉令入学,如不入学,不准承袭③。正德初永顺彭明辅以辰州府学生嗣宣慰使,从征十余次,颇以礼法自守,诸峒翕然向慕④。足征明代强迫土官子弟入学,在永、保已颇收相当效果。迨夫改流立学,则向之翕然向慕于礼法者,自必能迅即列名于庠序矣。清自乾隆二十五年而后,永顺一府彭氏有岁贡五人⑤,永顺有拔贡六人,保靖有拔贡一人,光绪初又有中乡榜者一人。

蛮中之彭氏限于永、保,而近代湖南之彭氏则几遍及于全省。按近代湖南汉族大抵宋明时迁自江右,而彭氏世为江右著姓;永、保之彭既迟至清初犹为土官,自不荣有外徙之举,则永、保而外,近代湖南之彭氏,与蛮族当绝无关系也。

覃氏 覃氏蛮东汉时著于溇、澧之间:建初三年,溇中蛮覃儿健等反。永元四年,溇中、澧中蛮覃戎等反⑥。唐宋时著于五溪:唐开元十二年,五溪首领覃行章乱⑦。石晋天福中,溪州彭士愁为刘勍所破,遣诸蛮酋长覃行方等纳款于勍⑧。宋熙宁中,章惇经制

---

① 《湖南通志》苗防五引《土司考》。
② 《明史》卷六九《选举志》。
③ 《明史》卷三一《土司保靖传》。
④ 《天下郡国利病书》卷七七《湖广》六。
⑤ 同治《桑植县志》彭氏恩岁贡六人,此作五人,颇疑此志有脱漏,实数或数倍于此。
⑥ 《后汉书·南蛮传》。
⑦ 《唐书·宦者杨思勖传》。
⑧ 《九国志·彭师暠传》。

南北江,招纳誓下州峒蛮覃文猛、覃彦霸,各以其地归版籍。元丰八年,辰州江外"生蛮"覃仕稳等愿内附。元祐三年,罗家蛮寇钞,诏都誓主彭仕诚及都头覃文懿等,至辰州约束之。崇宁中辰州覃都管骂,纳土输贡赋①。元明以来复著于溇、澧间:慈利之茅冈司,石门之添平所,并以覃氏世袭长官千户,降至清雍正十二三年始先后纳土②。明洪武三年有慈利土官覃垕之乱③,清康熙八年又有茅冈覃应昌之乱④。

溇、澧之间蛮中虽在东汉与明清时并有覃氏,然二者时代既相隔如是之久,显然不能属于同一系统。覃儿健、覃戎一系之后裔,盖已久经汉化。至元明以来世官茅冈、添平一系,其起而与汉族发生接触,当犹在向氏、田氏之后。不然则自魏晋以至于唐宋,中间千有余年,覃氏不容不一见于史也。故近代澧州一带之列名于选举表者,其中极大部分,疑当为东汉时溇中蛮之后裔;惟茅冈等土司既废于雍正时,则乾嘉而后,二系之人,亦未始不能并跻于衣冠儒雅之列也。澧州覃氏以石门为最盛,计明代有恩岁贡三人,清代有进士一人,举人二人,副榜一人,拔贡二人,贡生三人⑤。以人数论虽不及同邑张、陈、王、杨、田五姓,然除田氏外,四姓恐皆非一族,且四姓无进士,田则并无举人,是覃氏实为全邑斯文之首族。除石门外,永定、澧州亦有覃氏,永定较盛⑥。又永顺府属之桑植亦有覃氏,按桑植实有故安福所之地,安福旧与添平并隶九溪卫,

① 《宋史·溪峒传》。
② 《湖南通志》苗防五《土司考》引《澧州志林》。
③ 《明史》本纪、邓愈传。
④ 《慈利县志》事记。
⑤ 同治《澧州直隶州志》。
⑥ 明举人一人,清拔贡一人,恩岁贡三人。

因疑桑植之覃即安福之覃,与添平之覃当同属一系也。又常德府属四县皆有覃氏,武陵、龙阳为盛,①当系东汉时溇中蛮后裔之南徙者。五溪覃氏后裔之著闻者,曰沅陵、曰辰溪、曰黔阳,惟盛况远不及溇中。此外全省惟宝庆、靖州二属,清代亦有覃氏。

符氏扶氏　符、扶为一姓之异译。符一作苻,惟近代湖南人中有符无苻。符氏五代宋初为叙州及梅山蛮长。后汉乾祐中,朗州马希萼诱辰、叙州及梅山蛮共击破长沙,府库累世之积,皆为叙州蛮酋符彦通所掠,彦通由是富强,称王溪峒间,刘言、王逵皆畏忌之。其后彦通去王号归于王逵,逵承制以为黔中节度使②。梅山,汉益阳县南鄙地,三国吴置高平县,梁以后省,隋唐为蛮僚所据③。自唐末光启以来,数寇潭、邵二州④。宋太平兴国二年,其左甲首领符汉阳⑤、右甲首领顿汉凌,寇掠边界。嘉祐末,知益阳县张颉收捕其头目符三等⑥。熙宁五年,乃以湖南转运副使蔡煜经制招抚,率兵由宁乡大沩山而入,使人因浮屠往谕其酋扶氏,遂解发稽首降,传檄而定。析其地为二:以下梅山置安化县,上梅山置新化县。自是鼎、澧可以南至邵,潭、邵间不复有夷僚之患⑦。

叙州蛮一系,其后裔今皆作符氏,沅州府属三邑并有之,而不

---

① 武,明举二,贡一人,清拔贡一人。龙,明举一人,贡一人。
② 《通鉴》卷一九一、一九二。一九一作苻彦通,一九二作符彦通。
③ 《大清一统志》。
④ 《唐书·邓处讷传》、《通鉴》、《宋史·梅山峒传》。
⑤ 《宋史·梅山峒传》作苞汉阳,《翟守素传》作包汉阳,由符误苞,复由苞误包也。惟《田绍斌传》作符汉阳不误。《通志》兵事二引《旧志》作汉阳人扶氏,扶即符,汉阳人则汉阳之误。
⑥ 《宋史·梅山峒传》。
⑦ 《宋史·梅山峒传》、同治《新化县志》政典二引刘挚《蔡煜墓志》,《湖南通志》杂志二引吴致尧《开远桥记》。

甚显著①。梅山蛮一系,今或作扶氏,著于新化、酃县、桂东;或作符氏,著于益阳、宁乡,北由龙阳延及永定,慈利、永顺。新化与酃、桂相去极远,第扶为希姓,理应同出一源,惜中间迁徙之迹未能得其谱牒以证实之耳。酃县扶氏最盛,明代有恩岁贡十六人,清代有举人一人,贡生一人,桂东次之,明清二代共有恩岁贡十人。新化虽为扶氏本土,反不及外徙者,仅清代有拔贡一人,恩岁贡二人。新化全邑凡一百二十七村,中有三村以扶氏为大姓②,益阳、宁乡旧皆与梅山接壤,而益阳特盛,明清二代共有进士一人,举人三人,贡生五人。其北邻龙阳,亦有举人一人,贡生二人。

苏氏 梅山旧号称十峒③,其酋长当非止一人。宋太平兴国后有苏方者入居之,数侵夺舒、向二族④。自后遂与扶氏并雄于十峒间,熙宁时峒主苏甘等相偕纳土归顺⑤。

近代湖南苏氏散处于长、岳、常、宝、衡、永、澧、桂、靖诸属,并无一显著之集中地点。名登选举表者,除绥宁一县有贡生十八人外,其余每邑率不过数人。其中有几分之几当属梅山苏氏之后,殊无从推断。惟新化之苏,本县县志亦自承为蛮裔,自无可疑议。新化各村以苏氏为大姓者,计有六村;清代有举人二人,拔贡二人,岁贡一人⑥。益阳、邵阳、武陵密迩梅山,绥宁相去亦不远,其苏氏为

---

① 芷江清贡一人,沅州府学清贡一人,据《湖南通志》。黔阳明贡一人,据同治《县志》。麻阳明荐举一人,据同治《县志》。
② 同治《县志》。
③ 《唐书·邓处讷传》。
④ 《宋史·梅山峒传》。
⑤ 同治《新化县志》政典引旧《县志》,《湖南通志》杂志二引《宝庆府志》,邓显鹤《楚宝增集·书〈蔡煜传〉后》,并作如是云。苏甘名见《县志》引《东坡文集》。
⑥ 同治《县志》。

蛮族后裔之可能性亦多。

杨氏 后汉元初三年,零陵蛮羊孙、陈汤等抄掠百姓①,羊氏颇疑即后世之杨氏。杨氏唐末以来繁衍于省境西南隅"溪峒诚、徽州"②一带。五季时飞山③有承磊者,附于叙州蛮潘全盛,为楚将吕师周所杀。既擒全盛,承磊族人再思以其地附于楚④。旋复自署为诚州刺史,以其族姓散掌州峒,号十峒首领,值天下乱,再思能保据一方,著威惠⑤。没后民怀思之,至今庙祀不绝⑥。宋太平兴国四年,首领杨蕴始内附。其后通宝、政岩⑦、政岩子通盟,相继

① 《后汉书·南蛮传》。

② 名见《宋史·诚徽州传》,今靖州、通道、绥宁、城步、新宁一带。

③ 峒名,在今靖州界内。

④ 《湖南通志》苗防二引《通鉴》,查《通鉴》未见此条,《明一统志》靖州马王城条亦作如是云,当别有所据,待查。再思原作再兴,按再兴南宋时人,其为再思之误可无疑。

⑤ 再思事迹不见正史,靖州及各属邑志据杨氏谱牒及当地碑碣载之,其言不尽可信,然再思确有其人,著有威德,当无可疑。其地在唐为溪峒诚州,再思既雄长诸峒,则《志》云为诚州刺史,亦属可信。光绪《靖州乡土志》引胡长新《杨再思墓志》称:再思唐昭宗朝由淮南丞迁辰州长史,结营靖州飞山,与李克用同受昭宗绢诏征兵,道长梗阻。众奉为诚州刺史,威名日著,称令公焉。奉唐正朔。卒于后周显德四年。宋开宝中追封英惠侯。子十二,受土分镇滇黔。按梁乾化元年吕师周擒潘全盛于飞山,明见史载,则是前诚州不容为杨氏所有。受昭宗绢诏奉唐正朔之说,尤悠谬难稽,不足信也。光绪《靖州直隶州志·政绩》,置再思于五代末宋初,大致不误。族姓云云二句,据《宋史·诚徽州传》。

⑥ 《湖南通志》卷七六、七七《祠庙》三、四:绥宁、会同、通道并有飞山庙,云祀宋杨再思,城步飞山庙云祀宋杨业,以当地民间称再思为令公而混淆也。在靖州者曰威远侯庙,云祠宋刺史杨再思。据《乡土志》又有飞山宫、渠阳庙,并祀再思。据《直隶州志》州西卜五里有再思墓。

⑦ 据《靖州乡土志》引龙极亨《二侯祠记》,政岩系再思之子,通宝系政岩之子,但《宋史》通宝在前政岩在后。

受朝命知诚州事①；通汉及其子光倩，知徽州事②。熙宁八年有光富者，率其族姓二十三州峒昌运、晟情等归附。继有昌衔者，亦愿罢进奉、出租赋为汉民。明年，诚州刺史光僭亦降，于是十峒悉为王土。元祐二年，诚州有杨晟台者乘间起而作乱，朝廷方务省事，遂复以其地予蛮。旋以故隶沅州之渠阳为诚州，命光僭之子昌达及昌等同知州事③。崇宁元年，知徽州杨光衔光附④。二年，知荆南舒亶承蔡京命开复诚州，其酋晟臻等二千余人并纳土；改诚州为靖州，徽州为莳竹县⑤。莳竹，即今绥宁县境也。既而靖州西道杨再立亦纳土输贡赋。⑥ 诚、徽州虽经收入版图，然杨氏族类极繁，实未尽隶编户。南宋初杨氏犹为靖州、绥宁等处溪峒首领，迭求入贡⑦。明洪武四年，绥宁有大寨杨之叛⑧。其在东偏者，归化尤晚，以新宁、城步为著。新宁旧隶武冈，自绍兴中有徭人杨再兴⑨及其子正修、正拱之乱，降而复叛，历二十余年始擒斩之⑩，因其旧地置县，抚治徭民。至明正统十四年又有苗酋杨文伯之乱⑪。城

---

① 《宋史·诚徽州传》。

② 《宋史·本纪》庆历元年、《溪峒传》。

③ 《宋史·诚徽州传》。

④⑤ 《宋史·本纪》。晟臻一句《湖南通志》苗防二引《宋史·本纪》，查《本纪》实无，不知何据。晟臻之名并见于各州县志。

⑥ 《宋史·溪峒传》。

⑦ 《宋史·溪峒传》，绍兴十年、十四年。

⑧ 《靖州志·事纪》。

⑨ 《宋史》有二杨再兴，一为曹成将，降于岳飞，绍兴十年战死小商桥，英名彪炳，《宋史》有传。《宋史》不著何许人，据《新宁县志》则为县之盆溪里人，至今有杨统制祠堂，确凿可据。此杨再兴亦新宁人，亦著于绍兴中，旧志往往误以为一人者。不知飞将绍兴十年已死，此夫夷洞主则至二十四年始被杀，岂得为一人之改节乎？

⑩ 《宋史·溪峒传》绍兴二十四年，《本纪》绍兴十五年、二十四年。

⑪ 康熙《新宁县志》沿革，艺文《筑城记》作景泰初，乱起正统，而定于景泰初也。

步于元末有赤水土官杨完者者,原名通贯,能以兵法部勒其众,受行省之招,先后克复湖广、江浙,屡败张士诚兵,仕至江浙行省左丞。已而行省丞相达识帖睦迩忌其专,设计诱破其军,完者及其弟伯颜皆自杀。追赠谭国公,谥忠武,伯颜卫国公,谥忠烈①。至明代,先后有杨状子②、杨昌富③、杨盛松④之乱,清乾隆五年又有莫宜峒苗杨清保之乱⑤。至今西起靖州东抵新宁一带,溪峒中犹多杨姓。⑥

诚、徽州杨氏在宋世有北迁于辰、沅者。淳熙六年,卢阳西据僚杨添朝寇边,卢阳即今芷江。七年,前知辰州章才邵言,沅陵之浦口顷为徭、僚侵掠,民皆转徙,而田野荒秽,守猝无远虑,乃以其田给靖州仡伶杨姓者俾佃作,杨氏专其地将二十年⑦。仡伶一作"仡佬",即"僚"之音转。其时辰、沅蛮族不一,而仡伶最著,杨氏实其渠帅也。明以后目杨氏为苗,洪武三十年,有卢溪县苗长杨二赴京师奏准轻赋⑧。至今湘西苗中犹有杨氏⑨。

杨氏族类至繁,因而其汉化时期,前后颇不一律。如上所述,

---

① 《新元史》卷二二一本传。同治《城步县志》据杨氏族谱称系出再思之第三子正修,正修分居赤水真良乡,宋太平兴国四年纳款内附,五年敕授正权等兄弟诰十一道,完者其裔也。同完者起兵卒谥忠烈者,乃其叔正仁。
② 《湖南通志》苗防三引《宝庆府志》永乐十二年。
③ 光绪《靖州志·戎功纪》天顺四年。
④ 同治《城步县志·兵纪》嘉靖十四年。
⑤ 同上《兵纪》。
⑥ 《靖州志》卷二苗寨,寨长三十七人,中有七人杨姓。《武冈州乡土志·徭种志》菲溪徭里大姓十六,杨居其一。光绪《新宁志》卷三云,今之苗民尚多杨姓。同治《城步志》艺文《峒粮碑纪》呈禀人及首事人有杨氏三人。
⑦ 《宋史·溪峒传》。
⑧ 《湖南通志》苗防三引明侯加地《边哨考》。
⑨ 同治《永绥厅志·剿抚考》,清代镇篁苗乱,其酋除石、龙、吴、麻、廖外,间有杨、张等姓。

有至今仍为峒民，迄未同化者，然亦有在宋世已入登科录者。熙宁中诚州刺史杨光潜既降，乃为其子曰俨请于其侧建学舍求名士教子孙，诏潭州长史朴成为徽、诚等州教授①，遂开此邦文教之先河。其孙晟，政和间以岁贡入太学，登会选，曾孙立中，绍兴中继擢甲第②。向之蛮夷豪族，曾几何时，竟成诗礼名家。南宋时靖州特置新民学以教养溪峒归明子弟③，其中就学者，自以杨氏为多；故靖州之杨开化特早。陶冶既久，降至明清而掇科第、历仕宦者遂不绝于途，靖州四属，杨氏并为甲族，族望之盛，湘西南无出其右者。计靖州，明代有举人二人，拔贡一人，恩岁贡生十四人；清代有拔贡一人，优贡一人，恩岁贡二十人④。绥宁，明代有进士一人，举人二人，恩岁贡十四人；清代有拔贡一人，恩岁贡十二人⑤。通道明代有举人一人，恩岁贡十八人；清代有副贡一人，拔贡二人，恩岁贡二十人⑥。三邑在明皆为第一族；在清皆为第二族，靖次于储氏，绥次于黄氏，通次于吴氏。会同，明代有恩岁贡十二人，次于梁、唐而为第三族；清代有举人二人，恩岁贡九人，次于梁、唐、林而为第四族⑦。城步之杨，自元末完者以武职起家，其苗裔尤多显贵。明颖国公杨洪正统间镇宣府，立功边陲，为一时名将最，史称乃六合

---

① 《宋史·诚徽州传》。

② 宋嘉定间钟兴撰《新书院记》，见《靖州直隶州志》艺文。

③ 《宋史·本纪》绍兴十四年。《靖州乡土志》载有新民学古迹。

④ 光绪《靖州直隶州志》。

⑤ 据《湖南通志》，以《州志》有清无明也。《州志》清代恩岁贡有十七人，仍不及黄氏。

⑥ 据《湖南通志》。明举人一人原作会同人，依《州志》考。《州志》清代拔贡四人，恩岁贡二十四人，仍不及吴氏。

⑦ 据《湖南通志》。《州志》清代恩岁贡十二人，同治《县志》清代恩岁贡十四人，与梁、唐、林相去仍远。

人①，据《县志》则实为县之大竹坪人，完者之后，谱名忠洪，至今治北杨氏世勋墓犹巍然存，确凿可据。弘、正间有分居荆州者，其三世孙逢时登万历丙子解元、壬辰进士。即居邑里者，郎官刺史，代不乏人云②。计明代有举人二人，恩岁贡八人；清代有举人三人，拔贡二人，恩岁贡二十二人，并为全县第一族③，且远在他族之上④。新宁之杨于诚、徽各邑中最为晚进，其盛况亦迥不相及。明代虽有举人四人，然贡生只二人；清代仅贡生一人。武冈邻接新宁、城步、绥宁，其杨氏亦当出自诚、徽，计明清二代各有举人二人，明贡一人，清贡六人。辰、沅及三厅杨氏之盛，转在新宁、武冈之上。泸溪、黔阳、芷江、凤凰四邑皆列第一二族，其他各县亦稍有之，独溆浦无。计泸溪明举二人，贡三十九人，第一族；清贡九人，第三族。黔阳明举二人，贡十六人，第二族；清举三人，拔四人，贡十一人，第一族。芷江明举一人，贡十五人，第二族；清举一人，拔二人，贡三人，仍第二族。⑤ 凤凰清举三人，贡十五人，第二族。麻阳、辰溪明代皆有举人，沅陵、永绥清代皆有举人，乾州、辰溪清代皆有拔贡，余不俱列。此外省境各县大抵皆有杨氏，长沙、常德、澧州所属较盛，未敢断言与蛮族有无关系。

上述诸氏，皆在唐宋时为蛮中酋豪显姓，而明清以来又为各该当地及其附近之望族。若谓今日之望族，皆系唐宋后自他方移来，

---

① 《明史》卷　七三本传。

② 同治《县志》人物。

③ 据《湖南通志》。同治《县志》明贡生作十人，清贡生作三十五人，当有例贡在内。

④ 城步僻陋，明清二代合计仅有举人三人，而杨得其二。各族贡生率不过四五人，清代至多不过十二人。

⑤ 次于张氏，然张氏恐非一族。

而适与当地往日之蛮姓相合，衡以古今天下事理，当无如是之巧。故吾侪固不得遽谓今日各该地此诸姓之每一个人皆系蛮裔，特至少其中有极大部分秉有蛮族血统，此则可以断言者也。

或颇以此说与诸家谱牒所载相左为疑。殊不知谱牒本不可轻信，而此诸姓之自言其所从出，尤属荒谬无稽，断不可信。有识者试稍一复按其说，实不难立验其伪。今考诸家假饰之词，大体不外乎二类：其一，为征蛮而来，事定卜居，或殁于王事，子孙留家，如麻阳之田①、会同之杨②是其例；其二，自承为土司之后，但谓土司系出汉祖，如永、保之彭，溆浦之舒、城步之杨是其例。前一说所称之始祖姓氏时代及其征蛮事迹，大抵可信，然必为土著而非客籍，而此土著，实为蛮族之已经归化者，亦非先时从他方移来之汉族也。饵"熟蛮"以利禄，使征"生蛮"，此为历代常用之政策，初无足奇，而后世子孙之所以奉此人为始祖者，亦以其前不过为蛮中一小民，至此而始致身通显，肇开阀阅耳。不然则何以征田氏蛮者适为田氏，征杨氏蛮者适为杨氏耶？其为事理所不可许，勿待辨也。至后一说则其事在他省或他姓虽非决无，特在湖南之彭、舒、杨，则可证其必伪，分别论列如下：

一、永、保彭氏谱称其先永顺有老蛮头吴著冲者，延江西吉水县彭氏助理，彭氏以私恩结人心，日渐强盛。至唐末彭瑊遂逐走著冲，据有其地；梁开平间归顺，署为溪州刺史。瑊没，子彦晞袭，彦晞即晋天福中率奖、锦诸蛮降于楚，名载于《五代史》之土愁也③。今按彭瑊名见《九国志》、《通鉴》，乃庐陵④土豪吉州刺史玕之弟。

---

① 同治《县志·宦绩传》田德明。
② 同治《县志·选举表》附入籍杨景五。
③ 同治《龙山县志·土司考》彭氏世系表。
④ 据吉州《彭氏谱》则实为吉水人，见《十国春秋补遗》引。

梁开平三年，吴兵下袁、吉，玕率宗族部曲奔于楚，楚王殷表玕为郴州刺史，为子希范娶其女①。是则彭氏为楚国戚；家世荣显，安有屈身为蛮头助理之理？且开平四年（开平之末一年）瑊犹在吉州，为吴将敖骈所围②，更焉得同时又分身为溪州酋帅，与吴著冲争雄长于蛮中乎？吉州之彭与溪州之彭既并著于一时，使其固为同宗，何以五季诸史，竟无一言提及乎？汉乾祐末，唐师灭楚，马氏旧臣皆入朝金陵，溪州之彭师暠，仕唐为殿直都虞侯③，而史称彭玕宗族耻于事仇，独留楚不去④，亦可证师嵩非彭瑊之后也。窃意唐末溪州蛮中有吴、彭二氏，曾一度发生争战，结果彭胜吴败，彭氏自此遂得世为诸蛮首领，或为史实；特其人为彭玕兄弟，则殆如风马牛不相及，断乎为绝无关系者也⑤。

二、溆浦舒氏谱称系出唐舒元舆，元舆遭甘露之祸，其弟元道、元褒等皆编管远州，后多为土刺史⑥。今按《唐书》元舆本传，元舆三弟，元褒已先卒，元肱、元迥并及诛，安得更有诸弟编管远州乎？

三、城步杨氏称系出关西杨震伯起之后，屡传至再思，徙靖州之飞山⑦。伯起与再思渺不相及，其出于假托，尤显然可见。且飞山之杨初不始于再思，说见上文杨氏条。

抑尤有进者，上述诸蛮姓每不仅为湖南一省所独有，中如向、

---

① 《通鉴》卷二六七，《九国志》卷一一本传。
② 《通鉴》卷二六七。
③ 《通鉴》卷二九〇。
④ 《通鉴》卷二九〇。
⑤ 彭氏冒称为彭城之后，府县志皆信以为真，雍正五年永顺彭肇槐纳土，诏安插江西古水县原籍，甚至朝廷功令，亦直认无疑，故不惮辞烦，特据史传以驳斥之。
⑥ 《湖南通志》杂志十九引《溆浦县志》。
⑦ 同治《县志·人物》。

田、覃，湖北旧施南府一带亦多有之①。舒氏、彭氏亦见称于四川之黔南、夔州蛮②，杨氏尤为贵州苗巨姓③。诸姓族类分布如是之广，足证其自上古以来，必已定居于国境西南部，曾历数千年之长养滋息，故堪臻此。若谓唐宋后始徙自他方，人非蚁蝼，繁衍安得有如是之速乎？即此一端，吾侪但须细一体会之，则诸家悠悠之说，可以概置不论矣。

诸家假设其祖籍所在，往往归之于江西，如会同之杨，永、保之彭之托始于金溪、吉水是也。又溆浦舒氏，诚、徽杨氏之另一说亦谓出于进贤、泰和④。此其故盖以江西移民本占湖南今日汉族之绝大多数，为适应环境计，自以托籍江西为最有利，且最可见信于人耳。实则历代征伐四裔者，宋以前以北方人为多，明代以淮域人为多，江右自来罕闻焉。

除上述诸姓外，又有其蛮族之祖不甚显称于史籍，或虽显称而不在省境之内，而其汉化之裔，实繁衍于今日省境之内者，亦胪举之如后。上述诸姓其祖籍皆在湘西，兹所举者，则亦有在省境东南部者。惟湘南诸蛮之宗族既不如湘西之大，且其姓氏又往往为汉姓中之极普遍者，故吾人以姓氏推断今日之汉出于昔日之蛮，在湘西之可信成分较多，在湘南则瞠乎不及，今虽一体论列，然览者幸勿等量而齐观焉。

梅氏，冉氏 南北朝时蛮中大酋豪多梅氏：魏泰常八年，蛮王梅安率渠帅数千入朝⑤。宋封酉阳蛮梅虫生为高山侯，梅加羊为

① 《宋史·溪峒传》，《明史·土司传》。
② 《宋史·溪峒传》。
③ 《明史·土司传》播州杨氏。
④ 诚、徽杨氏见《靖州乡土志》人物类，余见前注。
⑤ 《魏书》卷一○一《蛮传》。

扞山侯①，升明初，晋熙蛮梅式生起义师斩晋熙太守②。核其滋蔓之地，当在今豫、皖、鄂三省境内。《魏书·南蛮传》称又有冉氏、向氏者，陬落尤盛。明代冉氏世长四川之酉阳宣慰司③。近代湖南省境北边之石门、安乡、武陵、桃源、沅江等县并有梅氏，石门又有冉氏，颇疑澧域蛮中本有此二姓，特未尝见称于史乘，或系自川、鄂等省移来者。石门冉氏在明代有举人二，岁贡九，除张氏外，全县各族莫能及之。入清颇衰微，仅有岁贡一人④。

鲁氏 刘宋时雍州蛮帅鲁奴子掳龙山，屡为边患⑤。北魏景明三年，鲁阳蛮鲁北鸾等聚众攻逼颍川⑥。元至元二十八、九年，又巴桑木溪鲁万丑及其兄三代舟入寇辰州⑦。盖自南北朝以来，鲁氏久滋育于豫、鄂西境蛮中。明代湖南省境北部洞庭左右澧州、桃源、华容、平江各县皆有鲁氏，桃源尤盛，疑中间不少蛮裔也。入清颇衰微，仅华容见岁贡一人。

文氏 南北朝时荆、雍、豫州蛮中又有文氏。宋大明四年豫州蛮文小罗等讨擒司马黑石徒党⑧。齐建元二年黄蛮文勉德寇汝阳⑨，魏兴光中蛮王文武龙降，诏拜南雍州刺史。正始四年梁永宁太守文云生六部自汉东遣师归附。正光中梁义州刺史边城王文僧

---

① 《南齐书》卷五八《东南夷传》。
② 《宋书》卷九七《豫州蛮传》。晋熙，今安徽怀宁、潜山一带。
③ 《明史·土司传》。
④ 同治《澧州直隶州志》。
⑤ 《宋书·荆雍州蛮传》。龙山，今河南宝丰县东南。
⑥ 《魏书》卷一〇一《蛮传》。鲁阳，今河南鲁山。
⑦ 《湖南通志》苗防三引《辰州府志》。叉巴，今湖北宣恩县境，桑木溪当在其附近。
⑧ 《宋书》卷九七《豫州蛮传》。《南史》作文山罗。
⑨ 《南齐书》卷五八《东南夷传》。汝阳，今湖北远安县北。

明等率户万余举州内附①。其地大约在大江以北，西起沮、漳，东至大别山南北。然《宋史》庆历七年，衡、永徭乱既平，诏补唐和徙党文运等为峒主②，是则湘南蛮中实亦有文氏，惟不甚著称耳。近代湖南文氏遍于衡、永、郴、桂、长、常、岳、澧、辰诸属，惟西北及西南部罕见。北以桃源为盛，明清二代合得进士二人，举人五人，贡生十四人。东以醴陵、攸县、衡山为盛，醴陵共有举人三人，贡生十五人；攸县③共有进士二人，举人十五人，贡生十二人；衡山共有进士二人，举人一人，拔贡三人，贡生十人。南以东安为盛，元代有进士一人，明清有举人三人，贡生十一人。在东部南部者，疑当与宋代本省境内之蛮徭文氏有关，在北部者，疑当与南北朝时之荆，雍、豫州蛮有关。

龚氏 宋淳熙中，泸溪诸蛮龚志能等占据县治故地④。明正德四年，宜章莽山徭酋龚福全叛，攻陷郡县，数年之间，湘、赣、粤三省边境千里之内，悉为波及⑤。此龚氏之见于本省蛮中者。此外宋代有黔州蛮首领龚行满，夔州蛮首领龚才晃，明代西阳宣抚司所属有部长龚俊⑥，则在今川、鄂边境一带。近代湖南龚氏几遍于全省，而以澧属诸县及武陵、泸溪为较盛。澧州明清二代合计有进士二人，举人九人，拔贡二人，贡生八人；慈利有举人二人，贡生五人⑦；武陵有进士一人，举人五人，拔贡一人，贡生二人：泸溪有贡生十人。在常、澧一带者疑当与黔、夔二州蛮有关，在泸溪者自当

---

① 《魏书》卷一〇一《蛮传》。
② 《宋史·溪峒传》。
③ 攸县文氏在宋世已有进士二人，其邻县茶陵亦有一人。
④ 《宋史·溪峒传》
⑤ 《湖南通志》苗防三。
⑥ 《宋史·溪峒传》，《明史·土司传》。
⑦ 同治《澧州志》。

为宋代当地蛮族之裔。衡、郴二属不见有龚氏一人列名科第表,足见龚福全之后人,犹未完全汉化。

奉氏 明洪武十八年,宁远"土贼"奉虎晚等流劫村市①。崇祯九年,广西富川长塘源瑶"贼"奉四等犯永明②。十年,江华瑶奉天爵父子倡乱③。奉氏甚稀见,明代宁远有贡生二人,清代江华、祁阳各有贡生一人④,当与奉虎晚、奉天爵等为同宗。近代湖南之奉氏以新化为最盛,明代有举人二人,贡生四人,今境内有奉家、锡溪、龚塘三村,皆以奉为大姓⑤。据《县志》称奉家及江东二村在明代尚有未尽同化之瑶⑥,足证奉家村附近,实为历代瑶人聚居之地,惟奉氏之变蛮为汉,则当在明代以前。今之溆浦瑶有七姓,奉居其一⑦。溆浦与新化接壤,二地奉氏盖属于同一宗派,只以文野有别,世人遂目之为异族矣。

粟氏 粟氏为广西蛮巨姓,东北延蔓于省境之沅、靖、城步一带。宋淳化二年,晃州管砂井步蛮人粟忠获古晃州印一钮⑧。元祐二年,渠阳蛮杨晟台结西融州蛮粟仁催为寇⑨。清乾隆五年,城步横岭峒苗粟贤宇作乱⑩。近时通道县有苗里四,其一曰粟家⑪。近代湖南粟氏长沙、武冈、常宁、沅陵、黔阳、桃源、华容等县皆有

---

① 道光《永州府志》瑶俗。
② 同上,事纪。
③ 同治《江华县志》兵防、寇变。
④ 《府志》。
⑤ 同治《县志·舆地》。
⑥ 同上,学校。
⑦ 《湖南通志》苗防五引《溆浦县志》。
⑧ 《宋史·溪峒传》。
⑨ 《宋史·诚徽州传》。
⑩ 同治《城步县志·兵纪》,《湖南通志》苗防五及《靖州志》并作绥宁瑶。
⑪ 光绪《靖州直隶州志·疆域》。

之,而每邑不过二三人。独会同甚盛,明清二代有进士三人,岁贡十三人,见于县志人物传者,有十二人。会同在靖属北端,距晃州不远也。通道粟氏尚未得列名科第,仅清代有例贡一人①。《沅陵志》称沅邑皆江右来者,北河粟姓一户独系老籍,今其家腊犹从秦时令,族丁甚蕃②,可证粟氏实为湘西南之土著民族。

雷氏 蛮中雷氏湘北著于朗、澧:唐中和元年,武陵蛮雷满袭破朗州,诏以为朗州留后;天祐中满卒,子彦恭自立,梁开平三年为马氏所灭③。宋绍兴初澧州有雷德进之叛④。湘南著于九疑、夫夷:明洪武初九疑徭乱,雷姓等皆被胁从⑤;十八年,发兵剿平之,余党未绝,命招主雷瑄等入峒招降之⑥。清道光二十七年,新宁有黄背峒雷再浩之乱⑦。至今武冈徭峒中,雷氏犹为大姓⑧。湘南雷氏中有开化极早者,道州、郴州、蓝山、临武四邑,南宋晚叶已有人成进士。明清二代雷氏布在衡、永、郴、桂、长、常、澧、岳各属,而以与九疑接壤之桂属四邑为最盛。蓝山明代有举人五人,贡生三十人,为全县第一族;入清衰落,有举人一人,拔贡一人,贡生一人。嘉禾,明崇祯十二年始置,清代有拔贡一人,贡生十一人,为全县第四族。桂阳、临武,明清二代合得进士一人,举人二人,拔贡二人,贡生十五人⑨。王闿运云:州境诸族,大抵从宋元至今宅田相承,

① 《靖州志》。
② 康熙《沅陵县志·杂记》。
③ 《通鉴》二五四《僖宗纪》,《五代史·雷满传》。
④ 《宋史·本纪》绍兴五年,《溪峒传》绍兴七年。
⑤ 光绪《宁远县志·人物》。
⑥ 道光《永州府志·徭俗》。
⑦ 光绪《新宁县志·事纪》。
⑧ 《武冈州乡土志·徭种》。
⑨ 同治《桂阳直隶州志》。

惟雷氏盖自汉以来①。夫以习见于蛮中之姓氏，又为自汉以来之旧族，则其为蛮裔也可无疑矣。次于桂属者，即为新宁及永属各邑，夫夷、九疑之地也。新宁有举人一人，贡生八人。永州阖府共得进士一人，举人三人，拔贡四人，贡生二十八人。湘北各属盛况远不及湘南，中以澧、岳为较盛。

蓝氏　清道光十七年，新宁徭蓝正樽为乱②。今武冈徭中以蓝为夫姓之一③。二县虽有蓝氏，但犹未开化。其已开化者，其东零陵、祁阳、宜章有之，其西城步、绥宁、麻阳有之，其北新化、茶陵、醴陵、长沙、巴陵、桃源、慈利有之，而以城步为著。明初功臣凉国公蓝玉，据《县志》实为邑之扶城峒人。其先昌见，为杨再思之部族，玉，昌见之十四世孙也。祖某徙濠州，遂为定远人。其后玉既族诛，有妾匿西平侯沐春家，遗腹生子昌建。蓝氏之居扶城者，惧祸皆改姓秦氏。至成化初禁锢已解，沐氏乃使昌建率其眷族归原籍扶城，于是城步始复有蓝氏，至今蓝秦二氏不通婚④。自今视之，昌建果为玉之子与否殊不敢必，惟凉国及近代城步蓝氏之为蛮裔，其先曾为再思之部属，则可信也。清代城步蓝氏有贡生一人，列名《县志》人物传者二人。其西邻绥宁有拔贡一人。

骆氏　宋绍兴九年，宜章峒民骆科作乱⑤。近代湖南骆氏以宜章之紧邻临武为盛，明代有举人一人，贡生五人，清代有贡生二人。此外宁远、新田亦有骆氏，距宜章不远。

---

① 同上卷十三《礼志》。
② 光绪《新宁县志·学校》。同治《城步县志·武备》，道光十六年，新宁苗蓝沅发作乱；光绪《靖州志》作李沅发，以不见于本县志，孰是待考。
③ 《武冈州乡土志·徭种》。
④ 同治《城步县志·人物》。
⑤ 《宋史·溪峒传》。

潘氏 梁开平中溆州蛮酋潘全盛寇扰楚边;乾化元年,吕师周擒全盛于飞山峒①。宋政和初"贼"潘宗喦犯沅州②。明洪熙元年,蓝山"贼"潘康生等诱众作乱③。清咸丰中,靖州南路八峒潘通发反,八年剿平;同治三年,潘老帽勾结降苗复反④。近代湖南潘氏以安乡、黔阳为盛,黔阳一系疑与蛮族有关,以其地即唐之叙州所治也。计明清二代共有举人一人,拔贡二人,贡生十四人⑤。靖属潘氏开化较迟,仅靖州、通道各有贡生二三人,而苗寨犹多潘氏为寨长⑥。

梁氏 宋淳熙中徭蛮梁牟等寇沅州,劫墟市⑦。近代靖属各邑及武冈、城步一带多梁氏,疑与此有关。会同紧邻沅州,尤称极盛,计明代有贡生十九人,清代有举人一人,拔贡七人,恩岁贡二十七人,为阖县首族。

吴氏 龙氏 石氏 麻氏 廖氏 吴、龙、石、麻、廖五姓为近代湘西镇筸一带苗中巨姓。镇筸苗,明以前无闻,明永乐三年辰州招抚筸子坪生苗廖彪等,十二年,有筸子坪"贼"吴者泥、吴亚麻等之乱⑧。宣德中有镇筸苗吴毕即、石计聘、龙三、吴不跳等之乱⑨。自弘治、嘉靖而后,镇筸苗乱几岁岁不绝,辰、沅沿边各邑,备受其患。降至清乾隆六十年而有石柳邓、石三保、吴半生、吴八月、吴陇

---

① 《通鉴》卷二六七《梁纪》,飞山在今靖州界。
② 《湖南通志》苗防二引《沅州府志》。
③ 同上苗防三引《明大政记》。
④ 光绪《靖州志·事纪》。
⑤ 同治《黔阳县志》。
⑥ 光绪《靖州志》,靖州苗二十四寨,寨长三十七人,潘居其十。
⑦ 《宋史·溪峒传》淳熙十年李大性言。
⑧ 《明史·土司保靖传》。
⑨ 《湖南通志》苗防三引《辰州平苗考》。

登之巨变,动七省大兵,历时三年,国库为之亏竭,仍乃荡平。道、咸时又时有举动,同、光以来,始告平静①。镇筸苗中除间有李、刘、孙、杨、侯、白、黄等姓外,其什之八九,皆系此五姓②。大抵明初以吴姓为盛,弘、正后以龙姓为盛,清康、乾间著闻者多为吴、石二姓,道、咸以来,吴、石、龙并盛,麻、廖视三姓稍逊焉。明及清初苗疆土官大率为田氏,至咸丰而吴、龙、麻亦为土官矣,其间演化之程序,大略可睹。清自康熙后题准苗、徭一体应试,旋又于民籍正额之外,另为苗、徭定专额,号曰"新生"。嘉庆初既定镇筸,朝廷加意教化,于苗疆增设义学书院;十二年又奏定永、乾、凤三厅苗生乡试另编字号,满十五名即额外取中一名③,于是登乡榜者亦接踵矣。永绥截至道光末苗籍举人凡十九人,石氏九人,龙氏四人,麻氏一人,此外张、杨各二,田氏一人;凤凰截至嘉庆末凡二人,吴、龙各一;此乃见于永、凤《厅志》者。《通志》汉籍与苗籍不分列,姑认凡属此五姓者皆系苗籍,则永绥石氏又得一人,凤凰吴氏又得四人,龙氏又得一人,又麻氏新得二人。乾州独少,仅石氏一人。盖历次镇筸苗乱首领以吴、石、龙为著,而三厅科第人物,亦以此三姓为多云。清制新生乡试另编字号,而出贡则与民籍一体办理,故有苗举人而无苗贡生。以新进之吴、石、龙等姓与久经汉化之田、杨等姓较量,自不免相形见绌,故三厅贡生吴氏仅五人,龙氏三人,廖氏一人。

镇筸苗汉化特晚,故五姓之在三厅境内者,虽已读书应试,人皆知其为蛮,彼亦自认为蛮。三厅而外,其邻近一带亦不乏此五

姓。如泸溪西接乾、凤，县多石氏，明代有举人四人，明清各有贡生九人，为全县第四族；又廖氏清代有举人一人，拔贡二人，贡生二人；亦有吴、龙而不多。麻阳北连凤凰，县多龙氏，明代有举人一人，贡生七人，清代有拔贡一人，贡生十人，为全县第六族。泸溪之东曰沅陵、辰溪，沅陵石氏，明清共有举人十人，拔贡二人，贡生五人，为全县第二族；辰溪麻氏，清代有举贡各一人，虽不多，然此姓在湖南全省除永、凤而外，只见于此邑。辰溪之南曰黔阳，黔阳多廖氏，明进士一人，清拔贡一人，明清贡生共六人。麻阳之南曰芷江，芷江多龙氏，清恩赐举人二人，拔贡一人，明清贡生共七人。乾、永北接永、保，永顺全府皆有吴氏，保靖又有石氏而不多。凡此者，其人皆已列名民籍，自以为汉族矣，然以地望测之，其先世自当以蛮族为多，且与近代之镇筸苗，血统关系必不甚疏远。

　　吴、龙二氏不特为镇筸苗大姓，又为靖州苗巨族。吴氏尤甚①，且自宋以来，即著闻于辰州迤南一带。宋淳熙十一年，沅州生界仡伶副峒官吴自由率峒官杨友禄等谋为乱②。元延祐二年，辰、沅峒蛮吴于道为寇③。明洪武中叶，靖州有吴面儿、吴朝万之乱④；嘉靖二十年，城步有吴光亥之叛⑤。清康熙五年，通道又有吴老潘之祸。而吴氏实为通道清代科第首族，龙氏明清二代，并盛于绥宁、会同、靖州、城步及其近邻武冈，亦皆有此二姓。通道在明代以杨氏为首族，吴氏仅贡生一人，至清代吴氏激增，计有举人一人，拔贡四人，贡生二十三人，遂超越于杨氏之上。窃尝闻人种学

<hr>

① 光绪《靖州志》苗寨寨长三十七人，吴居十四，龙居其三。
② 《宋史·溪峒传》。
③ 《元史·仁宗纪》。
④ 光绪《靖州志·戎功纪》。
⑤ 同治《城步县志·兵纪》。

常例,凡新兴民族当其始进于文明,其能力特强,每能发扬于一时,久而渐衰,然则通道杨、吴二族科第人物之盛衰嬗递,岂由于二族之开化,本有先后之别耶?

张氏　张氏唐宋时见于湘西蛮中。唐元和六年,辰、溆州首领张伯靖反①。宋熙宁中,章惇招纳誓下州峒蛮张景谓②。张氏为天下最普遍之姓,吾侪自不得据此便谓今日湘西之张,多出于蛮族;然今日虽全湘皆有张氏,而以湘西为特盛,如芷江、麻阳及乾州三邑皆以张氏为首族,除乾州以开发未久人数不多外,芷、麻但以贡生计,皆有四五十人之多,则吾侪实亦不敢不怀疑今日湘西之张,其中为绝无蛮裔也。反观湘南蛮中自来不闻有张氏,故近代湘南张氏,其盛况亦远不及湘西,桂阳属四县贡生但得十六人,郴属六县但得二十七人,永属最多,八县合计亦不过六十人。

陈氏　李氏　邓氏　唐氏　黄氏　此五姓为湘南蛮中著姓。陈最先见,后汉元初三年,零陵蛮陈汤等抄掠百姓③。李次见,南齐永明三年,湘州蛮陈双、李答等寇掠郡县④。邓、唐、黄皆始见于宋庆历中蛮猺之乱,其中首领有邓文志、唐和、黄文晟、黄士元诸人⑤。自后此五姓蛮酋迭为乱于衡、永、郴、桂一带,屡见不鲜,历南宋及元,至明代稍衰,入清始罕闻⑥。此五姓中之李、陈为天下习见之姓,邓、唐、黄亦习见于湖南全省,然以湘南为特盛,其情形恰似湘西之张氏。今试以郴、桂、永与辰、沅一一对比:则李氏贡

① 《唐书·宪宗纪》。

② 《宋史·溪峒传》。

③ 《后汉书·南蛮传》。

④ 《南齐书·蛮传》。

⑤ 《宋史·溪峒传》。

⑥ 参考湘南各府县志。

生,郴州得二百人,桂阳亦几二百人,永府最少,亦百八十人,而辰属仅八十人,沅属仅六十人;陈氏,永府百六十人,桂阳几九十人,郴州最少,亦六十人,而辰属乃不及十人,沅属三十余人:邓氏,永府七十余人,桂阳四十人,郴州五十余人,而辰属仅十二人,沅属二十余人;黄氏,郴州百三十人,永府九十人,桂阳五十余人,而辰属仅十二人,沅属三十余人;独唐氏,辰属三十余人,沅属几二十人,郴、桂皆仅十余人为例外,然永府百八十人,是其繁衍中心点终在湘南也。

湖南蛮姓之见于历史记载者甚多,除上所举述者外,又有高、詹、宋、昌、刘、魏、王、杜、万、伍、皮、夏、何、贞、姚、孟、白、墨、谋、苗、观、蔡、曹、周、房、盘、罗、熊、谭、蒋、区、莫、欧、蒙、赵等姓,以其后裔不甚显著,兹不备述。然今口湖南人之属于此诸姓者,虽未可确指,其中要不无有蛮裔在也。

即以上所举述者而言,已可见蛮族血统在今日湖南全部人口中所占之成分,殊不在少数。试据方志选举志为湘西备县作一统计,则蛮姓人数占全县人数少或五、六分之一,多至三分之一以上。此所谓"蛮姓人数",其中自必有汉族分子参杂其间,然此所谓非蛮姓人数之中,亦当有一部分含有蛮族血统,双方对消,则此比数距事实或非过远也。列表如下:

县名	全县人数	蛮姓人数	蛮姓所占百分数	蛮 姓	依 据
溆浦	213	86	0.40	向舒文龚	通志贡生
泸溪	261	107	0.41	龙杨文向石龚吴田廖张（计半数）	同上

县名	全县人数	蛮姓人数	蛮姓所占百分数	蛮 姓	依 据
沅陵	181	30	0.17	石向田舒文覃吴张（半）	康熙县志举贡
辰溪	317	40	0.22	麻覃向杨舒田龚张（半）	道光县志举贡
永绥	48	11	0.22	杨龙吴龚张（半）	同治厅志举贡
乾州	52	16	0.30	廖杨舒吴田向龙张（半）	通志贡生
凤凰	79	38	0.49	杨吴田	同上
芷江	284	59	0.21	杨向田龙舒张（半）吴符	同上
麻阳	345	125	0.31	杨龙田潘向龚舒蓝符张（半）	同治县志举贡
黔阳	356	130	0.31	向舒杨廖田覃粟潘龙符石	同治县志举贡
靖州	498	82	0.16	杨龙吴姚潘向田覃梁	光绪州志举贡
绥宁	160	43	0.27	杨龙向吴蓝石	光绪州志举贡
会同	175	72	0.41	粟梁龙杨石吴	同上
通道	152	74	0.49	杨吴潘梁粟	同上
桑植	72	12	0.17	向覃田彭张（半）	同治县志举贡
永顺	27	7	0.26	向符杨田	通志贡生
保靖	29	4	0.14	彭向张（半）	同上
龙山	27	7	0.26	田舒杨向彭鲁	同上
城步	252	65	0.26	杨龙吴向蓝雷	同治县志举贡
石门	317	55	0.17	冉覃梅龚田文舒向	同治澧州志举贡

湘南蛮姓较为隐晦，不便统计，以意度之，此部分之开化较湘西为早，则其人口中所含之蛮裔或亦较少。至东北长、岳各属，自属更少。但兹篇所论因以姓氏为线索，故所谓蛮裔，仅限于父系方面；使吾人能得母系方面材料而并计之，则今日湖南全省人口之中，其可确保为纯粹汉族者，恐绝无仅有矣。世有惑于优胜劣败之说，以为蛮族日就于消灭，今日南方人为纯粹汉族者，读此文其可

以知其谬乎！且清季以来，湖南人才辈出，功业之盛，举世无出其右，窃以为蛮族血统活力之加入，实有以致之；然则蛮汉之不同，不过因其开化有先后之别耳，在种族本质上固无优劣之可言也。

（原载《史学年报》第二卷第五期,1939 年）

与缪彦威论《招魂》庐江地望书 *

彦威尊兄撰席：

手教诵悉。弟子舆地之学，虽究心有年，然仅局于秦汉以后。至于先秦，则略窥大抵而已，迄未尝有所论列。良以文献阙佚，立说难得确证，不敢以悬揣之谈，盗名欺世也。屈宋辞人之言，事实半为采藻所掩，尤有扑朔迷离之感，向以畏途视之。故所询《招魂》庐江地望，亦素未留意者。得书后始检原文，细读一过，考之于《汉志》、郦注，颇喜粗有所获，今备陈之：

汉后庐江之名著于皖，其水据班志所载，即今芜湖东之青弋江，而巢湖上下游诸水及大江自彭蠡以下一段，地当古庐子国之南，疑亦足以当庐江之称。然皆非《招魂》乱词所谓庐江也。

乱所谓庐江，在今湖北宜城县北，其地于《汉志》为中庐县。《沔水经》："又东过中庐县东，维水自房陵县维山东流注之。"注："县即春秋庐戎之国也。县故城南有水出西山，名曰浴马港。候水诸蛮北遏是水，南壅维川，以周田溉，下流入沔。"庐江之为浴马抑维川不可知，要之必居其中之一。盖《招魂》所招者怀王之魂，而乱所述一段行踪，乃作者追记曩年扈驾自襄、沔至于郢都之景象

＊ 此书约作于 1942 年，缪彦威（钺）同志用以作为浙江大学中国文学史讲义之附录，重庆某刊曾发表。

也。（末二句复归招魂本旨。）自襄沔至郢，庐江实所必经矣。然则何以知兹所称庐江在鄂而不在皖？此可以乱本文证之。乱下文云："倚沼畦瀛兮遥望博，青骊结驷兮齐千乘"；再下云："与王趋梦兮课后先"；又云："湛湛江水兮上有枫"；而终之以"魂归来兮哀江南"，与鄂西北地形悉能吻合。汉水西岸自宜城以南即入平原，故而遥望博平，结驷至于千乘。平原尽则入于梦中。《汉志》，编有云梦官。编县故城，约当在今荆门县境。自梦而南，乃临乎江岸，达干郢都也。若以移之皖境，则无一语可合。巢南、江南及青弋左右皆丘陵丛错，安得齐驾千骊？梦之称虽所指广泛，然不闻于鄂蕲以东。贯庐江然后至于大江，则大江青弋，非兹所谓庐江，尤属断可无疑。且招魂欲使返于故居，楚之故居而濒于大江者，郢都也，皖境大江南北，皆不足以当之，亦显然易见者。由此观之，则斯篇实屈子所作而非宋玉所作，史公之说果较王逸辈为可信。

鄙见如是，高明以为然否？维希进而教之为幸，又近来考证《楚辞》地理者甚多，不知此说已否为他人所发也。

专此敬颂

著祺

弟其骧顿首

贵 州 释 名

一、贵　　州

古称黔地彝族为"罗鬼"，其酋豪曰"鬼主"。唐武德四年置矩州于今贵阳，古读鬼音如矩，或曰矩即鬼之美称。矩州宋初没于水西乌蛮，乾德来纳土，更名贵州，贵又矩之变也。贵州得名始此。（自唐至元，别有贵州，明降为县，即今广西省贵县。）元改置贵州等处长官司，为顺元路宣慰司治所，末年宣慰司更名贵州。明永乐十一年建省于司治，因以司名名省。

省境于元分属湖广、云南两省（大部属湖广，安顺、兴义以西属云南，末年又以一部分属四川）。于明初分属湖广、云南、四川、广西四省，永乐十一年，割湖、云、川三省之地，始建贵州省。然明时省界，远较今日为狭。今天柱、玉屏、青溪、黎平、锦屏五县旧属湖广，贞丰、册亨、罗斛三县旧属广西，清雍正五年改隶；今遵义、绥阳、正安、桐梓、仁怀、赤水、鳛水旧属四川，雍正七年改隶；今荔波县本属广西，雍正十年改隶；今省界至是始定。

二、夜　　郎

中原之知有夜郎始于汉武帝时，其立国当犹在是前。据近时语言学家考定,彝语称人曰郎,称黑为夜,是夜郎即黑彝之自称也。汉初夜郎国境以今北盘江为中心,北抵南广水、赤水河,南逾南盘江,东界且兰,西距劳漫、靡莫、漏卧诸国,有今黔省仁怀、黔西安顺迤西,滇省曲靖、昭通迤东,川省泸、叙以南,桂省泗城以北之地。纵约千里,广约六七百里,于西南夷最为大国。其首邑濒牂柯江,当在今兴义、安顺间,牂柯江即今北盘江也。汉武帝建元、元鼎中,先后收其地立十余县,以分属犍为、牂柯二郡,复封其酋为王。国与郡县错处而并存,至成帝河平中犹未绝。其时既有夜郎国,又有牂柯都尉所治之夜郎县,核其地望,当在今平夷、宣威间。国与县相去约五六百里。夜郎国河平而后无闻,夜郎县沿至晋永嘉五年,立为夜郎郡治,领县四。江左宋、齐因之,梁大宝后荒废。唐世有三夜郎县:一属夷州,在今石阡县西南,武德四年置,贞观元年废。一为业州治,在今湖南晃县西北,贞观八年置,天宝元年更名峨山。一为珍州治,在今桐梓县北夜郎坝,贞观十六年置;后改珍州为夜郎郡,寻复曰珍州;元和三年州废,县属溱州;五代没于蛮;宋大观二年复置,仍曰珍州,宣和二年废。自后州县不复有以夜郎命名者矣。

三、黔　　中

战国楚始置黔中郡于今湖北之清江流域,黔之义为黑,盖以其地阴晦少晴,天色常黑故也。秦因其名,而郡境大扩,北连汉中,有今川、鄂交界峡江两岸之地;东距云梦,南入蛮荒,有今湘西沅、澧二水之地;西据涪陵,有今川东南黔江流域之地,然与今贵州省境无涉。汉改黔中曰武陵,但有武陵山南今湘西沅、澧之地,山北则分别割属巴郡、南郡。自武帝经营西南夷,疆界渐辟,《汉书·地理志》武陵郡西界遂包有今贵州东部旧思南、思州、石阡、镇远、黎平诸府,杜佑《通典》等书径以此为秦黔中郡之故界,非也。黔中郡罢改后七百八十岁,北周复置黔州于今四川之彭水县。唐因之,置都督府及黔中道于州。都督府、督州时有增损,要以在今贵州东北部之务、充、庄、思、费、夷、播等州为主,黔中道辖境兼有今川、鄂、湘、黔四省之境,而黔省居其大半,近世以黔或黔中为贵州省之别称,盖本于此。

（原载《益世报》1943 年 7 月 15 日,《文史副刊》第三七期,署名禾子。）

浙江省历代行政区域

——兼论浙江各地区的开发过程

一

明太祖丙午年(元至正二十六年,公元1366年),始建浙江行中书省。其初只领杭州以南九府,后十五年(洪武十四年,1381年),嘉兴、湖州二府,自直隶(今之江苏、安徽两省,明初为直隶)改隶浙江。自此迄今计五百六十余年,省界从未更动。自此上溯至初罢封建、分天下为郡县的秦始皇二十六年,都凡千六百年,其间省境或省境之一部分与今日之江苏、安徽、江西、福建四邻省或其一部分,皆曾几度同属于一个政区。

南部旧台、温、处三府即椒、瓯二江流域,与南邻福建地形相似,地理学者合称为东南滨海丘陵地带;故在秦代合置闽中郡,秦末汉初并为东越所据,汉武帝以后同属于会稽郡,置南部都尉以统摄之。孙吴太平二年,罢都尉分立为临海郡;后三年(永安三年,260年),又分临海之今福建地为建安郡,自后福建始与本省不复同属于一郡,①但仍同属于扬州。晋惠帝元康元年(291年),以建

---

① 建安初建时,故治在今福州东北之罗江县,仍隶临海;至晋武帝太康三年即282年,分建安立晋安郡,始度属晋安。

安、晋安二郡改隶新建之江州,至是始不复同隶于一政区。自后惟唐太宗分天下为十道,浙、闽同属江南道,已而玄宗又分江南为东西道,浙、闽同属东道;但唐初之道,仅为一种监察区域,与地方民政无涉。元代行省辖区极大,福建虽自为一道,而统于江浙行中书省;至末年复别为一省。①

西境旧衢州府与江西旧广信府接界,衢州的信安江与广信的上饶江虽分属于浙江、波阳湖两大水系,而两江河谷,略成东西一直线,自浙境衢港(即信安江)上游之常山,至赣境上饶江上游之玉山,中间相隔一岭,舍舟从陆之道仅八十里,自古为浙赣间往来通途。衢港流域之开发较早于上饶江流域,②故自唐代中叶以前,今玉山县境皆东属于浙境郡县:秦、汉为会稽郡大末县(今龙游)地,六朝为东阳郡定阳县(今常山)地,隋为东阳郡信安县(今衢县)地,唐初为衢州常山、须江(今江山)二县地,(一部分属弋阳),武后证圣中玉山立县,仍隶衢州;至肃宗干元元年(758年),始改隶江西新建的信州。江西全境两汉、三国时代本与浙江同隶扬州,晋惠帝元康元年(291年),始别立江州。其后惟元代之江浙行中书省,辖有波阳湖东旧饶州、广信二府之地,号江西湖东道。(湖西为江西行省)明初广信府属浙江,洪武四年即改隶江西。

西北旧严州府属之淳安、遂安二县,杭州府属之于潜、昌化二县,湖州府属之安吉、孝丰二县,山岭丛错,谷道崎岖,水系虽东下钱塘或太湖,而地形则与西邻皖省东南部为近,古代同为山越民族

---

① 浙江建省以后,明季及清代又以闽、浙二省合置一总督。
② 衢港下游之龙游立县于秦,上饶江下游之余干立县干汉;浙赣交界处,距龙游远较距余千为近。

聚居之地；故秦汉时代此六县之地，①皆不属于浙境的会稽郡或吴郡，而西与皖南同隶于鄣郡或丹阳郡。孙吴开辟山越，建安中初分丹阳立新都郡，仍兼有徽港中上游今淳安、遂安二县及皖境之旧徽州府；宝鼎初（266 年），又分吴郡、丹阳立吴兴郡，今安、孝、于、昌四县，始脱离丹阳，东属吴兴，浙境湖、杭二府与皖境的分界，肇基于此。但安吉、孝丰二县梁、陈以后又西属于治今皖境广德之郡县，至唐高宗麟德元年（664 年），始还隶浙境的湖州。至徽港流域两省之分界，则肇基于梁元帝承圣（552—554 年）中之分新安郡（晋改新都曰新安）为新宁郡，陈复并为新安郡，隋又分为歙、睦二州。新安郡睦州为浙境严州府的前身，新宁郡歙州为皖境徽州府的前身。自汉至晋，皖南与浙省同属扬州。刘宋季年以后，天目山西麓皖境诸郡，始别属南豫州，独徽港上游之旧徽州府，仍属扬州或东扬州，梁以后，徽境虽自为一郡，而州属依然。唐玄宗分江南为东西二道，天目西麓之宣州属西道，而歙州仍与浙省同属东道。安史以后宣、歙始合为一区，与浙西时分时合，贞元三年（787 年）以后，遂定制自为一道，自后徽州之属皖而不属浙，肇基于此。其后惟元代又以皖境江南部分与江苏旧江宁府合为江东建康道，隶于江浙行中书省。

北境旧嘉、湖二府及杭属东北部诸县，与苏省江南旧苏、松、常、镇、太四府一州，同属太湖流域。地势平坦，川流交贯，绝无天然界划可言。故自明洪武十四年以前，江南浙西，历代皆属于同一政区或自成一单位：秦与西汉属会稽郡；东汉分会稽为吴、会稽二郡，浙东为会稽，此为吴郡；孙吴分吴为数郡，仍同属扬州；刘宋以

---

① 淳安、遂安为歙县地，于潜、昌化为于潜县，安吉、孝丰及长兴西南部为故鄣县。

后苏境别立南徐、东徐等州,但扬州仍跨有两省之地;唐初同属江南东道;安史以后下迄宋、元皆自成一区,唐曰浙西道,宋曰浙西路,元为江浙行省之江南浙西道;明初嘉、湖二府犹与江南同为直隶。孙吴时吴郡有浙地,吴兴有苏地,晋后吴兴虽但有浙地,而吴郡依然,迄于梁、陈、隋、唐不改。吴越分苏州(吴郡)置秀州(治嘉兴),而秀州又兼有苏省旧松江府之地,至元世祖至元二十九年(1292 年),以析自嘉兴路之松江府直隶行省,两省省境,始不复同隶一郡。较之浙闽间郡界之定于晋,浙赣、浙皖间郡界之定于唐,亦远在其后。省境划分三方皆大致能与自然区划相合,①独此方悖谬为甚,故自来言地方区划者辄以为病。

二

明清时代浙江领有十一府。明清之府,即元代之路,隋、唐、五代、两宋之州,秦、汉、六朝之郡。追溯此十一府之来历,大致可以分为五期。

秦与两汉为一期(秦始皇二十六年至汉献帝建安十二年,计428 年)。此期内省境分为二至四区:秦世二区,旧温、处、台三府与福建省合为闽中郡,其余部分与苏省江南及皖南东部合为会稽郡。楚汉之际至汉初四区,温、处、台属于东越,宁、绍、金、衢为会稽郡,嘉兴及杭、湖、严之中东部仍为吴郡之一部分,杭、湖、严之西部与皖南合为郭郡。汉武以后二区,郭郡改曰丹阳,辖境仍旧,吴、会稽并为会稽一郡,东越平定,虚其地并属会稽。东汉顺帝以后三

①　徽州、严州间有仙霞岭脉北接天目山脉,徽港穿峡而过,地文上可以分为二区。

区,复分会稽为吴郡。此期除楚汉之际至汉武约百年中之会稽郡外,其余各时代各郡,皆非全在省境之内。但吴、会之分郡,实为后世划分浙东、浙西之张本,温、处、台三郡与宁、绍、金、衢四郡之分界,在肇基于此期之会稽、闽中郡界。

自汉末孙吴至隋为一期（建安十三年至唐高祖武德三年,计413 年）。此期内省境分为六至七区:孙吴六区,本东汉三区,分丹阳之徽港流域为新都而为四,分吴郡太湖西南并丹阳天目东麓之地为吴兴仍为四,分会稽之故闽中地为临海而为五,分会稽之旧金、衢二府地为东阳而为六。西晋因之。东晋又分临海之旧温、处二府地为永嘉而为七。宋、齐因之。孙吴曾置东安郡于富春,未几罢。梁、陈之世,梁曾分吴郡之海盐改隶于苏境新建之信义,分吴兴之故鄣、安吉、原乡改隶于皖境新建之大梁,割新安之皖境为新宁,置武原郡于海盐,富春郡于富阳,临江郡于钱唐。陈曾置海宁郡于盐官,信安郡于信安,钱唐郡于钱唐,建置纷纭,省罢不恒,其详莫可得而考。隋世惟会稽、东阳因于吴、晋之旧,绍梁制割新安（梁新宁）,置遂安（梁新安）,因陈旧改钱唐曰余杭（故吴、吴兴二郡地）,罢吴兴并属吴郡、余杭,罢章安（故临海）,并属永嘉,又今安吉、孝丰之地因梁、陈之旧隶于皖境之宣城郡绥安县（今广德）,仍为七区。此期内已先有会稽、东阳、临海、吴兴、永嘉,继有遂安、余杭诸郡,全在省境之内。（惟东阳郡兼有今江西玉山一县之地。）吴兴、临海、遂安、余杭即后世湖、台、严、杭四府所本,惟会稽犹兼有绍、宁二府,东阳犹兼有金、衢二府,永嘉犹兼有温、处二府之地,又嘉兴一府犹外属于苏境之吴郡。

自唐至吴越为一期（武德四年至晋高祖天福二年,计 317 年）。此期之要点有二:

一、十州之建立。唐武德初割置州县以宠禄降将,省境内骤增至二十余州。已而天下粗定,大加并省,太宗贞观后存者七州,越(会稽)、婺(东阳)、括(永嘉)、杭(余杭)、睦(遂安)而外,因故临海郡置为台州,因故吴兴郡置为湖州,高宗上元二年分括州置温州而为八,武后垂拱二年分婺州置衢州而为九,玄宗开元二十六年(738年),分越州置明州而为十。自此下迄后晋天福,省境内率以十州为常制。后世十一府,至是已备其十,属嘉兴一府之地仍外属于苏州。

二、州境之确定。自唐以前,诸郡郡境往往与后世府境不符。如六朝时吴兴兼有今余杭、临安、于潜、昌化四县之地;隋世杭州兼有今武康、德清、海盐、平湖之地,又今建德县地不隶于睦州而隶于婺州。开元、天宝时犹然,衢州领有玉山县,台州领有象山县。肃宗乾元元年,玉山改隶信州,代宗广德二年(764年),象山改隶明州;至是十州州境,遂悉与后世府境相同。(惟温岭、汤溪二县析置于明,玉环县析置于清,温、台二府与金、衢、处三府间境界,稍有变动。)

自吴越中叶至两宋为一期(天福三年至元世祖至元二十八年,计354年)。后晋天福三年(938年),吴越奏置秀州于嘉兴县,省境十一郡至是始备。惟是时秀州兼有今苏省松江府之地。两宋因之。元世祖至元十四年析置华亭府,明年改曰松江府,松江始自为一郡,然犹隶于嘉兴路。

自元至清为一期(元至元二十九年至清宣统三年,计620年)。元至元二十九年(1292年),松江府直隶江浙行省,至是而十一路辖境,悉在今省境之内矣。后八十九年,明太祖遂定制以此十一府为浙江省省境。

十一府辖境亦大致与自然区域相符合,为曹娥江、浦阳江流域属绍兴,甬江流域属宁波,椒江流域属台州,婺江流域属金华,衢港流域属衢州,徽港、桐溪流域属严州,瓯江上游属处州,下游属温州,东西二苕溪流域属湖州,迤东湖海之间属嘉兴;惟杭州西截桐溪、苕溪上游,东割滨海之地以为郡,地文上不属于同一单位,此则殆由于诸县距杭城较近,距嘉、湖、严三府治所较远之故。至闽江流域之庆元县不属福建而属本省之处州,青田距永嘉较近于丽水,而亦属于处州,则由于庆元本析自处属之龙泉,青田本析自丽水,其详见下节。

三

　　县乃历代地方行政区划之基本单位。州郡置罢,分并无常,境界盈缩不恒,县则大致与时俱增,置后少有罢并,比较稳定。同为一州,西汉时平均领郡七八,南北朝晚期只领郡一二;同为一郡,秦时平均领县二十,西汉时犹十四五,南北朝晚期又只一二。后世的道、路、行省,初创时皆辖境极广,历久而逐渐缩小,略如州郡之比。县则历代标准大致相似,虚置滥设者较少。一地方至于创建县治,大致即可以表示该地开发已臻成熟;而其设县以前所隶属之县,又大致即为开发此县动力之所自来。故研求各县之设治时代及其析置所自,骤视之似为一琐碎乏味的工作,但就全国或某一区域内各县作一综合的观察,则不啻为一部简要的地方开发史。兹将本省依旧府境分为十一区,表列历代所设县治如下。(见第 406—410 页)

　　又将各县析置所自,图示如下。(见下页)

　　据表,可见二千余年来,省境内县治增设,以汉末孙吴、唐、明三时期为最多。秦县一十五,仅居今县五之一,孙吴时骤增至四十四,几五之三,唐代增至五十八,几五之四;明代遂增至七十六,今日各县规模,略定于此。

浙江省历代县治析置由来图

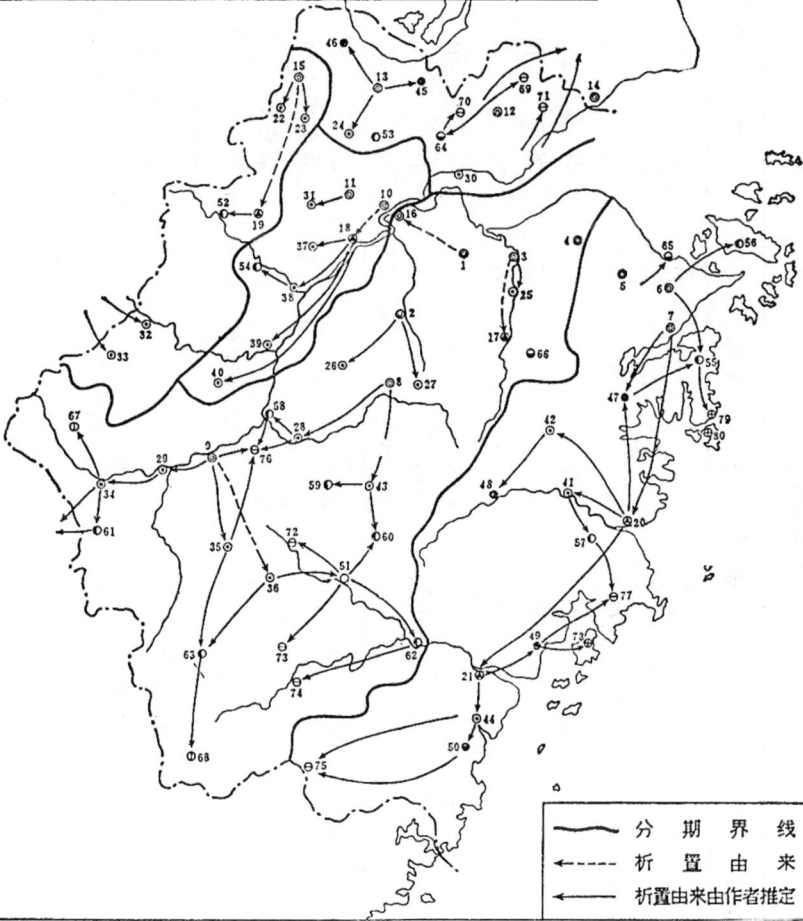

泰　汉　吴　晋　隋　唐　吴越　宋　明　清

分　期　界　线
析　置　由　来
析置由来由作者推定

浙江省历代所设县治表

	秦①	汉②	吴③	晋④	隋	唐⑤	吴越⑥	宋⑦	明	清⑧	民国⑨
杭属	钱唐10	有	有	有	有	钱塘	钱塘	有	有	有	杭
							钱江	仁和	有	有	
	富春18	富春		富阳	有	有	富春	富阳	有	有	富阳
			新城37			新城	新登	新城	有	有	新登
			○盐官30	有	有	有	有	有	海宁	有	海宁
	余杭11	有	有	有	有	有	有	有	有	有	余杭
			○临水31	临安		临安	安国	临安	有	有	临安
	于潜19	于潜	于潜	有	于潜	于潜	于潜	有	有	有	于潜
						唐山52	吴昌	昌化	有	有	昌化
嘉属	由拳12	有	嘉兴	有	嘉兴	嘉兴	有	有	嘉兴	有	嘉兴
									秀水	有	
							崇德64		嘉善69	有	嘉善
								有	有	石门	崇德
									桐乡70	有	桐乡
									平湖71	有	平湖
	海盐14	有	有	海盐		海盐	有	有	有	有	海盐

	秦①	汉②	吴③	晋④	隋	唐⑤	吴越⑥	宋⑦	明	清⑧	民国⑨
湖	乌程13	有	有	乌程东迁45	乌程	有	有	乌程归安	有	有	吴兴
				长城46	有	有	长兴	有	有	有	长兴
			△永安24	武康	有	有	有	有	有	有	武康
						德清53	有	有	有	有	德清
属	鄣郡15	故鄣	故鄣 △安吉22	有		安吉	有	有	有	有	安吉
			△原乡23	有					孝丰	有	孝丰
宁	鄞6	有	有	鄮 句章	句章	鄮	鄞	有	有	有	鄞
							望海65	定海	有	镇海	镇海
						翁山56		昌国		定海	定海
						象山55	有	有	有	有	象山
属										南田80 石浦79	南田
	句章5	有	有			慈溪	有	有	慈溪	有	慈溪
	鄞7	有	有			奉化	有	有	有	有	奉化

	秦①	汉②	吴③	晋④	隋	唐⑤	吴越⑥	宋⑦	明	清⑧	民国⑨
绍属	山阴 1	有	有	有	会稽	会稽 山阴	有	有	有	有	绍兴
		余暨 16	永兴	有		萧山	有	有	有	有	萧山
	上虞 3	有	上虞△始宁 25	有	有	上虞	有	有	有	有	上虞
		剡 17	有	有		有	有	嵊	嵊	有	有
							新昌 66	有	有	有	新昌
	余姚 4	有	有	有	有	余姚	有	有	有	有	余姚
	诸暨 2	有	有	有	有	有	有	有	有	有	诸暨
台属		回浦 20	章安 临海 41	有	临海	有	有	有	有	有	临海
						黄岩 57	有	有	有	有	黄岩
									太平 77	有	温岭
			始平 42	宁海 47		有	有	有	有	有	宁海
				始丰		唐兴	台兴	天台	有	有	天台
						乐安 48	永安	仙居	有	有	仙居
金属	乌伤 8	有	有	有	有	义乌	有	有	有	有	义乌
		△长山 28	有	有	金华	有	有	有	有	有	金华
						兰溪 58	有	有	有	有	兰溪
									汤溪 76	有	汤溪
			永康 43	有	有	有	有	有	有	有	永康

府属	秦①	汉②	吴③	晋④	隋	唐⑤	吴越⑥	宋⑦	明	清⑧	民国⑨
金属						武成59	武义	有	有	有	武义
金属			△丰安26	有		浦阳	浦江	有	有	有	浦江
金属			△吴宁27	有	有	东阳	东阳	东阳	有	有	东阳
衢属	大末9	有	有	有		龙丘	龙游	有	有	有	龙游
衢属			△新安29	信安		西安	有	有	有	有	衢
衢属			○定阳34	有		常山	有	信山	常山	有	常山
衢属								开化67	有	有	开化
衢属						须江61	江山	礼贤	江山	有	江山
严属			建德39	有		建德	有	有	有	有	建德
严属			桐庐38	有	有	有	有	有	有	有	桐庐
严属						分水54	有	有	有	有	分水
严属			新昌40	寿昌		寿昌	有	有	有	有	寿昌
严属			○始新32	有	雉山	青溪	有	淳安	有	有	淳安
严属			○始新32	遂安		遂安	有	有	有	有	遂安
温属		永宁21		有	永嘉	有	有	有	有	有	永嘉
温属				乐成49		乐成	乐清	有	有	有	乐清
温属										玉环78	玉环
温属				安固44		安固	瑞安	瑞安	有	有	瑞安
温属				横阳50		横阳	平阳	平阳	有	有	平阳
温属									泰顺75	有	泰顺

	秦①	汉②	吴③	晋④	隋	唐⑤	吴越⑥	宋⑦	明	清⑧	民国⑨
处		×平昌35		遂昌		遂昌	有	有	有	有	遂昌
		○松阳36	有	有	有	有	白龙	松阳	有	有	松阳
								庆元68	有	有	庆元
					括仓51	丽水	有	有	有	有	丽水
									云和73	有	云和
									宣平72	有	宣平
属						青田62	有	有	有	有	青田
									景宁74	有	景宁
						缙云60	有	有	有	有	缙云
县数	15	21	44	50	23	58	62	66	76	80	75

①南目故城方舆纪要谓在长兴西南八十里，府志谓在安吉西北十五里，今从府志。海盐故城故据水经注吴地记在苏境金山卫北，王莽时沦为柘湖，徙治武康乡，在今乌当湖，兹为列表方便计，故从旧说。

②富春等五县并西汉置，永宁东汉顺帝置。一说秦置乌程当湖。安吉今地无考，当系唐之误。续汉志吴郡有安吉而无钱唐，安吉今无钱唐之误。

③有△者汉末吴灵帝兴平中置，有○者献帝建安中置，有×者一作汉末置，有×者一作唐，其余七县吴置。

④东迁等四县西晋太康中置，乐安乐乐成东晋置。末齐梁间晋制。陈析山阴为会稽，省海盐入盐官。

⑤此据新唐志，唐季之制也。安史以前无乐泉，上虞，有紫溪（于潜境）盈川（衢县境）翁山（定海），省海盐入盐官。又县名稍有不同。

⑥吴任臣十国春秋谓吴越之制也。

⑦此据宋志，南末之制也。北末无新昌庆元，又县名稍有不同。

⑧南田石浦，定海太平玉环系厅。又县名别有定海，礼贤复曰常山，信安复曰常山，礼贤复曰江山。

⑨最近新置磐安又成二县未列入。又南田易名三门。

　　秦县当系就春秋战国以来业经开发之地而设立。西汉国策专以西北为重，东南进步甚缓，二百年间，省境仅增五县。王莽以后，东南生齿日繁，[①]东汉承平时犹因循旧贯，少所更张，仅增一县；至末年灵、献多事之际，析置遂多。迨孙氏立国江东，三吴（吴、会稽、丹阳）为根本所系，经营辟划，不遗余力，而新县林立矣。即西晋初年所增设之四县，语其开辟之功，自亦当归之孙氏。西晋末，中原遗黎多渡江而东。惟其时移民麇集之地，略限于孙吴时设县已颇周密之三吴，远走省境南部者不多，故东晋仅增二县。南北朝末年，他处所增郡县，类多虚妄，隋一天下，力求匡救，矫枉过正，省境内诸县本皆汉晋之旧，竟亦废罢过半，此乃一不合理之现象。唐增于隋者三十五县，中间复六朝之旧者二十四（未复者仅三县），新置者十一，率在省境边缘之地。三十五县之中，什之八皆创立于高宗至玄宗百年之间，是盛唐之有功于浙江，盖仅亚于孙吴而已。自是而后，历代皆有增辟，而以明代中叶宣德、成化间所析置者为最多。自秦至唐德宗凡千有余年，增县四十三，自唐德宗至今千一百有余年，增县一十八，可见浙省之开发，以唐以前先民之功为多。

　　合表、图而观之，则省境内各区开化之次第，以旧绍兴府及宁波府东部，即会稽山、四明山北麓滨海平原为最早。其地自春秋以来，于越民族资以立国，勾践资以生聚教养，卒灭强吴，故秦世全省十五县，此区居其七。绍兴为越国历代旧都，诸暨为越王允常所都，盖于本区中又属越民族根本发祥之地。自此，（一）东向循平原发展，乃有曹娥江下游之上虞，姚江流域之余姚、慈溪，而极于甬江流域之鄞县、奉化，构成越族之心脏地带。（二）西南向溯浦阳

---

① 《续汉书·郡国志》所载东汉顺帝永和中户口较之《汉书·地理志》所载西汉末年户口，丹阳、吴、会稽三郡，各增五分之一至二分之一。

江、越会稽山余脉而有婺港上游之义乌,西极于衢港中游之龙游,即春秋姑蔑之地。此一线地形不及东线之平坦,故发展较为迟缓,秦代仅立二县。(三)北向越钱塘江而为旧杭、嘉、湖三府,地平土沃,但介居吴越之间,不利于生聚,故秦世三府合得六县。六县之中,五县皆在东部平原地带,独鄣县(安吉)在西部天目山中。盖由吴兴溯苕溪而上乃启安吉,而皖省东南部之开发,实肇基于此。故秦汉之际,鄣县犹为鄣郡所治,汉武改郡曰丹阳,始移治宛陵(今宣城)。

省境南部瓯、椒二江流域,本瓯骆民族居处,战国中叶,越为楚灭,勾践子孙乃南向迁移,君临其地,号为瓯越。秦并天下,以瓯越与在今福建之闽越(其君长亦勾践子孙)合置闽中郡。汉初东海王摇王有瓯越,都东瓯,即今永嘉,与闽越合称东越。至武帝定东越,以其地险民悍,乃悉举徙江、淮间,虚其地以属会稽,而山谷幽阻之地,间有未克尽徙者。已而遗民稍出,昭帝始元中,始立为回浦(瓯越故地)、冶(闽越故地)二县。然则瓯越之开发虽较后于于越,方秦有闽中郡时,宜不得空无一县,特以中废于汉世,后之洽地理者,遂无由追溯其原始耳。

汉后省境之逐渐开发,寻其途径,略可归纳为五区:

一、中区,以绍兴府西北部为出发点,南向、西向启辟本府东南部及金、衢、处三府。

1. 自诸暨溯浦阳江下婺港,溯衢港而上者为主线,即今浙赣铁路所取道。汉末孙吴析诸暨置浦江、东阳,析义乌置金华、永康,析龙游置衢县,又析衢县置常山,金、衢二府规模,已略定于此。至唐、宋而衢港上游之江山、开化,先后立县,西极省境。

2. 自龙游溯灵溪而上,逾仙霞岭脉下瓯江流域者为支线。人文开化之途径,间有不能以山河自然形势测定者,开辟婺港、衢港者来自浦阳江而非两港下游之钱塘江,斯其一例;开辟处州者不来自瓯江下游之温州而来自衢州,又其一例。瓯江上游之支流松溪,与衢港支流之灵溪,略成南北一直线,两源相去极远,先民盖循此线自龙游南向移殖(今筑有公路,仍为衢、处间往来要道)。至汉末孙氏,遂启遂昌、松阳二县。惟遂昌析自龙游,六朝时犹北隶于东阳郡,线索甚明;松阳,《元和志》以为析自"回浦"。① 六朝隶于永嘉郡,似与衢港流域无涉。斯则盖政区之划分,有不尽与移民来源相符者;而《元和志》之说,又未必无可置疑。椒、瓯二江流域汉世已立之县惟有"章安"、永嘉,若谓"章安"、永嘉之人已西向繁殖于数百里而遥之松阳,则何以中间临海、仙居、丽水、缙云、青田诸县,反迟至吴、晋、隋、唐始立县耶? 自遂昌、松阳渐展而东而南,隋始分松阳为丽水,唐始分丽水为缙云、青田,分遂昌、松阳为龙泉,宋始分龙泉为庆元,明始分丽水为宣平、云和,分青田为景宁,与温、台二府绝不相涉,线索亦至为分明。

3. 自上虞溯曹娥江而上者为辅线。汉分上虞为嵊县,吴越又分嵊县为新昌。

二、东区,以宁波府西部为出发点,南向东向启辟台、温二府及本府东部。

1. 自奉化沿海滨而下者为主线。西汉始有椒江口之"回浦",东汉始有瓯江口之永嘉,孙吴始有飞云江口之瑞安,至东晋而鳌江口之平阳亦置县,南极省境。

2. 自"回浦"溯椒江而上,自瑞安、平阳溯飞云、鳌二江而上,自永嘉、临海东渐于海、越海而极于岛屿者为支线。吴始立临海、天台于椒江中游,至晋而上游仙居亦设县。飞云、鳌江上游之泰顺,则始建于明。晋分永嘉立乐清,唐分临海置黄岩,至明而析乐

---

① 治今临海东百一十五里章安镇,按东汉时已改名章安,不得仍称回浦。

清、黄岩立温岭,清又析乐清、温岭立玉环厅于岛上。

3. 自鄞县东渐于海,越海而极于岛屿者为辅线。舟山岛、象山半岛立县始于唐,甬江口立县始于吴越,清季又建石浦、南田二厅于象山半岛南端之南田岛上。舟山者,即春秋所谓越之甬东地。唐开元中始置翁山县,大历初为海寇析据而废。宋初辟为盐场,熙宁中再置昌国县。朋初以其外连倭寇,易滋边患,为清野之计,乃罢县,内徙其民。嘉靖中屡为倭酋所据,事平,以官兵戍守之。生聚既久,繁殖如故。清初再徙其民入内地,康熙中台湾既平,海禁开放,乃复为县,锡号定海。由定海之屡置屡罢,可见吾国海疆开发之所以较为迟缓,关键在治安之不易维持,而非大陆民族有惮于海洋生活也。

以上二区属浙东。(东汉会稽郡)

三、西区,以杭州府东部为出发点,南向西向启辟严州府及本府中部。

1. 自杭县溯钱塘江而上极于徽港下游、桐溪中游为主线。富阳始建于西汉;新登、桐庐、建德、寿昌皆孙吴时析自富阳;唐又析分水于桐庐。

2. 自余杭溯东苕溪而上为辅线。孙吴始置临安。

此中、东、西之区各线所启辟者,略居省境十之八,外此则:

四、西北天目山地另成一区,一线自安吉南渐而启辟苕溪上游之孝丰,桐溪上游之于潜、昌化,一线自皖境歙县东向析置徽港中游之淳安、遂安。

五、东北太湖流域另成一区,以嘉兴、海盐、吴兴为根本,逐渐析置成嘉属六邑,湖属东四邑及杭属之海宁。

以上三区属浙西。(三、五两区汉属会稽,东汉属吴郡,四区属丹阳。)

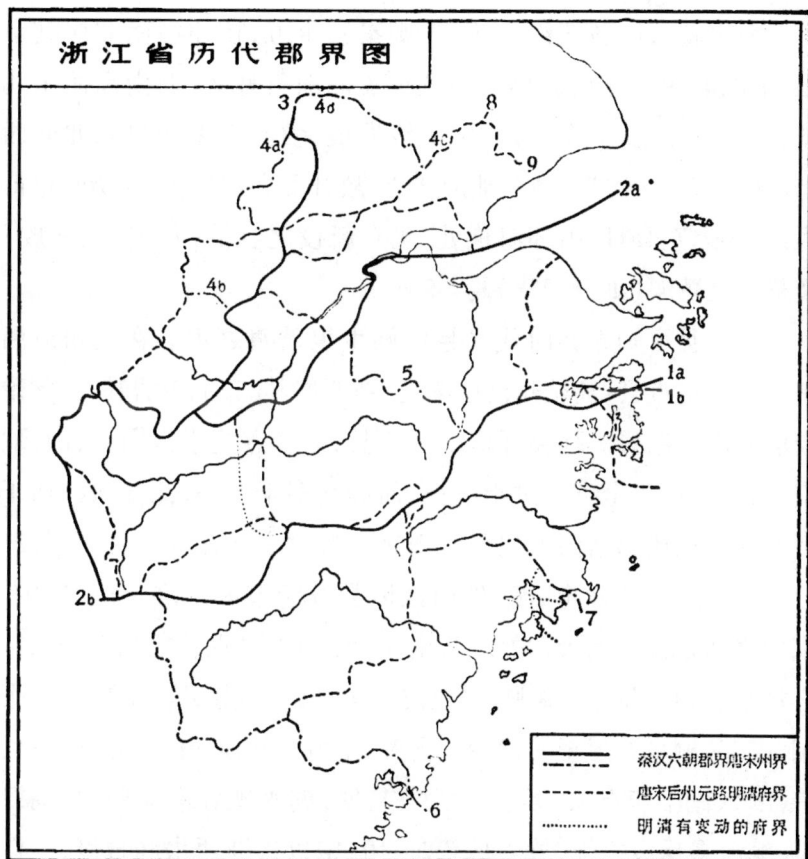

1a　秦会稽、闽中郡界,汉初汉、瓯越界,武帝以后会稽南部都尉北界。

1b　六朝会稽、东阳与临海、永嘉郡界,唐宋以后明、越、婺、衢与台、处界。

2a　西汉武帝以前、东汉顺帝以后会稽、吴郡界,六朝会稽、东阳与吴部界,唐、宋、元浙东、浙西界,唐宋以后越、婺、衢与杭、严界。

2b　秦汉会稽郡、六朝东阳郡西界。

3　汉初吴、鄣郡界,武帝以后会稽、丹阳郡界南段,又为六朝吴、新安郡界。

4a　六朝吴兴郡、唐宋以后湖、杭西界。

4b　六朝新安、吴兴郡界,唐宋以后杭、严界。

4c　六朝吴兴郡东界北段,又为唐宋以后湖州东界。

4d　六朝吴兴郡、唐宋以后湖州北界。

5　六朝会稽、东阳郡界,唐以后越、处界。

6　六朝永嘉郡南界,唐宋以后温、处南界。

7　六朝临海、永嘉郡界,唐宋以后台、温界。

8　吴越、两宋秀州北界。

9　元嘉兴路北界。

兹再就五区各线综而论之,则秦县十五,杭州湾南北居其十二,平原地带之开化远早于山区可见。浙省地势,西南高而东北低,故最重要之中、东、西三区诸线发展途径,大率皆自东北而西南。中、东二区腹地辽阔,地形丛错,故开辟之功最伟,而历时也最为绵长,迟至今日,山环海抱处,犹有新设之县治(如磐安、文成)及待辟之草莱(如三门湾)焉。

由秦县可知先秦时代吴越民族生聚繁殖之重心在杭州湾两岸。西汉增五县,离杭州湾已渐远;浙西居其二,浙东居其三,此殆自然发展之结果。孙吴开辟二十三县,远者遂至于常山、松阳、瑞安,浙西之地于全省不过十之三,而辟县多至十一,此则须归功于贺齐、陆逊、诸葛恪诸人之开辟山越。晋代之功在开辟台、温各二县。唐代之功在开金、衢、处山区诸县及宁波海上之定海、象山。宋代之功在辟西南极远处之开化、庆元。明、清两代之功在辟山中之宣平、云和、景宁、泰顺,海上之温岭、玉环、南田。而嘉属之平湖、嘉善、桐乡亦迟至明代始立县者,殆由于其地介湖海之间,古代三江(太湖下流有松、娄、东三江)易塞,湖水辄弥漫无归,盐潮日至,滨海多斥卤之地,故生聚较难;唐、宋以来浙西水利日修,三江宣泄无阻,杭州湾北岸之海塘逐渐告成,斥卤化为良田,天然之患既除,生民乃得以滋息,更历数百年,新是遂因而析置焉。(苏省松、太二属诸县,析置于元、明、清者尤多,其原因亦在此。)

(原载杭州《东南日报》,1947年10月4日,《云涛》副刊第五期)

杭州都市发展之经过

（一九四七年十一月三十日应浙江省教育会
等之邀在浙江民众教育馆讲演）

    杭州自秦始皇三十七年（公元前 210 年）始见于记载，迄今凡二千一百五十七年，依其都市发展的经过而言，约可分为六个时期。秦汉六朝八百年为一期，是（一）：山中小县时代；隋唐三百年为一期（起隋文帝开皇十一年、公元 591 年），是（二）：江干大郡时代；五代北宋二百四十年为一期（起唐昭宗乾宁三年、公元 896 年），是（三）：吴越国都及两浙路路治时代；南宋一百四十年为一期（起宋高宗绍兴八年、公元 1138 年），是（四）：首都时代；元代八十年为一期（起元世祖至元十三年、公元 1276 年），是（五）：江浙行省省会时代；自明至今五百九十年为一期（起元顺帝至正十六年，公元 1356 年），是（六）：浙江省省会时代。

    （一）《史记·秦始皇本纪》，三十七年，始皇出游过丹阳，至钱唐。钱唐即今杭州，杭州见于记载始此。但钱唐县的创立可能在此前十二年秦取楚江南地，初置会稽郡时，也可能在战国时楚已置县，而秦因之。钱唐于秦及西汉为会稽郡的属县，于东汉、六朝为吴郡的属县，其时它在东南都邑中的地位非但远不及六朝首都的建康（今南京），秦汉以来吴郡郡治的吴（今苏州），会稽郡郡治的会稽（今绍兴），还赶不上孙吴时即建为郡治的吴兴、金华、临海，东晋时即建为郡治的永嘉,仅仅和邻近的富阳、海宁、余杭等县约略相等。孙权黄武中尝置东安郡于富阳,后三年废;梁末侯景置富春郡于富阳,临江郡于钱唐,陈初置海宁郡于盐官(今海宁),皆不久即罢;陈后主祯明元年又置钱唐郡于钱唐,后二年隋平陈罢郡,改置杭州于余杭(杭州之名始此,即得名于州治余杭)。可见自孙吴以来,钱塘江下流,本已有分建一郡的需要,可是还找不到一个已具有相当都市规模,适宜于做郡治的大县,只得在江口诸县中,随便择一而治。这几县既然都还不够作郡治的资格,因而郡则屡置屡罢,治则迁移靡定。

杭州水居江流海潮交会之所,是钱塘江流域的天然吐纳港,陆介两浙之间,是自北徂南的天然渡口,以地理位置而言,极利于都市发展,何以自秦汉至六朝历八百年之久,始终只是一个无足称道的小县呢?欲明乎此:

(甲)先要从古今地形的不同说起。原来现今杭州湾南岸的陆地,有许多都是有史以来逐渐由钱塘江带下与海潮涌上的泥沙堆积而成的;西湖在古代是湾里的一个小海湾,而湖以东的平陆,在昔实为波涛出没之所。[1] 以秦汉时代而言,至少今城东南江千一带,尚在海中,南岸的西兴镇,亦逼临江浒,水面辽阔,犹不成江形。所以《史记·秦始皇本纪》称始皇至钱唐,临浙江,水波恶,乃西百二十里从狭中渡。今城南包山迤西诸山,旧名秦望山,传说即秦皇临浙江欲渡而不得处。而始皇当日渡处,据《水经·渐江水注》、山谦之《吴兴记》,都说在余杭境。按杭,航也,渡也,盖古代浙东西之渡口在此。秦于此立县,即以杭为名。(余同干,是越民

---

① 苏轼撰《六井记》,尝言:"凡今州之平陆,皆江之故地"。昔人有怀疑此说者,近年地质学家已予以证实。

族的发语词,犹言于越、于潜、余姚。)汉分余杭南境立富春县,津渡所在,遂改属富春。可见古代江海交会南北津渡处,实在今之富阳,而不在杭州。故自秦汉至六朝初期,富春地位,重于钱唐,孙吴创立东安郡于钱江下游,即以富春为治所。

(乙)古今的地形既不同,城邑所在,亦因而不同。今杭城所在地秦汉时也许根本没有露出海面,也许虽已露出,但仍时有被巨潮淹没之可能①,当然无从建立城邑。《水经·浙江水注》,浙江又东径灵隐山下,山下有钱唐故县,县南江侧有明圣湖。明圣湖即今西湖,则今湖以西北至岳坟西去灵隐一带,殆即秦汉时钱唐故址所在。其地三面皆山,仅东南一面滨湖,而湖外又为沙滩所阻,绝无舟楫之利可言。对外交通既仅赖几条崎岖的山路,其僻陋可想,无从发展可言,难怪八百年来,它的地位,始终只是一个山中小县。

(二)杭州脱离它山中小县的地位而步上光荣的新生命,关键在隋开皇十一年的迁治。隋以开皇九年平陈,改钱唐郡为杭州,移治余杭。其明年,还迁钱唐;又明年,州县并移治于柳浦西。柳浦之名始见于刘宋泰始二年,吴喜率众自此渡浙江取西陵。西陵即今西兴。柳浦当即今城东南之贴沙河,河上犹有桥曰跨浦(或作跨步,误),桥南旧有浙江亭,为驿路所经。柳浦一带盖自晋宋之际已涨成平陆,宋后遂为津渡要地。经南朝百数十年来的生聚,日渐蕃息,隋因移州于此,就浦西凤凰山麓之地,肇建新城。自此僻处山中的钱唐县,乃一变而为江干的杭州,——水居江海之会、陆介两浙之间、适宜于都市发展的杭州。

隋代之有功于杭州,不仅移治一端而已。移治后二十年,炀帝

---

① 章鸿钊《杭州西湖成因一解》:"记载之有西湖,虽若始于汉,然其时必随潮出没,潮上而湖没,潮下而湖见,殆犹在若无若有之间。"

又凿通江南运河,起京口(今镇江),迄余杭(时改杭州曰余杭郡),都八百余里。江南运河是炀帝所开大运河的一部分。大运河以洛阳为中心,西以广通渠达于长安,北以永济渠达于涿郡(今北平),东南以通济渠沟通大河、长淮,又以邗沟接连长淮、大江,又以江南运河贯穿太湖流域,北通大江,南接浙江。自此杭州遂为大运河水运的一个起讫点,其地位益见重要。

杭州成为大都会的基础至是可说业已具备,但隋祚短促,未能及见其盛。杭州的繁荣实始于唐。《乾道临安志》记唐贞观中杭州户口,至十一万人。中唐而后,遂以"东南名郡"见称于世,见李华《杭州刺史厅壁记》(作于代宗永泰元年);又白居易撰《卢元辅除杭州刺史制》(德宗时),也说"江南列郡,余杭为大"。而唐代杭州之所以克臻繁荣,一方面诚然是承袭了隋代所奠定的基业而日渐发展的结果;另一方面则唐代本朝的多方面建树,亦有以致之:

一是海上贸易的开辟。有唐一代由于国威远振,海外交通,盛极一时。广州、扬州而外,杭州亦为通商口岸之一。杜工部《解闷十二首》:"商胡离别下扬州,忆上西陵故驿楼",西陵是宋世海舶出入杭州必经之地,(《西溪丛话》引《海潮说》,海舶因畏避杭州湾沙滩,皆由今宁波泛内河西上,自西兴渡江达杭。)由此可见唐代西陵之所以时有商胡踪迹,其目的地亦必在杭州。李华《杭州刺史厅壁记》,"水牵卉服,陆控山夷,骈樯二十里,开肆三万室",这绵亘二十里的帆樯,中间当有大部分来自海上。钱镠《罗城记》(作于唐昭宗景福二年),"东眄巨浸,辏闽粤之舟舶,北倚郭邑,通商旅之宝货",可见当时杭州之繁荣,半系于北郭河埠的内河贸易,半系于城东江干的海上贸易。

二是市民饮水问题的解决。杭城所在之平陆既是江海的故地,自宋以前,江流东去城郭甚近,地下水潜相通灌,咸苦不中饮。

惟有负山而居者,凿井可得甘泉,范围至狭,故最初兴起的聚落,不在中城、下城的广大平原,而在上城城南的凤凰山麓。其后因交通便利,商贾辐辏,居民日众,饮水来源,遂成为一严重问题。唐德宗大历中刺史李泌始在今涌金门、钱塘门之间,分开水口六,导西湖水入城,潴而为六井;穆宗长庆中刺史白居易复加开浚。自是民足于水,生齿日繁,城邑聚落所届,乃得不复限于南部山麓地带,逐渐北展,后世杭州的城区,大致即拓定于此时。《杭州府志》载隋杨素创建州城,周围即有卅六里九十步,此说殆不足信。隋代初年杭州还是一个新起的小郡,无需乎偌大城郭。且《太平寰宇记》明说隋代依山筑城,足证城区限于凤凰山东、柳浦之西一带。大抵今凤山门南吴越牙城、南宋皇城的故址,实为隋代州城所在;南起江干,北届今武林门、艮山门的市区,当肇基于唐,惟筑城年代已无可确考。又自唐至元杭城南近江干,南北较今城为长,东至今东青巷、城头巷,东西较今城为狭,城区成一狭长形,盖惟近山近湖之地可得甘水之故。所以自唐之李泌下迄两宋,凡杭州的贤有司,几莫不致力于导湖浚井。宋元之际,江势去城曰远,城区附近水泉不复有咸苦之病,市区乃渐展向东。元末张士诚改筑城垣,因南截已就荒废之南宋故宫于城外,东包新市区于城内,即今城是也。而元明以后之言杭州水利者,遂亦不再以治井为急务。

三是农田水利的兴建。杭州夏秋之际易旱,影响农作甚巨。西湖据浙西平原的上游,本为一天然水库,唐以前未知利用。长庆中白居易为刺史,始筑堤捍湖,以时蓄泄,州东北濒河之田有千余顷,皆资以灌溉,无复凶年①。农村的富饶,当然是促使都会繁荣滋长的原因之一。自此以后,开湖浚河,历代皆奉为成法。

---

① 《方舆纪要》谓用西湖水溉田亦始子李泌,所据待考。

四是西湖风景的播扬。西湖妙境天成,冠绝宇内,但自唐以前,未尝见诸题咏,知者殆鲜。白居易守杭,酷爱湖山,眈呢云树,新词艳曲,叠出不穷,其《湖上春行》、《春题湖上》、《余杭形胜》诸诗,已曲尽风物之胜。既去任,犹不胜回恋,有《留别天竺灵隐》、《留别西湖》、《思杭州旧游》、《忆杭州梅花》、《答客问杭州》等篇。乐天在当时,诗名震撼一世,西湖经其品题,声价自必十倍。盖自此而后,西湖遂为世人所周知,杭州遂为四方文士胜流好游赏者所麕集。其后北宋熙宁、元祐中苏轼又以第一流诗人两任杭州,篇什之丰,过于乐天。前人每谓"杭州巨美,自白、苏而益彰"。洵属知言。

(三)唐代的杭州虽已被称为东南"大都"、"名郡",但此所谓"大"与"名",只是在一般郡治中比较地大、比较有名而已。实际当时东南的大都市,约可分为三等:属于第一等的是全国的经济首都扬州,属于第二等的是两浙的政治重心苏州与越州(今绍兴),第三等才能数到杭州。使杭州从第三等超升到第一等的是五代时的吴越钱氏。

先说杭州与苏、越二州盛况的升降。王明清《玉照新志》说得很对:"杭州在唐,繁雄不及姑苏、会稽二郡,因钱氏建国始盛"。为什么钱氏的建国能使杭州的繁荣超过苏、越二州之上呢? 当然是因为钱氏定都于杭州。为什么钱氏要定都于新起的杭州,而不定都于较为繁雄的历史故都苏州或越州呢? 杭州是钱武肃王起家发祥之地,此为原因之一,但不是主要的,主因在政区的变动。原来钱塘江两岸,自唐以前,经常分属于两个政区:在春秋为吴、越两国,在秦汉为吴、会稽二郡,在唐为浙西、浙东两道。政区既然分为两个,则浙西的都会当然在苏州(历史的,也是地理的中心);浙东的都会当然在越州(历史中心。浙东地理中心在金华,但开发较晚)。杭州地处浙西的边隅,只能做一个属县或属郡。把两浙并为一个政区实始于吴越钱氏的建国;自两浙而言,则苏、越皆有偏处一隅之病,杭州正为地理中心所在,吴越国的首都,便非此莫属了。吴越盛时版图除在今浙省境内的十一州而外(其中秀州包有苏省旧松江府之地),北有苏州(包有旧太仓州之地),南有福州(包有旧福宁府之地)。此十三州虽地不甚大,惟自唐以来,已为全国精华所萃,而杭州为之首都,宜其盛况益骎骎日上,入宋遂为两浙路路治。两浙路统辖十又四州,较之吴越国境,南不得福州,北增常、润(旧镇江府)二州。

再说杭州怎样能进一步成为东南的亦且是全国的第一流大都会。关于这个问题,有名的欧阳修《有美堂记》,已经替我们解释得很明白:并不是杭州本身有了什么特殊原因使它突飞猛进,乃是兵燹把其他大都会惨烈地破坏了,而太平无事使杭州能够循序发展。不过《有美堂记》中所提到的,仅是从五代进入北宋时,南唐首都金陵与吴越首都钱塘遭际的不同:"金陵以后服见诛,今其江山虽在,而颓垣废址,荒烟野草,过而览者,莫不为之踌躇而凄怆"。钱塘"顿首请命,不烦干戈,今其民幸富完安乐","邑屋华丽,盖十余万家","可谓盛矣"。实则推而广之,唐代许多第一流大都市如长安、洛阳、扬州等,入宋后往往令人"酸鼻"(洪迈《容斋随笔》论唐宋扬州之盛衰语),殆无一非兵燹之赐。要之,唐末五代是一个干戈扰攘、四方鼎沸的时代,独两浙在钱氏保据之下,晏然无事者垂九十年;两浙既然是当时惟一的乐土,因而杭州就成了乐土中的天堂;乐土中的天堂,其繁雄富盛,自非复其他兵乱之余的都会所可比拟了。北宋时杭州有"东南第一州"之誉(宋仁宗《赐梅挚出守杭州诗》),绝非过当。《宋会要》载全国各地天圣、熙宁商税酒麴税税额,杭居第一,汴都犹在其次;苏东坡也说:"天下酒课之

盛,未有如杭者。"(《开西湖状》)

上述两点,是促使杭州成为"东南第一州"的主因,此外五代北宋时又有下列数事,对于杭州都市的发展,显然亦有相当的重要性。

一是海岸石塘的修筑。杭城东南滨海,田庐时有被巨潮淹没之虞。防海大塘创立于三国时功曹华信,惟塘以土筑,岁久辄坏。中唐以后,潮患濒仍,或至奔逸入城。梁开平中钱武肃王始积巨石植大木以捍之,上自六和塔下抵艮山门,号捍海塘。城基既固,居民乃奠,盖杭城至是始确保脱离水患。宋后又屡加修治。

二是城区运河的整治,杭州城区内外诸河,南由贴沙、龙山二河达于江,北自上塘、下塘等河下注嘉、湖两郡。在未有堰闸以前,江河互相贯通,潦则有溃溢之患,旱则有涸竭之虞。堰闸之兴,史未明载,疑滥觞于唐而备于钱氏。钱氏时北郭有清湖等堰,江干有浙江、龙山二闸,城东有大、小二堰,因时启闭,水运大畅,江船河艘,交织城中。宋初堰闸倾废,江湖径行灌注城中,一汛一淤,每隔三、五年,就须开浚一次,颇为民病。元祐中刺史苏轼又筑闸浚河,大加整治。茆山、盐桥二河,皆有水八尺;令江水专由径行城东僻处的茆山河北出天宗门,俟潮平水清,然后开闸灌注盐桥河;自是穿行阛阓中的盐桥河,但有过航之利,无复开浚之劳。(苏轼《请开河状》)

三是市舶司的设置。市舶司创制于唐,专理对外贸易。唐世只在广州一地设立;北宋时置司渐多,杭州亦居其一。杭州市舶司创建于太宗端拱年间,其时惟广州已设,明、泉、密诸司的设置,皆在其后。《有美堂记》有云:"而闽商海贾,风帆浪舶,出入于江涛浩渺烟云杳霭之间",可见宋世杭州海舶之盛。

四是手工业的发达。宋元时杭州为全国手工业中心,见《马哥孛罗游记》。按《有美堂记》中已有"其俗习工巧"之语,则杭州手工业的发达,殆亦始于五代、北宋时。

(四)杭州都市的发展,至宋室南渡而登峰造极。高宗以建炎三年自扬州渡江幸杭州,旋升杭州为临安府。其后转徙于吴越之间垂十年,时而建康、时而绍兴、时而平江(今苏州),至绍兴八年,终于定都临安。于是钱氏以来的东南第一州,更进一步而成为南宋全国第一州。十二世纪的世界各国,以南宋最为繁荣富盛,故南宋的第一州,实即世界的第一大都会。马哥孛罗以南宋亡国后来游杭州,仍以"天城",相称,叹为"世界上最美丽华贵之城"。此世界第一大都会之繁华浩穰,殊非数语所能尽。其详备见于吴自牧的《梦粱录》、周密的《武林旧事》、耐得翁的《都城纪胜》,以及乾道、淳祐、咸淳三《临安志》。元代马哥孛罗、奥代理谷、马黎诺里、伊宾拔都他等西洋人的所见所述,大抵亦即南宋时的景象。约而言之,则其时:

(甲)城区运河时加浚治,虽巨舰可通行无阻。道路皆以砖石筑成,遇天雨无泥泞之病。浙右江淮河艘骈集于城北,江船海舶蚁集于江岸。自北关可溯城内运河深入市区,水次有塌房数千间,专以寄藏货物。自江岸可经贴沙、龙山二河,达于城郭:大致滨江纲运皆由龙山河入城;海舶则自西兴渡江入贴沙河,市舶务在保安门外,贴沙河即自此折西入城。巨富高资,多属江商海贾,四方百货。不趾而集,大街买卖,昼夜不绝,夜交三四鼓,游人始稀,五鼓钟鸣,卖早市者即已开店。

(乙)百工分十二行,每行凡万二千家,每家至少十二人,多至二十人、四十人不等,制造品销行极广,工人几无暇咎。这是马哥孛罗的话,容有过分夸张处;但其时杭州手工业极为发达则可信。

既以政治首都同时为全国工商业的中心,故

（丙）市区日益扩展。绍兴十一年以都城之外南北相距三十里，人烟繁盛，各比一邑，因于城南嘉会门外洋泮桥东置左厢公事所，城北余杭门外江涨桥东置右厢公事所，差官主管，时距定都临安才三载。乾道三年，又以城东西户口繁夥，警逻稀疏，置东西厢都巡检使各一员，措置盗贼，东驻崇新门外马婆旧铺，西驻钱粮司岭上（今四眼井北青龙山，宋曰钱粮山，山下为钱粮司岭），时距定都才二十九载。到了宋元之际，"城南西东北各数十里，人烟生聚，民物阜蕃，市井坊陌，铺席骈盛，数日经行不尽，各可比外路一州郡"。（《梦粱录》塌房条）"附郭甚大，民居之稠密，过于城中"，"每自一门迤逻外出，距寓凡有八里"（《奥代理谷游记》）。其市区大致东南尽江涛，西南起龙山（今之江大学后头龙头市场，在六和塔下），西际天竺、灵隐，北包西溪、北关，远接安溪、临平。马哥孛罗、奥代理谷都说城周一百迈尔，迈尔即华里之意译。[①] 所谓城殆即指市区而言，所以马哥孛罗以为西湖是在城中的。其时绕湖皆巷市，民居与百司寺观，错杂而处，看《咸淳临安志》西湖图可见其概。陆游诗"西湖为贾区，山僧多市人"。"黄冠更可憎，状与屠沽邻。"赤山埠南步司后军寨前有赤山市，有赤山瓦子，灵隐天竺路行春桥侧有行春瓦子，[②]可见南宋的西湖，一派繁华喧阗，杳然无复山林气象了。

（丁）户口日益蕃息，《有美堂记》："邑屋华丽，盖十余万家。"柳永《钱塘词》"参差十万人家"，这是北宋时杭州人户的略数。南宋繁盛十倍于昔，《马哥孛罗游记》说全城有一百六十万户，《梦粱

---

① 马哥孛罗记西湖周围三十迈尔，皇城周围十迈尔，皆与华里数相合。

② 瓦子创立于绍兴驻跸之初，城内外共有十七处，招集妓乐，以为军卒暇日娱戏之所。其后贵游子弟，多荡游于此。

录》塌房条说近百余万家,恐言之过甚,惟《梦粱录》米铺条说"不下数十万户,百十万口",殆合事实。十三世纪的世界,有偌大的都邑,无怪乎马哥孛罗要惊为"天城"了。

(五)元世祖至元十三年灭宋,此后八十年,杭州都市乃进入另一阶段。政治上退而复为东南的第一州,它是江浙行中书省的省会(至元二十一年自扬州移杭),省境辖有今浙江、福建二全省,江苏、安徽的江南部分,江西的湖东部分。但在经济上仍不失为全国的或世界的第一大都会。自平宋后不久的马哥孛罗到元末顺帝至正初的伊宾拔都他等,其所描绘的杭州盛况,大致皆不减南宋当年。蒙古大帝国混一欧亚,中西陆海交通一时大为畅通;此"世界上最美丽华贵"的杭州,遂为商胡麕集之所,贸易之盛,殆过于宋。所以元人提到钱塘,往往喜与"诸蕃","岛夷"连称(如黄缙《黄学士文集》、《江浙行中书省题名记》、《武襄王神道碑等》)。据伊宾拔都他所记,则其时崇新门内荐桥附近,多犹太人基督教徒及拜日教徒之突厥人聚居;荐桥以西,为一回教徒区域,一入此区,宛如身临回教国。

(甲)市况未免逐渐衰退。城内外运河年久失浚,填为沟渠,商旅因而裹足,百物因而翔涌。延祐三年、至正六年虽曾两次大浚诸河,但河高江低,诸河浚而不深,仍与江潮隔绝,悉赖西湖水为源,水深仅三尺,已不及宋世之半。且河不通江,城南商业,因而日就萧条。城南一带本为杭州最早的市区所在,吴越以来,南、北关盛况,亦略相颉颃;自此南关衰落,北关独盛。(清季沪杭路通车,内河航运,逐渐衰退,民初又拆满城辟为新市场,闹市又移至城内城站、湖滨一带)。此后明初洪武间曾一度浚深龙山、贴沙两河,河口仍置闸限潮,军舰可由此出江,未几又塞。自元以后,由于江潮不复入河,开浚之劳虽较省,但舟楫之利,遂远非两宋之比。

（乙）偶然遭遇天灾或人祸，就无力恢复。杭州由于居民稠密，灶突连绵，板屋居多，砖瓦特少：奉佛太盛，家设佛堂，彻夜燃灯，幢幡飘引；自钱氏以来，即多大火。显德五年城南火作，延烧内城，计毁一万九千家。南宋建都，城区大火都二十一次，每次所毁动辄在万家以上。最厉害的是嘉泰元年三月二十八日那一次，延烧军民五万一千四百家，绵亘三十里，经四昼夜乃灭。顾当时京师所在，资力殷盛，故毁而不久旋复。到了元顺帝至正元年，"四月十九日，杭州灾，毁官民房屋公廨寺观一万五千七百五十五间"，明年，"四月一日，又灾，尤甚于先"，"被灾者二万三千余户，烧官廨民庐几尽"，"数百年浩繁之地，日就凋弊，实基于此。"（《辍耕录》火灾条、《续通鉴》）火灾之后，又继以兵灾。至正十九年冬十二月，明太祖遣常遇春帅师攻杭，"突至城下，城门闭三月余，各路粮运不通。一城之人，饿死者十六七。军既退，吴淞米航辐辏，借以活，而又大半病疫死。"（《辍耕录》杭人遭难条）

（六）元季杭州所遭逢的患难不仅兵、火二灾而已，同时政治区域又有变动，其结果不仅丧失了全国第一大都会的地位，并东南第一州的地位亦不复能保持。至正十六年，明太祖置江南行中书省于应天府，元廷又分福建道别立行省，杭州省会的辖境，即大为减缩。至明太祖洪武十四年，遂定以杭、嘉、湖、宁、绍、台、金、衢、严、温、处十一府为浙江省境，以迄于今；较之元代的江浙行省，不及三分之一。自是政治地位既为洪武年间的首都、永乐以后的陪都、清代两江总督驻节所在的南京所代；经济地位亦渐为漕运、盐运中枢的扬州以及后起的通商海口上海所超越。甚至清代江苏藩司治所、太湖流域的政治、经济重心苏州，其盛况亦略足与杭州相颉颃。但明清两代杭州都市地位之所以没落，初不仅由于其他都市的兴起，比较相形见绌，杭州本身亦自有其日渐衰退之故。明代倭寇、清代太平天国两次兵燹，都有相当严重的破坏，此其一。明代为防御倭寇侵扰，禁断海舶出入沿海口岸，自此无复通商互市之利，此其二。运河日淤日浅，故道尽失，塞为街衢，占为庐舍，内河运输益形不便，此其三。至最近五十年，沪杭、浙赣两路通车，交通日便；而手工业受外国及上海机械工业的影响，日就衰微，得失略相抵。

二千年来杭州都市发展经过的大纲巨目，就鄙见所及，略如上述，尚希在座诸君不吝指正。

（原载杭州《东南日报》1948 年 3 月 6 日，《云涛》副刊第 26 期）

论丁文江所谓徐霞客
地理上之重要发现

徐霞客晚年,为西南万里之游,经苗傈之乡,极人所不堪之苦,遇盗者再,绝粮者三,百折不回,至死无悔。丁文江为霞客撰年谱,尝论及所以使之然之故,结论曰:"然则先生之游,非徒游也,欲穷江河之渊源,山脉之经络也。此种求知之精神,乃近百年来欧美人之特色,而不谓先生已得之于二百八十年前。故凡论先生者,或仅爱其文章,或徒惊其游迹,皆非真能知先生者也。"诚哉斯言。然霞客作万里遐征之志虽在乎此,而霞客之成就却不在乎此。丁氏知其一而不知其二,竟谓霞客于西南地理上多所重要发见,一一揭示而誉扬之。其言差谬,贻误后学不浅。是丁氏亦非真知霞客者也。盖霞客之成就,仍在其游迹文章,霞客能到人所不能到,写人所不能写,此霞客之所以为"千古奇人",《游记》之所以为"千古奇书"(并钱谦益语)也。至其论江河之渊源,山脉之经络,则于小处如辨枯柯河之入潞江而不入澜沧,碧溪江之即漾濞河下流,虽间有所获;于大处如以南盘为右江上流,大金沙为龙川江别名,反多疏失。于身所未历、目所未击者,往往误前人之所不误,如谓北盘导源于寻甸杨林之水,龙川、大盈会流于入缅之前是也。于所身历目击处,仅足以订正一二《大明一统志》之误耳。如言澜沧江之独流南下而不东合礼社于定边(今蒙化南),北盘之东下都泥而不南注右江是也。而《明统志》一书，实为古来舆地书中之舛谬最甚者，顾亭林尝极论之（《日知录》卷三一），本不足以代表明以前国人之地理知识。于霞客所见较之《明统志》则霞客为胜矣，若以较之古人，则尤且不及，无论有过。丁氏不加考索，遽以此等处皆目为霞客之创获，夫岂不贻误后学，岂为真知霞客者哉？吾侪今日纪念霞客，首须真正了解霞客，余故不惮烦而为之辨焉。

丁氏所谓霞客地理上之重要发见凡五：南北盘江之源流，一也；澜沧江、潞江之出路，二也；枯柯河之出路及碧溪江之上流，三也；大盈、龙川、大金沙三江之分合经流，四也；江源，五也。自余考之，中惟最不重要之第三项，诚足以匡正前人，已引见上文；其余四项，皆断乎绝无"发见"之可言。兹依次论列如下。

僻居乏书，无论其他，即霞客所引证辨订之《大明一统志》，亦不可得见。兹所举以代表明以前之地理知识者，惟《汉书·地理志》、《水经注》二书，代表明人之地理知识者，惟《天下郡国利病书》、《读史方舆纪要》及《明史·地理志》三书而已。《利病书》等虽成于清初，惟所采皆明人旧籍，所载皆明人旧说。亭林、宛溪足迹未至西南，不容有所创获，又卒子康熙中叶以前，其时天主教教士所绘制之舆图犹未竣事也。《明史·地理志》表进于大内舆图竣事之后，而其误处如以澜沧为富良上流，以右江为两盘下流，与明人之说同出一辙，知修史诸臣深明限断之义，但以前代图籍为本，亦未尝受大内图之影响也。

一

崇祯十一年霞客人滇之初，自仲夏至季秋，遍历沾益、曲靖、越州、陆凉（今陆良）、临安（今建水）、石屏、阿迷（今开远）、弥勒、广西（今泸西）、师宗、罗平、黄草坝（属贵州）、亦佐（今罗平北）、寻甸，嵩明诸地，其游之目的，全在探南北盘江之源。今本《游记》缺自亦资孔入境至广西府一段，惟《盘江考》全文俱在。此考都二千余言，即霞客五阅月间深研穷索之总成绩也。丁《谱》誉为我国言地理学最重要之文字，并标举其"发见"凡三事："旧志（《明统志》）以明月所、火烧铺二水，①为南北盘江之源，至先生始知北盘尚有可渡，南盘尚有交水"，一也。"北盘下流，初无人能言其详，旧志至以郁江之右江当之。至先生始知其由安南县下都泥河，出罗水渡，下迁江"，二也。"南盘发源于沾益之炎方（驿名），然不即东南流，反曲折西南八百余里，成一大半圆，会石屏，临安之泸江，始由罗江而东"，三也。而"先生之误，一在以南盘为右江之上流"，"二在以寻甸杨林之水为可渡河之上流"，"前者盖误于旧志之以右江为盘"，"后者则先生误信沾益人龚起潜及《一统志》之旧说"。

今按《汉书·地理志》牂柯郡夜郎县，豚水东至广郁。《水经注》，温水出胖柯郡夜郎县。豚水即今北盘江，温水即今南盘江，二水同出于夜郎，而夜郎故治，实在今沾益、宣威之间（《云南通志稿》），正交水、可渡发源之所。《元史·地理志》，沾益州据南盘江、北盘江之间。沾益故治在今宣威之北，距可渡尤近。至明月所、火烧铺二地，汉时当属平夷县或谈藁县，元时当属罗山县或亦佐县，不得以夜郎、沾益概之。是可渡为北盘之源，交水为南盘之源，自汉至元，千数百年来学人已习知之，何待霞客之发见？霞客所见，

---

① 出亦资孔驿西南十五里小洞岭，岭东水经火烧铺北出合北盘江，岭西水经明月所南下会南盘江。

仅足以证古人之是,辟《明统志》之妄耳,安得遽谓为发见?①

北盘下流,《汉志》但言豚水东至广郁,郁水(郁林郡广郁县下)首受夜郎豚水,东至四会人海。文辞含混,莫由知其经历之详。然《水经·温水注》已有较明晰之记载:豚水东硅且兰县,谓之羊柯水,又东南径毋敛县西,又径广郁县,为郁水,又东北径领方县北,又东径布山县北,又径中留县南与温水合。且兰(故治在今都匀北)、毋敛(故治在今独山南)之西,则今之安南是也,领方(故治在今宾阳西)、布山(故治在今贵县南)之北,则今之迁江是也,是则北盘之经安南下迁江,六朝人已知之矣,又何待霞客之发见?② 且《明统志》之误,在两盘江会流以后,会流以前未尝误,霞客不信北盘南下泗城(今凌云)西北者香渡会南盘之正说,乃妄谓自安南东铁桥以下东南合平州(今平舟)诸水入泗城东北境,是直以今紫云、罗甸间之格必河为北盘经流,其谬岂在《明统志》之下哉?③

南盘之自沾益西南流,会泸江始折而东北,霞客未尝以此为前人所不知,亦未尝谓旧志有误,而丁《谱》亦列以为发见之一,更不知其何所见而云然。班志、郦注虽不载泸江,然既载俞元、毋棳二桥水并东注于温,④俞元之桥即今抚仙湖下流,毋棳之桥即今曲江,是班、郦何尝不知南盘之曲折西南流?曲江会南盘于今华宁县东,夫既知至于华宁矣,安知其不知至于开远?《明史·地理志》

---

① 《明统志》之妄,明人中亦非仅霞客知之。《方舆纪要》、《明史·地理志》载两盘之源,皆不从《明统志》之说。北盘始于乌撒(今威宁),较霞客知之尤悉,惟南盘始于沾益西南,失之稍近。

② 中留故治在今武宣西南,北盘下流之黔江,实经其北,郦注微误。

③ 自那地以下不曰经东兰而曰出永顺,又误以刁江为北盘经流。

④ 班云毋棳桥水东至中留入潭,潭水即今柳江,桥水入温而后,温、桥可通称也。

于沾益以下罗平以上，凡江流经行诸州县下，皆注称有盘江，无一或缺，亦载及抚仙湖、曲江、泸江诸水之入盘，又于曲靖府南宁县下总叙云：南盘江下流环云南、澄江。广西三府之境，至罗平州入贵州界，足见其于南盘之曲折西南流，知之甚悉，初不下于霞客也。

丁《谱》所谓霞客之发见凡三，自余考之，无一非前人所已知。而丁《谱》所指陈霞客之误凡二，以为皆由于误采旧志之说，自余考之，其以南盘为右江之上流，果明人之通病，至其以寻甸杨林之水为可渡河之上流，而不知其实下牛栏入大江，此则前人类多知之，《一统志》亦不误。霞客不察，误从沾益人龚起潜之妄说耳。何以知前人类多知之？班志、郦注，涂水出益州（建宁）郡收（牧）靡县南山腊谷，西北至越嶲入绳。涂水即今牛栏江，绳水即今金沙江，收靡故治在今会泽、寻甸之境（《云南通志稿》），涂水上流在收靡之南山，正霞客所谓寻甸杨林之水矣。《利病书》（卷一〇八）引前人《金沙江源流》及杨士云《议开金沙江书》，皆云牛栏江源出寻甸，流注金沙，《方舆纪要》亦从之。何以知《一统志》不误？牛栏江上流，自寻甸以下，实经沾益西北境。①《一统志》但言寻甸之水东入沾益（《游记》九月二十三日引），未尝言其合于可渡，本是也。霞客惑于龚起潜之说，以为"确而有据"，先有成见，遂谓入沾益必合于可渡，此霞客之武断，安得以《一统志》代尸其咎耶？

二

崇祯十二年暮春，霞客自大理西南行，经永昌（今保山）至于腾越（今腾冲），腾越处龙川、大盈二江之间，霞客既纵览近郊山

---

① 在寻甸曰阿交合溪，至沾益曰车洪江。

水,《游记》于四月十六日有文论大盈、龙川及金沙三江之经流。略曰:《志》言芒市西之麓川江,与腾越东之龙川江,源流相同,是麓川即龙川。《志》又言龙川江出峨昌蛮地,南流之缅太公城(今Mandalay,曼德勒)合大盈江;又言,金沙江源出芒市西南之青石山,流入大盈江;是金沙江又龙川之别名。"盖峨昌蛮之水,流至腾越东,为龙川江,至芒市西,为麓川江,以与麓川为界也。其在司(芒市)境,实出青石山下,以其下流为金沙江,遂指为金沙之源,而源非出于山下可知。又至于崖(今盈江)西南,缅甸之北,大盈江自北来合,同而南流,其势始阔,于是独名金沙江而至太公城。孟养之界,实当其南流之西,故指以为界。(《志》言孟养东至金沙江,南至缅甸,北至于崖。)非孟养之东又有一金沙南流,干崖之西又有一金沙出青石山西流,(《志》言大盈江自干崖西流至比苏蛮界注金沙江)亦非大盈江既合金沙江而入缅,(《志》言大盈江注金沙江入于缅)龙川江又入缅而合大盈。大盈江所入之金沙即龙川下流,龙川所合之大盈,即共名金沙者也。"丁《谱》按云:"《一统志》言大盈、龙川、麓川及缅甸之金沙江,讹误至不可解,先生始订正其源流。""按今图考之,先生之言,无一不符。惟金沙江之源流,先生言之不详,盖大盈合槟榔江为太平江,再合金沙江,下流至太公城,始与龙川合也。"然自余考之,则霞客此段文字,惟谓麓川即龙川不误,而此点《纪要》(云南大川)、《明志》(陇川司)固明言之,知为明代治舆地学者所熟知,初无待霞客之发明。其余所论,但见其谬,不见其符。明人所谓金沙江,实指大盈江之下流,[1]而伊洛瓦底江自八莫以下通称焉。《纪要》(云南大川、腾越、缅甸、

---

[1] 大盈江至干崖司西南,槟榔江自北来会,此下或称大盈,或称槟榔,又西南至比苏蛮界,称金沙江,即今太平江,而大盈之名不废。

孟养、南甸、干崖)《明志》(缅甸、孟养)皆知之。其水在孟养之东，麓川之西，与芒市无涉。《志》于芒市青石山下云云，妄耳，顾宛溪能辨之，而霞客不能，且据以立龙川下流即金沙之说，遂铸成大错。夫正统间麓川(一作陇川)既平，思机发走金沙江外，窃据孟养，负固不服。其后大举进剿，总督王骥率官军及木邦、缅甸、南甸、干崖、陇川等司士兵，由干崖至金沙江。机发列阵据守于西岸。大军既济，大破之，逾孟养至于孟那。诸部皆震誉曰："自古汉人无渡金沙江者，今王师至此，真天威也。"(《明史·麓川土司传》)此役为明代一大武功，史载其用兵经历，至为翔实，可确证金沙江实在干崖、南甸、陇川诸司之西。(《孟养土司传》亦可证)《纪要》、《史》、《志》以大盈江下流当之是也。若金沙为龙川下游，则诸司并在金沙之西，机发之自陇川之孟养，不得曰亡走江外；王骥之进剿，机发焉得临江拒守？且骥于是年之前已再征麓川，大兵数出入其地，又何来自古汉人无渡金沙江之说乎？[1] 明人记本朝武功之书不少，想霞客皆未寓目，而其游踪又止于腾越近郊，未尝出关一步，乃欲悬揣千里以外之山川脉络，宜其讹失矣。至龙川、金沙二江之会流处，[2]实在缅甸今之吉沙城(Katha)，《一统志》龙川江条作在太公城，虽相去匪近，究同属缅地，霞客乃谓在入缅之前，斯则误旧志之所不误，非特言之不详而已也。[3]

---

[1] 如霞客之说，则孟养在芒市西南，麓川之南，此蛮莫孟密之境也。弘治中孟养思陆叛，渡江(指金沙)侵据其地。

[2] 明人以大盈为金沙之源，故此处金沙亦兼得大盈之称。

[3] 《志》于大盈江言至比苏蛮界注金沙江，入于缅，"注"当作"称"，霞客不知，又错认金沙江为龙川，致有此谬。

三

霞客初自大理至腾越,已历澜沧、潞江,既而由腾越东返,又自永昌循澜沧绕道顺宁、云州(今县),北经蒙化,还于鸡足山。《游记》于三月二十八日、四月十一日、十六日、八月初九日,俱有文论二江之出路,略云:澜沧"东南经顺宁、云州之东,南下威远(今景谷)、车里,为挝龙江,入交趾至海。《一统志》谓赵州(今凤仪)白厓睑礼社江至楚雄定边县(今蒙化南)合澜沧入元江府(今县)为元江。""今按铁锁桥东有碑,亦乡绅所著,止云自顺宁、车里入南海,其未尝东入元江可知也。"潞江"或言东与澜沧合,或言从中直下交南。""以余度之,亦以为独流不合者是。""于是益知高黎贡之脉,南下芒市、木邦而尽于海,潞江之独下海西可知矣。""前过旧城(云州),遇一跛者,其言独历历有据,曰潞江在此地西三百余里,为云州西界,南由耿马而去,为渣里江,不东曲而合澜沧也。澜沧江在此地东百五十里,为云州东界,南由威远州而去,为挝龙江,不东曲而合元江也。于是始知挝龙之名,始知东合之说为妄。"丁《谱》据此大书曰:"自先生始,始知礼社(即红河)、澜沧、潞江为三江,分道入南海"。

今按澜沧,潞江分道入海,此元人朱思本已著之于图(《纪要·云南大川》引),朱图通行明代,故李元阳(《纪要》引)、杨慎(《利病书》卷一〇八引)、《方舆纪要》、《明史·地理志》并从其说。或人之说,果未尝见信于通人也。霞客辟之,虽有功于朱图,安得便谓自霞客始知之?且朱图绘潞江经木邦、缅甸下于南海,是也;霞客乃谓从中直下交南,非矣。是霞客所见,实犹不及朱思本之正确。又霞客据"高黎贡之脉南尽于海",断言潞江独流入海,此可证潞江不西合于金沙,不可证不东合于澜沧也。①

澜沧不东合礼社于定边而南下威远、车里,此亦明代学者所公认,故《纪要》、《史》、《志》皆直书不疑。《一统志》纂修诸臣不学,至误采东合之谬说,然亦著南下之正说(《游记》八月初九日引),又安得便谓自霞客始知之?《纪要》,澜沧江经车里九龙山下,亦谓之九龙江,九龙即"跛者"所谓挝龙矣。是则九龙之名,当亦习见于明人舆地书,不待访于"跛者"而后知。且明人皆不知澜沧直下老挝、真腊,误谓东南达交趾为富良江而入于海。霞客述挝龙下浣入海处不作在真腊而曰在交趾,知亦未尝真知澜沧之出路,未尝不以礼社、澜沧为合流于交趾也。霞客所辨者,只为礼社、澜沧不合流于定边耳,丁氏遽以为霞客并二江之分道入海而知之,诚不知其何所见而云然?

崇祯十三年,霞客自丽江"西出石门金沙",取道东归,其《江源考》盖即作于是年。《考》之主旨在阐明江源当以金沙为正,而岷江特中国之支流。略曰:江源出昆仑之南"犁牛石,南流经石门关,始东折而入丽江,为金沙江,又北曲为叙州(府治今宜宾)大江,与岷山之江合"。"岷江经成都至叙,不及千里,金沙江经丽江(府治今丽江)、云南(府治今昆明)、乌蒙(府治今昭通)至叙,共二千余里",世所以"舍远而宗近",良由"岷江为舟楫所通,金沙江盘折蛮僚溪洞间,水陆俱莫能溯。在叙州者,只知其水出于马湖(府治今屏山)乌蒙,而不知上流之由云南、丽江,在云南、丽江者,知其为金沙江,而不知下流之出叙为江源。云南亦有二金沙江","云南诸志,俱不载其出入之异,互相疑溷,尚不悉是一是二,分北分南,又何辨其为源与否也。"丁《谱》曰:"知金沙江为扬子江上

---

① 山脉本非必为分水,然此乃前人通病,不足为霞客咎。

游,自先生始,亦即先生地理上最重要之发见也。"

今按金沙江出吐蕃界,经共龙川、犁牛石下,谓之犁牛河,南至丽江巨津州(故治在今丽江西北三百里)入境,犁讹为丽,以江内产黄金,又得金沙之名,《利病书》引前人《金沙江源流》载之綦详,杨士云《议开金沙江书》、《明史·地理志》所述略同,知亦明人之通识,非自霞客始知之。① 至金沙江北流至宜宾合于岷江,此则千数百年前之班志、郦注已明言之。班志越巂郡遂久县,绳水出徼外,东至僰道入江。《水经·若水注》:绳水出徼外,南径旄牛道至大莋,与若水合,自下绳、若通称,东北至僰道入江。绳水即今金沙江,僰道即今宜宾,遂久在今永胜北,隔金沙江与丽江对,旄牛在今汉源大渡河之南。是两汉六朝人,不特知金沙之出于丽江徼外,且知上流更在汉源之西之巴安一带,殆即明人所谓共龙川犁牛石矣。② 明人之知金沙江虽无甚逾于前人,然亦未尝并前人所知者而忘之。夫正统间王骥始议开金沙江以通川滇水道,其后嘉靖、隆庆、天启屡绍述其说(《利病书》、《纪要》引),岂有不知金沙为叙府大江之上游者? 诸臣论疏所著江流经行程站道里,至详且备,岂有不知其远于岷江者? 霞客所云在叙者,不知上流之由于云南、丽江,在云南、丽江者,不知下流之出叙,此盖乡曲小民之见耳,不足以语乎学人者也。至金沙江与大金沙江出入之异,霞客所见云南诸志容有疑溷,自余所见明代通儒之作,固无一不辨析昭然。霞客谓金沙江水陆俱莫能溯,亦非事实。元至元十四年诏开乌蒙道,所过城寨,水陆皆置驿传,(《利病书·金沙江考》)则自乌蒙以下,元世尝通驿传矣。明嘉靖中姜驿驿丞言,木商结牌筏自本司江流六日即

---

① 霞客谓江过石门,始名金沙,微误,巨津州在石门北,已著金沙之称矣。
② 若水即今雅砻江,大莋在会理西。

抵马湖,(《利病书·毛凤韶疏通边方河道议》)则自金沙江巡检司以下,明世畅行笃筏矣。

霞客所知前人无不知之,然而前人终无以金沙为江源者,以岷山导江为圣经之文,不敢轻言改易耳。霞客以真理驳圣经,敢言前人所不敢言,其正名之功,诚有足多,若云发见,则不知其可。丁《谱》曰:先生之发见,"惜无继起者为之宣传,其文遂埋没于县志及《游记》中,直至康熙中派天主教教士制全国地图时,始再发见金沙之出路,而欧人遂谓中国人未尝知江之真源,数典而忘其祖,亦吾国学者之耻也。"欧人之知有天主教教士,而不知有霞客,盖犹丁氏之知霞客而不知有孟坚、郦亭矣。

一九四一年十二月九日脱稿

(原载浙江大学《纪念徐霞客逝世三百年纪念刊》,1942 年)

《渤海国志长编》评校

　　东北民族为我国四裔种族中之最具活力者。魏晋以后,值中原之衰,往往崛起立国。大者至倾覆中朝,小者亦雄踞一方。鲜卑有四燕、西秦、南凉、魏、周;契丹有辽与西辽;蒙古有元;女真有金与清,此皆人所熟知者矣。独粟末靺鞨所建之渤海国,知之者甚少。按渤海与出于黑水靺鞨之女真,本同属于古代肃慎氏之遗族。肃慎于汉为挹娄;于元魏为勿吉;北齐以后,始称靺鞨。至隋代犹未脱其旧俗。渤海之兴起,实为肃慎后裔露头角于东亚之第一声,后世完颜、爱新之盛,滥觞于此。留心国史上民族兴衰递嬗之迹者,诚不应不注意及之。且大氏有国,传世一十五主,享祚二百二十九年①,地方五千余里,列置五京、十五府、六十二州②,一切文物制度,悉取法华夏,模拟李唐。其立国规模,较之东北其他各族,虽不及入主中原之大朝,当可以等量慕容,睥睨秦凉。史称为海东盛国,洵非虚语。是则读史者自不可以其国土之较为僻远,便尔漠然视之也。

　　渤海宜自有史,国既覆灭,史遂散佚。唐太和中幽州判官张建

---

① 起唐武后圣历元年,讫后唐明宗天戊元年。
② 约当今吉林全省、俄属东海滨省、朝鲜咸镜南北道、平安北道、辽宁省之开原、铁岭以东;尽有肃慎、扶余、高丽、率宾、涉貊、沃沮、拂涅、虞娄、铁利、越喜之故壤。

章有《渤海国记》三卷,著录《新唐书·艺文志》,惜宋后即已失传。后七、八百年,渤海史事,几不复为人所道及。清乾隆间官撰《满洲源流考》,稍后朝鲜韩大渊编集《海东绎史》,二书皆有关系渤海之篇章,但仅为史料之辑录,未尝加以论证。与韩氏差相同时,朝鲜柳得恭又撰有《渤海考》,始对渤海史事,作具体研究,其书典雅可诵,而采摭考据,并患疏略。光绪中叶枝江曹廷杰有《东北舆地图说》,临榆李桂林有《吉林通志》,二书于渤海地理,皆有精确之考证,特地理仅史事之一端耳。至近二三十年来之渤海史研究风气,实导始于民国初年日本白鸟库吉、松井、箭内亘等为南满洲铁道株式会社所编撰之《满洲历史地理》。民国四年,鸟山喜一氏即有《渤海史考》之作。其后四年,我国乃有率宾唐晏之《渤海国志》①。鸟山书分两卷:上卷本论,下卷外篇,取才甚富,惟考证尚欠精察。唐氏书分四卷:卷一纪;卷二志;卷三表;卷四传,体制虽备,征引殊隘。民国二十年顷崇仁黄维翰,又撰为《渤海国记》三篇,始合中、日、鲜三方面之史料,冶于一炉,灿然为此学开一新面目,然其伟大终无过于不佞兹所欲介绍者——辽阳金毓黻氏之《渤海国志长编》。

《长编》杀青于民国二十三年,后于黄氏之《国记》约三、五年。但金氏执笔撰集之初,固未尝及见《国记》。民国二十二年,《国记》始行世,其时《三编》已十成八九矣。故《国记》对《长编》所发生之影响,至为微薄。《长编》大体上仍以鸟山之《史考》与唐氏之《国志》为蓝本。惟征引所及,据其自编征引书录,则多至一百三十八种。其中中国书凡八十六种;朝鲜书凡十三种;日本书凡三十

---

① 唐氏本名震钧,字在亭,满族瓜尔佳氏。民国后自署"率宾唐晏"。率宾即今吉林之绥芬,瓜尔佳氏入关以前之本贯也。

九种,篇幅比鸟山、唐氏之书约多出五六倍,即较之黄氏《国记》,亦在三倍以上,诚为近代史学界中罕观之伟著也。

全书都二十卷,分为三编。前编二卷,总略上下。正志十五卷为纪二:《世纪》、《后纪》;表四:《年表》、《世系》、《大事》、《属部》;列传五:《宗臣》、《诸臣》、《士庶》、《属部》、《遗裔》;考四:《地理》、《职官》、《族俗》、《食货》。后志三卷:《文征》、《丛考》、《余录》。此外又有《补遗》一卷,附录二种。末附《通检》及《刊误》,又附图二幅。正志用别史之体,故立纪、表、传、考四体。《总略》为史料之辑集,上卷采自国史,下卷采自朝鲜、日本古籍。《文征》所录系有关渤海之文字,包括渤海人及其遗裔自撰之作品、国际贡聘之敕牒及使节臣僚酬酢之诗文。《丛考》所以考证众说,别异同而明去取。诸篇所不能具者,则类之于《余录》。书既不尽于正志,故于书名"渤海国志"之下,系以"长编"二字,用示有待于异日整齐条理之意。

本书优长之点,约有三端:其最显然可见,首当称述者,自为材料之齐备。而所谓齐备,初不仅限于征引书籍种类之多而已,即在同一种书中,本书所采录者,亦往往较多于他人之作。其次,则为考证之详慎,《地理考》及《丛考》二篇,足以充分表现此点。又其次则为内容之扩大。本书叙事并不限于"渤海国史",大氏被灭以后,辽在渤海故地所更建之东丹王国,以及宋、辽、金三代渤海人行事之可考者,皆在记述之列。换言之,即本书之纪叙范围,乃渤海民族而非渤海国。书名虽作"渤海国志",其实则"渤海民族志"也。综观全书,其有裨于治东北民族史者,诚非鲜浅!

但作者以一人之力,费时不过三年,成此三十余万言之巨著,疏漏之处,究属难免。且网罗史料,考证异同,非得谓已尽。史学应具之能事,尤须叙次有法,部署得当,执简驭繁,详而不芜,方为良史。

而此种能力，金氏似颇感欠缺。故书中体例书法，往往不甚妥善。今就管见所及，略依原书次第，将其应补可商之处，合并胪举如下。

《叙例》云：

> 志前冠以《总略》，明所自也。

是则凡正志征引所及，《总略》理当全录，而实际不然。如《金史》列传之被征引者，只就《遗裔列传》一篇而计，已有三十余条，而《总略》所录，不过四则，其去取之标准何在，不可知也。《地理》一考取证于《辽史·地理志》上、中、东三道者合共数十则，全不见于《总略》。初以为《考》中已引原文，《总略》无重录之必要，概从删弃，乃体例如此。然《职官》、《族俗》、《食货》三考所据，《总略》固多录及之，则又何耶？评者私意以为此书征引诸籍既非世间罕见之本，是《总略》一篇本无存在之理由。一部著作，固贵乎有据，然于各条下注所从出即可，殊不必另录原文，重耗纸墨也。其有零词片语，杂事佚闻，无可入正志者，则不妨汇为"杂识"附于编末。文省而事不减，岂非优于兹所谓"总略"乎？

《总略》采录史料，除普通情形之遗漏，如《辽史》脱《奚和朔奴传》、《耶律斡腊传》伐兀惹纪事各一则，《金史·太祖本纪》脱即位前一年十月一则、收国二年正月一则、天辅二年九月一则，《食货志》脱户口章"凡汉人渤海人不得充猛安谋克户"一则等，无事枚举外，又有一条之内，录而不全，一事所系，此取而彼去者。如页五十七录《辽史·圣宗本纪》一条云：

> 统和十三年七月丁巳，渤海、燕颇等侵铁骊，遣奚王和朔奴等讨之。

查原书"渤海、燕颇"之上，有"兀惹乌昭度"五字，兀惹一作"乌舍"，乌昭度即其国主，亦渤海之遗裔也。燕颇之乱，起始于景宗保宁七年，见《本纪》及《地理志》通州、龙州，而此编录燕颇事只此统和十三年一条。

正志之纪、表、传三者，不注所出，《叙例》云："用史例也"。按后人考述前史，究非比正式修史，则此种史例殊以不用为妥。为行文整齐起见，尽可不用史料原词句，但出处则必须说明。推作者之意，盖以为史料已俱《总略》，读者翻检自知，勿烦重举，岂知《总略》所录，初非史料之全部乎？编末附录之一曰：《渤海遗裔考》，内容即系条举《遗裔列传》各篇采撷所自。列传正文之不足，冠以《总略》，又不足，更殿以附考，架床叠屋，何不惮烦之甚耶？若正文能用夹注之体，则《总略》附考皆可省也。二纪、四表、五列传之中，缘何独《遗裔》一传有考，其他概缺，亦不可解。

末王大𬭛撰之立，史失其年，此志以大𬭛撰之名始见于梁开平元年，[①]又以上年（唐末帝天佑三年）渤海宰相乌炤度朝唐，不言其王为𬭛撰，遂假定开平元年即𬭛撰元年。此假定实过于武断。《册府元龟》记渤海朝贡中朝，有唐一代，凡八十余次，无一次言及其时王者，而五代仅十余次中，五见大𬭛撰之名，足见唐与五代史官载笔之体，有所不同，非得据以资考证也。充作者之说，则𬭛撰之前，渤海立国二百余年，在王位者将始终为一人矣，其可通乎[②]。

东丹国土地人民，皆渤海之旧，故此书于《世纪》后别立《后纪》一篇以纪之，其例至善。惟人皇王图欲虽君临东丹，其人则契丹也，《后纪》但当载其在位时之政教设施，至入唐以后事迹，既与东丹无关，并所当删。犹之唐以王斛斯、安禄山、刘正臣等为平卢军节度使加押渤海等蕃府使，王等之行事，不得入此志，其理一也。

---

① 《五代会要》
② 黄氏《国纪》据近人黄义敦《朝鲜史年表》谓𬭛撰嗣立于唐昭宗天复元年。特不知《年表》何所据。

《年表》以渤海纪年与中国、日本、朝鲜纪年对列,用便读者寻检,亦为善法。惟此种篇章,其性质与索引通检,初无二致,附于编末则可,入之正志则不可也。

原夫表之于史,厥有二用:事涉繁琐,纪传所不克尽载,以此尽之,一也;事虽尽见于记传,而散在各篇,难于综观,以此综之,二也。准此以观,则本书《世系》、《大事》、《属部》三表,无一有当者。何者?世系大事,俱见《二纪》,《世纪》不过万言,《后纪》才三千言,非"难于综观"者也。属部于表外又有列传,表文有佚出于传文者,然通不过数十则,非"不克尽载"者也。故《世系》、《大事》二表当全删,《属部表》则先并其事于列传,然后删去。又补遗有《遗裔大事表》一篇,事迹亦俱见于《遗裔列传》。其所谓大事,即定安、乌惹等立国之始末也。按定安、乌惹,虽规模迥非大氏之旧,要亦为渤海人所建立者,于例自应立纪,并废表、传。私意可考《后纪》为《东丹纪》,别以此为《后纪》,继《东丹纪》后。渤海史事惟贡聘可以为表,唐氏晏已见及之,故《国志》有《朝贡表》(惟无《交聘表》,以征引不及日、鲜史故也)。此志即以《国志》为蓝本,有良法而不知因袭,惜哉!

《宗臣列传》应补一人,曰:大某,王子也,失其名。建兴中朝于唐。白居易《长庆集》卷三十五,有《渤海王子加官制》一文。①

《属部列传》及《表》以黑水部为属部之一,其说曰:

> 黑水部自武王讫简王之世,见于纪载者凡十六朝唐,至宣王之世,并服诸夷,黑水部遂不复通于中国,盖亦畏而臣之矣。

此推断亦不足信。四裔民族之于中国,或通或否,其原因至为复

---

① 唐长庆当渤海宣王建兴三年至六年。《温庭筠集》有《渤海王子归国诗》一首,此志据以立《大某传》,今从其例。

杂,臣服于他族者,未必即不通,反之,独立者亦未必悉通。东丹数遣使朝后唐,其可谓东丹非辽之属国乎？属部者,谓能役而属之地,渤海之于黑水,绝无此种痕迹。

《属部列传》及《表》叙铁利部并不及其遗裔所建铁骊国事,准以《遗裔列传》之例,亦属不合。渤海于铁利故地设铁利府,是铁利人乃渤海国人之一部分,铁利之遗裔,亦即渤海之遗裔也,不当歧视。若谓铁利非渤海种,此书专志渤海民族,故而不及,则王族大氏及著姓高氏其先固高丽人也,高丽亦非渤海种,何以《遗裔列传》独多此二氏之人乎？

《遗裔列传》应补六人:一曰贯海,仕辽充渤海小校,统和四年涿州之役,叛入于宋。见《辽史·圣宗本纪》。一曰杨详世,大延琳叛辽,建兴辽国,详世为之将。太平十年八月,东京围急,丙午,详世密送款开南门纳辽军,擒延琳以降。见《辽史·圣宗本纪》及《萧孝穆传》。一曰武周,兀惹酋长,统和十五年降于辽。见《辽史·属国表》。一曰骨须,定安国人,开泰七年奔高丽。见郑麟趾《高丽史》卷四。一曰大药师奴,仕辽为宁江州防御使。天庆四年十月朔,金太祖陷宁江州城,获药师奴,阴纵之,使招谕辽人。金收国二年,高永昌称帝东京,太祖遣药师奴与挞不野往招谕之。见《金史·太祖本纪》及《斡鲁传》。一曰二哥,金天辅二年十月,率众诣咸州都统司降,命以所部为千户。见《金史·太祖本纪》。①

---

① 《归潜志》卷四:高左司庭玉,字献臣,辽东人。《中州集》作恩州人。按高氏为渤海望族,庭玉以著籍恩州之人,而犹称辽东本贯,其为渤海高氏之遗裔,当无可疑。惜无确证,姑附志之于此。此外,《金史·忠义·高守约传》,辽阳人;《隐逸·高仲振传》,辽东人;《酷吏·高闾山传》,澄州析木人;《归潜志》卷八,高转运德裔,字曼卿,鹤野人,疑皆系渤海遗裔。《金史·高衍传》辽阳渤海人,《归潜志》卷五记衍之孙宪,但作辽东人;《金史·张浩传》,本姓高氏,辽阳渤海人,《归潜志》卷五记浩之子汝霖,但作辽阳人,足为此说旁证。

　　《遗裔·高模翰传》，应补事迹一则：应历二年六月，汉为周所侵，遣使求援，模翰受命赴之。十二月，模翰及汉兵围晋州。三年正月，汉以模翰却周军，遣使来谢。见《辽史·穆宗本纪》。

　　《遗裔·大臬传》，应补事迹一则：天会七年，从宗弼伐江南。十月，破敌于寿春。十二月，败宋枢密使周望于秀州，又败宋兵于杭州东北。臬子磐《传》应补事迹一则：正隆六年八月，单州杜奎据城叛，磐与都点检耶律湛右受命往讨。见《金史·太宗本纪》及《海陵本纪》。

　　《遗裔·乌昭庆传》，"昭庆"实系昭度之误，而又以昭庆事迹搀入之，竟合二人以为一。按昭庆，兀惹国主也。统和十三年，与辽叛人燕颇，同侵铁利，辽遣奚王、和朔奴等讨之，不克而还；寻自归款，贡进如旧。昭庆不详其身世。统和十四年乞内附。越三年，入于辽。又五年，女直遣使献所获昭庆妻子于辽。夫昭度以一国之主，且尝称叛于辽，畏势款服，于理可有，以身内附，则出乎常情之外矣。即使有之，自有携其妻子偕来，何必为女直所获，然后得至乎？足证人辽之昭庆，绝非昭度之异名，盖兀惹之一叛人耳。《辽史》于统和十三年作"昭度"于十七年、二十二年作"昭庆"，本自分明。惟于十四年误作"昭度"，细一思之，犹非不可晓解。作者致误之因，盖由于《本纪》统和十五年乌昭度乞免进鹰马貂皮，而《属国表》作"乌昭庆"。不知《属国表》即系采自《本纪》，初非别有所据，"度"之为"庆"传写笔误耳，未可以资考信也。①

　　《昭度传》于义即"兀惹国传"，兀惹事迹，亦有可补（已见《遗

---

① 《本纪》二十二年九月丙午，幸南京，女直遣使献所获乌昭庆妻子。《属国表》误将"南京"二字连下读，作"南京女直国"。其疏谬有如此者，岂足信乎？而此传竟从而作"南京女直"，轻信表而不懂纪，怪哉！

裔大事表》者不赘）：统和十四年十月，乌昭度乞内附，一也。二十
二年七月，偕蒲奴里、剖阿里、越里笃、奥里米等部来贡，二也。并
见《辽史·圣宗本纪》。开泰八年，以蒲芦毛朵部内多兀惹户，诏
索之，三也。见《辽史部族表》。①

辽天庆六年，东边事急，渤海人乘之，相继起而作乱：正月至五
月高永昌窃据于东京，闰正月有广州渤海之乱②，二月至四月有饶
州渤海之乱③，七月有春州渤海之乱④。《遗裔列传》除为高永昌
立传外，其余三役，以与事者之姓名不见于史，遂从割弃，此亦非史
体也。夫传以"遗裔"标名，则凡属渤海遗裔之事迹，自当不分畛
域，一概甄录，广、饶、春三州叛者，虽不传其名氏，要亦渤海之遗裔
也，安得弃置不问？若谓为书法所限，不能自立篇章，则以类相从，
附见于永昌之传可也。

日本《类聚国史》卷一九三记渤海有云：

> 无州县馆驿，处处有村落，皆靺鞨部落。其百姓者靺鞨
> 多，土人少。皆以土人为村长，大村曰都督，次曰刺史，其下百
> 姓皆曰首领。

此盖渤海初建国时之地方制度也。本书《职官考》外官章脱载。⑤
《职官考》"县置县丞一人"，案曰：

> 《日本史》载渤海聘使王文矩官永宁县丞，此县置县丞之
> 明证。永宁为渤海上京龙泉府附郭首县，阶比唐之京县令，秩

---

① 《大康乂传》亦载此事，"兀惹户"三宁作"渤海人"。
② 《辽史·本纪·萧酬斡传》。
③ 《本纪·耶律章奴传》、《萧陶苏斡传》。
④ 《本纪》。
⑤ 渤海王族及贵族出于高丽，上引文中所谓"土人"，当即指高丽人。《大日本
史·渤海传》引绎此文，径改作"高丽人"。

稍尊，故与出使之选。则其所官之县丞，必同于唐之令。此语太涉武断。渤海官制悉仿李唐，何独于此以贰为长？且司藏、司膳二寺，并有令、有丞①，足证"丞"在渤海亦属贰而非长。若以史无县令，便谓丞即令职，则兵署仅见少正，兵器寺仅见少令，何不谓少正、少令，即监寺之长乎？

《大日本史·渤海传》史都蒙于文王朝官献可大夫，吕定琳于康王朝宫廷（一作匡）谏大夫，此志《职官考》文散阶脱此二阶。

《辽史·百官志》内侍省下第六目为"契丹汉儿渤海内侍都知"，《伶官·赵安仁传》，重熙初曾充此职，是一官也。此志《职官考》误以为乃三官之合书，特析为"渤海内侍都知"一官，非也。又曰："盖以渤海人为之"，然安仁固"汉儿"也。东京渤海承奉都知押班一官，系开泰八年耶律八哥所奏置，此考失注。②

考种族首当溯其由来，所以详血统品俗渊源之所自也。此志《族俗考·种族章》但从《粟末靺鞨》叙起，粟末之前，不着一字，限断虽严，然不合于情理。肃慎、勿吉远矣，姑勿具论。靺鞨旧分七部，至唐除黑水部能自存立外，其余尽入于渤海，或为属部，或分散为编户。故渤海虽以粟末著称，实际乃一以粟末为主体之靺鞨混合种也。若不明靺鞨七部分并离合之经过，乌足以语渤海民族之所由构成乎？所叙粟末部事迹，亦多未备，当依《隋书·东夷传》增补之，史文俱在，读者对照自知，毋庸赘举。惟隋开皇中厥稽部长突地稽之举落内附，实为粟末入居中国之始，渤海民族史上一大事也。此考详于突地稽及其子谨行之从征功绩及仕历，而于部落

---

① 《新唐书·北狄传》。
② 契丹置渤海军条，案语有云："天祚时金太祖与渤海军战，攻其左翼七谋克。""金太祖"与"渤海军"当倒易，读《金史·太祖纪》原文可知，此虽小节，贻误实大，特附志于此。

迁徙,州县建废之迹,反语焉不详,殊失以民族兴衰递嬗为研究对象之本义。兹特考据《旧唐志》及《辽志》,补叙如下:

> 开皇末突地稽与高丽战不胜,率八部胜兵千余人,自扶余西北举落内附(《辽志》)。处之营州柳城(《隋传》)。时炀帝已即位,为置顺州以羁縻之(《疗志》)。旋改为辽西郡。唐武德元年,改为燕州总管府,领辽西,泸河,怀远三县。其年,废泸河县。六年,自营州南迁寄自幽州城内。贞观元年,废都督府,又省怀远县。开元二十五年,移治幽州北桃谷山。天宝元年,改为归德郡。乾元元年,复为燕州,领县一,辽西。旧户五百,天宝户二千四十五,口一万一千六百三(《旧唐志》)。会昌中改归顺州,唐末仍为顺州。辽因之,其先本羁縻侨州,至是遂以为实土正州(《辽志》)①。

《族俗考·种族章》所叙辽世渤海人聚处之地,亦多脱漏,条举如下:

> 太祖弘义宫,以心腹之卫置,益以渤海俘锦州户。其斡鲁朵②在临潢府,陵寝在祖州东南二十里(《营卫志·宫卫》)。

> 太宗永兴宫,以平渤海俘户、东京怀州提辖司及云州怀仁县、泽州滦河县等户置。其斡鲁朵在游古河侧,陵寝在怀州南三十里(同上)。

> 孝文皇太弟敦睦宫,文献皇帝承应人及渤海俘建、沈、岩三州户置。陵寝在祖州西南三十里(同上)。

> 潞县(本幽州潞县民,天赞元年太祖破蓟州,掠潞县民布于东京)与渤海人杂处(《地理志·上京道》)。

---

① 明改为顺义县,迄今不改。
② 辽国语"宫"也。

怀州，本唐归诚州，太宗行帐放牧于此。天赞中从太祖破扶余城，下龙泉府，俘其人筑塞居之。（会同中掠燕蓟所俘，亦置此。）① _{（同上）}

渤海、女直、汉人流配之家，七百余户，分居镇_{（此字疑衍）}防维二州_{（同上边防城）}。

潢水石桥旁有饶州，今渤海人居之_{（同上引薛映《记》）}。

肃慎县，东州，尚州，以渤海户置_{（同上东京道）}。

开州，渤海为东京龙原府，有宫殿，叠石为城，周围二十里。太祖平渤海，徙其民于大部落，城遂废_{（同上）}。

辰州，本高丽盖牟城，渤海为盖州，又改辰州，井邑骈列，最为冲会。辽徙其民于祖州_{（同上）}。

广州，渤海为铁利郡。太祖迁渤海人居之，建铁利州。② _{（同上）}

辽州，本拂涅国城，渤海为东平府。太祖伐渤海，先破东平府，迁民实之。③ _{（同上）}

归州，……后废。统和二十九年伐高丽，以所俘渤海户复置_{（同上）}。

祥州，兴宗以铁骊户置_{（同上）}。

恩化县，开泰中渤海人户置_{（同上中京道）}。

圣宗太平中，迁大延琳余党于临潢，置易俗、迁辽二县。此事并见于《辽志》上京、东京二道，盖上京为迁徙之所止，而东京则为迁徙之所自，二者理当互见，《族俗考》只采前者而遗其后者，兹补录之：

---

① 世宗大同元年置州。
② 铁利人迁于后建广州之地也。
③ 拂涅人迁于后建辽州之地也。

禄州,渤海号西京鸭禄府,城高三丈,广轮二十里,大延琳叛,迁余党于上京,置易俗县居之。

海州,渤海号南京南海府,叠石为城,幅员九里。太平中,大延琳叛,南海城坚守,经岁不下,别部酋长皆被擒,乃降。因尽徙其民于上京,置迁辽县。

大延琳余党又有迁于上京道祖州咸宁县者。特《地志》于咸宁县下,但云本长宁县,破辽阳迁其民置,而无大延琳三字,遂不为此考所录。

辽世州县往往诸种族杂居,此亦治民族史者所当注意也。以渤海而言,尤多与汉户杂处者,如临潢府之长泰县、定霸县,中京道之黔州、严州等皆是。此考一概不及,亦属缺憾。

《宋史·外国传》载:

阿保机死,渤海王复攻扶余不能克,历长兴、清泰,遣使朝贡。周显德初其酋豪崔乌斯等三十人来归,其后陷绝不能通。

是则自东丹西迁,渤海遗裔,即有保聚故地,建号称王者,初不始于宋初之定安国也。此所谓渤海,疑即宋世之乌舍。此考述遗裔立国但及定安而不及渤海乌舍,尤为疏漏之大者。

《族俗考·姓氏章》大氏条下,应补纪载一则:大諲撰子光显奔高丽,高丽王王建赐姓名王继。见郑麟趾《高丽世家》二。

高氏条下,应补纪载一则:入日本为高庭氏,见《大日本史·氏族志》。

庶姓应补者三:曰贲氏、武氏、骨氏,并见上文《遗裔列传》增补条。①

---

① 补遗《遗裔列传》燕颇作姓燕名颇,则此处当补燕氏。然《满洲源流考》燕颇作"雅必",是"燕"非氏族也,《列传》误。

《族俗考·礼俗章》叙次颇病凌杂。其叙故俗一节,应补二事:一,其国有徙太山,俗甚敬畏,见《魏书·勿吉传》、《隋书·靺鞨传》;二,其俗淫而妒,见《靺鞨传》。东丹时尝下令禁渤海人击毯,见《萧孝穆传》;日本使臣滋野贞主有《奉和早春观打毯》一诗,见《经国集》十一。

《食货考》第三节"见于纪载者",应补制作品一,曰酒。《勿吉传》:

> 嚼米酝酒,饮能至醉①。

楛矢条下,应补以《勿吉传》、《靺鞨传》所载弓箭之长度,及制毒药傅箭镞等情。

《丛考》为全书最精彩之一卷,中间多有可取者,如第一则证大氏之出于高丽,第三则辨大祚荣之前未姓大,祚荣之父舍利乞乞仲象,舍利非姓,皆甚譬辟。惟以一百二十八则自成首尾不相联属之考证文字,纳之一卷,读者盖未有能阅之终卷而不生厌倦者。且既无子目,即检索亦感不便。殊不若撤除此卷,径以各条因事分附于正志各篇章之为妥善也。

《余录》一卷亦当分入各篇:靺鞨一章入《族俗考·种族》,长庆宣明历、渤海乐二章入《族俗考·礼俗》,《海东绎史》一章入《总略》,东京城一章入《地理考》,金石古迹一章,古迹入《地理考》,金石可自为一目,而与《文征》合卷。

(原载《燕京学报》第二十二期,1937 年 12 月)

---

① 《靺鞨传》作"嚼米为酒,饮之亦醉"。

中国历代地名辞典四种

　　吾国幅员辽阔，历史悠久，二千余年来地名之见于著录者，不知以若干万数计。且州域郡县代有因革，山川陵谷时有变迁，或同名而异地，或同地而异名，试阅史书，方隅莫辨，即翻地志，心目为惝，盖正史地理志但记一代之疆域，未能通古今之变也。宋王应麟撰《通鉴地理通释》，始以历史上之地理区域为主题，开后此历代地理沿革学之先河，元明以来学者颇多承袭其风，创为巨著，清顾祖禹所撰之《读史方舆纪要》是其尤著者也。然此等书皆只能阅读而不能供检查。至广录历代地名编为辞典专备寻检者，实始于清道光间李兆洛等所编之《历代地理志韵编今释》，后九十年至最近四年内，而北平、上海、日本，又先后各出辞典一种。虽名称不一，要其为检查地名之工具则同。世或有不知以采用何种为善者，因就鄙见，为之诠解如下，备抉择焉。

　　一、《历代地理志韵编今释》，清李兆洛及其门人六承如等编辑。始事于道光二年，告讫于道光十七年，前后阅时几十六年。其书编录历代正史地志（共十四部）所载郡县之名，以韵次之，分别时代，条其同异，释以清代所在之处。南北朝侨置州郡及唐、宋、金、元、明镇、堡、羁縻州郡、长官司之有实地可考者，并列之。此空前之创著，与读史者以一大便利，诚所谓嘉惠后学者不浅。然其书取材止限于正史地志，以是地名之见于无地志之正史，及正史而外之史籍、地志者,皆不为所录。又所录地名止限于郡、县、镇、堡名,以是非郡、县、镇、堡之地名,及山川陵谷之地,虽为地理志所载,亦不能获见于是书,其范围狭小太甚。且以史志为取材范围,其病不仅缺漏而已也,抑且致误于建置沿革之叙说。三国及梁、陈、北齐、周诸史无志,故梓潼、朱提置于蜀,武昌、建邺创于吴,而此编统称晋郡;江阴、昆山梁县也,成安、固始北齐县也,熊耳、灵泉周县也,而此编统称隋郡。则虽欲于其小范围内自求无过,亦不可得也。其今释不知何所据,同治十年重刻本卷首李鸿章序,以为"是编所谓皆得其实地者,亦不能无疑焉。"

又此书以韵为次,而地名字有为韵书所无者,以古音读,与今方言次于其部,则不知古音者无从检;《汉书》地名声读往往与通行声读不同,各有注说,此编依注分韵,则不知《汉书》所注声读者无从检;有一字而异音者,此编两韵分收,则但睹其字而不知其音,或只知其一音者无从检。是以韵为编,于检寻上亦非便善之法也。

二、《中国地名大辞典》,北平研究院刘钧仁编著。刘君以一人之力,费时六载,成此浩瀚巨著,其勤劳洵足令人钦佩。所录地名除史志郡、县名而外,兼及城、镇、堡、塞、关隘等等,并各种小地名,都凡二万余条,较李氏《韵编》为备。依字典之例,以地名首字为准,分部编排,览者仅须识地名为何字,按部检查,应手可得,亦较李氏《韵编》为便利。然李氏书以地志韵编为名,此书以《地名大字典》为名,则吾人衡量二书,殊不能采用同一之标准。此书固较李氏书为备,若以之当大辞典则相差犹甚遥远。山名、水名与地名同为地名也,且地方有以山、水为名者,山、水有以地名为名者,本不可分,刘君强以山、水名为非地名,一概摒弃不录,最为此书缺憾。而又录入莫于山、牯岭等以为地名,牵强可笑。即以地方名而言,其缺漏亦多出人意料之外,如各省区名并不见录,最为怪异,岂以省区为非地方名乎,抑以为人人皆知无庸编入辞典乎,诚匪夷所思矣。书之末页自诩此书六特点,实际未免夸饰。民国二十年七月二十七日《大公报》文学副刊载有十叙生评论之书一文,驳难已详,兹不复赘。

三、《中国古今地名大辞典》,上海商务印书馆臧励和等编。自经始至出版,历时十载;参与编辑者,先后八人,故其成就实远在研究院本(研究院出版与商务馆出版二辞典本系二书而非一书之二版本,兹为叙说方便起见姑用"研究院本"、"此本"之称)之上。所录地名约计近四万条,较研究院本多万余条。不入研究院本之山名、水名,此本一并搜录,相形之下,最见优长。编排之字划以多寡为先后,亦甚便利。

姑无论山水冬,即以地方名而论,此本所录,亦较研究院本为多。如以太平为名之地方,研究院本共有六十一,此本共有八十一;以新城为名之地方,研究院本共有四十二,此本共有五十;以安阳为名之地方,研究院本有十五,此本有二十。虽研究院本所载亦有出于此本之外者,然总数总不若此本之多也。("太平"项下研究院本列有"太平伐"一条,注曰:"地名,明置司,属贵州省龙里卫,今缺,当在贵州境。"按明代贵州有大、小平伐长官司,是太平伐系大平伐之误也,小字项下并漏小平伐一条,此商务本并列不漏。)

试以十叙生所指摘研究院本诸缺点视此本,则研究院本所失,此本要可以十得六七。唯于唐代西域诸羁縻州亦未见有较为妥善之注释,是则无可如何者耳。

以研究院本缺漏太甚,致此本较为优长。若不作比较观,单就地名大辞典应有之规模而论,则此书未臻完善之处犹甚多。民国二十一年《方志月刊》五卷四期载有王以中先生评论此本之文,指摘甚详,唯亦有未免稍苛之处。盖辞典体制既大,各方专门研究之文字,一时容未能搜寻齐备,尚属情有可原。所不可原者,例言所列采辑诸书,姑无论各省通志及郡县志,即自李氏韵编以来作为辞典基本原料之正史地志,以及《方舆纪要》、《一统志》等历代最为简要之地学名著,其所载地名,亦未能尽与采录。如汉、宋间有广戚县,见历代史志,故城在今江苏沛县境,见《一统志》、《方舆纪要》;唐代衢州有盈川县,元和中废人信安,黔州都督府管下有福州,巂州昌明县境贞观中平松外蛮曾置牢州及松外、寻声、林开三县,永徽中废,并见《唐书·地理志》;晋汶山郡兴乐本名白马,见《太康三年地记》,故城在今松潘县西北,见《一统志》;今安徽境内之祁门县地名本曰阊门,唐永泰中置县始曰祁门;福建之光泽县本为财演镇,宋太平兴国中置县始曰光泽;宋代江南东道有龙焙监,太平兴国三年置,领永兴等七场,并见《太平寰宇记》;龙焙监故城在今建安县南一百五十里,见《一统志》;凡此等等,皆为此书所脱漏。

四、《读史方舆纪要索引 支那历代地名要览》,日本青山定男编,以昭和五年起始编纂,越二年告成,(民国十九年至二十一年)约与研究院、商务馆二辞典同时而稍后,卷首市村瓒次郎序曰:初意欲编《支那地名辞典》,以体制太大,一时不易着手,《读史方舆纪要》博综古今,所搜录地名在三万以上,一一系以历史的叙说,惟苦于卷帙浩繁,索检无从,特先为之编一索引,以应当前学术界之急需,云云。故书中每一地名下,注以现今方位之所在,又注以该地名于《方舆纪要》之原卷数及所隶府、州、县,盖以一举而兼索引与辞典二者之用也。编排依日本五十音母之先后为序,字音从汉读,书末别附字划索引,用备不惜日本音母者之检字。

兹就辞典立场而论,此书之缺失有二,一曰以《方舆纪要》所载述为范围,古今来地名为所遗漏则不少,且《纪要》以明末为止,清以后皆不入著录;二曰以《方舆纪要》之解说为解说,《纪要》钞掇前人舆地之作虽夥,类皆不加考证,纰缪良多。编者于第一点无能为力,于第二点则略有纠补。凡历代羁縻州及满洲、蒙古、新疆、青海、甘肃西部等处地名,《方舆纪要》所载方位不甚明确者,皆附载最近诸家研究之结果,而以○号别于原书之解说,其所用参考书为《史学杂志》、《东洋学报》、《满蚌地理历史研究报告》、《满洲历史地理》及《朝鲜历史地理》。然《方舆纪要》解说之失误初不尽限于边疆地域而已,内地亦不能免,于古地理为尤甚。(顾氏清初人,故于有清一代考证古地理之作者皆不及采用。)青山定男君何不并此而补正之,且考证边疆地域著作之可采用者,亦不尽限于此五种学报中所揭载者而已也。

就书之内容而论,此书脱略舛误之处,兹可列举者有三:

一、《方舆纪要》全书共分四部分,舆图四卷,州域形势九卷,各直省一百一十四卷,川渎六卷。而为此书采以编成索引者,仅各直省及州域形势二部分,凡舆图、川渎各卷所载地名有在直省等各卷所载述之外者,皆被遗弃。(川渎虽为凡例所列入,但实查内容绝无一条,岂本欲列入而未能果行乎!)

二、索引通例凡一地名列一条,有名同而地不同者另列,有一地而数见者并列入一名之下。编者盖仓卒间急于成书,于此未尝细察,故往往有误一地为二地者。如福建崇安县与江西铅山县接界,中间有一分水关,福建福鼎县与浙江泰顺县接界,中间亦有一分水关,《纪要》于双方各与述及,索引不察,遂各误列为二条;又湖南湘乡县西南境与邵阳县东境接界,中间有一龙山,索引亦误以为二。此外可举者尚多。

三、《纪要》原文有刊误者,索引亦未能与以改正。如福建南平于元代为南剑路治,《纪要》误作南建路,而索引因之。

　　吾人既已有研究院、商务馆二大辞典,而此书自身又非完备无缺,然则此书宜必为无用之书矣。此大不然,研究院、商务馆二大辞典皆未尝能名符其实,《方舆纪要》所载地名,未尝尽为所搜录,故此书虽不完备,仍不失为有用之书;匪特不失为有用,且有用亦且不下于该二大辞典也。研究院辞典较商务辞典为简陋,可置勿论,今试任举二三地名,以商务辞典与此书比较,如:白云山见于商务辞典者凡六,见于《纪要索引》者凡八,中惟一处相同。龙山见于商务辞典者几十六,见于《纪要索引》者凡二十一,中惟十处相同。分水关见于商务辞典凡二,见于《纪要索引》者凡二,中有一处相同;《纪要索引》另有分水岭关二处,皆不见于商务辞典。是此二书地名或此有彼缺,或彼缺此有。然则在理想的完备地名大辞典未出现之前,此二书俱可并存不废也。

(原载《大公报》1934 年 1 月 27 日《图书副刊》,署名禾子,

又载《图书季刊》第一卷第一期,1934 年 3 月)

评《中国疆域沿革略》

　　自顾颉刚氏创立禹贡学会,发刊《禹贡》半月刊以来,地理沿革之研究,蔚为一时风气。但其成绩似仅限于专篇论文;至综括此学之各部门,提纲挈领,勒为一书,足供一般学人参考者,殆未之见。近年各大学史学系必修课目,多增人中国历史地理一门,每苦于无适当课本。抗战初起时,商务所编印之中国文化史丛书中,有顾颉刚、史念海二氏合著之《中国疆域沿革史》一种,当时燕京大学出版之《史学年报》中,曾有某君撰文批评,胪列书中舛误之处都数十则,皆所关匪细。此后七八年来,迄未有继起撰述者,最近始有童书业氏之《中国疆域沿革略》问世。童氏固禹贡学会之健者,此书乃就其在上海光华大学之讲义整理成编者。都凡三篇,一、历代疆域范围,二、历代地方行政区划,三、四裔民族。全书不过百三十余页,六万余言,故题作略而不曰史。第一、二两篇大体以史氏书为蓝本,而颇有增删;第三篇则史氏书未论及,作者采辑众说,略以吕思勉氏著于《中国民族史》之说为依归。

　　兹即其第一、二两篇而言,简明扼要,纲举目张,有裨初学,实较胜于史氏书。其中先秦诸章,论述尤为精审。时厕考辨,皆能就时贤研究成绩,择善而从。作者亦间有新意,论证确凿。秦汉而后疆域则就国势之伸缩分章,政区则依制度之演变分章,又每章章末辄与前代作一比较,或提出其特可注意之点;其编次整理之功,亦多可称。但学术各有专门，作者夙治古代史，故于上古诸章，所述大致不谬。至秦汉以下，盖非所谙习，而近代学人之单篇论文，又不足以供其连缀成编，遂不免时有讹误脱漏之处。兹举其彰彰大者如下：

第一篇第七章叙秦代长城之经由，有曰："东过绥德，渡黄河，历晋冀至山海关，又东走至辽东一带。"按秦代长城北循阴山，其所经行，实在今绥、察、热三省境内，与晋冀全无关涉。自热入辽处，在今朝阳县北，西南去山海关几五百里，故古代辽西重镇为柳城及龙城（即今朝阳），至渝关则隋唐以来始著称也。

又叙西汉疆域，脱去今青海省境之旧西宁府（金城郡），西康省境之旧雅州府（沈黎郡），及西昌道（越嶲郡）。而云南仅有东北半省（益州郡），此书误以为得其全。

又海南岛武帝虽曾置为郡县（珠压、儋耳二郡），元帝初元中即弃守。东汉疆域，较之西汉，并非全无出入，如光武建武初弃朝鲜岭东七县于涉貊（武帝时玄菟郡地，今咸镜道），明帝永平中哀牢夷内附，增置永昌郡（今云南保山县附近一带），篇中均未提及。

第八章述曹魏疆域，有曰："是时朝鲜名义上虽尚属中国，然实际上已不甚能统治之。"按此所谓朝鲜，自指汉世乐浪郡地而言。乐浪子魏明帝景初以前，地属割据辽东之公孙氏。公孙氏之世，国威颇振，建安中公孙康且曾击破高句丽，入其国都，又分乐浪郡南境为带方郡。带方故汉武时真番郡地，自昭帝并入乐浪，东汉以来，日渐荒弃，至是始更加经营，重行确建统治权。景初二年司马懿讨平公孙渊，乐浪、带方，始入魏领。高句丽以助战有功，复行寇钞边境。但不久（正始五年）毌丘俭又将兵伐之，捣其都，其王仅以身免。自后乐浪、带方二郡，魏晋之世，相承不改，至晋愍帝建兴中始为高句丽所陷。是则曹魏之有朝鲜西北境，初不仅名义而已也。

又叙蜀汉疆域有曰："案蜀汉平南蛮后，不置县治，即以夷人治夷事，是为唐朝羁縻州及元明清土司制度之先声，"此语诚不知何所据而云然。蜀汉南中郡县，俱载于《华阳国志》、《宋书·州郡志》、《晋书·地理志》，较之两汉，有增无减，何来不置县治之说耶？史称诸葛亮即其渠帅而用之，此亦犹今人所倡之本省人治本省事耳，既非世袭，焉得与后世之羁縻土司，相提并论？（且亮平南中后，主要郡太守，仍用汉人。）邓艾入蜀，朝议或以为"南中七郡，阻险斗绝，易以自守，宜可奔南"（《三国志·谯周传》），此可确证蜀汉在南中统治权之坚固。不然，岂可举国奔避于羁縻之邦乎？

下文又云，"总观三国分裂时之中国全疆，与汉相较，西南西北，均有失地。""西南"云云，不知何所指，岂即指南中七郡耶？今按蜀汉于永昌南增置永寿县，去郡千里（《华阳国志·南中志》），其地殆即蜀汉所辟。是其时西南国境，非但无损，亦且有增。

第九章叙隋初疆域，略云，西南无云南省及贵州、广西两省之一部，溯其丧失之始，乃在陈世。北疆无辽宁东部及热、察、绥、宁之北部，则由于北朝末叶突厥之内侵；文帝服突厥，绥远等省之北部始复入版图。今按梁简文帝大宝中爨人乘侯景之乱据宁州（今云南），附近蛮族所在响应，此乃中古史上一大事，似不得以失地之责，妄诿之陈氏。且其时西南郡县为蛮所据者，计有今云贵二全省，广西西半省，四川自江以南，湖南西南一角，亦不仅如此书所述。至北疆则辽东之失，非关突厥，其地实为高句骊所取，远在东晋之末，北朝末齐周之世，热境仅有今朝阳、凌源一角，察境仅有旧直隶口北道，绥境仅有今榆林口外夏州之地，宁境仅有旧宁夏府之地，岂仅北部不为中国所有而已哉？隋世所规复者，亦不过今归绥迤南及套内之地，套北山南之地（绥省中部）犹未克尽有，遑论北部?

又叙唐代疆域谓南尽林州,即林邑。按唐代版图在今越南境内者,始终未逾骧州,贞观中虽置林州、景州,寄在骧州南界,非林邑故地也。又云,唐中叶后,朝鲜属地没于渤海。按唐之确有高丽、百济故地,仅高宗总章以后八年耳。上元三年安东都护府内徙辽东,罢华人官,即与一般羁縻州县无异矣,何庸迟至中叶以后?又下文叙唐代极盛之边境,所列诸地多仅为声威所及,非真正在中原政权统治下之疆域也。国人述历代疆域往往好夸大其辞,童氏亦未能免此。

第十章叙五代疆域,结论曰:五代之疆域,后周最大,后唐次之。按后唐有州百二十三,周仅百一十八;后唐有幽蓟十六州,并汾十州,周世并汾属北汉,幽蓟属契丹,世宗北伐,仅能复其二州,惟世宗取淮南十四州于南唐为后唐所无,无论以州数言,或以幅员言,皆不敌后唐。

第二篇第三章标题作郡县制之确立,章首曰:"秦始皇统一中国,乃确立以郡统县之制。"按以郡统县,战国时已成通例,勿迨始皇确立。第二章举《秦策》"宜阳,大县也,名曰县,其实郡也"一条,证明县较郡小。案云,"盖战国时县已归郡统治矣。"实则战国时以郡统县之显例甚多,作者既但举此条,故仅能得一疑似之论断,岂未尝一检《国策》、《史记》耶?

第四章述汉末曹操倡复九州之制,下文曰:"然此制不久即废"。第五章述三国之州制曰,"曹操于汉献帝时改汉十三州为九州,其制实行未几,至魏文帝时恢复为十二州。"按操之倡复九州,事在建安十八年,其时三国鼎峙之势已成,而刘备方以荆州牧率兵入蜀(益州)。据九州制则当以交州省入荆、益二州,但交州已于建安十六年为孙氏所得,以步骘为刺史,操焉得夺之孙氏,俾之刘氏乎？据《步骘传》，终建安之世，骘固未尝去交州之任也。又公孙氏方自立为平州牧（得幽州辽东三郡），是则幽州旧境，亦未能尽数并入冀州。九州制初未尝一日实行，此谓"实行未几"，误。

第四、五两章述自汉至隋州制之演变，一则曰战国秦时最高地方单位为郡，汉制则郡上又有州，实以州统郡国；再则曰汉武以后，以中央统州，以州统郡国；再则曰春秋时为一级制，战国以后为二级制，汉武帝以后为三级制。按西汉州刺史以职掌言仅限于以六条按察吏治，以性质言乃中央官而非地方官，州乃监察区域而非行政区域，二者固截然有别，焉得视同一体，遂谓汉制以州统郡？其时政令下颁则达于郡国，郡国上计则径走京师，史传亦斑斑可考，又岂可目汉武后之地方区划为三级制耶？第六章表唐代地方制度，以开元以前之十道、十五道为一级，其误正同。

第六章府制一节，谓唐制府有三种：曰府，曰都督府，曰都护府。都督府兼治军民，统辖州县，即后世府制之前身。章末地方制度表，于道下州上，又列府一级。按府为地方政府，都督府乃军政机构，都护府乃边政机构，三者性质迥异，不可以其同有府称，（府之为言亦犹省、寺、院、厅、部、署、衙门而已，任何政治机构，皆可得而用之。）混为一谈。府即京师陪都所在，或曾为行在之州，后世推而广之，凡要郡大州，悉以府称，此"府制之前身"也。至都督府则实为唐中叶后节镇之前身，中叶后节度使虽兼总军民，统辖州县，然方其为都督府时，则但掌所统诸州之城隍兵马甲仗食粮镇戍而已，与民政无涉。唐代地方行政区划初年但为州县二级制（府即特种州），中叶而后，始于州上有节镇（或称观察经略等）一级，成三级制。今表列为四级制五级制，去事实远矣。

第八章述元代省制，有曰："中书省犹秦之内史、汉之司隶校尉部也，"按元代中书省乃中央最高决策兼行政机构，实犹秦汉之三公府。惟秦汉之三公府，直辖天下郡县；元代则但以京畿附近之路、府、州、县直隶中书省，别立十一行中书省以统其余，而行中书省固亦上统于中书省。至秦之内史，则犹元之大都路达鲁花赤、明清之顺天府尹耳；汉之司隶校尉，则仿佛清代之五城御史。

又述清代省制云，康熙增为十八省，光绪时又添设新疆省及东三省与台湾省，共有二十三行省。按台湾甲午战败后已割让于日本，东北日俄之战后始建行省，清制但有二十二行省。

又述元、明、清三代道制，谓元代在边僻之地别设道制，以控制边疆要地。按元代内地皆有道，不仅边疆。又谓明代别设分守分巡道，至清渐有确实之辖属。按元、明、清三代之道，皆有确实辖属，不始于清。

上文已言，此书第一二两篇，实以史氏书为蓝本。第一篇疆域，史书甚略，故有所增；第二篇政区，史书已详，故但事删削改编而已。《史学年报》上之书评，童氏盖未能见及，是以史书原误，一仍未改：如谓唐中宗时已有六都护府（第六章），行台省之制起于隋开皇（第八章），以及道至清代始有确实之辖属是也。

愚谓志舆地之总要有三，曰疆域，曰都会，曰区划。顾祖禹《读史方舆纪要》首九卷《历代州域形势》所叙，大致即此。其下分省各卷，乃兼及其名山大川，形胜险要。此书不及都会、山川（历史时代之山虽大体勿变，水道则时有迁徙。）等，而别增民族一篇，即非轶出范围，亦属遗重取轻。且篇中区别各族，全不合乎近代科学民族学家之说。如爨乃藏缅系之罗族，乃以为掸台系之濮。暹罗黎僚，濮也，乃以为"越"。昭武九姓，白种伊兰人也（指其民众而言），乃以为藏。羌、藏同种，别而为二。氐、羌异类，合而为一。此盖吕思勉氏《中国民族史》之原误也。至以巴氏之成汉为越巂等氏,廪君种之巴郡南郡蛮为巴氏,旧史记载分明,作者不能辞粗疏之咎矣。

（原载《国立中央图书馆馆刊》复刊第二号，
1937 年 6 月 1 日署名春斋）

《辽史》订补三种

订正《皇子表》

《辽史·皇子表》颇有脱讹。其于行次,凡一母所生诸子,皆相衔接,而嫡出者率以为长,庶出者率以为幼,考其实多不然。兹更其所可知者,仍其所不可知者,复补所未备,叙世系,次长幼,辨嫡庶,列为此表。其余官爵、事迹,皆具见补传,勿赘叙。表末考一,著考证之辞。考二,胪列诸人之异名以及名之异译而通解之,用省后人勘对之烦。原表用名之例不一,或用番名,或用汉名,今悉以番名为正,从其本也。

考一 人数、行次、生母

德祖诸子 原表,德祖六子,宣简皇后生五子,太祖第一,不著庶出者为何人。兹据《耶律奴瓜传》知之。

太祖诸子 《后唐太祖纪年录》:天祐二年五月,阿保机会太祖于云中,约为兄弟,留男骨都舍利为质而还。骨都,疑即牙里果(牙里果一作涅离骨德)。若果然,则其时图欲才七岁,太宗才四岁,牙里果当长于嫡出诸子矣。若不然,则图欲之上,别有他子,总数不止四人。又《资治通鉴》梁龙德二年(天赞元年)正月,定州之役,晋王获契丹主之子,此子疑亦当在表载四人之外。

太宗诸子 原表五人,兹据《地理志》补只撒古一人。《五代史·晋本纪》:天福二年二月,"契丹使皇太子解里来"。按《纪》,上年十二月,太宗在太原,闻晋帝入洛,遣郎君解里德抚问。解里德即解里,至是始抵阙耳。郎君,官名,欧史以为皇太子,误矣。

原表作穆宗第一(《穆宗纪》同),罨撒葛第二,天德第三,敌烈第四,必摄第五。按《纪》,穆宗生于天显六年,敌烈生于八年,罨撒葛生于九年,则敌烈长于罨撒葛矣。会同三年穆宗才十岁,罨撒葛才七岁,而天德已奉王命远使异国(《纪》、《表》),计其年必不得在十龄以下,是天德又长于穆宗也。惟只撒古不见纪传,行次无考,姑列之于首。

世宗诸子 《表》引旧史《皇孙传》,只没书在第一,吼阿不书在第三。《表》据景宗册吼阿不为皇太子(旧传),断吼阿不为世宗嫡长子,列第一,移只没于第三。按,谓吼阿不长于景宗是也,《景纪》保宁三年明称皇兄。然嫡长子非必行一。《表》盖泥于《景宗本纪》帝为第二之说,故擅自易置。不思《圣宗纪》统和元年明以只没为先帝庶兄,则与其以兄为弟之误,无宁视二为三之讹,况有旧史可证乎? 今仍以只没为第一,更吼阿不为第二。

《契丹国志·后妃传》,世宗甄皇后六子:长景宗,次曰平王、荆王、吴王、宁王、河间王,错谬不可据。河间王无考,平王隆先、荆王道隐、吴王稍三人,皆世宗之弟而非子也。宁王即只没,只没,《表》及《后妃传》并作甄妃出。按甄妃薨于察割之乱,据《方技·王白传》,则应历末只没以事下狱,犹有母为之求卜,是甄妃不得为只没之母也。

《景宗本纪》、《后妃传》并以景宗为怀节皇后所生,《契丹国志·后妃传》以为甄后所生,二说未知孰是。《国志》异国传闻之

前四世	前三世	前二世	前一世	一世	二世	三世

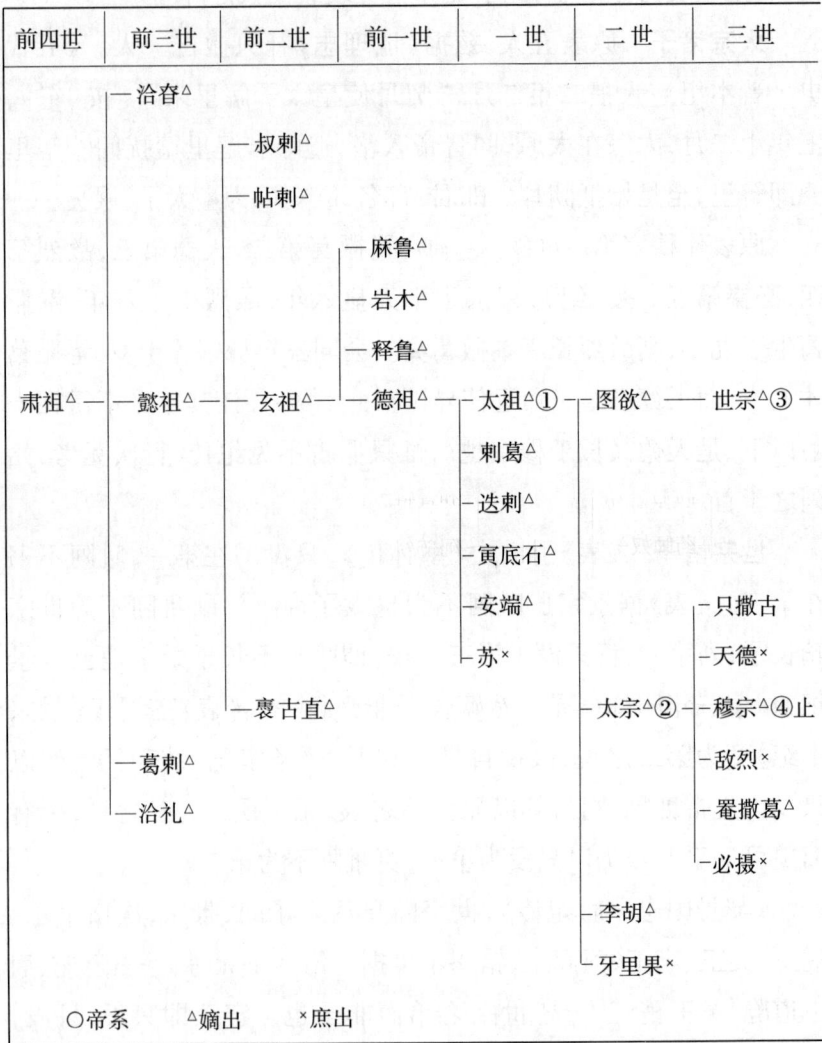

○帝系　△嫡出　×庶出

四 世	五 世	六 世	七 世	八 世	九 世	十 世

```
                          ┌吴哥×
                          ├狗儿×
                          ├某△
  ┌只没×                   ├某△
  ├吼阿不△
  └景宗△⑤ ─┬圣宗△⑥ ─┬兴宗×⑦ ─┬道宗△⑧ ─天祚帝△⑨ ─┬习泥烈×
           │            │        ├宝信奴                ├定×
           ├普贤奴△      │        ├和鲁斡△              ├雅里×
           ├高七△        │        └阿琏△                ├挞鲁×
           └药师奴△       │                              ├敖鲁斡×
                          ├别古特×                        └宁×
                          ├重元×
                          └侯古×
```

耶鲁斡─天祚帝△⑨

489

辞,容多假借,然《后妃传》,"景宗立,葬二后于医巫闾山,建庙陵寝侧",景宗若为怀节之子,似不得尊崇已废之后乃尔,则《国志》之说,亦未可遽非也,颇疑景宗实甄后所出,后既废,乃被养于怀节,后世讳其先帝之出于后唐宫人,故径以嫡母为生母耳。然则被册为皇太子之吼阿不,究为怀节抑甄后所出,亦未可必。

景宗诸子 药师奴,《表》作不详所出,《国志·后妃传》,亦皇后出。按药师奴卒于襁褓之中,皇后乃为卜葬于契丹发祥地之潢、土二河间,又置永州于墓侧(《纪》、《地理志》),迨圣宗嗣位,又亲临致祭(《纪》统和元年五月),是其必非庶出可知也。

圣宗诸子 史载圣宗之子,最为错乱,人数、名号及行次各不相同。《表》作六子:长兴宗(《兴宗纪》同),次重元(《重元传》同),三别古特,四吴哥,五狗儿,六侯古。《国志·世系表》作八子:达妲李第一,长沙王宗哲第二,齐王宗熙第三,晋国王宗允第四,兴宗第五,鲁王宗元第六,幽王宗德第七,宗教第八。中惟宗元知为重元(据本传及《道宗纪》清宁九年),其他于《皇子表》为何人皆无考。《本纪》于兴宗、重元之外,统和七年,皇子佛宝奴生;开泰二年,有皇子宗训;六年,皇子属思生;七年,有皇子宗元(非即重元,重元后三年始生)、宗简、宗愿、宗伟。诸子于《皇子表》、《国志·世系表》为何人,亦皆无考。《国志》、《兴宗纪》以帝为圣宗第八子(《隆平集》同),重熙十三年,昆弟进封者五王,宗元、宗德、宗熙、宗哲之外,别有鲁王宗正。《后妃传》,法天后生二子,长兴宗,次达妲李,又与《世系表》异。兹细加考核,则诸说大抵以《国志·世系表》最为近是,但亦不敢遽谓全合于事实。据《本纪》,兴宗,开泰五年始生;重元,太平元年始生;佛宝奴、宗训二人(或为一人之二名),见开泰五年前;属思及宗元等四人,见太平元年前:故兴宗非长,重元非次,可断然无疑。属思、重元,皆幼于兴宗。兴宗若为第八子,则总数至少有十人,《皇子表》宜不应脱略至四人之多,故第八之说,又不及第五为可信。《后妃传》,圣宗仁德皇后生二子,皆早卒,迨元妃生兴宗,养以为子。《表》仆隗氏二子,于开泰、太平时已仕至留守宰相,四人皆长于兴宗,是兴宗适为第五也。仁德年十二选入掖庭,时在统和十二年,(据本传,重熙元年薨,年五十推算)则生于统和七年之佛宝奴,及开泰初已为大内惕隐之宗训,殆为仆隗氏之子,特不知其孰为吴哥,孰为狗儿耳。皇后所生二子,以早卒不显于世,故《皇子表》脱去,八子遂减而为六。《表》古特特、侯古二人,当为兴宗之弟,开泰六年所生之属思,殆居二人之一。而重元生年后属思四年,则《世系表》列以为第六非也。达姐李或以为兴宗之同母弟,是《世系表》以达姐李与重元为二人可疑。(法天后所生只二子,各种记载皆合。)《纪》所载皇子凡九人,若佛宝奴即是宗训,适合八人之数,惟宗训等五人之名,全不见于《国志·世系表》,此尤大不可解。故曰《世系表》之说,亦未可尽信也。

兴宗诸子 《表》作三人,兹据《本纪》,补宝信奴一人。行次依其生年推定。和鲁斡、阿琏,旧作第二、第三,兹更正。

道宗诸子 《表》作一人,据《国志·后妃传》,则宣懿皇后所生非止一人,特余子皆不育,独耶鲁斡成长耳。

天祚诸子 天祚诸子次第,《表》、《纪》异说。《表》六子:敖鲁斡(晋王)第一(本传同),雅里(梁王)第二(《本纪》同),挞鲁(燕王)第三,习泥烈(赵王)第四,定(秦王)第五,宁(许王)第六。《纪》保大元年,作四子:习泥烈第一,敖鲁斡第二,宁第三,定第四。① 考之,则二说皆非。天祚生子见于《道宗纪》者,已有太安五年、九年、寿隆三年三次,而《后妃传》晋王生母文妃,以乾统初始入宫,

---

① 《国志·天祚纪》保大元年同,惟称王不叙名,第四作鲁王。

则晋王必不得为长子、次子甚明。晋王出绍耶律隆运后（《表》《隆运传》），亦可证其非长子也。雅里，《纪》作卒于保大三年，年三十，计其生年，实在太安十年，是雅里不得为第二子也。《纪》保大元年，《耶律余睹传》皆言"萧奉先恐秦王不得立"，亦可证奉先诸甥中，秦王长于梁王。今从《纪》，以习泥烈为长，当即太安五年所生；从《纪》保大二年，以定为次①，当即太安九年所生；次年雅里生，第三；寿隆三年所生为挞鲁，见《纪》，第四；《纪》、《表》并以宁为幼子，故列敖鲁斡第五、宁第六。

《表》载六子，得其全。《纪》言四子，时挞鲁已先卒，敖鲁斡出为他人子，本是也，惟所列四子中有敖鲁斡而无雅里，此不可解。

考二 异名异译

洽睿 《百官志》一作洽睿，《图鲁窘传》作治睿。

帖剌 《表》作怙剌，兹从《皇族表》、《百官志》及《辖底传》。

耶律觌烈、铎臻、沤里思、吼、勃古哲、裹履、合里只、那也、牒蜡等传，并云六院夷离堇，浦古只之后，又耶律曷鲁为觌烈之兄。本传云："祖匡马葛，简宪皇帝兄。"按帖剌九任迭剌部夷离堇，其裔在六院司，呼为夷离堇房（《表》），简宪即懿祖，帖剌正其兄。是浦古只与匡马葛，皆帖剌之别名也。

岩木 木，《表》作本，《皇族表》作术，兹从《兴宗纪》重熙二十二年、《百官志》、《安搏传》。

释鲁 《地理志》越王城条作述鲁，《百官志》著帐郎君条作室鲁。《太祖纪》赞、《食货志》上、《仪卫志》二，用其字述澜。《太祖

---

① 《国志·天祚纪》保大二年同。

纪》八年作率懒。

剌葛 《仪卫志》四作剌哥,《国志·世系表》一名阿干。《国志·梁王信宁传》作乌干,乌,阿之讹。《太祖纪》二年、《部族表》太祖二年、《续通典》,作撒剌:《地理志》乌州作拨剌;《资治通鉴》、《国志》作撒剌阿拨;皆其字率懒之异译。

迭剌 《太祖纪》七年、八年作迭剌哥,神册三年作迭烈哥。

寅底石 《仪卫志》四作匀德实。

安端 《太宗纪》会同五年作隈恩,即其字猥隐之异译。

苏 《太祖纪》三年作素。《燕哥传》作铎稳,即其字云独昆。迭剌亦字云独昆,以《传》云铎稳为太祖异母弟,故知是苏而非迭剌也。

图欲 原用汉名倍,以图欲为小字。宋人诸书,自《册府元龟》、《五代史》、《资治通鉴》以及杂录笔记,皆作突欲。

李胡 《国志·本传》讳阮,盖其汉名。

牙里果 《太宗纪》天显三年作涅里衮,会同三年作涅离骨德。又《后唐太祖纪年录》之骨都(见考一《订正《皇子表》),疑即涅离骨德之省称。《纪》会同二年之惕隐迪辇,疑即称其字敌辇。《册府元龟》番名赫邈(长兴二年)。

敌烈 《太宗纪》天显八年作提离古。

罨撒葛 《太宗传》天显九年作阿钵撒葛里。《国志·后妃传》名蒙兀。

只没 《表》作长没,兹从景宗、圣宗《本纪》、《后妃传》、《方使·王白传》、《圣宗纪》统和元年正月又作质睦。

吼阿不 《景宗纪》保宁三年作吼。

普贤奴 原用汉名隆庆,以普贤奴为小字。《国志》本传,番名菩萨奴,盖非。圣宗小字文殊奴,弟曰普贤奴是也。《续资治通鉴长编》名赞。

高七　原用汉名隆裕,以高七为小字。裕,《史》作祐,从《国志》。

药师奴　《圣宗纪》:统和元年,次永州,祭皇子药师奴墓。《景宗纪》乾亨三年及《地理志》:永州,置于皇子韩八墓侧,知药师奴一名韩八。八,《续长编》、《国志》作哥,疑误。

吴哥　《圣宗纪》开泰二年作五哥。

别古特　《兴宗纪》重熙十七年、十九年作别古特,《西夏外纪》作别古德。

重元　《国志》用其汉名宗元。《圣宗纪》太平元年作勃己只,即其小字字吉只。

和鲁斡　《兴宗纪》重熙十年作胡卢千里,《国志》本传番名叱地好,《国志·后妃传》作纥根。《国志》用其汉名洪道(本传、《兴宗皇后传》)。惟《天祚纪》天庆五年作宏本,宏,洪之讹,本,连道宗之讳基,道,连阿琏之名德,盖初名洪本,后改洪道。

阿琏　《国志·后妃传》,汉名洪德,番名寿干。

耶鲁斡　原用汉名浚,以耶鲁斡为小字。《国志·天祚纪》名元吉,《后妃传》,初名空古里。

补 皇 子 传

《辽史》皇子事迹备具者,惟图欲、李胡、耶鲁斡、敖鲁斡四人列《宗室传》,重元一人列《逆臣传》,雅里一人附《天祚纪》后。其余但以其官爵、功罪、薨寿略著于《皇子表》中。虽省笔墨,实患疏略。中间如太祖、圣宗诸弟生平功罪,尤关系于一代治乱得失,岂可阙而不传?且夫表者,排列行格,条分件系,贵在一览瞭如。

《皇子表》以功罪载入,于事果未备,于文则已多至百数十言一格,亦乖史体。盖表、传异裁,以当传之人而一举之于表,宜其非表非传,伤繁病简,两失之也。兹厘而析之,俾各得其所。表以明辈次、行第、母氏,此外悉著于传。于所脱佚,则剔抉纪传,搜采群书以补之。虽文献散佚,缀辑难完。要可以粗窥本末。世之君子,或有取焉。

肃祖四子,昭烈皇后萧氏生,长洽眷,次懿祖,三葛剌,四洽礼。(《百官志》一、《表》、《后妃传》)

洽眷,字牙新,有德行。遥辇时为迭剌部夷离堇,分五石烈为七、六瓜为十一。(《表》)其后在五院司。四世孙图鲁窘有传。

葛剌,字古昆,仕为舍利,早卒。(《表》)其后在六院司,八世孙陈家奴,有传。

洽礼,字敌辇,仕为舍利。(《表》)其后在六院司。

懿祖四子,庄敬皇后萧氏生。长叔剌,次帖剌,三玄祖,四裹古直。(《百官志》、《表》)

叔剌,仕为舍利,早卒。(《表》)

帖剌,一名蒲古只,一名匣马笃,(见《皇子表》考证)字痕得。遥辇时,九任①迭剌部夷离堇。耶律狼德等既害玄祖,暴横益肆,帖剌以计诱其党,悉诛夷之。(《耶律铎臻传》)拜于越,(《耶律术者传》)卒年七十。(《表》)其后在六院司,子罨古只、偶思,皆本部夷离堇;辖底,有传。罨古只孙朗,有传。偶思子曷鲁、觌烈、羽之,有传。

裹古直,字岩母根。善射,仕为舍利,年几冠,堕马卒。(《表》)

---

① 《铎臻传》作再为。

其后在六院司。

　　肃祖、懿祖之族共五房，分在五院、六院，谓之二院皇族。(《百官志》一)

　　玄祖四子，简献皇后萧氏生。长麻鲁，次岩木，三释鲁，四德祖。(《百官志》、《表》、《后妃传》)

　　麻鲁，仕为舍利，早卒。(《表》)无后。(《百官志》一)

　　岩木，字敌辇，身长八尺，多力，能裂麂皮，语音如钟。弥里木岭去家数里，尝登岭呼其从，家人悉闻之。三为迭剌部夷离堇，年四十五薨。(《表》)重熙二十一年，追封为蜀国王①，(《纪》七月、《表》)其后曰孟父房，子胡古只、末掇、楚不鲁，皆迭剌部夷离堇。胡古只子神速，捕挞马狘沙里。(《皇族表》)末掇子颓昱，楚不鲁孙安搏，并有传。

　　释鲁，字述澜，骈胁多力，贤而多智。(《表》)遥辇末叶为于越，知国政。(《表》、《辖底传》)西俘党项、吐浑，(《地理志》越王城)北征于厥、室韦，南略易、定、奚霫。始兴板筑，置城邑，教民种桑麻，习织组。契丹自是有广土众民之志，太祖之伟业基焉。(《太祖纪》赞、《仪卫志》二)初，契丹岁贡于突厥，至是始免。年五十七，为子滑哥所弑。(《表》)重熙二十一年，追封为隋国王。(《纪》七月、《表》)其后曰仲父房。子滑哥，有传。绾思，南院夷离堇。绾思子洼、休哥，并有传。

　　德祖六子：长太祖，次剌葛，三迭剌，四寅底石，五安端，宣简皇后萧氏生；六苏，庶出，不详母氏。(《百官志》、《表》、《奴瓜传》)太祖之后曰大横帐，诸弟之后皆曰季父房。大横帐与三父房(亦号横帐)，合谓之四帐皇族。(《百官志》)

---

　　① 《皇族表》、耶鲁颓昱、奚底、善补、敌禄、化哥、马六传并作楚国王，未知孰是。

剌葛,字率懒,性愚险。(《表》)太祖即位二年,始置惕隐,典族属,以剌葛为之。(《纪》正月、《表》)旋受命讨乌丸及黑车子室韦。(《纪》五月、《部族表》)五年,讨涅烈部,破之,有骄志。(《表》)遂与弟迭剌、寅底石、安端谋反。安端妻粘睦姑知之,以闻,按闻得实。太祖乃与剌葛等登山刑牲,告天地,令誓而赦其罪。太祖谓剌葛曰:"汝谋此事,不过欲富贵尔。"出为迭剌部夷离堇。①(《纪》五月、《表》)六年,太祖亲征术不姑等西南诸部,命剌葛分统本部兵攻平州。(《纪》七月、《表》、《辖底传》)逾月,陷之。(《通鉴》乾化二年八月)既还,从叔辖底、从兄滑哥诱之,复偕诸弟作乱,杀不从者,据西山以阻归路。(《纪》十月、《表》、辖底、滑哥传)太祖还次北阿鲁山,闻而避之,引军南趋十七泺,次七渡河,剌葛等伪遣人谢罪,太祖许以自新。(《纪》十月、《表》)七年,车驾次赤水城,剌葛等欲乘王师不备,为掩袭计,诈降。(《纪》正月、《表》、《老古传》)太祖命将军耶律老古、欲稳②、阿钵为御,严号令,勒士卒,控辔以防其变。乃素服乘赭白马,解兵器,肃侍卫以受之,因加慰谕。剌葛等知有备,惧而引退。太祖复数遣使抚慰。(《纪》正月、《老古传》)既而迭剌、安端被拘于芦水,剌葛遂偕寅底石,引其众至乙室堇淀,具天子旗鼓,将自立。皇太后阴遣人谕令避去,会弭姑乃、怀里阳言车驾且至,其众惊溃,掠居民北走。太祖以兵追之,剌葛遣寅底石引兵径趋行宫,焚其辎重庐帐,纵兵大杀,皇后急遣曷古鲁③救之,仅得天子旗鼓而已。其党神速姑④复

---

① 《地理志》乌州、《通鉴》、《国志》并称剌葛为北大王。按迭剌部分北南院,始于天赞元年;夷离堇改称大王,始于会同元年;剌葛神策中已卒,不知何以得是称。
② 老古,《纪》作乐姑,此从本传。欲稳,《纪》作辖剌仅。即其字辖剌子,见本传。
③ 曷,《纪》作蜀,兹从《仪卫志》四。
④ 《表》作神速,疑即孟父房胡古只之子。

劫西楼,焚明王楼。太祖追兵且至,剌葛等面木叶山射鬼箭以厌禳之。(《纪》三月、四月)迨王师追及于培只河①,逆战败绩,尽失其辎重生口。(《纪》四月、《表》)太祖遣先锋北府宰相萧敌鲁偕弟阿古只②以轻兵进薄,相拒至脯,剌葛众溃,退次柴河③,自焚其车乘庐帐而去。至鸭里河,复遇室韦女骨及吐浑酋长拔剌迪里姑等伏兵邀击,遂大败。剌葛轻骑遁去,遗其所夺神帐于路,其党库古只、磨朵皆降。奔至榆河,敌鲁率骁骑追及,遂与辖底④、阿钵等同被擒,送诣行在。(《纪》四月、五月、《表》、《萧敌鲁阿古只传》)剌葛等以橐索自缚,牵羊望拜。太祖更剌葛名曰暴里。(《纪》五月)明年,有司鞫定逆党三百余人,以剌葛为首恶。(《纪》正月)太祖犹念同气,不忍置法,数之曰:“汝与吾如手足,而汝兴此心,我若杀汝,则与汝何异。”乃杖而囚之,而绞杀其妻剌己,以实与逆谋也。被囚期年,得释。(《纪》正月、《表》、《通鉴》贞明四年)神册二年,与其子赛保里帅众叛入幽州。(《纪》六月、《通鉴》同上)晋王厚遇之,养为假子,任为刺史。梁贞明四年(神册三年),胡柳之战,复偕其妻子奔梁。(《通鉴》同上)唐庄宗既灭梁,同光元年(天赞二年)十月,数其叛兄弃母负恩背国之罪,族诛于市。(《通鉴》)初,剌葛征乌丸,占其地以为牧,建私城曰乌州,及南征还,又以所俘汉民置爱民县隶州,南奔后没入官。(《地理志》)子赛保里⑤、鲁不姑⑥、拔里得。鲁不姑、拔里得并有传。

迭剌,字云独昆,性敏给。太祖尝曰:“迭剌之智,卒然图功,

---

① 《表》作擘只,此从《纪》。
② 敌鲁,《纪》作迪里古,阿古只,《纪》作遏古只,此从本传。
③ 《表》作喝只河,此从《纪》。
④ 《纪》作涅里衮,即其字涅烈衮,见本传。
⑤ 《表》及《皇族表》作赛保,兹从《纪》。
⑥ 本传,太祖从侄也,误。见《皇族表》校注。

吾所不及;缓以谋事,不如我。"(《表》)太祖即位元年,和州回鹘使
至,(《属国表》)无能通其语者,太祖曰:"迭剌聪敏可使。"遣迓之,相
从二旬,能习其言语书。因制契丹小字,数少而该贯。(《表》)剌葛
作乱,迭剌附之。(见上《剌葛传》)七年,太祖次芦水,迭剌图为奚王,
与弟安端拥千余骑而至,绐称入觐。太祖怒曰:"尔曹始谋逆乱,
朕特恕之,使改过自新,尚尔反复,将不利于朕。"遂拘之,以所部
分隶诸军。(《纪》三月)既擒剌葛,有司鞫逆党,以迭剌为次恶,太祖
杖而释之。(《纪》八年正月、《表》)神册三年,谋南奔,事觉,知有罪当
诛,预为营圹,而诸戚请免,遂复赦之。(《纪》四月、《表》)天显元年二
月,立东丹国,以为中台省左大相。(《纪》、《表》)莅事不逾月,(《耶律
羽之传》)七月,先太祖十一日卒。(《纪》)孙合住有传。

寅底石,字阿辛,生而暗懦。(《表》)附剌葛作乱,(见上《剌葛传》)
萧敌鲁追及于榆河,寅底石自刭不殊,被擒。(《纪》七年五月、《表》)泊
论刑,太祖以寅底石、安端性本庸弱,为剌葛所使,皆杖而释其罪。
其妻涅离衮,亦以胁从获免。(《纪》八年正月)神册三年,迭剌谋叛事
觉,亲戚请免。太祖素恶涅离衮,乃曰:"涅离衮能代其死,则从。"
涅离衮自缢圹井,并以奴女古、叛人曷鲁只瘗其中,而赦迭剌。
(《纪》四月)天显初,伐渤海,拔扶余城,留寅底石与耶律觌烈守之。
(《觌烈传》)太祖崩,遗诏以寅底石守太师政事令辅东丹王,淳钦皇
后遣司徒划沙杀之于路。(《表》)重熙二十一年,追封许国王。(《纪》
七月)子刘哥、盆都,并有传;化葛里、奚蹇,附见盆都传。孙阿烈,中
书令。(《皇族表》)八世孙斡特剌,有传。

安端,字猥隐,(《表》)性庸弱,(《纪》八年正月)言无收检,若空车
走峻坂。(《海思传》)附剌葛作乱,被擒于芦水,杖而释之。(见上剌
葛、迭剌、寅底石传)其妻粘睦姑,初以告变封晋国夫人,(《纪》五年五
月)追复反,虽被胁从,以尝有忠告,亦获免。(《纪》八年正月)神册三

年，以为大内惕隐，命攻云州①及西南诸部。(《纪》正月、《部族表》)太祖亲征渤海，既拔扶余，命安端、萧阿古只等将万骑为先锋，追破渤海老相兵三万余人。(《纪》天显元年正月、《表》)已建东丹，安边、鄚颉、定理三府叛，复遣安端讨平之。(《纪》同年三月、《表》)太祖崩于扶余，东丹王奉丧西归，淳钦后使安端佐少子李胡守东丹②。(《通鉴》天成元年八月)太宗即位，有定策功。天显四年，迁北院夷离堇③。(《表》)会同初，吐谷浑为安重荣所诱，拒不归命。五年，诏以安端为西南路招讨使，命先练习边事，而后之官，讨吐谷浑以警诸部。(《纪》二月)六年十二月，分道伐晋，安端统兵自西路进。明年正月，入雁门，围忻、代④、(《纪》)寇太原。晋河东节度使刘知远发兵二万来拒，战于秀谷，安端兵败，丧师三千，东南自鸦鸣谷遁归大军⑤。(《通鉴》开运元年正月)大同元年，以病先归。(《刘哥传》)世宗即位镇阳，太后命太弟李胡逆拒，安端闻之，欲持两端。子察割说之，乃与侄刘哥定计附世宗。(《察割传》)遣人驰报，请为先锋。遇太后军于泰德泉之石桥，既接战，安端坠马几殒，赖刘哥树之得免。得马复战，太后麾下排阵使李彦韬迎降，遂败太后兵，偕刘哥朝于行在。(《纪》

---

① 《表》作惕隐，兹从《纪》。表作元年讨平云州，元，三之误。又据《册府元龟》则云州攻而未破。

② 《通鉴》原文作"述律后使少子安端少君守东丹"。少子则李胡也，少君之义待解。

③ 《表》作天赞四年，赞，显之讹，犹之破老相兵乃天显元年事，《表》亦误作天赞元年。《纪》天显元年，安端犹为惕隐，北院夷离堇为斜涅赤。《斜涅赤传》，天显中卒，盖斜涅察既卒，安端以定策功继之，万斯同《辽大臣年表》列之天显元年，未深考。《图鲁窘传》，太宗立晋之役，其父敌鲁古为五院(即北院)夷离堇，是安端去此职当在天显十一年之前。《纪》大同元年，仍称安端为五院夷离堇，当加前字，其时已改大王，耶律洼方居之。

④ 《表》作下忻、代，疑非。

⑤ 秀谷，忻州治下县，今忻县。鸦鸣谷一曰鸦儿谷，在今寿阳县东百六十里，见《方舆纪要》。

大同元年六月、《表》、《刘哥传》、《通鉴》天福十二年六月）及和议成，以功主东丹国，赐号明王①。（《纪》天禄元年九月、《表》）天禄中为西南面大详稳②。（《察割传》）子察割弑逆被诛，穆宗赦其通谋罪，放归田里。（《表》）初，安端有私城，会同三年置为白川州，至是没官。（《纪》八月、《地理志》）应历二年十二月薨。（《纪》）子察割有传。

苏，字云独昆。太祖即位三年，沧州节度使刘守文为弟守光所攻，遣使乞援。苏时为舍利，偕夷离堇萧敌鲁以兵会守文于北淖口，进至横海军近淀，一鼓破之，守光溃去，因名北淖口为会盟口。（《纪》三月）刺葛诈降，苏往来其间，既平，苏力为多。（《表》）神册五年为惕隐，六年，拜南府宰相。（《纪》五年闰六月、六年正月、《表》）南府宰相自诸弟搆乱，府之名族多罹其祸，故其位久虚，以锄得部辖得里只里古摄之。府中数请择任宗室，太祖以旧制不可辄变，请不已，乃告于宗庙而后授之，宗室为南府宰相自此始。（《纪》）天赞三年，与南院夷离堇迭里略地西南（《纪》九月、《表》）天显初，征渤海，从太宗围忽汗城，降之。（《纪》元年正月、《表》）太祖既崩，后四十一日，苏薨。（《纪》元年九月、《表》）苏性柔顺，事上忠谨，言无隐情，太祖于诸弟中尤爱之。居佐命功臣之一，然在南府以贿闻，民颇怨。（《表》）孙奴瓜、四世孙蒲古、七世孙燕哥③，并有传。

太祖四子：长图欲，次太宗，三李胡，淳钦皇后萧氏生；四牙里果，宫人萧氏生。（《宗室传》、《表》）图欲、李胡列《宗室传》。

---

① 《五代史》、《通鉴》、《国志》皆作伟王，《兵卫志》中有伟王军。《本纪》及《海思传》，会同五年已称明王，非是。东丹自人皇王归唐后，未尝更以畀人。今王安端，盖宠以虚名而已。实不之国，故其后即以为西南面大详稳。
② 《萧翰传》，天禄中以书结安端反，安端与闻与否，无考。
③ 本传作四世孙，误，见《皇族表》校注。

牙里果，一名赫邈（《册府元龟》），字敌辇。性沉默，善骑射。（《表》）太宗初为惕隐①。天显三年夏，唐兵败铁剌②于定州，命牙里果与都统查剌将七千骑赴援。（《纪》四月、《通鉴》天成三年四月、五月）秋，会战于唐河北，败绩，退奔易州。时淫雨继降，沟渠泛溢，溃兵泥泞莫进，为唐所斩及陷溺死者不可胜数。还过幽州境，镇兵扼险邀击，牙里果、查剌等将领五十余人皆被执，余众散投村落，村民以白梃击之，得脱者才数十人。（《纪》七月、《通鉴》七月、八月）唐主以牙里果等皆契丹骁将，杀之则绝望，不若存之以纾边患，乃悉赦诸将领，置之亲卫，而斩其余众。（《通鉴》闰八月）唐长兴三年，赐牙里果姓狄，名怀忠③，授银青阶检校散骑常侍。（《册府元龟》、《通鉴》三月）太宗屡遣使请归之，唐主以契丹所以数年不犯边、数求和者，以此辈在南故也，纵之，则边患复生，止勿遣。（《通鉴》长兴三年三月）石晋立，始得还。（《表》）复为惕隐。会同三年，上初幸南京，牙里果率万骑先驱。（《纪》三月）后以疾薨。（《表》）子敌烈、室鲁、奚底。敌烈，南府宰相。室鲁，仕历无考。（《皇族表》）

奚底，保宁初仕为右夷离毕。三年，讨敌烈献俘，迁北院大王。乾亨元年，宋师伐汉，命奚底与乙室王撒合等以兵戍燕，宋既灭汉，乘胜来侵，奚底逆战于沙河，遇敌而退，全军失利。师罢论罪，以剑背击之。（《纪》三月、六月、八月）

太宗六子：穆宗、罨撒葛，靖安皇后萧氏生；只撒古，不详所出；天德、敌烈、必摄，宫人萧氏生。（《表》）

① 《表》作自晋始为惕隐，非也。《纪》天显三年，称惕隐者再，《通鉴》各年皆称酋长惕隐而不名，可见陷唐以前已为惕隐。

② 铁剌，《表》误作耶鲁沙。

③ 《册府元龟》作怀惠，此从《通鉴》。

只撒古,早卒。太宗置慈州于其墓西。(《地理志》永州慈仁县)

天德,字苾扇,猛悍矫捷,人望而畏。(《表》)会同三年,偕检校司徒邸用和使晋。(《纪》五月、《表》)九年,大军伐晋,与晋将杜重威相拒于中渡桥,募能断粮道者,天德请以五千骑行,许之。从间道击走卫送之军,火其辎重,重威穷蹙,乃降①。(《纪》十一月、十二月、《表》)太宗崩于军中,世宗即位,遣天德护送梓宫,先赴上京。(《纪》大同元年四月、《表》)太后、太弟举兵拒世宗,天德从焉,与刘哥等力战于泰德泉,败绩②。(《刘哥传》)天德二年,与萧翰、刘哥、盆都等谋反,事发系狱,断锁不得出,遂伏诛。(《纪》正月、《表》)

敌烈,字巴速堇,(《表》)天显八年七月生,(《纪》)多力善射。(《表》)应历九年与前宣徽使海思等谋反事觉,穆宗释之。(《纪》十二月、《表》)保宁元年,封冀王。(《纪》四月、《表》)八年,宋如人侵汉,与南府宰相耶律沙将兵赴援,却敌而还。(《纪》九月、《表》)乾亨元年,再与沙出师援汉拒宋,沙为都统,敌烈为监军。至白马岭,阻大涧遇敌,沙与诸将欲待后军至而战,敌烈与耶律抹只等以为急击之便,沙不能夺。敌烈等以先锋渡涧,未半,宋军迎击,师溃,与子蛙哥③等五将俱殁于阵,(《纪》二月、三月、《表》、《耶律沙传》)年四十七。

罨撒葛,天显九年十二月生,(《纪》)会同二年④,封太平王。(《纪》三月)天禄中,诏许与晋王往复,以昆弟礼⑤。(《表》)祥古山弑逆,罨撒葛为察割所系,赖林牙敌猎计得脱。(《察割传》、《敌猎传》)穆宗即位,委以国政。(《表》)应历三年,李胡子宛、郎君嵇干敌烈等

---

① 《表》作望都云云,按辽、晋隔滹沱河而阵,去望都已远,非也。
② 《表》作战败刘哥,又作与李胡战,太后闻之不悦。颠倒矛盾,全与纪、传不合。
③ 《表》作哇,此从《皇族表》、《耶律沙传》。
④ 《表》作元年,误。
⑤ 晋主石重贵,于太宗为祖孙,于罨撒葛当为叔侄,此云昆弟,疑非。

谋反，辞逮匋撒葛，被执。（《纪》十月）明年，获释。（《纪》正月）后数年，复命司天魏璘卜僭立，事闻，贬西北边①。（《表》、《魏璘传》）景宗立，匋撒葛惧，窜入大漠。召还，进封齐王。（《纪》保宁元年三月、四月、《表》）保宁四年二月，病疽薨，年三十九。三月，追册为皇太叔。（《纪》、《表》）谥钦靖。（《表》）其妻，睿智皇后长姊也。王薨，自称齐妃，领兵三万屯西鄙驴驹儿河。尝阅马，见其奴挞览阿钵姿貌甚美，因召侍帐中。后闻之，縶挞览阿钵，扶以沙囊四百而寓之。逾年，齐妃请于后，原以为夫，后许之。使西捍达靼，尽降之。因谋帅其众奔骨历扎国，结兵图篡。后闻之，遂夺其兵，命领幽州。（《续长编》《国志·后妃传》）

必摄，字篯堇。应历间，族人恒特及萧啜里有罪欲亡，必摄密以闻，穆宗以为忠，常以侍从。（《表》）帝好畜鹿，有伤毙及逸去，即杀主者，尝欲诛一监养鹿官，必摄谏而免。（《刑法志》上、《表》）保宁元年②，封越王。（《纪》四月）五年，与惕隐休哥伐党项，有功。（《纪》正月、二月、《表》）旋以疾薨。（《表》）

世宗三子：长只没，庶出，不详母氏；次吼阿不，三景宗，怀节皇后萧氏生，或曰废后甄氏生。（见《皇子表》考证）

只没，字和鲁堇。敏给好学，通契丹、汉字，能诗。（《表》）应历十九年，与宫人私通，穆宗怒，榜掠数百，刺一目而宫之，系狱，将弃市。景宗即位，释其罪，封宁王，赐以所私宫人。（《表》、《王白传》）保宁八年，妻安只造鸩毒，安只伏诛，只没夺爵贬乌古部。（《纪》七月、《表》）后以赋放鹤诗征还。（《表》）圣宗嗣位，遵遗诏复封宁王。（《纪》统和元年正月、《表》）旋从赵妃等进助山陵费。（《纪》同年同月）应皇

---

① 据《魏璘传》当在应历九年周兵犯燕之后，十四年乌古部叛乱之前。

② 《表》作穆宗，误。

太后命,赋移芍药诗。(《表》同年)

吼阿不,早卒,墓号太子院。(《表》)保宁三年,追册为皇太子,谥庄圣。(《纪》八月、《表》)

穆宗无子,养景宗以为储贰。(《后妃传》、《景宗纪》)

景宗四子,睿智皇后萧氏生,长圣宗,次普贤奴,三高七,四药师奴。(《国志·后妃传》)

普贤奴,汉名隆庆,一名赞,字燕隐。(《表》、《续长编》)生而岐嶷,俨若成人。幼时与群儿戏为行伍战阵法,指挥意气,无敢违者。景宗奇之曰:"此吾家生马驹也。"长善骑射,骁捷如风。(《国志》本传)乾亨二年,封恒王,(《纪》正月)时年八岁。(《表》)统和十六年,徙王梁国,自侍中迁拜南京留守。《纪》十二月、《表》十七年南征,为先锋。(《表》)明年正月①次瀛州,败宋将范廷召,廷召潜师遁。诘朝,围宋援师于州西南之裴村,尽歼其众,擒其将康保裔、宋顺,获兵仗器甲无算。(《纪》十七年十月、《表》、《萧柳传》、《宋史·真宗纪》咸平三年正月)十九年南征,仍以为先锋,(《纪》十月)败宋人于行唐②。(《表》)泊太后崩,圣宗暗弱,而普贤奴桀黠,国人多附之。又缮甲兵,遣亲信以私书交结贵臣。圣宗常召之,辞以避暑不至。其亲信录其书抵雄州,且言圣宗不能敦睦亲族,国人皆思归汉,宋主敕边吏不报。(《东都事略》)开泰元年,兼燕京管内处置使。(《百官志》四)更王晋国,进王秦晋,加守太师、兼政事令,寻拜大元帅,(《表》)赐铁券。(《纪》十二月、《表》)五年九月入觐,帝亲出迎劳,至实德山,因猎于松山。

---

① 《纪》于上年南伐下连而书之,当以《宋史》为正。

② 《国志》本传所载事迹迷离倘恍,错乱刺谬。如云:定州之战,从其母萧后以行,按辽宋战于定州及太后亲征,皆非一次。又云拜西京留守、尚书令。西京,南京之讹也。尚书,政事之讹。盖传闻之辞,容多失真,兹不采。

（《纪》）十二月，还至北安州，浴温泉，疾薨。年四十四。讣闻，辍朝七日。（《纪》、《表》）明年，帝亲葬之于医无闾山①，追册为皇太弟。（《纪》三月、《表》）谥孝文②。（《国志》本传）辽制，凡天子及皇太后称制者各置宫卫，惟普贤奴以人臣亦建敦睦宫。大丞相耶律隆运建文忠王府，虽体制略同，而不以宫称。（《营卫制》）子查葛、遂哥、谢家奴、旅坟、苏撒。（《表》）

查葛，汉名宗懿，少有气局，干略过人。圣宗雅爱诸侄，每诫之曰："汝勿以材能陵物，勿以富贵骄人，惟忠惟孝，保家保身。"（《国志》本传）初封中山郡王。（《纪》开泰五年十月）历兴国、长宁、保静、匡义、崇义军③节度使。（《国志》本传、《纪》太平四年五月、七年十一月、九年六月）追封潞王。（《纪》九年六月）拜南府宰相，（《纪》重熙五年四月）迁大内惕隐、（《纪》七年十二月）南院枢密使南院大王，（《纪》十九年十二月）复为南院枢密使，进封赵国④。（《纪》二十一年十月）旋留上京，徙王魏国⑤，（《纪》清宁二年六月、十一月）迁惕隐，（《纪》三年六月）出为辽兴军节度使。（《纪》五年六月）

遂哥⑥，初封乐安郡王，（《纪》开泰五年十月）历广德军、匡义军节

---

① 《表》作医无闾山，《纪》作显州，山在州境也。《国志》葬祖州，《营卫志》亦曰"陵寝在祖州西南三十里"，岂其后又迁葬耶？
② 据《契丹秦晋国大长公主墓志铭》，孝文应作孝贞，《国志》当以避宋仁宗讳改（见罗继祖《关于新出土三方辽墓志的考证》）。
③ 经历诸镇之次第，未可详考。《纪》九年作保定军，意即保静军之误，《地理志》无保定军。
④ 原作越国，清宁三年再作赵国，兹以为正。
⑤ 《国志》本传作终于晋王，待考。
⑥ 汉名无考。《纪》开泰七年五月，有皇侄宗范、宗熙、宗亮、宗弼、宗奕、宗显、宗萧；又欧阳发《文忠公事迹》有契丹皇叔宗愿、宗熙。中惟宗范知为合禄，宗熙当即旅坟，其余六人，遂哥、苏撒等各居其一。宗亮，绛州节度使，宗弼，濮州观察使；宗奕，曹州防御使；宗显、宗萧皆防御使；宗愿，陈留郡王。

度使,（《纪》太平四年五月、七年十一月、九年六月）进封豳王,拜惕隐,（《纪》重熙十二年十月）重熙十五年薨。（《纪》七月）

谢家奴,汉名宗允。（《百官志》三）初封长沙郡王,（《纪》开泰六年四月）历匡义、保宁、广德、忠顺军节度使,（《纪》太平五年十二月、七年十一月、九年六月,重熙十七年十一月）进封陈王,（《纪》重熙十七年十一月）徙封鲁王,迁武定军节度使。（《纪》清宁五年六月）瑰玮美姿容。重熙初,钦哀擅政,以姊秦国夫人嫠居,为杀其妻而以秦国妻之。（《国志·后妃传》）

旅坟①,汉名宗熙②。（欧阳发《文忠公事迹》）历镇国军、（《纪》开泰七年五月）崇义军节度使、（《纪》太平八年十二月）北院宣徽使、左夷离毕、惕隐,（《纪》重熙十五年七月、十一月）封辽西郡王。（《纪》十七年十一月）清宁元年,押接待宋使欧阳修之宴。（《文忠公事迹》）

苏撒,漆水郡王。苏撒子王家奴、罗汉奴,并祇侯郎君。（《皇族表》）

高七,汉名隆裕,字胡都堇。乾亨初封郑王。（《表》）统和十六年,徙王吴国。（《纪》十二月、《表》）十九年南伐,更王楚国,留守京师。（《纪》十月、《表》）二十一年,遥授西南面招讨使。（《纪》十月、《表》、《国志》,本传）二十二年伐宋,二十八年伐高丽,皆留守京师。（《纪》二十二年九月、二十八年八月、《表》）二十九年,权知北院枢密使事,（《纪》三月、《表》）三月而解。（《纪》六月）开泰元年徙封齐国,留守东京。（《纪》三月、《表》）是年八月薨。辍朝五日。闰十月,赠守太师,谥仁孝。（《纪》、《表》）重熙间,改谥孝靖。（《表》）高七性沈毅,美姿容。自少

---

① 《表》作驴粪,兹从《纪》。
② 《事迹》于清宁元年称宗熙为惕隐大王。按圣宗诸侄中曾历惕隐者,遂哥已先卒,查葛在其后,故惟旅坟足以当之。旅坟于重熙十七年已卸此职,（重元子涅鲁古继任,见本传。）而流俗犹以此呼之也。

时慕道,见道士则喜。晚留守东京,崇建宫观,备极辉丽,东西两廊,中建正殿,接连数百间。又别置道院,延接道流,诵经宣醮,用素馔荐献,中京往往化之。(《国志》本传)子胡都古、合禄、贴不。(《表》)

胡都古,汉名宗业①,(《纪》)出继大丞相耶律隆运后。(《国志》隆运传)初封广平郡王,(《纪》开泰三年六月)拜中京留守。(《纪》八年十二月)晋封周王,拜辽兴军节度使,转临海军节度使。(《纪》太平四年五月)

合禄,汉名宗范,胡都古同母弟。胡都古无子,复以合禄绍隆运。(《国志》隆运传)历昭义军、(《纪》开泰七年五月)兴国军、归德军节度使、平章事,封三韩郡王②,拜南京留守。(《纪》太平三年十一月、十二月、《国志》隆运传)

贴不,初封豫章郡王,拜长宁军节度使。(《纪》太平九年六月)重熙中,家奴弥里吉告贴不言涉怨望,鞫之无验。(《刑法志》下)迁西京留守,晋封汉王。(《纪》重熙十七年十一月)十八年伐夏,为河南道行军副都统。(《纪》六月)还,历中京留守、(《纪》十九年闰十一月)南院枢密使,(《纪》二十一年七月)徙王吴,迁东京、西京留守,(《纪》)清宁三年六月、五年六月,更王魏③。清宁九年,附重元作乱,事定,以胁从罪诏削爵为民,流镇州。(《纪》七月)子耶鲁,出继合禄后③。(《耶律隆运传》、《营

---

① 《纪》开泰三年,封胡都古为广平郡王,八年以广平郡王宗业为中京留守可证。《国志·耶律隆运传》附载宗业仕历,与此全合。

② 《国志》作韩王,盖简称。《皇族表》作魏王,涉其弟贴不而误。

③ 《纪》清宁三年已作魏国王,非也,其时魏国王为查葛。五年称吴王,意三年亦当为吴,清宁初所更封者也。九年作卫,卫、魏音近而讹,今以《营卫志》《陆运传》为正。《纪》三年作魏,《皇族表》误合禄为魏王。故知《志》《传》是也。原作继隆运为嗣。按圣宗赐德让名为隆运,视同昆弟行,故先后以皇侄宗业、宗范嗣之。耶鲁为孙辈,不得径以嗣隆运,当是宗范无子,因以亲弟之子为嗣。隆运之后屡继屡绝。《国志》传但书宗业、宗范,《史》传但书耶鲁、敖卢斡,皆未得其全。敖卢斡于耶鲁为曾孙,所继者又为耶鲁之孙,而非耶鲁也。

卫志》上)

药师奴,一名郑八。(见《皇子表》考证)生八月,卒于乾亨三年三月,葬潢、土二河之间王子院,置永州于墓侧。(《纪》、《地理志》、《表》、《续长编》)

圣宗八子:吴哥、狗儿,仆隗氏生,居长;仁德皇后萧氏生二子,皆早卒,佚其名,居次;兴宗、重元,元妃(即钦哀皇后)萧氏生:别古特,母氏不详;侯古,姜氏生,居幼(《后妃传》《表》、《皇子表》考证)重元列《逆臣传》。

吴哥,字洪隐。(《表》)开泰二年,自太尉迁惕隐,(《纪》七月、《表》)出为南京留守,封燕王,薨于任。四世孙敌烈、杰烈。①(《表》)

狗儿,字屠鲁昆,太平元年拜南府宰相,以暴疾薨。(《表》)

别古特,字撒懒,明敏善射。太平七年,遥领彰信军节度使,为王子郎君班详稳。重熙中,累迁契丹行宫都部署。(《表》)十七年,封柳城郡王。(《纪》十一月、《表》)十九年伐夏,监战有功。(《纪》三月、《表》)军还,薨。(《表》)

侯古,字讹里本。重熙初,为王子郎君详稳,(《表》)出为奉陵军节度使。十七年②,封饶乐郡王,(《纪》十一月、《表》),迁南院大王。清宁元年,转中京留守,(《纪》十一月)改同知东京留守事,再为南院大王。(《纪》四年十月)咸雍中,徙封混同郡王,拜上京留守。(《表》)八年闰七月,薨于京。(《纪》、《表》)

---

① 《表》作杰烈,继梁王雅里称帝。按《萧恃烈传》,继雅里僭立之术烈,乃兴宗之孙,当以《传》为是。若吴哥之四世孙,则族属疏远,义不当立。疑劫立雅里之军将耶律敌烈,(《纪》保大三年五月)即吴哥之四世孙敌烈,《表》涉此而误。兴宗诸子,宝信奴事迹不见纪传,盖早卒;和鲁斡三子,见《表》及《皇族表》;然则称帝之术烈,殆阿琏之子乎?

② 《表》作七年非,此从《纪》。

　　兴宗四子：长道宗，三和鲁斡，四阿琏，仁懿皇后萧氏生；(《表》、《国志。后妃传》)次宝信奴，不详所出。

　　宝信奴，重熙四年六月生，(《纪》)事迹无考。

　　和鲁斡，汉名洪道，(《国志》本传及《后妃传》)字阿辇，(《表》)重熙十年十月生。(《纪》)十七年，封越王。(《纪》十一月、《表》)清宁元年，徙王鲁国。(《纪》十二月、《表》)二年，改宋国，为上京留守。(《纪》十一月、十二月、《表》)和鲁斡颇有武略，(《国志·本传》)重元之乱，乘夜赴战。(《表》)库莫奚侵扰，受诏往讨，伏兵林中，佯败而走，奚掠辎重，和鲁斡与伏兵合击之，尽殪。后又受命讨平渤海高频乐之叛①。(《国志》本传)改南京留守，进王宋魏②。天祚即位，弛围场之禁。和鲁斡请曰："天子以巡幸为大事，虽居谅阴，不可废也。"上以为然，复命有司促备春水之行。(《表》)乾统元年，拜天下兵马大元帅，《纪》六月、(《表》)加守太师，免拜不名。(《表》)三年，册为皇太叔。(《纪》十一月、《表》)六年，兼惕隐，加义和仁圣之号③(《纪》十月、十一月)十年闰七月，从猎于庆州，薨，(《纪》《表》)年七十。子石笃，北院宣徽使、漆水郡王。(《纪》太康七年六月、《皇族表》)远，匡义军节度使。(《皇族表》)淳，有纪，附《天祚纪》后。

　　阿琏，汉名洪德，(《国志·后妃传》)字讹里木。(《表》)重熙十七年，封许王。(《纪》十一月、《表》)清宁元年，徙王陈国。(《纪》十二月、《表》)二年，改秦国，(《纪》十一月、《表》)知中丞司事，(《纪》十二月)出为

---

①　二事不见于《史》。
②　《国志》本传封燕王，误。燕王盖俗称，以留守燕京故也，子秦晋国王淳，亦以燕京留守有燕王之称。
③　《表》为惕隐在三年，仁圣作仁寿，加号一句下又云"复守南京"。按和鲁斡之为元帅惕隐，皆兼职也。《纪》六年明言之，初未尝寓南京留守任，此云复守非。

辽兴军节度使。咸雍间,历西京、(《表》、《耶律玦传》)南京①留守,
(《表》)进封秦越。太安三年七月,从车驾猎黑岭,以疾薨。十月,
追封秦魏国王,(《纪》、《表》)谥钦正。(《表》)

道宗子耶鲁斡,宣懿皇后萧氏生,(《表》、《后妃传》、本传)列《宗室
传》。

天祚六子:长习泥烈,赵昭容生:次定,三雅里,六宁,元妃萧氏
生;四挞鲁,德妃萧氏生;五敖鲁斡,文妃萧氏生。(《纪》保大元年、
《表》、《后妃传》、《皇子表》考证)雅里有纪,附《天祚纪》后,敖鲁斡列《宗
室传》。

习泥烈,乾统六年封饶乐郡王,(《纪》十一月)进封赵王。(《纪》、
《表》)天庆九年,留守西京。(《纪》八月)保大元年,为惕隐。(《纪》十一
月)二年,从天祚入夹山。(《三朝北盟会编》三月)三年,至白水泺,为金
师所获。(《纪》四月、《表》)

定,封秦王。(《纪》、《表》)保大二年,燕京天锡帝淳薨,众立其妻
德妃为皇太后,主军国事,遥立定为帝。(《纪》六月、《耶律淳纪》)三年,
从天祚至青冢泺,为金师所获。(《纪》三月、《表》)

挞鲁,寿隆三年三月生。(《纪》)初封梁王,乾统三年,进封燕
国。(《纪,十一月、《表》)四年正月薨,年八岁。

宁,封许王。保大三年,与兄秦王同没于金。(《纪》、《表》)

---

① 《表》作北京,按辽无北京,而南京留守自咸雍六年耶律仁先召为北院大王之
后(本传),纪传不见除授此职之人,因知北京系南京之误。阿琏薨后四月,始
以惕隐耶律坦同知南京留守事。(《纪》十一月)至和鲁斡之来守,则犹在其
后。又北、上形近,上京留守自咸雍八年侯古薨于任,至太康初始见姚景行
(本传)。阿琏或于咸雍历此官,亦未可知。

订正《皇族表》

《辽史·皇族表》，仅以旧史列传为取材所资，此外别无所据。表中间有三数人不见于今本列传，则以今本列传本非旧史之全也。故传有阙略，表未能补；传有讹误，表亦袭之不改。盖辽代载籍流传后世者极少，元季修史，实惟耶律俨、陈大任二家之书是赖，因简就陋，良有非得已者。然即以今本列传勘之，其间脱落滋谬之处，亦不一而足，是史臣潦草塞责之讥，殆勿能免，而增校订补之作，正读史者当尽之责也。兹推证列传，旁搜他书，得校补数十则。复以原表排列未臻明晰，因重为编次，即以所校补者列入，而条录其出处辨正于卷末。原表于人名上多缀以官爵，而本任、兼职、加号、封册、追赠错见，书法至不一律，兹悉删弃，别注列传卷数于下，一生经历，览者披检自知矣。惟于无传诸人，则仍之不削。

表例：①列传卷数　1附见卷数　△补　○校

前三世	前二世	前一世	一世	二世	三世	四世	五世	六世
（五院夷离堇房）								
洽睿			——— 敌鲁古5	○图鲁窘⑤				
（○六院郎君房）								
葛剌			———				△撒钵25	△撒钵25
								陈家奴㉕
不知世次		棠古㉚						

以上系出肃祖昭烈皇帝。

前二世	前一世	一世	二世	三世	四世	五世	六世	七世	八世	九世
(六院夷离堇房)										
○帖剌	○	△铎臻⑤								
		△古⑤								
		△突吕不⑤				△仆里笃㉑	△韩八㉑			
						△阿固质21				
						△古昱㉒	○○独颁㉒	△阿思㉖		
						△宜新22		△安十29		
						△兀没22				
○電古只42			○郎㊸							
辖 底㉒		△迭里特㊷								
		△朔刮42								
○偶 思35		葛鲁③	△惕剌3							
			△撒剌3							
		△觌烈⑤	斜轸⑬	狗儿13						
		△羽之⑤	△虎古12							
		△和里5	△磨鲁古⑫			△撒剌㉙				
		△讴思思⑥								
		△叱⑦	△何鲁不⑦				△敌烈㉖			
		△的球7								
不知世次		△勃古哲⑫	△夹里12							
		△敻履⑯								

514

（六院舍利房）

夔古直　不知世次

斜涅赤③ ┬ 老古③
　　　　└ 颐德③

△合里只⑯
△查只22
　├ 斡24
△赵三24
△木者㉚
△腺蜻㉚

△忽古22
△那也㉔

△侯哂⑫

挞烈⑦
△乙不哥㊳
○合鲁㊶ ┬ 吾也41

以上系出懿祖庄敬皇帝。

前一世	一世	二世	三世	四世	五世	六世	七世
（横帐孟父房）岩木	朔古只部夷离堇（选剌 神速 离堇 捕达马 猓沙里）	△选里7	○安搏⑦	○善朴⑭			
				撒给7			
	○楚不鲁7	○预叟⑦					
	末掇7	朔古⑥					
	不知世次	○屋只⑦	△洋决			刘家奴34	孟简㉞
		冲7	唐古㉑				
		奚底⑬	仁先㉖	△挞不也26			
		○瑰引 20 26	义先⑳				
		敌禄⑳	信先⑳				
		化哥㉔					
		○弘古㉕					
		何鲁扫古㉔					

（横帐仲父房）

释　鲁

宵哥 ㊷

马六 ㉕　　涤洌44　　奴古达25　　撒剌竹 ㊸

○大非奴
（匡义军
节度使）

△绉思 ⑦　　痕只42　　　　学古 ⑬
7
12　　洼 ⑦　　　　　　　　　　○乌不吕 ⑬
　　　　　　　　　　　　　　　　13
　　休哥 ⑬　　△道土奴　　国留 18

不知世次　　△抹只 ⑭　　△高八13　　资忠 34

的琭 ⑱　　高九　　昭 ㉞

韩留 ⑲　　高十13　　马哥 ⑬

仙童 ㉕

塔不也 ㊶

△海思 ㊸

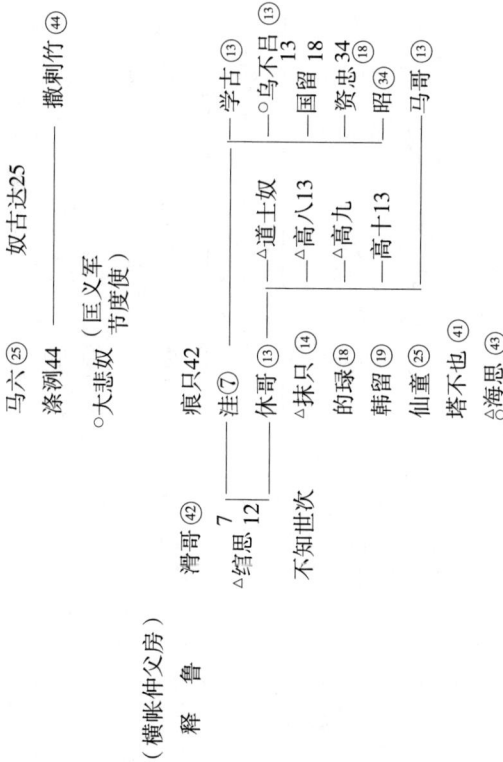

以上系出玄祖简献皇帝。

一世	二世	三世	四世	五世	六世	七世	八世
（横帐季父房）剌 葛	寨保里						
	○鲁不姑⑥	贤活⑨	观音9				
	拔里得⑥						
选 剌	合住⑯						
黄底石	阿烈（中书令）					○斡特剌㉗	
	刘哥㊸						
	盆都㊸						
	化葛里43						
	奚羹43						
安 端	蔡割㊷						
苏	奴瓜⑮			○蒲古17	铁骊17		
	吴九19			颇的⑯	霞抹16	豁里斯40	○燕哥㊵
				△蒲鲁⑲			
不知世系	和尚⑲		庶成⑲				
	特么㉕		庶箴⑲				
	高家29		挞不花㉙				

△查剌30
铎鲁斡㉟
的烈（平章）

章奴㉚
普古35

以上系出德祖宣简皇帝。

二世	三世	四世	五世	六世	七世	八世
图欲	○娄国㊷	△果隐（将军）	△合鲁（太师）	△胡笃（太师）	△内剌（定远大将军）	△德元（兴元军节度使）
						聿鲁
	△稍2					
	隆先②	陈哥2				
	道隐②					
季胡	章隐②	留礼寿2				
	○匄2					
牙里果	○孜烈					
	室鲁					
	奚底					

以上系出太祖天皇帝。

三世	四世	五世	六世	七世	八世	九世	十世
	敌 烈 哥 （上系出大宗孝武惠文皇帝）	普贤奴	─查葛 ─遂哥 ─谢家奴 ─旅坟 ─苏撤	─王家奴 ─罗汉奴			
		高 七	─胡都古 ─合禄 △贴不	△耶鲁 （上系出景宗孝成康靖皇帝）			○木烈 敌烈
			吴哥	涅鲁古 ㊷			
			重元 ㊷ （上系出圣宗文武大孝宣皇帝）	和鲁斡	─石笃 ─远 ─淳	△阿撒	

（上系出兴宗孝神圣章孝皇帝）

以上大横帐。

校　注　补

图鲁窘（注）　本传肃祖子洽眚之孙，与《表》异。按敌鲁古、图鲁窘父子皆仕于太宗之世，长房出小辈，似不得有叔曾祖、叔祖与孙、曾同时，当以《表》为是，《传》孙字上殆脱去"四世"二字。

撒钵（补）　见《陈家奴传》。凡明见于列传类此者下不复著。

六院郎君房（注）　凡舍利皆可称郎君，《表》以葛刺后为郎君房，裹古直后为舍利房。但挞烈、乙不哥二传并作郎君裹古直之后。又葛刺弟洽礼亦为舍利，其房亦在六院司，不知三房何以称别。

帖刺（校）　《表》不知匡马葛即是帖刺，（见《皇子表》考证）别列一系于裹古直后，兹更正。

铎臻父（注）　《传》云祖蒲古只，不言其父，凡类此者，皆别列一系。《传》附叙蒲古只事迹，疑其父当为嫡长子，故列于罨古只等之上。

铎臻（补）　《表》不知蒲古只即是帖刺，（见《皇子表》考证）凡传作蒲古只后，皆脱去，今一一补入。

独撅（注）　《传》云太师古昱之子，《古昱传》不言为太师，二子宜新、兀没，无独撅，似独撅之父为别一古昱。然《石柳传》独撅官至南院大王，有子安十，而本传于官仅止详稳，于子亦但举阿思。《辽史》错简脱文，类此者多，不足疑也。独撅仕历在宜新、兀没之前，故列于首。

罨古只朗（校）　表有二罨古只，一帖刺子，据《辖底传》；一季父房不知世次，朗在其下，据《朗传》；《传》云季父房罨古只之孙也。按《传》下文有曰：先是，朗祖罨古只为其弟辖底诈取夷离堇，是季父房之说实误,而朗祖罨古只与帖剌子罨古只非为二人。朗,《表》作罨古只四世孙,据《传》改。

偶思(注)　曷鲁为太祖总角交,又为佐命功臣之首,而其拜夷离堇乃在迭里特后,因子推父,故次偶思于辖底之下。

合鲁(注)　《表》作曷鲁,此从《传》。凡表、传异字者悉从传,下不复注。

楚不鲁(校)　《表》列末掇后,今据其子迭里事迹早于末掇子频昱改。

安搏　撒给(校)　《表》脱去迭里,以安搏为楚不鲁子,又误撒给为安搏弟,并据《传》改。

善补(校)　《表》作不知世次,按《传》云:其叔安端有匡辅世宗功。安端当系安搏之误,据此改。

频昱(校)　《表》作不知世次,据《传》改。

泮决(补)　《圣宗纪》统和元年九月,皇太后言故于越屋只有傅导功,宜禄其子孙。遂命其子泮决为林牙。

瑰引　弘古(校)　瑰引,《表》作仁先等祖;弘古,《表》作化哥子,据《传》改。

大悲奴(注)　《传》作王子班聂里古之后,以彰国军节度使致仕,不知与此是否一人。

乌不吕(校)　《表》作乌古不,据《学古传》、本传改。

道士奴高九(补)　《圣宗纪》统和二十一年十一月,故于越耶律休哥之子道士奴高九等谋叛伏诛。《传》脱此二人,但著爵位显赫之高八、高十。《表》则并高八亦脱之。

海思(校)　《传》云,隋国王释鲁之庶子,会同五年,诏求直言,时海思年十八,应诏言事。按释鲁之卒,早在太祖即位之前,(《曷鲁传》、《滑哥传》)推海思之生,乃远在太祖即位后之十九年(天赞四年），是海思必不得为释鲁之子，子疑是孙之误。

鲁不姑（校、注） 《传》云太祖从侄也，《表》据以列于孟父、仲父房之后。按鲁不姑，字信宁，初授林牙，历官西南边，晚为北院大王，与《国志·梁王信宁传》事迹略同，当即一人。信宁为撒剌阿拨之子，见《世系表》及本传。撒剌阿拨即剌葛，则信宁于太祖为胞侄，史传从侄之"从"字殆为衍文。鲁不姑仕历较早于拔里得，故列在其前。

斡特剌（校） 《表》书在阿烈下，于寅底石为七世孙。据《传》知为六世孙，且未言出自阿烈。

苏（校） 《表》不知铎稳即苏（见《皇子表》考证），于苏后别列铎稳一系，缀以辖里斯、燕哥，兹更正。

燕哥（校、注） 《传》作铎稳四世孙，《表》因之。按《传》下文，昭怀太子谓燕哥曰："公于我为昆弟行"。据此则"四"字实"七"字之误。燕哥以少房之裔，与长房同辈者同时，故列于蒲古、奴瓜二系之前。

蒲古（校） 原列奴瓜一系之后，考其事迹，远在颇的之前，与奴瓜相差无几，因改。

娄国（校） 原列道隐后，据《图欲传》、《皇子表》改。

国隐至德元、聿鲁（补） 见《元文类》五十七元好问《故金尚书右丞耶律公神道碑》、宋子贞《中书令耶律公神道碑》。聿鲁为德元族弟。聿鲁子履，出继为德元后，仕金至尚书右丞，《金史》有传履子楚材，仕元至中书令，《元史》有传。

宛（注） 《传》作完，以《纪》及《皇子表》皆作宛，故从《表》。

敌烈（注） 自此以下诸人事迹除重元、涅鲁古外，见补《皇子传》。

贴不 耶鲁（补） 贴不见《皇子表》，耶鲁见《营卫志》上、

《耶律隆运传》。

  术烈（注） 《表》作述烈，此从《皇子表》。

  阿撒（补） 见《耶律淳纪》天庆五年。

    本篇引据书除《辽史》、《五代史》、《宋史》（竹简斋本），《契丹国志》（国学文库翻印扫叶山房本），《资治通鉴》（积山书局石印本）外，其余皆转引《辽史拾遗》及《辽史拾遗补》（《丛书集成》本）。

      （原载《国立浙江大学文学院集刊》第二集，1942 年 8 月）

辽 史 札 记

契丹只有二姓

契丹惟耶律、萧二姓。道宗咸雍末,都林牙耶律庶箴上表乞广本国姓氏曰:"我朝创业以来,法制修明,惟姓氏止分为二,耶律与萧而已。始太祖制契丹大字,取诸部乡里之名,续作一篇,著于卷末,臣请推广之,使诸部各立姓氏,庶男女婚媾有合典礼。"帝以旧制不可遽厘,不听。(卷八十九本传)赵翼《二十二史札记》有云:统辽一代任国家者,惟耶律与萧二族而已,(辽后族皆姓萧氏条)似犹不知二族之外,本无他姓。

耶律国语也,汉姓曰刘;萧汉姓也,国语曰审密;辽史或从蕃,或用汉,不一其例,盖当时之习俗本然耳。

三耶律二审密

《营卫志》部族上记遥辇阻午可汗时二十部,以大贺、遥辇、世里三耶律为皇族,乙室巳、拔里二审密为国舅。此二姓中之贵族也。三耶律盖同源异派,更迭而兴,唐开天间大贺既微,遥辇代之,而太祖又以世里代遥辇,故并号皇族。三耶律二审密世为婚媾,故二审密为国舅。

萧 姓 之 始

定审密之汉姓曰萧，《后妃传》引耶律俨谓与耶律之为刘，同起于太祖时。太祖慕汉高皇帝，故称刘，以二审密比萧相国，遂为萧。《外戚表》谓大同元年太宗自汴将归，留外戚小汉为汴州节度使，赐姓名萧翰，以从中国之俗，又自太宗始。《国语解》引后说而谓陈大任不取，则辽金人皆从前说。而薛、欧二《五代史》皆同后说，因知后说盖本中国人臆度之辞，元、明修史诸臣不察，误以著之《外戚表》耳。《二十二史札记》据薛、欧以证后说之是，不知与其信薛、欧，无宁信耶、陈也。

述 律 氏

自太祖娶于回鹘糯思之后述律氏，是为淳钦皇后，其后经辽之世，凡帝后悉出述律。（《外戚表》、《后妃传》）然其时国舅诸帐仍号审密，未尝以述律称，则以淳钦一系之述律，已著籍为审密之拔里也。《外戚表》载录拔里大父、少父、二舅各若干人，核之，无一非述律也。（非拔里而误入者不计）以异族而属籍于契丹贵族，此不特审密有之，耶律也有之。汉人韩德让邀睿智皇后之殊宠，赐姓耶律，籍横帐季父房（皇族四帐之一），是其例也。（《圣宗纪》统和二十二年、二十三年，卷八十二《耶律隆运传》）

《后妃传》引耶律俨曰：以乙室拔里比萧相国，遂为萧。知后族之姓萧，始于审密，不始于述律。周春《辽姓谱》（《辽史拾遗补》引）谓述律既改萧氏，二审密从之。盖由于误萧之得姓为始自萧翰。翰，淳钦之兄子也。

以淳钦之族为审密,不知其始,要之当在淳钦配太祖之后、靖安配太宗之前。方淳钦之配太祖,犹姓述律,靖安以后诸后,则已改审密,故《辽史》独称淳钦为述律,诸后皆作萧氏。至太祖以前萧、懿、玄、德四祖之后,皆真审密也,故亦称萧氏。由此可知审密为萧,述律不为萧,述律亦有可得而为萧者,则以已更为审密矣。

国 舅 帐

《太宗纪》:天显十年,以皇太后(即淳钦后)父族及母前夫之族二帐并为国舅。《百官志》:大国舅司掌国舅乙室巳、拔里二帐之事。天显十年,合皇太后二帐为国舅司。总此而观,有可知者四事:天显十年以前,皇太后二帐有国舅之实,无国舅之号,一也;皇太后二帐,一为父族,一为母前夫之族,二也;皇太后二帐,即乙室巳、拔里二帐,父族既为拔里,则母前夫之族为乙室巳,三也;凡非淳钦族人,皆不隶国舅司,四也。所不可知者二事:其一,淳钦母前夫之族本为乙室巳乎?抑以述律或他姓著籍为乙室巳乎?其二,所谓皇太后二族,以何为限断,如以父族而言,限于述律之入籍为拔里者乎?抑凡属拔里,皆目为族人乎?按《营卫志》部族下,太祖二十部,二国舅升帐分,止十八部。是天显十年后国舅二帐,即其前之审密二部,殆当以后说为是。

世宗大同元年,以太后族剌只撒古鲁为国舅帐,号国舅别部,不隶大国舅司。补舅氏塔剌葛为别部敞史。别部一帐与拔里大父、少父二帐,乙室巳大翁、少翁二帐合为国舅五帐。(《本纪》、《百官志》、《外戚表》、《萧塔剌葛传》)圣宗开泰三年,合拔里、乙室巳二国舅为一帐,与别部为二。(《纪》、《百官志》、《外戚表》)按《世宗纪》,母柔贞皇后萧氏,世宗即位,尊为皇太后。《义宗传》,重熙二十年,谥二后曰端顺,曰柔贞。盖义宗正室本为端顺,柔贞,侧室也。柔贞之族曰剌只撒古鲁,本非贵族,以柔贞尊为太后,故得与拔里、乙室巳并列国舅,而别为一司。三族世预北宰相之选。(《外戚表》,《百官志》北误作南)拔里、乙室巳本同宗异派,故圣宗并以为一,惟与剌只撒古鲁仍不可混耳。自后两国舅司与南、北王府并号国之贵族,贱庶不得任本部官。(《圣宗纪。太平八年》)两国舅帐又与遥辇九帐及皇族四帐合为内四部族,在诸部之上。(《营卫志》部族下)

(原载《益世报》,1942 年 3 月 7 日,《文史副刊》第二期)

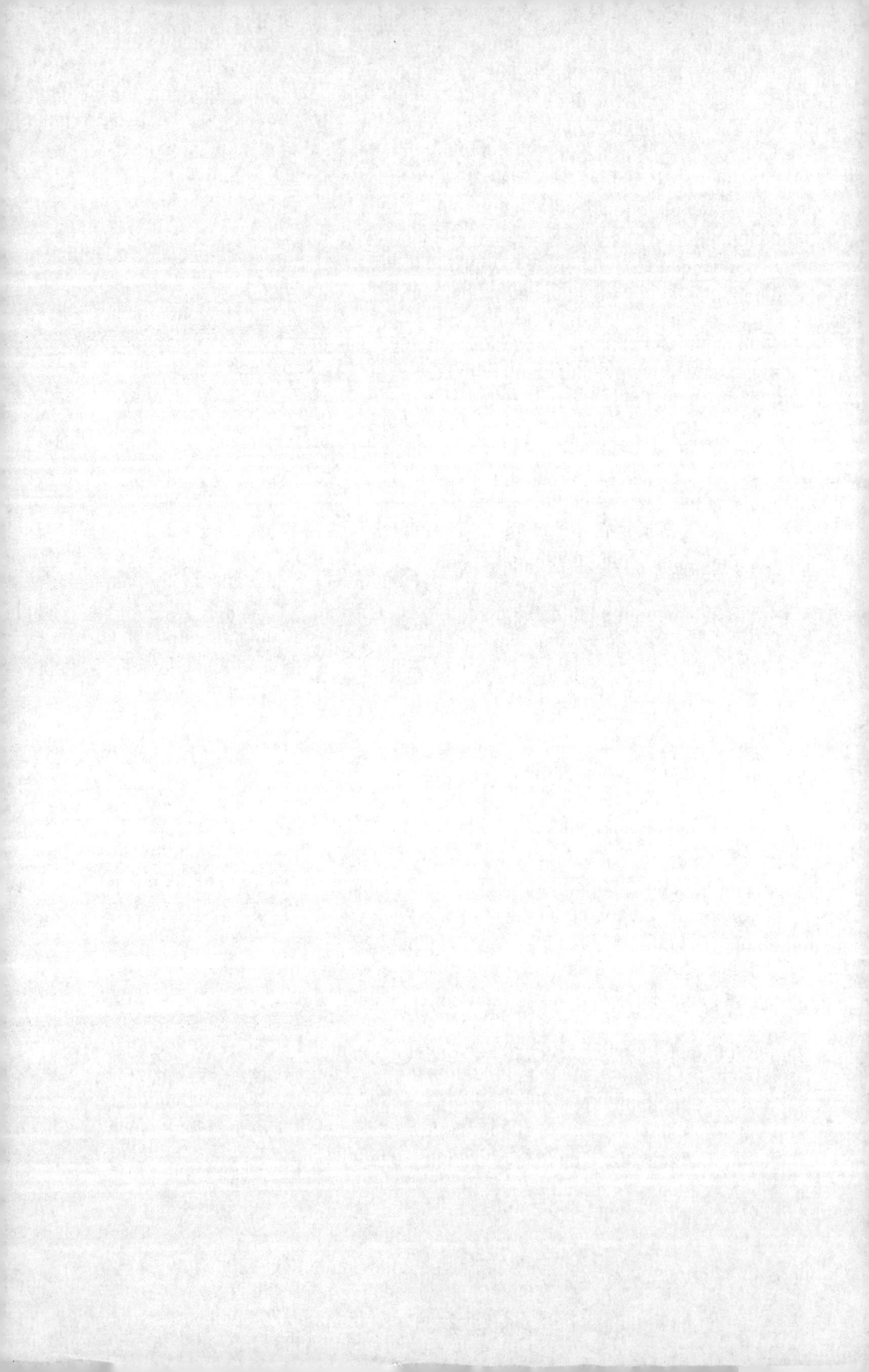

长水集

【下 册】

谭其骧 著

人民出版社

目　　录

何以黄河在东汉以后会出现
一个长期安流的局面

——从历史上论证黄河中游的土地合理利用
是消弭下游水害的决定性因素

一

提起黄河，人人都知道它在解放以前是一条灾害性很严重的河流，经常闹漫溢、决口、改道。这是历史事实。但从整个历史时期看来，黄河水灾的频率与严重性并不是前后一律的。我在1955年5月为中国地理学会所作的一次题为《黄河与运河的变迁》的讲演词①里，已着重指出了这一点。在那篇讲演词里，我把从有历史记载以来直到解放为止全部黄河历史，分成唐以前和五代以后前后二期，指出黄河在前期决徙次数并不很多，基本上利多害少，只是到了后期，才变成决徙频仍，有害无利，并且越到后来闹得越严重。同是这条黄河，为什么前后情况大不相同？我把原因归之于整个流域内森林、草原的逐渐被破坏，沟渠、支津、湖泊的逐渐被淤废。直到今天，我还认为这种看法基本上不错。可是尽管不错，却解决不了黄河史上一个很突出的问题。这个问题是：自有历史

---

① 载《地理知识》1955年8—9期。

记载以来的几千年内,黄河的灾害并不是一贯直线发展,而是中间有过一个大曲折的;森林与草原既然在逐渐被破坏,沟渠、支津与湖泊既然逐渐在被淤废,那么黄河的灾害按理应该是一贯直线发展的,何以会中间出现大曲折呢? 在那篇讲词里,我只是含糊笼统地说河患前期少而后期多,所以乍听起来,似乎并不存在什么问题。可是只要我们把前后二期黄河的决溢改道稍稍具体排比一下,马上就可以发现:前期的灾害诚然比后期少,但在前期本身范围内,显然并不是越到后来闹得越凶。那么又是为了什么呢? 说老实话,当时我并不能解答这一问题。

现在让我们先把唐以前即前期黄河决溢改道的具体情况叙述一下。在这一期中,又可以分为三期:

第一期,从有历史记载即殷商时代起,到秦以前。在这一千几百年的长时期内,关于黄河决溢改道的记载很少。商代屡次迁都,过去有人认为与黄河决溢有关;实际上这只是一种推测,并无充分论据。西周时代,也并没有这方面的记载。春秋时代有一次改道,就是周定王五年那一次①通常称为黄河第一次大改道。战国时代溢了一次②,决了三次③;而三次决口都不是黄河自动决,都是在战争中为了对付敌人用人工开挖的。这时期河患记载之所以如此之少,一方面应该是由于上古记载缺略,一方面也是由于那时地广人稀,人民的耕地居处一般都选择高地,虽有决溢不成灾害之故。再有一方面也不容否认,那就是其时森林、草原、支津、湖泊还很多,事实上在一般情况下,也确乎不会轻易决口改道,除非是遇到

———————

① 见《汉书·沟洫志》。
② 见《水经·济水注》引《竹书纪年》。
③ 见《水经·河水注》引《竹书纪年》、《史记·赵世家》肃侯十八年、惠文王十八年。

特大洪水。

第二期,西汉时期。从汉文帝十二年(公元前 168 年)起到王莽始建国三年(公元 11 年)止一百八十年中,黄河决溢了十次之多,其中五次都导致了改道,并且决后往往听其漫流,历久不塞。要是决后即塞,从当时情况看来,决溢次数势必更多。决溢所造成的灾害很大,泛滥所及往往达好几个郡,好几十个县,坏官亭民居以数万计,浸灌良田至十余万顷。当时下游濒河十郡,每郡治堤救水吏卒多至数千人,岁费至数千万①。可见西汉一代的河患是很严重的。因而也就引起了历史学家的重视,司马迁就写了《河渠书》,班固就写了《沟洫志》。这两篇书的内容虽不是完全讲黄河,但主要是讲黄河;从篇后的"太史公曰"和"赞"看来,作者载笔的动机也显然是有感于河患的严重。

若是单把第一和第二两期比较起来看,虽然中间的变化太大,未免觉得有点突然,毕竟还是合乎原来所假定的河患日趋严重的规律的,还不容易看出问题。问题显示在:到了第三期,河患却又大大地减轻了。

第三期,东汉以后。黄河自王莽始建国三年决后不塞,隔了将近六十年之久,到东汉明帝十二年(公元 69 年)夏天,才发动了数十万劳动人民,在我国历史上著名水利工程师王景的主持之下,大致按着始建国以来的决河经流,从荥阳(故城在今河南荥阳县东)到千乘(故城在今山东旧高苑县北)海口千有余里,大规模地予以修治。到第二年夏天,全部工程告竣②。(西汉以前黄河在今河北境内入海,此后即改由山东入海)从此以后,黄河出现了一个与西

---

① 见《汉书》文帝纪、武帝纪、成帝纪、沟洫志、王莽传。
② 见《后汉书》明帝纪、王景传。

汉时期迥不相同的局面,即长期安流的局面。从这一年起一直到隋代,五百几十年中,见于记载的河溢只有四次①:东汉一次②,曹魏二次③,西晋一次④;河水冲毁城垣一次,晋末⑤。到了唐代比较多起来了,将近三百年中,河水冲毁城池一次,决溢十六次,改道一次⑥。论次数不比西汉少,但从决溢的情况看来,其严重程度显然远不及西汉。就是景福二年(893年)那次改道,也只是在海口地段首尾不过数十里的小改道而已。总之,在这第三期八百多年中,前五百多年黄河安稳得很,后三百年不很安稳,但比第二期要安稳得多。

在河患很严重的第二期之后,接着出现的是一个基本上安流无事的第三期,这一重大变化应如何解释? 历史记载有所脱略吗? 东汉以后不比先秦,流传至今的文献极为丰富,有些小范围内的决溢可能没有被记录下来,较大规模的决徙不可能不见于记载。从《后汉书》到两《唐书》所有各种正史都没有河渠或沟洫志,这当然是由于自东汉至唐黄河基本上安流无事,无需专辟一篇之故;否则《史记》、《汉书》既然已开创了这一体制,后代正史皆以其为圭臬,决不至于阙而不载。再者,成书于东汉三国时的《水经》和北魏的《水经注》、唐代的《元和郡县志》中所载的黄河经流,几乎可以说完全相同,并无差别,更可以证实在这一时期内的黄河确乎是长期安流的。

---

① 专指发生在下游地区的,在中上游的不计。
② 见《后汉书》桓帝纪永兴元年、五行志。
③ 见《晋书·傅祗传》、《三国魏志》明帝纪太和四年、《宋书·五行志》。
④ 见《晋书》武帝纪泰始七年、五行志;《宋书·五行志》。
⑤ 见《水经·河水注》、《元和志·郓州卢县》。
⑥ 见两《唐书》五行志;高宗、武后、代宗、宪宗、文宗、懿宗、昭宗纪;《元和志·郓州》、《寰宇记·滨州》。

东汉以后黄河长期安流既然是事实,所有讲黄河史的人,谁也没有否认过,那么,我们要讲通黄河史,当然就有必要把导致这一局面出现的原因找出来。我个人过去一直没有找出来,因此在1955年那次讲演里只得避而不谈。前代学者和当代的历史学家与水利学家谈到这一问题的倒很不少,可是他们的解答看来很难令人信服。诸家的具体说法虽不完全相同,着眼点却是一致的。他们都着眼于王景的治导之法,都认为东汉以后黄河之所以"千年无患"①,应归功于王景的工程技术措施"深合乎治导之原理"。清人如魏源②、刘鹗③,近人如李仪祉④,以及今人如岑仲勉⑤,都是如此看法。《后汉书·王景传》里所载关于王景治河之法,只有"商度地势,凿山阜,破砥绩,直截沟涧,防遏冲要,疏决壅积,十里立一水门,令更相洄注。"三十三个字。诸家为这三十三个字所作的解释,估计至少在万言以上。直到最近,1957年出版的黄河水利委员会所编的《人民黄河》,也还是如此看法。只是加上了这么一句:"当然",黄河在王景后数百年间"决溢次数少的原因可能还另有一些"。只说"可能",并未肯定。到底另有一些什么原因,也未交代。

我认为这种看法是不符合于历史真实情况的。即令王景的治导之法确乎比历史上所有其他治河工作者都远为高明(其实未必),他的工程成果顶多也只能收效于一时。要说是一次"合乎治

① 五代宋初黄河决溢次数虽已很多,灾害很严重,但或仅小改道,或改后不久即恢复故道。到宋仁宗庆历八年(1048年)才大改道至今天津入海,从永平十三年算起至此将近一千年。
② 见《再续行水金鉴》卷一五四、一五八引。
③ 同上。
④ 见《科学》7卷9期。《水利月刊》9卷2期1935年。
⑤ 见《黄河变迁史》第八节七。

导之理"的工程竟能使黄河长期安流，"功垂千载"，这是无论如何也讲不通的。首先，这次工程的施工范围只限于"自荥阳东至千乘海口"，即只限于下游；工程措施只限于上引三十三个字，这三十三个字用现代语概括起来，无非是整治河床，修固堤防，兴建水门。稍有近代科学知识的人都知道，黄河的水灾虽然集中于下游，要彻底解除下游的灾害，却非在整个流域范围内采取全面措施不可，并且重点应在中上游而不在下游；单靠下游的修防工程，只能治标，谈不上治本。王景的工程正是一种治标工作，怎么可能收长治久安之效呢？其次，就是下游的防治工程，也必须经常不断地予以养护、培补、加固，并随时适应河床水文的变化予以改筑调整，才有可能维持久长。试问，在封建统治时代，有这个可能吗？何况，王景以后的东汉中后叶，不正是封建政权最腐朽无能的时代吗？东汉以后的魏晋南北朝时代，不正是长期的割据混乱时代吗？在这样的时代里，难道有可能始终维持着一套严密而有效的河防制度吗？

工程技术因素说讲不通，那么，能不能用社会政治的因素来解释呢？我们不否认社会政治因素有时会对黄河的安危发生巨大的作用。最明显的例子是：解放以前经常决口，甚至一年决几次，解放以后，就没有决过。过去还有许多人把五代、北宋的河患归罪于五代的兵祸，把金、元、明的决徙频仍推咎于宋金、金元间的战争，听起来似乎也还能言之成理。可是，我们能拿西汉来比之于解放以前，拿东汉来比之于解放以后吗？即使勉强可以说唐代的政治社会情况比西汉强，总不能说东汉、魏、晋、南北朝比汉、唐强吧？魏晋南北朝跟五代、宋金之际同样是乱世，为什么黄河的情况又截然不同呢？可见社会政治因素说同样讲不通。

前人并没有解决得了这个问题，而这是一个黄河流域史里必须要解决的问题，对整个中国史而言，也是一个很重要的问题。

二

要解决这个问题,必须先从黄河下游决溢改道的根本因素讲起。稍有地理常识的人都知道:降水量集中在夏秋之季特别是夏季,河水挟带大量泥沙,是黄河善淤善决的两个根本原因。近几十年来的水文实测资料又证明:决溢改道虽然主要发生在下游,其洪水泥沙则主要来自中游。因此,问题的关键应该在中游,我们应该把注意力转移到中游去,看看中游地区在各个历史时期的地理条件是否有所不同,特别是东汉以后数百年间,比之前一时期和后一时期是否有所不同?

黄河中游上起内蒙古河口镇大黑河口,下迄河南秦厂沁河口。就河道而言,可分为三段:第一段,自河口至山西禹门口;第二段,自禹门口至河南陕县;第三段,自陕县至秦厂。就流域而言,相应可分为三区:第一区,包括内蒙古河套东北角的大黑河、沧头河流域和晋西北、陕北东北部、伊盟东南部的山陕峡谷流域;第二区,包括山西的汾水、涑水流域,陕甘二省的渭水、泾水、北洛水流域和河南弘农河流域一角;第三区,包括豫西伊洛河流域和晋东南沁丹河流域。

根据黄河沿岸各水文站近几十年来的实测记录,这中游三区跟下游水灾之间的关系大致是这样的:

一、洪水 下游发生洪水时的流量来自上游的向不超过百分之十,百分之九十以上都来自中游。中游三区夏秋之际经常有暴雨,由于地面蓄水能力差,雨后立即在河床中出现洪峰。三区的暴雨都经常能使本段黄河河床里产生一万秒立方米以上的洪水。如两区或三区暴雨后所形成的洪峰在黄河里碰在一起,那就会使下游河床容纳不了,发生危险。而这种洪峰相遇的机会是很多的,尤以产生于第一第二两区的洪峰相遇的机会为最多。

二、泥沙　情况与洪水有同有不同。同的是中下游河床中来自上游的泥沙很少。在流经陕县的巨量泥沙中，来自河口镇以上的只占11%。在河口上游不远处的包头市，每立方米河水中的多年平均含沙量只有六公斤。不同的是中游三段河流的输沙量极不平衡。第一段由于该区地面侵蚀剧烈，干支流的河床比降又很大，泥沙有冲刷无停淤，故输沙量多至占陕县总量的49%，河水的含沙量则自包头的6公斤到禹门口骤增至28公斤。第二段由于泾、渭、北洛的含沙量虽很高，但各河下游都流经平原地区，禹门口至陕县的黄河河谷也相当宽阔，有所停淤，故流域面积虽远较第一段为大，而输沙量反而较少，占陕县总量的40%，河水含沙量到陕县增为34公斤。陕县是全河沙量最多的地点。此下的第三段，伊洛、沁丹各河的含沙量本来就比第一第二段各支流少，并且各河下游有淤积，黄河自孟津以下也有淤积，故输沙总量即不再增加。

如上所述，可见中游三区中，第三区对下游的关系比较不重要；它只是有时会增加下游一部分洪水，而并不增加泥沙。对下游水患起决定性作用的是第一第二两区；因为淤塞下游河道的泥沙，十之九来自这两区，形成下游暴涨的洪水也多半来自这两区。

因此，问题的关键就在于这两区的水土流失情况，在于在整个历史时期内，这两区的水土流失是直线发展，一贯日渐严重化的呢，还是并不如此？

一地区的水土流失严重与否，决定于该地区的地形、土壤和植被。黄河中游除少数山区外，极大部分面积都在黄土覆盖之下。黄土疏松，只有在良好植被保护之下，才能吸蓄较多的降水量，阻止地面经流的冲刷。植被若一经破坏，一雨之后，土随水去，水土流失就很严重。加以本区的黄土覆盖极为深厚，面蚀很容易发展成为沟蚀,原来平坦的高原,很快就会被切割成崎岖破碎的丘陵,水土流失也就愈益严重。所以历史上各个时期的水土流失严重与否,又主要决定于植被的良好与否。

历史时期一地区的植被情况如何,又主要决定于生活在这地区内的人们的生产活动,即土地利用的方式。如果人们以狩猎为生,天然植被可以基本上不受影响。畜牧与农耕两种生产活动同样都会改变植被的原始情况,而改变的程度后者又远远超过前者。因为人们可以利用天然草原来从事畜牧,只要放牧不过度,草原即可经久保持,而要从事农耕,那就非得先把原始森林和原始草原予以斫伐或清除不可。

但同样从事农耕,其所引起的水土流失程度,却又因各地区的地形、土壤条件不同而有所不同。就黄河中游第一第二两区而论:第一区的河套东北角地区和第二区的关中盆地和汾、涑水流域,大部分面积是冲积平原和土石山区。冲积平原由于地势平坦,土石山区由于石厚土薄,不易形成沟壑,故开垦后所引起的水土流失一般比较轻微。第一区的山陕峡谷流域和第二区的泾、渭、北洛河上游地区,几乎全部是黄土高原或黄土丘陵;黄土深厚,地形起伏不平,故一经开垦,面蚀与沟蚀同时并进,水土流失就很严重。

由此可见,在这对黄河下游水患起决定性作用的中游第一第二两区之中,最关紧要的又在于山陕峡谷流域和泾渭北洛上游二地区;这两个地区在历史时期的土地利用情况的改变,是决定黄河下游安危的关键因素。

三

在进入有历史记载的早期,即战国以前,山陕峡谷流域和泾渭北洛上游这二地区基本上应为畜牧区；射猎还占着相当重要的地位，农业想必不会没有，但很不重要。这二地区与其南邻关中盆地、汾涑水流域在地理上的分界线，大致上就是当时的农牧分界线。在此线以南，早自西周以来，即已进入农耕时代；在春秋战国时代是以农为主的秦人和晋人的主要活动地区。在此线以北，迟至春秋，还是以牧为主的戎狄族活动地区；自春秋中叶以至战国，秦与三晋逐渐并吞了这些地区，但畜牧仍然是当地的主要生产事业。产于晋西北今吉县石楼一带的"屈产之乘"①，在春秋时是有名的骏马。战国末至秦始皇时，乌氏倮在泾水上游的乌氏地方（今甘肃平凉县西北），以畜牧致富，其马牛多至用山谷来计量②。

《史记·货殖列传》虽作于汉武帝时，其中关于经济区域的叙述则大致系战国至汉初的情况。它把全国分为山西、山东、江南、龙门碣石北四个区域，山西的特点是"饶材、竹、穀、纑③、旄、玉、石"，龙门碣石北的特点是"多马、牛、羊、旃裘、筋角"。当时所谓山西本泛指函谷关以西，关中盆地和泾渭北洛上游西至黄河皆在其内。但篇中下文既明确指出其时"自汧、雍以东至河、华"的关中盆地是一个"好稼穑，殖五谷"的农业区域，可见此处所提到的"材、竹、穀、纑、旄"等林牧业特产，应该是泾渭北洛上游及其迤西一带的产物，这一带在当时的林牧业很发达。龙门碣石北的特产全是畜产品。碣石指今河北昌黎县北碣石山。龙门即今禹门口所在的龙门山，正在关中盆地与汾涑水流域的北边分界线上。可见

---

① "屈产"二字，《公羊传》僖公二年何休注解作产马的地名，《左传》杜预注解作产于屈地。今石楼县有屈产水。古屈邑在今吉县境内。
② 见《史记·货殖列传》。
③ 《史记·货殖列传》司马贞《索隐》："穀，木名，皮可为纸。纑，山中纻，可以为布。"

自龙门以北的山陕峡谷流域,在当时是一个以畜牧为主要生产活动的区域。同传下文又云:"天水、陇西、北地、上郡西有羌中之利,北有戎翟之畜,畜牧为天下饶"。天水陇西二郡位于渭水上游,北地郡位于泾水上游,上郡位于北洛水上游和山陕峡谷流域。下文又云:杨与平阳"西贾秦翟,北贾种、代。种、代,石北也。地边胡,数被寇。人民矜懻忮,好气,任侠为奸,不事农商。……故杨、平阳陈掾(犹言经营驰逐)其间得所欲"。杨在今山西洪洞县东南;平阳在今临汾县西南;秦指关中盆地;翟指陕北高原故翟地;种、代在石北,"石"指今山西吉县北石门山,"石北"约相当于现在的晋西北。这条记载生动地说明了当时晋西北人民的经济生活与风俗习惯。试和它的近邻晋西南汾涑水流域即当时所谓"河东"的"土地小狭,民人众,都国诸侯所聚会,故其俗纤俭习事"一对比,很显然前者是畜牧射猎区的情况,后者是农业商业高度发展地区的情况。正由于石北跟河东是两个迥然不同的经济区域,因而通贾于这二区之间的杨与平阳二地的商人,能得其所欲,杨与平阳也就发展成了当时有名的商业城市。

《汉书·地理志》篇末朱赣论各地风俗,也提到了渭水上游的天水、陇西二郡"山多林木,民以板为室屋",泾洛上游和山陕峡谷流域的安定、北地、上郡、西河四郡"皆迫近戎狄,修习战备,高上气力,以射猎为先",用以印证作于西周末至春秋初的国风秦诗中所描述的当地人民经常以"车马田狩"为事的风气。这种风气并且还一直维持到"汉兴"以后,西汉一代的名将即多数出身于这六郡的"良家子"。

战国以前黄河下游的决徙很少,我以为根本原因就在这里。那时的山陕峡谷流域和泾渭北洛上游二区还处于以畜牧射猎为主要生产活动方式的时代,所以原始植被还未经大量破坏,水土流失还很轻微。

四

到了秦与西汉时代,这二区的土地利用情况就发生了很大变化。

秦与西汉两代都积极地推行了"实关中"和"戍边郡"这两种移民政策。"实关中"的目的是为了"强本弱末"。所谓"本"就是王朝的畿内,即关中地区;把距离较远地区的一部分人口财富移置到关中,相对地加强关中,削弱其他地区的人力物力,借以巩固封建大一统的集权统治,就叫做"强本弱末"。"实关中"当然主要把移民安顿在关中盆地,但有时也把盆地的边缘地带作为移殖目的地。例如秦始皇三十五年徙五万家于云阳①,汉武帝太始元年、昭帝始元三年、四年三次徙民于云陵②,云阳和云陵,都在今淳化县北,即已在泾水上游黄土高原范围之内。"戍边郡"就是移民实边,目的在巩固边防。当时的外患主要来自西北方的匈奴,所以移民实边的主要目的地也在西北边郡;所包括的地区范围至为广泛,黄河中游全区除关中盆地、汾涑水流域以外都包括在内,黄河上游、鄂尔多斯草原和河西走廊地带也都包括在内,而其中接受移民最多的是中游各边郡和上游的后套地区。

秦汉两代"戍边郡"的次数很多,每次规模都很大。秦代是两次:

第一次,始皇三十三年,蒙恬"西北斥逐匈奴","取河南地",

---

① 见《史记·秦始皇本纪》。

② 见《汉书》武帝纪、昭帝纪。

"筑四十四县","徒谪戍以充之"①。这次移民历史记载上虽没有提到人数,既然一下子就置了几十个县,想来至少也得有几十万。所谓"河南地"应该不仅指河套地区即当时的九原郡,迤南的陕甘北部即当时的上郡和北地二郡,也应包括在内。其时蒙恬统兵三十万,负责镇守北边,即经常驻扎在上郡。

第二次,始皇三十六年,"迁北河榆中三万家"②。"北河"指今河套地区的黄河,榆中指套东北阴山迤南一带。

这两次移民实边规模虽大,对边地的影响并不太大。因为始皇一死,蒙恬即被杀,接着就爆发了农民大起义,"诸秦所徒谪戍远者皆复去",匈奴"复稍度河南,与中国界于故塞"③。但也不会毫无影响。因为"复去"的只限于"远者",可见谪戍在较近处的即未必复去。

此后约四十年,汉文帝听从了晁错的计议,又"募民徒塞下"。这次是用免罪、拜爵、复除等办法来劝募人民自动迁徒的,所收效果可能相当大,因而"使屯戍之事益省,输将之费益寡"④。其时汉与匈奴以朝那(今甘肃平凉县西北)、肤施(今陕西榆林南)为塞,此线之南,正是泾洛上游和山陕峡谷流域。

此后又四十年,汉武帝元朔二年,卫青复取河南地,恢复了秦代故土。就在这一年,"募民徒朔方十万口"⑤。此所谓"朔方",亦当泛指关中盆地以北地区即后来朔方刺史部所部上郡、西河、北地、朔方、五原等郡,而不仅限于朔方一郡。

---

① 见《史记》始皇本纪、匈奴列传。四十四县本纪作三十四县,此从《匈奴传》、《六国年表》。
② 见《史记·秦始皇本纪》。
③ 见《史记·匈奴列传》。
④ 见《汉书·晁错传》。
⑤ 见《汉书·武帝纪》。

此后元狩三年又徙"关东贫民"于"陇西、北地、西河、上郡"，"及充朔方以南新秦中，七十余万口"①。元鼎六年，又于"上郡、朔方、西河、河西开田官，斥塞，卒六十万人，戍田之"②。陇西郡辖境相当渭水上游西至洮水流域，北地郡相当泾水上游北至银川平原，西河、上郡相当北洛水上游及山陕峡谷流域。"新秦中"含义与"河南地"略同。

此外，元狩五年又曾"徙天下奸猾吏民于边"③，很可能有一部分被迁到黄河中游一带。天汉元年"发谪戍屯五原"④，五原郡辖境相当今河口镇上游包头市附近的黄河两岸。

这么许多内地人民移居到边郡以后，以何为生？可以肯定，极大多数是以务农为本的。汉族是一个农业民族，凡汉族所到之处，除非是其地根本不可能或极不利于开展农耕，不然就不会不以务农为本。反过来说，若不是可能开展农耕的区域，也就不可能使大量的习惯于农业生产的汉族人民移殖进去。山陕峡谷流域、泾渭北洛上游及其迤北的河套地区，除鄂尔多斯草原西部外，就其地形、土壤、气候等自然条件而言，本是一个可农可牧的区域。而当时的统治者，也正是采用了"先为室屋，具田器"⑤的措施来强迫或招募人民前往的。城郭的建立与人民的定居生活是密切联系着的，有了以务农为本的定居的人民，才有可能建立城郭，从而设置郡县。秦汉时代在这一带设置了好几个郡，数以百计的县（西汉西河、上郡、北地、安定、陇西、天水六郡领县一百二十六，云中、定

---

① 见《汉书》武帝纪、食货志。《本纪》在"上郡"。下又有"会稽"，疑衍。
② 见《汉书·食货志》。
③ 见《汉书·武帝纪》。
④ 同上。
⑤ 见《汉书·晁错传》。

襄、五原、朔方四郡领县四十九。秦县确数无考,从始皇三十三年在河南地一次置县四十四推算起来,总数当不少于一百),也可以充分证明当地的人民主要是定居的农民(汉武帝后凡归附游牧族居于塞内者,别置属国都尉以统之,这一带共置有五个。一个属国的人口数估计不会比一个县多)。

从未开垦过的处女地在初开垦时是很肥沃的,产量很高,因而当时的"河南地"又被称为"新秦中"。"新秦中"的得名不仅由于这一地区在地理位置上接近秦中(渭水流域),主要还是由于它"地肥饶"、"地好",在农业收成上也不下于秦中。苍茫广漠的森林草原一经开垦,骤然就呈现了一片阡陌相连、村落相望的繁荣景象,这一事件显然引起了当时社会上普遍的注意,"新秦"一词因而又被引申作"新富贵者"——即暴发户的同义语,一直沿用到东汉时代①。

正因为在这一带从事农业开垦的收益很好,所以垦区扩展得很快。汉武帝复取河南地初次募民徙朔方事在元朔二年(公元前127年),到了二十年后的元封年间,竟已"北益广田,至眩雷为塞"②。眩雷塞在西河郡的西北边,约在今伊克昭盟杭锦旗的东部。杭锦旗东部在今天已属农牧过渡地带,自此以西,即不可能再从事农业生产活动。汉代的自然条件可能跟今天稍有不同,但差别不会很大,可见当时的垦区事实上已扩展到了自然条件所容许的极限。

汉武帝以后至西汉末百年之间,这一带的人口日益增殖,田亩日益垦辟;尤其是在宣帝以后约七十年内,匈奴既降,北边无事,发展得当然更快。兹将《汉书·地理志》所载平帝元始二年(公元2年)时这一带各郡的户口数,分区表列如下页:

---

① 见《汉书·食货志》注引应劭曰。
② 见《汉书·匈奴传》。

山陕峡谷流域和泾渭北洛上游二区户数各达二十余万，合计五十余万，口数各达百万以上，合计二百四十万，这在二千年前的生产技术条件之下，是很了不得的数字！试看自周秦以来农业即已高度发展，在当时又为建都所在，并在郑、白等渠灌溉之下，被誉为"膏埌沃野千里"的关中盆地亦不过五十余万户，二百多万口，就可以知道这两个户口数字对这两个新开发地区而言，是具有何等重大的意义了。

这二区的从此以畜牧射猎为主变为以农耕为主，户口数字大大增加，乍看起来，当然是件好事。但我们若从整个黄河流域来看问题，就可以发现这是件得不偿失的事。因为在当时的社会条件之下，开垦只能是无计划的、盲目的乱垦滥垦，不可能采用什么有计划的水土保持措施，所以这一带地区的大事开垦，结果必然会给下游带来无穷的祸患。历史事实也充分证实了这一点：西汉一代，尤其是武帝以后，黄河下游的决徙之患越闹越凶，正好与这一带的垦田迅速开辟，人口迅速增加相对应；也就是说，这一带的变牧为农，其代价是下游数以千万计的人民，遭受了百数十年之久的严重的水灾。

五

王莽时边衅重开，宣帝以来数世不见烟火之警的边郡，从此遭遇了兵连祸结的厄运。不久，内地又爆发了农民大起义和继之而起的割据战争。东汉初年统治者忙于对付内部问题，无力外顾，只得放弃缘边北地、朔方、五原、云中、定襄、雁门、上谷、代八郡，徙人民于内地。匈奴遂"转居塞内"，"入寇尤深"，以致整个"北边无复宁岁"。一直到建武二十六年（公元 50 年），上距王莽开边衅已四十年，才由于匈奴南单于的降附，恢复了缘边八郡，发遣边民"归于本土"①。但自此以后,边郡的建制虽是恢复了,西汉时代的边区旧面目却再也没有恢复过来。终东汉一代,这一带的风物景象,跟西汉迥不相同。

地区		郡	户	口
黄河中游	大黑河沧头河流域	云中、定襄	76,862	336,414
		雁门 1/4②	18,286	73,363
		总数	95,148	409,777
	山陕峡谷流域	西河	136,390	698,886
		上郡 2/3	69,122	404,439
		河东 1/3	39,482	160,485
		总数	244,994	1,263,760
	泾渭北洛上游	上郡 1/3	34,561	202,219
		冯翊、扶风 1/5	90,295	350,778
		北地、安定 3/4	80,390	265,484
		天水、陇西 2/3	76,223	332,115
		总数	281,469	1,150,596
	关中盆地	京兆尹	195,702	682,468
		冯翊、扶风 4/5	361,183	1,403,114
		总数	556,885	2,085,582
	汾涑水流域	太原 3/4	127,398	510,366
		河东 5/6	194,414	802,427
		总数	321,812	1,312,793
黄河上游	河套地区	朔方、五原	73,660	367,956

① 《后汉书》元武纪、匈奴传。
② 按县数计算。如雁门郡领县十四,一县今地无考,可考者十三县中,郡治善无及沃阳、中陵三县在沧头河流域,即作 1/4 计。

两汉时期黄河中上游地区图

比 例 尺

200 公里

100

50

0

------- 地理区域界

········ 西汉郡界

就在恢复缘边诸郡这一年,匈奴南单于率领了他的部众四五万人入居塞内;单于建庭于西河的美稷县(今伊克昭盟准噶尔旗),部众散居在西河、北地、朔方、五原、云中、定襄、雁门、代等郡。到了章帝、和帝时代,又有大批北匈奴来降,分处北边诸郡。永元初年南单于所领户至三万四千,口至二十三万七千,胜兵五万;新降胡亦多至二十余万。已而新降胡叛走出塞,但不久还居塞内者仍以万计①。除匈奴外,东汉时杂居在这一带的又有羌、胡、休屠、乌桓等族,其中羌人为数最多。西汉时羌人杂居塞内的只限于湟水流域。王莽末年和隗嚣割据陇右时内徒者日多,散居地区日广。东汉建武、永平中又屡次把边塞的降羌安插在渭水上游的陇西、天水和关中盆地的三辅。此后日渐滋息,中叶以后,除陇西、汉阳(即天水)、三辅外,泾洛上游和山陕峡谷流域的安定、北地、上郡、西河亦所在有之。当时在黄河中上游的羌人共有八九十种之多,每种大者万余人,小者数千人。顺帝时单是"胜兵"即"合可二十万人",可见总人数至少也得有五六十万人,比匈奴还要多些。胡、休屠、乌桓等人数较少,但他们有时也能聚众起事,攻略城池,那么每一股总也得有那么几千或万把人。把所有这一带的边疆部族合计起来,总数当在百万左右。

这么多入居塞内的边疆部族以何为生?当然因部族与所处地区的不同而有所不同。但总的说来,无疑是以畜牧为主。匈奴恐怕根本没有什么农业生产可言。《后汉书》里记载那时汉与匈奴之间或匈奴内部的战争,经常提到的战果除斩首或首虏若干人外,只是说获马牛羊若干头,从未提到有什么其他财物。说到匈奴的居处也都是用的庐落或庐帐,而不用室屋或庐舍等字样。正因为

---

① 《后汉书·匈奴传》。

他们在入居塞内后仍然保持着在塞外时的原有生活方式,所以才有可能在一旦被迫举起反抗汉朝统治的旗帜后,往往就举部出塞,甚或欲远度漠北。可以设想,要是农业对他们的经济生活已经占有一定比重的话,那么他们在反汉后就不可能再想到走上回老家这条路了。羌人部落中是存在着农业生产的,《后汉书·西羌传》里曾四次提到羌人的禾谷。但同传提到马、牛、羊、驴、骡、骆驼或畜产的却多至数十次,每一次的数字少者数千或万余头,多者至十余万头或二十余万头;《段颎传》末总结他对镇压羌人起义的战功是凡百八十战,斩三万八千六百余级,获牛马羊骡驴骆驼四十一万七千五百余头。可见畜产是羌人的主要财富,牧业在他们经济生活中的重要性远过于农业。历次羌人起义之所以使东汉朝廷无法应付,重要原因之一是"虏皆马骑"而汉兵"以步追之",所以汉羌之战和汉匈之战一样,基本上也是农业族与游牧族之间的战争。

以畜牧为主的边疆部族有这么许多,现在再让我们来看看以务农为本的汉族人口有多少?

西汉边郡汉族人口之所以能够繁殖,原因有二:一、移入了大量的内地人口;二、边境长期安宁无事。这二个条件东汉都不存在。一、东汉从没有推行过移民实边政策,就是在建武年间恢复边郡之初,也只是发遣原有的边民归于本土而已。而原来的边民在经历了四十年之久的流离死亡之余,能够归于本土的当然是不多的。二、通东汉一代,尤其是安帝永初以后,大规模的"羌乱"和较小规模的匈奴的"反叛",鲜卑、乌桓的"寇扰",几乎一直没有停止过。因此,东汉边郡的汉族人口,不仅不可能日益繁息,相反,倒很可能在逐渐减少。《续汉书·郡国志》所载的是顺帝永和五年(公元140年)的户口数,其时还不过经历了第一次大羌乱(107年至118年),第二次大羌乱(140年至145年)才刚刚发生,已经少得很可惊了。兹将黄河中游及河套诸郡户口表列于下,并用括号附列西汉户口以资比较。

郡名	领县	户	口	
朔方、五原	16 (26)	6,654 (73,660)	30,800 (367,956)	边区
云中、定襄	16 (23)	8,504 (76,862)	40,001 (336,414)	
西河、上郡	23 (59)	10,867 (240,073)	49,437 (1,305,494)	
北地、安定	14 (40)	9,216 (107,186)	47,697 (353,982)	
汉阳、陇西	24 (27)	33,051 (114,334)	159,775 (498,172)	
京兆、冯翊、扶风	38 (57)	107,741 (647,180)	523.860 (2,436,360)	内地
河东、太原	36 (45)	124,445 (406,759)	770,927 (1,643,400)	

据表,有两点很值得注意:一、至少在边区十郡范围之内,汉人已变成了少数族,因为十郡的总口数不过三十二万,而这一带正是总数在百万左右的羌胡等族的主要分布区。二、比之西汉的编户,各郡全都减少了好几倍,甚至一二十倍,而减少得最厉害的,正是与黄河下游河道安危关系最为密切的西河、上郡、北地、安定等郡。

第一次大羌乱时,汉廷曾内徙陇西、安定、北地、上郡寄治手汉阳、三辅,至延光、永建时乱定复归本土。第二次大羌乱爆发后,又徙上郡、北地、安定寄治三辅,朔方寄治五原,并将西河郡治自平定(今伊克昭盟东胜县附近)南徙离石(今山西离山县)。此后战乱日亟,除安定外,其他四郡就一直未能迁还旧治。可见自永和五年

— 21 —

以后,这一带的户口不会有所增加,只会更加减少。

以务农为本的汉族人口的急剧衰退和以畜牧为生的羌胡人口的迅速滋长,反映在土地利用上,当然是耕地的相应减缩,牧场的相应扩展。黄河中游土地利用情况的这一改变,结果就使下游的洪水量和泥沙量也相应地大为减少,我以为这就是东汉一代黄河之所以能够安流无事的真正原因所在。

<h1 style="text-align:center">六</h1>

黄河中游边区和河套地区的变农为牧,在东汉末年以前,还不过是开始阶段;到东汉末年黄巾起义以后,才是这一变局的成熟阶段。

自永和以来,东汉政权对这一带边郡的统治,本已摇摇欲坠。勉强维持了四十多年,等到灵帝中平中内地的黄巾大起义一爆发,终于便不得不把朔方、五原、云中、定襄、西河、上郡、北地七郡的全部和安定郡的一部分,干脆予以放弃(同时又放弃了桑干河上游代郡、雁门二郡各一部分)。汉政权一撤退,在当时的历史条件下,即在汉廷与羌胡之间进行了长期的战争,从而制造了尖锐的民族矛盾情况之下,汉民是无法再在这些地区留住下去的。于是"百姓南奔",出现了"城邑皆空"、"塞下皆空"①的局面。"其实"城邑皆空"应该是事实,整个儿"塞下"是不会空的,只是由原来的胡多民少的王朝边郡,进一步变成了清一色的羌胡世界的"域外"而已。所以在此后不满十年的献帝初平中,蔡文姬被虏入胡,竟在她的《悲愤诗》里,把她途经上郡故地说成是"历险阻兮之羌蛮",把

---

① 见《元和志》关内道、河东道缘边诸州。

西河故地匈奴单于庭一带的景象说成是"人似禽兮食臭腥,言兜离兮状窈停"。

自此以后,黄河中游大致即东以云中山、吕梁山,南以陕北高原南缘山脉与泾水为界,形成了两个不同区域。此线以东、以南,基本上是农区;此线以西、以北,基本上是牧区。这一局面维持了一个很长的时期,极少变动。晋西北虽在曹魏时即已恢复了今离山县以南地区的郡县建置,但其地迟至南北朝晚期,仍系以畜牧为生的"山胡"根据地,汉人想必只占少数(详下文)。陕北则直至十六国的前、后秦时代,才在北洛水中游设置了洛川、中部(今黄陵)等县,其时上距汉末撤废边郡已二百余年。实际二秦的版图所届远在洛川、中部之北,其所以不在那里建置郡县,正反映了生活在那里的极大多数人民,还是居无常所的牧民,没有什么村落邑聚,因而也就不够条件设置郡县。姚秦末年赫连勃勃就在这一带建立了夏国,还是不立郡县,只有城堡;直到后来取得了关中盆地,夏国境内才算有了郡县。

当然在这条线以东、以南,那时并不是就没有牧业。事实上自东汉末年以来,此线以东的今山西中部南部,也变成了匈奴的杂居地;此线以南的关中盆地的氐羌人口,只有比东汉末年以前更多。牧业的比重,想必也是有所增加的。但这些地区的自然条件毕竟更适宜于农耕,汉族人口毕竟还占着多数,因此,羌胡等族入居到这里以后,往往很快就会弃牧就农。匈奴以黄巾起义时入居太原一带,后五六十年,在曹魏末年,当地的世家豪族即"以匈奴胡人为田客,多者数千"①,就是一个很好的例子。西晋末五胡起事首

① 《晋书·王恂传》。

领之一上党羯人石勒，出身于"为人力耕"的雇农，也是一个例子①。（石勒又善于相马，可见仍不脱游牧族本色）所以这些地区尽管在民族成分上杂有不少羌胡，但在经济上则始终是以农耕为主的区域。

同样，在这条线以西、以北，也并不是完全没有农业。一方面是汉人有时会被逼徙到这里。例如赫连勃勃破关中，就曾虏其人筑城以居之，号吴儿城，在今陕北绥德县西北②。另一方面是羌胡等族当然也有一部分会渐渐转业农耕。例如赫连勃勃的父亲卫辰在苻秦时代曾经遣使"求田内地"③，可见农业在卫辰统治下的部族经济中已占有一定的重要性。但迁来的汉人为数既不多，又由于这里的自然条件和社会条件跟汾水流域关中盆地大不相同，羌胡等族的转业农耕极其缓慢，所以在北魏道武帝初年击破卫辰时，见于历史记载的俘获品仍然是"马牛羊四百余万头"④，而没有提到粮食。后四十余年，太武帝灭夏，将陕北陇东等地收入版图，仍然是"以河西（指山陕间的黄河以西）水草善，乃以为牧地，畜产滋息，马至二百余万匹，橐驼将半之，牛羊则无数"⑤。可见这一区域直到入魏之初，上去汉末已二百四十余年，畜牧还是当地的主要生产事业。

历史上的魏晋十六国时代是一个政治最混乱、战争最频繁的时代，而在黄河史上的魏晋十六国时代，却偏偏是一个最平静的时代。原因在那里？依我看来，原因就在这里。

---

① 《晋书·石勒载记》。
② 《元和志·绥州》。
③ 《晋书·苻坚载记》。
④ 《魏书·铁弗传》、《食货志》。
⑤ 《魏书·食货志》。

七

全面突破汉末以来所形成的那条农牧分界线,使农耕区域比较迅速地向北扩展,那是北魏以后的事。北魏在灭夏以后百年之间,就把郡县的北界推到了今银川平原、无定河、窟野河、蔚汾河一带。此后,又历七八十年经西魏、北周到了隋代,一方面在北魏原来的范围内增建了许多郡县,一方面又向北扩展,在河套地区设立了丰、胜等州。东汉中叶以前在这一带的政区建置规模,至此便基本上得到了恢复。据《隋书·地理志》所载,大业五年(609 年)设置在黄河中游边区和河套地区的十八个郡①的总户数共约有五十五万,也几乎赶上了西汉末年的六十余万户。

郡县的增建,户口的繁殖,当然反映了农耕区域的扩展。但我们能不能根据隋代在这一带郡县的辖境和户口的数字已接近于西汉,就说这一带的土地利用情况大致上也恢复了西汉之旧呢? 不能。事实上自北魏至隋,这一带的牧业经济比重始终应在西汉之上。

原来这一带在秦与西汉时的由牧变农,是一下子把牧人——戎狄赶走了,迁来了大批农民——汉人,所以变得很快,并且比较彻底(当然牧业还是有的)。北魏至隋这一时期内的农牧变化可跟秦汉不一样。这时原住本区的稽胡———种以匈奴后裔为主体,杂有东汉魏晋以来曾经活动于本区的其他部族血统的混合族——绝无向邻区或塞外迁出的迹象,相反,在本区内的稽胡族一

---

① 陇西、天水、平凉、安定、北地、弘化、盐川、上郡、延安、雕阴、朔方、榆林、定襄、五原、灵武、文城、龙泉、离石。

直很繁衍,遍布于全区。"自离石以西,安定以东,方七八百里,种落繁炽"①。所以本区在这一时期内的由牧变农,主要不是由于民族迁移——汉族的迁入,而是由于民族同化——稽胡的汉化。而这一转化过程是极其缓慢的。并且在这方七八百里的广大地区之内,各部分的进展速度也极不平衡。

汉族迁入本区,在十六国时代即已有之,已见上述。约至北魏晚期,稽胡的大部分由于"与华民错居",已转入定居生活,"其俗土著","分统郡县,列于编户"。但毕竟仍"有异齐民",故不得不"轻其徭赋"。一部分居于"山谷阻深者",则犹"未尽役属"。土著列于编户的,"亦知种田",②也就是说,会种田,不过种田并不是他们的主要生产活动。至于"山谷阻深者",大致仍依畜牧为生,所以北齐初年高洋平石楼(今山西石楼县)山胡(即稽胡),所虏获的还是杂畜十余万③。到了隋代,据《隋书·地理志》所载各地风俗,自今鄜县、合水、泾川以南一带,才算是"勤于稼穑,多畜牧",到达了农牧兼重阶段;自今宜川、甘泉、庆阳以北,则还是由于"连接山胡,性多木强",显然其农业比重又不及鄜县、合水、泾川以南。以语言与生活习惯而言,北周时"其丈夫衣服及死亡殡葬与中夏略同,妇人则多贯蜃贝以为耳及颈饰","然语类夷狄,因译乃通"④。到了隋代,丹州(今宜川县)的白室(即稽胡)因使用了汉语,"其状是胡,其言习中夏",被称为"胡头汉舌"⑤。自丹州以北的稽胡族中,想必还保留着不少的"胡头胡舌"。一直到唐初,历

---

① 《周书·稽胡传》。
② 同上。
③ 《北齐书·文宣纪》。
④ 《周书·稽胡传》。
⑤ 《元和志》丹州引隋图经。

史上还出现拥有部落数万的稽胡大帅,可见其汉化过程还没有彻底完成①。

正由于稽胡的汉化过程——在经济生活上就是由牧变农的过程——极其缓慢,到唐初还没有完成,所以自北魏至隋,这一带的郡县虽续有增建,户口虽日渐繁殖,但黄河下游安流无事的局面仍能继续维持。

当然,尽管这一过程极其缓慢,对下游河道不会不发生一定的影响;尤其是到了隋代,户口数字既已接近于西汉,尽管是半农半牧,水土流失的程度必然已远远超过魏晋南北朝时代。隋祚若不是那么短促,再能延长几十年,那么西汉或五代以后的河患,很可能在隋代也会出现。

八

有唐一代二百九十年,这一带的土地利用情况及其对下游河患的关系,应分为安史乱前、乱后二个时期来讲。

安史之乱以前土地利用的基本情况是:

1. 设置郡县的地区有超出隋代原有范围之外的,如在窟野河流域设立了麟州一州三县。郡县数字也有所增加,从隋大业的十八郡九十四县,到天宝元年增为二十六郡②一○八县。这反映了农垦区域的分布较前稍有推广。

2. 公私牧场占用了大量土地。

---

① 据《旧唐书·吐蕃传》,大历中郭子仪部下犹有稽胡。此后即不再见于记载。

② 秦、渭、泾、原、宁、庆、鄜、坊、丹、廷、灵、会、盐、夏、绥、银、宥、麟、胜、丰、慈、隰、岚、石二十四州,单于、安北二都护府。

自贞观以后,唐朝在这一带设置了许多牧监、牧坊,由公家经营以养马为主的畜牧业,其规模之大,远远超过西汉时代的牧苑。西汉牧苑养马总数不过二三十万匹。唐代单是陇右群牧使所辖四十八监,以原州为中心,跨秦、渭、会、兰四州之地,"东西约六百里,南北约四百里","其间善水草腴田皆隶之"。麟德中马至七十万六千匹;天宝中稍衰,十三载,总马牛羊凡六十万五千六百匹、头、口。自陇以东,岐、邠、泾、宁间设有八坊,"地广千里",开元十九年有马四十四万匹。夏州亦有群牧使,永隆中"牧马死者十八万四千九百九十",总数当不止此。又盐州设有八监,岚州设有三监。①

牧监、牧坊以外,据《新唐书·兵志》说:"天宝后诸军战马动以万计,王侯将相外戚牛驼羊马之牧布诸道,百倍于县官。"这几句话说得当然有些夸大,但当时军队和贵族都畜养着相当数量的牛驼羊马应该是事实。这些牧场虽然遍布于诸道,本区由于自然条件适宜于畜牧,地理位置外接边防军驻地,内近王侯将相外戚麇集地的京畿,所占比例也应该比之于其他地区为特多。

3. 人民的耕地初期远比隋代少,极盛时也不比隋代多。

唐初承隋末农民大起义与割据战争之后,户口锐减,贞观初全国户不满三百万②,不及隋大业时的三分之一。本区一方面在梁师都、刘武周、郭子和、薛举割据之下,统一最晚,一方面又遭受了突厥的侵扰,当然不会比其他地区情况好,只会减少得更多。经百余年到了天宝极盛之世,本区二十六郡在天宝元年的总户数仍不过三十三万③。安史乱起前夕天宝十三四年全国总户数比天宝元

---

① 《元和志·原州》、《全唐文》卷三六一、《册府元龟》卷六二一、《新唐书·兵志》。

② 《通典·食货典·户口》。

③ 《新唐书·地理志》。

年约增百分之六七①，则本区约有户三十五万左右，较之隋大业有户五十五万，相差很远。其时人民为逃避赋役而隐匿户口的很多，据杜佑估计，实际数字要比入籍数字多二分之一强②，依此推算，仍不过略与大业户数相当。郡县编户基本上就是农业人口，所以贞观天宝间本区的编户始终不比隋代多，可以反映其时的耕地面积大致上也并未扩展。

总上三点，正好用以解释同时期黄河下游的情况：一、由于这一带基本上是农业区，跟东汉以后北朝中叶以前基本上是牧区不同，北朝中叶以来的变牧为农，对下游河道已发生了一定的影响，而唐承其后，因而下游也就不可能完全免于决溢之患，先后出现了九次。二、初年编户锐减，故自武周以前，有溢无决；其后生齿日繁，就出现了开元年间的两次决口。三、由于编户始终没有超过隋代，又有大片土地被用作公私牧场未经开垦，因而虽有决溢，并未改道，河患的严重性远不及西汉。

安史以后，各方面的情况都有变动，最明显的是：一、郡县建置有所减缩。广德初陇右为吐蕃所占领，历八十余年至大中初始收复。唐末又放弃了河套地区的丰胜等州。二、编户锐减。建中初全国户数仅三百万③，开成、会昌间仍不足五百万④。《元和志》中本区只有十州载有户数，较之天宝，有的只剩下了几十分之一，最多亦不过三分之一左右⑤。

既如此，那么安史以后的下游河患何以非但不见减少，仍有九

---

① 据《通典》、《唐会典》所载天宝元年与十三年、十四年户数比较而得。
② 《通典·食货典·户口》。
③ 《资治通鉴》建中元年。
④ 《唐会典》卷八四，开成四年、会昌五年。
⑤ 隰州元和户反多于天宝，应有讹误。

次之多,并且还出现了改道?

要解答这个问题,首先,得懂得编户数字并不等于实际户口数字。一般说来,编户数字总比实际数字少,而历史上各个时期由于生产关系不同,赋役制度不同,编户数字与实际数字的距离又有所不同。安史前后均田制的彻底崩溃,租庸调之变为两税法,使唐代后期民户的隐匿逃亡,有过于开元天宝时。因此,安史乱后编户大减,在肃代之际应该是实际情况,到了开成、会昌时代,全国编户数已接近五百万,从当时各处逃户往往达三分之二①推算起来,实际户数恐怕已不会比天宝年间的千三四百万②少。本区地处边陲,比较难于恢复,但也不会少得太多。

其次,得看看耕地到底是增是减? 农牧重有何改变?

安史乱后被日益剧烈的土地兼并和苛政暴敛赶出自己原来的田地的农民,除了一部分变成了庄园主的佃户,一部分潜窜山泽,"聚为寇盗"外,又有一部分逃往他州外县,依靠垦辟"荒闲陂泽山原"为生。对于这种垦荒的农民,政府为安集逃散,增辟税源计,明令五年之内不收税,五年后再收税。农民在这一法令之下的对付办法很妙:免税限期之内,努力垦辟,一到满期,又复逃弃,另辟新荒③。就是这样一逃再逃,以致这一时期的农业尽管是较前衰退了,而耕地却在不断地扩展。

再者,安史乱后陇右陷于吐蕃,至大中初收复,听百姓垦辟④,即不再恢复原来的牧监。岐、邠、泾、宁间的牧坊,乱后"皆废,故地存者,一归闲厩。旋以给贫民及军吏,间又赐佛寺道观几千

---

① 据《册府元龟》卷四八六,元和六年李温奏、《旧唐书·李渤传》元和十五年疏。
② 《通典·食货典·户口》,此系杜佑估计数字。
③ 《唐会要》卷八四,《陆宣公奏议均节赋税恤百姓》。
④ 《册府元龟》卷五○三。

顷"。元和中一度收原来的岐阳坊地入闲厩,"民失业者甚众",长庆初复"悉予民"。其时本区著名的牧监只有银州的银川监和岚州的楼烦监,养马仅数千匹。① 可见本区(不包括河套地区与鄂尔多斯草原)原来的牧监、牧坊,至是极大部分都变成了耕地,存者无几;耕地不是减缩了,而是增加了。就农牧比重而言,已自乱前的以农为主农牧兼营,变而为几乎是单纯的农业区。

末了,还得让我们想一想,其时扩展的耕地可能在什么地方?在那样的社会条件之下,平原地带富于灌溉之利的好田地当然是属于各级地主的,逃户和一般小农所得而垦辟的,当然只能是原来的牧场和弃地,包括坡地、丘陵地和山地。而这些地区一经垦辟,正是水土流失最严重的地区!

至于郡县的减缩,由于陇右陷于吐蕃时汉民并未撤退,唐末放弃的丰、胜二州又在河套地区,所以对下游河道不会发生多大影响。又,武周时内徙党项于庆州夏州一带,至唐末形成割据势力,但党项本"土著有栋宇",农牧兼营,所据区域大部分在黄河上游与鄂尔多斯草原,汉民亦未迁出,对下游的影响也不大。

明白了上述这一番道理,不仅唐代后期郡县缩、编户减而河患不减这一问题得到了解答,并且还可以用以解释五代以后出现的类似情况,例如元代。

九

唐代后期黄河中游边区土地利用的发展趋向,已为下游伏下了祸根。五代以后,又继续向着这一趋势变本加厉地发展下去,中

---

① 《新唐书·兵志》、《通鉴》中和二年。

游的耕地尽"可能"地无休止地继续扩展，下游的决徙之患也就无休止地愈演愈烈。国营牧场随着政治中心边防重心的东移而移向黄河下游和河朔边塞。农民在残酷的封建剥削之下，为了生存，惟有采取广种薄收的办法，随着原来的地势起伏，不事平整，尽量扩大垦种面积。黄土高原与黄土丘陵地带在这样的粗放农业经营之下，很快就引起严重水土流失，肥力减退，单位面积产量急剧下降，沟壑迅速发育，又使耕种面积日益减缩。还是为了生存，农民惟有继续扩展垦地，甚或抛弃旧业，另开新地。就这样，"越垦越穷，越穷越垦"，终至于草原成了耕地，林场也成了耕地，陂泽洼地成了耕地，丘陵坡地也成了耕地；耕地又变成了沟壑陡坡和土阜。到处光秃秃，到处千沟万壑。农业生产平时收成就低，由于地面丧失了蓄水力，一遇天旱，又顿即成灾。就这样，当地人民的日子越过越穷，下游的河床越填越高，洪水越来越集中，决徙之祸越闹越凶。就这样，整个黄河流域都陷于水旱频仍贫穷落后的境地，经历了千有余年之久，直到解放以后才见转机。

总之，王景不是神仙，宋元明清的治河人员也不会都是低能儿；下游河防工事的技术和经验应该是跟着时代的演进而逐步提高、丰富的，贾鲁、潘季驯、靳辅等这一班人，只会比王景高明，不会反而比他差。这一班人的每一次努力之所以只能收功见效于三年五载，至多不过一二十年，而王景之后竟能出现千年之久长期安流的局面，关键不在于下游修防工事的得失，而在于中游土地利用情况的前后不同。这就是我对于今天这个讲题的答案，也可以说是我对于整个历史时期黄河安危的总看法。这看法到底是不是讲得通，是不是符合于历史真实，谨请诸位指教！

话讲到这里还不能就此结束，我们还得结合历史经验谈一谈当前黄河中游的土地利用规划，并稍稍瞻望一下黄河流域的前景，这应该是同志们所最关心的。

黄河中游山陕峡谷流域和泾、渭、北洛上游这两区，按其自然条件而言，本来是应该农、林、牧兼营的地区。农耕只应该在不容易引起水土流失的平地上精耕细作地进行，不应该扩展到坡地、台地上去，这是地理学家、水利学家、农学家们早就作出的科学结论。我们在上面所讲的历史事实更充分证实了这一点：什么时期的土地利用合乎此原则，那么本区与下游同受其利，反之，则同受其害。因此，当前我们建设社会主义新中国，要根治黄河水害，开发黄河水利，繁荣整个流域经济，那就必须对中游这二区的土地利用予以充分的注意，作出缜密合理的安排与规划。否则，不仅当地人民的生活无法改善提高，下游也不可能单单依靠三门峡水库就获得长治久安。因为三门峡水库的容积不是无限的，中游的水土流失问题不解决，要不了一百年，泥沙就会把水库填满。

那么，我们现在是怎样地在对付这一问题的呢？请诸位放心，像这样的大事，党和政府当然是极为关心注意着的，并且多年来早就采取了一系列的具体措施，正在有效地把千年以来的不合理现象予以改正。

采用了什么措施？是不是把所有非平坦地区的耕地一下子全部或大批予以退耕，还林还牧？不，这是不可能的。当地人民的粮食必需自给自足，不能依靠外援，此其一。当地农民的生活水准原来就很低，不能再使农民因耕地退耕而受到损失，此其二。因此，健全的方针应该不是消极地单纯地耕地退耕，而是积极地综合地发展农、林、牧，结合着农、林、牧生产的提高和收益的增加，逐步移转或减缩耕地，变土地的不合理利用为合理利用。具体的措施是四化：1. 山区园林化。封山育林，同时利用所有荒坡、荒沟、荒地，大量植树种草。这样做不仅增加了林、牧业收入，并且对蓄水保土、调节气候、改良土壤都发生良好作用。2. 沟壑川台化。在沟壑中打坝淤地，制止沟蚀，变荒沟为良田。这样做既有效地控制了水土流失，又为逐步停耕坡地，把耕地从山上坡上转移到沟川准备了条件。3. 坡地梯田化。用培地埂的办法，起高垫低，把坡地修成一台台的梯田。4. 耕地水利化。打井，挖泉，开渠，修水库，天上水、地面水、地下水一齐抓，节节蓄水，层层灌溉。3、4 二项都是改造现有耕地，提高产量，减少水土流失的有效措施。

　　用一句话概括四化，就是改进农业生产，并从单纯的农业经济逐步向农、林、牧综合经营发展。短期内虽然还不能不以农为主，远景规划则以达到土地充分合理利用，水土流失基本消灭为目标。我们完全有理由相信，在党的英明领导之下，依靠群众，发动群众，彻底解决黄河中游的土地利用问题，从而永远保障下游免于决溢之害，将是在不久的将来就可以做到的事！

1962 年 1 月，就 1961 年 5 月在复旦大学

科学报告会上所作的讲演词改写定稿。

（原载《学术月刊》1962 年第 2 期）

作者附志：此文发表以后，任伯平先生著文驳难。邹逸麟同志的

答文，经我修改、补充，进一步阐发了原文的论点，故

附录于后。

附：读任伯平《关于黄河在东汉以后长期安流的原因》后

邹逸麟

　　《学术月刊》本年第 2 期刊载了谭其骧先生《何以黄河在东汉以后会出现一个长期安流的局面》一文，第 9 期又刊载了任伯平先生《关于黄河在东汉以后长期安流的原因》一文。谭文的结论

— 34 —

是：东汉以后，由于黄河中游地区的土地利用方式变成以畜牧为主，使水土流失程度大大减轻，这是下游之所以会出现长期安流局面的决定性因素。任文不同意谭文的看法，对谭文论点提出了几点驳难，从而又作出了这一时期长期安流的原因"不能归之于中游土地利用方式的改变"，仍应归之于东汉初年王景治河的功绩的结论。我是同意谭先生的看法的，兹就任文对谭文的驳难和任先生自己的看法一一提出来加以讨论，请任先生和读者们指正。

任文对谭文的驳难主要有三点，就从这三点谈起。

一，任文说："河道决溢与否不仅取决于洪水流量的大小，而且还取决于河道的宣泄能力。同样大小的洪水对于不同泄量的河流，可以漫溢冲决，也可以安然无事。"目前黄河下游河道"最大宣泄能力在 22,000 秒立方米以上。试问东汉以前黄河泄洪的能力会有现在这样大吗？所以那时河道决溢次数频繁，并不能证明当时洪水或泥沙的流失要比现在来得大。"

前面一个论点完全正确。最明显的例子是在解放以后，三门峡水库建成以前，当时的洪水泥沙量不会比解放前少，但由于下游堤防的增高培厚，却从没有闹过决溢。这一点谭先生在他的文章里也提到过了。后面一点看法就存在着一些问题：首先，谭文并未说过东汉以前的洪水泥沙流失比现在来得大，谭文推断西汉时代中游的水土流失相当严重，只是说相对地比东汉以后要来得严重而已，并没有说比历史上任何时期都来得严重。其次，历史上各个时期黄河中游的水土流失有多大？下游的宣泄能力有多大？多大的洪水会造成灾害？这些问题由于记载缺乏，很难作出正确的量的估计。但西汉时代黄河的洪水与泥沙问题确乎很严重，这是可以用《汉书·沟洫志》里王莽时大司马史张戎如下一段话来证明的：

河水重浊，号为一石水而六斗泥。今西方诸郡，以至京师东行，民皆引河渭山川水溉田；春夏干燥，少水时也，故使河流迟贮，淤而稍浅；雨多水暴至，则溢决。

另一方面，当时黄河下游还存在着许多分支和湖泊，其宣泄调节能力肯定也不会很小。试问，在这样的情况下，难道可以说当时黄河的决溢竟与中游的水土流失无关，专应归之于下游的宣泄无力吗？

二，任文认为如果东汉以后长期安流局面的出现是由于中游土地利用方式的改变和水土流失程度的减轻，那末河患应该是逐渐减少才对，因为人口和耕地的减少，自然植被的恢复，都是逐渐进行的。但据《后汉书·明帝纪》和《王景传》记载，东汉初年河患是十分严重的，等到王景治河工竣，河患即骤然减少，几乎绝迹，可见河患的消失"不是由于水土流失逐渐减少，而是防洪标准有了一个很大提高的原故"。

任文未将《明帝纪》、《王景传》这二条材料引全，今将原文再引录一下，以便于问题的讨论。

《明帝纪》："永平十三年四月……诏曰：自汴渠决败，六十余岁。加顷年以来，雨水不时，汴流东侵，日月益甚……议者不同，南北异论，朕不知所从，久而不决。今既筑堤理渠，绝水立门，河汴分流，复其旧迹……"

《王景传》："初，平帝时河汴决坏，未及得修。建武十年阳武令张汜上言：河决积久，日月侵毁，济渠所漂，数十许县，修理之费，其功不难，宜改修堤防，以安百姓。书奏，光武即为发卒。方营河功，而浚仪令乐俊复上言：……今居家稀少，田地饶广，虽未修理，其患犹可。且新被兵革，方兴役力，劳怨既多，民不堪命。宜须平静，更议其事。光武得此，遂止。后汴渠东侵,日月弥广,而水门故处,皆在水中,兖豫百姓怨叹,以为县官恒兴他役,不先民急。永平十二年议修汴渠,乃引见景……"

据上引可以很清楚地看出,西汉平帝时河决后,一直没有将决口堵住,听任河水漫流成灾。东汉初光武帝时曾想修塞过,但因莽末以来的战乱,社会经济未获恢复,不敢大兴工役,作而复止。明帝即位后又因议者不同,塞否久不能决,以致拖延到永平十二年才决意发卒派王景负责治理。《明帝纪》中所谓"自汴渠决败,六十余岁",正是指自西汉平帝(公元1—5 年)时至永平十二年(公元69 年)的六十余年。因此这二条史料实际上并没有说在这六十余年间有什么新的河患发生,只是说在西汉末年发生的决口,直到永平十二年长期未予治理而已。我们认为就在这六十余年间,中游的耕垦面积已经逐渐缩小,自然植被已经逐渐恢复,水土流失已经逐渐减轻,所以才能使王景的治河工程一经告竣,就出现了长期安流之局;否则是不可能出现这一奇迹的。任文想根据这二条史料来证明东汉时代的水土流失跟西汉时代同样严重,那是把史料原义误解了。

三,任文认为东汉以后黄河中游边区和河套地区的变农为牧,对下游而言,并不见得是一件好事。因为东汉时以畜牧为生的羌胡人口总数既达一百余万人,"他们所拥有的牲畜,粗略估算约在一千一百万头以上,到南北朝时牲畜头数更多,仅陕北一带就有六百万头以上。""这就不可避免地会导致过度放牧,从而引起自然植被的破坏。"又说"无论是不合理的开垦也好,过度放牧也好,都会造成严重的水土流失。究竟哪一种后果更坏,这是很难比较的。"

过度放牧和不合理开垦一样,也会破坏植被引起水土流失,这一点我们并不否认。但首先我们认为"哪一种更坏"，却不难比较。因为过度放牧只是使牧场衰退，土地的一部分失去植被保护而已，毕竟跟从事农耕时将自然植被全部铲除，并把土地翻松的后果比起来是迥然不同的。再者，从东汉到南北朝黄河中游一带的载畜量是否真正已过度了呢？恐怕未必。东汉边区十郡的总面积约计当在四十万平方公里左右，当时农业人口和牧业人口的比例约为一比三，农业所占用的土地一般远比牧业少，牧区的面积当在三十万平方公里以上；按任先生估算，当时的牧畜头数是一千一百多万（姑不论此估计数是否可靠），每平方公里载畜计三十多头。这个数字假如全是牛马骡驼等大牲畜，也只能说相当多，不能说多到过度，何况一般游牧民族的牲畜总是以羊只占大多数，那就距离过度相当远了。《魏书·食货志》中讲到当时河西畜牧业的原文是这样的：

> 世祖之平统万，定秦陇，以河西水草善，乃以为牧地……

可见志文所谓"河西"应泛指赫连夏故地，统万一带的今伊克昭盟和秦陇一带的今宁夏和甘肃东部也包括在内，并不专指陕北。这一地区的面积约计在二十万平方公里左右，牲畜数据任先生估计是六百余万头，那么每平方公里也不过三十多头。

任文接着对东汉以前历代河患的原因提出了他自己的两点看法，现在再就这两点来谈一谈。

第一，他认为周定王五年黄河第一次大改道的原因是岑仲勉先生所提出的"各国各自筑堤，以邻为壑"，"并不意味着上中游洪水泥沙的流失已经特别严重"。造成这次改道的"洪水流量不会很大，这一点从史籍记载的稀少和简略也可以推断（仅伪书《竹书纪年》中有'河绝于扈'四字）"。

周定王时代中上游的水土流失当然还不会很严重，这一点跟谭文的看法是相同的。至于此次黄河改道的原因究竟何在？由于历史记载过于简略，很难作肯定的解答，故不预备在此多作讨论。不过记载的稀少和简略根据一般的事理推论，似乎只能说明当时的河患比较少或不很严重，我不懂得任先生何以能据以得出改道的原因与洪水无关的结论来。

附带提到一点："河绝于扈"四字不仅见于伪书今本《竹书纪年》，也见于《水经·河水注》引《竹书纪年》，那是真的汲冢《纪年》。

第二，任文引用了《汉书·沟洫志》、《后汉书·明帝纪》中关于战国以来下游竞筑堤防和西汉成帝时屯氏河塞的记载，认为"秦及西汉时，黄河下游诸分支已大都淤塞，从而使干流所需要抗御的洪水大大增加"，以至造成河患的频仍。我不理解筑堤防和分支淤塞之间有什么必然的联系？一条屯氏河一时的淤塞，怎能说成是诸分支已大都淤塞？事实上西汉河患从文帝时开始见于记载，武帝时已发展到了十分严重的地步，而在以西汉末年资料为据的《汉书·地理志》里，黄河下游除了荥阳附近派分河水的庞大的鸿沟水系外，也还有瓠子河、漯水、笃马河、屯氏河、张甲河、鸣犊河、浮水等分支见在，怎能说"秦及西汉时黄河下游诸分支已大都淤塞"了呢？

最后，任文还是将东汉以后黄河长期安流局面的出现，归功于王景所完成的治河工程，而这正是过去讲水利史的人们的一般看法，谭文论辩已详，无须乎我再在这里赘述。但不知任文说王景的治河工程是黄河下游自周秦以来第一次形成的统一防洪工程，这句话有什么根据？怎么知道在秦与西汉的统一时代，没有出现过统一的防洪工程呢？当然，谁也不否认在整个黄河治理史上，王景确是一大功臣；经过他的治理，黄河下游防洪的标准一定有很大的提高,这也是可以肯定的。但如果将这一点作为东汉以后数百年安流的主要原因,那就很难讲得通了。假如任文的看法可以成立的话,那么解放后就不必兴建三门峡水库,也不必搞水土保持,只要把下游防洪标准提高就行了,但事实上恐怕不是这么回事吧!

再者,任文一开头认为谭文"论证了一个确切的事实,即黄河下游的灾害发展过程与中游的开垦过程是大体吻合的"。但下文却又否定中游土地利用与下游河道安危之间的关系,把安流与否的原因专归之于下游河道的宣泄能力。照这样说来,难道下游的灾害发展过程与中游的开垦过程之所以大体吻合,只是一种偶然性事件吗?这显然是难以令人信服的。

附识:本文曾送请谭其骧先生审阅,承谭先生详加修改增删,特此致谢。

(原载《学术月刊》)1962 年第 11 期)

《山经》河水下游及其支流考[*]

　　《山海经》这部书,由于后代读者不能理解它的内容,长期以来一直被斥为荒诞不经之言。清代考据之学兴起,先后有吴任臣、毕沅、郝懿行、吴承志等人对《山海经》作了注释,广征博引,确是下了不少工夫,但都距离真正充分理解这部书尚远。单就山川方位而言,就往往把经文中依次排列的山川,解释成一南一北、一东一西相去极远的两座山或两条水。例如,对《北次三经》的高是之山、滋水解释为在今山西北部,却对"其北五百里"的沂山和般水解释为在今山东境内(郝懿行)。锡山、牛首水解释为今河北邯郸县西北紫山和牛照河,而对"又北二百里"之景水、海泽解释为河水注于渤海(吴承志)。这样的注释,当然难以使读者提高对本书科学价值的认识。

　　对《山海经》科学价值的忽视,也充分反映到对黄河史的研究上。古今所有研究黄河的学者多以《尚书·禹贡》篇里记载的河水为最早的大河故道。从司马迁开始,一直到清代研究黄河变迁的名著——胡渭《禹贡锥指》、现代研究黄河的巨著——岑仲勉

---

　　* 此文初稿,本系《中国自然地理·历史地理篇》水系变迁中的一节及其附考,脱稿于 1977 年 10 月。顷者,《中华文史论丛》将复刊,索稿于余,而余方在病中,不克执笔。赖邹逸麟同志热诚相助,乃得将初稿改编为专题论文以应《论丛》之征。书此志谢。1978 年 5 月 5 日,于上海龙华医院。

山经河水下游及其支流图

《黄河变迁史》,叙述黄河的历史,都从《禹贡》大河讲起,对《山海经》根本不予理会。

实际上《山海经》中《山经》部分包含着很丰富的有关黄河下游河道的具体资料,《山经》的著作年代虽然难以具体确定,但它是先秦著作是决无问题的,一般都认为在《禹贡》之先。只是由于《山经》中对河水本身只有"昆仑之丘,河水出焉,而南流,东注入无达";"积石之山,其下有石门,河水冒以西流"(《西次三经》)这么几句,缺乏像《禹贡》导河一节那样对河水下游河道有具体流路的记载,因此,《山经》里有关河水的具体记载竟长期以来不为人所重视。但我们如把《北山经》中注入河水下游的支流,一条一条摸清楚,加以排比。再以《汉书·地理志》(以下简称《汉志》)、《水经》和《水经注》时代的河北水道予以印证,就可以相当具体地把这条见于记载的最古的黄河故道在地图上显示出来。

下面即将《北山经·北次三经》中河水下游支流逐条予以考证。

沁水　丹林水　《北次三经》自西南而东北第十九山曰谒戾之山,"沁水出焉,南流注于河。其东有林焉,名曰丹林,丹林之水出焉,南流注于河。"沁水即《汉志》、《水经》沁水,今沁河。据《水经沁水注》,古沁水自今武陟县治(木栾店)以下,又东流经县东十六里武德故城南,又东南入河,与今沁河自县治西南折南流入黄河不同。丹林水即《汉志》绝水,《水经·沁水注》丹水,今丹河。《沁水注》引此经直作丹水,无林字。丹水入沁而经云入河,盖谓合沁入河。

婴侯水　汜水　谒戾山又有"婴侯之水出焉,北流注于汜水"。《水经汾水注》引此经作"谒戾之山,婴侯之水出于其阴,北流注于祀水"。婴侯水即今平遥县东南中都水,祀水(汜水)即县

— 43 —

东贺水,二水合流后西流注于汾水。二水不属于河水下游支流。

潇水 第二十山曰沮洳之山,"潇水出焉,南流注于河"。潇水即《汉志》、《水经》淇水,《水经注》引此经亦作淇水。《汉志》淇水入河同此经。东汉末曹操于淇水口遏淇水东入白沟,故《水经》淇水下游为白沟。今淇河南流至浚县西南淇门入卫河,略同曹操故迹,汉以前淇水则自此更南流入大河。

黄水 洹水 第二十一山曰神囷之山,"黄水出焉,而东流注于洹"。据《水经·洹水注》,黄水乃汉隆虑县即今林县境内洹水之北源。洹水即《汉志》、《水经》洹水,今安阳河。此经不及洹水所注,按《水经》洹水"东过内黄县(故城今内黄县西北二十里)北,东入于白沟",自此以上白沟本大河故道,即《汉志》所谓"邺东故大河",则《山经》时洹水当在此入河。《汉志》洹水"东北至信成(故城今清河县西北)入张甲河",自内黄以东乃战国后所形成,非洹水故道。

滏水 欧水 神囷山又有"滏水出焉,而东流注于欧水"。按《汉志》、《水经》滏水(今滏阳河上游)在漳水北,此滏水、欧水在漳水南,不知所指。

黄泽 《北次三经》第十四山曰虫尾之山,"薄水出焉,而东南流注于黄泽"。第十六山"曰小侁之山,明漳之水出焉,南流注于黄泽"。此黄泽在沁水之西南,不得为《汉志》、《水经》内黄县界内荡水所注之黄泽。

漳水 第二十二山曰发鸠之山,"漳水出焉,东流注于河"。漳有清漳、浊漳二源,此经以二源会合以后为浊漳,与《水经》同,较《汉志》、《说文》以合流后为清漳为合理。《汉志》漳水"东北至阜成(故城今阜城县东)入大河",《水经》漳水"东北过平舒县(故城今大城县治)南东入海",此乃后世迁变。古大河在汉晋斥漳县

（故城今曲周县东南）南会漳水，见《水经浊漳水注》。

清漳水　第二十三山曰少山，"清漳之水出焉，东流于浊漳之水"。指清浊二漳会合以前之清漳水。

牛首水　滏水　第二十四山曰锡山，"牛首之水出焉，而东流注于滏水"。牛首水即《汉志》、《水经·浊漳水注》中的牛首水；源出邯郸县西北，今上游犹名牛照水，流经县北曰西河，又东注于滏阳河。《汉志》、《水经注》牛首水东入白渠水，此段白渠水即今滏阳河；汉世及汉前之滏水则更在白渠之东；故《山经》牛首水入滏处应在今肥乡或成安县界。经文不及滏水源流。按《汉志》魏郡武始县"漳水东至邯郸入漳"，"漳水"系"滏水"之误，"邯郸"系"邯沟"之误。武始故城在今武安县南，东北去邯郸五十里。邯沟故城在今肥乡县西北十里。是汉世滏水上游同今滏阳河，东南流经磁县城南后，应东北流至肥乡县界入漳。《山经》滏水同。《水经·浊漳水注》滏水入漳处在今临漳县境邺城附近，此乃后世迁变。

景水　海泽　第二十五山曰景山，"景水出焉，东南流注于海泽"。景水即《汉志》、《说文》窜水。窜同浸，景窜音近而变。《水经》作洺水，今曰洺河。《淮南子·地形训》"釜出景"，高诱注"景山在邯郸西南"。是景山即今武安县南鼓山，洺河出其北麓，滏阳河出其南麓。《汉志》窜水下游"东北至东昌入虖池河"，此后世迁变。《山经》景水应自今永年县（临洺关）东与今洺河别而东流至曲周县北注于海泽。《初学记》州郡河北道引《水经注》云："洺水东北径广平县故城东，水积于大泽之中，为登泉，南北四十里，东西二十里，亦谓之黄塘泉"。《水经·浊漳水注》谓白渠水所潴之鸡泽，"东北通澄湖"，准以地望，澄湖亦即登泉。广平故城在今鸡泽县东二十里，泽在其东，应在今曲周县北境。洺水即《山经》景水，则澄湖即《山经》海泽。《山经》不及海泽所归，据其时大河经其东，知泽水应泄出东注于河。

第二十六山曰题首之山，"无水"。

洧水　第二十七山曰绣山，"洧水出焉，而东流注于河"。洧应读若有，即《汉志》、《说文》渭水，有渭音近而变。今沙河县北沙河。《汉志》渭水"东北至任（今任县东）入㵎"，此后世迁变；《山经》洧水约当东流至今平乡广宗界上入河。

汤水　第二十八山"曰松山，阳水出焉，东北流注于河"。按《太平寰宇记》邢州沙河县有"汤山在县西北七十一里"，下引《山海经》云："汤山，汤水出焉"。《太平御览》卷四五河北诸山有汤山条，引《山海经》云云同《寰宇记》，而不及山在何州县。今本《山海经》不见《寰宇记》、《御览》所引云云，疑此条松山阳水即汤山汤水之钞讹，准以地望殊合。汤水应即《汉志》出襄国（今邢台县）之蓼水。《寰宇记》龙冈县下云："蓼水一名达活水，出襄国西水井冈"，盖"汤"缓呼之为"他郎"，又音变为"达活"。今邢台县西北约四十里有谈话村，"谈话"又"达活"之音转。其地距沙河县旧治正约七十余里。《汉志》蓼水"东至朝平（故城在今任县南和间）入渭"，此乃后世迁变。古汤水当自邢台东流至今巨鹿广宗界上入河。今堙。

潆水　泰陆水　第二十九山曰敦与之山，"潆水出于其阳，而东流注于泰陆之水"。按《寰宇记》赵州临城县"敦与山在县南七十里，泜水所出"。邢州内丘县蓬鹊山"在县西六十三里。《地理志》云，中丘（故城今内丘县西十里）逢山长谷，渚水所出"。内丘县西六十余里，正当临城县西南七十里，是蓬鹊山即敦与山，泜水、渚水皆出此山。《寰宇记》虽分系于临城内丘二县，于《汉志》则皆出中丘，泜水出西山穷泉谷，当指此山之阴，渚水出逢山长谷，当指此山之阳。是《山经》溱水即《汉志》渚水。水之上游今曰柳林河，源出内丘县西，东流至县治南，此下已堙。《山经》溱水约当东流至今隆尧县境入泰陆水。《寰宇记》任县下有"溱水在县西一十五里，从龙冈县北来"，与《山经》溱水地望不合，当是另一溱水。泰陆水即《汉志》及后世大陆泽。经不言泰陆水所注，参以《水经·浊漳水注》漳水"径南宫县故城西，其水与渭澧通为衡津"，渭澧即大陆泽尾闾，此处漳水即《山经》大河故道，则泰陆水应东北泄出入河。其时景水、洨水、汤水皆入河不入泰陆水，是泰陆面积当犹不甚广阔。

泜水　彭水　敦与山又有"泜水出于其阴，而东流注于彭水"。泜水即《汉志》泜水，今泜河。惟经所谓泜水仅限于合彭以上一段，合彭以下被目为彭水。《隋书·地理志》赵郡房子县"有彭水"。隋房子县故城在今临城县西南，地接内丘。《寰宇记》内丘县有"沙沟水源出鹊山，东流经县北五里"。《清统志》引旧志"沙沟水出蓬山，东流八十里至唐山县界入泜河。"鹊山蓬山皆蓬鹊山之简称，亦即敦与山，则沙沟水即《山经》之彭水，疑即得名于源出蓬山。沙沟水上游即《清统志》发源内丘县西，流经县北之李阳河，惟李阳河下游入大陆泽而不入泜，此乃后世之迁变。今惟县北以西有水，以东已堙。泜彭会合后《山经》目为彭水，《汉志》目为泜水，故《汉志》但著泜水而不及彭水，《山经》彭水之下游，即《汉志》之泜水也。

槐水　泜泽　敦与山又有"槐水出焉，而东流注于泜泽。"按槐水见《寰宇记》赵州平棘县引《水经注》，赞皇县引《隋图经》，即今槐河，出赞皇县西北，东流经元氏县南高邑县北。又有济水，见《汉志》、《续汉志》常山郡房子县，《说文》、《元和郡县志》赵州赞皇县，即今济河，或作泲河，出赞皇县南，东流经高邑县南。据《清统志》,旧时二水合于柏乡县北,又东至宁晋县界入宁晋泊。《山经》以槐水为干流,故有槐水而不及济水,《汉志》以济水为干流,故有济水而不及槐水。《寰宇记》赞皇县下引《隋图经》云槐水"亦曰济水",非是。泜泽,《水经·浊漳水注》中作泜湖,顾名思义,当得名于为泜水所潴。《山经》虽不详彭水所归,彭水下游即泜水下游,自当入泜泽。泽又为槐水所注,以地望推之,应相当于明清时代宁晋泊之西南部,今堙。《汉志》济水作入泜而不作入泜泽,则以《山经》及《水经注》盖就其夏秋水盛时而言,而《汉志》乃就其冬春水枯时而言。

历聚水　洧水　第三十山曰柘山,"历聚之水出焉,而北流注于洧水"。历聚水出于在敦与山(今赞皇、临城、内丘县界上诸山)与维龙山(今元氏获鹿县界上封龙山)之间之柘山,其水北流,以地望推之,应即《水经·浊漳水注》中之泽发水,今冶河,一作松溪河。泽发水北流注《汉志》绵蔓水即《浊漳水注》之桃水,今绵河,一作桃河,应即此经洧水。

肥水　皋泽　第三十一山曰维龙之山,"肥水出焉,而东流注于皋泽"。维龙山即飞龙山,一作封龙山,在今获鹿县南元氏县西北界上。《汉志》常山郡石邑县,"井陉山在西,洨水所出,东南至廮陶(故城今宁晋县西南)入泜"。石邑故城在今获鹿县东南。是则石邑西之井陉山,实指飞龙山,肥水应即《汉志》洨水,今洨河。《汉志》洨水入泜,明清时洨水入宁晋泊,则肥水所注皋泽,应相当于明清宁晋泊之西北部。今堙。

敞铁水　大泽　维龙山又有"敞铁之水出焉,而北流注于大泽"。待考。

木马水　第三十二山曰白马之山,"木马之水出焉,而东北流注于虖沱"。木马水即《水经注》三会水(《寰宇记》忻州定襄县引),今牧马河。白马山今仍古名,在忻县西南六十里。

空桑水 第三十三山"曰空桑之山,无草木,冬夏有雪。空桑之水出焉,东流注于虖沱"。空桑山当即今云中山主峰,海拔二六四五公尺。空桑水当即今云中水,东流入滹沱河。

虖沱水 溇水 第三十四山曰泰戏之山,"虖沱之水出焉,而东流注于溇水"。虖沱水《汉志》作滹池河,《水经注》作滹沱河,即今滹沱河。《山经》虖沱水东流至今晋县注入溇水。《水经·浊漳水注》有井陉山水,"出井陉山,世谓之鹿泉水"。《元和志》、《寰宇记》获鹿县下皆云:隋置鹿泉县于此,以鹿泉得名。"鹿泉出井陉口南山下"。"井陉口在县西南十里"。石邑县下皆云:"鹿泉水一名井陉水,南去县十里"。鹿溇音近,鹿泉应即《山经》之溇水。《浊漳水注》鹿泉水东注绵蔓水,此所谓绵蔓水于《汉志》实为大白渠水。《山经》溇水自今获鹿以下当循此道东流。惟《汉志》大白渠水东南入斯洨水,《山经》溇水既为虖沱水所注,则应在今晋县附近会虖沱水,东北流取道汉之滹池河,至今安平县东入于河。

液女水 沁水 泰戏山又有"液女之水出于其阳,南流注于沁水"。待考。

濩濩水 第三十五山曰石山,"濩濩之水出焉,而东流注于虖沱"。濩,读若户;沪,读若孤;濩沪一声之转,濩濩水应即《汉志》沪河、《水经》沪水。此经虖沱水所出泰戏山与濩濩水所出石山相接,与《汉志》所载滹池河与沪河(今本误作从河)同出代郡卤城(故城今繁峙县东一百里)符合。《说文》"沪水起雁门葰人(故城今繁峙县稍南,盖其时并卤城入葰人)戊(今本误作戍)夫山",而郭璞注此经虖沱水曰:"出雁门卤成县南武夫山",武夫无疑即戊夫,则虖沱与沪水所出实一山之两麓,故《元和志》代州繁峙县径谓"泰戏山一名武夫山"。《通典》繁峙县"有滹池河,源出县东南泒阜山"，则此山又有泒阜之名，当得名于为泒水所出。《寰宇记》繁峙县"泰戏山一名武夫山，亦名平山，亦曰氐天山，今曰派山"。氐天乃戊夫之误，派乃泒之讹。是泒阜山又得简称为泒山。明以后泒山又讹作孤山，有大小孤山之别，见《方舆纪要》。要之，由滹滹水所出山之与虖沱水所出山之相接，亦可证滹滹水即泒水，今大沙河。惟《汉志》、《说文》泒河浊流入海，《山经》时代滹滹水自今新乐以下应东南流至晋县西北注于虖沱水。

鲜于水　石山又有"鲜于之水出焉，而南（一本南上有西字）流注于虖沱"。鲜于水以地望推之，当即今源出五台山西南流注于滹沱河之清水河。盖五台与泰戏、戊夫连峰接峦，故水源亦被目为石山之一部分。

皋涂水　溇液水　第三十六山"曰童戎之山，皋涂之水出焉，而东流注于溇液水"。待考。

滋水　第三十七山曰高是之山，"滋水出焉，而南流注于虖沱"。同《汉志》、《水经》滋水。中上游同今滋河，下游应自今新乐县南南流至藁城县北入滹沱河。按滋水源出今行唐县西北，在清水河、大沙河、滹沱河三源之南，高是山则远在此三源之北今灵丘县西北（《寰宇记》），滋水源不得在此，《山经》误。

滱水　高是山又有"滱水出焉，东流注于河"。即《汉志》、《水经》滱水，今唐河。惟汉世滱水东南流至今蠡县南后，折北流会易水，又折东流入海；《山经》时代则汉之滱水自蠡县以下至入海乃当时大河经流，故滱水仅限于上游东南流一段，在今蠡县南注于河。

郖水　第三十八山曰陆山，"郖水出焉，而东流注于河"。此水不见《汉志》、《水经》。今按《汉书·王子侯表》载有中山靖王子将梁侯朝平。《水经·滱水注》有堀沟，"上承清梁陂，又北径清凉城东,即将梁也。汉武帝元朔二年封中山靖王子刘朝平为侯国。其水东北入博水"。是则将梁当得名于将水上有梁,将水即《山经》之郡水。将梁城后讹为清凉城,在今清苑县(南大冉)东南二十里。郦道元时清梁陂水东北流为堀沟入博水,此乃后世改道,古郡水当出自今唐县或望都某山,东流偏北经今清凉城又东注于河。《清统志》保定府界河条载"又有清凉河,在清凉城北",殆其遗迹。

般水 第三十九山"曰沂山,般水出焉,而东流注于河"。般水即《汉志》博水,般博一声之转。今曰望都河。《汉志》中山国望都:"博水东至高阳入河"。汉世博水所注实为滱水,盖以此段滱水曾为《山经》河水经流,故流俗仍称为河。般水所出沂山,郭注音祁,即《水经·滱水注》苏水所出近山,沂近形声皆近。此山约当在今唐县东北,苏水出其东北麓,博水即般水出其东南麓。今望都河东流经清苑县南合方顺河为府河,东北流至安新县南入白洋淀。《汉志》博水当在今安新县西部旧安州界(汉高阳县北境)入滱,《山经》般水即在此入河。

燕水 第四十山曰燕山,"燕水出焉,东流注于河"。燕易音近,燕水应即《汉志》出中山国北新城西北东入滱之易水,亦即《水经》受滱以前之易水。今霍河。其水出自今易县西南。《御览》卷四五引《隋图经》"燕山在易县东南七十里",东南当系西南之误。据《水经·易水注》,易水东流至浑埿城南,东合滱水,《山经》燕水注于河亦当在此。浑埿城即今安新县治。

历虢水 第四十一山曰饶山,"历虢之水出焉,而东流注于河"。饶山,应即尧山,在今完县西,一名伊祁山,则历虢水应即《汉志》濡水,今为源出伊祁山之祁水,下游为满城清苑境内之方顺河。《水经·滱水注》云:濡水"东北径乐城(今保定市东南三十里)南,又东入博水,自下博水亦兼濡水通称矣"。故《山经》般水入河,历虢水亦得作入河。饶山历虢水在燕山燕水之南,今本《山经》列在燕山燕水之北,当系错简。

第四十二山曰干山,"无水"。

伦水 第四十三山"曰伦山,伦水出焉,而东流注于河"。伦水即《汉志》涞水,《水经》巨马河,今拒马河。伦山即《水经》巨马河所出涞山。沦涞一声之转。伦水东流注于河,即《汉志》"涞水东南至容城(故城今容城县西北十五里)入河"。汉世涞水所注实为滱水,以其曾为《山经》大河故道,流俗仍称为河。涞水即伦水入河处,当在今容城县东。

绳水 第四十四山"曰碣石之山,绳水出焉,而东流注于河"。绳水即《水经》圣水,绳圣一声之转。据《水经·圣水注》所叙圣水源流,碣石山应指圣水上游所出大防岭,即今房山县大石河所出大房山,亦有可能指圣水东源广阳水所出西山,即今小清河所出北京西郊潭柘山。《史记·孟子荀卿列传》:驺衍如燕,昭王"筑碣石宫身亲往师之";《正义》:"碣石宫,在幽州蓟县西三十里,宁台之东"。宫以碣石为名,殆当由于自宫西眺得见二十里外碣石山之景色。圣水东南流至今涿县东有桃水即今北拒马河,首受涞水东流来会,自下盖桃圣通称,故《汉志》不著圣水而系桃水于涿郡涿县之下云:"首受涞水,分东至安次入河"。此所谓"入河"即入滱,而《山经》时绳水所注则确为大河。《水经》滱易与巨马合流后称巨马河,则《水经》云圣水"东过安次县南,东入于海",应解作过安次县南合巨马而入海。

雁门水 第四十五山曰"雁门之山,无草木"。按《水经·灅水注》引此经作"雁门之水,出于雁门之山";《北山首经》有少咸之山,"敦水出焉,东流注于雁门之水";《北次二经》有梁渠之山,"修水出焉,而东流注于雁门";皆可证经文"雁门之山"下本有"雁门之水出焉"句,传钞脱去。雁门水即今南洋河及洋河。敦水为阳高县境内南洋河一支流。修水即《汉志》于延水,今东洋河。

泰泽　雁门山北行"至于泰泽,其中有山焉,曰帝都之山"。此泽《海内西经》作大泽,疑即今凉城之岱海,亦得为察哈尔右前旗之苏木海子。不属于河水下游流域。

治水　第四十七山"曰锌干毋逢之山,北望鸡号之山,西望幽都之山,浴水出焉"。郭注:"浴即黑水也"。郝懿行《山海经笺疏》:"郭知浴水即黑水者,据《海内经》'幽都之山,黑水出焉'而为说也"。按此经谓浴出锌于毋逢山,而《海内经》作出幽都山,二说有别。盖二山本连麓,水有二源,各出一山,此经浴水与《海内经》黑水虽同指一水而所指水源不同。水即《汉志》、《说文》治水,《汉书·燕刺王传》作台水,此经当本作治水,治浴形近,传钞致讹。《水经》作㶟水,《水经注》又见桑干水之称,今上游曰桑干河,下游曰永定河。永定河宋辽以来有卢沟、卢沟河之称,卢意即黑,卢沟意即黑水。《汉志》治水"东至泉州(故城今武清县旧治东南四十里)入海"。《水经》㶟水"东至渔阳雍奴县(故城今武清县旧治东)西入笥沟",笥沟即沽水下游。《山经》不及治水流注何水,疑当入沽,说见湖灌水条。

湖灌水　《北次二经》自南而北第十四山曰湖灌之山,"湖灌之水出焉,而东流注于海"。此水当即《汉志》、《说文》之沽水,《水经》之沽河。盖缓呼之为湖灌,急呼之则为沽。今上游曰白河,下游称北运河。湖灌水入海,与《汉志》沽水"东南至泉州入海力,《说文》沽水"东入海"同。湖灌水虽独流入海,但其在汉泉州县境内之河口段,与河水河口段相去甚近,河水必时或决入湖灌水,湖灌水于《水经》称沽河当由于此。沽有河称而位于沽西之治水即㶟水未尝称河,疑当由于《山经》时与《水经》时相同,治水在汉雍奴县境入沽，故河水北决时入沽而不入治。《北山经》云：北次二经"凡十七山"，北次三经"凡四十六山"，今本《二经》才十六山，《三经》则为四十七山，意者此二经之间颇有错乱。湖灌山偏东，疑当列在《三经》，而毋逢山帝都山偏西，疑当列在《二经》，若然，则《二经》为十七山，《三经》为四十六山，与经文合。

根据上面各条考证，综合起来可以清楚地看出《山经》时代河水下游的河道：

一、从今河南荥阳广武山北麓起东北流，至今浚县西南古宿胥口，走的就是《汉书·地理志》、《水经》、《水经注》里的河水。中间在今武陟县东有沁水（今沁河）、在今淇县东南有瀁水即《汉志》、《水经》淇水（今淇河）北来注之。

二、从宿胥口北流至今河北曲周县东南会合西来漳水（上游即今漳河），走的是《汉志》的"邺东故大河"，中间洹水口以南内黄县境内一段，是《汉志》的清河水，也就是《水经》的白沟。在今内黄县西有洹水（今安阳河）西来注之。

三、会漳以后又北流，走的就是《汉志》、《水经》里的漳水，在今曲周县东北有海泽即《水经注》澄湖水注之。在今平乡广宗界上有洺水即《汉志》湡水（上游即今沙河）西来注之。在今广宗巨鹿界上有汤水即《汉志》蓼水（今㽮）西来注之。在今巨鹿县东北与折而东去的《汉志》漳水别，继续北流同《水经》漳水；有泰陆水即《汉志》及后世大陆泽水来会。

四、自此以下，走的是《汉志》信都"故章河"即窦水下游，于《水经》仍为漳水。北流至今宁晋县东南有泜泽（旧宁晋泊西南部）水泄出注之；至今宁晋县东有皋泽（旧宁晋泊西北部）水泄出注之；又东北流至今深县南。

五、自此以下与东去的《汉志》窦水、《水经》漳水别，北流至今蠡县南会西北来滱水即《汉志》、《水经》滱水（上游即今唐河），这一段在《汉志》、《水经》时代已淤断。中间在今安平县东，溇水即《汉志》、《水经》虖池河（今堙）汇集西北来虖沱水（今滹沱河）、滋水（上游即今滋河）、濩濩水即《汉志》、《水经》泒水（上游即今沙河），西来注之。

六、合滱以下又北流，走的就是《汉志》、《水经》的滱水，至今安新县东南，燕水即《汉志》、《水经》易水（今㲼河）西来注之。中间在今清苑高阳界上有鄣水（今堙），在今安新县西有般水即《汉志》博水（今望都河），合历虢水即《汉志》濡水（今祁水、方顺河）西来注之。

七、合燕以下东北流仍走《汉志》滱水，至今容城县东南，伦水即《汉志》涞水（今拒马河）自西北来注之，又东北流至今霸县附近，这一段在《水经》时代已淤断。

八、又东走《汉志》滱水即《水经》巨马河至今天津市区入海。中间在今安次县南有绳水即《水经》圣水（上游今房山县大石河或小清河，下游今堙）自西北来注之。

简括地说就是：宿胥口以上同《汉志》大河；宿胥口以下走《汉志》邺东故大河，汉时除中间一段是当时的清河水外无水；今曲周县东北以下走《汉志》漳水；今巨鹿县东北以下，隔一小段《汉志》无水地段，接走《汉志》信都故漳河即窳水；今深县至蠡县间一段《汉志》无水；自今蠡县南以下走《汉志》滱水入海，下半段也就是《水经》的巨马河。（见附考）

摸清楚了《山经》河水下游的流路，最后还得谈一谈下列两个问题：

一、《山经》河水下游故道是否与《禹贡》河水下游相同？答案是否定的。

　　如上所述，《山经》河水近海一段经由《汉志》滱水入海的。而《禹贡》的近海段，据《尔雅·释水》九河条和《汉书·沟洫志》许商、韩牧等言，是九河中的最北一支徒骇河，也就是汉代民间还保留着徒骇河古称的滹池河下游（见《汉书·地理志》勃海郡成平县条），可见两者并不是一回事。两者的异同具体说来就是：自今深县南以上，二者相同，自此以下，《山经》河水流路见上述，《禹贡》河水折东与《山经》河水别，再走一段《汉志》窳水至今武邑县北，此下东北流走《汉志》滹池河至今青县西南，又东北走《汉志》滹池别河至今天津市区南部入海。这是禹河的干流，亦即"又北播为九河"中的最北一支徒骇河。除徒骇外，据《汉书·沟洫志》，九河中又有胡苏、鬲津二河，西汉后期分别见于东光（故城在今东光县东）、鬲县（故城在今德州东南）界中。

　　二、《山经》河水与《禹贡》河水的时代孰先孰后？我们认为既然《禹贡》河道西汉人还能指出它的河口段九条岔流中三条的所在地位，估计距汉应较近。《山经》河道已不为汉人所道及，汉后历代考论古地理的学者，谁都不知道在《禹贡》大河之外另有一条《山经》大河，估计它的时代应较《禹贡》为早——这是见于记载的最早一条黄河故道。

附考一：《汉志》滱水下游故道

　　《汉志》滱水下游故道，自今安新县西安州镇（即《郦注》依城）以上，应同《郦注》。此下应东流与易水会于《郦注》浑埿城（即今安新县治）东南，与郦氏《易水注》同。志于中山北新成下云："桑钦言易水出西北，东入滱"，不言东至某县，过郡几；《水经》"滱水又东过博陵县南，又东北入于易"，过博陵后不复言过某县而径作入易：皆可证二汉时易滱合处去北新成（故城今徐水县西南二十里）博陵（故城今蠡县南十五里）不甚远，与《易水注》所述之浑埿城东南合。《滱水注》中之滱水"径依城北，又东北径阿陵县故城东，东北至长城注于易水"。阿陵故城在今任丘县东北二十里陵城村，其东北之长城当指战国燕长城之在今文安县界内者。滱水东展至此，当在魏晋以后，非二汉之旧。

自今安新县治东南以下，《汉志》滱水应东北流经今雄县西北十五里汉易县故城之北，此以代郡广昌下志文"涞水东南至容城入河"知之，涞水即今拒马河。容城故城在今县北十五里。滱水曾为古大河所经流，故汉世滱水亦称滱河，"入河"即入滱。涞水自西北来，入滱处在容城界内而不在易县界内，故知其时滱水经流当在易县之北。

《易水注》云：易水经浑埿城南"东合滱水，自下滱易在受通称矣"，故汉世易县城下之滱，于先秦即以易水著称。易县古称临易（《燕世家》集解引《世本》），殆即以其城濒临易水而得名，即《汉志》之滱水也。

《汉志》滱水自易县以下，故道无可确知，仅知其东过安次县。

附考二：《水经》易水巨马河下游故道

滱易二水合流以下，《汉志》称滱，《水经》称易。《汉志》之涞水，即《水经》之巨马河。而《水经》易水与巨马河之下游，与《汉志》之滱涞亦不尽相同。

《汉志》易水至今安新县治稍东南入滱，涞水至今容城县东南汉易县城对岸又入滱，故自易县城北以下，三水即合而为一滱，东流入海。至《水经》则但言易水"东过容城县南"，巨马河"东南过容城县北"，巨马水既不言至容城入易，易水亦不言过易县北，知其时二水下游，当已有迁移。易水当自今安新县南变向之东北流为东流，经今雄县南东去。巨马当自今白沟镇西变向之南流合易为东流经今白沟镇、霸县城信安镇北至今天津市区入海，形成后世宋辽间之白沟即界河。而《汉志》时代自今安新县东北过汉易县城下趋今霸县一段滱水，殆已堙废。

但《水经》言易水"又东过容城县南，又东过安次县南，又东过泉州县南，东入于海"，巨马河"又东南过容城县北，又东过勃海东平舒县北，东入于海"。似二水各自独流入海，则又不然。盖二水下游若分道入海，则易在南巨马在北，不应易水所经反为在北之安次（故城今安次县治廊坊西北十里古县村）、泉州（故城今武清县武清镇东南四十里），巨马所经反为在南之东平舒（故城今大城县治）。因疑二水下游在安次以上必已合而为一，合后二名仍可通称，此水自北言之则为过安次泉州之南，自南言之则为过东平舒之北，所指实一水而称名则易与巨马可并用。二水合处不可确指，约在安次上游不远处。易水径雄县南东向偏北流，至此入巨马。

（原载《中华文史论丛》第七辑，1978 年 6 月）

西汉以前的黄河下游河道

黄河以善决善徙著称。但传世先秦著作中，只有少数几次人工决开黄河用以浸灌邻国的记载，绝无一语道及黄河曾改过道；《史记·河渠书》虽然从大禹导河叙起，讲到黄河的决徙却是从"汉兴三十九年孝文时"开始的。因此，大禹以后汉兴以前黄河曾经决徙过几次，决在哪里，徙从何道，是一个千百年来异说纷纭，至今莫衷一是的问题。笔者治黄河史已数十年，对这个问题早先是信从清人胡渭的说法的；后来察觉了胡氏之说并不可信，可又提不出一种足以自信的看法来。直到最近一二年，才逐渐形成了一套既不同于胡氏，也不同于古今其他学者，而自信应该比较符合于历史实际的看法。现在把它写出来，希望能得到同志们的指正。

一、汉以前黄河下游改过几次道？

首先要解决的一个问题是，汉兴以前黄河下游改过几次道？对这个问题，前人有两种说法：

一种根据《汉书·沟洫志》所载王莽时大司空掾王横所引《周谱》里"定王五年河徙"一句话，认为这是汉以前唯一的一次改道。

从东汉班固①北魏郦道元②、南宋程大昌③到清代的阎若璩④、胡渭⑤,都是这样理解。胡渭认定《周谱》的"定王五年"指春秋时的定王五年,即公元前602年。他把有史以来到清初历代黄河的改道归纳为五大徙,即以这一次为五大徙的第一徙。这种说法影响极大,此后二百数十年直到如今,讲黄河史的著述一般都采用其说。解放初期岑仲勉先生虽然别创定王五年不指春秋时的定王五年而指战国时的后定王五年(前462年)之说,但也认为汉以前只此一徙⑥。

另一种是不相信《周谱》这句话,认为汉以前根本没有改过道。这种看法始见于清嘉道间焦循所著《禹贡郑注释》,最近史念海同志撰为《论〈禹贡〉的导河和春秋战国时期的黄河》一文⑦,采焦说而又有所阐发,结论也认为根本不存在周定王五年河徙这么回事,春秋战国时黄河下游河道一直没有改变过,见于《汉书·武帝纪》元光三年的"河水徙从顿丘东南流入勃海",才是历史时期的第一次河徙。

先让我们从事理上推究一下这两种说法是否站得住。

上古记载疏阔,发生过的历史事件没有被传世的文献记载下

---

① 《汉书·叙传》:"夏乘四载。百川是导,唯河为艰,灾及后代。商竭周移……"。

② 《水经·河水注》:"河之入海,旧在碣石,今川流所导,非禹渎也。周定王五年河徙故渎,故班固曰商竭周移也"。

③ 《禹贡山川地理图》卷上《历代大河误证图叙说》:"周定王时河徙故渎,则已与禹贡异。汉元光……"。

④ 《四书释地续·河入海》:"禹于帝尧八十载癸亥告成功……后一千六百七十六年为周定王五年己未,周谱曰河徙,……此河入海之一变也。……汉武帝……"。

⑤ 《禹贡锥指》卷十三中之下及下,文长不备录。

⑥ 《黄河变迁史》第五节至第八节。

⑦ 载《陕西师大学报》1978年第1期。

来的,何可胜计? 周定王五年河徙这一条,不见于《史记·河渠
书》,也不见于所有先秦记载,若不是《周谱》提到而被王横引用,
这一条也不会传下来。先秦经传和《史记》可以有所脱略,怎么可
以断定《周谱》记了这一条,便是上古黄河史的全部记录? 定王五
年这一徙,便是上古唯一的一次河徙? 可见认为汉以前黄河只改
过一次道的说法是讲不通的。

焦循说:"《周谱》固史公所熟见者,而定王河徙,纪、表、书、传
无一言及之,盖考之不得其实,宁从其阙耳。"这是他不信定王五
年河徙这条记载的一条重要理由,却是一条完全不成其为理由的
理由。试问:先秦史事见于先秦载籍而不见于《史记》的岂在少
数,难道这些史事之不见于《史记》都是由于司马迁考之不得其实
而宁从其阙? 事实恰恰相反,至少凡《左传》与《史记》记事有出入
处,业经前人考定,几乎全都是《左传》可信而被《史记》遗漏了,搞
错了。史事之可信与否,怎么可能以《史记》载不载为断?

胡渭认为周定王五年河徙,决口在今河南浚县西南古宿胥口。
此前的黄河就是"禹河"(指《禹贡》河),自宿胥口北出经《汉书·
地理志》魏郡邺县东"故大河","北过降水,至于大陆"。此后的黄
河就是西汉大河,自宿胥口东行漯川至今濮阳西南古长寿津与漯
别而东北入海。史念海同志列举春秋史事,断定"周定王五年黄
河无在宿胥口改道事"理由是相当充分的。但是,《周谱》本来只
说定王五年河徙,没有说徙在宿胥口,念海同志的论证,只是驳倒
了胡渭徙在宿胥口的说法,却并不能因而就断定这一年整个黄河
下游都不可能发生改道,就否定《周谱》定王五年河徙这一条记载
的可靠性。由此可见,说汉以前黄河从没有改过道,同样也是讲不
通的。

前人两种说法都讲不通,那么汉以前的黄河下游究竟该是怎

样一种情况？这需要从河北平原的上古城邑聚落分布说起。我们
打开汉以前的历史地图考察一下各个历史时期的城邑聚落分布，
不难发现这么一种引人注意的现象，那就是：从新石器时代经历商
周直到春秋时代，河北平原的中部一直存在着一片极为宽广的空
白地区。在这一大片土地上，没有发现过这些时期的文化遗址，也
没有任何见于可信的历史记载的城邑或聚落。新石器时代的遗址
在太行山东麓大致以今京广铁路线为限，在鲁中山地西北大致以
今徒骇河为限，京广线以东徒骇河以西东西相去约自百数十公里
至三百公里，中间绝无遗址。商周时代的文化遗址和见于历史记
载的城邑聚落则太行山东麓东至于今雄县、广宗、曲周一线，鲁中
山地西北仍限于徒骇河一线，中间的空白区仍达百数十至二百数
十公里。春秋时代邯郸以南太行山以东平原西部和泰山以西平原
东部的城邑已相去不过七八十里，但自邯郸以北，则平原东西部城
邑的分布仍然不超过商周时代的范围。平原中部的空无城邑地
区，要到战国图里才归于消灭。在战国图里，这一带出现了高阳
（今县东）、安平（今县）、昌城（今冀县西北）以东，武城（今县西）、
平原（今县南）、麦丘（今商河西北）以北，鄚（今任丘北）、狸（今任
丘东北）以南，东至于平舒（今大城）、饶安（今盐山西南）十多个城
邑，虽然密度还比较差，却已不再呈现空白了。

　　河北平原中部春秋以前为什么长期存在一大片空白，到了战
国何以会消灭这片空白？这只能用黄河下游情况的变化来予以说
明。这一巨大的变化来自人类改造自然的业绩，质言之，是河北平
原古代劳动人民在黄河两岸修筑堤防的结果。

　　《汉书·沟洫志》载：西汉末年贾让在他的《治河三策》里提
到，"堤防之作，近起战国"。从策文看来，贾让说的堤防已不是指
保护居民点的小段河堤，而是指绵亘数百里的长堤，就是在河北平

原上黄河下游东岸的齐堤和西岸的赵魏堤。但贾让没有说清楚起于战国的什么时候。根据《水经·河水注》讲到前358年时,河水有一条决流从汉白马县(故城今滑县东南)南通濮、济、黄沟,后来"金堤既建,故渠水断",则前358年时尚无河堤。又据《史记·赵世家》前322年齐魏伐赵,赵决河水灌之,齐魏因而罢兵,则其时当已有堤。可见齐魏赵之间亦即河北平原的堤防之作,约当起于战国中叶,前四世纪四十年代左右。

在没有堤防之前,黄河下游每遇汛期,当然免不了要漫溢泛滥;河床日渐淤高,每隔一个时期,当然免不了要改道,情况大致和近代不筑堤的河口三角洲地区差不多。在这种情况之下,人类当然只能在近山麓一带汛期淹不到的高地定居,至于广大平原中部,那就只能任其荒芜不治,不可能形成聚落,更不可能出现城邑。这就是春秋以前这一带一直是地图上的一大片空白之故。战国图上所出现的上述那十多个城邑,都是进入前三世纪后才见于历史记载的,约在黄河两岸筑起堤防之后的半个世纪。可见堤防的兴筑,很快就为河北平原带来了惊人的变化,由于黄河的经常性泛滥和频数性改道被控制住了,土地迅速得到了垦辟,大大小小的居民点和城邑也就逐步布满了这块原来的空白地区。

理解了河北平原古代城邑聚落分布的战国前后的巨大变化,也就很自然地会对汉以前黄河下游的改道问题得出一个正确的结论:很显然,在战国筑堤以前,黄河下游的改道决不是一次二次,更不会是亘古不改,而应该是改过多次,很多次。

正是由于战国筑堤以前的河北平原是一片榛莽,荒无聚落,黄河在这里改道对人类生活发生不了多大影响,不足以引起人们的重视,至少并不被认为是严重灾难,所以尽管多次改道,却基本上一次都没有被史家记载下来。发生于周定王五年的那一次,可能

先秦各个时期河北平原城邑与文化遗址分布图

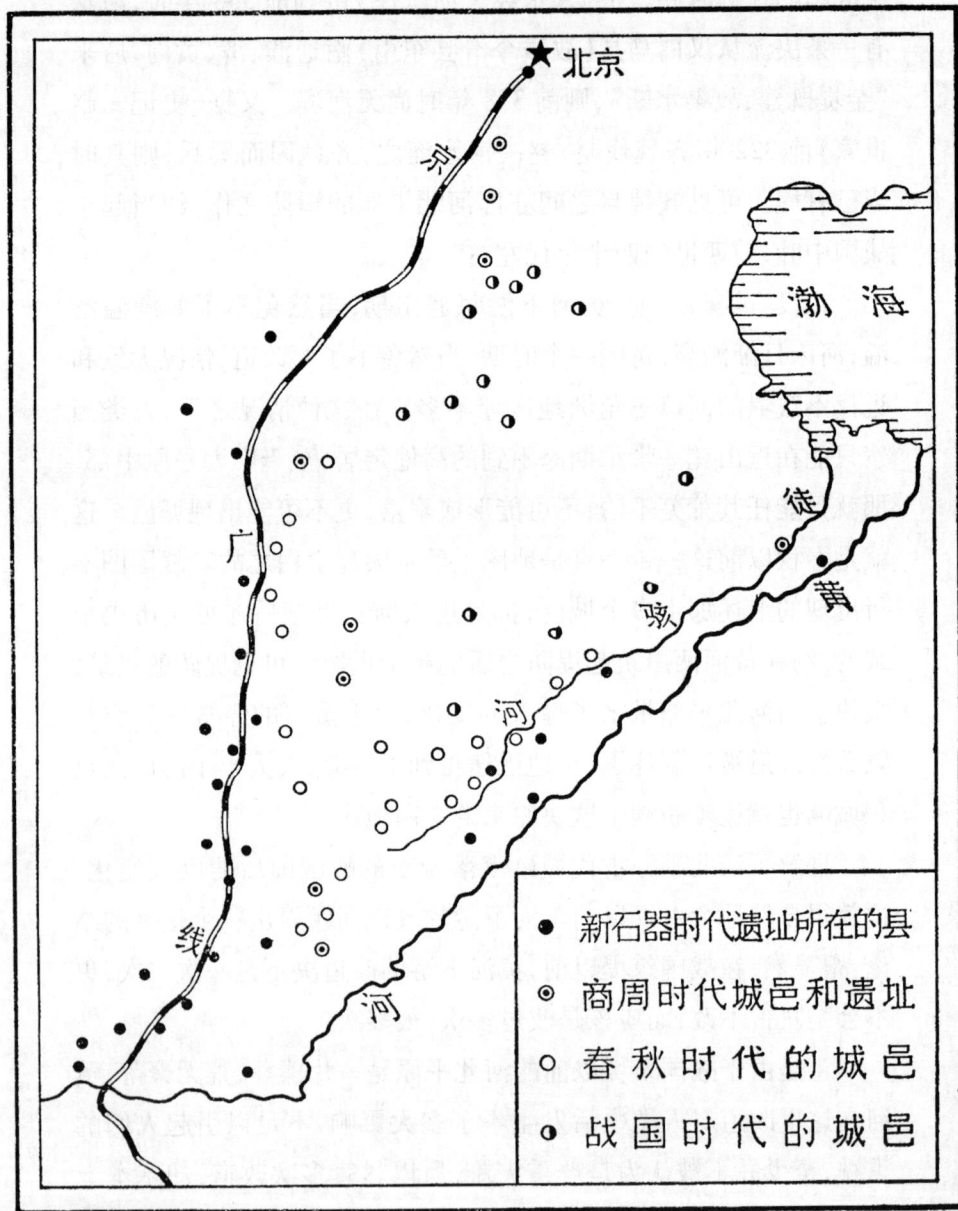

●	新石器时代遗址所在的县
◉	商周时代城邑和遗址
○	春秋时代的城邑
◑	战国时代的城邑

图中注记：北京、渤海、京、广、线、河、黄、徒、滹、沱、河

影响较大,因而为《周谱》作者所记录,但也说不上很严重,所以仍然不见于别的记载。

解决了这个问题,我们又可以附带解决另一个问题,即战国以前的黄河下游流经什么地区,在哪里入海?

旧时代学者相信《尚书·禹贡》篇是大禹时的作品,《禹贡》里叙述的河水下游,显然是流经河北平原注入渤海的,对这一点是大家一致公认的,并无异议。异说始于二十多年前岑仲勉氏所著《黄河变迁史》。因为近代学者已考定《禹贡》乃战国时作品,岑氏乃创为战国以前黄河下游就是齐鲁境内的济水之说,认为《禹贡》里流经河北平原的河水,是战国时周定王五年黄河改道才形成的。岑说绝不可通,史念海同志已列举了不少论据予以驳斥,现在我们可以再加上一条有力的反证,那就是,战国以前黄河若不是流经河北平原,为什么河北平原会有一大片没有城邑聚落的空白区?这是包括岑氏在内任何人都回答不了的。

二、两条见于先秦文献的黄河下游河道

见于先秦文献的黄河下游河道有两条:

一条是人所熟知的"禹河",即见于《禹贡》的河。这条河古人以为是夏禹以来的河道,今人以为是战国时的河道,虽有所不同,但古今人(除笔者外)都认为是见于记载最早的一条,又是先秦文献中唯一的一条河道,则是相同的。

《禹贡·导水》章关于河水下游的叙述是"东过洛汭,至于大伾;北过降水,至于大陆;又北播为九河,同为逆河入于海"这么几句话,尽管很简单,我们可以用《汉书·地理志》、《水经》、《水经注》等所载河北水道,推定其具体径流如下:

洛汭,即洛水入河处。大伾,山名,在今河南浚县东郊;但古代所谓大伾,应包括县城西南今浮丘山。古河水东过洛汭后,从今河南荥阳广武山北麓起东北流,至今浚县西南大伾山西古宿胥口,是为"东过洛汭,至于大伾",走的是《汉志》、《水经》、《水经注》中的河水。

降水,即漳水。大陆,一片极为广阔的平陆。古河水从宿胥口缘大伾西麓北流,经《水经注》中的宿胥故渎和一段白沟,下接《汉书·地理志》中的邺县东"故大河"至今河北曲周县南会合自西东来的漳水,到达曲周以北一片极为广阔的平陆,是为"北过降水,至于大陆"。

"又北播为九河",是说河水自进入大陆后北流分为九条岔流。"同为逆河入于海",是说九河的河口段都受到勃海潮汐的倒灌,以"逆河"的形象入于海。九河中的最北一支是干流,相当于《水经》中的漳水,于《汉志》为自今曲周县南北流至巨鹿县北的漳水;自今宁晋县东南东北流至今武邑县北的"故章河"即潒水下游;自此以下东北流至今青县西南的滹池河和自此以下的滹池别河。

九河可能只是泛指许多条岔流,不是实数;但《尔雅》、《释水》已指实为徒骇、太史、马颊、覆釜、胡苏、简、絜、钩盘、鬲津九条河。《汉志》说勃海郡成平县(故城今交河县东北)境内的"滹池河民曰徒骇河",可见流经汉成平县一带的汉滹池河,原是《禹贡》时代的徒骇河,亦即黄河下游九河中的干流;黄河改道后这一段河道为滹池河所夺,但直到汉代民间仍然保留着徒骇河这个古称。除徒骇外,胡苏、鬲津二河,汉代还分别见于东光(故城今县东)鬲县(故城今德州东南)界中,见《汉书·沟洫志》。此外太史、马颊、覆釜三河应在徒骇南,胡苏北,简、絜、钩盘三河应在胡苏南,鬲津北。

九河未必同时形成,也未必同时有水,很可能是由于大陆以下的河水在一段时期内来回摆动而先后形成的。

关于《禹贡》河的河道,史念海同志的看法和上述颇有不同,在这里不需要一一讨论,只有一点不能不提出来澄清一下,即《禹贡》河与宿胥口的关系问题。

胡渭创为周定王五年河徙宿胥口之说,判定此前禹河自宿胥口北出经《汉志》邺东故大河,"北过降水,至于大陆",此后则自宿胥口东行漯川至长寿津北折行《汉志》河水即王莽河。史念海同志力驳胡说,论证定王五年黄河并无在宿胥口改道事,证据坚强,可成定论。但定王五年是否有如胡渭所说那样的改道是一回事,禹河是否是从宿胥口北出行邺东故大河是另一回事;驳倒了胡渭的前一说,不等于连后一说也给驳倒了。

《水经·河水注》,"河水又东径遮害亭南⋯⋯又有宿胥口,旧河水北入处也"。又《淇水注》,汉建安九年曹操"于淇水口下大枋木以成堰",遏淇水令东注"合宿胥故渎,渎受河于顿丘县遮害亭东黎山西北,会淇水处立石堰遏水令更东北注,魏武开白沟,因宿胥故渎而加其功也。故苏代曰:决宿胥之口,魏无虚顿丘,即指是渎也。淇水又东北流谓之白沟⋯⋯东北流径内黄县故城(今县西北)南⋯⋯屈从县东北与洹水合"。郦道元虽未明说自宿胥口北入的旧河就是禹河,但对这条宿胥故渎是"受河"的河水故渎,在战国苏代以前业已存在,至曹操时始遏淇入此渎而称为白沟,北至内黄县东北会洹水,是说得很清楚的。内黄以北,于汉世为邺县之东。所以胡渭说《汉志》邺东故大河的上游就是郦注中起于宿胥口的宿胥故渎即白沟,是符合于这一带的地势和水道源流的,是正确的。史念海同志因否定定王五年河徙宿胥口而连带否定宿胥故渎系河水故道,那就等于完全否定了郦道元在《淇水注》和《河水注》里关于宿胥故渎的记载,但我们既拿不出比郦道元更早更确切的反证来,怎么能轻易否定郦的记载呢?

念海同志因为要否定宿胥故渎是《禹贡》河的故道,又创立了两点新说法:一是说宿胥故渎是淇水的故道;二是说《禹贡》河和《汉志》河一样,也是起自濮阳长寿津别漯川北流,禹河北流至戚城折西北流至内黄折北流为《汉志》邺东故大河,汉河则自戚城东北流至馆陶折东入今山东境。但这二说皆于史无征。前一点显与郦注背谬,已见上述。后一点亦复如此。《河水注》所载自长寿津北出的明明只有一条王莽河即西汉大河故渎,何尝另有一条从戚城西北去的古河道呢? 这条古河道既不见于郦注,又有什么依据呢? 看来这两点新说法都不容易站得住,所以这里对《禹质》河道的解释仍然采用了胡渭的说法。

《禹贡》河之外,另一条见于先秦文献的黄河下游故道是见于《山海经·山经》的河道。由于《山经》中并无叙述河水径流的专条;又由于《山海经》这部书多载神话,连通人如司马迁都"不敢言",一向不为历代学者所重视,因此二千多年来,这条《山经》河竟湮没不彰,绝不为世人所知。直到三年前才算由笔者根据《北山经》、《北次三经》所载的入河诸水,用《汉志》、《水经》和《水经注》所载的河北水道予以印证,居然把它钩稽了出来,详见拙撰《山经河水下游及其支流考》(见本书)。现在我们所知道的《山经》河水下游河道,要比《禹贡》河更清楚一些,在这里我们无需详叙,概括起来是:自今武涉以下北至今深县南同《禹贡》河,自此以下《禹贡》河东北去,《山经》河则北流会合虖沱水,又北流至今蠡县南会合滱水,此下走的就是《汉书·地理志》中的滱水,北流至今清苑县东折而东流,经今安新县南、霸县北,此下也就是《水经》的巨马河,又东流至今天津市东北入海。

这两条见于汉以前文献的黄河故道，孰先孰后？我在三年前探讨这个问题的过程中，时而认为《山经》河应在前，理由是：一、《山经》、《禹贡》二书的著作时代，近代学者一般都认为《山经》在《禹贡》之前①；二、《汉书·沟洫志》载西汉人论治河，多能言《禹贡》九河所在，应距汉较近，《山经》河则汉人无一语道及，盖距汉已远。时而又认为可能《禹贡》河在前，理由是：一、《山经》所载河水支流远较《禹贡》为详密，密者理应在疏者之后；二、汉人言《禹贡》河而不言《山经》河，这是由于儒生尊重《禹贡》而忽视《山经》，不足以反映时代之后先。但等到动笔写那篇《山经河水下游及其支流考》时，一则为了图行文简洁明快，二则为了好让自己的研究成果——考出《山经》河水下游故道——显得更重要一点，竟把后面一种想法略去不提，径自根据前面那种想法，作出了《山经》河在《禹贡》河之前，是见于记载的最早一条黄河故道的结论。文章发表之后，承史念海同志移书商榷，他不以我这个结论为然。论据之一是《山经》河绝不见于春秋及战国初期记载，而见于赵武灵王时的记载，已在战国后期，则似不能较《禹贡》河为早。这一点我是不同意的，辨见下文。论据之二是《禹贡》是儒家经典《尚书》的一篇，在汉武帝以后已成为当世显学，西汉人不仅有主张以经义治水的议论，而且还准备见诸实施——疏凿九河故道，这是作为显学应有的现象。至于《山海经》在汉则并有识之士太史公亦不敢言，如何能与《禹贡》相提并论？所以这一时期人的道及与否，不能据以判断两条河道的孰先孰后。这一点是我先前曾经想到过的，不过念海同志讲得更为透彻。经他这么一提，迫使我不能

① 主此说者可以顾颉刚先生为代表，见《五藏山经试探》，载《史学论丛》第一期（1934年），又见《禹贡注释》，载《中国古代地理名著选读》第一辑（1959年）。

不对原先的结论重新考虑。

我在答复念海同志的信中，曾表示愿意放弃《山经》河在先说，改主《禹贡》河在先；这在当时也就等于是承认《禹贡》河是见于记载的最早的一条黄河故道。但后来在我对汉以前黄河故道再次作一番通盘考核之下，终于又得出了另一种结论：这两条河孰先孰后现在我们还找不到足够的资料可据以作出判断，而这个问题不解决，对全部黄河史而言并不太重要，因为这两条河谁也不是见于记载的最早的黄河故道。

三、《汉书·地理志》中的河水下游 河道形成于什么时候？

第三条见于文献记载的黄河下游河道是《汉志》河，即见于《汉书·地理志》的河水。这条河道不仅见于《汉书·地理志》，又见于《汉书·沟洫志》，又见于《水经·河水注》，其具体径流是：宿胥口以上同《山经》、《禹贡》；自宿胥口东北流至今濮阳县西南长寿津，即《水经注》里见在的河水；自长寿津折而北流至今馆陶县东北，折东经高唐县南，折北至东光县西会合漳水，即《水经·河水注》中的"大河故渎"（一称"北渎"，用别于《水经注》见在河水自长寿津东出；一称"王莽河"，因此渎至王莽时空，世俗遂有此称）；此下折而东北流经汉章武县（故治今黄骅县伏漪城）南至今黄骅县东入海。

这条河道是什么时候形成的？古今学者有三种说法：

（一）汉河即禹河说，这是二汉六朝时通行的说法。

汉武帝元光三年（前132年），河决濮阳瓠子，历二十余年至元封二年（前109年），武帝亲至瓠子，命从官督卒数万人筑塞决口,功成,《史记·封禅书》说是"复禹之故迹焉",《河渠书》也说是"复禹旧迹",《汉书·沟洫志》同。按,元光三年以前,元封二年以后的黄河,走的都是《汉志》河,可见司马迁、班固都认为《汉志》河(西汉大河)就是禹河,是大禹以来的旧迹。再从《汉书·沟洫志》所载从成帝时冯逡直到王莽时韩牧等人的议论看来,他们也同样认为当时的大河基本上就是禹河,只是由于下游九河已填灭失其故道,因而决溢频仍。其后孟康注《汉书·沟洫志》,也以王莽河为禹河,郦道元注《水经·河水篇》,即引证了孟康的话,又说大河故渎所经元城县(治今大名县东)北的沙丘堰,是《禹贡》"播为九河"所自始,可见他也认为西汉河就是禹河。《河水注》篇末说"河之入海,旧在碣石,今川流所导,非禹渎也",这是说郦时见在的河水即东汉后河水不是禹渎。下文又提到"周定王五年河徙故渎"和"汉武帝元光三年河又徙东郡,更注渤海",但皆不言所徙为何道。

(二)始于周定王五年(前602年)说,这是近二百七八十年来通行的说法。

《汉书·沟洫志》载王莽时大司空掾王横说:"禹之行河水,本随西山下东北去。《周谱》云:'定王五年河徙',则今所行,非禹之所穿也"。这是最早一家否认汉河就是禹河的说法。根据这几句话虽然不能断言王横认为西汉河(今所行)始于周定王五年,至少可以说很有这种可能,因为"今所行非禹所穿也"这句话是紧接于"定王五年河徙"一句之后的。但王横这句话经历了千数百年并未引起学者们的重视。本横说而加以阐发,明确坐实"自黎阳以下,水经所称大河故渎,一名北渎,俗谓之王莽河者,即周定王时所徙,西汉犹行之,至王莽时遂空者也"(《禹贡锥指》卷十三中之下),并定此次河徙为历史上黄河第一次大改道的(同书卷十三下),是清康熙中叶时的胡渭。自此以后，大多数清代学者和近代学者，都采用了这种说法。

（三）始于汉武帝元光三年（前132年）说。自宋至今学者，主此说者亦不乏其人。

《史记·河渠书》"同为逆河，入于勃海"，《集解》引瓒曰："禹贡云，夹右碣石入于海①，然则河之入海，乃在碣石也。武帝元光二年，河徙东郡，更注勃海，禹之时不注勃海也"。按，《禹贡》"鸟（岛）夷皮服，夹右碣石入于河"，本意只是说鸟（岛）夷从海外来贡，航道右边经过碣石，再进入河口，不等于说河在碣石入海。即使作河在碣石入海理解，禹河穿河北平原东北流，所入的海当然也是勃海，怎么能说禹之时不注渤海？可见臣瓒于地理一无所知，其言本不足重视。但后人往往以元光河徙为黄河一大变，实滥觞于此。

《汉书·武帝纪》"元光三年春，河水徙从顿丘，东南流入渤海"。臣瓒所谓元光二年河徙东郡本此。"二年"系三年之误，"东郡"系举顿丘县所属之郡名。臣瓒只是把此次河徙作为禹后改变禹河故道一大事，尚未明言《汉志》河水即肇始于此徙。至南宋程大昌撰《禹贡论》及《禹贡山川地理图》，才断言汉河起于元光顿丘的改流。宋末王应麟说"禹时河入海，盖在碣石……而河入渤海，盖汉元光三年河徙东郡所更注也"（《困学纪闻》卷十），仍然是臣瓒的旧说。清嘉庆间洪颐煊撰《汉志水道疏证》，采用了程大昌说。稍后焦循撰《禹贡郑注释》，乃大为程说张目，力反胡渭汉河始于周定王五年之说。胡渭"举十五证以明邺东故大河为禹河之旧"，焦

----

① 《尚书》原文作"夹右碣石入于河"，《汉书·沟洫志》师古注引臣瓒亦作"入于河"，此作"入于海"系传钞之误。

循则以为"邺东之河不徙于定王五年,其证亦有九"。他的结论
是:"自春秋至于战国,大河皆行邺东,至汉武帝元光三年河始徙
于顿丘东南,史文甚明……王莽河即武帝时顿丘之徙河。……必
以定王之徙即在顿丘,实无文献之征也"。在当代学人中,又有已
故岑仲勉先生(《黄河变迁史》第八节)和史念海同志也采用此说。
程焦岑史四人对春秋战国乃至汉初的河道的看法虽各不相同,但
一致认为元光三年顿丘河决是一件划时代的大事,《汉志》河水是
从这一年才开始形成的。

　　上述这三种说法哪一种对? 答案是都不对。

　　判定汉河不可能就是禹河(《禹贡》河),理由有三:

　　一是与《禹贡·导河》经文不合。《导河》说"至于大伾,北过
降水",《汉志》河水流经大伾后不是北流而是东流,不合者一。
《导河》说"北过降水,至于大陆,又北播为九河",《汉志》河水会
合漳水处在渤海郡阜城县,不是在大陆南而是远在大陆之北,不合
者二。《沟洫志》许商言九河在自鬲以北至徒骇间,《汉志》河北过
降水处不仅反在大陆北,亦且已在九河区域之内,不合者三。郦道
元认为"播为九河"始于元城馆陶间的沙丘堰,则大陆、降水,转在
九河之北,不合者四。

　　二是与《汉书·地理志》不合。《汉志》说魏郡邺县"故大河在
东,北入海",明说在西汉见行河水之外有一条在邺东的故大河。
若汉河即是禹河,怎么会另有一条"故大河"?

　　三是胡渭焦循列举了二十四证证明汉以前黄河曾经走过《汉
志》所谓邺东故大河,这二十四证虽然有不少并不能成立,却也决
不能说全都站不住。若汉河即是禹河,那么对这些史文将作何
解释?

　　判定胡渭汉河始于周定王五年说不可信,理由有四:

第一，王横只说"《周谱》云定王五年河徙"，郦道元钞变作"周定王五年河徙故渎"，都没有讲到徙前走的是哪一条道，徙后走的又是哪一条道。说徙前走邺东故大河即禹河，徙后即改走《汉志》河，完全出于胡渭臆断，于文献无征。

第二，自宿胥口东流至长寿津，自长寿津北流至今大名县东，这一段汉河所经流的地方，周定王时都在卫国境内；长寿津稍东南，就是卫国国都濮阳所在。定王五年河徙若是从宿胥口溃决冲出这么一条新道，卫国必然遭受极大的灾难。周定王五年当鲁宣公七年，据《春秋》《左传》，这一年春天卫国曾遣使到鲁国会盟，冬天卫侯又亲自与鲁侯、晋侯、宋公、郑伯、曹伯会于黑壤，如果卫国当年曾遭此大灾，岂有"卫之君臣既不以灾告，诸侯亦不以灾吊"之理？这一点焦循指出在前，史念海同志又加以阐发在后，的确可以驳倒胡渭的说法。

第三，焦循所举定王五年后河仍在邺东诸证，其中第二证"春秋设誓必举当前之物……昭公三十一年（前511年）（公）在乾侯（今成安县东南）……地正在邺东，公居此而以河为誓，河必径于此邑"；第六证"魏世家魏文侯任西门豹守邺，而河内称治，索隐云，按大河在邺东，故名邺为河内"；都是确凿无可置疑的，可见并不能说定王五年黄河就离开了这条故道改走《汉志》河。

第四，五代北宋时凡河决浚滑，决流必然是东下澶、濮、曹、单、郓、济，即从今濮阳继续东流进入山东境内；只有在澶州（濮阳）境内决口，才可能北流进入今河北境内。这是当地的地势所决定的。所以周定王五年河徙若果然是从宿胥口决而东流，那就应该从濮阳继续东流形成像东汉大河那样的河道，断不可能在长寿津出现一个接近九十度的拐角，折而北流走《汉志》河。

判定汉河始于武帝元光三年说不可信，也有如下四项理由：

一、元光三年一年之内，黄河发生了两次决徙：第一次是"春，河水徙从顿丘东南流入渤海"，第二次是夏五月濮阳瓠子之决。第一次只见于《汉书·武帝纪》，《史记·河渠书》和《汉书·沟洫志》都是只字不提。第二次《武帝纪》记载了"河水决濮阳，泛郡十六，发卒十万救决河，起龙渊宫"二十个字，《河渠书》的记载就相当详细，既点明了决口的具体地点是瓠子，又提到了决流的趋向是"东南注巨野，通于淮泗"；既提到了"天子使汲黯郑当时兴人徒塞之"，又交代了塞河工程的结果是"辄复坏"；下面又接叙当时的丞相田蚡图私利劝阻武帝不要用人力强塞，"而望气用数者亦以为然，于是天子久之不事复塞也"。一共用了一百多字。《汉书·沟洫志》同。

要是顿丘之决真的是冲成了《汉志》河那么一条道，经历东郡、魏郡、清河、平原、信都、渤海等好几个郡好几十个县才入海，这是何等重大的灾难，何况就发生在司马迁活着的时代，《河渠书》中怎么会只字不及？顿丘之决若当真形成了后此百有余年的汉大河径流，那就要比瓠子之决在二十三年后即告堵塞重要得多，何以司马迁竟会对后者详哉言之，对前者反不缀一辞，轻重颠倒一至于此？万一司马迁竟是由于一时疏忽而脱载了重要史事，班固的时代距此亦不过百数十年，他能够在《武帝纪》里记上有此一决，何以在《沟洫志》里对此也不给补叙上几句？总之，从《史》、《汉》对元光三年两次河决记载的详略可以看出，顿丘之决不可能是一次重要的决口，更不可能由于有此一决就决成了《汉志》大河。

二、瓠子决后二十三年，元封二年夏四月，汉武帝自临决河，发卒数万人塞瓠子决，从臣自将军以下"皆负薪填决河"，"于是卒塞瓠子"，司马迁称颂此役为"复禹旧迹"，若说《汉志》河就是元光三年的顿丘决流，司马迁何至于昏愦乃尔，竟会把二十三年前的另一条决流目为"禹迹"？竟会把仅仅堵塞二十三年前黄河在夏天的一条决流，使它改走春天的另一条决流的功绩，称为"复禹旧迹"？司马迁错得如此荒唐，班固又何以全文照抄，不予改正？

三、瓠子初决，塞而复坏。"是时武安侯田蚡为丞相，其奉邑食鄃，鄃居河北，河决而南，则鄃无水菑，邑收多"，田蚡因而对武帝说，"江河之决，皆天事，未易以人力为强塞，塞之，未必应天"。武帝遂"不事复塞"。鄃县故治在今平原县西南，地处《汉志》河的西北岸。元光三年以前河水必然早就是流经鄃县的东南，县境经常遭受河患，所以田蚡知道河决西南对他有利，若说这条流经鄃县东南的河水是二三个月前才形成的决流，那怎么能说"鄃居河北"，田蚡又怎么会知道不塞瓠子对他有利，塞瓠子对他有害？

四、从秦汉之际到武帝元光三年以前，黄河经流地点见于记载者有：

《史记·秦始皇本纪》：三十七年出巡，归途自山东半岛东端并海而西，"至平原津而病"。《淮阴侯列传》：汉三年汉王使韩信将赵兵击齐，"信引兵东，未渡平原，闻汉王使郦食其已说下齐，韩信欲止。范阳辩士蒯通说信曰……于是信然之，从其计，遂渡河"（《汉书·韩信传》同）。这两条资料说明秦汉之际平原是黄河的一个渡口。

《史记·高祖本纪》：三年，汉王在河北，"使卢绾刘贾将卒二万人骑数百，渡白马津入楚地"（《荆燕世家》、《汉书·高帝纪》、《荆燕吴传》同）。这说明此时黄河流经白马津。

《史记·高祖本纪》：六年，田肯说高祖曰："夫齐，东有琅邪即墨之饶，南有泰山之固，西有浊河之限，北有勃海之利"（《汉书·高帝纪》同）。说明此时黄河在齐赵之间，是齐的西界。

《史记·高祖本纪》：十年，陈豨反；十一年，豨将张春渡河击聊城,汉使将军郭蒙与齐将击,大破之(《汉书·高帝纪》同)。说明此时黄河在聊城之西。

《汉书·武帝纪》:建元三年(前138年)春,"河水溢于平原"。这一条说明黄河流经平原的史料,时间下距河徙顿丘仅仅六年。总括以上这些史料,自秦皇至汉武初年的黄河自宿胥口以下东径自马津,北径齐赵之间聊城、平原之西,这不是很清楚说明了这条黄河是和《汉志》河水一模一样的吗?怎么能说这是一条元光三年顿丘决流所形成的新道呢?

由此可见,胡渭把河徙顿丘理解为只是黄河史上一次影响不大的,未几即塞的决口,的是不移之论,而岑仲勉说"那是极重要的变迁,应该列入胡渭所谓黄河大变之一",史念海同志也说"的确是一宗大事",却很难解释得通。

胡渭认为顿丘之决是从顿丘东北"至东武阳夺漯川之道,东北至千乘入海者也。漯川狭小不能容,故其夏又自长寿津溢而东以决于濮阳,则东南注巨野,通淮泗,而北渎之流微,漯川之水涸矣。及武帝塞宣房①,道河北行二渠,则正流余归北渎,馀波仍为漯川,顿丘之决口不劳而塞,故志(《沟洫志》)略之"(《禹贡锥指》卷十三下)。虽然并无史料依据,却是合情合理的推断。

附带提一提关于《武帝纪》"河水徙从顿丘东南流入渤海"这一句的句读问题。渤海在顿丘东北,从顿丘东南流不可能注入渤海。故《通鉴》引此文仅作"河水徙从顿丘东南流",删去"入渤海"三字。又在《考异》里列有一条:"汉书武帝纪云,东南流入渤海"。按顿丘属东郡,渤海乃在顿丘东,此恐误,今不取。这是认

---

① 塞宣房即指塞瓠子。元封二年卒塞瓠子,筑宫其上,名曰宣房宫,见《河渠书》、《沟洫志》。

为错在"入渤海"。胡渭、阎若璩则认为史文不错，而是东南二字应当连上读，即决处在顿丘的东南，不提决河的流向而只提决河的归宿是注入渤海（《禹贡锥指》卷十三下，《潜丘札记》卷三）。后此治黄河史者一般都沿用了阎、胡二氏这种读法。其实这种句读法是违反古人的行文惯例的。说班固会写出这样的句子来，未免太奇怪了。看来《通鉴》认为《汉书》这句话有错误是对的，不过不应删去"入渤海"三字，应该改"南"字为"北"字，因为不是入渤海而误作入渤海的可能性是很小的，而误北为南的可能性则很大。读点应从一般行文惯例放在"丘"字之下。从顿丘东北流入渤海，正应该如胡渭所指出那样夺漯川入海。

前人的三种说法都不对，那么，《汉志》河形成于什么时代这个问题究竟应该怎样解答才算正确？这需要和《禹贡》河《山经》河的时代问题合起来一起探索。

四、春秋战国时代的黄河下游

西周以前的黄河下游，我们只知道它和东周秦汉一样，也是流经河北平原注入渤海的，至于具体流路，由于文献不足征，已无法推断。要讲具体流路，只能从春秋战国讲起。

《山经》、《禹贡》是战国时代的著作，《汉志》是汉代的记载，但我们不能说战国著作中的河道，就是在战国时才形成的，也不能说，《汉书》中的河道，就是在汉代才形成的。河道形成的时代，一般都要比它见于著录的时代早若干时间。就这三条河道而言，我们至少可以把它们上推到春秋时代，这是有史料足资印证的。

《汉志》河在这三条河道中见于著录最晚，但它在历史记载中出现却最早。《左传》僖公四年（前 656 年）管仲曰："昔召康公……赐我先君履,东至于海,西至于河,南至于穆陵,北至于无棣。"管仲说西周初期齐太公时齐的四履已东至于海西至于河,那是不可信的;却说明了管仲说这句话的齐桓公时代,齐国的西境已到达了黄河。齐国在二十八年前(鲁庄公十年,前 684 年)才灭掉谭国(今山东历城县东),此时到达的黄河当然只能是今山东境内的《汉志》河,约当为流经高唐、平原的那一段①,不可能是远在今河北中部的《禹贡》《山经》河。这条资料说明至迟在春秋前期,《汉志》河业已形成。

又据《左传》襄公十四年(前 559 年)和哀公二年(前 493 年),当时在今濮阳县北七里的戚是临河之邑;据《水经·河水注》,戚城正位于大河故渎的东岸。这说明了春秋中、后期的河水也就是汉志河。

又据《水经·河水注》引《竹书纪年》,梁惠成王十二年(前 358 年),楚师在白马口"出河水以水长垣之外"。《史记·田齐世家》威王二十四年(前 333 年)威王曰:"吾臣有盼子者,使守高唐,则赵人不敢东渔于河"。白马、高唐,都是《汉志》河流经的地点。

又《史记·赵世家》武灵王十九年(前 307 年)王谓公子成曰:"吾国东有河、薄洛之水,与齐、中山同之"。按,汉晋时经县(故城今广宗县东)西有漳水津,名薄洛津,见《续汉书·郡国志》、《史记集解》引徐广曰、《水经·浊漳水注》。薄洛之水和薄洛津,是水以津得名,还是津以水得名虽不可知,要之,薄洛之水必流经薄洛津。这条水道于汉晋南北朝时是漳水,在《禹贡》、《山经》里则为"北过

---

① 史念海同志认为管仲所说齐地西至于河的河水在濮阳附近,这是不可能的。春秋时自濮阳北至今大名,东至今郓城莘县皆卫地,齐地西止今聊城,距离濮阳馆陶间一段《汉志》河尚远。

降水,至于大陆"那一段河水。赵武灵王不称这条水道为河水而别称为薄洛之水,与河水并举,可见其时的河水应别有所在。到哪里去了呢? 不可能有别的道,只能是在走《汉志》河的河道。其时薄洛之水上游在赵国境内,下游为中山国地,河水即《汉志》河的西岸是赵地,东岸是齐地,所以武灵王说这两条水是赵"与齐、中山同之"的水。

以上三条,说明战国中期的河水也是《汉志》河。

又据《史记·乐毅列传》、《田单列传》,乐毅下齐七十余城,独即墨与莒未下,会燕昭王卒,子惠王立(前 279 年),惠王使骑劫代乐毅,田单攻杀骑劫,"转战逐燕,北至河上,尽复得齐城"。河以南都是齐城,这只能是《汉志》河。田单若一直打倒《禹贡》河或《山经》河,那史文就该提到他侵夺了赵地和燕地,但事实上并无其事。

又《国策·秦策》黄歇说秦王[①]:齐地"东负海,北倚河",时在昭王三十四年(前 273 年)。韩非以秦始皇十四年(前 233 年)入秦,《韩非子·初见秦》篇有曰:"决白马之口以沃魏氏"。这二条又说明战国后期的黄河走的也是《汉志》河河道。

此外在先秦文献特别是战国文献中,还可以找出若干条资料足以说明当时的黄河下游与《汉志》河水相同,兹不一一列举。

那么,我们能不能说司马迁以汉河为"禹迹"是正确的,春秋战国时代的黄河始终就是这条《汉志》河呢? 当然不能。首先,记载禹迹的《禹贡》篇中的河水就与《汉志》河不同,这一点上文业已阐明。再者,春秋战国时有些史事中提到的"河",也显然不同于《汉志》河而符合于《禹贡》河、《山经》河:

---

① 此篇《国策·秦策》作"张仪说秦王曰";按篇中有张仪之后事,《秦策》误。

上文提到过的《左传》昭三十一年（前 511 年）公在乾侯以河为誓，《史记·魏世家》魏文侯任西门豹守邺而河内称治（亦见《河渠书》）。这两条，焦循用以证周定王五年后河水仍在邺东，我们当然也能用以证春秋后期和战国初期的黄河，曾经走《禹贡》河、《山经》河而不走《汉志》河。

又一条是胡渭提到过的《礼记·王制》篇"自东河至于西河，千里而近"。西河指今山陕间黄河，东河应指宿胥口以北的《禹贡》、《山经》河，才符合"千里而近"。若指长寿津以北的《汉志》河，那就超过千里了。胡渭以此作为周定王五年以前的材料虽未必确，但《王制》篇出自汉初儒生之手，所依据的应是春秋战国时期的资料，用以证实春秋战国时黄河确曾走过《禹贡》、《山经》中的河道，则是一条站得住的论据。

春秋战国时记载中出现的河水既有许多是与《汉志》河相同的，又有一些是符合于《禹贡》、《山经》河的，那么，河水取道这两条河道中的每一条的具体起迄年代，应该是从什么时候到什么时候？由于资料不足，对这个问题我们无法作出明确的答复。估计有两种可能：一是在这四五百年中，黄河以经流《汉志》河为常，但曾不止一次决而改走《山经》、《禹贡》河。一是有一个相当长的时期自宿胥口以下同时存在着一股东流如《汉志》河，一股北流如《山经》、《禹贡》河。若确是后一种情况，那么当然又有可能时而以东股为干流，时而以北股为干流。常态应是以东股为主，故见于记载者较多，但却并没有一种先秦文献把它的具体经流记载下来，而只见于秦以后的《汉书·地理志》和《水经注》。以北股为主应是变态，故见于记载者较少，可是《山经》、《禹贡》作者所根据的恰好是这种资料。

《山经》河与《禹贡》河自今深县以上相同，自今深县以下不同。上引三条资料中所提到的河水都是二者相同部分，所以无法判断此时河水自今深县以下走的是二者中的哪一条道。

马王堆汉墓帛书《战国纵横家书》谓起贾章："且使燕尽阳地，以河为境"。《韩非子·有度》：燕昭王"以河为境"。这两句话都是极言燕昭王后期（前三世纪八九十年代）燕幅员之广。这里所谓"以河为境"的"河"，依当时形势推度，不会是《山经》河，因为《山经》河以北原是燕的腹心之地，燕若以这一线为境，不值得夸耀。也不像是《汉志》河，因为《禹贡》河以南《汉志》河以北是赵国的"河间"地，其时"燕赵共相，二国为一"，燕不会去侵占赵地。所以此时的河很可能是介于《山经》河与《汉志》河之间的《禹贡》河。

现在还找不到一条先秦史事记载中的"河"是符合于今深县以下的《山经》河水的。根据《山经》所载河水所受支流极为详确，和《汉志》博水"东至高阳（治今县东）入河（中山国望都），"卢水"亦至高阳入河"（中山国北平），涞水"东南至容城（治今县北）入河"（代郡广昌），桃水"东至安次（治今县西）入河"（涿郡涿县）这几条志文中的"河"在汉代实际已是滱水的经流竟被称为"河"这两点看来，估计这一河段虽不知其始，理应在去汉不远的战国某一时期还是一条见在的河道。

既然《汉书·地理志》中有如上四条以滱为河的志文，那么能不能说《山经》河到汉代还是见在的黄河的一股呢？不能。这可以用《汉书·沟洫志》和《地理志》的记载来予以证明：

必须先有自今浚县西南古宿胥口北至今深县南的《山经》河上游，才可能有高阳、容城、安次的《山经》河下游。浚县濮阳一带是西汉一代治河的重点区域，但《沟洫志》备载武帝以来时人治河诸计议，绝无一人提到过当时或汉初存在着这么一股河道。贾让

《治河三策》中的上策是"徙冀州之民当水冲者,决黎阳遮害亭(亭在宿胥口侧,见《水经·河水注》),放河使北入海,河西薄大山,东薄金堤,势不能远泛滥,期月自定"。这条起自遮害亭西薄大山东薄金堤的贾让理想中的河道,基本上就是《禹贡》、《山经》中的河道,但他却不说这是一条故道,只作为理想提出。王横说"禹之行河水,本随西山下东北去",也只是模模糊糊说西山下有一条故道,推之于遥远的大禹时代。若这条河道在西汉当代曾经是见在的河水,汉廷议河诸臣包括贾让在内何至于昏蒙无识至此?

《地理志》载:洹水"东北至信成(治今清河县西)入张甲河"(河内郡隆虑);漳水"东北至阜城(治今县东)入大河"(上党郡沾)①;窜水"东北至东昌(治今武强县南)入虖池河(魏郡武安)";虖池河"东至参户(治今青县南)入虖池别河②;泒河"东北至文安(治今县东北)入海"(代郡卤城)③;滱水"东至文安入大河"(代郡灵丘)④。从这几条志文看来,可知这几条发源于太行山自西而东的水道,在汉代是穿越河北平原直到平原东部才以河水、虖池等河和海为其归宿的,这是《禹贡》河、《山经》河当时已不存在的确证。若还存在,那怕是"残破不全",当然不可能有这么多条水横绝河水流到平原东部去。

---

① 阜,今本《汉志》作"邑"。《尚书》孔《疏》、《史记·索隐》引此条并作阜。汉无邑成县,阜城县位于河水西岸,知作阜是。

② 户,今本《汉志》误作"合",据齐召南《官本考证》改。

③ 泒,今本《汉志》误作"从",据杨守敬《晦明轩稿》《汉志从河为泒河之误说》改。

④ "入大河"应作入海。汉大河在章武(今黄骅)入海,远在文安东南百数十里,文安境内不得有大河。且其南泒河虖池别河入海,其北治水、沽水亦入海,滱水夹在其中,自应入海。详见拙撰《历史时期渤海湾西岸的大海侵》(见本书92页)。

《汉志》博、卢、涞、桃四水不作入滱而作入河,当由于当地民间对这一段滱水仍然沿袭着《山经》时代的旧称称为"河",班固不事考核,径予采录之故。这种情况在《汉志》里是经常出现的,不单是这四条而已。如斯洨水"东至郥(治今束鹿县东)入河"(真定国绵蔓),此"河"指的是《汉志》信都县北的"故章河",实为窜水的下游。这是《山经》、《禹贡》时代的河水故道、河徙后为漳水所经流,其后漳水又南移如《汉志》漳水,这段河道即被称为故漳河,民间仍径称为"河"。又如泜水"东至堂阳入章河"①,此"章河"指的也是故章河,是《禹贡》、《山经》时代的河水,非《汉志》漳水,更非《汉志》河水。可见不能认为凡《汉志》提到的"河",都是西汉当时的"河",实际包括有若干汉以前的旧河在内;实际虽已非"河",民间却还沿袭旧称称之为"河"。《汉志》这些资料不能用以证明在章武入海的河水正流之外,当时另有被称为汉的河水支津或岔流,却可用以证实在春秋战国时的确存在过《禹贡》河和《山经》河。

《禹贡》河、《山经》河存在时代的下限虽无文献可征,估计应断流于战国齐、赵、魏沿汉筑堤之时。见于汉代记载的金堤,都在《汉志》河的两岸,可见齐、赵、魏所筑河堤是沿着《汉志》河筑的。自筑堤以后,此前的东(《汉志》河)西(《禹贡》、《山经》河)二股河同时存在,迭为主次之局,当即不再存在。

《史记·项羽本纪》载项羽救赵之役,先"遣当阳君、蒲将军将卒二万渡河救巨鹿",已而"乃悉引兵渡河"。前二年我曾经以此为据,认为《禹贡》、《山经》河在秦汉之际时还未断流。其实这条

---

① 泜,今本《汉志》误作"沮";章,今本《汉志》误作"黄",据王念孙《读书杂志》改。

记载并不能证实这一看法。当时流经巨鹿之东的漳水,原是《禹贡》、《山经》时代的河水,当地人自然还会沿用着"河"的旧称,我们实在没有理由说可以断言用"河"字就是一定是见在的黄河。张守节《正义》在"渡河"下注云"漳水",这是有道理的。

以上讲的是春秋战国时代黄河下游的正流干流。用几句话概括起来是:战国筑堤以前,常走东股即《汉志》河,有时走西股即《禹贡》、《山经》河:西股自今深县以下有时走南支《禹贡》河,有时走北支《山经》河。筑堤以后,西股断流,专走东股,一直沿袭到汉代。

但春秋战国时代河北平原上出现过的黄河河道不光是这二股三支正流干流而已,除此而外,还有若干决流和岔流,虽或存在的时间较短,或容纳的黄河水只是一小部分,却也构成了当时黄河下游河道的一部分。这些河道有的是黄河决流所冲制成的,有的则是被黄河占夺的邻近水道的一部分。

何以知道在正流干流之外,还出现过若干岔流、决流? 这是我们从《汉志》、《水经》里除当时的河水以外另有一些河北平原水道也被称为河这一点看出来的。

岑仲勉认为河是水道的通称,"北方有水便是河"(《黄河变迁史》第四节)。我们认为这句话只能通用于唐宋以后。唐宋以前,"河"是黄河的专称、正称,"黄河"或"浊河"只在文人笔下偶一用以形容其黄浊,只能算是一种别称或雅称。那时河既然是一条水道的专称,当然不可能又用作通称。唐宋以后"黄河"代替了"河"成为这条水道的专称、正称,别的水道才可能也称为河。

古代"河"既是黄河的专称,那么《汉志》、《水经》里为什么会出现别的水道被称为"河"? 这只能是由于这些水道或其一部分曾经是黄河或其岔流的一部分,因而被称为"河"或××河,后来黄河虽然离开了这条水,河的称呼却被沿用到了后代。

《汉书·地理志》中除河水外,河北平原水道称河的计有十二条:

清河水（魏郡内黄）

屯氏河（魏郡馆陶）

鸣犊河（清河郡灵县）

屯氏别河（清河郡信成）

张甲河（清河郡信成）

笃马河（平原郡平原）

故章河（信都国信都）

虖池河（代郡卤城）

虖池河民曰徒骇河（渤海郡成平）

虖池别河（河间弓高）

泒河（代郡卤城）

又滱水自高阳以下或称滱（中山国北新成易水）或称河（中山国望都博水、北平卢水、代郡广昌涞水、涿郡涿县桃水）

《水经》中河水外称河之水有七条①:

巨马河（专篇）

沽河（专篇）

瓡子河（专篇）

滹沱河（即虖池河,本有专篇,今本佚）

商河（见河水篇）

清河（见淇水篇）

---

① 此外又有叶榆河篇,叶榆河即今云南洱海。这个"河"字不是汉语,是采用了当地少数民族的语言,意即湖泽,与黄河无关。

潞河（见沽河篇）

在这十多条被称为"河"的水道中,屯氏河、鸣犊河、瓠子河是西汉黄河决流所形成的,见《汉书·沟洫志》。屯氏别河出屯氏河,张甲河又出自屯氏别河,见《地理志》、《水经·河水注》,其形成自当在屯氏河之后。除这五条以外,其余诸河,估计都应该曾经是春秋战国时代黄河干流或其岔流的故道。

诸河具体经流年代已无可稽考,只能作出如下一些推断:

先秦黄河经行《汉志》河道时,时或在平原高唐一带决口,决流便走《汉志》笃马河或《水经》商河东流入海。又据《水经·河水注》,漯水于高唐城南"上承于河,亦谓之源河",亦应为黄河走《汉志》河时的决流或岔流。

走《山经》、《禹贡》河道的那一股黄河,时或在内黄以北决出东北流,便形成了《水经》里的清河,下游东光以下仍循《汉志》河水入海。清河屡见战国记载(《赵策》苏秦从燕之赵始合从说赵王、张仪为秦连横说赵王、《齐策》苏秦为赵合从说齐宣王),约当前四世纪后期。黄河流经此道当然在这一时期之前,至是河已改走《汉志》河,这一河道不再为黄河水所灌注,水源仅限于内黄以南的洹、荡等水,浊流变成了清流,因而被称为清河。

黄河全流毕出《汉志》河时,《山经》、《禹贡》河水故道自宿胥口北出一段断流,这就是《水经·淇水注》中的"宿胥故渎"。稍北一段有黎阳诸山之水循河水故道北流至内黄会合洹水,这就是《汉志》出内黄县南的清河水。内黄洹口以北至今曲周南会漳一段故道断流,《汉志》魏郡邺"故大河在东"指此。

《汉志》滱水下游原先是漳水的一段,《山经》、《禹贡》时代曾为河水所夺,因而在《汉志》信都国下又有"故章河"之称。

《汉志》虖池河(《水经》滹沱河)和虖池别河的下游,曾经是

《禹贡》河水下游的一段。

《汉志》滱水下游和《水经》巨马河下游,就是《山经》河水下游的一部分。

《山经》河东决或《禹贡》河北决,曾走过泒河下游。

《山经》河北决,曾经过沽河下游。

五、结论十二点

本文论述所及的问题比较多,为了帮助读者理清头绪,所以在结束本文之前,不嫌辞费,再把全文所有论点简括列举如下:

1. 汉以前至少可以上推到新石器时代,黄河下游一直是取道河北平原注入渤海的;岑仲勉东周前黄河下游即济水之说,极不可信。

2. 黄河下游在战国筑堤以前,决溢改道是屡见不鲜的事。其时河北平原中部是一大片人烟稀少荒芜寥落的地图上的空白地区,黄河在这里决溢改道,对人民生活的影响很小,因而也就为一般古代文献记载所不及。

3. 见于《周谱》记载而为王莽时王横引用过的周定王五年那一次"河徙",是汉以前唯一的被记载下来的一次改道,但决不能说事实上汉以前只改过这一次道。

4.《周谱》只说"定王五年河徙",没有说在何处决口,从何道徙向何道,我们没有任何理由可以否定这条记载的可靠性,不能因为胡渭对这一次河徙所作的解释不可信,就连带把《周谱》这条记载根本否定了,从而得出春秋战国时黄河从没有改过道的结论。

5. 黄河下游河道见于先秦文献记载的有二条:一《禹贡》河,二《山经》河。这二条河道自宿胥口北流走《水经注》的"宿胥故渷",至内黄会洹水,又北流走《汉志》的邺东"故大河",至曲周会漳水,又北流走《水经》漳水至今深县南,二河相同;自此以下,《禹贡》河走《水经》漳水东北流经交河青县至天津市东南入海,《山经》河北流走《汉志》滱水经高阳、安新折东经霸县至天津市东北入海。

6. 见于《汉书·地理志》、《沟洫志》和《水经注》的西汉河道,既不是"禹之旧迹",也不是形成于周定王五年的河徙,更不可能迟至汉武帝元光三年河决顿丘才形成。

7.《汉志》河具体经流虽到汉代才见于著录,却是见于记载的最早一条黄河下游河道(始见于前七世纪中叶记载),并且是春秋战国时代长期存在着的河道。

8.《禹贡》、《山经》河见于历史记载较晚于《汉志》河(始见于前六世纪后叶),也比较不常见。有可能先有《汉志》河,某年从宿胥口北决而形成《禹贡》、《山经》河。

9.《禹贡》河与《山经》河孰先孰后,现尚无法作出判断。

10. 春秋战国时代,黄河下游以走《汉志》河为常,也曾不止一次走《禹贡》、《山经》河;也有可能东(《汉志》河)西(《禹贡》、《山经》河)二股曾长时期同时存在,二股迭为干流,而以东股为常。此外,汉代的笃马河、沑河、沽河、清河、商河等,也应曾为黄河决流所走过。

11. 战国筑堤以前,黄河下游曾多次改道,先后走过上述这些河道,但黄河流经每一条河道的确年已不可考。

12. 约在前四世纪四十年代左右,齐与赵、魏各在当时的河道即《汉志》河的东西两岸修筑了绵亘数百里的堤防,此后《禹贡》、《山经》河即断流,专走《汉志》河,一直沿袭到汉代。

1980.6.10

(原载《历史地理》创刊号,上海人民出版社 1981 年 11 月版)

汉以前黄河下游河道形势图

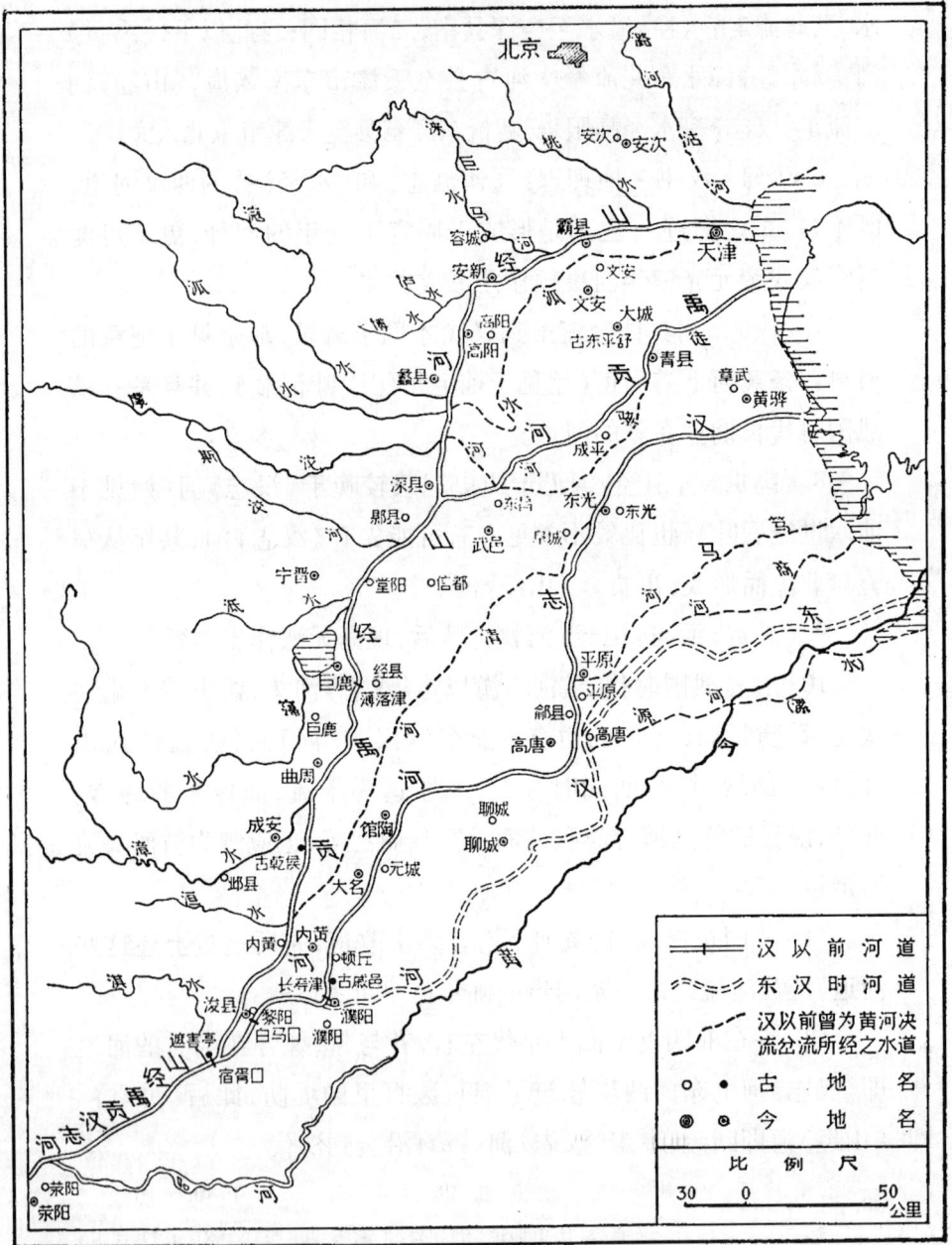

北京

安次　安次

容城
霸县
天津
安新
文安
文安
大城
高阳
古东平舒
青县
章武
蠡县
高阳
黄骅

深县
鄚县
成平
东光
武邑
东光
东光
安平
信城
宁晋
堂阳
任都
平原
巨鹿
经县
平原
薄落津
巨鹿
郻县
高唐
曲周
高唐
成安
聊城
馆陶
古戚侯
聊城
邯县
元城
大名
内黄
内黄
顿丘
长寿津
古戚邑
浚县
黎阳
濮阳
白马口
濮阳
遮害亭
宿胥口

荥阳
荥阳

比例尺

	汉以前河道
	东汉时河道
	汉以前曾为黄河决流岔流所经之水道
○ ●	古　地　名
◎ ◉	今　地　名

比　例　尺

30　0　50
公里

历史时期渤海湾西岸的大海侵

掌握历史时期海陆变迁的基本情况,是制订沿海地区各项长远性建设规划的必备条件之一。因此,在这方面所作的研究工作,其研究对象尽管是历史时期的现象,却具有重大的现实意义。渤海湾的西部地区,是我国历史时期海陆变迁较为显著的地区之一,前人在这方面已做了不少研究工作。不过,海陆变迁是两方面的,有由海变陆的一面,也有由陆变海的一面。前人的论文大都只着眼于海河三角洲的逐渐伸展,即由海变陆的一面,而忽视了渤海湾西岸在历史时期还有由陆变海一面的变迁。其实,后一种变迁更值得我们重视。本文试图以历史资料和考古资料为据,论证历史时期渤海湾西岸曾经发生过一次规模巨大的由陆变海——海侵。至于造成这一海侵现象的原因是什么?是陆地下降还是海水上升?那就得请地质学者特别是新构造运动学者作进一步的研究。

《汉书》的记载和前人的推论

历史文献里明白提到古代渤海湾西岸曾经发生过一次大海侵的,是《汉书·沟洫志》里的如下记载:

"王莽时,征能治河者……大司空掾王横言:河入勃海,

　　……往者，天尝连雨，东北风，海水溢，西南出，浸数百里；九河
　　之地，已为海所渐矣。”

可是，这节记载不容易令人置信。因为王横并没有指出发生海侵
的具体时间，而只含糊地说是"往者"。特别是他把海侵的原因说
成是"天尝连雨，东北风"，更显然是不科学的。按之实际，暴风雨
所引起的海啸，只能使濒海地带暂时受到海涛袭击，不可能使广袤
数百里的大陆长期"为海所渐"。所以近代科学工作者有不少人
对历史时期渤海湾海岸线和黄河河口变迁问题作过研究或调查，
但是谁也没有提到过王横这几句话。

　　多年来我也是抱着不相信的态度来对待王横这一节话的。最
近我却发现王横所说的海侵究竟有没有这回事，确是一个很值得
提出来认真讨论的问题。

　　尽管王横把海侵的原因归之于"天尝连雨，东北风"是不可信
的，但我们不能因而就断言他所提到的海侵这一事件本身也决无
其事。王横所谓"九河"，指《禹贡》九河，在今渤海湾西岸河北省
东南部一带。他说海侵的结果把《禹贡》九河之地淹没了，可见他
虽然不能指出海侵的具体年代，但其上限是明确的，即《禹贡》时
代。因此，要解决王横所说海侵是否实有其事，正确的方法应该是
将《禹贡》和王横这两个时代的渤海湾西部海岸线进行一下比较，
看看后者较之前者是否有较大幅度的退缩。

　　旧时代的学者倒是进行了这种比较的。在他们看来，渤海湾
地带确有大片海面在古代原是陆地，所以他们都相信王横所说海
侵实有其事。北魏郦道元首先在《水经注》里提出这样的说法：
《禹贡》有"夹石碣石入于河"一语，其时黄河应在碣石入海，而碣
石位于渤海北岸滦河口附近，汉以来已沦入海中，可见"王横之
言，信而有征"。宋以后的经学家为《禹贡》作注释，又本郦说加以

推阐①。他们认为自碣石以西,现今的整个渤海湾,在《禹贡》时全是陆地,王横所说的海侵,就是这一大片陆地由陆变海。

可是,郦道元所指说的滦河口地区的海陆之变尽管可能是事实,但滦河口距离"九河之地"甚远,显与王横所说海侵非一事。换言之,碣石入海这件事,并证明不了"王横之言,信而有征"。经学家们推定,现今渤海湾在《禹贡》时代犹为大陆,所依据的只是他们对《禹贡》"夹石碣石入于河","同为逆河入于海"二语的解释。而这种解释根本是错误的(容另文详述),因而他们所推定的《禹贡》时代海陆形势以及对王横所说海侵地区的解释,当然都是靠不住的。和郦道元的说法一样,他们的研究成果也并不能证明王横所说海侵实有其事。

由古文化遗址推断春秋战国时代海岸线的位置

前人之所以无法解决这个问题,一方面固然是由于他们曲解了王横的原语和《禹贡》的文义,更重要的是由于他们没有摸清楚《禹贡》时代和王横时代的渤海湾海岸线的正确位置。

近代学者业已考定《禹贡》是战国时代的作品。《禹贡》所描述的地理现象,可能是战国当时的情况,也可能是较早一些时期的情况。因此,《禹贡》时代实际上就是春秋战国时代。

春秋战国时代渤海湾西部海岸线的具体位置在哪里,在过去是搞不清楚的。有关这方面的文献记载流传下来的太少,历史学家无法据以考订。决定海岸推移的因素极为复杂,又随时而变,地理学家难于凭目前对一二种因素的考察来推断几千年前的情况。

---

① 代表作有宋程大昌:《禹贡山川地理图》、清胡渭《禹贡锥指》等。

只有到了今天，由于近年来考古学界和地理学界许多单位对这一地区进行了多次实地调查、钻探和发掘①，搞清楚这一时期的海岸线位置才成为可能。

调查研究者先后在宁河县的田庄坨、七里海沿岸等处，天津市东郊的张贵庄、巨葛庄等处，以及黄骅县的跃进桥、武帝台等处，发现了大量的战国文化遗址，部分遗址的年代还可以上溯到春秋晚期，这就证实了这一地带的成陆年代应在春秋以前。

这些古文化遗址多数座落在贝壳堆积上，许多贝壳堆积都呈堤形，无疑是古代海岸线的遗迹。贝壳堆积的分布甚广，不仅分布在上述这一地带，也分布在这一地带以西和以东。根据这些贝壳堆积，可以复原出几条贝壳堤？各条的走向如何？调查研究者的结论并不一致。但至少有两条是大家公认的：一条紧靠着现今海岸线，距离最远处也不过三四公里；另一条自天津市中心东约二十公里的白沙岭起，向南经泥姑、邓岭子、上沽林、马棚口、歧口直到黄骅县东海滨的贾家堡以南。这两条堤之间的距离在北端约有二十余公里，向南逐渐接近，至歧口以后二者即并合为一。

滨海的那条贝壳堤，据文献记载推断，约当形成于金元时代。起自白沙岭的那条堤，前几年由于在堤上发现的都是唐宋时代的遗址，所以一般人都认为它的形成年代不会很早，约当在王莽以后。但最近又在堤的北段白沙岭、泥姑、邓岭子发现了战国和两汉早期的遗址。考古调查并没有摸清堤上的战国遗址是属于战国什么时期的。姑且假定是战国晚期的话，则堤的形成不得迟于是前

---

① 见李世瑜：《古代渤海湾西部海岸遗迹及地下文物的初步调查研究》，《考古》1962 年第 12 期；王颖：《渤海湾西部贝壳堤与古海岸线问题》，《南京大学学报（自然科学）》第 8 卷第 3 期；天津市文化局考古发掘队：《渤海湾西岸古文化遗址调查》，《考古》1965 年第 2 期。

数十年或百年的战国中期。这条贝壳堤厚达五米,宽达一二百米,估计其形成过程至少也得经历百数十年,则其开始发育期最迟应在春秋晚期。

虽然我们现在还不能指实这条堤的形成年代,而只能推定其下限不得迟于春秋晚期到战国中期,但以此为据,我们已经可以比较有把握地对于天津市以南春秋战国时代的海岸线所在作出如下结论:(一)战国中期以前,这条堤可能正在形成,也可能业已形成。若正在形成;则其时的海岸线就是这条堤;若业已形成,则其时的海岸线应已伸展到堤外。(二)最迟至战国晚期,堤上已有人居住,其时海岸线无疑已在堤外。(三)堤内不远处有属于战国早期以至春秋晚期的遗址发现,可见即使这条堤确是形成于春秋晚期以后的,此前的海岸线亦必已抵达此线附近。(四)总之,春秋战国时代的海岸线,大体上应相当于这条起自白沙岭的贝壳堤。

自今天津市以北,调查研究者对于贝壳堤的存在与否看法不同。有的认为是存在的,宁车沽、芦台闸口等地所发现的黄色细沙堆积,就是白沙岭贝壳堤的延伸部分。有的认为并不存在。若前说可信,则春秋战国时代的海岸线应相当于今白沙岭、宁车沽、芦台一线。若前说不确,则那时的海岸线至少亦应在七里海、田庄垞等战国文化遗址以东。

西汉晚期的河海形势和设治情况

春秋战国时代亦即《禹贡》时代的海岸线的具体位置既已明确,再看一下西汉末年即王横时代的海岸线在哪里。

据《汉书·地理志》所载,渤海湾西岸水道有下列这几条:

金城郡河关:"河水行塞外,东北入塞内,至章武入海"。

代郡卤城:"虖池河东至参合入虖池别……从河东至文安入海。"

河间国弓高:"虖池别河首受虖池河,东至平舒入海。"

代郡灵丘:"滱河东至文安入大河。"

雁门郡阴馆:"累头山,治水所出,东至泉州入海。"

渔阳郡渔阳:"沽水出塞外,东南至泉州入海。"

右北平郡无终:"浭水西至雍奴入海。"

河水即大河,亦即黄河。虖池河即虖沱河。虖池别河系虖池河下游一岔流。"从河",据清末杨守敬考证,系泒河之误①。泒河即今沙河。浭河即今唐河。治水即今永定河。沽水即今白河。浭水一作庚水,即今遵化的沽河和蓟县的州河。这里所谓某水即今某水,概指上游而言;下游古今变迁甚大,或已湮灭,或已改道。

章武故城当在今黄骅县境内,西南去沧州八十里。"参合"系"参户"之误,故城在今青县西南三十里木门店。文安故城在今文安县东北三十里柳河镇。"平舒"即东平舒,故城即今大城县治。泉州故城在今武清县旧治东南四十里。雍奴故城在今武清县旧治东七里丘各庄,东去北运河十七里②。

要根据这几条记载来复原西汉时期渤海湾西岸的河海形势,先得指出这中间存在着一处极关紧要的错误——滱河条下的"大河"二字。上列诸水河水最南,次北为虖池河、虖池别河,又北为泒河,又北为滱河,又东北为治水,又东为沽水,又东为庚水。滱河既介在泒河治水之间,所以它只能入泒、入沽或入海,不可能穿越

---

① 《晦明轩稿》,《汉志从河为泒河之误说》。

② 各县故城位置,据《大清一统志》天津府古迹乾符故城、参户故城、顺天府古迹文安故城、东平舒故城、泉州故城、雍奴故城。杨守敬《水经注疏》及《水经注图》认为丘各庄古城系北魏时雍奴故城,汉故城应在北运河东岸。

沤河、虖池河入大河。河水自西南来,至章武入海;文安在章武西北,中间还隔着一个东平舒县,不可能为河水所经流,当然滱河也无从在此入河。按:《汉书·地理志》里滱河的下游就是《水经》里巨马河的下游;《水经》叙巨马河作"东入于海",则《汉志》所谓滱河"入大河",显系"入海"之误。

滱河"入大河"既系入海之误,由此即可明确:当时渤海湾西岸七大川是各自独流入海的。七大川既系各自独流入海,由此可见,其时渤海湾西部的海岸线,必然已跟春秋战国时代的海岸线大不相同。因为要是基本上还维持着春秋战国时代的原状的话,那么,除大河比较偏南、浭水比较偏东外,其余五条水在流经今大城、文安、武清县境后,不可能不在现今天津市境内会合为一,各自独流入海是为地势所不许的。此外,还有下列两方面的情况也很难解释:一、在今黄骅以南沧县以东的河北省境内,当时共设置了章武、浮阳、柳、中邑、高城、千章、定七县。在今丰润以东燕山南麓滦河陡河平原里,当时也没有絫、新安平、海阳、夕阳、骊成、土垠、昌城七县。为什么同样是渤海湾的滨海区域,在黄骅以北、丰润以西、南北运河以东,这么一个广大范围内,却连一个县治也没有设?二、东平舒、文安二县县治都设在今子牙河西岸,距海甚远,雍奴县治在泉州县治之北,这三县怎么可能有滨海的辖境,成为虖池别河、沤河、滱河、浭水的河口所在?

根据上述情况,可见当时的渤海湾西部,必然已在春秋战国时代的海岸线以内,出现了一个面积不小的新海湾。这个海湾的南岸应距今黄骅县治不远,当时是章武县境;西岸应逼近今南北运河,当时分隶于东平舒、文安、泉州三县,虖池别、沤、滱、浭、沽五水由此入海;北岸应在今宝坻县境内,当时是雍奴县境,浭水由此入海。只有这样,七大水分别入海才有可能,沿海县治的分布情况才能解释得通。

海侵的侵没地区、发生年代和恢复年代的推定

明确了西汉晚期即《汉志》时代渤海湾西部存在着这么一个新海湾，这也就证实了王横所说的海侵是确有其事的。不过，这次海侵所浸没的地区既不是郦道元所说的滦河口地区，更不是经学家们所说的现今的渤海湾，而是在现今渤海湾西岸白沙岭贝壳堤以内的一大片地区。这一地区周围达数百里，其南部正为《禹贡》九河之地，与王横之言完全符合。

根据文献记载推断出来的这次海侵，还可以在地貌资料方面得到证明，并借以进一步确定其地区范围。1947 年希腊地质学者克雷陀普在《华北平原之生成》①一文中，曾指出海河平原上拔海四米的等高线，是在今日海岸线以内的第一条完整的等高线。克雷陀普认为从这条等高线到海岸之间的平坦低地，其成陆时间"好像不会早于二千五百年"。现在我们知道，二千五百年前春秋时代的海岸线，实在这条等高线以外的今白沙岭邓岭子一线的贝壳堤，而这条等高线倒刚好和上文所推定的西汉新海湾的边缘线大致符合。所以我们认为，这条等高线应该就是二千年前西汉晚期的海岸线；从这条等高线东至白沙岭贝壳堤之间这一片相当于今天津、宁河、宝坻、武清、静海、黄骅六市县的各一部分或大部分的地区，就是王横所说的那次海侵的浸没范围。

王横所说的这次海侵还可以在考古资料方面得到证明，并借以确定其发生年代。近年来在天津、黄骅、宁河一带所发现的几十

---

① 载《中国地质学会志》第 27 卷。

处古文化遗址,遗址内的文化遗存,或是属于东周和西汉前期的,或是属于唐宋时代的,独不见有西汉晚期至南北朝时期的①。这一文化遗存在年代上的中断现象,不可能是任何政治、军事、经济原因所造成的,因为这些原因都不可能逼使人类长期退出一大片地区。唯一可能的原因是发生了海侵,海水整个淹没了这一地区。据此,则发生海侵的年代约当在西汉中叶,距离王横时代不过百年左右。沿海人民对于这件往事记忆犹新,王横所说的,就是根据当地父老的传述。

最后再让我们推断一下,这片被海侵所浸没的土地到什么时候才重新出水成陆。

《水经》一书,大部分写成于王横以后约百年左右的东汉中叶。《水经》里的浊漳水下游就是《汉志》里的虖池别河,易水下游就是《汉志》里的泒河,巨马河下游就是《汉志》里的滱河。这三条水在《水经》里跟在《汉志》里一样,也是入海的。可见其时渤海湾西部的海陆形势应大致仍西汉海侵以来之旧。

可是另据同书的《淇水篇》和《沽水篇》所记,其时滹、沱、泒、滱诸水独流入海的局面业已改变,今天津市区以东业已出现了大片陆地。《淇水篇》是写成于东汉末年以后的,篇中述淇水上游流经建安九年曹操所开的白沟,是其确证。据自可见约自东汉中叶以后,西汉时被浸没地区的海水应在逐渐后退。到了东汉末年,海陆形势已基本上恢复了海侵以前的局面。

东汉末年的海岸线虽然大致上已推进到了海侵以前的原位

---

① 据《渤海湾西岸古文化遗址调查》。该文作者在提到这一现象时说:"这一现象是否也和海岸线的变迁有关,尚有待进一步研究。"本篇就是在这一启发下写成的。

置,但在海岸线以内,却遗留了大量的泻湖和沼泽地带。因此,在东汉以后的长达四百年之久的魏晋南北朝时期内,这一地带的经济始终很落后,人口始终很稀疏。目前在这一地区内还找不到一个魏晋南北朝的文化遗址,正可以说明这一点。

一直到了唐宋时代,情况才有显著改变。不仅考古调查所发现的唐宋遗址可以证明,而且这一地区的县治增置情况也可以予以证明。唐初开始在接近海侵区北部的燕山南麓增设了玉田、三河二县。唐末又在接近海侵区南部增设了乾宁军(今青县)。辽代又设置了香河县,金代又进一步设置了宝坻县和静海县。这些县治的增设,无疑都是由于海侵区地理环境日渐改善,经济日益开发,人口日渐繁殖的结果,但设治地点都还在海侵区之外的邻近地带。至于在海侵区内设置今天津市的前身天津卫和今宁河县的前身梁河千户所,则是明初永乐年间的事,距离海水的退出约计已在一千二三百年以上。

(原载《人民日报》,1965 年 10 月 8 日)

渤海湾西岸大海侵示意图

北京市

宝坻

唐山

雍奴

旧武清

旧宁河

蓟

宁河

泉州

霸县

七里海

白沙岭

天津市

张贵庄

泥沽

静海

巨葛庄

文安

马

邓岭子

文安

渤

(东平舒)
大城

海

青县

湾

章武

沧州

黄骅

东光

白沙岭贝壳堤(春秋战国时海岸线)
四米等高线(西汉中叶后海岸线)
西汉时期的主要水道
西汉时的县治及聚落
今　地　名

10　0　　　20　　　40　　　60
公里

碣　石　考

　　毛主席在《浪淘沙·北戴河》一词中写道："往事越千年，魏武挥鞭，东临碣石有遗篇"。魏武帝曹操登临的碣石现在何处？我们查阅了多种毛主席诗词注释和曹操著作注释，都说是已沦没入海，现在看不到了。1974 年第 2 期《地理知识》上刊载了《沧海桑田话碣石》一文，又从现代地理科学角度，论证了古代碣石山确已沦亡入海。

　　事实果然是这样吗？ 不然。

　　碣石沦海说渊源甚古，始见于六世纪北魏郦道元所著《水经注》。但郦道元只是说原在陆上的碣石山为海水所侵，脱离了大陆，"立于巨海之中"，并没有说已不存在。到了十七世纪末，清初胡渭著《禹贡锥指》，对郦道元的记载深信不疑；可是在渤海北岸海上又找不到这座山，才创为郦时在海中的碣石山，在郦后已沦于海底之说。清末杨守敬著《水经注疏》，画《水经注图》和《历代舆地图》，又基本上因袭了胡说。胡、杨二人是著名的考据学家，影响很大，从此碣石沦海说竟成为权威说法，为学术界所广泛采用。其实不论是郦道元的山在海中说还是胡渭、杨守敬等的沦没海底说，只要认真一推敲，都是站不住脚的。

　　郦道元认为碣石山在汉武帝以前本在陆上，在汉武以后王莽以前这一段时间内，由于"海水西侵，岁月逾甚"，结果竟为洪波所苞。到他那个时代,就连山顶那块有如柱形的大石,在潮水大至时也要被淹没了①。今按:在王莽以后,不仅曹操曾在郦前约三百年"东临碣石,以观沧海",并且还有北魏文成帝在郦前约五六十年,北齐文宣帝在郦后不足三十年,都曾经登上碣石山观海,文成并且还"大飨群臣于山下","改碣石山为乐游山"②。要是那时的碣石山当真就像郦氏所描述那样,只是一座出没于大海波涛中时稳时现的小小孤岛,怎么可能成为帝王们的登临胜地呢?既然这个岛屿潮水大至时就要被淹没,它的高度显然是很有限的,登上去有什么胜概可览?何况还得冒着生命危险趁退潮时上去,匆匆忙忙赶着在涨潮前撤回?可见郦指的那个海中的"碣石山",决不是魏武等历代帝王所登的碣石山。

碣石山名见于《禹贡》,在《汉书·地理志》里被称为"大碣石山",又为从秦皇汉武以来直到北朝历代帝王东巡时所经常登临,像这样一座著名的大山,若说是由于地壳沉降而没入海底,少说也得经历几十万年、几万年的时间才有可能,岂有秦汉北朝时犹见在,在几百年千把年后便杳无踪影之理?若说是由于北朝以后某年发生了剧烈的地震而突然陷没的,那便是一件值得大书特书的灾变,为什么在历史记载里绝无一字提到?再者,关于碣石山沉没的地点,胡渭认为在昌黎县南海岸外数十里(附图△1),杨守敬认为在乐亭县西南旧滦河口外(附图△2),《沧海桑田话碣石》的作者认为在昌黎县东南七里海东海岸附近(附图△3)。可是,根据实地勘察,包括这三处在内的整个渤海北部海域,海深平均不超过二十米,海底平坦,全系沙质,距岸数十里内连石头都找不到,这哪

① 《河水注》、《濡水注》、《禹贡山水泽地注》。
② 《魏书·高宗文成帝纪》太安四年,《北齐书·文宣帝纪》天保四年。

里像是近千年来有一座大山沉没在这里？可见不管说沉没在哪里，凡沉没说都是不可信的。

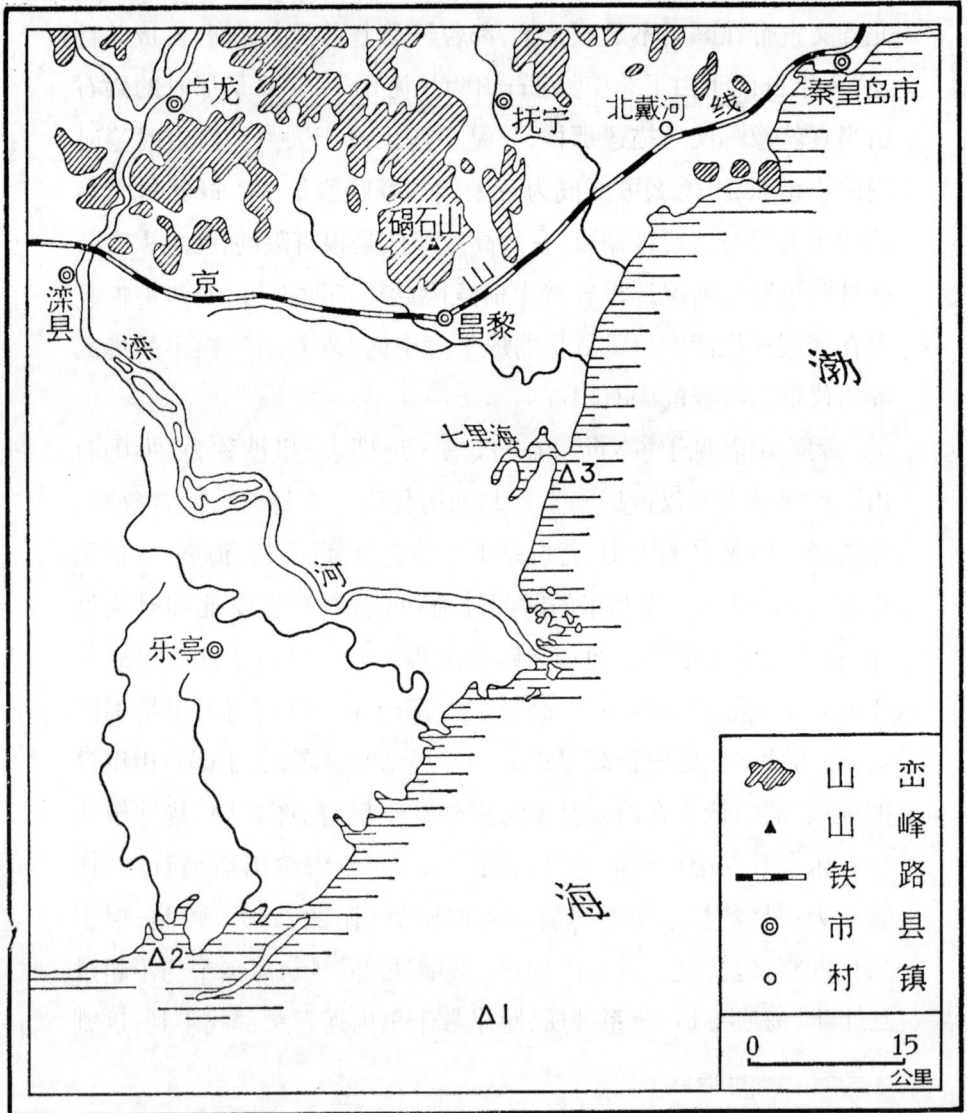

　　既然碣石山沦海说不可信,那么秦皇汉武魏武所登的碣石山究竟在哪里? 答案很简单:就是现今河北省昌黎县北偏西十里那座碣石山。因为只有这座山,拔海六百九十五公尺,周围数十里,屹然特立于渤海北岸近海平原中,既与碣石之称①相符,又高大得足供帝王们率领着成千上万扈从登上去;并且又位于东西交通大道的侧近,也便于登临。

　　古碣石山即今碣石山,这并不是笔者的创见。自汉至明,历代的地理总志和正史地理志里都载有碣石山,既没有说在海中,也没有说碣石山有古今之别,可见所指都是今天的碣石山。《大清一统志》受了胡渭的影响,才改称碣石山为仙人台山,认为别有一个古碣石山在昌黎县西南。特别是生活在碣石山附近的当地人,都明确主张古碣石山即今碣石山,撰有专文,收录在《昌黎县志》、《永平府志》等地方志里。

　　然则长期以来这种正确的说法为什么没有引起大家的重视,大家反而要去相信荒谬无稽的沦海说呢? 原因有二:一是郦道元在《水经注》里讲到碣石沦海既有三处之多,并且对当时的碣石情况还作了很具体的描述:"今枕海有石如甬道数十里,当山顶有大石如柱形,往往而见,立于巨海之中,潮水大至则隐,及潮波退,不动不没,不知深浅,世名之天桥柱也"。言之凿凿如此,不容人不信。二是今碣石山距海达三十里,不仅不在海中,也不在海边,不适宜于登山观海。过去由于对这两点没有人作出正确的解释,因此古碣石山即今碣石山说一直未能为多数人所信服,古碣石沦海说反而得以广泛流传。

　　我们认为确认古碣石山即今碣石山,对这两点还是可以作出

────────────

　　① 《说文》:"碣,特立之石也。"

恰当的解释的。

估计约在东汉中叶以前,碣石山前的平陆上散布着许多露出地面的碣石山余脉;其中有一条石脉断续相连长达数十里,一直伸展到海边一块特大的柱状石而止。东汉末年人文颖说:碣石"在辽西絫县,絫县今罢属临渝,此石著海旁"①,指的就是这块石头。文颖时絫县已省废,"絫县今罢属临渝"一句,是他加上去的,他所依据的原记载则应写于絫县犹见在时,即公元140年以前,因为以140年册籍为准的《续汉书·郡国志》里,已经没有絫县了。

东汉中叶以后,海水逐渐北侵,这一带的海岸线内移至逼近今京山铁路一线,原来的平陆成了一片浅海,浅海中到处耸峙着碣石山余脉,这就是郦道元在《濡水注》里提到的"沧海之中"的许多"山望"。至于原来那条从山脚下伸向海边的石脉,到这时候便成了郦道元所谓"枕海有石如甬道数十里",而原来在海边的那块"碣石",就成为"立于巨海之中",潮至则隐,潮退则现的"天桥柱"了。所以在那个时期,曹操于建安十二年(公元207年)阴历九月里经过这里,登上碣石山一望,展现在他眼底的,正该是在他《观沧海》一诗里所描述的那一派风光:"水何澹澹,山岛竦峙,树木丛生,百草丰茂,秋风萧瑟,洪波涌起。"

由此可见,郦道元关于碣石的记载,的确并不完全是凿空之谈。他说那个时候碣石在海中,潮至则隐,潮退则现;枕海有石如甬道数十里;而这种情况是由于"昔在汉世,海水波襄,吞食地广"所形成的,这几点应该基本上是可信的。但他混碣石与碣石山为一谈,把原在海边的那块碣石的脱离大陆说成是整个一座碣石山苞沦于洪波,把时隐时现于海水中的天桥柱说成是在碣石山山顶

---

① 《汉书·武帝纪》元封元年注引。

上,这是很大的错误。正是由于郦道元这个错误,后人读了《水经注》后,都不免要误以为秦皇汉武魏武所登的碣石山,郦时已在海中。这是碣石沦海说的根源。既然相信了郦氏此说,后世在海边又找不到这么一个在水中的碣石山,因而就产生了郦时的碣石山后来又沦于海底的臆说。

那么郦道元时代孤悬海中的那块碣石,后来又到哪里去了呢?那是由于:约在郦道元时代之后不久,碣石山前的海陆形势和地貌又开始发生了剧烈的变化。在此以前,由滦河夹带下来的泥沙和海潮所推涌上来的泥沙与海生生物遗体,早已把山前近岸的浅海海底填淤得很接近于海面,到了这个时候,便大片大片地脱水成陆。先前布列在这广带露出水面的岛石,包括那数十里长有如埇道的石脉和那块碣石,也就陆陆续续为河海沉积物所埋没,消失在山前新成陆的平原的视野中。碣石消失了,但它不是沦于海,而是没于陆。

与碣石的消失同时,碣石山前的景物也起了大变化。郦道元后约三十年,北齐文宣帝东征班师时虽然还是登上了碣石山,山前景物殆已非昔比。再过五六十年,隋炀帝在大业八年(612 年)用兵辽东班师途中,即不再登临此山。这应该是由于在那时登上碣石山顶,虽然还是望得到海,但太远了,看不到"洪波涌起"了;至于山下近处,则既无"山岛竦峙",又无掩映于山海之间的丛林与百草,只是一片平原,没有什么可看的。从此以后,历代帝王对这个山就不再予以理会了。唐太宗贞观十九年(六四五年)从辽东班师路过这一带时,"次汉武台,刻石纪功"。汉武台在今北戴河海滨的山冈上。唐太宗之所以另选汉武台,而不按秦皇汉武魏武以来的故事登上碣石山去观览一下沧海然后刻石纪功,说明那时碣石山前的眼界已远不及北戴河海滨一带。

据现代地质地理学者在华北平原进行钻探所得资料,滨海地区的地层,往往呈海陆相沉积更迭的现象,说明这些地区曾反复经历过多次海陆变迁。碣石山前的地层不仅也有这种现象,并且在山前近处还到处发现掩埋不深的草煤层,又说明了这一带在距今一二千年内曾经是草木丛生的浅海或泻湖、沼泽地带,后来为泥沙所掩埋才变成草煤。可见,我们根据历史资料作出推断,认为秦汉以来二千多年内碣石山前一带平原,曾经一度向内退缩,然后又向外伸展,而再次外展后的陆地,面积比汉以前原来的面积更为广大,高度也要比原来的高度大大增加,以致把原来的石脊或小山头全都埋没在莽莽平原里,这是完全符合于实地勘察的结果的。

由此可见,碣石山离海较远,不甚适宜于观海,这是隋唐以来的情况。在此以前,海岸线远在今线之内,六朝时最北,秦汉时稍南,但距离山麓都不远,所以在那些年代里,碣石山正该是一个登临观海的胜地。

根据以上考订,最后让我们对这个长期以来纠缠不清,以致成为毛主席诗词注释中的疑难问题的碣石问题,作出如下一个简括的结论:

魏武以及秦皇汉武所登的碣石山,就是今天昌黎县北的碣石山。但山前的地貌,不同的历史时期不断在发生变化。约在东汉中叶以前,山前余脉露出地表,延伸至海边特立着一块巨石,被目为“碣石”。此后海水内侵,山前平地被淹,余脉露出水面的石块枕海如甬道数十里,那块“碣石”则随潮汛涨落时隐时现,有“天桥柱”之称。约在郦道元之后的北朝晚期(六世纪中叶以后),海水又大规模后退,山前出现了大片平陆,从此碣石不再成为登临胜地;那些枕海石和那块特立的碣石,终于全都被埋没在平陆之中了。

历史时期的碣石山一直屹立在渤海北岸，既没有脱离过大陆，更没有沦于海底。只有碣石山前的那块碣石，近二千年来曾经三度改变其相对位置：先是"著海旁"，继而"立于巨海之中"，最后沉埋于地表之下。

这是我对碣石问题所作初步探索得出的结论，不一定正确，希望关心这个问题的同志们多多予以指正。要彻底解决这个问题，像我这样主要依靠文献资料的整理与分析，是办不到的，重要的是应该对碣石山前的平陆和海域，作一番科学的细致的实地调查考察工作。

（原载《学习与批判》，1976 年第 2 期）

云梦与云梦泽

"云梦"一词，屡见先秦古籍；但汉后注疏家已不能正确理解其意义，竟与云梦泽混为一谈，因而又产生出许多关于云梦和云梦泽的误解。云梦泽汉世犹见在，故汉人言泽地所在，虽简略而基本正确；晋后随着云梦泽的消失，对经传"云梦"一词的普遍误解，释经者笔下的泽地所在，乃愈释愈谬，积久弥甚，达到了极为荒谬的地步。本文的写作，目的即在于澄清这些传统的谬说，并从而对云梦泽的演变过程作一探索，希望能为今后科学地阐述历史时期江汉平原的地貌发育过程打下一个比较可靠的基础。

一、"云梦"不一定指云梦泽

古籍中有的"云梦"指的确是云梦泽，那就是见于《周礼·职方》荆州"其泽薮曰云梦"，见于《尔雅·释地》、《吕氏春秋·有始览》十薮、《淮南子·地形训》九薮中的"楚之云梦"。但另有许多"云梦"，指的却不是云梦泽，如：

《左传》宣公四年载：令尹子文之父在䢵时私通䢵子之女，生下了子文。初生时其母"使弃诸梦中。虎乳之。䢵子田，见之"。昭公三年载：郑伯到了楚国，楚子与郑伯"田江南之梦"。"梦"是云梦的简称。① 这两个"梦中"既然是虎所生息可供田猎的地方，就不可能是一些湖泊沼泽，应该是一些山林原野。又定公四年载：吴师入郢，楚子自郢出走，"涉睢，济江，入于云中。王寝，盗攻之，以戈击王"。"云"也是云梦的简称。这个"云中"有盗贼出没，能危及出走中的楚王，也应该是一片林野而非水面。

在《战国策》、《楚辞》等战国时代记载中，凡是提到"云梦"的，都离不开楚国统治者的游猎生活。《国策·宋策》："荆有云梦，犀兕麋鹿盈之"。犀兕麋鹿，全是狩猎的对象。又《楚策》："于是楚王游于云梦，结驷千乘，旌旗蔽天。野火之起也若云蜺，兕虎之噑声若雷霆。有狂兕牂车依轮而至，王亲引弓而射，一发而殪。王抽旃旄而抑兕首，仰天而笑曰：乐矣，今日之游也"。这里所描写的是楚宣王一次大规模的田猎活动。又《楚辞·招魂》："与王趋梦兮课后先，君王亲发兮殚青兕。"屈原说到他曾追随楚怀王的猎队在梦中驰骋，怀王亲自射中了一头青兕。可见这三处所谓"云梦"、"梦"，当然也是山林原野而非湖沼池泽。

从这些史料看来，显然先秦除云梦泽外另有一个极为广阔的楚王游猎区也叫"云梦"。因此我们不能把凡是于见古籍的"云梦"一概看作是云梦泽，应该看这两个字出现在什么样的历史记载里。上引《左传》宣公四年条下杜预注"梦，泽名"；定公四年条"云中"下注"入云梦泽中"；《楚策》条"云梦"下高诱注"泽名"；

---

① 此从《尚书·禹贡》篇孔颖达疏。一说江北为云，江南为梦，云梦是云和梦的连称，这是错误的。郢在江北，宣四年明明用的是梦字。昭三年曰"江南之梦"，可见江北也有梦；若江北为云，梦全在江南，则梦上无需著"江南"二字。定四年楚王从睢东江北的郢城"涉睢"，到了睢西；"济江"，到了江南；入于云中，可见江南之梦也可以叫云。此事在《史记·楚世家》中记作王"亡走云梦"，可见云即云梦。

《招魂》"与王趋梦兮"王逸注"梦，泽中也，楚人名泽中为梦中"；这些汉晋人的注释，显然都是错误的。这是由于杜预等只知道《职方》、《释地》等篇中有一个泽薮叫"云梦"，对史文竟贸然不加辨析之故。

可能有人要为杜预等辩护，说是:《说文》"水草交厝曰泽"。泽的古义本不专指水域，所以杜等对上引《左传》等文字的注释不能算错。但从上引史文可以看出，这些"云梦"地区不仅不是水域，也不是什么水草交厝的低洼沮洳之地，而是一些基本上保持着原始地貌形态的山林和原野。所以放宽了讲，杜预等的注释即使不算全错，至少是很不恰当的。其实杜预等的注释若把"泽名"或"泽中"改为"薮名"或"薮中"，那倒是比较强一些。因为"薮"有时虽解作"大泽"①，有时又解作"无水之泽"②，若从后一义，还勉强可以说得通。不过也只是勉强可通而已，恰当是谈不上的。因为作为春秋战国时楚王游猎区的"云梦"，很明显不光是一些卑湿的无水之泽，而是一个范围极为广阔的包括山林川泽原隰多种地貌形态的区域。

比《左传》、《国策》、《楚辞》更能反映"云梦"的具体情况的先秦史料是《国语》里的一条。《楚语》载，楚大夫王孙圉在讲到楚国之宝时，说了这么几句："又有薮曰云连徒洲③，金木竹箭之所生

---

① 《说文》:"薮，大泽也。"《周礼·职方》郑玄注:"大泽曰薮。"
② 《周礼·大宰》:"四曰薮牧养畜鸟兽"，郑注:"泽无水曰薮。"《周礼·地官》:"泽虞，每大泽大薮……"，郑注:"泽，水所锺也，水希曰薮。"贾公彦疏，"希，乾也。"
③ 韦昭注:"梦有云梦，薮泽也。连，属也。水中之可居曰洲;徒，其名也"。"薮"下读断，解作薮名为"云"，有洲曰徒洲与相连属。但清人如孙诒让《周礼·正义》，近人徐元诰《国语集解》等薮下皆不断，遂以"云连徒洲"为薮名，谓即《禹贡》之"云土"，较韦说为胜。

也。龟、珠、齿、角、皮革、羽毛,所以备赋用以戒不虞者也,所以供币帛以宾享于诸侯者也"。这个"云连徒洲"应即《左传》、《国策》等书中的"云梦"。王孙圉所引举的云连徒洲的十二字产品中,只有龟、珠是生于泽薮中的,其他十字都是山野林薮中的产品,可见这个云连徒洲虽然被称为薮,实际上是一个以山林原野为主,泽薮只占其一小部分的区域。

古文献中对"云梦"所作描述最详细的是司马相如的《子虚赋》。司马相如虽是汉武帝时代的人,但他所掌握并予以铺陈的云梦情况却是战国时代的。因为汉代的楚国在淮北的楚地即西楚,并不在江汉地区;而《子虚赋》里的云梦,很明显依然是江汉地区战国时的楚王游猎区。

据《子虚赋》说:"云梦者,方九百里"。其中有山,高到上干青云,壅蔽日月;山麓的坡地下属于江河。有各种色彩的土和石,蕴藏着金属和美玉。东部的山坡和水边生长着多种香草。南部"则有平原广泽","缘以大江,限以巫山。"高燥区和卑湿区各自繁衍着无数不同的草类。西部"则有涌泉清池",中有"神龟、蛟鼍、瑇瑁、鳖鼋"。北部有长着巨木的森林和各种果林;林上有孔雀、鸾鸟和各种猿类;林下有虎豹等猛兽。楚王游猎其中,主要以驾车驱驰,射弋禽兽为乐,时而泛舟清池,网钩珍羞;时而到"云阳之台"①等台观中去休息进食。

《子虚赋》里的话有些当然是赋家夸饰之辞,不过它所反映的云梦中有山,有林,有平原,而池泽只占其中的一部分这一基本情

---

① 《文选》注引孟康曰:"云梦中高唐之台,宋玉所赋者,言其高出云之阳。"按:《高唐赋》作"云梦之台,高唐之观。"又《左传》昭公七年"楚子成章华之台",杜注"今在华容城内",于先秦亦当在云梦中。

况,该是无可置疑的。至于篇首说什么"臣闻楚有七泽……臣之所见,盖特其小小者耳,名曰云梦",那是虚诞到了极点。把这个既有山林又有原野的云梦称为"泽",更属荒唐。这篇赋就其史料价值而言,其所以可贵,端在于它把这个到处孕育繁衍着野生动植物的未经开发的游猎区"云梦",形象地描述了出来。

《子虚赋》里所说的"云梦"东部,当指今武汉以东的大别山麓以至江滨一带;西部的涌泉清池,当指沮漳水下游的一些湖泊;北部的高山丛林,当指今锺祥、京山一带的大洪山区;南部的平原广泽,当指分布在郢都附近以至江汉之间的平原湖沼地带,平原之西限以广义的巫山即鄂西山地的边缘,广泽之南则缘以下荆江部分的大江,这才是"云梦"中的泽薮部分,其中的广泽才是《周礼》、《尔雅》等列为九薮十薮之一的"云梦泽"。

我们根据《子虚赋》推定的这个"云梦"范围,却可以包括先秦史料中所有有地望可推的"云梦"。《左传》宣四年在郧地的"梦"应在今云梦县境。昭三年的"江南之梦"亦即定四年的"云中",应在郢都的大江南岸今松滋公安一带。《招魂》的"梦"在庐江之南,郢都之北,约在今荆门县境。也可以包括所有下文将提到的,在古云梦区范围内见于汉代记载的地名:云杜县在今京山、天门一带;编县故治在今荆门南漳之间;西陵县故治在今新洲县西。这些地方都是非云梦泽的云梦区。云梦泽见于汉以前记载的只有华容县一地,也和《子虚赋》所述广泽在云梦的南部符合。

春秋战国时的云梦范围如此广大,估计东西约在八百里(华里)以上,南北不下五百里,比《子虚赋》所说"方九百里"要大上好几倍。实际"方九百里"应指云梦泽的面积,司马相如在这里也是把云梦和云梦泽混为一谈了。

在这么广大的范围之内,并不是说所有的土地全都属于"云梦";这中间是错杂着许多已经开发了的耕地聚落以及都邑的。解放以来考古工作者曾在这个范围内陆续发现了许多新石器时代和商周遗址①。见于记载的,春秋有轸、郧(䢵)、蒲骚、州、权、那处,战国有州、竟陵等国邑②。《禹贡》荆州"云梦土作乂"③,就是说这些原属云梦区的土地,在疏导后已经治理得可以耕种了。汉晋时的云杜县,也有写作"云土"的,当即云梦土的简称。云杜县治即今京山县治④,辖境跨汉水南北两岸,东至今云梦,南至今沔阳,正是云梦区的中心地带。

这一地区本是一个自新石器时代以来早已得到相当开发的区域,其所以会迟至春秋战国时代还保留着大片大片的云梦区,那当然是由于楚国统治者长期霸占了这些土地作为他们的游乐之地——苑囿,阻挠了它的开发之故。因此,春秋战国时楚都于郢,而见于记载的郢都周围今湖北中部江汉平原一带的城邑,反而还不如今豫皖境内淮水两岸那么多。

云梦游猎区的历史大致到公元前 278 年基本结束。这一年,秦将白起攻下郢都,楚被迫放弃江汉地区,举国东迁于陈。从此秦

① 新石器时代遗址有京山屈家岭、京山石龙过江水库、京山朱家嘴、天门石家河、武昌洪山放鹰台、汉口岱家山盘城等;商周遗址有黄陂盘龙城、洪湖瞿家湾等。

② 轸、郧、蒲骚、州见《左传》桓十一年,䢵见宣四年,权、那处见庄十八年。轸在今应城县西。郧(䢵)在今云梦县。蒲骚在今应城县西北。州在今洪湖县东北。权、那处在今荆门县东南。州见《楚策》。竟陵见《秦策》,在今潜江县西北。

③ "云梦土"今本《尚书》作"云土梦"。古本或土在梦下,或梦在土下。二者哪一种符合于《禹贡》的原文,是一个长期争论不决的问题。这里用不着详辨,我们认为应该是土在梦下。

④ 汉云杜县故城,即今京山治;约汉魏之际移治汉水南岸今沔阳县沔城镇西北。《后汉书·刘玄传》注、《通典》、《清一统志》等并作汉县即在沔阳,误。别有考。

代替楚统治了这片土地。秦都关中,统治者不需要跑到楚地来游猎,于是原来作为楚国禁地的云梦被开放了,其中的可耕地才逐步为劳动人民所垦辟,山林中的珍禽猛兽日渐绝迹。到了半个世纪后秦始皇建成统一的封建王朝时,估计已有靠十个县建立在旧日的云梦区。因此,《史记·秦始皇本纪》载始皇三十七年(公元前210年)南巡"行至云梦"(指安陆县的云梦城,即今云梦治,详下),仅仅望祀了一下虞舜于九疑山,便浮江东下,不再在此举行田猎。此后九年(前201年),汉高祖用陈平计,以游云梦为名,发使者告诸侯会于陈,诱使韩信出迎被擒(《高祖本纪》、《淮阴侯列传》)。这一次所谓出游云梦,只是一个借口而已,实际上云梦游猎区罢废已将近八十年,早就面目全非,哪里还值得帝王们路远迢迢赶到这里来游览?

先秦的云梦游猎区到了西汉时代,大部分业已垦辟为邑居聚落,但仍有一部分山林池泽大致上保持着原始面貌。封建王朝在这里设置了专职官吏,对采捕者征收赋税,这种官吏即被称为云梦官。云梦官见于《汉书·地理志》的有两个:一个设在荆山东麓今荆门、南漳之间的编县,一个设在大别山南麓今麻城、红安、新洲一带的西陵县①。又,东汉时云梦泽所在的华容县设有云梦长,见应劭《风俗通义》,这很可能也是秦汉以来的相传旧制,而为《汉书·地理志》所脱载。编县的云梦官一直到西晋时还存在(见《晋书·地理志》)。估计云梦区的全部消失,当在永嘉乱后中原流民大量南移之后不久。

以上指出汉晋人对《左传》、《国策》、《楚辞》中"云梦"所作的

---

① 一本两"官"字俱误作"宫"。洪迈:《容斋随笔》、王应麟:《玉海》皆引作"官",本志南海郡有涅浦官,九江郡有陂官、湖官,知作"官"是。

注释是错误的,阐明"云梦"是一个包括多种地貌,范围极为广阔的楚王游猎区,"云梦泽"只是"云梦"区中的一小部分,并大致推定"云梦"区的地理范围及其消失过程。

二、云梦泽在什么地方

作为先秦九薮之一的云梦泽,在《周礼》、《尔雅》等书中只说在荆州,在楚地,没提到它的具体位置。汉后有多种说法,随时在变,大致可以分为三个阶段:

一、两汉三国时代,或作在江陵之东,江汉之间,或作在华容县境。前者如《史记·河渠书》载,春秋战国时的楚,曾"通渠汉水云梦之野",这是说从郢都凿渠东通汉水,中间经过云梦泽地区。又,同书《货殖列传》论各地风俗有云:"江陵故郢都,西通巫、巴,东有云梦之饶",指明云梦在江陵之东。后者如班固《汉书·地理志》、应劭《风俗通义》都说云梦泽在华容南,并且还指明这就是《职方》的荆州薮。郑玄《周礼》注、高诱《战国策》、《吕氏春秋》、《淮南子》注、张揖《汉书音义》(《文选·高唐赋》注引)、韦昭《汉书音义》(《汉书·高帝纪》注引)都说泽在华容而不及方位。《水经·禹贡山水泽地》作泽在华容东。华容故城在今潜江县西南①,正好在江陵之东,大江、汉水之间,所以这二说在实质上是一样的。华容在汉代是南郡的属县,所以《后汉书·法雄传》说:"迁南郡太

---

① 《清一统志》谓在监利县西北。今按:《左传》昭公七年杜预注云,章华台"今在华容城内";《括地志》台在荆州"安兴县东八十里",安兴故城在今江陵县东三十里;《渚宫旧事》注台在江陵东百余里;以方位道里计之,则台与县故址当在今潜江县西南。若监利县西北,则于江陵、安兴为东南而非东,去安兴当在百里以上矣。

守,郡滨带江沔,又有云梦薮泽。"这个泽直到东汉末年犹以见在的泽薮见于记载,建安十三年曹操赤壁战败后,在《三国志》裴松之注引乐资《山阳公载记》里作"引军从华容道步归,遇泥泞,道不通",在《太平御览》卷一五一引王粲《英雄记》里作"行至云梦大泽中,遇大雾,迷失道路",二书所记显然是同一事件,正可以说明云梦泽在华容道中。

《水经注》虽然是南北朝时代的著作,其所采辑的资料则往往兼包前代,关于云梦泽的记载,其中有一段即与两汉三国说基本相同,只是未著所本。《夏水注》在经文"又东过华容县南"下接着写道:"夏水又东径监利县南……县土卑下泽,多陂池;西南自州(当作"江",见杨守敬《水经注疏》)陵东界,径于云杜、沌阳,为云梦之薮矣。"监利县,孙吴置而旋省,晋太康中复立,故城在今县北,汉晋华容县治东南。云杜县,汉置,治今京山县治,魏晋之际移治今沔阳县西。沌阳县,晋置,故城在今汉阳县南。这里所述云梦位置比上引汉魏人所说来得详细,但在江陵之东,江汉之间,在华容县治的南方和东方是一样的。

这种通行于两汉三国时代的说法,不仅时代距先秦不远,并且与《子虚赋》里所说平原广泽在"缘以大江,限以巫山"的云梦区的南部也是符合的,所以我们认为这是正确的说法,先秦云梦泽正该在这里。当然,先秦时代与两汉三国时代可能稍有不同,但差别不会很大。

二、从西晋初年的杜预开始,云梦泽就被说成是"跨江南北"的,(《左传》昭公三年、定公四年注),在江南的就是巴丘湖亦即洞庭湖,在江北的在当时的安陆县即今云梦县境。

江南的云梦泽,杜预在其《春秋释例·土地名》昭公三年"江南之云梦中"条下说:"南郡枝江县西有云梦城,江夏安陆县东南亦有云梦城。或曰:南郡华容县东南有巴丘湖,江南之云梦也。"杜预是认为春秋时江南江北都有云梦泽,又知道江南的枝江县江北的安陆县都有一个云梦城,但其地都并没有泽,而巴丘湖即洞庭湖位于华容县的东南方位,是一个大泽,有人认为就是江南的云梦泽,他便采用了这种说法,但又觉得没有把握,所以加上"或曰"二字。

杜预的说法能否成立,是否可信?

首先我们要指出:《左传》昭公三年的"江南之梦"、定公四年在江南的"云中",从《左传》文义看来,都应该是山林原野而不是湖沼水泽,这一点上文业已阐明。再若,郑伯到了楚国,楚王和他一起"田江南之梦",这里的梦当然应该在郢都附近的江南今松滋公安一带,不可能跑到老远的洞庭湖那边去。所以杜预这种说法是不能成立的。春秋时云梦游猎区虽然跨江南北,江南北都有,但云梦泽则不然,江南并没有云梦泽。到了战国,《国策》、《楚辞》都既见云梦,又见洞庭,洞庭在江南是很明显的,但绝无洞庭就是云梦的迹象。

再者,把位于华容县东南方位的巴丘湖作为云梦泽,表面上似乎符合于《汉志》、《水经》等汉魏人的说法,其实不然。《汉志》、《水经》所谓在某县某方位,都是说的就在这个县的辖境之内。而从《汉志》沅水至益阳入江(牂柯郡故且兰)、资水至益阳入沅(零陵郡都梁)、澧水至下隽入沅(武陵郡充)看来,洞庭湖显然在长沙国益阳、下隽县境内,不属于南郡的华容。可见《汉志》、《水经》中的云梦泽,不可能就是,也不可能包括洞庭湖。巴丘湖即云梦泽之说,显然是一种不符合于先秦两汉古义的,魏晋之际新起的说法,这一方面是由于读古书不细而妄加附会所致,一方面也应该是由于当时洞庭湖的宽阔浩渺已远过于日就埋灭的云梦泽之故。

杜预在"或曰"之下提出这种说法，还比较谨慎。到了东晋郭璞注《尔雅》，就干脆用肯定的口气："今南郡华容县东南巴丘湖是也"。《尚书》伪《孔传》也说"云梦之泽在江南"，指的当然也是洞庭湖。从此之后，南朝几种《荆州记》都跟着这么说（《初学记》卷七《御览》卷三三引）；《水经·夏水注》在正确阐述了云梦之薮的所在地区（见上文）后，还是引用了郭说而不加批驳；《元和志》在巴丘湖条下也说是"俗云古云梦泽也"（岳州巴陵县）；洞庭湖是古云梦泽的一部分这一谬说，竟成为长期以来很通行的一种说法。

江北的云梦泽在今云梦县之说，杜预除在上引《春秋释例·土地名》中提到了一下外，又在《左传》宣公四年"邧夫人使弃诸梦中"句下注称"梦，泽名。江夏安陆县东南有云梦城"。这是因为他既把"梦"解释为泽名，但在安陆①一带又找不到一个相当的泽，所以只得指出县东南有一个云梦城，意思是说既有云梦城在此，春秋时云梦泽亦应在此。

杜预所指出的云梦城是靠得住的。此城地当南北要冲，上文提到的秦始皇南巡所至云梦应指此，东汉和帝、桓帝两次因南巡章陵（今枣阳东，东汉皇室的祖籍）之便所到的云梦亦应指此（《后汉书·本纪》永元十五年、延熹七年）。到了西魏大统年间，便成为从安陆县分出来的云梦县的治所②。但他认为春秋时有云梦泽在

---

①　旧说汉晋安陆故城即令安陆县治，一作在今安陆县北，皆误。据1975年云梦睡虎地秦墓出土秦简《大事记》，并经湖北省博物馆调查，可以确定令云梦县城东北郊的楚王城废址，即汉晋安陆县故城。

②　故城在今县东南约十里，据《元和志》，唐云梦县治（即汉晋云梦城）北去安州（治安陆）七十里，而《寰宇记》中的云梦县，在安州东南六十里。与今县同，故知唐以前故城去今县约十里。据湖北省博物馆调查，今云梦县城在汉晋安陆县（楚王城）西南郊，而《左传》宣四年杜注乃云云梦城在安陆县东南，故知故城应在今县东南。

这里是靠不住的。不仅他自己无法指实泽在哪里,上文业已指出,从《左传》原文看来,春秋时这里是虎狼出没的可以从事田猎的场所,也不是沼泽地带。可是杜预这种说法到唐宋时却得到了进一步的发展。杜预只说这里有一个云梦城,没有说云梦泽还见在。唐宋时则云梦城附近确有一个泽就叫做云梦泽。这个泽在安陆县东南五十里,云梦县西七里,阔数十里,见《括地志》(《史记·楚世家》正义引)、《元和志》、《寰宇记》。《通鉴》载晋天福五年晋兵追败南唐兵于安州(治安陆)南云梦泽中,指的也应该就是这个泽。但这个泽被命名为云梦显然是杜预以后的事,否则杜预注《左传》,就该直说泽在安陆县某方位,不该只提云梦城不提云梦泽。这个杜预以后新出现的"云梦泽",当然和先秦列为九薮之一的云梦泽完全是两码事。

三、杜预还只说云梦"跨江南北",江南江北各有一个云梦泽。从郦道元开始,便把他所看到的见于记载的所有"云梦"都看成是连成一片的云梦泽的一部分。这种看法为后人所继承,到了清朝,随着考据学的发展,有关云梦的史料搜集得日益齐备,云梦泽的范围也就愈扩愈大,终于差不多把整个江汉洞庭平原及其周遭部分山区都包括了进去。这本来应该是古代云梦游猎区的范围,却被误解为二千几百年前的云梦泽数是如此之广大。

郦道元在《水经·夏水注》里搜集了四种关于云梦泽方位的资料:第一种就是上面提到的符合于先秦古义的西至江陵东界、东至云杜、沌阳说;第二种是韦昭的华容说;第三种是郭璞的巴丘湖说;第四种是杜预的枝江县、安陆县有云梦说(杜注原文两处"云梦"下有城字,郦引脱落)。郦在一一称引之后,却无法判断孰是孰非;(也不知道韦说与第一说实质上并无差异),所以最后只得用"盖跨川亘隰,兼包势广矣"二语作为结束。意即诸家的说法都不错,但都不全,应该是从云杜、华容到巴丘湖,从枝江到安陆,到处都有云梦泽。这是最早的兼包势广说。

唐孔颖达的《尚书疏》和宋蔡沈的《尚书集传》,承袭了郦道元的兼包说,然而他们所看到的资料并不比郦道元多,所以他们笔下的云梦泽也不比郦说大。孔综合《汉志》华容南、杜预枝江县、安陆县、巴丘湖和"子虚赋""方八九百里"(按原文无"八"字)三项资料,结论是"则此泽跨江南北,每处名存焉"。蔡又以杜预、孔颖达为据,结论是"华容、枝江、江夏安陆皆其地也"。

到了清初顾祖禹著《读史方舆纪要》,他注意到了《汉书·地理志》编县下"有云梦官"四字,又根据荆门(古编县地)西北四十里有云梦山,当地有"云梦之浸,旧至于此"的传说(承天府、荆门州),把云梦泽扩展到了荆门,得出了"今巴陵(洞庭湖所在,今岳阳)、枝江、荆门、安陆之境皆云有云梦,盖云梦本跨江南北,为泽甚广,而后世悉为邑居聚落,故地之以云梦名者非一处"的结论(德安府安陆县)。

稍后于顾氏的胡谓著《禹贡·锥指》,才把《汉书·地理志》一个云梦泽、两个云梦官、《水经·夏水注》所引四种资料和《沔水注》里提到的云杜东北的云梦城合在一起,把云梦泽的范围扩大到了"东起蕲州,西抵枝江,京山以南,青草以北"那么一个最高峰①(卷七)。

此后诸家有完全信从胡说的,如孙诒让《周礼·正义》(卷六三)。但也有不完全信从的,如顾栋高《春秋大事表》(卷八下)、齐召

---

① 青草,洞庭湖的南部。"东抵蕲州"是因为胡渭以蕲州(令蕲春县)为汉西陵县地。令按:汉西陵县治在今新洲县治西,辖境相当今新洲、红安、麻城三县及黄陂县一部分地;迤东今黄冈、浠水、罗田、蕲春等县在汉代系邾、蕲春二县地,不属于西陵。所以按照胡氏的兼包法,"东起蕲州"这句话也不能成立。

南《水道提纲》(卷一三)、《清一统志》(德安府山川)和杨守敬所绘《春秋列国图》、《战国疆域图》;他们大概都觉得胡渭所说的范围过于广阔了,各自酌量予以减缩,而取舍又各有不同。

所有各种兼包说不管包括了多大范围,他们都不问史料上提到的云梦二字能否作泽薮解释,也不问该地的地形是否允许存在大面积的水体,也不问后起的说法是否符合于早期的史料,所以他们的结论都是错误的。胡渭说包括的范围最大,错误也最大。

综上所述,我们的结论是:过去千百年来对先秦云梦泽所在所作的各种解释,只有汉魏人的江陵以东江汉之间的说法是正确的。晋以后的释经者直到清代的考据学家把云梦泽说到大江以南、汉水以北、或江陵以西,全都是附会成说,不足信据。

三、云梦泽的变迁

湖泽这种地貌的稳定性是很差的,特别是冲积平原中的湖泽,变化更为频数。云梦泽当然不会例外。由于历史记载极为贫乏,要详细阐述云梦泽的变迁是不可能的,在这里只能以少数几条资料为线索,结合当地地貌条件,作一些粗略的推断。

上节我们说到先秦云梦泽的位置基本上应与两汉三国时代的位置相同,在江陵之东,江汉之间,华容县的南方和东方。此所谓先秦,主要指的是距汉不远的战国时代。至于战国以前的云梦泽该是怎么样的? 我们可以从下面两条资料中窥见一些不同的情况:

一条是《尚书·禹贡》篇里的“荆及衡阳惟荆州;江汉朝宗于海,九江孔殷,沱潜既道,云梦土作乂。”这是说荆州地区在经过大禹一番治理之后,江与汉合流归海了,江流壮盛得很,江的岔流沱和汉的岔流潜都得到了疏导，一部分云梦泽区积水既被排除，成为可耕地被开垦了。这一部分被垦辟了的云梦泽区，据《史记·夏本纪》"云梦土作乂"下《索隐》引韦昭《汉书音义》："云土为县，属江夏"，《水经》沔水"又东南过江夏云杜县东"，《注》："《禹贡》所谓云土梦作乂，故县取名焉"，都说就是汉晋的云杜县。土杜二字古通用，其说可信。汉云杜县治即今京山县治，辖境当兼有今应城天门二县地。今京山县虽多山地丘陵，应城天门则地势低洼多湖沼。如此说来，则今应城天门等县地，多半就是《禹贡》所说"作乂"了的"云梦土"。这一地区在《禹贡》著作时代业已开垦了，但在前一个时期应该还是云梦泽的一部，所以《禹贡》作者认为它之变湖泽为可耕地，是大禹治水所取得的成果。这"前一个时期"估计不应距《禹贡》写作时代太近，也不会太远，把它推定为春秋中叶以前，可能是恰当的。

还有一条就是前引《史记·河渠书》里的楚"通渠汉水云梦之野"。《史记》虽然没有说清楚这是哪一条渠道，叫什么名字，核以《水经注》，当即见于《沔水注》的杨水和子胥渎。《注》云：杨水上承纪南城即楚之郢都城西南西赤湖，一名子胥渎，"盖吴师入郢所开"，"东北出城，西南注于龙陂……又迳郢城南，东北流谓之杨水。"又东北路白湖水上承中湖、昏官湖水注之，"又东北流得东赤湖水口，湖周五十里，城下陂池，皆来会同"。"又东入华容县，有灵溪水西通赤湖，水口已下多湖……又有子胥渎，盖入郢所开也，水东入离湖，湖在县东七十五里，《国语》所谓楚灵王阙为石郭陂汉以象帝舜者也。湖侧有章华台……言此渎灵王立台之日，漕运所由也。其水北流注于杨水"。杨水又东北，柞溪水上承江陵县北诸池散流，东迳船官湖、女观湖来会。"又北迳竟陵县西……又北注于沔之杨口"。寻绎这一段《水经注》文，可知通渠郢都汉水之间,盖创始于楚灵王时,本名杨水。至吴师入郢之役,伍子胥曾疏凿其一部分,遂改称子胥渎。子胥渎和杨水两岸的陂池以及路白等三湖、赤湖、离湖以及船官、女观等湖,当即这条渠道所经过的云梦泽的残留部分。这部分云梦泽也在江陵以东,但不在华容县的东南而在县西北,由此可见,春秋中叶以前的江汉之间的云梦泽,也要比汉代仅限于华容东南方位的云梦泽来得大一些。

以上说的是大约在春秋中叶以前,汉水北岸今天门应城一带也有一片云梦泽,汉晋华容县西北,今沙市以东,约当今江陵、潜江、荆门三县接壤地带,也有一片云梦泽。汉水北岸那一片,在战国中期《禹贡》写作时代业已由汉水所挟带的泥沙充填成为"云梦土";华容西北那一片,则直到司马迁写《史记》的汉武帝时代,大概还保留着云梦泽的名称。

现在让我们再寻究一下在战国两汉时期内云梦泽的变迁。《子虚赋》里说在云梦区的南部是"缘以大江,限以巫山"的平原和广泽。根据江汉地区的地貌形态和古文化遗址分布,我们可以作出如下推断:

郢都附近跨大江两岸是一片平原:北岸郢都周遭约三五十里内是一片由江水和沮漳水冲积成的平原;南岸今公安县和松滋县的东半部是一片由江水、油滗水冲积成的平原,即"江南之梦";其西约以今松滋县治北至老城镇,南至街河市一线鄂西山地边缘为限,即所谓"限以巫山"。郢都以东就是那片杨水两岸的湖泽区。泽区东北是汉水两岸一片由汉水泛滥冲积成的,以春秋郧邑、战国竟陵邑为中心的平原。其北岸今天门、京山、钟祥三县接壤地带则是一片在新石器时代业已成陆的平原,上面分布着许多屈家岭文化遗址。自此以东,便是那片成陆不久的"云梦土"。杨水两岸湖泽区之南,是一片由江水及其岔流夏水和涌水冲积而成的荆江东

古云梦泽位置图

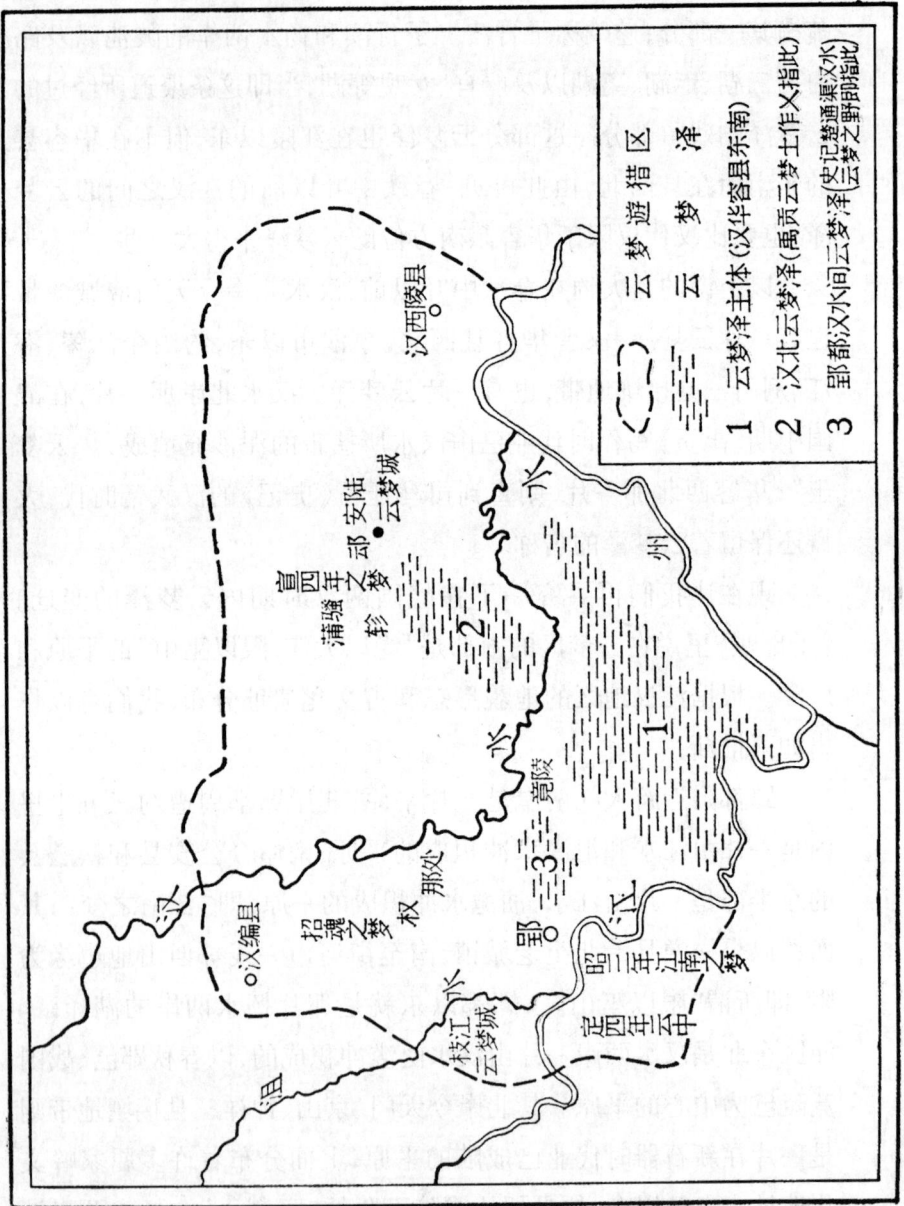

图例：

( ) 云梦游猎区

三三 云　梦　泽

1 云梦泽主体（汉华容县东南）

2 汉北云梦泽（禹贡云梦土作乂指此）

3 鄂郡汉水间云梦泽（史记楚通渠汉水云梦之野即指此）

汉西陵县

云梦城

安陆

郢四年之梦

蒲骚之梦

汉　水

云　州　水

竟陵

鄂

那处

枝江　云梦城

汉编县

招魂之梦

昭王江南之梦

定王云中

江

旧　江

岸陆上三角洲。三角洲以"夏首"（今沙市稍南）为顶点，向东南展开，其边缘去夏首一般约在百里以上。楚灵王所筑章华台，即位于夏首以东约百里处。这个三角洲和竟陵平原以东以南，才是大片的湖泽区，"方九百里"的云梦泽，北以汉水为限，南则"缘以大江"，约当今监利全县、洪湖西北部、沔阳大部分及江陵、潜江、石首各一部分地。云梦泽以东，大江西北岸，又有一片由大江在左岸泛滥堆积而成的带状平原，其北部是春秋州国的故土，于战国为州邑，也就是《楚辞·哀郢》的"州土"，（州城故址在今洪湖县东北新滩口附近）；其南部乌林、柳关、沙湖等处，近年来发现了多处新石器时代遗址。

战国时代云梦区南部平原和广泽的分布略如上述。到了汉代，大江在江陵以东继续通过夏水涌水分流分沙把上荆江东岸的陆上三角洲进一步向东向南推进，从而导致了华容县的设置；汉水在南岸的泛滥也使竟陵平原进一步扩展，把杨水两岸的云梦泽区填淤分割成为若干不复以云梦为名的湖泊陂池，结果使这片汉水冲积土和南面的荆江陆上三角洲基本上连成了一片。此时限于华容以南的云梦泽，其宽广应已不足九百里。泽区主体西汉时主要在华容县南，已而三角洲的扩展使水体逐步向南向东推移，向东略无阻拦，向南则为大江北岸自然堤所阻，亦被挤迫转而东向，因而泽的主体到了东汉或三国的《水经》时代，已移在华容县东。随着江汉输沙日益在江汉之间堆积填淤，泽区逐步缩小淤浅，所以到了东汉末年曹操自乌林败走华容道时，他所经行的正是华容县东原来的云梦泽主体，但到此时步兵已可通过，只不过是泥泞难走而已。

江汉间平原的日益扩展，云梦泽区的日益填淤东移，到了魏晋时期更充分地显示了出来。荆江东岸分流夏涌二水所塑造的三角洲以"首尾七百里"的"夏洲"著称于世①。七百里的夏洲和汉水南岸正在伸展中的平原，把九百里的云梦泽水面侵占了很大一部分，结果是在汉魏之际先把原在沔北的云杜县移到了沔南（治今沔阳县西），接着孙吴西晋又在三角洲的东南部分华容县先后增设了监利（治今县北）、石首（治今县东）二县，接着东晋又在汉南平原与夏洲的接壤地带增设了惠怀县（治今沔阳县西南）；江汉之间云梦以西在汉代原来只有华容、竟陵二县，至是增加到了六县。云梦泽的东端至是也一直伸展到了大江东岸的沌阳县（治今汉阳县南）境。

夏洲东南的云梦泽主体，步杨水两岸的云梦泽的后尘，由于大面积泽体被填淤分割成许多湖沼陂池，从而丧失云梦泽的称号，这大概是东晋或南朝初期的事。郦道元在《夏水注》里说到监利县多陂池，"西南自江陵东界径于云杜、沌阳，为云梦之薮矣。"这是一段释古的话，不是在叙述现状。他只是说这个分布着许许多多陂池的地区就是古代的云梦之薮，至于这些陂池在当时的名称是什么？还叫不叫云梦泽？在这里他没有提到，而在《沔水注》和《江水注》里提到的大浐、马骨等湖和太白湖，其位置却好是在这里所说的云梦之薮的东部云杜沌阳县境内，由此可见，云梦泽在此时当早已成为历史名词。

如上所述，说明了先秦云梦泽三部分：沔北部分在战国中期以前已由泽变成了土，江陵竟陵之间杨水两岸部分约在西汉后期填淤分割为路白、东赤、船官、女观等湖，华容东南的主体部分则在渐

① 《太平御览》卷六九、《太平寰宇记》卷一四六引盛弘之《荆州记》："夏涌二水之间，谓之夏洲，首尾七百里，华容、监利二县在其中矣。"盛弘之，刘宋人，七百里夏洲之说至迟应起于魏晋时。

次东移之后,终于也在东晋南朝时变成了大浐、马骨、太白等湖和许多不知名的陂池。叫做云梦泽的那个古代著名泽薮,其历史可以说至此已告结束。现在让我们再简单阐述一下云梦泽主体部分在云梦泽这一名称消失以后的演变过程。

南朝时代,江汉之间以大浐、马骨二湖为最大。《初学纪》七引盛弘之《荆州记》:"云杜县左右有大浐、马骨等湖,夏水来则渺漭若海。"《水经·沔水注》:"沔水又东得浐口,其水承大浐、马骨诸湖水,周三四百里;及夏水来同,渺若沧海,洪潭巨浪,萦连江沔。"大浐湖约在今沔阳县西境,马骨湖约相当于今洪湖县西北的洪湖。此外又有太白湖,位于今汉阳县南,《水经注》里虽然没有提到周围有多少里,从《江水注》、《沔水注》两处都要提到它看来,应该不会小。

到了唐代,大浐、太白二湖不再见于记载,马骨湖据《元和志》记载则"夏秋泛涨"虽尚"森漫若海;春冬水涸,即为平田,周迥一十五里",面积与深度都已远远不及南朝时代。

到了宋代,连马骨湖也不见记载了。[1] 南宋初期陆游自越入蜀,范成大自蜀返吴,在经过今湖北中部时,舟行都取道于沌,躲开自今武汉至监利间一段大江之险。这条沌所经流之地,正是古云梦泽的东部,《水经注》中马骨、太白等湖所在,今监利、洪湖、沔阳、汉阳等县之地。二人经过这里时正值夏历八九月秋水盛涨时节,但在二人的记程之作《入蜀记》和《吴船录》中,都绝没有提到

---

[1] 《舆地纪胜》復州下有马骨湖条,文字与《元和志》全同,显然是从《元和志》抄下来的,不是当时的情况。《寰宇记》中已不见马骨湖而有一条马骨坂,更可证出宋马骨湖已悉成平陆。又《舆地纪胜》汉阳军下有"太白湖,在汉阳县西南一百二十里,"亦当录自前代地志,否则不应不见于《元和志》、《寰宇记》、《入蜀记》、《吴船录》。

有什么巨大的湖泊。而在自东西行进入沌口（今汉阳东南沌口）不远处，"遂无复居人，两岸皆葭苇弥望，谓之百里荒"（《入蜀记》）；"皆湖泊菱芦，不复人迹，巨盗所出没"（《吴船录》）；自东而西入沌后第四日，"舟人云：自此陂泽深阻，虎狼出没，未明而行，则挽卒多为所害"（《入蜀记》）；"两岸皆芦荻……支港通诸小湖，故为盗区"（《吴船录》）。据程途估算，百里荒应为太白湖故址，第四日后所经行的陂泽深阻处应为马骨湖故地。由此可见，南朝时那些著名大湖，至是已为葭苇弥望，荒无人烟的沼泽地所代替。继云梦泽名称消失之后，连大面积的水体也都不存在了。

可是，这种陆地逐步扩大，水面逐步缩小的地貌变迁趋势，却并没有在自宋以后的江汉之间继续下去。根据明清两代的记载和舆图，这一地区的湖泊不仅为数很多，其中有的面积还很大。相当于宋代的百里荒故地，在明代和清初又出现了一个周围二百余里的太白湖，春夏水涨，更与附近一些较小湖泊连成一片，是当时江汉间众水所归的巨浸（《方舆纪要》、《清一统志》引《汉阳府志》）。到了十八世纪中叶的乾隆《内府舆图》里，太白湖改称赤野湖，周围还有一百二三十里。赤野湖之西，在今沔阳西境有白泥、西、邋遢等湖，周围各有数十里。在今洪湖县南境又出现了自西至东，首尾连接的上洪、官、下洪三湖，面积不大，东西约六七十里，南北十里左右。又百余年后到了十九世纪后期的光绪《湖北全省分图》里，太白湖又基本消失了，只剩下几个周围不过十里左右的小湖，而洪湖竟又扩大成为一个和今图差不多的周围不下二百里的大湖。至今在江陵以东江汉之间这几个县里，除洪湖外，仍然还存在着许许多多小湖泊。其中如洪湖一县，湖泊面积竟高达占全县面积的55%，湖泊之外，陆地中还夹杂着许多旱季干涸，雨季积水的低洼区。所以合计全区水体总面积，大致决不会比千年以前的宋代小，比之二千数百年前的云梦泽全盛时代,虽然要小得多,但也只是相差几倍而已,而不是几十倍。

二千多年来江汉间古云梦泽区的地貌变迁过程,略如上述。把这种变迁过程和该地区的地质地貌因素结合起来,可以看出变迁的规律大致是这样的:

大江和汉水的含沙量都很巨大,历史时期随着江汉上游的逐步开发,江汉所挟带下来沉积在江汉盆地上的物质也与日俱增,所以总的趋势是水体逐渐缩小,陆地逐渐扩展。但是,江汉地区的近代构造运动是在不断下降。这一因素抵消了一部分泥沙堆积的造陆运动,所以水体缩小陆地扩展这种趋势并不是发展得很快的,也并不总是直线发展的。有时在局部地区甚至会出现相反的现象,即由陆变水,由小湖变大湖的现象。有些地区还会出现由水变陆又由陆变水,由小湖变大湖,又由大湖变小湖反复多次的现象,太白湖地区和洪湖地区便是两个很好的例子。这两个湖在战国两汉时都不在云梦泽范围内,在长江左岸泛滥平原内。南北朝时出现了太白湖,到宋代消灭,明清时再度出现,近百年来又归消灭。近年来在洪湖内发现了许多新石器时代和宋代遗址,说明在那些年代里是陆地,而在南朝时这里却是渺若沧海的马骨湖所在,在近代又是极为宽阔的洪湖所在。

长江含沙量一般说来与日俱增,但其在荆江段的泛滥排沙则有时主要在北岸,有时主要在南岸,这对于江汉之间的地貌变迁影响极大。自宋以前,荆江段九穴十三口多数都在北岸,洪水季节水沙主要排向北岸,所以古云梦泽区的变迁倾向主要是水体的缩减,陆地的扩张,而同时期在大江南岸的洞庭湖区则由于下降速度超过填淤速度,相应地便由战国两汉时期夹在沅湘之间一个不很大的面积,扩大到《水经注》时代的周围五百里,更进一步扩大到宋代的周围八百里。元明以后,北岸穴口相继一一堵塞,南岸陆续开浚了太平、调弦、藕池、松滋四口,荆江水沙改为主要排向南岸,由四口输入洞庭湖。自此洞庭湖即迅速填淤。北岸江汉间则由于来沙不多,淤积速度赶不上下沉速度,以致近数百年来,水体面积又有所扩展。

1976 年初稿　1979 年 5 月改定

(原载《复旦学报》1980 年《历史地理专辑》)

太湖以东及东太湖地区
历史地理调查考察简报

复旦大学历史地理研究室于 1974 年 7 月间,组织了一次对江苏吴县、吴江、昆山三县太湖以东和东太湖地区有关历史地理的调查访问和实地考察。调查的路线是:上海→车坊→用直→周庄→同里→吴江→洞庭东山→苏州→上海。由于时间短促,内容广泛,我们这次调查只能算是初步踏勘,很多工作尚待今后继续进行。

现将这次调查的主要收获以及我们的一些看法,简要报告如下:

1. 澄湖地区的水陆变迁

车坊公社新近围垦澄湖西北部的前湾后湾,在湖底发现了大批新石器时代直到宋代的文化遗址。这一发现说明了自宋以前,这里原是陆地。湖底的古河道中间也发现宋井,可见河道的形成在凿井之后,再后才沉没成湖。

澄湖在夏秋高水位时,湖中波浪对湖岸的冲击力很大,时值东南风强盛,故湖的西北岸每年至少崩坍一米多,多到二三米。当地七十多岁的老农记得他幼时的湖岸,在今岸(围垦以前)外百米左右。这是近代湖面日渐扩展的原因,但不能说是澄湖成湖的唯一原因。因为在今围垦区堤外约 250 米处湖底有用大石块砌成的约十多亩宽广的一片古代建筑遗址,俗称"上马石",凡舟行过此者

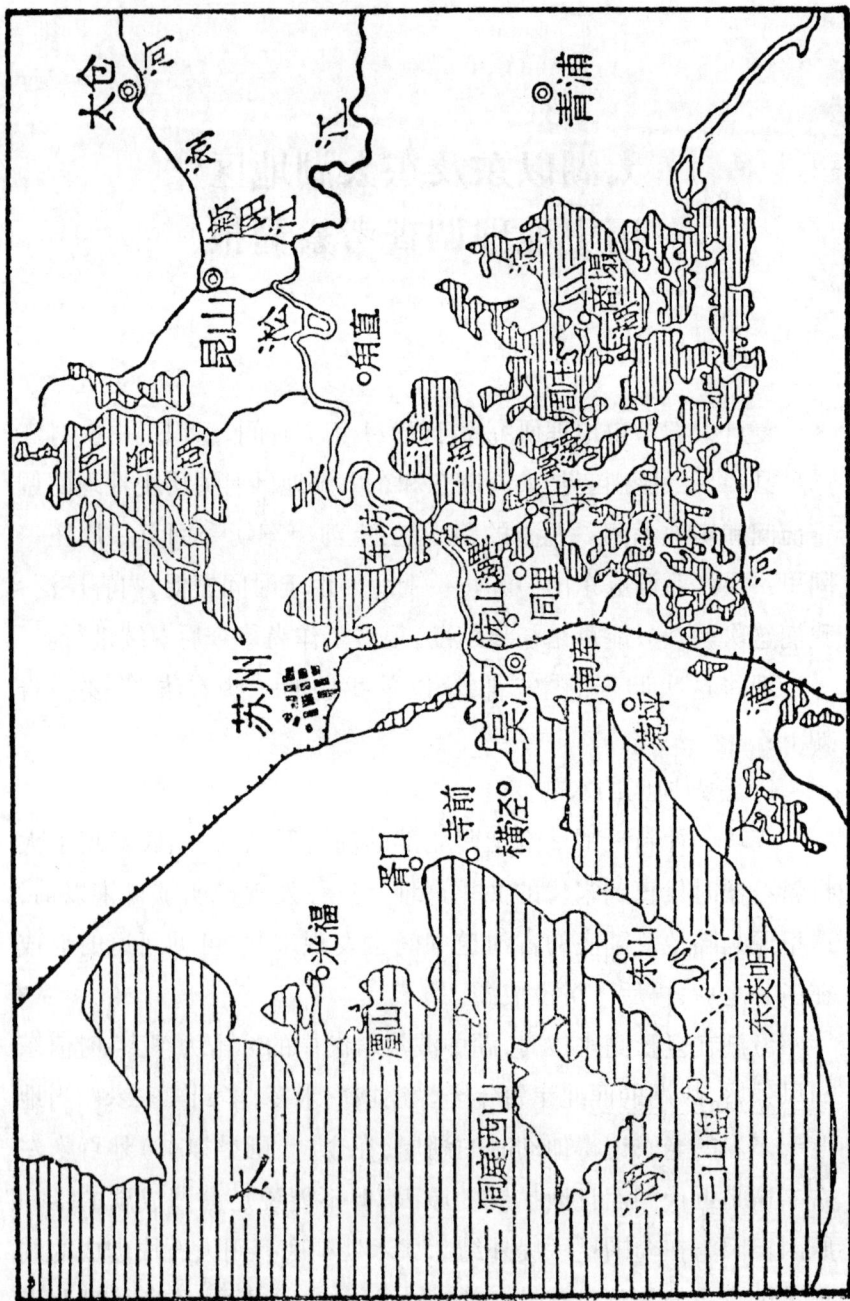

太仓
青浦
娄江
刘河
昆山
昆山
甪直
吴淞江
同里
吴江
南亭
震泽
苏州
胥口
寺前
横泾
光福
青山
东山
邓尉
洞庭西山
三山
东洋明
太
湖

大旱年可以目睹,常年可用篙触及。这个遗址显然是同时下沉或被淹没的;若系受波浪冲击而逐步崩坍,则不可能保存得如此完整。

后来几天的调查证明,太湖以东许多湖泊的成因都与澄湖相同:即核心部分系在古代某一时期短期内突然下沉或淹没成湖,边缘部分则系由于受后代波浪侵蚀逐渐形成。至于古代的突然成湖究竟是由于地体下沉还是由于下游淤阻为洪水所淹没而成,则尚有待进一步调查探索。文献资料中虽有一些关于古代江南地区平地突然下沉成湖的记载,如谷湖、柘湖、当湖等;就是澄湖本身,也有唐天宝六年(747 年)由邑聚陷落成湖的传说,故又称沉湖(《吴县志》卷20)。但这种说法在地质构造上还找不到什么明确的根据,所以目前我们多数人倾向于后一种看法。

澄湖(旧作陈湖)不见于北宋后期郏亶郏乔父子和单锷三人专论太湖流域水利的著作中,而在南宋乾道年间已被目为秀州四大湖之一,见《宋会要辑稿》、《宋史·河渠志》。据此,此湖的大部分很可能是在北宋末或南宋初由陆成湖的,这和湖中遗址都是宋以前的而不见宋以后的,正相符合。至于当地的传说是否可信,即是否有一部分在唐天宝中已沉没成湖,则有待进一步研究。此次所发现的遗址都在湖的西北边缘部分,当然,这部分的成湖不应远在宋代而应在近代。不过从宋以前这里已发展成聚落,宋以后聚落忽然消失,也可以推想在两宋之际澄湖地区由陆变湖时,这一带应和湖的中心部分一样,同遭淹没;迨洪水过后,水面略有缩小;除中心部分积水不退长期成湖外,这一带又水退还为陆地,但聚落就不再恢复了。

何以澄湖中的古文化遗址有自新石器时代经春秋战国即吴越时代到汉代的,又有宋代的,而没有夹在汉宋之间的六朝隋唐时代的,这一点最难令人理解。同样,太湖流域其他地区六朝隋唐的遗址遗物虽非绝无,也远比汉以前宋以后为少,少到与这个时期所经历的年代之久很不相称,这到底是为什么? 这是一个研究太湖流域历史自然地理和地区开发史必须要解决的重点问题,而这个问题的解决,单纯依靠文献资料显然是不可能的,那就有待于我们今后作普遍而深入的调查与考察。

2. 吴淞江自用直以上的变迁

我们从车坊到用直,船行吴淞江中,江面辽阔,十倍乃至二三十倍于流经上海市区的吴淞江下游(苏州河)。据了解,在淞南公社地区内,江面狭处犹有四百多米,最阔处达七八百米。全公社每年为波浪所冲塌的土地约二十亩,多数在吴淞江边,澄湖边次之。吴淞江不仅南岸不断在坍,北岸也在坍。由此使我们深刻认识到:过去我们总以为整个历史时期吴淞江全流都在逐渐由宽变狭是不确切的。实际不仅各段的情况不同,各个历史阶段的情况也不同;至少在近现代,车坊至角直一段是在逐步扩展而不是在日渐收缩。

但我们决不能因近代这种变化而认为历史时期吴淞江一直在逐步扩宽。这是绝对不可能的。郏乔说,宋以前松江(即吴淞江)"故道深广,可敌千浦",这句话是基本可信的。不仅下游比近现代宽,上游车坊用直一带也应该比近现代宽。据此次调查,同里镇北九里湖围垦区南半部与北半部的土质判然不同,南半部很贫瘠,而靠近吴淞江的北半部则很肥沃;用直附近的古代文化遗址都在镇南,而镇北吴淞江畔则从未发现过。由此可以推断,今九里湖的北岸和角直镇镇北一带,在唐宋以前应该都还是吴淞江江身的一部分。

至于唐宋以后江身何以会由宽变狭与目前情况不同,有待于今后进一步调查研究。

据《宋史·河渠志》记载,陈湖水面北流由大姚港、朱里浦入于吴淞江。据此次了解,则不仅车坊一带水由大姚港入澄湖,甪直一带水也主要是从吴淞江注入澄湖,可见这一带的水流方向古今正好相反。这充分说明了宋代太湖下游的主要泄水道是吴淞江,至近代则已为黄浦江所取代,夹在这二江之间的河湖水流方向遂因之而变(今澄湖水东南流经淀山湖由拦路港入黄浦江)。

过去我们总以为吴淞江水源主要来自太湖。据此次了解,近年来东太湖淤浅日甚,太湖水由吴江县境太湖各口东出吴淞江者已微不足道;但吴淞江却并未因而淤废。这是由于现代吴淞江的水源主要已不靠太湖,而是来自太湖以东的河湖。这一点对于我们理解吴淞江的变迁也很重要。

3. 东江故道的一部分可能已被我们发现

我们在车坊和甪直都了解到:澄湖中存在着一条自北部湖区向南偏西延伸的深槽,宽十多米,深在四米以上。我们在周庄又了解到:白蚬湖中也有一条南北向的深槽,宽二三十米,深达十米以上,深槽旁边还有残留石堤存在。这两个湖中的深槽大致可以自北而南连成一线。在从周庄乘机帆船赴同里途中经白蚬湖时,我们又特意将船停留在深槽处,用篙子插入槽中,一根六米长的篙子一竿子插下去到不了底,而在深槽以外的一般湖底,则水深不过一米多。深槽内都是疏松的黑色淤泥,而一般湖底则是很硬的黄褐色土。

古代太湖水经由松江(今吴淞江)娄江(今浏河)东江入海,合称三江。但东江约在唐代即已堙塞,北宋人已搞不清楚它的故道在什么地方。近代研究历史地理和河渠水利的科学工作者不少人也注意到了这个问题,但谁也没有找到令人信服的答案。这是由于宋以后太湖以东的河湖系统与唐以前已大不相同,宋以后的人想要根据唐以前三两条极简略的记载就把东江故道的经流始末明确地指出来,那当然是不可能的。我们过去认为东江故道自淀山湖以下虽不可考,至于淀山湖以上,《史记》张守节正义既明言自三江口东南七十里至白蚬湖,白蚬湖今见在,则近代自白蚬湖西经上急水港、屯村、同里、庞山等湖上接吴淞江,东经下急水港达于淀山湖这条航道,应即东江的故道。但如此解释东江上游,则古三江分流处即"三江口",西去吴江城下旧吴淞江口不过十里,又显与《吴地记》、《扬都赋注》所载"松江东北行七十里得三江口"不符。通过此次调查,现在我们认为澄湖白蚬湖中所存在的南北向深槽看来很可能就是东江的故道。古代"三江口"不可能是庞山湖口,也不可能是现代昆山县城东南吴淞江与新阳江分流处的三江口,它应该在今角直以西澄湖以北。古东江即自此南流,经今澄湖白蚬湖中深槽然后东南入海。近代的航道虽是东西向穿过白蚬湖的,但东江故道则基本上是南北向的。这样解释东江故道,就可与文献资料和地貌资料基本符合。自白蚬湖以下东江故道经过那些地方,我们希望今后能有机会再进行一次实地调查,相信有可能予以解决。

4. 九里湖地区的水陆变迁

九里湖在同里镇北约二公里,湖面共九千余亩,去年年初同里公社将其西半约五千亩筑堤围垦,在湖底发现了许多古代遗址和遗物。此次同里公社邀我们前往垦区参观,第一天看的是围垦堤内侧离南岸五六百米处一个呈正圆形赭红色的土埂,高出湖底约二三十厘米,直径约七八十米,埂内土地微微向圆心倾斜,呈浅碟形,埂外则一片平坦。附近散布着一些大石块。这条土埂究竟是什么现在还不清楚,总之它是一个古代建筑物的残留遗迹。附近的石块则可能与这个建筑物有关,也可能原系湖底古河道的堤岸,为波浪所冲散。从石块已无棱角推断,这一带由陆成湖当已相当久远,非近现代事。第二天上午看的是围垦区的西南部分,在九里村东北湖岸约百米外湖底有一水潭,当地人称之为黄家潭。去年在潭的附近发现了上起新石器时代下迄宋代的许多文物,还发现了几间房子的屋基,几口大井,几十个深约一米多的小潭,内多文物。我们还在潭边三个地面呈微凹形之处当场挖下去,果然都是井。两个是有陶圈的汉井,没有挖到底,不知井底有无文物。一个是土井,大概是宋代的,井底挖出了一个吊水的木桶。

据地方志记载和当地传说,九里湖西南部分本系唐宋时代的同里镇所在,后下陷为湖,市镇遂南移今地。从在这部分湖底所发现的遗址的密集看来,这里古代是市镇所在应该是可信的。但这里距围垦前湖岸不过百米,在围垦以前每年湖岸受波浪侵袭,约崩坍十余亩,估计这一带的淹没湖底,应在市镇迁走之后相隔相当一段时间,而不是当市镇还在这里的时候就下陷为湖,旧市镇下陷后才迁移新址。围垦前黄家潭是九里湖湖面的一部分,而当地人犹能指称其处为黄家潭,亦可证潭之沦没于湖,距今不可能太久。所以整个九里湖的成湖经过也应和澄湖基本相同,即中心部分(如圆形土埂一带)是在古代一时淹没为湖的,而边缘部分(如黄家潭一带)则系近代受波浪冲击扩展而成的。

又,同里镇东北九里湖的南岸冷家浜北江村一带乡村间多大石桥和石板街,这显然是这一带在古代作为市镇时遗留下来的。可惜我们由于日程安排得太紧,未能亲到其地观察这些石建筑的建筑年代,无法推断这一带存在着市镇的起迄年代。

太湖以东的水陆分布历史时期既然经常在发生变化,那么,有些聚落因而要被迫迁移,这当然是必有的事。同里镇是一个很好的例子。我们若能作进一步的调查研究,借以阐明九里湖由陆成湖与同里镇南迁之间的关系,这倒是一个饶有意味的小区域历史地理的研究课题。

在此次围垦之前,九里湖岸边早已发现过新石器时代的遗物,镇上有一个人叫王稼冬的,搜集过一些实物,写了一篇题为《江苏吴江同里新石器时代遗址调查报告和几个有关问题的讨论》的文章,稿存吴江县文化馆。我们到吴江后,借来就其中重要章节摘抄了一部分,用备日后写正式报告时参考之用。

5. 历史时期太湖以东冈身以西的地貌演变过程

根据此次调查所得,结合文献记载,我们认为历史时期太湖以东冈身以西的地貌演变过程应该大致是这样的:

(1)古代太湖以东的三江泄水甚畅,在冈身形成以后不久,这一带的洼地大都又由潟湖变成陆地。近几十年来不止一次在这一带的湖泊中发现距今五六千年的新石器时代遗址遗物,充分说明了这一点。

(2)可能是由于太湖附近的地体下沉速度比沿海一带快一些,也可能是由于其他原因(如冈身以东陆地延伸、沿海筑堤等等),晋以后东江下游首先埋灭,唐宋以后松江娄江也相继逐渐淤浅。下游排泄不畅,上游流经洼地的若干河段遂逐渐壅阻成湖。在北宋初期以前这种湖泊还不很多,直到北宋后期几次特大洪水淹没了数以万顷计的低地与村落,此后就出现了见于郏氏父子水利书中大量的湖、漊、荡、淹。近年来在这一带湖泊中所发现的古文化遗址,有许多都是未经波浪破坏的,大片而完整的,又都以宋代为下限,可以很好地证明这一点。

(3)这些湖泊自成湖以后一般都是在波浪冲刷作用之下,水面逐渐扩大,湖底逐渐填高。有些湖泊在湖底填高到一定程度时,便被附近人民局部或全部围垦成田。但围垦以后若遇到洪水,又有可能被迫弃田为湖；此后经过若干年月，又被排水成田。自唐宋以后，有些湖泊可能一直在逐渐扩大填高，有些则可能由陆成湖，由湖成陆，又由陆变湖，反复了几次。总的趋势则起伏不平的地貌日渐在被填平。此次调查所经过之地，凡目前仍然是湖的水面，一般说来无不在逐渐扩大，同时却有许多湖泊在被局部或全部围垦中。见于郏氏父子书中的许多湖、潥、荡、淹在清代和现代方志或地图中已找不到，又有许多清代和民国时代还存在的湖泊如尹山湖、庞山湖、黄天荡、萧淀湖、黄泥兜等，解放前后也先后在地图上消失，都为这种发展规律提供了有力的论证。

6. 东太湖两岸的水陆变迁

运河以西，东太湖的左右两岸，据单锷水利书，北宋时曾将"昔日丘墓街市"与大片民田淹没湖中，水面较前有所扩展，情况盖与运河以东略同。此次调查据吴江县同志谈，1955 年大旱，县西南大二瑾附近太湖中发现印纹陶片陶罐甚多，也发现了古井，井内有黑陶器，又发现一个直径约八九十厘米的红漆大柱子，显然是古代大建筑的遗址。又，吴县横泾镇南约八公里处太湖中发现了一段有二三十米长的石板街。这些例子都可以说明在新石器时代和吴越时代，现在东太湖部分水面当时是陆地，其被淹可能即在北宋时。

宋元时东太湖水面的辽阔，又远过于今日。今吴江县治松陵镇所在之地，在宋代是太湖东岸的一个沙渚，四面皆水，出入必以舟。庆历八年（1048 年）始建利往桥——桥上建有垂虹亭，故一称垂虹桥；东西长达千余丈，故俗称长桥——才把县城与城东的南北驿道连接起来。本系木桥，元泰定二年（1325 年）始改建为石桥，长一千三百尺，下开 62 孔。宋元时桥南即太湖，太湖水自桥下东北出就是吴淞江，故登桥四望，湖光江色，尽收眼底，云山烟树，风帆沙鸟，皆在指顾间，称吴下绝景。但到了清代，由于桥南湖面已大面积淤积成田，一部分桥孔或为两岸新涨陆地所埋没，或为停积水中的沙洲所堵塞，桥的规制虽略同元代旧状，桥的作用与周围景色已大非昔比（《苏州府志·津梁古迹》、《吴江县志·桥梁、治水》）。解放后因其为有名的古迹，被列为省级文物保护单位。七八年前已倾圮，由于桥旁早已存在着由几条小桥连接几个沙洲形成的东西通道，已无重建的必要。此次我们参观长桥故址，仅在东堍还可以看到四个埋在地下的桥孔，此外已毫无遗迹可寻。附近水面狭隘，若不经当地人指点，谁也不可能想到这里就是天下闻名的吴江长桥故址所在。面对着这长桥故址，想起见于宋元人诗文中所描绘的垂虹景色，不禁令人深切地体会到这吴江城下几百年来的沧桑之变，是何等的惊人！

近百年来吴江县城西城南的淤涨速度很快。现在的整个苑坪公社，百年前还全在湖中。现今北起瓜泾口外，南抵南库镇，东西宽约三四公里长逾十公里的大片沼泽芦苇地，是解放前不久才从湖中围起来的。此种变化，既犹在当地人记忆之中，也可以从对比清季以来先后所测绘的地图中看出来。

东太湖在近代不仅大片湖面已淤积成陆，剩下的湖面也已淤得很浅，在一般水位时水深不过一米多，冬季水涸时只有一米，许多沙渚都露出水面。六七十天不下雨，即不能通航。1934 年大旱，竟可以从吴江县城徒步穿过东太湖走到东山。所以解放后在1959 年曾计划自东山筑堤至对岸太浦河口北岸，将整个东太湖与太湖主体截断，准备低水位时供耕垦，高水位时仍用以蓄洪。这件工程业已开工，后来因故中辍，未能按原计划实现。但近年来东太湖湖水的浑浊程度，湖底的填淤速度，较前有增无减，东山公社的南端东菱咀南向推展距太湖南岸已不过二公里许，看来不会很久，东太湖终于将在地图上消失。

东太湖的西岸,清康熙中叶即十七世纪以前,尚在崩坍中(《太湖备考》卷一),但到了乾隆初年即十八世纪中叶,已变坍为涨。最明显的例子是洞庭东山与水东半岛之间的大缺口,清初原阔二三百丈,至乾隆十四年(1749 年)已仅存五十余丈(《备考》卷一)。十八世纪以来的涨势,可能一直延续至今没有中断过。十九世纪中叶的地图上,大缺口已归消灭,中间仅存一小港,终于使东山与水东半岛连成一气,成为半岛的顶端部分。水东与东山连接部分解放初原阔不足一千米,现已达三千米。东山公社解放初原有土地 63 平方公里,现已超过 90 平方公里。主要是向南向东扩展,每年约以 50 至 100 米的速度向前延伸。因此全公社解放初的四个八千,即稻田、桑园、果园、渔池各八千亩,目前已变为稻田二万一千亩,桑园、果园、渔池各九千余亩。

总之,东太湖地区在上古时代陆地比今天多,在宋代则水面比今天多,这是和运河以东地区相同的,惟独在近几百年来它是一个淤涨区,和运河以东的江岸湖岸不断在崩坍中正相反。

关于东太湖淤涨的情况,我们先前只知道洞庭东西两山原来都是湖中的岛,是百数十年前才把东山与水东半岛淤连成一气的,此外即一无所知。通过此次调查,不仅使我们对东太湖两岸淤涨的具体过程有了比较全面的了解,更重要的是,洞庭公社的同志又告诉了我们填淤东太湖的物质来自何处。原来太湖的主要水源荆溪自茅山西来,苕溪自天目山南来,两股来水在西太湖汇合后,即形成一股推向东北的强劲湖流,吴县西南自光福的潭山、玄墓山麓到胥口以南的寺前一带湖岸,正当其冲,每年都有大量的崩坍。东北向的湖流受阻干这一带的湖岸后,便夹带着被冲刷下来的泥沙,折而南向,及至通过东、西山与三山岛之间的峡口后到达太湖南岸时，流势已弱，又为自西太湖沿着太湖南岸东流的湖水推向东北，便终于在从东山南麓起的东太湖中，陆续沉积下来。

过去我们总以为太湖水既然主要来自荆溪、苕溪，太湖中的泥沙也应该主要来自荆溪流域和苕溪流域。但荆溪所夹带的泥沙自应在太湖西岸荆溪口附近沉淀下来，苕溪所夹带的泥沙自应在太湖南岸苕溪口附近沉淀下来，都不可能老远地送到东太湖中。因此，我们无法理解东太湖为什么会出现大规模的填淤情况。这次调查使我们懂得了填淤东太湖的物质与荆溪、苕溪基本不相干，主要来自太湖北岸。但公社同志认为产生这种情况只是近二十年来由于浙江闸断了太湖西南岸各港口，不使自北南流的湖水流入浙境之故，这种看法恐怕未必正确。因为苕溪口以东的浙境太湖南岸全长不满二十公里，这一段湖岸的港口即使不闸断，也容纳不了多少自北南来的泥沙。我们认为太湖中北塌东涨至少已持续了二百年以上，洞庭东山与水东半岛的连接就是这种趋向形成之后所造成的。近二十年由于浙江的闸断港口，不过是更加速了这一趋向而已。

自有记载以来数千年，太湖水都主要从东太湖东流经古三江或后来的吴淞江、浏河、黄浦江东流入海。近代东太湖既日渐淤浅，因此太湖水自吴江诸港口下泄的流量也日渐减少，去路不畅，太湖沿岸地区遂经常受淹。解放后初议开太浦河由东太湖的南部泄太湖水东出黄浦，旋因苏、浙、沪二省一市未能达成协议而中辍。现在看来，太浦河口在东山东菱咀之东，东菱咀既有与太湖南岸连接起来的可能，则太浦河原计划，本未必妥善。太浦河停工后，江苏又在太湖北岸开凿了一条起望亭镇西，东北流经常熟虞山西麓入长江的望虞河，现在已经代替吴淞江黄浦江成为湖水下泄的主流。太湖水不再以东泄为主而改以北流为主，这是太湖水系史上一大变化。而这一变化当然又反过来促使东太湖填淤得更快。

从调查所得，结合当前生产实际问题，我们有二点不成熟的看法：

一、上海杭州湾北岸新工业区的工业用水问题

随着社会主义建设的发展，上海市的新工业区正在向南郊的杭州湾北岸一带扩展。目前正在兴建的上海石油化工总厂就设在金山卫海滩上，今后可能在金山卫以东的漕泾、柘林一带海滩上继续兴建新厂。由于新型综合大厂的不断兴建，所需大量工业淡水水源供给就成为迫切需要解决的问题。目前，金山卫、柘林的北侧虽有黄浦江，但从其航运所需水位考虑，不可能作新工业区的主要供水水源；抽取新工业区的地下水也不适宜，因为新厂地处海滩，大量抽水所引起的地层下沉，可能使厂区或围堤的标高相对下降，如遇特大潮汛，则有可能引起海水倒灌，危害极大。因此，新工业区的工业用水，必须另找水源。

水源，我们认为应该是太湖。太湖距新工业区虽然较远，但从历史、现状和今后诸方面考虑，利用太湖作水源，对江苏、浙江、上海二省一市皆有好处。

历史上太湖水曾由古三江——松江、娄江、东江排泄人海。东江就是太湖水排往杭州湾的泄水道，它流经澄湖、白砚湖然后在金山卫一带入海，其上游已被我们这次调查所发现，下游具体位置有待今后继续考察。古代三江如果畅通，太湖排水流畅，这对于长江三角洲的农业生产和安全自然有利；反之，三江淤塞，排水不畅，平原大片积水，对于农业和安全均极不利。自从东江下游淤废之后，太湖洪水无法排入杭州湾，因此太湖以东大片土地被淹，地势低洼地区就先后形成许多湖泊，这是一个历史教训。如果我们注意古东江的这一历史演变，因势利导，把太湖水排往杭州湾，这对于排

涝、灌溉、工业用水都有好处。

解放后，二省一市曾议开太浦河，排太湖水入黄浦江，江苏段早已完工，后因浙江、上海未能继续开挖而中辍，江苏只好开望虞河把太湖水往北排入长江，以解决太湖周围泛滥问题。我们觉得这对于充分利用太湖水力资源应是一个浪费。随着社会主义建设发展的需要，新工业区的不断出现，继续考虑太浦河的利用问题应是可取的。

太浦河要继续利用，不过，对它还需要作一定的改造。江苏段太浦河虽已完工，但从东太湖的回淤速度考虑，引水口宜由原来的白甫港南移或者加以必要的改建；上海段是否可以从新工业区的位置考虑，改道由金山县入杭州湾，这样既可减轻黄浦江的负担，又可解决新工业区的用水需要。这种改道，在新工业区未兴建以前，也许不需要，但从上海市工业区不断发展的趋势着想，我们认为应当予以考虑。

存在的问题是：金山是农业高产县，土地非常宝贵，开河必然减少耕地面积，怎么办？我们认为可以因地制宜，利用原有河道，加深加宽张泾河使之与江苏太浦河相接来解决。加宽河道也是要牺牲一部分土地，但从长远考虑，还是需要的。

最后的问题是：古东江下游既然会淤废，新开河如何防止发生同样的问题。关于这个问题，可以继续组织力量，对古东江的下游故道进行调查研究，首先找出古东江下游的具体位置，然后从自然因素，人为因素诸方面进行分析，得出故道淤塞的根本原因，提出防止新开河淤塞的具体方案。

二、太湖以东湖群地区的围垦问题

本区历史上水陆变迁很大，在下游入海不畅的情况下，其演变规律是：湖泊与陆地交替出现，当湖泊形成后，在波浪的冲击下，湖面扩大、湖底填高，经人工围垦缩小湖面，在大涝之后，湖泊又重新出现。历史的经验是：大量的围垦必然导致大片土地的水淹。

根据这一历史情况，我们认为本区湖群宜于综合利用，而不宜于围湖造田。

本区湖群的存在，对于二省一市具有相当重要的作用：它可以调节太湖的洪水量，补给黄浦江与吴淞江；可以发展水上交通，又可以发展水产事业。可以说，综合利用的客观条件是具备的，问题是如何充分合理的发挥它的综合效益，这就需要二省一市从大协作精神出发，进行认真细致的全面规划。

至于围湖造田，如果是特殊需要，当然可以考虑，但如果是单纯为了扩大耕地面积，就应当予以制止。因为大量围垦，受水面积必然缩小，一旦太湖洪水暴发，由于本区分洪能力削弱，势必造成大片土地被淹；大量围垦，还会导致湖区蓄水量的减少，目前太湖水主要是经望虞河排入长江，而吴淞江、黄浦江的主要水源已改由本区湖群补给，因此本区水量的减少，必然导致吴淞、黄浦河道的淤塞和水位下降，从而降低吴淞、黄浦的航运价值；从长远考虑，大量围垦，势必加速湖岸的崩坍和湖底的淤高，最后可能产生历史上出现过的湖群再分配现象，这种现象在古代人口稀疏的情况下，影响还不大，如果发生在人口稠密的今天，那将是不可想象。

因此本区湖群不能任意围垦，应该发展综合利用。从历史经验考虑，在综合利用的同时，必须对湖群加以必要的改造，不能任其自然发展。目前的趋势是湖底不断淤高，物质来源主要是东南季风对于湖岸冲击，破坏良田所带来的泥沙。因此当前主要任务是加固湖岸西北部风浪冲刷强烈的地带，以保护耕地和降低湖底淤积的速度。这种工作宜在东南季风微弱的冬天进行。

总之，我们这次调查考察花的时间不多，而收获之大，却远远超出了我们事先所预料。我们深深体会到历史地理的研究,完全可以为工农业生产提供一定的科学资料,解决社会主义建设中的某些问题;同时,要进一步提高历史地理的研究水平,更好地为社会主义建设服务,也必须把文献的整理钻研与实地调查考察紧密结合起来。

执笔:谭其骧(调查收获)张修桂(二点看法)

1974 年 9 月

(原载《历史地理》创刊号,1980 年。发表时署名复旦大学历史地理研究室。)

关于上海地区的成陆年代

近年来地理学界和历史学界有些同志都关心到上海地区陆地,形成过程这一问题,发表了不少论著。① 这些论著都有力地驳斥了四十多年前海登斯坦和丁文江等人所谓几千年来,长江三角洲都是接着同一速度每 60 年或 69 年伸展一英里的谬论,但具体的结论则彼此颇不一致。这本来是一个很复杂的问题,古代遗留下来的可靠的文献资料太少,近年来所发现的考古资料和地学工作者所做的地面地下调查勘测工作也还不够,要一下子全面而完善地予以解决是不可能的。在这里我只想提出有关这个问题的几点来谈一谈个人的看法,希望能够得到同志们的指教。

一、淀山湖和马桥古遗址的 发现证明了什么?

1959 年 1 月在青浦县淀山湖里发现了新石器时代遗址。同年 12 月又在上海县马桥镇的俞塘村发现了青铜器时代遗址。估

① 陈吉余:《长江三角洲江口段的地形发育》,《地理学报》23 卷 3 期;陈吉余等:《长江三角洲的地貌发育》,《地理学报》25 卷 3 期,匡萃坚:《上海历史地理考》,《学术月刊》1959 年 2 月;褚绍唐:《上海都市的发展》,《上海师范学院学报》3 期;杨宽:《马桥古遗址和上海历史研究》,《文汇报》1960 年 3 月 18 日。

计遗址的年代前者距今约三千年,后者也不会迟于二千年前①。
有些同志从而得出结论说:过去总认为上海到十一世纪北宋熙宁
年间才设镇,这块土地的成陆大致不过千年,现在发现了这些古遗
址,就证明了过去的推断是完全错误的,上海地面是在远古的时候
早就形成了的。这种推论的逻辑性是有问题的,因为它把上海旧
城区和上海市全境二个含义不同大小悬殊的"上海"混淆起来了。
须知上海旧城区何时成陆和上海市全境何时成陆是截然不同的两
回事。旧上海县城东西和南北相距都不过三里左右,因而可以推
断说它在某一时代成陆;上海市全境东西相距约二百里,南北相距
约二百四十里,那就决不可能概括地说它在哪一时代成陆。我们
当然不能因为南汇咀附近有些地区是近百年间成陆的,就说上海
全市都迟至近百年才成陆,同样我们也不能因为上海市西南境的
青浦、松江、金山等县是几千年以前成陆的,就说上海市东北境的
崇明、浦东、川沙、南汇等县和上海市市区也在几千年以前早已成
陆。过去认为上海成陆时代去今不过千把年,指的是上海旧城区,
现在发现两三千年前文化遗址的淀山湖和马桥都在上海旧城区的
西南方,前者远在百里以外,后者也相去四十多里,那么我们怎么
能根据这两处古遗址的发现,就作出判断说旧说是绝对错误的,从
而把上海旧城区的历史上推千余年呢?

这两处古遗址的发现,并不能证明上海旧城区的历史有多久,
但对于我们研究上海全市区乃至整个长江三角洲江南地区的成陆
过程所起的作用则很大。它至少证明了下述两点:

(一)江南长江三角洲上西北起常熟福山,东南经太仓县城迤
东,嘉定县城、上海闵行镇迤西一带,直抵滨海的漕泾镇柘林城,绵

---

① 《考古》1959 年 10 期、1960 年 3 期;《文汇报》1960 年 3 月 18 日报道。

亘着几条并列的沙冈,当地人称之为冈身。冈身一般高出于附近平地,入土数尺沙土中都堆积着大量螺蚌壳,无疑是古代的海岸所在。但究为何时的海岸,过去学者们就很难作出足以自信的推断。所以陈吉余同志有时认为是一至三世纪时的海岸,有时又认为在进入人类历史时期时即已形成,一直维持到一世纪甚至四世纪。至于冈身在吴淞江以北共有五条,以南共有三条,相去虽不过一二十里,总应该是五个或三个不同时代的海岸,到底哪一条是哪一时代的海岸,那就更说不上了。

马桥古遗址的发现,为我们确定冈身形成的时代提供了最好的实证。吴淞江以南的冈身,西边一条通过沙冈庵、马桥镇直抵漕泾镇海边,名叫沙冈;中间一条西去沙冈约三里,名叫竹冈;东边一条西去竹冈约六里,黄浦以北经过莘庄、颛桥、北桥、闵行诸镇,浦南经南桥镇直抵柘林城西海边。马桥古遗址地处镇东俞塘村之北,在沙冈与竹冈之间,由此可以证明:1.冈身之成为长江三角洲的海岸线,不始于一世纪,至少应上推一二千年。2.沙冈一线海岸的形成必在此古遗址时代之前,而在此古遗址上有人类活动时,海岸至少已伸展到竹冈一线。

(二)太湖平原是由长江南岸的沙咀逐渐向东南伸展,钱塘江北岸的沙咀逐渐向东伸展,终于连成一条沙带,使被沙带包围的太湖附近地区由海湾变成泻湖,又由泻湖变成淡水湖泊与泻湖相沉积平原而形成的,这已由地理学家根据微地貌和沉积物的分析研究,作出了科学的论断。但这沙带是何时完全露出水面的?也就是说太湖及其四周平原是何时与海洋完全隔绝的?过去地理学家却只能凭泻湖相沉积距离地面的深度不过三五米来推定不是十分久远的事,无从提出比较具体的年代。淀山湖古遗址的发现,就证明了至迟在三千多年前,上述这一沙带已完全出水,太湖四周地区已脱离了潟湖状态,形成了一片平原,所以在像淀山湖这样低凹的处所(在当时应该是陆地,后来才下沉为湖),也出现了古代人类的聚落。

这一沙带的靠海一面的边缘,就是由海浪挟持泥沙和贝壳堆积而成的上文所述及的冈身。最初形成的冈身当然是最西一条,即今吴淞江以北的上冈或西冈,吴淞江以南的沙冈。这条冈身原来是连续的还是间断的?从文献记载上看起来不能很确切地解答这一问题,而近年来的野外调查只发现了断断续续几处。淀山湖古遗址的发现也给了我们明确的答复:既然三千多年前的沙带是连续不断的,那么附着于沙带边缘的冈身除若干河口以外,当然也是连续而不是间断的,现在在外冈漕泾等处所发现的贝壳沙堤之所以是断续的,显然是被后来人类生产活动或河流冲刷破坏的结果。

如上所述,可见这两处古遗址的发现,已为我们解决了不少有关上海地区和太湖平原陆地形成的重要问题。可惜仅仅两处毕竟还太少。今后我们若能在冈身地带进行一系列的调查发掘,那么搞清楚每一条冈身的具体形成时代相信是完全有可能的。

二、上海地区"五代以前的古迹" 与沪渎垒故址所在

见于古文献记载的和传说已久的上海地区五代以前古迹,多数都在冈身地带以西(如金山的周公墩、周康王城、松江的吴子寿梦所筑华亭、吴王猎场、秦皇驰道、秦海盐县城等),有的正在冈身之上(如吴王三女冈在南桥北紫冈上,东晋筑耶城在松江东沙冈上)。我们既已证明冈身以西地区的成陆远在三千多年以前,所

以这些古迹的可靠与否,已与我们所讨论的问题无关,在这里可以置之不论。在冈身以东,有些古迹尽管流传得极为广泛,但稍事推究,就可知其实际年代远在传说中的年代之后,值得一提的有下列三处:

1. 黄浦江传说系战国时春申君黄歇所凿,因而一称歇浦,一称春申江。按黄浦之名不见于汉唐时代任何文献,也不见于北宋时专论三吴水利的郏亶、郏乔、单锷诸人的著作,也不见于南宋时的《绍熙云间志》,入元始见记载,只称黄浦,不称黄浦江。据郏亶书,宋以前松江(即吴淞江)两岸五里七里有一纵浦,七里十里有一横塘,可见浦本是入江支流之称。郏亶书中详载松江两岸塘浦至二百六十余条之多,而不及黄浦,可见在北宋时即使已有黄浦这条水,一定还不以黄浦为名,或虽有此水此名,但过于细小,故不被著录。《宋会要》载南宋已有黄浦。黄浦之逐渐成为太湖下游的泄水要道,从各种有关太湖流域水利的记载看来,也明明是元代以后的事。那么我们怎么能够相信它是战国时代所开凿或疏导的呢?黄浦与春申君扯上关系,断然是元以后的无聊文人从黄字身上穿凿附会的结果。

2. 今上海市近郊的龙华寺和寺前的塔,传说系三国吴赤乌年间所建,一说系南北朝时所建。按《绍熙云间志》明说寺建于吴越钱俶时(947—978 年),已在五代末年或北宋初年。

3. 今上海市市区内的静安寺,据寺中碑记,也说是创建于吴赤乌中:初名重玄寺,在吴淞江侧沪渎上(即潭子湾附近),北宋大中祥符元年改今名,南宋嘉定中迁今址。按梁僧慧皎所撰《高僧传》明说赤乌是康僧会入吴之年。江东自此始有佛法,那时只在国都建业建立了一个建初寺,当然不可能远在东海之滨另建他寺。重玄寺与佛教早期传说西晋末年从沪渎口浮来二石佛有关,但从唐人皮日休、陆龟蒙诗中看来，重玄寺本在苏州城内，不在沪渎。南宋的《舆地纪胜》载有静安寺，在华亭，吴越宝正元（926）年置。南宋时自今松江以东都属华亭，这个静安寺当即寺中碑记上的所谓沪渎重玄寺。《舆地纪胜》不及初名重玄寺是其疏略，所言创建年代则可信。

谈到上海古迹，最使人迷惑的一个问题是沪渎垒的故址所在。东晋成帝、安帝时都曾在吴郡缘海修筑沪渎垒，用以防御海寇，见《晋书》虞潭传、袁山松传、孙恩传、《宋书·武帝记》。自《绍熙云间志》以来，各种记载都说沪渎垒在今松江县东北一百一十里，即上海旧县城西北十里的吴淞江滨；有东西二城，其旁有东西芦浦，俗呼芦子城。《云间志》又说：“东城广万余步，有四门。今圮于江中，余西南一角。西城极小，在东城之西北。”这样的言之凿凿，似不容人不信以为真。并且《云间志》所谓东芦浦在郏亶书中叫做沪渎浦，那么《云间志》说在芦浦上的芦子城就是沪渎垒，当然也是很合乎情理的。

由于上述原因，所以过去学者对黄浦为春申君所凿，静安寺龙华寺为赤乌年间所建虽还有人抱着将信将疑的态度，以传说目之，独对沪渎垒在上海旧城西北一点，便谁也没有怀疑过，几百年来几乎已成为定说。最近褚绍唐同志就以此为据，推定三至五世纪时海岸线当在今虹口一带。（芦子城东西二城元明以来已完全塌入江中，无复遗迹可寻，故诸家对二城的具体位置，有不同的看法。褚绍唐同志认为西城当在今太阳庙一带，东城当在今北站以东，因而认为虹口一带是当时的海岸线所在。）

但真正的沪渎垒却并不在此。

首先我们应注意到古人所谓沪渎指的是松江的下游而不是江旁的某一条浦。梁简文帝吴郡石像碑云：“松江之下，号曰沪渎。”

《太平寰于记》引《吴郡志》云："松江东泻海曰沪海,亦曰沪渎。"说的都很明白。(扈是捕鱼的工具,即现在的簖,因当地人民用扈在江滨海澨捕鱼为业,故海曰沪海,渎曰沪渎。)因此沪渎垒应在古人所谓沪渎之侧。但古人所谓沪渎,却并不是指在今上海市区以内今天的吴淞江下游而言,所指的乃是西距苏州城不过百里左右的一段吴淞江。故唐人皮日休诗云："全吴临巨溟,百里到沪渎。"《太平寰宇记》又指实袁山松城(即沪渎垒,后人因山松尝修筑此城,故名),即在吴县东北百里。今上海旧城区西北十里处西距苏州约有一百五六十里,可见决非真正的沪渎垒所在。

真正的沪渎垒的比较确切的位置也是可以找出来的。北宋朱长文《吴郡图经续记》云："今青龙镇旁有沪渎村";又云："沪渎,今旁有青龙镇。"《读史方舆纪要》引旧志云："今青浦县青龙镇西有沪渎村。"按青龙镇即今青浦县东北的旧青浦镇,其地距苏州正约百里,然则镇西的沪渎村,当即沪渎垒故址所在。

由此可见,上海旧城区西北吴淞江边的那两个城,应该不是原名沪渎垒,因两旁有东西芦浦而被俗呼为芦子城,相反却应是原名东西芦子城,因其旁有沪渎浦而被附会为沪渎垒。

至于何以此种附会始于南宋时(也可能是北宋后期),那也是很可以理解的。据《寰宇记》,沪渎垒在当时已"为陂湖所冲,半毁江中。"想此后不久即归全毁。真的既然没有了,假的才能代之而起,又由于假的虽假,而既有实迹可指,又地处于当时吴淞江下游南北往来的重要渡口芦子渡(即芦浦口渡口)的旁边,所以很快就播于吟咏,载之志乘,声名之盛,反而掩盖了真的,终于大家便信以为真了。其实南宋以后的记载上也还有提到真的沪渎垒的。如《舆地纪胜》所载沪渎城有二:一在华亭县东南侧,那是假的;一在吴县东百里,便是真的。直到《方舆纪要》、《清一统志》里,除在上海县下谈到芦浦上的沪渎垒外，也还提到一句嘉定县西南四十里松江南岸有沪渎垒，后者所指应该也是那个真的。不过假的声名已著，真的便引不起人们注意，诸书只是把它作为聊备一说而记下来而已。

旧青浦镇在冈身地带之西二十余里。沪渎垒故址既可确定犹在旧青浦镇之西，而沪渎垒在四世纪时是一个海防要垒，所以我认为当时的海岸线不会远在冈身地带以东。陈吉余同志根据地理资料推定冈身海岸线可能维持到四世纪，历史记载证实了他所提出的可能确是事实。

旧青浦镇现在不靠吴淞江，相去约五里，那是后代吴淞江逐渐淤塞缩小或曾改道北移的结果。从有关青龙镇的记载看来，宋代的青龙镇还是紧靠着吴淞江的。东晋又在宋前数百年，其时江面的深广当更有过于宋，距海又近，不难想象，沪渎垒正是在这样的地理条件之下成为当时的海上要塞的。

附带还要提到一点，上海（从旧上海县到今上海市市区）之被简称为"沪"，当然是由于前人误认为古沪渎与沪渎垒在境内之故。事实上沪渎与沪渎垒既不在境内，所以严格说来，上海不应称沪，青浦才可以称沪；不过从松江下游号曰沪渎一义说来，唐宋以来的松江下游既已伸展到今上海境内，那么称上海为"沪"，也不能算完全错，至少比它的另一简称"申"要合理得多。

三、上海市市区的成陆年代

四世纪时的海岸线还在冈身地带，但必已是最东一条冈身。此后海岸线即迅速向东伸展。据《宋书·始兴王濬传》载，元嘉二十二（445）年濬上书言"松江沪渎壅噎不利，故处处涌溢浸溃成灾"，看来应与海岸的向外扩张有关。

上节谈到了冈身地带以东没有一处传说中五代以前的古迹是可靠的，又近年在冈身以东发现的古墓葬，也未曾听说过有在宋以前的，这当然不等于说即此可以证明唐代的海岸线仍然在冈身地带。相反，上海市市区既有可靠的五代的古迹，正可以证明至少古迹所在地点当在五代以前即唐代已成陆。沪渎浦口的重玄寺创建于公元 926 年，则该地极迟应在九世纪时已成陆。极早呢，也不能早过八世纪，这是依据华亭旧海塘的修筑年代与故址所在来予以推定的。

《绍熙云间志》和《舆地纪胜》二书都提到了华亭境内的旧瀚（似当作捍）海塘，都没有讲到它的修建年代。明代的松江府志才说是唐开元初所建，而不著所本。按唐开元时确曾在江南地区修筑海塘，《唐书·地理志》杭州盐官县下即载有开元元年重筑捍海塘，堤长百二十四里一事，则盐官以外的其他地区当然也有可能同时兴筑。又按华亭设县始于天宝十年，也很有可能是开元初修建了海塘，因而滨海土地得免咸潮倒灌之害，田畴日辟，生齿日繁的结果。故府志之说虽于古无征，但从事理推测起来，似大致可信。

关于华亭旧海塘的起迄与长度，《云间志》有明确记载。志云："西南抵海盐界，东北抵松江，长一百五十里"。《舆地纪胜》所载同。依据这一条记载，我们大致可以推定这条海塘应西南起今金山卫城南十余里（唐时这一带海岸在今海岸之南），东北至今柘林城东十里左右，折向西北，经今闸港沿今黄浦江东岸北上，经今龙华、徐家汇之东，北抵今曹家渡以北当时的吴淞江滨。它不可能更在此线之东，因更东则海塘的长度就不止一百五十里了。

上文只推定了今市区西部徐家汇曹家渡一带当成陆于唐开元初即八世纪初叶以前，至于市区全部的成陆年代，可依据郑熏书予

上海地区陆地形成示意图

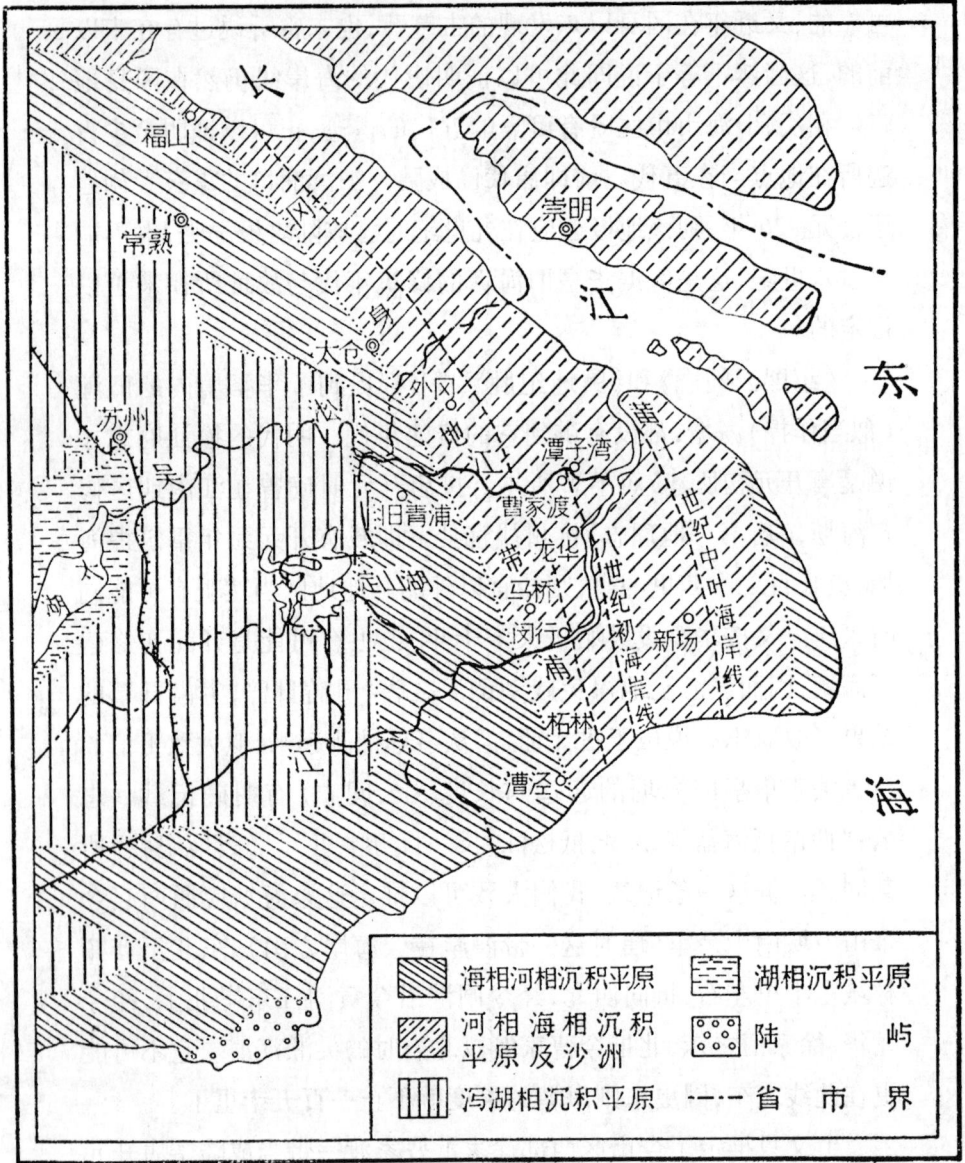

图例：
- 海相河相沉积平原
- 河相海相沉积平原及沙洲
- 泻湖相沉积平原
- 湖相沉积平原
- 陆屿
- 省市界

以推定。

郏亶书中提到：松江下游旱田区域，"约长一百余里，南有大浦一十八条，北有大浦二十条，是五里而为一纵浦之迹也"。南岸大浦十八条中，最后八条是芦子浦、沪渎浦、钉钩浦、上海浦、下海浦、南及浦、江芋浦、烂泥浦。其中下海浦的名称与故道保持得最久，直到《嘉庆松江府志》的舆图和《同治江苏全图》中都画的有，与今图对照，当即今之大连路一线。上海浦当在下海浦上游约五里，与《弘治上海志》所载上海浦在县治东相合。在县治东的一段弘治后当已为黄浦所并，迤北一段则《松江府志》舆图中还画的有。隔黄浦斜对虹口港，自上海浦往上，依里程推算，钉钩浦约当今西藏路一线，沪渎浦约当今潭子湾东南向一线，芦子浦线当今曹家渡静安寺一线，《松江府志·山川门》所载大芦浦西芦浦的位置，正与此推算中的沪渎浦西芦浦相合。

自下海浦往下，原书所载各浦的次序显然有错乱处。南及浦当即元明时代所谓南跄浦，故道约当在今复兴岛东，自元以后已为黄浦下游所夺。南及浦西距下海浦有十余里之多，二浦不应相邻。又原书下文载松江口下北至江阴有港浦四十九条，首列北及浦，北及浦既是松江北岸自南而北沿海第一条港浦，可见南及浦也应该是南岸最接近海岸的一条浦。故原文南及浦三字当在烂泥浦下。江芋浦当即今杨树浦，音近而转，正在下海浦之东约五里不足。烂泥浦当在江芋浦与南及浦之间。

既然南及浦是郏亶书中松江下游最靠近海边的一条浦，那么北宋熙宁时代即公元十一世纪七十年代的海岸线，大致就可以推定在南及浦东五六里左右今都台浦横沔镇一线，迤南则在今新场、青村一线稍东。据此，可知今上海市市区在这时已全部成陆。

让我们再来推算一下上海旧城区应在何时成陆。从八世纪初海岸线所在曹家渡东至十一世纪中叶的海岸线都台浦，相去约三十余里。三百多年涨出了三十多里，可见唐宋间海岸伸展很快，平均每十年即涨出一里。依此推算，上海旧城区的东城墙距曹家渡一线不超过十里，所以整个城区的成陆年代大致应在九世纪中叶以前。匡萃坚同志认为在十世纪中叶，恐失之稍晚。

因为上文谈到了上海浦，在此我还要附带提一下上海因何而得名这一问题。许多人都相信《弘治上海志》等地方志"其名上海者，地居海之上洋故也"这句话，可能是由于不知道过去有一条上海浦之故。这句话完全是望文生义，如何信得？我们有理由相信上海聚落一定最初兴起于上海浦岸上，上海当然是以上海浦而得名的。

（原载《文汇报》，1960 年 11 月 15 日）

再论关于上海地区的成陆年代

——答丘祖铭先生

拙作《关于上海地区的成陆年代》一文（见 1960 年 11 月 15 日《文汇报》）发表后不多几天，承丘祖铭先生以所撰《关于上海市区的成陆年代的一点意见》一文由邮寄示。读后曾回了一封信，除对丘先生指出拙文中的弱点敬致钦佩之意外，也曾对丘先生的论断和对若干资料的理解提出了不同的看法。但当时适在病中，草草写上几行，阐述得不够清楚，因而也就不足以取信于人。现在丘先生的文章既已在《文汇报》（1960 年 12 月 27 日）刊出，所以我觉得有必要对丘先生所提出的意见作一次公开的答复，仍希丘先生和读者们进一步予以指教。

丘先生文章的第一节表示赞成我认为沪渎垒故址应在今旧青浦镇西的看法，不同意褚绍唐先生认为沪渎垒在今太阳庙和北站一带的看法，并且补充了三条资料。但这三条资料实际上并不能证实褚先生的看法是错的，换言之，即并不能成为我的看法的补充论据。

第一条，丘先生把《世说新语》里所载袁山松战败于沪渎，"军人溃散，逃走山泽"一则，作为赞成我的看法的补充资料之一，理由是今太阳庙和北站一带附近没有丘陵。其实《世说新语》在此处用"山泽"二字，应泛指荒僻所在而言，不必定指真正的山和泽。

就是确系指真山真泽而言,军人在战败溃散之余,可以逃到较近处的山泽,又何尝不可以逃到较远处的山泽呢?今松江以北诸山丘北距旧青浦镇约五六十里,东距太阳庙、北站也不过七八十里,今青浦迤西诸湖泽东距旧青浦近者四五十里,距太阳庙、北站也不过一百一二十里,我们又怎么能说四五十里、五六十里就算"附近",当时那些溃散的军人就逃得到,七八十里、百多里就不算"附近",不可能成为溃散军人的逃窜之地了呢!

第二条,丘先生认为华亭立县于天宝年间,而《元和郡县志》在吴县条下说"松江在县南五十里,经昆山入海",据此足证松江的江口段即沪渎应在元和时的昆山境内,而不在华亭境内的今太阳庙一带。这一说法也是不能成立的。

首先,丘先生过于高估了古代地理书中措词的精确性。《元和志》"经昆山入海"一句,只能解释作松江在吴县下游流经昆山最后入海而已,不能认为作者一定是因为当时松江入海处仍在昆山境内,才这样措词。

其次,即令"经昆山入海"应解作"在昆山入海",也不能据以证明入海不在今太阳庙北站一带。今闸北、虹口区的虬江路,是明以前的吴淞江故道所在;宋以前吴淞江江身极阔,紧靠虬江路的今太阳庙北站一带,当时正该在江身之中。清代虬江路以南属上海县,以北属宝山县;上海元代析自华亭,宝山清代析自嘉定,嘉定宋代析自昆山,明、清县界一般皆沿袭唐、宋之旧;那么在元和时代松江若在今太阳庙北站一带入海,正该介在华亭、昆山两县之间,又何尝不可以说是在昆山入海。

再次,自晋以前松江江口段和沪渎垒大致可以说在同一地段,但到了唐代,由于江口下移的结果,二者相去已远,决不能再混为一谈。所以元和时的松江在昆山入海也好,在华亭入海也好,对论证沪渎垒故址所在根本是没有用处的。

第三条,丘先生引了北宋人朱长文《吴郡图经续记》和陈林《隆平寺藏经记》二条关于青龙镇(今旧青浦)的记载,说是"北宋人也以青龙镇为松江的入海口"。这就更加难以使褚先生信服了。朱长文《续记》只说松江"迳华亭,入青龙镇",陈林《藏经记》只说"青龙镇瞰松江上,据沪渎之口",何尝说青龙镇是松江的海口所在? 朱、陈二文都说到青龙镇在当时是海商凑集之所,但任何聚落只要有足够深广的航道可供海舶出入,就可以发展成为海港城市,不一定紧靠海口。近代的上海正是一个很好的例子:上海市区距离长江海口还相当远,就是距离黄浦江的江口吴淞口,岂不是也还有几十里吗? 所以青龙镇在宋代为海商凑集之所这一史实,只能证明其时松江还相当宽阔,并不能告诉我们松江的海口在哪里。尤其可怪的是:丘先生在它文章的第三节里自己主张冈身以东地区直到今新场附近在唐代即已成陆,为什么在这里却又认为到宋代松江的入海口还在冈身以西的青龙镇呢? (事实上朱长文、陈林时代的松江海口,约当在今复兴岛北虬江口一带,西距青龙镇已将近百里,参阅拙作第三节。)

拙作第三节里依据《绍熙云间志》关于华亭旧瀚海塘、《弘治上海志》关于石笋滩的记载,推定唐开元时的海岸线所在,是全文中论证比较薄弱的一个环节。丘先生文章的第二节明确指出了我这一弱点,这是很值得我钦佩的。

丘先生说:《云间志》关于旧瀚海塘的记载只有极简括的二十一个字,很难据此确定全部海塘的位置,这话说得有理。不过我之所以敢于依据这二十一个字作出关于当时海岸线位置的推断,也还是经过了多方面的考虑的,前文交代得不够清楚,现在不妨再补叙一下:

1. 二十一个字虽然极简略，但相当具体而明确；它告诉了我们海塘的起点和终点，即"西南抵海盐界，东北抵松江"，也提到了海塘的长度是"长一百五十里"。

2. 长江三角洲的海岸是冲积海岸即沙岸。我们知道沙岸一般比较迳直，不像丘陵地带的海岸即岩岸那样多曲折，所以有了起点、终点和长度，作一种大致的推断应该是可以容许的。

3. 修筑海塘为了计算工程数量，必然要进行丈量；为了节省费用，当然要力求迳直。所以我认为见于记载的里数和海塘的实际长度不会有多大的出入（除非是刻错了字）；海塘的实际经过位置，和我们在地图上用大致迳直的线条所推算出来的也不会相差太远。

4. 这一推断的文献依据虽然只有短短二十一个字，但推断出来的八世纪初海岸线却刚好在拙作上文所推定的第四世纪末海岸线之东约二十余里，下文所推定的十一世纪七十年代海岸线之西约三十余里，这是跟这一地区海岸线在历史时期的整个推展过程相协调的。

由于经过了上述这些考虑，因此，在没有发现足够的反证以前，我还想保留我这一论证比较薄弱的看法。

丘先生又说我推定这条海塘西南起金山卫城南十余里，跟《云间志》所载"四至八到"县治"西南到海盐界六十里"不符；因为"1. 金山卫城南十里离松江县治不止六十里，2. 志言海盐界的方向在县治的西南，塘起海盐界，也该在县治的西南，而今金山卫城在县治的东南。"这倒不是我搞错了，而是丘先生把"四至八到"和海塘的位置两件不相干的事硬扯在一起所造成的误解。

"四至八到"指的是从县治出发到邻县去水陆路途所经两县交界处的一点距县治的里程，所以除了两县县治都紧靠海塘，因而

海塘成为两县之间主要交通线这种特殊情况外,"四至八到"不会
和海塘相干。海盐在华亭西南,从华亭到海盐,当然应向西南走,
取道今洙泾与平湖,决不会绕道东南经金山卫。《云间志》所载县
西南六十里的海盐界,应指今洙泾平湖间当时的华亭、海盐两县
界,亦即今金山、平湖两县界,正该是六十里。金山卫以西当然也
该是当时的华亭、海盐界,但非两县之间大道所经,与四至八到无
涉。因此,尽管四至八到的"海盐界"在县西南,但与海盐接界的
华亭瀚海塘的起点却完全可以在县治的东南。

至于《云间志》说"旧瀚海塘西南抵海盐界",那是说这条海塘
的西南端与海盐接界,不是说在县治的西南。"三泖"条下所引
《祥符图经》一节,不仅文字显有讹误(广陈在泖桥西南不在东南,
当湖在广陈之西不在东),并且根本说明不了华亭境内瀚海塘的
起点方位,我不知道丘先生引证这条资料的用意何在。

前几天碰到褚绍唐先生,他说起从下砂到庆宁寺,在他作野外
调查工作时,曾发现有一条沙带存在。我认为这条沙带应该正是
"下砂捍海塘"外的积沙。可见在开元"旧瀚海塘"之东,历史上曾
经存在过一条"下砂捍海塘",其时代则约当在五代或北宋初期,
即公元第十世纪。

丘先生在文章的结尾部分提出了他自己的论断,认为福山
(原文误作福冈)、太仓、漕泾冈身以东地区的成陆年代至迟在唐
朝末年。论断的资料依据是《云间志》所载:

　　"古冈身在县东七十里,凡三所,南属于海,北抵松江,长
　　一百里,入土数尺皆螺蚌壳。"

这怎样能得出上述那样的结论来的呢? 丘先生说:

　　1."县东七十里正在今新场附近。"

　　2.这古冈身"至迟在天宝十年时已形成","因为华亭县

—— 165 ——

东七十里地点"，是"在唐天宝十年立县时从海盐县地分割来的"。"如果据《舆地纪胜》说，在华亭县东南（今闸港以南陆地）六朝时代梁立前京县。那么冈身以西成陆年代更早了"。

3.《弘治上海志》等明人地理书都说上海旧城区"旧为华亭海"。这一地区"在唐代既称为海，当然尚未成陆"。但今新场附近"古冈身"在上海旧城区之东，既然至迟在天宝时业已成陆，那么华亭海在唐时当已渐"由海湾而成为泻湖。到北宋郏乔时已成为淤塞的湖泊。""所以，大体说来，福冈（山）、太仓、漕泾冈身以东地区，有了华亭县东七十里的古冈身的存在，其成陆代，至迟在于唐朝末年。"

我认为丘先生的全盘论点都是不能成立的。

首先我得指出：上海地区的陆地在历史时期大势都是逐渐向东伸展的，所以我们讨论上海地区各部分的成陆年代，论题只能是某一线以西何时成陆，决不能只提某一线以东而不提它的东界。这样提法是说不通的。像丘先生那样提法，岂不是等于说从福山、太仓、漕泾以东直到今天的海岸，都成陆于唐末以前？我想连丘先生自己一定也知道事实上当然决非如此。

且不必多谈问题的提法，现在让我们来逐一讨论一下丘先生所提出的三个论点：

1. 关于华亭境内的古冈身，《云间志》里只说有三所，没有提到三者的名称，但自《正德松江府志》以下松江各府志和松江府属各县志，都说"古冈身有三，曰沙冈、竹冈、紫冈"，都说这三条冈身"南属于海，北抵松江，长百里，入土数尺皆螺蚌壳。"新场镇隶属于南汇县，就连《南汇县志》里所提到的"古三冈"，也是指的这三条冈，别无新场附近的三冈。可见《云间志》所谓古冈身，就是这三条冈身。而这三条冈身，就是拙作所提到的以福山、太仓、漕泾为西界，以嘉定、闵行、柘林为东界的冈身地带的吴淞江以南一段，西距松江县城不过三四十里。所以《云间志》"在县东七十里"这个"七"字，显然是错的，据此推定的新场附近的"古冈身"，当然并不存在。由此又可见，依据古文献做研究工作，必须多找些资料对比着看，专凭一条资料里的单词只字来作出结论是很危险的，因为古籍里有个把错字是极普通的事。

2. 所有文献记载里都只提到天宝十年割昆山、嘉兴、海盐三县地置华亭县，绝无县境那一部分原来属于哪一县的记载。丘先生说华亭县东七十里地点原属于海盐，据此断定这一地点在天宝华亭立县前已成陆，原文没有交代依据何种资料，恐怕也不可能有何资料可依据，只是由于先已错认古冈身在华亭县东七十里，从而得出这一地点原属海盐的推论，又把这一推论转而作为"依据"而已。

关于萧梁所置前京县的位置，《舆地纪胜》只说在华亭县东南，《方舆纪要》、《一统志》都说在东南八十五里。《松江府志舆图》定点在今闸港以南，不过是把这东南方位与八十五里程在图面上表示出来而已，不见得另外有何确实依据。但"东南"可作正东南解，也可作东偏南解，也可作南偏东解。《舆地纪胜》在"在华亭县东南"下又云："《旧经》云，以近京浦，因以为名。"按今松江城南偏东八十五里金山卫城南古有金山城，亦称周康王城，近代已沦没海中（《云间志》、《松江府志》、《金山卫志》）；金祖同《金山访古记》说至今当地人称之为京城。金祖同说京城是金山城之讹，兹证以前京县故址亦在城东南八十五里，显然是前京城的简称。《纪胜》所谓京浦，当即金山城旁的小官浦。由此可见前京县的正确位置，仍当在太仓漕泾线冈身以西，距闸港甚远，《松江府志》的定点是错的。因此，丘先生所谓新场迤西一带成陆可能在六朝以前一说，也就失去了依据。

3. 所谓"华亭海"，顾名思义，应该华亭县全部海面的泛称，不应专指某一部分。在华亭立县以后未分置上海以前，所有吴淞江口迤南、金山卫迤东一带靠近大陆的海面，应该都可以称为华亭海。邻接大陆东岸的华亭海后来逐渐涨成了陆地，这就是今上海旧城区附近和黄浦江东岸的极大部分地区。到了元代，分华亭县地置上海县，由于县境的大部分地区包括县治在内都是唐、宋时代才由海变陆的，所以才有《弘治上海志》等地理书上的上海县"旧为华亭海"之说。这句话的正确解释应该是：上海县陆地本是华亭海的一部分；决不能理解成上海县就等于旧华亭海的全部，更不应认为只有上海旧城区才是旧华亭海。

由于丘先生先已错认新场附近在天宝前早已成陆，又把华亭海错认为专指上海旧城区，而上海旧城区在新场之西，这就使自己陷入了窘境，不得不创为上海旧城区在唐代是在由海湾变成潟湖的过程中一说以求自圆其说。可是根据地貌成因调查资料，上海旧城区跟它的周围广大地区即冈身地带以东全部地区一样，也是属于河相海相沉积平原，并无潟湖相沉积存在。（见陈吉余等：《长江三角洲的地貌发育》，载《地理学报》25 卷第 3 期）

丘先生又说北宋人郏乔《水利书》里也提到了华亭海，这又使自己增加了麻烦，不得不把这个"海"说成是一个"淤塞的湖泊"。我把郏乔书从头到尾翻了几遍，找不到有所谓华亭海，丘先生想来是记错了，所以这麻烦倒并不存在。至于《元丰九域志》华亭县下"有金山、松陵江、华亭、海"一条，"亭"字下多半应读断，也不必认为《九域志》有"华亭海"之称。其实不要说宋代人，就是明代人清代人提到了华亭海，也并不麻烦，因为只要有濒海的华亭县，当然就有华亭海。

　　总之,丘先生对冈身地带以东地区成陆年代的总看法及其各个论点,都是不能成立的。

　　最后,请让我对丘先生再次致以诚挚的谢意:感谢由于您的参与讨论,多方启示,使我有机会能对问题的各方面作出进一步的探讨,并改正我的错误!

1961 年 2 月辛丑春节

(原载《文汇报》,1961 年 3 月 10 日)

上海市大陆部分的海陆
变迁和开发过程

考古发现对研究一地区的历史地理具有极为重大的意义。上海市在 1959 年发现了青浦县淀山湖和上海县马桥镇俞塘村两处新石器时代遗址,曾引起有关学术界的普遍注意,并由此展开了关于上海地区成陆年代问题的讨论。当时我也曾对此有所论述,发表了《关于上海地区的成陆年代》和《再论关于上海地区的成陆年代》两文①。这两个遗址的发现确是很重要,但只能据以证明遗址所在的上海市西部地区成陆年代的下限,对研究东部地区的成陆年代并不发生作用。从六十年代初至今十多年间,上海考古工作者在全市范围内除长江江口崇明岛等沙洲外,又广泛地进行了调查发掘工作,发现了大量的古遗址和墓葬。最近上海博物馆特将本市自解放后特别是近期所有出土文物予以清理展出。我在参观了这个展览会之后,深感十年前曾经讨论过的这个问题,现在由于这些新资料的发现与公布,已有重新提出来讨论一下的必要。下面是我根据在展览会上的所见(展出的文物与说明书)所闻(会中工作同志的解释),结合历年来所搜集到的一些文献资料,在我原先两篇文章的基础之上,加以扩充修正,所得出的一种比较系统的

---

① 见本集第 149、161 页。

看法。谨以就正于关心这个问题的同志们，希望能够由此引起批评和指正。

一

在长江三角洲(上海包括在内)的成陆过程这个问题上，解放以前国内外学者海登斯坦、丁文江等所发表的几篇论文①，是非常片面的，其结论是错误的。

海登斯坦孤立地把长江的输沙量作为决定三角洲伸展速度的唯一因素，并且静止地把输沙量看成是自古至今永远不变的；丁文江片面地根据南汇一县境内几百年中几条海塘的兴筑年代与推进距离，用以推断整个长江三角洲在整个历史时期中的伸展速度；因而他们不可能得出正确的结论，只能荒谬地认为几千年来长江三角洲全部都是在按同一速度——每六十年(海说)或每六十九年(丁说)推进一英里——继续不断地向前伸展。这种谬说过去曾在我国学术界广泛传布，不少人竟把它当作科学的结论，流毒甚广。

解放以后，虽然早已有人认识到只根据单一因素的分析或个别地段的现象来概括整个三角洲的发育的方法是错误的，淀山湖和马桥古遗址的发现，又明确证实了这两个地点的成陆都要比按海、丁所推算的年代早得多；可是对他们的每六十年或六十九年伸展一英里的说法，却还没有作出比较全面的批判。一般的看法只是认为他们把陆地伸展的速度说快了，殊不知这种看法本身也是形而上学的。

_____

① 见前浚浦局报告(英文)1917年、1919年。

实际的情况决非如此。决定上海地区陆地伸涨过程的因素是多方面的,而这些因素又都是随时随地在发生变化的。因此,问题的关键不在于六十年或六十九年伸展一英里(即三十七年或四十三年伸展一公里)的说法是说快了还是说慢了,而是根本不应该把整个上海大陆在整个历史时期看成是在同一速度之下向外伸展。我在《关于上海地区的成陆年代》(下文简称《成陆年代》)一文中已经阐明:约公元四世纪以前,二三千年间,海岸线一直停留在宽不过几公里的冈身地带,那时的伸展率是几百年一公里;而从七、八世纪至十一世纪的唐、宋时代,则平均每二十年即涨出一公里。不同时代的伸展速度相差可达十余倍之多,可见想为整个三角洲的发育过程定出一个平均速度来是不可能的,也是毫无意义的。研究长江三角洲包括上海市大陆部分在内的成陆年代与伸展速度,必须分区按其不同的成陆过程,具体分析,才有可能比较正确地掌握其规律。但在十年前由于考古资料发现得还不多,要这样做还不可能做到。此次展览会所展出的遗址和墓葬是遍布于全市整个大陆部分的,这就为我们提供了作出分区研究的条件。

上海市的大陆部分可分为四个成陆过程迥然不同的区域:

1. 冈身地带　远古时代太湖原是一个海湾。其后长江南岸的沙嘴自西北逐渐向东南伸展,在到达杭州湾后,由于受强潮影响,折而向西南推进,终于和钱塘江口的沙嘴连成一气,将太湖与大海隔开,沙嘴的外缘就成了江南地区第一条基本上连续的海岸线。其时沙嘴外侧的海水远较后世近岸处的海水为深而且清,因而生长着大量的介壳类动物,波浪颇为强烈。强烈的波浪将近海泥沙与介壳动物的残骸堆积在沙嘴的边缘,其堆积高程达到最高潮水位的高度。后人因其高出于附近的地面,故称之为"冈身"①。

冈身在松江(今吴淞江)故道以北并列着五条:第一条即最西一条相当于太仓、外冈、方泰一线,第五条即最东一条相当于娄塘嘉定、马陆、南翔一线,东西相距在太仓境内宽约八公里,东南向渐次收缩,至嘉定南境减为六公里;松江故道以南并列着三条,第一条相当于马桥、邬桥、胡桥、漕泾一线,第三条相当于诸翟、新市、柘林一线,宽度一般不过二公里,狭处仅一公里半,南端近海处扩展至四公里左右②。

1959年发现在冈身地带上的马桥古文化遗址,当时考古工作者对其年代所作的估计是"不会迟于二千年前"。因此我在《成陆年代》一文中说:过去有人认为冈身是一世纪时的海岸线,这个遗址的发现,证明了冈身的形成"不始于一世纪,至少应上推一二千年",即距今三四千年。此次展览会中展出的资料,进一步证明冈身地带的成陆,更应向上推一个时期。因为马桥遗址共有四层:最上层是唐、宋时代的遗存;次为春秋、战国时代的遗存;再下一层根据它的陶器形制和花纹,可以断定属于商、周文化遗址;所以最下层的新石器时代遗存,当然要比三千年前左右的商、周时代更早。就其石器、陶器的形制而言,都属于良渚文化型,而良渚文化的年代,一般说来,正该在距今四千多年前。遗址位于马桥镇东、俞塘村北,在松江故道以南三条冈身中西边的一条,即沙冈和中间一条紫冈之间,则沙、紫二冈的形成,自应更在此遗址之前,估计不会迟于五六千年前。

---

① 始见北宋郏亶《水利书》,朱长文《吴郡图经续记》。
② 松北冈身见范成大《吴郡志》、淳祐《玉峰志》、各太仓州志、嘉定县志;松南冈身见绍熙《云间志》、各松江府志。松北五冈各书所载名称不同。松南三冈曰沙冈、紫冈、竹港,各志同。诸冈位置各书所载亦多出入,且不明确,兹据详细地图推定其东西二条大致方位,中间各条姑置不问。

原先我认为沙、紫二冈间的陆地形成于三四千年前,而四世纪时海岸线仍在东边一条冈身即竹冈以外不远处,所以我估计全部冈身地带的成陆过程,即古海岸自西首一条冈身推移到离开最东一条冈身,约经历了二千多年。现在展览会中的资料一方面既说明了沙、紫二冈间陆地的形成应上推约二千年;另一方面,由于冈身以东绝无魏、晋以前的遗址,又证明了海岸线离开竹冈迅速东进,的确不会很早,约在四世纪以后一说仍可采用①。依此推算,则此宽度不过1.5至8公里的冈身地带,其形成过程,竟长达约四千余年之久。这是四区中成陆最慢的一区,平均约五百年以上乃至三千年才伸展一公里,比海登斯坦、丁文江所作出的推算,要慢上十多倍乃至八十倍之多。

这几千年中海岸伸展之所以如此之慢,那是由于古代长江流域森林茂密,植被良好,为地表迳流冲刷到长江大小支流中的泥沙本来就不多;这些泥沙的极大部分又都在干支各流中、下游的湖泊与河床里停积了下来,能为江流携带到江口以外东海之滨的为数更少。在这几千年里,冈身以外的泥沙沉积量有时与本地区的地体下沉量和所受海潮的侵蚀量略相平衡,海岸即在原有的冈身上停滞不前。有时沉积量超过了下沉量和受蚀量,海岸即稍稍在冈身外向前推进。等到再一次转入沉积量与下沉量和受蚀量平衡时期,又开始形成一条新的冈身。

又由于松江是古代太湖尾闾"三江"中最大一江,江口极为深阔②,长江江流挟带到江口南岸东海之滨的泥沙能够越过松江口到

---

① "四世纪以后"说得晚了些。应改为从四世纪开始,见后记。
② 郏乔《水利书》:"吴松江故道深广,可敌千浦。"郏亶《水利书》:"古……塘浦阔者三十余丈,狭者犹二十余丈。"

达松南海滨的,较在松江口以北沉积下来的要少得多。所以有时在松江口以北已成长了新的冈外沙滩,在松江口以南却还没有,等到进入下一次沉积与下沉、受蚀平衡时期,松北便又有新冈身形成,松南则仅在原有的冈身上增加宽度而已。这就是在这几千年内松江口南北形成的冈身条数多少不同,冈身地带的宽度也不同之故。

冈身地带系由江流海潮挟带泥沙贝壳在自然条件下堆积而成,因而土质较粗,地势在四区中最为高爽。古代人类为了避免遭遇水灾,喜欢选择高地居住,所以在这一狭长地带上,发现了许多从新石器时代直到唐、宋时代的遗址和墓葬。

2. 冈身以内　这一区在第一条冈身形成以前,本是西通太湖、东通大海的一大片浅海,东南两面有一条长江的沙嘴,中间分布着一些沙洲和岛屿。有一部分沙嘴和沙洲平时已露出水面,但遇海潮盛涨时仍不免被淹。第一条冈身形成后,潮汐为冈身所阻,原来较高的沙嘴沙洲免除了被淹的威胁,不久就成为上海最早有人类居住的陆地。展览会上所展出的青浦县崧泽遗址,应即其中的一个点。这个遗址的下层新石器时代遗存,经放射性碳素测定年代,距今在五千年以上。但本区大部分地区则都是在冈身形成以后才由浅海变而为泻湖进而葑淤成陆的。这一过程历时并不很久。展览会展出的冈身以内新石器时代遗址达十余处之多,分布地区甚广,西至淀山湖、金山坟,北起福泉山、孔宅,南抵戚家墩,可见三四千年前,这一过程业已完成,只留下了一部分泻湖,因湖底较深,变成了淡水湖。

但现在本区内的淡水湖不一定就是古代泻湖的残迹。即如淀山湖遗址既在淀山湖中,可见三四千年前这里原已成陆。历史时期太湖平原在缓慢下沉,今天的淀山湖,是在该地成陆以后又经历了一二千年之后由于地体下沉又变而成湖的。

本区是太湖平原的一部分，是全上海四区中地势最低洼的一区。一般高程都在洪水位之下，农田皆赖人工修筑圩堤保护。土质以湖积为主，颗粒较细。

3. 冈身以外、里护塘以内　冈身以外的成陆年代要比冈身及冈身以内晚得多，这一点我在《成陆年代》中已着重指出。在此次展览会所展出的出土文物分布图上，所有新石器时代、商周、春秋战国、秦汉、魏晋南北朝、隋唐五代的遗址和墓葬，都分布在冈身以内或正在冈身地带上，在冈身以外，最早的只有一处南朝墓葬，位于西去冈身约一华里许的莘庄，其余全是距今不满千年的宋以下墓葬①，更突出地显示了这一点。

可是我们决不能据此便认为自莘庄以东，全部地区都是在宋以后才成陆的。须知一地从出水成陆到有人类在此从事生产活动，并定居下来，是需要经历一段相当时期的，这段时期可能长达数百年。我在《成陆年代》中推定唐开元初（八世纪初）所筑旧瀚海塘②约在冈身以东约十公里；可能我所推定的具体位置不很正确，但相差不会太远。又有在冈身以东约十五公里处的沪渎重玄寺，和在冈身以东约十公里处至今犹见在的龙华寺，都创立于五代吴越时代，这也是无可否认的。可见冈身以东约二十公里，断然应成陆于唐以前。南朝时期自莘庄以东这片土地可能虽已成陆而只是海滨未经垦辟的荒地，还没有聚落，所以没有任何文物遗留下来，到了唐、五代时期，既然已筑有海塘寺院，岂能没有村落庐墓？

---

① 1972 年以后在冈身以外下砂捍海塘一线以内，陆续出土了南朝文物一处，唐代文物四处，唐代遗址一处，见后记。
② 旧瀚海塘应始筑于唐以前，见后记。

只是其遗址尚未被发现而已。

《成陆年代》中推定四世纪时的海岸线大致还停留在冈身地带，即最东一条冈身以外不远处，那时还不能说得更具体。现在根据莘庄发现南朝（420—589年）墓葬，姑且在插图上把四世纪时的松南海岸线就画在莘庄、闵行、南桥一线，即横沥泾一线，当与实际情况不致于相差很远。

会上所展出的宋墓分布地域最东直抵宝山的月浦、川沙高桥东北的老宝山和南汇县治的惠南镇。老宝山、月浦二墓都有墓志铭，前者葬于南宋开禧年（十三世纪初），后者葬于南宋宝祐年（十三世纪中）间。惠南一墓确年无考，但墓中有龙泉窑瓷片，足见其时代也不可能早于南宋。这三个墓葬所在地的成陆年代当然应在这些墓葬之前。在现在地图上，月浦、老宝山距海甚近，惠南距海较远，但其成陆年代则应该是月浦在前，老宝山次之，惠南最近。

做过野外调查工作的一位同志曾向我谈起，月浦、江湾一线存在着断续的沙带，北蔡、周浦、下砂一线存在着比较连续的沙带。我以为这是同一时代形成的一条沙带，也就是弘治《上海志》中所提到的"下砂捍海塘"故址所在。我在《再论关于上海地区的成陆年代》（下文简称《再论成陆年代》）一文里估计这条海塘筑于五代或北宋初期。今按：吴越钱氏统治两浙时，比较注意农田水利。在防御海潮内侵方面，杭州附近钱塘江口的石塘就是那时修筑的，当然很可能在这东海之滨开元旧瀚海塘之外沿当时的海岸侧近也筑上一条新海塘。所以这条下砂捍海塘应以断作筑于吴越时代即十世纪前期为妥。海塘所在一线的成陆当然在筑塘之前，但不会前很久，因为那时候的海岸伸展速度是很快的。可姑且假定为十世纪初，上距八世纪初兴筑旧瀚海塘约二百年，陆地向外伸展了约十公里。这正好符合于我在《成陆年代》中所作出的唐、宋间海岸平均约二十年即涨出一公里的推断。

《太平寰宇记》：秀州"东至大海二百一十里"，华亭县在州"东一百二十里"。秀州州治即今浙江嘉兴县城，华亭县治即今松江县城，则其时海岸在今松江城东九十里，正该在下砂、周浦一线。《寰宇记》虽成书于十世纪后期宋太平兴国年间，其所采集的资料则一般都是早一个时期的。秀州的四至八到和领县距州里数，所据很可能就是后晋天福三年（938年）吴越初置秀州时的调查记录。

老宝山在月浦、下砂一线之东约七公里半，按当时平均伸展率计算，其成陆约当在十一世纪中叶，正可与我在《成陆年代》中所推定的成书于十一世纪七十年代的郏亶《水利书》中松江南岸海岸线连成一线。

惠南镇又在十一世纪中叶海岸线之东约六公里。镇东的里护塘（即内捍海塘、大护塘、老护塘），始建于南宋乾道八年（1172年）①。所以惠南以及同在里护塘一线上的川沙县城、大团和奉城等地，其成陆约当在十二世纪七十年代稍前。

从五世纪到十二世纪，约八百年间②，海岸线从冈身侧近推向里护塘一线，共达三十余公里。这是上海四区中成陆速度最快的一区，比冈身地带要快上几十倍乃至几百倍，比海登斯坦、丁文江

---

① 《宋史·河渠志》七：乾道八年，秀州守臣丘崇言，"兴筑（华亭）捍海塘堰，今已毕工，地理阔远，全借人力固护……"丘崇所筑有塘有堰，堰在通海诸河道上，距海较远，塘则一般皆迫近海岸，华亭东南二面皆濒海，东海岸已远在下砂捍海塘之外，故曰"地理阔远"。嘉庆《松江府志》载明人曹印儒《海塘考》："海塘之制，本为捍御咸潮，以便耕稼。唐开元初名捍海塘，起杭之盐官，迄吴淞江，长一百五十里。宋乾道中、元至正初皆修焉；起嘉定老鹳嘴以南，抵海宁之澉浦以西……"讲到开元捍海塘是追溯府境海塘之始，起老鹳嘴抵澉浦的海塘才是当时见在的海塘，即今里护塘，曹氏认为即乾道、至正所修。

② 应改为从四世纪到十二世纪约九百年间。

的推算要快上接近一倍。

这一区成陆速度之所以如此之快，原因在于自公元一世纪以后，中原历次的兵燹，促使黄河流域的人口一批批地大量移殖长江流域。随着长江流域人类生产活动范围的日益扩大，植被遭受破坏，江口外的泥沙沉积量日益增涨。沉积物先将近岸处水下三角洲填高，约自五世纪以后，即有大片沙滩陆续露出水面。但初出水的滩地在伏秋大潮汛时仍难免被淹没。历代劳动人民在海滩前缘所修筑的堤塘，使堤内滩地在未堆积到最高潮位的高度时就脱离了江海的浸灌与冲积，因此一般高程稍低于不假人工堆成的冈身地带。海塘的修筑同时又迫使此后长江挟带来的泥沙全部堆积在海塘以外，人为地加快了陆地扩展的速度。

4. 里护塘以外　从十二世纪七十年代初创筑里护塘，至今正好又是八百年。在这八百年内，长江所挟带到江口的泥沙量当然不会比前八百年少。但由于长江主泓经常由南泓道入海，泥沙主要沉积在北岸或江心，大大地扩展了江北岸南通以东的平原和江中的崇明等沙岛，沉积到南岸来的比较少，因此本区陆地的伸涨虽比冈身地带在快得多，但比里护塘以内要慢得多。现今的海岸距里护塘在川沙城东仅六七公里，在南汇城东仅约十公里，最远处自大团镇东南至南汇嘴也不过十六七公里，平均速度不及前八百年的四分之一。

人工筑堤也助长了本区成陆的速度。由于近代江南的人口极为稠密，与海争地的需要更为迫切，八百年内，在此宽仅几公里至十几公里的新涨土地上，逐步向外增筑了至少四条海塘（钦公塘、老圩塘、陈公塘、新圩塘）①，因此地面高程又稍低于里护塘以内。

① 民国《川沙县志》。

脱离海水浸灌未久,土质含盐量较高。

约在近四五百年内,长江大溜自太仓至川沙高桥港口附近紧迫南岸,流势甚急,这一带江岸受到严重刷汕,不仅没有涨出,反而有所坍进。高桥港以南,流势渐缓,泥沙开始沉积,陆地稍有增涨,越往南流势越缓,沉积量越大,故南汇嘴一带伸展最快。又有一部分泥沙在越过南汇嘴后,为杭州湾强潮推向西南,以致在奉贤县的里护塘以外,海岸也在向外伸展。

<h1 style="text-align:center">二</h1>

恩格斯说:"整个自然界……都处于永恒的产生和消灭中"。地球上的陆地也是在不断地产生和消灭。海陆变迁不仅发生在若干万年前的地质时代,也发生在几千年来的历史时期。沧海可以变桑田,桑田也可以变沧海。上海地区决不例外。当然,历史时期的上海地区处于挟带大量泥沙的长江江口,总的说来沉积量大于侵蚀量,由海变陆是在大范围内长期持续的运动,而由陆变海只是在局部地段内断续出现的现象。但我们在研究上海的地形发育过程时,却也不能不注意到这种现象,否则我们的认识是不完整的,不全面的。

上节已经提到近几百年来上海大陆的东北边缘地带有陆地坍没现象。这一现象只要打开大比例尺的地图一看就可以发现。吴淞口左右三十余公里的海塘全都紧迫海岸(即江岸),这当然决不是筑塘时的原状,而是筑塘以后塘外滩地坍入江海的结果。宝山县城陡入大江中,附近一段海塘是石塘,要是没有这段石塘,县城当早已沦入江中。据《宝山县志》,则城外明代旧塘约在明末清初坍没入海,塘址逐步内移,去旧塘已数里而遥。清乾隆五年(1740

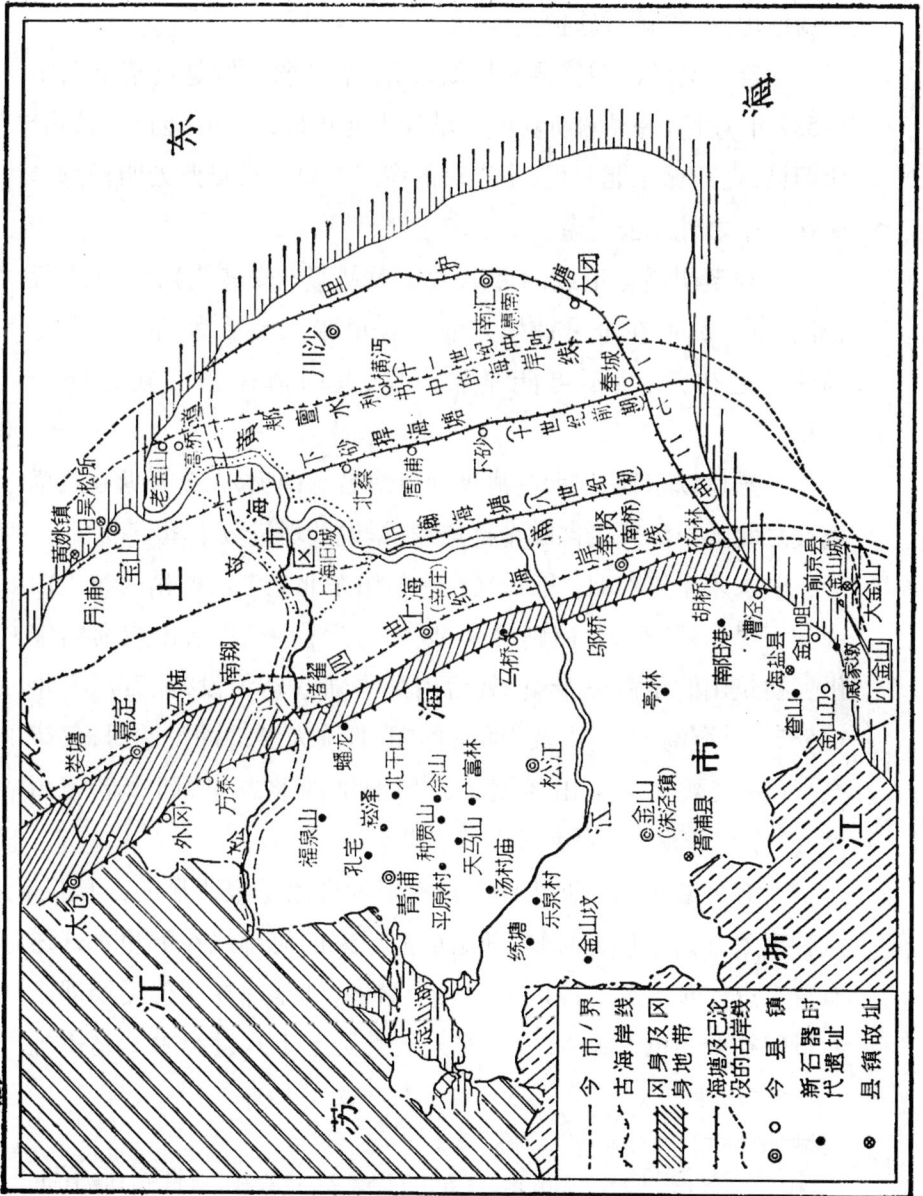

上海大陆部分海陆变迁示意图

年)为保障县城的安全,乃于县城附近土塘内加筑石塘一段。今土塘已坍没,仅赖石塘护卫。

今宝山县城即明代吴淞所城,而这个吴淞所城是嘉靖十六年(1537年)所筑的吴淞所新城。洪武十九年(1386年)创筑的吴淞所旧城,在新城东北一里,距当时的海岸三里。可见此处明初海岸应在今岸之外二公里余。

自宋至明屡见记载的著名大镇黄姚场(黄窑镇),明季或清初沦于海,故址在今月浦镇东北三公里张家宅后海塘外。当立场建镇之初,当然不可能紧靠海岸,其时海岸当又在此外若干里。

吴淞口以东,明以前的海塘起点地名老鹳嘴,在今海塘起点草庵渡之北。至清代老鹳嘴全部坍没,据说共坍进数十里。

明永乐十年(1412年),在今高桥镇东北老宝山城稍西筑土山高三十丈,昼则举烟,夜则明火,以为海运往来表识,山成命名宝山。初筑山时距海三十里,其后山外平陆逐渐沦没,至万历十年(1582年)海潮大溢,山及山麓的宝山旧城为洪涛冲没殆尽,仅留余址(清康熙中建宝山新城于万历旧址西北二里,即今老宝山城)。今海塘距宝山故址不足一公里。

上海大陆东北部近几百年来有坍没现象是很明显的,问题是这种现象开始于什么时候,开始以前原来的海岸线在哪里? 这还有待于进一步寻究。证以上述几个事例,则至迟在明代后期即十六世纪初叶当已开始①,过去有人认为始于十八世纪中叶是不确

---

① 《弘治上海志》卷五堰闸节海隈条引乔维翰纪略:"边海旧有积沙,亘数百里,近岁漂没殆尽,无所障蔽。盛秋水涝,挟以飓风,为患特甚……"此文作于成化癸巳(1473),可见海岸被刷坍现象十五世纪中叶已开始。

切的。内坍现象是从西北逐渐扩向东南的,清末以来,高桥港以南的九团地带也已有所坍进①。

在东北部边缘地带坍没入海以前,大陆南部边缘的陆沉现象,更为严重。

古代的杭州湾北岸应在今岸之南,此次展览会为我们提供了两个很好的实证:一是 1963 年发掘的金山戚家墩从新石器时代直到秦汉的遗址在现今海塘外沙滩上,涨潮时被淹没,考古工作者要等到落潮时遗址露出水面才能进行工作。二是在展览会期间,又在奉贤柘林城南的海边盐场上发现了新石器时代的遗物。

在这一带为人所熟知的是金山和金山城由陆沦海。

金山一名大金山,在今金山嘴东南七公里海中;又有小金山,在大金山西北约二公里。地方志上都讲到了古代金山本在陆上,山北麓有一个金山城;后世金山城及其附近平陆沦没于海,大小金山遂孤悬海中②。可是都没有讲清楚金山在陆上可以上溯到什么时代,又在什么时代开始脱离大陆。

1958 年考古工作者曾在金山山腰上发现了约三千年前的印纹陶陶片③,这就证明了约三千年前,金山是在陆上的,要是那时也像今天那样是一个孤悬海中的山岛的话,人类就不可能在此聚居。

---

① 以上叙高桥港以北海岸内坍情况,除黄姚场故址见《月浦里志》外,其余皆见光绪《宝山县志》;高桥港以南,见民国《川沙县志》。

② 各松江府志、金山卫志、金山县志。

③ 此次展览会未展出,见黄宣佩:《考古发现与上海成陆年代》,《文汇报》1962年 2 月 18 日。

《太平寰宇记》：苏州"东南至海岸钊山四百五里"。按，金山城相传为周康王东游时所筑，南接金山，因以为名①。周康王是不可能跑到这里来筑城的，核以《寰宇记》这条记载，这一传说应该是由于金山本名钊山，遂将山麓的金山城附会为周康王所筑，因为周康王名钊。又按，自五代后晋时吴越分苏州为秀州后，苏州辖境东南不至海，《寰宇记》这条资料，显系采自分州以前的记载，大致可以反映唐代中后期的情况。由此可见，金山在唐代正在海岸上。

又据宋常棠《澉水志》，金山西南四十余里浙江境内的王盘山，南宋淳祐中曾发现古井，井砖上刻有文字，从刻辞中可知其地系东晋时屯兵处。海中孤岛不可能屯兵，足见东晋时王盘山亦在陆上。王盘既在陆上，据地势推断，其时金山附近的海岸当更在山之南与东各若干里。晋后海岸逐渐北移，不知何时王盘入海，至唐代金山遂迫临海澨。

金山城应创建于六世纪初，即梁天监中所置前京县城，考见《再论成陆年代》。旧说除周康王筑一说外，又有吴越钱氏时筑一说②。后说宜可信，五代时前京城当废圮已久，钱氏乃重筑以为海上戍守处，改名金山城。

北宋时金山仍在陆上，其证有二：1. 据《云间志》，金山山顶的慈济院建于元丰间（1078—1085 年），若其时山已脱离大陆，不可能在孤岛上建院。2.《云间志》又云，寒穴泉出金山顶，以甘冽著称。志又载有北宋时唐询、王安石、梅圣俞等人所咏寒穴泉诗及寒穴泉铭并序，都没有说到此泉在海中孤岛上。

金山城一带陆地坍没入海，金山之与大陆隔绝，当在南宋初

---

① 始见绍熙《云间志》。
② 《读史方舆纪要》、《清一统志》、嘉庆《松江府志》。

年,十二世纪中叶。故成书于绍熙年间(1190—1194 年)的《云间志》,其寒穴泉、慈济院、金山忠烈昭应庙三条,都说在"海中金山"上。至于金山、金山城二条不言在海中或已沦没入海,当系录自旧图经,未及根据新情况予以注明。慈济院系"元丰间释惠安造,绍兴元年请额",则绍兴之初(1131 年),金山应犹在陆上,山北陆地之沦没当在绍兴初年之后。

据明、清地方志,金山卫城南一带的海塘在元代凡内移三次;元以后明成化以前续有坍进;成化以后,卫城附近趋于稳定,自金山嘴以东,自东而西,先有柘林城南的蔡庙港堡,后有漕泾镇南的胡家港堡,相继在清雍正以前坍没;雍正以后二百多年来基本上稳定。

三

中国古代文明发祥于黄河流域,逐步向四周扩展。所以长江流域的开发过程,一般都是自北而南。但上海地区的情况特殊。由于位于西南方的冈身以内和冈身地带二区成陆在先,位于东北方的冈身以外和里护塘以外二区成陆在后,所以开发程序也是由西南而渐次推向东北。

这种情况在展览会展出的古遗址和古墓葬的地区分布中——隋唐以前全部集中在西南二区,冈身以外除莘庄一处南朝墓葬外只有宋墓,里护塘以外只有明墓①——可以看得很清楚。再从文献记载中看上海大陆各区设置县治的先后次第,也充分反映了这

---

① 1972 年以后在冈身以外下砂捍海塘一线以内,陆续出土了南朝文物一处,唐代文物四处,唐代遗址一处,见后记。

一点：

　　上海市境内最早的县治是秦和西汉时代（公元前三世纪末至公元一世纪初）的海盐县治，故址在今金山卫城东北柘山附近①。其次是南朝梁、陈时代（六世纪）的前京、胥浦二县②。前京故址即南宋沦入海中的金山城。胥浦故址在今金山县治西南胥浦塘上③。海盐县治于西汉之季沦入柘湖，移治今浙江平湖境内④。前京、胥浦二县于陈、隋之际（六世纪后期）先后罢废⑤。在这三个已废的古县之后，才是唐天宝十载（751 年）所置华亭县，即今松江

---

①　据《水经·沔水注》、《元和郡县志》，秦海盐县后沦于柘湖，移于武原乡，后又陷为当湖。《汉书·地理志》："海盐，故武原乡"，则秦县故址陷为柘湖在元始二年（公元 2 年）之前。移治武原又陷为当湖，在东汉顺帝时，见《续汉书·郡国志》刘昭注补。柘湖故址在金山卫城东北六里柘山附近，当湖故址在平湖县东，见《清一统志》及府、县志。

②　前京县见《陈书·陈帝纪》永定二年。《舆地纪胜》"前京城，梁天监七年筑。"《隋书·地理志》："平陈废。"胥浦县见《梁书·侯景传》。《清一统志》引府志："大通六年析海盐县东北境置。"不见《隋书》，盖置县后不久即废。《清一统志》引府志："地接胥浦，因名。今为胥浦乡，在县（指松江府治华亭县）西南四十里。"

③　前京县见《陈书·武帝纪》永定二年。《舆地纪胜》"前京城，梁天监七年筑。"《隋书·地理志》："平陈废。"胥浦县见《梁书·侯景传》。《清一统志》引府志："大通六年析海盐县东北境置。"不见《隋书》，盖置县后不久即废。《清一统志》引府志："地接胥浦，因名。今为胥浦乡，在县（指松江府治华亭县）西南四十里。"

④　据《水经·沔水注》、《元和郡县志》，秦海盐县后沦为柘湖，移于武原乡，后又陷为当湖。《汉书·地理志》："海盐，故武原乡"，则秦县故址陷为柘湖在元始二年（公元 2 年）之前。移治武原又陷为当湖，在东汉顺帝时，见《续汉书·郡国志》刘昭注补。柘湖故址在金山卫城东北六里柘山附近，当湖故址在平湖县东，见《清一统志》及府、县志。

⑤　前京县见《陈书·武帝纪》永定二年。《舆地纪胜》"前京城，梁天监七年筑"。《隋书·地理志》："平陈废。"胥浦县见《梁书·侯景传》。《清一统志》引府志："大通六年析海盐县东北境置。"不见《隋书》，盖置县后不久即废。《清一统志》引府志："地接胥浦，因名。今为胥浦乡，在县（指松江府治华亭县）西南四十里。"

县,这是现今上海十个郊县中设置最早的一个。以上四个县治全在冈身以内。

此后到南宋嘉定十年(1217年)置嘉定县,设治地点才向东北推进到了冈身地带。元至元二十九年(1292年)置上海县(治今上海旧城区),又东推进到了冈身以外。到清雍正三年(1725年)置南汇、奉贤(治今奉城镇)二县,才推进到了里护塘一线。川沙县设置于嘉庆十年(1805年),在大陆诸县中最居东北,也是十县中设治最晚的一个,仍在里护塘一线内侧。

在冈身以内这一区之内,南部的开发又较早于北部。唐以前三个古县的故址都在南部接近浙江边界处说明了这一点,本市发现过一些小件青铜器的地点除马桥外都在今松江、金山二县境内,也证实了这一点①。而南部之所以较早得到开发,原因在于南部的地势较之北部来得平坦而开阔,而这种地形上的差别也是在成陆过程中造成的。当长江南岸的沙嘴伸展到杭州湾时,东来的强潮不断将沙嘴的前端推向西南移动,在沙嘴封闭太湖周围出现第一条冈身以前,冈身以内南部原来的一些浅海已为积沙所填没覆盖,出现了宽广的沙滩;冈身形成以后,这一地带也就比较容易开发。而北部地带则除一部分沙洲岛屿外,一般都是在冈身形成以后才荸淤成陆的,境内残存着许多湖荡、沼泽以及宽阔的河道,平原被分割成无数小块,低湿沮洳,因而也就比较不利于开发。

根据这一看法,所以我认为尽管截至目前为止时代最早的崧泽遗址在冈身以内的偏北地区,但南部地区肯定也存在着不迟于

---

① 本市所发现的青铜器都是一二寸长的刀戈等小件。唯一的大件可以称为彝器的是在松江城北凤凰山采集到的一只尊,有一尺多高,形制与丹徒、屯溪等处出土的相似。但发现地点既不存在古文化遗址,也找不到古墓葬,看来这件铜器应是后世从外地搬移来的,它的原主人并不生活在这里。

或较早于崧泽的遗址，只是还未经发现而已。今后我们若想在上海境内寻找早期的文化遗址，应该把发掘工作的重点放在西南隅邻近浙江一带①。

上海还没有发掘到过古城址，我们也得寄希望于这一带。金山城即梁前京城已沦入海底，无从发掘。胥浦县设置的时代太短，未必有遗址留存至今。上海境内最早的古城，同时也有可能发掘出来的，应该是秦和西汉时代的海盐县城，希望考古工作者能注意及此。

我们说上海地区开发的先后基本上决定于成陆的先后和地形的差别，这是自然条件与人类生产活动之间的关系的一个方面，即人类生产活动受到自然条件制约的一方面。但我们决不能认为这二者之间的关系只此一方面，忘记了另一方面——人类生产活动足以改变自然条件，加快开发过程这一方面。

自秦至唐天宝十载共九百七十余年，上海大陆上只在秦与西汉二百二三十年中设置过一个海盐县治，南朝后期八十年间先后设置过前京、胥浦二县，此外从东汉至南朝前期和自隋至唐天宝共约六百六十年内，竟然连一个县治都不设，长期分属于治所设在今浙江、江苏境内的嘉兴、海盐、昆山三县。那时上海已成陆的土地约计有二至三千平方公里②，那么大一片土地一县不设，可见这里尽管在四五千年前的新石器时代已有人类居住，却迟至一千多年前，仍没有得到很好开发。这主要应该是由于当时海塘未筑，这片

---

① 1972 年果然在金山张堰镇南发现并试掘了查山遗址，其下层文化遗存即与崧泽遗址属于同一时期。同年试掘了上年发现的张堰镇北亭林遗址，其下层属良渚文化，稍后于崧泽遗址，距今约四千年。见 1976 年 11 月《文物》黄宣佩等《从考古发现谈上海成陆年代及港口发展》。

② 应改为三至四千平方公里。

土地还经常受到海潮浸灌之故。

唐开元初年兴筑了上海地区第一条海塘——旧瀚海塘,这在上海开发史上是一件划时代的大事。从此海塘以内的土地免除了咸潮的危害,农业生产基本上有了保障,三十多年后新建的华亭县才能一直保存下来,不再罢废,并且在此后又陆续分建了几个县。继旧瀚海塘之后,吴越时代所筑的下砂捍海塘和南宋所筑的里护塘等,对上海的开发也同样起着巨大的推动作用。海塘随着陆地的伸展一道道向外增筑,垦田的面积随着一天天扩大,终于到了十九世纪初,上海大陆上共建立了九个县治,上距天宝十载初设华亭县不过一千零五十年。

上海大陆从天宝以前经常不设一县的海滨斥卤之地在一千零几十年后变而为足以设立九个县的富饶鱼米之乡,光靠长江在这里多年冲积成一些土地是不行的,决定的因素在于劳动人民的辛应改为三至四千平方公里。勤劳动改造了自然。历史时期上海劳动人民改造自然的业绩当然非止修筑海塘一端,此外如在河网水系的改造,内河圩堤的兴建等方面,也都取得了伟大的成果,以与本文论题无直接关系,留待以后另文阐述。

(原载《考古》,1973 年第 1 期)

《上海市大陆部分的海陆变迁和
开发过程》后记

　　文献资料中有关上海古代历史的记载极为稀少,所以要研究上海地区的成陆过程,非依靠考古资料不可。由于五十年代末发现了市属青浦县淀山湖和上海县马桥镇东两处新石器时代遗址,引起有关学术界对这个问题的讨论,六十年代初我也写了两篇文章陆续发表在 1960 年和 1961 年的《文汇报》上。在那两篇文章里,我主要指出了上海全市应划分为冈身以西和以东两部分,两部分的成陆过程是大不相同的,冈身以西远在数千年前已成陆,而冈身以东则是近千数百年来逐渐出水的。当时已发现的新石器时代遗址只此二处,冈身以东发现的遗址和墓葬还没有早过宋代的,所以论断只能是十分粗略的。十年以后的 1972 年夏,我参观了上海博物馆的出土文物展览会,看到了六十年代以后在全市范围内新发现的许多古遗址和墓葬,我又以此为据,结合文献写了一篇《再谈历史时期上海市的海陆变迁》,还是刊登在《文汇报》上。此后又稍加修改,并改了一个标题,刊登在《考古》1973 年第一期上。现在全文转载在这里的,就是这篇十年前的旧作。

　　从 1972 年以来,上海大陆上又陆续发现了若干地下古文物、墓葬和遗址,报刊上也相应发表了不少文章,有些论点是和我这篇文章里的看法一致的,有些则虽不指名,实际上是批驳了我的看法。因此我虽然由于近来所肩负的任务实在太多,抽不出工夫来像72年那样再写一篇新作,却也不能不负责任地完全照原样发表旧作,不交代一下对这些新发现和同志们对我的批驳的看法,不谈一谈自己近年来有什么新见解,这才决定在旧作之后加上这么一篇后记。

这篇旧作主要把上海市大陆部分分为:1. 冈身地带;2. 冈身以内;3. 冈身以外里护塘以内;4. 里护塘以外四部分。阐明这四部分的成陆过程各不相同,有快有慢。对这一基本论点,至今还并没有听到什么异议。有异议的有两点。第一点是在第三区范围内,有"旧捍海塘"和"下砂捍海塘"这么两个海塘名称见于文献记载;这是两条不同的海塘,还是一条海塘的两个名称? 这一条或两条海塘,兴筑于何时,地理位置在什么地方?

我在1960年《关于上海地区的成陆年代》一文中,信从了明以来地方志上"旧瀚海塘"筑于唐开元初即公元八世纪初之说,又根据绍熙《云间志》和《舆地纪胜》所载旧瀚海塘的起讫和长度是"西南抵海盐界,东北抵松江(吴淞江的古称),长一百五十里",推定这条海塘"应西南起今金山卫城南十余里(唐时这一带海岸在今海岸之南),东北至今柘林城东十里左右,折向西北,经今闸港沿今黄浦江东岸北上,经今龙华、徐家汇之东,北抵今曹家渡以北当时的吴淞江滨。它不可能更在此线之东,因更东则海塘的长度就不止一百五十里了。"这种看法在1972年这篇文章里被继承了下来。

可是我就在这同一篇文章里又说:"冈身以东约二十公里,断然应成陆于唐以前。南朝时期自莘庄以东这片土地可能虽已成陆而只是海滨未经垦辟的荒地,还没有聚落,所以没有任何文物遗留下来,到了唐、五代时期,既然已筑有海塘寺院,岂能没有村落庐墓？只是其遗址尚未被发现而已。"这几句话实际上是否定了旧瀚海塘相当于今闸港、龙华、徐家汇一线说。既然冈身东二十公里唐以前的南朝时期（五、六世纪）已成陆，何以唐开元初（八世纪初）所筑海塘还会位于西去冈身仅约十公里的闸港、龙华、徐家汇一线？海塘塘址虽然不一定紧逼海岸，但说塘址竟会距离海岸达十公里之遥，那是断乎说不通的。可见我在 1972 年对旧瀚海塘沿用了 1960 年的看法，显然是很大的失误。

1972 年以后，在我 1960 年所推定的旧瀚海塘一线以东，陆续在市区的广中路菜场出土了南朝瓷器，中山北路、共和新路和白莲泾出土了唐代瓷器①；特别引人注意的是 1975 年在浦东川沙的严桥公社浦建路发现了唐宋时代的遗址。上述这些地点以严桥为最东，西去冈身约十九公里，这就证实了我在 1972 年所作出的冈身以东约二十公里应成陆于唐以前的推断是正确的。黄宣佩、吴贵芳两位同志根据这些出土文物和严桥遗址批驳了我的旧瀚海塘相当于闸港龙华一线说②，当然完全正确，可惜他们并没有能够发现我的文章是自相矛盾的，我也曾说过"冈身以东约二十公里断然应成陆于唐以前。"

旧文献上除"旧瀚海塘"外，又有始见于《弘治上海志》的"下砂捍海塘。"这条海塘指的是北起今宝山盛桥、月浦、江湾，南经川沙北蔡、南汇周浦、下砂、航头一线，这一点无异议。异议在于我认为这是旧瀚海塘以东的另一条海塘，约兴筑于十世纪初五代吴越

---

① 此外又在这条线以西的龙吴路一处也出土了唐代器物。
② (1)黄宣佩、吴贵芳：《从严桥遗址推断上海唐代海岸的位置》，1976 年第五期《考古》。(2)黄宣佩、吴贵芳、杨嘉祐：《从考古发现谈上海成陆年代及港口发展》，1976 年第十一期《文物》。(3)吴贵芳《从建国以来上海考古发现看古代上海的发展》，1979 年九月号《学术月刊》。

钱氏时;而黄、吴二位同志则认为它就是开元初所筑旧瀚海塘的另一个名称,这是难以令人信服的。《云间志》、《舆地纪胜》明明说"旧瀚海塘西南抵海盐界,东北抵松江,长一百五十里",而下砂捍海塘则从"海盐界"(指今金山县与浙江平湖县交界处)算起"东北抵松江",至少得有二百里,何止"长一百五十里"?

再者,下砂捍海塘的位置足以证明它只能兴筑于五代吴越时,或早至唐末(893—907 年)钱镠以浙西节度使统治今上海地区时,再早是不可能的。1980 年曾在这一线以西约六公里处今川沙北蔡镇东南出土了一条唐代木船①,虽然不清楚这条船制作使用于唐代什么时候,至少可以说明在使用这条船时这里尚未成陆。从这个时候起要经过这一带的海岸至少向外伸展六公里以上以后,再过若干时日,才有兴筑下砂捍海塘的可能,这怎么可能是早在距离唐朝开国仅百年之久的开元初年即八世纪初年呢?

再其次,旧瀚海塘筑于唐开元初之说,只见于明以来的府县志而不见于唐宋记载,本不一定可信。现在既然确知唐代的海岸线应在我 1960 年所推定的一线以东,那么这条"长一百五十里"的旧瀚海塘,自应始筑于唐以前,可能是在南朝时代,或更在南朝以前。至于它的起讫位置,若《云间志》、《舆地纪胜》的记载不错,那就只能大致如我所推断的那样,因为不如此便不可能符合二书的记载。但这条海塘的西南段早已沦入杭州湾大海中,其在今大陆上奉贤、上海二县和市区境内的东北段,则遗址当已深埋在地面之下,故至今尚未被发现。

有异议的第二点是晚唐的海岸线在哪里?里护塘一线成陆于什么年代?

———————

① 见同年 10 月 14 日《文汇报》,《上海成陆年代约在五千年前》。

黄、吴二位同志根据近年在川沙高行镇稍东地带出土唐代晚期至五代的陶器，认为晚唐的海岸线可能就是北宋郏亶《水利书》中所提到的那条相当北起今浦东老宝山、高桥，南经横沔、新场一线的海岸线。又根据里护塘内侧南汇大团镇西和三灶一带发现北宋瓷片，认为"里护塘虽筑于南宋乾道间，但成陆则不迟于北宋初"，"意味着今上海市的全区在宋代之初已经基本成陆，海岸前伸地带和现在相差不远了"。这样的推断看来也是难以成立的。

一、既然承认老宝山、高桥、横沔一线是郏亶《水利书》中的海岸线，郏亶书写成于宋熙宁中即十一世纪七十年代，上距晚唐至少一百六七十年，我们有什么理由说是这一百六七十年内海岸一直停留在原址没有向外伸展呢？鄙见则认为唐末的海岸线只能到达下砂捍海塘一线，到钱镠手里就在这条线上兴筑了海塘。筑塘以后海岸又向外伸涨了一百六七十年，才到达郏亶书中一线。这似乎比较说得通。

二、高行、大团、三灶等地的考古发现只是当地出土了古陶瓷器或陶瓷碎片，而不是发现了遗址。陶瓷器是便于搬移而经久耐用的物件，前代所烧制的，完全可以被后代人搬移到他们的新居去继续长期使用。所以我们不能因为某处发现了唐代的陶器，就说该处在唐代已成陆，也不能因为某处发现了宋代的瓷片，就说该处在宋代已成陆。（上文提到的广中路菜场出土南朝瓷器，也不能据以断言出土地点南朝必已成陆。）再者，里护塘一线距离现今海岸还有一定距离，当海岸伸展到里护塘一线时，就说"今上海市的全区""已经基本成陆"，显然也是不妥当的。

尽管黄、吴二位文章里的论断我不能完全赞同，但是二位明确指出了我以闸港、龙华一线为唐开元初海岸线的错误，这是我要向他们二位致谢，并向读者交代的，这是我写这篇后记的第一个目的。

　　还有一个目的是我在1972年这篇旧作里把历史时期海岸线推展速度快慢的原因比较简单地归之于长江所挟带到江口泥沙量的多少和长江主泓道的南北摆动,这种看法是不全面的,实际上至少还有另一种因素在起相当重要的作用,在这里需要补充阐述一下。

　　这另一因素是气候的变化影响到海面的升降;海面升使海岸停止前进甚或后退,海面降使大面积海涂出水成陆,岸线迅速向外推进。下面根据竺可桢先生和张丕远同志对我国近五六千年来气候变迁所作的研究成果①,用以推阐气候变迁与上海海岸推进迟速的关系。

　　从五六千年前的仰韶时期起到三千年前的殷墟时代和西周初年,气候都要比现在温暖潮湿许多,黄河流域如此,长江流域也是如此。上海地区的青浦崧泽和金山亭林两处新石器时代的孢粉分析,有力地证明了这一点,估计其时年平均气温要高出现代2—3℃。前十世纪以后约有一二个世纪气候转冷,进入春秋以后经战国、秦至西汉武帝时即前一世纪这六七百年内,又是一个温暖时期。直到东汉前期即公元一世纪时才转趋寒冷。总之,从前五六千年到前二千年是一个历时几千年之久的长期温暖气候时期,中间只间隔了一二次世纪性的寒冷时期。这正和上海地区海岸长期停留在冈身一带的时间相当,可见这几千年内海岸之所以伸展得极为缓慢,气候温暖导致海面高升应该是原因之一,其重要性可能还有过于其时长江输入东海的泥沙量不多这一原因。

　　────────────

　　① 　(1)《竺可桢文集》,《中国近五千年来气候变迁的初步研究》;(2)《中国自然地理、历史自然地理》第二章,张丕远《历史时期的气候变迁》。

自公元一世纪起气候转趋寒冷,至四世纪时达到顶点,估计年平均气温低于现在 2—4℃。这时海岸应由于海面下降而迅速外展,这和我们原先推定海岸在四世纪时大致还停留在冈身外不远处,从五世纪起即迅速向外扩展是基本符合的。现在考虑到这个因素,则原先的推断应提前约一个世纪,即海岸离开冈身附近迅速外展应始于四世纪时。

五、六世纪即南朝时期的气温仍比现在低,所以从四世纪后在短短约三百年时间内,海岸线已推展到了远离冈身约二十公里那么远。七世纪中叶以后和八、九两个世纪即唐代自高宗以后气候又转暖,所以在这二百多年内,海岸似乎又停止推进或推进得很慢,下砂捍海塘一线的海岸约形成于唐季,西去严桥遗址仅一公里许。

十世纪下半叶到十一、二世纪又是寒冷时期,所以海岸线从下砂捍海塘一线迅速伸展到了里护塘一线,在不过二百年的时间内推进了约十四五公里。

十三世纪初气候转暖,十四世纪后又转冷,延续五六百年之久直到十九世纪都比现在冷,进入二十世纪才转暖。自 1172 年兴筑里护塘至今八百年中有五六百年是寒冷时代,但里护塘以外扩展的陆地并不很多,那就不是气候在起作用了,而应该是由于长江主泓道南移,新涨出来的海滩不断受到刷汕之故。

现在看来,本世纪一十年代海登斯坦、丁文江等说什么几千年来长江三角洲都是在按同一速度向前推进果然是荒谬的,而我自己在十年前还在计算上海大陆运部分那部分的海岸伸展速度,还在说唐宋间平均约二十年即涨出陆地一公里,也可以说是毫无意义的。实际上海岸的推移是由多种因素交错起作用决定的。这些因素时而此强彼弱,时而此弱彼强,以致海岸非但不会长时期按同一速度向外伸展,并且有时根本停止不动,有时前进,有时后退,进退又时而快,时而慢,所以不论是几千年也好,几百年也好,甚至几十年也好,都不可能有什么定向移动,平均速度。

1982. 6. 12

(原载《上海地方史资料》一,上海社会科学院

出版社出版〔内部发行〕,1982 年 12 月)

上海得名和建镇的年代问题

关于上海得名和建镇的年代,黄苇、洪铭声、丘祖铭三位同志先后在《文汇报》(1962年2月18日及5月8日)发表了不同意见,我以为建镇当以黄苇同志咸淳说为近是,至得名则应远在北宋初年或五代,与建镇并不在同一时期。

建 镇 年 代

先谈建镇年代。

旧籍所载上海建镇年代,除极笼统的"宋时"说外,共有三说,即《嘉靖上海县志》等的宋末说,《沪城备考》、《嘉庆上海县志》等的熙宁七年说和《大清一统志》的绍兴中说。熙宁、绍兴二说尽管明确指出了年号甚或某年,却决不可信,证据是:

一、成书于熙宁之后元丰年间的《元丰九域志》,县下例载属镇,而秀州华亭县下只载青龙一镇,可见其时上海确未设镇。

二、成书于绍兴之后绍熙年间的《云间(即华亭)志》,卷上专立镇戍一目,所载还是只有青龙一镇,可见其时上海仍未设镇。

宋末说虽嫌笼统,倒应该是可信的。因为《弘治上海志》在卷五《儒学》下,提到咸淳中已有"监镇"董楷,已称作为"诸生肄习所"的古修堂为"镇学",又在卷七《惠政》下称董楷以咸淳中"分司上海镇",可见宋末咸淳年间上海确已建镇。

可是根据《弘治上海志》的记载,我们只能推定上海建镇子董楷到上海上任那一年即咸淳三年(见卷五董楷《受福亭记》)之前,并不能确定在此前究竟哪一年。黄苇同志根据卷四《庙貌》"文昌庙,宋咸淳中邑士唐时措立",和下引元人屠性所撰《文昌祠记略》"上海始为镇时,东有文昌祠"这两条记载,说是上海设镇在宋咸淳年间或咸淳年间以后,决不会在咸淳年间以前,"因为上海开始设镇时,其东面已有文昌祠,而文昌祠又是邑士唐士措在宋咸淳中建立的,"并从而得出了上海设镇于咸淳元年或二年的结论,那是误解了《文昌祠记略》的文义。《记略》在"东有文昌祠"下接着说,"镇既升县,遂改为学宫",它的原义只是说:上海在从前作为镇的时候,镇署的东面有一个文昌祠,等到镇既升县,就把文昌祠改作县的学宫。这句话只说明了县学的前身就是上海镇时代的文昌祠,并没有明确交代先建镇还是先有文昌祠,因而我们也就不能据此便断定设镇时东面已有文昌祠,并由于文昌祠建立于咸淳中,便认为建镇不可能在咸淳以前。

所以就目前我们所掌握的史料而言,我们还只能笼统地说上海建镇于宋末,上限是《云间志》书成之年即绍熙四年(1193年),下限是董楷任监镇之年即咸淳三年(1267年)。黄苇同志的咸淳元、二年说的论据虽不能成立,但他所提出的具体年代距实际建镇年代当不会太远。

洪铭声同志主熙宁七年说,他的有力论据是《宋会要辑稿·酒曲杂录》中一条记载。可是这条记载只提到熙宁十年以前秀州十七酒务中有上海一务而已,并没有说其时上海已经建镇。宋制凡设有监当官掌茶盐酒税的所在称场或务,凡人烟繁盛处设有监官掌巡逻盗窃及火禁之事的称镇①,设酒务跟建镇是两回事;所以《宋会要》这条记载,只能说明熙宁十年前已有上海务,不能证实其时已有上海镇。洪铭声同志认为《嘉庆上海县志》明确而肯定地说熙宁七年建镇,决不能无中生有。看来无中生有大致不会,前人跟今人一样,误以上海设酒务与上海建镇混为一谈,倒是很可能的。

《嘉庆上海县志》这一条记载,在"熙宁七年"之下,系以四事:一、"改秀州为平江军";二、"缘通海,海艘辐凑,即于华亭海设市舶提举司及榷货场;"三、"为上海镇";四、"上海之名始此"。除上海建镇不在此年外,末了一点也是错的,等下文讲上海得名时再讲,现在让我们来看看第一、二两点是否可靠:

宋制州分四等:节度、防御、团练、军事。只有节度州才有军额。秀州在北宋一代始终是军事州,不可能有军额。何况平江军是苏州的军额,苏、秀二州壤地相接,秀州怎么可能也叫起平江军来②? 第一点完全错误。

《宋会要辑稿·职官》四十四中有《市舶司》一章,详细记载了从北宋开国到南宋嘉定以前有关市舶的建置沿革,不仅提到了所有设置市舶司的地点,连设有市舶司所领市舶务的地点也都提到了,但全篇绝未提到上海二字。可见在上海设置市舶只可能在嘉定以后的宋末,不可能在北宋的熙宁年间。第二点也不确。

《嘉庆上海县志》的记载是如此的不可靠,我们怎能因为它措辞明确而肯定,就轻易置信?

旧时代修地方志的人多数是乡曲陋儒,学识极为有限,既不懂

---

① 参《宋史·职官志》镇砦官、监当官、《文献通考·职官考》镇成关市官。
② 参《元丰九域志》、《舆地广记》、《宋史·地理志》。

得处理史料的方法,也不懂得前代典章制度,原始资料一经他们编纂,往往会造成许多错误;所以我们采用地方志记载考订史事,必须善于鉴别,十分审慎。但这样当然不等于说我们可以忽视地方志的史料价值。方志里一般都辑录了许多不见于其他载籍的前人作品,这是最可宝贵的第一手资料;就是出于纂修人之手的方志本文,极大部分毕竟还是有所依据的,尽管跟原始资料可能已有些出入。正因为如此,研究历史而不注意搜集地方志资料,显然也会犯错误。关于宋代曾在上海设置市舶一事,就是一个很好的例子。

日本藤田丰八著《宋代之市舶司与市舶条例》一书,他只看到了明末曹学佺《名胜志》里有"宋即其地,立市舶提举司及榷货场,曰上海镇"这么一句,而此事不见于宋代官书《宋会要》,也不见于正史中的《宋史》,因而他就认为《名胜志》这句话出于明人传说,不足置信,实际上海在宋代并未设置过市舶官。我想藤田氏要是仔细翻检一下上海的地方志,便不会得出这一错误的结论。原来《名胜志》之说当本于方志,而方志中有此说,却是有确凿可信的史料依据的,并非出于悠谬的传说。《弘治上海志》卷五《堂宇》载有来人董楷在咸淳五年所作两篇文章,一篇叫《古修堂记》,篇中提到了"前分司缪君相之",一篇叫《受福亭记》,篇首就说"咸淳五年八月,楷忝命舶司,既逾二载",这岂不是无可置疑地证实了宋末咸淳年间上海确已设有市舶官?《宋会要》只修到宁宗朝为止,元人所修《宋史》以实录为据,而《宋实录》亦惟宁宗以前有完书,故《宋史》于理度二朝事多阙略。所以在《宋会要》、《宋史》里找不到关于在上海设置市舶机构的记载,这一点只能据以证明上海市舶置于熙宁说或绍兴说之不可信,自不能连宋时说和宋末说也一概予以否定,认为终宋一代绝无其事。

镇和市舶本来是两种不同性质的机构。全国各地都设有镇,

是县以下的一种地方行政机构。市舶则只设在为数不多的沿海
州、县或镇,掌海上贸易;虽然有时不一定设有专职人员,可由地方
官或转运使、提刑兼任,但其职务本身则不属于地方行政系统①。
所以在一般情况下,建镇和设置市舶应该是两回事。不过上海的
情况似乎比较特殊。上海镇和上海市舶司都不见于咸淳以前记
载,而咸淳初年任市舶分司的董楷又被称为监镇,据此看来,很可
能上海在设置市舶之前并未建镇,还是为了要设置市舶才建镇的,
因而监镇之职即由市舶兼领,也就是说,这两件事在上海实际上是
一回事。这只是一种假定,究竟是否合于史实,当然还有待于进一
步研究。

上海镇于元至元二十九年(1292 年)升为县;市舶则在此后六
年即大德二年(1298 年)并归庆元路(今宁波市),见《元史·百官
志》。

丘祖铭同志认为上海在宋代并未正式设镇,理由是:唐承隋制
设置镇将,宋收镇将之权归于县,旧镇多所废罢,"以不建镇为原
则",咸淳中南宋小朝廷正在风雨飘摇、朝不保夕的状态中,更不
可能"违背祖宗的前规,忽而把上海设立为镇。"这倒是一种独特
的创见,可是历史事实并不如此。宋代的镇虽渊源于唐与五代,但
性质迥不相同。唐与五代的镇长官是武职人员的镇将、镇副,其任
务是镇捍防守;宋代的镇长官是文职人员的监管,其任务是巡逻盗
窃及火禁之事,或兼征税榷酤②。宋初为了把旧时代军政性质的
镇改变成为民政、财政性质的镇,因而采取了收镇将之权归于县、
诸镇多所罢废的措施,这怎么能就说宋以不建镇为原则,为祖规

---

① 参《宋史·职官志》提举市舶司、《文献通考》提举市舶。
② 参两《唐书·百官志》、《宋会要辑稿·职官》四八。

呢？事实上有宋一代随着地方经济的发展，各处增置的镇很多，单是见于《宋会要辑稿》、《方域》、《市镇》篇中不完全的记载，即数以百计，试问不建镇的原则何在？祖规何在？

丘祖铭同志又说：《大明一统志》说上海在"宋时商贩积聚，曰上海市"，《弘治上海志》说"当宋时蕃商辐辏，乃以镇名"，可见为镇为市，"不过是人民群众这样称呼罢了"，并没有经过政府批准公布的手续。这可能是由于他没有注意到《弘治上海志》里又有称董楷为监镇、称古修堂为镇学这两条记载之故。

得 名 年 代

再谈得名年代。

黄苇、洪铭声两位同志都认为上海旧名华亭海，建镇时才改名上海；换言之，即上海之得名与设镇同时。这一看法的史料依据是明以来各种地方志和取材于地方志的《大明一统志》、《读史方舆纪要》和《大清一统志》等。这么许多种旧籍对这一点的说法是一致的，黄、洪两位因而就深信不疑。其实识别旧籍记载之是否可信，主要应依靠我们自己的分析研究，不能取决于记载之是否一致；旧籍关于这一点说法之所以一致，只是以讹传讹而已，绝不可信。

为什么不可信？华亭海不可能是一个聚落名；说古人会用华亭海三字作为华亭县境内滨海许多聚落中某一聚落的专称，尤其是不可思议的事；此其一。上海最初兴起于上海浦岸上，聚落一经形成，即以浦名名聚落，那是很自然的事；说这一聚落初期不叫上海，一直要等到建镇时才得名上海，也是不合于常情的怪事；此其二。

　　那么旧籍中这一说法是无中生有的吗？倒也不是。我在《再论关于上海地区的成陆年代》一文①中已经指出：唐宋时确有所谓华亭海，但原意本泛指华亭县的全部海面；后来的上海县城所在地在未成陆以前也确是华亭海的一部分，但不能说旧华亭海就等于后来的上海县；总之，华亭海是海名，不是聚落名。可见"华亭海"三字是有来历的，华亭海跟上海也是有关系的，修地方志的人只是误解了这种关系而已。

　　旧说的错误一经交代清楚，现在我们就可以正确地解答上海得名年代这一问题了，那就是："上海"是上海这一聚落的原始名称，换言之，即上海之得名与形成聚落同时；华亭海不是这一聚落的旧名，而是这一带地方在未成陆以前的海面名。

　　但单是这样从事理上推论也许还不足令人信服，好在洪铭声同志已为我们在《宋会要辑稿·食货十九·酒曲杂录》中找到了一条明确可靠的史料：

　　"秀州旧在城及青龙、……上海、……十七务，岁……贯；

　　熙宁十年，租额…贯……文；买扑……贯……分。"

　　上文已考定上海设镇在宋末，而这条记载又告诉我们在北宋熙宁十年以前已经有了上海务，这不是有力地证实了上海在设镇以前早就叫做上海了吗？

　　按宋代历次纂修会要，第一次奏上于庆历四年，记事截至庆历三年止，书名《国朝会要》，第二次奏上于元丰四年，记事截至熙宁十年止，书名《元丰增修五朝会要》。今本《宋会要辑稿》、《商税》、《酒曲》两篇各州下皆载有"旧"与熙宁十年两种岁额，《盐法篇》则只载一种税额，末云，"以上国朝会要。"可见商税、酒曲二篇

　　———————————

　　① 见本书第162—170页。

当录自《元丰增修五朝会要》,其中熙宁十年额系新额,而所谓"旧",当系《国朝会要》中旧额,亦即庆历三年(1043年)以前的旧额。又《辑稿·食货·酒曲杂录》载天圣元年诸处酒务"以大中祥符元年至乾兴元年内取一年课高者为额",则《国朝会要》中的岁额,可能即天圣元年(1023年)所定。这样说来,上海设酒务应在天圣以前。从聚落的最初形成到发展得够资格设置酒务,又当有一段不太短的过程,因此,上海聚落的最初形成亦即上海之得名,估计至迟当在五代或宋初,即公元第十世纪,下距宋末建镇约三百年。

(原载《文汇报》,1962年6月21日)

鄂君启节铭文释地

　　战国楚怀王六年(公元前323年)所制"鄂君启节"四件,1957年出土于安徽寿县城东丘家花园。节用青铜铸成,上有错金铭文。其中一件计有铭文一六五字,是舟行水程之节;另三件铭文相同,件各一五〇字,是车行陆程之节。出土后郭沫若先生撰有《关于鄂君启节的研究》一文,殷涤非、罗长铭两先生合著《寿县出土的鄂君启金节》一文,载《文物参考资料》1958年第4期。去年商承祚先生又写了一篇《鄂君启节考》,尚未发表,曾承以原稿邮示。三篇文章详略不同,说法也有所不同,但都为铭文和铭文所涉及的问题作了多方面的考释。我对古文字学和古器物学是一个十足的门外汉,并不想也不可能在文字和名物制度等方面对四位先生的考释有何补益。本文只是在四位先生释文的基础之上,专就铭文所载水陆途程,从历史地理角度出发,作一番比较系统的探索。遇四位先生的释文有出入处,也只从地理方位上考虑决定取舍。

　　根据我的考订,铭文中大部分地名的位置是有文献资料足资依据或印证的,但也有小部分实在无可查考,只得在地图上找一个适当的地点暂予推定。

　　本文完全是在商先生的启发和督促之下写成的。初稿草就后,又承李平心先生对"弽"字的今释提供了意见。并此致谢!

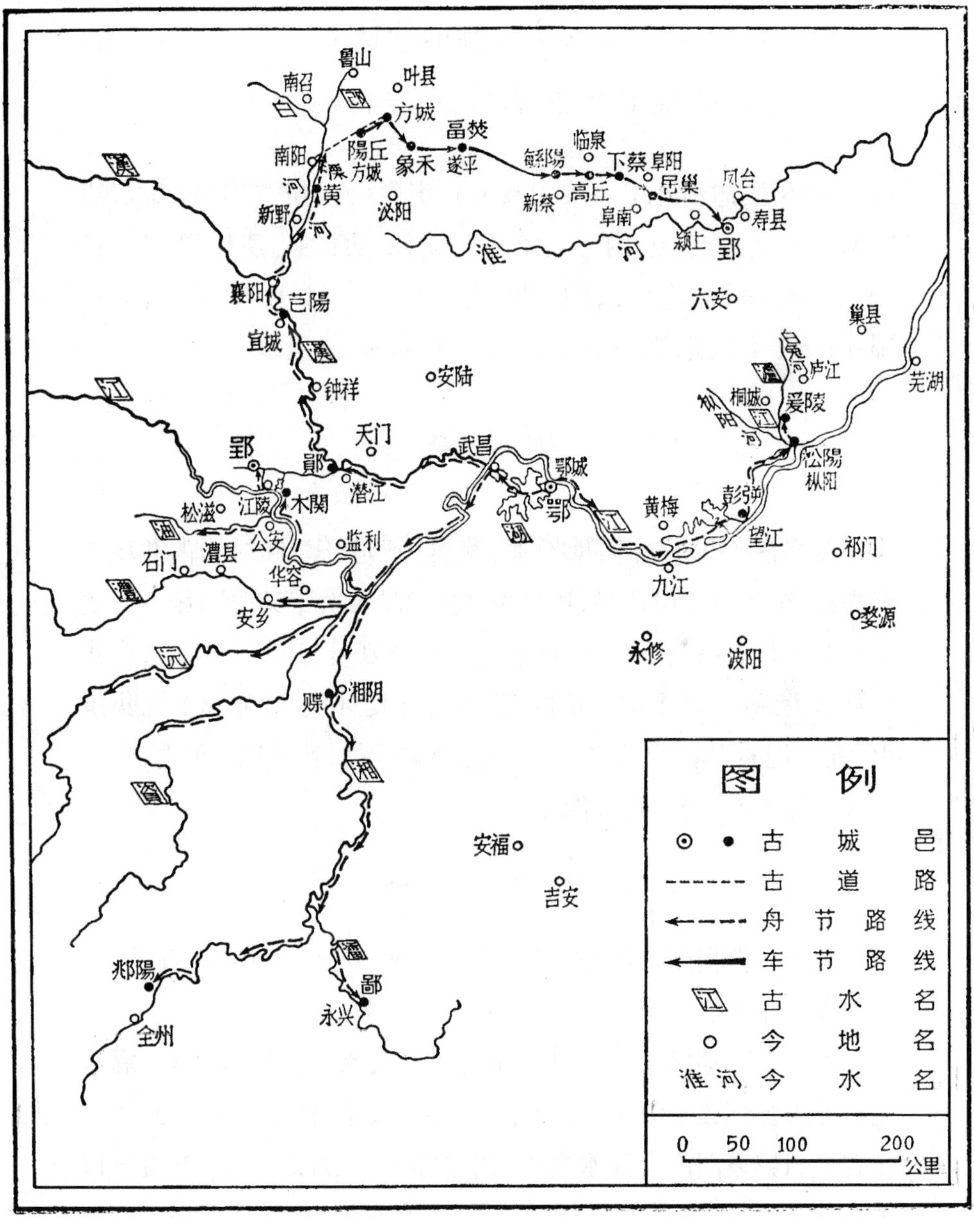
鲁山
叶县
南召
方城
陽丘
方城
象禾
遂平
临泉
下蔡
阜阳
高丘
新蔡
居巢
凤台
寿县
阜南
颍上
淮
河
南阳
黄
新野
泌阳
襄阳
芑陽
宜城
钟祥
六安
巢县
安陆
庐江
桐城
爰陵
芜湖
天门
郢
鄖
潜江
武昌
鄂城
鄂
松陽
枞阳
黄梅
彭蠡
望江
松滋
江陵
木関
公安
监利
石门
澧县
华容
安乡
九江
祁门
婺源
永修
波阳
湘阴
湘
安福
吉安
兆陽
全州
鄙
永兴
图例
古城邑
古道路
舟节路线
车节路线
古水名
今地名
淮河 今水名
0 50 100 200
公里

舟节铭文途程部分释文

（凡三家释文相同者不注，不同者注明所据。）

自鄂往：逾沽湖，让上滩汉（郭、商），庚屑（郭），庚芑阳，逾滩汉，庚郢黄（殷罗、郭），逾颎夏，内入（殷罗）邡。逾江，庚彭弻，庚松阳，内入泸（商）江，庚爰陵。让上江，内入湘，庚牒（商），庚郴（商）阳；内入濡，庚鄘；内入资、沅、澧、湘油（罗）。让上江，庚木闻关，庚郢。

考　　释

自鄂往　鄂是现今湖北的鄂城县，不是今之武昌。古鄂城汉置鄂县，至孙权改曰武昌，1913 年改名寿昌，次年又改鄂城。今之武昌系元代武昌路、明清武昌府的附郭县江夏，1912 年废府，次年改县名为武昌。《史记·楚世家》熊渠立其"中子红为鄂王"，集解引《九州记》："鄂，今武昌"，《九州记》的武昌，就是现今的鄂城。

自鄂出发，舟行凡分四路：

一　西　北　路

逾湖　湖指现今鄂城、武昌之间吴塘、梁子、牛山、汤孙等湖，与东湖不相干。

古代自鄂穿梁子等湖可西通大江，见《水经·江水注》。郦道元虽并未提到梁子等湖，但于经文"沔水从北来注之"下注云："江之右岸当鹦鹉洲南有江水右迤，谓之驿渚，三月之末，水下通樊口水"；又于经文"鄂城北"下注云："江水右有樊口……江津南入，历樊山，上下三百里……"古鹦鹉洲在今武昌西南，其南江水右迤处,当即今之鲇鱼口,樊口在今鄂城西,自鲇鱼口下通樊口,则今之梁子等湖实所必经,故知铭文中的"湖",当即指这几个湖。《江水注》又说这段水道"谓之驿渚",可见系古代驿传所经。今自樊口上溯仅得西通梁子湖、牛山湖,从鲇鱼口进口只能南通汤孙湖,梁子、牛山与汤孙之间,已隔绝不通流。

东湖在黄鹄山、洪山之北,与山南樊口、鲇鱼口间诸湖皆不通流,故知与铭文中的"湖"无涉。

上汉 自今鲇鱼口穿过长江,溯汉水而上。

庚厜 厜,当即郧。古郧地有二:一为春秋郧子国,据《水经·涢水注》、《史记·楚世家》正义引《括地志》,即南北朝、唐代的安陆县治。一为楚郧公邑,据《汉书·地理志》江夏郡竟陵、《水经·沔水注》,即秦汉竟陵县治。(按灵王初封鬭辛为郧公时,其封地仍当在郧国故治,约在吴师入郢昭王复国后始迁此。)前者即今湖北安陆县治,位于涢水之滨。后者在今湖北潜江县境内,位于汉

鄂君启节舟节铭文摹本
(采自《文物参考资料》1958 年第四期)

水西南岸。此"屑"既系溯汉而至，自当指后者。郭先生释："屑，以声求之，疑指潜江"，与此合。

秦汉竟陵故城旧说或作在今天门县西北，或作在今天门县西南，或作在今锺祥县南，都是错的。细读《水经·沔水注》，可确知其地当在今潜江境内县治西北汉水西南岸。此点当另文考释，兹不赘。

庚苣阳　苣阳，疑即秦汉时的邔县。据《水经·沔水注》，邔本楚邑，秦以为县。故城在今湖北宜城县东北。汉水本流经城之东北，后肚汉水西移，故址遂隔在东岸。

逾汉，庚黄　黄，当即《战国策·秦策》、《史记·秦本纪、楚世家》中的黄棘，秦昭王楚怀王曾会盟于此。汉置棘阳县，故城在今河南南阳市南（新野县东北七十里）。汉后棘阳城北仍有黄淳聚，迤南新野县东北有黄邮聚，见《续汉书·郡国志》、《水经·清水注》。直到北朝西魏时，还曾将置在棘阳的汉广郡改名黄冈，见《隋书·地理志》。据《清水注》，棘阳城濒黄水东岸，黄淳、黄邮二聚也都是黄水所流经的聚落。黄水即今溧河，首受白河（清水）于南阳市东北，南流至新野县南还注白河。

自苣阳"庚黄"，航道系自汉水折入今白河，又自白河折入今溧河。屑、苣阳皆在汉水西南岸，白河口在汉水北岸，故自苣阳北来，先得"逾汉"，即自汉水南岸渡至北岸，才能折入白河、溧河达于黄。

逾夏，入（内）邵　此处铭文"内"应与下文"内泸江"、"内湘"、"内资、沅、澧、油"同，训入。"逾夏"然后"入邵"，夏和邵是两个地名。郭释"内"为"汭"，以"夏内邵"为"夏油汜"，非。

夏，疑指夏路。《史记·越世家》："夏路以左，不足以备秦"，索隐引刘氏以"楚适诸夏，路出方城"之路为夏路。此路大致即相当于今自南阳盆地东北经方城县东出伏牛山隘口的那条公路。古航道自黄溯溧河北上，至今南阳市东北又折入白河，又北即须穿越夏路，故曰"逾夏"。邔（音忌），以地言疑即汉代的雉县，以水言当即雉县境内的主要河流，即今之鸦河。雉县故治在今南召县东南。鸦河源出雉县故治北伏牛山中，南流至故治南注入白河。古航道自南来，"逾夏"后仍循白河北上折入鸦河，故曰"入邔"。

总括西北路的航线是：由"湖"渡江入汉，由汉入白，由白入溧，还入于白，又由白入鸦，北极伏牛山麓。

二　东　路

逾江,庚彭弽　彭弽，郭先生释"殆即彭蠡，今之鄱阳湖"。李平心先生云："弽，当为从芇得声之字。芇古音在鱼部，从芇声之斥，小篆作"庌"，与同部之泽相通。《史记·河渠书》：'溉泽卤之地'，泽卤经传作斥卤，可证。《说文》：'罤，引给也'，自来治许书者皆不得其解。窃谓引给即引弓至满，而从芇得声之斥有满足之义，从羊之绎亦有充斥之意，充斥与给足同训。弽当为罤之本字，故字从弓芇（亦）声，罤即择之异文，金文习见，借为弽，故训引给。弽、罤声同义通，疑彭弽即彭泽。《汉书·地理志》豫章郡有彭泽。古大彭迁居江淮各地，彭蠡与彭泽均由族姓得名。"骥按：铭文通例凡"庚"下皆系邑聚名，则此"彭弽"亦即彭泽所指也应该是一个邑聚而不是一个泽薮。当然这个邑聚是得名于泽薮的，应在以彭蠡为名简称彭的泽薮之旁。以今之鄱阳湖为古彭蠡泽，说本于《汉书·地理志》。志于豫章郡彭泽下云："《禹贡》彭蠡泽在西。"彭泽县故城在今江西湖口县东，这个泽指的当然是鄱阳湖。但班固以此为《禹贡》的彭蠡泽是有问题的，泽旁的彭泽县也不见得就是铭文中的"彭弽"。《禹贡》导水说汉水"东汇泽为彭蠡"，汉水的上游既在江水之北，下游的"北江"也在江水的下游"中江"之北。《史记·封禅书》载元封五年武帝南巡，"自寻阳出枞阳，过彭蠡"，寻阳在今湖北黄梅县境，枞阳即今安徽枞阳县治，都在长江北岸。单就这两条记载看来，汉武帝以前的彭蠡就该在长江北岸才说得通。这条铭文更证实了这一点。鄂在长江南岸，"逾江"然后"庚彭弪"，可见彭弪这个邑和这个邑得名所自的泽应在江北而不在江南。依地望与地形推测，古彭蠡约相当于今湖北广济、黄梅、安徽宿松、望江、怀宁、安庆一带滨江诸湖。其时湖面可能比今天的来得宽阔，且相互通连，与江水相吐纳，舟行多取道于此。彭弪故址无考，疑即六朝时代之大雷戍，今安徽望江县。

庚松阳 当即今安徽枞阳县。枞阳在古代是一个很有名的地方，汉武帝南巡曾过此，作枞阳之歌。

入泸江 泸江当即庐江。古代长江流域水道以庐为名的有见于《楚辞·招魂》的庐江，有见于《汉书·地理志》长沙郡安成下的庐水，有见于《山海经·海内东经》、《汉书·地理志》庐江郡下、《水经·庐江水篇》的庐江，但这几条水都不是铭文所指的"泸江"。因前二者一即今湖北宜城、襄阳界上的潼水，一即今江西安福、吉安境内的泸水，都远在"彭弪"、"松阳"的上游，与铭文过松阳然后入泸江不合。后者当今何水虽一时尚难下定论（一说是源出江西庐山北流注入长江某小水，一说即今源出江西婺源庐岭山西流注入鄱阳湖的鄱江，一说即今源出安徽黟县、祁门西南流合鄱江注入鄱阳湖的昌江，一说即今源出安徽黄山北流至芜湖注入长江的青弋江），但无论如何，总之是在长江南岸，而铭文中的"泸江"，却显然应在北岸。那么这条"泸江"究应何所指？我以为指的是汉代庐江郡得名所自的那条庐江，即今安徽庐江、桐城、枞阳三县境内的白兔河。（此河中下游近已壅塞成为白兔湖。）

汉代庐江郡地处长江北岸,境内并无以庐为名的水道见于记载,而见于《海内东经》、《汉书·地理志》、《水经注》的有名的庐江水反在郡界外的长江南岸,这本来是一个前人所困惑不解的谜。有人认为初建郡时郡界本跨大江南北,庐江水实在境内,后来才把江南地划归丹阳或豫章。此说好像颇能言之成理,但庐江郡治明明一直在江北的舒县,何以建郡时不用郡治附近的水名,反要用远在江南的水名作为郡名呢?毕竟说不大通。只是江北既无庐江见于记载,所以问题就无法获得解决。这条铭文正好解决了这个问题。铭文中的"泸江"应在长江北岸今枞阳县附近。今枞阳县是枞阳河(一名练潭河)注入长江处。枞阳河有一条大支流白兔河,源出庐江县西南,南流经桐城县境至枞阳县西菜子湖与枞阳河会流。汉代庐江郡治舒县故城,据《后汉书·光武纪》建武四年李贤注,在今庐江县西。又据《大清一统志》引旧志,"县西南三十里有大城",此大城当即舒县故城;因为是汉代郡、国故治,城比较大,故有大城之称。今白兔河上游正好流经庐江县西南三十里处。据此推断,可见白兔河应该就是铭文中的"泸江",亦即汉初(或秦末)庐江建郡时得名所自的那条庐江。

还得交代一点:《汉书·地理志》庐江郡下有"庐江,出陵阳东南,北入江"这么一条,陵阳是丹阳郡的属县,在江南,也许有人认为这是庐江郡得名于江南的庐江的确证。我看并不然。《地理志》这一条不像是班固的原文,多半是传钞时被羼入的后人读《汉书》时的旁注;注者已不知庐江郡境内自有庐江,致误以旁郡的庐江注入。即使确系班固原文,我们也决不能认为班固的话就不容置疑;班固是东汉时人,上距汉初(或秦末)庐江建郡时已二百余年,当然也很有弄错的可能。

庚爰陵　疑即《水经注》(《名胜志》引)中的团亭,在今桐城县东南六十里。唐宋后有团亭湖,见《括地志》、《太平寰宇记》;据《清统志》引旧志,其水出白兔河,达枞阳,知为古代"泸江"所经。

总括东路的航线是:由江入"彭蠡",由"彭蠡"入"泸江",东极春秋时所谓"群舒"之地。

三 西 南 路

这一路以**上江**即溯江而上总其纲,下分若干支路:

(一)**入湘** 由江入湘,又分二路:

甲、**庚牒** 《水经·澧水注》中有溇阳县,在今湖南石门县西北溇水北岸,地望不合。此"牒"当在湘水之滨,疑即《水经·湘水注》中的锡口戍,在今湘阴县南湘水西岸濠河口与乔口之间。

庚郴阳 "阳"上一字殷、罗写作涉,郭写作渉,商作郴。郭释"渉阳,殆即岳阳",商释郴阳即洮阳,当以商说为是。汉置洮阳县,故治位于湘水上游支流洮水北岸;洮水即今广西全县北黄沙河。

此路溯湘水而上,南极越城岭下。

乙、**入耒** 当即湘水支流耒水。

庚鄙 当即汉代的便县,在来水中游北岸,即今湖南永兴县。

此路由湘入耒,南抵南岭北麓。

(二)**入资**、**沅**、**澧**、**油**(澫) 澫,罗先生写作䣓或䐆,释曰:"从脂,音柔,是油脂的油;此指油水,今湖北公安县有油河。"郭先生写作溏,释曰:"膌声,膌盖即臃之异文";溏水当是《水经》所谓涌水"。商先生写作潼,认为是从水胆声的澹字,即《水经·澧水注》中的澹水。三说中殆以罗说为长。

此句铭文用一个"入"字下赅四水名,郭先生指出:四水应有一定的次序,即由南而北;又应在同一区域,情况略同,皆与江、湘、洞庭相通。这是完全正确的。但涌水只符合于前一条件，不符合于后一条件。古涌水是大江北岸的一条支派；首受江水于江陵东南古华容县（故治在今监利县西北，不是今之华容）南，见《水经·江水篇》，东南流经监利县境还注大江，见《寰宇记》；它与江南资、沅、澧诸水中隔大江，就说不上属于同一区域，既在江北，当然也说不上与洞庭、湘水相通。郭先生推定此水在江南，"必即洞庭湖北面所谓洞庭湖西道——华容河、焦圻水、藕池河、虎渡河等诸水之一"，与《水经》等记载不合。

铭文四水并举，故此水应为资、沅、澧三水以外另一条江南地区较大的水道。据《水经·澧水注》，澹水上承澧水于作唐县（故治在今安乡县北）北，东流至安南县（故治在今华容县西）南注于澧，它只是澧水下游的一条支派，估计首尾不过百余里，看来也很难够资格和资、沅、澧三水并举。

油水《汉书·地理志》南郡高成下作繇水，《水经·江水篇、油水篇》作油水；其水源出汉孱陵县（故治在今公安县西南）西界白石山，东过县北，至汉华容县界公安城（今公安县西北古油口）西北入江，全长五百里。公安境内油水水东有景口、沦口，南通澧水及诸陂湖。由此可见，此水：一、位于澧北；二、同资、沅、澧一样，也是一条自西向东注入长江而与洞庭湖相通的水道；三、在郢南澧北诸水中，比较的最为源远流长，差足与资、沅、澧并举。所以我认为罗说铭文资下一字字作繇，指油水，应该是对的。惟谓"今湖北公安县有油河"则非。油河一名实际已不复存在，其上游在湖南石门县境内今名穿山河，澧县境内今名边山河，湖北松滋县境内今名界溪河；至于公安县境内的油河故道，则久已湮塞，只剩下了一个以古油口为名的集市（即明以前的公安县治），倒确是古油水的入江之处。

入资、入沅、入澧、入油应各为一路。其时这几条水的沿岸可能尚无较大城邑，故铭文但言入某水而不言庚某地。

四　西　路

上江，庚木关，庚郢　郢，故址今名纪南城，在江陵县西北约三十里。木关，郭云"以地望推之，或即今之沙市"，近情；也有可能就是今之江陵。沙市殆相当于《水经·江水注》的江津口。据《沔水注》，江陵城东有路白、中、昏官三湖，南通大江，北注杨水；其南通大江处当即在江津口，出路白湖溯杨水而西北，即抵纪南城。江陵据《江水注》系"楚船官地，春秋之渚宫矣"。"船官"可能就是"木关"。《左传》文公十年楚子西"沿汉泝江将入郢，王在渚宫下见之"，可见其地逼临江浒，是郢都的门户。今江陵城距江岸约有五六里，那是由于后世江势南迁之故。据《江水注》，江陵城隍"吐纳江流"；又据《沔水注》，渎水出纪南城西南赤坂岗，东北流入城，又东北出城，西南注于龙陂，陂在江陵城西灵溪东江堤内。可见古代江陵城下的大江，也有水道可上通纪南城。

此路溯江而上，径由木关折入内河，达于王都。

车节铭文途程部分释文

自鄂往：庚阳丘，庚邡方城，庚育象（殷罗）禾，庚畐（郭、商）焚，庚𫄸（郭、商）阳，庚高丘，庚下鄀蔡，庚居鄩巢，庚郢。

考　释

自鄂往，庚阳丘　阳丘，当即汉代的堵阳县，故治在今河南方

城县东六里。堵阳本秦阳城，见
《汉书·曹参传》注引应劭曰；王
莽又改曰阳城。"自鄂往，庚阳
丘"，不是说自鄂出发走陆路直抵
阳丘，而是先取道水路中的西北
路至今南阳盆地，然后舍舟乘车，
取道"夏路"，东抵阳丘。

庚方城　楚之方城有三：一
即《左传》僖公四年"楚国方城以
为城，汉水以为池"，《汉书·地理
志》、《续汉书·郡国志》系于南阳
郡叶县（故治在今县南）下的方
城。据《水经·潕水注》引盛弘
之，此城起自犫县（故治今鲁山县
东南），经叶县境，东至瀙水达比
阳（故治即今泌阳治，瀙水即县北
沙河）界，"联联数百里"。这是楚
在其北境沿着伏牛山东北麓所筑
的一条长城。一是筑在这条长城
所经伏牛山隘口的一个小城。
《潕水注》引郭仲产曰："苦菜、于
东（二山名，并在今叶县南）之间
有小城，名方城"，即此。一即《左
传》文公十六年的庸方城，在今湖
北竹山县东南。铭文中的"方城"
应在"阳丘"之东，显然不可能指

鄂君启节车节铭文摹本
（采自《文物参考资料》1958 年第四期）

庸方城;方城上用"庚"不用"逾",又可见不是指楚之长城而是指的那个在长城旁边正当伏牛山隘口的小城。以地望推之,此城故址约相当于今方城县东北方城、叶县界上的保安镇。

庚象禾 罗释象禾即今河南泌阳县北象河关,得之。车行出方城伏牛山隘口,折东南抵此。

庚畐焚 商先生云:"畐可通富"。富焚疑即春秋时的房国,汉置吴房县,即今河南遂平县。自象禾东行抵此。

庚鯀阳 郭释鯀阳即《左传》襄公四年、定公六年的繁阳,得之。故址在今河南新蔡县北,自畐焚东行抵此。

庚高丘 疑当在《水经·淮水注》中润水所潴的高塘陂附近。陂已湮,故址当在今安徽临泉县南。自鯀阳东行抵此。

庚下蔡,庚居巢,庚郢 此"郢"无疑指寿春。楚寿春故址在今安徽寿县西四十里,见《寰宇记》。既如此,则"下蔡"不可能是秦汉以后的下蔡县,今安徽凤台县;"居巢"也不可能是秦汉以后的居巢县,更不可能是今之巢县。因为车行路线自西徂东,以寿春为终点,当然无须乎绕道在寿春东北数十里的今之凤台和东南数百里外的秦汉以后的居巢或今之巢县。

据《水经·颍水注》:"别汝又东径蔡冈北,冈上有平阳侯相蔡昭冢。昭字叔明,周后稷之胄……东历女阴县故城西北,东入颍水。"女阴即今安徽阜阳县治,别汝相当今县西沙河,此蔡冈正位于高塘陂之东,疑即铭文"下蔡"故址所在。盖冈曾为下蔡所在,蔡人曾迁居于此,故冈上有后稷之胄实即蔡侯后裔蔡昭的冢墓。

今阜阳县南三十五里旧有润水所潴陂泽(今湮),《水经·淮水注》作焦陵陂,一作焦湖,《魏书·地形志》作燋丘陂,《新唐书·地理志》作椒陂塘。陂南旧有邑聚,去县六十里(当在今阜南县境内),《元丰九域志》作椒陂镇,《方舆纪要》作椒塘镇。焦既可作椒,宜亦得作巢(今巢湖一作焦湖),是椒陂镇殆即古之"居巢"。自"下蔡"东南行抵此,自此又东南渡淮即抵"郢"。

讲到这里,有必要对春秋以后汉以前"下蔡"和"居巢"的地望作一番全面的探讨。

《汉书·地理志》沛郡下蔡:"故州来国,为楚所灭;后吴取之,至夫差迁昭侯于此;后四世侯齐竟为楚所灭。"后人据此立说,认为下蔡城即州来邑,二者在同一地点;下蔡城自蔡昭侯时代起直到秦汉以后,也在同一地点;总之,州来邑和历代的下蔡城都在今安徽凤台县,从没有移动过。这种说法为历代学者所一致遵奉,向无异辞,但近年来的考古发现使我们得以证实实际情况原来并不如此。

1955年在寿县西门内发现了一个春秋战国之际的蔡侯墓。有人便据此推断春秋战国时代的州来和下蔡,应在淮水南岸今寿县境内。因为"若蔡都在淮北,似不应涉淮而葬于淮南"(陈梦家:《寿县蔡侯墓铜器》,载《考古学报》1956年第2期)。这一推断的论据当然是不能成立的。秦都于渭北的咸阳,而始皇与二世陵并在渭南,西汉都于渭南的长安,而一代十一帝中,除文帝、宣帝外,其余九帝的陵都在渭北,可见蔡侯涉淮而葬并没有什么不可能。何况凤台与寿县相去不过三十里,比秦都与秦陵和汉都与汉陵之间的距离还要来得近些?可是我们若把蔡墓地点和《左传》等记载结合起来看,那就不能不认为旧说以州来、下蔡为同在今凤台,确有问题。

《左传》昭公九年:"楚公子弃疾迁许于夷,实城父,取州来淮北之田以益之"。既说"州来淮北之田",州来之地必不限于淮北,而"迁于州来"的蔡侯又营葬于淮南,可见州来应地跨淮水两岸,这一点是可以肯定的。据"州来淮北之田"一语语气推测,州来邑似应在淮南，但不能肯定。又证以《左传》昭公十二年"楚子狩于州来，次于颍尾……次于乾溪……"一节，此次楚灵王的行动路线应为自南而北，先狩于州来，然后次于淮水北岸的颍尾，再次于颍尾之北城父之南的乾溪，然则州来确在淮水南岸。《尔雅·释丘》："淮南有州黎丘"，郭璞注："今在寿春县。"州黎殆即州来。《水经·肥水注》有黎浆水在寿春城南，首受芍陂渎，径黎浆亭南，东注肥水。这一带当即古州黎丘与州来邑所在。

州来邑在淮南，不等于说下蔡城也在淮南。因为《春秋》经、传哀公二年（公元前493年）"蔡迁于州来"，可作迁于州来故地解，不一定要迁于州来故邑。《汉书·地理志》下蔡"故州来国"，亦可作如此解。今既知州来邑在今寿县城附近一带，而蔡侯墓即在今寿县城内，陵墓不应即在都邑近郊，由此可见，《汉书·地理志》说汉代的下蔡县（今凤台县）即蔡昭侯所迁的下蔡，应该是可信的，所谓"蔡迁于州来"，实际是在州来境内淮水北岸营建了一个新邑。

不仅州来和初期的下蔡不在一地，上文已推定"鄂君启节"铭文中即楚怀王时代的下蔡应在今阜阳县西，可见下蔡也并不是始终同在一地的。至于下蔡是在什么时候从凤台西移阜阳县西，又在什么时候东还故址的？确年已无考。疑前者当在楚灭蔡（公元前447年）之后。古代在灭人之国后内迁其遗民，遗民所迁止之地仍以故国邑为名，这是常有的事。后者当在秦建县之后。

"居巢"的"居"是发语词。"居巢"就是"巢"，故凡《左传》里的巢，《史记》皆作居巢。古代江淮一带的巢即居巢有好几处。单是《左传》里所提到的，就不止一处；所以在昭公二十四年吴人灭巢之后，至定公二年又有一个为吴所围而克之的巢。前者当系"群舒"之属中的一个小国，后者疑为楚置在"豫章"地区的一个邑。前者据文公十二年杜预注,故址即庐江六县(今六安县北)东居巢城,《元和郡县志》江州浔阳县下也提到楚有二巢,一在庐江六县。后者疑即秦汉时代的居巢县治。秦汉居巢故治据《水经·沔水篇》:"沔水与江合流,又东过彭蠡泽,又东北出居巢县南",当在彭蠡泽东,大江北岸,疑即《寰宇记》中在桐城县南六十五里,传说为成汤放桀南巢所在的古巢城。《寰宇记》说此城"南北川泽,左右陂湖",与《续汉书·郡国志》居巢下刘昭注引《广志》曰"有二大湖"符合。

　　车节铭文中的居巢地处淮北,不见于《左传》,但见于《史记》。《楚世家》平王十年"太子建母在居巢开吴",《吴世家》王僚八年伐楚,"迎楚故太子建母于居巢以归",殆皆指此。"太子建母在居巢开吴"一事,《左传》昭公二十三年作"楚太子建之母在郹,召吴而启之"。商先生说"疑郹即居巢",这一推断是合理的。而梁玉绳《史记志疑》因《左传》作"在郹",就说《史记》作"在居巢"错了,未免轻率武断。说太子建母在居巢,不仅《楚世家》如此,《吴世家》也是如此,一处错的可能比较大,两处都错的可能就不大。淮南舒地有居巢,淮北蔡地也有居巢;建母是蔡女,说建母住到舒地的居巢去,果然难以置信,说建母在太子建被废后回到蔡地的居巢去住,就很合乎情理。所以与其说《史记》错了,无宁说《左传》、《史记》都不错,郹和居巢是一地二名。《说文》:"郹,蔡邑也。"郹一作郹阳,《左传》昭公十九年杜注亦作"郹阳,蔡邑"。许、杜皆未明确指出郹地所在。顾栋高《春秋大事表》说在今新蔡县境,那只是由于其时的蔡都于今新蔡县治,意谓郹阳去蔡必不远,故当在县境之内而已,非别有所据。今阜阳县南六十里处西距新蔡县治不过百数十里,当然有可能就是作为蔡邑的郹亦即居巢之所在。

　　除上述三处巢无疑应同时存在于春秋战国时代外,又据《隋书·地理志》，九江郡溢城"有巢湖"，《元和郡县志》江州浔阳县下亦作"巢湖故城在县东四十二里，桀奔南巢盖在此"。隋溢城、唐浔阳即今江西九江市，这一江南的巢虽见于记载较晚，也有可能是先秦的古巢之一。

这么多处古巢，到秦汉时只有今桐城县南一处被建为居巢县。居巢县至三国时因沦为魏、吴间的战场而荒废，普平吴复立（《寰宇记》），后又废（晋后不见记载）。今之巢县本系东晋时所侨立的蕲县，隋改名襄安，唐初改今名（《宋志》、《隋志》、《唐志》），盖因县西巢湖而得名，非秦汉居巢县故地。由此可见：一、秦汉居巢县只是先秦多处居巢即巢中的一处，旧说以此和先秦所有的居巢即巢混为一谈是错的；二、今之巢县只是唐以后的巢县，旧说以此为秦汉居巢县故地就是错的，以此为先秦所有居巢即巢的故地，更是大错特错。

总括这一条车行路线是：从南阳盆地东北逾伏牛山口，折东南经汝、颍下游平原，渡淮抵寿春。

推　　论

"鄂君启节"铭文中关于水陆途程部分一经考释，它一方面有如上述，为我们研究古代川泽城邑的方位或名称，解决了若干长期以来悬而不决的问题，并纠正了若干千百年来传统的错误说法；另一方面，也是更重要的一方面，它又为我们研究战国时代楚国境内的交通情况和地区开发情况，提供了极好的资料。兹以铭文与史籍记载相参证，就管见所及，提出下列几点看法，谨以请教于关心古代历史地理的同志们。

一　水程西北路不由长江溯流而上，而取道梁子等湖出鲇鱼口,东路不由长江顺流而下,而取道彭蠡"庚松阳",这一方面可能是受了当时造船和航行的技术限制,主要怕还是由于当时的江面辽阔远过于后代。在这样的自然条件和技术条件之下,舟行大江之中所冒的风险太大,所以但凡有其他水道可通,即尽量避免走长江。

二 樊口迤西诸湖与鲇鱼口迤南诸湖,近代根本隔绝不通;在郦道元时代,每年也要到三月末春水发才得通流;而在铭文中此段航程却是自鄂西行的第一程。白河航线自南阳以上,近代只通竹木筏,不通舟楫,而在铭文中的航程终点却在南阳上游的支流鸦河。从这两点可以设想,战国时代江汉流域干支各流的常年水位,当远较近代为高。

三 长江流域中最接近于黄河流域的地区是南阳盆地。因此,从南阳盆地东出今方城县东的伏牛山隘口进入豫中平原,和北循鸦河河谷逾伏牛山分水岭下瀼河河谷进入豫西伊、洛、汝流域,这两条道路,在历史上长期发生着极为重要的作用。但却很少见于早期历史记载。铭文中的车行路线走的就是东出方城一路,水程西北路中又特别提到"逾夏",足证"夏路"在当时确已成为"楚适诸夏"的主要大路。又水程西北路不以白河干流上游的今南召县治一带为航程终点,而采用自白河折入鸦河一线,由此亦可见,取道鸦河、瀼河河谷北出汝、洛一线,虽在史籍中直到南北朝时代才以"三鸦路"之名著称,实际在战国时代应早已辟为通途了。

四 水程西南路在"上江"与"入湘"、"入资、沅、澧、油"之间,没有提到洞庭湖,此点颇堪注意。《汉书·地理志》湘水、沅水作"入江",澧水、资水作"入沅",《说文》湘、沅二水亦作"入江",皆不及洞庭湖,与此同。《水经》湘、澧、沅三水皆作"入江",只有资水作"东与沅水合于湖中"。这不能不令人怀疑:古代的洞庭湖会不会像后世那样大到广袤五百里甚至八百里？要是有那么大，那末铭文与《汉志》、《说文》、《水经》云云，如何讲得通？从这些记载看来，汉以前的湘、资、沅、澧四水下游，至少在低水位时似应略具河形，洞庭湖还没有把这一带的川泽原隰包络成为一体。顾栋高在其《春秋大事表》中，曾根据"遍考《诗》、《书》、《春秋》三传与《职方》、《尔雅》之文，无有及洞庭两字者"，和"如屈原所云'洞庭波兮木叶下'，亦是微波浅濑，可供爱玩，无今日浩渺之观"这两点，作出过春秋战国时"洞庭亦尚微渺"的推断，前人多数未肯置信。其实顾氏的论据虽嫌不足，他的看法确是很有见地的，值得我们作深入一步的研究。

五　水程西南路的支路共有入湘、入潕、入资、沅、澧、油六条之多，航线遍布于今鄂西南、湖南极大部分地区，远至广西边境。可见在"鄂君启节"铸造时期以前，这一广大地区不仅在政治上已隶属于楚国版图，并且在经济上也已达到了一定的发展水平。有些人认为在战国初、中期湖南地区大部分还处于草莱未辟阶段，是不符合于实际情况的。铭文自东而西，湘、资、沅、澧依次列举，也有力地证实了此四水无疑即今湖南境内同名诸水；这对过去钱穆所提出的谬论——认为《楚辞》湘、澧、沅诸水本在江北，至汉初始迁其名于江南，是一个无可置辩的反证。

六　与湖南的情况相反，铭文里所有舟车各路都没有接触到今江西省境的任何一部分。这一情况跟史籍记载正相符合。史籍记载里先秦地名在今江西境内的，只有见于《史记·吴世家》阖闾十一年的番，和见于《左传》哀公二十年的艾。番在今鄱阳县东。艾一说在今永修县境，一说在今修水县西。此外见于《左传》哀公十九年的冥，前人也推定当在今省境东北部。以一省之大，见于数百年记载的地名只有三个，可见这一地区在先秦是如何地远远落后于其西邻湖南和东邻浙江了。或疑:《史记·楚世家》称楚灭越在威王时实误,据黄式三《周季编略》,其事当在怀王之二十二年;然则铭文之所以不及江西省境,盖由于节铸于怀王初年,其时江西犹为越地。但从春秋直到汉初有关越国和越族的历史记载看来,越的西界最远似不可能超越今鄱阳湖东岸。因此,自鄱阳湖迤西迤北之地,在怀王初年若不在楚国版图之内,便当系楚、越两国间的瓯脱之地,其未经开发更可想见。

七　水程四路分布地区包括今湖北、湖南二省的极大部分,河南,安徽各一部分,还碰到广西一只角,范围极为广大,所"庚"城邑只有十一个。陆程一路自豫西南经豫南、皖西北抵寿春,全程不过千里左右,所"庚"城邑就有九个之多。这一点应该也可以作为当时江汉一带的经济发展毕竟还赶不上淮北汝颖之间的证据之一。

1961 年 11 月初稿

1962 年 6 月改定

（原载《中华文史论丛》第二辑）

再论鄂君启节地理答黄盛璋同志

拙撰《鄂君启节铭文释地》一文,初稿写成后曾请黄盛璋同志看过。当时他对我的考释未置一辞,只说铭文的隶定还存在着问题,但没有具体指出是那几个字。由于铭文所涉及的地理问题至为广泛,自己既不懂古文字学,又没有多方征求意见,讲错的地方一定不会少,这是早就意料到的。

本刊本期①所载盛璋同志所撰《关于鄂君启节交通路线的复原问题》,一方面对拙文多所质难指正,一方面也提出了不少新的看法。此文属稿犹在拙文未发表以前;拙文发表后他作了一次修改,寄来给我看。我提了若干意见,他作了第二次修改,才寄给《论丛》编辑部。编辑部又寄来找我看,又提了若干意见,由编辑部转交盛璋,又作了第三次修改。所以现在所发表的,已是四稿了。盛璋承其家学,通古文字学,治历史地理亦已有年,这篇文章又经过了再三修改,二稿三稿中有些不很妥当的论点已被删除,因而总的说来,较之拙文,无疑是大大前进了一步。但其中也还有若干点鄙见尚不敢苟同。有的先前已经向他提出过,未蒙采纳,有的是最近才想到的。现在一并写出,仍请盛璋和读者们指教。

① 指《中华文史论丛》第五期。

关 于 体 例

这一节分二部分:后一部分释铭文上、入、庚、逾四字用法,上、入、庚三字与鄙见相同,逾字解作更换水路,较拙文解作同一水道自此岸逾越彼岸为胜。

前一部分列举铭文书法六例,其(一)(二)(三)三例鄙见皆不以为然:

(一)"水路与沿流城邑西皆著录:一般城邑只著一个,较长航路最多也只有两个,最后一个乃表航路的终点或最远之点。"今按,东路在庚彭骅、庚松阳之后又入浍江、庚爰陵,怎能说第二个城邑松阳是航路终点或最远之点? 故鄙见以为每一航路著录城邑的多寡,自当决定于该路沿线当时有多少较重要的城市,没有理由以两个为限。

(二)"只著水名:如入邵、入资、沅、澧、潕,多表航路较短的水。"这也未必。邵水、潕水航路果然较短,澧水就不比潕水、浍江短,资、沅二水更长,怎能说短? 所以我认为这几条水路之所以不著城邑,还是由于沿流并无较大城邑之故。

(三)只著沿流城邑,省却所经由水道名。如"庚屑,庚芑阳"之间省却经由棘水,故"上江,庚木关,庚鄀"亦应为上江,入举,庚木关,上江,庚鄀之省。这一条很重要,能否成立,直接影响到下文关于木关地望的考释能否成立。

按屑与芑阳同在舟节西北路上,可以从前后水名地名看出中间应取道何水,所以可省。并且芑阳既然就是汉代的棘阳,则汉之棘水其时亦应作芑水,著录了庚芑阳,入芑二字当然可省。木关若如盛璋所释在举水上,则"庚木关"与"庚鄀"方向不同,路线不同,怎能跟"庚屑，庚芑阳"相类比？若说因为木关和郢都是重要地名，故仅著城邑即可以省却航路所由，那么"入举"之前的"上江"又何尝不可省？屑在当时无疑也是一个名城，其他邶、彭骈、松阳等既为铭文所举，也不会不重要，那么"庚屑"之前的"上汉"，"庚邶"之前的"逾汉"，"庚彭骈、庚松阳"之前的"逾江"等等，又何一不可省？

事实上这条"例"显然不是从铭文地名和路线的关系归纳出来的，而是作者为了要使下文他所主张的木关在举水上的说法，不致于由于铭文无"入举"二字而站不住脚，预先编制出来作为伏笔之用的。但这样做并不是科学方法。

此外，第(六)条认为车节中利用水路部分仅交代起点地名，水路及中间地名皆从略，这是对的；但说铭文"庚居巢，庚郢"是从《左传》杜预注中的"六县东居巢城"取道濡须水入长江，由江路达于郢都，却是讲不通的。自鄂出发至阳丘，中间所经水路及沿流城邑见于舟节，所以可省。濡须水不见于舟节，如何可省？再者，"六县东居巢城"故址应在今六安东北东肥河流域，盛璋推定在六安东南巢湖北岸是错的(详下文)，自东肥河流域南趋长江，必须先逾越东肥河、南肥河间分水，取道南肥河穿过巢湖，才能经由濡须水入长江。这么一段长达三百余里的水陆路程，怎能说可以不交代就能达意？怎能说"庚居巢"以后就可以"会合江路与舟节路线衔接，所庚地名无须复举"？

关于鄂和郢

鄂，即今鄂城县，盛璋同意我的考释。但他对鄂邑具体位置即今鄂城县治所在这一传统说法，表示怀疑；说是《水经注》中"鄂之古城已有数处,而楚、汉的城址,尚有不同,千年以来,鄂城县治还不能无变迁,今鄂城乃明代所筑,自非楚、汉之旧"。

今按:《水经注》中武昌县、鄂县、"城东故城"三城,武昌县就是"鄂县故城"(指汉代),也就是楚鄂王城,袁山东鄂县系孙权所建,"城(指武昌)东故城"系灌婴所筑,注文交代甚明。灌婴在武昌(汉鄂县)城东筑了一个城,不等于说汉代的鄂县即迁治此城,楚、汉鄂城城址有所不同。时历千年不能成为断定县治必有变迁的理据,秦汉旧县至今未尝迁治的颇不在少,不能认为这些记载全都不可信。《清一统志》载武昌城垣系明万历初所重筑,更与县治曾否迁移无涉,因为筑城和迁治根本是两回事。同书又载武昌县学在县治(指县衙)南,宋淳熙中建,可确证明代筑城时并未迁治。

至于段玉裁以"武昌县西南二里故鄂城"注释《说文》的"鄂,江夏县",那显然是错误的。此城在今县西南二里,而今县西约五里即袁山(一名樊山)所在,故此城自当为孙权在袁山东所建的鄂县,非许慎所指汉代的鄂县。孙吴鄂县吴晋间一度罢废,太康初复置①,隋平陈又省入武昌。唐宋以来楚、汉古鄂城既为当时见在的武昌县城,而此废城则以鄂为名,故极易被误认为楚汉古鄂城。段氏之误实因于《方舆纪要》,而《纪要》又本于《舆地纪胜》。但《纪胜》与《纪要》皆时而以此城为楚汉古城,时而又说武昌县城即"鄂王城",自相矛盾,读者稍加研析,是不难辨别孰是孰非的。《清一统志》以武昌县治为"古鄂城",以此城为"晋鄂县城",那就分剖得很明白了。

---

① 《宋书·州郡志》:"鄂,汉旧县,吴改为武昌,晋武帝太康元年复立鄂县,而武昌如故",与《水经注》所载孙权改鄂县为武昌时即另建鄂县异。参照二书,当系孙吴置而旋废,太康复立。

《水经注》里的武昌"城东故城",在《元和郡县志》里称为"孙权故都城","在县东一里余,本汉将灌婴所筑,晋陶侃、桓温为刺史,并理其地"①;在《太平寰宇记》里称为"吴大帝城";在《舆地纪胜》里又误分为"吴王城"与"孙权故都城"二条;在《方舆纪要》里称为"吴王城","或云,孙吴故宫城遗址也,中有安乐宫,宫中有太极殿"。综合诸志所载,可知此城初筑于灌婴,至孙权都武昌时,复加修缮以为宫城;东晋初江州刺史镇武昌时,又曾为刺史所居,盖即吴宫以为州署;其废弃当在江州移镇浔城之后。总之,吴晋时曾以此城为长江中游政治中心,但武昌县治仍在楚、汉古鄂城,并未移治此城。

六朝时武昌三城始末皆可考见,隋以后东西二城皆归废弃,被保留沿袭下来的还是中间那个楚汉古鄂城即武昌县城。所以我认为传统以今鄂城县治为古鄂城故址所在是可信的。

舟节终点之郢,即当时的楚都郢,在今江陵城北,这是没有问题的。江陵城北有二古城,一名纪南城,一名郢城。战国时的楚都郢实为纪南城。盛璋此文三稿犹误指为郢城,今已改正。又谓郢城乃楚之初都,适与拙撰未刊《楚南郢二城与秦汉江陵郢二县》一稿②所见相同,当系不谋而合。

车节终点之郢,拙撰前文主寿春说,盛璋以为仍应指纪南之郢。这个问题必须和铭文上文"庚下蔡,庚居巢"联系起来考虑,留待下文再谈。在此所应讨论者,是楚寿春城的故址和铸节时寿春有没有可能已经兴起成为楚之陪都的问题。

---

① 桓温未尝为江州刺史,志误。晋惠帝初置江州傅综为刺史时,愍帝至元帝初王敦都督江、扬等六州领江州刺史时,皆镇武昌,疑其时州署督府已在灌婴城,不始于陶侃。

② 有1960年2月复旦大学历史地理研究室内部油印本,曾寄赠盛璋一份。

　　盛璋谓楚寿春"去八公山不甚远",未著所据,姑置不论。又谓李兆洛《凤台县志》楚寿春在今寿县西南四十里之说"乃属附会",那就不见得。按《凤台县志》此说本于《寰宇记》。据《水经注》,淮水会颍水后有椒水一曰清水,上承淮水,东北流至清水口还注淮水,推水又东至寿阳县西北会肥水,而寿春故城乃在清水口上游淮水东岸,正当郦道元时寿阳县即今寿县之西南数十里处。可见《寰宇记》这一说法是有根据的,不能因为在这一带找不到古城址就说它出于附会。古代城邑不见得个个都有城址遗存到今天,尤其是位于河流沿岸的,很可能早已为河流泛滥或改道时所消灭了。

　　寿春既在今寿县西南四十里处,与在今凤台县治的下蔡故城相去六七十里,二者当然不能算是两个隔水对峙的城市,所以寿春的兴起未必如盛璋所说那样一定要等到下蔡发展至一定程度,彼此之间有多大连带关系。春秋末年蔡侯营墓于今寿县城关时,在西南四十里外的寿春也不见得就没有兴起的可能。至于宋玉《好色赋》"惑阳城,迷下蔡"二语,只能说明阳城、下蔡是两个有名的繁华城市,却并不能证明寿春繁华是否能与下蔡相比,是否可能成为楚之陪都。因为此语本不包括楚国当时所有为公族贵人所聚居的繁华城市,就连王都纪郢和鄂君所居的鄂,也都没有提到,事实上聚居于郢、鄂二地的公族贵人,总不见得会比阳城、下蔡少。

关于舟节西北路

　　盛璋释此路所得最多。释屑为鄀,释芑阳为棘阳,皆较拙文释屑为郧(从商释),以邵当芑阳为胜。芑阳,盛璋三稿解作汉之筑阳,不仅芑、筑声韵不类,且无法解释下文"逾汉";今改作棘阳,则字音既可通,"逾汉"亦因而得解,洵属快事。做学术研究,多下一分工夫总是能多得一分收获的。

但在这一节里仍有三点值得提出来讨论一下:

一是黄棘的地点问题。我以为《方舆纪要》、《清一统志》说黄棘即棘阳是可信的。今溧河在《水经注》里一作棘水,一作黄水,沿流有黄淳聚、黄邮聚,皆以黄为名,故棘阳自应亦有黄棘之称。盛璋以《史记·秦本纪》正义只说"盖在房、襄二州",未说即棘阳,因而认为"当非一地,然两者当相去不远"。按溧河流域于唐属邓州,不属房州或襄州,房、襄二州境内古代亦无以黄或棘为名的山川城邑,故知正义之说实误。若果在房、襄二州,则去棘阳至少在二百里以上,就不能说不远。

二是"逾夏"问题。盛璋谓"夏即夏水;夏水必与汉水相通,故可沿汉入夏,又必与江相通,故下文又有逾江云云;转换水路处当在夏口,即汉口,盖夏、汉均于此会江;惟夏水古今变迁甚大,今已难完全恢复"。我认为要在地图上正确画出古夏水果然是困难的;但《汉书·地理志》、《水经》皆载有夏水,郦道元时犹见在,古夏水的首尾还是大致可考的。其水首受江于江陵东南,东至云杜县东赌口入沔(汉),此下沔水即一称夏水,故沔水入江之口一名夏口。据此,则自汉江水路回航而南,当在赌口转入夏水,而不在夏口即汉口。夏口只有夏水亦即汉水一水入江,不得谓为夏、汉均于此会江。夏水通江实际上是由汉入江,与夏水通汉是一回事,无须分举。

三是汉江航路终点问题。盛璋谓古汉江航道不应止于邔,沂支流白河、溧河而上最远之点为棘阳,泝汉江正流而上最远之点为铭文中之"郢"。按拙文本未尝以邔为航路终点,且铭文所著录的城邑,根本并不是航道最远之点,只是沿流的较大城邑而已,此点上文业已辨明。以汉江航道而言,则正流自可上溯至汉中,《国策·燕策》:"汉中之甲,轻舟出于巴(汉水上古巴国地),乘夏水(夏潦之水)下汉"是其证。溯唐白河而上,现代的航程终点是南阳市和内縣旗镇。古代因河源山区森林未经破坏,上游河床中粗大沉积物较少,航程终点一般可较现代为远。故战国时溯唐河而上,很可能直达方城,即车节陆路起点阳丘;溯白河而上,也有可能折入鸡子河达于汉代的雉县。鸡子河虽未必即铭文中的"邔"(按邔、雉、鸡三字音近,故前文疑邔地即雉,邔水即鸡子河及其北通鲁阳关的支流鸦河),但其时白河航路则必不止于棘阳。

关于舟节东路

此路盛璋所考辨者凡四事,我的看法都有所不同。

(一)逾江　逾字果然以解作更换水路为妥,但谓"北走诸湖更无理由"似未必。古代鄂城附近江面的辽阔未必减于江侧诸湖的湖面,而水流的湍急必有过之,故其时航行确乎习惯于舍江由湖。西北路在"上汉"之前明明也有江路可走,而铭文却是"逾湖"而不是"上江",这不是很明显的例子吗?为什么沿江而下就没有理由北走诸湖了呢?铭文在"逾江"之下并未交代改走湖路,那是由于所庚彭弅邑即在彭弅之旁,当然可省。

(二)庚彭弅　盛璋在此段首先说到自鄂庚彭弅一段江道,吴楚用兵时即已利用。据我所知,吴楚交兵时虽有所谓舟师之役,见于《左传》的沿江地名只限于今繁昌以下,不知以何据判定自鄂至彭泽一段走的是江路不用湖路?

接着又举了两条理由否定彭弅应在江北。第一条是说《禹贡》汉水"东汇泽为彭蠡",乃古人误以江、汉混而为一,江汉合流汇为彭蠡，并不能肯定非在江北不可。按古人对二条略相匹敌的河流的汇合，往往目为互受，自此以下即二名通称，这是当时的习惯，不能遽尔斥为错误。二水汇合后下游若又岐分为二，即分别目为二水的下游。汉水在北，江水在南，故《禹贡》于导漾（汉）说"南入于江，东汇泽为彭蠡，东为北江（指长江下游），入于海"，于导江说"东迤北会于汇，东为中江（指由今芜湖东出经东坝入太湖一水），入于海"，即于二水既合之后，又于下游目北江为汉水下游，目中江为江水下游，分别入海。汉水、北江都在江水之北，因此，说中间的彭蠡不在江北而在江南，委实难以讲得通。"东迤北会于汇"，此所谓"汇"，只能解作彭蠡，江水东流要北向才会于汇，亦为彭蠡应在江北之一证。

第二条是说鄱阳湖与江相连，汉武帝自寻阳出枞阳过彭蠡，此彭蠡仍得为鄱阳湖，不一定非是江北诸湖不可。按，若鄱阳湖即彭蠡泽，则武帝自寻阳出枞阳，只能过彭蠡泽口外的长江，决用不着过彭蠡泽，这是很明显的。

最后又说汉代彭泽县之设必有本于前代，当即铭文航路所庚，按，汉代彭泽县在江南，这是汉代的事，不能据此证明先秦彭泽邑即铭文中的彭弣亦必在此。历史上山川名可以随城邑名而迁移，城邑名也可以随山川名而迁移，汉彭泽县得名当然与彭蠡泽有关，那是今鄱阳湖被称为彭蠡泽以后的事。

（三）入浍江 浍字拙撰前文从商释误作泸。盛璋谓当从郭释作浍，可信；惟谓以声类求之，浍江乃指邗江，则非。浍与邗只是声近或声同，通转的可能不大，不能与邗江一作韩江声韵皆同相提并论。铸节时江东犹为越地，广陵尚未筑城[①]，航道是否能远达邗

---

① 《史记·六国年表》：怀王十年，城广陵。

江,也大有问题。今按,《汉书·地理志》丹阳郡陵阳:"桑钦言淮水出东南,北入大江。"淮与浍不仅声同,并且韵近,浍江当即桑钦所谓淮水,即今青弋江。楚灭越以前在大江南岸的疆域大致即东尽于此。

(四)庚爰陵 浍江既为今之青弋江,则爰陵当即汉代丹阳郡治宛陵县。爰、宛只是一声之转。宛陵故城旧说即今宣城县治,但《元和志》宣城县下有云,"隋自宛陵移于今理",故《清一统志》已疑旧说不确,我以为有可能在今县西青弋江上。铭文此路航线当由江入青弋,或径达青弋江上的汉宛陵故城,或折入支流水阳江达于今宣城。

关于舟节西路

此路铭文为"上江,庚木关,庚郢",问题只有一个,即木关何在?

盛璋首定木关为举水上的穆陵关,因而就不得不将航线分成北上木关和西出郢都两路,不得不将铭文解释为"上江,入举,庚木关;上江,庚郢"之省。铭文并无此种省略法,上文业已辨明。且铭文叙舟行各路有一定次序:首以逾湖、逾汉北上路;自北南返,继以逾江东下路;自东西返,继以上江西上路,又自东而西,首入湘,次入资、沅、澧、澕,终以上江庚郢。庚木关若为入举航道,则依方位自应列于上汉一路之前,或逾江一路之后,决不能在上江西出湘、资、沅、澧、澕与庚郢之间,忽而夹入这么一条远在下游的航路。可见要把这一节铭文拆成二条路线是绝对讲不通的。

不仅铭文不存在入举一路,说春秋时代有名的穆陵关在举水上,也是把历史记载解释错了。《左传》僖公四年管仲讲到齐先君的四履"南至于穆陵",杜预注只说"齐境也",未指实在何处。后世见于史乘的穆陵有二,都是山名又兼关名。一在山东临朐南沂水北两县界上,《隋书·地理志》《元和郡县志》只作穆陵山,置关当在其后。一在湖北麻城举水发源处,北接河南光山界,即《水经·淮水注》的木陵山、木陵关,《梁书·夏侯夔传》作穆陵关,唐以后记载或作木陵,或作穆陵。管仲所谓"南至于穆陵",依地望推断,当然应指前者,《寰宇记》引伏琛《齐记》《元和志》早已明白指出。盛璋竟以移指后者,这是上了顾栋高《春秋大事表·齐穆陵辨》的当。此辨系顾氏用华师茂说参以己见而成,据说穆陵在楚,一见于《史记·索隐》,再见于《元和志》。今查《史记·索隐》实无此说,所引"今淮南有故穆陵关,是楚之境"二语,竟不知出自何书。《元和志》明明将管仲的话系于沂水的穆陵山下,麻城的穆陵关、光山的木陵故关下不引,怎能反说古穆陵在楚境见于《元和志》? 顾氏袭华氏之谬,盛璋又踵顾氏之误,皆由于未检原书。

《齐穆陵辨》又说管仲这段话是对楚使"何故涉我地"的答复,穆陵必在楚境,"管仲言先王有命,征伐南可以至穆陵,如此才与楚使针锋相对,若只铺张齐境,仍与楚地风马牛不相及,乌能折楚使之口?"此即盛璋所谓"穆陵在楚境,故齐有征伐之权"。今按《左传》载管仲对楚使问伐楚之由这段话共分三节:

"昔召康公命我先君大公,曰:五侯九伯,女实征之,以夹辅周室。"这是第一节。

"赐我先君履,东至于海,西至于河,南至于穆陵,北至于无棣。"这是第二节。

"尔贡包茅不入,王祭不共,无以缩酒,寡人是征;昭王南征而不复,寡人是问。"这是第三节。细审文义,则管仲所举伐楚的理由实为第三节,即楚有二罪,故应是征是问;第一节说明何以楚得罪王室要由齐来伐,即齐有征伐诸侯之权,夹辅周室之责;而第二节则与齐伐楚一事并无直接关系,只是说周王室对齐既畀以征伐诸侯夹辅周室之权之责,故封以四履如此之盛的大国。可见穆陵在楚在齐,跟此次出师之名毫不相干,所以下文楚使也只是针对着管仲所举二条罪名作了答复。华、顾二氏云云,全属误解。但顾氏在文末只说"存此论以俟后之君子",尚不敢自信必确,故同书《疆域表》《险要表》穆陵条下皆仍用临朐说。盛璋信顾氏所不敢信,征引虽博,其奈只能证明豫鄂交界处大别山上有一个穆陵关,无论如何证明不了这个穆陵关就是"君处北海"的齐的四履所届的"穆陵"何?

这个大别山上的穆陵关既不是《左传》里的穆陵,也不可能是鄂君启节中的木关,尽管它一作木陵。因为关在山上,非舟行所得达,当然与舟节航程所庚的木关无关。盛璋也想到了这一点,因谓古木关当在后世木陵关之南,举水的航运终点处。这是绝无根据的臆断。至于春秋吴师破楚入郢之役两军曾会战于举水上的柏举,这跟木关是否应在举水上又有什么相干呢?盛璋竟由此得出一个"木关之关非木陵关莫属"的结论来,殊可骇异。

木关是不可能在大别山上或举水上的,只能在郢都附近的大江之上。所以我还是认为不是今之沙市,就是今之江陵。大城市附近往往有卫星城市发生,此古今所同。正因楚都在郢,郢距江三数十里,所以在江边的沙市或江陵,很自然会发展成为一个卫星城市。说"有纪南与郢时,未必有江陵城",是没有理由的。春秋楚之渚宫在江陵,说"渚宫在此,木关就不能在此",更无理由。同一地点,有宫曰渚宫,有关曰木关,有何不可?或春秋时以渚宫著称,战国时以木关著称,又有何不可?

关于车节路线

此路盛璋所提出来讨论的是铭文中方城、下蔡、居巢三个地名,加上一个由下蔡牵涉到的《左传》地名州来,一共四个。关于方城、州来,我自信前文所考是正确的,盛璋所持异议不能成立。关于下蔡、居巢,前文所提出的看法,论据确乎尚嫌薄弱,但盛璋的驳难,也不见得都言之成理。兹分别讨论如下:

(一)方城 盛璋说,"我们认为楚实有方城之地"。按,拙文初未尝怀疑此点,不知此语何自而发?所引《荆州记》、《襄阳记》各一条,只能说明后世有方城关而已,既未说明方城关的确切位置,更不能证明铭文之方城应何在。"方城关自是设于方城中",这一推论是合理的;苦菜、于东之间的方城,正当楚自南阳盆地逾伏牛山缺口通周、郑、晋、卫之道,正当为后世设关所在,不解何以引了这二条史料,就能得出结论说铭文方城应为一大城,不是这个苦菜于东之间的小城,这个小城应筑于后代?

(二)下蔡 盛璋举以驳难拙撰前文下蔡曾西移蔡冈之说的论点有五:一、《水经注》关于蔡冈的记载,不足以证实其地曾为古下蔡所在。二、下蔡在战国时是一个很繁华的城邑,故宋玉《好色赋》有"惑阳城,迷下蔡"云云,若果在蔡冈,不应在汉魏时已不留遗迹。这两点确是指出了拙说的弱点。可是其他三点却都是没有对上口径的论辩,无补于论辩主题的解决。三、寿县西门内发现蔡侯墓,"既不能证明州来与下蔡不在一处,也不能证明下蔡曾经搬过家"。按,拙文本无以蔡侯墓地点证明后一点之意,也并没有单单依据蔡墓地点来证明前一点,而是主要依据《左传》等文献记载,蔡墓地点仅作为旁证之用。四、据此墓及八公山另一蔡墓,证明蔡亡以前未尝迁都,并用作鄙说的反证。按,拙文本谓下蔡西移当在楚灭蔡之后,没有说蔡亡以前即曾迁都。五、讲了一大段城邑发展的规律,说是"从道理上"讲下蔡也不可能往来搬家于二百里外的蔡冈。实际城邑的发展是一回事,地名的迁移又是一回事,二者不能混为一谈。下蔡的迁移,拙文明白指出当系由于地名跟着人民迁移所致,即蔡亡后原来住在今凤台的遗民,被楚迫迁至蔡冈,下蔡一名即跟着由凤台移至蔡冈。这一推断尽管缺乏文献依据,但在"道理上"没有什么讲不通,在这里根本扯不上什么城邑发展的规律。

（三）州来　拙文主州来邑应在淮南,举了三点论据。第一点系从《左传》"州来淮北之田"一语语气推测,本属疑似之辞,用不着讨论。

第二点是根据《左传》昭公十二年楚子自州来经过颍尾北狩乾谿的行动路线,推断州来应在颍尾之南,颍尾即颍水入淮处,故州来应在淮南。此点虽然不能算是确证,但这样理解至少比盛璋的看法认为州来在今凤台,此次楚子的行动系自凤台西至颍尾,再北上乾谿,似要合理些。颍尾远在凤台西南七八十里,楚子自今凤台出狩约当在今涡阳、蒙城间的乾谿,为什么不直接北上,而要绕上这么一个大弯呢？很难讲得通。

第三点是拙说的主要依据,即《尔雅·释丘》明确说"淮南有州黎丘",郭璞注"今在寿春县",而黎与来古音相同,州黎应即州来。盛璋同意我州黎即州来的看法,却说"此淮南实指淮南国而言,非淮水以南之谓",不知有何根据？即令确系指淮南国,汉初的淮南国于《汉书·地理志》为九江郡,九江郡的北境是以淮为界的,郡治寿春对岸的下蔡即属于沛郡,汉初地属楚国,盛璋认为州来在淮北而于汉初地属淮南国,又不知有何根据？晋世寿春下蔡二县仍隔淮相对,郭璞又明明说"今在寿春县",不说在下蔡县,怎能说"非淮水以南"?

《盐铁论·论儒篇》:"孔子能方不能圆,故饥于黎丘。"此系汉人传说,未必可信。即令可信,亦未必即《孟子》所谓孔子"厄于陈蔡之间"。即令确系一事,孔子根本没有到过州来(见崔述《洙泗考信录》),此黎丘自当另有所指①。我不懂得盛璋引证这一条又跟论证州来即州黎丘应在淮南抑淮北有什么相干? 这一黎丘尽管在淮北,何害于州黎丘之在淮南?

既承认州来即州黎,则州黎所在当然就是州来所在。既承认《水经注》黎浆水、黎浆亭和州来有关,则州来自当与黎浆水、黎浆亭相去不远,同在淮南寿县城附近。盛璋却认为州黎与州来有联系,"与州来国所在尚非一事",黎浆水、黎浆亭和州来有关,"不能定州来邑在淮南",我不懂得这是什么道理。

(四)居巢 拙文主张铭文的居巢应在淮北今阜南县境内,这一看法跟下蔡应在今阜阳县西一样,论据还不够充分。但谓春秋时代见于记载的居巢不止一个,此点似无可置疑。盛璋认为不论《左传》之巢、《史记》之居巢、或铭文的居巢都是一个地方,秦汉的居巢县也是这个地方,即杜预注中的"六县东居巢城",故址在今六安东南巢湖北岸,那是绝对讲不通的。

《史记·楚世家》平王十年和《吴世家》王僚八年的居巢,就是《左传》的郹或郹阳,这是盛璋所承认的。许慎、杜预都说郹或郹阳乃蔡邑,故知应在淮北。盛璋以许、杜未能指出郹的确址为借口,便轻易地否定了蔡邑说,认为这个一名郹的居巢就是在淮南的

---

① 《吕氏春秋·疑似篇》:"梁北有黎丘部",《太平寰宇记》:"宋州虞城县北二十里有黎丘",《盐铁论》所谓"饥于黎丘"当指此。其地属宋,孔子去卫过宋时可能过此。

楚邑居巢,这很难令人信服。《左传》昭公十九年:"楚子之在蔡也,郧阳封人之女奔之,生太子建。"《史记·楚世家》:建母,"蔡女也。"楚子在蔡时有蔡女奔之,此蔡女系郧阳封人之女,则郧阳之为蔡邑明甚,怎能说许杜之说不足为凭? 可见既承认郧或郧阳一名居巢,那就不可能否定有一个居巢在淮北。

淮南之巢或居巢也不止一处而是两个。盛璋以为同在淮南江北,不可能有两个同属于楚同名居巢的地方。今按,古往今来,相去不远的同名城邑何可胜数? 事实上越是在同一地区内,居民的风俗习惯语言相同,同名城邑出现的机会越多。即以《左传》地名而言:鲁有二郓(一在今沂水,一在今郓城)、三防(一在今费县,一在今曲阜,一在今金乡)、二平阳(一在今新泰,一在今邹县),二郓距寓较远,三防、二平阳彼此间的距离,都比一在六安东北,一在桐城南两个巢的距离更近。齐有二清(一在今长清,一在旧堂邑),相距本较二巢为近,还有一个卫邑也叫清(在今东阿),又介乎其间。怎么能说淮南江北就不可能有两个居巢呢?

拙文推定先秦淮南二巢,其一即《左传》杜注中的"庐江六县东居巢城",其一即秦汉时代的居巢县治。盛璋据民国时代曾在寿县南三义集发现汉居巢刘君冢,其地正当六安县东北,为寿、六交界之区,因谓秦汉居巢县跟杜预所谓六县东居巢城"也是统一的",并以此作为先秦淮南无二巢之一证。我没有看到关于这个冢墓的报道原文,盛璋所征引的想必是不会错的。那么此所谓居巢,只能是汉代的一个乡名,决不可能就是居巢县。因为居巢县西汉属庐江郡,郡境在今舒城、霍山一线以南;今六安东北至寿县南三义集一带,在当时是六安国六县①与九江郡合肥、成德等县的接

———————————

① 东汉省六安国并入庐江郡,魏晋因之,故杜预时六县属庐江。

壤地区,不可能是庐江郡属居巢县的辖境,此其一。西晋时居巢县犹见在,杜预注不作"庐江居巢县"而作"庐江六县东居巢城",很明显这个居巢城不是居巢县,此其二。所以汉居巢刘君冢的发现,正好证明了汉代在居巢县以外另有一个在六县东的居巢乡,杜预注称六县东有一个居巢城是可靠的,也证明了淮南江北地区确有两个居巢。

杜预注称庐江六县东有一个居巢城是确实的,并且是一条很可贵的资料,但《左传》中的巢不全是指的这个居巢城,他应该是知道的,他却并没有交代清楚。再者,把"庐江六县东居巢城"这句话注在文公十二年经文"楚人围巢"之下,也是错误的。细读《左传》有关巢的记载,淮南二巢的区别犹大致可考。文公十二年,"群舒叛楚,夏,子孔执舒子平及宗子,遂围巢";成公十七年,"舒庸人以楚师之败也,道吴人围巢,伐驾,围厘、虺";襄公二十五年,"吴子诸樊伐楚,以报舟师之役,门于巢,巢牛臣……射之,卒";昭公二十四年,吴人灭巢:这是楚在群舒之属中的一个附庸小国。昭公四年,吴伐楚,入棘、栎、麻,楚沈尹射奔命于夏汭,城锺离、巢、州来;五年,楚伐吴,无功而还,"楚子惧吴,使沈尹射待命于巢,蒍启疆待命于雩娄";定公二年,吴败楚军于豫章,"遂围巢,克之":这是楚置在豫章地区的一个边防要邑。群舒地处今巢湖以南,故巢国应即秦汉的居巢县,即在今桐城县南的古巢城。杜在文公十二年经下注"巢,吴楚间小国",传下注"宗、巢二国,群舒之属",都是对的,惟所注地望则误。春秋时代所谓豫章指今淮南寿县至合肥一带,故巢邑才是汉晋六县东的居巢城。拙撰前文对此未能详加识别,以致误从杜注,今特在此更正。

"就郢论郢",盛璋举二证证其"不能在淮北",这二证都不能成立。一谓郢必在吴楚之间,而于吴为近,倘在淮北,中间隔着楚之州来,太子建母居郹即无与吴联系之可能。今按:昭公二十三年秋,吴人伐州来,大败楚、顿、胡、沈、蔡、陈、许七国之师于鸡父,顿、胡等六国皆在淮北汝、颍流域,鸡父在淮水上游史河流域(据《水经·决水注》),可见其时不仅州来,即州来迤西迤北一带,亦已为吴军出没之所,郹在今阜南,去州来不远,怎说不能与吴联系?

二谓昭公二十三年冬吴师入郹,取太子建母与其宝器以归,昭公二十四年吴遂灭巢,"二者必为一地";又据昭公二十四年"吴人踵楚,而边人不备,遂灭巢及锺离而还",知巢与锺离同为楚之边邑,锺离在淮南,则巢不得例外。按,巢确在淮南,但巢在淮南,并不能用以证明郹不在淮北,因为巢与郹本非一地。昭公二十三年的作战地区是锺离(今临淮关)以西直至鸡父的淮水两岸,昭公二十四年一役则吴人军锋仅及于巢及锺离面还,前一年的郹自应在淮北,后一年的巢自应在淮南,没有理由认为二者必为一地。

盛璋据杜预注"六县东居巢城"、汉居巢刘君冢在三义集及《太平寰宇记》古居巢城陷为巢湖之说,推定春秋至秦汉的唯一居巢故址应在今六安东南巢湖北岸。又说《隋书·地理志》、《元和郡县志》、《太平寰宇记》中所载巢湖、巢湖故城、古巢城,皆出于附会,不足凭信。

今按:汉晋六县故城在今六安县北,居巢城在六县东,自应在今六安东北。在汉代居巢乡境内的今三义集,在六安正东北直距约一百三十里,则居巢城自当在六安东北寿、六接壤地带离三义集不远处,不得远在六安东南。巢湖北岸西北去三义集约百三十里(直距,下同),西去六县故城约百七十里,北距合肥故城仅四十里,若居巢城在此,不仅三义集不可能属于居巢乡,杜预也不会注作"六县东",而应该说是在合肥南了。

至于《寰宇记》古居巢城陷为巢湖之说,那完全是一种无稽之谈。江淮间有古城陷而为湖，这种传说始见于《淮南子·俶真训》所载"夫历阳之都，一夕反而为湖"，指的本是历阳（今和县）城西的历阳湖。到了《元和郡县志》里，才在历阳陷为历阳湖一条（《寰宇记》引）之外，又说"巢湖本居巢县地，后陷为湖"（《通鉴地理通释》引）。《太平寰宇记》在历阳县历阳湖、麻湖（实系一湖，误分为二）、合肥县巢湖、巢县巢湖四条下都记载了此种传说，其中历阳湖和合肥巢湖二条下，又都载有跟《淮南子》高诱注大致相同的，县门前石龟染血，地即陷而为湖的故事，更可确证巢湖方面的传说是历阳湖传说的再版，这怎么能信以为真？

盛璋信《寰宇记》居巢陷为巢湖之说，这是信所不当信，反之，他又一笔抹杀《寰宇记》关于古巢城的记载，认为不足为据，这又是疑所不当疑。《寰宇记》说古巢城在桐城县南六十五里，地望正与《水经·沔水篇》中的居巢县符合；所载古巢城附近地形，又与《续汉志》居巢县下刘昭注所引《广志》的记载符合；这岂是任意加上一个不足为据的断语所否定得了的？

就是《隋书·地理志》里的溢城县巢湖和《元和郡县志》里的浔阳县巢湖故城，也不能轻易予以抹杀。诚然，地志所载某地在古代曾发生某事，往往出于传说附会，就如上述历阳、居巢一夕陷而为湖的故事那样；但决不能说连这一地区存在着这一地名也并无其事，地志竟凭空捏造出这么一个地名来。所以不论是《元和志》中的巢湖故城也好，《寰宇记》中的古巢城也好，说它们是成汤放桀所在固然不可轻信，说唐宋时代浔阳、桐城境内存在着这么两个古城，却应该是可信的。古巢城从其方位推断，可知即先秦古巢之一，亦即秦汉魏晋的居巢县城。巢湖故城则于唐以前文献无征，其以巢湖命名不知始于何时，故拙撰前文不敢肯定它是先秦古巢之一，只说有此可能而已。

《元和志》说楚有二巢,应该是先秦以来传述已久,至唐代仍为人所熟知的说法,是符合于历史事实的。所谓楚,应指春秋时代的楚;所谓二巢,应即见于杜注和《寰宇记》的六县东居巢城和桐城南古巢城。《元和志》以为六东一巢之外另一个是浔阳的巢湖故城,那是搞错了。因为楚之二巢都是春秋吴楚交兵时争战之地,从当时行军路线看来,显然都在淮南江北地区,不可能僻在江南。

确认楚有二巢是可靠的传统说法,并不排斥淮北另有一居巢。因为二巢都在淮南江北楚地,而后者本为蔡地,约在楚灵王一度灭蔡后始入楚;二巢本名巢,而后者本名郹,虽吴人皆以居巢呼之,而巢、郹果不容混称;所以古人当然不会把二巢和郹合起来称为三巢。

也许是由于"楚有二巢"明见于《元和志》,不便断然否定之故吧?因而盛璋在力辨春秋吴楚争战中的巢不应分为二地之后,最后却不得不退一步作出结论说,"巢可能不止一个,但居巢未必也有几个,因吴越系地名范围究有限制。"这一退可就进退失据了。居是古代吴越语的发语词,这一点盛璋是懂得的,所以他把居巢称为吴越系地名。既如此,那么只要是巢,吴越人当然都可以呼之为居巢,既承认巢可能不止一个,那就等于是承认居巢可能不止一个,怎么可能竟会得出"未必也有几个"这样的结论来呢?

以上论证了见于先秦记载的巢确不止一个,而是两个;居巢更不止一个,而是三个;杜预注中的六县东居巢城只是二巢之一,也是三居巢之一,并不是先秦唯一的居巢,也不是秦汉魏晋的居巢县,其故址应在六安东北的东肥河流域,而不是合肥以南的巢湖北岸。由此可以推知,这个六东居巢城也不会是盛璋设想中的车节铭文陆程与水程衔接处的居巢。因为东肥河流域是并无水道可通长江的,此点上文业已说明,无须赘陈。

那么铭文中的居巢究应何所指?这是要以铭文下文庚郹之郹

何所指为转移的。郢若指寿春,则居巢自应如拙撰前文所考,指淮北之郪。郢若指纪郢,则下蔡可置于今凤台,居巢自应置于秦汉居巢县即今桐城县南六十五里处。桐城南六十五里约当在枞阳河上,自此由枞阳河东出大江不过数十里,而河口的枞阳县治就是见于舟节铭文的松阳,自此可循舟节东路西路溯江而上达于郢都。

最后还得谈一谈车节之郢究应何所指?上面这两种解释哪一种比较合理?若专就文献记载而言,当然以后说为长。因为《史记·楚世家》明明将寿春命曰郢一事系于考烈王二十二年徙都寿春时,在本节铸造之后八十二年,则铸节时自不得以寿春为郢;凤台为下蔡故址,桐城南有居巢故址,也都是有凭有据的,而蔡冈为下蔡的另一故址,焦陂镇为居巢之一的郪的故址,则证据不足。但就本节铭文路线而言,若按照后说,则自芑阳至高丘,所庚六邑,相去不过六七百里,自高丘至居巢,所庚二邑,相去几达千里,何以前六站之间的距离跟后二站之间的距离差别会如此之大?尤其是下蔡居巢之间,相隔约六百里之遥,中间难道竟无一邑可庚?春秋时业已著称,到秦汉之际即成为郡治的舒、六等邑,都到哪里去了?那就不能不使人觉得后说也未必就是正确无误的了。故此事目前只好暂不作结论,留待日后发现新材料时再说。

结　语

由于盛璋对拙撰前文的驳难,逼使我对鄂君启节地理及其相关问题作了再一次比较细致的研究。看来这一番工夫下来还是值得的,收获还是不少,这是不能不感谢盛璋的。兹将本文主要论点列举如下,作为讨论的结束。

一、鄂的故址即今鄂城县治,无可置疑。

二、屑即鄀，芑阳即棘阳，应改从盛璋说。

三、彭彳应在江北，前说不误。

四、舟节东路所入江水支流系浍江，不是泸江。浍江即淮水，今青弋江，不是邗江，今淮南运河。

五、爰陵即汉代丹阳郡治宛陵。

六、木关不得在举水上，与后世穆陵关无关，仍应从前说即今江陵或沙市。

七、方城故址即《水经注》苦菜、于东间的方城，无可置疑。

八、居巢不是杜预注中的居巢城，更不得在巢湖北岸。

以上铭文地理。

九、楚寿春故址仍应从前说在今寿县西南。

一〇、《左传》的穆陵在齐境，不在楚境。

一一、春秋州来仍应从前说在淮水南岸。

一二、春秋楚有二巢，前说不误。惟在群舒中之附庸小国巢应在今桐城南，在豫章地区的巢邑应在今六安东北，前文误倒。汉晋时前者为居巢县，后者为六县东居巢乡。

以上相关问题。

1963 年 10 月

（原载《中华文史论丛》第五辑）

二千一百多年前的一幅地图

　　长沙马王堆三号汉墓出土的图书资料非常丰富,除了大批帛书和简牍外,还有一些用帛绘制的图幅,其中特别值得注意的,是两幅地图。

　　见于记载的我国古地图,可以上溯到三千年前西周初年周召二公营建洛邑时画的洛邑城址附近地形图。春秋战国以后,历代官私制作的各种地图,为史籍称引所及者,更不可胜数。但是,由于地图的摹绘要比书籍的传抄困难得多,古地图流传存世的机会远比古籍为少,所有北宋以前的地图,早已全部失传。长期以来传世的我国的古地图,最早的只有保存在西安碑林中的两幅石刻图,即刘豫阜昌七年(1136年)上石的《华夷图》和《禹迹图》,去今不过八百多年。现在这两幅地图既然是出土于西汉文帝十二年(前168年)下葬的马王堆三号墓中的,其制作年代去今已二千一百多年,比西安碑林中那两幅石刻图早了一千三百年。单凭这一点,已可见这两幅图的无比珍贵了,何况图的内容又为我们提供了许多制图学史和历史地理方面的重要资料!我们有幸看到这两幅图的原物并能根据原物的照片做一番复原、考订、阐释的工作,真是令人无限兴奋!

　　这两幅地图中的一幅,画有山、水、居民点和道路等,相当于现代的地形图,大约就是汉代通常所谓舆地图。另一幅除同样包括这些要素而采用不同的画法外,又画有某某军某某军的驻所,可姑名之为驻军图。本文仅就那幅舆地图在制图学史上的意义作些初步探索，关于它在历史地理研究方面所具有的价值与作用，笔者将在另一篇文章里再作讨论。

先得简单谈一谈这幅图的复原过程。

原图被折叠成多层长方形，收藏在三号墓椁室东边厢的漆奁里，出土时已腐烂破碎得像一块豆腐渣一样。各层的折边部分全已断裂，彼此不相联接。经故宫修裱工人师傅精心操作，在一层层揭开后将碎块一一予以粘连，才裱糊成为三十二张帛片。每张帛片宽二十四、长十二厘米左右。我们所据以做复原工作的是比原物缩小一半的三十二张照片。

由于这幅图所用的帛很薄，而画图的墨色很浓，经折叠压紧后，各层之间墨迹彼此渗染，同一线条、符号可以在三四片上乃至十多片上重复出现。墨色虽有深浅之别，但有时差别很小，很难辨别，这一方面为我们的复原工作带来了一定的困难；另一方面却是衡量我们拼接工作正确与否的重要依据。

在有关单位的通力协作之下，经过试用各种方法拼接，终于突破重重难关，拼成了一整幅图。横四片一排，共四十八厘米，纵八片一排，也是四十八厘米。原图比照片大一倍，是一幅纵横各九十六厘米的正方形图。在照片拼接图的基础上，删去各片上由他片渗透过来的墨痕，将能够辨认的线条、符号、注记尽量一一摹绘下来，并将山川的破损部分凡可以根据形势接起来的用虚线接上，就出现了一幅复原图。①

---

① 我们研究室原来绘制了一幅复原图，为了避免和本期（指《文物》一九七五年二月——本书编者）刊出的帛书整理小组所附的复原图重复，经《文物》编辑部商得笔者同意，两文共用一幅。两图基本上相同，但也有个别地方因原图破损过甚，碎片应当如何拼接，意见还没有完全一致。本文是按照我们所绘制的复原图写成的。

《周礼》地官司徒：

> 大司徒之职，掌建邦之土地之图与其人民之数，以佐王安抚邦国。以天下土地之图，周知九州之地域广轮之数，辨其山林、川泽、丘陵、坟衍、原隰之名物，而辨其邦国都鄙之数，制其畿疆而沟封之。

《管子·地图篇》：

> 凡主兵者，必先审知地图，辕辕之险，滥车之水，名山、通谷、经川、陵陆、丘阜之所在，苴草、林木、蒲苇之所茂，道里之远近，城郭之大小，名邑、废邑、困殖之地，必尽知之。地形之出入相错者，尽藏之。然后可以行军袭邑，举措知先后，不失地利，此地图之常也。

《周礼》和《管子》二书大致都是战国时代的作品。据上引二书所载，则战国时代地图的绘制，应已达到了相当高的水平，这和《史记·萧相国世家》里讲到刘邦初入咸阳，萧何即收其律令图书藏之，刘邦因而得以"具知天下厄塞、户口多少强弱之处"这一段记载，是相符合的。但西晋初年裴秀在其所撰《禹贡地域图》的序里却又这么说：

> 今秘书院既无古之地图，又无萧何所得，惟有汉氏舆地及括地诸杂图，各不设分率，又不考正准望，亦不备载名山大川，虽有粗形，皆不精审，不可依据。

裴秀对汉代地图的评价很差。按常理汉代的地图不应比秦以前的差，那么究竟是《周礼》、《管子》的话对，还是裴秀的话对？过去我们看不到宋以前的地图实物，总认为我们所看到的南宋以后的地图水平还不很高，那么千年以前的汉代和千数百年以前的先秦的地图，当然只能更差，裴秀的话应该是可信的，而《周礼》、《管子》的话未免有些夸张失实。

马王堆出土图主邻区山川县治在今图上的位置图

当我们把马王堆三号汉墓这幅图复原出来之后，才知道我们先前的想法并不正确，至少不完全正确。

图中已经有了统一的图例：居民点采用两种符号，县治用方框表示，乡、里用圆框表示。细而均匀的线表示道路。粗细不等而有弯曲的线表示水道。山脉一般勾出逶迤转曲的两麓，中间加画横细线；遇大山则按山体勾出其盘亘范围，中间细线画成层层重叠状。居民点的注记都在符号（即方框或圆框）之内。水道的注记多数都在下游将近与他水会合处，有些重要水道并在发源处加注"某水源"，少数也有注在发源处的。道路和山脉都没有注记。

拿这种画法和传世的南宋以后古地图相比，显然决不能说处处赶不上后者，有些地方还要比后者强些。

山脉的画法特别值得赞赏。这种画法接近于现代的等高线法，要比宋以后直到明、清经常被采用的人字形画法或山水画中的峰峦那样的画法都强得多。居民点符号用方圆区别政区的等级，也一直沿用到近几十年前。地名注在符号即方圆框之内，只要能够容纳得下，那就不比近代地图注在符号旁边坏。特别是在居民点稠密处，注在符号内不会造成误读，显然比注在旁边强。居民点注记加方圆框而水道注记不加框，比之于阜昌《华夷图》和《禹迹图》不分府州县山川一概只注记不用符号，南宋黄裳《地理图》凡有注记一概加框，不能不说是后出的宋图反而不如这幅汉初的图。

水道注记有一定的位置，更是一个显著的优点，近代地图一般都未能办到这一点。道路除特殊情况外，本用不着标名。惟有山脉不标名这一点，是这幅图在图例方面一个重要缺点。可能有些山当时还没有名称，但已经命名的应占多数。图中竟连名见于《楚辞》、《山海经》相传为舜陵所在的九疑山也不标名，这是很不应该的。

九疑山南画着九条柱状地物,柱后画有建筑物,旁注"帝舜"二字。据《水经·湘水注》,九疑山"南山有舜庙,前有石碑,文字缺落,不可复识",这座建筑物当即舜庙,九条柱状物当系舜庙前的九块石碑。将著名建筑物夸大地画在地图上,这是古今地图惯用的手法,并不足怪。

关于图的详确程度,全图应划分为三大区,其中二大区又应各分为二小区,各区情况不同,不可一概而论。

一、深水流域的营浦全县、舂陵南半县、泠道中西部大半县、龁道西半县,是这幅图的主区。三号墓随葬器物中有弓矢剑戈矛等兵器,墓主人利仓之子当系长沙国的一员将领,这一区域很可能就是他生前的驻防区域。在此区域之内所有山川聚落都是他本人或他的部下亲身经历过的,这部分的图应是根据实地考察所得绘制成的,所以画得最详细也最精确。居民点除县治外,还画了乡里。遗憾的是没有画出政区界线,长沙国界和县界都没有画。山脉如九疑山周旋盘亘数百里,图的北端是《水经注》所谓营阳峡,两岸山势紧逼深水两岸,画得都十分醒目而逼真。水道的曲折流向,基本上,甚或在很大程度上接近于今地图。可惜的是有许多乡里名和水道名已漫灭不可辨认。

水道画得是否准确,最足以说明地图的精密程度。下面试以图中这一区域内的水道与今地图相比勘:

图中深水自九疑山舜庙前南流一段,顺水流方向注作"深水原",即今深水;折而西流、西北流、北流,今称沱水;自今道县东北受潇水后,今称潇水。

深水南流有水自九疑山东侧南流西折来会,今图或作后河,或作沱水,或作消水源。

自此以下深水南岸支流第一水今称乌龙江;江有二源,合口今称两河口。

第二水即今安宁河,流经禾洞、大塘,西北至码市入沱。

第三水的东源,今名宜迁水;西源今名辇江;又有一小水北流至今小锡入西源。东西二源合流后又东北流,亦至码市入沱。

第四水今名贝江,一作背江;北流至贝江镇入沱。

第五水注作参水,即今冯水,一作岭东河;北流至水口镇入沱,今江华瑶族自治县驻此。

第六水今名花江;东北流至花江镇入沱。

第七水即今流经岐山脚至沱江镇入沱一水,形似镰刀,极为精确。

第八水注作临水,今图作萌渚水或作西河;因又称水口以上的沱水为东河。东西河会流处的沱江镇即 1955 年以前的江华县治。

自此以下深水呈一以北流为主向的屈折形,至东北流折向西北流处,西岸注有水名,上一字字迹模糊,根据上游水边有"深水原"三字,此字当是深字。但按图例深水二字理应注在此水下游流经营阳峡处,似不应注在这里,可能是因为深平为驻防地,深水是防区内的主要水道,故在深平附近明显处特别予以表示。

此处东岸有垒水自东来会,今名泡水。水有二源,大小略相等。两源会合处已破碎,不知有无注记。今以东源为泡水上游,称西源为东江。

深水西北流,西岸有一水发源都庞岭东北流来会,注记"水"上一字右半为阝,左半不可辨,即今掩水,一作永明河。邙水南岸下游一支流,疑即今图发源铜山西北北流入掩一水,上游一支流即今瀑带水。瀑带水东岸有一大支流名马河,近图或称瀑带水合马河以下为马河。

深水又北流,营水发源都庞岭东流来会,即今营水,有些图上标作濂溪水①。

深、营会合后,折而东流,经营浦县治南,折而北流,又东北有一水发源都庞岭东流来会。下流水口应有注记,但已破灭。按垒水流域有一居民点名垒部,辅水流域有一居民点名辅部,此水中游有一居民点名㐷部,则此水亦应名㐷水,即今宜江。南岸有一大支流源出都庞岭东北流来会,即今中坪河。北岸一支流自北南流来会,即今坦溪。

深水又东北流,辅水发源九疑山北麓西北流来会,即今潇水,一名九疑河。下游北岸一支流注记已磨损不可辨,即今仁泽水,一作仁水。其东有泠水发源九疑山支阜北流折西来会,即今泠水,一名巽水。泠水北岸有罗水自舂陵县西西南流来会,即今都溪水,一名西江河。

上述诸水的屈曲轮廓,大体都接近于今地图,有些部分几乎没有什么差别。各水支流注入干流的次序,也都符合于实际情况。当然也有画得不很准确的。如辇江贝江之间的距离应扩大;参水即今岭东河画得太短;花江画得太长;泡水、东江上游都应作西北流向等等。但这些毕竟都是小毛病,在近现代图中有时也在所难免。所以总的说来,这幅图的主区部分准确性很高,下这样一个结论,决非过誉。

在这一区域内,大致是按十五万分之一至二十万分之一之间的比例尺绘制的。

---

① 濂溪水本为今道县城西二十里自南北流入营水一小水名,把营水全流目为濂溪水是错误的。

上述情况足以证明：裴秀把汉代地图不加区别地一概说成是"不设分率"，"不考正准望"，"不备载名山大川"，"不精审，不可依据"，是不正确的。他之所以把汉代地图说得那么不像样，可能是由于他所看到的都是一些画得差的，没有看到过画得好的；也可能是他所说的专指汉代的全国总图，而总图由于范围太大，准确性当然要比小范围的图差；也有可能他是在故意贬低前人的成就，借以抬高他自己所画《禹贡地域图》的身价。

总之，在未看到这幅图之前，我们是不免要误信裴秀的话，简单地认为汉代地图的制作都是"殊欠精当"①的，当然也很难想到在二千一百多年前的制图水平会达到这样的高度，尽管只限于一个较小的地区范围之内。

二、深水流域的舂陵北半县、怜道县东部小半县和舂水上游的龁道东半县，以及南平县治一带，是这幅图的近邻甲区。都庞岭以西在今广西境内的桃阳、观阳二县，湘粤分水岭以南在今广东境内的桂阳县，是这幅图的近邻乙区。近邻区应已不在三号墓墓主人驻防范围之内，但仍在长沙国封域之内。所以仅仅画出县治和一些道路，不画乡里。甲区与主区之间无大山大川之隔，制图者对这一带的地形还是比较了解的，所以对舂陵、怜道、龁道、南平四个县治的位置还是画得很准确。只是水道已画得较差：缺画自怜道县治西流注入泠水之水；罗水即今都溪水，上游画得太短；舂水即今锺水，画得太直。乙区与主区之间隔着都庞岭和湘粤间的分水岭，作图者对它了解更差，因此，桃阳、观阳二县境内水道完全不画，桂阳境内画了一条发源县北流经县西的水，应即《汉书·地理志》桂阳县下的洭水，今名连江。可是连江本东南流注入北江，图中错画

---

① 王庸《中国地理学史》第二章第三节。

成西南流。县治的位置也画得误差较大:桃阳即《汉书·地理志》洮阳,故城在今全州县西北三十五里,图中偏南约达 32′;桂阳故城即今连县治,图中偏东约 10′。观阳故治因不见记载①,无从考核。

三、图幅西南部 10、21、18 和南部 26 至 29、2 至 5 共十一片所包括的地区②,是远邻区。这个地区已超出长沙国封域之外,属于秦末以来割据岭南的南越王赵佗的辖境。因此这部分图的内容既不画乡里,也不画县治,这么大的地区只注上了"封中"一个地名,海岸不画曲线而画成一个半月形,水道全无注记,且极其粗讹,山脉道路完全不画,其详细程度又不及近邻区,精确程度更谈不上。裴秀所谓"虽有粗形,皆不精审,不可依据",如果用以评价图中的这一部分,倒是相当合适的。

不过同在这一部分里,又该分为甲乙两区。甲区是靠北接近主区的那几片,这上面的水道,如 10 片上的指令掩水上游,21 片上的指瀑带水上游,自 21 片东流经 26 片至 29 片的应指富川江,自 18 片南流至 29 片与富川江相会的应指流经莲塘一水,28 片上自东北角向西南流一水,可能指大宁河;尽管掩水、瀑带水上游并没有伸展得这么远,富川江、莲塘水的会口东去大宁河的实际距离要比图中所画的近得多,大宁河上源与连县城下的水并接不起来,画得误差很大,但毕竟还是有所指的。乙区是靠南近海那几片,这里离主区更远,制图者想必是除了知道有几条水南注大海以外什么都不知道,那就难怪会画得简直不知所指了。

---

① 见于《水经·湘水注》的观阳县,系孙吴所置,未必即汉初故治。且《湘水注》只说观水西北迳观阳县西,亦无从推定其准确方位。
② 帛片图幅的号码是根据故宫的原编号。

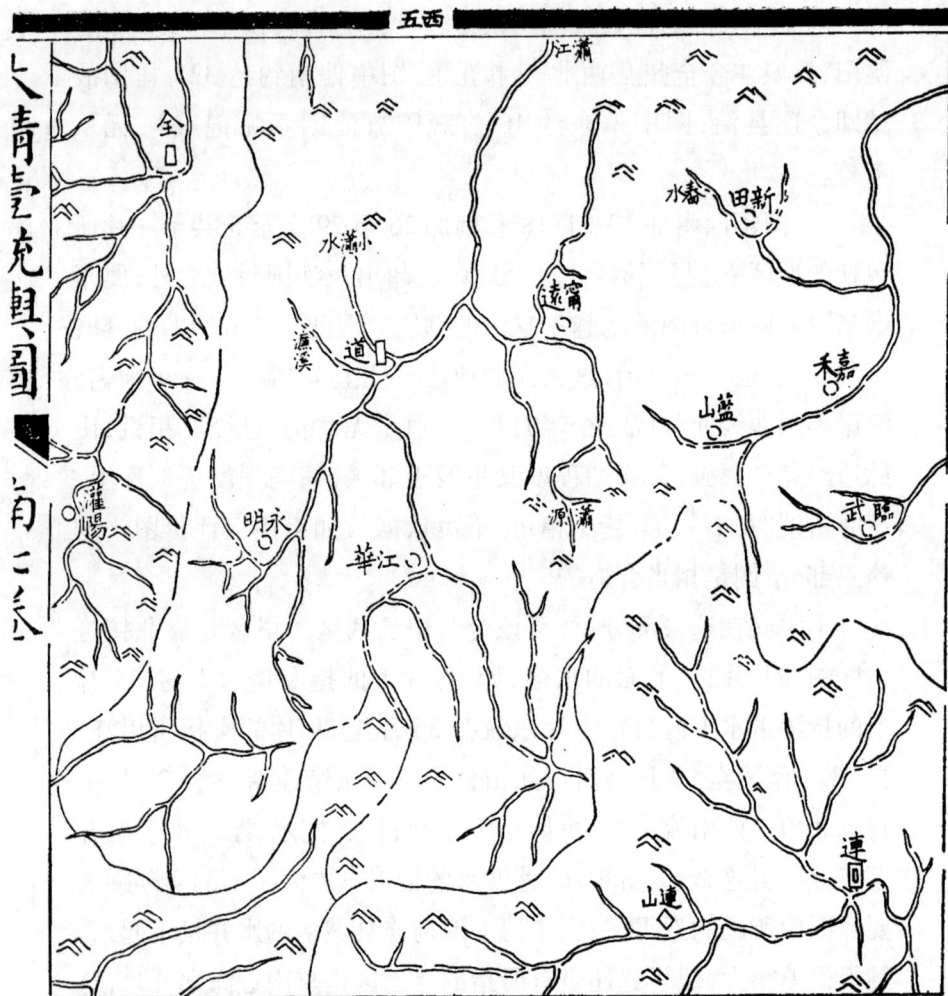

在一幅图中主区详密而邻区疏略,近处精确而远处粗讹,这是在单凭制图者亲身经历所获得的地理知识,而没有邻区远处的地理地图资料足资利用的条件之下,所绘制出来的地图的很自然的现象。这种现象屡见于传世的南宋以来晚清以前各种地图,毫不可怪。例如:阜昌石刻《华夷图》是根据著名的唐贾耽《海内华夷图》缩制而成的,图中所画远处的自玉门关以西至葱岭地区,即远比近处的玉门关以东地区简略,比例尺缩小了约三倍。一直到清代中叶,除实测的内府舆图以外,仍有多种"中外一统舆图"将内地十八省画得占整个图幅的十之七八,边疆东三省、蒙、新、青、藏地区仅占十之一二,国外远至英吉利、美利坚,也仅占十之一二。因此,我们决不能因为马王堆这幅图的第二部分即近邻区画得不很准确,第三部分即远邻区画得很不准确而低估它的价值。正确地评价这幅图的价值,应该以它的第一部分即主区为依据。上文业已阐明了图的这一部分的精确性是相当惊人的。由此可见,这幅图在我国制图学史上的地位是很突出的,它不仅是一幅截至今天为止我们所能看到的最古的地图,同时又是一幅足以显示我国制图学早在二千多年前业已达到高度科学水平的地图。

这幅图上除线条、符号、注记外,绝无一句文字说明,这一点也很值得注意。过去有人研究中国地图史,认为古代地图制作粗陋,单靠图表示不了应具的内容,必须附有相当数量的文字说明。这幅图的发现,根本推翻了这一臆说。

上面我们是拿这幅图来和现代最精确的图相比,那当然要差一些。要是拿这幅图来和采用现代测绘技术以前的旧图相比,那么就这幅图的主区部分而言,就决不比任何图差。即如《嘉庆重修一统志》的永州府图和以《内府舆图》为蓝本的《大清一统舆图》的这一部分,便都不及此图准确。

总上所述,可见这幅埋藏地下二千一百多年的地图的出土,其意义是非常重大的:它的时代是那么早,比以前传世的我国最早地图《华夷图》、《禹迹图》早了一千三百多年,为地图学史提供了最早的实物资料,此其一。它的准确性是那么高,从而为我国地图学史增添了极为光辉的一页,使人们不至于再为裴秀的"汉氏舆图""皆不精审"这一不符合实际情况的说法所迷惑,此其二。它的内容既准确又详细,我们得据以窥见西汉初年这一地区的政治经济概貌,从而解决若干历史地理上的问题,此其三①。这三点都是很重要的,但本图的价值还不限于此,如注记用的字体,测绘的方法、技术及其所用的工具等,也都值得加以研究。

这幅图的意义和价值既然如此重大,以后的学术研究工作中免不了会经常提到。可是它自己没有题名,为以后称引方便计,有必要为它题一个图名。上文已经指出图的主区部分应为三号墓墓主的驻防区域。在这个区域里,深平这个点最值得我们注意。由于它不是县治而是一个县以下的居民点,所以不能用方框,只能用圆框表示。但这个圆框画得特别大,圆度特别高,"深平"二字也写得特别端正,作图者显然在有意突出它的地位。而在驻军图里,深平的符号改用大方框,注记还加了一个"城"字作"深平城"。根据这种情况,我们认为深平应是驻防区域的大本营所在,也就是三号墓墓主生前的常驻地。因此,我们建议把这幅图定名为"西汉初期长沙国深平防区图"。

(原载《马王堆汉墓研究》,湖南人民出版社 1981 年版。

本文初次发表于《文物》1975 年第 2 期)

---

① 谭其骧:《马王堆汉墓出土地图所说明的几个历史地理问题》。见本书第 261—279 页。

马王堆汉墓出土地图所说明的
几个历史地理问题

　　长沙马王堆三号汉墓出土的"西汉初期长沙国深平防区图"，不仅其时代比过去我国传世的最古地图早了一千三百多年，并且其详确性达到了惊人的高度，关于这方面的情况，笔者已有所阐述①，本文是前文的续篇，专谈这幅图所说明的几个历史地理问题。

一、汉初长沙国的南界

　　1972 年马王堆一号汉墓发掘简报发表后，因为墓主人是汉初的诸侯长沙国丞相轪侯利仓之妻，有几位同志撰文谈到长沙国的辖境，径以《汉书·地理志》所载长沙国所领的十三县来解释轪侯时代的长沙国辖境，这是不正确的。利仓官长沙丞相封轪侯，时在西汉初高帝高后时代，即公元前二世纪初年，而《汉书·地理志》所载，则是西汉末平帝元始二年，即公元二年的政区分划制度，前后相去约二百年，长沙国的辖境不可能没有变动。事实上文献记载里也有不少资料足以说明汉初长沙国和汉末长沙国之间的差别

---

　　①　见本书《二千一百多年前的一幅地图》一文。

很大,大小迥不相伦。

《汉书·诸侯王表》叙述高祖末年十个诸侯王国(同姓九国加上这个异姓国中唯一剩下来的长沙国)的疆域,讲到长沙国时,用的是"波汉之阳,亘九嶷"二语①。九嶷即《汉书·地理志》零陵郡营道县南的九疑山,而营道县又在零陵郡的南境,即此可知汉初的长沙国,包有《地理志》中的零陵郡。《地理志》也说明零陵郡置于武帝元鼎六年。《元和郡县志》、《太平寰宇记》在永州、道州下也说明秦属长沙郡,汉为长沙国,武帝分置零陵郡②。

《史记·南越列传》和《汉书·南粤传》又为我们提供了一些有关汉初长沙国南界的比较具体的资料。

传文讲到汉高帝时在赵佗割据之下的南越王国"与长沙接境"。又讲到高后时赵佗曾"发兵攻长沙边邑,败数县而去"。又讲到文帝赐赵佗书,书中说起赵佗曾对汉朝提出"请罢长沙两将军"(指驻在长沙国境内用以监视南越割据势力的两个将军)的要求;又说"朕欲定地犬牙相入者,以问吏,吏曰,高皇帝所以介长沙土也,朕不得擅变焉"。可见从高帝历惠帝、高后到文帝,亦即吴芮及其子孙为王,利仓父子为将相时代的长沙国,一直是与南越接境的。清人周寿昌指出《汉书·地理志》里位于长沙国之南的桂阳、零陵二郡,其时"俱属长沙,未别置郡",是正确的③。

---

① 《史记·汉兴以来诸侯王年表》合叙梁、楚、吴、淮南、长沙五个诸侯王国的疆域作"自陈以西,南至九疑,东带江、淮、谷、泗,薄会稽"。

② 《水经·湘水注》作"元鼎六年分桂阳置"。实际是先分长沙为桂阳,至是又分桂阳为零陵。《元和志》、《寰宇记》径作分长沙置,微误。"吴楚时前后"即景帝初年已将诸侯王国的边郡收归中央政府直辖,燕代亡北边郡,"吴、淮南、长沙无南边郡",见《史记·汉兴以来诸侯王年表》。零陵外接南越,可见元鼎以前其地已不属长沙。

③ 王先谦《汉书补注》引周寿昌《汉书注补正》。

那么《汉书·地理志》所说桂阳郡"高帝置"，《水经·耒水注》也说桂阳郡"汉高帝二年分长沙置"，又是怎么回事？

清人全祖望想必是看到了《南越列传》的记载，但又不敢说《班志》、《郦注》错了，只得说《班志》作"高帝置"不够详晰，当云："高帝二年分长沙置，五年属长沙国"①。近人王国维才发觉《汉志》所称高帝置的二十六个郡国，"其真为高帝置者，曾不及三分之一"，因此他根本否定了桂阳郡置于高帝时的可信性。除取证于《南越列传》外，又据《汉书·贾谊传》所载谊在文帝时上疏提到"长沙才二万五千户"，指出二万五千户"势不能分置三郡"②。

今按：高帝二年楚汉方相持于荥阳、京、索间，自此以东南，当时还不在高帝统辖范围之内，怎么可能分长沙为桂阳呢？《汉书·高祖纪》载五年二月初即帝位，诏"以长沙、豫章、象郡、桂林、南海"，立吴芮为长沙王，中间明明并无桂阳一郡。可见全说显然不能成立，王说是正确的。当然，即使果如全说，这个桂阳郡也是长沙国的一部分，并不能动摇汉初长沙国南境与南越相接这一极为明确的史实。

长沙国缩小到基本上仅限于《汉志》所载那么大一块地方，那是景帝以后的事。《史记·汉兴以来诸侯王年表》云："吴楚时前后，诸侯或以适削地，是以燕、代无北边郡，吴、淮南、长沙无南边郡"。所谓长沙"无南边郡"，就是说把原来长沙国的南部地区相当于《汉志》桂阳、零陵二郡之地，从长沙国划出，改为直属于汉朝的桂阳郡。

---

① 《汉书地理志稽疑》卷二。
② 《观堂集林》卷十二《汉郡考》。三郡指长沙、桂阳、武陵。武陵郡，《汉志》亦作高帝置，王氏亦予以否定。王氏认为《汉志》中的桂阳、武陵、零陵三郡和长沙一国，同在汉初长沙国封域之内。

如上所述,根据文献记载,可以知道汉初的长沙国远比《汉志》里的长沙国为大,其南境基本上辖有《汉志》桂阳、零陵二郡。但我们只能说基本上,却不能说其南界与《汉志》桂阳、零陵二郡的南界完全一致,因为并没有什么资料足以证明这条界线没有变动过。因此,汉初长沙国南边的具体疆界,尚待进一步探讨。

《南越列传》讲到赵佗在秦末开始搞割据时的第一步措施是:他以行南海尉事的名义,"移檄告横浦、阳山、湟溪关曰:盗兵且至,急绝道,聚兵自守"。下文讲到武帝元鼎四年,汉遣使往谕南越割据势力"以入朝比内诸侯",令"路博德将兵屯桂阳待使者"。明年,汉发兵分道击南越,其中由路博德率领的一军即"出桂阳,下洭水"①,此外又有"出豫章,下横浦"②的,又有"出零陵,或下离水,或抵苍梧"的。《史》、《汉》所载有关汉初长沙与南越之间边界的资料,就是这几条。

横浦关即今大余县西南大庾岭上小梅关,见《通典州郡典》、《方舆纪要》。阳山关"在阳山县西北四十里茂溪口",见《太平寰宇记》引《郡国县道记》。茂溪口不见今图。唐宋阳山县治即今治,西北四十里约当在今阳山县与连县分界处稍南。湟溪关不见唐宋以前古地志。清人钱坫以为《汉志》南海郡中宿县下"有洭浦官",官当作关,洭浦关即湟溪关③。据《水经·溱水篇》及《洭水篇》,洭浦关在洭水(今连江)与溱水(今武水及北江)交会处,当在今英德县西南连江口附近。杨守敬、王先谦、丁谦则以为在今连县

---

① 洭,今本《史记》及《汉志》桂阳县下误作"匯",据《说文》洭字及《水经·洭水篇》改。洭水一作湟水,见《水经·溱水注》,《汉书·南粤传》即作路博德"出桂阳,下湟水"。湟溪关即得名于在湟水上。
② "下横浦",《汉书·武帝纪》作下湞水,这是说通过横浦关后循湞水顺流而下。
③ 《新斠注地理志》卷十四。

西北湟水(连江)发源处①。这大概是由于他们认为南越北界当略循五岭山脊,置关当在岭道要害处而作出的推断,非别有所据。

　　传文提到的豫章是郡名(郡境大致相当今江西省),零陵是县名(故治在今全州县西南;元鼎六年始置零陵郡,治泉陵)。桂阳则在汉代既有此郡名(治郴县,即今县),又有此县名(治今连县)。"屯桂阳"、"出桂阳"指的是郡还是县? 这是一个首先要弄清楚的关键性问题。若是指郡,则湟溪关有可能在湟水发源处今粤湘边界上,汉初的长沙南越之间的界线起湟溪关至横浦关这一段也有可能大致即以五岭山脉即今省界为界。阳山关在这一条线之南,便应是湟溪关后面的第二道关。若是指县,则县南的阳山关应是边关,湟溪关即不可能在这个县的西北,当然也不存在一条大致符合于五岭山脉的长沙南越疆界。单凭《南越列传》的记载,我们只能倾向于是县,因为桂阳县是南临洭水的,却不能断然排斥有是郡的可能,因为汉兵从桂阳郡的其他地区出发,也未始不可以取道洭水南下。所以尽管《元和志》、《寰宇记》都说连州在秦为长沙郡之南境,杨守敬等人都不予理会,竟把南越所据的湟溪关定位于连州西北。

　　这幅汉初长沙国深平防区图的出土,断然肯定了《南越列传》"出桂阳"指的是县。图上画的有桂阳县。按照本图幅的图例,凡南越境内的郡县一概不予注记,则桂阳县显然应在长沙国境内,这就证实了杨守敬等置湟溪关于湟水发源处是绝对错误的,汉初长沙南越之间这一段疆界并不以五岭山脉为界。

　　桂阳县既在长沙境内,则桂阳县东南的阳山关,应在长沙南越界上。湟溪关应从钱坫说,即《汉志》、《水经》的洭浦关。但这个关远在阳山关东南二百余里,不可能也在界上。若在界上,则阳山

―――――――――

① 杨氏《前汉地理图》、王氏《汉书·南粤传补注》、丁氏《汉书两粤传地理考》。

关又不可能是南越的边关了。按元鼎五年汉兵一军"出桂阳,下洭水",这是取道阳山关旁的水路。一军出豫章,踰横浦,下浈水,这是取道横浦关路。独不见有取道湟溪关的,即此亦可证阳山、横浦二关在界上,湟溪关不在界上。虽不在界上,但地当踰五岭出溱、洭二水南下的冲要,故赵佗在策划割据岭南时,有必要聚兵扼守此关。

从阳山关东至横浦关之间,据《元和志》有任嚣(赴佗之前的秦南海尉)城,在韶州乐昌县(今县)南五里,据《舆地纪胜》有赵佗城在韶州仁化县北九十里城口村(见今图,北去湘粤省界约六里),故汉初长沙南越间边界,当在此二城稍北。任嚣城之北约当以今乐昌县西北之乐昌峡为界。赵佗城之北当即以今省界为界。

汉初长沙国南界自阳山关以东至横浦关一段,文献资料不算很少,但我们在未见到这幅图之前,仍有一个关键性的问题不易解决,已如上述。至于阳山关以西,则在文献资料中可考者惟有湘漓发源处一点。据上引《南越列传》元鼎五年汉兵一军"出零陵,或下离水,或抵苍梧"一条,可知零陵县应在当时桂阳郡境汉初长沙国境内。又据《元和志》桂州全义县(今兴安县):"故越城在县西南五十里,汉高后时遣周灶击南越,赵佗据险为城,灶不能踰岭,即此也";《舆地纪胜》静江府:"古秦城在兴安县西南四十里",又引《桂林志》:"秦城,在兴安县,秦始皇二十三年筑以限越"①,则零陵西南的汉初长沙国南界,应在秦城与越城之间,亦即今兴安县西南四十余里处。秦始皇时所凿沟通湘漓上源的灵渠,在今兴安县西,全长六十里,渠的大部分应在长沙郡境内,小部分在桂林郡境内。这是和《寰宇记》桂州兴安县下"昔秦命御史监禄自零陵凿渠至桂林"这一条记载相符合的。

___

① 按秦取楚江南地在始皇二十五年,此"三"字当作"五"。

从湘漓发源处这一点东至阳山关之间的长沙南境边界的走向,绝不见于传世文献记载,马王堆这幅图刚好可以补文献之不足。图中将深水南岸的支流一一画出,还在这些支流的两岸画了不少乡里,其中临水即今萌渚水的乡里,一直画到水源萌渚岭的山脚下,按图例,这些地区应该在深平防区之内,可见当时长沙国南境是直抵今湘粤间的分水岭。据《水经·湘水注》,冯水和萌渚水的上游都在苍梧郡冯乘县的辖境之内,这应该是汉武帝平定南越割据势力以后改划的郡界,不是汉初的旧界。

总上所述,我们把文献资料与这幅图中所显示的情况结合起来,可作一线西起秦汉零陵县西南,东南行穿灵渠,越海阳山、都庞岭,经图中□鄣约当今江永县治之南,循今湘桂省界折南折东,又东经连县南抵秦汉阳山关,折东北穿乐昌峡,折东循今湘粤、赣粤省界东至大庾岭上秦汉横浦关(即今小梅关①),大概就是汉初长沙国与南越国之间的边界。它既不是以五岭为界,也不同于《汉书·地理志》里的桂阳、零陵二郡南界。

汉初这条两个诸侯王国之间的边界,应该是沿袭秦代的长沙郡与南海、桂林二郡之间的郡界而来的。因为赵佗乘秦末之乱起而割据南海、桂林,象郡三郡,他当然不会放弃任何原属于这三郡的土地,这是一方面。另一方面,从《南越列传》记载看来,他也并没有侵占原来属于长沙的土地,只是在高后时曾一度“发兵攻长沙边邑,败数县而去”,边界未尝因而有所改变。

那么秦王朝在划分郡界时为什么不按照自然区划以五岭为界,而要把五岭以南的一部分土地划归长沙呢?这决不是无意识

① 作者自校:小梅关当为唐开元四年张九龄开大庾岭新道后所置关,唐以前旧关不应亦在此。附图上横浦关位置不知何据,亦非小梅关。

秦、汉初长沙郡国南界示意图

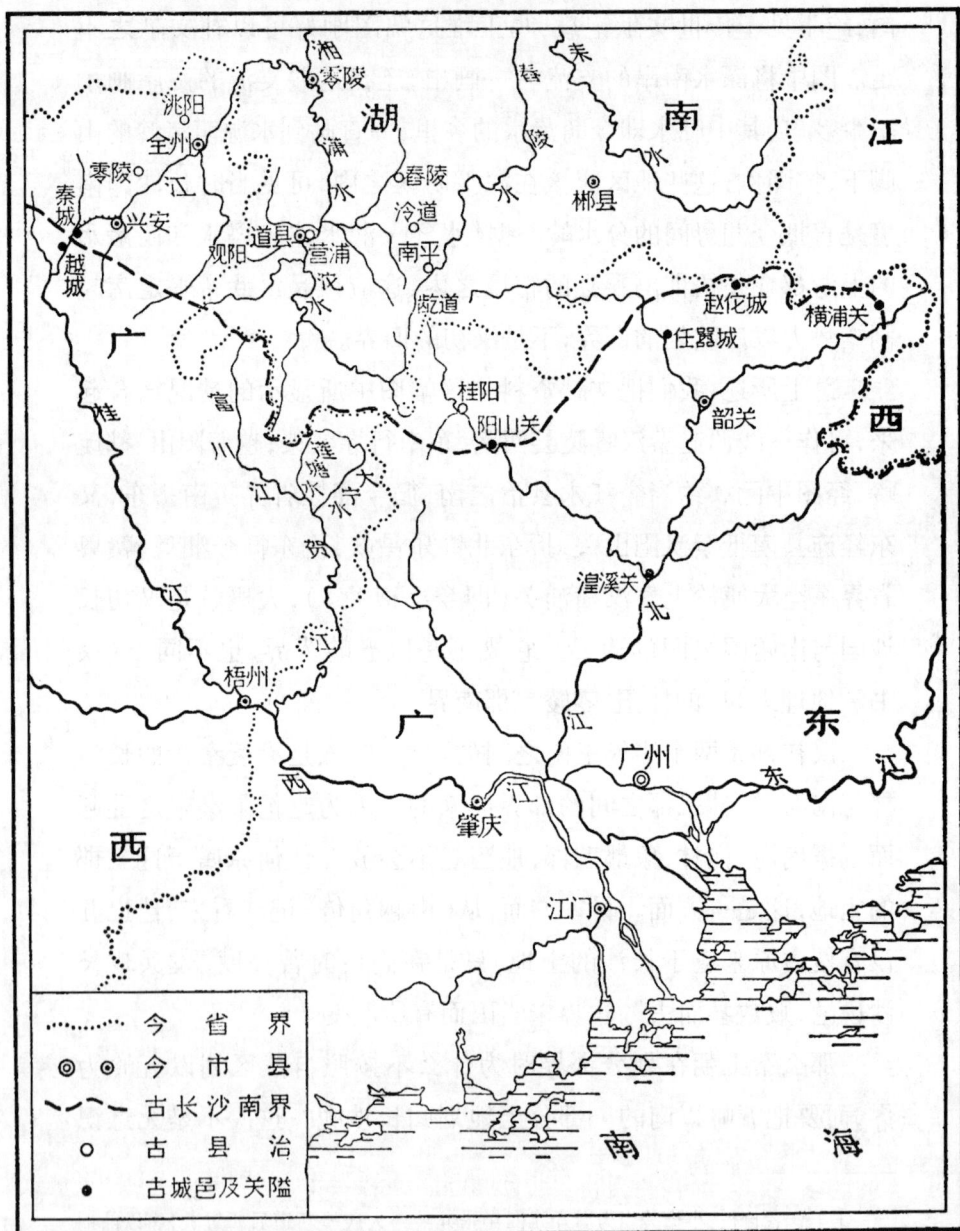

湖　南　江

江西

零陵
洮阳
全州
零陵
兴安
秦城
越城
观阳
道县
营浦
茨
春陵
冷道
南平
阳道
郴县
赵佗城
任嚣城
横浦关
桂阳
阳山关
韶关
西

湘水
漓江
浦水
湟溪关
北
江

梧州
广
富川
潇水
大宁水
桂江
绥江
江
东
广州
西江
东江
肇庆
西
江门
南　海

今　省　界
今　市　县
古长沙南界
古县治
古城邑及关隘

的。秦代的郡是一级行政区,全国只分成三四十个郡。有些郡的辖境可以大到相当于今天一个省,甚至还大于一个省。因此,在那些边远地区,若完全按大山大川来划分郡界,一旦天下有事,这些山川所形成的险阻,岂不正好为地方割据势力所利用?秦始皇、李斯等想必是有鉴于此,采用了"犬牙相入"的郡界划分法。在平定南越之后,便把岭南的桂阳一举划归了岭北的长沙郡。这无疑是一项有利于巩固统一、防止割据的重要措施。虽然后来赵佗乘秦末"豪杰畔秦相立"之机,凭借南海僻远,还是割据了南越三郡,可是由于他未能全有岭南之地,他的北边防线始终是不很坚固的。文帝时大概他曾经提出过希望把岭南的长沙郡境划归南越的要求,这就是文帝给他的信中所提到的所谓"欲定地犬牙相入者"。文帝说这是"高皇帝所以介长沙土也",所以"朕不得擅变焉"。"介"颜师古解作"隔也",不妥。应作疆界、界划解,即《诗·周颂·思文》"无此疆尔介"之介,此处作动词用。"高皇帝所以介长沙土也",意即这是高皇帝划给长沙的土地。实际划定者应为秦始皇,汉制是沿袭秦制而来的,不过汉文帝不便说前朝所划定的不可更改,因托之于高皇帝而已。

二、汉初长沙国西南边区的八个县治

这幅图在其主区和近邻区范围内画着八个县治:营浦、春陵、烙道、南平、龁道、桃阳、观阳、桂阳,这是当时长沙国西南边区的一部分。(读本节及下文第三节时,请参阅《二千一百多年前的一幅地图》中的插图:"马王堆三号汉墓舆地图主区及近邻区山川县治在今图上的位置"。)其中营浦、烙道、桃阳三县见《汉志》零陵郡,南平、桂阳二县见《汉志》桂阳郡。但见于《汉志》只能说明西汉末年平帝元始二年时有这几个县,不能说明这以前有没有。这幅图的出土,说明了这五个县最迟在汉文帝时代业已设置。烊道《汉志》作泠道,桃阳《汉志》作洮阳;可能是本作烊、桃,后改泠、洮,也可能是本作泠、洮,制图者有所忌讳而改用烊、桃。

此外春陵、观阳、龊道三县,不见《汉志》。其中春陵见《汉书·王子侯表》:武帝元朔五年,封长沙定王子买为春陵侯。据《后汉纪·光武纪》及《后汉书·城阳恭王祉传》:买封于泠道之春陵乡。传至孙仁,以春陵地势下湿,山林毒气,上书求减邑内徙。元帝初元四年,徙封南阳之白水乡,犹以春陵为国名。故《汉志》列春陵侯国于南阳郡下。图中见春陵,一方面证实了《后汉纪》、《后汉书》所载春陵侯国原在《汉志》零陵郡境内是正确的,一方面又校正了买初封于"泠道之春陵乡"的错误。因为图上春陵二字外加方框,这是县治的符号,可见春陵在元朔以前早已是县,并不是泠道的一个乡。按《续汉书·郡国志》泠道下刘昭注补"有春陵乡"。袁宏、范晔盖因春陵侯国内徙南阳后,春陵旧地改为隶属于泠道的一个乡,遂误认为元朔以前旧制也是如此。

观阳 历代各种地志皆从《宋书·州郡志》说作始置于孙吴。今既见于此图,可见汉初已有此县,西汉末年以前罢,孙吴系复置而非创置。但沈约对西汉郡县建置的知识也只限于《汉志》所载,汉初已有此县他是不可能知道的,故迳作"吴立"。

龊道 不见于汉以来任何记载,包括各种地方志。若没有这幅图出土,谁也不可能发现九嶷山区二千一百年前曾经建立过这么一个县这一历史事实。

在图的主区范围内,《汉志》又有属于零陵郡的营道一县,不见此图。龊道县的罢废与营道县的增置,皆当在此图制作年代之后,平帝元始二年以前,确年无考。

由于图的主区部分画得很精确,近邻甲区也画得相当准确,因此,在这一范围内,图中的县治方位,往往可据以补正文献记载,或确定不同说法的是非。

营浦 据《水经·深水篇》和《湘水注》,只知道营浦县治在东北流的深水北岸,无从确定方位。据《元和志》、《寰宇记》、《方舆纪要》,汉县即唐宋以后道州,今道县治。《清一统志》引旧志则谓在州北营阳乡,地名大汉。两说歧异。而旧志所谓大汉,亦不知其确切方位。这幅图上将营浦县治画在营、深二水会合处的稍下游,深水折北流处的上游,由此可见,旧志的说法是有根据的,但州北应作州东北。距今县里程虽无法确定,估计不会很远,因而《元和志》等书不予注意,迳作古今同治。今县治东三里有一村落以东门为名,疑即古营浦城的东门,则古城约在今城东二里许。

泠道 《水经·湘水注》:泠水"出九疑山,北流径其县(指泠道)西南,县指泠溪以即名。"似县治应临近泠水。《寰宇记》更明确说"其县临泠道水为名"。《舆地纪胜》引《晏公类要》同。又据《旧唐书·地理志》、《寰宇记》,古城在唐延唐县宋宁远县即今宁远县治东南四十里。《寰宇记》另一条记载及《纪胜》引《晏公类要》又作"东四十里"。知正确方向应为东偏南。但泠水西去宁远不过二十余里,故治若确是临泠水,则不可能在今县东偏南四十里。可能就是由于传统说法有这一点矛盾,因此近代地方志上又另创故城在县东南三十里萧韶峰下之说,还说是"故址尚存"。1961年《湖南省志》即采用此说。究竟以何说为正,这幅图为我们解决了问题。泠道县治离泠水还有相当一段距离,而其方位正在今宁远县东偏南约四十里。可见《旧唐志》、《寰宇记》所载的故城方位是正确的,而《寰宇记》、《晏公类要》所谓县临泠道水则并不可靠。至于说什么东南三十里"故址尚存",更可以断言是无稽之谈。

南平 《寰宇记》:蓝山县"本汉南平县也,今县东七里有南平故城存"。宋蓝山县治即今治。《舆地纪胜》作南平古城在蓝山县东五里,是由于计里大小不同,实同指今县东北七里"古城"。这种说法是和《水经·锺水篇》经注所载锺水流经南平县东至锺亭,灌水(即桂水)发源桂阳县(今连县)北界山北流来会相符合的。锺水即今蓝山县城东锺水,灌水(桂水)即今发源湘粤界上北流至古城东十余里注入锺水的毛俊水。但近代地方志却别创汉县故城在今县东北五十里土桥墟附近一说,论据是土桥墟附近一带地属南平乡。《湖南省志》亦采用此说。此说本不能成立,因为明清时代的乡名,本未必袭自汉代的县名;且锺水自土桥墟以下,根本不存在一条发源于湘粤边界北流入锺的水道,又显与《水经》及《郦注》不合。这幅图里的南平县画在烊道县南偏东,相当于古城的位置,而不在正东土桥墟的位置,又为肯定古城说否定土桥墟说提供了一个有力的证据。

春陵 《水经·湘水注》只说都溪水(今西江河)径春陵故城西,无从确定方位。唐宋以来《元和志》、《寰宇记》、《舆地纪胜》、《方舆纪要》作在今宁远县北五十里,《清一统志》作在县西北,近代地方志包括《湖南省志》作在县北六十里柏家坪,杨守敬《水经注疏》作在县东北。今按:《汉志》桂阳郡耒阳:"春山,春水所出"。春水上游即今新田河,则春山即今宁远、新田界上之山,春陵故城应在今春水流域春山东麓不远处,西南去宁远里距应从唐宋旧说为五十里。这幅图上的春陵城很明显在今宁远县东北,宁远、新田界山东麓,可以证成此说,从而否定县西北及县北柏家坪等说。

主区和近邻甲区所画五县,四县都发生了补正文献记载确定故城方位的作用,只有烊道一县,因为后代不存在这个县,当然不可能具有此种作用。从图上的方位看来,县治故址约当在今蓝山县南偏西大麻营的锺水东岸。这个氹道县在九嶷山的东麓,《汉志》营道县的故址则在九嶷山北麓的莽、巢二水会口,见《元和志》、《寰宇记》①。又焓道县也距离九嶷山东北麓不远。汉承秦制,"凡县主蛮夷曰道",见《汉书。百官公卿表》、《续汉书·百官志》。可见在西汉时代,九嶷山周围的少数民族地区,已在一统王朝所设置的郡县管辖之下。

在绘制这幅图以前的汉初三十余年间,承秦末战争之余,户口耗减,一般说来,增置县治是不大可能的。因此图中八县,我们有理由把它们看成都是秦代已经有了的县。这八县的地区在《汉志》时代只有六县,由此可见:

(1)前人认为秦代在《汉志》时代之前二百余年,各地区的县治设置应较少于《汉志》中所载。杨守敬在《嬴秦郡县图》的序文里,即曾以巴、蜀、汉中地区为例,推定秦县约比汉县少三分之一。这种说法是不一定可靠的。既然这幅图告诉了我们长沙郡的西南部分秦县可以反而比《汉志》的县多,其他地区应该也不是没有这种可能。当然,我们这样说并不等于否定秦县的总数应少于汉县。

(2)长沙郡西南部分地处僻远,置县如此之多,可见秦王朝是很重视边地的经营管辖的。此点亦可在文献中得到印证。如始皇三十三年将河套地区从匈奴奴隶主手中夺回后,即一下设置了三四十个县,见《史记·始皇本纪》及《匈奴列传》。又如燕地北边上谷、渔阳、右北平、辽西、辽东五郡,在汉高祖时共有七十九县,见《绛侯周勃世家》。高祖时的县数当然更该就是秦的县数。而《汉

---

① 今本《元和志》、《寰宇记》作"奔巢水口"。据《清一统志》引旧志及光绪《湖南舆图》,宁远有源出九嶷山的巢水,北流会瀑水后又会莽水,知"奔"系"莽"之字误。莽巢水口在今县东南三十余里,其南正对九嶷山,与《汉志》及《续汉志》所载"营道,九疑山在南"符合。

志》此五郡合计仅得七十五县,秦县反比汉县多四县。或疑《世家》所载渔阳二十二县应为十二县之误,因为渔阳在《汉志》里只有十二县。即使果属如此,秦县亦仅比汉县少六县,不到十分之一。

(3)八县中有怜道、鈆道二县,更可见秦始皇在削平六国完成统一后所建立的是一个多民族的封建大一统王朝,其统治所及,不仅包括所有"华夏"地区,也包括了僻在南方山区的少数民族地区。

三、水道名称的演变

水道注记也是这幅图所提供的一项弥足珍贵的古代地理资料。因为在这一地区内的水道,既为前乎此图的先秦文献、后乎此图的《汉书·地理志》记载所不及,就是在更后的《水经》和《郦》注里,虽然是记载到了,仍不及此图详细。并且所注水名往往与见于后代记载的水名不同,可据以推究其演变过程。下面试就可以辨认的几个注记,一一阐述其史料价值。

深水　潇水是湘水上游的一条大支流,而潇水之名,唐代始见①。

———————

① "潇湘"作为一个语词,在《山海经·中山经》中已见"潇湘之渊",《淮南子》中已见"戈钓潇湘";但这个"潇"字是一个形容词,作深清解,不是一条水名,"潇湘"犹言深清的湘水。潇字《说文》作"潚","深清也,从水,肃声"。《水经·湘水注》"潇者,水清深也",引罗含《湘中记》曰:"湘川清照五六丈,下见底石如樗蒱矣,五色鲜明,白沙如霜雪,赤岸若朝霞,其纳潇湘之名矣。"郭璞注《中山经》始以潇为水名,注云:"今所在未详也,潇音消。"还说不出潇水是哪一条水。(段玉裁注《说文》,认为古籍中潇字皆本作潚,其字读如肃,亦读如萧,自郭璞别潇湘为二水,读作消,后人遂改古籍自《诗·郑风》"风雨潚潚"以下诸潚字皆作潇。)唐柳宗元谪居永州,才在他的文章里称永州(治零陵,即今县)城下之水为潇水(《柳河东集》卷24《愚溪诗序》),称永州地区为"潇湘"(同上卷三六《谢李吉甫相公示手札启》),这是把这条水叫做潇水见于记载之始。

在唐代以前,《水经·深水篇》的深水和《湘水注》里的营水,都是北流经泉陵(今零陵)城下入湘的,与唐以后的潇水同。这两个水名究竟哪一个在先,哪一个后起,源流是否完全相同,清代的考据学家有两种意见:(1)根据《汉志》有营浦、营道县,认为《汉志》虽不载营水,此水在汉代实名营水。深水之名则见于《说文》、《水经》,较营水为后起。(2)根据《说文》"深水出桂阳南平,西入营"①,《深水注》引晋吕忱《字林》深水"导源卢溪,西入营水,乱流营波,同注湘津",认为深水实为营水上源之一,深水入营后营水下游虽然一直到入湘都可以通称为深水,但毕竟应以营水为正称②。这种看法表现在《一统志》、地方志里,便直称潇水古名营水,根本不提深水③。

这幅图上的注记,完全否定了清代考据家的看法。在这幅图里,很明显,现在的潇水及其上游沱水,当时都叫深水。在驻军图里则称为大深水。这条水在图上从发源九嶷山起直到进入《水经·湘水注》所谓营阳峡,画成逐步由细到粗,可见深水的注记虽写在今道县以南,下游今道县以北无疑也是深水的一部分。营水、镛水都注在这条水的两侧支流上,可见这条水在受营受镛以后,不会以营水、镛水为名。受镛以后更无其他较大水道来会,下游直到入湘当然都是叫深水。看到了这幅图,现在我们可以把这条水名称的演变过程考定如下:深水是这条发源九嶷山南麓,绕流西麓,折北流入湘水的水道在今天可以考见的最古的名称。这个名称应

---

① 今本《说文》"营"下有"道"字,依段注删。根据《说文》这条记载,可知龁道罢废后,深源一带即改隶南平。

② 见段玉裁注《说文》深字、杨守敬《水经注疏》、《水经注图》等。

③ 见《嘉庆重修一统志》永州府山川营水潇水等条、光绪《湖南全省舆图说》等。《湖南省志》同。

起自这幅图的制作年代以前，一直到《水经·深水》一篇写定的时代犹未变①。到了东汉中叶许慎著《说文》时，深水已仅指上游，下游与营水合流以后已改称营水。晋吕忱撰《字林》时仍然如此。到了北魏郦道元《湘水注》中，则不仅下游，连上游九嶷山麓今之沱水也一概被以营水之名了。到了唐代中叶柳宗元文章中，下游又改称潇水。但在《元和志》里，道州以上仍称营水。到宋初的《太平寰宇记》里，才改称这一段为沲（沱）水。

营水　《水经注》、《元和志》中的营水，不是今道县城西的营水。这条营水不见于《水经注》、《元和志》，始见于《寰宇记》。在看到这幅图以前，人们很容易认为营水一名在宋以前指令之潇水、沱水，到宋以后才移指这条水。《清一统志》馆臣厚古薄今，所以在永州府山川下的营水一条，竟专指沱、潇水而不及此水，别称此水为濂溪水。但近代图书多数虽改称此水为濂溪水，仍有沿袭营水旧称的。现在看到了这幅图，才知道原来西汉初年的营水正是指的这条水，二千多年来水名未变。而现今的潇水下游和沱水被称为营水，倒是西汉以后演变的结果。

图中营浦县治不在营水之浦而在深水之滨，这并不足以证明深水受营水后已改称营水。若已改称，营水二字注记应在营浦下游。盖营浦初置县时本在营水之浦，其后迁治深滨，而县名未改。营水在深水支流中本不是很大的。何以深水之称不为较大的临水、邝水、辅水所夺，却为较小的营水所夺？大概就是由于营浦这个县治迁治深滨所致。先是将县治附近一段深水改称为营水，其

---

① 清人戴震认为《水经》作于三国时人，这个论断是不妥当的。《水经》各篇，非出于一时一人之手，应根据各篇的具体内容，分别推定其写作时代。《深水篇》应写定于《说文》以前。

后又逐渐向下向上扩展,终于到了郦道元时代,营水之称遂被子深水全流。

营浦县治不在营水之浦是可以理解的,但《汉志》的营道县治在莽、巢水口,去营水甚远,为什么要以营道命名,则尚待索解。

辅水 注记有二:一在水口,一在水源。这条水不见宋以前记载,在南宋的《方舆胜览》里始被认为潇水的上游。近代方志和地图里或称潇水,或称九疑(或作嶷,或作凝)河。此水发源宁远九嶷山北麓,西北流至道县东境,泠水自宁远东境西流经县治南,合北来的都溪水,又西流来会,又西流至清口与沱水相会,同为此下潇水的上游。泠水和都溪水源流都不比九疑河短小,因此,自清口以上,三条水中哪一条算是干流,历代地志所载不一。《水经·湘水注》以都溪水为干流,泠水入都溪水,不提九疑河。《舆地纪胜》同。《元和志》、《旧唐书·地理志》、《元丰九域志》只提到泠水(一作泠道水),不及其他二水。就是自《方舆胜览》以九疑河为潇水上游以来,明清和近代方志和地图里也还有不用其说,仍以泠水为干流,九疑河、都溪水为支流的。这幅图上的“辅水”注记,既为这条水提供了一个远在《方舆胜览》所提“潇水”以前一千几百年前的古名,又说明了《胜览》虽在《水经注》、《元和志》之后,其以潇水而不以辅水、都溪水为干流,倒是符合于汉以前古人的看法的。

泠水 泠水是深水、营水以外又一为后代所沿用的水名。由于《水经注》、《元和志》、《寰宇记》、《九域志》等北宋以前地志只提到出自九嶷山的泠水,而不提到今之潇水(九疑河),而始见于《方舆胜览》的今之潇水,也出于九嶷山,《清一统志》遂谓古之泠水,即祝穆以来的潇水。王先谦《汉书补注》、杨守敬《水经注疏》、

《水经注图》等皆从其说。图中泠水也有水口水源两个注记，很清楚就是《水经·湘水注》中源出九嶷山，北流注于都溪水的泠水，也就是今之泠水。而相当于今之潇水的，则是图中的犕水，足见《清一统志》认为古泠今潇二名同指一水，是绝对错误的。

舂水 《汉志》桂阳郡耒阳县下和《水经·湘水注》皆以出于舂陵乡附近的今新田河为舂水（一作舂陵水）上游。《水经·锺水篇》经注皆以出于九嶷山东麓东北流经今蓝山、嘉禾二县东的那条水为锺水。新田河至今亦称舂水，锺水之名至今不变。但图中的舂水却不是《汉志》、《水经注》的舂水，而是《水经》和《注）的锺水。就这一点而言，有可能《汉志》、《郦注》的舂水倒是原始的舂水，而这幅图上的舂水，则是由于舂水与锺水会合以后，下游先被称为舂水，后来又由下游推及上游，锺水遂兼有舂水之称。这种演变的情况是和上面讲到的营水初指今道县西营水，继而推到道县以下的深水，再后又推到道县以上的深水，是一样的；惟其演变历程则犹在深水改称营水之前。

参水、临水、罗水，即《水经·湘水注》中的冯水、萌渚水、都溪水。垒水、叩水，不见于宋以前记载，明清以来地志作泡水、淹水、图中的注记要比文献上的水名记载早七百年乃至千数百年。

除上述三方面外，图上还反映了图幅的主区和近邻区的地区开发、政区划分和陆路交通线等方面的情况。但由于同墓出土的驻军图也画到了这些方面而具体内容尤为详细，所以得等待驻军图的拼接复原工作完成后，再行提出讨论。

* 《两千一百多年前的一幅地图》和本文，原载《文物》1975 年第 2 期和第 6 期，后收入文物出版社《古地图论文集》。此次收入本集，特

请本室张修桂同志就《古地图论文集》本代为校阅一过。根据修桂同志意见，除在文字上稍作改动外，并对原来三处考释作了修正。合应附识，并致谢意。

一九七九年一月二十八日己未春节，谭其骧识于上海华东医院。

（原载《马王堆汉墓研究》，湖南人民出版社 1981 年版）

唐北陲二都护府建置沿革与治所迁移

——编绘《中国历史地图集》札记

一、贞观二十一年（647）正月，以铁勒、回纥等部内附，置翰海、燕然、金微、幽陵、龟林、卢山六都督府，皋兰、高阙、鸡鹿、鸡田、榆溪、蹛林、寘颜七州；四月，置燕然都护府、瀚海等六府、皋兰等七州皆隶之(《会要》七三安北都护府、《通鉴》一九八)，治景龙二年（708）所筑西受降城东北四十里处(《元和志》五天德军)。

《旧唐书》一九五《回纥传》、《新唐书》二一七上《回鹘传》作置燕然都护府于故单于台。按《元和志》一八云州云中县下有单于台，在县西北四十余里(《通典》一七九作百余里)，此系另一单于台，不得为燕然都护府之治所。当时回纥等部南过贺兰山，临黄河，遣使入贡，太宗幸灵武受其降款；既置府州，诸部请于回纥以南突厥以北开一道谓之参天可汗道，置六十八驿以通贡使(会要)、《旧传》、《新传》、《通鉴》)。以地势度之，参天可汗道当自关中北向偏西逾河套趋回纥等部，西受降城附近居河套西北狼山之麓，正扼此道冲要，都护府自应在此，必不得远离此道置府于迤东千里外之云州附近。

二、永徽元年（650）九月，执突厥车鼻可汗至京师，处其余众于郁督军山，置狼山都督府以统之，于是突厥尽为封疆之臣；乃于北陲分置二都护府：以翰海领突厥诸部——狼山、云中、定襄三都督府、苏农等二十四州,以燕然领铁勒诸部——瀚海、金微等七都督,仙萼、贺兰等八州。

《通典》一九八突厥、《旧书》一九四、《新书》二一五上《突厥传》、《会要》七三单于都护府、九四北突厥、《通鉴》一九九皆作是年既获车鼻,突厥尽为封疆之臣,于是分置单于、瀚海二都护府;初读辄以为乃于前置燕然都护府之外别置此二府以辖突厥之地,是后北陲共有三都护府。然诸书皆作单于都护府领狼山、云中、桑乾三府,苏农等十四(《新书》作二十四)州,瀚海都护府领金微、新黎等(《通鉴》金微上又有瀚海)七府,仙萼、贺兰等八州,金微府在今鄂嫩河流域,新黎府在今唐努山麓,瀚海府、仙萼州在今色楞格河流域,此诸府州既皆属瀚海都护矣,则焉得更有燕然都护府存在? 用知是年盖因车鼻之破灭,遂尽举北陲旧附突厥、铁勒诸部,及新附突厥车鼻之众,重加厘定,划分为二都护,非谓于燕然旧府之外更增二新府也。

再者,是年新划分之二府,亦不得为单于、瀚海,应为瀚海、燕然。《旧书》四《高宗纪》、《会要》七三安北都护府、九八回纥、《通鉴》二〇一皆曰:龙朔三年(663)二月,移燕然都护府于回纥部落,更名瀚海都护府,其旧瀚海都护府移置云中故城,改名云中都护府。据此可知燕然至龙朔始改名瀚海,而永徽领狼山等三府二十四州之都护府,应名瀚海,至龙朔始改称云中;而云中十次年即麟德元年(664)改名单于。故永徽元年突厥、铁勒境内之二府,当时实名瀚海、燕然,《通典》等书所谓单于、瀚海,乃误以龙朔、麟德以后之改名为永徽旧名耳。盖诸书载此事同出于一源,故其误佥同。若谓永徽元年增置单于、瀚海二府合燕然共为三府,则龙朔三年改燕然为瀚海,改瀚海为云中,并单于仍为三府,麟德元年又岂得改云中为单于乎?

永徽元年九月以前,铁勒诸府州皆统于燕然都护,突厥颉利可汗旧境则贞观四年(630)置为六州分隶于定襄、云中二都督(《会要》七三安北都护府、《新书》二一五上《突厥传》、《通鉴》一九三),其上尚未置都护。至是平车鼻,置狼山都督以领其余众,乃增置瀚海都护府以统突厥三府二十四州。三府,《会要》、二书《突厥传》、《通鉴》皆作狼山、云中、桑乾。按桑乾系龙朔三年分定襄所置,见《新书》四三下《地理志》,知桑乾应为定襄之误。二十四州,诸书皆作十四,独《新书·突厥传》作二十四,胡三省曰:"考其后调露元年,温傅、奉职二部反,二十四州皆叛应之,则'二'字为是"。

永徽时燕然都护府当仍贞观旧治,其新置之瀚海都护府治所不见载,疑即治于郁督军山(今杭爱山)之狼山都督府,至龙朔三年始移治云中城。

狼山都督在漠北,而云中、定襄二都督在漠南,是则龙朔三年以前,瀚海都护府跨有漠南北之地;燕然都护府则治所在漠南而所统府州皆在漠北。盖其时实突厥悉隶瀚海,铁勒悉隶燕然,划分之标准专问部落而不问地域。

三、龙朔三年(663)二月,燕然都护府移治回纥部落,改名瀚海都护府,瀚海都护府移治云中古城,改名云中都护府;以碛为界,碛北悉隶瀚海,碛南隶云中(《会要》七三安北都护府、九八回纥、《通鉴》二〇一)。

《会要》七三、九八皆于"以碛为界"上有一"仍"字,而《通鉴》无之,《通鉴》是也。永徽初分二府时未尝以碛为界,见上文。至是燕然改名瀚海,自碛南移治碛北回纥部落,瀚海改名云中,自碛北狼山移治碛南云中,乃得以碛为界。狼山都督府亦当于此时撤废,徙其部落于碛南,但诸书皆略而不载。

回纥部落即瀚海都督府,据两《唐书·回纥传》,居娑陵水上,去长安《旧书》作六千九百里,《新书》作七千里。娑陵水即今色楞格河,以道里推之,回纥部落约当在此河下游今苏联境内,或跨苏蒙边界一带。云中古城即拓跋魏故都云中郡治盛乐城,今内蒙和林格尔西北土城子。

四、麟德元年(664)正月,改云中都护府为单于都护府(《通典》一七九、《旧书》三九、《新书》三七《地理志》、《通鉴》二〇一)。

五、总章二年(669)八月,改瀚海都护府为安北都护府(《元和志》五天德军、《旧书》五《高宗纪》、《会要》七三、《新书》三七《地理志》、《通鉴》二〇一)。

唐于北陲置单于、安北二都护府成为经制始于此。

六、垂拱二年(686),改单于都护府为镇守使(《会要》七三、《元和志》五)。

自永徽以后,北陲无事垂三十年,至调露元年(679)十月单于都护府突厥阿史德温傅、奉职二部反,二十四州首领皆叛应之,至永隆二年(681)为裴行俭所平。其明年永淳元年(682),余党骨咄禄复起建突厥汗国,自是突厥遂不复为唐土(两《唐书·突厥传》、《通鉴》二〇一)。盖单于都护府所领府州既已不复存在,都护府徒具空名,故至是遂改为镇守使。

七、垂拱三或四年(687或688),侨置安北都护府于同城。

自突厥阿史德温傅、奉职及骨咄禄相继起事,碛北铁勒诸部初犹安堵无事,至是始因同罗仆骨之叛,安北都护府乃不得不撤离碛北。时贺兰山以东河套内外既为突厥所据,唐乃遣将发河西骑士出居延海以讨之,而侨置安北都护府于居延海南之同城。

《通鉴》二〇三系同罗仆骨之叛,唐军出讨,叛部败散,敕置安北都护府于同城以纳降者,皆在垂拱元年(685)六月,误。据《陈伯玉文集》四《为乔补阙论突厥表》、六《燕然军入画像铭序》、八《上西蕃边州安危事》,则同罗仆骨之叛,事在丙戌年,即垂拱二年,唐军以是年五月次于同城,然后绝大漠,临瀚海,叛众败散,酋领伏诛,至"今年五月敕以同城权置安北府","招纳归降"。此"今年"约当为垂拱三年或四年。

《元和志》五天德军:安北都护府在总章二年后"寻移于甘州东北一千一十八里隋故大同城镇,垂拱元年置同城镇"。《新书》四《地理志》甘州删丹:"北渡张掖河西北行,出合黎山峡口,傍河东壖屈曲东北行千里,有宁寇军,故同城守捉也,天宝二载为军"。盖垂拱元年置镇,后二、三年移安北都护来治。其后都护他移,又改为守捉,天宝二年为军。

据上引《元和志》及《新志》,同城在甘州即今甘肃张掖县东北千里稍赢。《新志》又云"军东北有居延海",《元和志》张掖县下云:"居延海在县东北一千六百里",删丹县下云:"宁寇军在居延水两汊中"。是则同城故址当在今内蒙居延海西南约六百里,额济纳河东西二河分汊处之绿园附近。

贞观末初置燕然都护府,所护铁勒诸府州皆在碛北,而都护府设治于碛南通向碛北大道之隘口。龙朔改府名为瀚海,乃移治于碛北诸部中之回纥部落,总章又改名安北。至是碛北诸部或叛降突厥,或南奔来降,取居延通道入居同城及河西甘凉一带者达万帐,故侨置都护府于同城以领此诸内迁之部落。

陈子昂称碛北来降者为突厥,盖以铁勒为突厥属部,遂混称突厥。《旧书》一九九下《铁勒传》:"至则天时突厥强盛,铁勒诸部在漠北者渐为所并,回纥、契苾、思结、浑部徙于甘凉之地"。《新书》二一七上《回鹘传》:"武后时突厥默啜方强,取铁勒故地,故回纥与契苾、思结、浑三部度碛徙甘凉间"。此徙于甘凉间之铁勒四部,当即陈子昂所谓突厥降户矣。

《新书》四三下陇右道有回纥州三:蹄林、金水、贺兰;府一:卢山:"初隶燕然都护府,总章元年隶凉州都督府"。然总章元年时燕然已改名瀚海,其时碛北诸府州尚安谧无事,何缘而得隶凉州都督? 志文殆有讹误。此一府三州南迁之始,似不得早过垂拱,且初迁时应隶安北,至圣历元年安北东迁故单于府,遂改隶凉州。

八、未几,安北都护府又移于删丹县西南西安城。

《元和志》五天德军:总章后"安北都护寻移于甘州东北一千一十八里隋故大同城镇,垂拱元年置同城镇,其都护权移理删丹县西南九十九里西安城"。此段文字有讹脱。安北移治西安城,其事当在垂拱移治同城后不久。《旧书》五九《许钦明传》:"万岁通天元年(696),授凉州都督,尝出按部,突厥默啜率众数万,奄至城下,钦明拒战久之,力屈被执"(《新书》九〇略同)。知此前居延、同城一带当已弃守,故突厥兵锋得直薄凉州城下;安北都护乃不得不再次自同城南移于甘凉铁勒诸部间,遂以西安城为治所。

西安城始见十六国时,后凉吕光置西安郡,北凉段业神玺二年(398)筑城,后三年沮渠蒙逊以西安太守举兵杀业代之,北魏废。唐删丹县即今山丹县,《纪要》《清统志》所谓西安城在张掖东南,正当山丹西南。

九、圣历元年(698)五月,移安北部护府于故单于都护府。

《元和志》五于单于都护府"垂拱三年改为镇守使",后又云:"圣历元年改置安北都护"(《会要》七三同)。盖至是又自删丹西安城移安北都护来治。

《新书·地理志》关内道"回纥州十八府九",其中隶灵州都督府者六州,皆开元元年(713)所置,亦见《旧志》及《会要》七三。其隶夏州都督府者五州四府,隶安北都护府者七州五府,不知其建置之始,要当在永淳、垂拱突厥、铁勒相继叛唐之后。其中一部分可能直接来自碛北,一部分当系自河西展转迁来。其隶安北府者,亦当在灵、夏州迤北套内之地。至圣历初此一带铁勒部落之众殆已有过于在河西者,遂自河西移安北府治于河套东北单于府之故治。套东北一带本多突厥部落,安北既移治于此,遂兼领突厥府州;至开元初复置单于都护府后,突厥仍有三州一府隶安北,见《新志》。其铁勒府州之留于河西不迁者,圣历后改隶凉州,见上文。

十、景龙二年(708),安北都护府移治西受降城。①

《元和志》五天德军:安北都护府移理删丹西安城后,"景龙二年又移理西受降城"。此次移治不见他书,或以《元和志》所载为疑。今按:初,朔方军与突厥以河为境,是年三月,突厥方悉众西击突骑施,朔方道大总管张仁愿乘虚夺其漠南地,筑三受降城于河北岸津要,拓地三百余里,置烽候千八百所,自是突厥不敢度山畋牧(《元和志》五三受降城、《通鉴》二〇九)。以当时情势度之,三城既筑,因移安北都护府于贞观、永徽燕然都护府旧址附近之西受降城以抚宁北边,亦合乎

---

① 三受降城及下文涉及之横塞军、天德军、永清栅故址皆另有考。

事理。惟此前十年都护府已自删丹西安城移治故单于府,至是乃自单子城移来,非自西安城移来,此则为《元和志》之脱误。

十一、开元二年(714)闰二月,复置单于都护府;移安北都护府于中受降城,都护由朔方道行军总管兼领。

二年闰二月,《会要》七三单于府下作闰五月,"五"系"二"之误。《唐大诏令集》五九《王晙朔方道行军总管制》、《册府元龟》九二一作二月,此从《通鉴》二一一。

诸书皆不及开元二年复置单于府,惟见《会要》。按《文苑英华》四五九开元二年《命姚崇等北伐制》中见"检校单于大都护镇守军使张知运"、"单于副都护臧怀亮"①,知《会要》所载可信。都护虽复置而垂拱以来镇守使之名仍不废,用以为都护之兼衔。

《元和志》五天德军、中受降城中皆作安北都护府于开元十年移理中受降城,《新唐志》安北都护府下云:"开元二年治中受降城,十年徙治丰、胜二州之境",皆误。按《通典》一七三安北都护府下云:"大唐分丰,胜二州界置",《旧唐志》安北都护府下云:"开元十年分丰、胜二州界置",可知安北府于开元二年初移中受降城,乃寄治丰州境内,至十年乃分丰、胜二州之地为府之辖境耳,非谓至十年又去中受降城别迁一处,更不得因十年始有分地而谓安北府始置于是年,或至此年始迁治中受降城。

---

① 《唐大诏令集》五九《解琬朔方道后军大总管张知运副大总管制》所载知运衔中有"兼检校单于大都护镇守大使",与上引《文苑英华》同,而注年月作先天二年(713)九月十六日,误。

自垂拱二年以后,北陲但有安北一都护府,初在河西,圣历东移单于府故治,领有河套东北府治附近及套内若干铁勒、突厥府州。至景龙二年夺突厥漠南地筑三受降城于河北,突厥、铁勒部落之在境内者益多,故至是复置单于都护府,复垂拱以前二府并置之旧。惟垂拱以前二府以碛为界,至是则同在碛南,跨河套内外,大致偏东府州隶单于,中部迤西诸府州隶安北。见于《新唐志》者,单于府所领但有突厥三府十二州,安北府所领为回纥(泛指铁勒诸部)九府十八州,突厥一府三州。

《大诏令集》五九《王晙朔方道行军总管制》:"可持节充朔方道行军大总管仍兼安北大都护",据此,则安北都护由朔方总管兼领,应始于此年之前。

《新唐志》在"十年徙治丰、胜二州之境"下又云:"十二年徙治天德军"。核以《元和志》天德军始筑于天宝十二载,《新志》丰州中受降城下天德军天宝十二载置,则志文"十二年"上脱"天宝"二字。

《通典》一七二"安北都护府亦曰中受降城",一七三安北府"西北到西城界一百二十里,东北到东城界一百二十里"。《元和志》四灵州下云:开元二十一年朔方节度使统有"安北都护府亦曰中受降城"。皆可证开元末安北都护府治仍在中受降城。

十二、开元七年(719)罢单于都护府;八年(720),复置。

《元和志》五单于大都护府下云:"开元七年隶属东受降城,八年复置单于大都护府"。盖开元二年复置后至七年又罢,以府治隶东受降城,至八年又置。此次中罢为时甚暂,故他书不载。

十三、开元九年(721)朔方节度使兼领单于、安北二都护府。

《新书》六四《方镇表》:"开元九年,置朔方节度使,领单于大都护府,夏、盐、绥、银、丰、胜六州,定远、丰安二军,东、中、西三受降城"。按其时中受降城为安北都护治所,朔方节度既领三城,则安北府自应亦为朔方所领。且朔方之兼领安北府,朔方未为节度但为总管时已然,见上文;特不知《表》文何以脱略不载。

《旧书·地理志》安北府列于关内道,单于府列于河东道。《通典·州郡典》不分道而分古九州,关内道古雍州地,故列安北府于雍州,河东道古冀州地,故列单于府于冀州;与《旧志》同。惟《元和志》、《新志》单于府皆列于关内道,与《通典》、《旧志》异。前者系于开元、天宝时簿籍为据,但自开元九年后,关内之朔方节度使既已兼领二府,则单于府事实上亦已属于关内矣。至正式改隶关内,疑当在安史乱后。

十四、开元十年(722),分丰、胜二州界为安北都护府府界。

见上文。

十五、天宝元年(742)或四载(745),置安北都护府附郭阴山县。

《旧志》、《新志》作天宝元年置,《会要》七三作与单于都护府金河县同置于天宝四载,未知孰是。《通典》一七三安北都护府下"有阴山",《旧志》"安北大都护府北至阴山七十里",可知县以境内有阴山得名,即开元十年分自丰、胜二州之安北府直辖地。《通典》叙州郡至天宝初年而不著此县,当系脱漏。《新志》安北大都护府"县二:阴山、通济"。通济不见他书,当系稍后析阴山所置,疑同治府郭。

十六、天宝四载(745),振武军移治单于都护府,置附郭金河县。

《元和志》五单于大都护府金河县："初,景龙二年张仁愿于东受降城置振武军,天宝四年(朔方)节度使王忠嗣移于此城内,置县曰金河"。以安北府事由横塞军、天德军使兼理之例推之(见下文),此后单于府事亦当由振武军使兼理。是年置金河县又见《会要》七三、《新书》三七,《通典》不载置年,"有金河",即今大黑河;有"紫河",即今浑河。《旧志》作"与府同置",误。

十七、天宝八载(749),安北都护府移治横塞军,由军使兼理府事。

《元和志》五天德军："安北都护……又移理中受降城。天宝八年,(朔方节度使)张齐丘又于可敦城置横塞军,又自中受降城移理横塞军"。《旧书》一二〇《郭子仪传》："天宝八载于木剌山置横塞军及安北都护府,命子仪领其使"。《新书》一三七《郭子仪传》："天宝八载木剌山始筑横塞军及安北都护府治,即军为使。"按:安北都护之职,自开元以来例由驻在灵州之朔方总管旋改节度使兼领。其在中受降城之府治,当有副都护以下若干副贰驻守。至是府治移横塞军,由军使兼理府事,此后遂以为常。史文虽但言命郭"子仪领其使"或"即军为使",未明言兼任安北府何职,意者殆为副都护耶?①

---

① 此篇订补甫毕,辱承香港中文大学严耕望先生惠赠近年来鸿著多种,中间适有《新亚学报》抽印本《唐代安北单于两都护府考》一篇。虽所见与本篇时有出入,而考订之精详,搜采之广博,令人折服。其考镇北都护府一节,录有《金石萃编》九二颜真卿《郭氏家庙碑》,记郭子仪官历极详,在改卫尉卿(据《旧书》本传,此在天宝十四载十一月安禄山初反时)之前,即曾"兼安北副都护、横塞军使","又兼充天德军使、安北副都护",正可确证子仪在天宝末为横塞军、天德军使时皆兼安北副都护。

十八、天宝十四载(755),安北都护府随横塞军移治天德军。

《元和志》五天德军:天宝"十二年(朔方节度使)安思顺废横塞军,请于大同川西筑城置军,玄宗赐名大安军;十四年筑城功毕,移大安军理焉。乾元后改为天德军"。《旧书·郭子仪传》:"天宝十三载移横塞军及安北都护府于永清栅北筑城,仍改横塞卫(应为军)为天德军,子仪为之使"。《新传》:八载徙横塞军后,"俄苦地偏不可耕,徙筑永清,号天德军"。三书记载稍有歧出,以意度之,盖始议迁筑在十二载,始筑于十三载,筑成徙治在十四载;军名初改大安(《新志》作天安),继又改天德。两书《郭子仪传》皆谓子仪为天德军使在十四载安禄山反之前,则改天德当在十四载十一月之前,《元和志》谓在乾元后者误也。

十九、至德二载(757),安北都护府改称镇北。

《新书》六四《方镇表》:安史乱后,大历以前,屡见镇北大都护府而不见安北都护。证以《元和志》三八安南都护府"至德二年改为镇南都护府",《新志》同①;又《方镇表》至德二载(《新志》作元年),"更安西曰镇西",则镇北乃安北之改名,其事亦当在至德二载,故《方镇表》乾元元年(758)见镇北大都护府。《新志》于安北大都护府下又列镇北大都护府,误。《新志》安北都护府下"县二:阴山、通济"。镇北都护府下"县二:大同、长宁"。盖前者乃天宝八载以前安北府治中受降城时附郭县,后者乃镇北府治天德军时附郭县,大同即得名于军城所在之大同川。

---

① 《方镇表》作"广德二年(764)改安南节度使为镇南大都护都防御观察经略使","广德"殆为"至德"之误。

二十、乾元（758）后单于、镇北二府或隶朔方节度使，或隶振武节度使，或分隶二镇。单于府事仍由振武军使兼理。镇北府事仍由天德军兼理，军马权置于永清栅，理所又移西受降城。

《旧书》——《代宗纪》广德二年（764）正月见郭子仪"兼灵州大都督、单于、镇北大都护"，五月见"灵州大都督府长史、单于、镇北副大都护充朔方节度……副大使知节度事……仆固怀恩，先任灵州大都督府长史、单于、镇北副元帅、朔方节度使宜并停"。《德宗纪》大历十四年（779）闰五月见"灵州大都督、单于、镇北大都护……朔方节度……大使……郭子仪"，"朔方左留后、单于副都护浑瑊为单于大都护、振武军、东中二受降城、镇北及绥、银、麟、胜等军州节度营田使"，十一月见"崔宁兼灵州大都督、单于、镇北大都护，朔方节度使"，"张光晟单于振武军使、东中二受降城、绥、银、麟、胜等军州留后"。建中二年（781）三月见"王栩为振武军使，东中二受降城、镇北、绥、银、麟、胜等州留后"，七月见"李怀光兼灵州大都督、单于、镇北大都护、朔方节度使"。《新唐书·方镇表》乾元元年（758）"置振武节度押蕃落使领镇北大都护府、麟、胜二州"，上元二年（761）朔方"罢领单于大都护"，宝应元年（762）"振武增（应作罢）领镇北大都护府，以镇北隶朔方"。广德二年（764）"朔方节度复兼单于大都护，罢河中、振武节度，以所管七州隶朔方"。大历十四年（779），朔方"析置河中、振武、邠宁三节度，以振武节度复领镇北大都护府及绥、宁二州东中二受降城。

《元和志》五天德军："旧理在西受降城，权置军马于永清栅。"大安军"乾元后改为天德军，缘居人稀少，遂西南移三里，权居永清栅，其理所又移在西受降城"。"永清栅即隋氏大同城"。《新志》丰州中受降城:"天德军,乾元后徙屯永济栅,故大同城也"。

镇南、镇西二都护府于永泰二年(766)、大历二年(767)复改为安南、南西,前者见《旧书》一一《代宗纪》,后者见《新书》六七《方镇表》①。但镇北之名至建中二年七月仍不改,见上引《旧书·德宗纪》。

廿一、镇北都护府疑撤废于兴元元年(784)。

自建中二年后镇北都护不见记载。《旧书》一二《德宗纪》:建中二年七月"以邠宁节度使李怀光兼灵州大都督、单于、镇北大都护、朔方节度使",兴元元年三月己亥,"诏授李怀光太子太保,其余官秩并罢"。同日,授浑瑊"灵州大都督充朔方节度使",八月,以"杜希全为灵州大都督、西受降城、天德军、灵、盐、丰、夏节度营田等使"。天德军仍在朔方辖境内而结衔不及镇北都护,盖自天宝八载以横塞军使兼理都护府事以来,都护府已有名无实,至是遂并空名亦予以撤除。此后自贞元至开成(785—840),李栾、范希朝、王似、李光进、杜叔良、李听、李进诚、李文悦、王晏平、魏仲卿相继任朔方节度使,并见《旧书》本纪,结衔皆不系镇北都护。故《元和志》关内道但有单于府、天德军、三受降城而无镇北府。

廿二、单于都护府自贞元(785—)后由振武节度使兼领。

① 拙稿原从《元和志》三八、《新书》四三上系此事于大历三年(768)。稿送《历史地理》编辑部,蒙吴应寿同志指出《旧书·代宗纪》永泰二年二月壬辰载有"镇南都护依旧为安南都护府"一语;又《册府元龟》一七〇永泰二年五月已见"安南生蛮大首领"云云,《旧纪》大历二年七月已见"以杭州刺史张伯仪为安南都护",皆在大历三年前,因知《元和志》、《新志》纪年实误,亟于付排时据《旧纪》改正。应寿同志检核多劳,感荷弥深。《方镇表》系"更镇南曰安南"一语于永泰元年下,又误前一年。

见《旧书·德宗纪》贞元二年唐朝臣、六年范希朝、十九年阎巨源;《宪宗纪》元和五年阿跌光进、九年胡证、十三年高霞寓、十五年张惟清;《文宗纪》太和元年李泳;《武宗纪》会昌二年刘沔。又见《元和志》五。

廿三、会昌三年(843)或五年(845),改单于都护为安北都护。

《新书·方镇表》作在三年,《会要》七三作在五年七月。故此后咸通初(860)授高承恭,乾宁元年(894)授石善友为振武节度使,皆兼安北都护,见吴廷燮《唐方镇年表》。

1975 年 8 月初稿　1980 年 12 月订补

唐北陲二都护府更名与治所迁移图

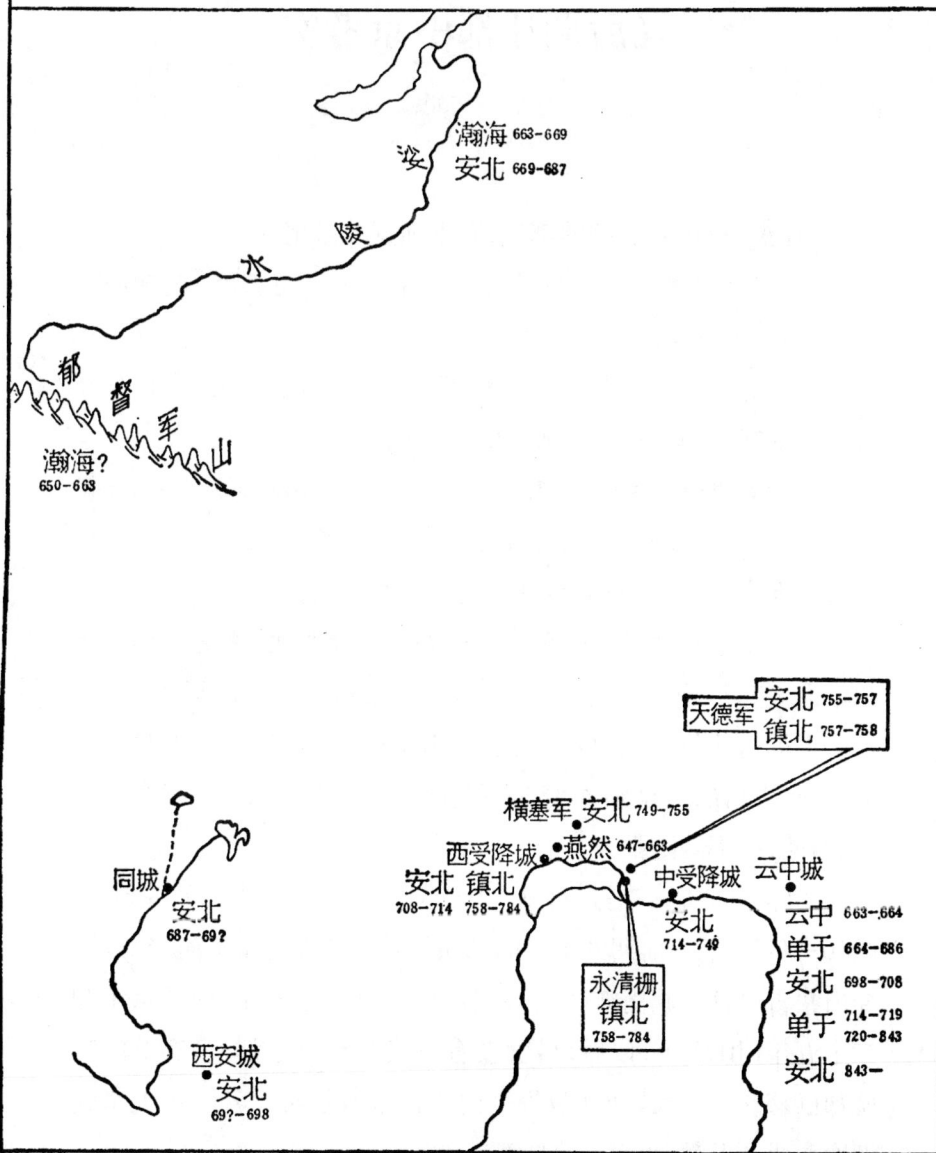

瀚海 663-669
安北 669-687

都督军山

瀚海?
650-663

同城
安北
687-69?

西安城
安北
69?-698

横塞军 安北 749-755
西受降城 燕然 647-663
安北 镇北 中受降城 云中城
708-714 758-784 安北 云中 663-664
714-749 单于 664-686
安北 698-708
单于 714-719
720-843

永清栅 安北 843-
镇北
758-784

天德军 安北 755-757
镇北 757-758

— 295 —

辽后期迁都中京考实

《辽史》里讲到辽朝的都城，有下面这几条记载：

"太祖建皇都于临潢府。太宗……乃定四京，改皇都为上京。（《兵卫志下·五京乡丁》）

辽有五京。上京为皇都，凡朝官、京官皆有之；余四京随宜设官，为制不一。（《百官志四·南面京官》）

太祖……起临潢，建皇都。……太宗以皇都为上京，升幽州为南京，改南京为东京，圣宗城中京，兴宗升云州为西京，于是五京备焉。（《地理志一》）

上京临潢府……太祖……神册三年城之，名曰皇都。天显十三年，更名上京，府曰临潢。（《地理志一·上京道》）"

根据这几条记载，很自然会得出这样一个结论：太祖时的皇都，太宗以后的上京临潢府，是辽朝的都城，即首都；另有东、中、南、西四京，都是陪都。

实际情况是不是这样呢？不是的。辽朝一代二百一十年（916—1125 年），前期九十年的都城虽然确是在上京临潢府（故址今内蒙古巴林左旗南波罗城），但后期一百一十多年，即圣宗统和二十五年（1007 年）以后，尽管没有正式宣布过迁都，事实上的都城却已移在中京大定府（故址今内蒙古宁城县西大名城），上京临潢府变成了旧都，也是一个陪都。

1970年,在编绘《中国历史地图集》过程中,我把这个看法通知负责编绘这幅图的同志,建议把草图上的都城符号从上京临潢府这个点上移置到中京大定府这个点上,因为我们的辽图画的不是1007年以前的,而是1111年(天庆元年)的辽朝。往复函商了几次,那位同志坚持"首都仍当定于临潢","通常都是这样处理,这样处理比较妥当"。最后还是按照他的意见正式上了图。现在《中国历史地图集》的宋辽金夏册已出版,有些通史和教科书中的插图都已照此办理。我觉得这样以讹传讹下去很不好,特此把当时双方函件中的论据略加整理,又补充了一些材料,写成此文,谨以就正于关心这个问题的同志们。

辽朝的制度有一点很特别:皇帝不像一般中原王朝皇帝那样经常住在都城里,而是始终保持着契丹游牧民族的传统习俗,一年四季大部分时间过着移动于原野的牙帐生活,住在五京等城郭里的日子并不很多。《辽史·营卫志》对这种制度作了如下叙述:

> "辽国……因宜为治。秋冬违寒,春夏避暑,随水草就畋渔,岁以为常。四时各有行在之所,谓之'捺钵'。
>
> 皇帝四时巡守,契丹大小内外臣僚并应役次人,及汉人宣徽院所管百司皆从。汉人枢密院、中书省唯摘宰相一员,枢密院都副承旨二员,令史十人,中书令史一人,御史台、大理寺选摘一人扈从。"

可见辽朝决定军国大事的政治中心并不是长期固定在某一地点,而是随时跟着皇帝的行踪移动的。那么是不是说辽朝根本不存在都城呢? 不能这么说。任何国家不可能没有一个中央政府的常驻地。辽朝跟着皇帝"四时巡守"的官员,毕竟也只能是中央政府的一部分,不可能是整个中央政府。跟着皇帝到处移转的"行在所",只能处理一些军国大事,不可能包揽一切日常例行公事。既然中央政府必然会有一个常驻地,这个常驻地也就是辽朝的都城所在。《营卫志》在叙述了四时捺钵制之后,接着就清楚地说明了中央政府的常驻地是中京:

> "每岁正月上旬,车驾启行。宰相以下,还于中京居守,行遣汉人一切公事。除拜官僚,止行堂帖权差,俟会议行在所,取旨,出给诰敕。文官县令、录事以下更不奏闻,听中书铨选;武官须奏闻。五月,纳凉行在所,南、北臣僚会议。十月,坐冬行在所,亦如之。"

1970 年,我就以这一条材料为主要依据,确认中京是辽圣宗营建中京以后的辽朝都城。此外,我又举出下列几条史料作为佐证:

(一)据《辽史·地理志》,五京之中,只有上京有"同文驿,诸国信使居之……临潢驿以待夏国使",中京有"大同驿以待宋使,朝天馆待新罗使,来宾馆待夏使",此外东、南、西三京都没有这种接待使臣的馆驿,这应该是由于上京是前期的首都,中京是后期的首都,而其他三京只是陪都,没有做过首都。

(二)《续资治通鉴长编》大中祥符元年(辽统和二十六年)三月:李搏等使契丹还,言契丹"所居曰中京……宫中有武功殿国主居之,文化殿国母居之"。又路振以是年十二月使辽,在其所著《乘轺录》中,称中京大定府为"契丹国";他宿在大同驿里,"见虏主于武功殿","见国母于文化殿"。又《契丹国志·景宗萧皇后传》也说:"自南北通和后,契丹多在中京,武功殿圣宗居之,文化殿太后居之。"可见中京是宋辽通和后辽朝事实上的首都①。

---

① 按宋、辽通和在宋景德元年,即辽统和二十二年,中京建成实在其后三年,为统和二十五年。

《乘轺录》又云:"中京……北至上国一千里……本名林荒,房更其名曰林(临)潢府,国之南有潢水故也。"中京大定府称为"契丹国",而临潢府称为"上国",可见大定府是当时的国都,而临潢府则已成为旧都。"上国"在这里是旧都的意思。

(三)《辽史·圣宗本纪》统和二十八年八月:"自将伐高丽,以皇弟楚国王隆祐留守京师"(《皇子表》隆祐条同)。《萧继先传》,统和"亲征高丽,以继先年老,留守上京"。将上面两条一对勘,很明显,统和二十八年亲征高丽之役,圣宗叫皇弟隆祐留守京师,叫萧继先留守上京,可见京师和上京是两回事。京师,即都城,指的应是中京,不会是上京。

1970年主张辽都应在上京的那位同志提出如下几点理由:

(一)"上京是耶律阿保机(辽太祖)所建皇都,为辽第一都城,故《地理志》列为首位"。

(二)"上京自辽建国至辽末都是辽的最重要的政治中心"。"《辽史·天祚本纪》载耶律大石的话说:金军攻占长春、辽阳后,辽帝迁都中京,到完颜阿骨打攻占上京,又迁都燕山(燕京)"。可见直到辽末帝即天祚帝时,上京仍是首都,只是到了阿骨打叛辽金军西向略地时,才离开上京迁都中京、燕京(即南京,今北京)的,那已是辽亡以前数年内之事。

(三)《辽史》本纪记事,凡辽帝至上京,多数作"还上京"(间有少数作"至",作"驻跸"者),而至中京则或曰"幸",或曰"至",或曰"如",或曰"驻跸",绝无作"还"者,足证上京乃都城,而中京不是都城。

(四)《辽史·萧兀纳传》:天庆五年"授上京留守,六年,耶律章奴叛,来攻京城,兀纳发府库以赍士卒,谕以逆顺,完城池,以死拒战,章奴无所得而去"。《天祚本纪》天庆五年载"耶律章奴反,

— 299 —

奔上京"。《耶律章奴传》作章奴"诱草寇数百攻掠上京……又攻上京不克"。由此可见《萧兀纳传》中的京城，所指乃上京而非中京。

当时这位同志只是陈述了这些他认为上京应是都城的理由，对我所提出的中京应是都城那几条材料，却不置一辞。而我倒是一一指出了他所提的几条都不足以证明辽后期首都仍在上京。

（一）上京是耶律阿保机所建皇都，这不等于说辽后期的首都仍在上京。《地理志》首列上京，这是因为上京是辽的发祥之地，统和二十五年以前的旧都，辽人为了尊崇祖制，故如此处理，也不等于说辽后期的首都仍在此。金朝初都上京会宁府（故址今黑龙江阿城县南白城子），海陵贞元元年（1153年）迁都中都（今北京），《金史·地理志》以迁都后五十余年的章宗泰和末年（1208年）建制为准，而志文也是首列上京，我们岂能因而得出泰和时首都仍在上京的结论？

（二）这位同志把《天祚本纪》中保大四年耶律大石的一段话引用得走了样。这段话的原文是：

> 天祚"再谋出兵复收燕云，大石林牙力谏曰：'自金人初陷长春、辽阳，则车驾不幸广平淀而都中京，及陷上京，则都燕山，及陷中京，则幸云中，自云中而播迁夹山。向以全师，不谋战备，使举国汉地，皆为金有；国势至此，而方求战，非计也。'"（这段话亦见于《契丹国志》，文字略同。）

这是说天祚不该在金兵初起时那么畏惧金兵，金兵才陷长春、辽阳，冬天就不敢到冬捺钵广平淀去了，只敢住在中京；及至金兵陷上京，连中京也不敢耽下去了，又躲到燕山（南京）；中京失守，又从燕山出奔云中（即西京，今山西大同），自云中躲进夹山。过去在"全师"时不谋战备，一味避战逃窜，现在"举国汉地"已皆为金有,怎么能求战呢?很明显,根据这段话绝不能证明在金兵陷长春、辽阳之前,天祚都于上京;也不能证明辽都到这时才迁到中京。因为这段话里所谓"都中京"、"都燕山"的"都",和"幸云中"的"幸"意义完全相同,只是仓皇奔窜而已,岂得误解为正式迁都?

(三)《辽史》本纪里统和二十五年后确有"还上京"这种书法,不仅圣宗时屡见,还有见于兴宗、道宗时的。但也有书作"至上京","驻跸上京"的,《游幸表》里又有书作"幸上京,"的。既然也可以用"至"、"驻跸"、"幸",可见用"还"字不等于说上京就是都城。上京是辽的旧都,辽人自迁都中京后仍习称去上京为"还上京",这就像一家人家已不住在原籍,但这家人到原籍去时一般也说成是"回"到那个地方去是一样的。

(四)《萧兀纳传》中的"京城"确是指上京,但这里所谓"京城"不等于京师、京都、都城。辽既有五京之制,当然任何一京的城都可以称为京城,不能说京城就是都城、首都。

遗憾的是,我这几条很浅显明快的驳议,竟然并不能动摇那位同志确认上京始终是辽都这一信念。

为了要把这个问题搞得更清楚一点,最近我把《辽史》、《契丹国志》等史籍重新翻了一遍,发现九年前我所提出的辽后期都城在中京不在上京的论据不够完备,至少还可以补充如下几条:

(一)圣宗以后的兴宗、道宗、天祚帝三代,都发生过把得罪的皇室成员囚禁于上京的事件。

兴宗即位之初,年幼,生母圣宗元妃自立为皇太后,摄政;诬陷圣宗正后兴宗嫡母齐天后谋乱,"迁于"上京;不久,又"遣人即上京"加害。见《兴宗纪》、《后妃圣宗仁德皇后(即齐天)传》、《钦哀皇后(即元妃)传》、《刑法志下》。

道宗太康三年,耶律乙辛构陷皇太子濬谋废立。道宗听信,先

"幽太子于别宫",继又"废为庶人……徙于上京,囚圜堵中"。乙辛寻遣人"往害之","上京留守萧达得给以疾薨闻"。见《宗室顺宗濬传》、《道宗纪》、《刑法志下》、《皇子表》、萧忽古、耶律乙辛、萧得里特、萧讹都斡、萧达鲁古等传。

天祚帝天庆五年,耶律章奴谋立兴宗孙魏王淳为帝,事败,天祚囚淳妃于上京。见《契丹国志》卷十一。

天祚曾私纳吴王妃,既而妃复与其下通,囚于上京。金兵破上京获之,阿骨打使歌舞献酒。见赵良嗣《燕云奉使录》、汪藻《谋夏录》(《辽史拾遗》卷十一引)。

从史籍关于这些事件的记载看来,若上京就是京都,就该说囚于某所,何以要说"囚于上京"? 何况齐天皇后和太子濬被害,都是先说被"迁"、被"徙"、被"监送"于上京,然后又说被"遣"或"诣"上京的使者加害,这就更明显地说明上京不是都城了。太子濬先幽于"宫中别室"(《刑法志》),废为庶人后才"监送上京","至则筑圜堵囚之"(《萧得里特传》),又可见初得罪时被幽的"宫中别室"应在当时的都城中京城内,既废为庶人,就不许再留在都城内,得循当时惯例徙而囚之于上京了。

(二)兴宗重熙三年①,皇太后(钦哀)阴议欲废帝立少子重元,帝率兵收太后符玺,迁送庆州(圣宗陵所在)幽之。八年②,迎还。《辽史·兴宗纪》记此事作"迎皇太后至显州谒园陵(东丹人皇王墓及世宗陵),还京",《契丹国志》作迎太后"馆置中京门外,筮日以见,母子如初"。可见"还京"就是还中京,中京是当时的

---

① 《契丹国志》作事在重熙二年,《辽史·兴宗纪》作三年五月,《钦哀皇后传》作三年。

② 《钦哀皇后传》作六年,《兴宗纪》作八年七月,《契丹国志》作八年。

都城。

（三）中京皇城内建有祖庙、太祖庙（《地理志》、《圣宗纪》开泰九年、《兴宗纪》重熙十六年、二十三年），此外诸京包括上京在内都没有，若中京不是都城，就很难解释得通。至于统和以前的旧都上京为什么也没有呢？那应该是由于建有列祖（太祖的高、曾、祖、考四代）和太祖庙的祖州去上京不过数十里，因而上京无需别建。

（四）《刘六符传》："道宗即位，将行大册礼，北院枢密使萧革曰：'行大礼，备仪物，必择广地，莫若黄（潢）川。'六符曰：'不然。礼仪国之大体，帝王之乐，不奏于野。今中京四方之极，朝觐各得其所，宜中京行之。'上从其议。"这一条很清楚地说明了中京是"四方之极"，是都城。

（五）道宗大康二年六月，出北院枢密使耶律乙辛为中京留守，十月，召还乙辛复为北院枢密使（《道宗本纪》）。《萧岩寿传》记此事作：

> 岩寿密奏乙辛"恐有阴谋，动摇太子。上悟，出乙辛为上京留守。会乙辛生日，上遣近臣耶律白斯本赐物为寿。乙辛因私属白上：'臣见奸人在朝，陛下孤危，身虽在外，窃用寒心。'白斯本还，以闻。上遣人赐乙辛车，谕曰：'无虑弗用，行将召矣。'由是反疑岩寿，出为顺义军节度使。乙辛复人为枢密使，流岩寿于乌隗路。"

这里面"上京留守"的"上"字很明显是"中"字之误，因为不仅《道宗纪》作"中"，耶律乙辛、耶律庶箴、耶律孟简、耶律撒剌等传皆作"中"。从耶律乙辛出为中京留守后道宗仍在他的生日遣近臣赐物，往来传话这一点看起来，中京留守府与皇帝宫廷不可能分处在相去将近千里的中京、上京两个城市里，应该是同在一城之内的。

不过这还不能算是很确凿的论据,因为也许会有人认为尽管上京与中京相去几及千里,在三四个月内,也未始不可以驰驿往来几次。那就请再看另一件事的记载:《道宗纪》和《牛温舒传》都讲到牛温舒以寿隆(昌)中拜参知政事兼同知枢密院事,摄中京留守。这个牛温舒以朝廷枢臣同时摄行中京留守事,若说中京不是都城,有这种可能吗?

(六)《契丹国志》载:天庆八年,"天祚在中京,闻燕王兵败,女真入新州,昼夜忧惧,潜令内库三局官打包珠玉珍玩五百余囊,骏马二千,夜入飞龙院喂养为备",准备遁入宋或夏,"暨闻女真焚劫新州以归……复自纵肆"。若中京不是首都而只是一个陪都,何以会积储这么多珠玉珍玩,这是难以解释得通的。

1970 年和今番前后两次,我为辽后期都城应在中京不在上京,找到了如上所述共计十条证据,这个问题应该可以说是得到了解决。但尽管如此,可能还会有人怀疑:辽前期和后期的都城既然不在一地,迁都国之大事,为什么一部《辽史》里绝无一语提到过?《兵卫志》、《百官志》、《地理志》里为什么只提上京是皇都,把中京看成是其余四京之一?《圣宗纪》统和二十五年为什么只提"建中京"而不及以中京为都? 我以为这是不难理解的。这是由于辽朝一代始终没有正式宣布过迁都,只是自圣宗建中京后把中央政府的常设机构移到了中京,皇帝也较多地驻在中京而已。上京的皇都名义从来也没有被撤销过,中京在名义上也只是中京,从来没有正式畀以皇都、京师一类称号。总之,辽后期只是在事实上迁了都,在名义上并没有迁。正是因为名义上没有迁,所以辽朝的史臣根据辽朝正式典章功令写成的国史,当然也就不可能出现"迁都"一类的记载了。但他们也并没有存心隐讳这件事,所以在《营卫志》里还是把辽后期的实际情况披露了出来,在有些记载里偶然也把中京径称为京师。金元人修订辽史,基本上即以辽人所修国史为本,这就是今本《辽史》不见辽迁都记载的原因。辽人记辽事只能以当时的功令为本,宋人记辽事就不存在这种束缚了,他们从事实出发,因而就出现了"所居曰中京","其国曰中京,府曰大定"这一类明显地以中京为国都的记载。我们后代人讲前代的历史,究竟应该同辽人那样不顾事实只讲名义只承认上京为皇都呢?还是应该同宋人那样根据事实说话,承认辽后期的都城在中京呢?我以为这是不成问题的,凡是马克思主义的史学工作者,当然会选择后面一种态度。

这个做过辽后期一百一十多年都城的中京大定府,故址在今内蒙古昭乌达盟宁城县西约十五公里老哈河北岸①。 其地本奚王牙帐所在,"圣宗尝过七金山土河之滨,南望云气,有郛郭楼阙府库之状,因议建都"②。七金山即今九头山,在中京城故址北约七公里③。土河即今老哈河。统和二十年,奚王府进献其地④。筑城工程经始于统和二十三年⑤,"择良工于燕蓟,董役二岁",建成于统和二十五年⑥。"郛郭宫掖,楼阁府库,市肆廊庑,拟神都之制"⑦。建成之后,统和二十七年,开泰七年、八年、九年,重熙二十三年又续有营建⑧。

---

① 《文物》1961 年 9 期,《辽中京城址发掘的重要收获》。
② 同上。
③ 《辽史·地理志》。
④ 同上。
⑤ 同上。
⑥ 《辽史·圣宗纪》。
⑦ 《辽史·兵卫志》。
⑧ 《辽史·圣宗纪》、《辽史·兴宗纪》。

关于这个都城的城郭规制,各家记载很不一致。《地理志》引王曾《上契丹事》说"城垣卑小,方圆才四里许"。沈括《使虏图钞》作"城周十余里"。路振《乘轺录》作"契丹国外城高丈余,幅员三十里,南曰朱夏门。三里至第二重城,城南门曰阳德门,城幅员约七里。自阳德门一里至内城门,曰阊阖门"。按《地理志》既说中京"拟神都之制",上京(神都)条下载上京城周二十七里,则中京外城自当以路振三十里之说为是。然王曾、沈括所记亦当有所据,疑"城周十余里"指的是第二重城,"方圆才四里许"指的是内城。路振说第二重城"幅员约七里","七"字殆"十"字之误,而"七"下又有脱文。近数十年来中外人士踏勘过这个古城遗址的很不少。1961 年考古工作者还进行过钻探发掘①,证实外城东西宽约四千米,南北长约三千五百米,周围约一万五千米,合于三十里之数。自外城朱夏门遗址至第二重城阳德门遗址相距一千四百余米,合于三里之数。第二重城东西宽二千米,南北长一千五百米,周围共七千米,合十四里。内城(第三重城)南墙在阳德门北约五百米,与一里之数亦合;惟其北墙即第二重城之北墙,城海边各为一千米,周围应为八里,与文献作四里许不合。颇疑四里许系中京初建时之内城,统和后曾经扩建。

辽代的中京大定府,在金代前期仍称中京大定府(1122 年入金,当然不再是都城了),后期 1153 年后改称北京,府名仍旧,是北京路的治所。元初废除京名,改大定府为大宁路。明初改建为大宁府,旋又改建为大宁卫,又为大宁都司治所。永乐元年(1403年)弃大宁都司地(今河北省长城以北,内蒙古西拉木伦河以南)

---

① 《辽中京城址发掘的重要收获》及 1961 年 5 月 14 日《内蒙古日报》,《宁城的辽中京遗址》。

于兀良哈三卫,初时城守犹存,正统土木之变(1449 年)后,城池亦为三卫所侵占,这个具有四百多年历史,曾经做过辽代的国都,金代的路治,明初的都司治所的名城,自此遂以大宁城之名成为废墟。近代当地人呼此废墟为大名城或大明城,"名"和"明"都是宁字的音讹。

<h2 style="text-align:center">附　记</h2>

我在开始写这篇文章之前,曾遍查近数十年来论述辽金史或东北史的专著和论文(包括日本人著作),也查过一些通史和历史地图①,没有发现任何一种书、图或文章说过辽后期的首都在中京。有的书上只说辽有五京,不说哪个是首都;有的图上五京用同样符号,不加区别;有的书上提到中京不提它是首都还是陪都;有的文章直说中京是陪都;顶多说圣宗以后诸帝常驻跸于此,也没有明确指出已成为当时的首都。因此我满以为首先把这个问题提出来并予以解决的是自己。谁知文章写了之后,偶然翻一翻《读史方舆纪要》的《历代州域形势》部分,才知道原来三百年前的顾祖禹,对此早已说得十分清楚明白:

"契丹以临潢为皇都,亦曰上京,……辽西曰中京。注:宋景德四年,隆绪城辽西为中京,府曰大定,自上京徙都焉。"

景德四年即辽统和二十五年,隆绪即辽圣宗。顾氏在这里明确指出中京建城之年,亦即自上京迁都中京之年。发现了这条材料,先是觉得自己用了数千言予以论证的,竟是道前人所已知已道,岂非多此一举?继而又想到,《方舆纪要》是读史者常查常用

---

① 此事多半由赵永复同志代任其劳,谨此致谢。

的一部书,难道数十年来谈辽都的学人竟没有一人看到过顾氏这句话吗? 看来不是没有人看到,而是看到的人觉得这句话不可信——只有这么六个字一句话,没有引证任何史料,而整部《辽史》却绝无关于迁都的记载——因而也就没有去理会它。如此说来,那末拙文虽然没有什么新发现,却是证实了顾氏这句话的可靠性,足以起去疑解惑的作用,似乎不能算是浪费笔墨了。用敢投登《中华文史论丛》,公之于世。

1979. 10. 7

(原载《中华文史论丛》,1980 年第 2 辑)

金代路制考

一、总　管　府

辽制有某宫、某京、某府、某路等都部署司,五京各有都总管府。宋制诸路或置马步军都总管,或置兵马巡检、钤辖,或由安抚使兼总管、巡检之职。金袭辽、宋之制而划一之。《金史·兵志》:天会六年,"诸路各设兵马都总管府";天德二年,"改诸京兵马都部署司为本路都总管府"。盖其初诸京所领路各设兵马都部署司,诸府所领路各设兵马都总管府,至天德二年改诸部署司亦为都总管府,自是凡路皆设总管府,遂为一代常制。各路都总管由首府府尹兼领(见《百官志》),亦犹宋制之以知府或知州兼领一路安抚、总管、巡检、钤辖之职也。

　　熙宗皇统二年,宋金和议初成。其时金土当分路十七:上京,东京,中京,北京,西京,燕京,汴京,河东南、北,河北东、西,山东东、西,京兆,鄜延,庆原,熙秦。上京路,即金之旧土,初号内地,天眷元年始建京号。北京路,即辽之上京道,天眷元年改名。东、中、西、燕四京路,即辽之东、中、西、南四京道。汴京路,即宋河南故土。天会六年,析宋河东路为南、北二路。天会七年,改宋之河北四路安抚司为东、西二路。山东东、西二路,因于宋之京东东、西二路。皇统二年,又省并宋陕西六路经略安抚司,为京兆、庆原、熙秦、鄜延四路（皆见《地理志》）。

海陵天德二年，改北京路为临潢府路，又增置咸平路；贞元元年，改燕京路为中都路，汴京路为南京路，中京路为北京路；正隆二年，削上京之号，上京路改称会宁府路，又增置大名府路。凡十九路。

咸平路总管府，初为咸州路都统司。《地理志》谓"天德二年八月升为咸平府，后为总管府"，不著置总管府之确年。按北边诸都统司、统军司及万户，并于海陵时改置为总管府、招讨司或节度使，其中婆速路统军司改置总管府，乌古迪烈路统军司改置招讨司，并在天德二年（见《地理志》、《兵志》）。故咸平路总管府，疑亦即置于是年。《志》云"后"，盖谓在八月之后也。削上京之号，《地理志》作在贞祐二年，"祐"乃"元"之字误，但据本纪，则其事实在正隆二年而非贞元二年。

世宗大定十三年，复以会宁路为上京路；二十七年，改熙秦路为临洮路，又增置凤翔路，凡二十路。《金虏图经》、《大金国志》所载路，当即以此时建制为据，故皆作二十路。惟会宁府路已复号上京，而二书仍作会宁府路；临洮路、凤翔路《国志》用宋代旧称作熙河路、秦凤路，是其疏谬。

凤翔路领二府四州。《地理志》于凤翔府下云"大定二十七年升总管府"；于平凉府下云"大定二十六年来属"；秦、陇、德顺、镇戎四州下皆作"大定二十七年来属"。"二十六"当系二十七之误。此六府州在大定二十七年前属于何路，《志》未明言。据范成大《揽辔录》（《三朝北盟会编》卷二四五引），则凤翔府旧属京兆，平凉府旧属庆原，秦、陇等四州旧属熙秦。成大以乾道六年即大定十年使金，其时凤翔尚未建路，故所载陕西州郡，仍按四路区划焉。

《地理志》所列十九路，较之大定二十路，少临潢府一路。《志》于北京路临潢府下云"大定后罢路，并入大定府路"，未著确年。今按《食货志》通检推排："泰和五年,以西京、北京边地常罹兵荒"。是时临潢府路当已罢,故北京路得有临边之地。又同《志》租赋:"泰和五年,章宗谕宰臣曰:中都、西京、北京、上京、辽东、临潢、陕西,地寒,稼穑迟熟"。是时临潢府路应未罢,故与北京路并举。据此,则临潢府路之罢并北京路,由大定二十路变为《地理志》之十九路,正当在泰和五年。前一条系已罢后记载,后一条系未罢前记载。

十九路兵马都总管,各由下列诸府尹兼领（见《大金国志》、《金史·地理志》。《大金国志》,以下简称《国志》）:

中都路　　大兴府　　（今北京市）

上京路　　会宁府　　（今黑龙江阿城县南）

东京路　　辽阳府　　（今辽宁辽阳市）

北京路　　大定府　　（今内蒙古宁城县西）

西京路　　大同府　　（今山西大同市）

南京路　　开封府　　（今河南开封市）

咸平路　　咸平府　　（今辽宁开原县北）

河北东路　河间府　　（今河北河间县）

河北西路　真定府　　（今河北正定县）

山东东路　益都府　　（今山东益都县）

山东西路　东平府　　（今山东东平县）

大名府路　大名府　　（今河北大名县东）

河东北路　太原府　　（今山西太原市）

河东南路　平阳府　　（今山西临汾县）

京兆府路　京兆府　　（今陕西西安市）

凤翔路　　凤翔府　　（今陕西凤翔县）

鄜延路　　延安府　　（今陕西延安市）

庆原路　庆阳府　（今甘肃庆阳县）

临洮路　临洮府　（今甘肃临洮县）

除十九路外，又有曷懒①、婆速②二路，亦置总管府。此二路与蒲与、速频③、胡里改④三路节度使，皆属基层地方行政区划，非十九路之比；只以不领民户，但领猛安谋克户，故不称府州而称路。曷懒、蒲与等四路仍隶于上京路，婆速路仍隶于东京路（见《百官志》、《地理志》）。（《地理志》上京路下又列有曷苏馆路节度使。此路明昌四年已罢，改建辰州，六年又改名盖州。见东京路盖州下。《志》以泰和末年建置为准，不应列入此路。）

贞祐南渡，置河北诸路行总管府于河南，以统南迁猛安户，至兴定五年十二月罢（见《宣宗本纪》、《兵志》）。

二、转运司

诸路置转运司或都转运司，其制亦袭自辽、宋。初年，诸京路皆置都转运司。《本纪》天德元年见燕京路都转运使，四年见汴京路都转运使。《地理志》天德二年，置上京路都转运司，改北京路都转运司为临潢府路转运司；贞元元年，置北京路（大定府）都转运司。又《揽辔录》引大定二年官制，有诸京都转运使、诸路转运

---

① 《地理志》本条及恤品路下，作"合懒"；会宁府、婆速府路下及《百官志》、《兵志》，皆作"曷懒"；《纪》、《传》亦多作"曷懒"，兹定作"曷懒"。

② 《地理志》作"婆速府"，《百官志》、《兵志》皆作"婆速"，《纪》、《传》亦多无"府"字，兹从《百官志》、《兵志》。

③ 《地理志》本条标目作"恤品"，叙沿革作"速频"，《百官志》作"速频"，《兵志》一作"恤频"，一作"恤品"，《纪》、《传》多作"速频"，兹定做"速频"。

④ 《地理志》、《百官志》、《兵志》皆作"胡里改"，《纪》、《传》或作"鹘里改"，今定作"胡里改"。

使。后定制,惟中都路置都转运司,馀置转运司(《百官志》)。转运司分路与总管府不尽相同。见于《大金国志》者凡十四路:

都运司一处

　　中都路　大兴府置司

转运司十三处

　　南京路　开封府置司

　　北京路　大定置司

　　西京路　大同置司

　　东京路　咸平置司

　　河东南路　平阳置司

　　河东北路　太原置司

　　山东东路　益都置司

　　山东西路　东平置司

　　河北东路　河间置司

　　河北西路　真定置司

　　陕西东路　京兆置司

　　陕西西路　平凉置司

　　会宁府路　隆州置司

《揽辔录》云:"又以窃据之地纷更离合为十四路"当即指转运司而言,故下文又曰,凡"转运十四"。范成大以大定十年使金,《国志》所载政区分划有大定二十九年章宗即位后所置提刑司九处,则十四路转运司当系世宗时代及章宗初年制度。

惟《揽辔录》所列举诸路名目为中都路、东京路、辽西京两路、南京路、北京路、河北东路、河北西路、河东北路、山东东路、河东南路、河北路、京兆路、鄜延路、熙秦路、庆原路,则有误。以所载各路所领府州核之,"辽西京两路"以大同府为首,所领府州皆属西京路，知"辽"两"二字系衍文，实即西京路。"河东北路□□府为首，大名府、滕阳、泰安二军，济、恩、徐、濮、开、滑、邳、宿、充（应作兖），博、德十一州，总六十三县属焉。"知"河东北路"，系山东西路之误，所缺二字当为"东平"，所领除山东西路总管府所领州军外，又有大名府、恩、濮、开、滑四州，乃大名府路总管府所领，于转运司则并属山东西路。"河北路"以太原府为首，所领府州皆属河东北路，知"河"下脱一"东"字。又京兆、鄜延、熙秦、庆原四路，系总管府路，于转运司应为陕西东、西二路（见《国志》及《百官志》、《地理志》）。自中都至河东北，共十一路，益以陕西东、西凡十三路，核以《国志》，尚脱上京（会宁府）路一司。又东京路《国志》云咸平置司，而此云辽阳府为首，疑初在辽阳，后移咸平。

　　见于《百官志》者，凡十三路：中都路都转运司，南京，西京，北京，辽东，山东东、西，河北东、西，河东南、北，陕西东、西转运司。较之《国志》，东京改称辽东，少上京隆州一司。《地理志》中都路下不及都转运司，显系脱漏。转运司见载于各路下者，凡十五处：临潢府一处，载明天德三年已罢；平州一处，载明贞元元年已并隶中都路；外十三处，即在《百官志》十二处外又有隆州一司，同于《国志》所载。而咸平一司称辽东路不称东京路，又同于《百官志》。凡此歧异，《百官志》皆不误，而《国志》、《地理志》各有其疏谬处。

　　咸平一司，初置当在辽阳，故称东京路。《揽辔录》叙转运十四路曰东京路以辽阳府为首，即此时制度。后移咸平，即当改称辽东。《国志》所载司治已在咸平，而仍称东京路，殆由于误袭旧称。隆州一司，当系初置后罢，《国志》所载系章宗初年制度，故有此司；《百官志》以后期制度为据，故不及此司，皆不误。惟《地理志》理应总叙一代兴革，而《志》于隆州条只云辽"黄龙府，天眷三年改为济州……天德二年置上京路都转运司，四年改为济州路转运司，大定二十九年嫌与山东路济州同,更今名",而不及后来罢司一节,是其疏漏。兹证以《食货志》钱币,泰和六年"复许诸路各行小钞,中都路则于中都及保州,南京路则于南京、归德、河南府,山东东路则于益都、济南府,山东西路则于东平、大名府,河北东路则于河间府、冀州,河北西路则于真定、彰德府,河东南路则于平阳,河东北路则于太原、汾州,辽东则于上京、咸平,西京则于西京、抚州,北京则于临潢府官库易钱。令户部印小钞五等,附各路同见钱用"一节,则其时上京财赋领于辽东转运司,此外不得另有隆州一司甚明。是隆州司当罢并于是年以前,惟确年已无考。

转运司路辖境多数相当于总管府一路,亦有相当于总管府二路、三路者。相当于一路者,计有中都、南京、西京、北京、山东东、河北东、西、河东南、北九路。相当于二路者,如山东西路转运司辖有山东西、大名府二总管府路(见上引《揽辔录》)。又上引《食货志》"山东西路则于东平、大名府"一语亦可证。相当于三路者,如辽东路转运司,辖有东京、咸平、上京三总管府路。除上引《食货志》"辽东则于上京、咸平"一语可证外,又《揽辔录》云"曰东京路,辽阳府为首,会宁、咸平、广宁三府,沈、辰、复、济、川、澄、贵德、信、肇、韩十州,总三十七县属焉。"所领府州,亦兼包三路。惟《揽辔录》撰于大定十年,其时上京一司应犹见在。何以《揽辔录》中已将上京路府州并隶东京,殊不可解。若谓上京一司实罢于大定十年以前,则其时又焉得有"转运十四",《大金国志》又何以尚载有此司耶?

陕西东、西二路转运司于总管府为京兆等五路之地,二路各当总管府何路,《揽辔录》、《食货志》等记载皆未涉及。意者当陕西分四路总管府时,京兆、鄜延二路居东,庆原、熙秦二路居西,西路转运司治所平凉府在庆原境内,《地理志》又谓"庆原路旧作陕西西路",则前二路当系东路转运司辖境,后二路当系西路转运司辖境。至大定二十七年，分建凤翔路总管府，所领六府州，惟凤翔一府旧属东路（京兆），其余平凉一府，秦、陇、德顺、镇戎四州，皆旧属西路（一府属庆原、四州属熙秦）；且平凉府又为西路转运司治所，则此新建一路，自当为西路转运司辖境。此后西路一司于总管府为凤翔、庆原、临洮三路，惟实际较前仅增领凤翔一府。

泰和八年十一月"省议以转运司权轻，州县不畏，不能规措钱谷"，遂诏诸路按察使并兼转运使；"惟中都路依旧专置都转运司，中都西京路按察司止兼西京路转运司事，上京东京路按察司与辽东转运司仍各为一司（一在上京，一在咸平），按察使依旧署本司事，转以转运使兼按察副使"（见《百官志》）。按其时按察司原分为八路，除中都西京、上京东京二路外，南京、北京各置一司，与转运司同，山东、河北、河东、陕西亦各置一司，与转运司各分为二路异（详下节）。至是既以按察司兼理转运司事，则山东等八转运司应即并而为四，故张岩叟曾为河北东西大名等路按察转运副使（见本传）。但不久又改而为从转运司之旧，四路各分为二，故大安、贞祐间李革曾充陕西西路按察副使，高霖曾充任河北东路按察副使，郭俣曾充陕西东路按察转运使，萧贡曾充河东北路按察转运使，移剌福僧曾充山东西路按察转运使，张行信曾充山东东路按察转运使，乌古伦仲温曾充河东南路按察副使（皆见本传）。是泰和八年十一月后，转运司分路应为九：中都路专置，辽东路以转运兼按察之职，西京由中都西京路按察司兼，北京由北京临潢路按察司兼，南京、山东、河北、河东、陕西，各由本路按察司兼。未几，山东、河北、河东、陕西又各分为二路，仍为十三路。

贞祐三年罢按察司（见《百官志》）。据《郭俣传》，本为"陕西东路按察转运使，贞祐三年罢按察使，仍充本路转运使"；《移剌福僧传》，"贞祐三年迁山东西路按察转运使，是岁按察司罢，仍充转运使。"推之,则此后诸路仍当专置转运司如初。

三、按　察　司

辽置按察诸道刑狱使,宋置诸路提点刑狱,金朝初年无此职司。大定二十九年章宗即位,初置提刑司,分按九路,掌审刑狱,纠弹官吏,兼劝农桑,并屯田镇防诸军皆属焉。承安四年,改提刑司为按察司(见《本纪》《百官志》)。贞祐南渡,议者以四方兵动,民心未定,请权罢按察(见《乌林答与传》)。三年,遂罢司,止委监察采访(见《百官志》)。《本纪》系此事于贞祐二年二月,以上引《郭俣传》《移刺福僧传》等证之,知《志》是《纪》非。

九路提刑司名目治所(见《国志》及《地理志》):曰中都西京路,西京置司;曰南京路,南京置司(一称河南路,初置治许州,明昌四年移治,见《本纪》《李愈传》);曰北京临潢路,临潢置司;曰东京咸平府路,《国志》作东京置司,《地理志》系于咸平府下,盖初在东京,后移咸平(明昌初在东京,见王寂《辽东行部志》《鸭江行部志》);曰上京曷懒等路,上京置司;曰河东南北路,汾州置司;曰河北东西大名府路,河间置司;曰陕西东西路,平凉置司;曰山东东西路,济南置司。南京、上京曷懒二路,以一路当总管府一路;河北东西大名府路,以一路当总管府三路;陕西东西路,以一路当总管府五路;其余五路于总管府各为二路之地(其时临潢路总管府尚未并入北京路)。

承安三年,并上京、东京两路提刑司为一,即以上京、东京等路为名,置司上京(见《本纪》《百官志》)。此后遂为八路。翌年,改提刑司为按察司,路分依旧。泰和八年,以按察司兼理转运司事,未几,山东、河北、河东、陕西各分为二路(参上节)。自此至贞祐三年罢司,共分十二路:中都西京、上京东京、北京临潢、南京、山东东、山东西、河北东、河北西、河东南、河东北、陕西东、陕西西。诸路辖境:中都西京辖中都、西京二路,上京东京辖上京、东京、咸平三路,北京临潢辖北京一路(其时临潢路总管府已并入北京路),陕西东辖京兆、鄜延二路,陕西西辖凤翔、庆原、临洮三路,南京、河东南、河东北、山东东各辖本路。凡此皆明白无可疑者。惟大名总管府路本与河北东、西二路合属一司,至是以地望推之,似当分属河北东路,但无确据。

《地理志》所载州县建置,以泰和末制度为准;而于提刑司,则只按初制分载九路,不及承安三年以来改革,是其疏谬。

四、招讨司 统军司

辽制北面边防官有诸京、诸路、诸面部统军司,西南、西北等路有招讨;行军则有诸面、诸道行军都统所,东征、西征、南征统军司。金初,自女真诸部以至辽、汉降卒,悉编为猛安谋克。平居则佃渔射猎,有事则壮者皆兵。故每下一地,辄置都统司以统驭部勒其众,亦曰军帅司;有大征伐,则别置都统以总其事。收国元年,置咸州路都统司(见《兵志》);二年,置南路都统司(见《本纪》);至天辅五年,置内外诸军都统以追袭辽主,置奚路都统以经略奚地;又前此已置上京、泰州二路,合咸州路、南路凡六处置司(见《兵志》)。其后灭辽侵宋,招抚诸部,续有增置,下迨天会天眷,见于记载者计有:

中京都统始见天辅七年《本纪》,六部路都统始见天会三年《本纪》。按六部路即奚路改名(见《兵志》),而六部路置于中京(见《挞懒传》),则中京路亦即此路也。

西南西北两路都统,天会元年置(见《兵志》)。

南京路都统,始见天会三年《本纪》。按此南京指平州(今河北卢龙县),至天会十年移司辽阳,改称东南路(见《兵志》《地理志》)。

葛苏馆路都统,见天会七年《本纪》。按此路当即南路之改称。盖自辽以来,称辽阳以南系辽籍女直为葛苏馆;而《本纪》收国二年及《斡鲁传》,皆谓既定辽阳,"南路系辽女直皆降",乃以斡鲁为南路都统,知南路所统实为葛苏馆之众。

又有大名开德路都统、河南路都统(见《阿鲁补传》)、河东路都统(见《毂英传》)、陕西路都统(见《活女传》),皆置于天会侵宋之役。

又有置统军司者,计有:

燕京统军使(见天会十年《本纪》)。

婆速路统军司。《地理志》作国初置,《仆散忠义传》父背鲁国初为婆速路统军使。

乌古迪烈路统军司(《见《地理志》、《兵志》,并不详何时置)。按《婆卢火传》,天辅五年为泰州都统;"天眷元年驻乌古迪烈地蠛",知乌古迪烈地初属泰州路都统;天眷后《纪》、《传》不见泰州路都统,则乌古迪烈统军司当系天眷后罢泰州都统司所改置。

大名府统军司(见《兵志》、《地理志》,皆不详置年)。以宋、金之际形势度之,约当置于天会末刘豫既废,下迄天眷复取河南陕西前后。

自天会二年克平州以来,始区别军民,渐以汉法治汉地(《兵志》)。六年遂有诸路都总管府之设。汉地业已略定,诸路都统司之罢废当在是时。已而又于诸京置兵马都部署司,而上京路、六部路、东南路、燕京路等都统司或统军司,亦归罢废,其事约当在天眷初。自是而后,除有征伐时往往复设诸路或诸面都统外,北边惟西南、西北、咸州、葛苏馆四路仍置都统司,乌古迪烈、婆速二路仍置统军司,南境惟大名府统军司不废。

皇统中改西南、西北两路都统司为招讨司,始有招讨司。《地理志》但及西南路招讨司置于皇统九年(见丰州条,西南原文误作

"西北"），而不及西北路。据《讹古乃传》，则皇统六年已迁西北路招讨使。按二路改建为招讨司，不应有先后之别，疑并当在六年或六年以前；《地理志》作九年置西南路者非是。《白彦敬传》："熙宗罢统军司改招讨司，遣彦敬分僚属收牌印谕诸部隶招讨司"，应即指此事，非谓凡都统司或统军司悉罢于熙宗时也。

天德二年又改乌古迪烈路统军司为招讨司，后改称东北路，移置泰州（见《兵志》）。《志》不载改称移置之确年；以北边形势推之，约当在大定四、五年窝斡余党既平，筑边堡于泰州临潢境上之时。据《窝斡传》，正隆末，果有乌古迪烈招讨使也。

三路招讨司治所，惟《大金国志》所载皆确，即西南、西北二路置司于西京路之丰州、桓州，东北路置司于北京路之泰州。《兵志》误係西北路于应州、西南路子桓州。《地理志》泰州下失载置东北路招讨司，丰州下又误作"西北路招讨司"，惟下文又言"部族直撤军马公事并隶西南路招讨司"，不误。三路虽置司于丰、桓、泰三州，然此三州实为西京路、北京路之属州，非三路之辖境，三路特寄治在此三州耳。惟三州军兵事则不隶于所属总管府而隶于驻在招讨司；《地理志》于丰、桓二州下明载之，泰州下虽失载亦当如此。

三路各领有若干猛安谋克及藩部。盖以其只领猛安户不领民户，与曷懒等路总管府、蒲与等路节度使同，故亦称路；又以其除猛安户外又各领有藩部若干，故不置总管府、节度使，而置招讨司。西南、西北二路隶于西京路总管府，东北路隶于北京路总管府，此亦与曷懒蒲与等路之隶于上京、东京二路同。

三路既各有其土地、人民，故《地理志》本应于北京路下为东北路，于西京路下为西南、西北二路各立一专目，下叙建置沿革、置司所在及所领藩部而。而今乃仅于丰州、桓州条下附见西南、西北二路之名，尽以诸部族节度使、乣详稳、群牧所不分路别，一并附列于西京路下,殊乖体例。

《志》所列部族节度使凡八,除乌昆神鲁部族属西北路,明昌三年罢节度使以招讨司兼领见本《志》外,其余乌古里、石垒、助鲁、孛特本、计鲁、部罗火、土鲁浑七部族,据《兵志》皆属东北路。《兵志》又有萌骨部族,亦属东北路,此志缺载。

《志》所列详稳凡九处,即:咩纠、木典纠、骨典纠、唐古纠、耶剌都纠、移典纠、苏木典纠、胡都纠、霞马纠。《兵志》、《百官志》所载亦为九处而无移典纠,《兵志》另有萌骨纠,《官志》另有失鲁纠。《兵志》但言此九纠属于西南、西北二路,未尝分别何者属西南路,何者属西北路。本《志》于苏木典纠下注云"近北京",则此纠当属西北路。又以列传考之:则唐古纠属西南路,见《吴僧哥传》;咩纠亦属西南路,见《伯德窳哥传》。其他无考。

《志》所列群牧所凡十二处,即:斡睹只、蒲速斡、耶鲁椀、讹里都、虬斡、欧里本、乌展、特满、驼驼都、讹鲁都、忒恩、蒲鲜。忒恩、蒲鲜二所下,并注云承安四年创置,知十二所乃承安以来建制,故与《兵志》所载天德五所、大定七所名目颇有出入。又据《兵志》承安三年改蒲速椀为板底因,改欧里本为乌鲜,《百官志》亦有板底因、乌鲜之目,则本《志》仍用蒲速斡、欧里本旧名者非也。十二所各隶何路,诸《志》皆无明文。《兵志》载大定七所或在抚州,或在武平县、临潢、泰州之境,似当分隶于西北、东北二路,惟斡睹只隶于西北路则明见于《守能传》。

天眷以来,北边六都统司及统军司,除西南、西北、乌古迪烈三路后改为招讨司外,其余三路,婆速路于天德二年改为总管府(见《地理志》);咸州路亦当在是年改为咸平路总管府(见总管府节);曷苏馆路改置为节度使亦当在是年(《地理志》失载)。是年,又罢大名统军司,改设山西、河南、陕西三路统军司(见《兵志》)。

山西路统军司领西北、西南两路招讨军马(见《毅英传》)。一称西京路,见贞元元年《本纪》。此路殆不久即罢,故贞元元年后不见记载。《金史详校》作者未检《毅英传》及《海陵本纪》,又见《大金国志》及《地理志》皆有山东路统军司,遂谓《兵志》"山西"系山东之误,非也。

山东路统军司,《地理志》、《宗尹传》皆作大定八年置。但据《夹后胡剌传》,则正隆末已有此司。又《本纪》大定三年五月亦云"罢河南、山东、陕西统军司,置都统、副统",大定五年五月又"罢山东路都统府,以其军各隶总管府",知大定八年实系宋、金和议既成,罢山东都统府后复置统军司之年,非始置之年。

《大金国志》列三路统军司名目,不称河南路而称南京路,殆非。不仅《百官志》、《兵志》皆作河南,即诸《纪》诸《传》亦皆作河南,未见有作南京者。

泰和八年(十一月以前)路制表

总管府○ 总管府招讨司△ 节度使×	转运司	按察司	统军司
中都路　大兴府	中都路 大兴府	中都西京路 大同府	
西京路　大同府 　西南路△　丰州 　西北路△　桓州	西京路 大同府		
上京路　会宁府 　曷懒路○ 　蒲与路× 　速频路× 　胡里改路		上京东京路 会宁府	
咸平路　咸平府	辽东路 咸平府		
东京路　辽阳府 　婆速路○			

北京路　大定府 　　东北路 　　　　△泰州	北京路 　　大定府	北京临潢路 　临潢府	
南京路　开封府	南京路 　　开封府	南京路 　开封府	河南路 开封府
河北西路　真定府	河北西路 　　真定府	河北东西大名府路 　河间府	
河东北路　河间府	河北东路 　　河间府		
大名府路　大名府			
山东西路　东平府	山东西路 　　东平府	山东东西路济南府	山东路 益都府
山东东路　益都府	山东东路 　　益都府		
河东北路　太原府	河东北路 　　太原府	河东南北路汾州	
河东南路　平阳府	河东南路 　　平阳府		
京兆府路　京兆府	陕西东路 　　京兆府	陕西东西路 平凉府	陕西路 京兆府
鄜延路　　延安府			
凤翔路　　凤翔府	陕西西路 　　平凉府		
庆原路　　庆阳府			
临洮路　　临洮府			

　　大定以来河南、陕西、山东三路统军司，与西南、西北、东北三路招讨司，分镇南北边陲，遂为一代常制。惟统军司自天德后即不再辖有民户，但督领军马而已（见《地理志》大名府、《百官志》），自与招讨司之有土有民者有别。其后泰和六年复以伐宋升诸路统军司为兵马都统府，至八年，宋人请盟，仍罢都统府复置统军司（见《本纪》、《乌古论礼传》）。

河南路置司南京,陕西路置司京兆,山东路置司益都(见《国志》、《地理志》)。

河南路辖境应相当于总管府南京一路。陕西路相当于陕西五路,故《本纪》记泰和六年伐宋之役,改陕西统军使为陕西五路兵马都统使。山东路相当山东东、西二路,故《地理志》益都府下云:"置山东东西路统军司"。

诸路招讨司、统军司,皆罢于兴定五年十二月(见《本纪》)。盖是前西南、西北、东北、山东等路虽久已弃守,仍置司以统其余众南迁者,至是始与河南、陕西统军司同罢。

附一　宣抚司

《百官志》宣抚司:"泰和六年置陕西路宣抚使,节制陕西右监军、右都监兵马公事;八年,改陕西宣抚司为安抚司。山东东西、大名、河北东西、河东南北、辽东、陕西、咸平、隆安、上京肇州、北京凡十处置司,使从一品,副使正三品。"

按宣抚司之设,始于泰和五年五月置河南宣抚司以备宋。是年八月,以边谍言宋人无意北侵,罢司(见《本纪》、《仆散揆传》)。六年,宋人复来侵,置陕西宣抚司,节制陕西元帅府以下。八年,和议成,又罢(见《本纪》、《徒单镒传》、《完颜纲传》)。凡此皆因用兵而设,非常制。诸路常设宣抚司,实始于贞祐二年四月;时中都解严,蒙古兵退,大河以北诸郡多残破,乃遣大臣为诸路宣抚使,安集遗黎,有北京、山东东、西、辽东、河东南、北、陕西、河北东、西、大名、上京等路(见《本纪》及仆散安贞、田琢、完颜弼、蒙古纲、必兰阿鲁带、完颜仲元、乌古论礼、完颜阿里不孙等传)。至四年六月悉罢,更置经略司(见《本纪》)。据此,则《志》文泰和六年上脱载泰和五年一节,而山东东西等十处置司一节上,应有"贞祐二年定制"一语。诸路设宣抚司既系贞祐危亡之措置,而非泰和盛世之典制,故本文不复详考。

附二　曷苏馆路考

《金史·地理志》上京路:

"曷苏馆路,置节度使。天会七年徙治宁州。尝置都统司,明昌四年废"。注云:"有化成关,国言曷撒罕酉"。

按《志》以泰和末年制度为准,曷苏馆路既列为专条,据文义,明昌四年废者又应为都统司,是泰和时曷苏馆路节度使宜犹见在矣,而考之殊不然。本《志》东京路:

"盖州奉国军节度使,下。本高丽盖葛牟城,辽辰州。明昌四年罢曷苏馆,建辰州辽海军节度使,六年,以与陈同音,更取盖葛牟为名。"

又《百官志》女直教授条及诸节镇司吏条下,皆有盖州而无曷苏馆。据此,可见明昌四年所罢实为曷苏馆路节度使,罢路后改建辰州,旋又改名盖州,故此后但有盖州,无复曷苏馆路。《志》文既不应系"明昌四年废"一语于"尝置都统司"下,泰和时曷苏馆路已罢,亦不应列为专条。

又曷苏馆路自当属东京路,《志》列于上京路,亦误。施国祁《金史详校》因其列在上京路,遂谓《志》文"天会七年徙治宁州",宁上脱一会字。杨氏《历代舆地图》亦于上京会宁府附近注云:"曷苏馆路徙治宁州,无考"。按《本纪》天会七年十一月亦作"徙曷苏馆都统司治宁州",而上京路之地辽金时实无所谓宁州者,知"宁州"不误,而列在上京路则误。据《辽史·地理志》,东京道实有宁州,然则曷苏馆路所徙治之地,正当在此,于金当属东京路,不属上京路。

本《志》东京辽阳府鹤野县长宜镇注云:"曷速馆在其地"。此以曷速馆为名之地,当即辽曷苏馆女直国大王府、金初曷苏馆都统司故治所在。鹤野故城在今辽阳市西八十里(《明统志》),长宜镇当在其南,于辽阳为西南。《三朝北盟会编》卷三、《文献通考》卷三二七皆谓阿保机移置女真强宗大姓于辽阳以南使著籍,名曰合苏款,惟此所谓辽阳以南,当不仅指鹤野近处之曷速馆治所,而系泛指合苏款部族分布地,包括辰州宁州在内。故天会七年曷苏馆路之徙治宁州,仅为在本部族分布范围内迁移其治所耳,非谓举族远徙他方也。天会七年后,曷苏馆故治迻改属鹤野县。

诸家舆地书皆不及宁州故址,幸天会后之曷苏馆路治所尚得考见。王寂《鸭江行部志》:明昌二年二月,"甲辰,次熊岳县";"乙巳,次龙门山";"丙午,游北岩,曷苏馆节度使距此不及一舍";"丁未,次曷苏馆,宿府署"。熊岳县即今盖平县南六十里熊岳城。龙门山在盖平东南五十里(《辽东志》)。北岩者,龙门山之北岩。据此,则曷苏馆路治当在今盖平东南某处,距龙门山不足三十里,计其地应在千山山脉中。盖曷苏馆人"皆山居"(《金国志》十二),故天会中移路治于此以便统摄。后六十二年王寂以东京咸平路提刑使行部过此,又二年而路废。

金初不置辰州,其时辰州故地当在曷苏馆路辖境之内。明昌四年罢曷苏馆路复建辰州,旋改名盖州,是后,曷苏馆故地遂转成盖州辖境。故《金史》前期诸列传不乏曷速馆人(胡十门、合住、完颜福寿、独吉义、尼庞古钞兀、阿勒根彦忠、蒲察世杰等),无辰州人,而章宗以后诸臣传则但有盖州人(粘割斡特剌、斡勒忠、完颜闾山、完颜弼、温迪罕达、斡勒合打、乌古伦仲温等),不复有曷速馆人矣。

　　曷苏馆路初置都统司,天会七年徙治宁州时犹然,见《本纪》。《隈可传》:"正隆二年,改曷速馆节度使",是正隆初已改节度使。按天德中罢咸州等路都统司、统军司,改置总管府、招讨司,罢蒲与等路万户改置节度使,见《地理志》《兵志》,以此推之,则曷苏馆路之罢都统司改置节度使,亦当在此时。《志》文置"置节度使"一语于"天会七年徙治宁州"前,一若天会七年前已置节度使,继乃云"尝置都统司",一若在节度使处尝别建都统司,皆非。

　　又《志》列化成关于曷苏馆条下,亦误。按金有化成县,本辽苏州,皇统三年降为县,以属复州,贞祐四年升为金州,见《本志》。故址即今金县。化成关国言曷撒罕酉,当即《辽东志》之哈思关。关在金州卫即今金县南十八里。故知化成关当在化成县境内,不得远隶曷苏馆路。《齐(扫合)传》:"大定中同知复州军州事","先是复州合厮罕关地方七百余里",合厮罕亦即曷撒罕酉,是为此关隶于复州之明证。又《鸭江行部志》,次曷苏馆后五日,"行复州道中",次日,自复州"次顺化营。中途望西南两山巍然浮于海上,访诸野老云,此苏州关也。辽之苏州今改为化成县。关禁设自有辽,以其南来舟楫,非出此途,不能登岸"。据此,则此关创自辽,属苏州,曰苏州关,入金属化成县,曰化成关,准以地望,当在今大连湾北岸,始终与曷苏馆路无涉。或谓曷撒罕酉即曷苏馆之异译(金毓黻《东北通史》),既于文献无明征,地望相去又甚远,不可信。

1964 年 7 月于青岛
(原载《中国历史地理论丛》第一辑,
陕西人民出版社 1981 年版)

元代的水达达路和开元路

——编绘《中国历史地图集》札记

一、水达达路路名及其始建年月

《元混一方舆胜览》、《元史·地理志》所载辽阳行省之最后一路,皆作"合兰府水达达等路"。然考之于《元史》纪、志、表、传及元代其他记载,虽屡见水达达、水达达部、水达达分地、水达达军、水达达民户①,水达达往往与女直连称,或作"女直水达达",或作"水达达女直②",但绝无与合兰府连称者。又一见女直水达达宣抚使,一见水达达屯田总管府、一见女直水达达万户府,五见水达

① 《元史·世祖本纪》至元三年三月见水达达民户,六月二日见水达达户,九年七月见水达达部,十三年四月见水达达分地,二十年十月见水达达鳏寡孤独,二十八年二月见水达达贫民,十月见水达达人;《武宗本纪》至大二年九月见水达达地;《英宗本纪》至治二年见水达达(地);《顺帝本纪》至正六年四月见水达达(部);《食货志》二岁课产金见水达达(地);四赈恤至元二十年见水达达地贫民,大德元年见水达达户;《五行志》一皇庆九年见水达达部。

② 《元史·世祖本纪》至元四年十二月、八年七月、十六年九月见女直水达达军;二十年五月见女直水达达部;二十二年六月命女直水达达造船。二十九年五月见水达达女直饥,八月见水达达女直民户。

达路,①"水达达"上亦无冠以"合兰府"者。且合兰府实在开元路界内,既见于《大元大一统志》开元路上京故城条下,又见于《经世大典》站赤辽东路(开元路曾改名辽东路)下,其不得与水达达同为一路之名更明甚。又《明实录》洪武二十年(1387年)二月,"铁岭北东西之地旧属开元",可证直至元末,铁岭以北合兰府一带,仍属开元路不属水达达路。故知《胜览》、《元志》以"合兰府水达达"为此路路名,其为谬误,殆无可疑。盖当时载笔者皆中原人,于边疆地理懵然无知,偶以合兰府三字羼杂于水达达路之上,致铸此误。清人治《元史》者皆未能留意及此,故《新元史·地理志》中,此说仍因而不改。

此路《经世大典》站赤作"女直水达达路",《元史》本纪、《五行志》作"水达达路",疑全称应作女直水达达路,水达达路乃其简称,犹河南江北行省简称河南行省,而见于《元史》纪、志、列传者多为河南行省也。

《元史·地理志》:"合兰府水达达等路……其居民皆水达达、女直之人,各仍旧俗,无市井城郭,逐水草为居,以射猎为业。"盖因而不以山川城邑改以女直、水达达二族名为路名,亦犹云南行省之以金齿为宣抚司名,以乌撒乌蒙为宣慰司名也。

---

① 《元史·世祖本纪》中统二年八月,"以贾文备为开元女直水达达等处宣抚使"。《来阿八赤传》:"子寄僧,为水达达屯田总管府达鲁花赤。"《仁宗本纪》皇庆元年二月,"省女直水达达万户府冗员。"《五行志》一皇庆元年六月,"大宁、水达达路雨,宋瓦江溢,民避居亦母儿乞岭"。《泰定帝本纪》泰定二年六月,"辽阳水达达路饥。"《文宗本纪》天历二年五月,"水达达路阿速古儿千户所大水"。至顺元年九月,"辽阳行省水达达路,自去春霖雨,黑龙、宋瓦二江水溢,民无鱼为食。至是,末鲁孙一十五狗驿,狗多饿死。赈粮两月;狗死者,给钞补市之。"《顺帝本纪》至正八年三月,"辽东锁火奴反,诈称大金子孙,水达达路脱脱禾孙唐兀火鲁火孙讨擒之"。

此路始建于何年不见史载。初以《大元大一统志》校辑本中无此路，疑大德七年（1303 年）书成之日尚无此路；又以《元史》记载中皇庆元年（1312 年）始见此路，遂谓始建之年当在大德七年（1303 年）至皇庆元年（1312 年）九年之间。既而见《经世大典》站赤中有此路，《大典》虽成书于至顺二年（1331 年），但其所载辽阳行省站赤中竟不作开元路而用至元二十三年（1286 年）以前之旧名"辽东路"，因悟《元一统志》之见于今赵万里校辑本者，不过全书之一小部分耳，岂得以校辑本无此路，遂谓大德七年（1303 年）尚无此路？以《经世大典》证之，则至元二十三年以前殆已有此路。又据《世祖本纪》，中统二年至至元二十年已见"开元女直水达达等处宣抚使"、"女直水达达军"、"女直水达达部"，然犹未必已有女直水达达路。至元二十二年六月"命女直水达达造船二百艘及造征日本迎风船"，此所谓女直水达达，似已非地区名、部族名而为地方行政机构名矣，疑所指实为女直水达达路而史文省一"路"字。据此，则此路约当始建于至元二十二年（1285 年）稍前。

二、混同江下游至东海之滨，元初属
开元路，至顺时属水达达路

开元路辖境，《元史·地理志》作"古肃慎之地，隋唐曰黑水靺鞨"，"东濒海（日本海），南界高丽"；《元一统志》作"南镇长白之山，北浸鲸川之海（鞑靼海峡），三京故国，五国故城"（辽五国部相当今松花江、黑龙江两岸西起依兰东至伯力一带）；"上京故城西南曰宁远县，又西南曰南京（今延吉市东城子山，一说今会宁西云头城），自南京而南曰合兰府（今咸兴南），又南曰双城（今永兴）"；"东北曰哈州（今阿纽伊河河口）、曰奴儿干城（今黑龙江口

特林)"。据此,则南起高丽界上,北抵黑龙江口,东滨大海,尽在此路界内。但《元史·地理志》又将混同江(今松花江及松花、黑龙二江会合后之黑龙江)南北两岸桃温(治今汤原西南汤旺河对岸)、胡里改(治今依兰)、斡朵怜(治今依兰西南牡丹江对岸)、脱斡怜(治今桦川东北)、孛苦江(治今富锦)五军民万户府系于"合兰府水达达路"下;又于注中见胡里改江(今牡丹江)、混同江及奴儿干,是则自混同江两岸北抵奴儿干之地,又应在水达达路境内,与开元路下所载矛盾。此盖由于开元路始建于太宗时①,其初果东至于海,南抵高丽,北极奴儿干皆在封略之内;洎乎至元中割混同江南北北至奴儿干之地分设水达达路,则开元路即不得复有隋唐黑水靺鞨之地,不得东滨海,不得北浸鲸川之海,不得有五国故城及哈州、奴儿干之地矣。《元一统志》及《元史·地理志》之误,皆在于以开元水达达未分路时之疆界,沿用于分路之后。元图组以至顺元年(1330 年)疆理为准,此一带应在水达达辖境内。

三、初建水达达路时辖境与至顺元年不同

《地理志》叙桃温等五军民万户府于"合兰府水达达路"下,则初建水达达路时,五府悉当自开元路割属水达达路。此与《经世大典》以上京故城以东站赤系于女直水达达路下相符。但《文宗本纪》至顺元年二月、五月两见"开元路胡里改(该)万户府",则此前不知何年至少五府中已有胡里改、斡朵怜二府已还属开元路。此外桃温等三府,在胡里改之东,松花江两岸。据《文宗本纪》至顺元年九月,"辽阳行省水达达路,自去夏霖雨,黑龙宋瓦二江水

---

① 太宗十三年已有此路,见《吾也而传》。

溢,民无鱼为食",此宋瓦江既与黑龙江并举,自应专指今之松花江,是则三府中少或一二府,多或三府,仍应在水达达路境内。本图组以至顺元年为准,可将开元水达达二路路界画在胡里改、桃温之间。

《经世大典》辽东路站赤东北止于斡木头站(今双城县东),自上京海吴站(今阿城东北海沟)以东诸站,皆系于女直水达达路下,此亦为水达达路初建时之境界。至至顺时胡里改万户府已改属开元路,则自海吴至胡帖干(今通河县东)诸站,自应在开元路境内矣。《经世大典》成书于至顺二年,而书内境界乃至顺以前州制,亦犹至顺时路名应为开元而仍用辽东旧名也。

又《经世大典》将自吉落(今龙江县治)北至阿余(今爱辉西南)诸站列于女直水达达路下,则水达达路初建时,其西界应包有嫩江东西两岸。胡里改以西改隶开元路后,此一带仍属水达达路乎? 抑改属开元路乎? 于史无征。依地理位置推断,松嫩平原之南部及阿城以东松花江两岸既在开元路境内,则此一带应以画入开元路为较妥。

水达达路在松花江以南之路界,初建路时自上京故城至今牡丹江市一线以东北当在路境内;至顺时胡里改既已改属开元路,则路界约当自胡里改府治之东北东南走穿越今兴凯湖达于海。界北今乌苏里江两岸为阿速古儿千户所地,属水达达路,见《文宗本纪》天历二年五月。界南为废恤品路地,应属开元路。金末蒲鲜万奴割据上京(今阿城南白城)黄龙府(今农安)以东南之地,恤品路在其境内。元太宗五年(1233 年)"出师伐之,生禽万奴;师至开元(治今东宁县东大城子)、恤品(治今双城子),东土悉平"(《地理志》开元路),未几遂建开元。又《经世大典》所载站赤其自开元(辽东)路治(今农安)东出一线,终点站为恤品城南之永明城

（今海参崴）。恤品既在历史上地理上与开元关系皆甚密切，故知恤品故地应属开元路也。

四、开元路西界南界

开元路西与中书省宁昌路泰宁路接壤，其界可依金图韩州、信州、隆州、肇州之西界画出。南界西段即咸平府之北界，用金图咸平府北界。迤东路界应东趋今辉发河下游，界南辉发河上之那丹府（今桦甸西南）地属东宁府，见《辽东志》卷五《周鹗传》。路界自此折而南走抵鸭绿江，界西佟佳江上之于罗山城（一作五老山城，今桓仁西北佟佳江对岸）、鸭绿江上之皇（黄）城（今集安县治）地属东宁府，见《辽东志·周鹗传》及《高丽史·恭愍王世家》十九年（1370 年）。鸭绿江之南，西界当略循狼林山脉、北大峰山脉，南界在今永兴高原之间。据《高丽史·高宗世家》，高宗四十五年（1258 年）铁岭（今高山淮阳间）以北地入蒙古，蒙古置双城总管府（今永兴），故元初开元路南抵铁岭。其后自双城府治以南高（今高原）、文、宜、登诸州相继为高丽收复，至忠烈王二十四年（1298 年）此诸州各还本城，见《地理志》。至忠肃王元年（1314 年）高丽将江陵道存抚使移镇登州，见《世家》。故元至顺元年开元路之南境止于双城总管府治。

1971 年 4 月初稿

1980 年 7 月整理

（原裁《历史地理》创刊号，1981 年）

山西在国史上的地位

——应山西史学会之邀在山西大学
所作报告的记录

　　现在的山西,在全国,在华北,都不过是一个一般的省份,并不突出。但是在历史上,曾经有过好几次,山西在全国,至少在黄河流域,占有突出的地位,其重要性有过于今天的山西。

　　首先应该从远古时期说起。近几十年的考古发掘,可以证明山西在远古时代是一个很重要的地区。在国内已发现的七八十个旧石器时代遗址中,山西占了二十几个。从南边芮城县的匼河遗址,襄汾县的丁村遗址,一直到北边朔县的峙峪遗址,阳高县的许家窑遗址,都是旧石器时代有名的文化遗址。到了新石器时代,山西境内的文化遗址就更多了。仰韶文化遗址遍布全省。雁北地区又有一部分细石器时代的遗址。这说明山西在石器时代是全国的一个文化中心。

　　再从传说中的古史来看,唐尧、虞舜、夏禹时代的首都都在今天的山西南部。尧都平阳就是现在的临汾,舜都蒲坂就是现在的永济县蒲州,禹都安邑在今天的运城县境内。关于尧舜禹的都城虽然还有各种不同传说,有的说在山东,有的说在河北,但在山西的传说却比较可信。因为有关他们的活动范围的传说主要在山西。比如传说夏禹出于西羌,那个时候的西羌应该就是指今天山西境内的羌族。整个夏朝的主要活动范围,就在今天的山西南部和河南西部。所以,从尧舜一直到夏朝,山西,主要是晋南,是当时华北的政治经济文化重心。

商朝起于东方,它推翻了夏朝后,山西就失去了重要性。到了西周初年,周成王将其弟唐叔虞封在山西,旋改国号为晋。不过西周时的晋国并不很重要。到了春秋,晋国就发展成为黄河流域的一个最强大的国家。

春秋初年,黄河流域的强国是郑国、齐国,到了中期和晚期,在很长的一段时期内,晋国则是黄河流域第一流的强国,率领华夏诸中小国和长江流域的霸主楚国相抗衡,这就是历史上著称的"晋楚争霸"时期。而晋国的中心就在山西,前期的首都在绛,亦称翼,在今翼城县东南,后期迁于新田,亦曰绛,故址在现在的侯马。

战国初期,韩赵魏三家分晋,是谓三晋。三晋都是当时的大国,初期的魏和中期的赵还是数一数二的强国。三晋的首都初期都在山西,赵在晋阳(今太原市晋源),韩在平阳(今临汾),魏在安邑(今夏县北)。只是到了中期以后,才先后离开山西移向河北、河南的平原地区。魏国由安邑迁到大梁(今河南开封)。赵国由晋阳一迁中牟(河南汤阴),再迁邯郸(河北邯郸市)。韩国由平阳一迁宜阳(河南宜阳),再迁阳翟(河南禹县),再迁郑(河南新郑)。可以看出,春秋时期和战国初期,山西在华北的地位是很重要的,战国中叶才稍形衰落。

到了秦汉时,山西在政治上就不太突出了。但是晋南地区的经济、文化还是比较发达的。司马迁作《史记·货殖列传》,讲到当时各地的民风习俗,认为三河是"天下之中","土地小狭,民人众"。三河即河东、河南、河内三郡。河东郡就是今天山西的晋西南一带。这一地区地狭人稠,可见经济文化是比较发达的。太史公还特别讲到杨和平阳两县的人特别会做买卖。杨就是今天的洪洞县,平阳即今天的临汾。

到了魏晋南北朝时代,由于山西境内有许多少数民族在活动,山西又显得重要起来。这种变化,渊源于东汉时代。

在上古时代,山西境内就有过许多少数民族。甲骨文里有许多"羌",可能就在山西境内。西周时,山西也有很多少数民族在活动。见于商周记载的燕京之戎在今晋中太原附近一带,条戎在中条山一带,余无戎在晋东南一带,西落鬼戎在晋西北。春秋时,晋中、晋南到处分布着赤狄廧咎如、东山皋落氏、潞氏、留吁、铎辰等部落,此外太行山中还有骊戎和长狄鄋瞒,三门峡的北岸还有茅戎。西周时的晋国并不太强大,到了春秋时逐渐把山西南部、中部的戎狄并吞,才成为中原最大的强国。但雁北一带还有代、林胡、楼烦等戎狄,到战国时又为赵国所吞并。经过长期的接触兼并,戎狄羌胡逐渐同华夏融为一体,因此到了秦和西汉时,山西境内基本上都是汉族了。

东汉初年(光武帝时),又有新的兄弟民族进入山西。这时北边的匈奴分裂为南匈奴和北匈奴两部分,南匈奴投降汉朝,东汉政府就让他们入居汉朝境内。从此西河、北地、朔方、五原、云中、定襄、雁门、代沿边八郡都分布着匈奴部落。八郡中雁门、定襄两郡在今山西雁北、忻县地区,代郡一部分在今山西忻县地区,一部分在今河北张家口地区。到了东汉末年,天下大乱,一部分匈奴南向抄掠,随即定居在河东,即今晋西南一带。献帝建安中,曹操分其众为五部,使散居于"晋阳汾涧之滨",共有三万余落。

西晋初,又有大批匈奴人从塞外搬进山西。这时山西全境共分为七八个郡;差不多每一郡都有匈奴杂居,北部诸郡,甚至"胡多于民"。

在封建时代,当汉族所建立的王朝比较稳固时,对境内的少数民族总是剥削、压迫得很厉害,因此一到汉族王朝的统治势力衰落下来,少数民族当然就要起来造反。西晋末年就是这种状况。

西晋末年,就是公元四世纪初,山西境内的匈奴酋长刘渊首先起兵发难,造西晋统治者的反。304 年刘渊起兵离石(今离石),建号汉,不久即迁都平阳(今临汾)。刘渊死后,其子刘聪在 311 年攻克了西晋首都洛阳,俘了怀帝,西晋被迫把都城迁到长安。316 年刘聪又打下了长安,俘虏了愍帝,灭亡了西晋。这在历史上影响很大,从此开始了一百几十年所谓"五胡乱华"、五胡十六国各据一方的局面。

结束这一黄河流域战乱局面的,也是以山西为根据地的少数民族——鲜卑拓跋部。鲜卑族原来居住在蒙古高原,分成好几支,其中拓拔鲜卑这一支逐渐向南迁移,到了曹魏时代,已把重心迁到了盛乐,即今内蒙的和林格尔。西晋末年,乘中原大乱,又继续向南扩张,占领了雁北地区,338 年建国号为代,376 年为前秦所灭。383 年淝水之战后,前秦瓦解,386 年拓跋部复建代国。复国后当年就改国号魏,398 年,把首都从盛乐迁到平城(今山西大同)。这就是历史上所谓北朝的第一个朝代——北魏。经过了半个多世纪的战争,439 年北魏统一了黄河流域,结束了五胡十六国的分裂割据局面。

到了公元 495 年,北魏孝文帝才把首都从平城搬到河南洛阳。这是由于孝文帝热心汉化,想消灭南朝,统一全国,而雁北地区长期为少数民族所居住,到北魏时,已经基本上没有汉人了,都城建在此地,不利于他的汉化政策,所以才决心排除保守势力的抵制,毅然把首都迁到了黄河流域的汉文化中心洛阳。但在此前半个多世纪,在今山西的平城一直是整个北朝的统治中心。

迁都洛阳后不久,只隔三十多年,北魏的实际统治中心又回到了山西,这是由于山西境内,又有一种少数民族——契胡兴起。契胡到底是一种什么民族,现在还搞不很清楚。北秀容(今朔县一带)契胡尔朱氏世为领民酋长,至六世纪二十年代魏明帝时,尔朱荣以功都督并、肆、汾、唐、恒、云六州,驻晋阳,这六州差不多就等于今山西全省。

528 年,北魏发生宫庭政变,胡太后杀了明帝,另立幼主。尔朱荣乘机举兵自晋阳南下,立孝庄帝,沉太后及幼主于黄河,杀朝士二千余人,进入洛阳,控制了朝政。他一度想迁都晋阳,后来又放弃了这个主意,留下几个心腹把持朝政,自归晋阳。于是北中国的实际政治中心从河南的洛阳转移到了山西的晋阳。不久孝庄帝诱尔朱荣入朝杀之,荣的从子尔朱兆又从晋阳起兵入洛,执杀孝庄帝。荣部将高欢又起兵讨灭尔朱氏,立孝武帝于洛阳,自为大丞相,居晋阳,仍然是尔朱氏掌握政权时的格局。534 年孝武西奔长安依宇文泰,高欢改立孝静帝,迁都于邺,史称东魏,高欢仍以丞相居晋阳,留亲信于邺执朝政。欢死子澄继,澄死弟洋继,所以东魏一代十六年,魏帝虽都邺,实际政治中心一直在晋阳。550 年高洋篡魏,史称北齐。北齐一代二十七年,以邺为上都,晋阳为下都,皇帝经常来往于两都间,晋阳在军事上的重要性有过于邺。故周武帝伐齐,以重兵直指晋阳,晋阳既克,太行山以东也就一举而定,北齐就此灭亡。由于晋阳在北朝后期地位极为重要,所以北周灭齐之初,还在晋阳设置了并州官和六府。并州宫是皇帝的行宫,六府是仿照中央政府的规制设置天官、地官、春官、夏官、秋官、冬官六府,作为中央政府的分设机构。到形势稳定后,才予以撤销。

可见,从四世纪初刘渊起兵一直到六世纪后期 577 年北周灭北齐,山西在北中国的地位一直很重要,平阳、平城、晋阳,先后更迭成为很重要的政治军事中心,中间间断的时间很少。

隋唐大一统时期,山西的地位虽没有南北朝时重要,但仍有相当的重要性。

隋代的并州(治晋阳),是黄河流域仅次于长安洛阳的第三政治军事中心。隋文帝初 582 年,置河北道行台于此,以次子晋王广即后来的隋炀帝为尚书令。"河北道"指整个大河以北地区,包括今山西、河北、北京、天津二省二市和河南、山东的一部分。589 年罢行台,改置并州总管府,晋王广、三子秦王俊、五子汉王谅相继为总管。史称谅为总管,"自山以东,至于沧海,南距黄河,五十二州皆隶焉。"改行台为总管,只是一种体制上的改变,辖境当仍旧。其时并州不仅是大河以北的政治中心,并且是"天下精兵处"(《隋书·汉王谅传》),所以文帝一死,炀帝即位,汉王谅遂发兵反。杨谅虽然失败了,十三年之后,太原(607 年改并州为太原郡)留守李渊乘隋末大乱起兵,很快就进兵攻克长安,并终于完成了统一,唐朝取代了隋朝。

唐朝一代都很重视这个王朝的发祥地并州(618 年改太原郡为并州)。初年置大都督府于此,690 年武则天(她是并州文水县人)于西都长安、东都洛阳之外又建并州为北都。705 年中宗即位,罢北都。723 年玄宗又升并州为太原府,复置北都。此后二百年太原一直是全国仅次于长安、洛阳的第三政治中心。

山西继两晋、南北朝之后再次对全国历史发生很大的影响,是在唐末五代时期。其所以到这时又重要起来,还是由于此时山西境内又兴起了一个少数民族。

东汉、魏晋时匈奴、鲜卑等族迁入山西,匈奴建十六国中的汉,即前赵,鲜卑建北魏,还有一个跟着匈奴迁入山西的羯族,也建立了十六国中的后赵,对四至六世纪的历史都发生了重大的影响。

在唐朝初期,匈奴的后裔稽胡,还有在山西一带活动的。但此后这些少数民族即不再见于记载,想必是已同化融合于汉族。可是旧的少数民族融合不久,唐中期以后,又有一支新的少数民族——沙陀族,进入山西。

沙陀本是西突厥的一支。突厥族原来居住在蒙古高原西部阿尔泰山区,公元六世纪五十年代灭柔然,成为蒙古高原的主人,六十年代西破哒,疆域展至中亚的阿姆河流域。八十年代分裂为东、西突厥。西突厥占有今新疆及中亚西亚地,并有一支移殖到今天的新疆东北角天山东端的北麓,和当地的土著印欧语系白种人融合在一起,形成沙陀族。这些沙陀人还保持着白种血统的相貌。

唐朝前期,沙陀人属唐朝统治。到了"安史之乱"后三十余年,即八世纪末,唐朝在新疆的势力被来自西藏的吐蕃逐出,沙陀便成了吐蕃的属部,并被迫迁到河西走廊张掖一带。九世纪初,沙陀人不堪吐蕃的压迫,举部东走,投奔唐朝,唐朝政府就把这支沙陀族安置在今陕北的定边盐池一带。不久,又进一步内徙今山西太原和雁门关南北定襄、朔县、山阴一带。从此山西北部就有了沙陀族,代北沙陀军在当时是最雄劲的部队。

沙陀酋长本姓朱邪,由于投奔了唐朝,屡立战功,唐朝赐姓李,官至节度使。九世纪末黄巢起义军攻入长安,唐朝统治者慌了手脚,下诏赦免沙陀酋长李国昌、克用父子杀害云州防御使之罪,使"讨贼(指黄巢起义军)赎罪"。李克用终于在883年收复长安战役中功居第一,父子二人一个做了代北军节度使(镇代州),一个做了河东节度使(镇太原)。国昌卒,克用又南取昭义(治潞州),北取大同(治云州),以太原为中心,占领了山西的大部分,895年进爵晋王,建立了唐末和五代后梁时代的晋国。

公元十世纪初,进入了五代十国时期。五代初期,主要是沙陀人的晋国和汉族人的梁朝之争。梁朝的地盘很大,但晋国的武力很强。最后还是晋国打败了梁朝,建立了后唐朝。后唐首都虽然在洛阳,但仍把太原府建为北都,又叫北京。后晋、后汉的首都在开封,太原仍为北京。

五代的五个朝代中,有三个朝代都是以太原府为根据地的沙陀人建立的。第一个是李克用之子存勖建立的后唐,第二个就是历史上臭名昭著的石敬瑭建立的后晋,第三个是刘知远建立的后汉。而这三个小王朝的创建者在建号称帝之前,都是前朝的北京留守、河东节度使,都是以山西为根据地乘机夺取黄河流域的大部分,从而一幕一幕地演出了改朝换代的历史剧。

在宋太祖所进行的统一战争中,曾两次派大军攻打自后周以来割据山西的北汉,两次兵临晋阳城下,但都未成功。直到其弟宋太宗时(公元979年,即宋太祖开国称帝后的十九年),才攻下晋阳,灭了北汉,完成了统一事业。

如上所述,可见在唐末五代,山西在黄河流域也是一个很重要的地区。五代中的三个小王朝,都是以山西为根据地的沙陀人建立的。有两个割据政权,五代初的晋国和五代末的北汉,也都在山西建国。而晋阳城在这一时期占有举足轻重的地位。

在宋王朝完成统一事业过程中,晋阳是最后一个割据势力的中心,也是最顽固的一个城堡,宋军费了很大力气才攻下来。又鉴于唐末五代的教训,中央政府内部一乱,总是以晋阳为根据地的一个新的势力建国割据,进而争夺天下。因此在宋太宗打下晋阳之后,就烧毁了这个千年古都晋阳城。但这个地区又不能没有一个行政中心,就改太原府为并州,移置阳曲县的唐明镇,这就是今天太原城的所在。至1059年复改并州为太原府。

由此看出,山西在历史上占有重要地位的时期,往往是历史上的分裂时期。这是因为,山西处于黄土高原的东部,它对河南、河北、陕西的关中地区而言,都是居高临下的,这在过去一刀一枪打仗时,是很占优势的地势。又因为盘踞山西的割据势力大都是强悍的少数民族,他们的武力很强,因而能攻则取之,退则守之,长期割据称雄。

北宋王朝统一中国后,山西不再是割据中心了,这和分裂时期比起来是比较不太重要了。但宋以后的山西,也有很值得讲的地方,特别是在金元时代。这不是因为它在政治上形成中心,而是因为在经济文化上占有重要的地位。

金元时代,山西的经济文化比它邻近的地区发达。金朝统治着秦岭和淮河以北的半个中国。《金史·食货志》中特别提到:"平阳一路,地狭人稠"(山西西南部在金时称平阳路)。它是金朝境内人口最稠密的地区。拿《金史·地理志》中各路的户口来比较,当时的户口密度比河北、陕西都高,可见那时山西的农业比河北、陕西发达。

经济发达自然要推动文化的发展。当时,统治南方的是南宋,统治北方的是金。南宋的印刷业中心(也就是文化中心)在首都临安(今杭州),金的印刷中心却在平阳,而不在首都中都(今北京)。

再就金国科举制度来看,金全国分十九个路,凡文化发达的地区,一个路设一个考区。文化不发达之处,到临近的考区去考试,当时的山西分为三个路,晋北地区称西京路,晋中地区称河东北路,晋南称河东南路。(辽改云州为大同府,建西京,领西京道。金改称西京路,辖境为以今大同市为中心的雁北地区。雁门关以南的地区称为河东,河东分南北两路,以太原为中心的地区叫河东北路,以平阳为中心的地区叫河东南路。)全国十九个路,共设十个考区,而山西的三个路,每一路都设有考区。

《金史·文艺传中》中记述金朝一代的文人、学者,山西人占的比重很大。特别是金末元初,山西出了两个全国第一流的文人。一个是元好问,一个是刘祁,这两个人不仅当时很有名,而且到后代也很出名。元好问是秀容人(今忻县),他在中国文学史上占有很重要的地位。刘祁是浑源(今浑源县)人,刘家在金朝一代出了好几代由科举入仕的文人,时人称刘家的家乡为丛桂窟。到刘祁青年时,金朝灭亡了,入元后他著的《归潜志》这部书,很有史料价值,后人修《金史》多取材于此。

现在讲一讲元代。商税的多少,是衡量一个地区经济发达与否的一个标志。我们看《元史·食货志》中的商税记载:晋宁路(元代把河东南路改为晋宁路,河东北路改为冀宁路,西京路改为大同路)的商税,在华北一带仅次于大都路(元代首都,今北京),远在其他诸路之上,不论是山东的济南,河北的真定、大名、保定,都赶不上它。冀宁路的商税比晋宁路稍差,但和真定、大名差不多,而在保定、顺德、广平等路之上。可见金元时山西的经济在华北地区是比较发达的。

由于经济发达,促进了文化艺术的发展。金、元时代山西的戏剧事业也很繁荣,现在研究戏剧史的人都要到晋南去找金元时代的戏台,这是保留至今的最古的戏台建筑。

过去几千年历史,都是以农业为主要的生产部门。在正常情况下,平原地区发展农业的条件要比高原地区好,那为什么在金元时代,山西高原的经济文化反而要比邻近的河北、关中平原地区发达呢?这种情况还有待于我们进一步研究。重要原因之一应该是由于宋金、金元时期,平原一带受战争的摧残比较严重,山西受的战祸则比较轻,比较太平,所以在这一段时期内,山西的经济文化比邻近的平原地区发达。

由于在金元时代山西始终是华北地区经济最发达、人口很稠密的地区，且元末明初的战乱也不严重，所以到了明代初年，就显得人口特别稠密；而太行山东麓的河北平原地区，经兵燹之后，人口很稀少，于是就发生了明初的大举移民。

关于明初的移民，见于《明史·食货志》记载的有洪武年间曾迁山西北部（山后）和东南部（泽潞）民于河北，又曾迁山西民于安徽江淮间和河北、山东、河南一带。永乐间又曾迁山西中部、西南东南部"丁多田少及无田之家分其丁口以实北平（河北）"。明初山西移民的出发地见于历史记载虽然晋中晋南晋北都有，可是根据民间传说和河北人的家谱，则河北人极大部分都说他们的祖先来自山西洪洞大槐树下。这是怎么回事呢？还不太清楚。有人推测，可能是当时山西大部分移民在搬迁之前，都在洪洞集中，然后出发，当然不可能都是洪洞人。除洪洞县外，还有一部分河北人认为祖先来自"山后"，山后指今天的雁北地区。这可能反映当时晋北的移民直接搬到河北，不经过晋南。

明清两代基本上是全国统一的时代，所以山西在政治军事上并没有多大重要性。农业也不突出，邻近的平原地区赶上来了。这时山西好像不太重要了，但在工商业方面，山西的商人在明清两代是很出名的。山西人善于经商，这在《史记·货殖列传》中已有记载。到了明清两代，山西人会做买卖的这个传统更进一步发展，对全国的经济发生了很大的影响。在许多明清时代的笔记里，都提到山西的富商。例如《五杂俎》里说："富室之称雄者，江南则推新安（徽州府），江北则推山右（山西）。新安大贾，渔盐为业，藏镪有至百万者，其他二三十万则中贾耳。山右或盐，或丝，或转贩，或窖粟，其富甚于新安"。《广志绎》里说："平阳泽潞，豪商大贾甲天下,非数十万不称富"。

山西的商人靠贩卖什么呢？主要是把山西解池的盐、潞安府的潞绸,还有煤、铁等运出去,把长江下游的布运进来。潞安府的潞绸是从明代开始兴起的。山西当时的冶铁工业也很发达。明代全国有十三个冶铁所,山西就占了五个。

在明代,山西的边境城市大同的繁华也是很有名的。谢肇淛《五杂俎》:"九边如大同,其繁华富庶不下江南,而妇女之美丽,什物之精好,皆边陲所无者……谚称蓟镇城墙,宣府教场,大同婆娘为三绝云"。大同的妇女何以以美丽著称？显然并不是明以前大同妇女不美,到明代时变美了,而是明代大同的都市经济发达,妇女之穿戴也讲究起来了,所以看上去很美。促成大同繁荣的有两个原因:一是由于大同是边境城市,驻扎了大批军队,所以全国的财富大量输往大同消费。二是对蒙古的互市。明朝和蒙古和好时期,大同是对蒙古贸易的主要市场。明朝设有防边九镇,称为九边,大同是九边中最繁华的。

明代的山西人做生意已经很了不起了,但明代商人经营的范围只限于当时在明朝版图内的黄河流域和长江流域。到了清朝,随着王朝版图的逐步扩大,山西商人的经商范围也扩大到了东北三省和内外蒙古等边远地区,甚至远达俄罗斯的莫斯科。因为这种跑北路边疆和国外的商队使用的交通工具是骆驼,被称为骆驼帮。

由于山西商人经常出远门经商,要走很远的路,带很多的银子不方便,也不安全,特别是到了清中叶以后,地方不靖,携带现金更感困难,于是山西商人经营的汇兑业便应运而起,这就是近代史上有名的山西票号。开设票号的多是山西平遥、祁县、太谷的商人,全国各地,主要是黄河流域,还有长江、珠江流域,到处都有他们的分号。这些票号既接受公私存款，又经营官商汇兑。到清代后期，山西商人的票号基本上控制了全国金融，所设分号远至日本、俄国。每年获利约达五百万两。山西的票商在清代是同盐商、行商（广东十三行）齐名的全国最富有的商人。一直到二十世纪初，银行发展起来了，票号才逐渐衰落。辛亥革命后，票号大部分相继倒闭，少数几家则一直存在到三十年代。如上所述，可见明清两代山西在全国经济地位上的重要性。

今后的山西再不可能成为全国政治上的中心，因为全国统一，再也不会分裂了；山西也再不会成为黄河流域农业上的重心了，因为和平时期高原发展农业的自然条件总比不上平原优越。但是山西今后还是会发展成为全国重要的工业基地的，因为山西的煤最多，铁很多，发展重工业的条件是很优越的。随着我国四个现代化的实现，山西的煤、铁工业必将得到更大的发展，在全国的经济中占有更重要的地位。

（原载《晋阳学刊》1981 年第 5 期）

历史上的金门与马祖

金门列岛和马祖群岛都是我国大陆沿海的岛屿,距离大陆远的不过60—70里,近的只有10—20里,它们的历史和大陆滨海地区的历史是不可分的。

金　门

在传世的古籍中,有关金门的记载,始见于北宋初年(10世纪80年代)的《太平寰宇记》,其次见于南宋后期(13世纪20年代)的《舆地纪胜》。《寰宇记》卷一〇二泉州同安县下有一条:

> "海中有岛屿四所,计四百余家居焉;无田畴,人以钩鱼拾螺为业。"

金门是同安县南海中最大的一个岛(其次是厦门、小金门和大登),此所谓岛屿四所,金门无疑是其中之一。《舆地纪胜》卷一三〇泉州景物下载有同安县海中有四个岛屿:1. 嘉禾屿,即今厦门岛;2. 大登屿;3. 小登屿,即今金门岛北面的大登、小登二岛;4. 浯州屿,"涪"字显然是"浯"字之误,浯州屿即今金门岛。其时嘉禾、浯州二屿,各已有居民达千家,大、小登屿上的居民也很盛。这四个岛屿很可能就是《寰宇记》所谓同安县海中的"岛屿四所"。由此可见在这二百多年之中,金门等岛上人口增殖得很快。

公元 1276 年, 宋幼帝昰曾一度驻跸嘉禾屿, 旋由大担出港赴潮州, 这是金门列屿中的大担岛见于记载之始。

到了明代, 先有倭寇(日本海盗)的劫掠, 末年又有红夷(荷兰侵略者)的窥伺。海疆多事, 金门列岛遂屡见于记载。洪武年间(14 世纪 80 年代)为了抵抗倭寇, 在福建海上建了三个水寨, 其中之一就是建立在浯洲屿上的浯屿寨。同时又在全省滨海各要害处建立卫所十七处、巡检司四十五处, 筑城置戍, 防贼内侵;其中守御金门千户所, 田浦、官澳、峰上、陈坑四巡检司, 都建立在浯州屿上, 烈屿巡检司建立在烈屿上。此后浯州屿即因建有金门所而又得名金门岛, 紧靠着金门岛的烈屿, 又被称为小金门岛。

明代后期, 金门、厦门一带的人民先后在抗击倭寇、红夷的侵入的斗争中, 为祖国历史写下了光辉的一页。1646 年郑成功举兵于烈屿, 不久即以金、厦为根据地, 在沿海人民的支持之下, 从荷兰侵略者手中夺回了台湾, 坚持了抗清义旗达三十年之久。

郑氏政权建思明州于厦门, 这是金、厦地区从同安县分出专设州县之始。入清罢思明州, 仍归同安县管辖, 但在厦门驻有分守兴泉永海防兵备道和泉州府的海防同知, 在金门也驻有同安县的县丞, 并一度驻有泉州府的通判。辛亥革命后, 1913 年始分同安县立思明县于厦门, 1914 年又分思明县立金门县于金门。

清代对金门、厦门地区的海防特别重视, 在厦门驻有水师提督, 统辖全省水师, 下辖四镇, 其一即驻金门(另外三镇是海坛、台湾、南澳。清末改金门镇为营)。大担、小担岛上都设有防汛和炮台。

明代的金门千户所城在岛的西南隅, 清代将所有文武衙署移驻岛西后浦镇, 即今金门市。

马　祖

马祖岛原名上竿塘山,马祖岛以北的长岐岛原名下竿塘山。南宋中叶的《淳熙三山志》(淳熙,公元 1174—1189 年;三山,福州的别名),列举闽江口外的岛屿,就已提到了上、下竿塘山。据顾祖禹的《读史方舆纪要》,洪武初曾"徙其民于内地",可见在这以前马祖群岛上早已有了居民。

上、下竿塘一称南、北竿塘。清代在南、北竿塘山上都设有烟墩瞭望,南、北竿塘和迤南的白犬、东沙二岛,合置战船四拨,千把总一员巡防,隶属于海坛镇所辖的闽安协水师副将。

"马祖"原是南竿塘山西南一澳的澳名(因岸上建有马祖庙而得名,闽俗称天后为马祖),长岐原是北竿塘山南面一澳的澳名,晚清以来,这二澳经常为西方侵略者的轮舶出入闽江口时的寄舶之所。由于这些洋人不知道全岛的岛名,迳以泊舟所在的澳名名岛,此后中国人自己所编绘的图籍,也就跟着他们改称为马祖、长岐了。

(原载《文汇报》,1958 年 9 月 27 日)

北　河

　　"北河"有二义:黄河自宁夏北流过磴口折而东流,西东流向一段对南北流向一段而言,彼为"西河",此为"北河",是为广义。广义北河之西段古代岐分为二派,一为经流,约当今乌加河,一为支流,约当今黄河,经流对支流而言,彼为"南河",此为"北河",是为狭义。

　　《史记·秦本纪》惠文王后五年"王游至北河",昭襄王二十年,王"又之上郡北河",皆系广义。其时秦地未届今乌加河,惠文昭襄所至,当为上郡北界今托克托附近一带黄河。今托克托一带战国以来有"榆中"之称,赵武灵王西略胡地至此,见《赵世家》。是则《始皇本纪》三十六年"迁北河榆中三万家",《卫将军列传》"按榆谿旧塞,绝梓岭,梁北河",所谓"北河",正当与惠文昭襄所至"北河"同,亦属广义,所指具体地区则为北河之东段。《水经·河水注》系卫青梁北河事于对"南河"而言之"北河"即狭义北河下,非也。

　　《水经》叙河水北过临戎县(故城在今黄河西岸磴口北约二十公里)西,从县北屈而东流,到河目县(故城约当在今乌梁素海东北)西屈而南流一段,所指即今乌加河。经文简括,既不及别有支流南河,故亦不言此段经流有北河之称。《水经注》始有南、北河之目,并详叙二河之分合。其所叙"北河"之经流正与经文符合,又凡言"北河"处往往迳作河水或河,不加北字,凡言"南河"处必加南字,是其时以"北河"为经流甚明。明乎是,则可知《史记》、《汉书》所载秦皇汉武时代与匈奴所争夺之"河南地",果不仅指今黄河以南之前套地区,实兼包今黄河以北、乌加河以南之后套地区。

自《水经注》后,传世历代图籍鲜有详载河套黄河河道具体方位者,惟"北河"为经流,"南河"为支流此一基本形势不变,则至明代后期犹有明征。蒙古鄂尔多斯部之先世以明嘉靖入居河套,自后即以套内为其牧地。核之舆图,该部之左翼后旗即达拉特旗及右翼后旗即杭锦旗,牧地实跨今黄河南北,北以乌加河与乌拉特前旗接界。即此可见其时黄河必仍循秦汉以来故道流经"北河"(狭义),故二旗牧地即以此为北界。然则明世所谓河套,亦应包括今前后套,与秦汉时代所谓"河南地"等同。

清初河势始变,见于康熙实测《皇舆全图》者,已不复为南北二河,而系初分东西二派,继分南北中三派,此外北派又有若干岔流,惟各派宽狭略相等,不辨孰经孰支。齐召南《水道提纲》,即系以《皇舆全图》为本,参稽一统志馆所藏图籍而成,亦仅言东西二派以东派为正,而不及南北中三派以何为正。是其时"北河"已渐趋湮塞,而"南河"尚未发展成为经流也。至乾隆《内府舆图》,河形依旧,独将南派加粗,盖至是而主流南趋之势始成定局。据此,则南北河经支位置之倒置,殆始于顺、康而成于雍、乾之际。自后遂以"新河"称向之"南河","旧河"称向之"北河"。旧河日就涸废,同、光以来,即不复以黄河目之,改称乌加河,而"新河"遂独擅黄河之名。至新旧两河之间,自经蒙旗放垦,灌溉大兴,旧日支津岔流,不久遂悉为人工渠道所代。故今日后套河道,不特已迥非明以前面目,即欲推寻康、乾旧迹,殆亦不可详辨矣。

　　黄河纳乌加河于西山咀后，东南流，北岸又有三呼河岔分东出，与河并流二百余里至三岔口合于河。按《水经·河水注》：河水"东径九原县故城南"，"其城南面长河，北背连山"。此所谓连山，指乌拉山，所谓长河，即古大河。但今黄河北距乌拉山麓约三四十里，九原故城若南面此河，似不得谓为北背连山，颇疑郦时此段大河实为今之三呼河，九原故城当在三呼河北岸，故北去乌拉山甚近。惟此事别无佐证，殊不敢自信，姑附识于此以待异日详究。

　　三岔口上游不远处又有淤河一道自黄河南岸分出，东流九十余里至包头市南南海子稍东与黄河合，当地人民呼为"大河"，相传为黄河故道（《调查河套报告书》）。此河不见于《皇舆全图》及《水道提纲》，盖清初已淤废。证以旧日达拉特旗与乌拉特旗实以此河而不以今黄河为界，则民间传说自属历史事实，黄河之舍此道而改行今道，当在明代嘉靖以后。

　　《清一统志》与《蒙古游牧记》皆谓鄂尔多斯部东西北三面距黄河，此概括言之耳。精确言之，三面距河者乃明代情形，入清部界仍旧，而"北河"（广义）已有两段改道，故北面部界与河道已不尽相符。

（原载《中华文史论丛》第六辑，

1965 年 8 月，署名禾子）

阴　山

　　"阴山"有三义:举河套北大漠南诸山通谓之阴山,此为广义;盖以山居中原之北陲而得名。今谓之阴山山脉。阴山山脉之西段在今乌加河北岸者,今名狼山,秦汉时以其逼邻大河,水北曰阳,别名"阳山"。"阳山"之名既著,言"阴山"者或不计此段在内,专指自此逶东诸山,是为次广义。今谓之大青山。阴山山脉之南支位于乌加河东南岸黄河北岸者,今名乌拉山,对"阳山"而言,古人又或专指此山为"阴山",是为狭义。

　　《史记·匈奴列传》,赵武灵王"筑长城自代竝阴山下至高阙为塞",此"阴山"系广义。代地北值大青山东端余脉,高阙系狼山上一阙口,自代竝阴山下至于高阙,是所谓阴山自当统指阴山全脉。

　　《汉书·匈奴传》郎中侯应言:阴山"东西千余里",自武帝"建塞徼,起亭燧"于阴山,自后"匈奴来寇","从塞以南,径深山谷,往来差难"。此"阴山"系次广义。阴山全脉以古里计当在二千里以上,不止千余里,又狼山纵深不过数十里,亦不得谓为"径深",故知狼山不包在内。

　　《续汉书·郡国志》:"西安阳,北有阴山"。《史记·蒙恬列传》集解引徐广曰:"五原西安阳北有阴山,阴山在河南,阳山在河北。"按西安阳故城在今乌拉山南黄河北岸,则此所谓"阴山"乃狭义。《匈奴列传》索隐亦引徐广此说,但《集解》引此说以释"阳山"则可,《索隐》引此说以释赵筑长城"竝阴山下"则不可,彼所谓阴山自代至高阙绵亘二三千里,焉得以此区区东北不过二百余里之乌拉山当之。

徐广云"阴山在河南",其意盖谓对"阳山"而言,彼在河之北,此在河之南,其所谓"河",专指介于两山之间之"河",即今之乌加河。至河经山之西北麓后又折而东流经山之南麓,既无与于山之得名,遂亦不复涉及。但其言过简,若不事审核,难免不解作全山悉在河南,故郦道元已指陈其语病曰:是山"实不在河南",言"阴山在河东南则可矣"。乃后人仍有据徐说滋误解者。张鹏一《河套图志》图阴山于今大河之南,其误不待辨。惟张鼎彝《绥乘》谓古大河绕行乌拉山后由昆都仑河合今道,言之凿凿,骤读之殊难断其是非。然通检《绥乘》全书,除徐说外实别无文献依据,足见其说殆出于臆度,非可征信。验之于实测地图,乌拉山北麓高出乌加河谷达二百米以上,古大河自无逾此东出之理。

或并疑徐广之说亦出于望文虚构,则未必然。近代名狭义之"阴山"为乌拉山,对狼山而言,则此为乌拉前山,狼山为乌拉后山。今之所谓"前山"、"后山",亦犹古之所谓"阴山"、"阳山"矣。

"阴""阳"与"陶"字形相似,易致讹误。今本《史记·始皇本纪》"又使蒙恬渡河取高阙、陶山、北假中",此"陶山"系"阳山"之误,张文虎、杨守敬已辨之。《水经·河水注》:"并河以东属之陶山筑亭障为河上塞",此"陶山"系"阴山"之误,赵一清、戴震已正之。兹不复赘。

(原载《中华文史论丛》第七辑,
1978 年 7 月,署名禾子)

陈胜乡里阳城考

　　《史记·陈涉世家》:"陈胜者,阳城人也"。《汉书·陈胜传》同。关于这一阳城的所在地,前人共有三种说法:《陈涉世家》司马贞《索隐》引韦昭说和张守节《正义》认为是秦汉颍川郡的阳城县,故治在今河南登封县境。《陈胜传》颜师古注认为是《汉书·地理志》汝南郡的阳城侯国,故治在今河南商水(一作汝南)县境。唐以后多数著名学者如胡三省(《通鉴注》)、顾祖禹(《读史方舆纪要》)、齐召南(《官本汉书考证》)、钱大昕(《二十二史考异》),皆主颍川说;采用汝南说的只有徐松《新斠注地理志集释》一家。此外又有在今安徽宿县南一说,我所见到的文献记载以《大明一统志》为最早。《明一统志》此说当以当地地方志为本,应该是一种流传于宿县一带地方上的说法,所以凡安徽的地方志,不论是《通志》、《凤阳府志》或《宿州志》,都采用此说。近年来史学界有不少同志关心这一问题,先后在《光明日报》上发表了三篇文章①。三篇刚好是各主上述三说中的一说:冯道魁、黄丰林主宿县说,杨国宜主登封说,魏嵩山主商水说。就这三篇文章而论,可以说是后来居上,一篇胜

---

① 冯道魁、黄丰林:《陈胜究竟是哪里人》,1959 年 5 月 21 日。杨国宜:《陈胜生地阳城考》,1950 年 8 月 20 日。魏嵩山:《陈胜生地阳城考辨》,1960 年 3 月 21 日。

似一篇；但问题不等于已经获得解决，仍有待于作进一步的探讨。

宿县说全出于穿凿附会，杨国宜同志的驳难本已相当中肯有力；想不到最近有的历史教本和辞书里竟然都采用了此说，因此有必要就杨文所未及处，再补充两点：

一、说宿县境内古有阳城，这在唐宋以前的记载里是找不到任何依据的。单凭明清人所修地方志里的记载，如何信得？冯、黄二位的文章里所引用的唯一地方志以外的史料是宋玉《登徒子好色赋》里"惑阳城，迷下蔡"一语，但宋玉（也可能出于后人依托）这句话只能证明楚地有阳城而已，并不能说明这个阳城在今何地。冯黄二位竟据此就得出阳城在今宿县的结论，这在逻辑上是绝对不能成立的。

二、地方志上这一说法是怎么来的？也有线索可寻。按：两汉沛郡（或沛国）皆领有谷（穀）阳县，曹魏以后县废城存，至东魏武定中又置谷阳郡于谷阳城，隋开皇初郡废，改置谷阳县，唐显庆初县废①。县废后谷阳城可能到宋初还存在，所以《太平寰宇记》宿州蕲县下载有"谷阳城"，而不作"谷阳故城"。《寰宇记》云：谷阳城在蕲县（故治今宿县南蕲县集）东七十里。又据《水经·淮水注》，谷阳城在解水即谷水（今濉河）之北，涣水（今浍河）之南；涣水北岸另有谷阳戍。以地望推断，谷阳戍约当今之固镇，谷阳城在其南不远，正与《大清一统志》所载固镇在灵壁县西南七十里，谷阳故城在县西南七十五里相符合。谷阳故城虽在今灵壁县境西南隅，但西去宿县界殆不足十里，在谷阳县未废以前，其辖境应包有

---

① 《三国志·魏明帝纪》：景初二年，"分沛国萧、相、竹邑、符离、蕲、铚、龙亢、山桑、洨虹十县为汝阴郡"，不及位于蕲、龙亢、洨之间的谷阳，知此前已废。《吴志·丁奉传》：建衡元年，"攻晋谷阳"，《晋书·地理志》无此县，知县废城存。余见各史《地理志》。

今宿县的东南部分。然则宿县一带相传旧说"阳城"故址在今县东南湖沟集一带,这个"阳城",显然是谷阳城之讹,也可能是当地人对谷阳城的简称。谷阳变成了"阳城",大泽乡又就在宿县境内,这就很自然地会把这一"阳城"附会为陈胜的家乡了。

登封境内秦代置有属于颍川郡的阳城县是靠得住的①,故登封说较胜于宿县说。可是这一实有的秦代阳城县却不可能是陈胜的家乡,因为据《史》、《汉》记载,陈胜明明是楚人,而这一阳城明明是由郑入韩,由韩入秦,从未属楚。杨国宜同志说它可能包括在西楚范围之内,但实际并没有这种可能。此阳城在战国先后两个韩都新郑(今县)阳翟(今禹县)之西北,若这里都可以算是西楚,那岂不是新郑、阳翟也该算西楚吗?岂不是几乎所有韩地都该算作楚地了吗?

商水说即《汉志》汝南郡的阳城说又较胜于登封说。这是因为一,此阳城在战国应属楚地;二,《史记·李斯列传》有云:"楚盗陈胜等,皆丞相(指李斯)傍县之子",李斯是上蔡(故治今县西南)人,此阳城恰好与上蔡接壤。但此说也还存在着弱点,即这一阳城在汉代是一个侯国,始建于宣帝地节中,前此未尝见于记载。魏嵩山同志说,侯国命名一般皆采用原来地名,建立阳城侯国之前,其地应早已有阳城之名,这是对的。可是早已有阳城之名,不等于在此早已建立了阳城县。西汉列侯封国在受封以前往往只是原来的一乡一亭,决不能说所有的侯国原来都是县。阳城侯国据《汉书·外戚恩泽侯表》阳城缪侯刘德条和《楚元王传附刘向传》,宣

---

① 《汉书·高祖纪》:秦二世三年四月,沛公已略韩地,"乃北攻平阴,绝河津南,战洛阳东,军不利,从辕至阳城,收军中马骑。六月,与南阳守战犨东,大破之。"(《史记·高祖纪》叙事略同,惟不标四月、六月。)此阳城在辕(险道名,今偃师东南)之南,韩地,无疑即《汉志》颍川郡之阳城县。

帝五凤二年德子安民嗣侯,以户五百赎弟向死罪减一等,定户六百四十户,可见刘德初受封时,大约只有千把户。汝南郡在汉代是人口很稠密的地区,据《地理志》所载,平帝元始二年时领县(包括侯国)三十七,有户四十六万余,平均每县在万户以上。阳城若是一个秦以来的旧县,不可能小到在宣帝时只有千把户,看来在建立侯国以前,它只能是一个乡或亭。而旧史载"某人,某地人也",所谓某地,通例皆指县名,不指乡、亭名;那末陈胜当然也就不可能是这个阳城乡或亭的人。

那末陈胜的家乡阳城究竟在哪里?

按:《史记·曹相国世家》叙曹参在秦末的战功有云:"从南攻犨,与南阳守齮,战阳城郭东,陷陈(阵),取宛,虏齮,尽定南阳郡"。《汉书·曹参传》同。"阳城"下《集解》、《索隐》、师古注并引应劭曰:"今堵阳①"。又《索隐》引徐广云:"在南阳"。可见秦代除颍川郡的阳城县外,另有一个南阳郡的阳城县,即汉代的堵阳县。据《清统志》,堵阳故城在今河南方城县东六里。

也许有人会怀疑应劭的说法,认为曹参作战所经的阳城,可能就是在今登封境内的阳城,因为《汉志》在南阳郡堵阳下只说"莽曰阳城",没有说"本秦阳城"。但《汉志》体例在县名下一般只提"莽曰某某",提到"本秦某县"的本来只有极少数几个例外,我们自不应以《汉志》没有提到为理由遽尔否认应劭所说的可靠性。合班应二人之说,则此县在秦本名阳城,汉改堵阳,王莽复秦旧名,东汉又改同西汉,这是完全合乎情理的事。再者,《曹相国世家》、《曹参传》叙述这一战役先攻犨(故治在今鲁山县东南),中间战于阳城郭东,然后取宛(故治即今南阳县治);犨是南阳郡属县,宛是

---

① 堵,《集解》、《索隐》引作赭,误;师古注作堵是。

南阳郡郡治,与曹参战于阳城郭东的又是南阳守齮,更可见这个阳城不可能是在辇北今登封境内的颍川阳城,正应该是介于辇、宛之间在今方城境内的南阳阳城。

我们认为这个阳城才是陈胜的家乡。

陈胜是楚人,这个阳城地属南阳郡,在战国楚北境长城"方城"之内,显然是楚地,所以作为陈胜的家乡,它要比颍川的阳城符合条件。再者,这个阳城见于秦代记载,本身是一个城,又有郭,又为汉县堵阳的前身,可见它确是一个秦县,所以又比《汉志》汝南郡的阳城为符合于作为陈胜家乡的条件。

不仅如此,也只有这个阳城,才符合于战国记载中的楚之阳城:

> 《登徒子好色赋》:"嫣然一笑,惑阳城,迷下蔡"。王逸注:"阳城、下蔡,二县名,楚之贵介公子所封"。

> 《吕氏春秋·离俗览·上德》:"墨者巨子孟胜善荆之阳城君,阳城君令守于国……荆王薨,群臣攻吴起于丧所,阳城君与焉"。

从这两条记载看来,楚之阳城在战国时显然是一个名城巨邑。任何聚落之所以能发展成为一个名城巨邑决不是无条件的。在今方城县东的阳城,地当伏牛山隘口,战国时楚国境内著名的陆路交通干道"夏路",即自此东出隘口①,通向汝颍大平原,其地理位置正优足以发展成为一个繁荣的都邑。至于在今商水或汝南境内的汉代阳城侯国,那就不可能具备这样优越的条件。由此亦可见,先秦和秦代的楚之阳城,只能是汉之堵阳县,不能是汉之

---

① 《史记·越王勾践世家》:"夏路以左",《索隐》引刘氏云:"楚适诸夏,路出方城"。

阳城侯国①。

这个在今方城县境的汉堵阳县秦阳城县，在秦汉南阳郡境内，而李斯家乡上蔡县则汉属汝南，在秦应属陈郡。自阳城东去上蔡，偏北走中间隔着汉汝南郡的西平县（故治在今县西），偏南走中间隔着汉汝南郡的吴房县（故治今遂平县治），这两个县都有可能在秦代已建县，所以阳城与上蔡可能并非紧邻。那末，这个阳城能不能被看成是上蔡的"傍县"呢？这应该是不成问题的。就辞义而言，"傍县"犹言邻近诸县，本不一定限于紧邻，限于同郡。何况，"楚盗陈胜等，皆丞相傍县之子"这句话，是赵高在二世前诬陷李斯的话，在这种情况下，傍县所指范围，当然更可以被扩展得比平时更为广大。被指为李斯"傍县之子"的又不止陈胜一人，而是"陈胜等"多人，这些人更不可能都是上蔡紧邻诸县的人。这中间很可能也包括阳夏（故治今太康县治）人吴广在内，阳夏之去上蔡，那就比阳城更远了。

所以我的结论是：把陈胜的乡里阳城解释为南阳郡的阳城县即今河南方城县，其可靠性要比所有旧传三种说法都来得大些。

1961. 3. 14

（原载《社会科学战线》1981 年第 2 期）

---

① 清顾观光《七国地理考》卷三释楚阳城云："汉志属汝南，在今陈州府商水县西"，当由于失检《曹相国世家》、《曹参传》而致误。

郭著《李白与杜甫》地理正误

一、碎　　叶

　　李白先世隋末被窜于碎叶,郭老认为唐代碎叶有两处,一为"中亚碎叶",又其一为"焉耆碎叶"。焉耆碎叶,其城为王方翼所筑,筑于高宗调露元年(679 年)。①

　　按:郭老所谓"中亚碎叶",城在碎叶水即今楚河南岸,见于玄奘《大唐西域记》卷一(碎作素)、《通典·边防典》石国注引杜环《经行记》、《新唐书·地理志》北庭大都护府及卷末贾耽记边州入四夷道里。又谓别有一"焉耆碎叶",盖本于《新唐书·地理志》羁縻州焉耆都督府下注云:"有碎叶城,调露元年都护王方翼筑,四面十二门,为屈曲隐出伏没之状云"。其实细读两《唐书·裴行俭传》、《王方翼传》,可知方翼所筑碎叶城,就是碎叶水上的碎叶城;通观两《唐书》记载,只有这一个碎叶城,不存在第二个碎叶城。但著名的唐代安西四镇初置时是龟兹、于阗、疏勒、碎叶四镇,后来又罢碎叶,以焉耆备四镇(两《唐书·龟兹传》、《焉耆传》)。欧阳修殆因此而误以为碎叶即焉耆,故列碎叶城于焉耆都督府下。郭

---

　　①　见《李白与杜甫》第三、六页。

老不察,致误信谬说。①

又,郭老以"焉耆碎叶"城筑于调露为据,就认为生于隋末的李白当然不会生于"焉耆碎叶",这句话是不能成立的。假如焉耆境内确有一地名为碎叶,则生于其地筑城以前的人,何尝不能说是生于碎叶?

又,郭老谓碎叶即今托克马克,在今苏联哈萨克境内。按:托克马克在今苏联吉尔吉斯共和国境内,不属哈萨克。

二、条　支

李阳冰《草堂集序》中述李白家世有云:"中叶非罪,谪居条支"。郭老认为所以不说谪居碎叶而改为条支,是因为碎叶城属于条支都督府。又说,唐代的条支都督府,"旧不详其地望所在"。李白乐府《战城南》云:"去年战,桑干源;今年战,葱河道;洗兵条支海上波,放马天山雪中草"。"诗中条支与葱河(喀什噶尔河)、天山连文,表示其地望相接";"此唐代条支既与葱河、天山等接壤,自当包含碎叶。是则所谓条支海,或条支都督府所辖之海,如非伊塞克湖(热海),当即巴尔喀什湖。因而条支都督府所辖地即今苏联境内的哈萨克一带,是毫无疑问的"。②

按:郭老这一段推论是极为荒谬的。《草堂集序》中的"条支"和《战城南》中的"条支海",都是文人用典,不能指实为确系谪居于条支其地,洗兵于条支之海。《汉书。西域传》:乌弋山寓"西行

---

① 请参阅邹逸麟、赵永复:《唐代的碎叶城》。载《复旦学报》1980 年《历史地理专辑》。

② 见《李白与杜甫》第 4—5 页。

可百余日乃至条支,国临西海。自条支乘水西行又百余日,近日所入云"。《后汉书·西域传》:"班超遣甘英使大秦,抵条支,临大海,欲渡",船人极言海水广大,往往经岁始得度,英乃止。故条支一名,汉后遂成为中土人心目中西方极远地区的代名词,李阳冰与李白诗文中的条支与条支海,即用此义。郭老竟以条支为唐代的条支都督府,在今苏联哈萨克一带;条支海为今伊塞克湖或巴尔喀什湖;又以碎叶为条支都督府属邑,自以为"毫无疑问",实则大误特误。

唐条支都督府为高宗龙朔元年(661年)所置安西吐火罗道十六都督府之一(《新唐书·地理志》羁縻州),其地本为漕矩吒国(见《大唐西域记》卷十二),显庆时为诃达罗支国,武后时又改名为谢䫻国。《新唐书·西域传》有谢䫻专条,言及其四邻及城邑甚备:

"居吐火罗西南,东距罽宾,东北帆延,皆四百里;南婆罗门,西波斯;北护时健。其王居鹤悉那城,地七千里,亦治阿娑你城。"

郭老连正史列传都不查,遽云"旧不详其地望",未免太疏忽。

吐火罗,今阿富汗东北境阿巴德一带;罽宾,今阿富汗东境巴基斯坦界上;帆延,今阿富汗中部巴米尔一带;婆罗门即印度,此处指今巴基斯坦;波斯今伊朗;护时健,今阿富汗西北境;鹤悉那,今阿富汗首都喀布尔西南之加兹尼;惟阿娑你(《大唐西域记》作鹤萨罗)无考。由此可见,这个谢䫻国即条支都督府,应在今阿富汗西南境,其王都即都督府治则为今加兹尼。这块地方北距碎叶城有数千里之遥,中间隔有阿姆河两岸吐火罗道诸府州,锡尔河两岸昭武九姓国诸府州和锡尔河北岸的西突厥濛池都护府诸府州,碎叶城怎么可能飞越这么许多府州悬属于条支都督府?何况碎叶川本为西突厥地,介在五弩失毕与五咄陆之间;碎叶城自贞观末即为唐安西四镇之一,至开元七年(719年)始因十姓(即西突厥)可汗请居碎叶而罢镇，事见《两唐书·西突厥传、西域传》；一个唐朝设在西突厥地区的重镇，又怎么可能隶属于吐火罗道的羁縻都督府？今阿富汗的东北境可以说与葱岭相接，在今阿富汗西南境的条支都督府就说不上与葱岭相接。何况葱河在葱岭之东，天山更在葱岭之北，条支怎么可能与葱河、天山相接？即令如郭老所说条支在碎叶一带，南去葱河亦有千里，去天山数百里，也说不上相接。阿富汗西南境去海甚远，哪儿会有什么条支海？伊塞克湖唐时名热海，一名大清池，一名咸海，见《大唐西域记》、《经行记》、贾耽记入四夷道里；巴尔喀什湖唐时名夷播海，见《新唐书·地理志》北庭大都护府；二湖去条支都督府及古条支国各远达数千里，又怎么可能会叫起条支海来？

考证历史时期的地理，自当取证于历史记载。文学作品旨在比兴，但求典雅，不求真实，是作不得史证的。郭老置《两唐书》纪传于无睹，竟想用迷离恍惚、不着边际的一二诗句来解决条支的地望问题，这就难怪会得出如此稀奇古怪的结论来了。

三、河　　西

杜甫于天宝末选授河西尉，不就。《官定后戏赠》诗中有"不作河西尉，凄凉为折腰"句。郭老说："河西县在唐代有两处：一属于云南，在蒙自附近，天宝后没入南诏；一属于四川，在宜宾附近。估计杜甫被任为县尉的是后者"。①

按：郭老所提到的唐代两个河西县，是从 1931 年商务印书馆出版的《中国古今地名大辞典》里抄下来的。由于抄得欠仔细，既

---

① 见《李白与杜甫》第 160—161 页。

有抄错的地方，又没有抄全。

《地名大辞典》"河西县"下第一条是："唐置，故城在今云南河西县东北……天宝末没于蛮，为步雄部，后阿爨蛮易渠夺而居之；元时内附，后置为州……降为县；明属云南临安府；清因之；今属云南蒙自道"。第二条是："见河滨县条"。第三条是"唐置，今阙，当在四川旧叙州府境"。

《辞典》第一条即郭老所说"在云南蒙自附近"一处所本；《辞典》说今属蒙自道，郭老就说成是"在蒙自附近"。殊不知民国初年的蒙自道辖境甚广，道属诸县未必都在道治蒙自附近。河西县于解放后1956年并入通海县，故治在今通海县西河西镇。河东西南去蒙自达三百三十里，中隔通海、建水、开远等县，怎么能说是在蒙自附近？

《辞典》第三条即郭老所说"在四川宜宾附近"一处所本，因为宜宾是旧叙州府附郭县。但《辞典》编者显然是因为查不到明确的资料，所以先说"今阙"，然后"当在旧叙州府境"，这只是姑作如此推测而已。到了郭老手里，竟变成用肯定语气说是"在宜宾附近"，跟《辞典》原意已不一样了。

《辞典》第二条叫读者去查河滨县条。河滨县下有一条是："唐置，寻更名河西，后省，故治在今陕西朝邑县东"。郭老若查到了这一条，就该说"河西县唐代有三处"了。可是他竟没有肯再多花一二分钟去查看这一条，所以就认为河西县在唐代只有两处了。

郭老知道杜甫被任为河西尉在天宝末，而唐朝设在云南的州县天宝中已没于南诏，所以他作出了杜甫应被任为在今四川宜宾附近的河西县尉的结论。

郭老十分信赖《地名大辞典》，殊不知这部辞典对唐代的河西县既没有列全，对列出来的三个，所述沿革、地望又都不确。

第一条:解放以前的云南河西县,始置于元,不始于唐。《辞典》误作唐置,系袭自《清一统志》云南临安府沿革,而《清一统志》又袭自《元史·地理志》;此二书都说元代的河西县就是唐初西宗州的河西县。按:唐武德四年置西宗州,贞观十一年更名宗州,"北接姚州,领县三:宗居、石塔、河西",见《旧唐书·地理志》剑南逆、《新唐书·地理志》羁縻州、《太平寰宇记》剑南西道。这个羁縻宗州既然北接姚州,姚州故治在今云南姚安县稍北,所以《清一统志》云南楚雄府沿革把宗州说成在清镇南州即今南华县境内是基本合理的。宗州的州治虽在宗居县,羁縻州辖境一般不可能很大,河西县也应在今南华县一带,决不可能远在南华县治东南四五百里外的今通海县河西镇。《元史·地理志》述前代沿革多误,这一条显然也是错的。

第三条:《辞典》为什么说是"当在今四川旧叙州府境"呢？我们可以找出它的来历。原来两《唐书·地理志》、《太平寰宇记》中的宗州都列在戎州都督府之下,戎州都督府所管羁縻州很多,《辞典》编者搞不清这些州的具体方位,所以只得先说"今阙",又因唐戎州即明清叙州府的前身,便又加上了一句"当在四川叙州府境"。殊不知唐戎州都督府的辖境极为广大,特别是在唐初未置姚州都督府以前,唐朝置在今云南东北部、东部、中部地区的羁縻州,全在它的统属之下,宗州即其中之一。所以唐代戎州都督府所领的河西县,实际上就是在今云南境内的羁縻宗州所领的河西县,并不在今四川境内。

因为《辞典》这两条本来就写得不对,郭老以此为据所作出的推断,当然也就不能成立。一、唐代不仅没有一个河西县在今蒙自附近,也没有在今通海县西境的河西县。二、唐代并没有在今四川宜宾附近的河西县,《辞典》第三条所指河西县,实在今云南姚安县南南华县治附近。这个河西县当于天宝九载南诏攻陷姚州时已没入南诏,杜甫以天宝末授河西尉,当然不可能是这个县。何况,唐置羁縻州县于边疆少数民族部落,州县的长官就由部落酋领充任,所以就是在天宝九载以前,杜甫是汉人,也不可能去做这个羁縻县的县尉。

《辞典》河滨县条说河滨寻改名河西,也是错的。河滨县不见《通典》、《元和志》、《寰宇记》;据《两唐志》,此县系武德三年析同州朝邑县所置,贞观元年省,没有改过名。《辞典》编者可能因为《清统志》说河滨县故址在朝邑县东,《读史方舆纪要》又说朝邑县东有河西城(此城当即贞元七年以后河中府的河西县故址,见下文),遂混而为一。

由此可见,郭老即使把《辞典》三条河西抄全了,也并不能解决杜甫"不作河西尉"的河西在哪里的问题。要解决这个问题,光靠查《地名大辞典》是不行的,还得查查两《唐书·地理志》和唐宋地理总志《元和郡县志》、《太平寰宇记》等书。

这些书查下来就可以知道,原来唐代除在云南的那个羁縻河西县外,还有两个正县也叫河西,近在长安以东三四百里内。

一个是武德三年分同州郃阳县所置,乾元三年改名为夏阳县,至宋熙宁三年复省入郃阳。故址在今陕西郃阳县东南四十里。

一个是河中府的附郭县,故址即今山西永济县蒲州镇。这个河西县最初系开元八年分河中府附郭河东县所置,同年仍省入河东。乾元三年再置,罢同州朝邑县以其地为本县辖境。至大历五年(一作三年)复置朝邑县还属同州,又析朝邑五乡、河东三乡为本县辖境。至贞元七年,迁治府西四里安远城。宋熙宁三年复省入河东。

在这两个河西县中,在今山西永济县蒲州镇的那个,开元中置而即罢,此后要到乾元三年才复置,在天宝年间并不存在,所以杜甫于天宝末被选授为河西尉,这个河西县无疑是在今陕西郃阳县东南的那一个。

1980 年 11 月 28 日

（原载《历史地理》第二辑,1981 年 12 月）

李德裕所谪之崖州

　　唐代的崖州城故址,在今海南岛北部琼山县东南三十里的旧州市,岛的南部今崖县的崖城镇在唐代是振州的治所。宋初并崖州入琼州,改振州为崖州,今崖城镇自此始称崖州(熙宁六年改为朱崖军,政和七年改为吉阳军,明洪武初复为崖州)。《唐书·李德裕传》载德裕在宣宗大中初被贬为崖州司户,当然指的是唐代的崖州,不会是宋以后的崖州。但名人胜迹,后人往往多所附会。《舆地纪胜·吉阳军官吏》下已载有李德裕,可见宋代的崖州人,已把李德裕的贬所拉到当时的崖州去了。此后李德裕便成了琼山和崖城两处所共奉的乡土历史人物。两处名宦或先贤祠中都把李德裕列入祀典,两处都有号称为"李德裕所建"的望阙亭古迹。两处的方志艺文志里都载有德裕所作题为《望阙亭》的一首七绝。在崖城方面,甚至有多港洞的李姓黎人建专祠奉祀德裕,自称是德裕弟德禧的后裔,那倒是琼山方面所没有的。正因为李德裕跟崖城的"关系"发展得如此密切,所以过去纂修《崖州志》的人,尽管也有知道这个崖州不是唐代的崖州的,怎奈"旧志相沿已久,且祀名宦祠,子孙亦皆在崖"(光绪《崖州志》),也就不敢予以否定。

　　其实在新旧《唐书》、《资治通鉴》等历史文献上,既然明确地记载着李德裕的贬所是崖州而非振州,那末崖城地方有关李德裕的传说古迹无论有多少,其为出于附会,还是显而易见的。

会不会由于史家好用旧名以为典雅，历史上记载的崖州，实际上指的是振州呢？不会的。梁、陈时代的崖州治所就在唐代的崖州，崖州不是振州的旧名，此其一。地名用旧称，果然是文章家的惯技，但史家则绝无此例。尤其是官名，李德裕若被贬为振州司户，决无以崖州司户称之之理，此其二。

据《旧唐书·李德裕传》，德裕只有二子从父殁于崖州。又据《新唐书·宰相世系表》，德裕只有一个做楚州刺史的哥哥德脩。可见崖城多港洞李姓黎人传说他们的始祖德禧是德裕之弟，也只是附会而已。

《望阙亭》这首诗在《李文饶别集》中原题作《登崖州城作》，这也是他的贬所在崖州不在振州之一证。诗中文字《别集》与琼山、崖州方志所载也有出入，亦当以《别集》为准。诗云："独上高楼望帝京，鸟飞犹是半年程。青山似欲留人住，百匝千遭绕郡城"。查琼山县地图，唐代崖州故址旧州市的东南有琼山、双吉岭；东北有龙发、顺村等岭；北有麒麟、潭龙等岭和灵山、苍屹山；西北有永发、雷虎等岭；南有乌盖岭；这些山岭应该就是诗中所咏"百匝千遭绕郡城"的青山。

诗题作《登崖州城作》，诗中首云"独上高楼"，末云"绕郡城"，可见德裕当年所登临的，应为崖州城的城楼。其时尚无望阙亭。望阙亭是后人为纪念李德裕而建的，却托为德裕所自建，即取《登崖州城作》诗中"望帝京"之义，以"望阙"为名。为了把名人的作品与名人的胜迹相配合，因又改诗题为《望阙亭》，进一步把这首诗的写作地点附会到这个亭子上去。写作地点既被认为是在亭上而不在楼上了，因又改诗中"高楼"为"江亭"。这一套雅事的创始者应为旧崖州人，亭即筑在旧崖州址。宋后崖州之名移于今崖城，于是这一套就被照样搬到了崖城，城南也筑了一个望阙亭，以《望阙亭》为题首句作"独上江亭"的这首诗也被收入了当地的图经或方志。至于所以把望阙亭称为"江亭",想必是由于亭址濒江之故。旧崖州西濒南渡河,那是海南岛上的第一大江。崖城之南,也正好靠着岛上另一大水宁远河。

唐代被贬为崖州司户的宰相,在李德裕之前,又有宪宗初的韦执谊。和李德裕的情形完全相同,自宋以来,韦执谊也被崖城人列为当地的名宦之一,亦见《舆地纪胜》。

(原载《文汇报》1962 年 6 月 30 日,题为
《李德裕谪崖州》,署名禾子)

《汉书·地理志》选释

　　"正史"地理志是我国古代地理著述中最基本最重要的一部分。二十四部"正史"中，有地理志的共有十六部。在十六种地理志中，《汉书·地理志》是值得我们特别重视的一种。这是由于：

　　第一，《汉书·地理志》是第一部正史地理志，也是我国第一部以疆域政区为主体、为纲领的地理著作。《汉书》全书的体例虽仿自《史记》，《汉书》的"志"就是《史记》的"书"，但《史记》八书中并无地理一书，专为地理作志，始自《汉书》。汉志(《汉书。地理志》的简称，前人专讲沿革地理的著作，习惯上都简称各正史地理志为汉志、续汉志、晋志等。)以前的地理著作，如《山海经》、《禹贡》、《职方》等，一般都以山川为主体，以著作者所拟定的地理区域为纲领，不注重疆域政区；至以一朝某一时期的疆域为范围，把当时的政区建置全部记录下来，先立此为主体、为纲领，然后分条附系其他山川物产等项，就这样一种著述体制——我们可名之曰疆域地理志——而言，也是《汉书·地理志》所开创的。后世继汉志而作的各正史地理志，当然都是疆域地理志；就是六朝以后所兴起的，现存《元和郡县志》以下的历朝地理"总志"，内容虽较正史地理志有所扩展，性质并无二致，也是疆域地理志。《汉书·地理志》既是疆域地理志的始祖，因而二千年来，所有这一类著作，不管它讲的是什么时代，什么地区(只要在汉志记载所及范围以

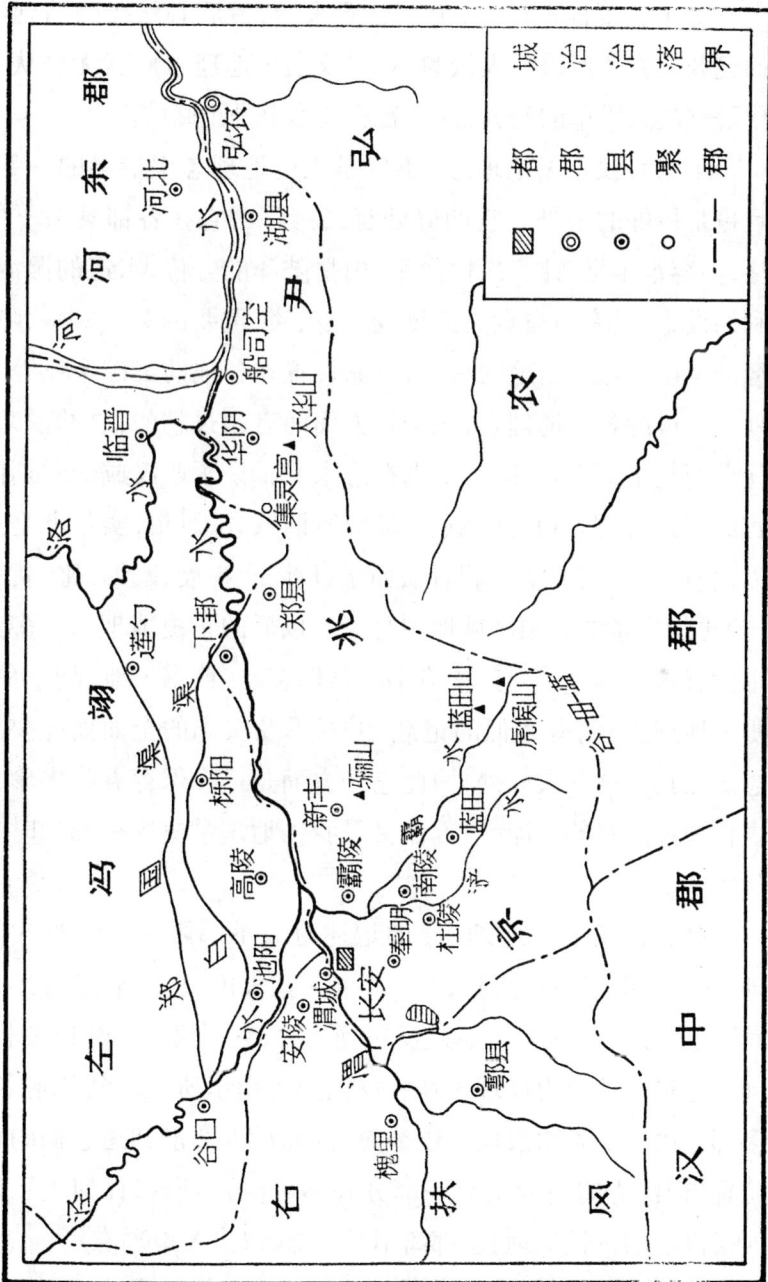

京 兆 尹 图

内），如果它要推本溯源，追寻建置来历，最后必然要归结到汉志的记载上去。所以前人认为不读《汉书·地理志》，就无法从事历代疆域政区沿革的研究，这一看法基本上是正确的。

第二，《汉书·地理志》不仅是正史地理志中最早的一部，并且也是最好的一部。它的好处有二：其一，它在各郡县条下的附注，内容很丰富，计有户口数字，山岳陂泽的方位，水道的源流，水利的设施，具有历史意义的城、邑、乡、聚，重要的关、塞、亭、障，著名的祠庙、古迹，当地的特产，官家设置在各地的工矿企业等等各项。后世的各史地理志，在个别方面间有超过它的，总的说来，往往反而赶不上它。其二，汉志在志末又辑录了西汉成帝时刘向所言的《域分》，朱赣所条的《风俗》；所谓域分、风俗，实际上是一篇以《史记·货殖列传》为基础，而予以补充、扩展、改编，比《货殖列传》更加完备的全国区域地理总论。以后的正史地理志大多数根本没有这一部分，只有《南齐书·州郡志》、《隋书·地理志》和《宋史·地理志》稍有类似的记载，但远不及汉志的全面而扼要。汉志既然具有这二大好处，因此它一方面是一个保存着许多珍贵的古代地理资料的宝库，一方面又是我国地理学史中一部划时代的代表作。

第三，《汉书·地理志》的记述对象不单限于西汉当代的地理，它又"采获旧闻，考迹《诗》、《书》，推表山川，以掇《禹贡》、《周官》、《春秋》，下及战国、秦、汉"；换言之，它不仅是一部地理著作，同时也是一部历史地理著作。汉以前古籍里所记载到的地名，很多都是由于汉志用汉地予以注释，因而后人才能知道它们的正确位置（但汉志的注释也有一部分并不可信）。所以任何人想研究西汉以前的古代地理，也都离不开这部《汉书·地理志》。

第四，《汉书·地理志》是以我国历史上最强盛的王朝之一西汉的全部疆域政区——东至今日本海,西至玉门、阳关,南至今越南中部,北至阴山——为记述对象的,所包括的地区范围既很辽阔,对边疆地区的记载也比较详悉。其他正史地理志也很少有赶得上它的。两汉隋唐时为我国中古时代的盛世,就以续汉志、隋志、唐志和它相比:续汉志地区范围大致和汉志相当,缩小得不多,但整个北边由于政区建制撤销了许多,记载就很简略;隋志、唐志在东北西南的地区范围都远不及汉志广阔,西北方面地区虽有所扩展,记载也不及汉志详悉。因此,《汉书·地理志》又是一部研究古代边疆地理的必读之书。

《汉书·地理志》是一篇具有重大价值的古代地理著作,但要读通它却颇不容易。其所以不容易,除了一般古籍共有的情况,即由于长时期的传抄翻刻造成了许多文字上、排列上的讹误错乱外,还有它的特殊情况:

首先是,志文往往失之过简,非经参证其他有关史料,即无从理解它的正确含义。

其次是,它有它一定的编撰义例,却又往往为例不纯,因而读者不仅应该懂得它的义例,又要能够辨别哪些地方是合乎义例的,哪些地方是不合乎义例的,才不致因泥于义例而转生误解。

再其次是,它是一部地理著作,但编者班固对地理似乎并不曾下过多大工夫,他只是博采西汉以前地理学家的著述汇为一编,既无意于研讨前人记载是否正确,遇前人记载有异说时,也未能判断孰是孰非;更有前人记载本来不错,可是所载的地理情况到后来已发生了变化,班固不察,还是照原样纂录入志,因而使不同时代的地理情况并列于一篇之中,相互矛盾;这都给读者带来了许多困难。

最后还有一点,那就是由于志文很简略,又可能有错误,而古今的地理情况也可能有所变动，因而读者遇到志中记载和后世地理情况有出入时，就很难判断这一记载到底属于下列三种情况中的哪一种：1. 古今地理情况变了，记载不错；2. 和实际情况并不相符，可是它确实反映了当时的地理知识水平；3. 完全是班固搞错的。这一判断作不出或作得不对，当然就会影响对汉志资料的正确运用和评价。

《汉书·地理志》的重要与难读，旧时代的学者早已注意到了，曾经为志文的全部或一部做过注释工作的，不下数十家之多。清末王先谦作《汉书补注》又把诸家的注释汇于一篇，为近人读汉志提供了不少方便。但这些旧释往往失于枝蔓烦琐，并且这些注释家的功力多数都集中在校勘训诂方面，很少能够正确地指出原著的得失，注意到阐发原著的科学价值。这样的注释是不符合于当前的时代要求的。本释文的写作，目的是想在前人研究成绩的基础之上，取其精华，去其糟粕，并进一步有所提高，使《汉书·地理志》这一篇古代地理名著，能为现代青年学者所掌握，从而运用它来为当前的科学研究——历史地理和地理学史的研究服务。限于学力，自知实际写出来的东西和理想中的目标距离尚远，诚恳地希望读者多多予以批评和指正！

《汉书·地理志》全志包括三部分：卷首全录《禹贡》和《职方》两篇，两篇之外又略缀数语，这是对前代沿革的简略交代；卷末是刘向的《域分》和朱赣的《风俗》，性质近似附录；中间叙平帝元始二年的疆域政区，计有一百另三郡国，一千五百八十七县、道、邑、侯国，才是全志的正文。这里所选释的，只限于正文中的一小部分，即百三郡国中的六个郡。原定计划本不止此，为写作时间所限，拖了一年仍未能如愿，兹以《选读》急于与读者见面，只得暂以此付印，其余留待日后再说。

      *   *   *

京兆尹[1]　　故秦内史[2]；高帝元年属塞国[3]，二年更为渭南郡，九年罢，复为内史[4]；武帝建元六年分为右内史[5]，太初元年更为京兆尹[6]。元始二年，户十九万五千七百二，口六十八万二千四百六十八[7]。县十二。

【注释】〔1〕"京兆尹"和"左冯翊"、"右扶风"是三个和它们的长官同名的政区名。这三个政区在地方行政区划制度上本相当于郡，由于所辖系京畿之地，故特示尊崇，长官别制美称，不称"太守"，辖区即用长官的官名为名，不称"郡"。三区合称"三辅"，意即三个畿辅之区。

京兆尹辖首都长安及迤东秦岭以北、渭水以南诸县，左冯翊辖长安以东，渭水北岸诸县，右扶风辖长安以西、渭水南北诸县；三辅辖区合起来大致相当于现今陕西省中部整个关中平原，也就是秦代内史的辖地。秦内史辖地即称"内史"，不称郡，汉三辅不称郡，即系沿袭秦制而来。三辅由于在地理上、历史上本来是一个区域，在汉代又同属畿辅之地，所以虽然政区划成三个，治所仍沿袭内史时代之旧，同治于长安城中。（见本书《百官公卿表》颜师古注引东汉服虔《汉书音训》；又见不著撰人姓名的六朝旧籍《三辅黄图》。）

"京"，意即大；"兆"，意即众；首都为大众所聚，故称"京兆"。从字义上讲，"京兆"和"京师"、"京都"本无二致；自汉置京兆尹后，前者遂成为郡级政区名，与后者专指首都所在的城市有别。"尹"意即治，古官名。自汉代把首都所在的郡级长官称为尹，后世因之，一直沿袭到明、清的"顺天府尹"，民国初年的"京兆尹"。

〔2〕志在各郡国下都叙有沿革，只追溯到秦为止，不及秦以前。汉京兆尹只是秦内史的三分之一，志称"故秦内史"，只是说汉京兆尹在秦内史的辖地内，不是说汉京兆尹就等于秦内史。各郡国下凡称"故秦某郡"者，除河南郡与秦三川郡辖区大致相等之外，含义皆与此相同。

〔3〕塞国是秦亡之初西楚霸王项羽所立十八王之一，《汉书》作者尊汉抑楚，故以汉年纪楚事。"属塞围"，意即是塞国土的一部分。

汉志出于草创,书法义例往往未能划一。即以郡国沿革提到十八王为例,全志只在三辅、河内、南郡、上郡、胶东、六安八郡国下,提到了十八王中的塞、雍、殷、临江、翟、胶东、衡山七国,脱漏过半。其他类此者甚多。

〔4〕"二年",据《史记·秦楚之际月表》、本书《异姓诸侯王表》,当作元年。

汉灭塞后,分其地置渭南、河上二郡。九年,并故秦内史地渭南、河上、中地三郡复为内史。志文"更为"、"复为"词义不清,必需和左冯翊、右扶风条下的沿革合起来看,意才分明。

高帝初还无意定都关中,所以分秦内史为渭南、河上、中地三郡;定都后才恢服秦制。其后民物日益繁庶,终于又把内史分成三辅。三辅区域,即本于高帝时的三郡。

〔5〕内史分为左、右,据《史记·景帝本纪》、本书《百官公卿表》,在景帝二年。但志文作"建元六年",亦当有所指,疑景帝二年初分左、右时,二内史只分辖区,未分府署,至建元六年始分署理事。

〔6〕志例于各郡县下附叙王莽时改制。据《王莽传》,天凤元年,分三辅为"六尉郡",三辅下皆脱载。

〔7〕汉平帝元始二年,当公元纪元二年,志所载各郡国户口即以是年版籍为据;这是我国见于文献的最早户口统计数字,由此可见当时各地区人口分布的大致情况。

长安〔1〕　　高帝五年置。惠帝元年初城,六年成〔2〕。户八万八百,口二十四万六千二百〔3〕。王莽曰常安〔4〕。

〔1〕故城在今西安城西北二十里。

北魏郦道元的《水经注》载有每一水道两岸的古城邑,唐李吉甫《元和郡县志》、宋乐史《太平寰宇记》等历代总地志和宋元以来的各地地方志,都在每一州县下叙有境内的古城邑遗址,这是后人所以能够知道数以千计的千百年前已废的古城所在的主要依据。清初顾祖禹的《读史方舆纪要》和官修的《大清一统志》,把这方面的材料做了一个总结,翻检最便。本释文凡采用这种传统记载的,一律不注出处;遇到为传统记载所不及或有记载而不可信从的,才别采他说,注明出处。

汉长安城的遗址,自清末以来,屡经考古学者踏勘,1957 年后,正由中国科学院考古研究所进行发掘。

〔2〕志在县下叙及沿革的很少,提到置县年代的更少,提到筑城的只有几个县。

长安是西汉一代的首都,此条载了置县筑城之年,独不载定都之年,这是很大的缺点。按,高帝五年二月即皇帝位,都雒阳;五月,徙栎阳;七年,自栎阳徙长安:见《史记·高祖纪》和本书《高帝纪》。

长安城成,据《史记·汉兴以来将相名臣年表》及本书《惠帝纪》,在惠帝五年。

据《高帝纪》五年师古注,长安本秦之乡名。

〔3〕志在每一郡国下都有户口数,县下有的却极少;有户有口的只长安、左冯翊的长陵、右扶风的茂陵、颍川的阳翟、傿陵五县,有户无口的只河南的雒阳、南阳的宛、蜀郡的成都、鲁国的鲁、楚国的彭城五县,共只十县。这十县的户口数是否与各郡国下户口数同一来历,即以元始二年版籍为据,很难断定;可能是班固从其他零星资料上辑录过来的,年代先后也不一。十县中户口以长安为最多,其他都在四万户以上,应该都是当时著名的大县。

〔4〕"常"与"长"义相通。王莽改易汉郡县名,往往采用音义相同或近似或相反的字眼。

新丰〔1〕骊山在南〔2〕。故骊戎国〔3〕,秦曰骊邑,高祖七年置〔4〕。

〔1〕故城在今临潼县东北十四里。

据师古注引应劭(东汉末年人,著有《汉书音义》)、《三辅旧事》(晋人所撰,佚其名)、《水经·渭水注》,高祖定都关中后,太上皇思念他的故乡丰邑(秦属沛县,今江苏沛县),意欲东归,高祖于是按照丰邑的城市街里,改筑骊邑,并分徙一部分丰民住到骊邑来,因此改名"新丰"。

〔2〕志所载山名共有一百七十五个，或作某县有某山，或作某县有某山祠，或作某县某山在某方，或作某县某山，某水所出，或作某县某山出某物。

骊，一作丽、郦、离。山在今临潼县南二里，即蓝田之北山。

〔3〕志在县下叙沿革，或远追三代，或近摭本朝，或详或略，并无一定的体例。志所谓"故"，所指时代也很广泛，只要是在西汉末年以前的，都可以称为"故"。

骊戎，春秋时戎狄之一。

〔4〕高祖七年只是置县，并未改名。改名在高祖十年太上皇崩后，见《史记·高祖纪》。志文应作"高祖七年置县，十年更名"。

船司空[1]　莽曰船利。

〔1〕故城在今华阴县东北五十里。

渭水东至县境入河（黄河），见本志陇西首阳下。

司空，官名；船司空，本系主船之官，后改建为县。汉都关中，主要依靠黄河渭水转输东方的物资来供应京师的需要；据《水经·渭水注》，汉船司空即设在当时的水运枢纽渭水、河水会流处。

蓝田[1]　山出美玉[2]。有虎候山祠，秦孝公置也[3]。

〔1〕故城在今县西三十里。

〔2〕志载各地特产，多数都是玉、石、金属等矿产。山在今县东三十里。

〔3〕"秦孝公置也"，当系指虎候山祠而言，依志例，"置"当作"起"。若是指蓝田县而言，则"孝公"当作"献公"，见《史记·六国表》。

华阴[1]　故阴晋[2]；秦惠文王五年更名宁秦[3]；高帝八年更名[4]华阴[5,6]。太华山在南[7]，有祠[8]，豫州山[9]。集灵宫，武帝起。莽曰华坛也。

〔1〕故城在今县东南五里。

〔2〕战国时魏地。

〔3〕据《史记·秦本纪》《六国表》，阴晋入秦更名"宁秦"，在惠文

王六年。

〔4〕志所谓更名,意义很含混,有的只是单纯换一个名称,有的是更名同时又置了县。此条前后二更名而无置县之年,可能前一更名的意义就是包括了置县的。

〔5〕华阴地名始见《禹贡》,汉取以名县。地在华山之北,山北曰阴故名。

〔6〕凡县为都尉治所,志例于县下注出都尉治或某某都尉治字样。华阴是京辅都尉治所,见《三辅黄图》及《宣帝纪》本始元年师古注,此处可能原有"京辅都尉治"五字,传写脱去。

〔7〕太华山名见《禹贡》;依志例,三字上当有"禹贡"二字,疑传写脱去。山在今县南十里。

〔8〕据本书《郊祀志》,华山为五岳中之西岳。自宣帝神爵后,岁祠五岳、四渎,皆有常礼。

〔9〕《职方》每州下各有著名的山、薮、川、浸名,志所谓"某州山"、"某州薮"、"某州川"、"某州浸",即所以解释《职方》。

郑〔1〕　　周宣王弟郑桓公邑〔2〕。有铁官〔3〕。

〔1〕故城在今华县西北三里。

〔2〕春秋时秦武公十一年初以郑为县,见《史记·秦本纪》。汉志不重视县的始建年代,往往明见于记载而县下不提,此其一例。以秦县而言,估计总数当不下八九百个,但为汉志所提到的不满十个。

〔3〕武帝时收盐铁之利入官,分置盐铁官于出盐出铁的郡县。志所载盐官共三十五:

河东安邑	太原晋阳	南郡巫	巨鹿堂阳
勃海章武	千乘	北海都昌	北海寿光
东莱曲成	东莱东牟	东莱㟃	东莱昌阳
东莱当利	琅邪海曲	琅邪计斤	琅邪长广
会稽海盐	蜀郡临邛	犍为南安	益州连然
巴郡朐忍	陇西	安定三水	北地弋居

上郡独乐	西河富昌	朔方沃壄	五原成宜
雁门楼烦	雁门沃阳	渔阳泉州	辽西海阳
辽东平郭	南海番禺	苍悟高要	

铁官共四十八：

京兆郑	冯翊夏阳	扶风雍	扶风漆
弘农黾池	河东安邑	河东皮氏	河东平阳
河东绛	太原大陵	河内隆虑	河南
颍川阳城	汝南西平	南阳宛	庐江皖
山阳	沛郡沛	魏郡武安	常山都乡
涿郡	千乘千乘	济南东平陵	济南历城
泰山嬴	齐郡临菑	东莱东牟	琅邪
东海下邳	东海朐	临淮盐渎	临淮堂邑
桂阳	汉中沔阳	蜀郡临邛	犍为武阳
犍为南安	陇西	渔阳渔阳	右北平夕阳
辽东平郭	中山北平	胶东郁秩	城阳莒
东平	鲁国鲁	楚国彭城	广陵

由此可以看到当时盐铁产地分布的情况。

湖[1]　　有周天子祠二所[2]。故曰胡,武帝建元元年更名湖[3]。

〔1〕故城在今阌乡县西南。

〔2〕按周厉王名胡,可能因此县本名胡,遂置祠以祀周厉王。

〔3〕古有胡国,相传东周初为郑武公所灭,见《竹书纪年》与《韩非子》。建元元年只是更名,其前已有胡县。县南有地名鼎湖,传说为黄帝铸鼎之处,故武帝更名湖。

下邽[1]

〔1〕邽音圭。

今渭南县北五十里有下邽镇,那是唐宋时代下邽县的故址。汉晋下邽故城据唐宋地志的记载,在当时的下邽县东南三十五里渭水之北,约在今渭南县东北二十余里。

师古注引应劭曰:"秦武公伐邦戎,置有上邽,故加下"。师古曰:"取邦戎之人而来为此县"。《水经·渭水注》:"秦伐邦置邦戎于此"。上邽县,汉属陇西郡,故城在今甘肃天水市西南。部族迁徙所至,即以该部族的族名或原住地的地名作为新居的地名,这是古代常见的事;注意了这些史料,对于瞭解古代的部族迁徙有很大的帮助。

南陵[1]　文帝七年置[2]。浐水出蓝田谷,北至霸陵入霸水。霸水亦出蓝田谷,北入渭[3]。古曰兹水,秦穆公更名以章霸功,视子孙[4]。

〔1〕故城在今西安城东南二十四里白鹿原上。

皇帝、皇太后的坟墓叫陵。南陵是文帝母薄太后的陵;陵近文帝霸陵,在霸陵南,故名南陵。

汉代的陵及其附属的园、寝、庙规模很大,自元帝以前,每起一陵,就要在陵侧置县,役使县民供奉园陵,叫做"陵县",一称"陵邑"。又屡次大规模地强迫各地大官僚、大富人、大土豪移家陵县。陵县不属郡国而直属于中央九卿中掌宗庙礼仪的太常。至元帝时,才以原有各陵县分属三辅,是后所起的陵也不再置县,不再徙民。见于汉志的有高帝长陵、惠帝安陵、文帝霸陵、景帝阳陵、武帝茂陵、昭帝平陵、宣帝杜陵、薄太后南陵和赵倢伃(昭帝母,追尊为皇太后)云陵九个陵县。其中在渭水北岸的长陵、阳陵(属冯翊)、安陵、茂陵、平陵(属扶风),合称五陵;所徙官僚、富豪最多,风俗奢纵,时人比之于长安。

〔2〕《史记·景帝本纪》,"二年,置南陵县",与志异。可能是文帝七年初起陵时未置县,到景帝二年才置县。

〔3〕志叙水道,除少数不著首尾或首尾不全外,通例都在发源地所在的县下注出出某山、或某谷、或某地、或某方位,或首受某水,流向某方位,至某县入某水、或某陂、泽、津、渠、或海;大水并加叙过郡几,行若干里。这是一种很好的简单明了的水道记叙法,可惜以后的正史地理志都没有学习汉志这一办法,只在县下注说有某水,或距县某方位若干

里有某水,既不叙出入,因而就无法考究水道的源流经过。全志所载水道和陂、泽、湖、池共三百六十一,无名小水犹不在内,是我国现存古籍中《水经注》以前的关于水道的最详实的记载。

沪水,传世各本志文皆误作"沂水",此据《水经·沪水注》所引志文改正。

〔4〕今本《汉书》"古曰兹水"上衍一"师"字,遂以此句误作颜师古的注文,兹据《太平御览》地部二十七引文改正。"章",意即表彰,"视"犹言示。

奉明〔1〕 宣帝置也〔2〕。

〔1〕故城在今西安城北八里。

〔2〕县为宣帝父史皇孙墓地"奉明园"所在,元康元年益园户满千六百家,立为县,见《宣帝纪》、《戾太子传》。按,史皇孙本身不是皇帝,儿子做了皇帝,所以墓地称"园"不称"陵",特置县如陵县例。高祖葬太上皇于栎阳县北原,分栎阳置万年县,与此同一事例。

霸陵〔1〕 故芷阳,文帝更名〔2〕。莽曰水章也〔3〕。

〔1〕故城在今西安城东北三十五里。

〔2〕芷阳,战国旧县。县境跨灞水两岸,西岸的白鹿原,东岸的骊山,都是秦昭襄王以来帝、后、太子的葬地。文帝九年起陵芷阳,以地处灞上,改名霸陵。陵在水西,县城在水东。

〔3〕水章即取秦穆公改水名以章霸功之义。

杜陵〔1〕 故杜伯国〔2〕,宣帝更名〔3〕。有周右将军杜主祠四所〔4〕。莽曰饶安也。

〔1〕故城在今西安城东南二十里少陵原上。

〔2〕杜伯,西周宣王时杜国的君主,入朝为右将军。

〔3〕春秋时秦武公十一年置杜县,见《秦本纪》。宣帝元康元年置陵杜东原上,更杜县名杜陵,见《宣帝纪》。志文当在"宣帝更名"前增"秦武公置杜县"一句。

〔4〕"右将军杜主"即杜伯,因为他为周宣王所冤杀,成为古代关中

民间普遍信奉的鬼神之一。

河南郡〔1〕　　故秦三川郡,高帝更名〔2〕。雒阳户五万二千八百三十九〔3〕。莽曰保忠信卿〔4〕。属司隶也〔5〕。户三十七万六千四百四十四,口一百七十四万二百七十九。有铁官、工官〔6〕。敖仓在荥阳〔7〕。县二十二。

【注释】〔1〕河南郡得名于郡境在大河(黄河)之南。荥阳以下河道古今不同,汉大河斜向东北,今黄河斜向东南,所以二十二属县中的卷、原武、阳武三县,故地虽在今黄河北,仍在汉大河南。

河南与河内、河东三郡,汉代习称"三河"。三河地处全国的中心,又邻近京师,繁剧仅亚于"三辅"。

〔2〕若依三辅下叙沿革例,"故秦三川郡"下当作"高帝元年置河南国,二年更为郡"。(事见《史记·高祖纪》及《秦楚之际月表》、本书《高帝纪》及《异姓诸侯王表》。)

〔3〕县有户口数的共十县,九县皆在县下,独雒阳在郡下。

〔4〕"保忠信卿"也是以官名为政区名,与汉三辅同。王莽想迁都雒阳,所以把河南郡提升为与汉京兆尹地位相当的保忠信卿。

据《王莽传》,莽又分河南郡东境荥阳等县为"祈队郡",志脱。(队即遂,郊外的意思。)

〔5〕武帝征和四年,置"司隶校尉",掌捕督奸猾,察举百官以下及京师近郡犯法者,职司与前此元封五年所置督察在外郡国的十三部刺史略同,惟权位特隆。司隶校尉所察地区范围称司隶校尉部,十三刺史所察称刺史部,全国所有郡国,都分隶于这十四个部。成帝元延四年,省司隶校尉;绥和二年哀帝复置,但称司隶。(《百官公卿表》、《续汉书·百官志》、本志前序)

据《百官公卿表》,司隶察三辅、三河、弘农,志只在河内、河南下注出"属司隶",三辅、弘农、河东下都没有注。司隶所察以外,十三刺史部所属九十六郡国,也有十九郡国没有注出所属,大致都可以从它们的地区位置,并参证《续汉书·郡国志》的记载,予以推定。

河 南 郡 图

　　西汉时司隶部和刺史部只是监察区而不是行政区,所以汉志以郡国为纲,以县为目,各郡国属于那一部,只作为郡国下的注文,这是合理的。但全志一百零三个郡国的排列不依州部为次第,时而是属于这一部的二三郡,时而又是属于那一部的二三郡,一部所属,既前后错出,在地理上又时而东,时而西,往往不相连属,这显然是一个缺点。汉志既以元始二年的册籍为根据,难道西汉政府的册籍就是这样杂乱无章的吗?有没有可能班固原书本不如此,今本汉志所以这样杂乱,是错简的结果呢?这是很可以怀疑的。

　　〔6〕志载盐、铁、工等官,通例皆在县下,亦有少数在郡下。

　　工官,掌管官营的手工业。志所载工官计有河内怀县、河南郡、颍川阳翟、南阳宛县、济南东平陵、泰山奉高、广汉雒县、蜀郡成都八处(奉高工官又见泰山郡下,雒工官又见广汉郡下),应该都是当时的重要官营手工业中心,雒和成都二工官主作金银器,见本书《贡禹传》;其他无考。

　　〔7〕敖仓,始置于秦。战国、秦、汉时,黄河在荥阳县境别出东流为济水,济水又在县境别出为浪汤渠,济水和浪汤渠的下游又和当时经济最发达的中原地区的重要水道颍、涡、睢、获、菏、濮诸水相通连,东南达于淮泗;敖仓正设在荥阳县治北、下临济水、西距河济分流处不过二十里的敖山上,地理位置的优越使它成为全国最重要的粮仓之一,中原漕粮无论是西输关中,或北致边塞,都需要在这里积储、转搬,所以汉志特别予以重视,系之郡下。

雒阳〔1〕　　周公迁殷民,是为成周〔2〕。春秋昭公二十二年,晋合诸侯于狄泉,以其地大成周之城,居敬王〔3〕。莽曰宜阳。

　　〔1〕故城在今洛阳城东北三十里,城的西墙西距白马寺三里;1954年考古研究所曾予以实地勘察。

　　雒阳,得名于在雒水之阳。水北曰阳。

　　汉以前河南的洛水作“雒”,陕西的洛水作“洛”,二字不相混;自曹魏以后,始改“雒”亦作“洛”。今本魏以前古籍中讲到河南的雒水和雒阳或作"洛",都出于后人所改。

〔2〕周初周公经营东方,在雒水北岸、瀍水东西筑了两个雒邑,西雒邑住的是周人,东雒邑住的是被强迫迁来的殷民。西雒邑春秋时叫做"王城",战国以后叫做"河南";东雒邑春秋时叫做"成周",就是战国以后的"雒阳"。

〔3〕"二十二"当作"三十二"。据《左传》,鲁昭公三十二年只作好了筑城的准备工作,正式动工在次年,即鲁定公元年,三旬而毕。

周敬王以王子朝之乱,自王城迁居成周。成周城小,不够作为王都之用,求助于晋,晋合诸侯之力,扩大成周城,把原来在城东北的狄泉筑在城内。

荥阳〔1〕 卞水〔2〕、冯池〔3〕皆在西南。有狼汤渠,首受沛,东南至陈入颍;过郡四,行七百八十里〔4〕。

〔1〕"荥",本作"荧",唐人始改写作"荥"。故城在今荥阳县东北,废荥泽县西南十七里。

荥阳当得名于地处荥水之阳。《禹贡》"荥波既猪",济"溢为荥",《职方》"其川荥、雒",古有荥水甚明。但汉志无荥水,古荥水的源流,今已无可确指。

本志上党谷远下,"沁水东南至荥阳入河",是荥阳县治虽在大河之南,县境有一部分在大河之北。

〔2〕卞,东汉后作"汴",一作"汳"。卞水本是一条发源荥阳西南,东北流数十里即注入济水的小水,故汉志只说在西南,不著首尾。东汉后不知何故竟把卞口以上出河之济和卞口以下东至彭城(今徐州)的狼汤渠、蓄获渠、获水都叫做汴水,从此汴水就变成了中原一条最著名的巨川。

〔3〕古代中原湖泊,大多数久已淤涸成为平地。冯池在《水经注》中叫做李泽,此后即不再见于记载。

〔4〕沛,即"济"。志称济水皆作"沛",惟济南、济北、济阳、济阴等地名又作"济",不可解。

陈,淮阳国属县,今淮阳县治。

志叙水道只提首末,不及经过,失之太简。但实际上比较大一点的水道,中途一般都要接纳若干支流,分出若干支津,这些支流、支津的首尾,也就是干流的经过地点,读者只要把和某一水相关联的几条水合在一起看,即大致可以看出此水的经流地区。以狼汤渠为例:本志陈留郡浚仪县下有"睢水首受狼汤水",陈留县下有"鲁渠水首受狼汤渠",淮阳国扶沟县下有"涡水首受狼汤渠"的记载,可见浚仪(今开封)、陈留、扶沟三县都是狼汤渠所经过的地区。浚仪在荥阳正东,可见荥阳、浚仪间渠水的主要流向是自西而东。陈留在浚仪东南,扶沟在陈留正南,陈在扶沟东南,可见自浚仪以下,渠水的主要流向是自北而南偏东。

狼汤渠就是《史记·河渠书》里的"鸿沟",是战国、秦、汉时中原水道交通的纲领(详《河渠书》)。自汉以后,几经徙变,日渐堙塞,至今已无复遗迹可寻。

"过郡四",可确指的只河南、陈留、淮阳三郡,此外一郡大致是汝南。

偃师[1] 尸乡,殷汤所都[2]。莽曰师成[3]。

〔1〕故城即今偃师县治。

〔2〕尸乡在偃师县治西十里,当雒阳东出大道上。汤都亳,旧释亳地所在有许多说法,此其一。

〔3〕传说武王伐纣,功成旋师,至此筑城,息偃戎师;"偃师","师成",皆以此得名。

京[1]

〔1〕故城在今荥阳县东南二十里。

师古曰:"即郑共叔段所居也"。共叔段居京,见《左传》隐公元年。

县有京水,见《水经·济水注》。

平阴[1]

〔1〕故城在今洛阳城北偏东五十里黄河南岸,其北面已崩于河。

应劭曰:"在平城南,故曰平阴"。按应说多不可信。平县故城在今偃师县西北二十五里，平阴故城若在其南，则当在汉雒阳东北，与《水经·河水注》"河水东径平阴县北、河阳县故城南"，然后"东径洛阳县北"不合。平阴是当时雒阳城北黄河上一个重要的津渡（见《高祖纪》、《陈平传》、《曹参传》），亦不得在远离河岸的平县以南。黄河自三门砥柱以下，水势比较平顺，故《水经注》洛阳城北有临平亭、河平侯祠，平县故城东北的孟津一名"富平津"，"平阴"与"平县"，亦当得名于此。

中牟[1]　圃田泽在西[2]，豫州薮。有筦叔邑[3]。赵献侯自取徙此[4]。

〔1〕故城在今县东六里。

〔2〕圃田是古代中原一个著名的大泽，《诗·小雅·车攻》："东有甫草"，即圃田之草。春秋时郑地，《左传》作"原圃"。战国时为魏地，《竹书纪年》作"甫田"。据《水经·渠水注》，"泽东西四十许里，南北二十许里，中有沙冈，上下二十四圃，津流径通，渊潭相接；水盛则北注渠（即狼汤渠），渠溢则南播泽"。据《元和郡县志》，泽在中牟县（汉唐故城）西北七里，管城县（今郑州）东三里，东西五十里，南北二十六里。今已成平地。

〔3〕筦，同管。管叔，周武王弟。

依志例，当作"有筦城，故筦叔邑"，可能是传写脱去"筦城故"三字。管城即今郑州治。

〔4〕赵献侯徙中牟，此句应紧接中牟县名下。志县下注文，往往先后失序，此其一例。耿，见本志河东皮氏县下，在今河津县南十二里汾水南。

赵献侯所徙居的中牟，当即春秋时晋的中牟，地处今河南、河北、山东三省接壤地带，当时的大河东岸（确地无考，约在南乐、聊城之间），与此春秋郑地、战国魏地、汉属河南的中牟无涉，志误。

平[1]　莽曰治平。

〔1〕故城在今孟津县东，东南距偃师县二十五里。

阳式[1]　有博狼沙[2]。莽曰阳桓[3]。

〔1〕故城在今原阳县东南二十八里。

〔2〕秦始皇二十九年,张良伏击始皇于此,见《史记·始皇本纪》、《留侯世家》。地在阳武之南,东南去浚仪四十里。狼,一作浪。《水经·渠水注》作"博浪泽"。

〔3〕"桓"、"武"义通。

河南〔1〕　故郏鄏地;周武王迁九鼎,周公致太平,营以为都,是为王城;至平王居之〔2〕。

〔1〕1954年考古研究所在今洛阳市西郊涧水东岸发现了这座县城的故址,与《括地志》、《太平寰宇记》等故城在唐宋河南县治北九里苑内东北隅的记载相符合。《读史方舆纪要》、《清一统志》作在清洛阳县西五里,那是错的。

〔2〕郏鄏在河南城西。周武王克商,迁九鼎于郏鄏,周人定居河、雒之间始此,至周公始营建都邑。平王避犬戎之患,东迁居此。至敬王,迁成周。

缑氏〔1〕　刘聚,周大夫刘子邑〔2〕。有延寿城〔3〕、仙人祠〔4〕。莽曰中亭。

〔1〕今偃师县西南二十里有缑氏镇,那是宋代缑氏县的故址。汉县故城在今偃师县东南三十五里,城南五里即缑氏山;地当从河淮平原西来逾越嵩山山脉进入伊洛平原的山口,自春秋以来即著称史册。

〔2〕故址在今偃师县西南、缑氏故城西北刘涧上。刘子是春秋时周畿内的一个大夫。

〔3〕城在县治北郊,即春秋时滑国的都城费。

〔4〕武帝元鼎时方士言缑氏城上有仙人迹,天子亲幸视迹,见《史记·封禅书》、本书《郊祀志》。祠疑即起于是时。

卷〔1〕

〔1〕故城在今原阳县废原武县西北七里。

原武〔1〕　莽曰原桓。

〔1〕故城即今原阳

巩〔1〕　东周所居〔2〕。

〔1〕故城在今县西南三十里洛水北岸。

雒水东北至县境入河,见本志弘农上雒下。

〔2〕"东周"指战国时的东周国,不是指周平王以后的周王朝。战国初周考王封弟揭于河南（王城）,是为桓公;至桓公孙惠公,又封其少子班于巩。自后河南号西周公,巩号东周公。至显王二年,赵、韩又分周为二,自后周王徒有空名,无复国土,东、西周遂各为一国。

谷成〔1〕　《禹贡》瀍水出暜亭北,东南入雒〔2〕。

〔1〕故城在今洛阳城西北十四里。

"成"通"城",《左传》定公八年、本志弘农黾池下、《续汉书·郡国志》皆作"谷城"。城西临谷水,因名谷城。

谷水东北至县境入雒,见本志弘农黾池下。

〔2〕瀍一作"廛"。"暜"一作"潜"。据《水经注》,暜亭在谷城县北山上,瀍水出其北。瀍水是一条很小的水,首尾不过五六十里;由于《尚书·洛诰》提到了它,因而见于《禹贡》;既见于《禹贡》,汉志为了要"缀《禹贡》",因而也就不能不把它采录进去了。

故市〔1〕

〔1〕故城在今郑州城西北三十五里。

密〔1〕　故国〔2〕。有大騩山,潩水所出,南至临颍入颍〔3〕。

〔1〕故城在今县东南三十里。

〔2〕密国为周共王所灭,见《国语·周语》。

〔3〕"騩",一作"隗",一作"嵬"。"潩",一作"潩"。大騩山在今密县东南五十里,禹县北四十里。临颍,颍川属县,故城在今县西北十五里。潩水今名鲁姑河,一名清流河。

新成〔1〕　惠帝四年置〔2〕。蛮中,故戎蛮子国〔3〕。

〔1〕故城今伊川县治。郡国志作"新城"。

〔2〕战国时已有此地名,至惠帝四年置县。

〔3〕蛮中,一作"蛮氏"、"鄤氏"、"鄤聚"。蛮子,一作"鄤子",春秋时戎的一种,为楚所灭,见《左传》昭公十六年。地在今临汝县西南汝水南岸。

开封〔1〕　　逢池在东北,或曰宋之逢泽也〔2〕。

〔1〕故城在今开封城南五十里。唐代才把开封县移到当时的汴州即今开封城内。

〔2〕故址在今开封城东南二十四里。"或曰"是疑似之辞,表示有此一说,作者未敢置信。实际此说确是错了。据《左传》哀公十四年记载,宋之逢泽在宋都商丘(即今县)近旁,不可能远在数百里外的汉开封县境内。此逢池当即战国时魏之"逢陂",一称"逢泽";至春秋时宋之"逢泽",当即《水经·睢水注》睢阳(即今商丘)城南的"逢洪陂"。

成皋〔1〕　　故虎牢,或曰制〔2〕。

〔1〕故城在今巩县东北,废汜水县西北二里汜水西岸大伾山上。

〔2〕虎牢,传说是周穆王畜虎之处,见《穆天子传》。春秋时为郑邑,后入晋;战国始称成皋,韩邑;秦以为关,汉置县。制是东虢故地。班固知道东虢在荥阳(见本志弘农陕县下),不敢肯定就是虎牢,故称"或曰"。其实也是错的。据《左传》,襄公二年晋帅诸侯之师城虎牢,至十年,晋又"命诸侯之师城虎牢而戍之,晋师城梧及制",虎牢与制非一地甚明。

苑陵〔1〕　　莽曰左亭。

〔1〕故城在今新郑县东北三十八里。苑,一作"宛",一作"菀"。

梁〔1〕　　罂狐聚,秦灭西周,徙其君于此。阳人聚,秦灭东周,徙其君于此〔2〕。

〔1〕故城在今临汝县西二十五里汝水南岸。

〔2〕东西周释见巩县下。二聚相近,各去今临汝县四十里。罂狐在县西北,阳人在县西,皆在汝北。

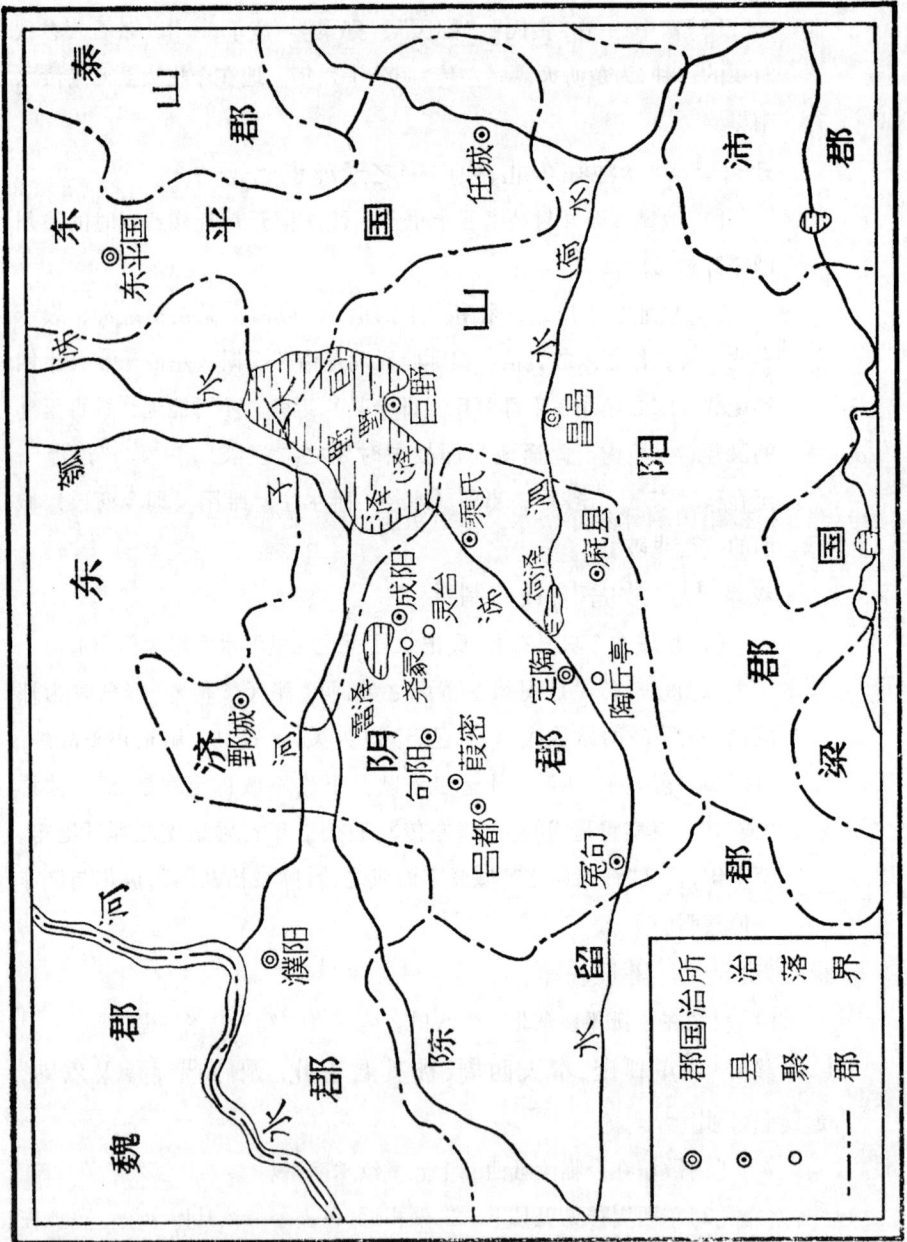

济 阴 郡 图

新郑[1]　《诗》郑国,郑桓公之子武公所国;后为韩所灭,韩自平阳徙都之[2]。

〔1〕故城在今县西北,洧水贯城中。

京兆尹的"郑"是旧郑,故此曰"新郑"。

〔2〕《诗经》里的郑国,就是东周时代的郑国,郑国上缀一"诗"字,即志序所谓"考迹诗书",用别于西周时代、即郑桓公时代的郑(见本志京兆尹郑)。韩初都平阳(见本志河东平阳),至哀侯二年灭郑,徙都郑。

济阴郡[1]　故梁,景帝中六年别为济阴国,宣帝甘露二年更名定陶[2]。《禹贡》荷泽在定陶东[3]。属兖州。户二十九万二千五百,口百三十八万六千二百七十八[4]。县九。

【注释】〔1〕《水经》"济水又东过冤朐县南,又东过定陶县南",是郡领九县,七县皆在济水之北,郡治定陶也在济水北岸;水北曰阳,而郡以济阴为名,不可解。疑济水在景帝后曾经改道,《水经》所载济水,已非初置济阴国时的济水旧道。

〔2〕"故梁",指汉初的梁国。景帝中六年分梁国为五国,其一为济阴。

此条叙沿革只讲到济阴国、定陶国,没讲到济阴郡,很明显有脱漏。据《史记》、本书《诸侯王表》和《史记·梁孝王世家》,则在"别为济阴国"下,应增"后元年为郡"一句;"更为定陶"下,应增一"国"字;此下再增"黄龙元年复故;成帝河平四年复为定陶国;哀帝建平二年复故"三句,才把济阴郡在西汉一代的沿革叙全。

〔3〕志叙山、川、陂、泽皆在县下,惟有庐江、泰山、蜀郡、敦煌、雁门与此郡错出郡下。荷一作"菏"。泽在今菏泽县东南三十里,汉定陶县东北;清代地图上的夏月湖,即其遗址。

〔4〕济阴郡户口很多,而郡境很狭小,只相当于今菏泽、定陶两县,和鄄城、巨野、城武三县的各一部分。汉志百三郡国中,口数在百万以上的计有:

	户	口
汝南郡	461,587	2,596,148
颖川郡	432,491	2,210,973
沛 郡	409,079	2,030,480
南阳郡	359,116	1,942,051
河南郡	376,444	1,740,279
东 郡	401,297	1,659,028
东海郡	358,414	1,559,357
陈留郡	296,284	1,509,050
济阴郡	292,005	1,386,278
蜀 郡	268,279	1,245,929
临淮郡	268,283	1,237,764
琅邪郡	228,960	1,079,100
河内郡	241,246	1,067,097
会稽郡	223,038	1,032,604

十四郡,济阴在全国各郡国中位居第九;但陈留以上八郡的面积都远比济阴为大,若按人口与面积的比例计算,济阴应为当时人口最稠密的一郡。

定陶[1]　故曹国,周武王弟叔振铎所封[2]。《禹贡》"陶丘":在西南,陶丘亭在南[3]。

〔1〕故城在今县西北四里。

因境内有陶丘,春秋、战国时都称为"陶",秦始称"定陶"。

〔2〕"叔"是周天子对同姓诸侯的称号,曹叔名振铎。曹国至春秋末为宋所灭。

志叙沿革、史迹,往往详古而略今。定陶是汉高祖即帝位之地,又是汉初梁孝王以前的梁国国都,志皆不及。

〔3〕丘在今县西南七里。丘上又有一丘,形如陶灶,因名陶丘。陶丘是上古时代一个很著名的地方,传说尧尝居此,故号"陶唐氏",舜陶

河滨亦在比,因而为《禹贡》作者所采录。

宛句[1]　莽改定陶曰济平,宛句县曰济平亭[2]。

〔1〕故城在今菏泽县西南四十里。宛一作"宛",句一作"朐"。

〔2〕志例叙王莽改制皆在各该郡县下,此条又自乱其例。"定陶"下当有一"郡"字,《后汉书·耿纯传》父艾为莽"济平大尹"(莽改汉的郡太守为大尹)可证。

吕都[1]　莽曰祁都。

〔1〕故城在今菏泽县西南二十里吕陵集。

葭密[1]

〔1〕故城在今菏泽县西北二十五里葭密集。

成阳[1]　有尧冢、灵台[2]。《禹贡》"雷泽"[3]在西北。

〔1〕故城在今鄄城县东南,西南距菏泽县六十里。

周武王封弟叔武于成,在县治北,其后南迁于此,故称成阳。成,或讹作"城"。

〔2〕据《水经注》,成阳城西二里有尧陵,陵南一里有尧母庆都陵,名曰"灵台"。成阳离定陶很近,成阳出现尧冢、灵台,显然和尧居定陶陶丘的传说有关。有关尧的传说的遗址,见于本志的除此而外,河东蒲坂和中山唐县皆有尧山。

〔3〕雷泽,《禹贡》原文作"雷夏泽"。据《水经·瓠子河注》,泽在成阳县西北十余里,东西二十余里,南北十五里,传说舜渔于此;泽西南十许里有小山名历山,山北有陶墟,传说舜耕、陶于此。

鄄城[1]　莽口鄄良。

〔1〕故城在今县之北,黄河北岸,西去废濮县二十里。

春秋、战国时名鄄,《史记》或作"甄"。

句阳[1]

〔1〕故城在今荷泽县北三十五里句阳店。

古有句渎,县处其阳,故名句阳。

秏^[1]　莽曰万岁。

〔1〕故城在今城武县西北二十九里。说文作"厖"。

乘氏^[1]　泗水东南至睢陵入淮^[2],过郡六^[3],行千一百一十里。

〔1〕故城在今钜野县西南约五十里。

〔2〕泗水似应作"荷水",或作"沛水"。据《水经注》,此水首受济,东出汇为菏泽,又自泽东出,下流会泗入淮。首受沛,故可称"沛水",承菏泽之下流,故可称"荷水"。菏水之名见于《禹贡》(今本《尚书》作"河",疑传写脱艹头。或曰,古河菏通用),应为此水之正称。此水东至山阳方与(今鱼台北)会泗水,又东至湖陵(今鱼台东南)会南梁水;本志鲁国卞县(今泗水东)下"泗水西南至方与入沛",蕃县(今滕县)下"南梁水西至湖陵入沛渠",则志文"泗"应作"沛";山阳湖陵下"《禹贡》'浮于淮泗,通于河(菏)',水在南",则志文"泗"应作"荷"。《水经注》亦或作"济",或作"菏"。且此水下流既与泗水会,宜无亦名泗水之理。但许慎亦称"泗受沛水"(说文),郑玄亦称"泗出乘氏"(《史记·夏本纪》集解引),则可见汉人的确又称此水为"泗水",志文不误。

志又称此水"东南至睢陵入淮",而卞县的泗水则西南至方与入沛,沛即此水,可见班固固以此水为泗水的主源,反以出于卞县的著称于汉以前古籍的真正的泗源为支流,这也是一件怪事。是不是班固搞错了呢?也没有错。看《说文》谓"泗受沛水,东入淮",郑玄注泗水不说出卞县而说出乘氏,足证许、郑心目中的泗水,同样以来自乘氏一水为主源。《水经》对方与以下二水会合后的下流既称"泗水"于泗水篇,又称"济水"于济水篇,二水一视同仁,也并不是断以来自卞县的泗水为主源。由此可见以乘氏出济之水即菏水为泗水主源,在汉代即便不是定说,至少是相当普遍的说法。

汉人为什么称此水为泗水,又为什么会把此水认为是泗水的主源呢?这可能与当时的水道交通路线有关。因为这条水是从春秋以来沟通济、泗,也就是沟通中原与东南之间的一条关键水道。中原人自西徂东,不出鸿沟,就必出此水。他们习闻泗水是东方的大水,却不很熟悉这条介在济、泗之间的菏水,由于此水下流入泗,因而就有人误称此水为泗水,久而久之,遂成为中原人对此水的通称;也有人由于此水出于沛而称之为沛水的,但比较不通行;而原来的正确的名称菏水,竟反归湮没。所以班固在乘氏下叙此水源流正式称之为"泗",又在方与、湖陵下提到它的别称"沛"却只在湖陵下用释古的语气说此水就是禹贡的"菏水",倒是正确地反映了当时的实际情况,一点也没有错。既认此水为泗,而此水的上源来自黄河,由河入济,由济入此水,它的水量很可能比方与以上来自卞县的泗水要大些,这就很自然地使汉人认为此水是泗水的主源了。

自湖陵以下,汉时泗水又东南经沛县(会泡水,见本志山阳平乐下)、彭城(会获水,见梁国蒙县下)、下邳(会桐水,见东海容丘下;会治水,见泰山南武阳下;会沂水,见泰山盖县下;会术水,见琅邪东莞下)、取虑(会睢水,见陈留浚仪下),这一段大致和《水经注》里的泗水亦即金、元黄河夺泗以前的泗水是相同的。但《水经注》以后的泗水明明是在汉淮阴、泗阳二县之间,即今淮阴县境入淮的,而本志称"东南至睢陵入淮",睢陵故城在今睢宁县南,因此从前许多学者都认为班固又记错了,志文"睢陵"应作"淮阴"。

到底错了没有?只要用《水经》的记载对照一下,便很明白。《水经》叙济水作"又东南过徐县(今盱眙县西北约六十里)北,又东至睢陵县南入淮",与班说同;叙淮水作"东至淮阴县西,泗水从西北来注之",淮阴之西,就是睢陵之南。若说汉志错了,那么《水经》也错。汉志记载简单,"睢陵"二字犹有可能是"淮阴"之误,《水经》记载较详,难道徐县北、睢陵南、淮阴西都是错的?这是不可能的事。可见汉志记载之所以和《水经注》以后的泗水经流有所不同,决不是汉志错了,却是由于水道变了。汉时泗水自取虑(故城在今睢宁县西南)以下,显然和后代的泗水不同:前者在西,后者在东;前者经徐县,后者不经徐县;前者经睢陵之南,后者经睢陵之北了;前者入淮处在睢陵南,东接淮阴界,后者入淮处在淮阴北,泗阳东南。正因为古泗水出睢陵南,泗阳县境在水北,所以秦、汉初置此县时命名"泗阳"而不名"泗阴"。

汉志这一句短短九个字的记载,就存在着上述水名、水源、入淮地点三个问题;初看似乎汉志全都错了,仔细一考究,竟全都不错。由此我们可以得到一个很好的教训:读古代的地理著作,遇到古人记载和后世情况有出入时,虽不必迷信古人,却断不可轻易说古人错了。须知地理情况是随着时代而变的(尤其是平原地带的水道经流,变得很频繁),古今记载不同,往往正是我们探索古代地理情况、推寻古今演变的极好资料。这条汉代由乘氏到睢陵入淮的泗水,二千年来几经迁变,故道已基本上不复存在。自乘氏至方与,可能有一部分和现在的万福河相同;自方与以下,已陷入昭阳湖、微山湖中,自微山湖以南,尽归湮没;只有今洪泽湖北岸的老汴河,可能是当时睢陵以南入淮的故道。

〔3〕过济阴、山阳、沛郡、楚国、东海、临淮六郡国。

泗水国既以泗水为名,武帝初置时当有泗水下游入淮之地,至汉末已割归临淮。若泗水不在睢陵而在淮阴、泗阳间入淮,那么就是在汉末泗水也非流经泗水国不可,"过郡六"当作"过郡七"。由此亦可证睢陵入淮不误。

勃海郡[1]　　高帝置[2]。莽曰迎河[3]。属幽州。户二十五万六千三百七十七,口九十万五千一百一十九。县二十六。

【注释】〔1〕海旁出为勃,一作"渤",一作"浡",一作"敫"。"勃海",一作"勃澥"。郡在勃海之滨,因以为名。

〔2〕近人王国维撰《汉郡考》(《观堂集林》卷十二),根据史、汉纪传,指出汉志所载各郡国的始建年代,有许多是不可信的;志称高帝置者共二十六郡国,就有十郡可证其必非高帝时所有,勃海是其中之一。王氏这一论证是正确的。但王氏认为高帝时勃海地属燕国,建郡当在景帝三年吴楚七国之乱既平之后,汉以余威削诸侯,始得勃海之地于燕,却不合于事实。汉志勃海郡二十六县,除文安、安次二县系武帝时削自燕国外(见《武五子传》),其余二十四县,战国时是赵、齐两国之

泗 水 图

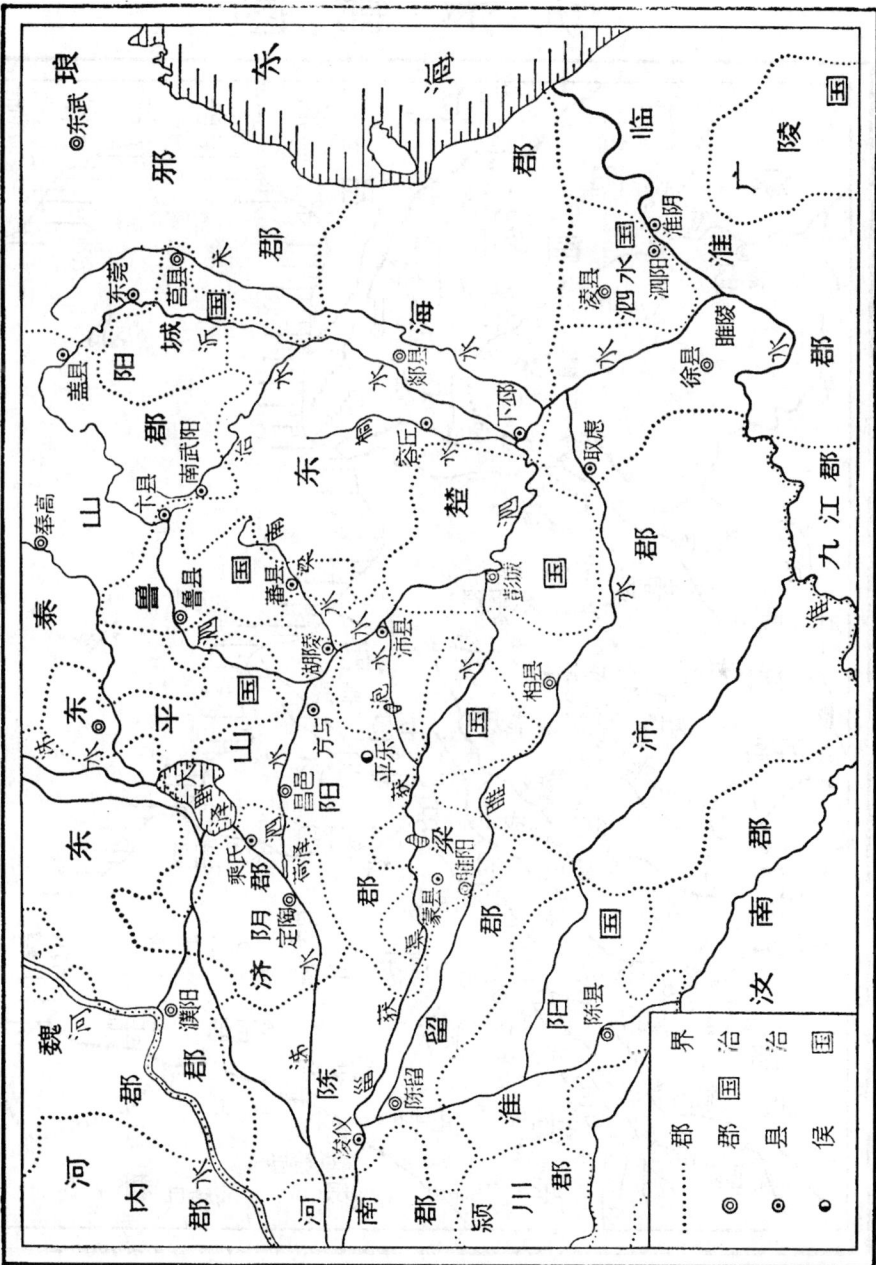

琅邪郡　东海

◎东武　临沂　广陵国

城阳国　莒县　昌县　赤县　盖县　华县

泗水国　泗阳　凌县　睢陵　徐县　取虑　下邳

东海郡　南武阳　卞县　桐　谷丘　郯县　海水　沂水

山阳郡　鲁国　鲁县　南平阳　蕃县　楚国　彭城国　彭城　泡水　沛县　相县　沛郡　泗水

东平国　无盐　昌邑　方与　平乐　菏水　泰山郡　东平　巨野泽　乘氏　济阴郡　定陶　濮阳

东郡　魏郡　河内郡　河水　睢水　梁国　睢阳　蒙县　雍丘　长　襄邑

陈留郡　陈留　浚仪　淮阳国　阳夏　陈县

汝南郡　颍川郡　河南郡　淮水　九江郡

国　郡国界　治　治

郡　郡国　县　侯

◎　◉　○

勃 海 郡 图

广阳

涿

桃

涿县

方城

安次

国

水

益昌

勃

郡

泉州

渔

右北平郡

阳

勃

海

郑县

阿陵

水

高阳

郡

武垣

州乡

文安

沚

东平舒

束州

池

别

参户

景成

池

成平

陵成

建成

乐成

河

别

水

徒

平

池

滹

滹

海

章武

中邑

河

浮

浮阳

南皮

东光

高乐

千童

临乐

河

信

河

别

蒲领

阜城

河

水

都

高堤

修市

胡苏亭

安陵

重平

国

修县

平

原

般县

枋县

郡

柳国

高成

定国

阳信

郡

童乡

海

图例同勃海西岸幅

地,秦末楚汉之际则为河间、济北二郡之地,高帝时河间仍属赵,济北仍属齐,都不在燕国封域之内。文帝二年分赵为河间国,分齐为济北国,三年,济北国除为郡,至十五年河间国又除为郡,自此至十六年四月重建济北国以前,在这一年左右的时间内,河间、济北两郡同时直属于汉廷,汉廷已有割取两郡属县建立勃海郡的可能了,不必等到吴楚既平之后。(参《史》、《汉》诸侯王表,齐、赵诸王世家,列传。)

〔3〕《禹贡》"同为逆河入于海",汉人认为逆河就在当时勃海郡境内。"迎"、"逆"同义。一说王莽为人多忌讳,因改逆河为迎河;一说今文《尚书》作迎,古文《尚书》作逆。

浮阳〔1〕　莽曰浮城。

〔1〕故城在今沧县东南四十里。

县以在浮水之阳得名。浮水本首受大河,东入勃海,为潮汐所往来,东汉末年已淤废无水,仅存故渎,见《水经·淇水注》引应劭说。

阳信〔1〕

〔1〕故城在今无棣县东南三十里,一说东北十五里。

东光〔1〕　有胡苏亭〔2〕。

〔1〕故城在今县东二十里。

本志河间乐成下,"虖池别水首受虖池河,东至东光入虖池河"。志文有误,释见东平舒下。

〔2〕《禹贡》"又北播为九河",《尔雅·释水》列举九河之名,其一胡苏。本书《沟洫志》,成帝时许商言:"古说九河之名有徒骇、胡苏、鬲津,今见在成平、东光、鬲界中。"胡苏亭当得名于胡苏河。亭在东光县西南,见《水经·淇水注》;但《水经注》里并没有提到胡苏河。据唐宋以来地志记载,故道当自今东光径宁津、庆云至无棣县境入海。

阜城〔1〕　莽曰吾城。

〔1〕故城在今县东二十二里。

本志上党沾县下,"清漳水东北至邑成入河"。志无邑成县。按汉时漳水在太行山以东,经历的地点见于本志者,有郫县(见上党长子下,故城今临漳县西)、邯郸(见魏郡武始下,故城在今县西南)、列人(见魏郡武安下,故城今肥乡县东北)、脩县(清河信成下,故城今景县南),作西南一东北流向,阜城当脩县东北,东滨大河,"邑成"无疑是"阜城"之误。太行山以东的漳水历代屡经迁移,汉时故道湮灭日久,它的遗迹在今地图上已经找不到了。

千童〔1〕

〔1〕故城在今南皮县东南八十里。

传说秦始皇遣徐福率领童男女千人入海求不死之药,筑城留此,因名千童,见《元和志》。

重合〔1〕

〔1〕故城在乐陵县西南三十里。

南皮〔1〕　莽曰迎河亭。

〔1〕故城在今县东北八里。

传说齐桓公北伐山戎,在此缮修皮革,北五十里有北皮城,故此曰南皮,见《水经·淇水注》引应劭说,《寰宇记》。

定〔1〕　侯国〔2〕。

〔1〕故城在千童故城东南三十里。

〔2〕汉制封爵分二等,大者为王(一称诸侯王),小者为侯(一称彻侯,武帝后改称列侯)。侯的食邑称为侯国。侯国的领域一般都比县小,多数只是从原来的县里分出来的一乡之地,只有很少数几个能够尽有原来一县之地;但在政区等级制度上,它是和县相等的,被视为县的一种。侯国的长官叫做侯相(侯本人只食租税,不治民),地位也和普通县的长官令或长相等,同样受朝廷的任命,受郡的统辖。因此通常为简便计,往往即称侯国为县,不复分别。例如本志郡下的县数,就是包括侯国而言的;勃海郡领十八个县,八个侯国,郡下即作县二十六。

列侯或以有罪而黜免,或以身死无后而绝嗣,其国一般即罢并原县。所以凡在汉末以前已罢的侯国,多数皆不见于汉志。据本书《功臣侯表》和《王子侯表》,建立于武帝时而罢废于元帝以前的获苴、广、山、沈阳四侯国,都在勃海境内,即不见于本志。

武帝封齐孝王子越为定侯,见本书《王子侯表》。

章武[1]　　有盐官。莽曰桓章。

[1]故城在今沧县东北八十里。

本志金城河关下,"河水东北至章武入海"。魏郡馆陶下,"河水别出为屯氏河,东北至章武入海。"关于大河的海口问题,需要和当时在勃海西岸入海的其他几条水道合起来谈,说见文安下。关于屯氏河,有应说明者三事:

甲．据本书《沟洫志》,武帝元封二年以后,河决馆陶,分为屯氏河,后六七十年,至元帝永光五年,河又决清河灵县鸣犊口,屯氏河遂绝。志所载既系西汉末年的地理,屯氏河早已绝流,此所谓屯氏河,应作屯氏河故渎解。

乙．这条存在于武帝以后到元帝时的屯氏河,志作过郡四,其所经历的地点见于本志的有脩(蓚)县(清河灵下,河水别出为鸣犊河,东北至蓚入屯氏河),脩县属信都,自魏郡东北至信都必经清河,信都又东北是勃海郡境,与《沟洫志》"东北经魏郡、清河、信都、勃海入海"之文正相符合;其故道自馆陶至脩县一段,后来为隋炀帝所疏导,成为永济渠的一部分,大致就是现今馆陶德州间的卫河。至于见于《水经注》里的屯氏河故渎,既不经脩县,并且只过魏郡、清河二郡即注入大河,那显然是存在于另一时期(当然在汉元帝以后,大河离开魏郡以前,确年无考)的另一条屯氏河,与本志和《沟洫志》所载者不可混为一谈。

丙．根据地势推断,屯氏河过脩县入勃海郡境后,必然要和大河会合后才能入海。志作入海不作入河,可能是由于屯氏河通流时"广深与大河等"(《沟洫志》),因而时人对二者不复分别主次,同作入海。

中邑[1]　　莽曰检阴。

[1]故城在今沧县东。

高成[1]　　都尉治[2]。

[1]故城在今盐山县东南约二十里。成一作城。

〔2〕汉初承秦制,郡置守、尉,景帝中二年更名太守、都尉。太守是一郡的首席长官,郡各一人。都尉掌辅太守,典领武职甲卒,内地郡各一人,边郡或多至三四人。全志八十三郡中,注出都尉治所的有五十七郡。

高乐〔1〕　莽曰为乡。

〔1〕故城在今南皮县东南三十里董镇村。

参户〔1〕　侯国〔2〕。

〔1〕故城在今青县西南三十里木门店。

本志代郡卤城下,"虖池河东至参合入虖池别"。"参合"是"参户"之误,"别"下当有"河"字,释见东平舒下。

〔2〕武帝封河间献王子免为参户侯,见表。

成平〔1〕　虖池河,民曰徒骇河〔2〕。莽曰泽亭。

〔1〕故城在今交河县东北约五十里。

〔2〕志文别无用"民曰"二字之例,疑本作"或曰",传写致误。

许商说"九河",徒骇河在成平界中,与志合。徒骇河原是古代大河下游"九河"中最北一支,后来大河改道,徒骇河改为虖池河所经行,但徒骇这一名称还是被成平这一带的人民沿用着。不仅在汉代如此,直到唐、宋时代,这一带有所谓徒骇河,仍然见于记载。至于今地图上山东西北部有一条河也叫徒骇河,那完全是出于后世文人的附会,与古徒骇河了不相涉。这条河当地人民本来称为土河,其前身可能就是古代的漯(音它合反)水。

关于虖池河,释见东平舒下。

柳〔1〕　侯国〔2〕。

〔1〕故城在今盐山县东五十里。

〔2〕武帝封齐孝王子阳已,见表。

临乐〔1〕　侯国〔2〕。莽曰乐亭。

〔1〕故城在今宁津县北。

〔2〕武帝封中山靖王子光,见表。

东平舒〔1〕

〔1〕故城即今大城县治。代郡属县中有平舒,故此县加一东字。

本志河间弓高下,"虖池别河首受虖池河,东至平舒入海"。"平舒"之上无疑脱去一"东"字。

虖池河,其他古籍皆作虖沱河或滹沱河,今作滹沱河。

汉时滹沱河进入河北平原后,东过信都东昌(见魏郡武安下,故城今武邑东北),下入河间国境,分为虖池河、虖池别河、虖池别水三支,再下入勃海郡境,又合而为一,东北入海。三支的经行路线:虖池河是经弓高(故城今阜城西南)别出别河,经乐成(故城今献县东南)别出别水,又经成平(民曰徒骇河)至参户入虖池别河,比较最清楚。虖池别河就只知道自弓高经参户至东平舒入海,参户以上一段究竟是在虖池河的东面还是西面,已无从断定。虖池别水最不清楚,连至何县境内入何水都不知道。志文"至东光入虖池河"一句,显然是错误的。因为这一带的地势是向东北倾斜的,乐成的水不可能流向东南方地势较高的东光,此其一。东光不在那一条自东昌而弓高,而乐成,而成平,而参户的西南东北走向线上,不可能为虖池河所经行,此其二。不过无论如何,别水也在勃海郡境内与虖池河或虖池别河汇合是没有问题的。三支会合后所以不称虖池河而称虖池别河,那可能是由于合口以上别河的流量比较大些。

《水经注》里也有滹沱河、滹沱别河和滹沱别水,滹沱河已远徙文安之北,别河、别水经行路线不详,就其下游在汉南皮、浮阳县境与清河合流而不经参户、东平舒这一点看来,可见已经不是西汉时代的别河、别水故道了。从唐、宋时代直到清代,这一带都还有滹沱河存在,同时存在的河道也往往不止一条,这些河道中有没有汉代虖池三道的故道,自汉以后,历代的变迁经过如何,都还有待于我们的钻研探索。

重平〔1〕

〔1〕故城在今吴桥县南三十里,重合故城西南八十里。

安次〔1〕

〔1〕故城在今县西,东南去旧东安县城四十里。

本志涿郡涿县下,"桃水首受涞水,分东至安次入河"。桃水上游即今北拒马河,下流经今固安、永清至安次县境。汉代大河并不经过安次,安次的南境为滱水所经,志文入"河"当作入"滱"。但本志叙水道以"滱"为"河"的不止这一条,此外又有中山望都下叙博水,中山北平下叙卢水,代郡广昌下叙涞水三条,也明明都是入滱,偏偏都称入"河"。又许慎亦称涞水入河(《说文》),应劭亦称博水入河(本志信都下博下注引)。可见以滱为河,并不是班固一时的笔误,或后代传写传刻之误,而是汉人的确又称滱水下游为"河"。"河"字本是古人对黄河的专称,为什么滱水也可以称"河"呢?这可能是由于黄河在汉以前或汉初曾经有一时期夺滱水下游入海,滱水下游就成了"河"的一部分,后来"河"虽离滱他去,但习惯上仍称这一段滱水为"河"。

修市〔1〕　侯国〔2〕。莽曰居宁。

〔1〕故城在今景县西北,东南距今景县南十三里的汉脩县(属信都)故城二十里。

脩市和脩县的"脩"都读若条。脩县就是名将周亚夫的封邑,《景帝纪》、《周亚夫传》都称周亚夫为"条侯"。

〔2〕宣帝封清河纲王子寅,见表。

文安〔1〕

〔1〕故城在今县东北三十里柳河镇。

本志代郡卤城下,"从河东至文安入海"。"从"字据清末杨守敬的考证,是"泒"字之误。泒河的上游即今出白五台山南麓的沙河;下流在今猪龙河之东,过任邱后东北入文安县境,至三国时为滹沱河所夺,也就是《水经注》里的滹沱河下游。

本志代郡灵丘下,"滱河东至文安入大河"。滱河的上流即今源出恒山南麓的唐河,下流大致相当于现今的大清河,在泒河之北。本志叙滱河以南的泒河、虖池别河(见东平舒下)、大河(见章武下)皆作入海,滱河以北的治水(本志雁门阴馆下,"治水东至泉州入海。"治水上流即今永定河上流桑乾河,泉州故城在旧武清县东南四十里。)、沽水(本志渔阳渔阳下,"沽水东南至泉州入海。"沽水即今白河。)也是入海,滱河介在其间,不可能入河,入河显系入海之误。汉志滱河的下流就是《水经》易水的下流,《水经》叙易水正作入海。

既然大河、虖池河、泒河、滱河和治水、沽水这六条水都是入海的,由此我们可以发现,其时渤海湾的西部,必然存在着一个小海湾。这个小海湾的南岸是章武县境,大河由此入海;西南岸是东平舒县境,虖池别河由此入海;西北岸是文安县境,泒河、滱河由此入海;北岸是泉州县境,治水、沽水由此入海。假如没这小海湾,那么大河、虖池自西南而东北,泒、滱自西而东,治、沽自北而南,最后必然要有几条水在今之天津或天津以南会合在一起后才能入海,各自独流入海是不可能的。

西汉时代有这样一个小海湾存在,还可以从另外两方面得到助证:

其一,证以当时县治的分布情况。汉代在勃海郡境内所设置的县治是相当稠密的,全郡当今不过十七八县之地,当时共设有二十六县之多。而在全部二十六县之中,竟没有一县是设在章武、浮阳以北,文安、东平舒、参户以东的,要不是由于当时这一带还没有成陆,那就很难理解了。

其二,证明上述在渤海湾西岸入海的六条大水的海口所在地段。从地图上我们可以看到,这六条水可以分成两组:大河,虖池河一组在南,海口在东平舒之南,泒、滱、治沽一组在北,海口在文安之北,两组之间,相去约有七八十里。这一情况不仅在汉代如此,就是在汉代以前,根据所有文献资料加以考察,尽管各河的河身有时迁移,海口大致都不离这两个地区。既然如此,可见古代渤海湾的西岸,应该有一南一北两个冲积扇,在这两个冲积扇还没有扩展到彼此连接在一起成为一整片海滨平原之前,正就是我们上述那个小海湾的存在的时代。

两个冲积扇的连成一片,可能是在东汉时代。在西汉以前,大河长期在南冲积扇入海,南冲积扇的伸展速度应比北冲积扇快,王莽以后,大河改道他去,从此南冲积扇的伸展速度变得迟缓了。两扇连成一片

勃海西岸诸水图

代
代县

上
谷
郡
郡

涿
郡

涿
阳
国

广
阳

渔
阳
水

右
北
平
郡

蓟县

安次

泉州

桃
水

涿县

易
水

勃

常
山
郡
国

中
山

卢奴

国

巨

浭
水

涞
水

博
水
河

滹
河

郡

瓜

滹

别

文安

东平舒

池

海

章武

参户

成平

骇徒

浮阳
郡

乐成

河

池

河

别

鹿

高
郡
渔

巨廊

东昌

阜城

弓高

东光

清
信都

修县

河

鸣
屯
犊
河

平
原
郡

千
乘
郡

广
平
国

广平

清阳

氏

魏

馆陶

郡

东

水

郡

灵县

平原
郡

郡

◎	郡 国 治 所
◉	县 治
◐	侯 国
○	聚 落
⋯	郡 界

以后的东汉末年,南边一组河道清河、漳水、滹沱河等又改道北流和北边一组汇流入海,从此今天津以东的海岸扩展得就特别快,沧县以东的海岸相对的停滞了扩展,以致逐渐形成了现在那样北部海岸突出,南部海岸缩进的形势。在现在的地图上,就再也看不出古代有过一个南冲积扇的痕迹来了。

景成[1]　侯国[2]。

〔1〕故城在今交河县东北六十里,西去献县九十里。

〔2〕宣帝封河间献王子雍,见表。

束州[1]

〔1〕故城在今河间县东北六十里。

建成[1]

〔1〕故城在今交河县东约五十余里,西北去景成故城三十里。

童乡[1]　侯国[2]。

〔1〕故城在今乐陵县西北,西北去千童故城二十里。

今本志文本作章乡。按成帝封锺祖为童乡侯,见本书《功臣表》;《太平寰宇记》引阚骃(十六国时代北凉人)《十三州志》亦作童乡;县又在千童东南,盖分千童所置;知表是志误。

〔2〕锺祖封此,见上。

蒲乡[1]　侯国[2]。

〔1〕故城在今阜城县东北十里。

〔2〕昭帝封清河纲王子禄,见表。

越巂郡[1]　武帝元鼎六年开[2]。莽曰集巂。属益州。户六万一千二百零八,口四十万八千四百五。县十五。

【注释】〔1〕巂音髓。旧释越巂郡名,有三种说法:一说“巂”是水名,“越”是动词,汉越巂水置此郡,故名越巂(本志注引应劭、《后汉书·光武纪》建武十四年注);一说水名“越巂”,汉兵自越巂水入定其地,因以名郡(《后汉书·西南夷传》、《水经·若水注》);一说“越”和“巂”都是水名,二水皆出深羌界,流径郡境(《通典·州郡典》、《元和郡县志》)。
按《汉书·高祖纪》、《两粤传》称南方的越族皆作"粤",而越巂在西南
夷传里也写作"粤巂",可见这一"越"字也是部族名。"越巂"当作越地
的巂水解,所以越巂水就是巂水;上述第一说解"越"作逾越之"越",第
三说谓巂水之外别有越水,都是出于附会。至巂水即越巂水的所在,郦
道元不能确指,疑即绳(金沙江)若(雅砻江)水"随水地而更名",《元和
志》始以出邛部(今越巂)西南巂山一水为巂水,即清代地图上的越巂
河。或疑唐人去汉已远,郦道元所不知,唐人何由得确知? 所以今地图
上的越巂河,未必就是汉人所谓巂水或越巂水。但依地位看来,今越巂
河介在大渡河谷与西昌平原之间,正当为当年汉兵自蜀取邛部所经行;
《元和志》之说,当有所本,还是可信的。郦道元是北方人,所以对于南
方的山川,往往不甚了了。

〔2〕"开",意思是说本非汉朝的领土,新开为郡。按全志百三郡国
中,不在武帝以前原有版图之内的,计有故"西南夷"地犍为、牂柯、越
巂、武都、益州五郡,故匈奴地五原、朔方、武威、张掖、酒泉、敦煌六郡,
故西羌地金城一郡,故南越地南海、郁林、苍梧、合浦、交趾、九真、日南
七郡,故朝鲜地乐浪,玄菟二郡,共二十一郡。其中张掖、敦煌、金城三
郡置郡已在开拓之后,应作"分某郡置";此外十八郡,置郡即在开拓之
年,都应该作"开"。志于张掖作"开",于武都、五原不作"开",这也是
作者为例不纯之处。

武帝经略"西南夷",先后开置七郡:建元六年开夜郎、僰中,置犍为
郡;元鼎六年开且兰、夜郎,置牂柯郡;开邛都,置越巂郡;开莋都,置沈
黎郡;开冄駹,置文山郡;开白马氐,置武都郡;元封二年降滇,置益州
郡。七郡中越巂、牂柯、益州三郡完全是新开辟的领土,此外四郡有一
部分属县割自广汉和蜀郡。其后天汉四年,省沈黎入蜀郡,宣帝地节三
年,又省文山入蜀郡,汉志见存五郡。

"西南夷"地区的"略通置吏",实始于秦代,至汉初罢弃;武帝时代
的"开西南夷",只是在恢复秦代旧业的基础上加以扩展而已,并非金属

越嶲郡图

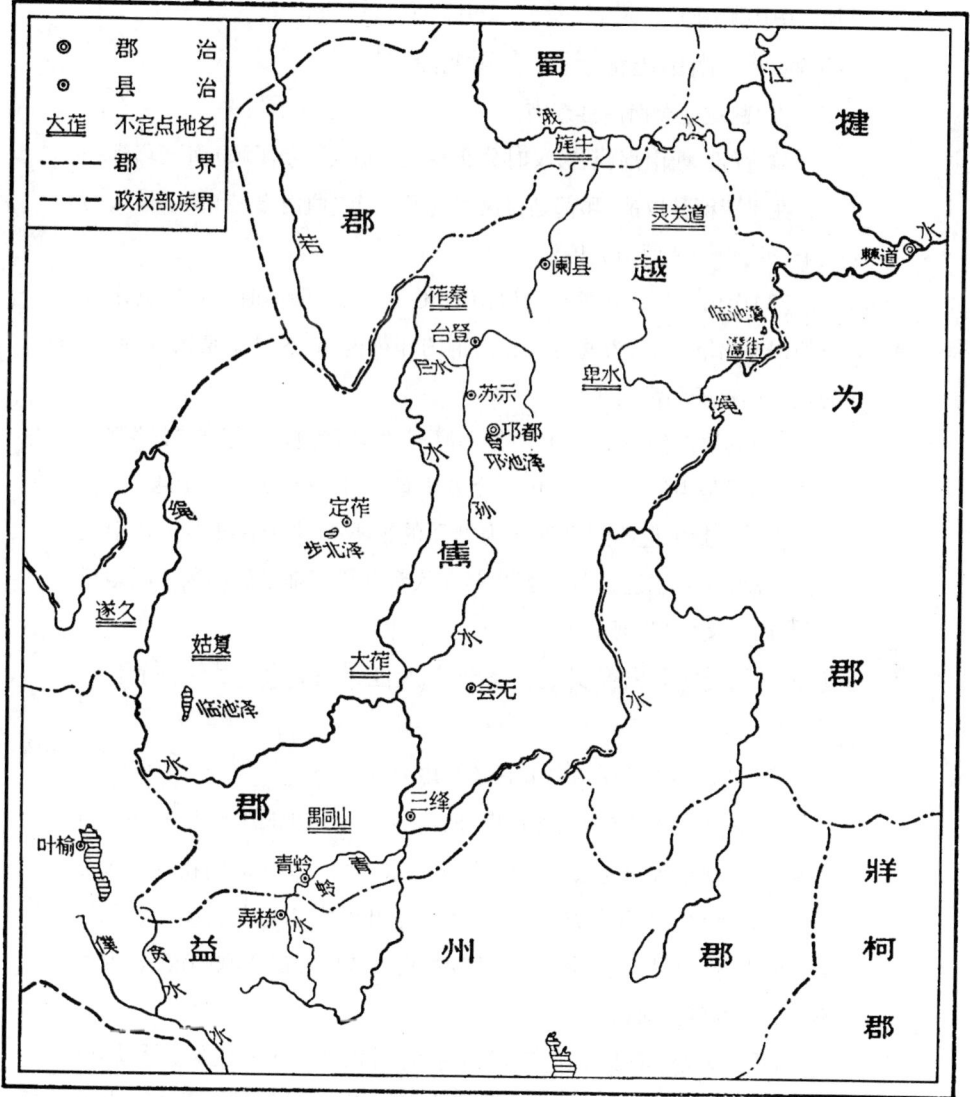

越嶲郡图

新创。所谓"开",只是说开汉代前此所未有,并不包括前代。其中邛、
莋、冉駹等地,在秦代都曾经设置县治;汉初罢弃后,至武帝元光六年,
司马相如奉使"诏谕",又开置了一都尉十余县,未几又罢;至元鼎六年

因用兵南越之便,再定其地置为越巂、沈黎、文山三郡,那已经是第三度加入中国版图了。

邛都〔1〕 南山出铜〔2〕。有邛池泽〔3〕。

〔1〕故城在今西昌县东南。

邛,音蛩,西南部族名,汉时分布在北起临邛(今邛崃)南至邛都一带。在未置郡县以前,邛都是自滇以北几十个"西南夷"君长中最大的一个,见《史记·西南夷传》。

〔2〕南山自当指邛都县治以南的某一个山。明清时代冕宁县南五里的山上出铜,或以为就是汉志出铜的邛都南山,这显然是错误的,因为冕宁远在汉邛都之北。

〔3〕其他古籍一作邛池,一作邛河,一作邛河池。"池"与"泽"都是汉语,"河"是当地部族的土语。今名邛海,一名热水塘,在西昌县东南。

古代文献中记载到平地陷为湖泽的很不少,据《后汉书·西南夷传》、《水经·若水注》,"邛河"也是在武帝开置邛都县后不久才陷地成泽的,因而又称"陷河"。

遂久〔1〕 绳水出徼外,东至僰道入江〔2〕;过郡二〔3〕,行千四百里〔4〕。

〔1〕故城当在今宁蒗彝族自治县境内。

〔2〕绳水即今金沙江,僰道即今宜宾县;古人以岷江为大江(长江)主源,金沙江至宜宾与岷江相会,故称绳水入江。汉人既知在宜宾入江之水就是来自遂久徼外之水,可见不是不知道大江另有这样一条源远流长的上源,只是由于不肯轻易改变相传已久的江出于岷的说法,因而不认此水为江源而已。

《禹贡》只说岷山导江,未提到绳水。《山海经·海内经》所载"巴国,有巴遂山,绳水出焉",地望与汉志绳水不合,显系另一条水。大致战国秦汉间人,还不知道大江有这一条上源;自武帝开"西南夷"后,关于西南边疆的地理知识才大为扩展,从此金沙江遂以绳水为名见于记载。《水经》改称淹水,郦注仍作绳水。

绳水出遂久徼外,则当时边徼,约当在今玉龙山一带。

〔3〕越巂、犍为。

〔4〕金沙江自玉龙山以下至宜宾会岷江,计程当在二千里以上,汉里又较今里为短,志文"千"上当有脱字。

灵关道〔1〕

〔1〕故城约当在今大凉山北麓、越巂河东岸一带。据《史记·司马相如传》,相如"通灵关道,桥孙水以通邛都",知县在越巂郡北境。又据本书《相如传》改灵关道作"灵山道",注引张揖(曹魏时人)曰:"凿开灵山道,置灵道县",则灵关当得名于灵山,关在灵山道上,又因关以置灵关道县,一称灵道。又据《水经》"沫水过旄牛县(故城在汉源县南大渡河南岸)北,又东至越巂灵道县",则县境又当在旄牛之东。以地望测之,灵山可能就是现今的大凉山,设关置县处可能在今峨边县旧治附近。

汉魏六朝时别有一灵关,唐初曾置为灵关县,故址在今芦山县西北六十里。《水经注》认为这就是越巂郡的灵关道县,后世地志多沿袭其说。其实两地一在青衣江上,一在大渡河南,相去至少在四百里以上,青衣之南,大渡之北,在汉代又是蜀郡的辖境,越巂郡的属县,岂能悬隔在蜀郡辖境之北?郦注的错误是很明显的。

汉制有"蛮夷"的县叫做"道",见本书《百官公卿表》。但全志一千五百八十七县中,只有三十二县叫道,实际当时有"蛮夷"的县当然决不止此数。即如越巂郡十五县中,只此灵关一县叫道;犍为郡十二县中,也只有僰道一道;牂柯、益州二郡和南海等南越故地七郡、乐浪等朝鲜故地二郡的属县中,竟无一县叫道;难道在这些武帝时所开的"初郡"里,"蛮夷"就已少到如此地绝无仅有了吗?这是不可能的事。事实上在纪、传里也可以看到许许多多不叫道的县境之内,确有"蛮夷"。那么究竟怎样才算是"有蛮夷"呢?这一标准我们已无从理解。

台登〔1〕　孙水南至会无入若〔2〕,行七百五十里。

〔1〕故城在今冕宁县东南,南距西昌一百七十里。

〔2〕孙水即今安宁河。若水即今雅砻江。会无,本郡属县。

定莋〔1〕　出盐〔2〕。步北泽在南〔3〕。都尉治。

〔1〕筰,一作莋,一作笮,音昨;"西南夷"部族名,汉时分布在北起莋都(今汉源县东),南至大莋(本郡属县)一带。莋族和邛族同处蜀郡迤西沈黎、越巂二郡界内,故邛、榨往往连称。一说笮就是竹索,"夷"人以笮为桥,因以为部族名;定笮、大笮,都是近水置笮桥处(参《广韵》、《元和志》),确否俟考。

故城在今盐源县西南,东北去郡治汉里三百余。

〔2〕县境盛产盐,魏晋以来屡见记载。元置闰盐州,明置盐井卫,清置盐源县,皆以盐名地。至今境内仍有黑白二盐井。

〔3〕当即清代地图黑盐井南之龙塘。旧说在盐源县东,或说即今左所海(一名泸沽湖),皆误。

会无〔1〕　东山出碧〔2〕。

【注释】〔1〕故城即今会理县治。

〔2〕据《清一统志》,县东南八里有葛砧山,产石青,东南三十里有土白山,产石碌,志所谓东山出碧即此。

莋秦〔1〕

〔1〕今地无考。

大莋〔1〕

〔1〕据本志蜀郡旄牛下,"若水亦出徼外,南至大莋入绳",故城当在今会理县西雅砻、金沙二江汇流处。

志叙水道源流虽然很简略,但其明确程度,往往反而超过时代比它后、记载比它详的《水经》和郦注,若、绳二水的干支关系即其一例。《水经》作淹水(即绳水)入若,若水入江,颠倒了干支;郦注既说若水入绳,又说绳水至大莋"与若水合"而不作"若水入焉",合后又或称绳,或称若,虽不算错,但混淆不清;都不如本志"若水入绳"、"绳水入江"二句既明白,又正确。〔郦注又云绳水有一条支流"东出径广柔县(今汶川西北),东流注于江",那更是极荒唐的说法。金沙江的支流,怎么可

能越过好几道横断山脉,穿过雅砻江、大金川等巨流,东注岷江?〕

姑复〔1〕　临池泽在南〔2〕。

〔1〕据《水经》"淹水东过姑复县南,东入于若水",知故城当在今永胜县境内。

《水经·淹水注》引吕忱曰:"淹水一曰复水",或谓姑复得名于复水,但也有可能淹水因流径姑复而一名复水。

〔2〕当即今程海。

三绛〔1〕

〔1〕绛,一作缝,音播。故城当在今会理县南。

本志益州弄栋(今姚安)下,毋血水北至三绛南,入绳。毋血水即今龙川江。

苏示〔1〕　尼江在西北〔2〕。

〔1〕示,即神祇之只,与示有别;一作祁。故城在今西昌县西北八十里。

〔2〕据师古注,"尼"即古"夷"字。此水不见他书记载,依地望推测,疑即今沙壩河。

阑〔1〕

〔1〕音阑。故城在今越巂县北二十里。

卑水〔1〕

〔1〕卑,音班。故城当在今大凉山南麓,雷波县西北境。

据《水经·若水注》,有卑水自县境东流注马湖江。马湖江即绳水流经马湖县(今雷波)一段,卑水当即今石角河。

潧街〔1〕

〔1〕潧,通潜。

潧街故城,各种古代地理著作都没有记载到。清代学者提出了三种说法:阮元《云南通志》说"即今剑川无疑",汪士铎《汉志释地略》说"在今西昌东南",吕调阳《汉书地理志详释》说"疑为今黄螂土司,在雷波之东"。三说中以阮说最为通行,王先谦《汉书补注》,杨守敬《前汉地理志图》都采用了它；其次为汪说，谢钟英《三国疆域表》从之；独吕说以其书大都出于向壁虚造，穿凿附会，向不为学者所重，故无人理会。实际三说并没有提出可信的论据，都不过是一种推测。吕说从铨释字义立论，说是黄郫"司东江中有落瓮口，与大鹿溪之瀑水潜通也；街者，水入多仍复出也"，固然很荒唐可笑。汪书例不著论证，更无从审核其是非。阮说的来历，是由于他先肯定了汉志青蛉县下的临池濞即今剑川县东的剑湖，又认为濞街得名于临池濞，因而得出了濞街即今剑川的结论。可是他对立说的出发点临池濞即今剑湖这一点，却并未申述理由；推测起来，可能是由于濞、剑二字读音相近之故，这当然也是不成其为理由的。所以对于这样一个问题，我们是不应该简单地用从众的办法来解决的，必须要进一步从多方面予以考索。

首先要解决的是临池濞地属何县的问题。阮元认为濞街得名于临池濞这一点是合理的，因为濞字用于地名的很少见，二者同在一郡，不应无关。但今本志文"临池濞在北"一句系于青蛉县下，阮氏对此竟深信不疑，那就无法自圆其说。试问，一县的县名，怎能得名于他县境内的山川泽薮？我们认为这一句是错简，原文当在濞街县下。何以知道是错简呢？因为：濞街当得名于临池濞，临池濞当在濞街县境，此其一。志文濞街、青蛉相连接，错简的可能性很大，此其二。青蛉县北境，并无大泽，若非错简，临池濞便无可指，此其三。第一、第二两点无须解释，第三点需要解释一下。

清代学者由于他们没有怀疑到"临池濞在北"这一句排在青蛉县下有问题，因此他们考释青蛉县与临池濞的位置，不得不陷于顾此失彼的窘境。有的顾全了青蛉县的故址，就强指临池濞为姑复县南临池泽即今程海（见上释）的别名（见赵一清《水经注释》，吴卓信《汉书地理志补注》）。有的以今剑湖为临池濞，就硬把青蛉故城位置在今剑川之南（陈澧《汉书地理志水道图说》置于剑川邓川间，阮元《云南通志》以为在今云龙）。这两种说法显然都是断难成立的。汉志所载池泽多至数十，例止一见，何尝有一个复出？大到象具区（今太湖）、彭蠡（今鄱阳

湖)那样都并不例外,何至对这个较小的临池泽反要破例? 假如作者存
心要两见,自应采用同一名词,何以偏要时而作泽,时而作灂? 可见泽
与灂尽管同样冠以"临池"二字,衡以汉志义例,却决不能混为一谈。至
于青蛉故城在今大姚江流域或一泡江流域,那是有很明确的史料可据
的(释见青蛉县下),当然更不容凭臆把它移置到洱海以西、剑川以南
去。怎样才能不至于顾此失彼呢? 那就必须先肯定临池灂与青蛉县无
关,"临池灂在北"一句原文应在灂街县下。

　　杨守敬的《前汉地理志图》可能已悟到了这一点,故图中一方面从
阮说指剑湖为临池灂,置灂街县于剑湖之南,另一方面又不从阮氏关于
青蛉县故址的说法,仍置一泡江流域。但杨氏这样处理只是解决了临
池灂的县属问题,还是没有找出临池灂与灂街县的正确位置来。这是
因为要达到这一目的,必须经历两个步骤,而杨氏只走了第一步,没有
走第二步。

　　临池灂与灂街县究应何在? 单是看汉志是得不出圆满的结论来
的。汉志之外古籍中只有晋人常璩所著《华阳国志》记载到灂街县。常
志记载很简略,可就是由于这点点简略的记载,解决了我们的问题。这
就是杨守敬所未能到达的第二步。

　　据常志,潜街仍属越巂郡,但两汉属越巂的青蛉、遂久二县,蜀汉以
来已改属新置的云南郡。按青蛉、遂久二县在越巂郡的西南,今剑川县
更在其西,既然在青蛉、遂久改属云南之后灂街仍得属越巂,可见灂街
决不可能在今剑川一带,阮、杨诸氏之说必误无疑。又汉志灂街列在卑
水之后,常志同,灂街之后又有安上、马湖二县。按卑水故城当在今雷
波县西北,已见上释,安上故城约当在今屏山县境,马湖故城在今雷波
县境,灂街夹在这三县之中,这不能不使我们设想到灂街县亦当在越巂
郡的东北境,即今雷波、屏山一带。找灂街县故址的先决条件就是要找
出一个可以指实为临池灂的著名湖泊来。这一带的大湖有两个,一是
马湖,一是龙湖。常志既另有马湖县,则马湖当在马湖县境内,不属灂
街,不是临池灂。龙湖据清一统志在今黄螂所南五里,长二十里,广五

里(今地图上仍有)。它的特点是湖水与金沙江"同消长,日夕作潮",正符合临池灞的"灞"字的名义。由此可见,临池灞无疑即今龙湖,灞街故城的正确位置应在今龙湖之南。上举清代学者释灞街故址三说之中,第一、第二两说都错了,倒是出于吕氏详释的第三说,其全书虽极不可信,但在这一点上,却被他说得虽不中,亦不远。不过就其立说的论据看来,这一不中不远的结论,显然不能说是由于考证得来的,只是偶然的巧合而已。而清代这么许多学者之所以不能正确地解决这一问题,关键在于:一,不知"临池灞在北"一句是错简;二,只知就汉志考释汉志,没有注意到其他古籍记载。

青蛉[1] 临池灞在北[2]。仆水出徼外,东南至来唯入劳[3];过郡二,行千八百八十里[4]。有禹同山,有金马碧鸡[5]。

〔1〕蛉,音零。县得名于境内有青蛉水,见《水经·若水注》。

证以本志益州叶榆下叙贪水作"首受青蛉",可见班志原文在此县下当有关于青蛉水的记载,传写脱去。或疑今本注引应劭曰"青蛉水出西,东入江也"一句应为班志原文,"应劭曰"三字衍。但青蛉水流注今金沙江,于班志为绳水,此作入江不作入绳,不像是班固原文。

青蛉水当今何水?青蛉县故城在今何地?这是两个相互牵连而不容易作出明确解答的问题。从本志叶榆下"贪水首受青蛉"一语(《水经·若水注》同)看来,贪水大致可以确定即今礼社江的东源白岩江,则青蛉水当即今一泡江。因为白岩、一泡二江同源而异流,若以发源部分归之一泡江,则一泡正为白岩所自出,与贪水首受青蛉之说符合。(据清代舆图和清人记载,白岩、一泡二江之源出今祥云县西北梁王山,东南流至县城西北分为二派,一支东流潴为青龙、品甸二海,下流为一泡江,一支南流为万花溪,下流为白岩江;但在近几十年来的新地图中,一泡江出自祥云东南境,已与梁王山水源隔绝。)青蛉水既是今之一泡江,据《水经·若水注》青蛉水出青蛉县西,东径其县下,则青蛉故城当在今一泡江江侧。但一泡江下游是北流入金沙江的,与本志注引应劭曰"东入江也",《水经·若水注》"青蛉水径县下,又东注于绳水"记载不合。

又据《隋书·史万岁传》，万岁征"爨蛮"，入自青蛉川，经弄栋（今姚安），然后进度西洱河（今洱海），则青蛉水的下游当在今姚安之东北；若青蛉水即今一泡江，下游在姚安西北，那么既入自青蛉川，自当径行西向渡西洱河，何须经过弄栋？《读史方舆纪要》、《清一统志》皆以今大姚河为青蛉水，今大姚县为青蛉县，这是符合于应劭、郦道元青蛉下游东流入绳之说和史万岁征爨的路线的；但大姚河去白岩江甚远，二水不相关涉，又与贪水首受青蛉之说不合。既然一泡江和大姚河各有一部分符合，同时又各有一部分不符合于古人关于青蛉水的记载，因此我们认为实际情况应该是：由于古人对这一带的水流原委了解得不够清楚，所以他们误以大姚河为一泡江的下游，班志、郦注所谓青蛉水，上游指近代自祥云东流的一段一泡江而言，下游又指今大姚以东的大姚河而言。至于青蛉县故城，《清一统志》据《元史·地理志》元大姚县即唐青蛉县的记载，推定汉县亦当在此，其说可信。

〔2〕此句原文当在灅街县下，错简在此，释见灅街条。

〔3〕仆水当即今之元江，其上游指今源出巍山县西北的阳江。来唯，益州郡属县，当在今滇越界上。劳水，应即今之李仙江。（本志来唯下，劳水出徼外，东至麊泠入南海。麊泠，交趾郡属县，故城在今越南河内西北越池境内。）徼外二字疑是衍文，或系班志原误，因为仆水发源处若在徼外，那么益州郡西部的叶榆、不韦、比苏、巂唐四县，势必和东部的二十县相互隔绝，那恐怕是不会有的事。

系仆水于青蛉县下，不仅班志如此，常志郦注亦复如此。但此项记载是否正确，事实上很成问题。本志叶榆下，"贪水首受青蛉，南至邪龙入仆"，《水经·江水注》，"贪水出青蛉县，上承青蛉水，径叶榆县，又东南至邪龙县入于仆"，可见贪水除自青蛉水别出处在青蛉县境外，其下经流全在益州郡属叶榆、邪龙二县境内，仆水上游更在其西，怎么可能还是青蛉县的属境呢？班、常、郦三家的记载可能同出于一源，也可能班志即系常志、郦注所本，我们正不必因三家记载相同，便尔肯定其正确性。据地望推断，仆水当源出叶榆，下入邪龙，与青蛉无涉。

〔4〕如上所考,仆水自叶榆发源至来唯入劳,全在益州郡境内。志作过郡二,当指越巂、益州而言,由此可知系仆水于青蛉县下,确系班志原文,并非后来错简。

元江下流是越南境内的富良江,与李仙江的汇流处在今河内西北,自阳江发源地至此,计程当在汉里二千以上,而志作一千八百八十里;又二江汇流处距交趾郡属诸县近而距来唯远,也不该在来唯境内。大致汉代人对于今滇越边界附近的水道,已不甚了了,故误以为仆水南至来唯即入劳。(《水经·江水注》同。)

〔5〕山在今姚安县北唐代的襟州扬波县境内。

禺同山出金和碧,古来传说山上时有金形似马、碧形似鸡的光景出现,民间指为山神,汉宣帝时曾遣谏议大夫王褒持节醮祭,此后遂成为云南地区流传最普遍的一种神话。自唐以后,又指今昆明城东二十五里一山为金马山,城西南三十里一山为碧鸡山。

敦煌郡[1]　武帝后元年分酒泉置[2]。正西关外有白龙堆沙,有蒲昌海[3]。莽曰敦德。户万一千二百,口三万八千三百三十五。县六。

【注释】〔1〕据师古注引应劭说:敦,大也;煌,盛也。敦音屯。据日人藤田丰八考订,敦煌可能是都货罗 Tokhara 的译音;此所谓都货罗,即汉初居于敦煌祁连间的月氏族。

敦煌地处河西走廊西端,是汉朝直属领土中最西一郡。河西走廊本系匈奴昆邪王和休屠王的领地,武帝时始入版图,初置酒泉、武威二郡,旋分置敦煌、张掖二郡,合称河西四郡。又湟水流域亦在河西,武帝时逐走诸羌,始有其地,昭帝时置为金城郡。武威等四郡加上金城,合称河西五郡。

〔2〕据本书《武帝纪》,分置敦煌郡在元鼎六年,与志异。证以《史记·匈奴列传》元封六年后"匈奴右方置酒泉敦煌郡",本书《刘屈牦传》征和二年治巫蛊狱,"吏士劫掠者皆徙敦煌郡",知纪是志非。

志所载河西四郡的始建年代,不仅敦煌,即其他三郡,也都和本纪

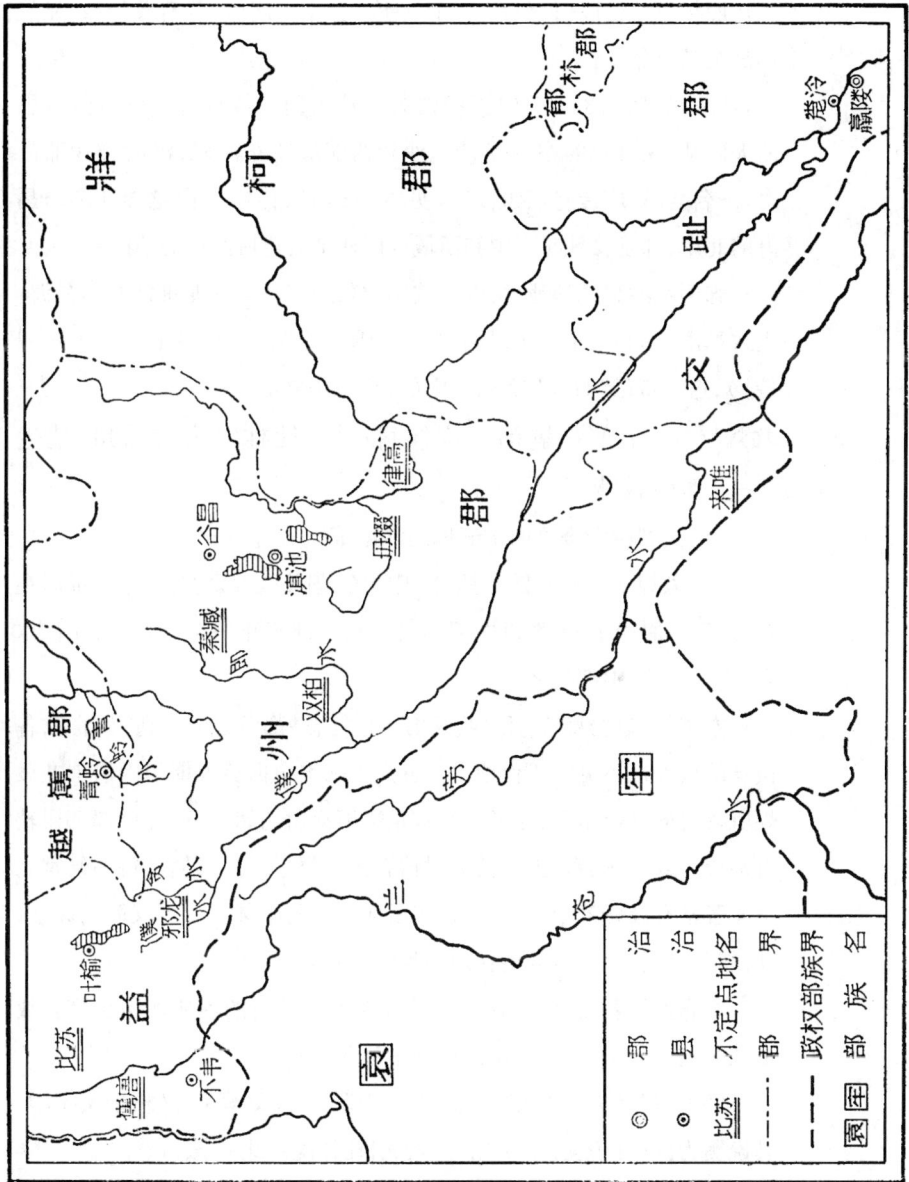

僰 水 图

不同。据纪,酒泉、武威二郡置于元狩二年初开河西时,元鼎六年除分
置敦煌外,又分置张掖郡。志在张掖、酒泉下作太初元年开,武威下作

太初四年开。核以《匈奴传》、《西域传》、《霍去病传》等有关记载,显然都是纪是志非。

〔3〕关外,指玉门关(见下)之外。从玉门关故址迤西绵亘数百里的大砂碛,汉时总名白龙堆沙。沙碛西端的罗布淖尔,汉时称为蒲昌海,一名盐泽,广袤有三四百里(见本书《西域传》)。白龙堆沙和蒲昌海的北岸,都是汉魏时中国和西域各国往来大道所经过的地区。

志例本不载塞外地,所以要破例记载到塞外的白龙堆沙和蒲昌海,大致是由于自武帝太初以后,"自敦煌西至盐泽,往往起亭"(《西域传》),这一带已列在汉帝国的国防范围以内之故。

敦煌〔1〕 中部都尉治步广候官〔2〕。杜林以为古瓜州,地生美瓜〔3〕。莽曰敦德亭〔4〕。

〔1〕故城疑即今县西十五里的沙枣城。

〔2〕敦煌一郡共有四个都尉,玉门关、阳关两都尉在西,宜禾都尉在东,这个都尉居中,因而以中部为名。凡一郡不止一个都尉的,往往以东、南、西、北、中部为名。

本书《百官公卿表》和《续汉书·百官志》都没有记载到"候官",各候官的故址也不见于历代地志。近人王国维根据英人斯坦因清末在敦煌所盗得的汉代木简,才考定候官是边郡都尉的属员,敦煌中部都尉辖有平望、步广二候官,玉门关都尉辖有大煎都、玉门二候官,每一候官之下又各辖有烽燧若干;并一一指实了斯氏地图中某一发现汉简的废址,就是某一候官或烽燧的所在地(见《流沙坠简后序》)。

本志例不载候官,只有这一候官因为是都尉的治所而被提到。故址在今敦煌县东北,即斯坦因地图中的 TXXVIII。

〔3〕杜林是东汉初年一个著名的《尚书》古文学家,又长于文字学,其说屡为许慎《说文》所引用。本志引杜林说只此一条。

瓜州是春秋时"允姓之戎"的居地,见《左传》。瓜州得名于地出好瓜,瓜州之戎后并于月氏,见《水经禹贡山水泽地篇注》引杜林说。据师古注,唐时其地"犹出大瓜,长者狐入瓜中食之,首尾不出"。

〔4〕今传各本皆脱"亭"字,据出土汉简补(见《流沙坠简》释二)。按志载王莽所改郡县名,凡郡县同名的,县下都有一亭字,此县不应独无,故前人本已致疑。由于汉简的出土,遂得证实。

冥安〔1〕　　籍端水出南羌中,西北入泽,溉民田〔2〕。

〔1〕故城在今安西县东双塔堡左右(据清人陶保廉《辛卯侍行记》)。县界有冥水、冥泽,因以得名。

〔2〕拿传各本"籍"上衍一"南"字,"泽"上衍一"其"字,据清人王念孙《读书杂志》、朱一新《汉书管见》考订删。

籍端水即今疏勒河。疏勒河发源祁连山南,汉时祁连山以南是羌族的居地,故曰"出南羌中"。

据《寰宇记》(瓜州晋昌县下),籍端水一名冥水。本志县下师古注引应劭曰:"冥水出,北入其泽"。依应劭文义,此水所入的泽,应名冥泽。《寰宇记》引本志此条即作籍端水"西北入冥泽"。

疏勒河出祁连山进入河西走廊后,两岸无复挟束,又屡经人力疏导,故支津错出,经流代有迁变。白玉门县城西南六十余里处以下,今地图上的经流是折向东北经玉门县城西侧,又折向西北流的一支。据清代地图和清人记载,则其时经流先斜向西北至玉门县城正西六十余里处,然后折而东北流注四道沟。四道沟左右及其迤东一带,汉时属渊泉县境;班固志籍端水应劭记冥水既然都是在冥安县下而不在渊泉县下,则其时经流宜当更在清代经流之西,即汉代的冥安县境内,至少应该是自玉门县城正西六十余里处以下,并非折而东北,而是继续流向西北。

疏勒河北流至北山南麓后,清代以来地图上又有折西经安西县北,西至敦煌县西北注入哈喇淖尔一段,多数清代学者因而就认为古冥水也是如此,哈喇淖尔即古冥泽。按班志应记都只是说"入泽"或"入其泽",并没有说是至敦煌或龙勒入泽,是冥泽应即在冥安县境,不得远在敦煌之西。所以徐松《西域水道记》以清代地图上玉门县北的青山湖(县西北七十里)、布鲁湖(县西北三十里)、华海子(赤金堡东北一百七

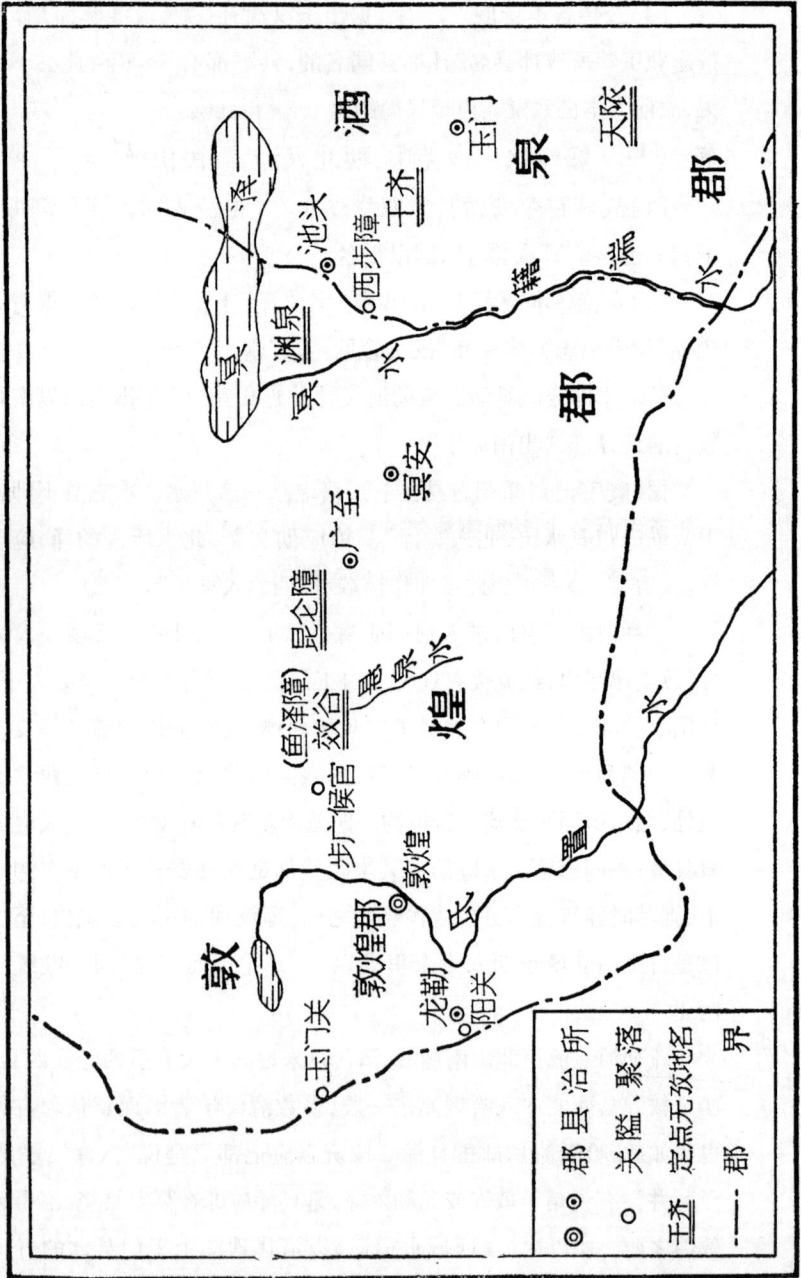

敦 煌 郡 图

图例：
- ◎ ⊙ 郡县治所
- ○ 关隘、聚落
- 玉泉 定点无效地名
- —·— 郡界

十里)当冥泽,认为冥水北流至此即入泽,那是正确的。青山、布鲁、华海子诸湖在古代连成一气,至为宽广,即《元和郡县志》瓜州晋昌县下所谓冥水所流入的东西二百六十里南北六十里的大泽,但诸湖在今地图上已不复存在。

近代地图上的疏勒河下游东西流向一段,当出自汉以后历代人工的疏凿。据《西域水道记》,清初疏勒河犹仅西流至安西城西南一百五十百齐堡而止,自百齐堡以西接通党河一段,是雍正间岳锺琪为了西征运粮而开凿的。渠成而疏勒河水自东来,党河水自西来,俱流至砢砢砂石没入漏沙,流势微弱,不克载舟。由此不仅可以证实疏勒河的西会党河接通哈喇淖尔不过是二百多年来的事,并且也说明了自砢砢砂石以西至敦煌县北党河东西分流处的双河岔,地势西高而东低,古冥水自不能逆流而上,西达哈喇淖尔。

又据《西域水道记》,疏勒河自双塔堡东十里西至堡西四十里渠口塘一段,北岸有小山,南岸有大山,“两岸山促,河啮南山之趾”。古冥水既停潴于堡东北一带的冥泽,若不经人工开凿,泽水宜不得啮山而西。记又云,自渠口塘以西,南岸山势渐远,疏勒河乃径渠口醧而为安西诸渠。可见双塔堡左右这一段河身很可能是古代人民为了导引冥泽水西流灌溉安西一带农田而开凿的。而安西一带农田灌溉的逐渐发展,疏勒河的逐渐西引以至于接通党河,又很可能是古代东西二百六十里南北六十里的冥泽逐渐涸缩成为清代的青山、布鲁、华海子诸湖,终至于完全泯灭的主要因素。

效谷[1]　本鱼泽障也。桑钦说:孝武元封六年,济南崔不意为鱼泽尉,教力田,以勤效得谷,因立为县名[2]。

〔1〕故城在今安西县西。据出土汉简,县治所在地的鱼泽障,东接广至县界昆仑障,西经宜禾障至敦煌县界步广候官,计程一日有余。(见王国维《流沙坠简》后序,《敦煌汉简跋》十一。)

〔2〕桑钦是西汉末叶时的《尚书》古文学家,本志和说文都屡次引用到他解释《禹贡》的说法;今本这一节上有“师古曰”三字,显出后人

妄加,桑钦书自东汉后久已失传,不是师古所能看得到的。

汉制县尉"主盗贼",大县二人,小县一人。边县又有"障塞尉,掌禁备羌夷犯塞"(《续汉书·百官志》)。鱼泽尉当系障塞尉之一。据本书《孙宝传》,哀帝时尚书仆射唐林左迁敦煌鱼泽障候,候是候官的省称,是则效谷建县后,鱼泽障并未撤销,并设有候官。东汉明帝永平中仍有色泽尉,见出土汉简。

渊泉[1]

[1]故城在今安西县东四道沟柳沟堡左右(《辛卯侍行记》)。师古注引阚骃《十三州志》云:"地多泉水,故以为名"。今自玉门县城附近西至布隆吉尔百余里间,仍随处发泉,汇为头道二道至十道等沟,北入琉勒河。

广至[1]　宜禾都尉治昆仑障[2]。莽曰广桓。

[1]故城即今安西县南破城子,东南去踏实堡二十里(《辛卯侍行记》)。

[2]昆仑障故址当在今安西县城南近处(《辛卯侍行记》)。《后汉书·明帝纪》(永平十七年)、《西域传》作昆仑塞,汉兵每自此北出击匈奴于伊吾(今哈密)、蒲类(今巴里坤)。

据出土汉简,广至县境内障塞有三:西为昆仑,次东为美稷,又东为广汉。这三个障和其西郊谷县境内的鱼泽宜禾二障,都隶属于宜禾都尉。

两汉时代宜禾都尉的治所先后有三处:据本志北地富平下浑怀都尉治浑怀障,上郡下匈归都尉治塞外匈归障,知宜禾都尉盖初治宜禾障,因以为名,此其一。其后徙治昆仑障,班固据以载入本志,此其二。至东汉明帝永平中复置宜禾都尉于塞外之伊吾,此其三。伊吾是东汉一代经营西域的根本,宜禾都尉之名自此大著。后人不察,往往即以伊吾为班志宜禾都尉所在,大误。

龙勒[1]　有阳关、玉门关,皆都尉治[2]。氐置水出南羌中,东北入泽,溉民田[3]。

〔1〕故城在今敦煌县西南一百四十里南湖的东北约三里。据《括地志》，县得名于县东南一百六十五里的龙勒山。

〔2〕阳关故址在龙勒故城西六里今古董滩、红山口一带。以在玉门关南，故名阳关。玉门关故址即今敦煌县西北二百里小方盘城，斯坦因地图中的 TXIV 古城，东南去阳关一百四十里。汉简中许多有关玉门都尉的版籍，即在此出土。

汉制除各郡都尉外，又有关都尉、农都尉、属国都尉等，见《百官公卿表》。玉门关和阳关是武帝以后汉帝国对外交通的两扇大门，中国和广大西域地区大小数十国的往来，都经由这两关出入，在全国各关中地位特别重要，因而两关虽相去不远，各置都尉一人。关都尉见于志的只此两个，此外惟函谷关亦设有都尉，见杜钦、魏相、张敞、辛庆忌等列传，志失载。

〔3〕清代学者多数都认为氐置水即今党河，所入的泽即今喀喇淖尔。但党河源出敦煌东南，下游流经敦煌近郊，志不应击于在今敦煌西境的龙勒县下；哈喇淖尔在党河西北，也和志文"东北入泽"不合。因而陈澧（《汉志水道图说》）别以今赤金河当氐置水，赤金河东北流所入阿拉克池当氐置水所入的泽，吴承志（《汉志水道图说补正》）又认为氐置水上游即今党河，下游又自西而东，循今疏勒河过安西县北至双塔堡入古冥泽，目的都在求符合于志文"东北"二字。可是赤金河汉时在酒泉郡玉门县境内，距龙勒甚远，冥泽在冥安县境，而志文只作"入泽"，并未作"至冥安入泽"，这二说显然也是讲不通的。据今地图，南湖之南有小水若干条出自南山，北向偏东流没入砂碛中，古氐置水的上游疑即其中之一，下游和所入的泽则已湮没无考。不过敦煌境内的大川无过于党河，班志似不应不载，故旧说仍未可断其必误。若氐置水确是党河，那么志文当有错脱之处。

（原载《中国古代地理名著选读》第一辑，科学出版社1959 年版）

论 曹 操

一、不是翻案

最近正在展开的关于如何评价曹操这一历史人物的讨论,是由史学界二老郭沫若、翦伯赞两位所提出来的。郭老先只是在《谈蔡文姬的胡笳十八拍》一文中提到一下;发表专文始于翦老,题为《应该替曹操恢复名誉》,最近郭老也发表了一篇专文,标题是《替曹操翻案》。我和旁的几位同志都觉得"恢复名誉"、"翻案"这样字眼用得似乎不大妥当。说是替某人恢复名誉,应该是此人的名誉一向很糟,才谈得上恢复。说是替某人翻案,无论正翻反也好,反翻正也好,总得新的评价和旧的评价完全相反或基本上相反,才算得上翻案。例如历史上一向以荒淫暴虐著称的殷纣王,前人只说过"纣之不善,不如是之甚也"(《论语》子贡曰),但没有人说过纣善,如今郭老却说纣善,那确是翻案。可是历史上对于曹操的评价情况和殷纣王的不同。自古及今,果然有很多人说曹操坏,却也有不少说他好,也有人在某些方面认为他好,同时在某些方面又认为他坏的。古人的看法等下面再说,即以近几十年来所出版的历史教本而言,据我所见,一般对曹操的评价都并不特别坏。范老的《中国通史简编》和吕振羽的《简明中国通史》都是骂了他的,那只是把他作为汉末军阀的一员而骂了而已,实际对他的评价远在孙权刘备之上。此外,解放前和解放后还有些专论曹操的小册子和论文,立场和观点虽有所不同,结论大致都是肯定多于否定。既然过去人们对曹操的评价不全是否定的,也有肯定的,那么我们今天要肯定曹操,怎能说是替他恢复名誉,替他翻案呢?

我说肯定曹操不算是翻案,这是专指历史讲堂上,历史课本、历史著作里的曹操而言。至于小说戏剧中的曹操,那是另外一回事。小说戏剧确是只有说曹操坏,没有说他好的。小说戏剧里的曹操是否应该写得演得和真正历史上的曹操一样?那又是一个历史小说、历史剧是否定要符合于历史事实的问题,也不是翻案不翻案的问题。

当然郭老和翦老并不是不知道前人也有肯定曹操的,他们所以要把他们目前所提出的肯定曹操的意见说成是翻案,从郭老的文章里看来,那是由于他认为曹操在唐代以前,名誉都很好,自北宋以来,就一直被当成一个大坏蛋,所以今天要替他翻一千年来的案。但实际情况并不如此。唐以前人也有罪状曹操的。例如:西晋时陆机著《辨亡论》,就说“曹氏虽功济诸华,虐亦深矣,其民怨矣。”陈寿在《三国志·魏志·武帝纪》的“评曰”里,尽管佩服曹操是一个“非常之人,超世之杰”,同时也指出了他的“矫情任算”。“虐亦深矣,其民怨矣”就是说其为人也凶,“矫情任算”就是诈,可见后世一般以凶诈二字评骘曹操的品格,由来甚久。宋以后人也有称誉曹操的,最显著的例子是司马光在《资治通鉴》里对他的评价。文曰:

> 王知人善察,难眩以伪。识拔奇才,不拘微贱;随能任便,皆获其用。与敌对阵,意思安闲,如不欲战然;及至决机乘胜,气势盈溢。勋劳宜赏,不吝千金,无功望施,分毫不与。用法峻急,有犯必戮,或对之流涕,然终无所赦。雅性节俭,不好华

丽。故能芟刈群雄，几平海内。

简直把曹魏本朝臣子王沈的话（见《魏志·武帝纪》注引《魏书》）全盘接受下来了。所以我说不论是古代或近代，不论是唐前或宋后，历来对曹操的舆论，都是有毁有誉的。

还有一个问题是：谁在说曹操好，为什么说他好，谁在说曹操坏，凭什么说他坏？郭老、翦老都认为坏话出于统治阶级，统治阶级之所以要说他坏话，都是封建时代的正统主义历史观在作祟。而人民群众也说曹操坏，那是受了统治阶级的影响，"是支配阶级蓄意培植的"。其实也不尽然。固然多数统治阶级都是站在正统主义立场上来骂曹操的，尤其是南宋以后，即朱熹的《通鉴纲目》流行以后。但也有人并不站在正统主义立场上而在指斥他的，上面所引陆机、陈寿的话就是例子。再说，从正统主义出发骂曹操的，也并不始于宋人。东晋的习凿齿可能是鼻祖，习著《汉晋春秋》"于三国之时，蜀以宗室为正，魏虽受汉禅晋，尚为篡逆"（《晋书》本传）。唐人刘知几在《史通·探赜篇》里也诋毁曹操是"贼杀母后，幽迫主上，罪百田常，祸千王莽。"反之，宋以后人虽然深受朱熹的影响，不敢公开说不同意曹操为篡窃，但如清人王夫之在《读通鉴论》里对刘备的批判，就比对曹操的严厉得多；赵翼在《廿二史劄记》里比较曹氏的代汉和司马氏的代魏，就下了"其功罪不可同日语矣"的结论；也并没有把曹操看作是一个典型奸臣。所谓封建正统观念，也是随时代而转移的。司马氏篡魏并蜀灭吴，所以西晋人就帝魏而僭吴蜀。东晋偏安江左，时势与蜀汉相仿，所以习凿齿就要以蜀为正，以魏为逆。北宋政权上承五代，进而消灭割据诸国，情况又与西晋略同，所以司马光又以曹魏为正统。南宋偏安江左与东晋同，所以朱熹又帝蜀伪曹。由此可见，封建统治阶级站在正统主义上来对待曹操，也不是一贯相承始终不变地把他看作是篡逆僭窃一派的人物。偏安时代也有不把他看作坏人的,例如东晋梅陶称誉陶侃,就说是"陶公机明神鉴如魏武,忠顺勤劳似孔明"(《晋书·陶侃传》)。

至于人民群众对于曹操的看法,北宋以前是怎样的,现在已无可查考;我们只知道自北宋以来,一直是把他当作反面教员的,也就是说,在小说戏剧中,他的脸谱一直是一张大白脸,没有透露过一点红色。人民群众此种看法是否如郭老所说那样是蓄意培植的呢? 我看也很有问题。上面已经提到,北宋时代的统治阶级不可能会蓄意贬斥曹操,司马光的批评就很好。司马光与苏轼同时,据苏轼《志林》所载,其时民间的说话人已把曹操说成是一个反面人物(原文引见郭文),那么我们怎么能说民间的看法定然是源出于统治阶级呢?

二、功 与 罪

千数百年来,历史上对曹操的评价之所以有好有坏,或好坏参半,正是由于曹操为人本来就具有两面性,有好的一面,有坏的一面,他对人民建立了不朽的功业,也犯了严重的罪过。不过前人所作的评价,一般都不完全公平合理,有的侧重了好的一面,功的一面;有的突出了坏的一面,罪的一面。又由于他们都是站在地主阶级的立场上的,所以对有些关系到封建社会里两个敌对阶级的阶级利害的问题,更不免颠倒黑白,将功作罪,以罪为功。所以我们今天谈曹操,问题不在要不要替他翻案,而在应该怎样站在人民的立场上,对他的功罪作出正确的评价,究竟哪些是他的功? 哪些是他的罪? 权衡轻重,是功大? 还是罪大? 我同意吴晗同志对这一问题的总的看法,他说,曹操"有很大的功绩,也犯了不少罪过,但就曹操整个事业来说,却是功大于过。"

曹操一生的作为,归纳起来有四项大功:

一、结束了汉末豪族军阀间的混战,统一了北方。自从董卓入洛阳,关东州郡起兵,东汉王朝瓦解,形成了大混战局面。黄河流域的战祸尤为酷烈,达到不可想象的程度。大量人民或被驱逼到战场上送死,或在战争中被屠杀,或颠沛流离而死,或感染疾疫而死,或饥饿而死,人口锐减,以至"十不存一",出现了"出门无所见,白骨蔽原野","千里无鸡鸣,生民百遗一"的惨极人寰的景象。当时若没有曹操这个雄才大略的人出来"削平群雄",混战的局面势将还要延续若干年,中原人民的灾难更不知将伊于胡底!曹操自己所说的"设使国家无有孤,不知当几人称帝,几人称王"(《魏志·武帝纪》建安十五年注引),完全符合于真实情况。

二、征服了乌丸与鲜卑,保障了边境的安宁。自东汉晚期以来,北边塞上乌丸和鲜卑这两种部族,经常侵扰缘边诸郡。辽西、辽东、右北平三郡的乌丸势力尤为强大,他们并且进一步参与了中原的内战。灵帝时中山太守张纯叛入三郡乌丸,引其众"寇略青徐幽冀(今河北山东一带)四州。"汉末混战时,三郡乌丸又参与袁绍和公孙瓒之间的战争,助绍击瓒;曹操打败袁氏,平定河北,袁绍的儿子袁尚、袁熙又率领残军投奔乌丸,联军侵边,图谋"恢复"。那时的乌丸,等于是西汉初东汉初的匈奴、唐初的突厥,而袁尚、袁熙兄弟,等于是西汉初的韩王信、东汉初的卢芳、唐初的刘武周、梁师都这一班国贼汉奸。所以曹操对乌丸所进行的战争,显然是正义的、反侵略的。曹操在建安十二年亲自击灭了三郡乌丸和袁氏兄弟的联军,他的儿子曹彰在建安二十三年又率军击破了代郡上谷乌丸和鲜卑轲比能侵入边郡的联军,由于这些战役,使当时沿边人民的农业生产和平生活有了保障,免于遭受落后部族的劫掠与破坏。

作为军事家的曹操,在历史上建立了以上二大功绩。

三、打击了名门豪族,在一定程度上抑制了兼并,澄清了吏治。东汉晚期的社会,一方面是名门豪族武断于乡曲,肆行兼并,大批农民失去土地,流离道路,大土地所有制在迅速发展;一方面是政权为宦官及其党羽所把持,贪残横暴,从中央到地方,政治极度腐败恶化。曹操虽然出身宦官家庭,但他一出仕就反对宦官集团的胡作非为。他早年在济南相任上时,便"除残去秽",十县的县官被他"奏免其八",又"平心选举",因而"违迕诸常侍,为强豪所忿"(《武帝纪》、又注引《魏武故事》)。后来破灭了袁氏,就下令重豪强兼并之法(令文引见郭文)。通过了这一法令,防止了"强民有所隐藏而弱民兼赋"的现象,又规定在定额租赋之外,"他不得擅兴发"这样就保障了"下民贫弱"不至于迅速破产。在东汉末"群雄"之中,袁绍显然是名门豪族的代表,曹操虽出身大官僚大地主,在政治上却是代表后门寒士、中小地主阶级的利益的。而锄豪强,抑兼并,这种举措,又不仅符合于中小地主的利益,也符合于农民的利益。他又用人唯才,不问门第;连下了三次求贤令(建安十五年、十九年见《本纪》,二十二年见《本纪》注引《魏书》),不管"有行"与否,甚至"负污辱之名,见笑之行,不仁不孝,而有治国用兵之术"的也要起用。措辞虽有些偏激,实际只是蓄意要破除东汉名门豪族所造成的、崇尚以矫揉造作的封建道德为标准的虚名的风气。

曹操的治术,陈寿已指出是"览申商之法术"(《武帝纪》评)。他是"勋劳宜赏,不吝千金,无功望施,分毫不与","用法峻急,有犯必戮"的,这种信赏必罚的精神,正与诸葛亮相同。这两位同时代的第一流政治家虽处敌国而治术略同,正可以说明在汉末政治极度败坏之余,非任法不足以收拾世局。事实上曹操统治时期的政治,确比汉末清明多了,有效多了。而任法的打击对象主要当然是一向享受特权的名门豪族。

四、恢复了生产,在一定程度上还发展了生产。汉末大乱使中原地区很大部分的农民脱离了生产,脱离了土地,多数壮丁被各个军事集团征发去当了兵,没有当兵的在无休无止的战争蹂躏之下也无法安于陇亩。数年之间,就普遍地形成了有兵无粮,有土地无农民的现象。诸军"无终岁之计,饥则寇略,饱则弃余","袁绍之在河北,军人仰食桑椹,袁术在江淮,取给蒲蠃",军士尚且如此,老百姓的日子更可想见。遂至"民人相食,州里萧条"(《本纪》建安元年注引《魏书》),农业生产几乎完全遭受了破坏,长此下去,局面是不堪想象的。建安元年曹操自兖州西定许、洛,迁汉献帝都许,就在许下兴办了屯田,是岁"得谷百万斛,于是州郡例置田官,所在积谷,征伐四方,无运粮之劳"(同上),"五年中,仓廪丰实"(《国渊传》)。屯田有军屯民屯二种,军屯使军士的一部分劳动力进行了农业生产,民屯使许多脱离土地的农民复归田亩,生产因而得到了恢复。这对曹操而言是解决了军粮问题,遂得"兼灭群贼,克平天下"(同上),对人民而言当然也是有利的。

兴办屯田,又间接减轻了一般农民的租税负担、运输军粮的徭役负担。同时由于屯田的需要,曹操时代和曹魏一代,又大兴水利灌溉事业,各地纷纷修筑陂塘,开辟稻田,单位面积产量提高到"白田收至十余斛,水田收数十斛"(《晋书·傅玄传》)。农业生产得到了进一步的发展。

作为政治家的曹操,在历史上建立了以上二大功绩。

曹操有此四大功绩,所以这一历史人物我们应该基本上予以肯定,在历史记载上和历史博物馆里予以适当的地位,那是没有问题的。同时代人物只有诸葛亮可与比拟,但成就远比曹操小。至于曹操在生活上提倡节俭,以及不信天命、禁断淫祀等等,那只是他的优点中的小焉者也。此外曹操又是一个了不起的博学多能者,因与功和罪关系不大,姑置不论。

吴晗同志说曹操的罪过排列起来一条条都很大,现在我们也把它归并成四项:

一、打了农民起义军。不仅打了青州黄巾军,还打过颍川黄巾军,打过东郡黑山军。固然当时"群雄"中打过农民军的不止曹操一人,刘备、孙坚、袁绍、袁术和其他的人都打过,但我们终不能因而认为打农民军不算犯罪。以此一节否定其他一切当然是不对的,就如我们决不应该因打过钟相杨么而否定岳飞一样;但也决不能说这不是一桩大罪。

二、曹操一生打的仗极大多数属于统治集团间内部的战争。为了结束混战,求取统一,这些战争是不可避免的;但他在战争过程中杀人太多,这也不能不算是一大罪。例如他在进攻陶谦时至少杀了好几万人(下详),官渡之役,坑杀了袁军七八万人(《本纪》建安五年注)。他又规定了凡"围而后降者不赦"(《程昱传》注引《魏书》),见于《本纪》中的屠城记载,就有征吕布时屠彭城(建安二年)、西征关中陇右时屠兴国、枹罕(建安十九年)、河池(建安二十年)等多次。其中兴国、河池两次被屠的都是少数民族氐人。其后以侯音为首的农民军起义于宛,曹操又派曹仁去围攻,城破后照例是"屠宛斩音"(建安二十四年)。

三、摧抑豪强兴办屯田诚然对人民有利,但所谓屯田制,实际上是一种用军事手段强制束缚军民在土地上进行官六私四或对半分的高度剥削的制度。并且不论是佃兵(军)或屯田客(民),由于他们的劳动生产得受政府设置的农官的直接管辖,身份因而降落,走上了农奴化的道路。所以初开屯田时,"民不乐,多逃亡",后来曹操听了袁涣的建议,才改用"乐之者乃取,不欲者勿强"的办法(《袁涣传》),这指的是民屯。至于"在军之士",为了不堪受奴役,时有逃亡,曹操为了防止逃亡,立法至杀其妻子,而"患犹不息",甚至想"更重其刑",赖高柔谏而止(《本传》)。这就是曹操对待人民的态度,所以在他统一了黄河流域后不多几年内,就不断爆发了以河间田银、苏伯(建安十六年)、南阳侯音(建安二十三年)、陆浑孙狼(建安二十四年)等为首的多次农民起义,陆机以"虐亦深矣,其民怨矣"二语指责曹氏的统治,洵非虚语。

四、在道德品质方面,他的忌刻残忍实在也是不可饶恕的。为了打击世族而杀孔融、杨修,姑置不论。但如逼死荀彧,杀崔琰,杀华佗,岂不充分暴露了他的暴戾恣睢?对敌人旧怨,更极不放松。袁忠、桓邵等都因先前以细故得罪了他,久后落到他手中,尽管下跪求饶,仍不能免于杀身灭族。曹植之妻仅仅因违反了他不准着锦绣的命令,就被赐死,已属太忍。更有一幸姬因没有按时叫醒他午睡而即被棒杀,其残酷更令人悚然。至于那恶名最为昭著的舞台上所演捉放曹一事,虽然不敢断言其一定可信,却也没有理由认为必不可信,此点留待下面再讲。

曹操具有上述四大罪状,可见没有正统观念的人,若只看到他的罪而没有注意他的功,也会痛恨他的。

三、与郭老商榷

评价历史人物,应该是是非非,尽可能做到恰如其分,不应该恶之则恨不得把他打入地狱,爱之则唯恐捧不上天。在郭老的笔底下,似乎曹操简直没有什么不是,即便有也算不得什么大不是;

我看郭老这种看法在许多地方是值得商榷的。

郭老说，"曹操虽然是攻打黄巾起家的，但我们可以说他是承继了黄巾运动，把这一运动组织化了。"又说，"曹操虽然打了黄巾，但并没有违背黄巾起义的目的。"好像大官僚大地主出身的曹操竟代替黄巾军做到了他们自己所未能达到的目的，竟成了农民军的领袖、农民阶级的代表人物，这样的提法实在很不妥当。刘邦、朱元璋本人出身农民起义军，我们尚且不能说他们没有违背起义的目的，相反，大家公认他们是背叛了农民阶级，才爬上了统治者的宝座的，只是当了统治者之后，站在统治阶级的立场上，对农民多少作出些让步而已。刘邦、朱元璋尚且如此，何况以镇压农民军起家的曹操？若说黄巾起义的目的只是推倒腐朽透顶了的旧王朝，那么起义本身早就基本上瓦解了东汉政权，何待曹操出来推倒？若说起义的目的是要粮食，要土地，要活下去，那得看人民在曹操政权统治之下是怎样活下去的，不能说有人活下去了，就是达到了目的。（因为即使东汉王朝不倒，还是会有人活下去的，不会死尽灭绝。）农民的基本要求是土地，是耕者有其田，是轻徭薄赋，但曹操的措施是把农民编置在国有土地之上，在农官直接控制下进行农奴式的生产，榨取十分之五六的高额租赋，怎么能说没有违背黄巾起义的目的呢？当然，在曹操时代由于他锄抑了豪强，禁断了地方长吏的额外"兴发"，农民的生活应该要比东汉桓灵以来好些，（但曹操蒿里行"千里无鸡鸣，生民百遗　·"二句，乃指割据战争后之情况，不是农民起义以前的情况。）但也好得极有限，否则何以会发生上面所提到的建安晚期的多次农民起义呢？黄巾运动是农民革命运动，曹操击溃青州黄巾军，"收其精锐者号为青州兵"，从此青州兵不再是农民军了，不再是为了农民阶级的利益而进行战斗，而是为曹操统治集团的利益服务了，怎么能反说曹操承继了黄巾运动？诚然，在当时的历史条件下，黄巾运动终于不免要失败，一部分黄巾为曹操所收编亦即郭老所谓"组织"后，得以免于"瓦解流离"，可惜瓦解流离是免了，这支军队的本质也就变了。

郭老说，由于曹操的锄豪强、兴屯田等措施，"把北部中国的农民千百年来要求土地的渴望基本上得到了一些调剂"。"把人民被奴役的情况扭回了过来"，这也未免誉过其分了，难道说人民被编置在土地上当农奴，就是调剂了他们对于十地的渴望，扭转了被奴役的情况？再者当时兴屯田的也不仅限于曹氏一方，孙氏在江东也推行了，规模也不算小，可见这也算不得是曹氏政权的特殊优点。

郭老认为历史上关于曹操杀人的记载，不见得完全可信，这当然是对的。任何历史时期的历史记载的真实性，都是有局限性的。但郭老举攻陶谦一事为例，其所论证，我认为也有值得商榷之处。郭老列举了关于此事的三种不同记载（原文引见郭文），他认为说曹操坑杀男女数万口的《曹瞒传》，是吴人做的，明显地包含有对敌宣传作用在里面，《后汉书·陶谦》传把杀人数字夸大成数十万，更是典型的曲笔，因而只有《魏志·陶谦传》的记载比较可信；而《魏志》所载"谦兵败走，死者万数"，"这里有可能是战死的，也有可能是在败走中被水淹死或者自相践踏而死的，不一定都是曹操所杀。"照这样一解释，似乎曹操根本没有杀什么人。但曹兵两次攻徐州，初平四年彭城一战，据《吴书》所载，也是"多杀人民"（《陶谦传》注引），兴平元年攻略琅琊东海诸县，据《魏志·本纪》所载，也是"所过多所残戮"，就算《吴书》出于吴人不可信，难道《魏志·本纪》也不可信？同样是《魏志》，难道只有《陶谦传》可信，《本纪》就不可信？兴平二年荀彧劝曹操缓攻徐州的那几句话，所谓"前讨徐州，威罚实行，其子弟念父兄之耻，必人自为守无降心"，不是很明显地证实了"多所残戮"么?"鸡犬亦尽""百姓皆歼"当然是形容过甚,然终不能因而否认"多所残戮"。至于究竟杀了多少人,我看《曹瞒传》、《后汉书》也不见得是凭空扯谎,"万数"本来也可以解作数万,《后汉书》中的数十万,那是包括攻屠彭城、傅阳等五县而言的,不专指彭城之战一役。

郭老又认为曹操杀孔融二子一事不可信,理由是此事在郭颁《世语》里并无明文,孙盛《魏氏春秋》和范晔《后汉书·孔融传》才予以肯定,并说《三国志》注者宋人裴松之曾对孙说加以"盖由好奇情多,而不知言之伤理"的批评。这是郭老一时疏忽,误解了裴松之的原意了(原文太长,不备引,见《崔琰传》注)。裴的原意对二子俱死并无异辞,他只是对孙盛所述孔融被收时二子"时方奕棊,端坐不起"一节,认为违反常情,"盛以此为美谈,无乃贼夫人之子欤?"才下了"盖由好奇情多,而不知言之伤理"的评语。父被收而子端坐不起,才是奇事,至于罪及妻孥,乃是封建专制主义时代的常事,曹操就经常夷人三族(父母、兄弟、妻子),杀伏后亦并及其二子、兄弟、宗族,何足为奇? 当然裴松之也决不会认为言之就伤理。

关于曹操杀吕伯奢全家一事,也有三种不同记载(原文引见郭文),郭老认为《魏书》比较可信,吴晗同志虽未明言,也有此意。这一推断是具有相当理由的。但我们也不应该忽略了《魏书》是王沈在曹魏齐王芳时所撰著的这一点。以本朝人记本朝事,载笔不能不有所顾忌,《晋书·王沈传》就指出了其书"多为时讳",所以必谓《魏书》可信而《世语》、《杂纪》不可信,亦未见其然。我以为最妥当的办法是存疑。至于"宁我负人无人负我"一语,那当然是后人渲染之辞。

郭老又把建安十八年曹操想把邻接孙吴边界的淮南诸郡民户搬到内地,因而引起"江淮间十余万众皆惊走"(《蒋济传》),逃到孙吴方面去一事，说成是原本出于曹操的好心肠，但操之太切，反把事情办坏了。他根据《袁涣传》关于屯田的记载（引见上文）认为淮南人民惊走是强迫屯田引起的，后来既然不再强迫了，"可见东渡江的十余万户其后有不少人回来的"。这大概又是由于郭老一时疏忽没有看清楚《袁涣传》而引起的误解。据《袁涣传》，曹操放弃强迫屯田政策其事当在建安三、四年，淮南民东渡江远在其后，与屯田的强迫不强迫有什么相干？既不相干，那么可见惊走了的十余万户，其后也未必有人回来了。从这件事倒可以说明一个问题，即曹魏的统治不见得比孙吴高明多少，否则淮南民也不至于因不乐内徙而情愿投奔敌国了。

郭老连关于赤壁之战的记载也表示怀疑，他援引了曹操与孙权书中"值有疾病，孤烧船自退"的说法，认为"到底哪一边是历史事实呢？我们很难判断"。按，赤壁战时曹操军中有疾疫，这是事实；至于"烧船自退"，明明是曹操遮羞自解之辞，有何难判断？（战败之后自烧其余船从陆道引退，倒也是事实，见《孙权传》。）《魏志·本纪》亦作"引军退"而不及大败，那是由于陈寿据各国国史成书，行文率仍其旧，往往未及订正；而国史关于战争的记载，讳败夸胜，自属常事。但《魏志》毕竟在"公至赤壁"下有"与备战不利"一句，还没有完全赖掉战败。关于赤壁之战，《周瑜传》记载最为详核，和其他记载（《本纪》引《山阳公载记》、《先主传》、《孙权传》、《黄盖传》等）也相符合，不容置疑。所载黄盖火攻诈降之计，委曲详尽，断非虚构。黄盖的诈降书还俱载于《江表传》。请大家设想：曹操以数十万大军乘流而下，意气骄盈，方欲一举而定江东，成一统，假如不是打得大败，怎肯"烧船自退"？

曹操用兵乌丸是件好事，我们也承认，但郭老对此事的估价未免失之太高。他说，曹操"打了乌丸，而乌丸人民服从他"，和"他打了黄巾,而黄巾农民拥戴他","这两件事体最值得惊异"。所谓乌丸人民服从他,指的是《魏志·乌丸传》所载曹操平三郡乌丸后,"悉徙其族居中国,帅从其侯王大人种众与征伐,由是三郡乌丸,为天下名骑"。历代用被征服的"异族"为兵的多得很,如汉有胡骑、越骑,唐代军队中的蕃兵蕃将尤其多,其来源多数是打败了他们然后收编过来的;中古时期的边疆部族往往以掠夺战争为生,谁收编他就为谁服务,为谁作战,何足惊异?即以三郡乌丸而言,他们能为张纯、袁绍所用,为什么不能为曹操所用?

曹操击灭三郡乌丸后,迁回原来陷落在乌丸中的十余万户汉民,这当然也是好事,不过郭老说是他们对于曹操会衷心感激,把他当作重生父母,那恐不尽然。须知当时边塞部落中的汉人,不一定全是被掳去的,也有因不堪军阀割据战争的蹂躏而自动"亡叛归之"的(《魏志·鲜卑传》)。这种情况也非汉末所独有,历代多有之。这些自动出走的汉人,除非中原确是很太平了,否则他们恐怕不见得十分愿意回来。

郭老说曹操的民族政策"基本上是采取各族融和的办法的",他所谓融和的办法大概就是指迁乌丸等部族于内地的混处政策。由此又扯到"五胡乱华"的责任问题,他认为不应归之于曹操,那完全正确。"五胡乱华"的责任无疑应归之于残酷奴役少数民族,极端腐朽的西晋政权,与曹操无涉。但说迁边疆部族于内地便是"融和的办法",曹操执行了这一政策有功,那又未必。我们认为这样做无论对内地而言,对边疆而言,对汉人而言,对少数民族而言,都没有好处,它的唯一好处只是增加了统治者的剥削对象和兵源而已。边民迁离边疆,边疆地区成了空地,生产停顿,有什么好处?当然也决不会长久空下去,其他的,一般都是原来距离中原更远的更落后的部族会来填补这一空缺,于是对中原而言,新的棘手的边疆问题又起来了。边民迁到了内地，由于他们的生产方式、社会发展阶段一般都要比汉人落后甚远，语言习俗又迥不相同，勉强杂居在一起，非但不会促进社会生产的发展，并且很容易发生冲突，那又有什么好处？退一步讲，曹操时代乌丸为患于边地，迁之内地，犹可说是有利于安边，但如后来他西征张鲁时，又迁汉中的賨人和武都的氐人于关中陇右，那只是为了怕留在汉中武都为刘备所煽动或利用耳，于各族人民何益？徒然使氐、賨背井离乡，颠沛失所而已。

郭老又说"曹操受到歪曲的另一原因，和秦始皇一样，是政权的延续不太长"。我认为此说也有问题。晋之代魏与汉之代秦情况不同，而略同于隋之代周、赵宋之代后周，正如隋人宋人无需乎说宇文泰、柴荣的坏话一样，西晋人也无需乎说曹操的坏话。事实上西晋人确也未尝故意诬蔑了曹操，袒护了刘备。

＊　　　＊　　　＊

总之，曹操是一个有优点、有缺点，功劳很大，罪孽也不小的历史人物。从全面看问题，总的评价应该是功过于罪。但我们不能也用不着因为他有功而讳言其罪。过去有许多人并没有把他说成是罪过于功，所以这案子基本上无需翻。若一定要把他犯的罪也翻过来，说是并无其事，或虽有其事，但算不得罪，那恐怕是翻不过来的，因为那是历史事实。

至于舞台上把曹操描绘得太坏了，一无是处，那确是有点不公道。我也同意吴晗同志的意见，旧戏最好不改，不妨另编些表演他长处、优点的新戏，让人民群众自己慢慢进行比较、选择。

（原裁《文汇报》，1959 年 3 月 31 日）

蔡文姬的生平及其作品

  读了郭沫若等几位先生关于蔡文姬生平及其作品的讨论文章①,使我这个一向不摸文学史的人,对这一问题也发生了兴趣,也想摸它一摸。摸的结果,深感问题委实不简单,要摸清楚颇不容易。看来已发表的各家说法都有说对的地方,由此正可见争鸣政策之正确伟大;但各家又都不免有说不通的地方,由此又可见关于这一问题争得还不够,还可以继续争下去。百家争鸣应该并不排斥外行人参加,用敢不自揣度,辄书所见,谨以就教于诸位专家和读者。

  文学史专家们喜欢依据作品的风格笔调来评断其真伪,在这方面我是完全无能为力的,还是藏拙不谈的为妙。在这里我只想就当时的历史事实,作者的生平经历和作品中所描叙的事物情景相互予以参证,从而对这整个问题中所包含着的各个问题,即作者生平的各个阶段

---

  ① 《光明日日报》1959 年 1 月 25 日郭沫若《谈蔡文姬的胡笳十八拍》,3 月 20 日郭沫若《再谈蔡文姬的胡笳十八拍》,6 月 7 日刘大杰《关于蔡琰的胡笳十八拍》,6 月 8 日郭沫若《三谈蔡文姬的胡笳十八拍》,刘开扬《关于蔡文姬及其作品》,6 月 14 日李鼎文《胡笳十八拍是蔡文姬作的吗?》,王达津《胡笳十八拍非蔡琰作补证》,6 月 21 日郭沫若《四谈蔡文姬的胡笳十八拍》。

和各篇作品的真伪，一一提出我的不成熟的看法。

（一）

通常论证这一类的问题总是先考定作者的生平，然后再推断作品的真伪，但要解决蔡文姬的问题，却不能如此。现在让我们先从著录在《后汉书·董祀妻传》里的作品《悲愤》二章谈起。

首先对相传为蔡文姬的作品提出怀疑的是宋人苏轼，他所怀疑的就是这两章《悲愤》诗（原文引见刘大杰先生文）。今人范文澜先生对其中五言体一章也认为很可疑（《中国通史简编》修订本第二编第三章），参加这次讨论的郭沫若先生和刘大杰先生都对其中骚体一章认为可能出自魏晋人拟作。综合古今人对这两章诗表示怀疑的理由，除了那些从风格笔调出发的议论而外，主要不外下列三点：

一，据《后汉书·董祀妻传》，文姬是"为胡骑所获，没于南匈奴左贤王"的，五言一章中不应说是为董卓部众所驱虏。

二，文姬的父亲蔡邕是为董卓所辟举、所厚重的，在董卓控制下的中央政权里爵位很高，董卓死后，蔡邕才为王允所杀。所以"琰（文姬）之流离，必在父殁之后"，五言一章中"乃云为董卓所驱虏入胡，尤知其非真也"（苏轼语）。

三，骚体一章中有"历险阻兮之羌蛮"一句，与文姬为南匈奴所掠获这一事实不合。又有"沙漠壅兮尘冥冥，有草木兮春不荣"二语，与当时南匈奴所处地域河东平阳一带（今山西南部）地理环境不合。

其实，我们要是预先肯定了《董祀妻传》中的"胡骑"是指南匈奴统治者所率领的部众，"南匈奴"是指住在河东平阳一带的南匈奴部族，并预先否定了蔡文姬被董卓部众所驱虏的可能，那么除了

上述三点值得怀疑外,至少还可以加上二点:

一,五言一章中有"边荒与华异,人俗少义理,处所多霜雪,胡风春夏起"等语,也和河东的地理环境不合。

二,五言一章中有"长驱西入关"一句,骚体一章中有"身执略兮西入关","眷东顾兮但悲叹"二句,所咏文姬在被虏后的行程是自关东而关西,也和从陈留圉县(蔡氏原籍)或长安(蔡邕晚年任所)被虏到河东的自南而北的方向不合。

问题的关键是这三项预定到底是否站得住? 在我看来,没有一项是站得住的。

一,为什么一定要南匈奴统治者率领的部众才能说是"胡骑"呢? 据《后汉书·董卓传》,董卓的部众中正多的是羌人和胡人,所以《悲愤》五言一章也说是"卓众来东下","来兵皆胡羌"。难道这些胡兵就不能算是胡骑吗?

二,南匈奴自灵帝中平五年(188 年)以来,已分裂为二部分,以单于于扶罗、呼厨泉、右贤王去卑为首,内徙于河东一带的,只是其中一部分,另一部分仍留居在东汉初年以来匈奴南庭故地,即今内蒙古自治区河套地区一带。(此点郭沫若先生已提到,兹不复详。)那么我们为什么不能设想《董祀妻传》中的"南匈奴"可能是指的留居南庭故地的一部分呢? 而河套地区的地理环境,刚好是和《悲愤》二章中所描绘的塞北景象正相符合的。

三,董卓的部众并不是一支事事听命于主帅的有纪律的军队,尤其是那些羌胡部众。董卓自己就说过他所将的"羌胡敝肠狗态,臣不能禁止,辄将顺安慰"(本传中平六年上书)。那么蔡文姬为什么就不可能在董卓、蔡邕未死之前被这些部众所驱虏呢? 很显然,只要当时蔡文姬不是随父住在长安城内,这种可能性完全存在。而当时的蔡文姬据各项有关事件看来,正应该是住在为董卓部众杀掠所及的原籍陈留，而不在长安（下详）。并且在关东州郡起兵讨董卓以后那样的兵荒马乱道路阻绝的情况之下，文姬在原籍被虏，她父亲远在长安，在短期内（文姬被虏后三月蔡邕即被杀，下详）也无从获得消息，当然更谈不上营救了。董卓部队中的羌胡都是关中人，那么蔡文姬在被虏后被西驱入关，入关后到过羌蛮之地，也就毫不足怪了。

既然这三项预定都是站不住的，可见《悲愤》二章中所咏叙的情事，并不和当时的历史事实不合，只是和苏轼等各位先生对历史记载的错误理解不合而已。而这些错误的理解，看来正是这几位先生对《悲愤》二章发生怀疑的思想根源。这些误解一经澄清，不妨请这几位先生回头来再把这二章诗读上两遍，恐怕就只觉得"古朴真至，尚有汉风"（明胡应麟《诗薮》），不会再感觉到有什么风格笔调不类东京或不类文姬（苏轼语）之处了。因为我自己对这二章诗的认识过程就是这样的，所以敢大胆地如此说。

（二）

肯定了《悲愤》二章确系蔡文姬的作品，我们才有可能大致摸清楚文姬的生平，特别是从她被虏起到赎归止这一段经历。这一段经历我们再把它分成三段来讨论：

（一）她是什么时候，在什么地方，被什么胡骑虏走的？

《后汉书·董祀妻传》中有关这一段经历的记载是这么几句：

> "适河东卫仲道，夫亡，无子，归宁于家。兴平中（194—195 年），天下丧乱，文姬为胡骑所获，没于南匈奴左贤王。"

据此被虏时候是兴平中；被虏地方是母家，这"家"指的是陈留老家还是她父亲在京的寓所不明；虏走的只说是胡骑，未言所属。

关于被虏地方,只有苏轼有意认为是在长安,清人何焯已据《蔡邕传》指出"邕在长安,与从弟谷谋东奔兖州,又欲逐逃山东,时未必以家自随也",苏氏"考之不详"(《董祀妻传·王先谦集解》引)。郭沫若先生、刘开扬先生也都认为应在陈留,本勿庸再辨。在此我不妨据《悲愤》诗再增加一条论证,那就是从五言一章中"卓众来东下","长驱西入关",骚体一章中"身执略兮西入关"这几句看来,很明显,文姬是在被虏后才从关东被驱入关的。

关于被虏时候和虏走她的部队,这两点是相互牵连着的。我们若信从《董祀妻传》"兴平中"之说,那么根据《后汉纪》和同书《献帝纪》,兴平二年(195 年)恰好有匈奴右贤王去卑率众拒击李催、郭汜,侍卫汉献帝东还雒阳的记载(南匈奴传系此事于建安元年,误),而文姬后来又是没于南匈奴左贤王的,就很自然会认为虏走她的是南匈奴的部队。郭沫若先生的推断正是如此。可是这一推断有两方面说不通:

一,这一年南匈奴的部队只在雒阳以西和河东一带作战,兵锋未尝东及陈留。

二,承认蔡文姬为南匈奴部队所虏获,那就无法解释《悲愤》五言体上半章中关于董卓部众的暴行的描述,因而也就无法承认这一章诗是文姬的作品,而郭先生对这一章诗却又是确信不疑的。

何焯和另一清人沈钦韩出于注意到了《悲愤》诗中的话,所以何焯提出了"董卓传:卓以牛辅子婿,素所亲信,使以兵屯陕。辅分遣其校尉李催、郭汜、张济,击破河南尹朱儁于中牟,因略陈留、颍川诸县,杀掠男女,所过无复遗类。文姬流离,当在此时。"沈钦韩提出了"其被掠在山东牧守兴兵讨卓,卓劫帝入长安,遣将徐荣、李蒙四出侵掠,文姬为羌胡所得,后乃流落至南匈奴也。"(并见

《董祀妻传》集解引）的看法。按《后汉纪》系李催等略陈留、颍川诸县一事于初平三年（192年）正月，《董卓传》系徐荣等四出虏掠一事于初平元年（190年），何、沈二人所指的具体年代虽然不同，但他们否定《董祀妻传》"兴平中"三字的可靠性，推定文姬当系在初平中为董卓部队所虏获，是同样的，是正确的，并且是一个相当重要的发现。刘开扬先生信从了此说，并于何、沈二说中采何说而舍沈说，也完全正确；因为不仅历史记载没有提到徐荣等曾虏掠到陈留，并且蔡邕死在初平三年四月，上距李催等东略仅三个月，距徐荣等出掠则约有二年之久，若说文姬被虏三月她父亲不知道，在当时情况下是很可能的，若说经历二年之久还会不知道，那就有点说不通了。可是刘开扬先生一方面采用了何焯说，另一方面却又不敢断定《董祀妻传》里"兴平中"这三个字是错的，只得强事调和，理解为文姬自初平三年为李催等部下的羌胡从陈留虏到关中后，至兴平二年，由于南匈奴右贤王去卑与李催等作战获得胜利，便又转而落于右贤王之手。这样解释也有两方面说不通：

一，据《献帝纪》和《董卓传》，兴平二年李催起初允许汉献帝东还，车驾已发，行至中途，催等又反悔，发兵来追，才发生和有右贤王去卑部队参加在内的侍卫献帝部队之间的曹阳（今灵宝县东）战役。在这样的情况下，李催部众决没有不把先前虏获的妇女安顿在关中根据地而带在军中之理，那么蔡文姬当然也就不会在这次战役中没入南匈奴。刘开扬先生大概是看到了这一点，所以他在文章中加注说："没入的地方当然不一定在战地。"意谓南匈奴在此次战役中取得胜利后，李催等部众先前的虏获品，不论在何地，都有转而没入南匈奴的可能。但按诸史实，这是不可能的。《献帝纪》和《董卓传》下文都明说这支混合侍卫部队在曹阳战胜后继续东进，李催等复来追战，结果"王师"又大败，一直逃到陕县仅得"结营自守"。很明显,曹阳之役并不是一次有多大影响的战事,远在关中的蔡文姬怎能因而没入当时转战在雒阳以西和河东一带的右贤王部队呢?

二,蔡文姬要是果真曾经两次被虏,两章《悲愤》诗中不应都只提到第一次,对第二次绝无一字涉及。

实际上《董祀妻传》里"兴平中"三字该是范晔自作聪明搞错的,完全信不得。按《董祀妻传》中所载各节,大多数都见于《艺文类聚》、《北堂书钞》、《太平御览》等书所引的《蔡琰别传》各条,文字亦基本上相同,只有少数几个字出入,可见别传当即《董祀妻传》所本,范晔只稍稍做了些删节润饰工作。但历史记载一经不明事实真相的人删润,往往会出差错,关于蔡文姬的被虏就是如此。别传原文只说文姬在"汉末大乱"时"为胡骑所获"(《类聚》卷四四,《御览》卷五八一引),《董祀妻传》才改为"兴平中,天下丧乱,文姬为胡骑所获"。别传本没有错。范晔大约嫌"汉末"二字太笼统,而在他的心目中,正好和参加这次讨论的好几位先生一样,也认为这些胡骑应该就是兴平二年在右贤王率领下渡河作战的南匈奴部队,遂迳自依据他自己的误解指实为"兴平中"。后人不察,竟把这三个字当作原始资料看待,不敢置疑,那就大大上了他的当了。

总结上述,关于蔡文姬的被虏,我的看法是:她是在初平三年(192年)春在原籍陈留圉县被董卓部将李催等部众中的胡骑所虏获的,这次被虏后,并无到兴平中又被南匈奴右贤王部众虏获之事。

(二)她是怎样"没于南匈奴左贤王"的?没于那一部分南匈奴?那一个左贤王?

先从下面二点谈起。上文已经提到过,据《后汉书·南匈奴传》,当时南匈奴分为内徙河东平阳一带和留居南庭故地二部分,从《悲愤》二章所咏胡中风物看来,文姬自应没在留居南庭故地的那一部分南匈奴,这左贤王当然也是南庭方面的左贤王。所以只要我们肯定《悲愤》诗是蔡文姬的作品,(不论是二章也好,其中五言一章也好),这一点似乎是不成其为问题的。可是事实上不然,参加这次讨论的各位先生一方面没有一个人认为《悲愤》二章全是伪作,一方面却偏偏除郭沫若先生一人而外,又都认为蔡文姬是没于南迁河东的匈奴的,那个"左贤王"就是《董卓传》和《南匈奴传》里的右贤王去卑。为什么这几位先生会容忍这样矛盾的解释呢?据我推测,怕主要是由于当时留在南庭故地的那部分匈奴全不见于历史记载,相反南迁河东的那部分却由于参与了汉朝的内战,记载较多,为读史者所熟悉,而这些记载又刚巧和蔡文姬的生平有些地方可以牵附得上,这样就不仅使人们容易作出蔡文姬没于河东匈奴右贤王去卑的推想,并且越想越像是事实,终于只好把《悲愤》诗中的描叙姑置不论,甚或反而怀疑起《悲愤》中的某一章来了。可是留居南庭故地的一部分匈奴事实上是存在的,我们不能因为它的活动不见于当时记载而忘记了它,不考虑到蔡文姬有没入这一部分匈奴的可能,何况放在我们眼前的还有《悲愤》诗那样最可信的资料足为论据?反之,尽管河东匈奴的活动和蔡文姬的生平初看似乎可以联系得起来,但一经追究,便不难发现其实不相干;也就是说,在实际上这二者之间是联系不起来的,只是在我们自己思想上发生了牵混与附会而已。何以见得?试分三点予以阐释:

一、《董祀妻传》说文姬于"兴平中"为胡骑所获,而兴平二年河东匈奴的部众曾渡河作战于河南。此点业经上文考定,"兴平中"三字根本是错的,兴平二年的战事也无从使文姬没入河东匈奴。

二,《董祀妻传》说文姬为胡骑所获后,"没于南匈奴左贤王",而兴平建安之际(195—196年)率领河东匈奴参加汉朝内战的正好是右(《后汉纪》、《董卓传》、《南匈奴传》并作右,《献帝纪》误作左)贤王去卑,"左"、"右"二字字形相近,因而就认为《董祀妻传》中的左字是右字之误,"左贤王"其人就是那个率众渡河作战的右贤王去卑。今按各本《艺文类聚》和《太平御览》引《蔡琰别传》都作文姬没胡后"在左贤王部伍中",可见原始资料中这个左字确是左字,不容我们把来轻易改作右字。何况不论是左也好,右也好,诚如郭沫若先生所指出的,中平后南匈奴既已分裂为二,各立单于,那么自单于以下的各级爵位,留北那一部分匈奴中当然照样都可以有,怎么可以认为凡是右贤王便是去卑,凡是左贤王便是那位刘渊的父亲刘豹(见《晋书·刘元海载记》)呢?

三,蔡文姬是由曹操遣使向匈奴赎归的,而河东匈奴自建安七年(202年)降曹(见《三国志·张既传》)后,十一年(206年),叛曹的并州刺史高幹战败自诣匈奴求救而不得(见《袁绍传》),二十一年(216年),"单于来朝,曹操因留于邺,而遣去卑归监其国焉"(《南匈奴传》),这些关于曹操政权和河东匈奴之间的关系的记载,似乎又可以作为曹操自河东匈奴赎还蔡文姬的佐证。实际上这是毫不相干的。蔡文姬尽管在留居故地的那部分匈奴中,只要曹操政权有可能和这部分匈奴接触,有路可通,还是可以遣使赎归的。并且自建安七年以后,曹操既已力足以降服河东匈奴,蔡文姬若果真没在其中,怕就无需乎用敌国之礼,"遣使以金璧赎之"了。

总之,关于蔡文姬没于那一部分南匈奴这一问题,我完全同意郭沫若先生在三谈、四谈蔡文姬的《胡笳十八拍》二文中再三提出的认为应属于留居南庭故地那一边的意见的。不过写到这里,有必要指出一点，那就是在《谈蔡文姬的胡笳十八拍》一文讲到关于蔡文姬的生平一段中，郭先生和别人一样，也认为文姬是在兴平二年为右贤王去卑所虏获的，此后发表的再谈、三谈、四谈三篇文章里，都还没有声明过应予更正。我想右贤王去卑明明是属于河东这一边的，怕不可能把他搬到南庭故地那一边去吧？

解决了蔡文姬是没于那一部分南匈奴那一个左贤王的问题，现在让我们再来探索一下她从"为胡骑所获"到"没于南匈奴左贤王"的过程。

《三国志·贾诩传》讲到李傕、郭汜等在长安城中相斗（事在兴平二年夏）时，注引《献帝纪》曰：

> "傕时召羌胡数千人先以御物缯彩与之，又许以宫人妇女，欲令攻郭汜。羌胡数来窥省门，曰，天子在中邪？李将军许我宫人美女，今皆安在？帝患之，使诩为之方计。诩乃密呼羌胡大帅饮食之，许以封爵重宝。于是皆引去，傕由此衰弱。"

这一段记载很有意思。（一）它告诉了我们当时这些参与汉朝内战的羌胡的情况大致是这样的：原来他们并没有被正式编制在凉州兵的部队之中，他们仍然保留着原来的部落组织，有他们自己的"大帅"，他们不过是在凉州将领有时许以某种利益的条件之下，为凉州军或其中某一将领所用，暂时构成一种隶属关系而已。所以一旦另有他人款其大帅以饮食，许以封爵重宝，马上就可以脱离原来的统帅，引而他去。（二）根据上述情况，又使我们联想到，在他们跟留居边疆根据地的他们的同族之间，估计还会保持着一定的联系，甚至是从属关系。这两点对于我们进一步理解蔡文姬的被虏情况和推断她的没胡经过具有很大的作用。由于前者，我们就不难设想，当蔡文姬在陈留被胡骑虏获时，不仅在长安的最高统帅董卓不会知道,就连当时在关东的将领李催等人,也不大可能会知道。因为羌胡部队是有权自由处理他们自己的虏获品的,所以作为虏获品之一的蔡文姬,在被虏后就被驱送入关而绝不为这支羌胡部队以外的任何人所知悉,这是完全可能的。由于后者,我们不妨大胆地作出这样一种推断:蔡文姬在被暂时隶属于凉州军的羌胡部队中的一支胡骑所虏获并驱送入关后,接着就被驱而北,送向他们的老根据地南庭一带,作为向他们的首领左贤王献纳的一件礼物。

《悲愤》诗虽然并没有明白提到这一段经历,但可以从侧面证实我们这一推断:

1. 二诗都于叙述被虏和在途情况后,紧接着就叙述在胡中的情况,可见她在被驱入关后并未在中途作过较长时间的停留即行被送入胡。刘开扬先生认为她在初平三年春被虏,经过了差不多整整四年到兴平二年冬才入胡,这是讲不通的。

2. 骚体一章中在"身执略兮西入关"句下接着就是"历险阻兮之羌蛮"一句,可见蔡文姬在入关后马上就北行进入了羌蛮区域。这一区域当指今陕北高原。据《后汉书·本纪》和《西羌传》等记载,东汉时在陕北高原南部的冯翊郡境内有烧当等羌,中部和北部的上郡境内有沈氏等羌。自顺帝永和五年(140 年)以后,上郡即以避"羌寇"而内徙冯翊之夏阳,到了灵帝中平(184—189 年)以后,原来的上郡全境已不再列在东汉王朝版图之内;所以蔡文姬把这一区域迳自目为"羌蛮"是很恰当的。郭沫若先生竟把这"羌蛮"二字作为对这一章诗表示怀疑的理由之一,怕是由于不了解当时各民族的地区分布情况之故。陕北高原地形多深沟高岸,这也和诗中"回路险且阻,还顾邈冥冥","历险阻兮之羌蛮,山谷眇兮路漫漫"等句所咏叹的景状正相符合。

3. 穿过陕北高原再向北走,即到达今伊克昭盟东部的准格尔旗境，自东汉初光武建武末年（一世纪中叶）以来南匈奴单于庭所在的西河郡美稷县故城，正在这里。伊克昭盟全境在东汉中叶以前本设有隶属于西河和朔方二郡的十多个县，但到蔡文姬被虏北来时，汉民早已因乱被迫南迁，郡县或徙或废，全境都成了以匈奴为主的羌胡世界。《悲愤》诗在咏罢途中的颠沛与受辱后即继以"边荒与华异，人俗少义理"，"人似禽兮食臭腥，言兜离兮状窈停"等语，正是此种景况的写照。据《南匈奴传》云，匈奴大臣中以左贤王为最贵，"即是单于储副"；又云，南庭以中平五年立须卜骨都侯为单于，一年而死，遂虚其位，"以老王行国事"，这一老王应该就是《董祀妻传》里的"南匈奴左贤王"。左贤王自中平之末以来既已成为南庭的最高统治者，他的庭帐自应就在南庭所在的美稷。所以蔡文姬的被虏行程，以陈留圉县始，即当以到达美稷而告终，共计全程约合汉里三千里正①。五言体《悲愤》诗中有"悠悠三千里"句，指归汉时途程，归时取道当与去时相同，然则三千里云云，并不是诗人极言其远的夸辞，倒确是记实之言。

4. 两章《悲愤》诗中都绝对看不出有一点点曾经两次被虏的迹象，这很可以有力地证实被虏后即被和平献纳于匈奴左贤王的推定。

（三）她在胡中耽了多少年？归汉时在哪一年？

这一段经历用不着多讨论。在胡中的年数，《董祀妻传》作十二年，与丁廙《蔡伯喈女赋》所云"我羁虏其如昨，经春秋之十二"

_____

① 据《后汉书·郡国志》，陈留郡治陈留（今陈留），在雒阳东五百三十里；弘农郡治弘农（今灵宝），在雒阳西南四百五十里。依此推算，自陈留圉县（故城今杞县南五十里）西行入关至华阴，计程约千三百余里，自此折而北行至美稷，约千七百里。

相合。《御览》引《蔡琰别传》作"在胡中十三年"（卷四八八），"三"字当系传抄传刻之误。《别传》为《董祀妻传》所本，《董祀妻传》作十二，是《别传》原本亦当作十二。归汉之年牵涉到初平三年还是兴平二年被虏的问题，牵涉到一次被虏还是两次被虏问题，本来比较不容易解决，现在根据上文考订，我们既已确定她是初平三年一次被虏后即被遣送入胡的，那就不消思索即可得出答案了：自初平三年（192年）往下推十二年，她应该在建安八年（203年）归汉。

　　关于蔡文姬的生平，除从被虏到赎归这一段经历而外，这次讨论也谈到了她的生年和初嫁河东卫仲道之年。对于这两点，我完全同意刘开扬先生生于熹平三年（174年）、初嫁于中平六年（189年）的推断。她在初嫁时据丁廙《蔡伯喈女赋》既为十六岁，则初平三年被虏时应为十九岁，建安八年归汉时应为三十岁。

　　在此我还想补充谈到一点，即卫仲道其人，很可能就是卫觊之弟。据《三国志·卫觊传》，"觊字伯儒，河东安邑人也"，东汉三国时人皆以一字命名，仲道二字显然是字而非名，仲道岂不正该是伯儒的弟弟么！由此我又联想到蔡文姬的赎还，也有可能和卫觊有关。卫觊以袁曹对峙官渡时奉曹操命取道关中出使益州刘璋，行至长安，以道路不通，遂留镇关中。关中北接羌胡，卫觊也许就在此时得知了他的弟妇没于匈奴的消息。后来又由他告诉了曹操，甚或提出了赎还的请求，刚好曹操与蔡伯喈本有"管鲍之好"，因而就出现了"文姬归汉"这件千古盛事。

　　据《卫觊传》及注引《魏书》，看来河东卫氏在汉末是一门有学术传统的世代仕宦之家，所以卫觊能在"台阁旧事散乱"之后"以古义多所正定"，"魏国既建"，又"与王粲并典制度"，汉魏禅让诸诏册,并出其手,入魏受诏典著作,多所撰述。由此我又联想到蔡文姬从初嫁到"夫亡,无子,归宁于家"这一段经历可能是这样的:当蔡邕亡命江海归来为董卓所辟用时,卫觊兄弟们的父亲大致也在京中做官,所以蔡文姬初嫁的地点应该就在雒阳,不会在河东,也不会在陈留。婚后不久蔡邕随汉献帝西迁长安,这时卫仲道还没有死,文姬跟着夫家仍留在雒阳。到卫仲道亡故时,雒阳长安间道路已为战乱所隔绝,文姬才回到陈留圉县老家去住。

(三)

最后还得谈一谈我对于这次争论的焦点——《胡笳十八拍》是否出自蔡文姬手笔这一问题的看法。

关于这一问题,肯定者郭沫若先生的基本论据是:《胡笳十八拍》是一篇"深切动人""感情真挚"的"好诗","是假造不出来的","非亲身经历者不能道"。否定派刘大杰先生等提出了许多反证,但郭先生认为这些反证都不能成立,"至少还不能说服我"。

我认为要解决这样一个问题,似乎不必多费笔墨去引证前人的说法。因为前代的名家尽管文采有余,科学头脑往往不足,他们说是的,未必即是,他们说非的,未必即非。就如苏东坡吧,他否定《悲愤》诗,郭先生已指出其论据很可笑,他肯定《胡笳十八拍》,难道就一定可信吗?也不必纠缠在风格体裁方面的争辩。因为尽管风格体裁的时代性在事实上是存在的,但比较难以捉摸,所以否定者说这种风格体裁在这一时代不可得见,肯定者就可以说某几篇作品的风格体裁不是与此相近吗,或难道不许诗人有特创的风格吗?这样争辩下去怕很难得出结论。要解决问题,还是得抓住问题的关键所在,看看作品的内容究竟是否符合于被指为作者的蔡文姬的亲身经历。

李鼎文先生指出：

"它(胡笳十八拍)的作者对南匈奴和东汉王朝的关系并不清楚。第十拍中云：'城头烽火不曾灭，疆场征战何时歇？杀气朝朝冲塞门，胡风夜夜吹边月。'第十二拍中云：'东风应律兮暖气多，汉家天子兮布阳和。羌胡踏舞兮共讴歌，两国交欢兮罢兵戈。忽逢汉使兮称近诏，遣千金兮赎妾身。'从这些话看来，好像当时匈奴真是东汉帝国的劲敌，和东汉兵连祸结，战争不休，后来由于东汉皇帝主动罢兵，两国交欢，这才有条件把她赎回。其实历史事实并不是这样。"

王达津先生也提到了这一点。这是一个很坚强的论据，可以确证诗中所描述的情况与蔡文姬在胡中的经历完全不符。尽管李、王二位都把蔡文姬所在的匈奴解释为河东匈奴是错误的，那并不对论证《胡笳十八拍》出自后人拟作有何妨碍，因为当时南庭故地匈奴在这一点上是和河东匈奴一样的，胡汉之间并无兵连祸结，战争不休的情况。

郭沫若先生在"四谈蔡文姬的《胡笳十八拍》"中对于这一点的答辩是：

当时"胡汉已有共同的敌人出现，那就是新起的鲜卑和其支族乌桓。它们在东汉末年差不多年年都在犯边。因此，'城头烽火'那几句也依然是实况。而所谓"两国交欢兮罢兵戈"，却应该指的是魏武帝平定三郡乌桓了"。

这是讲不通的。事实上当时的乌桓活动范围限于上谷、代郡以东，距离南庭匈奴所居的河套地区尚远。鲜卑正当檀石槐已死，轲比能未兴，酋帅"争国"，"众遂离散"的中衰时期，即令对邻近部族有所寇钞，很难设想竟会逼得使南匈奴城头烽火为之不灭，疆场征战为之不歇。"两国交欢兮罢兵戎"的"两国",据文义明明指的是蔡文姬的居留所在国"胡"和她的祖国"汉",怎么可能扯到乌桓身上呢？曹操平定远在辽水东西的三郡乌丸,又和"忽逢汉使兮称近诏,遣千金兮赎妾身"怎么连得起来呢？再者,据上文考定,蔡文姬当以建安八年(203 年)归汉,而曹操平定三郡乌桓则在建安十二年(207 年),在时间上也不对头。

我们知道,东汉末年的战乱主要是内乱而不是外患,当时的南匈奴不过是有一部分人参与了军阀们所主持的某些战役而已,像刘商在《胡笳曲序》中所说的"胡虏犯中原",他所拟作的十八拍第一拍中所云"四夷不宾"、"征战频"、"一朝虏骑入中国,苍黄处处逢胡人"那样的局面是不存在的。而托名为蔡琰作的《胡笳十八拍》的作者的理解却刚好和刘商一模一样,他也在第一拍中说什么"烟尘蔽野兮胡虏盛,志意乖兮节义亏"。反之,见于《悲愤》二章蔡文姬所亲身经历的董卓部众东下,被驱入关,经历羌蛮等情景,在此诗中却只字不见。由此可见,作者不仅对蔡文姬没胡时期的胡汉关系不清楚,对蔡文姬是在怎样的情况之下没胡的也并不清楚。这位作者难道还有可能是蔡文姬自己吗？

刘大杰先生所指出的,认为地理环境不合的"夜闻陇水兮声呜咽,朝见长城兮路杳漫","塞上黄蒿兮枝枯叶干"三句,长城和塞上对南庭匈奴倒是用得上的,但不论是河东也好,南庭也好,和陇水都相去甚远,绝不相干。有亲身经历的蔡文姬,无论如何不会乱用名词一至于此。李鼎文、王达津二位先生认为这句诗显系袭自北朝的《陇头歌辞》"陇头流水,鸣声呜咽"是正确的。实际由于这位作者没有到过北边,对于塞上风光毫无感性知识,所以诗中状物写景,尽都是套用前人诗文中的一些泛辞成语,谈不上反映了什么真实生活经验,这些都已由李、王二位指出了。

　　此外我觉得比较一下《悲愤》二章和"蔡"刘二篇《胡笳十八拍》中所用的辞汇也很有意思。为什么"胡虏"、"戎羯"、"戎虏"、"汉国"、"汉家"、"胡儿"等字眼绝不见于《悲愤》二章,而两篇《胡笳》诗中偏偏都经常使用呢? 当然我们可以说刘作是刻意模拟"蔡作"的,但如"蔡作"果然和《悲愤》同出于一人之手,为什么五言和骚体二章《悲愤》用辞略同,而《胡笳》用辞会绝不相同呢?

　　综上所述,所以我认为,郭先生的结论显然是不能使人同意的。我们的结论,只能是:《胡笳十八拍》是一篇能够相当深切体会蔡文姬心情的、感情炽烈而逼真的动人的好诗,但它是出于去蔡文姬时代已远(很可能是唐代),不了解蔡文姬的时代背景及其经历的一位作者之手的一篇拟作。

1959. 7. 3

(原载《学术月刊》,1959 年第 8 期)

读郭著《蔡文姬》后

郭沫若先生所编著的《蔡文姬》一书,四月间在北京出版,直到上周我撰写《蔡文姬的生平及其作品》一文时,上海市场上还找不到;昨天才从学校图书馆借来一册,得读其中前此在报上所看不到的《蔡文姬》剧本和《跋胡笳十八拍画卷》二篇。读后觉得作者对蔡文姬生平经历和有关史事的了解,除前撰拙文中已提到的而外,还有几件也有问题,辄复书此,谨以提供作者考虑,并备读者和观剧者参览。

剧本里的人物和情节有些是出于作者故意安排或假托的,这不在本文讨论范围之内;在此我们所要讨论的,只限于在作者心目中认为是符合于或可能符合于历史事实的那一部分。

蔡文姬在南匈奴中的身份,作者认为是左贤王妃,盖本于刘商《胡笳曲序》文姬"入番为王后"一语。按曹丕《蔡伯喈女赋序》只说曹操遣使至匈奴中"赎其女还",《蔡琰别传》只说"为胡骑所获,在左贤王部伍中"(《艺文类聚》卷四四、《太平御览》卷五八一引),《董祀妻传》只作"没于南匈奴左贤王",都没有说文姬在胡中贵为后妃,就是在《悲愤》二章和丁廙《蔡伯喈女赋》中,也绝无此种迹象可指。刘商是唐朝人,除这些资料之外不可能别有所据,他这句话和下文"王甚重之"云云,可能采自民间传说,或竟出自他自己的想当然耳,岂可轻易信得?事实上文姬在胡中贵为王妃的可能据我看来是没有的。若果真是王妃,岂是用金璧赎得回来的?"和亲"是封建王朝赖以笼络域外统治者的重要政策之一,有必要时连皇帝的女儿都得嫁出去,曹操是一个英明的政治家,岂有为了一个已故老朋友的"无嗣"而去拆散邻邦君长的正式配偶之理?《悲愤》五言体一章叙归汉临发时有云:"兼有同时辈,相送告离别,慕我独得归,哀叫声摧裂"。从这几句诗看来,文姬的身份跟那些"同时辈"大致不会有多大差别,她只是"左贤王部伍中"许许多多被虏来的侍妾之一而已。

刘商《胡笳曲序》在"王甚重之"下又云:"武帝与邕有旧,救大将军赎以归汉"。按东汉大将军位在司徒、司空上,建安初曹操自为司空,以大将军让袁绍;七年(202 年),绍死,遂虚其位。赎还文姬时哪儿还会有什么大将军?即此足见刘商之不学。他想必是没有看到过曹丕的《蔡伯喈女赋序》的,所以并不知道赎还文姬的使者是一个名不见史传的小官儿周近。

《董祀妻传》说文姬在胡中"生二子",郑振铎《插图本中国文学史》里提到此事,用了"子女"二字,作者在《谈蔡文姬的〈胡笳十八拍〉》中按云:"是否一子一女,史无明文,姑照郑说",在剧本中也就安排了一个胡儿和一个胡女。其实,这倒是史有明文的,《蔡琰别传》明明说是"有二男"(《太平御览》卷四八八引),作者偶未检。

作者在《跋胡笳十八拍画卷》中依据《胡笳十八拍》第十七拍中"岂知重得兮入长安"一句,认为文姬在回国途中曾经过长安,因而在剧本里也安排有在长安郊外一幕。前撰拙文既已论定《胡笳十八拍》出于后人拟作,这就否定了这一节的史料依据;剩下的问题是在事实上会不会有此可能?据我看来也不大会有。前文也已经提到过,从匈奴南庭所在地美稷回到中原,本用不着经过长安。并且从《悲愤》五言体下半章所叙自"骨肉来迎己"至"既至家人尽"这一段情节看来,也不像是在归途中曾经绕道经行他处。有趣的就是,在《胡笳十八拍》的作者心目中,本来也并没有认为文姬曾在归途中经过真正的长安,而是郭先生把诗意误解了。《胡笳》全诗共十八拍,第十八拍总结全诗,实际叙被虏至归国经过,至第十七拍止;"岂知重得兮入长安,叹息欲绝兮泪阑干"二句又在第十七拍之末,可见作者原意这是归汉途程的终结,而不是中间的一个段落。唐人诗文中习用长安二字作为国都的通称。作者在这里使用这两个字,其本意也不过是说文姬最后到达了当时汉朝的京都而已,并不是说到了真正的长安。

写到这里,不妨附带谈一谈"阑干"二字问题。刘大杰先生引明人卫泳《秋窗小语》,说是以阑干二字状涕泪纵横貌,"唐诗始有,前未之见",以此作为《胡笳十八拍》出于唐人拟作之一证。这是上了卫泳的当了。《吴越春秋·勾践入臣外传》有云:"言竟,掩面涕泣阑干"。《汉书·息夫躬传》注引臣瓒曰:"崔澜,泣涕阑干也"。《吴越春秋》为东汉赵晔所撰,臣瓒虽不知其姓,要为晋人无疑,何待"唐诗始有"?

剧本里把文姬归国行程的终点放在邺,这当然是由于作者把归国年代搞错成建安十三年(208年)而连类致误的,无需赘论。既然据前文考定实际归国年代应在建安八年(203年)未平,曹操还住在许,所以文姬若在归国之初即谒见曹操,就应在许。惟据《悲愤》五言一章,她好像是直接回到故乡陈留去的,她和曹操会面,可能竟要迟到几年之后为董祀请命的时候。

全剧最成问题的是第一、二两幕以蔡文姬所陷没的南庭故地匈奴为背景而登场人物中竟出现了单于呼厨泉和右贤王去卑这两个人,第五幕又以建安二十一年(216年)呼厨泉来朝这一历史事实作为安排剧中情节的依据。我在撰写前文时已察觉了作者可能有此看法,还以为只是一时失检,及至读了剧本和《跋胡笳十八拍画卷》,才知道作者当真有此看法,并且还提出了他的论证。论证是:据《后汉书·南匈奴传》,自灵帝中平五年(188年),南匈奴分裂为须卜骨都侯单于和于扶罗单于二部后,须卜骨都侯留主南庭故地,于扶罗率众参与汉朝内战;后于扶罗钞掠无利。

> "复欲归国,国人不受,乃止河东。须卜骨都侯为单于一年而死,南庭遂虚其位,以老王行国事。单于于扶罗立七年死,弟呼厨泉立。单于呼厨泉,兴平二年(195年)立,以兄被逐,不得归国;数为鲜卑所钞。建安元年(196年),献帝自长安东归,右贤王去卑与白波贼帅韩暹等,侍卫天子,拒击李傕、郭汜。及车驾还洛阳,又徙迁许,然后归国。二十一年(216年),单于来朝,曹操因留于邺,而遣去卑归监其国焉"。

李贤在"然后归国"下注云:"谓归河东平阳也"。而作者则认为:

> "这条注释恐怕不大妥当,从上下文看来,这里所谓'国'应该是指南庭所在处的美稷一带"。

由于作者对这一"国"字作了如此解释,因而在他的心目中,也就认为自建安元年以后,原来是河东匈奴方面的单于和右贤王,竟然为南庭方面接受了过去,成了那边的单于和右贤王了。

这实在是一个很疏忽的论断。《南匈奴传》的文字的确有点含混不清。但仔细一看,则"然后归国"和"归监其国"这两个"国"字,所指跟前面几个国字不同,前者指南庭而这两个指河东,还是很清楚的。李贤注并没有错。右贤王去卑从河东出发参与侍卫天子东还之役,最后送到许,然后归国,此所谓"国",当然指的是原来的出发地河东。并且这几句话的主词是右贤王去卑,"归国"是去卑自许归国;呼厨泉本来并没有参与侍卫天子之役,去卑归国又与他何干,怎能因此就把他从平阳一下归到南庭去?《三国志》《钟繇传》和《张既传》都记载到建安七年(202年)曹操遣钟繇围降匈奴单于于平阳一事,这个单于应该就是呼厨泉;若说呼厨泉在建安元年就搬到南庭去了,平阳怎会又有一个单于?《晋书·刘元海载记》云:"于扶罗以其众留汉自立为单于……于扶罗死,弟呼厨泉立,以于扶罗子豹为左贤王,即元海之父也。"明明自于扶罗起到刘渊(元海),一直都住在河东一带,作者硬要把呼厨泉抽出来搬到南庭去,怎能讲得通?

作者又在剧本人物南匈奴单于呼厨泉下作了如下一条说明:

> "此人以建安二十一年朝汉,被曹操留置于邺,遣右贤王去卑回匈奴,分其众为五部,各立其贵人为帅,选汉人为司马以监督之。故在曹操手中,南匈奴等于归化。北匈奴早已西迁,其旧地为鲜卑族所占据。"

"分其众为五部"至"以监督之"云云,据《晋书·匈奴传》。奇怪的是:此传下文接着就叙述了这五部的都尉(魏末改帅为都尉)分居于故兹氏县、祁县、蒲子县、新兴县、太陵县,这些地方明明都在黄河以东,都在当时的塞内;塞外别有匈奴部落,至西晋初又有归附者,当即中平以来留居故地的那一部分,作者难道只看了"分其众为五部"这几句,就没有往下看吗?

初看《谈蔡文姬的〈胡笳十八拍〉》中"自殷代以来即为中国北边大患的匈奴,到他(曹操)手里,几乎化为了郡县"这两句话,摸不着作者何所据而云然。现在才明白了,原来作者这一对曹操事业的理解,就是建筑在他对魏晋时代的匈奴五部之众的地域的认识之上的。既然五部之众被认为是包括南庭故地在内的,所以呼厨泉一经入朝、留邺,全部南匈奴就"等于归化"了。北匈奴早已西迁,南匈奴至此又"几乎化为郡县",岂不是整个儿自殷代以来的北边大患的匈奴问题,全部都解决了吗?无如历史事实并不如此。在曹操手中，"等于归化"的南匈奴，只限于当时杂居在塞内黄河以东陉岭以南诸郡县境内的五部之众而已。至于在河套地区南庭故地的匈奴，在中平以前本来倒是归化内属的，自中平以后即已沦为塞外，到曹操手中，还是如此。匈奴问题到曹操手中，并未全部解决。

最后，我还得向本文读者交代一句话：我在这里指出了这一剧本的内容存在着这些与历史事实不符之处，我的看法是否完全对，当然还有待于大家进一步讨论；即令是完全对了，这也丝毫无损于剧本的艺术价值；因为作为艺术作品的历史剧，本来不一定要完全符合于历史事实。

1959 年 7 月 10 日

（原载《文汇报》，1959 年 7 月 27 日）

长水集

【续 编】

谭其骧 著

人民出版社

目　录

历史上的中国和中国历代疆域 *

　　翁独健同志要我在这次会议期间在大会上讲一通。我说,我不是民族史专家,有什么好说的? 他说:"不要你讲别的,只要你讲一讲你们在编绘《中国历史地图集》时是怎样划定各个历史时期的中国的范围的;也就是说,对历史上同时存在的许多国家地区和民族,你们是如何区别中外的? 哪些算中国,哪些不算,标准是什么?"他既然提了这样具体的要求,我作为《中国历史地图集》的主编,就不便推辞了。所以今天下午我在此向诸位汇报一下我们在这套图集里是如何处理这个问题的,就把这个讲话命名为《历史上的中国和中国历代疆域》吧! 诸位听了如果认为我们的处理办法有不合理、不妥当之处,欢迎在明天小组会上提出来大家展开讨论。

　　《中国历史地图集》的编绘工作开始于 1955 年春。开始只要求把杨守敬的《历代舆地图》予以"重编改绘",范围准备一仍杨图之旧,那时还没有接触到历史上中国的范围这个问题。杨图各时代都只画中原王朝的直辖版图,除前汉一册附有一幅西域图外,其余各册连王朝的羁縻地区都不画,更不要说与中原王朝同时并立

---

* 这是作者在 1981 年 5 月下旬召开的"中国民族关系史研究学术座谈会"上的讲话,发表时本人做了一些修改。

的各边区民族政权的疆域了。所以杨守敬所谓《历代舆地图》，起春秋讫明代，基本上都只画清代所谓内地18省范围以内的建置，不包括新疆、青、藏、吉、黑、内蒙古等边区。编绘工作开始没多久，我们就感觉到以杨图范围为我们的图的范围这种想法是不行的。新中国的历史学者，不能再学杨守敬的样儿仅仅以中原王朝的版图作为历史上中国的范围。我们伟大的祖国是各族人民包括边区各族所共同缔造的，不能把历史上的中国同中原王朝等同起来。我们需要画出全中国即整个中国历史的地图来，不应只画秦、汉、隋、唐、宋、元、明等中原王朝。随后我们就作出决定：图名改为《中国历史地图集》，范围要包括各个历史时期的全中国。怎样确定各个时期的全中国范围，从此便成为我们不得不反复慎重考虑的一个首要问题。

我们是如何处理历史上的中国这个问题呢？我们是拿清朝完成统一以后，帝国主义侵入中国以前的清朝版图，具体说，就是从18世纪50年代到19世纪40年代鸦片战争以前这个时期的中国版图作为我们历史时期的中国的范围。所谓历史时期的中国，就以此为范围。不管是几百年也好，几千年也好，在这个范围之内活动的民族，我们都认为是中国史上的民族；在这个范围之内所建立的政权，我们都认为是中国史上的政权。简单的回答就是这样。超出了这个范围，那就不是中国的民族了，也不是中国的政权了。

为什么作出这样的决定？我们的理由是这样：

首先，我们是现代的中国人，我们不能拿古人心目中的"中国"作为中国的范围。我们知道，唐朝人心目中的中国，宋朝人心目中的中国，是不是这个范围？不是的。这是很清楚的。但是我们不是唐朝人，不是宋朝人，我们不能以唐朝人心目中的中国为中国，宋朝人心目中的中国为中国，所以我们要拿这个范围作为中国。

这还要从"中国"两个字的意义讲起。"中国"这两个字的含义,本来不是固定不变的,是随着时代的变化而变化的,随着时代的发展而发展的。且不提《诗经》等古籍中的"中国"是什么意思,简单说起来,拿"中国"两个字表示我们国家的主权所达到的范围,这个观念是鸦片战争之后才形成的。在这以前的"中国"二字,在各种场合有各种样子的用法。远的我们不讲,鸦片战争以后的初期,这个观念还没有完全固定下来。举一个例子,魏源写《圣武记》所用的"中国",有时候是符合现在的概念的,譬如他讲到蒙古,把蒙古算中国,俄国算外国;讲到西藏,把西藏算中国,印度算外国。但有的时候,他还采用一种老观念,把18省同新疆、西藏、蒙古对立起来,只把18省叫中国。有的明清著作中,甚而至于因为作者本人跑到西南的贵州、广西少数民族地区,他作笔记就把贵州、广西这一带的少数民族地区不看作中国,把黄河流域、长江流域的内地看作中国。"中国"两个字,按照现在的用法,形成是很晚的。鸦片战争以后的初期还没有完全形成,基本上到晚清时候才形成。讲到"中国"就是表示我们国家的主权所达到的范围,这是鸦片战争后经过了几十年才逐渐形成的。

我们再回过头来讲,我们是现代人,我们不能以古人的"中国"为中国。这不是说我们学习了马列主义才这样的,而是自古以来就是这样的,后一时期就不能拿前一个时期的"中国"为中国。举几个例子:春秋时候,黄河中下游的周王朝、晋、郑、齐、鲁、宋、卫等,这些国家他们自认为是中国,他们把秦、楚、吴、越看成夷狄,不是中国。这就是春秋时期的所谓"中国"。但是这个概念到秦汉时候就推翻了,秦汉时候人所谓"中国",就不再是这样,他们是把秦楚之地也看作中国的一部分。这就是后一个时期推翻了前一个时期的看法。到了晋室南渡，东晋人把十六国看作夷狄，看成外国。到了南北朝，南朝把北朝骂成索虏，北朝把南朝骂成岛夷，双方都以中国自居。这都是事实。但唐朝人已经不是这样了，唐朝人把他们看成南北朝，李延寿修南北史，一视同仁，双方都是中国的一部分。同样，在宋朝也把辽、金、夏都看成是外国，看成夷狄。但是元朝人已经不这样了，已经把辽、金、夏跟宋朝一样看成"中国"。元朝人已经不用宋朝的看法了，难道我们还要作宋朝人？所以我们说现代人不能以古人的"中国"为中国。后一代的人把前一代的人的概念否定，不采用前一代人的概念，这是由来已久，自古而然的，没有什么奇怪。我们现在当然不应该再以东晋人自居，再以宋代人自居。总而言之，我们是现代人，不能以古人的"中国"为中国。

第二个问题。我们既不能以古人的"中国"为历史上的中国，也不能拿今天的中国范围来限定我们历史上的中国范围。我们应该采用整个历史时期，整个几千年来历史发展所自然形成的中国为历史上的中国。我们认为 18 世纪中叶以后，1840 年以前的中国范围是我们几千年来历史发展所自然形成的中国，这就是我们历史上的中国。至于现在的中国疆域，已经不是历史上自然形成的那个范围了，而是这一百多年来资本主义列强、帝国主义侵略宰割了我们的部分领土的结果，所以不能代表我们历史上的中国的疆域了。为什么说清朝的版图是历史发展自然形成的呢？而不是说清帝国扩张侵略的结果？因为历史事实的确是这样，清朝的版图的确是历史发展自然形成的。我们跟沙俄不同，沙俄在 16 世纪以前，和乌拉尔山以东的西伯利亚、中亚细亚没有什么关系，16 世纪以后向东侵略、扩张，才形成现在这么大的版图。但是清朝以前，我们中原地区跟各个边疆地区关系长期以来就很亲切了，不但经济、文化方面很密切，并且在政治上曾经几度和中原地区在一个政权统治之下。东北地区在唐朝时候已经建立了若干羁縻都督府、羁縻州。到辽、金时代版图已东至日本海，北至外兴安岭，经过元朝直到明朝的奴尔干都司，都是如此。北方也是如此，蒙古高原上的匈奴在西汉时跟汉朝打得很热闹，最后匈奴还是投降了汉朝，甚而至于到东汉初年还入居汉王朝的版图之内。唐朝，从唐太宗灭了突厥颉利可汗、灭了薛延陀、灭了车鼻可汗之后，一度统治整个蒙古高原，远达西伯利亚南部，几十年之后突厥才复国。元朝的时候，蒙古高原是元朝的岭北行省。在西北方面也是如此，西汉设西域都护府，唐设安西、北庭都护府，元曾经置阿力麻里、别失八里行中书省、宣慰司等等。虽然一般都不是连续的，但断断续续好几次，都跟中原地区在政治上属于一个政权。至于经济、文化关系，那就更紧密。这个长期的经济、文化、政治的关系，逐渐发展下来，越来越密切。我们很赞成前几天翁独健同志讲的一段话，我们历史上中原王朝跟边疆少数民族的关系到底是什么关系？主流是什么？是和平共处？还是打仗？我们看不必去深究它，确实有的时期是很好的，和平共处，有的时期是打仗，有的时期打仗还打得很凶。但是，总的关系是越来越密切。我看这点是谁也不能否定的。随着历史的发展，边区各族和中原汉族之间的关系越来越密切了，形成了一种相互依存的关系，光是经济文化的交流关系不够了，光是每一个边区和中原的合并也不够了，到了 17 世纪、18 世纪，历史的发展使中国需要形成一个统一的政权，把中原地区和各个边区统一在一个政权之下。而清朝正是顺应了历史发展的趋势，完成了这个统一任务。17 世纪、18 世纪清朝之所以能够在这么大的范围之内完成统一，这绝不是单纯的由于那时的清朝在军事上很强，在军事上取得一系列的胜利所能够做到的。单纯的、一时军事上的胜利和军事征服要是没有社会、经济基础来维持的话，统一是不能持久的。但是清朝在完成统一之后，巩固下来了，稳定下来了，到了 19 世纪中叶以后遭遇帝国主义从东南西北各方面入侵，给他们侵占了一部分土地去了，但基本上还是维持下来了。这是为什么？主要的原因是中原需要边区，边区更需要中原，需要统一在一个政权之下，这对中原人民有利，对边区人民更有利。我们知道，清朝的统一，实际上是先统一了满族的地区，即广义的满洲；再统一汉族的地区，即明王朝的故土；再统一蒙族地区和蒙族所统治的维藏等族地区。主要是满、蒙、汉三区的统一。汉族地区指原来的明朝的地方，除汉族外也包括许多南方的少数民族，蒙族地区在内外蒙古以外，还包括青海、西藏以及南疆的维吾尔地区。这些地区本来都在厄鲁特蒙古统治之下，都在准噶尔统治之下。当时的准噶尔疆域，不仅是天山北路的准噶尔本部，还包括南路的维吾尔地区，青海、西藏、套西厄鲁特，都是在准噶尔统治之下。噶尔丹还进一步侵占了喀尔喀蒙古，即外蒙古。只有内蒙古在清朝入关之前早已纳入清朝版图。后来准噶尔又进一步要从外蒙古入侵内蒙古，这就爆发了清朝和准噶尔之间的战争。双方经过康熙、雍正、乾隆 70 年的斗争，清朝终于取得了胜利。清朝不仅把准噶尔本部收入版图，也把原来在准噶尔统治之下的青海、西藏、"回疆"，即天山南路，也纳入了版图。所以清朝统一基本上就是统一满、汉、蒙三区。蒙区实际上包括维吾尔地区及藏区。这三区统一完成之时是在乾隆中叶，即 18 世纪 50 年代。而由满、蒙、汉三族人民组成这个王朝，实际上还远远在清朝入关以前。1636 年皇太极即皇帝位，把国号大金改为大清，臣下所进呈的劝进表就是由满、蒙、汉三种文字写成的，充分表明这个王朝是由满、蒙、汉三种人组成的。据我来看，这是顺应历史潮流的。因为到了 16 世纪、17 世纪时，汉满蒙等中国各民族已经迫切需要统一。这一点，我们从明朝与女真部族即后来的后金打的交道，明朝跟蒙古打的交道可以看得很清楚。那个时候中原的明朝和东北的满洲、北方的蒙古，时而打仗，兵戎相见；时而通过和谈规定明朝岁赠女真、蒙古多少物资，并进行互市。打也好，和也好，目的无非是女真人要拿人参、貂皮来换中原地区的缎布、粮食和农具，蒙古人要拿他们的马来换中原布帛、粟豆和茶叶。岁赠互市不能满足他们的需要时，就打进来掠夺。一边进行掠夺，一边要挟举行新的和议，增加岁赠。这说明边区发展到 16 世纪、17 世纪时迫切需要中原地区的农产品和手工业品。当然，中原地区也需要边区的人参、貂皮、马匹等等。但是比较起来说，边区更需要中原的物资。所以说，通过互市，通过战争，最后需要统一。因为统一之后，只要中原能用布匹、粮食等物资满足边区的需要，就可以平安无事，统一就可以巩固下来。所以我说清朝之所以能造成大统一的局面并且巩固下来，是顺应了历史的潮流。是历史的发展自然形成的。有人说，清朝这样大的版图完全是向外扩张的结果，这是不符合历史事实的。清朝对于蒙古用兵不能算是穷兵黩武，就像汉武帝对匈奴用兵不能算穷兵黩武一样。汉武帝对付朝鲜、东越、南越，可以责备他是侵略，对付匈奴就不能算是侵略。他不对付匈奴，匈奴要打进来。唐太宗对付突厥也不能算穷兵黩武。同样清朝对付准噶尔也是不得不然。在那时候，准噶尔气势汹汹，占领了整个新疆、青海、西藏、外蒙，矛头指向清帝国统治下的内蒙，如果不把噶尔丹打败的话那还得了？那就可能再次出现边疆民族入主中原，即厄鲁特入主中原，再来一次改朝换代。要改朝换代可不是容易的。从当时情况看起来清朝还是比准噶尔进步点，让清朝统治中原地区比让准噶尔统治中原还是要有利一点吧。所以说清朝打败准噶尔，不能说他是穷兵黩武。这是你死我活的斗争。清朝把准噶尔统治的地区一一收入版图，这是为了彻底打垮准噶尔而必须要采取的措施，不是存心要去征服这些地方。清朝那时候并不是扩张主义者。我们知道，清朝打败准噶尔之后，阿富汗、浩罕、巴达克山等中亚的一些小国，曾经一度要加入清朝，但清朝拒绝了，仅仅把这些国家列为藩属，以当时清朝的兵势、兵威所加，要进一步向中亚扩展是完全有可能的，但清朝并没有这样做。可见清朝之所以有这样的版图，绝不能说他是扩张主义者，这是顺应历史潮流。所以说清朝在18世纪时形成的这个版图是中国历史发展的结果，拿这个版图来作为历史上中国的范围应该是恰当的。有人主张拿今天的国土作为历史上中国的范围，我们认为那是不恰当、不应该的。要是那样的话，岂不等于承认沙俄通过瑷珲条约、北京条约割让的乌苏里江以东、黑龙江以北的地方，本来就不是我们的地方吗？事实上在清朝以前，乌苏里江以东、黑龙江以北已有几百年是在中原王朝直接统治之下的。再如大漠以北的蒙古高原，现在属于蒙古人民共和国。这个国家是不是历史自然发展形成的呢？不是。1911年、1921年两次蒙古独立，都是后面有第三者插手的，要是没有第三者插手的话，它不会脱离中国。历史发展的自然趋势是蒙古地区不论漠南漠北都应该和中原地区联系在一起的。到了20世纪，到了1911年、1921年，由于第三者的插手，结果分裂出去了。这不是自然发展的结果，这是帝国主义宰割中国的结果。所以我们不能说历史上的中国只包括漠南的内蒙古而不包括漠北的外蒙古，尽管我们现在是承认蒙古人民共和国的。历史上所有的北方民族，匈奴也好，鲜卑也好，柔然也好，突厥也好，回纥也好，全都是同时分布在漠南和漠北的。要是我们以今国界为依据处理历史上的民族，那该怎么办？同一个政权统治之下的一个民族，漠北的不算中国，漠南的才算中国,这就没法办了。但我们要是采用1840年以前的清朝版图为历史上中国范围就好办。出现在漠南漠北的蒙古以及历史上所有的民族,都是中国的少数民族,不能因为今天在蒙古人民共和国之内就不算历史上中国的民族。当然,我们讲中国史的时候应当把这些民族作为中国史上的民族。但我们也不反对蒙古人民共和国在写它的历史的时候把这些古代民族写成它的先民。

有一点要补充一下,就是1840年以前有些跨国界的政权或民族或部族怎么办?这个问题最明显的事例就是高丽。我们现在是这样办的:我们认为以鸭绿江、图们江为界的中朝国界,这是历史自然形成发展的结果,没有什么帝国主义插手。历史上的高丽最早全在鸭绿江以北,有相当长一个时期是在鸭绿江、图们江南北的,后来又发展为全在鸭绿江以南。当它在鸭绿江以北的时候,我们是把它作为中国境内一个少数民族所建立的国家的,这就是始建于西汉末年,到东汉时强盛起来的高句丽,等于我们看待匈奴、突厥、南诏、大理、渤海一样。当它建都鸭绿江北岸今天的集安县境内,疆域跨有鸭绿江两岸时,我们把它的全境都作为当时中国的疆域处理。但是等到5世纪时它把首都搬到了平壤以后,就不能再把它看作中国境内的少数民族政权了,就得把它作为邻国处理。不仅它的鸭绿江以南的领土,就是它的鸭绿江以北辽水以东的领土,也得作为邻国的领土。

我们处理历史上的中国的标准就这一条,并没有第二条。当初我们讨论的时候,正如昨天小组会上好几位同志的意见一样,有些同志总觉得只有这么一条不够,总想找到第二条、第三条,想要加一两条跟中原王朝的关系,总觉得应该跟中原王朝有一点什么关系,如果没有关系,怎么能说是历史上的中国?什么关系呢?最好有过郡县。但是有的边区从来没设过郡县,那么羁縻州县也算郡县。这也是过去学术界不实事求是之风造成的。那时历史学界讳言"羁縻州"，"羁縻"两个字不许提，硬要把"羁縻"都督府、羁縻州的"羁縻"两个字去掉，变成某某州，要把它看成正式的地方行政区划一样。我们知道，府、州的长官是流官，是中央政府可以随时调动的。府、州秉承中央政府的政令进行统治，向中央缴赋税，服徭役。但羁縻府、州只是给当地少数民族首领一个都督或刺史的名义，实际上是当地基本上自主的统治者，他的地位是世袭的。王朝动不了它，它只是归附而已，你要动他他就会举兵叛乱。羁縻府州和正式府州完全是两回事。因为正式的找不出来，所以硬要把羁縻府州算正式府州。这在实际上是违反历史事实的。有些地区连羁縻府州也没有设置过，这些同志就去找称臣纳贡的关系，只要称过臣、纳过贡，就算是归入中原王朝的版图了。或者是曾经接受过中原王朝封赠的爵位，中原王朝曾经封过这一部族的首领什么王，什么侯，或者是曾经授予一点什么官衔，那就把它说成是中原王朝的一部分，纳入中国的版图了。搞来搞去无非就是要跟中原王朝拉上一点关系，好像只有跟中原王朝扯上关系以后才能算中国，否则就不能算中国。这是讲不通的。我们知道，朝鲜、越南是历代向中原王朝称臣纳贡，接受中原王朝的封爵的，但我们能把朝鲜、越南算作中国的一部分吗？不行。它们跟明朝和清朝的关系只是小国与大国的关系、藩属国和宗主国的关系，它们不是明朝的地方、清朝的地方。尤其明显的是日本有一颗被奉为国宝的印，叫做汉倭奴国王印，按照这些同志的说法，日本已接受了中国给他的这颗印，岂不是日本也要算中国的了吗？可见把有没有封爵纳贡这种关系看作在不在历史上的中国范围以内这种说法，是绝对讲不通的。尤其突出的是，一定要把跟中原王朝拉上一点关系才算是中国的一部分，那么处理台湾问题就难了。台湾在明朝以前,既没有设过羁縻府州,也没有设过羁縻卫所,岛上的部落首领没有向大陆王朝进过贡、称过臣,中原王朝更没有在台湾岛上设官置守。过去我们历史学界也受了"左"的影响,把"台湾自古以来是中国的一部分"这句话曲解了。台湾自古以来是中国的一部分,这是一点没有错的,但是你不能把这句话解释为台湾自古以来是中原王朝的一部分,这是完全违反历史事实,明以前历代中原王朝都管不到台湾。有人要把台湾纳入中国从三国时算起,理由是三国时候孙权曾经派军队到过台湾,但历史事实是"军士万人征夷州(即台湾),军行经岁,士众疾疫死者十有八九",只俘虏了几千人回来,"得不偿失"。我们根据这条史料,就说台湾从三国时候起就是大陆王朝的领土,不是笑话吗?派了一支军队去,俘虏了几千人回来,这块土地就是孙吴的了?孙吴之后两晋南朝隋唐五代两宋都继承了所有权?有人也感到这样实在说不过去,于是又提出了所谓台澎一体论,这也是绝对讲不通的。我们知道,南宋时澎湖在福建泉州同安县辖境之内,元朝在岛上设立了巡检司,这是大陆王朝在澎湖岛上设立政权之始,这是靠得住的。有些同志主张"台澎一体"论,说是既然在澎湖设立了巡检司,可见元朝已管到了台湾,这怎么说得通?在那么小的澎湖列岛上设了巡检司,就会管到那么大的台湾?宋元明清时,一个县可以设立几个巡检司,这等于现在的公安分局或者是派出所。设在澎湖岛上的巡检司,它就能管辖整个台湾了?有什么根据呢?相反,我们有好多证据证明是管不到的。因此,你假如说一定要与中原王朝发生联系才算中国的一部分,那么明朝以前台湾就不是中国的一部分,这行吗?不行。台湾当然是中国的,自古以来是中国的。为什么自古以来是中国的?因为历史演变的结果,到了清朝台湾是清帝国疆域的一部分。所以台湾岛上的土著民族——高山族是我们中华民族的一个组成部分，是我们中国的一个少数民族。对台湾我们应该这样理解，在明朝以前，台湾岛是由我们中华民族的成员之一高山族居住着的，他们自己管理自己，中原王朝管不到。到了明朝后期，才有大陆上的汉人跑到台湾岛的西海岸建立了汉人的政权，这就是颜思齐、郑芝龙一伙人。后来荷兰侵略者把汉人政权赶走了，再后来郑成功又从荷兰侵略者手里收复了。但是，我们知道，郑成功于 1661 年收复台湾，那时大陆上已经是清朝了，而郑成功则奉明朝正朔，用永历年号，清朝还管不到台湾。一直到 1683 年（康熙二十二年），清朝平定台湾，台湾才开始同大陆属于一个政权，所以一定要说某一地区同中原王朝属于同一政权，中原王朝管到了才算是中国的话，那么，台湾就只能从 1683 年算起，1683 年前不算中国，这行吗？台湾自古以来是中国的，为什么是中国的？因为高山族是中国的一个少数民族，台湾自古以来是高山族的地方，不是日本的地方，也不是菲律宾的地方，更不是美国的地方、苏联的地方，台湾自古以来就是中国的地方。但不是属于中原王朝，是属于高山族的，到 1683 年以后中原王朝才管到，这样我们觉得就可以讲通了。一定要找出边疆地区同中原王朝的关系来，好像同中原王朝没有关系就不能算中国的一部分，实际上，很对不起，还是大汉族主义。这个思想一定要坚决打破。

我们自己思想中如果认为一定跟汉族王朝有关系才算中国，那就不好办了。国外有人说，中国的西界到甘肃为止，新疆从来不是中国的。这个论点大家都知道是胡说。但是，为什么是胡说呢？很多人就会这样讲了：因为新疆在汉朝就统治到了，唐朝也统治到了。汉朝设过西域都护府，唐朝设过安西都护府、北庭都护府。但是我们的历史很长，西汉对西域统治多少时间？也不过 50 年吧。东汉的统治更差。唐朝比较长一点，也不过 7 世纪到 8 世纪 100

多年吧。我们有几千年的历史,除了唐汉一二百年统治了新疆之外,其他的时代怎么样? 有些人只愿意谈汉唐,不愿意谈其他时代,因为一想到除汉朝、唐朝、清朝之外,中原王朝的确管不到新疆。那怎么办呢? 好像理亏似的,于是有的同志就去找其他的关系。说是虽然不能直接管到,但在宋朝、明朝新疆的地方政权向中原王朝进过贡。朝鲜、越南都不算中国的一部分,为什么新疆地区的政权向中原王朝进过贡,就算是中国的一部分呢? 这是讲不通的。宋朝和明朝,新疆地区政权同中原王朝的关系实在是很可怜的,西州回鹘、于田、黑汗王朝跟宋朝怎么说得上有什么臣属、隶属关系? 怎么能说是向宋朝称臣纳贡呢? 不过是来往一二次而已,不用说不在宋朝的版图内,连藩属也谈不上。到明朝更可怜了,明朝中叶以后,嘉峪关打不开了,嘉峪关之外都是一些与明朝没有什么关系的政权。所以一定要与中原王朝有关系才算中国的一部分的话,那么新疆在宋朝、明朝根本就不是中国的一部分。不能这样讲,不能说一定要与中原王朝有关系才算中国的一部分。我们一定要分清楚汉族是汉族,中国是中国,中原王朝是中原王朝,这是不同的概念。在 1840 年以前,中国版图之内的所有民族,在历史时期是中国的一部分。就是这么一条,没有其他标准。新疆在宋朝的时候,是西州回鹘、于田、黑汗等等。在明朝的时候,在察合台后王封建割据之下,分成好多政权,这是不是就不是中国了? 是中国,不过它与中原王朝分裂了。

分裂与统一,在中国历史上是经常出现的,每一次由分而合,一般说来是扩大一次。中国历史上第一次统一是在秦汉时期,秦统一时北至秦长城,西边只到黄河,根本没有挨上青藏高原。汉朝的统一,西边到了玉门关,到了青藏高原的湟水流域。比秦有所扩大。隋唐的统一又扩大一步,但是都赶不上清朝的统一。一次一次统一，一次一次的扩大，到清朝的统一，版图最大。而这个范围并不反映清朝用兵的结果，而是几千年来历史发展的结果，是几千年来中原地区与边疆地区各民族之间经济、政治各方面密切关系所自然形成的。不过，我们说，经济文化的密切关系，还需要政治统一来加以巩固的。所以讲到这点，我们不得不特别强调一下，我们中国是各族人民共同缔造的这一句话并不是泛泛而谈的，少数民族对我们的贡献确实是很大的，除了经济文化方面我们暂且不谈之外，就是我们形成这么大的一个中国，少数民族特别是蒙古族、满族对我们的贡献太大了。我们设想一下，在12世纪我们这个中国分成七八块，长江流域、珠江流域是南宋，东北和黄河流域是金，宁夏、甘肃的河西和鄂尔多斯这一带是西夏，云南是大理，新疆是西辽，西藏是吐蕃，分裂成许多部落的蒙古高原上是蒙古各部、突厥各部，整个中国分成七八块，每一块中间还不统一。由于从成吉思汗到忽必烈祖孙三代的经营，才出现了一个大统一的局面，这个大统一的局面多么珍贵啊！譬如云南，虽然汉晋时代是中原王朝统治所及，但是南朝后期就脱离了中原王朝。到了隋唐时候，是中原王朝的羁縻地区，不是直辖地区。这个羁縻局面也不能维持很久，到了8世纪中叶以后，南诏依附吐蕃反唐，根本就脱离了唐王朝。南诏之后是大理。总的来说，从6世纪脱离中原王朝，经过了差不多700年，到13世纪才由元朝征服大理，云南地区又成为中原王朝统治所及。又如新疆地区，从8世纪后期起就脱离了唐王朝，唐朝人被吐蕃又赶出来了，后来吐蕃人也站不住了，维吾尔人进入新疆建立了几个政权。总而言之，经过了400多年，才由蒙古族征服西辽使新疆地区和中原地区又同属于一个政权。元朝的统治使中国各地区之间长期分裂又合在一起。没有蒙古的话，怎么能形成这样大的统一？这样分裂局面继续下去的话，那就不可想象。同样,在明朝时候,中国又进入一个分裂时代。明朝对东北辽东边墙以外,对青藏高原的统治是很薄弱的,只是一种羁縻关系而已,真正的统治是谈不上的。我们要说老实话,现在把明朝对西藏关系来比之于元朝对西藏的关系,清朝对西藏的关系,这是不行的,是远远赶不上的。明朝对东北边墙以外女真各部的关系也不能和元朝、清朝相提并论。长城以外的鞑靼、瓦剌,长期处于敌对状态。所以明朝的时候中国又分成好几块了。没有清朝起来,这个分裂局面不知又要延续到什么时候。明朝对新疆的关系更谈不上,根本管不上,连新疆发生什么变化都不晓得。要是没有清朝从努尔哈赤、皇太极,经过顺治、康熙、雍正、乾隆这 6 代二百多年的经营,就不会出现 18 世纪的大统一局面。所以我们说中国是各民族人民共同缔造的。我们今天还能够继承下来这么大的一个中国(虽然被帝国主义宰割了一部分,侵占去了好多地方),包括这么多的少数民族在内,不能不归功于清朝。所以我们绝不能把中国看成汉族的中国,我们中国是各族人民共同的中国。很多少数民族对我们中国历史发挥了很大的作用,没有元朝,没有清朝,今天的中国是什么样子?我们怎么能把中国看成汉族一家的?王朝跟中国不能等同起来,应该分开,整个历史时期只有清朝等于全中国,清朝以外没有别的中国政权。清朝以前任何历史时期,中国都包括两个以上的政权,我们绝不能说这个政权是中国的,那个政权不是中国的,不能这样分,要分也分不清。

历史上同时存在两个以上的中国政权时,那就得承认事实上当时几个国家并峙,谁也管不到谁,不能硬说中原王朝管到了边区民族政权。有些同志要把吐蕃说成是唐朝的一部分,这是违反历史事实的。唐和吐蕃敌对战争时多,和亲通好时少。就是在和亲通好时,唐朝也完全管不了吐蕃。汉朝和匈奴、唐朝和突厥、回纥的关系，基本上也是如此。我们只能认为吐蕃、匈奴、突厥、回纥是历史上中国的一部分，但不能说它们是汉唐王朝的一部分。

历史上的中国政权有时管到了历史上中国范围以外的地方，我们也得承认这些地方虽然不在历史上的中国范围之内，但确在几个中国王朝版图之内。例如，汉晋间曾在朝鲜西北部设置过乐浪、带方等郡，汉唐间曾在越南北部设置过交趾、九真、日南等郡，这些设郡县的地方，当然是汉晋唐等王朝疆域的一部分。所以朝鲜、越南虽然不在历史上的中国范围之内，但历史上的乐浪、交趾等郡，则为汉、唐等王朝的领土，那是无可讳言的。以郭老名义出版的《中国史稿》第一版（后来的版本改动过没有，我不知道），把汉朝同交趾、九真、日南的关系说成是对外关系，我看是很难讲得通的。这三郡明明在汉王朝的统治之下、版图之内，汉朝其他地区对这三郡的关系只能说是内地或中原对边区的关系，怎么能说成是对外关系呢？这是违反历史事实的。我们对内提倡民族团结，对外提倡尊重邻国，特别是比较弱小的邻国，这是对的。但不应该，也不需要为了要尊重邻国，就抹杀或歪曲历史事实。交趾、九真、日南等郡确在汉唐王朝疆域之内，不能因为在今天是越南的国土，便硬说汉唐跟这几郡的关系是"对外"。五代以后越南脱离中国独立建国，那我们就该尊重其独立，不能因为它曾经向宋、元、明、清等朝称过臣、纳过贡，而不把它作为一个独立的邻国看待。

在我们的图上，我们没有把秦朝的象郡按我国的传统说法划在越南境内。有些同志认为我们在画秦图时是在与越南友好的时候，所以就不敢把象郡画在越南。我们是把象郡画在广西、贵州一带的。他们说，我们现在要修订这套图，应该可以把象郡画到越南去了。实际把历史上的郡县画在哪儿，这是不能以对某个邻国友好与不友好来决定的。我们当初没有把象郡画到越南去，我们是根据史料认真地作了分析,觉得还是不把象郡画到越南去更妥当一些。我们也知道把象郡放到越南去也有一定的史料根据,《汉书·地理志》、《水经注》都说秦朝的象郡在越南。但是我们没有采用这种说法而主张象郡是在广西、贵州,我们觉得这种主张的根据更坚强一些。因为《汉书·地理志》赶不上《汉书·本纪》可靠,而《汉书·本纪》的材料证明象郡应该在广西。《水经注》的材料虽然可贵,但《山海经》的材料比《水经注》更早一点。《山海经》的材料说明象郡应该在贵州。因此,我们是老老实实根据历史资料进行认真的分析、研究以后才下结论的。我们绝不能今天与这个国家友好了,就这样画,不友好了,就那样画。

有的同志说如果我们把历史边疆各少数民族所建立的政权看成是历史上的中国,那是不是就没有民族英雄,就没有汉奸、卖国贼了。是不是宋辽之间、宋金之间的战争都是内战了?这显然也是不对的。我们讲历史上的中国是应该站在今天中国的立场上的,但讲历史上中国境内国与国之间的斗争,宋朝就是宋朝,金朝就是金朝,宋金之间的斗争当然还是国与国之间的斗争,那么,当然应该有民族英雄,有卖国贼,岳飞当然是民族英雄,秦桧当然是卖国贼,这怎么推翻得了呢?任何人都应该忠于自己的祖国,怎么可以说把宋朝出卖给金朝而不是卖国贼?宋朝方面有汉族的民族英雄,金朝方面当然也会有女真族的民族英雄。我看完颜阿骨打起兵抗辽,就应该是女真族的民族英雄。所以岳飞还是应该颂扬的,秦桧还是应该谴责的。不过今天汉人与满人都已经是一家人了,写历史的时候虽然应该按历史事实写,但在今天已没有必要把这段历史大事宣扬,不需要宣扬并不等于否定,不等于否定民族英雄。我们要宣扬爱国主义的话,应该宣扬近一百几十年来在抗英、抗法、抗俄、抗日斗争中间的民族英雄,岂不是更好吗?何必过分宣扬历史上的？同样，我们肯定元朝、清朝对中国历史作出了伟大的贡献，但是不等于说要否定文天祥、陆秀夫，不承认他们是民族英雄、爱国主义者，也不等于说洪承畴、吴三桂不是卖国贼，因为历史是发展的，我们不能拿后来的关系看当时的关系。假如认为后来已成为一家，当时何必抵抗呢？那么从秦汉以后秦、楚也都是一家，在屈原的时代，岂不是他也无需站在楚国的立场上，抵抗秦朝的侵略了？假如说后来已成为一家，当时就可以不抵抗的话，那么将来世界总有一天要进入共产主义的，国家总是要消灭的，那么将来讲起历史来岂不就得认为历史时期被侵略者、反抗侵略都是无聊的？要这样讲起来，那我们的抗日战争岂不也是多余的？

所以历史发展到今天，我们全国各个民族是在一个大家庭里，我们应该团结起来，共同抗击外来的侵略，共同建设社会主义祖国，为了社会主义祖国的四个现代化而奋斗。今天我们写中国史，当然应该把各族人民的历史都当成中国历史的一部分，因为这个中国是我们各族人民共同缔造的。是五十六个民族共同的，而不是汉族一家的中国。我们今天的命运是相同的，兴旺就是大家的兴旺，衰落就是大家的衰落，我们应该团结起来共同斗争。

（原载《中国边疆史地研究》1991 年第 1 期）

中国历史上的七大首都

　　在中国几千年的历史上，曾经做过一统政权或较大的地区性政权的都城的城市很多。清初著名学者顾炎武著《历代宅京记》，其卷1卷2总序引举自伏羲至元代历代首都陪都凡46处，卷3至20列为专篇者凡关中、洛阳、成都、邺、建康、云中、晋阳、大名、开封、宋州、临安、临潢、幽州、辽阳、大定、会宁、开平十七处。这个名单一方面不限于首都，也包括了陪都；不单是信史时代，也包括了传说时代；另一方面则仅局限于三皇五帝、夏、商、周、秦、汉、三国、两晋、南北朝、隋、唐、五代、两宋、辽、金、元一系列正统王朝的都城，而于先秦列国、五胡十六国、五代时十国等中原分裂时代大小政权，自匈奴、鲜卑以来至后金、准噶尔等各边区民族政权的都城，多付阙如；所以既没有包括清以前国史上全部古都，也未能提到这些古都的等差，哪几个称得上大古都。

　　到了20世纪20年代，学术界才有些论著将西安、洛阳、北京、南京、开封并列为"五大古都"；30年代，又将杭州加入，列为"六大古都"。此后六大古都即成为普遍流行的、大多数学者认可的提法，一直沿袭到80年代，如1983年中国青年出版社还出版了《中国六大古都》一书。

　　我为什么要加上一个邺，说成七大首都呢？这是因为邺（包括商代的殷）在历史上的重要性至少不下于杭州。尤其是在公元

6 世纪以前,它的地位是可以和长安、洛阳相颉颃的。我们讲历史不能只讲 6 世纪以后,所以不能不提它。通常之所以不提邺,除了因为它作为首都距今已有 1400 年之久外,还有一个原因是因为其他六大首都至今还是著名的大城市,唯有邺早已成了一片废墟。但既然是讲历史,就不应该由于今天已经不存在这个城市,就不提它在历史上曾经几度作为统治华北广大地区的首都。所以我认为讲中国历史上的首都,不能再沿袭通常所谓六大首都的说法,应该改提七大首都。

经过近几年来的讨论,到 1988 年 8 月,终于在安阳市召开的中国古都学会年会上,通过了将半个世纪以来通行的六大古都的提法,改为七大古都。只是也像丰、镐、咸阳、汉唐长安总提为今地名西安一样,殷、邺也应改提今地名安阳。七大古都提法通过的同时,也就作出了请《中国六大古都》原主编陈桥驿教授新编一本《中国七大古都》,并由北京、陕西、河南、江苏、浙江五省电视台合作摄制一部同名电视片的决定。现在以《中国七大古都》为名的一部书和一部片子都要在这建国 40 周年的大庆日子里问世了,在此我愿意就七大古都的历史地位及其演变,作一概括的介绍。

都城是一个政权的政治中心,所以每一个古都应否列为"大古都"之一,主要得看以此城为都的政权疆域有多大,历时有多久? 以此为标准,衡量历代古都,则无疑此七大古都所统治的地域最广大,历年最悠久。这七个古都在历史上的重要性又有差别,西安、北京、洛阳曾经连续几个王朝长期作为统一政权的首都,应列第一等。南京、开封作为统一政权首都的时间较短,属于第二等。安阳、杭州则仅作过较大的地区性政权的首都,属于第三等。当然前面两类城市也都或长或短作过大小地区政权的首都。

西安　西周的丰、镐,秦的咸阳,自西汉至北朝的长安和隋唐的长安,四者城址虽然不同(丰、镐又是两个相去20里的城址),以现今行政区划而言,分属于陕西户县、长安县、西安市、咸阳市四个市县;但彼此相去远不过三五十里,在建都史上应视为一个城址稍有移动的古都,可总名为西安。

西安分四期:

(1)丰镐期　公元前11世纪,周文王灭崇后自岐迁丰,故址在今陕西户县秦渡镇北沣水西岸。武王灭商后在距丰京约20里的沣河东岸建了镐京,故址在今长安县斗门镇附近。自公元前1127年武王伐纣灭商至前771年犬戎破镐京杀幽王,历时凡257年,丰、镐是当时天下诸侯共主周天子的首都,也是全国性的政治、文化中心。

(2)咸阳期　公元前350年,秦孝公自栎阳迁都咸阳。咸阳故址在今咸阳市东二十余里,南去丰、镐故址不过五十里。历130年而秦尽灭六国,秦王政称始皇帝。随着秦国的日益强大和最终统一全国,咸阳也逐步扩展。秦始皇在渭水南岸修建了阿房等宫室以后,咸阳就成为一个横跨渭水南北的大城市。从公元前221年至前206年凡15年,咸阳是中国第一个一统帝国的首都。前206年秦亡,咸阳宫殿被项羽焚毁,咸阳城从此埋废。

(3)汉、晋、北朝长安期　公元前202年,汉高祖决定建都关中,因咸阳已毁,暂居秦旧都栎阳,开始在渭河南岸营建长乐、未央两座宫殿。同年长乐宫建成,随即迁都于此,以当地乡村名长安作为这个新城市的名称。前198年,未央宫建成。其时只有宫城,还没有都城。作为都城的长安城是前194年至190年惠帝时代才建成的。汉长安城的遗址在今西安市西北十余里,周围约二十六公里,北去秦咸阳城十余里,西南去丰、镐30余里。公元9年,王莽

夺取汉政权,定国号为"新",改长安为常安,仍作首都。公元23
年,王莽覆灭,接着更始帝刘玄、赤眉帝刘盆子又相继在此建都,直
到25年东汉光武帝定都雒阳。自汉高祖刘邦定都长安至此,历时
225年,才中断了它的首都地位。

在两汉之交的战乱中,长安受到很大的破坏,但在东汉时还有
些宫殿存在,而且作过几次修缮。190年,董卓挟汉献帝自洛阳迁
都长安。二年后董卓被王允所杀,部下又攻陷长安杀王允。未几,
董卓部将又展开混战,长安沦为战场。195年献帝出长安东走,长
安城已被破坏殆尽。196年献帝至洛阳,旋被曹操劫持,迁都
于许。

西晋末年,首都洛阳被十六国之一汉刘聪部将刘曜攻占。313
年,愍帝在长安即位,至313年刘曜又攻圈长安,愍帝出降,西晋
亡。此后十六国中的前赵自319—329年,前秦自351—385年,后
秦自386—417年,北朝的西魏自534—557年,北周自557—587
年以及隋文帝的最初二年,先后以长安为首都的共有一百二十七
年。但这些政权有的存在时间很短促,如前赵仅十二年;有的仅占
据关中部分地区,如前赵、后秦;加以战乱不息,长安城始终未能恢
复昔日的繁盛。

(4)隋唐长安期　582年,隋文帝在汉长安城东南龙首原南侧
修建新城,583年迁都新城,称为大兴城,但习惯上仍称这个新都
为长安。605年隋炀帝建洛阳为东京,此后长安与洛阳两都并建,
而以居洛阳为常。618年唐高祖代隋,仍以长安为首都。此后唐
朝曾在隋大兴城的基础上进行了多次整修。据实测,唐长安城周
长约35公里,面积约为今西安旧城区的七倍;故址基本即在今西
安市区。657年,唐高宗移居洛阳,称为东都,恢复了隋炀帝时代
的东西两都并建制,皇帝和百官经常往返于二京间。684年,武则

天定都洛阳,长安成了陪都。706 年,中宗返都长安。玄宗前期曾五次移居洛阳,738 年以后才定居长安。长安作为繁荣强盛的隋唐大帝国的首都长达 280 年之久。直到 904 年,朱温逼迫昭宗迁都洛阳,拆毁长安宫室百司和居民房屋,驱使居民东迁,从此长安便再也没有恢复首都的地位了。仅五代时后唐曾以长安为陪都西京。

四个时期合计共十三朝(新莽作一朝,更始、赤眉不计)九百多年,其中西周、秦、西汉、隋、唐都是一统王朝,长达 700 有余年。

北京 北京在西周、春秋、战国时地名蓟,是燕国的都城。自秦汉至隋唐,一直是广阳、燕,涿、范阳等郡国和幽州的治所,故址在今北京市广安门附近。但由于地处中原王朝的边境,所以不可能成为大政权的首都,仅十六国时前燕曾都于此 8 年,唐安史之乱时史思明在此称大燕皇帝,以蓟城为燕京。燕京之名始此。

10 世纪初,东北的契丹人建立了辽政权。936 年,后晋的石敬瑭将幽云十六州割让给辽。938 年,辽改幽州为南京幽都(后改析津)府,建为陪都,又称燕京。金初亦称燕京,至海陵王时为了加强对中原的统治,于 1153 年把首都从女真族的根据地上京会宁府(今黑龙江阿城)迁至燕京,改称中都大兴府。这个中都城是在唐幽州、辽南京城的基础上扩建而成的,城周三十七里有余,一部分在今北京外城西部,一部分在城外。海陵王又在中都城外加筑了一个外城,周七十五里。中都城做了北半个中国的首都凡 61 年,1214 年,为了躲避蒙古兵的威胁,金宣宗迁都开封。次年蒙古兵攻入中都,宫殿焚毁,城市残破。

金元之际仍称燕京。1260 年忽必烈称大汗于开平府(今内蒙古正蓝旗东),旋即分立政府机构于此。1264 年复号中都。1267

年始于中都旧城东北另建新城，自开平迁都于此。1272 年改号大都。新城于 1283 年建成，城周五十七里余，南墙在今北京东西长安街南侧，北墙在今北京城北五里，东西墙同今城。1276 年元灭南宋，大都从此成为全国的首都，历时 92 年。

1368 年，明军攻占大都，改为北平府。明初洪武、建文年间定都应天府（今南京），等到 1402 年朱棣以燕王夺得帝位，次年改北平府为顺天府，建为北京，北京之名始此。但首都仍在京师应天府，北京是陪都，皇帝驻跸时只称行在。1421 年才改京师为南京，降为陪都；北京为京师，正式成为首都。1644 年以后的清朝也以此为首都，正式名称仍然是京师顺天府。但明清两代民间习惯上都不称京师，一直沿袭 1421 年以前的旧称，称为北京。1912 年以后的民国北洋军阀政府也建都于此，北京成为正式名称，直到 1928 年北洋政府垮台，才结束了它作为旧中国首都的历史，又改称北平。

北京历代城址也稍有移动，都在今北京市市区内。明、清、民国的北京城有内外二城，1376 年将元大都城北墙移南五里，1419 年又将南墙移南二里，这就是外城；1553 年至 1564 年又在南三门外加筑了外城。这就是直到解放后前几年才拆除的北京城墙。

从金朝开始，历元、明、清至民国皆建都于此，长达 660 年，其中元以后 600 年都是统一王朝的首都，再加上新中国成立以来 40 年也定都于此，总计建都史已达 700 年，作为首都已达 640 年。所以中国史上最重要的首都，前期是长安，后期是北京，二者应并列为两个最大的古都。

洛阳　西周的雒邑、东周的成周和汉魏的洛阳、隋唐洛阳，城址也稍有移动，相去不过 20 里，可总称为洛阳古都。

西周成王时,周公始建雒邑。共有二城,西面一个在今洛阳市王城公园一带,称为王城;东面一个在今洛阳市东郊白马寺东,称为成周,是西周资以镇抚东土的陪都。公元前770年,平王避犬戎之患东迁,定都于王城,前516年敬王迁于成周,其后赧王又还都王城,直到前256年秦灭周。战国时,成周改称雒阳,因其在雒水之阳。不过东周五百余年的周王,已是有名无实的天子。雒邑在政治上的作用远不如那些大国的国都,可是由于地位适中,交通便利,战国时的雒阳是一个商业很发达的重要城市。

汉高祖初即帝位时,曾定都于雒阳三四个月。王莽曾以长安为西都,雒阳为东都,并准备迁都雒阳,但未及实行。更始帝刘玄也曾建都于此。

公元25年,东汉光武帝定都雒阳,此后165年,雒阳都是全国首都。190年,董卓逼献帝迁都长安,对雒阳进行了毁灭性的破坏,并强行迁走了周围二百里内的居民。雒阳荒废了30年,至221年魏文帝曹丕才重新建都于此,并改雒为洛。265年,晋武帝代魏,都洛不改。311年,刘曜攻占洛阳,晋怀帝被俘,洛阳作为首都的历史再次中断。魏晋两代都洛阳共90年。

493年,北魏孝文帝从平城迁都洛阳,洛阳再次成为北朝全盛时期的首都,历时41年,至534年北魏分裂为东、西魏为止。

605年至606年,隋炀帝在汉洛阳城西十八里营建了新的洛阳城。此后东都洛阳和西京长安二都并建,洛阳是实际上的首都。唐初罢东都,高宗复建。高宗、玄宗经常移跸东都共有二十余年。武则天在位21年,又正式以洛阳为首都,号神都。洛阳城周约七十里,跨洛水南北、瀍水东西,比长安城还要大一些。至8世纪中叶安史之乱,唐用回纥兵两次收复洛阳,破坏得很剧烈,885年又遭受秦宗权部的大烧大掠,竟至城中"寂无鸡犬"。904年朱温(全忠)逼昭宗迁洛阳,但那时的实际政治中心已在朱温驻所汴州(今开封),洛阳只做了三年名义上的首都,唐朝便为朱梁所代。

五代前期,洛阳又曾做过后梁、后唐、后晋三朝的首都共计19年。938年后晋定都开封,从此洛阳便结束了它作为首都的地位。但它的陪都地位仍一直保持到北宋末年。金末迁都开封后,又曾以洛阳为陪都。

总计自东周至五代,定都洛阳的共有周、汉、魏、晋、北魏、隋、唐、武周、后梁、后唐、后晋十一朝,长达880多年。但东周、曹魏、北魏、五代都不是一统政权,作为一统政权的汉、晋、隋、唐的首都约二百五十多年。

洛阳这个古都在历史上的地位虽不及西安、北京,但自西周至隋唐,长安洛阳往往二都并建,同时作为帝王的东西二宅,故有时虽非首都,实际重要性却不下于首都。因此,将它与西安、北京并列为第一等古都,较之将它厕于南京、开封之列更为合理。

南京 南京就是六朝时的建业、建康。东汉末割据江东的孙权于211年自京口(今镇江)徙治秣陵县,次年改名建业,从此除221年至229年、265年至267年两次徙都武昌(今湖北鄂城),建业都是孙吴政权的都城,直到280年为西晋所灭。西晋避愍帝司马邺讳,改名建康。

316年西晋覆灭,317年,镇守建康的琅邪王司马睿称晋王,明年称帝,史称东晋,建康成为东晋的首都。东晋后南朝的宋、齐、梁、陈四代,除梁元帝时都江陵二年外,也都在建康建都。计自孙权起至589年隋灭陈,建业、建康成为长江、珠江流域的首都共330年。

建业、建康是由好几个城组成的,除宫省所在的台城外,又有都城、石头城、东府城、西州城等,故址基本都在今南京市范围内。

隋灭陈,将建康宫室城池彻底平毁。此后三个半世纪,长江下游的政治中心遂东移扬州、润州(今镇江),建康旧址有时是一个不重要的州治,有时甚至只是一个县治。直到五代杨吴政权时,才在这里建金陵府。杨吴政权的都城在江都府(扬州),926年又以金陵府为西都。次年,改金陵府为江宁府,镇守在此的徐温篡夺了杨吴政权,是为南唐,这里才再次成为长江下游的统治中心,直到975年宋灭南唐(中间曾迁都南昌几个月)。南唐的江宁城西墙、南墙即今南京城,东至今大中桥,北至今北门桥。

此后又历三个多世纪,元末朱元璋于1356年攻克集庆路,改为应天府,成为他所建吴国的首府。此后朱元璋即以此为根据地,经略四方,1368年称帝,建立明朝,攻克元大都,应天府成为全国的首都。起初朱元璋欲定都开封,故称应天为南京,开封为北京。1378年,开封罢称北京,南京遂改称京师,正式定为首都。1421年永乐帝朱棣迁都北京,改北京为京师,京师为南京。此后终明一代都以南京为陪都,设有六部、九卿、都察院、六科给事中等一套中央官。1644年北京陷落后,福王即位于南京,这是第一个南明政权,一年后即被清兵攻破。清改应天府为江宁府,废除南京称号,但民间仍沿称南京不改。

明代的南京城始建于1366年,建成于1386年,历时21年之久。城周号称96里,实测为67.3里。1390年又下令建造外郭城,周长号称180里,实际为120里,大部都是利用天然土坡筑成,用砖筑部分约40里。外城已于早年被毁,都城则一直保留到现在。

1853年,太平天国攻占江宁府,旋改称天京,定为首都,1864年被清军攻陷,持续了12年。1912年初中华民国临时政府在此建都,三个月后迁都北京。1927 年至 1949 年国民党政府定都于此,中间曾迁避日本侵略军西移武汉、重庆 8 年。

南京建都的历史共 440 多年,但作为全国性政权首都的时间只有明初 53 年和民国的十多年。

开封 公元前 364 年魏惠王自安邑迁都大梁,公元前 225 年秦攻魏,决黄河灌大梁,城坏,魏降。大梁故址在今河南开封西北。秦汉置浚仪县,北朝置梁州,旋改汴州。唐安史乱后,汴州为宣武军节度使治所。唐末朱温以宣武节度使起家兼并两河关中诸镇,907 年篡唐称帝,是为五代的第一朝代后梁。同年改汴州为东都开封府,定为首都。909 年迁都洛阳,913 年迁还开封。后唐以 923 年灭梁,旋即迁洛。后晋以 936 年灭唐,次年移驻汴州,938 年后以汴州为东京开封府,定为首都。从此历后晋、后汉、后周至北宋不改。五代、北宋作为首都的开封因原为汴州,故或称汴京;又因古为大梁,故又称汴梁。但正式名称始终是东京开封府,前几年有一种流传很广的历史年表把汴梁当作那时的正式名称,那是错的。

宋开封府有二城,里城即唐汴州城,周二十里有余;外城为周世宗所筑,宋代屡有增展,周四十八里有余。1126 年金兵破开封,北宋覆灭。金初以开封为陪都之一,称汴京,1153 年改称南京。1214 年为了躲避蒙古军的压力,从中都(今北京)迁都南京。1233 年金帝出走,南京陷落,次年金亡,开封作为首都的历史从此结束。

1368 年明太祖既定中原,诏以开封为北京,有意把首都迁到这里,后以漕运不通,打消了此意,1378 年取消北京称号。宋、金开封城在元初被拆毁,明初重筑,在宋、金里城旧址上向西移动了里许,即今开封市旧城。

开封建都时间共有二百二十一年（不计战国魏），其中作为一统王朝北宋的首都有 167 年。不过北宋时北有辽，西有夏，西南有大理，各占有一部分汉唐旧地，这个王朝的首都的地位当然远不及汉唐首都长安、洛阳以及元、明、清首都北京那么重要。开封建都的历史短于南京，作为一统王朝首都的历史又长于南京，二者在历代建都史上的地位可列为第二等。

安阳　夏代和商人盘庚以前，都城经常迁移。文献记载中禹初都安邑（山西夏县），终夏一代曾迁都阳城（河南登封）、阳翟（河南禹县）、斟鄩（河南巩县）等八次。考古发现的河南登封王城岗、偃师二里头遗址，都有是夏都的可能。商族自契至汤八易其居，自成汤灭夏至盘庚，迁都五次。可见其时还没有一个长期稳定的都城。自盘庚迁殷以后至周武王伐纣灭商，殷作为商都凡二百七十三年（后期约五十年帝乙、帝辛常居离宫朝歌，今河南淇县），故周人称商为殷，这是中国历史上最早一个长期稳定的都城。商亡而殷夷为墟，后也称其遗址为殷墟，在今河南安阳市西北小屯村及其周围。

殷墟东北四十里有六朝时的邺都遗址，今属河北临漳县界。邺城相传建于公元前 7 世纪春秋齐桓公时，前 5 世纪战国初魏文侯曾在此建都。两汉时为魏郡治，东汉末移冀州来治。190 年袁绍领冀州牧，不久又兼并了并、青、幽三州，邺城遂成为黄河流域大部分地区的统治中心。204 年曹操破袁氏，继承了袁绍的旧业而进一步统一了黄河流域。曹操自领冀州牧，继而自署为丞相，封魏公，晋魏王。此后黄河流域名义上虽然还是汉朝，都城在许（河南许昌），实际上的政治中心则在丞相府、魏都所在的邺。"洛阳纸贵"的左思《三都赋》，即指蜀都成都、吴都建业和魏都邺。220 年曹丕篡汉，次年都洛阳，邺才降为陪都之一。

十六国时从 335 年起至 370 年，北朝从 534 年起至 577 年，后赵、冉闵、前燕及东魏、北齐相继都邺，合计共七十八年。北周灭北齐，以邺为相州、魏郡治所。580 年，相州总管尉迟迥起兵讨杨坚失败，坚焚毁邺城，徙其民人及相州、魏郡、邺县于南四十五里的安阳城，改置芝灵县于故址。590 年复名邺县，至北宋时省入临漳。这个千年名都，为杨坚所毁，至此竟然连作为一个县治的地位也维持不住了。邺的故址今已成为一片废墟，而城垣遗迹犹可辨认。有南北相连二城：北城曹操因旧城增筑，东西七里，南北五里，北临漳水。后世漳水南移，故址遂隔在北岸。南城筑于东魏初年，东西六里，南北八里余，在今漳河南岸。

邺都被毁后三百四十余年，五代的唐、晋、汉三代又有所谓邺都，是当时的陪都之一。这个邺都已不是魏晋南北朝的旧邺都，而是在今大名县东的唐魏州、宋大名府城。大名虽在古代邺城之东约百五十里，其所以被称为邺都，当是由于它实际上是代替了邺城成为河北平原南部的政治经济中心。

殷和邺都是安阳的前身，安阳继承殷和邺成为河北平原南部太行山东麓的都邑。所以追溯安阳的历史，应该肯定它是公元前 14 世纪至前 6 世纪中国史前期重要古都所在地之一。但殷都时的商朝、邺都时的曹魏、后赵、前燕、东魏、北齐的疆域都只局限于中原，所以安阳在七大古都中的地位应列在西安、北京、洛阳、南京、开封之后，居第六，列第三等。

杭州 从五代到宋初（907 年至 978 年），杭州是割据今浙江、上海和江苏苏州地区的吴越国的首府，称西府。吴越政权地域虽然狭小，但由于境内长期不遭兵祸，农业经济发展，使杭州的繁荣超过了苏、扬等州，在北宋时已被称为东南第一都会。北宋覆灭后的 1129 年，宋高宗逃到杭州，便立意在此久居，当即升杭州为临安府，定为行在所。其时因金兵进逼，不能安居，又在江南浙东各处逃避了多年，至 1138 年回到临安，宋金和议成，才安定下来。此后一百三十八年，直到 1278 年元兵攻陷临安，都是南宋事实上的首都，但当时的正式文件始终称为行在，表示不忘恢复，这是很可笑的。

南宋的临安城，经元末张士诚的改筑，南墙缩进二里，东墙拓展三里，就成为明清以来的杭州城。但南宋时临安城外有很大的市，西湖都包括在内，人烟稠密，工商繁盛，所以马可波罗在宋亡之后二十五年来到杭州，还认为它是世界上最富丽繁盛的城市。

杭州只做过一个割据东南 13 州的吴越国的首府，一个偷安半壁江山的南宋的"行在所"，所以尽管城市很繁荣，就作为政治中心的古都而言，应与安阳并列于第三等而次于安阳。

总述上述七大首都的兴替过程，可以看到，中国的建都史大致可分为前后两期。从殷周直到北宋这二千四百年是为前期，其时一统政权和统治北半个中国的大地区性政权的首都殷（邺）、长安、洛阳、开封，都在中原地区（北纬 35°左右 1 度许，东经 108° + 114°）；江南的南京只做过统治南半个中国的地区性政权的都城，而位于华北平原北端的北京，则根本还够不上做较大政权的都城。所以这前期又可以叫做中原期。自 12 世纪初叶赵宋南渡以后至今八百多年是为后期，一统政权和大地区性政权的首都都离开了中原，或向南移到了江南，杭州做了一百五十年的南宋都城，南京做了五十年的明朝初期首都，又做了此后二百二十年的陪都，直到近代还做过太平天国和民国的首都；或向北移到了北京，先还只是北半个中国金朝的首都,随后又发展成为元、明、清三代的大一统王朝的首都,直到近代还做过民国的首都,今天仍然是我们中华人民共和国的首都。杭州、南京、北京都在前期四大首都之东,距海不远,所以这后期又可以叫做东移近海期。

为什么前期的大政权要选择中原内地的长安、洛阳、邺、开封为首都,后期的大政权要选择东部近海的杭州、南京、北京为首都?又为什么前期和后期在各个时代要选择不同的城市为首都? 这需要我们对历史上择都的条件和首都在历史上所发生的作用作一番分析。

历代统治者主要是根据经济、军事、地理位置这三方面的条件来考虑,决定建立他们的统治中心——首都的。经济条件要求都城附近是一片富饶的地区,足以在较大程度上解决统治集团的物质需要,无需或只需少量仰给于远处。军事条件要求都城所在地区既便于制内,即镇压国境以内的叛乱;又利于御外,即抗拒境外敌人的入侵。地理位置要求都城大致位于王朝全境的中心地区,距离全国各地都不太远,道里略均,便于都城与各地区之间的联系,包括政令的传达、物资的运输和人员的来往。设若地理位置并不居中,但具有便利而通畅的交通路线通向四方,特别是重要的经济中心和军事要地,则不居中也就等于居中。所以地理位置这个条件也可以说成是交通运输条件。

当然历史上任何时候都并不存在完全符合理想,三方面条件都十分优越的首都,所以每一个的王朝的宅都,只能是根据当时的主要矛盾,选择比较最有利的地点。首都的选定一般都反映了该时期总的形势,反过来,首都的位置也对此后历史的发展产生一定的影响。

明白了这个道理,那就不难理解历代首都的迁移,是历史发展的必然结果。

先谈一谈从中原内地移向东部近海这个历史上前后期的大变动问题。这很简单。自殷周至隋唐,黄河中下游两岸是全国经济最发达的地区,又接近于王朝版图的地理中心,一个政权若能牢固掌握这一片地区,就尤足以控制全国,这就是这一段长达2400年之久的时期的首都离不开中原地区的原因。由于首都在中原,所以当时开凿的运河也都指向中原。五代北宋200年间,经济重心虽已南移江淮,但中原还是可以通过水运通向四方,所以首都仍然能够留在这个水运系统的枢纽地——开封。北宋覆亡以后,出现了南北分裂的局面,于是中原水运又因停止使用而归于淤废,从此以后,无论从经济、军事、交通哪一方面说,中原都处于不利的地位,这就是800年来首都再也不可能迁回到中原之故。

再让我们逐一阐述一下七大首都何以先后被选为首都。

中原四大首都中长安的条件最优,所以它作为首都的时间最长,以此为首都的周、秦、西汉、隋、唐也是历史上最兴旺的王朝。长安的条件优在哪里呢?汉高祖即位时都雒阳,听了娄敬、张良的话才西都关中,这两人的话很说明问题。

娄敬说:"秦地被山带河,四塞以为固,卒然有急,百万之众可具也。因秦之故,资甚美膏腴之地,此所谓天府者也。陛下入关而都之,山东虽乱,秦之故地可全面有也。夫与人斗,不搤其亢,拊其背,未能全其胜也。今陛下案秦之故地,此亦搤天下之亢而拊其背也。"

张良说:"关中左崤函,右陇蜀,沃野千里,南有巴蜀之饶,北有胡苑之利,阻三面而守,独以一面东制诸侯。诸侯安定,河渭漕挽天下,西给京师;诸侯有变,顺流而下,足以委输,此所谓金城千里,天府之国也。"

秦地,指崤山、函谷关以西战国秦国故地。关中,有广狭二义,广义等于秦地,狭义专指关中盆地,即八百里秦川。秦地对山东六国故地而言地居上游;关中盆地四面有山河(东崤、函、黄河,西陇山,南秦岭,北渭北山地)之固;所以建都关中,凭山河之固则退可以守,据上游之胜则进可以攻,对叛乱势力能"搤其亢而拊其背",在军事上地位十分优越,是之谓"金城"。关中盆地"沃野千里",是一片"甚美膏腴之地",又可以取给于南方的巴蜀和北方的胡苑(胡人的牧区)以补不足。若山东诸侯有变,关中的物资足以供应顺流而下的王师,在经济上也有所恃而无恐,是之谓"天府"。关中在当时是这样一个金城天府之国,所以汉高祖便作出了在它的中心地带丰镐、秦咸阳的附近建立作为王朝首都的长安城的决定。历史证明这一决定是完全正确的。娄敬、张良根据当时初建的汉王朝内部最突出的问题,即中央与山东诸侯之间、统一与分裂势力之间的矛盾问题,他们之所以主张建都关中,主要着眼于都关中足以东制诸侯。此后自高祖至文、景,果然先后顺利地镇压住了多次异姓、同姓诸侯的叛乱,巩固了统一。他们还没有能够预计到日后形势的发展。武帝以后,汉与匈奴之间的矛盾代替了王朝中央与诸侯之间的矛盾,成为当时的主要矛盾,汉朝经过武、昭、宣三代的经营,终于取得了匈奴降服,置西域数十国于都护统辖之下的伟大胜利,这和建都长安便于经营西北这一因素也是分不开的。所以建都长安,确是既有利于制内,又有利于御外。

隋唐时形势略与西汉相似,关中仍然以沃野著称,对内需要能制服山东和东南潜在的割据势力,对外需要能抵御西北方的强大边疆民族政权突厥与吐蕃的入侵,因而也和西汉一样定都于长安。

但是,长安作为首都也有不利的一面。它的地理位置比较偏西,距离当时人口最稠密、经济最发达的黄河下游两岸远了一些,距离中唐以后财赋所出的江淮地区那就更远。关中尽管富饶，毕竟"土地狭"，不足以满足京师和西北边防所需大量饷给。西汉时问题虽已很显著，还不很严重，因为关中的不足主要仰给于山东，山东距关中还不算太远。到了隋唐，特别是中唐以后，两河藩镇割据，京师所需百物绝大部分都取之于数千里外的江淮地区，节级转运，劳费惊人，民间至传言"斗钱运斗米"，这一矛盾就越来越尖锐。勉强维持到唐末，终于通过朱全忠强迫昭宗迁都，结束了长安作为首都的历史。五代以后，黄河流域益形衰落，江南的经济地位和河朔的军事地位逐步上升，中原王朝内部便不再是东西对峙的问题，变成了南北争胜之局；主要的外患也不再来自西北，改为来自东北的契丹、女真和蒙古，从而长安又丧失了它在军事上的制内御外作用，所以首都一经撤离，就再也不可能搬回来了。

洛阳在军事、经济两方面条件都比长安差。伊洛之间虽然也有一片平原，可是远不及关中平原的肥沃广袤；四周也有关河之固——东据成皋，西阻崤、渑，背倚大河，面向伊、洛，但诚如张良所说："虽有此固，其中小，不过数百里，田地薄，四面受敌，此非用武之国也。"东汉都雒阳，所幸光武完成统一后王朝内部并不存在割据势力，故都洛百数十年得平安无事。但至末年董卓擅行废立，关东州郡起兵讨卓，以当时董卓之强，也就不得不离开这个"四面受敌"之地，西迁长安。

东汉一代无论对内对外，武功都远不及西汉。特别是对西北边境，大有鞭长莫及之势。西域三绝三通，合计设有都护、长史的时间不过二十余年。安帝后历次羌乱，兵连师老，费用至数百亿，并、凉为之虚耗，三辅亦遭残破。当然，东汉国力之不竞是由多种原因造成的，但首都建在远离边境的雒阳，以致对经营边境有所忽略，不能不是原因之一。

洛阳的优点主要在于它位居古代的"天下之中"。远在西周初年,周公所以要在这里营建成周洛邑,作为镇抚"东土"的大本营,就是因为它"在于土中"。"诸侯四方纳贡职,道里均矣"。西周为犬戎所破,平王东迁,即于此宅都。后来项羽烧了咸阳,汉高祖初即帝位时也曾都此数月,等到赤眉烧了长安,光武即定都于此。洛阳虽然比不上长安那样是"金城天府之国"中的首都,但它有了这一条为长安所不及,它的不大的四塞之固又为邺与开封所无,所以它在前期中原四大首都中的地位仅次于长安。曹丕舍弃了乃父曹操经营了十多年的邺都而迁都董卓劫迁献帝以来荒芜了30年的洛阳,北魏孝文帝自平城南迁,一度想都邺,而终于定都永嘉乱后荒废达180年之久的洛阳,足见曹丕和拓跋宏都认为都洛胜于都邺,他们考虑问题的着眼点显然是地理位置。邺地处河北,在中原范围内稍东稍北,曹魏为了对付西南的蜀汉和东南的孙吴,拓跋魏企图并吞南朝,混一诸夏,都洛当然比都邺合适。

隋唐建都长安,隋炀帝、唐高宗都要另建洛阳为东都,经常来往于两都间。炀帝以居洛为常,洛阳是实际上的首都。高宗晚年亦多居洛,其后武周代唐,改东都为神都,正式定为首都。可见隋唐时代洛阳还有比长安更优越的一面,否则杨广、李治、武曌不会作出那样的决定。这不仅是因为它的地理位置在全国范围内比长安来得适中,更重要的是由于它是当时的水运枢纽,东南取道通济渠、邗沟、江南运河可通向富饶的江淮地区,东北取道永济渠可通向河北大平原直抵王朝东北部的军事重镇涿郡即幽州(今北京),特别是江淮漕运自通济渠东来可以迳抵洛阳城中输入含嘉仓,比之于都长安时需从洛阳或洛口再或水或陆,多走上千里路程才能到达目的地,省事省费,更属不可胜计。隋唐时代皇帝之所以屡次要东幸或移都洛阳,实际就是为了要解决皇室、百官和卫士等的给养问题。武则天死后中宗虽西还长安，不久玄宗开元初年起又屡次因关中岁歉而东幸洛阳。玄宗是颇厌惮往来的劳累的，但又不得不如此。直到开元二十二年裴耀卿改进了漕运办法，每岁可运二百数十万石至长安；二十五年牛仙客献计在关中用岁稔增价和籴之法，史称"自是关中蓄积羡溢，车驾不复幸东都矣"。长安的首都地位才得稳定下来，不至于为洛阳所夺。

　　邺处于古代"山东"（一般指黄河流域东部大河南北、太行山东西）地区的中心，背靠山西高原，东南北三面是古代经济最发达的黄淮海大平原，所以它在军事上是无险可守的（曹操在邺城西北隅因城为基，筑铜雀等三台，这是人造的防御工事，当然比不上天然的山河之固），不及长安，也不及洛阳；在地理位置上不如洛阳那么适中；但以经济条件而言，则在长安、洛阳之上，凡是控制山东地区而不能奄有整个黄河流域的政权，一般都要宅都于此。商人七次迁都，自都殷（邺的前身）后凡273年竟不复迁。曹操情愿离开他经营多年的兖州和许定都于邺；后来虽然统一了黄河流域，仍都此不迁，直到儿子曹丕手里才迁都洛阳。十六国时后赵、前燕、北魏分裂后的东魏、北齐都据有山东之地，也都定都于此。北魏明元帝神瑞二年因比岁霜旱，平城附近民多饥死，朝议欲迁都邺，以崔浩谏不宜动摇根本，乃简饥户使就食山东而罢迁都之议。其后孝文帝南迁经邺，崔光请即定都于此，理由是："邺城平原千里，漕运四通，有西门、史起旧迹，可以富饶"。孝文则认为"石虎倾于前，慕容灭于后，国富主奢，暴成速败"。不从。其实孝文这几句道貌岸然的话未必是他的真意，他之所以执意要都洛而不都邺，目的端在都洛便于南伐。但这几句话却充分反映了那个时期邺都经济条件的优越。

　　自中唐以后国家财赋愈益依赖江淮漕运，所以五代北宋对居水运枢纽的开封,遂代替安阳(邺)、长安、洛阳成为择都的首选。

后期金、元、明、清之所以要选中北京定都,那是由于这几个政权都需要兼顾塞外与中原,而大运河漕运又足以解决都燕的供给之故。明初之所以都南京,那是由于元末明太祖以此为根据地经营四方完成一统的已成之势,并且正好就近控制东南财赋之地之故。至于南宋有半壁江山,不都南京而都杭州,上文已提到,除了由于自五代以来杭州在东南城市中最为繁盛这一因素外,主要是宋高宗绝意恢复中原的心理在起作用。

七大古都的历史地位略如上述。接着便需要讨论两个问题:其一,为什么最早只提五大古都,随后改提六大古都,现在我们又要提七大古都? 其二,七大古都与其他古都大不大的区别何在?试为解答如下。

(一)20 年代之所以只提"五大古都",是因为西安、洛阳、北京、南京、开封都曾经做过全国性的首都,而其他古都没有。30 年代之所以要加上一个杭州成为"六大古都",是因为注意了杭州尽管只做过半个中国的都城,其城市的繁雄昌盛程度,却不亚于甚或有过于全国性的五大古都,并且和五大古都一样,到今天还是一个大城市。但既然提了杭州作为大古都之一,那就不该不提安阳。安阳之所以 30 年代以来长期没人提起,一则当由于偶然的疏忽,再者则由于殷邺久已为废墟,近今的安阳又不是一个著名的大城市,一般人往往着眼于今天的大城市谈古都,就难怪数不上安阳了。而我们现在之要改提包括安阳在内的"七大古都",这是因为谈古都首先应着重历史上的实际情况。不应以古都的后身今天的城市的大小为取舍的标准。在 6 世纪以前的二千年中,殷邺应该属于第一等古都。由于近一千四百年来没有再成为都城,所以在整个中国史里便只能列为第三等古都了。但它的重要性应仅次于五大古都,比只作为南宋偏安江淮以南政权的都城杭州应略高一等。

(二)尽管七大古都还可以分为三等,却有一个突出于其他古都的共同特点,那就是,它们都是经过选择才确定下来的统治边塞之内广大地域的都城。具体情况已见前述。

七大古都之外,在顾炎武《历代宅京记》中列有专篇的晋阳(今山西太原)、大名、宋州(今河南商丘)、辽阳,都只做过陪都。成都只是几个割据巴蜀政权的都城。辽初都上京临潢府(今内蒙古巴林左旗波罗城),继迁中京大定府(今内蒙古宁城大明城),所统境域大部分皆在塞外,内地仅"燕云十六州"。元世祖建都开平府仅自 1260 年至 1267 年的八年。这些古都的重要性比之七大古都当然要差上一大截。唯有平城做了北魏前期都城自 398 年至 493 年达九十六年,上京会宁府做了金朝前期都城自 1115 年至 1153 年有三十八年,都统治过北半个中国数十年(平城自 439 年统一北方算起有五十五年,会宁自 1126 年灭北宋算起有二十七年),在建都史上地位应仅次于七大古都。但由于平城原是建立北魏的鲜卑拓跋部的根据地,会宁府原是建立金朝的女真完颜部的根据地,这两处成为半个中国的首府,乃是边区民族政权向中原扩张的结果,不是经过选择决定的,终究是一种暂局,后来为了加强对中原的统治,北魏首都还是迁到了洛阳,金朝首都还是迁到了中都。所以这两处也不能与七大古都相提并论。

边区民族政权都城为《历代宅京记》所不及,其中蒙古的和林(今蒙古国鄂尔浑河上游东岸哈尔和林)、渤海的上京龙泉府(今黑龙江宁安西南东京城)、后金的盛京(今辽宁沈阳)、西夏的兴庆府(今宁夏银川)、回鹘的高昌(今新疆吐鲁番东高昌故城)、黑汗王朝(喀拉汗王国)的八喇沙衮(今吉尔吉斯托克马克东)、西辽的虎思斡耳朵（即八喇沙衮）、察合汗国的阿里麻里（今新疆霍城水定镇西北）、亦里把里汗国的亦里把里（今新疆伊宁市）、叶尔羌汗国的叶尔羌（今新疆叶城）、吐蕃的匹播城（今西藏琼结）、逻些城（今拉萨）、南诏的阳苴咩城和大理的大理城（今云南大理）等，都辖有较大或很大面积的领土；因为它们毕竟没有成为中国的主体民族内地广大汉族人民的政治经济文化中心，故亦不适宜与七大古都相提并论。

《历代宅京记》基本上只是搜集了关于历代宅京的史料，我在这里企图对历代宅京七大古都的经过及其原因作一概括的阐释。但不知说得是否正确，有待读者明教。

编者按：此文据《中国历史上的七大古都》（原载《历史教育问题》1982 年第 1、3 期）和《〈中国七大古都〉序》（原载《历史地理论丛》1989 年第二辑）合并改写。但《中国历史上的七大古都》仅完成上、中，故文中尚缺对杭州、南京、北京建都条件的具体分析。

中国历代政区概述

关于本文的题目,有五点需要声明一下:

1. "中国"只指旧籍中的"中国",即专指汉、晋、隋、唐、宋、元、明、清等中原王朝,不包括边区政权如匈奴、鲜卑、突厥、回纥、吐蕃、南诏、大理、渤海等。

2. "历代"只指秦以后的,不讲秦以前的。

3. "政区"只讲县以上的,不讲县以下的。

4. "政区"不限于地方行政区划,兼及一些非行政区域而为后来行政区划渊源所自的中央或上级行政区的派遣机构辖境。

5. "政区"只限于历代通行于内地的、用以统治编户的普通政区,不包括设于边区的,或用以统治非编户的特殊政区如羁縻州、镇戍、卫所等。

一、二千多年来政区的演变

中国自秦始皇兼并六国,开始建成中央集权的一统国家直到今天,二千二百年来,县作为地方行政区划的基层单位始终未变;县以上则经历过极为频繁复杂的变革,概括起来,大致可分为如下几个阶段:

1. 秦汉时的郡县二级制。 秦从初并天下时的三十六郡增加到末年的四十多个郡，分管大约千把个县。西汉自武帝以后和东汉一代，都是以一百零几个郡级单位（郡、国即王国，东汉又增加一种属国都尉），分管一千几百个县级单位（县、侯国、邑、道）。

汉武帝先后于公元前 106 年、公元前 89 年创建十三刺史部和司隶校尉部，由刺史和司隶校尉分部巡察郡国吏治。成哀之际（前 8—前 5 年），曾提升刺史为州牧，使州成为郡国的上级，但两年半后即恢复旧制。哀帝死，王莽秉政，又改刺史为州牧，四十二年后东汉光武帝始复改州牧为刺史。但东汉刺史不同于西汉。西汉刺史平时"巡行所部郡国"，"居无常治"，岁尽"还京师奏事"。有所举劾，得由政府另行派员案验，然后黜退。东汉刺史则常驻在其州部内的固定治所，不再诣京奏事；且其权力亦不再限于举劾，并能对所部郡国官吏径行黜免。到了灵帝末年，为了镇压黄巾起义，又改部分刺史为州牧。不久，州牧或刺史部掌握了兵权，州终于成为统辖几个郡国的大行政区。

2. 魏晋南北朝时的州、郡、县三级制。 三国魏、蜀、吴三方共有十七州，西晋统一之初共有十九州，末年增至二十一州，领一百七十多郡。经东晋、十六国至南北朝前期，双方合计共有五六十州。南朝自齐梁后，北朝自太和后，州郡建置日益冗滥。往往以一县之地置郡置州，或郡无属县，州无属郡；甚至有些州郡徒有空名，既无土地，亦无户口。梁、东魏、西魏和陈、北齐、周时代，三方合计共有三百多州、六百多郡。魏晋时平均一州领八九个郡，一郡领七八个县，三级制确有其级次相临的作用。只是平均一州才管二三个郡，一郡才管二三个县，一州所辖不过五六县，三级制已失去意义。故在北朝后期，已只有州刺史和县令到职，郡太守通常并不莅任。隋文帝代周后的第三年（583 年），便正式裁撤了郡一级，改为以州统县二级制。

3. 隋、唐开元前的州、县二级制。

4. 唐开元至五代时的道、州、县三级制。 隋唐五代凡三百八十年,除隋大业时有十一年(607—618 年),唐天宝、至德时有十六年(742—758 年)将州改称为郡外,地方行政区划都是以州统县。全国共有二三百个州,一千四五百个县。但实行单纯二级制的时间只有隋文帝和唐前期共约一百四十年。隋炀帝在改州为郡的同时,效法汉武帝置司隶别驾二人,分案二都畿内;刺史十四人,巡察畿外诸部,每年二月巡郡县,十月入奏。因隋祚于十一年后即覆灭,《隋书》记载太简,这种制度的具体情况已不可考。

唐于贞观元年(627 年)将全国划分为十道,但这种道只是一种地理区划,并不是行政区划。有时虽也由朝廷派遣使者分道执行某种任务,但都是临时措施,事竣即罢。直到开元二十一年(733 年),将十道分成十五道,才定制每道设一采访处置使,监察吏治,常设不撤。不久,采访处置使的权力逐渐有所扩大,有些道并由掌握兵权的节度使兼领其职,发展到安史之乱期间,全国遍设节度使、防御使等方镇,758 年遂罢采访处置使,改置由方镇主帅兼任观察处置使;从此,军政上的一镇,便同时都是民政上管辖几个州的一道,确立了道(即镇)、州(包括府)、县三级制。全国的道数经常有变动,一般在四五十个之间。每道领州少或二三,多达十余。这种三级制经历二百余年,至北宋初年,才由于方镇兵权的被夺,中央集权的加强而被废止:"罢天下节镇所领支郡"(方镇主帅自领一州,其余诸州称支郡),"令诸州皆直隶朝廷"。

5. 两宋(包括金)的路、州、县三级制。 977 年宋太宗废止方镇领州之制时,全国共有三百六七十个州级单位(府、州、军、监)、县(县、军、监),若采用单纯的二级制,真的要由朝廷直接统辖这么多单位,那是难以办到的。因而不久又令原来专司督征运

送地方财赋的各路转运使，兼理军民庶政，这样便形成了路、州
（府、州、军、监）、县（县、军、监）三级制。北宋先后分全国为十五、
十八、二十三、二十四路，南宋分境内为十六或十七路，金分境内为
十七、十九、二十路。宋金的路并不等于魏晋南北朝的州或唐安史
乱后的道。一路皆同时设置分掌财政、民政、司法、监察、军事、征
榷等政的三个或三个以上的"监司"，并非一路诸政掌于一人之
手。不同监司的路的划分亦不尽相同：如北宋陕西转运使司分永
兴军、秦凤二路，而安抚使司分永兴军、鄜延、环庆、秦凤、泾原、熙
河六路；金制辽东分上京、咸平、东京三总管府路，而转运司只为辽
东一路，按察司只为上京东京一路。再者，州的政务还有许多是不
在监司监领之下的，都可以直达朝廷。所以宋金三级制的实质可
以说只有二级半。

6. 元以来以省领道、路、府、州、县等的三级或多级制。 这
个时期长达七百多年，又可分为四期：

（1）元代始以前代的中央临时派遣机构行中书省定为常设的
地方最高一级行政区划。初期区划极不稳定，中期稳定为除中书
省直辖区（腹里）外，共设十一行中书省。省下有路、府、州、县四
级。前代较大府、州多升为路，县升为州。四级或递相统辖，或越
级统辖。州或不领县。所以这时候的地方政区统隶关系，二、三、
四、五级都有，而以省统路或府，路府统州或县三级最为普遍。又
往往分一省为二三大区，将距省会较远的区划为一道，设宣慰司作
为行省的派出机构临治其地。另有设肃政廉访使的道，则为御史
台的派出机构，司一道吏治监察。宣慰司道至元末多改为"分
省"，或进一步升为行省。

（2）明洪武九年（1376 年）废除行省制，在原来一个省区内分
设布政使司、按察使司、都指挥司三司，分掌民政、司法监察、军务

三政。这与宋代的路分设转运使、提点刑狱、安抚使三司极为相似，而权任有过之，仍然和此前的行省一样，是地方区划中的最高一级。原来的一省至是改称为布政使司，但习俗相沿，仍被称为省，连正式公文亦经常采用。洪武十三年（1380年）中央废除中书省，中书省的直辖区改称"直隶"。宣德二年（1427年）以后，全国共划分为两京（即南北二直隶）十三布政使司，俗称两京十三省，或十五省。废除路一级，府州县的统隶关系也有多种方式，省县之间或隔一级，或隔二级。每省又分设若干分守道作为布政使司、分巡道作为按察使司的派出机构。

自宣德以后，或因边防有警，或因地方不靖，又陆续在全国各地派出备有中央政府一二品大员职衔的"总督""巡抚"，集所督抚地区内的军务、察吏、治民大权于一身，遂成为最高级的封疆大吏。督抚的辖区往往不同于布政使司，并且经常变动。所以明代后期的一级地方行政区划，事实上已不是两京十三布政使司，而是三十个左右的总督、巡抚辖区。

（3）清初逐步将督、抚辖区调整成与布政使司取得一致，终于在康熙初年将十五省分为十八省，正式以督抚为一省之长。有些省单置总督或巡抚，有些省兼置督、抚，则巡抚近于无权闲职。十八省全在明朝故土范围内，清代加入版图的边区的一部分至光绪时亦建省，末年共有二十二省。清代凡隶属于府的州不再领县，故省以下只有府（府、直隶州、直辖厅）、县（县、散州、散厅）二级。每省仍分设若干道。

（4）辛亥革命前后二三年内废除了府一级，州厅皆改为县，重划道区。于是地方行政成为省、道、县三级制。国民党统治初年废除了道一级，意图行省县二级制，但在30年代"剿共"时期，又在江西省首先分区设行政督察专员，未几，各省皆起而仿效。新中国成立后继承了这种区划,初称专区,旋改称地区。这种在实际行政上是介于省县之间的一级,但在法制上不是一级地方政府。

二、演变的规律

综合考察一下二千年来的政区演变经过,可以发现如下三条规律:

1. 同一政区,通例都是越划越多,越划越小;到一定程度,它的级别就会降低。例如:州在两汉只有十三四个,魏晋时加到二十个左右,南北朝猛增到三百多个,隋初的废郡以州统县,等于是将州降为郡级,到元明清时又把一部分州降为县级。省在元代只有十一二个,明代加到十五个,清代加到十八、二十二,现在的省级政区(省、自治区、直辖市)是三十个。只有县最稳定,秦代千把个,汉以后长期都是一千几百个,约四十年前才突破二千大关,现在也不过二千一二百个(1985 年底是二千二百零四个,包括县级的其他单位市、旗、特区)。

越划越多越小的主要原因当然是由于各地区逐步得到开发;但也有其他政治上、军事上、经济上的种种原因,各时代各地区都得作具体分析。历代政府有时觉得政区太多不便于统治,曾几次大事省并;但往往不久被省并的又得到恢复。例如隋朝将初年三百多个州并为大业时的一百九十郡(州的改称),此后逐渐增置,唐宋两代长期徘徊于三百州左右。新中国在五十年代末曾并省了许多县,现在大多数已被恢复。

2. 秦和西汉初期疆域比较小,其时所采用的单纯二级政区制,自汉武帝扩展疆域以后,已不宜于继续采用。但多级制亦不利于政令民情的上下传达,所以二千年来最常用的是三级制。有时用实三级,有时用虚三级。这里所谓虚三级,是指第一级或第二级并不全面掌握地力权力,或一级权力分属于几个机构的三级制而言。粗略统计一下:汉武帝以后的两汉三百年是虚三级;魏晋南北朝四百年是实三级;隋至唐初期一百四五十年是二级制;开元以后先是虚三级,二十多年后即转为实三级;历二百余年至宋初始改为二级。但不旋踵即转入虚三级,历三百年至元代始变为多级制。元明清六百多年显然都是多级制,大多数地区的实级一般都是省、府(路、州)、县三级。辛亥革命后七十多年北洋军阀、国民党、新中国三个阶段,分别采用了不同的虚三级制。

3. 历代最高一级行政区往往由吏治监察区或军务督理区转变而来,最高行政长官往往由派遣在外的中央官转变而来。显著的事例如:

(1)两汉监察区"州"到东汉末年由于州牧刺史带了兵而转变为六朝的一级行政区。

(2)六朝的都督几个州军事之职到唐朝形成了以一个都督府管几个州的军事之制;都督又由于加节而改称节度使,权任日重,终于兼任采访使、观察使之职而使辖区成为州以上的一级行政区"道(镇)"。

(3)行省起源于六朝隋唐的行台尚书省。那时中央政府叫"省",由中央大员率领部分政府成员外出执行国家任务,就叫行台尚书省或某处行台省。事已即罢。金末多事,外有强敌入侵,内有农民起义,因而各处普遍设立了行尚书省。蒙古在与金朝的接触中把这种制度学了过去,初时叫行尚书省,后来随着中央政权机构改为中书省,也就把行尚书省改称行中书省,简称行省。原来也只是一种临时性的中央派出机构。但元初对中原用兵时间长达七八十年之久,军事不停,军管制即无法撤除。时向一久,到了平宋前后,行省便变成了中国史上辖境最大的一级行政区划。

(4)明初要来把地方上的政权交给了都、布、按三司;但由于三权分立,一旦边防或地方有事,难以应付,不久便陆续派出了带有中央部院大臣职衔的重臣到各处去总督军务或巡抚地方。其初犹时设旋罢,已而就置而不废,成为定制。但明中叶以后督抚虽已在地方上掌握最高权力,名义上却始终算中央官(《会典》编入都察院),正式一级政区始终是两京十三布政使司。入清又经过二三十年的调整,才终于使督、抚成为正式的最高地方官,其辖区也就成为当时的一级行政区划——十八省。

政区的这些演变规律,一方面正好说明了中国自秦汉以来长期在中央集权制统治之下,所以中央的使者能以监督的名义侵夺地方官的权力,终于使中央使者成为最高地方长官,原来的地方长官降而成为他的下级或僚属。但另一方面,因为由这种方式形成的一级政区辖境、权力过大,所以一到乱世,这种政区的首长很容易成为破坏统一的割据者,犹如东汉末年的州牧刺史,唐安史乱后的节度使和民国的督军、省主席等。

三、近今的巨变

上面两段简略地把中国二千多年来以县为基层单位的政区分划变迁经过大致都讲到了,但不等于说已讲完。我们必须充分注意到近几十年来,中国的政区制度正在发生巨变。

从秦到民国初期,历代各级政区基本上都是先将一个地区划定为一个政区,然后在这个地区内选择一个城邑或聚落作为政区的治所。这个聚邑成为一个政区的治所后一般又能得到一定程度的经济发展。这正好反映了二千多年来中国都处于以农业生产为主的社会经济发展阶段。因此自汉至唐的大城市，没有一个不是州郡治所。宋以后虽然兴起了一些非州郡治所的繁荣城镇，但城市经济的发展直到民国初期，还未能导致改变行政区划制度。从20世纪20年代起，国民党政府先后把若干城市从省和县划出，建立为市；从省划出的直属于中央，从县划出的直属于省。新中国成立以来，又将市制予以扩展。一方面不仅在工商业发达的城市建市，并在大型工矿区、著名旅游区建市；一方面又将市附近的一些县划归市管。1985年底全国已有各级市（直辖、地级、县级）三百多个，划归市管的县六百多。最近几年又将若干非直辖市的经济计划改成不经过省而直接由国务院领导。这些改革无疑具有划时代的重大意义。目前新的市制正在随同中国四个现代化的步伐迅速推进，可能不要很久，产业性的市及市辖区，将取代二千多年来地区性的政区，成为中国主要的政区制度。

四、几个应予注意的问题

除了上述这些简括的说明之外，我们在接触到历代行政区划和历史地名时，还应注意到以下几点：

1. 在上面所说的3、4两阶段中，绝大多数时间都是以州统县，但也有短时间的例外，那就是有两次改州为郡：一是隋炀帝大业三年改州为郡，到唐高祖武德元年又改为州，只有11年；一是唐玄宗天宝元年改州为郡，到肃宗乾元元年又改郡为州，只有16年，两次合计也只有27年。《隋书·地理志》和两《唐书·地理志》把两次改制都记了下来。不过《隋书·地理志》根据大业三年后的制度称郡不称州，只在京兆郡下交代了原称雍州，大业三年改为京兆郡，其他各郡下都没有明白交代，读者就不免会误认为隋朝一代就叫某某郡,或搞不清哪一年才叫某某郡。《旧唐书·地理志》在各州下面都写上"隋某某郡,武德元年改为某州,天宝元年又改为某某郡,乾元元年变成某州。"读者看起来很明白。但《新唐书·地理志》为了要节省文字,各州都只用"某州某某郡"或"某州某郡"这四五个字,只在同州冯翊郡条下说明这四五个字的具体意义是这个州在隋朝和天宝元年至乾元元年这16年间叫冯翊郡,除此之外,唐朝一代都叫同州。一般读者翻阅《新唐书·地理志》却未必看到这一条,又没有对比着《旧唐书》看,因而有人便误以为唐朝一个政区使用两个名称,如同州同时又称冯翊郡;这都是错误的。其实,唐朝的一州就是一郡,不过唐朝一代290年间,274年都叫州,另有16年叫郡。《新唐书》所谓某州某某郡,前面某州是指一代的常称,后面某某郡指的只是天宝到乾元这16年间的变称而已。

2. 唐朝还有16年改州为郡,第5阶段中两宋三百多年则始终只有州,从没有叫过郡。可是在《元丰九域志》、《宋史·地理志》等书中,每一个州名之下也都列有一个郡名,那又是怎么一回事呢?原来宋朝每一个州有一个郡名,就像旧时代每个人都既有个名,又有一个字一样。州名是这个州的正名,郡名是这个州的别名,等于是人的字。宋朝的郡名绝大多数都沿袭唐朝的旧名,改用新郡名的很少。一些新置的州,朝廷往往还要赐一个郡名,但也有一些新置州没有郡名。

3. 除一般州外,唐宋还把一些有特殊地位的州改称为府。玄宗开元年间开始把京都所在的三个州改称为府:首都长安所在的雍州改称京兆府,东都洛阳所在的洛州改称河南府,北都晋阳所在的并州改称太原府。安史之乱以后,又陆续把几个皇帝驻跸过的州升为府,至唐末共有十来个府。北宋又把一些重要的州升为府,末年已有三十几个府。到了南宋和金对峙时期,双方又都新增加了一些府,所以共有五十多个府,约占当时州级政区总数的七分之一强。

4. 旧时代文人对地名往往喜欢用古名、别名,对行政区划和地方官也喜欢用古称,不仅常见于诗文书札,也用之于署籍贯、题书名。地名用古名,如称南京为金陵,称扬州为广陵,其实金陵是先秦时的名称,广陵是唐以前的名称,宋元以来,这些名称早已不用了。地名用别名,如称泉州为温陵,称无锡为梁溪,其实泉州、无锡从古以来从未叫过温陵、梁溪,都不过是文人为了要风雅而取的别名。政区和地方官用古称,如宋以后根本没有郡,但宋元明人笔下经常出现郡和太守,实际上所谓郡就是指当时的一州或一府,所谓太守指的就是当时的知州或知府。因为当时的一州一府之地,大致相当于两汉六朝的一郡,而知府知州也大致相当于古代的郡太守。又如明清人称道员为观察,称知县为县令,实际上观察、县令都是唐代的旧称,宋以后早已不用了。明朝最喜欢用地名的别称署籍贯,如李卓吾是泉州晋江人,但他在他的著作上都署称温陵李贽。宋元地方志通例不用正式的府州县名,而用郡名或别名,如嘉泰《会稽志》,实际上是绍兴府志,会稽是别名;如绍熙《云间志》,实际上是华亭(今松江)县志,云间是别名。这种陋习到清朝已改掉了一大半,但还有一部分自命风雅之士不肯改。至于诗文书札里采用古名别称,那就即便是通人学者也在所难免。所以现在我们看古书和旧时代的文字,千万不能看到一个地名或政区名、地方官名,就认为当时实际存在这种名称或制度。

5. 同样的政区和地方官名,在不同的历史时期,含义或相去甚远,或迥然不同。如上面已经提到的,汉代一个州往往辖有今二三省之地,而元明清许多州一般只今一县之地;又如唐代的苏州辖有今江苏的苏州市(包括属县)、上海市(除崇明)种浙江的嘉兴市(包括属县),比今天的苏州要大好几倍,这是同一政区名大小的不同。如六朝的扬州治所就是今天的南京市,隋以后就移到了今天的扬州市;又如汉朝的轮台在今新疆的南疆轮台县,而唐诗中经常出现的轮台却指的是唐朝的轮台,在今北疆乌鲁木齐附近;这是同一地名地理位置的不同。明代的布政使是一省的行政首长,到清代一省的首长是总督或巡抚,布政司变成了督抚的僚属,这是同一地方官名职权的不同。唐朝的节度使掌握好几个州的军政大权,到宋朝仍有所谓节度使,却变成了一种武官的虚衔、荣誉职称,与当地不发生任何关系。有人根据南宋曾授予岳飞"清远军节度使"这个头衔,而清远军是广西融州的军额,就认为岳飞在苗区做过地方官,这是不懂得历代地方官制闹出来的笑话。其实《宋史》明说岳飞当时领军屯驻鄂州(今武昌),他的官职是湖北路荆襄制置使,怎么可能又跑到广西苗区去做地方官呢?

总之,由于历代行政区划的名称、治所、辖境都在不断变化,所以我们每看到一个历史地名,都必须要弄清楚这个地点在这个特定的历史时期属于哪一级政区,它的治所在哪里,它的辖境有多大,否则就难免要出差错,闹笑话。怎样才能做到这一步呢? 一方面应该对历代的政区制度有一个基本的理解,另一方面就得勤于查这方面的工具书。这两方面的功夫是缺一不可的。

(本文第一至第三部分原载《文史知识》1987 年第 8 期;第四部分摘自《历代行政区划略说》,原载《中国古代文化史讲座》,中央广播电视大学出版社 1984 年)

我国行政区划改革设想 *

　　行政区划是国家的一项大政,设置得是否科学,是否合理,对一个国家的政治、经济、文化、民族团结等都会产生重大影响,是关系到国家的发展前途长治久安的大事。但对这样一个极重要的问题,我们建国以来却从没有很好地研究过。是不是因为我们原来的行政区划基本合理,不存在什么大问题,所以无需加以研究讨论呢? 不是这么回事。我国现行的行政区划基本上还在沿用元明清时代的区划。历代虽稍有变动,但基本格局不变。这种封建王朝时代的格局,难道能适合建国40年来社会主义建设的需要吗? 显然不是。不适应的地方多得很。可见,现行行政区划不是用不着予以研究讨论,而是由于过去40年一直在忙于对付其他事务,国家多事,无暇及此。现在国家已进入一个团结安定、加紧进行社会主义建设的新时期,这件事就该及时地予以研讨,为实行改革作出必要的准备。

　　其实在解放以前的30—40年代,对行政区划改革的研讨是很热闹过一阵的,各种刊物上发表过很多这方面的文章。只是当时全国实际上并没有统一过,全国性的政区改革当然只能是纸上空谈。

---

　　* 根据作者在全国行政区划研讨会上的讲话整理。

建国以后，很快就完成了除台湾以外的统一。可是40年来，却从没有听到过这方面的舆论呼吁。尽管建国后新建了三个直辖市、五个民族自治区和一个省（海南），但这些改动就全国而言影响不大。现在全国的一级政区，基本上还在沿用元明清几百年来的旧区划。

封建王朝划分行政区划，只考虑如何有利于当时的封建统治，而是否有利于地方建设和经济发展，根本不在考虑之列，所以划成了许多不合理的区划。最显著的莫过于陕西省。众所周知，秦岭淮河是我国南部北部的天然分界线，在这条分界线以南以北，生产和生活都有很大的差异。从秦汉一直到唐宋，秦岭南北一直分属于2个不同的一级政区（岭北秦汉属内史、三辅，六朝属雍州，唐属京畿、关内，宋属陕西；岭南秦汉属汉中，六朝属益州、梁州，唐属剑南道，宋属四川之利州路），这是大体符合于自然、经济区域的。可是到了元朝，由于这个政权是由蒙古高原上的游牧民族逐步南侵，次第吞并了西夏、金、大理、南宋而完成统一的，所以它一贯推行以北制南政策，借此加强其统治，它不愿意秦岭以南完整地划属于1个行政区，才硬划一部分（今汉中、安康2地区）以属陕西，形成了700年来这样一个地跨秦岭南北的极不合理的行政区划。

再如，江苏、安徽2省都是既跨有长江南北，又跨有淮河南北的不符合自然、经济和文化区域的区划，这是把君主专制制度发展到顶峰的明太祖朱元璋搞出来的。他以他称帝以前经营了10多年的根据地南京和他的家乡凤阳这2个点为中心，划了周围很大一个区域，凡这个区域内的府州县，都直隶于中央政府，就把这个区域称为"直隶"。到了他的儿子成祖朱棣时代，迁都北京，才改称"南直隶"，区划不变。沿袭到清朝，只是将名称改为"江南省"，区划仍不变。直到康熙初年，才觉得这个省太大，要把它一分为二。又因如果分成南北 2 省，则贫富过于悬殊，所以就分为东西 2 省，东为江苏，西为安徽。这样划分下来，便形成了 2 省都有江南、江北、淮北 3 个不同经济风俗地域的格局。

又如，河南省虽然名为"河南"，却有相当大一片区域在黄河以北，这是因为明朝初年以河南为根据地进行北伐，就把先打下来的一部分河北州县划归河南省统辖，以后就沿袭不改。

又如，四川原是宋代的四个一级行政区，即成都、潼川、利州、夔州四路，合称四川路，共有四百多万户。经南宋末年蒙古军侵入宋军剧烈抵抗，长达四十多年的战乱，到元朝时只剩下了约十万户。如此地广人稀，所以不得不撤并了许多州县。元初与陕西合建为一个行省，成宗大德后才定制陕西、四川各为一省。这个四川省便辖有差不多宋代四个路那么大的地域（只有原利州路一部分划归了陕西）。七百年来，这个地域的州县虽陆续有所增设，但始终是一个省。现在这个省的人口已突破一亿，不仅作为一个政区大得太出奇，若是把它当作一个国，也是世界上不多几个"人口大国"之一。

总之，我国现行的沿袭元明清旧制的一级行政区划极不合理，一是许多省区不符合自然、经济和人文区域，二是多数省区太大。这种区划状况不仅阻碍经济发展，并且也不利于社会和谐、政治稳定，有必要予以改变。也就是说，通盘制定适应我国当前和今后国境治理、经济发展的新的行政区划，应该就在近期内列入国家大事类的议事项目之内。

当前我国稳定压倒一切，改革行政区划会不会影响稳定？当然，改革就是改旧从新，改革所及不免有一个新旧交替的过程，这个过程对保留旧制不变说来可以说是不稳定。但是，求稳定不是绝对的。稳定本身不是社会主义建设的目的，目的应为力求进步发展。正是由于现行的行政区划不利于社会主义祖国的进一步建设发展，所以我们需要改革这种几百年来的旧制度，建立有利于国家的行政管理、经济建设、民族团结、社会和谐的新区划。以此为基础，才能更有效地稳定地求进步求发展，争取国家早日富强。

当前行政区划需要研究的问题很多，如县改市、市管县等，都亟待搞出一套合理可行的方案来，但最重要的还是应该对一级行政区进行一次设想合理的通盘大调整。这当然会引起一些震动，却绝不会影响国家全局的稳定。过去我们从河北省划出北京、天津二个直辖市，从江苏省划出了上海直辖市，从甘肃省、广东省划出了宁夏回族自治区和海南省，不是也没有发生过什么麻烦吗？

根据对历史和现状的考察，我们认为适当划小省区，是完全符合于国家行政管理、经济文化发展的需要的。全国大致可划分为50个左右一级政区，每个一级政区管辖50个左右县级政区，这样，一级政区的平均人口数约在2000万左右，县级政区的平均人口数约在40万左右，岂不比现在大省人口七八千万甚至超亿、小省只有三四百万、大县（市）超百万、小县才几万要合理得多？

美国面积稍小于我国，人口2.3亿，它的一级政区"州"是50个，平均每州人口才400万。日本面积约相当于我国二个中等省，还不及我国新疆、西藏、内蒙古、黑龙江、四川、甘肃等一个省区，人口1.2亿，一级政区是一都二府一道四十三县，共四十七个行政区，平均每个行政区人口才二百五十万。我国要是按美国、日本那样的人口规模划分政区，那就得分成300—400个一级政区。当然，国情不同，中国人口比人家多上好多倍，只可把政区相应划得大一些。衡情度势，划成五十个左右一级政区，每区平均约二十万平方公里面积、二千万人口，应该比现制合理得多，却仍然是偏大的区划。这样的话，就可以把近几百年来的不合理的多级地方政区制予以废止,改变现行的省、地、县三级制,一律改为二级制。

　　中国自秦以来二千多年的地方行政区划,凡盛世多行二级或虚三级制:如秦汉行郡县二级制,东汉行虚三级制;隋与唐前期行州(郡)县二级制,开元天宝时行道、州、县虚三级制;两宋行路、州、县虚三级制。只是到了乱世,才改为三级制或多级制:如魏晋南北朝的州、郡、县三级制,唐安史以后的方镇、州、县三级制,元明清时代的多级与三级并行。建国以来按照宪法是省、县二级制,但由于省太大,不得不设立地区作为省的派出机构。地区原是虚级,可是在实际施政过程中早已形成了省县之间的一个实级,其不利于上级政令的贯彻、下级地方民情的上达亦久已有所显露。今后我们若能把省区缩小,当然就不需要再在省县之间设置这么一级了。

　　我想,让我们花上几年时间,通过认真研究中国历史上的和外国的各种划分政区制度的利弊得失,详细调查各地区的社会、经济,文化现状,然后制定出一套既适应于当前和近期、又有利于未来发展前途的社会主义新中国的行政区划制度来,在 90 年代中期予以实行,这应该是可行的,也是必要的。

(原载中国行政区划研究会编《中国行政区划研究》,
中国社会出版社 1991 年内部版)

俗传中国史朝代起讫纪年匡谬

现在通行的建国以来出版的年表、辞书和历史著作以及论文中,关于中国史各个朝代的起讫纪年,广泛流传着不少不妥、不确甚至错误的提法。尽管一般都算不了什么大问题,但毕竟不符合于历史科学应具的严肃认真精神。兹特不惮烦举其显著不合理者若干条,一一予以匡正。或以抉瑕摘衅见讥,固在所不辞。

一、清朝终止年

众所周知,清朝是被发生于公元 1911 年的辛亥革命所推翻的,因此说清朝终止于 1911 年,似乎不会有什么问题。实际不然。因为辛亥革命即辛亥年的革命行动,旧历辛亥年即清纪宣统三年,这一年的起讫日期,并不等同于公元 1911 年。辛亥革命的过程是起始于武昌起义,胜利结束于清帝被迫退位。武昌起义在旧历辛亥八月十九日,即公历 1911 年 10 月 10 日,清帝退位则在辛亥十二月二十五日,此日在公历已是 1912 年的 2 月 12 日。所以记述清朝的讫年,只能说是宣统三年即辛亥年,却不能说是公元 1911 年。实际上清朝在 1912 年还存在了一个月又十一天。遗憾的是,我手边所查得到的辞书、年表、专著,对这一点都没有予以认真对待。有的说"宣统三年(1911 年)资产阶级领导的辛亥革命推翻清王朝"①。有的说清终于宣统三年辛亥（1911 年）②。有的说 1911 年的辛亥革命推翻了清朝政府③。措辞皆欠妥。有的干脆认为清朝终止于 1910 年④，那简直可以说是提早了一年。

很可能有些同志认为既然清朝终止于宣统三年即辛亥年不错，则按通例括注 1911 年，也不能算错。须知在通常情况下辛亥年当然可以用 1911 年括注了事，但清朝的终止实在 1912 年，则凡是讲到清朝终止年时，便不能用 1911 年。还有些同志可能认为在辞书条目或著述中使用 1911 年作为清朝的终止年虽然不妥，但排年表把清朝终止于 1911 年是不得不然。因为次年 1912 年当然得列入民国纪年。其实年表于改朝换代时例得两见，如《辞海》纪年表 1644 年既列为明纪年表的末年崇祯十七年，又列为清纪年表的首年顺治元年；1368 年既列为元纪年表的末年至正二十八年，又列为明纪年表的首年洪武元年。那么 1912 年为什么不能两见于清纪年表和民国纪年表呢？若认为清朝只存于 1912 年初一个月又十一天，不存在于壬子年，所以不宜在清纪年表 1911 年辛亥一行下再缀以 1912 年壬子一行，这倒是说得通的。那就应该在民国纪年表 1912 民国元年行下加注"2 月 12 日清帝退位"，犹如在清纪年表中注有南明、大顺、大西、太平天国等，民国纪年表中注有袁世凯洪宪年一样。总之，作为中国史年表，根本不提清朝实际结束于 1912 年，无论如何是一个不小的缺点。

---

① 《辞海》，上海辞书出版社 1979 年版，第 956 页。
② 荣孟源：《中国历史纪年》，三联书店 1957 年版，第 113 页。
③ 戴逸：《简明清史·前言》，人民出版社 1980 年版。
④ 《辞海》第 2137 页《中国历史纪年表》、《辞源》第 1814 页"清"、《中国历史纪年表·清纪年表》（上海版）、《中国史大事纪年》"历代朝代简表"及"清世系表"（山东版）、《中国历史大事年表》"历代帝王世系表"及"清世系"（辽宁版）。

二、明朝终止年

一般都认为明朝亡于 1644 年，这是正确的。但也有人认为明朝终止于 1661 年①，那是由于把"南明"也算作了明朝。其实"南明"只是明亡以后几股明朝残余势力在南方的挣扎图存作为，始终未能建成比较稳定的政权，它既不能算一个朝代，也不能算是明朝的延续部分。

南明起始于崇祯十七年（1644）五月福王即位于南京，是为弘光帝。弘光败亡于次年五月；同年闰六月唐王即位于福州，是为隆武帝。次年，隆武败亡，其弟即位于广州，是为绍武帝，逾月即败亡。同年桂王即位于肇庆，是为永历帝。永历辗转移驻西南各地，历年较多，但其终止年则有异说。一般认为是 1661 年即永历十五年吴三桂兵入缅甸永历帝被擒之年，这是说不通的。永历在此前二年即 1659 年由云南腾越逃亡入缅甸境时已被解除随徒的兵器，从此这个小集团即完全在缅甸控制之下，李定国白文选几次以兵奉迎，被拒而去，至吴三桂率清兵入缅，缅人遂执以献军前，三桂挟以还滇，次年杀之于昆明市上。所以以永历为主的南明小政权，只能说结束于 1659 年自滇入缅时，怎能说它一直存在到二年以后被擒时？又有人说南明终止于 1662 年永历被杀时，那就更说不通了。

但要是不单把弘光、隆武、永历三帝即清人所谓福、唐、桂三藩作为南明，而把奉明宗室朱本铉为主，建号定武，由李自成余部和

---

① 邓之诚：《中华二千年史》明世系，中华书局 1983 年版；《辞源》第 1408 页"明"。

川鄂边区山地农民军等联合组成,坚持抗清的夔东十三家也算作南明,则直到 1664 年(清康熙三年)才为清军所消灭。要是把驱逐荷兰据有台湾的郑(成功)氏政权以其奉永历为正朔也算作南明,那就要直到 1683 年永历三十七年(清康熙二十二年)清军入台湾,成功孙克塽降清才告结束。要之,南明的终年可以有多种算法,明朝的终止年则只能定为 1644 年。南明在中国史上和南宋、东晋不一样,不是一个朝代。

三、南宋终止年

比将 1661 年作为明朝终止年更不合理的,是把 1279 年作为南宋的终止年。明朝没有向清朝投降过,而宋少帝㬎是在 1276 年元朝兵临临安城东北时正式奉传国玺与降表举国降附了的。宋帝降元后宋臣陈宜中、文天祥、陆秀夫、张世杰等奉其庶兄昰弟昺二王在闽广沿海所作的挣扎,其势力与影响,又不及南明远甚。所以《元史·本纪》记至元十三年(1276)受宋降入临安城,接管百司,拥帝北去较详,此后即称此役为"平宋",称宋朝为"亡宋"。而对 1279 年即至元十六年二月宋残军最后覆亡于厓山一役,则只字不提;可见此事对当时的大局而言,是微不足道的。现在的辞书、年表和历史著作竟一致将宋亡定为 1279 年,在中国史年表中将 1279 年或 1278 年作为宋朝的最后一年,将 1280 年或 1279 年作为元朝的起始年,实在极为荒唐。实际上元朝自 1234 年灭金后即已统治大半个中国,继以灭大理、平吐蕃,其幅员约已三四倍于南宋,至 1276 年平宋,此后二三年内,宋残余势力所有的人民土地顶多不过元朝的百分之三五而已,怎么能把这一段时间还算作宋朝时代?

我尽力遍查群籍，只找到了三种是把宋朝纪年终止于1276年，从1277年起就作为元朝纪年的，那是民国时代商务印书馆出版的《世界大事年表》、《辞源》和中华书局出版的《辞海》①。这不能不使人骇异。

四、各书性质体例不同，记朝代起讫年应各如所宜

肯定有人在看了上面三条后，会提出异议：为什么清朝只在1912年存在一个多月，则一定要说清朝终止于1912年才算正确？相反南明存在十多年，残宋存在三年，都是历史事实，却非得说明亡于1644年，宋亡于1276年，才算正确？我们主张，在年表、辞书和历史著作中，应根据历史事实性质的不同而作出各如所宜的处理。

对清朝的终止年，在辞书和历史著作里都应该标明为1912年，在年表里则如该年表是不分朝代古今一贯按年排列的，自应或在1912年民国元年条下注明"2月12日清帝退位，清亡"，或在1911年清宣统三年条下注明"十二月二十五日（阳历为1912年2月12日）下诏退位，清亡"。如该年表是一朝排成一表的，则应在清纪年表1911年宣统三年条下注明同上一节文字，民国纪年表1912年即可不注。

对明朝的终年，在历史著作里提到明朝括注它的年代，只能作1368—1644年，把1644换成1661是很不妥当、不应该的。在辞书里，把"明"字作为朝代名注出其起讫年时，也只能截至1644年。可另列"南明"一条，对1644年后明朝残余势力在南方建立的几

---

① 三种书记宋亡之年或作民国前636年，或作帝昺降元，或作公元1276年。

个政权作出适当的解释。明与南明不可视为一个朝代。在年表里,如不分朝代,便只能将明朝纪年排至 1643 年为止,1644 年起即用清朝纪年;如分朝列表,1644 年可既见清表,又见明表。而南明历年,只能或作为清表各年的附注,或在明表下缀一附表。

至于南宋的终年,则在辞书的"南宋"释文里和历史著作对南宋一辞括注年代时,都只能作 1127—1276 年,因为 1276 年南宋朝廷已举国降元,实在不应该再把此后三年算作南宋。在不分朝代的年表里,南宋纪年只能截至 1275 年为止,自 1276 年起便应只记元朝纪年。在分朝年表里,才可以在宋表下加注"残宋昰昺二帝延至 1279 年覆亡",或将帝昰帝昺二人分别按其立年、死年、移驻与覆亡作为元表至元十三年至十六年的附注。

五、两汉起讫年

关于两汉起讫的纪年,只有东汉终止于公元 220 年汉献帝禅位于曹丕这一点各书皆同,不存在问题;此外关于西汉的起与讫和东汉的起始,诸家著作采用了多种不同的计算法,其中大多数都不正确。

西汉起始年 采用公元前 206 年的居多数,采用前 202 年居少数,居少数的反而是正确的。前 206 年是刘邦始建汉王国之年,其时的汉王国只是项羽主命所分封 18 王国之一,西楚霸王项羽才是当时的天下最高统治者。所以汉王元年,不等于是汉朝的起始年。楚汉相争的结果,刘邦击败项羽,诸侯皆臣属于汉,汉王才即位称帝,事在他做汉王的第五年,即前 202 年,这一年才是汉朝的起始年。史载此事本来极为简单明了,何以多数著作都要以前 206 年即汉王元年作为汉朝的起始年呢?这是由于东汉时的班固

《汉书》早已如此,后人辄袭用其说;踵谬既久,世俗遂不以为非。

在班固之前的司马迁,本无此误。《史记》在《秦本纪》下继以《项羽本纪》,然后才是《高祖本纪》。在《六国年表》记事至秦亡之后,继以《秦楚之际月表》:自陈涉发难至项羽入关杀秦王子婴,记事用秦年月,此后即分列项羽所封天下诸侯,首为"项籍自立为西楚霸王","为天下主命",至汉"杀项籍,天下平,诸侯臣属汉",汉王乃"更号皇帝"。可见司马迁是认为自前206年正月起至前202年二月,是项羽为天下主的四年,那时还不是汉朝。

至班固所述《汉书》,其立场体制便与史迁迥然不同。他不赞成史迁以汉室"厕于秦项之列"的通史观点,改以"起于高祖,终于孝平王莽之诛,十有二世,二百三十年"为东汉以前的汉业纂辑全部记载为目标。正因为如此,所以《汉书》便不顾这二百三十年的一头一尾的实际统治者是项羽王莽而不是汉帝,强行全部纳入汉纪之内,不为二人作本纪,各为一传作为全书列传部分除《叙传》外的首尾二传。这是以汉为上接周秦的正统,以项羽王莽为闰位的不符合历史实际的封建正统观念。东汉以后的史家都受制于这种正统史观,因而西汉始于高祖元年即前206年的错误纪年法,得以长期广泛流传。时至以科学态度治史的今日,当然不能容许这种错误纪年法再流传下去了,应该按照历史实际,确认西汉朝起始于前202年即高祖五年。

西汉终止年 《汉书·目录》说"西汉起高祖元年乙未,尽王莽地皇四年癸未",《后汉书·目录》说"光武起后汉乙酉岁改建武元年"。后世纪年或谓西汉终于王莽败亡之年即公元23年,或谓东汉起自公元25年光武建武元年,故西汉终年当指同年更始帝刘玄败亡时。此二说显然都是错误的。王莽废西汉末帝孺子婴自立为天子,建国号新,新朝当然不应包括在西汉朝之内。刘玄称帝在王莽末一年及其后二年,当然更不应列入西汉时代。西汉的终年,自当指孺子婴被废之年,即初始元年,公元 8 年。

东汉起始年 诸书皆从《后汉书·目录》作后汉起光武建武元年乙酉岁即公元 25 年无异议。其实这种算法也有问题。王莽所建的新朝介于两汉之间,在新以前的是前汉,新以后的便应是后汉。刘玄与刘秀一样,都是新莽以后的汉,当然都应该列入后汉纪年之内。那种或把刘玄作为前汉的末帝,或把刘玄另列于前后二汉之外的办法,都是说不通的。

刘秀本为刘玄部将,受命率军徇河北有功,被封为萧王;已而贰于刘玄,兵势日张,乃自立为帝。刘玄不久即败亡,刘秀则在十余年内完成了统一,巩固了政权。二人事功的结局虽大不相同,方其初立,则同为在王莽篡汉之后恢复汉朝,怎能将刘玄排斥在后汉之外?《后汉书》尽管不承认刘玄的帝业,未为更始一朝作本纪,但仍将刘玄与另一汉宗室为赤眉所拥立称帝的刘盆子二人的列传置于列传之首。可见范晔也承认刘玄是后汉人物,他的事功自应作为后汉初年的一部分,所以后汉即东汉的起始年,不应是刘秀的建武元年即公元 25 年,应为刘玄的更始元年即公元 23 年。

正确处理嬴秦曹魏之间 426 年的历史纪年,应该是:秦,止于前 206 年;楚,起于前 206 年,止于前 202 年;西汉,起于前 202 年,止于公元 8 年;新,起于公元 9 年,止于 23 年;东汉,起于 23 年,止于 220 年(23—25 年为刘玄更始帝,25 年以后为刘秀光武帝及其后嗣诸帝)。

(原载《历史研究》1991 年第 6 期)

秦　郡

郡县制形成于战国时代,以郡统县,郡直属于国君。但战国时各国领土只有一部分是郡县的辖境,另一部分则是封君的封邑。秦朝废除分封制,才将郡县制普遍推行于全国。

《史记·秦本纪》和《始皇本纪》都提到始皇二十六年(前221年)初并天下为三十六郡,却没有列举三十六郡的名目。《始皇本纪》又提到三十三年"略取陆梁地(指五岭以南地)为桂林象郡南海",但《史记》全书没有一处讲到秦末共有多少郡。因此,关于秦郡的设置经过和郡目,长期以来史学界存在着多种不同的说法。

一、《汉书·地理志》在京兆尹下注曰"故秦内史",在各郡国下注称"秦置"、"秦郡"或"故秦某郡"的,有如下三十六郡:

河东　太原　上党　三川　东郡　颍川　南阳　南郡　九江　泗水　钜鹿　齐郡　琅邪　会稽　汉中　蜀郡　巴郡　陇西　北地　上郡　九原　云中　雁门　代郡　上谷　渔阳　右北平　辽西　辽东　南海　桂林　象郡　邯郸　砀郡　薛郡　长沙

在后序里又说:"本秦京师为内史,分天下作三十六郡,汉兴以其郡太大,稍复开置",可见班固认为管辖京师及其附近地区的内史是不在三十六郡之内的;三十六郡是秦一代的郡数,包括始皇三十三年所置南海、桂林、象三郡在内,到汉兴以后才有所增益。

　　汉晋时《说文》、《风俗通》、《吕氏春秋》、《淮南子》的高诱注和《帝王世纪》等书,都说秦分三十六郡,不提另有他郡,与《汉志》同;但它们并没有列出三十六郡的名目来。

　　二、《续汉书·郡国志》后序也说汉"承秦三十六郡",与《汉志》同;但它在各郡国下的注文里却比《汉志》多出现了黔中、鄣两个秦郡,开始突破了《汉志》的说法。继而《史记·秦始皇本纪》裴骃《集解》列举三十六郡名目,三十三郡与《汉志》相同,此外即采用了《续志》的黔中、鄣二郡,又把内史也算一郡凑足三十六郡,而不列见于《汉志》的南海、桂林、象三郡。这就明确否定了《汉志》的说法,认为三十六郡是始皇二十六年的郡数,南海等三郡后置,应排除在外,秦一代的郡数不止三十六。

　　《晋书·地理志》在序文里继承《史记集解》之说而又加以发展,其所举秦初并天下三十六郡的名目与《集解》同,又说在此后南平南越,增置了闽中、南海、桂林、象四郡,合计秦郡凡四十郡。

　　自此以后直到清初,杜佑《通典》、王应麟《通鉴地理通释》、胡三省《通鉴注》、顾祖禹《读史方舆纪要》等书都采用了《晋志》的说法,无异说。

　　三、清代考据学兴起后直到近现代,对秦郡问题作过考证的学者不下数十家,大致可分为三派:

　　一派认为秦一代只有《汉志》所列举三十六郡,《史记》之所以系三十六郡于始皇二十六年下,是由于"史公纪事,言其大者",这一年罢"封建"天下悉为郡县,"此秦变古之一大端",所以把秦一代所置郡包括此前所置和此后所置,都记在这一年下;这是一句总摄之言,"非谓三十六郡尽置于是年。"此说创自钱大昕(《潜研堂文集》、《廿二史考异》),钱坫(《新斠注地理志集释》)、段玉裁(《说文解字注》)等从之。

一派仍信从《晋志》的说法，可以杨守敬(《嬴秦郡县图》)为代表。

以上两派都是少数派，多数人属于第三派。第三派认为《汉志》《晋志》都有脱漏；三十六是秦初并天下时的郡数，其后续有增置。但初并天下时是哪三十六郡？后来又增加了哪些郡？秦末一共有多少郡？则诸家之说又各不相同，在此不遑备举。诸说中以清全祖望(《汉书地理志稽疑》)、近人王国维(《观堂集林·秦郡考》)二家影响较大。二人都认为南海、桂林、象、九原四郡不应在初并天下时三十六郡之内。全以黔中、广阳、东海、楚郡补足三十六郡，合后置的南海、桂林、象、闽中、九原共得四十一郡，而内史不在内。王以黔中、闽中、陶、河间补足三十六郡，以广阳、胶东、胶西、济北、博阳、城阳、南海、桂林、象郡、九原、陈郡、东海十二郡为后置郡，共得四十八郡，内史亦不在内。1948 年谭其骧发表《秦郡释考》(《浙江学报》2 卷 1 期)，核实内史以外秦郡凡得四十六，如下表：

上郡	巴郡	汉中	蜀郡	河东	陇西	北地	南郡	南阳
上党	三川	太原	东郡	云中	雁门	颍川	邯郸	钜鹿
上谷	渔阳	右北平	辽西	砀郡	泗水	薛郡	九江	
辽东	代郡	会稽	长沙	齐郡	琅邪			

以上三十二郡名见《汉志》，核实为秦初并天下时所有。

黔中　广阳　陈郡　闽中　以上四郡补《汉志》之缺，连上合得三十六郡，《史记》谓始皇二十六年分天下为三十六郡即此。

南海　桂林　象郡　九原　以上四郡名见《汉志》，始皇三十三年开胡越所置。

东海　常山　济北　胶东　河内　衡山　以上六郡，《汉志》缺，始皇二十六年后析内郡所置。

　　作者根据《史》《汉》纪传将这四十六郡断为秦郡,文末又说:
这不等于说秦郡一定就限于这四十六个,因为《史记》既没有为秦
郡县作志,秦一代的郡不见得能全部见于纪传。郚郡见于《汉
书·高帝纪》六年,而《续汉志》以为秦郡,《水经·赣水注》以南昌
为秦庐江南部,故郚与庐江都有可能也是秦郡。据此,可见谭说也
承认秦末可能有四十八郡,与王国维的推论符合;惟两家的四十八
郡郡目则有所不同:王说有陶、河间、胶西、博阳、城阳,为谭说所
无,谭说有常山、河内、衡山、郚、庐江,为王说所无。

　　近年来,史学界讲到秦郡时有的采用谭其骧说,有的仍用《晋
志》或王国维说。

　　关于这四十六郡的辖境,谭其骧另有《秦郡界址考》(载《真理
杂志》1 卷 3 期)。兹据以作表如下;

秦郡治所表

郡名	郡治	今地		郡名	郡治	今地
内史	咸阳	陕西咸阳市东北		北地	义渠	甘肃庆阳县西南
陇西	狄道	甘肃临洮县		上郡	肤施	陕西榆林县南
云中	云中	内蒙古托克托县东北		九原	九原	内蒙古包头市西北
三川	雒阳	河南洛阳市东北		恒山	东垣	河北石家庄市东北
颍川	阳翟	河南禹县		钜鹿	钜鹿	河北平乡县西南
南阳	宛县	河南南阳市		广阳	蓟县	北京市宣武区
东郡	濮阳	河南濮阳县西南		上谷	沮阳	河北怀来县东南
砀郡	睢阳	河南商邱县南		渔阳	渔阳	北京密云县西南
泗水	相县	安徽睢溪县西北		右北平	无终	天津蓟县
薛郡	鲁县	山东曲阜县		辽西	阳乐	辽宁义县西
东海	郯县	山东郯城县		辽东	襄平	辽宁辽阳市
陈郡	陈县	河南淮阳县		汉中	南郑	陕西汉中县
临淄	临淄	山东临淄县		巴郡	江州	四川重庆市江北
济北	博阳	山东泰安县东南旧县		蜀郡	成都	四川成都市
				黔中	临沅	湖南常德市

琅邪	琅邪	山东胶南县西南	南郡	江陵	湖北江陵县
胶东	即墨	山东平度县东南	长沙	临湘	湖南长沙市
河东	安邑	山西夏县西北	九江	寿春	安徽寿县
河内	怀县	河南武陟县西南	衡山	邾县	湖北黄冈县
上党	长子	山西长子县西南	会稽	吴县	江苏苏州市
太原	晋阳	山西太原市西南	闽中	冶县	福建福州市
雁门	善无	山西右玉县南	南海	番禺	广东广州市
代郡	代县	河北蔚县东北	桂林	布山(?)	广西桂平县西南
邯郸	邯郸	河北邯郸市	象郡	临尘	广西崇左县

(《中国大百科全书·中国历史卷》条目;原载
《复旦学报》(社会科学版)1982年第5期)

两 汉 州 部

一、西汉十四部

秦时每郡设一个"监",掌监察一郡吏治。汉初省郡监,地方吏治由丞相派遣"史"(僚佐)"分刺"(分区刺举),没有常设的官员。其时全国只有六十来个郡,大部分在诸侯王统治之下,朝廷直辖的只有一小部分,所以这种制度可以行得通。经过景帝时平定吴楚七国之乱,悉收诸侯王国的支郡属汉,又剥夺诸侯王的统治权,王国官吏由朝廷任命,从此郡和国在实质上无复差别;武帝时除继续削减王国封地,增设了若干内郡外,又外事四夷,开疆拓土,在新扩展的疆土上增设了二十多个郡,至元封中全国共有九十来个郡,十八九个王国,合计约有一百一十个郡国,都在朝廷直接统辖之下,监察不设常员的制度就行不通了。到了元封五年(前106),就把除近畿七郡以外全国一百另几个郡国分为十三部,每部置一刺史,掌刺察一部的郡国长吏和强宗豪右,定为常制。十三部中有十一部采用了《禹贡》和《职方》里的州名都叫做某州刺史部,因此习惯上又以一部为一州,合称十三州。

后十七年,征和四年(前89),又设置司隶校尉一职,掌察举京师百官和近畿七郡;从此全国连同十三州部共有十四个监察区。成帝元延四年(前9)省司隶校尉,绥和二年(前7)复置,改名司隶。绥和元年(前8)改刺史为牧,哀帝建平二年(前5)复为刺史,元寿二年(前1)复为牧。据此,除元延四年至绥和二年两年外,征和四年以后的西汉后期九十余年,一直维持着十四部的制度。

据《汉书·地理志》序文,十三刺史部的名目应为:冀州刺史部　兖州刺史部　青州刺史部　徐州刺史部　扬州刺史部　荆州刺史部　豫州刺史部　益州刺史部　凉州刺史部　幽州刺史部　并州刺史部　交趾刺史部　朔方刺史部

但是,以西汉末年平帝元始二年(2年)簿籍为据的《汉书·地理志》所载一百零三个郡国,在郡国下的注文里,却并没有"属朔方"的,连朔方郡也"属并州";南海等郡注作"属交州",不作"属交趾",显然与《地理志》序文里的十三部不符。

是序文对还是注文对?证以班固之前东汉初年王隆的《汉官解诂》和班固以后东汉末年应劭的《汉官仪》所述及的十三部都与《汉志》序文相同,当然是序文对,注文错。注文里的制度,是东汉时代的制度。何以注文会出现东汉制度?有两种可能:一是出于班固的疏忽,误以著书时的制度作为西汉制度;一是班固本无此注,而是东汉某一《汉书》读者根据当时制度所作的批注,被后世传钞者误作班固本注。

西汉十三刺史部是《汉志》序文中的十三部而不是注文中的州部,这对东汉学者而言是很清楚的。可是到了唐代,去汉已远,许多学者竟为《汉志》注文所迷惑,对这个问题产生了许多误解,终至于得出完全错误的结论。

误解如:

《晋书地理志》承认朔方为一刺史部,又以朔方郡属并州。

《汉书》颜师古注以为朔方刺史专察朔方一郡,不在十三州之限。

杜佑《通典》以为"南置交趾"(《汉志》序文)实际是初为交趾,后为交州;"北置朔方",实际是初为朔方,后为并州。

吕祖谦《大事记》以为凉州之地有凉州、朔方两刺史。

王应麟《通鉴地理通释》以为武帝初于近畿亦置一刺史,后改司隶校尉。

作出十三部系司隶和并、荆、兖、扬、豫、冀、幽、青、徐、益、交、凉十二州的错误结论,则始于《通典》,其后《大事记》、郑樵《通志》、《通鉴地理通释》、马端临《文献通考》、顾祖禹《读史方舆纪要》等皆沿袭不改。甚至清代乾嘉时期一些考据学家,也还有信从此说的,如王鸣盛《十七史商榷》、钱坫《新斠注地理志》等。独全祖望《汉书地理志稽疑》能阐明西汉十三部应以序文所述为正,而司隶不在内;注文"乃东京之制"。唯谓朔方部领有河西五郡则误。钱大昕《廿二史考异》能指出西汉时"并与朔方各自为部",却未能对西汉十三部作出全面说明。清末杨守敬《汉书地理志补校》、王先谦《汉书补注》采用了全氏正确的说法,也因袭了全氏的错误。

1934 年顾颉刚发表《两汉州制考》一文(载前历史语言研究所《蔡元培先生六十五岁庆祝论文集》),才详细地论证了西汉元封五年始置十三刺史部应如《汉志》序文所述,征和四年增置司隶校尉部,此后共有十四部;《汉志》注文所依据的是东汉的制度;并纠正了全祖望以河西五郡为朔方领郡之误。西汉州部的问题至此便得到了圆满解决,成为史学界公认的定论。

二、王莽十二州

西汉末年平帝时王莽秉政,元始五年(5 年),莽奏改十四部为十二州。这是因为《尚书·尧典》里有"肇十有二州","咨十有二牧"二语,王莽泥古,一切制度要以经义为本,所以对州部之制也要以经义更定。十二州名不见《汉书·平帝纪》、《王莽传》,而见于扬雄《十二州箴》:

冀州　兖州　青州　徐州　扬州　荆州　豫州　益州　雍州

幽州　并州　交州

冀、兖、青、徐、扬、荆、豫、雍八州采用了《禹贡》的旧名,幽、并二州采用了《职方》的旧名,这十州除雍州外,其他九州也就是西汉的刺史部名。唯西汉改雍曰凉,至是复《禹贡》旧名。西汉改梁曰益,由于汉益州境域远较《禹贡》梁州为广袤,所以就袭用了汉名,不再恢复《禹贡》名称。交州虽不见于《禹贡》、《职方》,但《尧典》已见"申命義叔宅南交",故王莽即以交为州名,即西汉交趾刺史部。西汉的朔方刺史部至是并入并州;司隶校尉部七郡,至是以三辅并入雍州,以河南、弘农并入豫州,以河东、河内并入冀州。

古今学者有些人认为扬雄只写了"九州箴",今本《十二州箴》中的后三箴即幽、并、交三箴,出自后人的增附、作伪。此说确否尚待进一步论证。即令后三箴的确不是扬雄作品,王莽十二州中有此三州应无可疑。因为三州中幽并二州见《汉书·王莽传》,始建国、天凤中;《后汉书·光武帝纪》《岑彭传》建武初见交趾牧,时光武势力未及荆湘以南,这个交趾牧应为王莽所任用的交州牧,而史家沿用了西汉旧称。

三、东汉十三部

东汉光武帝初年曾一度恢复西汉十四部制,但不久作出了两项更动:一、建武十一年(35 年),"省朔方牧,并并州";二、改称交趾为交州。两项更动刚好都是恢复王莽时代的制度。交趾改称交州之年《后汉书》缺载,疑当在建武十八年,因为前二年还有交趾刺史见于《南蛮传》,此年已有"刺史十二人各主一州"见《百官志》。此后东汉一代常制见于《百官志》的是:"司隶校尉一人","并领一州";"外十有二州,每州刺史一人"。所以东汉的"十三州"不同于西汉,西汉十三州专指刺史部,不包括司隶部,东汉则司隶校尉部也算一州,要是不算司隶,那就只有十二州。

建武十八年后交趾已改称交州,所以班固误以东汉制度注西汉郡国所属州部,便在南海等郡下注作"属交州";司马彪《续汉书郡国志》以州为纲,以郡为目,便在南海等七郡下总括为"右交州刺史部郡七";《百官志》列举十二州所领郡国,也说"交州部七"。至于《后汉书》纪传里在建武以后还出现"交趾刺史",《晋书·地理志》、苗恭《交广记》里说是交趾到献帝建安年间才改称交州,据顾颉刚考证,前者当由于交趾虽已改称交州,但习惯上仍沿用"交趾"旧称不改,史家不慎,采用了流俗的、非正式的称谓;后者乃地方传说,绝非史实。顾说宜可信。

两汉州部的不同主要不在于由十四部变为十三部,而在于州部的性质发生了变化:

一、西汉时刺史或州牧对部内郡国长吏只有省察举劾之权,无权黜退;凡郡国长吏被举劾为不称职者,需要由三公派遣掾吏案验,然后黜退。东汉自光武即位之初起即"不复委任三府,而权归刺举之吏","有所劾奏,便加退免",从此刺史的权任大大提高了一步,事实上已成为郡国守相的上司。

二、西汉刺史或州牧平时"巡行所部郡国","岁尽"则"诣京师奏事",虽然在外日久而在京日暂,但论其性质则是由中央派遣在外执行中央任务的中央官而不是地方官。所以《汉书·地理志》

既不按州部而按郡国排列,亦不见州部治所,因为那时州刺史"居无常冶",只有暂时的驻所,没有固定的治所。到了东汉建武十一年"初断州牧自还奏事"(《光武纪》),从此州牧或刺史不复自诣京师(奏事改由计吏),也就是由中央官变成了地方官。所以《续汉书·郡国志》便将所有郡国改为按所隶州部排列,并且将各州刺史治所一一注出:

司隶治雒阳　豫州治谯县　冀州治高邑　兖州治昌邑　徐州治郯县　青州治临淄　荆州治汉寿　扬州治历阳　益州治雒县　凉州治陇县　并州治晋阳　幽州治蓟县　交州治龙编。

四、东汉末年的改制

灵帝中平元年(184)黄巾起义,四方多事,五年(188),选朝廷重臣出任州牧,"镇安方夏","州任之重,自此而始"。从此州由监察区逐渐转变成为行政区,地方行政区划由秦汉四百年的郡县二级制开始进入了此后四百年经魏晋南北朝直至隋初的州郡县三级制。

从中平五年到曹魏代汉三十二年间,各州或置牧,或置刺史,以资望重轻为转移;但不论是牧还是刺史,权任都已不再仅仅限于对官吏的省察、举劾、黜陟,而在向一方的军民行政长官转化。随后州的划分也发生了一些变化。献帝初平元年(190),辽东太守公孙度并有辽西、玄菟、乐浪等郡地,自立为平州牧,又越海收东莱诸县,置营州刺史。但这是割据者的僭窃行为,并没有得到东汉朝廷的承认。后四年兴平元年(194),诏分凉州河西四郡置雍州,从此遂正式改十三州为十四州。又十九年至建安十八年(213),时曹操以丞相领冀州牧,为了要扩充他自己直接控制的地盘,便以汉献帝的名义下诏合并十四州,恢复《禹贡》九州。《禹贡》九州本是冀、兖、青、徐、扬、荆、豫、梁、雍九州,曹操的九州八州同《禹贡》,唯有益州沿用汉代的名称,没有恢复《禹贡》旧名梁州。所以此次改制,实际是废除司隶校尉部和凉、幽、并、交四州;将司隶所领分入雍、冀、豫三州;并凉州入雍州;并幽并二州入冀州;又废交州,将所领分入荆益二州;冀州合并了幽并二州和旧属司隶的河东河内二郡,这是曹操所以要搞这次复古把戏的目的。但此次改制并不能完全见诸实行,其时交州已在孙吴版图内,当然不会理会曹操所挟持的汉献帝的诏令,所以事实上东汉末年孙吴境内一直存在着一个沿袭旧制的完整的交州,始终没有改变过。在曹操控制的境域内九州制实行了七年几个月,220年曹丕称帝,当年即恢复建安十八年以前的十四州制。

东汉十三部治所表

部名	司隶	豫州	冀州	兖州	徐州	青州	荆州	扬州	益州	凉州	并州	幽州	交州
治所	洛阳	谯县	高邑	昌邑	郯县	临淄	汉寿	历阳	雒县	陇县	晋阳	蓟县	龙编
今地	河南洛阳市东	安徽亳县	河北柏乡县北	山东巨野县南	山东郯城县城北	山东淄博市临淄	湖南常德县东北	安徽和县	四川广汉县北	甘肃张家川自治县	山西太原市西南	北京市宣武区	越南北宁市南

(《中国大百科全书·中国历史卷》条目;
原载《复旦学报》社会科学版1982年第5期)

关于秦闽中郡、汉冶都、冶县问题
——在福建省古闽地学术讨论会上的发言

（1986 年 6 月 18 日）

这次来福州参加由福建省地名委员会、福建省地方志编纂委员会和建福省历史地图集编辑室联合召开的古闽地学术讨论会，很高兴。因为这次学术讨论会虽然是小型的，虽然只有两天，我还请了半天假，只参加一天半，但这一天半的会开得与众不同，集中、深入。这一天半中听到各位的发言，有些问题是自己从来没有想到的，对我有很大的启发。

有同志让我作"总结性的发言"，总结是谈不上的。这个会本来是为了编历史地图，或是写地方志、编地名词典，需要古闽地的内容。这事情由谁拍板？谁决定？如果是主编负责制，拍板的就是主编；如果是编委负责制，拍板的就是编委会。我非主编、编委，当然无权，也不可能拍板。我虽然画了几十年的地图，但现在你们画的是福建省的历史地图，有所不同。关于福建的历史知识，我比在座的各位差了许多。在座的有的本来就是福建人，又在福建工作，有的像张立主任那样，虽然不是福建人，但在福建工作了几十年，对福建的文献、历史已很熟悉。我虽然画了几十年的历史地图，但没有在福建方面花过许多工夫。去年为了回答林汀水同志的信提出的问题，花了几天时间。这次又听了各位发言，也考虑了一下,翻了一些书,但没有时间仔细翻,所以对福建方面的问题比在座各位都知道得要少。因此,我的发言只能代表我的一家之言,我个人的看法,绝不应该影响福建历史地图集的主编。可以采用我的说法,也可以完全不理我的说法,总而言之,最后决定的还是取决于工作的同志,特别是主持这项工作的同志。

先从有没有闽中郡谈起。我的看法,去年给林汀水同志的信中已经说了,现在觉得还是不能改变。《史记·东越列传》、《汉书·两粤传》中既已明确提到了"以其地为闽中郡",如果没有明确的依据证明这是错的,仅仅依靠"好像不像有"、"有问题"等这一类的想法就否定其存在是不行的。怀疑可以,但是不能断言说《史记》、《汉书》中这句话不对、没有根据,没有确凿证据就不能否定这句记载。

有些同志要否定《东越列传》中"秦已并天下,皆废为君长,以其地为闽中郡"这几句话,但是根据好像都站不住脚。

第一种根据是说建立闽中郡不见《秦本纪》,还有的说不见于《汉书·地理志》中的秦三十六郡。我认为这都不成其为理由。很简单,秦的郡并不是每一个都见于本纪,秦朝 40 多个郡,不见于本纪的有好多。因为本纪里只能提到一些有重要事件发生的郡县,没有的就不会提到;并没有那么一条体例规定凡置郡一定要见于本纪。同样,《汉书·地理志》里汉代的郡以下的"本秦××郡",数起来一共三十六郡,清朝的考据学大家钱大昕认为秦朝就是这三十六郡,但是钱大昕的这个说法实际上是站不住脚的。钱大昕是第一流的考据家,其他的考据都很精,但是这个说法却是靠不住的。因为实际上《汉书·地理志》中所提到的三十六郡以外,还有好多秦郡见于《史记》的本纪或是秦朝、汉朝初年的列传中,看起来是应该承认的,但是《汉书·地理志》里不见,所以我们不能认为秦郡都见于《汉书·地理志》，实际上不是这么回事。过去考秦郡的人，很多也认为三十六郡只是秦朝某一时期的建置，可能是初并天下时的三十六郡，后来陆续增加了很多，到秦朝末年有四十多郡或者近五十郡。很明显《汉书·地理志》所列的不是秦郡的全数，我们不能说《秦本纪》不见"闽中"，《汉书·地理志》不见"闽中"，就否定《东越列传》里的记载。这是第一点。

这里牵涉到一个小问题，顺便谈一下。闽中郡是哪一年置？过去长期认为是置在三十六郡之后，是秦始皇已并天下之后才置的，《东越列传》本身也是这么讲的，《晋书·地理志》里就是这样理解的。唯独王国维把它定在（秦始皇）二十五年，当然也有一定的理由，但是也并不很充分。关于闽中郡哪一年置，我认为还不能确定，王国维的说法不能认为是绝对正确的。

第二，有的同志认为，既然有闽中郡，那么闽中郡管哪些县呢？找来找去，顶多只有两个县。为什么呢？《汉书·地理志》中会稽郡二十六个县，只有最后两个县有可能就是秦朝闽中郡的县，一个回浦县，一个冶县。此外再也找不出来，本纪、列传中也找不出来。既然有郡，就要管若干县，一个郡只有两个县，好像有点说不通，所以有些同志认为秦有闽中郡靠不住。关于这一点，我去年在给林汀水同志的信里也提到了。我们后代人之所以能够知道前代某一政区管多少县，主要是靠记载，秦代的要汉代人记下来，汉代的制度，西汉的要靠东汉人记下来，东汉的要魏晋时记下来。后代记前代，中间要是隔开好久的话就没有办法了。而闽中郡就是这个情况。闽中郡到底置于哪年还不清楚，不过相差不会很久。要是从王国维的说法，置于秦始皇二十五年；要是从《晋书·地理志》等的说法，是置于"已并天下"之后，即二十六年之后几年。相差也不过四五年时间。总之，离秦朝亡国只有 10 多年，离陈胜、吴广起义,离无诸、摇率闽兵参加反秦,顶多十二三年。等到无诸、摇起兵反秦,秦朝在这个地方当然是失掉了郡县机构了。因而,秦在此地设郡县,充其量也就是十二三年或十三四年,时间很短。而无诸、摇参加反秦之后,汉初,这块地方是不在汉朝版图之内了,要到汉武帝元封元年平了东越才入汉朝版图。但入汉朝版图后,汉朝又把老百姓都迁到江淮之间,"虚其地"不设郡县,在汉武帝时代一个县都没有了。那么大的地方不设县不行,二十多年后,就设了两个县。这是根据《太平御览》引《吴地记》"昭帝始元二年,以东瓯地为回浦县"的记载①,推测冶县的设置也应该是这一年。这虽然没有确凿的证据,但这种推理也是合理的。这一年离汉武帝平东越有二十多年,但是离闽兵反秦约已有一百二十年。而且两汉基本上只有这两个县,一直到此后约三百年,东汉末年汉献帝建安年间才又加了两个县,到孙吴时又加了三四个县,到西晋时才有十个县,到唐代才有三十个县。总之,除冶县、回浦两县设置较早外,其他后来在秦闽中郡辖境内建立的县,建县时离开秦朝设郡县时都是好几百年,设县时已不可能记得这个地方就是秦代的某县了。因此,除了冶、回浦由于西汉设县一般认为也是秦县外,其他的县就不可能见于任何记载了。在这种特殊情况下,现在我们要考秦闽中郡设几县是没有办法了,只有冶、回浦两个了。但是这不能成为秦代没有闽中郡的根据。我认为,秦代闽中郡应该是有的,而且

---

① 这篇发言稿是在福州开会期间写的。这一条资料是从当时看到的朱维干先生《冶县及东部都尉的设立》一文中录下来的。项因校阅会议根据录音写成的发言,检架上中华书局影印《太平御览》,则所引《吴地记》只说"后,遗人往往渐出,乃以东瓯地为回浦县"并无"昭帝始元二年"六字。又请上海图书馆代查其他各种版本《御览》,亦无此六字。唯《御览》虽无此语,此语不应无据。待查。8月27日记于上海寓所。

管县不止两个，但是记载失传了，因为秦末以后几百年时间大部分地方设郡不设县，当然就不大可能见于记载。

第三点，否定秦朝有闽中郡的，根据就是《东越列传》和《严助传》里讲到，建元三年闽越围了东瓯，东瓯告急，汉武帝问太尉田蚡怎么办？田蚡就说越人相攻是常事，不必管，后面还有一句，《东越列传》作"自秦时弃弗属"，《严助传》作"弃弗属"，这句话就成了否定闽中郡的理由。其实这也是不能成立的。在历史记载里，国家发生了什么事情，在朝的人发议论，往往具有倾向性，要为他自己的主张找理由，这就会与原有的历史事实有出入。田蚡因为不主张打仗，在他看来闽越围东瓯是越人之间的互相攻击，跟汉朝没有关系，用不着管，他的倾向性使他讲秦的历史时说秦朝与越地也没有什么关系。但是我们真正看看历史，只能说"自秦末弃弗属"，而不能说"自秦时弃弗属"。秦末无诸、摇起兵之后，秦朝是管不着这块地方了；进入汉代，直到汉武帝建元初年，这七十多年，从来也没有管到。所以他这句话可以理解成"从秦朝末年以来，放弃这片地方已有七八十年之久了，如今越人自相攻击，朝廷用不着去管他们"。这句话的意思是说秦末已管不着了，现在也不用去管，确是有点强词夺理，难怪严助要驳他："秦举咸阳而弃之，何但越也！"这两个人各有倾向，可以拿《汉书·贾捐之传》里的事来比较，很相似。贾捐之此人是因为他在汉元帝时上疏请废弃珠崖郡而著名的。汉武帝时在海南岛上设了珠崖、儋耳两个郡，但二郡人民经常造反，朝廷为之多次发兵平定。昭帝始元五年不得已罢儋耳郡并入珠崖郡，但叛乱仍然不断发生。元帝初又反，朝廷上有人主张用兵镇压，贾捐之则主张"不当击"。他说，尧、舜、禹时代"地方不过数千里"，殷周盛时其地"东不过江、黄，西不过氐、羌，南不过蛮荆，北不过朔方"。接下讲秦，秦是喜欢兴兵广地的,但是秦地也"南不过闽越,北不过太原"。请看,这句话的倾向性也太强了！秦在五岭以南设置了南海、桂林、象三郡,秦末赵佗割据此三郡建立南越国,这是明见于历史记载的,怎么能说"南不过闽越"？太原以北,秦建有代、云中、雁门、九原等郡,这都是记载很清楚的,他却说"北不过太原"。他是要为自己那套理论服务,所以尽量说得小点。你说他完全胡诌吗？也不尽然。汉初接受秦朝的遗产时,差不多就是这个情况。秦朝末年时,南越已经在闹独立,管不到了,直到汉武帝元鼎时才又平定南越;而太原以北的沿边诸郡,汉初常处于匈奴的蹂躏之下,汉朝在那里的统治是很不稳固的。并不是秦全盛时"南不过闽越,北不过太原",而是汉初接受秦遗产时,大致是"南不过闽越,北不过太原"。到贾捐之嘴里变成似乎整个秦朝都如此,这完全是为他的议论造依据。所以《东越列传》、《严助传》中的自秦时"弃弗属"应该作此理解,不能说是秦朝没管到过闽越。

有的同志又认为,秦设闽中郡见于《史记》、《汉书》,不好否定,但它是虚的,不是实的,或者说秦是准备建闽中郡,但实际上没有实现。理由有二:一是没有考古材料,我说这不能成为理由。几百年一个历史时期,没有考古材料,我们可以说奇怪了,而秦代的闽中郡才十几年,怎么能要求它一定要有考古遗址、遗物留下来呢？第二条理由是,《东越列传》里说得很清楚,秦朝虽然置了闽中郡,但是无诸、摇仍是闽中的君长,所以陈胜、吴广一起义,无诸和摇马上就带着他们的队伍参加了反秦起义,可见无诸、摇还是有实际力量的。还有的同志认为闽中在秦代没有设官置守。秦制,郡有守有尉,县有令有长,但在文献里找不到闽中郡的守尉令长等。殊不知本来不一定每个郡的守尉都要见于记载,不见于记载的地方官太多了。但是又怎样解释既有了郡,为什么还有无诸、摇这些君长存在，而且还有实际的权力？也不奇怪。实际上古代（至少秦汉时代）以黄河流域为基础、为根据地的中原王朝，秦也好、汉也好，它统治长江流域、珠江流域这些地方，虽然置郡县，但并不是每一片土地上的每一个人都成为王朝的编户，并不是每寸土地王朝都管得到的。秦汉也好，魏晋南北朝也好，在南方好多地方虽然设置了郡县，但仍有一部分土地、一部分人民是王朝管不到的。王朝能管到的大概是几个城市，几条交通路线和交通路线两旁一些地方，真正山林深处是管不到的。这些山林深处往往还有土著民族的君长，这种情况很普遍。举个例子，汉武帝平了南越、东越之外还平了西南夷，《史记》、《汉书》都有《西南夷传》，就是今天的贵州、云南、四川南部一带。汉武帝时在西南夷地区置了七郡，后并为五郡，如贵州有牂柯郡，云南有益州郡，四川南部有越巂等郡。这些郡都管了哪些县，《汉书·地理志》里也写得很清楚。但是细看《西南夷传》就知道，建立牂柯郡后照样还有夜郎王，有了益州郡后照样还有滇王，除了夜郎王、滇王之外，在《西南夷传》和《本纪》里头发现在那些地方还有句町王、漏卧侯等。这些王侯有时服从当地郡县的守长，有时候就不买账，闹摩擦，甚至引起战争，这也就是说，秦、汉等中原王朝统治南方地区经常是置郡县和留君长（汉有分封）两套机构并行的。以此类推，既然在西南夷方面如此，可想而知秦朝设了闽中郡还可以照样保留无诸、摇的君长地位，一点也不奇怪。不能因为无诸、摇是闽越的君长就否定秦设有闽中郡，或者说是虚的，也不能说像云南的益州郡、贵州的牂柯郡、四川的越巂郡都是虚的。

现在再来讨论闽中郡的郡治问题。这本来在《东越列传》里也说得相当清楚："汉五年，复立无诸为闽越王，王闽中故地，都东冶。"既然闽越王的封地是闽中故地，闽越的都是东冶，按常理来推，这东冶就是闽中郡的郡冶了。在《史记》里是"都东冶"，在《汉书》里是"都冶"，应该东冶就是冶。但是有的同志怀疑闽越时的政治中心在冶，也有一定道理。因为《朱买臣传》里说，东越王居保泉山，后南徙五百里到大泽中等等。泉山看起来是在浦城那一带，不像在冶。其实这里有很大一个误会，《朱买臣传》中说"居保泉山"，后"去泉山五百里居大泽中"，都是东越王的，并没有说是闽越王的。《史记》里的东越有两种意义，一个是除了南方的越以外，东方的越都叫东越，所以闽越也是东越的一部分，东瓯也是东越的一部分；还有一个意义是专指东越王馀善，那是指他杀了闽越王郢之后，建元六年造反的时候。汉朝封丑为越繇王，奉闽越祀，越繇王是继承闽越的正统的，他仍然应该是都东冶，地方还应在闽江下游。而馀善杀郢之后威行国内，汉武帝觉得没办法了，又封他为东越王。一种是广义的东越范围，一种是狭义的专指东越王馀善的势力范围，《朱买臣传》中所指的是后者——狭义的东越，指馀善。《史记》中没有交代馀善的东越是在哪里，但从下文看来，馀善的东越范围很清楚在闽西北。闽西北一些汉代遗址，应该都是馀善的，不是闽越的。不应该把东越和闽越混为一谈。广义的东越可以包括闽越，但自从馀善做了东越王之后，闽西北馀善的统治范围才是东越，闽江下游是闽越。《朱买臣传》里的东越指的应该是馀善。我认为，崇安的汉城也好，浦城的泉山、汉阳城也好，都应该是馀善东越的遗址。南面建阳有个大潭城，我怀疑这"潭"字也许就是"泽"字之误；也许《朱买臣传》中的"泽"字是"潭"字之误，这我不敢断定。但建阳离浦城不到五百里，或许是古代的里短，稍稍说大一些也很可能。闽西北据说有六城，就算是靠得住的，但不能说秦闽中郡的政治中心在这里，这一带是东越王馀善的地方。馀善子元鼎中举兵反汉，汉攻打东越，都在这一带。这一带有一片平原，所以东越的势力也很强。馀善虽然是东越的王，但他是控制了闽越的。直到汉举兵来灭东越，徙其民予江淮之间。我认为徙东越是徙得较干净的，所以闽西北长期不设县，一直到汉献帝时闽西北才设县。而闽江下游可能没有徙得那么干净，所以二十多年以后就设置了冶县。所以说闽西北是东越王的根据地没有错，却不能说成从闽中郡以来中心就在那里。闽中郡、闽越王的中心还是在福州。这是我的一家之言，我的说法是很保守的，正确与否大家可以讨论。

闽中郡是有的，其中心是冶，但"冶"在哪里？在福州，但具体什么地方我搞不太清楚。我认为《史记》里的"东冶"可能就是当时的名称，汉初闽越王都东冶，就是秦闽中郡的郡治。《汉书·两粤传》中称"冶"，我认为就是东冶。为什么不叫东冶改叫冶呢？这是因为东冶到汉昭帝后改称冶县，班固用了汉朝的名称。西汉时的冶县到东汉又改称东冶，也就是闽越王时的东冶。

另外还有"冶南"的名称，"八月闽越王举兵于冶南"。冶南可能得名于冶山以南，可能冶南就是冶城。中国的习惯，往往喜欢在地名后加"南"字。如贵州叫黔，但有人写书就叫做《黔南纪略》，实际上就是指整个贵州；云南叫滇，也就有滇南之称，如《滇南职方考略》。所以我们用不着在福州往北去找"冶"，冶南就是冶，也就是东冶。

这里又牵涉到一个问题，就是该怎样理解《续汉书·郡国志》里"章安故冶"这句话。我认为很明显是"章安"和"故冶"中间脱掉了"东冶"两个大字。本来是章安一县，无注；东冶又一县，注云："故冶，闽越地，光武更名"。后来脱掉了"东冶"二字，就变成"章安故冶"了，这一来就搞不清楚，冶就被搬到浙江去了。实际上把前后沿革一看，西汉回浦东汉变为章安，章安后来又分某县某县,全在浙江南部清朝的台州府、温州府、处州府一带,是很清楚的。至于冶,后来分出来的县则都在福建。章安和冶,明明是两块地方,不能扯到一起去,可就是因《郡国志》掉了两个字,就引起了一些人的误解。胡三省在《通鉴》注里已经指出来,但还没有说得很清楚,清朝的杨守敬就进一步说清楚了。我认为到了杨守敬,这个问题应该算是基本上解决了,我们不应当再从今本《续汉书·郡国志》为据去上他的当。《汉书·地理志》明明就是两个县,一个冶县,一个回浦县,章安是回浦的改名,不能把章安跟冶扯到一起去。

《福建省历史地图集》如果可以采用我的看法,认为闽中郡应该有、应该画,这容易,但具体怎么画又有点麻烦。画历史地图应该尽可能地反映某一时代历史的实际情况。但南方的郡县不比北方黄河流域,黄河流域一个郡管几个县,所有的土地、所有的人民都是朝廷管得到的。南方的好多郡县则只管一部分土地,还有一部分土地仍由当地土著酋长在管着。那么历史地图上该不该反映这种情况呢?理论上讲是应该的,办法比如一个圈里点上几个点,都算是秦朝的,不就可以反映秦时的具体情况了吗?但是你能知道哪几块是朝廷管得着的,哪几块还在酋长统治下呢?所以说还是没有办法。所以我们只好将汉朝的会稽郡、秦朝的闽中郡画成包括整个福建,同中原地区的郡县一样的画。虽然实际情况不一样,但是你没有办法分。我曾经看到过一种日本人画的中国历史地图,只把福州附近和闽江下游的一块地方画成白的,认为这是闽中郡、冶县管到的,此外就全部抹黑了,认为这是没有开发,秦朝没有管到的地方。你说他没有道理吗?也有道理。但是白的、黑的各画多大,他又有什么根据呢?后代的地方志、一统志里认为汉的冶县是管到整个福建的。比如《大清一统志》,福建的每一个县在

"汉"这一栏里都写上汉冶县地。若以此为据，认为汉朝的冶县真是管到今天福建的全省，这是不符合历史实际的。方志、一统志里把福建所有的县都说成是汉朝的冶县地，意思是古代那几个点是有土地有人口，是为王朝所管到的，后来逐渐扩展，土地人口比较多的再分开，甲县分乙县，乙县分丙县，丙县分丁县，追溯上去都变成甲县分出来的，都变成冶县分出来的。实际上福州附近、闽江下游的冶县，怎么可能管到汀州、漳州呢？所以方志中这样理解是不对的。但是像那位日本人那样画法也是不妥当的，也是没有充分依据的。因此，如何正确地反映秦朝的闽中郡？我们在画《中国历史地图集》时，也遇到这个问题，最后没有办法，只好有几个县就画几个圈，这几个圈（点）就是县治，看不出县所管的地方之外还有王侯君长。作为全国的图，比例尺较小，又要照顾全国，这样简单处理还情有可原。现在在座各位正在画福建历史地图，当然要比《中国地图集》中的福建部分更详细、更具体，仍然采用这种办法是否妥当，就要考虑了。《中国历史地图集》里，秦图是表示秦朝末年的，汉图是表示汉朝末年的，作为《福建省历史地图集》，是否不一定再采用一个王朝一幅这个办法，应该充分地把历史时期的所有变动都表示出来。因此，我以为秦朝可以画一个闽中郡，汉朝应多画几幅，至少三幅。一幅画汉惠帝以后汉武帝之前，那时东越范围之内至少有了三个政权需要表示。东瓯比较清楚，相当于浙南，就是明清时的温、台、处州。闽越也比较清楚，差不多相当于今天福建。南海王可是难画，好像广东方面有人写文章推断南海王北起鄱阳湖的东侧，南一直到潮、梅。那么汉初的东越，应该有三个王，这个界线比较难画，但是大体上是有数的。南海王大概只是存在于汉高祖末年到汉文帝时，到了汉武帝初年已经没有了。南海王这块地方先是闽越占领，后来东越又继续占领的。从《汉书·严助传》里元鼎年间馀善发兵抗汉用兵情况来看，南海的东线不光到江西铅山为止，应该包括余干一直到白沙、武林、梅岭，直至鄱阳湖的东南岸，西南边一直到揭阳。汉朝要闽越出兵去对付南越，闽越到揭阳就按兵不动了，揭阳一带还是他的地方。西南线大体上知道，但是具体线难画，不像北界画到浙江温、台、处跟金华、衢州、宁波分水线就可以。东北、西北的界线不好画。我觉得应该画一个西汉初年东越地方三国并存的情况，然后再画一个汉武帝以后、平定东越以前，东越王控制了闽越王，也占领南海的地方，这是东越的全盛时代，对抗汉朝发兵几十万要吞汉时的东越、元鼎时的东越。然后再画一幅西汉灭东越到汉昭帝以后至西汉末年东越地方的回浦和冶两个县。这幅图是否可叫《西汉后期会稽郡南部图》？实际上就是"闽中故地"。

还有一个汉朝的都尉的问题，我去年回答林汀水同志的信中说得很多了，所以这里就不再提了。

附带提一下侯官的问题。林汀水同志的"没有闽中郡，没有冶县"的看法我都不赞成，但是昨天他有一段话我很赞成，我自己没有办法解释的，他昨天给我解释了，是王国维的文章完全没有解决的问题。汉朝的制度是郡以下管多少县，每个郡都有都尉，都尉管着几个侯官，天下的侯官应该很多，为什么别的地方侯官就是侯官，它只是军事系统中一个单位或一个点，不会变成地方官，唯独福州的这个侯官后来变成县了？因为有一段时期灭了东越，虚其地但并没有弃守，是军管的地方，后来老百姓从山里出来了，二十多年后才有了个冶县，可能离县治比较远，离侯官驻地比较近，让侯官也管一部分老百姓，慢慢这侯官也成了地方官了。我认为这个解释很好。因为就是福建发生了这个事，汉武帝元封元年以后，虽然把百姓搬走了，没有地方官了，但是派了一个侯官，这侯官就延续下来了,慢慢地变成地方官了。在汉代,侯官在这地方的资格大概比冶县还老,冶县是在灭东越虚其地二十几年以后才设的,而侯官是灭东越后立刻就设置的。

(原载《福建地方志通讯》1986 年第 4 期)

自汉至唐海南岛历史政治地理

——附论梁隋间高凉洗夫人功业及隋唐高凉冯氏地方势力

　　海南岛建省,是配合全国经济发展新格局的一项重大改变行政区划措施。新省既建,理宜对它的历史有所称述。但古籍和旧时学者对这方面的记载和研究,特别是自汉至唐八九百年中的政区沿革和政治情况,不仅不清楚,甚至有很多错误。本文旨在纠正旧说的错误,并试图阐明这一历史时期海南岛的政治情况。

一、西汉珠崖、儋耳二郡的开置与放弃

　　汉武帝时在今海南岛上开置珠崖、儋耳二郡。《汉书·武帝纪》及《南粤传》系其事于元鼎六年(前 111 年),说是年南粤既平,以其地为南海、苍梧、郁林、合浦、交趾、九真、日南、珠崖、儋耳九郡。《史记·南越传》亦云元鼎六年"南越已平矣,遂为九郡",虽未列举郡名,既为九郡,当然也包括珠崖、儋耳。但《汉书·贾捐之传》及《地理志》卷末记各地风俗,则以为二郡置于元封元年(前110 年)。按史、汉《南越(粤)传》①载南越事颇详,看不出南越时

---

① 本文所引古籍篇名,首次出现使用全称,下皆用简称,如《史记》、《汉书》、《隋书·地理志》,称史、汉、隋志。

已有海南岛之地。元鼎六年汉初平南越,但当于南越故地置南海、苍梧、郁林、合浦、交趾、九真等郡耳,似难以渡海略置珠崖、儋耳;故二郡置于元封元年即平南越之次年之说,宜较元鼎六年说为可信。武帝用兵岭南,结局是开置了九郡,史迁行文,好以一事跨数年者系于一年,遂于元鼎六年下终其事谓"遂为九郡",非谓九郡悉置于此年也。此疏略笔法,又为班固袭用于《武帝纪》、《南粤传》。后人不察,多从元鼎六年说而不用元封元年说,这是错的。

《通典·州郡典》古南越:汉武帝讨平南越,"元封初又遣军自合浦徐闻入南海至大洲,方千里,略得之"。注:"置儋耳,珠崖二郡"。《旧唐书·地理志》崖州:"汉武帝元封元年,遣使自徐闻南入海,得大洲,东西南北方一千里,略以为珠崖、儋耳二郡"。二书记载当本于西汉旧籍见存于唐代者。据此,可肯定海南岛收入汉朝版图始于元封元年。至于《通典》说是遣军略得,《旧唐书》说是遗使所得,二说的差异,约可反映这是一次带兵的招抚,未经作战就略定了。

《汉书·武帝纪》注引臣瓒曰:"《茂陵书》珠崖郡治瞫都,去长安七千三百一十四里;儋耳去长安七千三百六十八里,领县五"。《贾捐之传》云:"儋耳、珠崖郡皆在南方海中,洲居,广袤可千里,合十六县,户二万三千余"。据此,则二郡共领十六县,儋耳五县,珠崖十一县。十六县可考者除瞫都外,又有珠崖郡之山南县见《元帝纪》初元三年,紫贝、瑁瑁、临振、至来、儋耳,见《舆地纪胜》引《元和郡县志》,九龙、苟中见《太平寰宇记》,共凡九县。据唐、宋诸地理总志及《读史方舆纪要》、《清一统志》,瞫都、瑁瑁故治在今琼山县南,紫贝故治在今文昌县南,临振故治在今三亚市北,至来故治在今昌江县西北,儋耳故治在今儋县西北,九龙故治在今东方县南,苟中故治在今澄迈县东。山南无考,既以山南为名,约当在今陵水县境。暗都、璊瑁、紫贝、临振、苟中、山南当隶珠崖郡,儋耳、至来、九龙当隶儋耳郡。

西汉郡县官吏对岛上土著人民的统治极为酷虐,引起了人民频繁的反叛。《汉书·地理志》卷末条风俗云:儋耳、珠崖"自初为郡县,吏卒中国人多侵陵之,故率数岁壹反"。《后汉书·南蛮传》载及武帝末一次攻郡杀太守,连年乃平的叛乱,起因即由于太守苛敛,"蛮不堪役"。

《三国志·吴书·薛综传》云:交州"长吏之选,类不精覈。汉法自宽,多自放恣,故数反,逆法",说得比较公正。薛综又说:"珠崖之废,起于长吏睹其好发,髡取为髲"①。其事又见《太平御览》卷373引《林邑记》:"朱崖人多长发,汉时郡守贪残,缚妇女割头取发,由是叛乱,不复宾服"。贪残到强割妇女的头发,人民焉得不反?所以"自初为郡至昭帝始元元年(前86年)二十余年间,凡六反叛;至其五年(前82年),罢儋耳郡,并属珠崖"。其后宣帝神爵三年(前59年)、甘露元年(前53年)又反了两次,每反"辄发兵击定之"。至元帝初元元年(前48年)又反,"发兵击之,诸县更叛,连年不定",终于到初元三年(前46年),听从了贾捐之"宜弃珠崖,救民饥馑"的疏奏,顾念到劳师远攻必将导致万民饥困,乃下诏罢珠崖郡②。

此前儋耳之罢只是撤销儋耳郡的建置,其人民土地则并属珠崖,这一行政区划的改变,并不影响到汉朝的版图,海南全岛仍在汉朝疆域之内。由于撤销了一个郡,也可能同时罢废了它的几个

---

① 髲,假发。
② 《汉书·贾捐之传》。始元五年罢儋耳郡,元帝初元三年罢珠崖郡,不见《昭帝纪》、《元帝纪》。

属县,减少了地方政府和地方官吏,也就相对地减轻了对人民的剥削,因而减轻了叛乱的频数。但地方官的放恣贪残依旧,叛乱终不可戢,最后珠崖郡也无法维持,元帝不得不下诏"其罢珠崖郡。民有募义欲内属,便处之。不欲勿强"。"珠崖由是罢"①。故珠崖之罢,不光是撤销郡县建置,而是举其土地人民弃而不守,改变了汉朝的版图,从此海南岛便变成了化外之地。岛上的人民可能有少数汉人内徙海北,土地则肯定尺寸不留。《元帝纪》初元三年只说"乃罢珠崖"不够明白,《地理志》条风俗作"元帝时遂罢弃之"是确切的。

二、汉朱卢县、吴珠崖郡不在海南岛上

汉元帝初元三年罢弃珠崖郡,历史记载甚为明确②。但到了《汉书·地理志》时代即西汉末年以及其后的时代,珠崖郡故地处于何种情况,却是一件千百年来令人迷惑,被人误解的悬案。珠崖对岸海北之地于汉为合浦郡地。《地理志》所载合浦郡领县五:徐闻、高凉、合浦、临允、朱卢。前四县故治皆有今地可考③,唯独朱卢县故址既不见于两汉六朝旧籍,亦不见唐宋总志。可能由于朱卢二字中有一朱字,加以《续汉书·郡国志》合浦郡仍领五县,前四县同汉志,第五县作朱崖,《宋书·州郡志》、《南齐书·州郡志》

---

① 《贾捐之传》。
② 但《大清一统志》和清代一些方志如道光《广东通志》、道光《琼州府志》等,竟将罢弃曲解为并省入合浦郡,这是由于他们误认为《汉书·地理志》中合浦郡的朱卢县在海南岛上之故。详下文。殊不思《贾捐之传》和《地理志》明明说是"弃",怎能擅改为并?
③ 徐闻,广东今县。高凉,治今广东阳江县北。合浦,治广东今县东北。临允,治今广东新兴县南。

皆有朱卢,宋志又云朱卢"吴立";既然有一个无故址可指的朱卢县存在于自汉至齐,中间又曾改名为朱崖①,这就很容易使人把朱卢县、朱崖县和珠崖郡联系起来。所以在《舆地广记》、《舆地纪胜》、《方舆胜览》等宋代总志里,已将东汉合浦郡的朱崖县,羼入琼州沿革;到了明代的《大明一统志》和正德《琼台志》等方志中,就在琼州府沿革里坐实"东汉置朱崖县②,属合浦郡"。

宋明人的错误看法为《大清一统志》所承袭发展,不仅在《琼州府沿革表》里将两汉的朱卢、朱崖县、六朝的朱卢县列入琼山县一格,并且在《琼州府建置沿革》下将明见于《汉书》的初元三年罢弃珠崖郡,擅改为"初元三年省珠崖郡入合浦,后汉仍属合浦郡"。又在琼山县下说"汉初为珠崖郡地,后置朱卢县属合浦郡,后汉曰珠崖县"。在《古迹》珠崖故郡下说"《地理志》合浦郡领朱卢县,为都尉治,盖即故珠崖郡所置"。从此以后,不仅是广东、琼州府的方志,连乾嘉以后一些著名沿革地理学者的著作,如吴卓信《汉书地理志补注》、钱坫徐松《新校注地理志集释》、王先谦《汉书补注》、《后汉书集解》等皆从其说,都认为朱卢、朱崖县相当清琼州一府,今海南全岛。只有吕吴调阳《汉书地理志详释》以为此县在广西博白县境,汪士铎《汉志释地略》以为在广西郁林州,谢钟英《三国疆域表》、《补三国疆域志补注》以为在郁林州南,而杨守敬《三国郡县表补正》、《历代舆地图》从之。博白与郁林接壤,二说

---

① 其实朱卢县改名为朱崖的可能性不大,更大的可能是《续志》原亦作朱卢,传写误"卢"为"崖"。

② 《琼台志》沿革表考中又说东汉置朱崖县在建武十九年,由于其时平定了交趾二征之反,"海外慕义贡献,故复置"。其说为嘉靖、雍正《广东通志》等方志所沿袭。其实《后汉书·南蛮传》叙马援平定二征事,根本与海南岛不相干;《晋书·地理志》所述"马援平定交部,始调立城郭,置井邑",亦指二征叛乱所及的交趾九真一带,与隔海的珠崖无涉。

可视同一说。而在清统志琼州府说与博白郁林说二说之间，则由于清统志在常人心目中具有颇高权威性，其书又为学者书斋所常备，因而影响远过于后者。民国时代的《海南岛志》、《海南岛新志》和《中国古今地名大辞典》都采用了这种说法，益发得到普遍传播。但核以史实，揆以事理，这种说法实际绝不可通。至少有下列三点无法解释：

1. 元帝初元时无法在岛上维持统治，不得已才罢弃珠崖。怎么可能在初元三年后40余年的元始二年（公元2年）①又在岛上恢复统治？设有其事，何以绝不见记载？

2. 从武帝元封到昭帝始元设二郡十六县，从始元到元帝初元设珠崖一郡约十一县，都镇压不了岛上土人的叛乱，何以到平帝元始时竟能以一县统辖全岛？

3. 从汉武帝到汉元帝六十余年中，岛上人民叛乱了九次，终于不得不弃守。何以平帝时的朱卢县，竟能够平安无事一直维持到四百八十年后的南齐建元时②？

因此我们可以断言：汉志、宋志、南齐志的朱卢县，续志的朱崖县，决不会在海南岛上。博白与合浦接壤，郁林（今玉林市）又与博白接壤，所以作为合浦郡属县之一的朱卢县故址，在今博白或玉林是很可能的。

两汉至宋齐合浦郡的朱卢（朱崖）县既不在海南岛上，可见这段历史时期大陆王朝未尝在岛上设治，全岛不在王朝版图之内。西汉后期及东汉一代这个岛为史传记载所不及。到了六朝时代，则以"珠崖洲"一名被称于当世。这显然是一个自然地域名，不再

---

① 《汉书·地理志》所据为此年簿籍。
② 《南齐书·州郡志》所载州郡县以建元时建制为准。

是政区名;尽管"珠崖"二字得名于原先的珠崖郡。

孙权曾经企图将海南岛重新收入版图,但是未能成功。《三国志·吴书·孙权传》载有"赤乌五年秋七月,遣将军聂友校尉陆凯以兵三万讨珠崖、儋耳"。战役的结果如何,下文没有交代。但据《陆逊传》:

> 权欲遣偏师取夷洲①及珠崖,皆以谘逊。逊上疏曰:……将远规夷洲,以定大事,臣反复思维,未见其可。万里袭取,风波难测;民易水土,必致疾疫。今驱见众,经涉不毛,欲益更损,欲利反害。又珠崖绝险,民犹禽兽,得其民不足济事,无其兵不足亏众。

又据《全琮传》:

> 初权将围珠崖及夷洲,皆先问琮。琮曰:……然殊方异域,隔绝障海,水土气毒,自古有之。兵入民出,必生疾病;转相污染,往者惧不能反,所获何可多致?

可见陆逊、全琮都以孙权于黄龙二年(230年)"遣将军卫温、诸葛直将甲士万人浮海求夷洲",于赤乌五年(242年)"遣将军聂友校尉陆凯以兵三万讨珠崖、儋耳"两次用兵是远规异域,不是在城内镇压叛乱。要是海南岛上原本设有一个朱卢(朱崖)县,是合浦郡的属县,珠崖怎么可以与夷洲相提并论? 陆、全二人都反对这两次举动,预料将士必致疾疫,欲益更损。可是孙权不听诤谏,还是发了兵。结果据《孙权传》是"但得夷洲数千人还";《陆逊传》则用了"得不补失"四字的总评价;《全琮传》则谓"军行经岁,士众疾疫,死者十有八九"。虽然史文过简,无从得知每一次战役的具体结果,但从三传的文义不难看出,孙吴这两次用兵都是得不偿失,

---

① 今台湾岛。

绝不会取得显著成果。要是由于赤乌五年之役而孙吴竟然将西汉珠崖、儋耳二郡即海南全岛再次收入版图,史文决不可能如此记载。

《三国志·吴书·陆凯传》:"赤乌中除儋耳太守,讨珠崖,斩获有功"。这说明了孙权用兵珠崖、儋耳,旨在得其土地人民,故发兵之前,先已任命了儋耳太守。此役的主将是聂友,陆凯居副;陆凯被任命为儋耳太守,估计同时当以珠崖太守之职授聂友,只是由于《三国志》不为聂友立传,遂不见于史。不过二郡在赤乌用兵失败之后下场并不相同。儋耳以后不见记载,大约随陆凯从军前撤回后方,儋耳太守这个职名也就不再存在。而珠崖却到《晋书·地理志》所叙交州沿革中有一句:"赤乌五年复置珠崖郡",下文又有一句:晋"平吴后省珠崖入合浦"。

这两句话很迷惑人。这两句与两汉合浦郡朱卢(朱崖)县在岛上之说结合起来,便形成了《舆地广记》以来宋明清诸地理总志和各种《广东通志》、《琼州府志》等方志中的,海南岛自汉元帝以后直至宋齐数百年间全都在大陆王朝版图之内,除孙吴赤乌五年后短期置珠崖郡外,长期为合浦郡领地这一整套说法。

前人也有批驳、反对这套说法的。成书于清末的杨守敬《历代舆地图》,是正确地把海南岛划在王朝域外的,可是民国以来直到现今的方志、辞典,甚至历史地理专著,却谁也不理会它,依然照用清统志不改。其实早在明初,王佐著《琼台外纪》,便认为两汉朱卢(朱崖)县、吴珠崖郡应在海北的雷州一带,"珠崖自汉元之弃至梁大同凡五百八十年,而后内属"。正德《琼台志》尽管注意到了《外纪》的说法,并引录了几节原文,竟以琼州旧志未尝言珠崖曾治于雷,雷州诸志未尝言境内有珠崖郡县古迹为理由,遽尔否定《外纪》之说,仍然采用了"旧志"建武十九年即在岛上设县,"珠崖弃后仅八十六年即复"①之说。此后清道光《广东通志》卷 6 在考证历代郡县时曾怀疑"前汉已无其地（珠崖郡），后汉岂有置县（朱崖县）之事"？"地志以朱官、朱卢属今之琼州，其说不确矣"。但在卷 3 至卷 5《郡县沿革表》里，又完全采用了琼州府"两汉初为珠崖郡，后为合浦郡地"，"初元三年废珠崖郡入合浦郡"这一套符合清统志的说法。

事实上朱卢（朱崖）县既不在海南岛上，置于吴赤乌五年、晋平吴省入合浦的珠崖郡，也并不在海南岛上，而是在海北雷州半岛上。《晋书·地理志》只记载了这个新朱崖郡的置省，而不说明这个郡的地理位置不同于西汉的朱崖郡，这是很大的疏忽。幸亏在《元和郡县志》里保存着明确记载。今本元和志岭南道有残缺，而琼州正在阙卷内。又幸亏元和志关于这方面的记载为《舆地纪胜》所引用，因而几句具有关键性的宝贵资料得以为我们看到。

《舆地纪胜》琼州卷"州沿革"下有云："吴大帝于徐闻县立珠崖郡"。注："元和志在赤乌二年"②。又云："于其地立珠官一县，招抚其人，竟不从化"，注："此据《元和郡县志》"。

由此可知，原来孙权所立珠崖郡，不在海南岛上，是在雷州半岛的南端合浦郡的徐闻县境内。徐闻当为孙吴用兵海南的基地，故在用兵之前，先在此建立珠崖、儋耳郡。后来虽未能取得真正的珠崖、儋耳郡地，寄在合浦境内的这两个郡，其儋耳撤兵后当即废除，而珠崖却终孙吴一代被一直保留了下来，到四十年后晋平吴，才又将这个徒有虚名的郡还并合浦。孙吴不仅设了个珠崖郡，还设立了一个珠官县。设郡县的目的在于"招抚其人"，但其人"竟

---

① 从初元三年至建武十九年应为八十八年。
② "二"系五之误。

不从化"。其人即指海南岛上的土著。《初学记》卷八引晋初王范《交广二州记》曰："朱崖在大海中，南极之外。吴时复置太守，住徐闻县，遥抚之"。与元和志所载符合。总之，孙吴曾设置珠崖郡是事实，但并未改变汉元帝弃珠崖以来的版图，海南岛仍在域外。

孙吴之后，南朝宋文帝元嘉八年（431年）曾"予交州复立珠崖郡"，见《宋书》本纪。这个郡也不可能在海南岛上，所谓"复"，是复孙吴之旧，非西汉之旧。且不久即罢，故不见于以大明八年（464年）为正的《宋书·州郡志》。大明中又曾遣将"南伐，并通朱崖道"，结果是"并无功"，见《宋书·南夷传》。

三、两晋宋齐时的朱崖洲

两晋南朝时称海南岛为"朱崖洲"，被认为在"南极之外"，除见上引《交广二州记》外，又见《太平御览》卷69引王隐《晋书》卷172引《交州记》。可见其时海南岛不在王朝疆域之内，否则只能视为南极，不能目为在"南极之外"。但距王朝南极徐闻县甚近，所以徐闻和珠崖洲之间的人民是有来往的。《水经注·温水注》所引"王氏《交广春秋》"①一段话，反映了当时大陆人对岛上情况的认识：

> 朱崖、儋耳二郡，与交州俱开，皆汉武帝所置。在大海中，南极之外，对合浦徐闻县。清朗无风之日，遥望朱崖洲如囷廪大。从徐闻对渡，北风举帆一日一夜而至。周回二千余里，径度八百里。人民可十万家。皆殊种异类，被发雕身；而女多姣

① 即《交广二州记》。《三国志·吴书·孙策传》裴注：太康八年，广州大中正王范上《交广二州春秋》。《新唐书·艺文志》作王范《交广二州记》一卷。

好,白皙,长发美鬓。犬羊相聚,不服德教。儋耳先废;珠崖数
叛,元帝从贾捐之议罢郡。

只说汉元帝罢郡,不说后来又曾设置朱卢县。说其人"不服德
教",意即为王朝统治所不及。西晋时对岛上情况的这种描述,可
以强有力地驳倒后人制造的,两汉六朝岛上始终存在着王朝所设
置的郡县的谬说。

《交广春秋》提到了其时岛上"人民可十万家",比三百二三十
年前贾捐之请罢珠崖奏文中的二万三千余户增加了四倍多。这可
以有多种解释。一是贾捐之文中的户数根据的是宣帝、元帝时簿
籍所著录的户数,因人民逃役,比实际户口少。二是史籍所载王朝
版图以外各部族户口,往往偏多,西晋初岛上实际户口并不到十万
家。三是岛上土著在摆脱封建王朝的剥削后,凭借优越的自然条
件,生产确有发展,导致了人口的滋生繁殖。同一时期大陆王朝户
口总数从西汉末的千二百二十余万户跌落到西晋初的二百四十六
万,十才剩二,与岛上的情况形成了鲜明的对照。

四、梁陈时的崖州

到了南朝后期梁陈时代,海南岛与大陆的关系有了变化。
《隋书·地理志》珠崖郡:"梁置崖州"。《通典·州郡典》崖州:
"梁置崖州"。《太平御览》卷172崖州:"《方舆志》曰:崖州珠崖
郡……梁置崖州"。梁所置崖州既为海南岛上隋珠崖郡、唐崖州
珠崖郡之前身,则汉元帝以后大陆王朝重新在岛上设置郡县,实始
于梁。《陈书·南康嗣王方泰传》,太建四年迁使持节都督广衡交
越等十九州,传文列举十九州名目,最后一个便是"崖",可证梁陈
时确有崖州。又,《隋书·谯国夫人传》,仁寿初隋文帝赐夫人临

振县为汤沐邑，赠其子仆为崖州总管①，这个隋文帝时代的崖州，当因于梁陈之旧，而临振乃其属县之一。

可是《舆地纪胜》琼州下引隋志"梁置崖州"下又引元和志云："又于徐闻县立珠崖郡，竟不有其地"。昌化军（汉隋儋耳郡，唐儋州）下在引《隋志》"梁置崖州"之上引元和志云："自汉至陈，更不得其本地"。吉阳军（隋临振郡，唐振州）下引元和志云："梁于徐闻县立珠崖郡"。则元和志认为梁所置崖州和孙吴珠崖郡是一样的，不在海南岛上，而在岛对岸的徐闻县境。

《隋书》、《通典》与元和志说法不同，是否二说之中有一说错了？不然。

羁縻州的名称虽始起于唐贞观中，实际上在唐初和隋代，西南各边地都有一些明显是由于招慰蛮夷首领而设置的州县。这种措施，很可能在梁陈时已有。因此，自梁至隋初的崖州，大致可以推定：《隋书》和元和志记载之所以有出入，只是由于二者著录的体制不同。梁代的崖州应确在海南岛上，不过它的性质属于唐贞观以后的羁縻州，不同于王朝的正式郡县。也就是说，名义上是王朝的郡县，而实际上王朝统治权还未能在这里建立。《隋书》、《通典》是不问州郡的具体情况的，有名便录。而元和志对唐朝当代也例不载羁縻州，作者要就实际统治权已否建立而言，所以说"竟不有其地"，"自汉至陈，更不得其本地"。至于说"梁于徐闻县立珠崖郡"这句话当由于孙吴时有此事而又误系于梁。

---

① 《通鉴》系此事于开皇十年，非是。

五、隋代珠崖、儋耳、临振三郡

隋炀帝大业六年（610年），"更开置珠崖郡，立十县"；同年，又分珠崖"置儋耳、临振二郡"，见纪胜引元和志。这三个郡才是在汉珠崖、儋耳郡故地今海南岛上的正式郡县，上距汉元帝弃珠崖凡656年。

全岛分置三郡后珠崖领舍城、澄迈、武德、颜卢四县，治舍城，见隋志、旧唐志；后又析置琼山县，见寰宇记。儋耳领义伦、毗善、昌化、吉安、感恩五县，治义伦，见隋志、旧唐志、纪胜昌化军引《琼管志》。临振领宁远、临川、延德、陵水四县，治宁远，见隋志、纪胜万安军、吉阳军引元和志、旧唐志。据唐宋以来诸地志，舍城、颜卢在今琼山县东南，琼山在今县南，武德在今文昌县北，澄迈在今县北，义伦在今儋县西北，毗善在今临高县西北，昌化、吉安在今昌江县西，感恩在今东方县南，宁远在今三亚市西，临川在市西北，延德在今乐东县西，陵水在今县东北。大致岛东北部为珠崖郡地，西北部为儋耳郡地，南部为临振郡地。

隋志所载系珠崖一郡时版籍，统县十，户一万九千五百。初置一郡与后分三郡据元和志既同在大业六年，则分郡后的户数，估计所增无多。姑以二万户计，则仅为三百三十年前西晋初十万户的五分之一，比六百六十年前汉元帝时还少三千户。这当然只是著录于郡县的编户数，全岛应该还有几倍于此数的人口未入版籍。

海南岛在隋代已成为中原王朝失宠得罪宗室官吏的谪逐避难之地。《隋书·滕嗣王纶传》：大业七年后"徙朱崖"，随后又"携妻子窜于儋耳"。

六、海南俚族归附高凉俚族首领洗夫人，
海南岛乃重新归入大陆王朝疆域

不论梁陈二代还是隋代大业六年以前，史籍上绝未提到曾经用兵海南岛。那么，孙吴用兵三万未能征服的珠崖、儋耳，何以到了梁陈就会成为羁縻性质的崖州，至隋大业六年又能进一步成为正式郡县呢？

这一变局的出现，其动力并非来自大陆王朝，而来自当时分布在海南海北俚族中的一个女中豪杰洗夫人。

五岭以南的土著各族，西汉以前中原人还不知其族别，一概称之为"越"或"蛮"，总称"百越"或"蛮夷"。越、蛮、夷都是对南方各族的泛称，不是族名。岭南族名最早见于记载的是《后汉书·南蛮传》中的"里"，分布于交趾、九真（今越南北部）和合浦（今广西钦、廉，广东高、雷，北至玉林、容县，东至新兴、开平一带）等郡。魏晋以后作"俚"。这是岭南各族中的主体族。西晋张华《博物志》称"交州夷名俚子"，不说交州夷有俚子而说"名俚子"，可知俚是交州夷中的大多数。《御览》卷785 四夷引万震《南州异物志》：

> 广州南有贼曰俚。此贼在广州之南，苍梧、郁林、合浦、宁浦、高凉五郡中央，地方数千里。往往别村，各有长帅，无君主。恃在山险，不用王法。

西晋时苍梧等五郡相当于今广州以西南，西江两岸，南至于海，今广东的西南部，广西的南部。据万震这条记载①，可见其时王朝对

---

① 《隋书·经籍志》著录《南州异物志》一卷，"吴丹阳太守万震撰"。按宁浦郡本吴合浦北部都尉，晋太康七年改郡，见《宋书·州郡志》。吴又有高兴（熙）郡，太康中省并高凉，见宋志、晋志。引文言广州南五郡无高兴而有宁浦，乃西晋太康以后郡制，是万震虽仕吴为丹阳太守，其书则成于西晋。

这一广大地区的统治,大致只能达到交通大道和郡县治所的附近。至于分布在山险之地的俚族村落,则各村各有其长帅,既无君主,更不在王朝统治之下。《晋书·陶璜传》载,璜于晋平吴之初上言曰:

> 广州南岸周旋六千余里,不宾属者乃五万余户;及桂林不羁之辈,复当万户;至于服从官役,才五千余家①。

正可与万震的记载相互印证。不过虽说其时的群落中有长帅而无君主,据《三国志·吴书·薛综传》,却早在东汉末孙吴初,已有所谓"高凉宿贼",势力极为强大。吕岱于黄龙中出任交州刺史时,平讨叛逆,"章明王纲",号称"威加万里,大小承风",但"交州虽名粗定,尚有高凉宿贼",而诸郡界上,仍未能绥定,"专为亡叛逋逃之薮"。薛综认为朝廷欲将吕岱调离交州,继任人选,"宜得精密检摄八郡,方略智计,能稍稍以渐能治高凉者"。按高凉本两汉合浦郡属县,汉建安末孙权割出建郡,见宋志。建郡的目的自在加强统治,但未能取得显著效果,故建郡十余年后的黄龙中仍以"高凉宿贼"著称。

以上薛综、陶璜、万震三人所述,大致是从东汉末至西晋初七八十年内西江流域的情况。此后百数十年历东晋至刘宋,《宋书·南夷传》载"大明中,合浦大帅陈檀归顺,拜龙骧将军。四年(460年),檀表乞官军征讨未附,乃以檀为高兴太守,将军如故。"则其时俚中酋豪已有被目为大帅,王朝授以将军称号,任以郡太守之职者。是其社会发展阶段,显已远较万震时代为进步。再者,这一地区的郡县,见于《宋书·州郡志》者共有二十二郡,见于《南齐

---

① 《晋书·地理志》载广州"统郡十,县六十八,户四万三千一百四十",乃太康元年户籍,与陶璜上疏差相同时,而数字相差甚远,未识何故。

书·州郡志》者共有四十一郡①，达西晋时五郡的四倍、八倍。郡县的增置，反映了王朝势力的渐次深入发展，唯居民的大多数仍应为俚族，其次为僚族。故《宋书·南夷传》谓："广州诸山并俚僚，种类繁炽"。南齐志广州②章序云："虽民户不多，而俚僚猥杂，皆楼居山险，不肯宾服"。越州③章序云："夷僚丛居，隐伏岩障，寇盗不宾，略无编户。……元徽二年…始立州镇，穿山为城门，威服俚僚。……刺史常事戎马，惟以战伐为务"。大致可说明当时州郡与俚僚之间是相互对立，经常以兵戎相见的。

《隋书》诸志本为梁、陈、齐、周、隋五代史志，故《隋书·地理志》所叙岭南风俗，应兼指梁陈隋三代，有云：

> 其人性并轻悍，易兴逆节，椎结跣踬，乃其旧风。其俚人则质直尚信，诸蛮则勇敢自立。皆重贿轻死，唯富为雄，巢居崖处，尽力农事。……诸僚皆然。并铸铜为大鼓，……有鼓者号为都老，群情推服，本之旧事尉佗于汉自称蛮夷大酋长老夫臣，故俚人犹呼其所尊为倒老也，言讹故又称都老云。

文中"其人"当指编户汉民，别"俚人"于"诸蛮"之外，则以俚于诸蛮有主客众寡之别，不得相提并论之故。"诸僚"应为"诸蛮"之别称。言俚人呼所尊为都老乃本于汉初南越赵佗自称"蛮夷大酋长老夫臣"，可证六朝人熟知秦汉时南越国人即俚人。

俚族在西晋初还是"往往别村，各有长帅"的时代，约处于氏

---

① 宋志广州共十七郡，南海等三郡不在此范围内，十四郡加越州八郡共为二十二。《南齐志》广州二十三郡，南海等三郡不在山地范围内，二十郡加越州二十郡及在此范围内交州一郡共为四十一。
② 州境相当于今两广除粤北韶关、桂东北桂林等地区及划入越州之地以外。
③ 治临漳郡，郡治今合浦县东北。州境相当于今容县北流以南，茂名电白以西，北海合浦以东，南至于海。

族社会阶段,经过二百余年,到了齐梁之际,显然已发展成不为村落所限,相当大规模的部落联盟。高凉的洗氏"世为南越首领,跨踞山洞,部落十余万家",见《隋书·谯国夫人传》。"十余万家"未免夸大其词,但其酋长洗挺被梁朝任命为"南梁州刺史",又"恃其富强,侵掠傍郡,岭表苦之",足见这一部族势力确很强大。洗氏"世为南越首领",很可能就是晋初所谓"高凉宿贼"之后。不称俚酋、俚帅而称"南越首领",这是史家好用雅称之故。

南梁州无考,殆为高凉州之讹。高以形近讹为南,凉以音近讹为梁。梁有高州治高凉郡,高凉州当即高州之俗称或别称。

纪胜引元和志:"梁讨平俚洞,置高州",说明高州本俚洞地,经过一番讨伐后才置为州,洗挺可能是这个州的首任土刺史,高州始置于大通中,见《太平寰宇记》恩州条。由广州刺史萧励表请立州于高凉郡,以高州为名,以西江督护孙固为刺史,见《南史·吴平侯子励传》。大同中讨交州李贲,《陈书·高祖纪》见高州刺史孙冏。侯景反时高州刺史李迁仕反,见《隋书·谯国夫人传》。孙固等人都不像是土人,是梁世高州殆采用流土合治之制;孙固、李迁仕等乃流官刺史,而洗挺乃其土官刺史。至隋平王仲宣之乱,洗夫人子冯盎以功大拜高州刺史,始以土刺史兼流刺史之职于一身。故隋唐之际,冯盎之叛服遂为岭南安危之所系。

大约在梁武帝天监年间,公元六世纪初,在高凉洗氏门中,出生了一个中国史上的伟大人物、女中豪杰洗夫人。她一生建树了许多大有利于民族团结、国家安定的功业;其中最值得后人纪念的是,她把脱离了大陆将近六百年的海南岛,重新与大陆结合在同一政权之下。旧史对此事竟无明确记载,遂致千百年来湮没不彰,不为述史考史者所知。笔者察觉此事约已五十年,惜未能见诸笔墨。

兹值海南建省之庆，撰为此文。希望能引起多方面的注意，并采用多种方式来共同纪念、歌颂这位为中华民族的团结、发展作出了伟大贡献的少数民族伟人！

洗夫人，洗挺之妹，隋封谯国夫人。《隋书》、《北史》皆有传。二传行文小异，记事相同。传中事迹，为《资治通鉴》采入梁大宝元年（550年）、陈永定二年（558年）、太建二年（570年）、隋开皇九年（589年）、十年（590年）诸年者为下列八条：

1. "在父母家抚循部众，能行军用师，压服诸越。每劝亲族为善，信义结于本乡"。

2. 大同初嫁为高凉太守冯宝妻。冯氏本北燕冯弘苗裔，国亡宝曾祖以三百人浮海归宋，因留新会①。虽累"世为守牧，他乡羁旅，号令不行。至是夫人诚约本宗，使从民礼。每共宝参决辞讼，首领有犯法者，虽亲族无所舍纵。自此政令有序，人莫敢违"。

3. 侯景之乱时高州刺史李迁仕反，夫人止宝勿应迁仕之召，身自将千余人袭破之。

4. "及宝卒，岭表大乱，夫人怀集百越，数州晏然"。至陈永定二年遣其子仆"帅诸首领朝于丹阳"②。

5. 后广州刺史欧阳纥反，召仆至南海③，夫人"发兵拒境，帅百越酋长"迎陈师，纥徒溃散。

6. 陈亡，"岭南未有所附，数郡共奉夫人，号为圣母，保境安民"。隋遣韦洗安抚岭外，夫人"遣孙魂帅众迎洗入广州，岭南悉

---

① 宋置新会郡，治今新会县北。
② 南朝都城建康为丹阳郡治，今南京市。
③ 《隋书》本传误作"高安"，此从《北史》本传、通鉴。

定"。

7. 未几,番禺俚帅①"王仲宣反,首领皆应之",围广州;夫人遣孙盎讨斩逆党,进兵与隋师合击仲宣,败之,广州获全。"夫人亲被甲乘介马,张锦伞,领毂骑",卫隋廷所遣巡抚岭南使者"裴矩巡抚诸州",诸首领②"皆来参谒,还令统其部落,岭表遂定"。

8. 仁寿初"番州③总管赵讷贪虐,诸俚僚多有亡叛","夫人上封事言讷罪状,朝廷置讷于法","降敕委夫人招慰亡叛。夫人亲载诏书自称使者,历十余州谕诸俚僚,所至皆降"。

但传中另有:

> 越人之俗,好相攻击。夫人兄南梁州刺史挺恃其富强,侵掠旁郡,岭表苦之。夫人多所规谏,由是怨隙止息,海南儋耳归附者千余洞。

此条竟为通鉴所弃而不录。通鉴不录,影响所及,后世史家遂一概置此事于述论所不及。实际上这是一条极为重要的记载。海南岛西北部汉儋耳郡故地的千余俚峒,自此便在海北高凉洗氏统辖之下。本传系此事于洗夫人信义结于本乡,规谏乃兄勿事侵掠旁郡之后,未嫁冯宝之前,则其事当发生于梁大同初之前不久。姑作大同前一年中大通六年(534年)计,上距汉元帝弃珠崖(前46年)凡五百八十年。

《隋书·地理志》:"珠崖郡,梁置崖州"。统县十,治义伦。义

---

① 《隋书》、《北史》本传皆作"番禺人",通鉴作"番禺夷",此从《隋书·裴矩传》。
② 见《隋书》本传者有苍梧首领陈坦、冈州冯岑翁、梁化邓马头、藤州李光略、罗州庞靖等。苍梧郡治今梧州市,冈州治今新会县北,梁化治今鹿寨县北,藤州治今县东北,罗州治今化州县。
③ 《隋书·地理志》仁寿元年改广州为番州。

伦故治即明清儋州故城,今儋县西北新州。其地正为汉儋耳郡地。然则梁朝之所以能在此设置崖州,自当由于这里的俚峒归附了高凉洗氏,而高凉洗氏臣属于梁朝之故。海南岛东北部比西北部距大陆近,梁设崖州之所以不在岛东北部而在西北部,也就是由于当时归附洗氏的是岛西北的汉儋耳郡故地诸峒,而不是岛东北的汉珠崖郡故地。

海南岛上的土著西汉时和岭南大陆一样被泛称为蛮、夷、越,汉元帝以后因不在王朝版图内,遂为历代记载所不及。自赵宋后岛人被称为黎,从黎应即俚推断①,六朝时的岛人自应与隔海相望岭南海北的主要民族同为俚族。梁时高凉洗氏十分强大,部族至"十余万家",洗夫人又以信义著闻俚中,因而使隔海岛上的同族千余峒闻风归附,这就是海南岛重新加入大陆王朝疆域的来由。

如此大事而竟为千百年来史家所忽视,并为历代治沿革地理学者考证所不及,看来主要原因之一是由于史家忽视边区民族内部的分合,二是由于沿革地理学者误以为自汉至宋、齐岛上一直设有郡县,因而不理解梁置崖州和海南儋耳归附高凉洗氏的重要性。

洗夫人与冯宝结婚后,广州以西俚族中最大酋帅便由冯氏接替了洗氏。洗夫人对梁、陈、隋三代王朝一贯忠贞不贰,先后参与讨平反梁的李迁仕、反陈的欧阳纥、反隋的王仲宣之乱,多次抚定在梁陈、陈隋易代之际与王仲宣叛乱、赵讷贪虐所引起的岭南诸首

---

① 请参阅拙作《粤东初民考》一文,载《长水集》上册,实则改称俚为黎,中唐时已见记载,见下文。

领的叛涣。这使她本人受封为陈中郎将、石龙郡①太夫人,给卤簿一如刺史之仪,隋宋康郡夫人,晋谯国夫人,开幕府,置长史以下官属,给印章,听发落六州兵马,有急便宜行事,赐临振县汤沐邑一千五百户,卒谥诚敬夫人;丈夫冯宝也被隋追赠广州总管谯国公。并且使在她教育督导之下的子孙,都因功致位贵显。子仆起家阳春太守,封信都侯、加平越中郎将,转石龙太守,卒后赠崖州总管、平原郡公,其妾洗氏也被授以宋康邑。孙魂拜仪同三司,暄拜罗州刺史,盎拜高州刺史。一门显赫,既是当地的大首领,又个个都是朝廷的命官。她去世于仁寿初,享年近九十。

就在洗夫人去世前后,仁寿元年(601 年),潮、成②等五州僚反,冯盎驰至京师请讨之。隋廷很赏识他的议论,就命他率兵进击。事平,授金紫光禄大夫,拜汉阳③太守。这下冯盎不再是本乡本族的土官了,进而成了隋朝高级官吏中的一员。大业中"从炀帝伐辽东,迁左武卫大将军",大将军是正三品高官。

洗夫人在梁大同前未嫁时势力已达到海南岛的西北部,梁因而置崖州。自归冯之后至其卒约六十余年,卒后又 10 余年冯盎官至大将军,前后八十年中,冯氏家族的势力无疑在日益扩张。在海南岛上,隋仁寿初赐洗夫人"临振县汤沐邑一千五百户",可见冯氏家族势力此前必已到达这里,即岛的西南部,隋从而在这里置临振县,并用以作为洗夫人的汤沐邑。不仅如此,与西南部同时或稍有先后,冯氏势力亦必已到达岛的东北部,这反映在隋朝的政区建置上,便是大业六年环岛分置珠崖、儋耳、临振三郡十

---

① 此从《隋书》本传、通鉴。《北史》本传作"高凉郡太夫人"。

② 潮州,治今潮州市,成州,治今封开县东南。

③ 汉阳郡,治今甘肃礼县南。

余县。

大业六年后高凉冯氏子孙应该仍然是海南岛上的最大权势拥有者，冯氏和隋朝所设郡县双方基本上是协调合作的。但隋朝的权势势必由于分设三郡十余县而有所扩张，这就引起了与当地冯氏以外的首领之间的矛盾。就在这年的十二月，"朱崖人王万昌举兵作乱，遣陇西太守韩洪讨平之"，未几，"万昌弟仲通复叛，又诏洪讨平之"，见《隋书·本纪》、《韩洪传》。这说明了海南岛确已在隋朝实际控制统治之下。

七、唐代的高凉冯氏地方势力

隋亡，冯盎从中原"奔还岭表，啸署首领，有众五万"，又回到本乡当上了大首领。唐初承隋末丧乱，率土分崩，冯盎乘机吞并邻部，不久便据有"苍梧、高凉、珠崖、番禺之地"[①]。武德四年冬，唐在消灭割据江湘的萧铣之后，遣李靖度岭招抚，隋牧守及各处俚僚酋帅相继降附。至五年（622年）七月，冯盎"帅所部来降，以其地为高、罗、春、白、崖、儋、林、振八州[②]，以盎为上柱国、高州总管、封吴国公，徙越国，又徙耿国；以其子智戴为春州刺史，智彧或为东合州[③]刺史"。盎未降前或说盎割据岭南，援赵佗故事称南越王，并谓其时

---

① 通鉴系此于武德元年四月，不确。盎破广州帅高法澄、新州帅洗宝彻、智臣父子在武德三年，两唐书本传、通鉴同。言其所据之地大致以高凉（今高州至阳江一带）为根本，北抵苍梧（今梧州一带），东抵番禺（今广州一带），南有朱崖（海南岛）。

② 高州治今阳江县西。罗州治今化州县。春州治今阳春县。白州治今博白县。崖州治今琼山县东南。儋州治今儋县西北。林州治今桂平县南。振州治今三亚市西。

③ 东合州治今海康县。

盎已"克平二十州,地数千里"。降后唐以其地为八州,当系合并二十州而成。其中崖州即隋珠崖郡,儋州即隋儋耳郡,振州即隋临振郡。海南岛沿袭了隋代分设三郡之局,仍在冯氏统治之下甚为明显。

冯盎降唐后,岭南大局已定,虽次年四月有南州刺史庞孝恭、南越州刺史宁道明、高州首领冯暄之反,七月有冈州刺史冯士翙之反,皆不久即被讨服①。冯暄是冯盎的亲兄弟,冯士翙当是其族人。

冯盎本人这个岭南最大酋豪,尽管唐朝授以高州总管之职,让他继续统治投降以前的领地,但地方势力不免企图扩张,朝廷不免要设法加强一统集权,二者之间的矛盾是不可避免的。至贞观元年,"诸州奏称盎反,前后以十数",盎又"久未入朝",唐太宗"发江、岭②数十州兵讨之"。赖魏征以"盎反状未成,未宜动众"谏阻,"乃罢兵",遣使"持节慰谕之"。盎乃"遣其子智戴随使者入朝"。一场兵祸,幸得扼息。至贞观五年(631年),冯盎身自入朝;未几,敕盎帅部落二万为诸军前锋讨平罗窦诸洞僚③。自后盎还部落,子智戴留长安。七年十二月,帝奉上皇"置酒故汉未央宫。上皇命突厥颉利可汗起舞,又命南蛮酋长冯智戴咏诗,既而笑曰:胡越一家,自古未有也"。成为国史上封建盛世的佳话。冯氏终于降服了唐朝,唐朝报答冯盎的效忠是"前后赏赐,不可胜数"。"盎奴婢万余人,所居地方二千里,勤于簿领,结擿奸状,甚得其

---

① 见《新唐书·南蛮传》下、通鉴。南州,即白州。两唐书《地理志》谓武德四年置南州,六年改为白州,但纪、传则五年见白州,六年见南州。南越州,即越州,治今合浦县东北。冈州,治新会。

② 江岭,江南及岭南。

③ 罗窦洞在窦州界内,窦州治今信宜县西南。

情"。二十三年卒,赠左骁卫大将军、荆州都督①。

　　冯盎卒后唐廷即撤销高州都督府②,迁使分高州为高、恩、潘三州③,以其子智戣(即智载)为高州刺史,智玳为恩州刺史,犹子子游(即子猷)为潘州刺史④,这当然是旨在分割冯氏势力之举。但冯氏兄弟的富贵仍极可观。智载累迁左武卫将军,卒赠洪州都督⑤。子猷豪富强悍,入朝时载金一舸自随。高宗前后再遣御史"视其赀",子猷或执使者而"奏其罪",或强使者受其赂遗⑥。礼部尚书许敬宗贪金宝,嫁女于冯盎之子⑦,不知是哪一个。

　　冯盎子侄辈仍然富贵已极,但到了孙辈,高、恩、潘一带老根据地的冯氏已衰落下来。其中冯道衡一家,不知遭逢过什么严重的不幸事件。道衡幼子就是玄宗宠幸的宦者高力士。力士贵显后请宰相张说为道衡作神道碑和墓志,竟已只知道他是冯盎之孙,搞不清楚是谁之了;神道碑说是智戣,墓志又说是智玳⑧。《新唐书·高力士传》也只提力士是冯盎曾孙,不及其祖与父是谁。道衡"以圣历之岁,终于本城,子幼家艰,丧礼盖阙",妻麦氏与三子一女遂即离散沦落。幼子即高力士,以阉儿被岭南讨击使进入宫。旋因

---

① 以上事迹据两唐书《冯盎传》、通鉴。唯冯盎卒年旧传作贞观二十年,新传不纪年,此从《舆地纪胜》高州引元和志。

② 见《旧唐书·地理志》恩州条。

③ 贞观二十三年分高州置恩州,见两唐志。元和志作永徽元年。潘州贞观八年改南岩州置,后废入高州,永徽元年复置,见新志。元和志作"永徽元年敕遣太常丞薛宝积析高州所管县为恩潘二州"。徙高州治良德,恩州治恩平,潘州治茂名,见两唐志。良德治今高州县东北,恩平治今县北,茂名治今高州县。

④ 见《张说之文集》卷22《冯潘州墓志》。

⑤ 见《新唐书·玛盎传附智载传》。

⑥ 《新唐书·冯盎传附犹子子猷传》。

⑦ 两唐书《许敬宗传》。

⑧ 《张说之文集》卷16《赠广州大都督冯府君神道碑》、卷22《冯潘州墓志》;《赠广州大都督冯府君神道碑》。

小过被逐出,内官高延福养为子,遂冒其姓。岁余复入禁中。开元中力士既贵显,岭南节度使为求得其母麦氏,迎还长安①;兄妹亦得"自拔于泥淖","同归上京"。玄宗皆授以位号。麦卒,赠越国夫人;夫道衡赠潘州刺史、广州大都督②。

高力士致位贵显,恩宠被及父母、兄妹,这当然不等于说冯盎子孙在高、恩、潘一带本土势力得到了复兴。开元十六年岭南泷州首领陈行范等反,陷四十余城。行范称帝,其下有冯璘称南越王。朝廷发兵讨之,皆被擒斩。这个冯磷是僚族首领,应与冯盎无关③。大历初有"番禺贼帅"冯崇道与桂州叛将"阻洞为乱,前后累岁,陷没十余州。四年,李勉为岭南节度使,遣将讨斩之"④。这个冯崇道不知是否冯盎族人。总之,高凉冯氏的地方势力,自冯盎孙辈以后渐次陵替,这是可以肯定的。自开元、大历以后,岭南海北冯氏遂不见于史。

八、唐代海南五州与海南的高凉冯氏

隋大业六年在海南岛上分设三郡,入唐以后,改珠崖郡为崖州,改儋耳郡为儋州,改临振郡为振州。贞观五年,分崖州置琼州⑤;龙朔二年,又分崖州、振州置万安州⑥。崖、儋、振三州州县皆沿海地,万安州州县居岛之东南部,亦沿海地。唯独琼州州治距

---

① 两唐书《高力士传》。旧传谓得于潘州,新传谓得之泷州。
② 张说所撰神道碑、墓志。又《张说之文集》卷23《为将军高力士祭父文》)。
③ 两唐书《杨思勖传》、通鉴。旧书本纪冯璘作冯仁智。
④ 《旧唐书·李勉传》。
⑤ 置琼山县为州治,在今琼山县东南。
⑥ 治万安县,今万宁县北。

海已较远，所领县更有深入岛之中部者①。这个州大致已超出冯氏家族势力范围，而为唐朝自力招降"洞蛮"所开置。不通过当地的酋帅而直接由唐官治理，这就很容易引起土人的反抗。置州三十余年，乾封元年（666年），遂为"山洞蛮"所攻陷，历一百余年至贞元五年（789年）才由岭南节度使调兵讨复。从此便停废了贞观以来的崖州都督府，改在琼州设都督府，加琼、崖、振、儋、万安等五州招讨游奕使②。

唐代海南五州的户数，据旧唐志所载："崖州旧领县七，户6646，儋州旧领县五，户3956，天宝户3390，琼州领县五，户649，振州领县四，户819"，"万安州领县四，无户口"。"旧"当指贞观十三年大簿，其时崖州尚未分出琼州、万安州，故领县至七，户数较多；琼州陷没于乾封而恢复于贞元，此户数当指贞元后某年；振州户亦当为中晚唐某年数。贞观时，振州户必不止此数，姑作儋州户之三分二计，则贞观时全岛3州共有户13240。新志所载当为天宝或中晚唐某年户数：崖州819，琼州619，振州819，儋耳3309，万安州2997，全岛五州共有户8693。这里最值得注意的是户数逐步减少。贞观十三年在隋大业六年后二十九年，三州户合计一万三千，仅得隋大业估计数二万之65%。天宝元年或贞元五年在贞观十三年后一百零三或一百五十年后，五州户合计八千七百，亦仅得贞观户数之65%。

为什么会如此逐步减少呢？这是难以作出有把握的推断的。也许是由于发生过多次天灾人祸，也许是由于奴隶制、农奴制经济的发展，实际户口中不登王朝户籍的户口数越来越大，相应地登户

---

① 如曾口县，在今澄迈县东南。
② 两唐志、寰宇记。

籍者越来越少。后者的可能性似乎较前者还要大些。上文提到海北冯盎时代的高州,盎卒后分为高、恩、潘三州,这三州的面积远比海南岛五州为小,而两唐志所载天宝初户数高州为12400,恩州为9000,潘州为8967,合计共30367,反而是海南五州户数的3.5倍。可见海北由于冯氏奴隶主势力的削弱消亡,封建王朝直接控制的加强,因而在较小地域内有较多编户;海南情况远远落后于海北,奴隶主经济势力还很强大,官府势力相形之下很弱小,此即《通典》论岭南风俗所谓"民强吏懦",因而地虽大而编户反少。

说唐代海南岛上奴隶主的势力还很强大,并非出于臆断,确有实据。尽管中土已不存在这方面的记载,幸而在日本还保存着很说明具体情况的有关文献。天宝中鉴真和尚东渡日本,日本著名文人真人元开在鉴真圆寂后十六年,受随鉴真东渡弟子思托的请托,根据思托记录,将鉴真一行东渡的始末经过,撰成《唐大和上东征传》1卷。此书有幸流传了下来,书中载有天宝时海南岛冯氏的情况,摘录如下:

天宝七载,鉴真一行第五次东渡,约在舟山附近,遇大风,漂流十余日,"乃到振州江口泊舟"。州"别驾冯崇债遣兵四百余人来迎",至州城,迎入宅内,住一年。"冯崇债自备甲兵八百余人送,经四十余日,至万安州"。"州大首领冯若芳请住其家,三日供养。若芳每年常劫取波斯泊二三艘,取物为己货,掠人为奴婢。其奴婢居处,南北三日行,东西五日行,村村相次,总是若芳奴婢之住处也。若芳会客,常用乳头香为灯烛,一烧一百余斤。其宅后,苏芳木露积如山。其余财物,亦称是焉"。"行到崖州界,无贼,别驾乃回"。至崖州,游奕大使张云出迎。"……彼州遭火,寺并被烧。和上受大使请造寺。振州别驾闻和上造寺,即遣诸奴,各令进一椽,三日内一时将来"。自崖州至澄迈上船,三日三夜达雷州①。

据此,可知盛唐时冯氏在海南还是很大的奴隶主。冯崇债、冯若芳是洗夫人的第几代孙虽已无考,其为高凉冯氏之裔当无可疑。冯若芳的奴婢居处南北三日行、东西五日行,地域之大,人数之多,不见得比贞观年间冯盎的"奴婢万余人,地方二千里"差。其豪奢生活,亦大致与高宗时的冯子献相埒。冯崇债供养鉴真一行达一年,又亲自率领甲兵八百余人远送至崖州。已而鉴真要在崖州造寺,他又命令"诸奴"三日内各进一椽,营建成佛殿、讲堂、砖塔、释迦丈六佛像,其赀力之雄厚可想。若芳的财货奴婢多得自劫掠波斯舶,与《通典》论岭南风俗"浮掠不忌"之语正相符合。岭南风俗未必都是如此。海南岛地处僻远,社会发展阶段落后于大陆,又有控临海上交通线之便,从而形成俘掠不忌的风俗则是不足为怪的。

大致岭南俚族至南朝时已进入奴隶社会,奴隶主之间相互兼并,至梁前期以高凉洗氏为最大。自洗夫人嫁冯宝而冯氏取代洗氏为最大豪门,其子孙散在海北、海南。海北盛于隋季唐初,至武周后式微;其在海南者则盛唐时仍为大奴隶主。东征传所载及之冯崇债、冯若芳,仅为鉴真和尚旅途经历所遇者耳,距对海南冯氏作全面描述尚远。再者,冯若芳这个大首领大奴隶主尚未能博得唐廷的一官半职,故东征传只称之为"州大首领",冯崇债仅为振州之别驾,乃州刺史之佐贰,秩从五品。故海南诸冯与唐廷之间的关系必不如海北,也就是说,盛唐时期唐廷对海南岛的控制,与当

① 汪向荣校注《唐大和上东征传》。振州江口应即今宁远河口。万安州治所其时移在陵水县东。澄迈县治在今县北海滨。东征传又叙及鉴真一行自雷州北行至桂州时,受到"都督上党公冯古璞"的礼遇。此人是否系出高凉冯氏,不敢断言。

地酋豪的结合,其深度还赶不上初唐时期的海北。

天宝以后,海南岛史事见于记载者仅如下三则:

一、杜佑为岭南节度使时,"朱崖黎民三世保险不宾,佑讨平之",见《新唐书·杜佑传》①。

二、元和二年四月岭南节度使赵昌进琼管儋、振、万安六州六十二洞归降图,见《旧唐书·宪宗纪》。

三、咸通五年,遣辛、傅、李、赵四将率军深入黎洞,置忠州于其地,治今定安县西南黎母山下。屯兵七年,死亡过半,兵还州即废。见《舆地纪胜》引图经。明清琼州府方志、民国《海南岛志》皆载有此事,文字稍有出入。

三事皆说明唐朝的权力在逐步向山区扩张,时或遭遇强烈的抵抗。据两唐书《地理志》,岛上自贞元至唐末只有琼、崖、儋、振、万安五州,而元和二年赵昌所进图乃有六州,岂当时亦曾新建州一如咸通中的忠州,兵还即废,故不为志舆地者所及耶?遗憾的是天宝时还在环海地带拥有大量土地奴婢的高凉冯氏后裔,后来下落如何,竟于史无征。

(原载《历史研究》1988 年第 5 期)

---

① 杜佑任岭南节度使,起兴元元年三月,讫贞元三年三月,见旧书本纪。改俚为黎,可能始见于此。

再论海南岛建置沿革

——答杨武泉同志驳难

　　拙撰《自汉至唐海南岛历史政治地理》一文第二、三两节，论证自汉元帝初元三年以后，至萧梁建立崖州以前，大陆王朝一直未曾在海南岛上设治，全岛不在王朝版图之内。杨武泉同志读后不以为然，别取新证，力反鄙说，撰为《西汉晚朝至萧齐海南岛不在大陆王朝版图之外》一文。顷取杨文细读，刚其所取证与论断，鄙见认为都难以成立。因就杨文对拙文提出的质难一一作出答复。

　　一、《北堂书钞》卷73引谢承《后汉书》载：交阯刺史周敞涉海遇风，船欲颠覆，别驾陈茂有异术，仗剑呵骂水神，风济得息一则，夹有"敞欲到朱崖儋耳"一句，杨文据以作为东汉顺帝时海南岛上有交阯刺史辖境之证；并认为这条记载"正契合合浦郡属之朱崖县在海南岛上"之说。实则《艺文类聚》、《太平御览》也引了谢承《后汉书》这一则，却并没有"敞欲到朱崖儋耳"一句。可以推定这一句出自后人妄事羼附，非谢承书原文。即令《北堂书钞》这句话是谢承原文，也只能解释成周敞欲到西汉时的朱崖儋耳去，总不能认为周敞时岛上还有朱崖儋耳二郡。且此节主旨在宣扬陈茂的异术，为这种主旨而敷衍成文的事迹，难道说都能信得？更何况既然认为周敞渡海的目的在海南岛，海南岛在东汉是合浦郡的朱崖县地，那么就该说敞"欲到合浦朱崖"或"欲到合浦"，怎么能说"欲到朱崖儋耳"？由此可见，《北堂书钞》这一条，不能成为东汉时海南岛在交阯刺史辖境内的证据。

二、《后汉书·张纯传附子奋传》：永平"十年，儋耳降附"。杨文以此作为汉王朝尚在管辖海南岛的一个旁证；认为此儋耳不同于《后汉书·明帝纪》永平十七年和《西南夷传》中的儋耳，必指居住在海南岛上民族。今按：《张奋传》在"儋耳降附"下是"奋来朝，上寿，引见宣平殿，应对合旨"，此事与《明帝纪》所载永平十七年："是岁，甘露仍降，树枝内附，芝草生殿前，神雀五色，翔集京师。西南夷哀牢儋耳、僬侥、槃木、白狼、动黏诸种，前后慕义贡献。西域诸国遣子入侍。夏五月戊子，公卿百官……奉觞上寿"正相符合。所以清人钱大昭已指出，奋传永平十年事实在永平十七年，传文脱"七"字①。然则奋传中的儋耳，岂不正是《明帝纪》中的西南夷哀牢儋耳？杨同志把奋传中的儋耳说成是海南岛上的儋耳？从而作出的汉王朝在岛上原来就设有政区，因得降附附近民族之结论，决不可能成立。

杨文说到汉元帝罢珠崖郡诏书称"民有慕义欲内属，便处之"，内属不一定要过海。这就内属的一般意义而言是正确的。但就孤悬海中的珠崖郡而言，既然由于多次叛乱，"发兵击之，诸县更叛，连年不定"而不得不罢弃，则募义内属的人民自不可能再留在岛上，只能渡海徙海北了。要之，由《张奋传》"儋耳降附"一语，不能得出西汉罢郡后岛上留有政区并延续到东汉的结论。

三、杨文说拙文以续汉志朱崖县为朱卢县之误，又从清人谢钟英等之说谓此县地在合浦郡北境，都没有证据，因而不可信。今按：说东汉合浦郡属县应有朱卢而无朱崖，明确的文献依据的确是

① 王先谦：《后汉书集解》引。

没有的。但前于续汉志的汉志、后于续汉志的宋、齐州郡志都作朱卢,独夹在中间的续汉志作朱崖,"崖"与"卢"字形义近似,难道就不能作出这样的推断吗? 说这个县在故珠崖郡境内是欧阳忞王象之、祝穆等的推断,说这个县在合浦郡北境是汪士铎、谢钟英、杨守敬等的推断,二说都并没有两汉六朝隋唐的资料依据,我们当然应该采用比较合理的说法,不能只因为欧阳忞等较早于汪士铎等,遽尔断定前说可信,后说不可信。

杨文又谓宋志在朱卢长下称"吴立"而不称"汉旧县",可知为东汉之朱崖不误。殊不知宋志正是"以班固、马彪二志、太康、元康定户"等书参互考核而成的①,非另有所据;由于沈约所见续汉志已讹朱卢为朱崖,因而才不敢在朱卢长下注作"汉旧县"而作"吴立"。宋志这一条并不能证明续志作朱崖不误。

四、杨文以刘向《列女传》"珠崖二义"条见"珠崖令"为据,断谓西汉也有朱崖县。今按:这条记载里的"珠崖令",很明显是指珠崖郡某一县令而言,并未实指县名叫"珠崖"。西汉珠崖郡的首县是瞫都,见《汉书·武帝纪》元鼎六年注引臣瓒曰《茂陵书》。此外见于唐宋总志的汉珠崖儋耳二郡属县又有八个,绝无所谓朱崖县。仅据《列女传》"珠崖令"三字,怎么就可以得出"西汉时岛上确有朱崖县"这样的结论来?

杨文又谓《列女传》提到珠崖前面无前、故等字样,故此县为刘向晚年作传时见在的县,上距初元罢郡已三十年,"当即罢郡后遗存于岛上之一县,否则也当是罢郡前岛上十六县之一"。按《列女传》7 卷所叙百数十人,上起虞夏,下逮汉世,大多数是春秋战国时人,刘向一概称为某代、某国、某地某人。这些朝代名、国名、郡

---

① 《宋书·州郡志·序》。

县名当然指的都是前代的,它们都并不冠以"前"字或"故"字,何以"珠崖"上一定得有前字故字才是指元帝以前的,否则就是刘向著书时见在的县呢?

五、杨文认为不仅续汉志朱崖不误,"事实恰相反,汉志朱卢倒应是朱崖传写之讹"。理由是"朱卢之义,自来无释,朱崖则取义于'崖岸之边出真珠'"。这种逻辑煞是可怪。汉、宋、齐三志皆作朱卢,都是朱崖之讹,独续志作朱崖,倒是正确的,这能说得通吗?历代县名取义不明者多得不可胜计,难道都有讹误?何况岭南是古代越族之地,县名很可能是由越语译成汉字的,怎么能要求明其取义呢?朱卢这个县名亦应为越语汉译,二字不误,还有文物可证。

我在撰写《自汉至唐海南岛历史政治地理》一文时,承黄盛璋同志函告:1984年5月海南岛乐东县潭培乡出土了一颗银质蛇钮印章,上镌"朱卢执刲"四字;1985年《人民日报》曾发表报道,《海南文物》上刊载了考证文章。我虽没有看到过实物和报道,但可以推断这颗印应是刘邦定天下以前的古物。因为"执刲"无疑就是《战国策·楚策》、《史记·曹相国世家》和《汉书·曹参传》中的"执珪",这是一个战国时楚国的爵名,秦汉之际楚怀王曾沿用以封曹参。不久刘邦定天下,改用了秦制,这个爵名就不可能再出现了。由此可见,朱卢当是先汉已有的部族名,这颗印应为那时的楚国铸以颁赐被封为执刲的朱卢酋长的。曹参由执珪晋封列侯,故知执珪爵位仅稍次于列侯。《百官公卿表》"凡吏,秩比二千石以上皆银印青绶",朱卢执珪既用银印,知其品位应在三数百石至千石的县令长之上。是则朱卢酋长被封为执珪时朱卢还不是县,设县当犹在其后。这颗印虽发现于海南岛,但不能认为朱卢这个部族和后来的朱卢县在海南岛上。印章是遗物不是遗址,遗物是可以移功的。朱卢执刲印应本在海北为朱卢酋长所佩，不知何时此执珪绝嗣，其印被人携之海南。因此印并不能说明朱卢县故址何在，故前撰那篇拙文时，知其事而未予提及。现在杨文竟说朱卢是朱崖之误，所以提到此印借以确证杨文的看法是颠倒了是非。

六、杨文认为汉元帝罢珠崖郡后海南岛上仍可能有县而不必见于记载，其事与汉武帝平东越，徙其民江淮间，"东越地遂虚"，后《汉书·地理志》仍载有在今福建境内的冶县而不见于纪传"同类"。其实这两件事并不能相提并论。珠崖郡是由于汉廷无法平定连年的反叛而不得不"罢弃"，即放弃对岛上的土地人民的统治，故罢弃之后不可能留有县治。东越地是在汉廷平定了东越王余善之乱后，乘战胜之余威，"诏军吏皆将其民徙处江淮间"，但并未放弃对这一地区的统治。所谓"东越地遂虚"，应该理解为继东瓯"悉举众来处江淮之间"之后，至是闽越之民又为军吏劫持徙处江淮间，东越全境人民几乎全都移离了故土，却不可能做到此后空无一人。因而"虚其地"之后不久又设置了回浦和冶二县，用以管辖没有迁走、从山谷出居平地的一些东越遗民。把两件情况颇为不同的事说成是"同类"，从而臆断珠崖在罢弃之后还会留有县，这只是没有根据的揣度，不是合乎逻辑的推断。

杨文又说"看来县之置废属小事，史家例不特书，后世也因之无记"。这话看似正确，却也存在着问题。一般普通的县的置废，史乘的确是不予记载的。但珠崖郡是经过武、昭、宣、元历次镇压而安定不下来，不得不放弃的海中大洲，放弃后居然又会再在岛上设置县治，那就不是小事一桩了。《宋书·州郡志》建安太守下载及在汉武"虚其地后有逃遁山谷颇出立为冶县"，不正是汉志于冶县下无说明，后世却有所记了吗？

七、杨文以《三国志·吴志·薛综传》综所上孙权疏有"自臣昔客始至之时,珠崖除州县嫁娶,皆须八月引户……"一节,作为孙吴前期岛上仍有县治的证据,这是全文最有力的一条论据。仔细审察,则这条文字存在着一些问题,不可信据。"州县"是唐宋以后的词汇,汉吴之际只能称"州郡"或"郡县",不可能出现这个词。又传文谓综"少依族人避地交州,……士燮既附,孙权召综为五官中郎,除合浦交阯太守。时交土始开,刺史吕岱率师讨伐,综与俱行,越海南征。及到九真,事毕还都,守谒者仆射"。据《士燮传》,燮于汉末为交阯太守,以建安十五年归附孙权。是则薛综在黄龙中论交州事而称"臣昔客始至之时","始至之时"应指建安十五年以前,所至之地应指交阯,不可能指已废之珠崖。下文记交阯、九真、日南风俗都很具体。然后议论交州"在九甸之外,长吏之选,多不精核";又列举前代由于长吏非其人而导致祸乱诸故事,首先提到的便是"珠崖之废,起于长吏睹其好发,髡取为髲"。可见薛综并没有、也不可能提到当时的珠崖,他所提到的是前代故事。再者,"除州县嫁娶"这句话也是根本讲不通的。因此,"自臣"至"嫁娶"十五字,虽出现于今本《吴志·薛综传》,应可断言,它不会是当年薛综上疏孙权的原文。这一条史文不能证明薛综始至交州之日即东汉末年仍有珠崖郡或县存在。

八、杨文又说三国之后,晋宋齐时合浦郡属有朱卢、毒质、珠宫三县先后或并时建置在岛上。其根据是这三县的故址不见历代舆地书。故址不见记载便可推定为建在岛上,这种论证方法值得怀疑。朱卢不是朱崖之误,不在岛上,辨已见上文。晋志之毒质与元和志琼山县下提到的汉珠崖郡属县瑇瑁仅半个字相同,遽尔认为毒质是瑇瑁之误,这种推断方法未免太大胆了。何况元和志的瑇瑁,寰宇记文昌县下是写作玳瑁的,与毒质形义更完全不相同。

至于珠官县,《舆地纪胜》琼州、吉阳军二郡沿革引元和志都说孙吴立珠崖郡于徐闻县境,又"于其地置珠官县",这个县设立在雷州半岛上,岂不是再明白不过的吗?杨文却硬说元和志文不连续,在徐闻县只立了珠崖郡,置珠官县"于其地"则指的是隔海岛上。其实琼州条引元和志此节虽在"立珠崖郡"与"于其地立珠官一县"之间隔以注文"元和志在赤乌二年"八字,以致可以引起怀疑立珠崖郡与立珠官县二句文不连续,但吉阳军条同样引此二句则中间并无夹注,可见以"文不连续"为由而说珠崖郡、珠官县分指二地,是毫无根据的,下文说元和志作立珠官县"招抚其人,竟不从化"而不说"遥抚其人",因此这个珠官县必然在与其人较近的海南岛上而不在海北,则更属穿凿曲解。下文又说因珠崖多珠,所以珠官县就该在岛上。殊不思海北的今合浦、海康等地,不是很有名的采珠之所,屡见于各种记载①吗?唐贞观中曾置珠池县,后废入合浦县。自宋至清诸家舆地书置珠官、珠池二县故址于合浦县南,是有道理的。

　　九、杨文辨析吴志孙权、陆逊、全琮三传记载,认为陆全二人谏阻孙权用兵夷洲、珠崖,实际专指黄龙二年取夷洲之役,不包括赤乌五年取珠崖之役。细按陆全二传,则陆逊传载谏疏事在嘉禾公孙渊背盟之前,的确可能是专指黄龙取夷洲之役,但全琮传则不载其谏辞于黄龙中而载于赤乌中,那就很难说必不包括赤乌取珠崖之役。通鉴行文尚简,故只在黄龙二年提一笔"陆逊、全琮皆谏",引用了几句陆逊疏文概括大意,就用不着再在赤乌五年提到全琮的疏谏了。不能以此作为赤乌五年取珠崖全琮未谏阻之证。孙权用兵取珠崖虽属赤乌五年事,却在黄龙二年已有此意,故陆逊疏文

---

① 《后汉书·孟尝传》、《旧唐书·地理志》、《太平寰宇记》、《舆地纪胜》、《岭外代答》等。

兼言规取二地皆属非计。说珠崖是"珠崖绝险,民犹禽兽,得其民不足济事,无其兵不足亏众",文意正与全琮疏文所谓"殊方异域"相同。杨文说殊方异域指夷洲而不指珠崖,怎么能讲得通?

杨文因吴志称夷洲之役为"征"或"取",称珠崖之役为"讨",认为"征"、"取"乃对域外用兵之词,"讨"则为对域内镇压之词,借以论证讨珠崖是镇压内乱,这未免牵强。史传用字,没有这么讲究,深文周纳,不是考证史事的正确方法。

十、两晋南朝称朱崖洲在南极之外,以徐闻县为南极。杨文说其时王朝疆域的南极不在徐闻而在日南郡南境,这是对的。但日南南界是海西的南极,徐闻则为海东的南极①。自海东而言,目朱崖洲为南极之外是很合理的。朱崖洲与徐闻相去甚近,若朱崖在王朝版图内,自不能目为南极之外。秦朝版图的东极在辽东郡的东南隅,与朝鲜接壤,在黄海东北的西朝鲜湾。唯就渤海以南而言,则泰山之东的山东半岛和东海以及东海之滨已是极东的陆地与海域。故泰山刻石有云"登兹泰山,周览东极";琅邪刻石叙皇帝之土,作"东有东海";又立石在东海上朐界中以为秦东门,并不因为这些地方在西朝鲜湾之西而就不能被目为东极、东门了。方位不同,所指之极自可有所不同。所以不能因为徐闻不是汉晋南朝的真正南极,便否定朱崖洲在南极之外。正是由于在南极之外,所以吴置朱崖太守于徐闻县,只能"遥抚之"。遥抚之是当时大陆王朝的意愿,实际情况则为见于元和志记载的"竟不从化","竟不有其地"。

十一、杨文不信元和志的记载,理由是与周敞行部、薛综"客至"等较早记载矛盾。现在我们可以明白了:周敞行部、薛综"客

---

① 海西海东之称见《吴志·吕岱传》,此"海"指今北部湾。

至"珠崖这两件事都是靠不住的，所以不能用以否定元和志里明确的记载。

杨文又说，说西汉罢珠崖郡后海南岛有县，不等于说全岛在王朝统治之下，这是通人之论。不过岛上若有一县或数县，总不能说"竟不从化"，"竟不有其地"吧？

杨文的结论是："岛上虽只有一县或数县，但无妨全岛仍在大陆王朝版图之内"，"故六百年间，海南岛不能视为异域，也不能当作边疆的空白区"。姑不论六百年间岛上有一县或数县这句作为前提的话根本不能成立，就算确有一县或数县，上文不是已经说过这不等于统治了全岛吗？既有统治不到的地方，为什么全岛都在600年王朝版图之内，不是异域？统治不到之地，其地虽无力建立足与王朝敌对的政权，只要有不受王朝管辖的氏族、部落，怎么能说这些地方也得算在王朝版图之内呢？

十二、杨文结论的最后一节是："偌大的闽越，从汉武帝虚其地以后直至东汉末，只存一县。历年三百，岂全境皆空无民户？然而闽越全境仍属王朝版图之内，西汉罢郡后之海南岛，岂不应以同例视之？"其实武帝虚闽越，与元帝弃珠崖，情况不相同，已见上文。西汉后期与东汉时闽越地仅设一县，也并不能说这三百年内闽越全境仍属王朝版图。其时闽越地在王朝版图内的实际应只限于县治附近一块地方；这块地方尽管可能相当大，却绝不等于闽越全境，今福建一省。《三国志·蜀志·许靖传》载：靖于汉末自会稽避难走交州，依交阯太守士燮，他在交阯作书致曹操，叙其南来经历为"浮涉沧海，南走交州，经历东瓯闽越之国，行经万里，不见汉地"。可见其时章安（西汉回浦改）、东冶（西汉冶改）二县，只能管到一小部分东瓯闽越之地，所以许靖途经这些地方时，才会觉得"行经万里，不见汉地"。《吴志·虞翻传》注引《会稽典录》云：翻于初平末年称会稽郡"东渐巨海,西通五湖,南畅无垠,北渚浙江"。若其时会稽郡辖有东瓯闽越全境,就该说南有东瓯闽越才是,不这样说而说南畅无垠,可见南境章安、东冶二县县境之外,是一大片无穷尽似的不在王朝管辖下的土著部落之地,所以只能用"无垠"二字。许靖、虞翻二传,正可以说明三百年内汉朝虽未正式放弃对东越地的统治,却由于只设置二县,不可能有效管辖全境,因而全境除二县县治附近地外,大部分地区只能任其处于化外。

十三、以上就杨武泉同志提出的问题讨论已竟。在结束本文时,我还想说几句关于研究讨论王朝疆域问题应持的原则的话。长期以来,我国史学界对待这方面的论述往往感情用事较多,实事求是不够。喜欢讲一些王朝极盛时的版图所届,不愿意讲这些大版图能够维持多久。喜欢讲各边区何时加入王朝疆域,不愿意提到这些地区曾经有过一个或几个时期是王朝管不到的化外之地,或转移为另一政权的疆域。总之,凡是今天中国的国土,都要尽可能说成是很古以来就为中原王朝所有,并为历代所有,有了就不再分出去。这种论述与历史实际情况不符。在漫长的历史时期内,中原王朝与边区政权的疆域都不是一成不变的,有时会伸,有时会缩;有时会合,有时会分。历史工作者只应该尽可能实事求是地搞清楚各时期各地区的具体变化,而不能感情用事,按自己的心意去处理史料,凭臆解释。

(原载《历史研究》1989 年第 6 期)

答吕名中论汉初南越国领有海南岛否

一、大作据《史记·南越列传》载高后时赵"佗以兵威边,财物赂遗闽越、西瓯、骆,役属焉","东西万余里",而《汉书·贾捐之传》称珠崖之民为"骆越之人",作为海南岛汉初属南越之一证。愚则以为高后时赵佗役属之瓯骆,明明在南越之西境,所指乃《索隐》引《广州记》中交趾之骆人,或为元鼎六年越桂林监居翁所谕降之四十余万口瓯骆,与在南越南方之珠崖、儋耳无涉。赵佗以财物赂降东方之闽越、西方之瓯骆,故得拓地至东西万余里,若谓骆指珠崖,则应作南北若干千里矣。"骆越"在汉代大致与"蛮夷"等义,皆南方后进民族之泛称也。故贾捐之亦可用以称珠崖之人。然赵佗所有骆越之地,自应指南海以西大陆上交趾、九真与桂林等地。

二、《史记·南越列传》、《汉书·武帝纪》皆谓元鼎六年南越已平,遂为九郡。《史记》不著九郡之名,《汉书》纪传则列举九郡名目,中间皆有珠崖、儋耳。此点似可为海南二郡在南越九郡内之确证,然细审之则又未必然。汉取珠崖、儋耳实在既定南越后之次年即元封元年,拙文①第一节已论及之,大作亦以为然。然则元鼎六年安得遂有故南越地之九郡? 实际当为此年平南越置七郡,次

---

① 《自汉至唐海南岛历史政治地理》。见本书。

— 130 —

年又渡海取海南二郡,二事紧相连接,故汉人遂视同一役,即以置九郡为此役之结局。此史家概略言之耳,既不能否定元封元年始取珠崖、儋耳,则焉得又承认元鼎六年所得南越故地中有此二郡耶?

三、《三国志·薛综传》中语多讹谬,拙撰答杨武泉同志文中已有所涉及,兹不复赘。其言"赵佗起番禺,怀服百越之君,珠官之南是也",必不可通。夫珠官即合浦,于南越全境位居南境;南越之重心南海、桂林皆在其北,则言赵佗境域岂得谓在"珠官之南"?疑原文当作"五岭以南,珠官之北",传写脱去"五岭以南"四字,又讹北为南,遂致此荒谬。史文错乱至此,自不得以此为赵佗有海南二郡之证也。

至《琼台外纪》言及琼州人尚六,此与秦代人尚六更不相涉。秦统一天下十余年,秦亡后秦俗何以他处皆废而不用,海南独以曾隶赵佗版图而沿用秦制及于千百年之后耶?《史记》关于南越一代事记载太简单,故读史者仁者见仁,智者见智,难以强求一致。目前讨论,恕只能至此结束,特不知日后能否发现更明确之史料耳。

谭其骧　1989.6.1.

（这是作者对中南民族学院吕名中教授寄来的商榷论文的复信,未刊。编者略有删节。）

论安西四镇答郭平梁书

郭平梁同志：

惠书①敬悉。承你再次对《安西四镇》一条的写法提出意见，使我们得以再作一番考虑，再作一次修改，至为感谢。

上次我给编纂处那封信，主要谈的是我对《安西四镇》作为辞典的一条应该怎样写比较合适的意见，因为这是我作为这部辞典的历史地理学科的主编不容推卸的职责。赵永复同志写了一条登在《历史教学》上，您看了认为写得不好，提了意见，并另写了一条，寄给编纂处。编纂处寄来要我处理，我当然得作出判断：用哪一条？或是选一条作基础，再作适当修改。我考虑下来采用了后一种办法。假如我和编纂处负责同志在一起，也许面谈几句就此照这样定稿了；但因为不在一起，不得不用书面把我所以作出这样判断的理由写下来，因而产生了那一封信。

令奉来书，内容大部分谈的不是辞典的体例问题，而是安西四镇的具体史实问题。你要我答复，这可难为了我。我搞历史地理虽然搞了几十年，对这一学科的各个方面大致说来或多或少都接触到一点，但对每一个专题而言，往往是所知不多的。就如对安西四镇吧，我相信你和赵永复同志知道得都比我多。所以接来信后

---

① 见《中国历史大辞典通讯》1981 年第 1 期。

我只得把这一类问题转请赵永复同志答复,我还是专就有关辞书体例的几个问题谈谈我的看法。

1. 你认为史书关于安西四镇的记载不清楚,疑点很多,所以主张概括地说一说;意思是嫌原释文太详细了。我认为辞书文字当然应该概括,但概括不等于空泛,还是要求尽可能具体。辞书释文确是用不着太详细,但也不宜过于简略,以致读者看下来得不到什么具体知识,或者所得太少。至于如何才算是恰到好处,当然是因辞而异的,得看这个辞的重要性如何,当前学术界对这个问题的研究达到了什么水平。就安西四镇而言,我觉得原释大体上是掌握了适当的分寸的。原释连标点不过三百字稍多一点,相当于太原会议上所规定的乙级辞目的字数。我想,以安西四镇在唐史上的重要性而论,给它这样一个级别应该是不算过分的。至于你认为历史记载有矛盾,不清楚,所以不宜说得太具体,我接信后根据你的意见检查了原释全文,自己翻检不及处又问了赵永复同志,结果是:除"显庆三年复"这一句外,其余都是有明确的史料依据的也是为国内外有关著作所多次提到的。这样看来,若认为原释是把搞不清楚的史事不够慎重地写了进去,恐怕也是一种不很正确的看法。赵永复同志又告诉我,日本平凡社的《世界历史事典》中"安西四镇"一条,写得就不比原释简单多少。我看这一点是值得注意的。中国人自己写的《中国历史大辞典》,总不该写得比外国人写的反面简单而不具体吧?

2. 你谈到了存异说的问题,意思好像是说原释"一说贞观始置时即为焉耆"一句可删,若这里存异说,那么有关四镇的异说很多,存不胜存。我认为辞书条文对异说是既不能一概不要,又不能全要,要对每一问题都作一番具体分析,不可一概而论,搞绝对化。对有些异说比较有根据的,有分量的,得存。因为这是辞书,不是作者的独抒一己之见的论著。对有些异说或明显的理据不足，或业已为学术界多数人所否定，那就用不着存。因为我们不是在作论文索引或提要，必须有说必录；我们是在写辞书，作者有权作出一定的判断和选择，不如此的话，徒然增加许多篇幅，对读者没有好处。《安西四镇》这一条，贞观初置时除龟兹、疏勒、于阗外是碎叶还是焉耆，这个问题比较重要，过去学术界主要也是围绕着这个问题展开争论，主碎叶说和主焉耆说又可以说各有理据，所以作者采用了碎叶说而以焉耆说列为异说，这没有什么不妥当。至于来信所提到的"碎叶城是在焉耆，还是在楚河南岸？还是两个碎叶并存？"这样的问题，我认为这是史学界业已解决了的问题。——碎叶城只有一个，在楚河南岸。虽然郭沫若在《李白与杜甫》一书中还是沿袭了碎叶城有两个的误说，但其他学者皆不予苟同，辞书中就可以不提。总之，原释在存异说方面所作出的处理，我认为不为不当。

3. 西州当然会另有专条，所以《安西四镇》条下用不着括注西州的今地。这一点既要怪作者写释文时没有严格遵守条例，也要怪我疏忽大意，对原释曾看过好几遍，竟没有发现这个问题。

4. 原释"显庆三年复，时四镇有焉耆而无碎叶"这一句，并没有明确史料依据，是根据咸亨元年失四镇时有焉耆而无碎叶作出的推断。尽管这个推断是有道理的？但毕竟只是推断而已，作者已建议在"显庆三年"前加一"约"字，我同意。凡没有明确史料依据的，在条文中不能用很肯定的口气叙述，我建议可以定为一条编写释文时共同遵守的条例。

以上四条是我的答复，下面再摘录赵永复同志对来信所提具体问题的答复：

1. 原释文"显庆三年复，时四镇有焉耆而无碎叶"，确是根据咸亨元年失四镇时有焉耆而无碎叶作出的推断。我认为作出这样的推断应该是可以允许的。因为贞观二十二年初置四镇时有碎叶而无焉耆,这样的四镇业已罢弃于永徽元年。显庆三年再定西域,复置安西都护府于龟兹,史乘虽未明载复置四镇与四镇之名,既然咸亨再弃四镇时有焉耆而无碎叶,则推论这样的四镇之始,自应归之于显庆三年。今读郭同志来信,觉推断尽管合理,到底并无史料依据,原释文口气太肯定,为稳妥起见,在"显庆三年"前加一个"约"字,似可解决这个问题。

不过来信怀疑咸亨失四镇有焉耆是苏冕弄错了,这我不以为然。苏冕在唐德宗时编次《会要》,他明说"两四镇不同,未知何故?"言之凿凿,足证他当时所见材料,确是如此,这是不容置疑的。

2. 原释文"显庆三年复"、"咸亨元年(670)陷于吐蕃"、"调露元年(679)复"、"不久罢"等语,来信都列举了不少材料提出质疑,但细查史籍还不能否定上述结论。一、显庆四年(659)"思结俟斤都曼帅疏勒、朱俱波、竭般陀三国反,击破于阗",来信认为这已去掉了两镇,但①此一事件发生在十一月,同年末都曼即惧而出降,次年一月献俘于朝廷,前后不出两月;②击破于阗是打败于阗、还是攻破了于阗城,疏勒国王时附和都曼是否直接影响到镇的安全,这些问题都还不清楚。二、龙朔二年(662)的材料,未能说明唐已失龟兹、疏勒,自不影响原释文。至于麟德二年(665)"疏勒、弓月引吐蕃侵于阗",来信认为疏勒镇恐怕不是唐朝的,但西域诸部自相攻击,不一定就影响到唐的军镇,而且《册府元龟》卷397"裴行俭以麟德二年为安西大都护,西域诸国都慕义归降。"《赠太尉裴公神道碑》"又拜安西大都护,西域从政七年间,穷荒举落,重译向化。"看来当时西域形势大体上是稳定的。三、来信认为咸亨后,唐在西域仍有势力，这是事实。但唐能控制一部分西域地区，和四镇是否存在，是有关联而又不同的两回事。咸亨罢四镇是有明确记载的，调露元年复四镇也有敕为据，这一段时间罢、置四镇的问题，当以史载为准。四、来信据《泛达德告身》《达奚思敬碑》，认为垂拱二年（686）又攻克四镇，上距调露元年（679）已好几年。按垂拱二年拔四镇，说明了此时四镇不稳，陈子昂《谏雅州讨生羌书》"且国家近者废安北，拔单于，弃龟兹，放疏勒，天下翕然，谓之盛德。"（《陈伯玉文集》），据罗庸《年谱》事在垂拱三年冬（687），可见调露后不久罢是史实，"不久"是很笼统的话，用以表达几年的时间，似没有什么不妥。

3．"长寿二年（692）破吐蕃再置。开元七年（719）弃碎叶城于西突厥十姓可汗，遂改焉耆为四镇之一。"来信举了圣历二年（699），突骑施乌质勒入居碎叶；景龙二年（708），突骑施娑葛曾陷安西的史实。按据记载当时乌质勒移衙碎叶，移衙碎叶应理解为移帐碎叶地区，不等于入居碎叶城，更不等于唐朝已放弃了碎叶镇，而同时则天授以瑶池都督，同年八月，乌质勒又曾遣子遮弩入朝，朝廷遣御史解琬为安抚乌质勒及十姓部落，唐与乌质勒的统隶关系是很清楚的。至于景龙二年，沙葛陷安西，《通鉴考异》引《景龙文馆记》说："娑葛擅杀御史中丞冯嘉宾、殿中侍御史吕守素，破灭忠节，侵扰四镇。时碎叶镇守使中郎周以悌率镇兵数百人大破之，夺其所侵忠节及于阗部众数万口。奏到，上大悦，拜以悌左屯卫将军，仍以元振四镇经略使授之。"则当时四镇仍存在是没有疑问的。关于"西突厥十姓可汗"是谁，因为有不同意见，而且事较次要，这样写也就避开了争论。

4．"告身"另立一条，自属必要，但出土告身不止此一件，而且辞典中有关条目内容相互关联，这是常有的事，如属必要，即使另写上几句也并无不可。至于说"为安西四镇的历史提供了新的实物佐证"是不符合体例,那是理解的不同,评语是主观判断是非,它与实物来证明史实不能混同。

5. 军、镇职掌,史籍虽有记载,但具体问题要具体处理,四镇征收商税载之于史册,《唐六典》还记载疏勒、焉耆、安西都有屯田,大部分也可能是四镇的,日本平凡社《世界历史事典》"安西四镇"条就写上了征收商税,国外尚且如此,我们自己的辞书,凡足以说明历代在边区行使主权而确有史实为据的,自应据实写上,这几个字似乎不必省了。

由于我工作太忙,以上五点你和永复同志之间的不同意见,究竟哪一位的看法比较更妥当,恕我不作评断了。若原释并无明确的错误,我想可暂不作改动,未识尊意以为如何? 专复敬颂
撰祺

谭其骧

80. 12. 28

唐代羁縻州述论

关于唐代的羁縻州,《新唐书·地理志》卷末列有专篇,篇首有序,序的前半段是:

> 唐兴,初未暇于四夷。自太宗平突厥,西北诸蕃及蛮夷稍稍内属,即其部落,列置州县,其大者为都督府,以其首领为都督、刺史,皆得世袭。虽贡赋版籍,多不上户部;然声教所暨,皆边州都督、都护所领,著于令式。

这几句话说得不够清楚、全面,需要略予阐述:

1. 除羁縻州县和都督府外,还有比都督府更高一级的都护府,那就是屡见于史传,高宗显庆时平西突厥后置于西突厥本国的濛池、昆陵二都护府;两府各押领碎叶川以西、以东若干以西突厥部落及所役属诸胡所置的都督府和州,初隶安西都护府,长安后改隶北庭都护府。两府皆出西突厥汗族阿史那氏作都护,仍兼可汗称号,传子及孙,至则天时以本蕃地为突骑施部西突厥所占据,乃绝。放羁縻州实际共有都护府、都督府、州、县四级,习惯上总称羁縻州,又称蕃州。

又,唐初置折冲府以统府兵,贞观时天下共置府六百三十四,这种制度也曾推行于羁縻州地区。新、旧《唐书·地理志》载,高宗龙朔元年于于阗以西波斯以东十六国除置都督府、州、县各若干外,又置"军府一百二十六",《法苑珠林》卷38引《西国志》作"折冲府一百四十七所"。

2. 四夷内属即其部落列置州县这种办法,并非创自太宗时代。高祖武德年间,已在幽(治今北京市)、营(治今辽宁朝阳市)二州境内设以奚部落所置饶乐都督府及鲜、崇二州,以契丹部落所置咸、玄二州,以靺鞨部落所置燕、慎二州;又在四川、云南和贵州境内设置了约三四十个这一类性质的州县,分隶于茂州、南宁州、姚州、黔州等都督府。但其时可能还未将这些州县与普通州县予以区别。至太宗贞观时,由于大量设置了这种州县,才定制称为"羁縻州",用以区别于普通州县;以此普通州县对羁縻州而言,即被称为"正州"。

3."以其首领为都督、刺史,皆得世袭",前一句的实质是说羁縻府州的都督、刺史就是该部落原来的首领(包括国王、可汗、叶护、俟斤等各色名目的君长),羁縻府州的辖境就是原来的部落(包括部落联盟或国)的领域,这片土地上的统治者仍然是原来的部落首领,保持他原有的称号与权力,而"都督"、"刺史"等则是唐朝所授予的一个称号。后一句的实质是说由于部落首领通常是世袭的,所以首领的兼衔都督、刺史等也是世袭的。应该补充说明的是:①要是遇到部落首领的更代不是由于世袭而是由于篡夺,按惯例唐朝也就承认篡夺成功者的首领地位,并即由此人接替都督、刺史的职位。这虽不是通常所谓世袭,也可以说是一种广义的世袭;总之,部落首领由部落内部产生,唐朝例不干预,首领又例兼羁縻州长官的称号。②地方官得世袭在唐代并不限于羁縻州,少数边远正州也有采用世袭制的,这是由于这些正州本来也是以归附的边族部落设置的,如剑南道茂州以西北的松、翼、维、当、悉等州。

4."虽贡赋版籍,多不上户部",这是说大多数羁縻州只是有一个府、州、县的名义而已,其版籍并不向唐朝呈报,也并不承担一定的贡赋。但也并不是凡羁縻州都是如此。《唐会要》卷73开成三年安南都护马植奏当管羁縻州诸首领"愿纳赋税"；《寰宇记》卷79戎州所领马湖江羁縻州四，中有商州一州，管县五，"供纳税赋"。《寰宇记》虽纂修于宋初，所记当为唐时情况。据此，则个别羁縻州可能纳税。当然所纳总要比正州为轻，也不一定有定额。至于羁縻州对朝廷有所贡献，则相当普遍，不过接受贡献的是大唐天子而不是户部，既不定期，又无定额，又有回赐，自不能与正州的"上贡"混为一谈。

5. "声教所暨"是一句不着边际的虚辞，唐朝四周的邻族邻邦，多多少少都会受到唐朝声教的影响，不能作为设不设羁縻州的标志。"皆边州都督都护所领，著于令式"是一句最关紧要的话，说明凡羁縻州在"令式"上都隶属于边州都督府和都护府。可是这份令式现在已看不到。今所见以载于《新唐书·地理志》这一篇的为最详，《旧唐书·地理志》分载于各道，较略；《唐会要》、《太平寰宇记》也有部分记载。但《新志》此篇所载也并不齐备，如见于两《唐书·西域传》昭武九姓国的康居、大宛等都督府，安息、伐沙等州；见于《新罗传》、《室韦传》的鸡林、室韦等都督府；见于《新志》卷末所录贾耽"从边州入四夷道里""安南通天竺道"峰州西北的忠城等生僚州、汤泉等爨蛮州，骠州西南的棠（《寰宇记》骠州四至八作裳）州，即为此篇所不载。又，篇中所载某府领州县若干，往往不著州县之名。

序的后半段是：

　　今录招降开置之自，以见其盛。其后或臣或叛，经制不一，不能详见。突厥、回纥、党项、吐谷浑隶关内道者为府二十九，州九十。突厥之别部及奚、契丹、靺鞨、降胡、高丽隶河北者为府十四，州四十六。突厥、回纥、党项、吐谷浑之别部及龟兹、于阗、焉耆、疏勒、河西内属诸胡、西域十六国隶陇右者为府五十一，州百九十八。羌，蛮隶剑南者为州二百六十一。蛮隶江南者为州五十一；隶岭南者为州九十三。又有党项州二十四，不知其隶属。大凡府州八百五十六，号为羁縻云。

序文之后分关内、河北、陇右、剑南、江南、岭南六道列举羁縻州名目。每道先分列突厥、回纥、党项等族名，标明以该族部落置羁縻州若干，府若干；次列府州名，按所隶属边州都督府或都护府排列，标明右隶××都×府。所举设有羁縻州的各族族名与序文相符。所隶属的是关内道的夏州、灵州、庆州、延州四都督府，单于、安北二都护府；河北道的幽州都督府、安东都护府；陇右道的凉、秦、临三州都督府，北庭、安西二都护府；剑南道的松、茂、巂、雅、黎、戎、姚、泸八州都督府；江南道的黔州都督府；岭南道的桂、邕、峰三州都督府和安南都护府。诸道所举府州数目与序中稍有出入。府州下载有所领县名的只是少数，多数不载。府州下载有"招降开置之自"的也只是一部分，不载者甚多。又有在开置之自下载有后来沿革的，包括废置、分并、临设、收复及迁徙，也只是少数。"或臣或叛"则基本不载，也有个别例外。

诸边羁縻州建置的盛衰因时而异，《新志》此篇所著录，一方面西北许多太宗、高宗时开置，开元、天宝时已归废弃的，如安北都护府所领突厥、回纥，北庭都护府所领突厥诸府州仍被列入，一方面又录有以后永泰、大历、贞元，迟至开成年间才设置的一些剑南戎州都督府所领、岭南安南都护府、峰州都督府所领的"诸蛮"、"爨蛮"州，可见这八百五十多个府州（序作八百五十六，以序中各道府州数相加则为八百五十七，以诸道各族下所记府州数相加亦为八百五十七，诸道实列府州数为八百五十五。）并不是某一时期同时实际存在的名数，而是不同时期的羁縻州凑在一起的总目。

再者,除上文已提到的有些见于四夷传和贾耽"从边州入四夷道里"的羁縻州不见于本篇外,《元和志》载安南骥州管羁縻州六,峰州管羁縻州二十八（皆未载州名）,本篇不及骥州领有羁縻州,峰州下只说领"蜀爨蛮州十八";又可见唐代曾设置过的羁縻州而为本篇所不载者,为数是相当不少的。

羁縻州又有不隶于边州都督府、都护府而隶于不置都督府的边州的,如关内道羁縻党项,归德州隶于银州;又静边州都督府本篇隶灵州都督府,《旧志》亦隶银州。羁縻县有不隶于羁縻州而隶于正州的,如陇右道洮州领羁縻密恭县。

又,设过羁縻州的四边部落和国,亦有为序言及诸道列举所不及者,如河北道曾在百济故地设过五府一州,又曾以内迁新罗户设归义州,列入契丹州的师州除契丹部落外又杂有室韦部落;剑南道的保宁都护府"领牂柯吐蕃",牂柯可包括于所谓"蛮族"中,吐蕃则应在"羌""蛮"之外。又曾在新罗、室韦本土设府,见两《唐书》、《唐会要》新罗、室韦传。

序文"又有党项州二十四,不知其隶属",实即下文误列于陇右道党项州之末的乾封等九州和永定等十五州。原文以列举乾封、归义、顺化、和宁、和义、保善、宁定、罗云、朝风九州,注"以上宝应元年内附"为一行;第二行为永定州,注永泰元年以永定等十二州部落内附,析置州十五,下列"宜芳州",注"余阙"。其第三行低三格起为"右阙"二字。此二十四州应属山南西道,可由读两《唐书》、《唐会要》、《党项传》及《册府元龟》卷977知之。此诸州皆为山南西道所招降,自当隶属此道。《传》载宝应元年诣山南西道请州印者本为十州,除上列乾封等九州外,又有归顺州。归顺州见本篇关内道灵州都督府所领党项州,下注"本在山南之西,宝应元年诣梁州刺史内附"。盖本与乾封等九州同诣梁州而隶于山南西道,其后又迁关内道,故留于山南者但为九州。欧阳修著《新唐书》时所见簿籍在"右"下已阙所隶都督府,永叔未暇详考,故序中遂作"不知其隶属",列表时误植于陇右道下。又,归顺、乾封等十州《元龟》称为羌浑部落,盖除党项外又杂有吐谷浑部落。

本篇虽将全部羁縻州分列于关内、河北、陇右、剑南、江南、岭南六道下,实则唐一代领过羁縻州的不止此六道。贞观中曾在河东道的并州、忻州境内侨置突厥部落的县,旋省(见河北道突厥顺州注)。万岁通天中,契丹攻陷营州,原为营州所领突厥、奚、契丹十一州曾徙置于河南道的宋、徐、淄、青等州,神龙初又北移侨寄于幽州境内(见河北道)。再加上文提到的宝应、永泰中内属山南道的党项二十四州,故唐分天下为十道,九道都设过羁縻州,只有淮南一道没有设过。

根据序言,羁縻州的特点应为:1. 设置于内附蕃夷部落;2. 以部落首领为都督、刺史(包括都护、县令);贡赋版籍,多不上户部。可是,稍事推究,就可以发现:

1. 以内附部落设置的州,不一定是羁縻州,也有列为正州的,尽管为数甚少。例如:关内道的丰州,为贞观初以降突厥所置。又有宥州,本为调露中以降突厥所置鲁、丽、含、塞、依、契"六胡州","以唐人为刺史",几经分并迁移,开元末乃定为宥州。丰、宥二州都是正州。又,江南道、剑南道、岭南道,各有一些正州系"开山洞"、"开夷僚"、"招慰"蛮夷所置。

2. 以部落首领为都督刺史的,也不一定是羁縻州,也有少数是正州。例如:剑南道茂州都督府所领雍州和松州都督府所领当、悉、奉三州,《旧唐志》载明系以内附羌人部落置州,即以其首领为刺史。此外,茂领的冀州和松领的静、柘、恭、真、霸等州,虽史无明文,其地皆在羌族区域内,亦当以其部落首领为州官。至广德元年松州设吐蕃,"其后松、当、悉、静、柘、恭、保(奉州改名)、真、霸、乾(大历增置)、维翼二州等为行州(治所不固定,经常迁移的州),以部落首领世为刺史、司马",则明见《新志》松州条,但这些州两唐书都列入正州。

3. 上文已提到羁縻州也有纳赋的。是否以版籍即户口册上诸户部,似应为判别是正州抑羁縻州的标准。但序言就在"不上户部"上加了一个"多"字,可见并不是凡羁縻州即不以户籍上报户部。检两《唐书》,则《新志》本篇剑南松州都督府所领党项丛、崛等十三州及轨州都督府下注云"以上有版",另五十八州下注云"以上无版",则松领党项州有将近五分之一是有版的。《旧志》河北道侨寄于幽州界内的十九个羁縻州,每州皆载有户口数;陇右道侨寄在宗州界内的八个羁縻府,有合计户数;剑南道戎州都督府所领羁縻州十六,每州皆有户数;松州都督府所领羁縻州二十五,其中六州有户数。唯《新志》一概不载。

由上述情况看来,唐代正州与羁縻州的区别在法制上可能并未作出过明确的规定,所以有些州在《旧志》里是正州,而《新志》则列入羁縻。

以上专就《新唐书·羁縻州篇》予以阐释补证。另有两个必须澄清解答的问题是:一、羁縻州和未设羁縻州的称臣纳贡的部族或国家有无明确区别? 二、羁縻州地区是不是唐朝的版图所届? 即羁縻州是不是唐朝的领土?

一

看来,前一问题的答案,只能和上文所讲的正州和羁縻州的区别一样,没有明确的规定。

有人提出过,唐朝对羁縻州是实行了有效的管理的;理由是:1. 都督、刺史都由唐朝任命或册封,接受唐朝的官职和俸禄;2. 唐朝也向他们征发军队和贡献,他们必须定期向唐朝进贡。

前面一条,关于任命、册封和官职的说法都符合历史事实,但唐朝对许多不设羁縻州的藩属朝贡国的国王、可汗等君长也经常进行册封和命官,并不能作为羁縻州长官所具的特点,并不能以此把羁縻州和一般藩守区别开来。

关于俸禄,《唐会要》卷100"归降官位"章有二条记载:其一,显庆三年八月,"置怀德(应作化)大将军,正三品,归化(应作德)将军,从三品,以授初投首领,仍隶属诸卫。不置贡数及月俸料"。其二,贞元十一年正月,"置怀化大将军,正三品,每月料钱四十五千文,杂料三十五千文;归德将军从三品,料钱四十千文。"又置以怀化、归德为称号的中郎将、郎将、司阶、中侯、司戈、执戟长士,各为正、从四、五、六、七、八、九品;各有月料钱,自三十五千文依次递减至十千文。

这两条记载看似矛盾,其实并不矛盾。前一条指授予留在本部或本国的初投首领的将军称号。这种将军是不限员数,也不给俸禄的。后一条指投降唐朝内迁的番邦首领,这些人事实上已成为唐朝的武职官员而不再是本部本国的首领,唐朝当然应不仅授予将军等官位,并按官品给以料钱。所以下文举了是月授归德将军的是上年在阵前投降的吐蕃首领论(吐蕃高官名)乞髯汤没藏悉诺碑;和会昌二年封授回纥率众来降的王子嗢没斯等以文武官位(已不用怀化、归德等将军称号)。再者,不论是前一条还是后一条,指的都是授予所有归降蕃夷首领的官位,并不专指羁縻州的都督、刺史。所以同篇又载有总章元年授婆罗门卢迦逸多怀化大将军;天祐元年"授福建道佛齐国朝进奉使都番长蒲诃粟宁远将军"二条,而婆罗门(天竺)和佛逝(室利佛逝)二国都没有设置过羁縻州。因此,想用《唐会要》的记载作为羁縻州的都督、刺史都由唐朝发给固定俸禄的根据是说不通的。

唐代史料中还有一些关于授予蕃夷首领俸禄的记载,都不足以证成羁縻州长官有给禄之制。试为解析如下:

《册府元龟》卷974景龙二年四月,"右卫大将军员外置同正员、濛池都护、十姓可汗阿史那怀道加特进,禄料并依品给。"虽然濛池都护确是羁縻都护府的长官,但阿史那怀道是武后时内迁的阿史那斛瑟罗之子,斛瑟罗死长安,乃以怀道袭父职为可汗兼都护。这个可汗、都护是空名,也可以说是遥领。他在景龙二年四月以前官居员外右卫大将军,正三品,至是加上一个文官"特进"的头衔,《元龟》这一条只是说此后要按正二品特进的禄料给他了,与濛池都护这个职衔并不相干。

又,同书卷975天宝元年正月,"石国王遣使上表,乞授长男那居本鼻施官,拜大将军,赐一年俸料。"显庆三年曾以石国为大宛都督府,授其王为都督。但这一条是说天宝元年给了新拜大将军的石国王长子一年俸料,与羁縻都督之职无关。这位王子所受大将军的俸料也只限一年,属于特赐性质,并不是固定的俸禄。

又,《新唐书》卷221下《识匿传》:"天宝六载王跌失伽延从讨勃律战死,擢其子都督、左武卫将军,给禄居藩。"这是说识匿王因有助唐征讨而战死这样的殊功,所以要特予褒异,对他的儿子不仅授官,并且虽居本藩而给以俸禄。此系殊典,并非常制。

又,《元龟》卷975天宝十二载九月,"葛逻禄叶护顿毗伽生禽阿布思,制授开府仪同三司,封金山王,依旧充叶护,禄俸于北庭给。"十三载五月,"帝以葛逻禄叶护有禽阿布思之功,特降玺书:

'……今载以前俸禄,并令京军给付。后虑其辽远,任于北庭请受'。"葛逻禄三姓酋长虽于显庆二年被授为阴山、玄池、大漠(后又分为金附)三都督府的都督,但与此次给禄无关。此次是因为叶护顿毗伽立了生禽突厥叛酋阿布思一大功,所以既要正式承认其为葛逻禄叶护,又要授以从一品的开府仪同三司官位,封王爵;本人虽在藩,特旨要北庭都护府付以禄俸。十二载此旨大概未能实行,故次年又降玺书要当时在西域前线的京军给付自去岁授官封爵以来的俸禄,并重申对有大功的顿毗伽给禄是常制,规定交付地点在北庭。这也是特恩,非常制。

关于征调和进贡。《唐会要》卷 73 安西都护府:"显庆四年正月,西蕃部落所置州府,各给印契以为征发符信。"这确是在显庆二年禽阿史那贺鲁,平定安西突厥全境,裂其地为都护府二,都督府及州各若干,用贞观时降唐的两个故西突厥可汗子孙阿史那步真、弥射为都护,用诸部降唐首领为都督刺史,这是唐的国威在西突厥故地极盛时期所建立起来的对这些部落州府的征发制度。不过这种制度有很大的地域和时间局限性,它并不是一种长期实施于所有羁縻州地区的经制。论地域仅限于"西蕃部落",即原西突厥汗国诸部。论时间则在发布此项诏令后的第三年即龙朔二年,已由于唐行军总管苏海政听信濛池都护步真的谗言,错杀了昆陵都护弥射,导致部落的叛乱、离散。又三四年后吐蕃"陷西域十八州",唐为之罢安西四镇。次年,乃以部酋阿史那都支为匐延都督,欲赖以安辑其众。可是,弥射被杀后都支等已附于吐蕃,故不久都支又自号十姓可汗,连吐蕃,寇安西。此后,西突厥故地一直未能安定下来,事实上显庆二年所建诸羁縻府州连名义都不能维持多久,当然更不可能继续推行显庆四年所定凭印契征发的制度。

史料中有不少关于藩属上书唐朝,愿受调发,愿输粮于军前这一类记载，这正说明受调发征输不是一种制度，需要该国上书请愿。唐朝往往并不接受这种请愿。这应该是由于不论接受兵或粮，都不能不付出一定的代价，所以不能轻易接受。不仅愿受调发征输而已，诸蕃出兵助唐征伐的史事，亦不绝于书。例如安史之乱时，出兵"助国讨贼"的就有回纥、南蛮、大食和吐火罗、"西域九国"等众。但应注意，愿受调发征输也好，出兵助战也好，都不一定是设置过羁縻州的部族、国家。有的是从未设过羁縻州，只受过册封的蕃夷如回纥、个什蜜；其中还有和唐朝只有通使关系，且正在蚕食唐朝西边藩属的强大邻邦大食（阿剌伯）。他们之所以情愿应征出粮或征兵，只是由于从中可以获得好处。当然，决不能以此作为唐朝能控制他们的论据，更与羁縻州和唐朝的关系这一论题绝不相干。

至于四边远近蕃夷向唐"朝贡"，这种记载是多得不可胜计的，却找不到一条记载足以说明羁縻州与非羁縻州藩属或邻国的朝贡有何区别，也找不到一条"必须定期"进贡的记载。《唐会要》卷99贞元十三年黔中观察使王础奏：西南蕃蛮州刺史宋鼎等，"建中三年一度朝贡，自后更不许随例入朝。今年恳诉（请比户口殷盛的牂、柯二州），每年一度朝贡"云云。由此可见，唐朝不仅没有规定羁縻州必须定期朝贡；相反，对一些大概是比较小的州，还长期"不许随例入朝"呢！统一的定期朝贡制是没有的。

唐朝与藩属之间还通行一种纳质（遣子入朝留宿卫）制度，但也找不到羁縻州与非羁縻州之间有何差别。

总之，唐朝在羁縻州与一般藩属之间，并无明确的制度上的区别。

二

现在再来讨论一下羁縻州地区是否为唐朝版图所届,是不是唐朝的领土这个问题。这个问题在唐朝人看来可能是不成问题的,凡"著于令式"的羁縻州就是羁縻州,用不着再去对它们分门别类。但对现代的历史学者而言却是一个不容回避的重要问题。因为不了解羁縻州的实质,不把几百个羁縻州根据它们的实际情况作出必要的,至少是粗略的分门别类,那就无法正确论述这个中国史上极重要的朝代的版图所届及其前后变化。特别是在画历史地图时,当然会更加感觉到难以处理,因为图上不能不画一条唐朝的边界线。过去的学者对此都采用了简单化的处理办法:要么以羁縻州为边州都督府、都护府所领,"著于令式",又为两《唐书·地理志》所著录为据,认为凡羁縻州都是唐朝的领土;要么反过来认为羁縻州仅为"声教所暨",不在唐朝直接统治之下,都不能算是唐朝的领土。试稍事推究,则可以断定,这两种简单化的办法都不符合于唐朝统治权实际到达的范围。

总的说来羁縻州情况十分复杂,因地域而异,因国族而异,又因时而变,差别甚大,不可一概而论。要对羁縻州作出应有的区别,先得认清以下两点:

1. 羁縻州基本上分两种:一种设置于边外各国、族原住地;一种设置于边外各族迁入内地后的侨居地。两种自应事先分清,不容混淆。说情况复杂指的是前者,后者是简单的。后者一称侨蕃州,其侨寄地本为唐朝正州正县的辖境;在此设羁縻州只是因为迁来的部族人口生活习惯与原住民不同,故用其部族首领为都督、刺史,便于夷夏分治,有分民而无分土,当然不会改变唐朝对当地的领土主权。唐代特别是前期曾有大量的边外各族迁入内地，所以这一类羁縻州为数很不少。两《唐书·地理志》所见河北道幽州境内的突厥、奚、契丹、靺鞨、降胡府州，关内道灵、庆、银、夏、延州境内，陇右道凉、戎、洮、临州界内的突厥、回纥、党项、吐谷浑府州县，山南道境内的羌、浑诸州，都属于这种性质。

2. 设在边外各族原地的羁縻州，"或臣或叛"，在其臣服时有些是可以列入版图的，既叛之后，便应承认其民族自主权，划归境外，不应视为境内的叛乱区域。有些地区的羁縻州先有一段时间服属于唐，后来为邻国所吞并，也应承认领土主权转移，不能因为边州都督府都护府的册籍上还保留着这些府州名目，不顾事实，硬说这块地方仍然是在唐朝版图之内。

认清了以上两点，对侨蕃州即无须再事分析，对本土羁縻州则大致可分为下列几种情况：

一、有些边州时而由正州降为羁縻州，时而由羁縻州升为正州。如江南道黔中都督府所领牂、琰、庄、充、应、矩六州，武德、贞观时置为正州，开元、天宝中陆续降为羁縻。泸州都督府所领纳、萨、宴、巩四州，仪凤初置为正州，先天时降为羁縻。剑南道茂州都督府所领维、翼二州本为羁縻，后进正州；涂、炎、彻、向、冉、穹、笮七州《旧志》说本为羁縻，"相次为正"；《新志》仍列入羁縻。《新志》又说维州曾反复由羁縻进正，又降羁縻，又进为正。这可以说明唐朝能任意改革这一带州的建制，自应视为在版图之内。

二、有些羁縻州自始至终只是一个虚名，当然应视作唐朝境外的邻邦邻族。如靺鞨粟末部在武后末年已建国于太白山（长白山）北、粟末水（松花江）忽汗水（牡丹江）流域，地方五千里，编户十余万，胜兵数万人。中宗时遣使诏慰，其王遣子入侍。先天二年始以其地为忽汗州，拜其王为渤海郡王，授忽汗州都督。自是岁修朝贡。开元中曾从海道寇登州,唐发兵击之,无功而还。宝应中进封渤海国王。此后直至咸通,朝献册拜不绝。从渤海与唐二百年间的关系看来,忽汗州都督大约始终只是唐朝加在一个朝贡国之王头上的空名,不存在任何其他作用。渤海实质上是一个独立国,其接受唐朝的封授,不过是以小事大的一种礼貌而已。"渤海"只作国名,都督府名姓始终是忽汗州,《新志》作"渤海都督府",误,《旧志》不载。

渤海如此,唐曾设置羁縻州于靺鞨黑水部及室韦部族内,都不能认为在唐朝版图以内。

开元十年有黑水靺鞨酋长来朝,拜勃利史刺史。十四年,从安东都护薛泰请,置黑水都督府,"以部长为都督、刺史,朝廷为置长史监之。"自后"迄帝世朝献者十五,大历世凡七,贞元一来,元和中再。"唯领州若干及州名皆不见记载。据此可知黑水靺鞨虽在渤海之北,开元后一段时间内唐对黑水府反而有一定的控制力,不像对忽汗州那样徒有虚名。这应该是由于唐设府前渤海本已建成颇具规模的国家,而黑水犹处于部落分散,互不统属时代。不过这种控制显然是很微弱的,距可以列入版图尚远,所以史乘里除记载几次朝贡外连领州若干都说不上。元和以后,渤海盗强,黑水为所役属,遂不能自达于中朝,黑水都督府的名义也就不存在了。黑水都督府见《新志》,不见《旧志》。《新志》又载有靺鞨安静都督府,设置年代及方位皆无考。

室韦在渤海北、黑水西。两《唐志》皆不载建于室韦本土的羁縻州。唯《旧唐书》《唐会要》的室韦传皆载有贞元、太和、开成、会昌中室韦都督或室韦大都督若干人来朝贡事,则自贞元至会昌,室韦部落中曾设有都督府。唯室韦分部至二十余,小或千户,大或数千,"不相臣制",显然尚未形成部落联盟,故《新唐书》目为"非显夷"。见于记载的"都督"、"大都督"，不可能是统辖室韦全境的首领，只能是若干部落中的一部之长而已。且史文只称此辈为都督，别无爵位、将军等称号，可见唐朝仅以不重要的远夷相待，未尝列入藩属，当然更谈不上列入版图。

位于朝鲜半岛东南部分的新罗国，在唐初本与高丽、百济相攻而结好于唐。唐灭百济的次年即龙朔元年，诏以新罗国为鸡林都督府，授其王都督。两《唐志》皆不载此府。而史载自龙朔至开成，新罗朝贡不绝；凡记载到新罗王，例必加一个鸡林州都督或都督鸡林诸军事头衔，可见名义上此羁縻府的确一直存在着，达百八十年之久。但究其实质，则不过是一个有朝贡关系的邻国的别称。唐灭百济、高丽而不能竟有其地，新罗遂乘机吞并百济全境及高丽浿水（大同江）以南之地，唐无力干预阻止，只得册封授官如故。即此可见唐朝想用都督、刺史的名义来羁縻一些边裔部族或小国，实际上却有了羁縻州之名，不等于便能收到羁縻之效。

三、有些地区的羁縻州与唐的关系前后有变化，应按实际情况分清楚何时应为唐土，何时便不是唐土。《旧唐志》以天宝簿籍为据，《新唐志》更载及天宝以后，但两志所载羁縻州，有许多天宝时已不存在，作者不察，仍据簿录入，应据两《唐书》《唐会要》等书四夷传及有关记载予以订正。属于这种情形的羁縻州甚多，情况的变化又颇为频数，不能殚述，略叙其梗概如下：

奚与契丹的本土近接唐河北道幽营州的北境。贞观二十二年，奚、契丹大酋豪并率部内属。唐以契丹部落为松漠都督府，领州十，大酋自领一州，别率所部分置九州（其弹汗州后内徙幽州境内，故《新志》府下但列八州）；旋又以别部置归诚州，不隶松漠府。以奚部落为饶乐都督府，领州六，大酋自领一州，别部分置五州（即《新志》所载）。授其酋长以都督、刺史及将军称号，封五等爵，赐姓李,皆隶属于营州都督府。至万岁通天元年松漠都督及归诚刺史因营州都督"岁饥不加赈给,视酋长如奴仆"而举兵反。可见自贞观设府州至是四十八年,这些奚、契丹部落确在营州都督统辖之下,应视为境内羁縻州。至是契丹既反,奚部响应,遂袭据营州,攻略河北诸郡。唐用大兵进讨,战事虽于次年结束,二部自此遂降附突厥。历二十年至开元初突厥势衰,又隶而归唐,乃复万岁通天前府州及官爵旧制,并以宗室或贵族女为公主妻其首领,其首领常身自入朝。复置营州都督府镇抚之。然开、天时仍时叛时降,叛则盗边,附突厥,公主或走入塞,或被杀;降即复其官爵。至德后虽朝贡不绝,以其"外附回鹘,不复官爵渠长",故史载二部渠长皆但称首领或大首领。时二部之南已为世袭独立藩镇卢龙(幽州)节度使所割据,二部仅得以西出振武军(今和林格尔)与唐相接,交往甚稀。据此则开天时松漠、饶乐二府大致尚可视为叛服不常的境外藩部,至德后只能等同于朝贡国。

　辽水以东鸭绿江南北初唐为高丽所有。总章元年平高丽,以其地为都督府九,州四十二,县百,授酋豪有功者为都督、刺史、县令,"与华人参治百姓";置安东都护府于平壤,总兵二万镇之。此时的高丽故地应作为已纳入唐朝版图。但由于高丽民众的剧烈反抗,二年后都护府即被迫内徙辽东;又六年,撤除驻在各地的华官。此后都护府所得控制的地区,大致只限于辽东。《旧志》所载安东都护府所领高丽降户羁縻四府十州,有天宝合计户口数,应为当时都护府统辖所及,已仅得总章初平高丽时府州数的五分之一,其地皆在辽东。《新志》所载高丽降户州十四府九,不知据何时册籍,其不见于《旧志》者,故地皆无考。故辽东地区的高丽羁縻州,天宝以前应可列入唐朝版图。至德以后,安东都护府撤废,辽东羁縻州的下落不见记载。《新唐书·高丽传》的末尾是"后稍自国,至元和末遣使者献乐工"二语，据此，大致可定至德后辽东已不再为唐朝的羁縻州地区，高丽人又自建了政权，和唐朝的关系只是偶一通贡。

高丽以朝鲜半岛的南部本为东面的新罗和西面的百济二国地。新罗见上文。显庆五年唐灭百济，以其地为熊津等五都督府，各统州县，立酋渠为都督、刺史、县令，任命唐将为都统，总兵镇守。这一布局如能实现并能稳定下来，则百济故地的羁縻州自应引入唐朝版图。但事实上未能做到，百济人强烈抵抗，唐兵不能久留，五年之后不得不撤出，其地不久遂为新罗所并。因此百济羁縻州《新志》仅见于高丽降户州下附注，《旧注》根本不载。

贞观四年平突厥颉利可汗，剖其地列置府州；二十年破薛延陀，铁勒诸部降，请置唐官；翌年，即其部落列置府州，诸部请除大涂，号参天至尊道，置过邮六十八所，岁纳貂皮为赋。永徽元年禽突厥车鼻可汗，"于是突厥尽为封疆之臣"；漠北诸府州隶瀚海（后改安北）都护府，漠南诸府州隶云中（后改单于）都护府。此后"三十年北边无戎马警"。在这个时期内，漠南突厥诸府州应可视为在云中、单于都护府监领下的民族自治区，漠北铁勒诸部以回纥为首，"私自号可汗，置官吏"，似以视作境外藩部为宜。至高宗末突厥叛唐复国，旋即掩有铁勒诸部故地；天宝以后回纥代兴，复尽有其地。贞观和高宗初年设置在大漠南北突厥铁勒部落内的羁縻府州，自突厥复国后即或徙或废，不可能再存在于故地。《新志》所载安北都护府所领突厥州三府一，回纥州七府一，无论在开元天宝时或以后，都是不存在的；要末已离开故地迁入内地而《新志》失注。这些府州《旧志》皆不载，应为天宝中实际情况。

显庆二年平定西突厥全境，在其本部设都护府二、都督府及州各若干，唐廷初意欲以其地收入版图，建立了一些相应的制度，但数年之后即叛乱相仍,无法维持,已见上文。至则天时其地已或入于东突厥,或为突骑施所并。得到唐朝挟持的西突厥可汗子孙昆陵、濛池二都护无法就国,只能长期寄居长安。原来设在西突厥部族中心地点的安西四镇之一碎叶镇,开元七年又被放弃,进一步丧失了对西突厥故地的控制力。同年,不得不册封突骑施首领为可汗。唐与突骑施只有册封通贡关系,未尝界以都护、都督职衔。大历之后,葛逻禄部强盛,又取代突骑施成为碎叶川一带的主人。

西突厥故地的羁縻府州初隶安西都护府,长安以后改隶北庭都护府。《旧志》北庭都护府下载有羁縻六都督府十州,注云:"以上十六蕃州,杂戎胡部落,寄予北庭府界内,无州县户口,随地治畜牧。"此十六府州当系天宝中见在府州,早已离开原住地而内徙寄在北庭府即庭州界内。《新志》载有昆陵都护府所领二十三都督府,其中六府以五咄陆部置,四部以葛逻禄部置,一部以处月部置,其余无注。这大概是录自初置北庭都护府的旧簿,包括了当时或尚留原住地或已内徙的全部府名(另有三州列于都护府之前,无考)。濛池都护府下不载所领都督府及州名,有可能五弩失毕部从未建立过羁縻州,也可能显庆时曾建立,经四十年变乱,至分安西置北庭都护府时,已不复存在。

总之,西突厥故地诸府州,开元七年以前大致可以碎叶川为界,以东也许可视为战乱相寻极不稳定的境内民族自治区,以西则尽管有时能控制不多几个城镇,但五弩失毕部的大片牧地,似难视为在版图以内。开元七年以后,羁縻州的名义可能已全部废弃,各部落与唐之间在和好时期一般也只存在册封朝贡关系。

天山以南,原役属于两突厥的城郭诸国,应分为葱岭东、西二区:葱岭以东,唐设有安西四镇(龟兹、焉耆、于阗、疏勒)及其所领守捉、城镇,屯兵戍守,西至设于喝盘陀(今塔什库尔干)的葱岭守捉。在此范围内，龟兹等四国和此外一些小国，应视为唐朝版图内的藩属国，所设羁縻州性质属于民族自治区。自贞观拓境有其地后，高宗武后时数叛乱，又曾没于吐蕃，开元、天宝时相对稳定。开元中慧超自天竺东返，过了播密（帕米尔）到达葱岭镇，就说"此即属汉，兵马见今镇押"。贾耽"入四夷道里"也说守捉见"安西极边之戍"。安史乱后，吐蕃先夺陇右、河西，四镇坚守达三十年。终于亦为吐蕃所陷。此区羁縻州《旧志》反载龟兹、毗沙（于阗）、疏勒、焉耆四都督府，《新志》于四府外又有"河西内属诸胡"州十二府二，疑为天宝时所增置。

葱岭以西，设置于药杀水真珠河（今锡尔河）北岸、河中地区及乌浒河（今阿姆河）两岸吐火罗地区，远抵波斯边境诸羁縻州，则设置之初也只能视作境外的藩属，后来渐渐连藩属都不能算了。这些府州县多数置于显庆二年平定西突厥后的次年。最远的一个波斯都督府，置于龙朔元年。其时波斯萨珊朝已在十年前为大食（阿剌伯）所灭，其王子率残部逃入吐火罗境，唐即置府于这个托庇于吐火罗、驻在疾陵城（今伊朗锡斯坦之席翼）的波斯残部内。这个东起葱岭西至波斯边境的广大地区，自显庆以后百余年间，一直是在唐、大食、吐蕃和西突厥余部几股势力争夺之下，因此这些小国在政治上的从属关系极不稳定。唐设置在这一区域内的羁縻州，也就时存时亡；即在其存在时期，对唐朝的关系也或密或疏，不断变化。总的说来，大势是大食势力逐步东向、北向发展，唐朝势力相应逐步撤退。试以国史记载和阿剌伯记载结合起来看，安史乱前，大致可分三个阶段：

1. 阿剌伯于 664 年东侵阿富汗，占领喀布尔（唐细柳州）。《新唐书·波斯传》于"以疾陵城为波斯都督府，即拜卑路斯（波斯王子）为都督"后，紧接着说"俄为大食所灭"，殆即指此役。是则波斯都督府存在的时间大约只有二三年。

2. 664年后,阿剌伯曾退出喀布尔,至669年再度占领,旋即由此入侵印度;709年阿剌伯渡阿姆河占领布哈拉(唐安息州,即安国);710年镇压吐火罗(唐月氏都督府)的反叛,俘其叶护;712年击破康国(唐康居都督府)、石国(唐大宛都督府,都柘析城,今塔什干)与突厥的联军,占领康国的都城萨末建(撒马尔罕)。此后河中地区昭武九姓国曾为抵抗入侵者而求援于唐,唐以道远无能为力。《唐会要》载开元十三年(725)时康国、石国皆臣属于大食,"其境东西万里,东与突骑施相接。"新罗僧慧超约于后一、二年自天竺东返,在其所撰《往五天竺国传》也说吐火罗、胡蜜(唐鸟飞州都督府)、康国、安国、曹国、米国,史国等都是"见属大食所管"。阿剌伯史亦载几经进占撤退,终于在739年将突厥人逐出,取得对阿姆、锡尔两河间各国的全面统治。唯锡尔河北岸的石国、拔汗那国,仍为唐朝的藩属。

3. 天宝九载(750),唐安西节度使高仙芝劾石国无藩臣礼,袭虏其王,王子走大食乞兵;次年,仙芝将三万众与大食会战于怛逻斯城(今江布尔),唐兵大败,自是石国臣大食。拔汗那则至十三载犹遣子入朝留宿卫。

除来自西南的大食外,来自东南的吐蕃也多次侵入这一地区。但大食吐蕃势力扩展到哪里,并不等于哪里就完全与唐朝脱离关系、唐朝的羁縻州不复存在。波斯都督府虽在高宗初年即建府后二、三年即为大食所灭,其部族则直到开元、天宝时仍遣使来献,乾元初又"从大食袭广州,焚仓库庐舍,浮海走","大历时复来献"。大食袭广州的应为一批降附大食的波斯人,遣使来献的应为流亡于吐火罗地区的龙朔中设置过波斯都督府的波斯人后裔。在今阿富汗东部的谢䫻国(唐条支都督府,今加兹尼城)、罽宾国(唐修鲜都督府,今努里斯坦),在今阿姆河流域的吐火罗国(月氏都督府)、石汉那国(悦般州都督府)、护蜜国(鸟飞州都督府)、骨咄国(高附都督府)、俱蜜国(至拔州都督府),在开元、天宝时都还对唐维持着朝献册封关系,其中罽宾、吐火罗还维持到乾元年间。吐火罗在邻胡谋引吐蕃入侵时,唐曾"为出师破之";乾元初吐火罗等"西域九国发兵为天子讨贼,诏隶朔方行赞"。就是那个天宝中因高仙芝措置乖谬而反唐投向大食的石国,宝应、大历时又曾遣使朝贡。

所以会出现这种情况,当由于大食或吐蕃对这些小国的统治,还不能禁断它们与唐朝的交往,所以这些记载并不能作为唐朝统治或控制着这些小国的论据。俱蜜既"役属吐蕃",而自开元至乾元其王不仅多次朝献受册封,还曾"身入朝"。这二条记载很可能说明这一地区在唐玄宗、肃宗、代宗时期的具体情况:实际已经在大食或吐蕃统治或控制之下,却和唐朝还维持着一定的关系。不过其时来朝献受册封都只称某国王或叶护,绝无称为某都督府都督的,很可能羁縻府州的名义业已不存在。

两《唐志》皆载有阿姆河两岸诸府州名,《新志》尤详。但两《志》皆脱载河中诸府州。两《志》所载西域府州,在列传中往往失载,所以河中地区曾设过的羁縻府州,可能不止见于列传的那几个。

唐与葱岭以西诸围的关系,当然会受到安史之乱的打击,但如上所述,有几国在乱后的大历年间,与唐仍有联系。直到贞元中安西四镇沦没于吐蕃,自此以后,葱岭西诸国不再见于记载。

自贞观元年至十年,招慰松州以西党项生羌部落置二十五(一作三十二)州,扩地西至积石山,皆隶松州都督府。《旧志》载有此二十五州名目、建置沿革及其至京师里数,领县数及县名,其中六州有户数。其时此二十五州应视为唐朝领土。但这条边界线只维持了十多年。《旧志》说"永徽以后,羌戎叛,制置不一"。此后吐蕃渐次东侵,松府羁縻州屡遭残破,党项部落或内徙关内道灵庆、银夏等州,其留处故土者皆为吐蕃役属。故史载仪凤时吐蕃幅员已东与松、茂、巂接,可见松州以西诸羁縻州,应已悉数没入吐蕃。开元时仍如此,故两国约和时则吐蕃请互市于松州城西近处之甘松岭,战端重开则反复争夺恭州南境的安戎城。至天宝时,唐蕃战争唐方取得了几次胜利,唐界乃有所扩展,当即在此区域内设置了大量羁縻州,一部分是复置贞观旧州,大部分皆新置于"生羌部落"。《旧志》据天宝十二载簿,松府有"一百四州,其二十五州(即贞现旧州)有额户口,但多羁縻逃散,余七十九州皆生羌部落,或臣或否,无州县户口,但羁縻统之"。《新志》所载凡一府七十一州,其中一府十三州"有版"(除一州外皆在《旧志》贞观二十五州内),五十八州"无版"。天宝时唐所实际控制的党项州境界,比之贞观时孰大孰小,无可确考。其中《旧志》所谓"无州县户口"的七十九州,《新志》所谓"无版"的五十八州,显然都只是一个空名;《旧志》的"有额户口"二十五州,《新志》的"有版"一府十三州,也未必能恢复贞观时的旧体制,所以《旧志》说"多羁縻逃散"。

安史以后,天宝时代的松府党项羁縻州又有部分内徙,大部分重复没入吐蕃,从此唐地"剑南尽西山",所有党项州遂全部是内地的侨州。贞元中西川节度使韦皋屡次击破吐蕃军于边境;九年,"西山八国及近界诸羌蛮又内附",唐义在这些部落内设置了一些羁縻州,"然亦潜通吐蕃,故谓之两面羌"。见《唐会要》卷99 东女国。

武德及贞观初年开剑南道戎州以南诸蛮部落,至贞观八年戎州都督府领羁縻十六州,拓地南至今云南玉溪通海,东南至于南盘江，东至贵州兴义、普安一带，西包楚雄彝族自治州。既而又西展在洱海周围六诏地区设蒙舍、登沟等州。麟德元年改姚州为正州，置都督府，辖傍近及六诏诸州。约开元二十三年左右，张九龄为玄宗撰拟了《敕安南首领爨仁哲书》（见《曲江集》），生动地反映了今云南境内当时的羁縻州情况。其时南盘江以东以北为戎府所领，曲江以北为姚府所领，南盘江曲江以南则为安南都护府所领。敕书说到那几年里安南府首领归州刺史、潘州刺史，姚府首领昆州刺史、黎州刺史，戎府首领威州刺史、升麻县令，"时有背叛"，其事由则为部落之间"朋仇相嫌"，"兵戎相防"，而"都府不平，处置有失"，故由朝廷遣使捧敕前往"宣问"，谕以"卿等虽在僻远，各有部落，俱属国家"，应该"并识王化"，不要再"生梗"，"有须陈请，何不奏闻？"很清楚当时这些羁縻州尽管有点"背叛"，在体制上则分属于戎、姚，安南等三个都府，都是国家（唐朝）的领土。可是十多年后的天宝九载，早先的蒙舍州刺史，开元末已封为云南王的南诏首领起兵反唐，几年之后，便席卷了姚府全境和戎府所领在今云南境内的所有羁縻州。所以《新志》所载姚府及所领羁縻州的全部和戎府羁縻州的大部分，在天宝末年时事实上都是南诏的领土。

剑南道西陲党项、羌、傣羁縻州隶松、茂、雅、黎、嶲五州都督府，南境诸蛮、夷、僚羁縻州隶成、姚、泸三州都督府。宋、戎、姚三府已见上述。茂府所领涂、炎、彻、向、冉、穹、笮七州建于武德及贞观初，《新志》有建置沿革、领县名，《旧志》又有户口数及至京师里数。其地当在茂州附近，天宝时犹在版图之内。外此又有三十二州，《新志》作永徽增置于新附羌落，《旧志》作"析置二十一州"而不列名。嶲府《新志》作领十六州，《旧志》无。雅府《旧志》作领十九州，《新志》作四十七州。黎府《旧志》领五十四州，《新志》领五十三州。皆只有州名，无建置领县，方位无考，疑皆有其名而无其实。或天宝以前曾稍有接触,安史乱后遂绝。泸府《旧志》领州十,皆开置于仪凤、大足间,有领县名,其中纳、薛(萨)、晏、巩四州仪凤初置为正州,先天乃降为羁縻。《新志》领十四州,不见于《旧志》的四州有领县名而无置州年。十四州之地街在今川南黔西北赤水河、南广河流域,应在唐朝领土范围之内。

江南道黔州都督府,《旧志》在府下说天宝元年领羁縻州五十,《新志》作领诸蛮州五十一,二志州名颇有出入。其地域则大致相当今贵州江口、石阡、开阳、黔西以西南,西至大方、晴隆、安龙,南至广西南丹、凌云。其中牂(今瓮安)、琰(今关岭)、庄(今惠水)、充(今石阡)、应(今三都)、矩(今贵阳)六州初皆为正州,开元、天宝中始降为羁縻,而六州之地西抵今关岭,东抵今榕江,分布甚广,非限于一隅,则当时黔府所领羁縻州,基本上应在唐朝有效控制之下,而在版图之内。但中晚唐时自今金沙、安顺、册亨以西可能渐次弃而不问,因而到宋代这一带出现了罗氏、罗殿、自杞等国。

岭南道桂州、邕州二都督府及安南都护府所领羁縻州,部落弱小,四周皆唐正州正县,自应作境内处理。惟安南所领在今云南曲江南盘江以南诸州,天宝后渐为南诏所并,至大中时安南府北界遂基本上退至今中越国界一线。

1986 年 8 月 26 日

(原载《纪念顾颉刚学术论文集》,巴蜀书社 1990 年)

七 洲 洋 考

　　早在 1874 年,西方汉学家迈厄斯在《中国评论》第 3 期中就以我国旧籍中的七洲洋为今之西沙群岛。夏德在《通报》第 5 卷中、夏之时在《中国坤舆详志》中都持此说。一百多年来,这个说法影响很大。东西汉学家如伯希和、藤田丰八等,我国治西域南海史地学者如冯承钧、向达[①]等,以至解放前后所有涉及南海诸岛历史的报刊文章,都沿袭了这种说法。虽然伯希和在《〈真腊风土记〉注》的增订本(1951 年作为遗著出版)中已改以七洲洋为七洲列岛附近海面[②],却并未引起人们的重视,这种实际上绝对错误的说法继续流通。时至今日,认真整理南海诸岛的历史已为我国历史学界一项迫切需要完成的重要任务,我们不能容许错误的说法再广为传播下去了。因此,写这篇短文澄清一下这个问题是十分必要的。

[①]　伯希和《〈真腊风土记〉注》;藤田丰八《〈岛夷志略〉注》;冯承钧《西域南海史地泽丛》;向达《两种海道针经》。

[②]　本文初次发表时,曾误以此说始于夏之时,也未提及伯希和遗著中的正误,承夏鼐同志来函指出,现据夏鼐同志意见改正,附注于此,并致谢忱。

一

宋、元、明记载中,七洲洋皆指今七洲列岛附近海面。

七洲洋始见于南宋人著作《梦粱录》,宋代只此一条①。在元代文献中凡三见:《元史·史弼传》、《真腊风土记》、《岛夷志略》。明初郑和下西洋时载及七洲洋的则有《星槎胜览》。今将这些早期记载摘录如下:

吴自牧《梦粱录》:"若欲船泛外国买卖,则是泉州便可出洋。迤里过七洲洋,舟中测水,约有七十余丈。……海洋近山礁,则水浅,撞礁必坏船。全凭南针,或有少差,即葬鱼腹。自古舟人云:'去怕七洲,回怕昆仑。'……若商贾止到台、温、泉、福买卖,未尝过七洲、昆仑等洋,……。"

《元史·史弼传》:"至元二十九年十二月,弼以五千人合诸军,发泉州,……过七洲洋、万里石塘,历交趾、占城界,……入混沌大洋,……。"

周达观《真腊风土记》:"自温州开洋行丁未针,历闽广海外诸州港口,过七洲洋,经交趾洋,到占城。"

汪大渊《岛夷志略》:"昆仑山,……下有昆仑洋,因是名也,船贩西洋者必掠之,顺风七昼夜可渡。谚云:'上有七州,下有昆仑,计(针)迷舵失,(人)舟就(孰)存。'"

费信《星槎胜览》:"昆仑山,其山节然瀛海之中,……俗云:

---

① 《宋史·二王本纪》载元将刘杰追宋端宗至七洲洋,《宋史纪事本末》作七里洋。两个"七"字都是"九"字之误。"里"字则系"星"字之误。九星洋一名九洲洋,在今珠海县九氹岛稍北。详见《宋端宗到过的七洲洋考》。

'上怕七洲，下怕昆仑，针迷舵失，人船莫存。'"

上引五条记载中的七洲洋，很清楚指的都是今海南岛文昌县东七洲列岛附近的海面，不可能指西沙群岛的海面，更不可能指西沙群岛。试论证如左：

（一）七洲洋水深七十余丈，约为二百余公尺，与今地图七洲列岛附近海深线在五十至二百公尺之间大致相符。西沙群岛附近洋面深度为一千公尺左右，与"七十余丈"不符。若岛屿附近水浅处，则有撞礁之险，非海舟停泊处。

（二）史弼用兵爪洼，先经万里石塘，然后历交趾占城界，可见此万里石塘应指今西沙群岛；叙七洲洋又在万里石塘之前，可见应指今海南岛东侧海面。若七洲洋即万里石塘之海面，则史文无需复出万里石塘四字。

（三）周达观行程历闽广诸港口以后，过七洲洋，以经交趾洋到占城之前。按：占城在今越南中部，交趾指自海南岛至占城海面，则七洲洋自应指交趾洋北之海南岛东侧，不可能反指在交趾洋东南的西沙群岛海面。

（四）《梦粱录》、《岛夷志略》、《星槎胜览》三书中七洲皆与昆仑对举，昆仑洋指昆仑山下即昆仑岛下的洋面，则七洲洋自应指七洲山即七洲列岛下之洋面。宋元以来，皆称西沙群岛为石塘、长沙、千里或万里石塘、千里或万里长沙，无称七洲者，可见七洲洋应指七洲附近的洋面，不可能指石塘或长沙的洋面。

西沙群岛由三十多个岛、礁、滩、沙组成，其中较显著的亦达十五个，绝不止七数。唯整个群岛又可分成东西两部分：永乐群岛在西，较显著者八岛，俗称下八岛或西八岛；宣德群岛在东，较显著者七岛，俗称上七岛或东七岛，渔民也有称之为七洲的。《中国坤舆详志》之所以以西沙群岛当古籍中的七洲洋，当由于此。但宣德群岛可以叫七洲,整个西沙群岛不能叫七洲;且宣德有七洲之称不见于古籍,古籍中七洲皆明指文昌县东的七洲列岛。夏之时显然是犯了以偏概全,混淆古今的错误。

(五)诸书屡及七洲、昆仑,这是由于此二处为当时往返闽粤与南海诸国间航道所必经。既为航道所必经而又有险,故有去怕,上怕,下怕之谚。若万里石塘则"避之则吉,遇之则凶"(《岛夷志略》),岂得为航道所经? 至七洲洋之所以可怕,则端在舟过此处时若掌握南针"少差",便会碰上万里石塘,"针迷舵失,人船莫存"。昆仑洋之可怕,亦当在航线若偏东,即有触及南沙群岛的危险。

七洲、昆仑都是有相当高度的岩岛,"节然瀛海之中",因而得与明清针经中的乌猪、独猪、外罗、占笔罗等山并列,成为指引海道航向的指标。至于西沙、南沙诸岛,都是些海拔很低而礁盘很大的珊瑚洲,远处看不见,等到船至近处看得见了,便有触礁之险,怎得成为大海中的航标?

郑和下西洋以后,正统六年(1441 年)行人吴惠奉命出使占城册封嗣王,是明朝官员航行南海的又一大事。传世明代著作如慎懋赏《海国广记》、王鏊《守溪长语》、《震泽纪闻》、严从简《殊域周咨录》、黄佐《广东通志》等,皆载及此事。诸书所载吴惠的航程都是发东莞县,次日过乌猪洋(今下川岛附近),又次日过七洲洋、铜鼓山,又次日见大周山(二山都在海南岛东岸),又次日至交趾洋。可见所谓七洲洋只能是指海南岛东北的七洲列岛附近。

明代中晚期有三部讲海道的专书,都提到了七洲洋:《海语》、《顺风相送》、《东西洋考》。

《顺风相送》共八次提到七洲洋,有地望可指者凡五处:(一)"定潮水消长时候"条说:船过七洲洋,贪东七更见万里石塘。可见七洲洋不等于万里石塘的洋面,后者在前者之东七更路程。后者即今西沙群岛,则前者无疑指七洲列岛附近洋西。(二)"各处州府山形水势深浅泥沙地礁石之图"条系七洲洋于乌猪山之下、独猪山之上。(三)"浯屿往大泥、吉兰丹"。(四)"太武往彭场针路"。(五)"广东往磨六甲针"。三条都说七洲洋在乌猪山西南,又西南为独猪山。可见七洲洋专指七洲山附近,西南不超过今万宁县的独猪山即大周山或大洲头。

张燮《东西洋考》中载及七洲洋一段量为详晰:

"乌猪山":注云:"用单申针十三更:取七洲山"。

"七洲山、七洲洋":注引《琼州志》:"在文昌东一百里,海中有山,连起七蜂,内有泉,甘洌可食。"又注曰:"俗传古是七洲,沉而成海。舶过,用牲粥祭海厉,不则为祟。舟过此极验,稍贪东,便是万里石塘,即《琼志》所谓万州东之石塘海也。舟犯石塘,希脱者。"

这里和上引《顺风相送》"各处州府山形水势"条都将七洲洋系于七洲山之下,可见七洲洋自应指七洲山下的洋面。这里虽未引"去怕七洲"这一古语,但很具体地说到了"舟过此极险",险在于"稍贪东便是万里石塘","舟犯石塘希脱者",这是对"去怕七洲"的很好解释。由此可见七洲之可怕不在于七洲洋本身,而在于掌握针向偏东时便有撞到万里石塘即西沙群岛上去的危险。再者,这里又明确指出万里石塘所在的海面名为石塘海,它是在万州之东,而七洲洋则在万州之北。

《顺风相送》载七洲洋"一百二十托水"。《东西洋考》载七洲洋"打水一百三十托"。每托约合五尺,一百二三十托,与《梦粱录》所载七洲洋水深约七十余丈基本符合。

明代记南海三书中,唯独黄衷《海语》在暹罗条下有云:"自东莞之南亭门放洋,南至乌猪、独猪、七洲。"原注:"三洋名。"七洲洋既列于万州独猪洋之后,似应在独猪洋之南,接近两沙群岛。但从明代其他诸书全都列七洲洋于独猪山之前看来,《海语》此条显然是颠倒了次序。我们当然不能认为其他多数记载都错了,反而这条七洲在独猪之南的孤证是可信的。

综上所述,足以证明以前文献记载中的七洲洋,指的都是仅限于今海南岛东侧七洲列岛附近的海面。

二

清代图籍中的七洲洋,有广狭二义:狭义沿袭明以前旧义;广义则范围极广,包括西沙群岛海面在内,但亦不专指西沙群岛海面。

狭义的如约成书于 18 世纪初的针经《指南正法》,书中凡十一处提到七洲洋。其中有些条文内容基本上与《顺风相送》相同,不赘叙。特别值得提到的是另有一条自宁登洋(即广州伶仃洋)往高州的航线,一条自大担(即金门大担岛)往交趾(指越南北部红河三角洲)的航线,一条自宁波往东京(指越南河内)的航线,这三者都经过七洲洋。试问七洲洋若指西沙群岛洋面,这三条航线怎么可能会绕道经过这个洋面? 当然只能是指七洲列岛附近才能解释得通。

又如《泉州府志》、《同安县志》中关于 18 世纪初广东水师副将吴升巡视琼州府海域的记载都说是"自琼崖历铜鼓,经七洲洋,四更沙,周遭三千里"。铜鼓山、七洲洋在海南岛东侧,四更沙在海南岛西昌化县境,这条巡视路线显然是从琼州府治附近出发顺时针方向,自北而南,自东而西,又自南而北,自西而东,绕岛一周,与三千里之数基本符合。若说是南下巡视到了西沙群岛，再折而西北绕经四更沙东返琼州，那就不止三千里了。何况这条记载的目的是在宣扬吴升不畏艰险，躬自巡视，若果真到了西沙群岛海面，岂有不提远处的石塘或长沙，只提近处的铜鼓山、四更沙之理？

又如记载 18 世纪后期航海经历的谢清高《海录》有云："自万山始，既出口，西南行过七洲洋，有七洲浮海面故名，又行经陵水……"这个七洲洋也很清楚，指的是陵水以北七洲列岛附近海面。

舆图中如嘉庆二十二年的《大清一统天下全图》（明清档案馆藏），也把七洲洋注在海南岛以东万里长沙以北。直到宣统元年的《广东舆地全图》，七洲洋也注在七洲之南、铜鼓嘴之北。

广义的七洲洋始见于 18 世纪初陈伦炯的《海国闻见录》。此书在"南洋记"一节中，说七洲洋在"大洲洋而外"，又说自北而南，过了"琼之大洲头"才过七洲洋，可见它所指的七洲洋，已确从明以前的旧义指大洲头以北，改为指大洲头以南。但是不是指的就是西沙群岛的海面呢？也不是。同书在"南澳气"一节中又说万里长沙（西沙、中沙二群岛）之南为七洲洋，更南为千里石塘（南沙群岛）；在"昆仑"一节中又说七洲洋南境直抵大小昆仑山。可见此书所谓七洲洋范围极广，北起海南岛东南隅大洲头，南抵越南东南北纬八度多的昆仑山，都包括在内。这个"七洲洋"是包括西沙群岛海面在内的，但并不专指西沙群岛海面。

这种广义的用法，又见于道光壬寅刻本《海录》卷首的地图中，七洲洋三字拉长注于海南岛与昆仑山之间，长沙、石塘皆在其东。这幅图为一般丛书本《海录》所无，疑非《海录》所原有，而系道光壬寅刻本刻书者录自他书，故七洲洋的含义与《海录》书中用法不同。

又见于 19 世纪中叶徐继畬《瀛寰志略》的"南洋滨海各国图"和"南洋各岛图"中,七洲洋三字注于琼州、昆仑之间,长沙、石塘之西南。又见于 19 世纪 70 年代的郭嵩焘《使西纪程》,其中有云:"……在赤道北一十三度,过瓦蕾拉山,安南东南境也,海名七洲洋。"在北纬十三度瓦列剌岬以外的海面还叫七洲洋,可见这个七洲洋是伸展到西沙群岛以南的洋面的,与《海国闻见录》相同。

如上所述,则七洲洋的广狭二义,在有清一代都是长期通用的。

总之,不论是明以前的七洲洋旧义也好,清代的七洲洋广狭二义也好,七洲洋都不指或不专指西沙群岛洋面,更不等于就是西沙群岛。西沙群岛在旧籍中只作石塘、长沙或万里、千里石塘长沙等,从来没有被称为七洲;西沙群岛海面的专称只有见于《东西洋考》的石塘海,从没有被称为七洲洋。

(原载《中国史研究动态》1979 年第 6 期)

宋端宗到过的"七洲洋"考

《宋史·二王本纪》载景炎元年(1276年)十一月乙巳端宗自福州入海,自此假息闽粤海上,屡移驻所;至次年"十二月丙子,昰(端宗)至井澳。飓风坏舟,几溺死,遂成疾。旬余,诸兵士始稍稍来集,死者十四五。丁丑,刘深追昰至七洲洋,执俞如珪以归"。

按井澳在珠江口西侧澳门之南横琴山下①,一般宋元明记载如《梦粱录》、《真腊风土记》中之七洲洋,皆指海南岛文昌县东七洲列岛附近洋面②。《顺风相送》广东往磨六甲针:"南亭门放洋,用坤未针五更船取乌猪山,用单坤十三更取七洲洋"。南亭门位于珠江口万山群岛间,与井澳相近。一更合六十里,十八更合一千零八十里,与今图所载海道里程大致相符。七洲洋去井澳既有千里之遥,宋端宗以十二月丙子(廿二日)方至井澳,焉得次日丁丑已在千里外之七洲洋③?此一可疑也。此前端宗自福州奔泉州,

---

① 见《方舆纪要》广州府香山县井澳条,《清统志》广州府山川横琴山条、《图书集成·职方典》广州府山川深井山条。清图作深井,今图亦作深井,西濒海湾曰深井湾。

② 见本书《七洲洋考》。

③ 端宗以丙子日至井澳遇飓风,《宋史》外《宋史纪事本末》、《厓山集》、嘉靖《广东通志》所载皆同。《厓山集》引《填海录》、《图书集成》引《香山县志》作丙寅(十二日),不可从。盖山史文丙子下有旬余云云,遂疑丙子为丙寅之误而擅改之耳,非别有所本。

移潮州,次惠州之甲子门,次广州之浅湾①,又走秀山②,再移井澳,每次移跸,皆不甚远,何以独此次不在珠江口西至雷州湾千里海疆上觅一驻所,遽尔远走海南?此二可疑也。《宋史纪事本末》记此事作:

> 十二月丙子,帝至井澳,飓风大作,舟败几溺。帝惊悸成疾。旬余,诸兵士稍集,死者过半。元刘深袭井澳,帝奔谢女峡,复入海,至七里洋,欲往占城不果。

"七里洋"应即《二王本纪》之七州洋。谢女峡当为自井澳趋大陆之道,故下文曰"复入海至七里洋",则此洋当在大陆海岸附近处。若自井澳趋海南岛东北之七洲洋,则两处俱在海上,何需登陆"复入海"耶?此三可疑也。有此三可疑,故知宋端宗亡命所至之七洲洋,应去井澳不远,必不得为见于《梦粱录》、《真腊风土记》等记载中之七洲洋。

今按《方舆纪要》广州府香山县下有九星洋,"在县西(当作东)南,建(当作景)炎二年元将刘深袭井澳,帝至谢女峡,复入海至九星洋,欲往占城不果"。香山县之九星洋,《清统志》广州府山川望门山条下作"九星大洋",《纪要》广东海、《清统志》广州府海皆作九星洋,同治《广东图》亦作九星洋,光绪《广东舆地全图》作九洲洋。《纪要》引《一统志》:"海中有九曜山,罗列如九星,洋因以名。"《清统志》:"九星洲山九峰分峙,有水甘美,曰天塘水,海舶往来所汲。"据图,九星洲及九洲洋位于香山县(今中山县)东南吉大汛东,距岸不足十里,西南去澳门十余里,南距横琴岛东之九澳

---

① 《二王本纪》见至元十四年九月戊申至十一月庚寅端宗驻跸浅湾,《宋史纪事本末》作是年九月戊申"帝舟次广之浅湾"。
② 即今东莞县西南虎门西岸大小虎山,见《方舆纪要》东莞县虎头山、《清统志》广州府山川秀山。

岛二十余里①，自井澳至此，渡海登陆，复自陆入海，相去不过四五十里，一日可达。然则史载宋端宗亡命海上所经之"七洲洋"，应即指此。此洋本作九星洋或九洲洋，史文二"七"字皆"九"字之误，"里"字则"星"字之误也。

　　以上是我在五六年前所写的一条读史札记（附注系近日所增补）。1977 年写《七洲洋考》时，考虑到这个宋端宗流亡时到过的"七洲洋"既然是九洲洋之误，便不应作为七洲洋的宋代资料写入正文，只能在注中交代一下；但札记全文太长，因而仅将结论入注，缀以"另有考"三字。顷承夏鼐同志移书商榷，指出《元文类》卷41 引《经世大典》亦谓俞如珪被执处在七洲洋，所以他认为史载残宋与元军海战处作七洲洋或七里洋，"里"为"星"之误似无疑问，二"七"字则未必为"九"字之误。也就是说，这个战场既可在香山县之九洲洋，亦可在文昌县之七洲洋。从信里的语气看来，夏鼐同志是倾向于认为应在七洲洋的。接信后赶紧把《元文类》找出来一看，所引《经世大典》记载此事的原文是："十二月二十三日……追昰、昺、世杰等至广州七洲洋及之，战海洋中，夺船二百艘，获昰母舅俞如珪等"。一看使我不胜欣喜，这决不是一条否决我的看法的资料，相反倒是一条很好的证实我的看法的资料。因为今海南岛文昌县东的七洲洋，在宋代应属琼州，去广州甚远，中隔雷、化、高、南恩诸州海面，断不得悬属于广州；而在广州境内有所谓"七洲洋"，便只能是指今之九洲洋。

　　至于《东西洋考》七州山、七州洋条引《琼州志》："元兵刘深追

① 1963 年广东省测绘管理局出版的五万分之一地形图亦作九洲洋，在珠海县（香洲）东南，澳门东北。

宋端宗执其亲属俞廷珪之地也",这是不足信据的。这显然是因《经世大典》《宋史》等史籍都说元军追宋端宗及于"七洲洋",而七洲洋实在琼州海域,修地方志的便不问情实,硬把这一故事拉到了琼州海域上来。

琼州的地方志认为宋端宗到过的是琼州的七州洋,而广州的地方志则认为宋端宗到过的是广州香山县的九洲洋或九星洋。核以史实,端宗十二月丙子尚在井澳,丁丑不可能远走至琼州七州洋,所以广州的地方志应该是可信的。问题是:《经世大典》、《宋史》、《宋史纪事本末》中的"七州洋","七"字是不是错字? 我查了道光《香山县志》,作者认为端宗所到的"七州洋即今所称九州洋"(卷8事略)。这是说,文献记载作七州洋并没有错,而是古今地名发生了变化。这是可能的。很可能在宋明之间,这一海域的海底在上升,原来的七洲变成了九洲,人们也就改称洲为九星洲,洋为九洲洋或九星洋。不过"七"字是"九"字之错这种可能性似乎也还并不能完全排除。文献记载往往辗转传抄,一种错了几种跟着错,这并不可怪。上文引《方舆纪要》香山县九星洋条,中有"复入海至九星洋"一语,这条记载不像出自顾祖禹自撰,像是从宋元记载上引录下来的。若然,则宋元记载中洋名首字也有作"九"的,不一定作"七"。

总之,宋端宗流亡海上所到过的"七州洋",只能是珠江口内澳门东北今之九洲洋,不可能是海南岛东北七洲列岛下的七洲洋。今人又或误以西沙群岛为古七洲洋,从而又有宋端宗避元兵曾驻跸西沙群岛之说,那就更是齐东野人之语了。《宋史纪事本末》载:端宗以舟师发福州入海之初,"时军十七万人,民兵三十万人";帝昺驻厓山,"时官民兵尚二十余万";及崖山败亡,"尸浮海上者十余万人"。扈从端宗的是一支十余万乃至数十万人的队伍,所以辗转海上,所有驻跸之所,都是在大陆海滨港澳里或近岸岛屿上,这样才可以依靠大陆近处资粮,以供给养。西沙群岛是几个无粮无水的无人珊瑚洲,远离大陆近则三四日程,远至七八日程,残宋大军不远千里跑到这里来屯驻,那岂不是自投绝地?此事理所必无者也。

1979 年 12 月 4 日

附:夏鼐与作者的通信

一、夏鼐致谭其骧

季龙同志:

……

《宋端宗到过的"七洲洋"考》提纲,已拜读一过,足见读书细心,敬佩,敬佩!但尊说可备一说,尚不能如前文①之以"18世纪以前华籍中之七洲洋皆非西沙群岛"可作定论。

大作所举理由四条,兹略加论述,以求指教:

一、《经世大典》作追至"广州七洲洋",故此洋必在广州境内。此条理由最为坚强。但《经世大典》此处并非如正史各地理志之列举各州及其所属城镇洋面等,乃一般叙述一件史事。刘深追宋端宗由广州出发,刚叙及七洲洋时,有意或无意中称之为"广州七洲洋",亦非不可能。刘深追至七洲洋,在井澳战役之后,见《二王本纪》。《陈宜中传》谓井澳之败,陈宜中欲奉王走占城,乃先如占城谕意,则端宗败后遁逃可以至琼州七洲洋。

二、琼州、广州二说并存,此为乡土观念之作祟。吾国方志中关于名人籍贯、名人陵墓以及重要史事之发生地点,皆有此种现象,有时不止于二说。大作以为"核以史实,广州志之说可信",不

---

① 指本书《七洲洋考》。

知所谓"史实"者，除上述第一条外，尚有其他史实可作证欤？第一条尚难作为定论。

三、道光《香山县志》之编纂者，恐亦不能完全脱去乡土观念。其以《经世大典》及《宋史》之七州洋即今所谓九洲洋，可信亦可不信。正由于明清以来香山县境但有九洲洋，别无七州洋，故欲上溯明清以前之"九洲洋"，只能认宋元时代之"七州洋"为祖宗，而不管宋元时代之七州洋在香山县境抑在琼州。

四、此条乃先肯定结论，然后作解释。（一）自然地理方面是否此处有海底上升，明清增添二州，现无实证，只能等待今后研究。但若在琼州，则宋之七州，明清亦七州，不必再作假设。（二）史文"七"字可能系"九"字之误，此种可能虽不能否定，亦不能肯定。校订史文，须有证据，否则当以不改为胜。证据包括理证，而此条校改之理由，并不充分。

敬抒己见，质之高明，诸希教正，而勿以泥执谬见相哂也。

敬礼！并祝新年愉快！

夏鼐　1979.12.19

二、谭其骧致夏鼐

作铭同志：

去岁岁末奉到论七州洋第二函，适因参加地理学会代表大会，有广州之行，未遑作复。三日前归来，又为杂务所羁，今日始得就大函对拙作《宋端宗到过的"七州洋"考》所提质疑四点，谨以鄙见奉答如下，仍希进而教之。

一、《经世大典》记元兵追宋端宗"至广州七州洋及之"一语之前，所叙端宗行踪，皆在广州境内，依行文惯例，则此处"七州洋"前，本无需再着"广州"二字，故此二字最足以说明此七州洋必在广州境内。盖作者知琼州亦有七州洋,因而有意加此"广州"二字以免混淆也。《陈宜中传》谓井澳败后,宜中欲奉王走占城,乃先如占城谕意。《二王本纪》则谓景炎二年十一月端宗自浅湾走秀山时,陈"宜中入占城,遂不反"。至次年三月又谓"是欲往居占城,不果,遂驻硇州"。纪、传记事时间有出入,姑置勿论。要之,宜中之如占城,实未尝挟端宗同行,宜中如占城可过琼州之七州洋,然与端宗无涉。史但称端宗"欲往居占城,不果",未尝谓已成行而又折回也。

二、尊论地方志于名人籍贯、陵墓及重要史事发生地点,往往二说或数说并存,皆由于乡土观念作祟一节,至为精到。然亦不得遽谓二说或数说中遂无一说可信。愚见之所以以广州志之说为可信者,一则证以琼州七州洋广州九洲洋距井澳之远近。盖史载端宗自井澳出奔过七州洋仅一日程,故知此"七州洋"只能为广州之九洲洋,决非远在千里外琼州之七州洋。二则证以史载自井澳至七州洋途程中有"复入海"一语,以海陆形势度之,正当为香山近岸之九洲洋,不应为远离大陆之文昌七州洋。果不仅以《经世大典》于"七州洋"前明著"广州"二字一事为据也。此三证分别言之,或可视为不够坚强,若合为观之,窃以为足够坚强矣。

三、大函谓道光《香山县志》以《宋史》"七州洋"为"即今所称九洲洋",其说"可信亦不可信",自属深合于逻辑推理之论。若单凭《县志》此一语,自不敢谓其说必可信。愚之所以认为可信,当然是由于此说正好符合于我自己的推论之故。

四、九洲洋海底宋明间是否曾上升,因而增添二洲,诚如大函所指出,"现无实证,只能等待今后研究"。但愚见亦非纯属无根据的假说,实由于据到过西沙群岛之友人见告,西沙群岛一带原在海面下(暗礁),确在不断出水成岛并继续上升中故设想宋明间九洲洋海面宜亦有此可能。史文"七"字可能系"九"字之误，尊见亦以为不能否定有此可能，惟迳行校改则理由尚不充分。前函所摘拙文提纲殆未及《方舆纪要》九星洋一条。有此一条后，理由岂不是更充分一些了吗？

欲求学术繁荣，非百家争鸣不可，更非破除禁区不可，这番咱俩就这个小问题不惮烦地争鸣了数千言，虽然截至目前为止看来还谁也说服不了谁，却已充分享受了嘤鸣之乐，对历史真相的探索也至少较前推进了一步。

专此敬颂

撰祺

其骧手上　1980.1.10

（原载《中国史研究动态》1980 年 3 期）

中国文化的时代差异和地区差异

　　大约从本世纪 10 年代中期五四运动前夕起，中国思想界掀起了一场持续达十多年之久的关于中西文化（或作东西文化）比较的论争，比较两种文化的差异，阐述其特点，并评议其高下优劣。这场论争名为中西或东西文化的比较，实质上并没有比较中西文化发展的全过程，只是比较了中国封建社会的文化和西方资本主义的文化。也就是说，主要不是中西或东西的对比，而是封建社会文化与资本主义社会文化对比；比的主要是不同社会发展阶段的文化，而不是不同地域、民族的文化。这种讨论逐步引导人们注意到当时的中国社会是什么性质，因而到了 20 年代后期，中西文化的讨论随即为中国社会性质的论战所取代。整个中国学术界不谈中西文化比较差不多已有六十年之久。解放前，大学里都还开有"中国文化史"一课，解放后，连这门课也撤销了，在中国通史、断代史课中，一般也都侧重于政治、经济、军事而忽视文化。这对于正确、透彻地认识我们这个国家、民族的历史和现状当然都是不利的。近几年来，风气有所转变，又有人谈论、探索中国文化的特点和中西文化的比较了，本次讨论会①也以此为主题，这是很可喜的。

---

　　①　1986 年 1 月 6 日至 10 日由复旦大学主办的国际中国文化学术讨论会。

不过，我觉得我们现在再来讨论中西文化（东西文化）比较，首先对中国文化、中西文化或东西文化这几个词义的认识应该和六十年前有所不同，更要正确一些，紧密一些：

1. 无论是评议中国文化还是西方文化，都应该包括其全部文化发展过程，"中国文化"不应专指中国封建时代的文化，"西方文化"不应专指其资本主义社会文化。最好能将双方全部文化发展过程进行对比，不能的话，也该以双方的相同发展阶段进行对比。这要比过去那种以不同社会发展阶段进行对比合理得多，有意义得多。

2. 中国文化不等于全部东方文化，西欧文化不等于全部西方文化。不宜将中国和西欧文化的对比看作是中西文化的比较，更不能视同东西文化的对比。

3. 中国自古以来是一个多民族的国家，各民族在未完全融合为一体之前，各有本族独特的文化。所以严格地说，在采用"中国文化"这个词时，理应包括所有历史时期中国各族的文化才是。只是由于汉族占中国人口的极大多数，整个历史时期汉族文化较其他各族为先进，所以通常都将"中国文化"作为汉族文化的代名词，这等于是习称汉文为中文，汉语为中国话一样，也未始不可通融。但是，犹如讲中国通史不应局限于中原王朝的历史一样，今后我们开展中国文化的研究与讨论，或编写一部中国文化史，切不可置其他兄弟民族的文化于不问，专讲汉族文化。

4. 姑以"中国文化"专指汉族文化，汉族文化几千年来是在不断演变中的，各个不同时代各有其不同体貌，也不能认为古往今来或整个封建时代一成不变。中国文化各有其具体的时代性，不能不问时代笼统地谈论中国文化。

5. 姑以"中国文化"专指历代中原王朝境内的文化，任何王朝也都存在着好几个不同的文化区,各区文化不仅有差别,有时甚至完全不同。因此,不能把整个王朝疆域看成是一个相同的文化区。也就是说,中国文化有地区性,不能不问地区笼统地谈论中国文化。

五四前后一般认为中国文化就是孔子思想,就是儒家的学说,就是纲常名教那一套,我看不能这么说。儒学孔教从来没有为汉族以外的兄弟民族所普遍接受,例如藏族早先信苯教,后来改信藏传佛教即喇嘛教;蒙族本信萨满教,后来也信了喇嘛教;维吾尔族在蒙古高原时本信摩尼教,西迁新疆后改信佛教,宋以后又自西向东逐步改信了伊斯兰教。所有少数民族都各有其独特的信仰与文化,只有少数上层分子在入居中原后才接受儒家思想。

那么能不能说儒学、礼教是以汉族为主体民族的历代中原王朝境内的占统治地位的思想文化呢? 我看也不能。这一方面是因为几千年的汉文化在不断变化,有时代差异,另一方面是因为同一时代汉民族内部文化又因地而异,有地区差异,所以不存在一种整个历史时期或整个封建时期全民族一致的、共同的文化。本文想专就历代中原王朝范围内的文化简略陈述一下两方面的差异,希望能引起研究中国文化的同志们的注意。

(一)

中国文化的时代差异,这几乎是读史者人所共知的常识,本用不着我在此辞赘,但也不妨概括地指陈一下:

1. 上古姑置不论。自孔子以后,经战国、秦到西汉初期,儒家学说一直未取得思想界的支配地位;战国是儒、墨、道、名、法、阴阳、纵横等百家争鸣时代,秦代尊尚法家,同时又盛行阴阳神仙之术,汉初则以黄老为显学。

2. 汉武帝"罢黜百家,独尊儒术",此后的两汉号称为儒家的经学极盛时期。但经学大师董仲舒、刘向所宣扬的实际上是以阴阳五行附会儒术的一套,大谈其天人相应、祸福休咎、灾异,与孔孟以仁政、礼教为核心的学说已大异其趣。至西汉末乃发展为虚妄荒诞的谶纬之学。一般儒生治经专重章句,支离破碎,一经说至百余万言。所以两汉经学根本谈不上弘扬了儒家思想。当时人们头脑中的主导思想是鬼神、符瑞、图谶。王充在其《论衡》里痛诋这一套世俗虚妄之言,读其书者颇为之折服。但王充是僻处江东的会稽人,《论衡》这部书是直到汉末建安中才由会稽太守王朗带到中原的许都后才得到传播的,所以王充其人,《论衡》其书,对东汉的思想文化产生不了多大影响。

3. 魏晋时代思想界的主流是玄学,先是何晏、王弼祖述老庄,并用老庄来解释儒家的经典《周易》,使之玄学化,《老》《庄》《易》遂并称三玄。既而发展到嵇康阮籍"非汤武而薄周孔","越名教而任自然"。其时佛教已初步得到传播,道教开始形成。儒家经典尽管仍为京师及地方各级学校里的必修课目,但支配人们精神世界的,释、道、玄的势力已压倒了儒家的礼教。

4. 到了东晋十六国南北朝时期,佛道大行。梁时单是首都建康就有五百寺,由于僧尼不登户籍,"天下户口,几亡其半"。梁武帝、陈武帝、陈后主,都曾舍身佛寺为奴,由群臣出钱赎回。北魏孝文帝时,"寺夺民居,三分且一"。东西魏、北齐周对峙时期,两国僧尼总数达三百万左右,占总人口数的十分之一。茅山道士陶弘景是梁武帝的"山中宰相"。北魏自太武帝信奉寇谦之的天师道后,后此诸帝初即位,都要去道坛受符箓。南北世家甲族如南朝的琅玡王氏、北朝的清河崔氏,都世代信奉天师道。儒家的经学在南朝的国学中"时或开置","文具而已","成业盖寡"。北朝在北魏盛时重视学校与经学过于南朝，至孝昌以后，"四方求学，所存无几"。北齐时国学"徒有虚名"，"生徒数十人耳"。儒学在这个时期显然已极度衰微。

5. 隋唐时期佛道二教发展到执思想界之牛耳，一时才智之士，往往以出家为安身立命的归宿。儒学亦称昌明，孔颖达的《五经正义》，是一次经学注疏的大结集，举世传习，历久不衰。统治者三教并重，一统政权并不要求思想统一。民间信仰则趋向于佛道。

6. 理学是宋儒所创立的新儒学。自宋以后，这种新儒学对社会上层分子的思想意识确是长期起了相当深巨的支配作用。但理学虽以继承孔孟的道统自居，其哲学体系实建立在佛教禅宗和道教《参同契》的基础之上，以儒为表，以释道为里，冶三教于一炉，所以无论是程朱还是陆王，宋明的理学绝不能与孔孟的学说等同起来。宋以后儒者主张排斥二氏者尽管代有其人，那是极个别的所谓"醇儒"，多数士大夫则都是既读圣贤书，同时又出入甚至笃信佛道。纲常名教这一套固然产生了巨大的影响，但人们所毕生追求的却是功名利禄，他们所顶礼膜拜、崇信敬畏的不是儒教中的先圣先贤，而是佛、菩萨、玉皇大帝、十殿阎王以及各色神仙鬼怪。

明代理学之盛不亚于宋，且看谢肇淛所撰《五杂俎》所描述的明代士大夫精神面貌：

> 世之人有不求富贵利达者乎？有衣食已足，不愿赢余者乎？有素位自守，不希进取者乎？有不贪生畏死，择利避害者乎？有不喜谀恶谤，党同伐异者乎？有不上人求胜，悦不若己者乎？有不媚神谄鬼，禁忌求福者乎？有不卜筮堪舆，行无顾虑者乎？有天性孝友，不私妻孥者乎？有见钱不悋，见色不迷

者乎？有一于此，足以称善士矣，我未之见也。（卷13 事部）可见当时极大多数士大夫嘴上讲的尽管是修、齐、治、平、仁、义、道德，头脑里却无非是富贵、鬼神、钱财、女色。

北京是当时的首都，江南是当时文化最发达的地区，而苏州为其都会，按理说，北京、苏州两地的风尚，即便石能完全遵守周孔的礼教，总该相去不远，实际情况却大相径庭。

"京师风气悍劲，其人尚斗而不勤本业"，"士人则游手度日，苟且延生而已"。"奸盗之丛错，驵侩之出没，盖尽人间不美之俗，不良之辈，而京师皆有之"。"长安有谚曰：'天无时不风，地无处不尘，物无所不有，人无所不为'"。

姑苏"其人儇巧而俗侈靡。士子习于周旋，文饰俯仰，应对娴熟，至不可耐。而市井小人，百虚一实，舞文狙诈，不事本业。盖视四方之人，皆以为椎鲁可笑，而独擅巧胜之名"。

（卷3 地部）

在这两个封建文化最发达的城市里，谢氏似乎并没有闻到一点点忠、孝、仁、义、温、良、恭、俭的周孔之教的气息。

如上所述，可见中国文化一方面随着时代的演进而随时在变，各时代的差异是相当大的，决不能认为存在着一种几千年来以儒家思想为核心或代表的一成不变的文化。另一方面，五四以前，无论是从孔子以诗书礼乐教三千弟子以来的二千三四百年，还是从汉武帝"罢黜百家，独尊儒术"以来的二千年，还是从宋儒建立理学以来的七八百年，儒家思想始终并没有成为任何一个时期的唯一的统治思想。两汉是经学和阴阳、五行、谶纬之学并盛的时代，六朝隋唐则佛道盛而儒学衰，宋以后则佛道思想融入儒教，表面上儒家思想居于统治地位，骨子里则不仅下层社会崇信菩萨神仙远过于对孔夫子的尊敬，就是仕宦人家，一般也都是既要参加文庙的祀典,对至圣先师孔子拜兴如仪,更乐于上佛寺道观,在佛菩萨神仙塑像前烧香磕头祈福。总的说来,控制当时整个社会精神世界的,是菩萨神仙,而不是周公孔子孟子。《五杂俎》里有一条对这种情况说得极为精彩明白:

> 今天下神祠香火之盛,莫过于关壮缪,……世所崇奉正神尚有观音大士、真武大帝、碧霞元君,三者与关壮缪香火相埒,遐陬荒谷,无不尸而祝之者。凡妇人女子,语以周公孔子,或未必知,而敬信四神,无敢有心非巷议者,行且与天地俱悠久矣。(卷15 事部)

除了崇信菩萨神仙之外,还有形形色色数不清的各种迷信,如算命、看相、起课、拆字、堪舆、扶箕、请神、捉鬼等等,无一不广泛流传,深入人心。甚至如近代史上负盛名的进步思想家魏源,也是一个堪舆迷。他在江苏做官,在镇江找到了一块"好地",竟不惜把他已在湖南老家安葬多年的父母骸骨,迢迢千里迁葬过来。我们怎么能说五四以前中国封建社会文化就是孔孟一家的儒家思想呢?

(二)

中国史上自秦汉以后中原王朝的版图都很广大,各地区的风土习尚往往各不相同。任何时代,都不存在一种全国共同的文化。过去研究文化史的同志们,对这种文化的地区差异一般都没有予以足够的注意,在此我举几个朝代为例,简要指出各区间的显著差异。

(1)在汉武帝独尊儒术约百年之后的成帝时,刘向将汉朝全境划分为若干区域,丞相张禹使僚属朱赣按区叙次其风俗,后来为班固辑录于《汉书地理志》的篇末。根据此项资料,其时全国只有齐地"士多好经术",鲁地"其好学犹愈于他俗",三辅(京都长安附近,今关中平原)的世家"好礼文",此外各地区全都没有提到有儒家教化的影响,相反,到处流播着各种不符合儒学礼教习俗。例如:

三辅"富人则商贾为利,豪杰则游侠通奸"。"濒南山近夏阳多阻险,轻薄易为盗贼,常为天下剧"。"郡国辐凑,浮食者多,民去本就末"。"列侯贵人车服僭上,众庶放效,羞不相及,嫁娶尤崇奢靡,送死过度"。六郡(今甘肃东部、宁夏、陕北)则"不耻寇盗"。蜀士以文辞显于世,但"未能笃信道德,反以好文刺讥,贵慕权势"。以上为秦地。

中原的河内则"俗刚强,多豪杰侵夺,薄恩礼,好生分。"周地则"巧伪趋利,贵财贱义,高富下贫,喜为商贾"。郑地则"男女亟聚会,故其俗淫"。卫地"有桑间濮上之阻,男女亦亟聚会,声色生焉,故俗称郑卫之音"。陈地则"其俗巫鬼"。南阳则"俗夸奢,上气力,好商贾"。宋地虽"重厚多君子,好稼穑",但沛、楚"急疾颛己",山阳"好为奸盗"。

河北的赵、中山则"丈夫相聚游戏,悲歌慷慨,起则椎剽掘冢,作奸巧,多弄物,为倡优。女子弹弦跕蹻,游媚富贵,偏诸侯之后宫"。太原、上党"多晋公族子孙,以诈力相倾,矜夸功名,报仇过直,嫁聚送死奢靡"。钟代以北"民俗懻忮,好气为奸,不事农商,……故冀州之部,盗贼常为它州之剧"。燕地则还保留着战国以来"宾客相过,以妇侍宿,嫁娶之夕,男女无别"之俗。

楚之江南则"信巫鬼,重淫祀"。吴人以文辞显,"其失巧而少信"。

就是儒教比较最昌盛的齐鲁二地,齐"俗弥侈",其士"夸奢朋党,言与行缪,虚诈不情",鲁地"去圣之远,周公遗化销微,孔氏庠序衰坏","俭啬爱财,趋商贾,好訾毁,多巧伪,丧祭之礼,文备实寡",也不能算是风俗淳厚的礼仪之邦。

(2)《隋书》的《志》本为《五代史志》,以南北朝后期梁、陈、齐、周和隋五代为论述对象。其《地理志》将隋炀帝时全国一百九十个郡按《禹贡》九州编次,各于州末略叙其风俗。

九州之中,兖、徐、青三州十五郡(今山东和河南河北与山东接境的一小部分,江苏淮北部分,安徽淮北的东部)被肯定为教化最良好的地区。兖州五郡,"有周孔遗风,多好儒学,性质直怀义"。徐州四郡,"贱商贾,务稼穑,尊儒慕学,得洙泗之俗"。青州四郡,"多务农桑,崇尚学业,归于俭约";但齐郡(今济南)"俗好教饰子女淫哇之音",东莱"朴鲁少文义",是其缺失。

尚儒风气次于兖、徐、青三州的是豫、冀二州。豫州十六郡(今河南大部分、安徽淮北的西部、山东西南一部分、陕南东部及鄂西北一部分)基本被肯定为"好尚稼穑,重于礼义",独帝都所在的河南(洛阳)则被讥为"尚商贾,机巧成俗"。冀州三十郡,在今河北中南部的七郡"人性多敦厚,务在农桑,好尚儒学,而伤于迟重";今河南黄河以北的河内、汲二郡"俗尚于礼",基本被肯定;惟介在其间的魏郡、清河则被讥为"浮巧成俗","轻狡";在今山西中南部的七郡基本被肯定为"重农桑,朴直少轻诈",惟"伤于俭啬,其俗刚强";自今山西北部北至河套东北五郡和河北北部东至辽西六郡"地处边陲",其人"劲悍""勇侠",风教异于内郡;惟涿郡(今北京)、太原"人物殷阜","多文雅之士"。

以上五州是黄河下游两岸即所谓关东地区。

自关以西的雍州,即基本为儒家声教所不及。长安附近关中平原三郡,风气很坏:"人物混淆,华戎杂错;去农从商,争朝夕之利,游手为事,竞锥刀之末;贵者崇侈靡,贱者薄仁义;豪强者纵横,贫窭者穷蹙;桴鼓屡惊,盗贼不禁"。三辅以北以西的古"六郡"之地,比较淳朴,"性质直,尚俭约,习仁义,勤于稼穑,多畜牧,无复寇盗"。自此以北缘边九郡(陕北,宁夏至河套)及河西诸郡则"地接边荒,多尚武节"。

秦岭以南长江上游的梁州,惟蜀地"颇慕文学,时有斐然";"人多工巧,绫锦雕镂之妙,殆侔于上国";"然多溺于逸乐","贫家不务储蓄,富室专于趋利,其处家室则女勤作业,而士多自闲";"小人薄于情礼,父子率多异居";"其边野富人,多规固山泽,以财物雄使夷僚,故轻为奸藏,权倾州县"。汉中与巴地则"质朴无文,不甚趋利;性嗜口腹,多事田渔,虽蓬室柴门,食必兼肉;好祀鬼神,尤多忌讳;崇重道数,犹有张鲁之风"。汉中以西蜀郡以北诸郡则"连杂氐羌,人尤劲悍;性多质直,务于农事,工习猎射,于书计非其长矣"。

长江中游的荆州,"率敬鬼,尤重祠祀之事";"丧葬之节,颇同于诸左云";全州二十二郡中,只有南郡襄阳"多衣冠之绪,稍尚礼义经籍"。

以长江下游为中心的扬州地区比梁州荆州更为广大,东北起今苏皖鄂豫的淮南,中间为长江以南的今苏皖沪浙闽诸省市,南至五岭以南的今两广和越南北部。其中淮南八郡被誉为"尚淳质,好俭约,丧纪婚姻,率渐于礼"。江南岭北十八郡则大抵"信鬼神,好淫祀,父子或异居",又分为二区:"吴中"七郡(以太湖流域为中心、西包皖南宣城一带,南包浙江宁绍金衢)"君子尚礼,庸庶敦庞,故风俗澄清,而道教隆洽",评价最高;此外十一郡(今江西福建二省及皖南浙西之旧严徽二府。浙南之旧温处台三府)风教皆不及"吴中",尽管也"君子善居室,小人勤耕稼",但豫章等郡有妇女"暴面市廛,竞分铢以给其夫",丈夫举孝廉即逐前妻,庐陵宜春等郡又往往有畜蛊害人的恶习。五岭以南十九郡风气更差,"人性轻悍,易兴逆节",而俚僚则既"质直尚信",又"重贿轻死,唯富为雄","父子别业,父贫乃有质身于子者","俗好相杀,多搆仇怨"。

总括《隋书地理志》所载,当时被誉为尊儒重礼的,只有中原二十一郡荆扬十七郡共三十八郡,仅占全国一百九〇郡的五分之一;就是在这三十八郡中,也还夹杂着不少违反儒教的风俗。至于其他五分之四的地区(按郡数计),则几乎没有受到什么儒教的影响;中原经济发达地区则机巧轻狡侈靡成俗,边郡则失之于刚强劲悍;南方梁荆扬三州则普遍信鬼神好淫祀。长江流域尊儒重礼的郡数已接近中原,这当然是永嘉乱后中原士族南迁的结果。

(3)《通典·州郡典》载天宝年间的三百多府郡,也是按《禹贡》九州分区记叙,州末各记上一段风俗。据此,其时:

冀州的山东(今河北)"尚儒","仗气任侠",而邺郡(今安阳附近冀豫接壤一带)"浮巧成俗";山西人勤俭,而河东(今晋西南)"特多儒者";并州(太原及迤北)"近狄,俗尚武艺"。兖州(今冀东南鲁西)"人情朴厚,俗有儒学"。青州(今山东济南以东)"亦有文学"。徐州(鲁南苏皖淮北)"自五胡乱华,数百年中,无复讲诵,况今去圣久远,人情迁荡",但又说"徐兖其俗略同"。豫州只说"周人善贾,趋利纤啬",而不及他郡。中原这几州儒学的声势,比百五十年前《隋志》所载,大致并没有什么进展,惟山东、河东多世族,故独擅儒术。

关中的雍州京辅因"五方错杂,风俗不一,称为难理";其西北诸郡"接近胡戎,多尚武节";"其余郡县,习俗如旧"。

长江流域上游梁州的蜀土"学者比齐鲁"。下游扬州"人性轻扬而尚鬼好祀"如旧,而江东因永嘉之后"衣冠避难,多所萃止,艺文儒术,斯之为盛"。中游荆州"风俗略同扬州","杂以蛮僚,率多劲悍"。

五岭以南于九州外别为一区,"人杂夷僚,不知教义,以富为雄","民强吏懦,豪富兼并,役属贫弱,俘掠不忌","轻悍易兴逆节"。

总的说来,盛唐时代的儒学兴盛地区,北方则山东、兖州,南方则吴中,略如隋旧;惟以蜀土比齐鲁,可能比隋代有所发展。

(4)《宋史·地理志》将崇宁时的二十四路合并为十二区,区末各有一段论风俗,较《汉志》《隋志》更为简略,兹参以《太平寰宇记》《舆地纪胜》所载,略述如下:

中原诸路中,京东"专经之士为多",河北"多专经术",京西洛邑"多衣冠旧族",文教称盛。京东二路大率"皆朴鲁纯直","重礼义,勤耕纴";惟兖济"山泽险迥,盗或隐聚",登莱高密"民性惟愎戾而好讼斗"。京西二路"民性安舒"。河北二路"质厚少文","气勇尚义,号为强忮"。此外河东则"刚悍朴直","善治生,多藏蓄,其靳啬尤甚"。陕西二路"慕农桑、好稼穑","夸尚气势,多游侠轻薄之风,甚者好斗轻死";惟蒲解本隶河东,"俗颇纯厚";被边之地,"其人劲悍而质木";"上洛多淫祀,申以科禁,其俗稍变"。

南方的江南东、西,两浙,福建四路是当时全国文化最发达的地区,尤以福建为最,多响学,喜讲诵,好为文辞,"登科第者尤多"。但这几路普遍"信鬼尚祀,重浮屠之教";两浙"奢靡,奇巧";江南"性悍而急,丧葬或不中礼";江南福建皆"多田讼"。此外则淮南二路"人性轻扬"。荆湖南路"好讼者多",此路"俗薄而质",归、峡"信巫鬼,重淫祀"。川峡四路"民勤耕作,……其所获多为遨游之费"，"尚奢靡，性轻扬"；"痒塾聚学者众"，文土辈出，而"亲在多别籍异财"。涪陵之民，"尤尚鬼俗"。广南二路"民婚嫁丧葬多不合礼，尚淫祀，杀人祭鬼"，"人病不呼医服药"。

这里有值得注意的两点：一、两宋是理学最昌盛的时代，可是除福建一路的"喜讲诵"当即指此外，其他各路记载里竟概未涉及。当然，京东、河北、两浙、江南和蜀中的"文学""经学"，不可能完全与理学无涉；要之，由此可见，即使在宋代，理学怕也未必已为读书人所普遍接受。二、文化最发达的地区两浙、江南、福建，同时又是普遍信鬼、尚祀、重浮屠之教的地区，可见宋代的儒家尽管已"冶三教于一炉"，但至少在民间佛道的权威显然还是比周孔之教高得多。

(5)《元史》《明史》《清史稿》的《地理志》不载风俗；元明清三代的《一统志》中《元统志》今残存已不及百分之一，《明统志》《清统志》所载风俗一般仅抄录前代旧志陈言，不反映当代情况。所以中国文化在这六百多年中的地区差别并无现成资料可资利用，现在我只能就明朝一代，杂采诸书零星材料，略事阐述：

据清人黄大华所辑《明宰辅考略》，自永乐初至崇祯末，历任内阁大学士共一百六十三人。兹按明代的两京十三布政使司，表列这一百六十三人的籍贯如下：(内一人待考)

南直	27（今江苏20，安徽5，上海3）	广西	2
		贵州	0
浙江	26	江西	22
北直	17（今河北长城以内）	湖广	12（今湖北8，湖南4）
山东	13	河南	11
福建	11	广东	5

四川	9	陕西	2（今陕西2，甘、青、宁无）
山西	5	云南	0

明制内阁大学士皆由翰林出身，所以这张表大致可以反映各地区文化程度的高下：南直、浙江、江西三省共得七十五人，占全国总数45%；加福建省共得八十六人，四省占总数53%，是全国文化最发达的地区。其中又以相当今苏南、上海的五府得十九人，浙江的嘉湖宁绍四府得二十人，江西吉安一府得十人，福建泉州一府得五人，尤为突出。中原的北直、山东、河南、山西四省合四十六人，占总数28%。此外陕西、湖广、四川、广东、广西共得三十人，占18%。其中陕西二人都是最接近中原的同州人，广西二人都是地接湖广、省会所在的桂林人。十五省中，云贵二省全都不出一人。所以全国人才分布的总形势是东南最盛，中原次之，西北西南最为落后；西北的陕西当今陕甘青宁四省区之地只出二人，西南的广西和云贵三省也只出二人。

致位宰辅必须经由科举，应科举必须读儒家的经典；但当时的儒学代表人物不是位极人臣的大学士或名魁金榜的三鼎甲，而是以道义名节自励，讲求修、齐、治、平之道的理学家。《明史》将一代著名理学家除少数几个有事功列于专传者外，编次为《儒林传》二卷，共著录一一五人。兹表列到一一五人的籍贯如下：

江西	35	浙江	26	南直	18
福建	9	陕西	7	河南	6
山东	5	广东	5	湖广	2
山西	1	四川	1	北直	0
广西	0	云南	0	贵州	0

东南四省占了全国总数76.5%，北方四省仅占16%，此外中

南西南三省合占7%。除西南广西、云、贵三省无人外,奇怪的是,畿辅之地北直竟亦无人,十五省中缺了四省,总的分布形势基本与宰辅相同,而荣枯之差更大。这应该是由于宰辅出自科举,科举各省有定额,故分布面比较广,比较平衡,而理学的授受传播则自应由近而远,僻远处更难为传播所及。可见科举和儒术虽然是两回事,二者都足以代表当时文化盛衰的地区差异。

为了企求早日完成这篇讲稿,我未能为《明史·文苑传》中人物作出分省统计;逆料做出来的结果与宰辅儒林不会有多大差别。

多出卿相、名儒、文人学士的地区,一般当然就是儒术礼教最昌盛的地区。如上表,《明史·儒林传》中的人物以江西为最多,这是与明人著作《文武库》①中所记江西风俗正相符合的。全省十三府,其中南昌、饶州、广信、九江、建昌、抚州、临江、吉安、袁州九府,都被赞许为"家有诗书","人多儒雅","比屋弦诵","尚礼崇德","力学知廉耻",等等。万历中王士性所著《广志绎》,备载十四省(不及福建)民俗,他省皆不及儒术,独称"江右讲学之盛,其在于今,可谓家孔孟而人阳明矣"(卷4)。但江右风俗悖于礼教者亦不在少。通省则"少壮者多不务穑事,出营四方,至弃妻子而礼俗日坏,奸宄间出"(《文武库》)。其外出又不是经营正经工商业,往往用堪舆星相等术数,赖谭天悬河的辩才以骗取钱财(《广志绎》卷4)。各府则南昌"薄义而喜争",建昌"性悍好争讼",瑞州"乐斗轻死,尊巫淫祀",赣州"好佛信鬼,嗜勇奸斗,轻生致死",南安"多讼"(《文武库》)。

浙江出宰辅仅次于南直,理学之盛仅次于江西,而绍兴一府科

---

① 清初李培将此书辑入《灰画集》,序中只提到此书为张文升所藏,不著撰人姓名。

名儒学之盛，又甲于浙江。然为顾亭林詈为"天下之大害"，"百万虎狼"，窟穴于自京师各部至各级地方衙门的胥吏（《郡县论》），正是浙江的绍兴人。

南直的文化中心，首推南京苏州扬州三处。成书于万历晚期的谢肇淛《五杂俎》，痛诋苏州人的儇巧，已见上文。南京则以秦淮烟月、旧院名妓著称（《广志绎》卷2）。而扬州人多以买童女经过一番如何做好姬妾的专业教养后以厚直出售为业，俗称"养瘦马"。以致"广陵之姬"，成为名闻四方的名产，达官巨贾，"欲纳侍者类于广陵觅之"。且业此者并不限于平常人家，"即仕宦豪门，必蓄数人，以博厚糈，多者或至数十人"（《广志绎》卷1、《五杂俎》卷7、《野获编》卷23）。三处如此，则南直风尚之多弊可见。

南宋朱熹家居建阳，一生活动长期皆在闽中，故世称其学为"闽学"，其影响直到明代还很深。建宁、延平、邵武、汀州上四府，有"小邹鲁"之称（《灰画集》引《方舆胜略》）。谢肇潮是福州长乐人，自诩"吾邑虽海滨椎鲁，而士夫礼法，甲于他郡。…市不饰价，男女别于途，不淫不盗，不嚣讼，不逋赋。"但谢氏又承认"今之巫觋，江南为盛，江南又以闽广为甚。闽中富贵之家，妇女敬信无异天神"。"惑于地理者，惟吾闽为甚"。"最可恨瘟疫一起，即请邪神"。而闽广人好男色，尤甚于他处；福州又往往"乘初丧而婚娶，谓之乘凶"（《五杂俎》）。丘濬又指出"溺子之俗，闽之建剑为甚"（《大学衍义补》）。沈德符极言闽人之重男色，至以"契兄弟"比之于伉俪；甚者又有壮夫娶韶秀少年，与讲衾裯之好，称"契父子"（《野获编补遗》）。如此种种恶俗在福建的广泛流行，可见所谓"小邹鲁"，所谓"最讲礼法"，只是一些士大夫闭目塞听所作的自我吹嘘而已。

封建文化最发达的东南四省尚且不能按儒学的要求澄清社会

风尚，其他地区当然更谈不上了。看来山东的"士大夫恭俭而少干谒，茅茨土阶，晏如也"，河南的风俗有"淳厚质直"之誉，多半是由于地瘠民贫而导致的，与儒学的教化未必有多少关系。所以山东、河南皆多盗，"宛洛淮汝睢陈汴卫"一带，又有"同宗不相敦睦"，"同姓为婚多不避忌，同宗子姓，有力者蓄之为奴"这一类违反礼教的陋俗。"又好赌，贫人得十文钱，不赌不休，赌尽势必盗，故盗益多"（《广志绎》卷3）。中原如此，西南广西云贵等地民夷杂处，诸夷仍其旧俗，华人什九皆各卫所的戍卒，其不谐于名教更可想见。

（三）

综上所述，可见姑且不讲全中国，即使未讲秦汉以来的历代中原王朝，专讲汉族地区，二千年来既没有一种纵贯各时代的同一文化，更没有一种广被各地区的同一文化。虽然儒家学说一直是二千年来中国文化的一个重要组成部分，却从没有建立起它的一统天下，犹如基督教之于欧洲诸国，伊斯兰教之于穆斯林国家那样。各时代风俗习尚的地区差异，更充分说明了好儒尚礼的地区一般只占王朝版图的一小部分，很难到得了一半。而在这小部分地区内，即使能做到"家有诗书，人多儒雅，序塾相望，弦诵相闻"，支配人们精神世界的，却不可能是纯正的孔孟思想，不杂二氏之说，不信鬼神。他们的行为准则，也不可能完全符合于儒家的道德标准，伦理观念。

自五四以来以至近今讨论中国文化，大多数学者似乎都犯了简单化的毛病，把中国文化看成是一种亘古不变且广被于全国的以儒学为核心的文化，而忽视了中国文化既有时代差异，又有其地区差异,这对于深刻理解中国文化当然极为不利。今天我在这里讲的虽然很粗疏,很浅薄,若能因而引起一些同志们的注意,稍稍改变一下过去那种中国文化长期不变、全国统一的看法,则不胜幸甚!

我强调中国文化的时代差异和地区差异,不等于我否定中国文化有它的共同性。共同性和差异性是辩证地同时存在的。中国毕竟是一个长期统一的国家,汉族毕竟是一个历史悠久的具有强烈的共同意识的民族,不可能没有文化的共同性。什么是不因时而变因地而变的共同的中国文化呢? 这个问题不包括在我今天的讲题之内,本可以不讲。不过凡是热情参加中国文化的讨论的同志们,大概没有一人不是在迫切关心中国文化的发展前途的。中国文化的共同性何在? 这是直接关系到中国文化的前途的关键问题。

我以为中国在一个国家里,汉族在一个民族里,一贯对待不同文化采取容许共存共荣的态度,不论是统治阶级还是被统治阶级都是如此,因此儒佛道三教得以长期并存,进一步又互相渗透,同时又能接受伊斯兰教、基督教等其他宗教,这就是中国文化的共同性。也就是中国文化的特点。因此,中国(汉族地区)尽管发生过三武之厄,佛教皆不久即复兴;尽管在朝廷上发生过几次佛道之争,却从没有发生过宗教战争;即使最高统治者皇帝非常虔诚地信仰某一种宗教,却从没有强迫过他统治下的任何一民族一地区的人民改变信仰。尽管有一些和尚道士受到统治者备极尊崇的礼遇,也曾参与治政,却从没有搞过政教合一。这种早已形成,长期坚持的兼收并蓄的文化开放传统,使整部中国史只能出现政治上的封建集权大一统,任何时期都做不到思想文化的统一。秦始皇不能,汉武帝不能,唐宗、术祖、成吉思汗,朱元璋也不可能。这些帝王不是不想做,但做不到。秦汉一统王朝做不到,一到魏晋南北朝时代,专制政权的衰落,使思想文化更得到了自由发展的机会,所以这一政治上的分裂时期,在学术思想上、文学艺术上的活跃与进步,远远超过秦汉。隋唐以一统王朝而能在文化发展上取得丰硕的成果,那是由于输入、吸收、融合了多种周围各族各国的文化之故。中国之所以能长期继续发展,汉族之所以能长期屹立于世界先进民族之林,繁衍为占全国人口大多数的主体民族,对不同文化采取兼收并蓄的开放态度,应该是主要原因之一。中国的封建统治在政治上以专制著称,但从来并不严格限制其臣民的思想文化倾向与宗教信仰。范缜坚持他的神灭论;虔诚的佛教徒萧子良、萧衍以帝王之尊,无可奈何他。就是到了君主专制发展到最高度的明清时代,统治者也只要求应试的士子在试卷上必须按经义代圣贤立言,却并不管你所信仰的到底是圣贤还是神仙,是周公,孔子、孟子、程、朱,还是释迦牟尼、耶稣基督或安拉真主。我认为这正是中国文化的主要优良传统。今后我们必须继续遵循这条道路去推进中国文化在新时代新形势下健全地向前发展。当前我国在经济上实行对外开放对内搞活的政策,理所当然,在文化上也应该采用同样的政策。文化上的对外开放,就是大胆地接受吸收外国的优良文化;对内搞活,就是真正地做到百家争鸣、百花齐放。

(原载《复旦学报》1986 年第 2 期)

与徐霞客差相同时的杰出的
地理学家——王士性

我们的祖国是一个伟大的文明古国。几千年来,我们的祖先创造了各个方面的丰富文化,这是我们民族的宝贵遗产,可引以为骄傲。今天,我们应该在这份民族遗产的基础上,继承、发扬其精华,扬弃其糟粕,再吸取其他国家的先进文化,与自己的传统文化融合起来,创立我们的社会主义时代的新文化。这是我们这一代学术工作者不可推卸的职责。近年来,许多同志对《徐霞客游记》进行了整理,写了研究文章,今天我们在这里开会纪念徐霞客,其意义也正在于此。徐霞客的爱国主义精神,和他的不畏艰危困苦,献身于考察祖国山河大地,探索真理的精神,他在地貌学、水文学等方面的成就,都是我们应该很好地研究、继承和发扬的。并以此为基础,再吸收国际同行关于这方面的研究成果,从而使地貌、水文等有关地理学科获得新的发展,为现代化建设服务。应该说,近年来这方面的工作取得了一定的成就,是可喜的。不过,继承,发扬和发展祖国文化遗产的工作我们还远远没有做到家,可以说还很差。从地理学而言,作为地理学家的徐霞客其人其贡献为世人所知,不能不归功于半个多世纪以前的丁文江先生。要不是丁文江在 20 年代末整理、重印了徐霞客的游记,画了图,并做了年谱,知道徐霞客的人是很少的,恐怕也就不会引起建国以来对徐的重视。丁文江以后,地理学界谈到明代的地学史,都讲到并看重讲了徐霞客,这当然是对的。但是整个明代就只有徐霞客值得提,只有徐一个人对地学有贡献吗? 这可不见得。这不能不怪我们重视文化遗产还很不够。其实,值得重视、宣扬的文化遗产肯定很多,只是由于像丁文江那样的人太少,以致不少珍贵的东西被长期掩埋在故纸堆中,不为人所知。就明朝后期的地理学而言,我认为就有一位与徐霞客差不多同时,比徐早四十年(1546—1598)的王士性,在地理学上的贡献也很大。今天我借这次纪念徐霞客的机会,特地为王士性作一番表彰,希望引起今后地理学界特别是治地理学史的同志们的重视。

王士性,字恒叔,台州临海人,嘉靖二十五(1546)年生,万历二十六(1598)卒。比徐霞客早出生四十一年,死时徐才十二岁,所以只能说差相同时,不能说是同辈。王士性的地理学著作有三种:一、《五岳游草》;二,《广志绎》;三、《广游志》。

《五岳游草》成书于万历十九年(1591)。名为五岳游草,实则记五岳之游只是全书12卷的第一卷,其余各卷为:卷2 大河南北;卷3 吴;卷4 越;卷5 蜀;卷6 楚;卷7 滇粤;卷8、9、l0 诗;卷11、12杂志。游记与诗多描绘景物之作,杂志二卷则对各地的气候、风俗、声名文物(文化、经济)作了一些概括的比较。

《广志绎》成书于万历二十五年(卒前一年),目录作六卷,实为五卷,第六卷未成。一、方舆崖略;二、两都(南北两直隶);三、江北四省(河南、陕西、山东、山西);四、江南四省(浙江、江西、湖广、广东);五、西南四省(四川、广西、云南、贵州)。《五岳游草》与此书皆刊于清康熙年间。《五岳游革》似无重刊本,《广志绎》则有嘉庆年间台州丛书重刊本,流传较少,近年中华书局有标点本。此外,又有《黔志》、《豫志》两种,被收入清人丛书,因而亦列目于《丛书集成》,实则即录自《广志绎》。

《广游志》我至今还没有看到过。

据《五岳游草》、《广志绎》二书,我认为王士性的贡献可以说不下于徐霞客。即令是差一点,差得也不多。地理学包罗至广,大致可分为自然地理、人文地理两部分。徐书虽也有一些人文地理内容,但很少。王书则以人文地理为主,兼及自然。王书中论自然地理的深度虽不及徐,但其人文地理方面的记载则极为精彩。故可以说,从自然地理角度看,徐胜于王;从人文地理(包括经济)角度看,王胜于徐。建国以来地理学界重视自然地理而忽视人文地理,人文地理学遭受冷落,大致和社会学、法律学等差不多,长期废而不讲。但西方国家则十分重视,取得了很大发展,有益于国家建设。最近我国领导颇希望地理学界能重建这门学科,所以不等大百科全书地理卷全卷编好,先把人文地理部分作为一分册印了出来。但三十年不讲,一下子想靠出版这本小册子就把学科建立起来是困难的。因人文科学不比自然科学,必须与本国本民族的历史与现状结合起来才有意义、有价值,不能光是把洋人的学说介绍几家,外国的著作翻译几部过来,就算是中国也有了人文地理学。当前我们若要认真建立中国的人文地理学,那就必须充分重视继承本民族在这方面的遗产,撷取其成果,作为建立这门学科的一个重要组成部分。所以我认为,现在提出王士性的著作来呼吁地理学界予以重视、研究,是完全必要的。

地理学不论是自然是人文,都得主要依靠实地调查考察。《广志绎》自序云:余言"皆身所见闻也,不则宁阙如焉。"明制全国分为两京十三布政司共十五省,他到过十四省,惟福建未到。所以全书论述也就是限于他到过的十四省,而不及福建。原计划还有一卷(卷6《四夷辑》),因为四夷去不了,不得不采用与其他五卷不同的体例,所载不可能是身所见闻,只能靠搜辑文献,因而此卷不迳称"四夷",而要在四夷之下加一"辑"字。结果有目无书,并未辑成。

王士性的游历与徐霞客有不同处:徐未做官,游历除舟行外主要靠步行(也坐轿)。王则进士出身,扬历中外,京官、外官都做过,又做过几省的主考,所以主要靠坐车坐船坐轿,也骑马,即所谓"宦辙所径。"王的游历所及的地区范围不小于徐。徐到过十四省,独缺四川省;王也到过十四省,只缺福建。按今省算,则徐到过十六省(区),王到过十七省(区),王比徐多四川、甘肃,少福建,并有两条牵涉到宁夏、青海。

两书主要不同在于徐书排日记载,记得很细,王书则采用笔记体,就每一地区的山川、气候、地貌、道路、农林牧渔产业、特产、风俗、文化、民族、古迹等等自然人文各要素,一条条地作概括性记叙。我认为两者各有长处,不能说谁比谁好。但两人的著作在成书以后的遭遇大不相同。徐书在徐去世后一百三十五年于清乾隆四十一(1776)年始刊,三十二年后至嘉庆十三(1808)年再版,清末又有几种印本,丁文江整理后又有解放前的国学基本丛书本,万有文库本,以至1980年的上海古籍出版社本。王书则两种皆初刊于康熙,在徐书之前。清初学者如顾炎武、曹溶、冯梦祯对之皆备极推崇。但《四库提要》则列徐书于地理类总目,王书仅列于存目,对王书的评价很差,说是"随手记录,以资谈助,其体全类说部,未可据为考据也。"这是由于四库馆臣专重考据之学,于地理则专重建置沿革,所以会作出这样的评价。然而讲地理不应只重沿革,自然景物应重视,经济文化也应重视,四库之评价是不可取的。不幸的是,四库不重视,"五四"以来也一直没有受到重视。

其实讲求记述各地区的经济、文化,在我国起源很早,具有优良传统。《史记》有《货殖列传》,《汉书·地理志》卷末所载成帝时刘向言域分,朱赣条风俗,叙次论述战国至西汉各地人民的生产、生活情况,农商工矿各业的盛衰和风尚习俗的差别,极为生动具体。既写出区域的特点,进行了对比,又指出区域之间的联系和影响;既指出形成各区经济文化差异的环境因素,也阐述了各区的差异各有其历史渊源,真是第一等的好文章,是二千年前描述了全国经济地理、人文地理,区域地理概貌的很出色的著作!可惜这个优良传统不知何以未能继承下来。十六部正史地理志,只有《南齐书》、《隋书》、《宋史》有分区论风俗的章节而极为简略,远不及《史记》,《汉书》。唐宋以来传世各总志亦惟《通典》稍有一点极为简略的记载。明清《一统志》皆有"风俗"一项,更不可取,往往只抄录几条上千几百年前的前史旧文,根本不问当时的实际情况已变成什么样子。可以这么说,汉以后讲地理一般都专讲疆域政区,不讲经济文化,这是地理学的一种停滞甚至倒退现象。现在我们看到了王士性的著作,就可以对明代各地区的经济、人文情况有一个大致的了解。虽然我们不能以此媲美于《史》、《汉》,至少可以说标志着人文地理的一度复兴。清人著作有没有能与王氏著作相提并论的?我还不清楚,希望搞人文地理的、地理学史的、历史地理的都能注意及此,相信必能对建立我国的人文地理学大有裨益。

王士性的著作——主要指《广志绎》——有些什么值得重视的具体内容呢?下面分两部分谈。

各地区各方面的若干条精彩记载

卷1《方舆崖略》:"天下马头,物所出所聚处:苏杭之币(丝织品），淮阴之粮，维杨之盐，临清、济宁之货，徐州之车骡，京师城隍灯市之骨董，无锡之米，建阳之书，浮梁之瓷，宁、台之鲞（海鱼），香山之番舶，广陵之姬，温州之漆器……"

这是极好的经济地理资料。关于"广陵之姬"，卷 2 另有一专条：

> 广陵蓄姬妾家，俗称养瘦马，多谓取他人子女而鞠育之，然不啻己生也。天下不少美妇人，而必于广陵者，其保姆教训严，闺门习礼法，上者善琴棋歌咏，最上者书画，次者亦刺绣女工。至于趋侍嫡长，退让侪辈，极其进退浅深，不失常度，不致憨戆起争，费男子心神。故纳侍者类于广陵觅之。

卷 1 中还有极好的文化地理材料：

> 科弟……如浙江之余姚、慈溪、闽之泉州，楚之黄州、蜀之内江、富顺，粤之全州、马平，每甲于他郡邑。

卷 2《两部》："姑苏人聪慧好古，亦善仿占法效之。书画之临摹，鼎彝之冶淬，能令真赝不辨。又善操海内上下进退之权，苏人以为雅者，则四方随而雅之，俗者，则随而俗之。其赏识品弟本精，故物莫能违。又如斋头清玩、几案、床榻，近皆以紫擅、花梨为尚，尚古朴不尚雕镂，即物有雕镂，亦皆商、周、秦、汉之式，海内僻远皆效尤之。……"

可见苏州为当时全国文化中心。

卷 3《江北四省》：河南人"不蓄积，乐岁则尽数粜卖以饰裘马，凶年则持筐篓携妻子逃徙趁食。俗又好赌，贫人得十文钱不赌不休，赌尽势必盗，故盗益多。且又不善盗，入其家则必杀人，乃所得皆重累易认之物"，易破获，"故每盗或十余人骈首就戮，而计赃乃不值一金。"

山西人"俗俭朴"，"百金之家，夏无布帽；千金之家，冬无长衣;万金之家,食无兼昧。""平阳、泽、潞豪商大贾甲天下,非数十万不称富。……其合伙商者名曰伙计,一人出本,众伙共而商之,虽不誓而无私藏。……富者蓄藏不于家而尽散之于伙计。"

由于团结合作而经商致富。还有:

> 善殖利于外,即牧畜亦藉之外省。……冬月草枯,则麾羊而南。随地就牧,直至楚中洞庭诸湖左右薮泽度岁,春深而回。

可见同是黄河流域,河南、山西的风俗大不相同。

卷4《江南诸省》,论浙江风俗,分全省十一府为三区:"杭、嘉、湖平原水乡,是为泽国之民;金、衢、严、处丘陵险阻,是为山谷之民;宁、绍、台、温,连山大海,是为海滨之民。三民各自为俗:泽民之民,舟楫为居,百货所聚,闾阎易于富贵,俗尚奢侈。山谷之民,石气所钟,猛烈骜愎,轻犯刑法,喜习俭素……;海滨之民,餐风宿水,百死一生,以有海利为生,不甚穷,以不通商贩,不甚富,……闾阎与缙绅相安,官民得贵贱之中,俗尚居奢俭之半。"

又分析缙绅与众庶之间的阶级关系,杭、嘉、湖"缙绅气势大而众庶小";金、衢、严、处"豪民颇负气,聚党与而傲缙绅";宁、绍、台、温则"闾阎与缙绅相安"。

这是近世西方所谓社会地理学。

又记江西、浙江、福建三省;

"地狭人稠","故身不有技则口不糊,足不出外则技不售。惟江右(江西)尤甚。而其士商工贾,谭天悬河,又人人辩足以济之。又其出也,能不事子母本,徒张空拳以笼百务,虚往实归,如堪舆、星相、医卜、轮舆、梓匠之类,非有盐商、木客、筐丝、聚宝之业也。故作客莫如江右,而江右又莫如抚州。余备兵澜沧,视云南全省,抚人居什之五、六。初犹以为商贩,止城市也。既而察之,土府、土州,凡棘猡不能自致于有司者,乡村间征输里役,无非抚人为之矣。然犹以为内地也。及遣人抚缅,取其途经酋长姓名回,自永昌以至缅莽,地经万里,行阅两月,虽异域怪族,但有一聚落,其酋长头目,无非抚人为之矣。"

这些都是很好的移民史资料,而且很明显都是王士性有意识采访得来的。

其说广东的潮州,"今之潮非昔(指唐韩愈时代)矣,闾阎殷富,士女繁华,裘马管弦,不减上国。"

可是万历时犹沿袭唐旧以此州为处谪官之地,殊失迁降本意。

又说潮州,"与汀漳相接,又无山川之限,其俗之繁华既与漳同,而其语言又与漳泉二郡通。……故以隶闽为是。"

都是很可取的见解。

卷5《西南诸省》:"云南一省,夷居十之六七","诸夷杂处,布列各府,其为中华人(汉人)惟各卫所戍夫耳。""贵州先设卫所,后立郡邑,皆建于卫所之中。卫所为主,郡县为客,……卫所治军,郡邑治民,军即尺籍来役戍者也,故卫所所治,皆中国人(汉人);民即苗也,土无他民,止苗夷,然非一种……"

将当时云贵两省人口苗夷爨僰等土著占多数而汉族只占少数,说得很清楚。不过说"中华人"全是卫所戍卒,那也不尽然。同卷另一条即讲到,云南凡成集市处,都有来自江右抚州的商贾侨居。又,虽说云南通省除卫所戍卒外都是爨僰诸夷,却也有例外。地处边陲的永昌:

> 其人反红颜白晳,言语服食悉与陪京(南京)同,其匠作工巧,中土所无有。

这些人应为明初来自南京的移民的后裔。

关于广西的记载

卷5记载到广西的共二十六条,其中属于自然地理的八条(山脉、水系、气候、地貌、动植物)。记述地貌的如:

> 自灵川至平乐,皆石山拔地而起,中乃玲珑透露,宛转游行。如栖霞一洞,余秉炬行五里余,人物飞走,种种肖形,钟乳上悬下滴,终古累缀,或成数丈,真天下之奇观也。

> 若舟行阳朔江口,回首流盼,恐所称瀛海蓬莱三岛,不佳于是。

> 府江两岸石阜,如鎗、如旗、如鼓、如鞍、如兜鍪、如迭甲、如兰锜。

> 桂林无地非山,无山而不雁荡;无山非石,无石而不太湖;无处非水,无水而不严陵、武夷。百里之内,独尧山积土成阜,故名天子田;独七星山一片平芜,故名省春崖。平乐以上,两岸咸石壁林立,则溪中皆沙滩无石,舟堪夜发。平乐以下,两岸土山迤行,则江中皆石矶岩笋,动辄坏舟。

可见作者对桂林山水风景的描述虽不及徐霞客那么细致精密,却已概括地突出了岩溶地貌的特征。

记述全省水系只一条,虽然很简略,其正确性却超过徐霞客的《盘江考》:

1. 此条说"北盘江出乌撒"(今贵州威宁)。按北盘江有二源,南源为云南沾益州(今宣威)境内的革香河,北源为沾益州乌撒府界上的可渡河,且沾益州治又为乌撒后所的治所,此条盖以可渡河为北盘正源,故云"出乌撒",是不错的。而徐氏《盘江考》则竟以注入金沙江的牛栏江上游出杨林(嵩明南)寻甸之水为可渡河之源,因而得出北盘源于杨林之说,大误。

2. 此条说北盘出乌撒,绕贵普安(今贵州盘县)之东,南盘出沾益经六凉(今陆良)、澂江、通海、阿迷(今开远)绕罗雄(今罗平)之南,"两江合而下泗城"。按两盘江合处在今贵州望谟县南蔗香,其地于明代属泗城州(州治今广西凌云),合后东流今名红水河,经贵州望谟、罗甸二县南,广西乐业县北,皆在明泗城州境内,故此条所言南北二盘合流处的方位亦确。至徐考则不相信土人所指出的南盘在者香(今蔗香)所会北来之水为北盘的正确说法,臆断此北来之水为"泗城西北菁山所出",误一。又以北盘为自安南卫(今贵州晴隆)东南"入泗城东北境",其下所叙乃今红水河河道,盖以今贵州紫云、罗甸间的格凸河为安南卫以下的北盘径流,误二。

3. 此条谓二盘合后下泗城、田州,至南宁合江镇与丽江合,这是误以二盘合流后的盘江为右江上游。徐考谓南盘自云南罗平州东"下旧安岭(今广西田林西北旧州),出白隘(今云南富宁东北剥隘)为右江",这是误以右江上游的驮娘江为南盘径流,因而遂误以南盘江为右江上游,南宁合江镇为南盘与太平府左江(即丽江)的合流处。王、徐两家同样误以右江为盘江下游,不同的是王以右江为二盘合流后的下游,此乃明人通病,如《方舆纪要》、《明史地理志》皆如此。而徐则以南盘、驮娘江为右江上游,又以合江镇的郁江为南盘,以红水河、黔江为北盘,因谓二盘合处实在浔州府(今桂平)城下,此则乃徐氏自己制造的错误。

徐霞客很重视江河源流的考察,《盘江考》是他自崇祯十年秋至翌年秋实地考察了约一年之久所得出的成果,是仅次于《江源考》的一篇名作。但其所叙南北二盘江源流,于北盘之发源、径流,南盘之径流和二盘的会合点都犯了错误。而王士性此条,言简而意赅，虽不免仍犯明人通病，以右江为二盘合流后的下游，此外则都是正确的，即此可见此书对水系的记载水平亦颇不低。

属于人文地理的，共有十八条。作者通过这十八条笔记，把广西在明代后期的经济、政治、交通、民族分布与关系以及社会习俗等各个方面，都生动而深刻地显现了出来。

1."广右山俱无人管辖，临江山官府召商伐之，村内山商旅募人伐之，皆任其自取。至于平原旷野，一望数十里，不种颗粒。僮入所种，止山衡水田十之一、二耳。又多不知种麦粟，地之遗利可惜也。""瑶僮"所居皆依山傍谷，山衡有田可种处可田之，坦途大陆，纵沃咸弃而不顾。

这两条可以说明当时广西农业经济还很落后，大部分地区还没有被开发。

2."土官争界争袭，无日不寻干戈，边人无故死于锋镝者何可以数计也。""左右江①土府州县不谒上司，惟以官文往来，故桀骜难治。其土目有罪，经自行杀戮。""右江②土兵，喜于见调，调土兵，人给行粮，俱为土官所得。……岁额戍守之兵，亦残衰不堪用。……左江兵弱，更不堪调。""土州民既纳国税，又加纳本州赋税。既起兵调广西，又本州时与邻封战争杀戮。又土官有庆贺，有罪赎，皆摊土民赔之。稍不如意，即杀而没其家。又刑罚不以理法，但随意而行。故土民之苦，视流民百倍，多有逃出流官州县为兵者。""右江土州县据险法严，土民无如其官何；而官抗国法。左江土州县官畏国法，然势弱，往往为土民逐驱弑逆，而官又无如民

---

① 明代广西所谓左右江有二义：其一为郁江上游即今南宁以上的左右江。其二以郁江为左江，以黔江及其上游柳江红水河为右江。此处用第二义，用"左右江"一词，即几乎包括了除漓江流域以外的全省。

② 通常指柳州、庆远、思恩等府地。

何。此两江土官之大较也。"

这几条资料，充分说明了明代广西土官统治区政治上的腐朽、混乱、暴虐。

3. 从有关交通的几条记载，可以看到广西境内虽有许多可以通航的河流，由于两岸林木翳暗，瑶僮辄隐伏江边，钩船截路，劫夺行旅商货，故明初通省几无水陆通途可言。经成化、正德、嘉靖，万历不断经营，召商伐去沿江林木，凿石开江边官路，架桥梁，建铺亭，从此府江（即漓江）自桂林经平乐至梧州六百余里，舟船昼夜可通行。贺县梧州间也开通了道路。但比较偏僻的西部北边地区，如由田州西北通向贵州一道，因经过地区土官的"阳顺阴挠，故终无成"。省境极北的荔波、怀远二县，由于居民皆土夷，道路艰阻，故"县官不入境，止僦居于邻县，每年入催一次钱粮而已"。"自思恩县通向荔波县六百里尤难行，深则重沟，高则危岭，夜则露宿，昼无炊烟，人多畏而不敢入。"

4. 从有关土著民族的一些条文，可以看到当时全省到处都分布着瑶、僮二族，故有"无县无人，无人而不瑶僮，无人无妇，无妇而不蓬跣"这样的谚语。但东部南部地区与西北部地区的情况有所不同：东部府江南部左江流域的桂林、平乐、梧州、南宁五府，大致民夷参半，"杂居如错棋。民村则民居民种，僮村则僮居僮耕"。西北右江流域的柳州、庆远、思恩三府"则纯平夷，仅城市所居者民耳。环城以外，悉皆瑶僮所居。"又，瑶僮"好恋险阻，傍山而居，倚冲而种，长江大路，弃而与人，故民夷分土而居"。这当然是东南五府境内的民（汉族）夷（瑶僮族）分布情况。

尤其值得注意的是，由于州县官都是汉人，从而造成了汉僮民族间的田租剥削关系：

僮人虽以征抚附籍，而不能至官输粮，则险托于在邑之民。僮借民为业主,民借僮为田丁,若中州诡寄者然。每年止收其租以代输之官,以半余入于己。故民无一亩自耕之田,皆僮种也。

这是汉族王朝统治下,西南少数民族地区的民族关系的宝贵史料。

5. 关于民间风俗,对汉、瑶、僮、蛋各族都有所记载,情况比较一般,兹不赘引。

广西一省二十六条,合计不过三千六七百字,其内容丰富多采如此。广西如此,其他各省类此。所以我敢说,以王士性对地理学的贡献和徐霞客相比,大致在伯仲之间;《广志绎》的价值,总的来说,可能稍逊于《徐霞客游记》,在人文地理方面,则有过之而无不及。今天我们亟应像六十年前丁文江宣扬《徐霞客游记》那样,向地理学及有关学术界广泛宣扬这部《广志绎》,充分利用这部书中的材料,为建立我国的人文地理学提供素材,从而为国家的现代化建设作出贡献。

1985 年 12 月 9 日讲于桂林

1986 年 3 月 6 日补充写定

(原载《纪念徐霞客论文集》,广西人民出版社 1987 年)

历史人文地理研究发凡与举例

上　篇

　　自然地理和人文地理是地理学的两大分支,同样,历史地理学也包括历史自然地理和历史人文地理两大部分。建国以后将近三十年,人文地理遭受冷落,大致和社会学、法律学等学科一样,长期废而不讲。我们历史地理学也受其影响,只注重历史自然地理,忽视历史人文地理,除了历代的疆域政区不能不讲外,对人文地理的其他方面,绝少有人肯花力气去钻研。但人文地理的研究成果其实颇有益于国家的经济文化建设,所以西方国家一贯很重视。我国从 70 年代末以来,也在积极重建这门学科。最近几年地理学界的人文地理队伍已日益壮大,并取得了不少研究成果。历史地理学方面,也相应把部分的力量转移到了历史经济、人口、城市、文化等历史人文地理领域。但是总的说来,历史人文地理的发展还是很迟缓的,还远远不足以阐明我们这个历史悠久、广士众民国家的历史时期人文地理的发展过程。这就必然会影响中国人文地理学的健全创立和发展,因为当代的人文地理现象都植根于历史时期的人文地理现象,不了解历史人文地理,也就讲不清楚当代人文地理。所以,积极开展历史人文地理的研究,不仅对历史地理说来十分必要,对整个地理学界说也具有重大意义。我在 80 年代几次学术会议上既提出过历史地理工作者应重视历史人文地理研究的意见,也曾做过两次有关历史人文地理的报告,但目前的情况还不能令人满意,因此我想利用这次会议的机会,对开展历史人文地理研究谈一些看法。

我们的祖国是一个伟大的文明古国。几千年来,我们的祖先创造了各个方面的丰富文化,这是我们民族的宝贵遗产,人文地理的研究成果就是其中的一部分。我们的祖先对人文地理现象的记录和研究,至少可以追溯到成书于二千多年前的《禹贡》。而在司马迁的《史记·货殖列传》和班固的《汉书·地理志》卷末所载的"域分""风俗"中,对战国至西汉各地人民的生产、生活情况,农商工矿各业的盛衰和风尚习俗的差别,都有极其生动具体的叙述。既写出了区域的特点,又指出了区域之间的联系和影响;既指出了形成各区经济文化差异的环境因素,也阐述了各区的差异各有其历史渊源。从中人们不仅可以发现很多记载当时人文地理现象的珍贵资料,而且完全能够得出这样的结论:我国近二千年前的学者在人文地理区域的划分、区域特征、人地关系等方面的观察和研究,已经达到了相当高的水平。

应该承认,由于地理学在我国古代一直没有形成一门独立的学问,它的分支人文地理学自然更不可能得到系统的发展。像《汉书·地理志》中这样完备的全国区域地理总论,在以后的正史地理志中大多数根本没有,只有《南齐书·州郡志》、《隋书·地理志》和《宋史·地理志》稍有类似的记载。但是,汉以后正史地理志忽视人文地理方面的记述,不等于汉以后的人文地理情况就无可踪迹了。任何历史时期,都有或多或少足以说明其时人文地理现象的文献传世,只是古人没有作出概括性的叙述,那就必须有待于我们花大力气从大量散在各种文献中的有关资料搜集整理出来,才能予以利用。例如,《宋史·地理志》的分路论风俗太简略,难以充分显示当时各地的经济文化概貌。可是,《舆地纪胜》和《方舆胜览》这两部地理总志所搜集的诗文里,却保留着大量足以阐明南宋时代各府州从生产生活到社会习俗的资料。《明史·地理志》虽然根本不谈风俗,可是明代论及各地经济人文情况的著作相当丰富:丘濬的《大学衍义补》和章潢的《图书编》都有这方面的资料,谢肇淛的《五杂俎》的地部是颇为出色的论著,清初顾炎武所编纂的《天下郡国利病书》、李培所辑集的《灰画集》,都搜罗了许多可贵的原始资料和颇有见地的学者论述。明代地理著作中特别值得重视的是万历王士性所撰《广志绎》一书,虽然篇幅不多,却是一部突出的高质量的著作。其中人文地理部分,尤为精致多彩。作者根据他一生的亲身经历和敏锐的观察,对明朝全国十五省中的十四省(只缺他没有到过的福建一省)的经济、文化地理的各个方面,都作出了极为精到的分析与记述。所以我在 1985 年冬,在桂林召开的全国徐霞客学术讨论会上曾作过一个报告,指出王士性在人文地理学方面的成就,比之于在他以后约四十年的徐霞客对自然地理的贡献,至少是在伯仲之间,甚至可以说有过之而无不及(见本书)。本来在明末清初百年之内,王士性其人、《广志绎》其书是很受时人重视的,冯梦龙、曹溶、顾炎武都备极推崇。但此后三百年竟然再没有人提起。这是由于乾嘉考据学兴起后,讲地理的专讲建置沿革,从而《四库提要》仅将此书列入存目,并且作出了"其体全类说部,未可据为考据也"那样极为轻蔑的评价,以致此后以舆地之学名家的学人,绝无一人再重视此书。这是一种绝不合理的偏见。五四以后地理学界又流行重自然轻人文的风气,所以徐霞客受到丁文江以来广大地理学者的尊崇,却谁也不知道有王士性《广志绎》其人其书。现在我们既要建立中国的人文地理学,那就必须充分重视这方面的前人遗产。所以我认为呼吁地理学界对这部书予以重视,是完全必要的。

自然地理现象,特别是在不受到或很少受到人类活动影响的条件下,其复杂程度及变化发展的速度完全取决于自然本身。但一个地区的人文地理现象的存在与否、复杂程度及发展变化的速度除了同样受到自然条件的制约以外,很大程度上取决于人类的活动和人类社会的发展变化。因此,像中国这样一个历史悠久、文化发达、人口众多、幅员辽阔的国家在以往曾经存在过的人文地理现象,是绝大多数其他国家所无法比拟的。例如我们可以研究春秋战国时期的学术思想的地理分布和差异,可以研究唐代诗人、学者、艺术家的地理分布,但在一千年前还处于文明初期的国家,或者在当时的疆域相当狭小的国家,这样的课题不是根本没有研究对象,就是毫无实际意义。所以,我们可以把历史人文地理比喻为我国的一座富矿,等待着我们去开挖。在很长的时期内,我们不必到外国去寻找矿源。这同时也意味着,我们面临的任务是相当繁重的。

与自然地理现象相比,人文地理现象的变化和发展一般要迅速得多。在中国有文字记载的数千年间,气候、水文、地形、地貌、植被等地理要素也在不断变化,有的甚至已经发生了相当巨大的变化,如一些河流、湖泊已完全消失,黄河下游已经改道了很多次,但总的说来变化是非常缓慢的,尤其是一些基本状况并没有显著的不同,已经发生的变化大多还有踪迹可寻。但这几千年间的人文地理现象就大不相同了,经济、政治、文化、社会、民族等各个方面,无论是以全国为范围的总的状况,还是以各个地区为单位的区域状况,几乎找不到基本不变的方面。拿《史记》、《汉书》中的记载与今天的实际相比,大概很难找到多少相似的情况了。即使就中国最稳定的农业生产而言,土地利用、作物品种、生产工具、耕作制度、产品加工等方面的地域分布与差异也不断改变，更不用说一些发展变化迅速的现象了。

与自然地理现象不同之处还在于，以往的人文地理现象大多已无法通过实地考察和其他技术手段来发现，而只能依靠文献资料的记载。这正是我们的优势所在，因为中国悠久的历史给我们留下了浩如烟海的文献记载，给我们提供了进行历史人文地理研究的基本条件。当然，由于历史的局限，传世的文献资料中存在着大量不科学、不准确、不真实的内容，尤其是缺少准确的数量记录。但是在剔除了这些错误成分之后，毕竟还可以获得比较可靠的原始资料，为我们提供了其他途径无法替代的基础。以历史人口地理的研究为例，法国的成绩是举世公认的，而法国学者的主要资料就是过去二三百年间的直接、间接的人口调查记录。中国人口调查的历史比法国长得多，资料也丰富得多。即使不考虑官万的户口资料，只要我们对现存的家谱进行一番全面、科学的研究，至少对 14 世纪以来的人口地理的研究就有了可靠的资料和数据基础，要达到和超过法国目前的研究水平是完全有可能的。

近年来，随着现代化的研究设备和方法的引进，一些学者认为文献资料的重要性已经降低了，甚至已经是可有可无了。这种看法是错误的，是不利于学术进步的。传统的文献资料研究方法当然有很大的局限，在历史人文地理的研究中尤其不应该墨守成规。但是新的研究手段也不是万能的，同样离不开基本的资料和数据。实际上，新的研究手段不但没有降低文献资料的重要性，而且对资料的准确性提出了更高的要求，还是以历史人口地理研究中利用家谱资料为例，传统的抄写摘录、分类汇编、脑记手算不仅工程浩大，容易产生误差，而且只能就事论事，很难找出普遍规律。如果我们在摸清基本情况的前提下，设计出一个随机抽样的方案，然后将有关的数据输入电脑,计算过程就能很快完成;再运用一些成熟的、得到过验证的模型或方法,就能得出比较可靠的、有一定代表性的结论。很明显,影响结论正确性的主要因素,第一是输入的数据是不是既准确又有代表性,第二是运用的模型或方法是不是可靠。要是没有文献资料,或者没有严格、准确地运用文献资料,就不会有准确而有代表性的数据输入。而可靠的模型或方法也无一不是建立在大量可靠数据反复计算试验的基础之上。所以我认为,中国历史人文地理研究的文献资料优势并没有失去它的意义。在传统方法与现代手段相结合的过程中,中国的历史人文地理学者大有用武之地,也大有希望。

另一方面,人文地理现象一般也有其延续性和继承性。因此如果没有对以往人文地理现象的理解,就不可能对现在的人文地理现象有足够的认识。要研究当代的人文地理,历史人文地理的研究成果是不可或缺的。要认识当前中国的国情,中国历史人文地理的研究成果也是不可或缺的。例如要研究当代中国的政区地理,就一定要了解历史政区地理。像县这一政区,已经存在了二千多年。有相当一部分县的名称和治所,二千多年来一直没有改变过。现在一级政区中的主体——省,也已有了七百多年的历史;目前省级界线的基本格局在14世纪晚期就已经形成了。如果不了解这些情况,就无法解释目前省界存在的种种问题和矛盾,也就无法为未来的改革找到合理的方案。

中国历史人文地理需要并可能研究的方面与门类极为广泛。论人口则应推究各时代宽乡与狭乡的变化,各地区间的人口流动以及由他原因导致的增殖与减耗,还要注意各地区的民族构成和各民族的移动、扩散、分化与融合过程。论产业则要探索各地粮食生产和经济作物的品种及产量高低,手工业和矿业的特色盛衰,作为商品的行销范围等,又要估算其获利轻重对当地经济荣枯的影响。论交通则要研寻各水陆线路的开辟、移动、兴废。论聚落城市的形成隆替,既要阐明各地区乃至全国的布局,又要指陈其工商业联系地区的范围。论疆域政区的沿革,既要考究建置分并、辖境治所的或沿或革,也要阐明其所以然和对经济、政治、文化各方面的影响。论文化则要注意到各种文化现象的地理分布和地理差异。各个历史时期都有不同于此前此后的经济区域和文化区域,恰当地指出各区的地域及其特色,是论述这一时期人文地理的重要内容。经济区域当然是由不同的生产方式和生产关系形成的,而文化区域的形成因素则主要是语言、信仰、生活习惯、社会风气的异同。全国和各大区域内的经济重心和文化重心以及人物产地随着时代的推移往往也有所变动。这些都是中国历史文化地理亟待开拓的大有可为的研究领域。1982 年以来在中国社会科学院的领导组织下,我们有一批人正在编绘一部大型的《中华人民共和国国家历史地图集》,内容包括自然地理和人文地理的各个方面。属于人文地理方面的,有疆域政区、农牧业、手工业、矿业、城市分布和规制、民族分布和迁移、人口分布、宗教、文化事业、人才分布等图组。复旦大学中国历史地理研究所承担了疆域政区、交通、人口、文化等组。我们将配合这些图幅的编绘工作,将这些方面的研究成果陆续予以发表,希望能引起国内外同行们的兴趣,从而也加入到中国历史人文地理研究的队伍中来。

作为人文地理主体的人类社会和人类活动比自然状况要复杂得多,也具有更多的特征,所以在研究中国历史人文地理时很难找到普遍性的模式或方法。我们当然应该并且必须学习国外先进的研究方法,引进先进的研究手段,特别是在人文地理这样一个起步很晚、目前又进展不大快的学科。但是中国历史人文地理的研究客体比外国要丰富得多,其中相当大一部分是中国所特有的,不可能从国外找到现成的模式。所以我们必须在学习国外经验的基础上,开创中国自己的学科理论和方法。这固然给我们的学科建设提出了更高的要求,但也意味着这门学科具有更广阔的前景,每个有志献身于这门学科的学者都可以大有作为。

所以,尽管现在可能还为时过早,但我还是要大胆地预言:历史人文地理将是中国历史地理研究领域中最有希望、最繁荣的分支。在中国实现现代化的过程中,历史人文地理研究必将作出自己的贡献,这是其他学科所无法替代的。

下　篇

上面是泛论在我国积极开展历史人文地理研究的迫切性与必要性,并指出中国几千年来极为丰富的文献资料是进行这方面研究的特具优势,从而预测我们完全有可能在不久的将来作出举世瞩目的研究成果。下面想就人口、政区、文化三方面的各一部分,谈一些个人一时想到的看法,希望能借以引起同志们对这些问题以及有关问题的研究兴趣。

一

历史人口地理当讲可讲的问题包括历代各地区人口的多寡稀密,人口的迁移与民族的构成等。各个时代可讲的地域范围各不相同,一般只限于中原王朝的版图,能够兼及当时不属于中原王朝的地区和时代的不多。各个中原王朝的版图尽管大小不同,由于基本上都包括黄河、长江、珠江流域的中下游部分,所以进行大区域之间的不同时代的比较是可行的。

1. 试以秦岭淮河一线划分南北方进行对比,则西汉末元始二年(公元2)全境户口的80%强在北方,20%弱在南方①。南方的疆域比北方大,故按密度计大致可以推定为北九南一之比。这是用人口数字说明了当时南方的农业生产开发程度远远落后于北方。《史记·货殖列传》:"总之,楚越之地,地广人稀,食稻羹鱼,或火耕而水耨,果隋赢蛤,不待贾而足,……是故江淮以南,无冻饿之人,亦无千金之家"。这一段话是十分正确的描述。西汉后经王莽末至东汉初的战乱,至永和五年(140)北方的户数是全境总数的60%,南方为40%,南北之比差已较西汉时接近了许多。此后经东汉末黄巾起义、群雄割据和三国鼎峙之间的战争,至西晋统一之初(太康元年至三年,280—282),北南户口之比又进一步接近为53%比47%。西晋末年以后,经五胡十六国长期战乱,到南北朝初期,因南北双方无同一时期的户口数字,双方的户籍制度又不同,所以无法进行对比。估计初期可能有一段时期南方超过了北方,但自北朝推行均田制后,既有利于发展生产,也提高了户籍登记的正确度,因此在隋灭陈南北统一后二十年的大业五年(609)的统计数字中,北方户数又占到总数的76.5%,南方仅占23.5%。经隋末唐初的割据统一战争,百有余年后至盛唐天宝元年(742),北户犹居55%,口60%,南户为45%,口40%。

此后中晚唐的安史之乱、藩镇之乱、黄巢起义和唐末五代军阀相互吞并之战,战祸多集中在北方,南方受害较轻,北方经常受到严重破坏,南方相对地生产有所发展,南北户口的对比便发生了划时代的变化。

---

① 户口数见历代正史地理志及唐宋总志,百分比据梁方仲《中国历代户口田地田赋统计》。下文凡用正史地理志数字者不另注。

宋太祖建隆元年(960)受周禅,得九十六万七千户,其后以次平荆南、湖南、后蜀、南汉、南唐,共得一百五十九万九千户;太宗初年漳泉、吴越相继入朝献地,又得七十万二千户,至太平兴国四年(979)平北汉,得三万五千万户,完成了安南已脱离中国、自西南至东北唐代周边部分州县已为一些"蛮夷"和大理、吐蕃、西夏、契丹所占有的较小范围内的统一。史乘所载南北各地域的户数不是同一年代的,但相去总共不过二十年。即此可见其时南方共有二百三十万户以上,北方得之于周的户数即使在太宗初已有所增长,也决不会超过南方。何况宋得于周的共一百一十一州,并非全在淮水秦岭以北,还包有属于南方的淮南、山南约二十州之地。所以当10世纪70年代宋完成统一时,南方人口无疑已大大超过北方。

《太平寰宇记》载有各府州户数,约为宋太宗时980至989年的数字。其时河南、关西、河东、河北、陇右北五道共约有户二百五十万余,剑南、江南、山南、淮南、岭南五道共约有户三百九十五万余,北南之北为三十九比六十一。经百有余年至崇宁元年(1102),尽管北方的户口增长比南方稍见优势,北南户数的比差接近为四十二比五十八,仍然不能恢复到唐天宝以前那样北户多于南户。

北宋后的宋金南北对峙时期,双方的疆界正是秦岭淮水一线;金朝拥有北宋北界以外极为广袤的一大片领土,其疆域总面积远较北宋的北方为大。即便如此,梁方仲《中国历代户口田地田赋统计》一书中的甲表44,将两朝在同一年度或比较持近的年度的户口列表予以对比,在1187年、1190年、1193—1195年、1193—1207年、1223—1234年五个对比数中,南宋的户数都在一千二百三十万户以上,多至一千二百六十多万,金的户数都是六七百万,多至九百多万,显示南户比北户大致仍在六十五比三十五和五十七比四十三之间。至于宋金两方口数的对比金口都比宋口为多，那是由于金的数字相当可靠，而宋的数字一户只有二口左右，大大低于实际之故。所以比较宋金对峙时期的南北户口差距，只能采用相当接近实际的户数，口数只能置之不理①。

13 世纪北方金元之际的战乱，又较稍后元灭宋之役剧烈得多。于是户口的南多北少，发展到了历史上的顶峰，见于《元史·地理志》的户口数，北方为中书、辽阳、甘肃三省和陕西省的大部分，河南江北省的小部分，仅占 12% 弱，南方为江浙、江西、湖广、四川四省和河南江北省的大部分、陕西省的小部分，占 88% 强；南北的比例大致相当于西汉末年的北南比例。

华北拥有极为辽阔适宜于农垦的黄土高原和黄淮海平原，山地较少，而江淮以南多丘陵山地，平原较少，可耕地不多，元代这种南多北少相去悬殊的人口比例是战乱造成的后果，与自然条件极不相称。所以到了明代，这种比例渐次得到了调整。洪武二十六年(1393)北五省(北平、山东、山西、河南、陕西)和直隶的淮北部分共有二百四十五万户，约占总户数的 23%，南八省(浙江、江西、湖广、福建、四川、广东、广西、云南)和直隶的淮南部分共有八百二十万户，约占总户数的 77%。万历六年(1578 年)北五省(北直隶即原北平)和南直隶(即原直隶)的淮北部分共有三百六十五万户，约占总户数的 34%，南九省(增置一贵州)和南直隶的淮南部分共有六百九十七万户，约占总户数的 66%②。清代疆域虽比明

---

① 请参考何炳棣《1368—1953 中国人口研究》附录五《宋金时中国人口总数的估计》，上海古籍出版社 1989 年版。

② 明代户口数字洪武时比较可靠，嗣后册籍多出于地方官循例编造，普遍脱离实际，以致承平 185 年后的万历六年户数，反比洪武二十六年少三万余户。隐漏现象南方比北方严重，故万历六年户数的南北实际比差应有过于 66：34。

代大得多，但初期新辟的边区人口还很稀少，对南北人口的比例所产生的影响极微；嘉庆二十五年（1820年）北方直隶、盛京、山西、山东、河南、陕西、甘肃、新疆八统部加江苏安徽的淮北部分共有一亿一千八百零七万口，南方浙、赣、鄂、湘、川、闽、粤、桂、云、贵十统部加苏皖的淮南部分共有二亿三千三百三十四万口，比例基本上仍然是34％与66％[①]。进入19世纪后，东北、内蒙、新疆都接受并繁殖了大量内地移民，南多北少的差距才进一步缩小。到了当前，据1988年发表的1987年统计数字，北十五省、市、自治区共有四亿五千一百一十六万六千口，南十四省（未计入台湾，广东尚包括海南）共有六亿一千九百二十六万八千万口，北南比例是42％∶58％。

简括地说，有人口统计数字约二千年来，自西汉至唐前一千年是北多南少，自五代以来后一千年是南多北少。西汉之末南方的开发程度还远远落后于北方，北南之比达8＋比2－，经千三百年北方多战乱，南方渐开辟，至元代竟变成比西汉犹有过之的反比。此后逐渐得到扭转，惟南多于北这个基本格局在可见的未来估计是不可能改变的。

2. 试将东北、内蒙、青、藏、新疆以外历史上长期在中原王朝版图内的"全国"分为七区：关内即近代所谓西北、关东河南、关东河北为北三区，长江上游即古梁州、长江中游即古荆州、长江下游即古扬州为中三区，五岭以南为南区；请再粗略地看一下这七区在各个历史时期所占全国人口比重的变动。按比重自大至小排列，则：

西汉河南区居首位，有户约五百四十二万，几占总数的一半。河北区居第二位，约二百七十万户，是河南区的一半。关内区居第

---

① 由于北方疆域比明朝大，故实际上南北比例应比万历时比例接近。

三位,约一百二十九万户,又为河北区的一半。长江上游第四位,约一百零二万户;下游第五位,约七十一万户;中游第六位,约五十八万户。岭南区居末位,约七万户。

晋代河南仍居首位,有五十四万户;第二仍为河北,四十五万户;长江中游跃居第三位,三十五万户;下游升为第四位,三十三万户;上游第五位,三十一万户;关内下降为第六位,十六万户;岭南仍居末位,六万九千户。

隋代河南区户数为总户数的36%,河北区为29%,关内区为11%,长江上游6.7%,下游6.5%,中游6.4%,岭南3%;七区的先后次序同于西汉而比例较为接近。

唐代河北区上升为首位,有户二百一十二万;河南区退居第二位,有户一百八十六万;长江下游升为第三位,有户一百四十九万;上游为第四位,一百二十一万户;关内退居第五位,九十四万户;长江中游第六位,九十三万户;岭南仍居末位,三十七万户。

从见于《宋会要·食货》、《宋史·地理志》所载宋初得自五代末诸政权的户数中,可看出在10世纪六七十年代的五代末宋初时期,长江下游区的南唐、吴越、漳泉共有户一百三十五万有余(未计入在后周境内的淮南部分),显然已跃居七区中的首位;长江上游的后蜀有户五十三万有余,居第二位;长江中游的荆南、湖南,加以后周境内的山南部分,应共有三十三万户有余,可能居第三位;后周领土除去淮南、山南部分约五分之一外,仅得七十七万余户,约当黄河流域三区之地,则三区大约只能居第四、五、六位;仍以岭南区即南汉领土居末位,十七万户。

《太平寰宇记》中诸府州军监户数:长江下游约有一百九十四万户,居七区中首位;河南居次,约一百二十三万户;长江上游居第三位,约一百一十九万户;河北第四位,约八十五万户;长江中游第五位,约四十三万户;关西第六,约三十七万户;岭南仍居末位,约十三万户。

《宋史·地理志》崇宁时代户数长江下游仍居首位,约七百零七万七千户,远远超出各区之上,并超过总数三分之一;河南居次,约二百一十五万户;长江中游居第三位,二百万零五千户;上游居第四位,一百九十九万户;河北居第五位,一百八十一万户;关内第六,一百四十五万户;岭南仍居末位,八十一万户。

《元史·地理志》所载是四种不同年度的户口数,相去达七十八年,且多残缺;不宜作分区统计。但从这项数字还是可以大致看得出:江浙、江西、湖广三省合计为一千一百三十三万三千户,除去江西省的广东部分、湖广省的广西部分约一百万万户外,长江中下游仍有一千零三十三万户,达全国总数74%以上,其中江浙一省即有六百三十二万六千户,达总数的45%强。长江上游的四川省不足十万户,关内的陕西、甘肃不过九万户,可见西部人口极度稀少。大河以北的中书省幅员极为辽阔,约当今河北、山西、山东、内蒙古四省区及北京、天津二市,只有一百三十五万五千户,约当江浙行省的四分之一。

明万历初长江下游户口占总数49.1%,河南19.26%,河北11.58%,岭南7.86%,长江中游5.10%,关内3.71%,长江上游3.28%。较之前代,最突出的变化是岭南从宋以前的第七位超升到第四位,长江中游反居其下;号称天府之国的长江上游四川,却沦而为末一位①(云贵二省北半计入长江上游,南半计入岭南)。

---

① 万历户口数与实际人口数相差甚大,各地的隐漏比例也不相同,如长江下游、上游的四川隐漏率可能比其他地区高。但目前尚无法推算出各区实际人口数,姑仍用当时户口数分析分布之大势,并不完全符合实际。

关内和长江上游两区合起来还抵不上岭南一区,又见西部地区之衰耗,比元代强不了多少。

清嘉庆末人口长江下游仍居首位,一亿一千一百七十六十四万;河南第二,六千四百四十七万;长江中游第三,四千五百二十五万;河北第四,三千三百七十六万;岭南第五,三千二百五十七万;长江上游第六,三千二百一十九万;关内居末位,二千三百一十三万。长江中上游即两湖、四川都得到了较显著的开发,关内即西北地区遂沦于末位。

一个半多世纪后的当代,1987 年的人口统计数是长江下游二亿九千七百五十九万八千,河南一亿七千八百二十七万五千,岭南一亿三千九百八十九万八千,长江上游一亿三千四百九十五万二千,河北一亿一千九百零九万九千,长江中游一亿零八百四十万六千,西北即关内五千一百九十一万五千。岭南从明清第四五位晋升到了第三位,长江上游从明清的第七、六位提升到了第四位,河北从第三、四位退居第五位,长江中游从第五、三位退居第六位,西北仍如清代之旧居末位。

自汉至今,长江下游从汉隋的第五位,唐代的第三位到宋以后便一直成为全国人口最多的地区;河南从汉隋的首位至唐宋退居第二,中经元代的大幅度衰退,明以后至今恢复到第二位;河北从汉隋的第二、三位中经唐代升为首位,宋元以后退居第四五位;关内从汉隋的第三位至唐宋退为第五、六位,元以后遂成为人口最稀少的地区;长江上游唐宋的第四位至元明清降为第六、七位,近今始复居第四位;长江中游从汉隋唐的第六位至宋代跃居第三位,明代又降为第五,清后又降为第六;岭南从汉隋唐宋的末位,明清升为第四位,近今又升为第三位。概括言之,则最大的变化是长江下游和岭南由落后臻于繁庶,西北即关内由相对繁庶趋于衰蔽。这种变化是开发程度日渐接近于符合自然条件的结果。

3. 在较短时期内对几个较小地区进行比较，往往也颇能看出一些令人瞩目的变化。例如：今江西省境在宋代（相当当时的江南西路和江南东路的饶、信二州、南康一军）的户口，远比今浙江省境（相当当时的两浙路减去苏、润、常三州）多。宋元丰二年（1079）①江西是一百七十五万七千户，浙江是一百四十一万三千万户；崇宁元年（1102 年）江西是二百零七万一千户，四百五十六万五千口；浙江是一百五十九万三千户，二百九十万八千口，到明代情况已有所不同：万历六年（1578 年）论口数虽江西仍比浙江多，江西五百八十五万九千口，浙江五百一十五万三千口，距离已不远；论户数则浙江已多过江西，浙江一百五十四万二千户，江西一百三十四万一千户；浙江的实际人口很可能已超过江西。发展到清嘉庆二十五年（1820），浙江是二千七百三十五万口，江西是二千三百零六万口；又发展到当代 1987 年，浙江是四千一百二十一万口，江西是三千五百五十九万口，显然是把宋代的多寡之比倒了过来。又如，闽粤两省人口多寡比例的变化，也有点与浙赣之间的比例相似。宋代 1079 年福建是一百零四万四千户，广东②是五十七万九千户；1102 年福建是一百零六万二千户（口缺），广东是五十七万二千户；福建差不多是广东的一倍。到明代 1578 年福建是五十一万五千户，一百七十三万九千口，广东是五十三万一千户，二百零四万一千口；清代 1820 年福建是一千八百一十万口，广

---

① 据成书于元丰三年（1080）的《元丰九域志》，所载户数姑作为见于上一年簿籍的数字，无口数。

② 宋明清广东辖境与今稍有不同，出入不大，宋广东不包括今茂名市、湛江市，明清广东兼有今广西之北海市和钦州地区及海南省。1987 年海南岛尚在广东境内。

东是二千一百一十九万口,广东已超过福建,还不太多。降至现
代,1987 年广东已超过福建一倍还多:福建只有二千八百万口,广
东多达六千四百四十七万口。近现代人们习见浙江户口盛于江
西,广东人口盛于福建,怎么会想得到在宋代闽赣的繁庶程度竟远
过于粤浙? 闽赣何以在宋代如此繁庶,后来又何以相对衰落而被
粤浙超过,这都是值得注意并深入研讨的问题。

计算户口数字时不小心会出一点错,将文献上按政区记下的
户口数换算成南北二分法和七区分法,搞不好也容易出错,再加同
一时期各地的户籍制度登记方法也不可能完全一致,所以上述这
些历代分区人口比重的变化,当然并不见得完全正确,符合于各个
时期的实际情况。但从这些数据得出的结果与当时经济、文化、政
治的形势基本符合,说它们基本正确地反映了历史时期人口地区
比重变化的概貌,应该是可信的。尽管基本可信,但十分粗略,希
望今后历史地理学界能有人作出这方面比较仔细而深入的研究。

4. 研究历史人口地理必须充分重视历代的人口迁移即移民
史。历史上各地区之间人口比重之所以不断变化,原因一般不在
各地人民繁殖率有多大不同,主要在于人口经常会在各地区之间
移动,从而使输出地区的比重降低,接纳地区的比重提高。任何历
史时期都有移民现象存在着,平时只是少量人口缓慢地从狭乡即
相对地狭人稠处移向宽乡即相对地广人稀处,对地区比重的变化
影响不剧烈。遇到乱世,人民就会从战乱区向非战乱区,重灾区向
轻灾区避难,从而引起短期内大量人口的迁移。乱定后由于填补
战乱中形成的荒无人烟或存在着大量无主荒地,也会出现大规模
的移民潮。这里想专就这种非常时期的移民动向举其概要。

秦统一以后历史上多次大战乱,中原地区往往受害最烈,因而
中原,亦即七区中的关东二区人口,每遇战乱时期,即大量外移。

外移不一定都移向南方，但江淮以南幅员广大，自然条件优越，很自然就成为最大的接纳移民区；所以大战乱时期一般都会引起大规模的北人南移。这种人口移动很可能开始于秦末农民起义和楚汉战争时期，但由于秦朝没有留下户口记载，我们无法进行秦与西汉的户口分区对比，也就无法作出此种推断。

在秦末战乱之前，始皇三十三年曾取岭南地置南海、桂林、象三郡"以谪遣戍"（《史记·始皇本纪》），徐广说成是"五十万人守五岭"（《集解》引）。徐广此说殆本于《淮南子·人间训》。但验诸《淮南子》原文，五十万是秦征取南越时发卒之数，这五十万之众死于与越人战斗中者达数十万，"乃发谪戍以备之"。可见谪戍在岭南的，不会多达五十万。并且此役乃封建王朝的拓地戍边，性质不同于通常易代之际的北人南移。

见于《汉书·地理志》的北南户口之比是四比一，而见于《续汉书·郡国志》的北南户口之比是三比二。这种变化若单单归因于南方是宽乡，故而人口增殖率快，北方是狭乡，增殖率慢，是讲不过去的。东汉永和五年户口数要比西汉元始二年下降近1/4，主要是由于北方多数郡国户口都有大幅度减损，而南方却有二十多郡不但不减少，反而是增加了，其中有几郡甚至增加了好几倍。这说明两汉之际的战乱必然曾引起一次北人南移，南方诸郡中凡户口大增者，多半是由于曾经接纳大批北来移民之故。

东汉末年黄巾起义后继以军阀混战，中原遭受的祸害有过于西汉末。曹操在建安七年就说过："吾起义兵，为天下除暴乱，旧土人民，死丧略尽，国中终日行，不见所识"[1]。仲长统在建安后期

---

① 《三国志·魏书·武帝纪》。

有"以及今日,名都空而不居,百里绝而无民者,不可胜数"之叹①。
但这一时期中原人口的损耗,以死于战乱者占多数,移向边方者是
少数。初乱时中原人口流向四方者为数不少,其后在曹操渐次削
平吴蜀以外割据群雄过程中,早期移民多数又返回故土。如青州
诸郡士人初乱时多避难辽东,"中国少安,客人皆还"②。一般流入
辽东的民众,也都在五十年后魏平公孙氏时,"听还旧乡"③。董卓
死后,李傕郭汜相互攻掠时,"长安城空四十余日","二三年间,关
中无复人迹","流入荆州者十余万家"④。至曹操下荆襄,刘琮举
州降,流民皆企望思归,关中诸将多引为部曲⑤。后三年韩遂马超
之乱,关西民从子午谷奔汉中张鲁者数万家;四年后曹操征张鲁,
鲁降,不仅向之自子午谷来奔者多归故土,且有八万余口出徙洛、
邺⑥。只有吴蜀二方,因长期割据江东、巴蜀,才能使战乱初期迁
来者定居下来。但见于《三国志·蜀书》的,只有二十一个原籍北
方和三十七个荆州南阳、襄阳一带的人物,不见有成批的来自他方
的移民。至孙吴的江东,见于《三国志·吴书》的约有四十人来自
北方,十九人来自江淮间。来自江淮的如鲁肃、吕范,往往是将私
客万余人俱来的。除此之外,还确有上万人的移民记载。如孙策
克皖城,得袁术百工及鼓吹部曲三万余人,送诣吴⑦。孙权两次击

---

① 《后汉书·仲长统传》。

② 《三国志·魏书·管宁传》。

③ 《晋书·宣帝纪》、《三国志·魏书·三少帝纪》。

④ 《资治通鉴》卷61。

⑤ 《三国志·魏书·卫觊传、王粲传》。

⑥ 《三国志·魏书·张鲁传、杜袭传》。有人认为史称刘"备自樊将其众南奔,荆
　　州人多归备,比到当阳,众十余万人"这是一次人口大迁徙,纯属误会。实则
　　这批人只到得当阳长坂,便为尊操精骑追及,刘备仅以数十骑走脱,操大获其
　　人众辎重,显然并未形成一次人口移动。

⑦ 《三国志·吴书·孙策传》。

江夏黄祖，一次"虏其人民而还"，一次"虏其男女数万口"。曹操"恐江滨郡县为权所略，征令内移。民转相惊，自庐江、九江、寿春、广陵户十余万皆东渡江，江西遂空，合肥以南，惟有皖城"①。不过这几次都是长江下游的江北区人口移向江南，或长江中游人口移向下游，都不是中原移向江淮以南，不是北人南移。

总之，汉末三十余年大乱，并没有形成一次足以影响南北人口比例的北人南移。进入三国鼎立之后，虽三方经常有战事，基本上不影响三国疆界的改变与人口的移动。诸葛亮五伐中原，仅得在第一次兵出祁山，陇右三郡降附，既而又不得不撤退时，"拔西县千余家还于汉中"②。因此，自黄巾起义至西晋统一，尽管经历了一个长达九十六年的战乱分裂时期，但西晋初年的南北人口之比，仅比一百四十年前的东汉永和五年南增北减7%。这应该可以完全归因于中原所遭受的战祸酷烈于秦岭淮水以南。

历史上最著名的大规模北人南移发生于西晋末年永嘉之乱及其后长达百余年的"五胡乱华"时期。当时盛行为"南渡遗黎"设置侨州郡县之制，故《晋书·地理志》在司、兖、豫、雍、梁、青、徐、扬诸州后记中都有这方面的记载。《晋书·王导传》特别提到社会上层分子的大量南移，说是："洛京倾覆，中州士女避难江左者十六七"。我在1934年发表了《晋永嘉丧乱后之民族迁徙》③一文，根据晋、宋、南齐三书的《地理志》和《州郡志》所载侨州郡县的地域分布和户口数，得出了截至宋世止，南渡人口约共有九十万，占当时刘宋境内人口六分之一，而这个数字又相当于西晋北方人

---

① 《三国志·吴书·吴主权传》。
② 《三国志·蜀书·诸葛亮传》。
③ 载《长水集》上册，人民出版社1987年版。

口约八分之一的结论。半个多世纪以来,这篇文章经常为有关学术界所引用,这是由于在那个时代,还没有别人做过这方面的研究之故。其次这决不是一篇完善的论文。永嘉丧乱后引起的民族迁徙是多方面的,岂止是北人南渡而已? 至少还有不少中原人或东徙辽左,或西走凉州①。即就南渡遗黎而言,也不仅移居于设有侨州郡县之地。实际上不设侨州郡县之地,亦多侨姓高门栖止。如王羲之、谢安等皆寓居会稽、羲之本传有云:"初渡浙江,便有终焉之志。会稽多佳山水,名士多居之。"因而永和九年有"群贤毕至,少长咸集"的会稽山阴兰亭之会。孙恩卢循起事于浙东海上,三吴士庶多从之。恩循都是世居吴(郡)会(稽)的侨人。再者,见于《宋书·州郡志》的州郡户口是宋大明八年(464)的数字,其时上距永嘉丧乱已百五十年,该文以大明侨州郡县的户口数当南渡人口的约数,从而得出南渡人口占当时南朝人口百分之几,又占西晋时北方人口百分之几这样的结论,实在很不严谨。还有一点必须指出的是:这个时代乃是西晋境内与近边塞外汉族和各少数民族的大迁移时代,入居塞内的匈奴、氐、羌、鲜卑、乌桓、丁零等各族的迁徙尤为频繁而错综复杂。此文内容只讲到境内汉族的南迁而题为"民族迁徙",更属名实不相称。所以若欲将这个时代的人口移动作出较完备的论述,显然还有待于今后有志于此者的成十倍的努力。

永嘉以后的北人南渡,主要在西晋末年至东晋前期。到了东晋末年以后和南北朝时期,人口移动的方向既有北人南渡的一面,又有南人北移的一面。南朝在朝代更替之际,经常有旧朝的宗室、大臣叛归北朝。《魏书》卷37 诸司马传,卷38 的刁雍、王慧龙等

---

① 《晋书·张轨传、前燕载记》。

传,卷 59 的刘昶、萧宝夤等传,全是这种人物。这些人在投降北朝时一般都不是单家只户的行动,而是数百人乃至几千户的集体行动。其中如司马楚之、刁雍归魏后,魏朝即以楚之所率民户分置汝南、南阳、南顿、新蔡四郡,以雍所召集五千余家置谯、梁、彭、沛四郡九县,立徐州于外黄以统之。又,其时南北双方的战争,虽互有胜败,总以北胜南败为多。北朝兵南侵江淮时,南人多被虏北迁。如 450 年北魏兵南侵至大江北岸,次年撤退时俘掠甚众;及还平城,"以降民五万余家分置近畿"①。554 年西魏兵破江陵,杀梁元帝,"尽俘王公以下及选百姓男女数万口为奴婢,分赏三军,驱归长安"②。所以隋代户口又北多于南,主要应该是由于北方的户籍制度比南方严密,但南北朝后期的南人北迁,亦当起了一定作用。

隋末唐初十余年间,东起齐鲁,西抵凉州,北起涿郡上谷,南抵岭表,各地区几乎都有战乱,仅起讫时间有长短不同。所以唐朝初年呈现的凋敝残破景象是"大河南北,乱离永久,师旅荐兴,加之饥馑,百姓劳弊,此焉特甚。江淮之间,爰及岭外,涂路悬阻,土旷人稀"③。"秦陇以北,城邑萧条,非复有隋之比"④。"伊洛之东,暨乎海岱,崔莽巨泽,茫茫千里,人烟断绝,鸡犬不闻"⑤。可见这次大乱使全国北起河北,南至岭表,西起秦陇,东至海岱,无处不遭到极大的战争破坏,而以"大河南北"为"特甚"。不过在这些史料中却并未找到迹象显示曾引起地区间较大规模的人口群体移动。可是,从李唐复建统一百二十年后的天宝初北南户口比差,竟为从

① 《资治通鉴》卷 126。
② 《资治通鉴》卷 165。《北史》作十余万口。
③ 《唐大诏令集》卷 111《武德六年简徭役诏》。
④ 《旧唐书·高昌传》载贞观初高昌王入朝所见。
⑤ 《贞观政要·直谏》贞观六年魏征语。

隋大业五年的 716.45 比 23.55 减缩到了 60 比 40 这一点看来,似乎又不能排除隋末唐初也曾有相当规模的北人南迁的可能。实际情况究竟如何,尚有待进一步探讨。

发生于唐代中叶的安史之乱,虽未导致改朝换代,对国家政治、经济、社会各方面引起的变化则极为深巨。直接由安禄山父子、史思明父子所率领的叛乱虽历时八年即结束,兵燹所及限于十五道中的北方河北、河南、都畿、京畿、河东、关内六道;但在这八年及其后数十年间,其他各种战乱灾难不绝,吐蕃、回纥、南诏经常攻掠陇右、关内、河东、剑南诸边郡;江淮浙东和岭南东西有多次人民和少数民族起义;各处时有水、旱、地震等天灾发生;全国分割成四五十个由节度、观察、经略、防御等使掌握军政大权的方镇(道),各自拥有基本上独立的兵权,各方镇之间和朝廷与方镇之间,时或发生军事冲突,各镇内部又常有兵乱兵变发生;以致战乱灾祸所波及的地域,几乎全国各处无一幸免。因此元和二年(807 年)全国总户数仅得二百四十四万,只剩下了天宝十四载(755 年)总户数八百九十一万的 28% 弱①。由于传世《元和郡县志》既已阙佚 6 卷,传本 34 卷中又有阙文,且原书所载开元、元和两户数又或并载,或只载其一,故无法对当时的南北方总户数进行对比。就其载有户数的二百六十六州而言,其中有十六州元和户数多过开元,北方只有一州(隰),此外十五州(濠、襄、复、郢、唐、苏、鄂、洪、饶、吉、道、汉、广、梧、交)都在南方。此十五州中又以山南东道的襄、复、郢、唐四州,江南西道的洪、饶、吉三州这两区最为显著。以致

---

① 天宝十四载户数见《通典》食货 7、《玉海》卷 20;《文献通考》户口 1,千位数下有差异;元和二年户数见《旧唐书》宪纪上、《唐会要》卷 84、《通考》户口 1、《通鉴》卷 237,均有附注云:有七十一州不申报户口。此七十一州在关内者二十,在河东者十一,在河北者二十五,在河南者十三,在淮南者二。

在全国四十七镇中,四十五镇全都元和户减于开元,唯独襄阳、江西二镇元和户超过开元。十五州中襄、苏二州皆户逾十万,洪州九万,广州七万,唐、饶、吉皆过四万,鄂州接近四万,尤为突出。此外,《元和志》中浙西的润、常、杭三州户皆在五万以上,浙西湖州、浙东婺州、西川成都府皆在四万以上,福建泉州在三万以上,这几州的户数虽不及开元盛世,就元和而言,却都是算得上很繁庶的大州。须知当时北方除京兆府二十四万、太原府十二万、相州三万九千户以外,任何名州大郡,都不过几千至一二万户。所以虽然我们还找不到具体的史料依据足以得出当时南方的户口总数已超过北方这么一个论断,但作为估计,应该可以说不是毫无理由的。

襄、苏、洪、广等州的地理位置都处于交通要道,且为一地区的中心即"一都之会",其所以在经历乱离之后能有那么多户口,当由于接纳了较多的北来移民之故。成都、泉州也有此可能。扬州在当时应该也是一个几万户的大州,但在今本《元和志》缺卷之中。这一时期的北人南迁浪潮还可能远达国境极南地区安南都护府的都会交州,元和户为二万七千,多过开元户二万五千,比北方的东都河南府一万八千余还多。

安史以后三四十年遭受战乱的地域虽然极为广泛,但内乱毕竟以安史之乱中反复争夺和藩镇割据乱事最频繁的河南河北最剧烈,造成的破坏最严厉。见于《旧唐书·郭子仪传》的是东都"畿内,不满千户,井邑榛棘,豺狼所嗥……东至郑、汴,达于徐方,北至覃怀,经于相土,人烟断绝,千里萧条"。见于《刘晏传》的是"东都残毁,百无一存,……五百里中,编户千余而已。……萧条凄惨,兽游鬼哭"。而外患则以不断遭受吐蕃攻掠的陇右和关内西北部受祸最酷。因此,在这一时期内掀起了永嘉以后的又一次大规模北人南渡浪潮。

由于社会性质中唐时期已与两晋之际迥不相同,此时的北人南移只是大量的一家一户的流移,不再像四个多世纪前那样举族并率领部曲集体迁徙。所以这一次大移民并未引起设置侨州郡县,在地理志里难得见到这方面的明显记载;不过散在唐人文字中的记载,不在少数,多可与《元和志》中记载的诸州户数相印证。

在两《唐书·地理志》里唯一的一条移民记载,是很值得重视的,那是《旧唐书·地理志》荆州江陵府下说到在至德至上元(756—761年)这段安史之乱时期内,有包括"两京衣冠"在内的大批中原人取道邓州襄州一线连同"襄、邓百姓","尽投江、湘",以致"荆南井邑,十倍其初"。朝廷因而升荆州为江陵府,置为南都,官制一准长安、洛阳东西两京;并于府部内分江陵增置长宁一县;置荆南节度使,以旧相吕諲为尹,辖有江湘十七州,数年后才割湘域湖南别为一道,荆南专领沿江六郡南包澧朗共八郡。说"荆南井邑十倍其初"可能有点夸大,至少可以说明这八郡之地接纳北来移民为数甚多。可惜荆南一道在今本《元和志》阙卷之内,安史乱后这里的盛况,无法用户口数字予以证实。

《元和志》襄州户逾十万这一点颇值得注意。襄州应为两京中原士庶南渡的中继站,一方面有一部分旧百姓和中原人自此又南投江湘,一方面一定有许多中原人在南迁过程中到了这里便停留了下来,不然决不会使开元时的三万六千多户,增长到十万多户。

至德时中原人取道邓襄南移者足迹应不限于元和时的荆南八州,而是"尽投江湘"即不仅有一部分近止江浒,还有一部分远适湘资。故元和时的湖南道亦当为安史之乱所造成的北人南移浪潮所波及,唯较少于荆南。《元和志》中湖南一道七州,潭、衡、郴、道、邵五州皆在万户以上,其中道州多至二万八千户,超过开元旧数，正可以说明《旧唐志》"尽投江湘"一语不是无根之谈。

安史乱后南渡中原士庶的最大容纳地是东南的两浙。浙西六州，元和时苏州户逾十万，超过开元很多；润、常、杭三州皆在五万以上，湖州逾四万，虽不及开元，也远远超过同时北方京兆、太原二府以外所有府州，很显然这里是北来移民麇集之所。所以李白在肃宗时撰《为宋中丞请都金陵表》，有云：当时"天下衣冠士庶，避地东吴，永嘉南迁，未盛于此"①。此所谓东吴，当然不仅指苏州，应泛指包括金陵在内的全部江东吴地。梁肃《吴县令厅壁记》云："自京口以南被于溯河，望县数十，而吴为大；国家当上元之际，中夏多难，衣冠南避，寓于兹土，参编户之一"②此文虽为浙西最大的县吴县而作，惟谓南渡衣冠占到编户三分之一，则应指自京口（今镇江）南被浙江整个浙西地区而言。这两条唐人文字，正与《元和志》所载浙西户数之繁庶符合。

与浙西一江之隔的浙东，六朝以来习惯上即与浙西合称"吴会"（指吴郡、会稽郡），或称"三吴"（指吴郡、吴兴郡、会稽郡）。李白所谓"东吴"，亦当兼指浙西浙东。但在《元和志》里浙东只有婺州一州达四万八千户，此外连越州都只有二万户，全道人口密度远不及浙西。这恐怕是由于在元和以前的贞元十四五年（798—799 年）时，浙东曾遭受明州镇将栗锽联合山越作乱，攻陷若干州县之故。因此明州只有四千户。

荆湖、两浙、江西，应为安史乱后北人南渡三个主要接纳移民区。此外，剑南的成都平原，福建和岭南的港口城市泉州、广州、交州，也可能有较少量的中原移民。因而这几州在《元和志》里都是

---

① 《李太白全集》卷 66。
② 《文苑英华》卷 805。

比较突出的大州,尤以广州为甚。《五代史记·南汉世家》说:"天下已乱,中朝人士以岭外最远,可以避地,多游焉"。所指当以唐之季世为主,但也不能排除其中有一部分在安史乱后即已移来。

（原载《历史地理》第 10 辑,上海人民出版社 1992 年。上篇由葛剑雄执笔,曾以《积极开展历史人文地理》为题在《复旦学报》、《文汇报》、《中国历史地理论丛》等刊发表。下篇仅写成第一部分,但因作者发病,未能续写。）

对今后历史研究工作的四点意见

研究历史必须以马克思主义为指导,这在社会主义的中国是早已尽人皆知的道理。但知道是一回事,实际是否照办又是一回事。三中全会以前就不去说它了,那时"左"的一套、形而上学、假马克思主义盛行。三中全会后,随着政治思想上的拨乱反正,史学界无论在出成果方面,还是在出人才方面,都取得了超过过去三十年的巨大成就。但是,我们的拨乱反正工作做得还不够,有些违反马克思主义原理的东西和不良风气仍在流行,这是需要提出来加以注意的,否则就会影响今后我们研究工作的健康开展。

我主要讲四点意见:

第一点,马克思主义研究问题的方法是对具体问题作具体分析,研究任何问题都是如此,研究历史绝不例外。历史唯物主义理论是研究历史的指导思想,但绝不能把它当作几条僵死的教条、几个固定的公式往具体的历史发展过程上套而不作具体分析,用教条公式尽量把复杂的历史简单化,荒谬地认为这就是历史唯物主义的观点、立场和方法。

典型的例子就是把农民起义说成是推动封建社会前进的唯一动力,把旧史记载中的"盗贼"一概看成是农民起义。讲农民起义总是先讲一个封建王朝如何腐朽,统治阶级如何残酷剥削农民,再讲农民起义的爆发、农民战争的经过,如何打击了封建地主阶级,最后以由于没有无产阶级的领导，所以有的被镇压下去，有的虽然推翻了旧王朝、但在旧王朝废墟上建立起来的仍然是代表地主阶级利益的封建王朝，最终都不得不归于失败为结束；把旧史料里成百上千次的"盗贼"都作这么一番叙述就算了事。多少大专院校历史系都专门开设了农民战争史这一门课，多少历史学者都写成了农民战争史专著和许许多多的专题论文，结果究竟解决了、说清楚了中国历史发展过程中多少问题呢？我看不大多。其实旧史上所谓"盗贼"，不一定全是被压迫被剥削者的起义，就算确是起义，对历史演进所起的作用每一次也有所不同，不能简单地全盘予以肯定，作同样的评价。极为复杂的历史发展过程是各种因素相互作用所造成的，同一类型的历史事件发生以后对历史发展的影响也决不可能是千篇一律的。何况，推动封建社会历史发展的也不可能只限于农民起义一个因素。对复杂的历史不作具体分析而用单一因素、固定公式去解释，其结果当然只能是什么都解决不了。现在，有人居然又走到了另一个错误极端——根本否定农民战争的历史作用，这不能不说是对过去公式化、教条化的一种"报复"吧！

再譬如说，讲到黄河的历史，就说黄河在解放以前几千年历史时期里如何年年决溢，常常改道，黄河流域的人民如何长期经受灾难，只是到了解放以后，人民掌握了政权，黄河才被驯服安流，黄河两岸人民才能安居乐业。这是一种把解放以前几千年说成一贯糟糕，糟透糟透，解放以后一下子就彻底变好了的公式。实际情况果真是如此吗？绝对不是。黄河要是在上古时候就是一条经常给两岸人民带来灾难的黄河，黄河流域怎么可能成为中国古代文明的发祥地？要是汉唐时代的黄河跟五代以后一样经常决溢改道，那时的黄河流域怎么会一直是全国经济、文化最发达的地区？历史文献上记载得很明确，从东汉到隋唐，黄河有上千年之久的安流时期，基本上不闹决溢，不能说在旧社会时期黄河一贯闹灾。解放以后三十多年黄河虽然没有决口，但单纯靠筑堤防洪，堤越筑越高，河流夹带泥沙有增无减，河床高出两岸平地好多米，这样下去终有一天要出事，太危险了。推翻了反动政权，建立起人民政权，只是为我们解决黄河问题提供了可能，要把这种可能变为现实，还是要取决于我们的具体工作的。但是许多讲黄河史的专著、论文，硬是还要按公式办事，不肯讲历史上的具体、真实情况，也不肯讲当前的具体、真实情况。这对于治理黄河是有害无益的。

讲到运河的历史也用公式，不过是另一种公式。总是先讲古代劳动人民如何伟大，开凿了哪些运河，水运交通便利了，大大促进了各地区之间的经济发展，又巩固了封建大一统政权等，歌颂一番。然后说这些运河到了晚清和民国反动政府时期由于长期得不到修缮而破败不堪，淤废得失去了通航之利，直到解放以后人民政府重新疏凿，才获得新生，并进一步有所发展。其实历史上的运河有些并没有开成，有些开成了也并没有什么经济效益可言，有些是得不偿失的，有些是只有利于封建统治者，却害苦了运河沿岸的人民。这些具体情况怎么可以不讲？说在封建王朝时期开凿运河取得的成就如何辉煌，只是到了解放前由于反动政府的腐朽才年久失修而被破坏。这些同志竟然忘记了封建统治也是反动统治，与解放前的反动统治并没有本质上的差别。这些同志也不想一想，封建时代要是已经有了海运（指轮船运输）和铁路运输，封建统治者还会费大力气去开运河吗？反之，民国时代要是还没有海运和铁路运输，这些反动统治者会任凭运河破败淤废吗？

总之，用公式来讲历史，结果绝不能说明历史实际。

用公式讲历史的风气，到了"文化大革命"时期，发展到了登峰造极的地步,竟然说什么清官可以发生迷惑人民的作用,所以比贪官还坏;秦始皇只打击奴隶主阶级,他的举措代表了人民的利益,人民不反对他,秦末农民起义反的不是秦始皇而是赵高,因为赵高代表奴隶主阶级,改变了秦始皇的法度;……真是一派胡言,这里不多谈了。

三中全会以后,这样讲历史的风气不那么时兴了。但是不是绝迹了呢?并没有。

譬如说,50年代以来史学界建立了这么一个公式:中国古代的经济文化长期处于世界先进的地位,只是进入了封建社会末期或半封建半殖民地社会,才变得落后于人。这个公式至今还在被沿用,实际上却并不都是符合于历史事实的。中国当然是一个世界文明古国,但只是文明古国之一,决不是唯一的文明古国。中国古代文明当然有比别人先进的地方,但决不能说样样都先进。例如:中国最早的文字甲骨文,距今约三千多年,就比前五千多年已出现的埃及人写在草纸上的象形文字和苏美尔人刻在泥版上的楔形文字要晚二千年。再如,中国在前六世纪郑、晋才铸刑鼎,前五世纪李悝才制定《法经》,比巴比伦《汉谟拉比法典》的制定也晚了一千二三百年。再如,中国的长城当然是一项很伟大的工程,但把它说成是古代世界最伟大的工程,那就不合适了。埃及用石砌的一百四十多米高的金字塔,难道不及这砖土建筑雄伟?何况金字塔筑于埃及第四王朝,距今四千五百年以上;长城最早筑于战国,距今不过二千多年。

希腊古典文化在文学、艺术、哲学、史学等各方面都取得了卓越成就,所以马克思称赞希腊艺术在某些方面"还作为一种标准和不可企及的规范";恩格斯说,希腊人的"无所不包的才能与活动,保证了他们在人类发展史上为其他任何民族所不能要求的地位"。革命导师作出这样的评价,是完全符合于实际的。过去在20年代、30年代有许多人"言必称希腊",忘记了自己的祖宗,"只懂得希腊,不懂得中国",毛泽东同志在《改造我们的学习》一文中严正批评了这种错误倾向。但现在一些同志反其道而行之,只谈中国古代文明如何辉煌灿烂,样样都自封为世界第一,根本不提和无视埃及、巴比伦、印度、希腊和罗马的成就,显然同样是错误的。

最近看到有人写文章论述中国历史上的航海事业,竟把自古以来直到郑和下西洋这么一个长时期的中国航海事业都说成超过西方,说什么只是在郑和以后半个世纪,哥伦布发现了新大陆,才被西洋人赶过去了,从此中国才大大落后于西方。这也不符合历史实际。中国是一个大陆国家,在物质生活上,在社会经济结构上,基本无所求于海外,这就决定了历史上中国的海上交通不会很发达。

西方腓尼基人在公元前两三千年已在东地中海、黑海沿岸到处建立商业据点,随即发展为殖民地;前9世纪、8世纪又把他们的海上活动扩大到西地中海,终于越过直布罗陀海峡北向到达不列颠,南向到达亚速尔群岛。希腊人在前8至前6世纪的大规模对外移民运动,东至黑海沿岸,西至意大利和西班牙,都是通过海上交通进行的。移民在到达新地之后建立起新城邦,随后希腊各城邦与移民城邦之间发展了频繁的海运贸易关系。而中国则直到公元前5世纪时即春秋末年才有一两次黄海东海沿岸航行见于记载。中国中古时代的港口城市广州、泉州的海外贸易虽然也曾盛极一时,但在整个国家国民经济生活中的比重毕竟是有限的。这和欧洲地中海、大西洋岸上那些国家,海上贸易是它们国民经济的一个重要组成部分是大不相同的。因此欧洲的海上交通当时是超过中国的。威尼斯、热那亚、君士坦丁堡的外贸规模和进出口吞吐量都超过广州和泉州,小小的威尼斯就拥有一支由三千多艘船组成的商船队,规模已超过了郑和船队。郑和航海事业规模之巨大,只能说明中国是一个封建大一统国家,政府有力量组织这么几次巨大的远航,其目的主要在宣扬国威(寻找建文帝踪迹可能也是目的之一),这和欧洲国家作为国民经济的重要组成部分而经营航海事业根本是两码事。前者是政治行动,每次"下西洋"都带上大量财物作为礼品沿途分送各国,换回的只是一些供皇室贵族官僚享受的奢侈品和"仰慕天朝"之类的空头颂赞;劳民伤财,于国于民有害无利,所以不可能长期维持下去。后者是经济活动,所以就会继续发展下去。而葡萄牙人达加马在 1498—1499 年一次远航印度,带回货物的总值是他航运费用的六十倍。

欧洲航海事业的发达,反映在地图制作上是公元 2 世纪时托勒密就画出了相当正确的包括欧亚非三洲的世界地图;中国航海的不发达,反映在地图制作上是直到 12 世纪地图上还没有台湾岛,直到 16 世纪地图上还把台湾画得小于琉球。中国封建时代的文化比同时代欧洲先进的方面当然不少,但航海是数不上的。

第二点,马克思主义强调"历史的观点",要求把历史人物和历史事件放在当时当地的条件下作出细致的全面的分析。恩格斯说过,谁要是为了适合于唯物主义的公式,把历史事实予以宰割和剪裁,"那么唯物主义的方法就要变成和它相反的东西了。"(《给保尔·爱因斯特的信》)而我们的史学界过去却经常把历史生硬地与现实联系起来,为了现实需要,不惜宰割剪裁历史事实,最后发展成为四人帮的影射史学;根本不顾历史事实,以篡改歪曲历史事实为能事。这些今天我们不去讲它了。问题是今天怎样呢?今天这种反历史观点的论述历史的方法在某些领域仍然在流行。例如在讲到有关疆域和民族的历史事件时就是如此。凡是在今天中国疆域以内的地方，都要说成自古以来就是中国中原王朝的一部分。反之，凡是今天邻国的地方，历史上尽管曾经由中原王朝设置过郡县达几百上千年，也不许提，硬要把当时内地与边区的关系说成是国际的关系。

最近《报刊文摘》上摘录了某刊物的一篇文章，说是不应该责备石敬瑭，不应该说石敬瑭卖国，因为契丹人也是中国人，石敬瑭把幽蓟十六州送给契丹，还是在中国，所以不是卖国，无可责备。这和过去有人说秦桧没有卖国是一样的，因为秦桧主持和议，把淮河秦岭以北送给金朝，而金朝也是中国的一个朝代。这是完全违反历史的观点的。在今天说来，当然宋朝和辽金同样是 10 世纪至 13 世纪中国的一部分，在宋朝统治下的汉人和辽金统治下的契丹、女真人同样是中国人。但是在当时，在 10 世纪时，中原的五代和宋朝明明和辽朝是两个国家，在 12 世纪时，宋朝和金朝明明是两个国家，怎么能说石敬瑭、秦桧不是卖国呢？假如说讲历史可以不按历史的观点讲而按后世的观点讲，那么将来进入共产主义社会，国家消灭，世界大同，全世界成了一家，到那时讲 19 世纪 20 世纪的历史，历次帝国主义侵华战争岂不都成了内战？中国近代史上所有反侵略战争包括抗日战争都要被说成是"兄弟阋墙"，这还成什么历史？

第三点，马克思主义的历史唯物主义一个最主要的论点是：经济基础是历史发展的决定因素，在经济基础中，生产力又是决定的因素；尽管上层建筑和思想意识对经济基础、生产关系对生产力有反作用，但毕竟是反作用。这是凡是接触过一点马克思主义的人都熟悉的历史唯物主义的原理。可是我们史学界长期以来没有按照这个原理配备力量，重视对经济基础和生产力的研究，一直到今天还是如此。五六十年代各研究机构和大专院校都把过多的力量放在编写通史上，各单位都自编一部，结果编出来的都是缺乏断代史、专门史基础的泛泛之论，谈不上有什么突出的成就。搞专门史、专题研究的都喜欢搞上层建筑，搞历史人物、历史事件评价一类课题，搞思想史、哲学史的似乎更多。整个史学界肯花力气去研究经济基础的人少得可怜，肯在研究各个历史时期生产力的发展的更是绝无仅有。这种情况显然是不利于史学研究的。中国史里许多重要问题长期以来讨论来讨论去得不到解决，我认为根本原因就在于此。我们今天若能按马克思主义的原理重视经济基础的研究，特别重视生产力的研究，配备足够的力量在这些方面，若干年之后，一定能有所突破，取得较以前大不相同的显著成果。

第四点，我们的史学界很少有人肯花工夫去搜集大量资料；长期以来发空论受到赞扬，这种风气是最坏的。马克思做研究工作，十分重视资料，他在伦敦不列颠博物馆的图书馆里花了几十年的工夫搜集资料，才写成了他的不朽著作《资本论》。马克思、恩格斯无论研究古代史还是当代史，都要求从事实出发，详细占有材料，从大量事实中形成观点，作出论断。列宁算过马克思为了研究商品经济，花了不下于二十五年的工夫来搜集分析大量的有关材料。国内史学界三十多年来研究中国史所取得的成就所以还不够理想，在有些领域里恐怕还赶不上国外汉学家的成就，在资料搜集和研究上花的工夫还不够恐怕是一个重要原因，这是很值得我们重视的一个问题。做历史研究若拿工业生产做比喻，那么资料就是工业原料，理论就是生产工具。马克思主义是最锐利的武器、最好的工具，比资产阶级学者所用的理论即他们的工具要好得多。他们的工具尽管没有我们的好，但他们的原料准备得很丰富，因而他们还是取得了不少成绩。我们的工具尽管比他们的强，可是原料太少，工具再好，没有用武之地，也是枉然，那就难怪我们有些方面的成绩反而不如他们了。所以遵循马克思主义的指导，重视我们的资料工作，我认为也是我们今后大力发展历史研究所必须要注意的一个方面。

我这个人一贯喜欢说老实话，这篇文章中的话说得很直率，很大胆，可能有些话说过了头，有些话可能是错误的，请同志们不客气地予以批评指正。在这里专谈缺点，不谈成绩，这不等于说我不承认我们广大史学工作者几十年来取得了许多成就。成就是有目共睹的，不仅三中全会以后取得了很大成就，这我在前面已经提到；就是在三中全会以前，也在多方面取得了不少成就，并不是说一无是处，毫无成绩。我只是说目前史学研究还不能符合四化大业对我们所提出的要求，我热烈希望我们能够一致行动起来，改正我们的缺点，沿着马克思主义的道路前进。

（据在上海历史学会 1982 年年会上的讲话修改补充。
原载上海《社会科学》1983 年第 5 期）

在历史地理研究中如何正确
对待历史文献资料

　　历史地理学的研究对象是历史时期的地理,这已为当前所有历史地理研究工作者所一致公认。现代地理学所要研究的,包括自然地理,经济地理,人文地理的各个方面,也就是历史地理所要研究的对象。二者的研究对象是一致的,所不同的,只是前者以研究当前地理现象为主(有时当然也要追溯到过去),后者以研究历史时期的地理现象为主(有时当然也要联系到现在)。既然如此,所以历史地理就其学科性质而言,它是一门地理科学,是地理学的一个组成部分,这是很明显的。旧时代把历史地理学看成是历史学的一门辅助学科,前一个时期有人把历史地理学看成是历史与地理之间的边缘学科,这些看法目前至少在我国国内已基本上销声匿迹了。

　　当前我国历史地理学界急需通过讨论予以明确的,看来已经不是学科的性质问题,而是学科的研究方法问题。研究方法不解决、不明确,这对于扩大我们的队伍,促使我们的青年同行取得良好的研究成果,是很不利的。在这里我谈一谈个人对这个问题的一些意见,希望能引起同志们的注意,讲得不对的地方,请同志们批评指正!

一

　　近一二十年来,有好几位历史地理学家在谈到这门学科的研究方法时,都着重指出研究历史地理必须重视地理学的研究方法,特别是野外考察的方法,这无疑是十分正确的。事实确是如此,有许多依靠文献资料解决不了的历史地理问题,一经实地考察,问题就有可能迎刃而解。史念海同志在他的《河山集》二集①序文里列举了他近年来通过野外考察解决的重要历史地理问题共有二十多项,就是很好的例证。侯仁之同志对北京历史地理的研究所取得的成就之所以能够远远超越前人,主要原因之一是由于他的足迹几乎踏遍了整个北京市。他对沙漠地区历史地理研究所取得的成就,也和他的实地考察工作是分不开的。

　　但是,我们若因此便认为研究历史地理只需要多做野外考察,只需要学会地理学的研究方法,或者说,依靠这些方法就可以解决所有历史地理的问题,那可是绝对错误的。历史时期的地理,换句话说,就是过去了的地理情况。这种情况少数是有遗迹保留到今天的,可以通过实地考察进行研究。但那只是极少数,大多数却不可能有遗迹留下来,都随着时间的消逝而过去了,消失得无影无踪了。要研究这些已经过去了的消失了的地理情况,那就非得依靠历史学的方法不可。因此,我们可以这样说,历史地理学就其学科性质而言虽然属于地理科学,但就其研究方法而言,却既不能说只需要运用地理学的方法,也不能说要以地理学的方法为主,至少应该说运用历史学方法的重要性不下于运用地理学的方法。当然,

---

① 三联书店 1981 年 5 月出版。

近一二十年来写过论述历史地理学研究方法的同行们,谁也没有说过不需要用历史学的方法。侯仁之同志就曾在他的《历史地理学刍议》一文①中提到,研究历史地理"必须具备一定的历史学的训练,熟悉有关的历史资料和文献,并能运用一定的历史方法"。陈桥驿同志在他所写的《中国自然地理·历史自然地理》②的总论中也说,除了自然地理学的研究方法外,历史文献的搜集、整理和科学分析,也是历史自然地理学研究的重要方法之一。不过这些文章主要都是为了纠正旧时代学者关起房门,足不出户,埋头在故纸堆中,完全不做野外考察的偏向而写的,所以都是在强调地理学的方法、野外考察的方法之后,对历史学的方法、文献整理的方法只是带上一笔,没有能够予以足够分量的阐述。从近年来的情况看来,一方面只搞文献不做实地调查这种偏向并没有完全消除,另一方面,在一部分人身上却又产生了另一种偏向,即忽视历史学方法,忽视文献资料的偏向。偏向都应该纠正,我个人的看法,认为当前后一种偏向毛病更大,所以我要在这里呼吁一下,凡是有志于研究历史地理的青年同志,不能犯这种偏向,犯了这种偏向的,务必努力予以克服。

首先,研究历史地理不能局限于研究历史自然地理,更重要的是还得研究历史经济地理和历史人文地理。历史经济地理要研究历史时期的产业、作物、工矿、商业和人口的分布与变迁,交通路线的开辟和城市的兴衰,各个地区的开发过程,等等。历史人文地理要研究历史时期国家疆域和行政区划的沿革,民族的分布与迁移,不同语言、宗教和风俗习惯区域的形成及其演变,文化中心的转

---

① 见侯仁之著:《历史地理学的理论与实践》,上海人民出版社 1979 年 9 月版。
② 科学出版社 1982 年 1 月版。

移，等等。这些方面所包括的课题，很显然，你要是不从历史文献中下工夫去搜集大量的资料，那是根本无法进行研究的。史念海同志的《河山集》初集①可以说是一部历史经济地理论文集，有讲地区产业发展的，有讲交通路线的，有讲经济都会的。他在写这些文章时还并没有进行过野外考察，他完全依靠历史资料，包括考古资料和文献资料，写成了这么一部有很大贡献的论文集。反过来我们可以设想，要是不搜集历史资料，只做野外考察工作，这些文章肯定是一篇也写不出来的。

其次，应该注意到，许多著名学者所取得的出色研究成果，包括研究历史自然地理，也都是离不开历史资料的，或者是主要取材于历史资料的。例如，已故中国科学院副院长、气象学家竺可桢同志所写的《中国近五千年来气候变迁的初步研究》②，是一篇权威性的著作。他研究五千年的气候变迁，分成四个时期，只有1900年以后的第四期是依靠仪器观测资料的，此外三个时期四千九百年，全部依靠历史资料。第一期依靠考古资料，就叫考古时期，实际上这一时期中的殷商时代取材于甲骨文，甲骨文既是考古资料，也是文献资料。第二期物候时期，取材于从《诗经》到元代文献中的物候记载。第三期方志时期，取材于明清两代地方志中有关气候的记载。

再如，侯仁之同志研究乌兰布和沙漠地理环境的变迁，取得了丰硕的成果。仁之同志是亲自进入这个地区做了细致的考察工作的，但是，他之所以能发现这一地区古今地理环境发生了巨大的变化，关键还是出于他把目前的情况跟《史记》、《汉书》、《后汉书》、

---

① 三联书店1963年9月出版。
② 《竺可桢文集》，科学出版社1979年版。

《水经注》里的记载进行了对比。要是只做实地考察工作而不熟悉这些文献资料,那是不可能作出这样出色的研究成果的。

又如,有些林学家认为黄土高原根本不适宜于成长森林,不承认过去这里有过森林。史念海同志的《历史时期黄河中游的森林》一文①,强有力地驳倒了这种说法。他搜集了好几百条历史文献资料,确证历史时期的早期在黄土高原上到处都分布着森林,随着人类社会的活动逐步加剧而逐步缩小,直到明清时代,才和今天相差无几。我想那几位林学家看了史念海同志那篇文章之后,是无法不改变他们原来的信念的。可见解决历史地理问题,文献资料有时比根据目前的地貌、土壤、水文等条件所作出的分析更可靠些。

二

以上泛泛谈了历史地理研究中历史资料的重要性。下面进而谈谈在历史地理研究中如何正确对待历史文献资料的问题。

历史资料可以分成两类:一类是考古资料,一类是文献资料。考古资料是古代人类活动的遗迹和遗物,通过这些实迹实物可以如实地复原古代当地的自然环境和社会情况,是科学性最强的资料。但是,历史时期人类社会的大多数活动是不会有什么遗迹遗物留传下来的,再加遗迹遗物一般是不会说话的——没有文字铭刻。所以,就有了文字记载以后这两三千年来的历史时期而言,考古资料所能起的作用,毕竟还是赶不上文献资料的,研究这一段时期的历史主要得依靠文献资料,研究这一段时期的历史地理也不

---

① 史念海:《河山集》二集,三联书店 1981 年 5 月版。

能不如此。而这一段时期由于距离我们这个时代最近,当然也是我们的研究工作的主要研究对象。因此,如何搜集、整理,鉴别、分析文献资料,事实上也就不能不是做好我们的研究工作的关键性环节。要全面论述处理好这个关键性环节的方法,那是可以写成一部几十万字的专著的。在这篇文章里,我只预备讲当前特别值得重视的三点:

第一点,搜集资料要做到基本上齐备。我们研究任何课题都切忌凭少数几条资料就下结论,这是相当危险的,很可能导致不正确的结论。当然也用不着要求百分之百地搜全所有资料,这往往是难以做到的,一般说来也是不必要的。勉强这样做还会导致文章写得很烦琐、很啰唆。但是,我们应该要求做到基本上齐备,也就是说,重要资料、关系到得出怎么样的结论的资料不能遗漏。资料是否基本齐备会影响到结论是否正确,我可以举一个明显的例子。

从陕北无定河北岸迤北到内蒙古乌审召、鄂托克旗一带有一片沙漠叫毛乌素沙漠。有相当一段时间地理学界流行过一种说法,认为这片沙漠在 5 世纪以前原是一片肥美的草原,是 5 世纪以后才随着人类的活动而逐步变成沙地的,有的甚至认为沙漠南部的形成不过三四百年,解放以前二百五十年沙漠向南扩展了六十里。且不谈后两种说法,只谈流行得最广泛的前一种说法。这种说法的主要依据是沙区南部今陕西靖边县北红柳河北岸的白城子废墟,是公元 413 年五胡十六国中夏国所筑的都城"统万城"的遗址,据历史文献记载,当时夏国国君赫连勃勃曾经登上统万城附近的契吴山,举目眺望,赞叹这一带的山川景物之美,说是"美哉斯阜,临广泽而带清流,吾行地多矣,未有若斯之美"。许多学者都认为这条史料说明了在统万城建城的时候,这里显然还不是沙漠地区,而是景物很优美的一块好地方;这里变成沙区,应该是统万城建成以后又经历了若干岁月才开始的。尽管开始于何时的具体年代各家的推论有所不同,但 5 世纪初这里还没有受到流沙侵袭这一点是这许多学者所一致公认的,几乎已成为学术界公认的定论。可是,赵永复同志写的《历史上毛乌素沙地的变迁问题》一文①提出了不同的看法。

赵永复同志的文章详细论证了那种白城子附近的流沙形成于唐以后的说法是不符合于历史事实的;根据北朝的记载,那时上距赫连夏不过百余年,这一带很明显是到处分布着沙陵、沙阜、沙溪的游牧区。作者认为至迟东汉,即公元 2 世纪时,这一带可能已有流沙的活动,因为见于东汉记载的奢延泽,应该是红柳河上游一条支流八里河被流沙堵塞出口而形成的。赫连夏时代这里的地理景观和北朝时代不会有很大差别,赫连勃勃用"临广泽而带清流"这句话来赞美这里的景观,"广泽""清流"不一定就是优美的草原,很可能正是沙漠地区的现象,因为沙漠地区的河流,水源来自泉水或地下径流,往往是很清澈洁净的。至于赫连勃勃之所以要在这里营建都城,他的着眼点主要并不在于这里的地理环境如何优美富饶,而是在于建都在这里有利于防御近在数百里外强敌拓跋魏的侵袭。

这篇文章所论证的观点是否完全能成立我不敢说,但至少动摇了过去流行的那种说法,把对这一带的自然环境的变迁的研究大大推进了一步。作者为什么能取得这样的成就呢?除了他严肃谨慎的研究态度外,主要由于花大力气搜集了近百条以前研究这个问题的人所没有掌握到的文献资料,也就是说,他做到了资料基

---

① 载《历史地理》1981 年创刊号。

本齐备这一点。因此他所取得的成就要比资料不及他齐备的人高出一筹。

第二点，不要把传说当作真实史料。有些文献资料来源于民间传说。尽管传说一经用文字记录下来也就是文献资料了，但事实上传说往往并不反映历史真实，我们做研究工作不能贸然把这种资料当作真实史料看待。

例如，"榆林三迁"的传说传播得很广，屡次为中外地理学家所引用，作为陕北一带沙漠南移的证据。实际却根本没有这回事。侯仁之同志的《从考古发现论证陕北榆林的起源和地区开发》一文①，根据可靠记载，查清了榆林自 1472 年建立榆林卫以来五百年的情况：曾经多次拓建，比较重要的有三次。历次拓建都没有离开原址，所以"榆林三迁"，应该是榆林三拓的讹传。这就破除了沙漠南移，五百年中使榆林三次向南迁移城址，这种迷惑了不少地理学者的立论根据。

这一类被前人记载下来的靠不住的传说，各种书里都有，研究工作者要随时注意培养锻炼自己的鉴别能力，不能见了刊印在古书上的资料不加辨别，一概置信。这是一项必要的基本训练。不经过这种训练，是很难正确运用历史文献资料的。一般说来，正史里这种记载比较少，而地方志里则相当多。学地理出身的历史地理学工作者搜集文献资料，通常都不习惯到正史中找材料，习惯于从方志中找材料，那就要特别注意到这一点。例如上海的地方志里说黄浦江是战国时楚国的春申君开凿的，春申君名叫黄歇，黄浦即因而得名，又给黄浦加上歇浦、春申江、申江几个别名。这完全是胡说，如何信得？！现今上海市区是南北朝以后才成陆的，春申

---

① 见侯仁之著：《历史地理学的理论与实践》，上海人民出版社 1979 年 9 月版。

君时代这里还是一片海域,他怎么可能跑到海里来开河? 方志里这一类荒唐的说法很多,千万不能上当。

第三点,不要轻信前人对古代文献资料所作的解释。先秦古籍里有关古代地理的记载,原是很宝贵的文献资料。可是由于古人行文极为简练,后代的注疏家和研究者对这些文献所作的解释,难免没有误会、走样之处。所以我们处理这些文献资料,就该把古书原文和后人注释分别对待,不能混为一谈;不应该盲从过去那些注疏家和研究者的解释,应该凭借我们自己所掌握的历史知识和地理知识,运用科学方法去正确理解判断这些资料所反映的古代地理情况。这样做才能不受前人束缚,解决前人所不能解决的问题,作出超越于前人的研究成果。举两个例:

第一个例:先秦有一个云梦泽,但古书里"云梦"二字不一定指云梦泽,多数场合都指的是楚王的一个以"云梦"为名的游猎区。云梦泽是这个游猎区的一部分。云梦游猎区是跨大江南北的,而云梦泽则只存在于大江北岸,主要在江汉之间。从西晋初年杜预注《左传》,错误地把《左传》中的"云梦"解释成云梦泽,从而产生了云梦泽跨大江南北的说法。这种误解自晋以后逐步发展,到了清初的经学家胡渭手里,竟然把整个江汉平原、洞庭湖区连同附近丘陵地带都包括在云梦泽范围之内①。这种极端荒谬的说法直到建国以后还为一些地理学家所采用,看来主要是由于他们没有能够察觉到从杜预到胡渭的解释并不符合于先秦古籍中"云梦"的原意。我在前若干年注意到这个问题,作了一番研究,后来写成了一篇题为《云梦与云梦泽》的文章②。我的方法是先直接从

① 《禹贡锥指》卷7。
② 载《复旦学报》1980年历史地理专辑。

先秦记载去理解先秦云梦的真实情况,再一一破除杜预以来所有经学家和舆地学家的谬说,然后运用汉以后关于云梦泽的可靠记载,去理清楚云梦泽在历史时期的演变过程。这篇拙文主要取材于文献资料,也用了一些考古资料,但不多。总之,基本上全是用历史学方法对历史文献资料作了整理和分析,并没有采用野外考察和沉积物分析等地理学方法。可喜的是,地学工作者蔡述明同志利用钻孔资料,通过实地考察,也得出了不存在一个跨大江南北的云梦泽的结论,这就更证实杜预以来的说法是错误的,不符合历史真实的,也说明了正确运用历史学的或地理学的研究方法,都可以得出正确的结论。

第二个例:关于洞庭湖的演变。长期以来地理学界,水利学界根据近百数十年来的湖面日渐填淤,普遍认为整个历史时期湖面都是在不断地缩小,不同的只是有时快有时慢而已。那么,《禹贡》、《职方》、《尔雅》、《吕氏春秋》、《淮南子》等这些古书讲到古代著名的泽薮,为什么都没有提到洞庭湖呢?《汉书·地理志》为什么非但不提到洞庭湖,在讲到湖南的湘、资、沅、澧四水时,为什么又说成是湘水、沅水入江,资水、澧水入沅,都不提到入洞庭湖呢? 过去人们都相信了前人洞庭湖是古云梦泽的一部分的说法,又相信了前人把《汉志》湘沅入江、资澧入沅勉强解作湘沅是由湖入江,资澧是在湖中会合沅水的说法,因此问题也就无从发现。复旦大学历史地理研究所的前身历史地理研究室在编绘《中国历史地图集》的过程中,认真对待了有关洞庭湖的古代文献资料,才发现前人这种解释是相信不得的。若说洞庭湖是云梦泽的一部分,那么《楚辞》、《国策》为什么既有云梦,又有洞庭? 随后我们搞清楚了云梦泽全在大江北岸,并不跨大江南北,更确信云梦并不包括洞庭。既然洞庭不是云梦泽的一部分,若说见于《楚辞》、《国策》

的洞庭果然是一个大过于后代的，或和后代差不多大的大湖，那么《职方》、《尔雅》等古书里讲到九薮十薮时，为什么不提到洞庭，为什么不说楚有云梦、洞庭二薮？这么大的一个湖，《汉书·地理志》里怎么可以不称湘、资、沅、澧入湖，或入洞庭，而称入江入沅？不仅《汉志》如此，为什么在大约成书于东汉的《水经》里，也说是湘水、沅水入江，又说澧水也入江，而资水是"与沅水会于湖中，东北入于江"？这只能说明沅水、资水的下游有一个湖，这个湖既与湘水、澧水不相涉，显然不会很大。后来我们又发现在《庄子》里两次提到"洞庭之野"，竟然不把洞庭地区看作泽薮而目为平野；在《山海经·中山经》里提到湘水、沅水、澧水都是在"洞庭之山"附近与江水相会，却并没有提到洞庭之山下有一个洞庭湖。经过这么一番认真考索，我们才确信前人对古书的解释绝对不可靠，先秦两汉的洞庭湖不可能像见于南北朝著作《荆州记》、《水经注》里所记载的那么大，更不可能有唐宋记载里所谓"八百里洞庭"那么大。否定了前人的误解，我们才得出了一个与前人截然不同的结论：原来洞庭湖在历史时期不是一直在由大变小，而是经历了一个由小到大，由大到小的演变过程。我们根据这个结论先在我们所编绘的《中国历史地图集》上按各个历史时期的记载作出了处理：春秋战国两汉只在今岳阳君山脚下画上一个小小的洞庭湖，把湘、资、沅、澧按照《汉志》、《水经》记载那样画作入江或入沅；从东晋以后才画上一个大洞庭湖，湘、资、沅、澧都注入湖中；南朝、唐、宋、元、明逐步扩大，到清图才缩小了一点。不过我们的清图是按1820年的情况画的，所以图中的洞庭湖还是比现在的大得多。

画图工作结束（指内部本）之后，我们又把这个课题交给张修桂同志请他作进一步的钻研。张修桂同志又根据湖区的地质、地貌、水文、考古和卫星照片等多方面的资料，结合文献资料，写成了

《洞庭湖演变的历史过程》一文①。我认为这篇文章写得是很出色的,由于采用了多种地理学方法研究下来的结果和我们原先用文献资料得出的结论正相符合,使我们更加确信我们对这个问题的基本看法和我们在图上所作的处理是符合于历史真实情况的。张修桂同志的研究使这个问题解决得更细致、更圆满。由此可见,历史地理研究工作,特别是历史自然地理研究工作要取得较高质量的成果,必须同时采用地理学和历史学两种方法相互配合。而我们最初提出由小到大、由大到小的基本看法却是从文献资料的钻研分析得来的,是从破除了前人的误解,建立自己的正确理解得来的,由此又可见正确对待文献资料的重要性。

三

上述三点是历史地理研究中如何正确对待历史文献资料特别值得重视的问题,以下谈一个与此相关的问题,那就是怎样对待文献资料中的沿革地理知识问题。

在我国有悠久传统的沿革地理学,不等于我们现在所要研究的历史地理学。沿革地理的研究范围没有历史地理那么大;沿革地理一般只要求讲清楚历代的沿革即变迁经过就行,不像历史地理那样还要求探索演变的原因和规律。所以侯仁之同志在他的《历史地理学刍议》里说:"掌握沿革地理的知识,只不过是从事历史地理研究的初步",这是完全正确的。现在要提醒大家的是:初步尽管只是初步,任何人做任何工作总得要健全地踏上这一初步,才有可能达到最终的目的。诚如仁之同志在同一篇文章里所说过

---

① 载《历史地理》1981年创刊号。

那样，"沿革地理的知识，对于历史地理学的研究来说，同样是十分重要的"。可是现在有不少学历史地理的青年同志不愿意下工夫去掌握沿革地理的知识，有些学校里讲授历史地理课的教师也不够重视这方面的知识，往往略而不讲，我觉得这是关系到我们的队伍今后能否健全发展的重要问题，所以在这里提出来希望引起大家注意。

这几年各地都在修地方志，不少省、区都办了地方史志通讯这一类刊物，我偶然翻阅，发现许多人讲到政区沿革时往往闹笑话。例如，《禹贡》不是大禹时代的作品，《禹贡》里的"九州"不是夏代的行政区划，而是战国时代学者对他们所知道的整个"天下"所作的地理区划，这是稍稍接受过一点"五四"以后的历史教育，破除了对儒家经典的迷信的人都能知道的常识。可是现在的地方史志工作者，竟然还有人在沿袭封建时代的老一套，讲到一地的沿革，还是从夏禹时属某州讲起。再如，唐宋时代的地方行政区划基本上采用以州（包括府）辖县制，全国分成三百多州，隶属于十多个或二十多个道或路。在唐初至宋末六百六十年中，只有从唐天宝元年（742年）到乾元元年（758年）这十六年改州为郡，其余六百四十多年都只有州，没有郡。所以在简述一地的沿革时，当然只能说唐属某州，宋属某州，但现在有的同志竟然在说什么某地唐属某郡，宋属某郡，好像唐宋时代都是在推行以郡辖县制似的。又如，历代正史地理志各府州下的户口数，指的是这个府州全境各县的，包括城市乡村都在内的户口总数，不是专指这个州的州治所在的城市户口，现在竟然有人在根据这些数字大讲起唐代扬州、宋代杭州的城市户口来了。又如，六朝时代的扬州和隋唐时代的扬州完全是两码事：前者在长江以南，后者在长江以北；前者以建康（今南京市）为治所，后者以江都（今扬州市）为治所；前者辖境兼及今江苏、安徽长江以南各一部分和上海、浙江一直辖市一省,后者辖境仅相当于今江苏扬州、南通两个地区;可是现在竟有人用六朝时扬州的资料来阐释唐代扬州的情况。这些岂不都是笑话? 对沿革地理的知识这样懵然,那怎么能进一步做好历史地理研究工作呢? 这实在是一个大问题。所以我认为,如何采取措施使搞历史地理教学、研究工作的人能够在短期内掌握一些基本的沿革地理知识,这是我们当前历史地理学界的一个亟待解决的问题。我希望有关方面能够认真对待这个问题,在短期内提出一个切实可行的方案来。

1982 年 8 月 27 日

(原载《学术月刊》1982 年第 11 期)

编写古地名条目应该注意的几个问题
——在《浙江古今地名词典》学术座谈会上的讲话

陈桥驿先生今年春天就叫我来讲，一直拖到今天。事先也没有很好的准备。我编过历史地图，写过辞海的历史地理部分。对古地名、历史地名有点接触，有点经验。今天虽然是《浙江古今地名词典》的会，我只能谈古地名，不谈今地名。当初写《辞海》的时候也分清楚的，今地名我们不写，只写古地名。在这里提出几个问题来，与各位讨论。有些问题，我们现在还没有办法，不知道怎么才搞得好。不是说我提出来就自以为是，而是提出来讨论一下。

首先一个问题，最近若干年来推行市制，把市的名词搞得很乱，使我们写地名辞书感到很困难。记不得是哪一年到北京去开地名委员会会议，我们就提出这个问题。现在的市有直辖市，北京、上海、天津。有省辖市，还有地辖市，也就是县级市。有各种市，市的概念很混乱。我认为应该要改，现在这样的办法不对。经常在报上看到，上海是一千二百万人口的大城市，这句话实在不通，既然叫城市，上海这个城市只有七百万人口。上海作为一级行政区域的国务院直辖市，那是一千二百万人口。连上海市人民代表大会上的文件，也一会儿是包括十个郊县，一会儿又不包括，这种混乱现象很不利。这个制度搞下去，我们编写地名辞书怎么办？（陈桥驿：你在人大的提案是发下来的，但是现在没有下文。）我在开会之前,一方面看了我们这个《浙江古今地名词典》里头的试写条目,另一方面看了《中华人民共和国地名词典》的"浙江卷"试写条目,发现对这个问题的处理还是存在着问题。"浙江卷"里头,在杭州市这个标题之下,上头一段包括杭州市管的七个县,我把它叫大杭州市;下面一段讲的是杭州市区。《浙江古今地名词典》里头嘉兴市有两条,一条叫嘉兴市,一条叫嘉兴。这两本辞书都是这个样子,一条包括管的县在内,一条只指杭州市区、嘉兴市区。都漏掉了一个意义,实际上这个意义倒是最常用的,我把它叫第二意义。一个是大的,包括属县。一个是小的,就是杭州市区、嘉兴市区。其实在这二者之间还有第二意义。你什么地方人?我杭州人。我可以说是杭州市里人,也可以说是杭州乡下人。例如笕桥人,当然也是杭州人。我记得杭州是六个市区,十五个乡、镇。六个市区的人当然说我是杭州人,十五个乡、镇的人,当然也可以说是杭州人。我们平常说杭州人,是包括杭州城里、杭州乡人。城里、乡下都是杭州人。这个杭州的意义实在是最常用的,但是辞典就是没有这个意义,要就是包括七个县,要就是杭州市区。我认为辞典应该有这个意义。因为事实上我们说杭州,是指这个。一般不会去把淳安人叫杭州人。我们叫杭州,就是指杭州城里和杭州乡下。不光指杭州城里头,要大一点。大的、小的都写在辞书里头了,而常用的第二意义辞典里头没有,应该补救。但是现在我们的制度如此,没有一个适当的名称,第一意义叫什么,第二意义叫什么,第三意义叫什么?没有这个名称,怎么办?我的建议,大家还是只好用杭州市,但是一、二可以这样:杭州市的第一,写杭州,包括七个县。是不是可以再来个二,那就是指杭州的城乡,即杭州城里和杭州乡下这个杭州市区,包括15个乡、镇。这作为第二意义,在辞典里应该写,现在却没有。这是第一个意见。(陈桥驿:后面一本可以补救,前面一本已快要出版了,不能改了。)

第二个意见。关于沿革的问题。政区的沿革要不要写呢?我记得在北京开地名委员会时我是主张不要写的。我是搞沿革的人,为什么反而不主张写?我觉得现在的政区很特别。现在的杭州市与明清时的杭州府不一样,缺一个海宁,又加上明清时的严州府和绍兴府的萧山县。这样一个范围,你叫一个辞典作者要把沿革写得全面,实在太难了。还有我们辞典对沿革也不能写得太啰唆。你要写全,势必很啰唆,很难条理清楚。又要简单,又要全面,我觉得简直不可能,所以我在北京会上主张不要写。后来我看到这个东西(注:指《中华人民共和国地名词典》试写条目),除了浙江之外,还有湖北、江苏,都写了沿革。老实说,都写得很成问题。杭州市写七个县,沿革完全避开严州府,过去严州府的沿革在杭州市里头一点不见。杭州市的沿革只讲杭州府,不讲严州,这就不对。严州的沿革与杭州的沿革很不相同,怎么可以从《读史方舆纪要》里头,或者从《清一统志》上把杭州府的沿革抄下来就算成是杭州市的沿革?严州府治在今建德,是否可以把严州府的沿革写到建德县条里?这也不妥。明、清时的严州府现在属杭州市的政区范围,人家当然去查杭州市条,怎么晓得还应该查建德。我想在建德县里头恐怕也写不完整整个严州府的沿革。在《浙江古今地名词典》试写条里头我发现嘉兴市只写 1949 年以后的,我觉得这倒是个办法,免得搞错。但想想也觉得有点遗憾,难道嘉兴1949 年以前就没有历史了?嘉兴在五代以前是吴郡、苏州的一部分,不是浙江的;嘉兴自立秀州之后,在五代、宋朝的时候,它的管辖范围包括今天上海的大部分;这种变化相当重要,应该让读者知道。上海所有苏州河以南的七个县,市区,都在当时的秀州、嘉兴府范围之内,嘉兴市的沿革里不写这个,好像也是缺陷。所以我提出问题来,沿革到底写不写,怎么写?真麻烦。这一条还有一句话,要写沿革的话,每位写的同志就应该对历代的行政区划制度有基本上的了解。这话说起来简单,要做到不是很简单。我现在看到很多这方面的条目,包括湖北、江苏、浙江,写的人对历代行政区划制度是不很了解的,所以就写不准确了。就说我们试写条目里面嘉兴这一条,讲嘉兴曾经做过嘉兴路、嘉兴府、嘉兴军的治所,写嘉兴军就是外行了。嘉兴军在宋代不是一种行政区划制度,这是唐宋时候有的州所谓的军额,而不是一种行政区划。过去一个人有名、有字,还有号,直到近代才没有。宋朝时候,府州才是正式的行政区划制度,但同时又有军额。我们不要看《嘉泰会稽志》是宋代的,宋朝没有会稽郡,宋朝就是越州,后来叫绍兴府,称会稽郡。等于一个人,有个字,有个号。除了郡额之外还有军额,如嘉兴叫嘉兴军。这个要搞清楚。现在不大可能搞一个班子,好几十个人来写沿革,而要每个人都把行政区划搞清楚,不写外行话,这又不容易。我倾向沿革尽量少写,或者不写。不知道对不对?

第三个意见。收词的标准。收词标准也是个麻烦事,要谨慎,周详地考虑。总的说来,我觉得不能太少,但也不能太多。昨天我在这里看到,是有收词标准的,并且写得很清楚:县以上古今政区名要全收,什么东西要选收。我觉得这里多少有点问题,如县以上全收,好像说得过去,但事实上有没有必要全收。如余暨,汉朝叫余暨,王莽时改为余衍,收进去了。我感觉到,一个地名收不收,要看这个地名在地理志之外会不会见于记载,光地理志记载我认为不值得收。譬如余暨,即今天萧山,西汉叫余暨,到王莽时改成余衍,到东汉时马上又恢复余暨,这中间只有几十年。除了你去看《汉书·地理志》,余暨下面有"莽曰余衍"四个字以外,没有第二个机会碰到这个名字了。再如,唐朝武德年间,有许多地方,一州分成好几州，一县分成好几县，这种州、县，也是存在几年之后就取消了，以后你在任何记载里头碰不到这种地名。这类地名虽然是县，我认为也可以考虑不收，它没有什么用处。县以上地名，可以考虑不一定全收。至于县以下的地名，原则上我也认为这样。县以下原来选收，选收的标准没有具体制订出来。对县以下的地名，我想要厚古薄今，不是厚今薄古。尽管不是县，很古的地名也可以多收些。是不是编委会订个条例，那一朝以前的全收。小地名只好厚古薄今，你要厚今薄古就不得了。明、清也算是古代了，明、清地名全收就太多了，《明史·地理志》注里头的地名就不得了。这个请考虑。恐怕要倒过来，要厚古薄今。厚、薄的标准，还要详细地定。

第四个意见。要交代出处。古地名一定要有出处，这个地名是见于什么古书的。你收的地名没有出处的话，就没有用处。很古的地名不知道今天在哪里，也应该收。不但是每个地名要注明出处，每个词条对古地名亦名什么、又名什么，也要有出处。试写条目里头有会稽山一条，我有意见。会稽山，原名茅山，又名苗山，下面引了《史记·夏本记赞》里头的话，提到了会稽，与"茅"、"苗"无关。这样写不够妥当，为什么？你说原名茅山，又名苗山，下面交代的只是叫会稽山的证据。《史记·夏本记赞》只讲会稽山，你怎么知道原名茅山，又名苗山呢？实际上会稽山又叫茅山，又叫苗山，是见于《吴越春秋》和《越绝书》的。你要么就不要提茅山、苗山，就用会稽山；你要用茅山、苗山，就得交代清楚，这茅山、苗山见于《吴越春秋》和《越绝书》，因为《史记》上是没有的。我认为每一个古地名要交代出处。不光是《史记》，还有《山海经》、《周礼》，很多的古书里头只写会稽山，不写茅山，不写苗山，显然这个山名是要的。会稽是不是原名茅山呢，虽然《吴越春秋》、《越绝书》是这样写的,实际上有问题的。我们想想,大禹的时候叫会稽山,大禹以前叫茅山、苗山,大禹已经是传说中的时代,大禹以前的名字,你这东汉人作《吴越春秋》、作《越绝书》时还会知道吗?《山海经》、《周礼》、《史记》中都没有,你东汉人会知道吗? 这本身就靠不住。你肯定说原名茅山,不大能取信于人,科学性是不大够的。所以,我们每个地名都应交代出处,不能一笔带过,亦名什么,亦名什么,这不行。（陈桥驿:茅山同苗山,在辞典里各有一条。）

第五个意见。要不是很确实的、可信的记载,我们在释文里头似乎不用肯定的语气。刚才说的,说原名茅山,到大禹时改名会稽山,这是肯定的语气。而且这件事情实际上是不可能肯定的,所以我建议对不能十分肯定的东西应该上头加个传说,或者相传。然后见《吴越春秋》,见《越绝书》,这样拿出来就比较过硬。

第六个意见。关于地名来历,也就是地名得名的问题。这个地方为什么得这个名字? 这个在地方志里头,对地名来历往往有个说法,而这种说法不可靠的东西相当的多。在浙江过去对余姚,是舜的支庶,上虞又是舜的什么关系,义乌又是什么乌伤,这实际上是古代把越语用汉字写出来,后人不晓得它是越语,按汉字望文生义的搞出一种传说来。陈桥驿先生写过文章,陈桥驿先生也告诉过我,浙江这种地名很多。我个人1962年在上海也讲到过这些问题,因为上海人也相信传说。黄浦江是战国时候春申君黄歇所开的,所以叫黄浦。这是方志里的东西,可是现代人照用不误,深信不疑,这不行的。春申君的时候,战国的时候,上海还在海里头,开什么河? 但是这种传说的影响很大。后来经过一段时间,一般的人都知道,现在的上海市区至少在汉代以前还在海里。但是写地名辞典还舍不得把黄浦江与春申君拉开关系。怎么写法呢?

把黄浦江的上游说成是春申君开的。黄浦江上游在青浦县境内，青浦老早不归上海的。黄浦叫黄歇浦，叫申江，这是上海的事情，不是青浦的事情，他们舍不得，还要再拉上海。这种传说，我希望不要轻易相信。还有无锡，说无锡古代时有锡，到汉朝时没有锡了，到王莽时又有锡了，所以叫有锡，到东汉时又没有锡了，又改无锡。都是胡说八道。地理学者对越语地名还可以再研究，虽然现在我们没法子了解越语了。它不是方言，是一个不同民族的语言。我认为可能浙江保留的越语地名最多，秦汉时候在浙江境内保留的县名，大部分都是越语。当时浙江大部分地方是会稽郡。浙江本身就是越语地名。《山海经》、《史记》里头都有浙江，《吴越春秋》、《越绝书》里头都有浙江，奇怪的是《汉书·地理志》叫渐江，《水经》里头又叫浙江水，注文把这两个分开，把浙江水相当于今天的浙江、钱塘江，把浙江解释成长江的下游，又是在余姚入海的。长江的下游又怎么会在余姚入海的呢？《汉书·地理志》里面有一条叫分江水，说是从安徽贵池（池州）那个地方东南行，到余姚入海。从皖南山地，又到浙东来入海，根本不可能。但是清朝人迷信史籍，有一篇《浙江通考》，说这是两条水，过去搞在一条是错的。直到近代学者王国维写了一篇浙江考，他才辨别，古代的浙江就是现在的浙江，就是现代钱塘江。浙江是长江的下游，没有那么回事。可惜的是浙江是越语，王国维没有指出。实际上因为"渐"、"湔"、"浙"是越语，在译的时候有点出入，如此而已。把浙说成是曲折，也完全是望文生义，靠不住的。这条意见是，对方志里地名来历的说法，要十分谨慎，不要盲从。

第七个意见。对名人生地有争议的，我们建议在释文里要列举诸说，每一说法要注明出处，我们不要去作判断。西施，萧山人同诸暨人打官司。刘昭引的《越绝书》："余暨，西施所出。"现在的

《越绝书》里没有这句话。反对的人说，根据靠不住。主张的人说，这是真本《越绝书》的佚文，你不能说他不是《越绝书》。这就没有法子。我认为可以这样写：苧罗山，见于《吴越春秋》、《越绝书》，是西施出生地。然后说，《会稽记·舆地志》说它在诸暨。下面要有刘昭引的《越绝书》，还要说明诸暨、萧山都有苧罗山。不偏不倚。

第八个意见。我们现在收了简名，但是没有提到别名。我说别名应该收，这有用处。特别我们看文人的著作，往往杭州不叫杭州，叫武林，这是别名。它不是简名，也不是古名。武林不但是山名，也是杭州的别称，应该收。嘉兴，叫鸳湖。这是读古书经常要碰到的，倒是要收。碰不到的，可以不收。

最后一个意见。释文的内容希望能够做到写具体的实在的内容。尽量不说比较空泛的话、到处可以用的话。这种话可以不说，最好不说，我最近看了些地方志通讯，胡乔木同志在一次地方志会上讲到，现在方志有些话可以不说。举了些例，我不完全记得了。他讲到：这个地方的人们正在奋发图强，为四化而奋斗。诸如此类的话很多。我想想，这类空话我们有时也会有。除了这种政治性的、带宣传性的空话之外，我发现搞地名的在叙述历史时，也犯通病。像上海总讲上海历史悠久，我看了很反感，上海怎么能算历史悠久？我昨天看到这本里面也两次提到浙江历史悠久，我认为这话实在没有意思。什么叫悠久，几万年是悠久，几百年、几十年也是悠久，久不久是相对而言的。哪个地方历史不悠久？处处都是历史悠久，写它有什么意思。还有文化发达，全国哪里文化不发达呢？每省都讲文化发达，就没有意思啦。这些空话就不要讲了。

（根据记录整理）

（原载浙江省地名委员会、浙江省地名学会《地名文汇》1989 年第 1 期）

地方史志不可偏废　旧志资料不可轻信

我于1932年至1934年在北平图书馆(今北京图书馆的前身)工作时,曾为该馆所收藏的地方志编了一部馆藏目录,以后就再也没有对地方志或地方史做过什么专门的研究工作。但作为一个历史地理学者,在几十年的研究工作中,却随时要接触和使用地方史、地方志,因此逐渐对地方史志的源流、相互关系和使用价值等问题有了一些粗浅的看法。现在,各地已经开始或正在筹备纂修地方史、志,对地方史、志的研究也已取得了一定的进展,不少专家发表了很多精辟的见解。今天我也谈两点看法,供大家参考。

一、地方史志不可偏废,应该并重

这次会议的名称是"中国地方史志协会成立大会",既是地方史,又是地方志;初看觉得有点不大习惯,但仔细一想,我完全赞成这个名称,因为我们当前既应该有地方史,又应该有地方志,二者是不可偏废的。讲到这里,我首先要对清朝著名的方志权威章学诚(实斋)开一炮。章学诚有名的理论就是所谓"志"即是"史",方志就是一方之史。我认为这种看法是迂阔之谈,并不可取。

事实上,自古至今,地方史和地方志这两种著作一直是同时并存的,不能强求合并,统一为一种体裁。

我们不妨简单回顾一下地方史、地方志的渊源和演变。

这两种著作大体上都是起源于汉朝，现在所知最早的是东汉的作品。

东汉的《越绝书》和《吴越春秋》，在《隋书·经籍志》、《旧唐书·经籍志》和《新唐书·艺文志》中都列于杂史；东晋的《华阳国志》，《隋志》列于霸史，两《唐书》列于伪史。现在有不少人把这几种流传到今天的汉晋著作看成是最早的地方志，实在是不恰当的。因为这几种书的内容显然是地方史，而不是地方志，所以隋唐的《经籍志》和《艺文志》都不列于地理类下，而列入杂史、霸史或伪史一类。不过地方志的渊源确乎也可以追溯到汉朝，从《华阳国志·巴志》里可以看到，东汉桓帝时巴郡太守但望的疏文里提到了《巴郡图经》，可见在此以前已有了"图经"。图经就是一方的地图加上说明，图就是地图，经就是说明，这就是方志的滥觞。

东汉以后，从隋唐到北宋，图经大盛，到南宋以后，才改称为"志"。当时由朝廷责成地方官编写地方志，每州或郡都要编写，以后县以上行政单位编写志书成为制度。据朱士嘉先生的统计，流传到现在的有八千多部。

东汉以后的地方史有各种名称，见于隋唐《经籍志》、《艺文志》的，有《会稽典录》、《建康实录》（今存）、《敦煌实录》等，还有某地的"耆旧传"、"先贤传"、"人物志"、"风俗传"等。这些书都列于史部旧事类、杂传类，不入地理类。唐宋以后地方史远比地方志（即图经、方志）少，但一直沿袭到清朝，并未断绝。如江苏扬州有汪中的《广陵典录》、姚文田的《广陵事略》；苏州有吴昌绶的《吴郡通典》；南京有陈作霖的《金陵通传》。四川宋代有郭允蹈的《蜀鉴》，清代有张澍的《蜀典》，彭遵泗的《蜀故》。云南更多，唐代有樊绰的《蛮书》，明代有杨慎的《滇载记》，倪辂的《南诏野史》，清代有冯甦的《滇考》、师范的《滇系》和倪蜕的《滇云历年传》,民国有袁嘉谷的《滇绎》等。民国时各省还都有此类著作,不过不大有名。

在地方志盛行以后,仍然不断有人写地方史,这一点可以证明两者是不能互相代替的,而是并行不悖的。特别是建国以来的三十多年间,各地编写的地方史比地方志还多,一般说来其成就还在新编地方志之上。所以决不能说有了地方志就可以不要地方史了,两者是完全可以、也应该同时并存,相互补充的。

从内容来看,因为两者都是以某一个地区为记叙对象的,所以关系极为密切,以致往往互为渗透,史中往往有志的内容,而志内也难免有史的成分。但两者毕竟还是有区别的,主要表现在以下三个方面:

(一)地方史是以记叙过去为主的,尽管有时不免提到一些现状。而志则是以记叙现状为主的,当然也需要追溯一下过去。关键是两者的主题不同,各有各的侧重方面。

(二)地方史主要是记述该地区几千年来人类社会的活动,包括生产斗争和阶级斗争、生产力和生产关系的变化发展,物质文明和精神文明的变化发展,重大的政治、经济、军事事件等。当然,历史时期该地区的自然界若有重大的、显著的变化,如黄河决口、地震、大灾等也应加以记录,但主要的记述对象是社会现象,而不是自然现象。即使记录了自然现象,侧重点也是它们对人类社会的影响。

地方志则不然,至少是对自然和社会两者并重的,应将当地的地形、气候、水文、地质、土壤、植被、动物、矿产等各个方面都科学地记载下来。同时对社会现象的记载也与地方史不同:史以大事为主要线索,记录政治、军事、经济、社会、文化等方面的重大变化,志则分门别类,面面俱到。史的体裁接近于纪事本末体,志则用书志体,对农、林、牧、副、渔、工、矿、交通、人口、民族、风俗、制度、职官、文化、教育、人物,古迹,等等,一一予以叙述。

(三)既然地方史是以记载过去为主,以记载社会发展为主,所以写地方史主要须依靠史料,作者应做的工作主要是收集、整理史料,用历史唯物主义的观点加以分析、鉴别,科学地记述历史发展的过程。很古的、没有文献记载的要搞考古发掘,有遗迹、遗物存在的要进行实地(物)调查。但仅仅进行考古调查,而没有史料根据,很多历史问题还是无法说清楚的。去今还不太远的史事,也需要向群众作调查,作实地考察,但这一般只限于最近数十年内的历史。

地方志以记述现状为主,主要是依靠调查采访。一部分没有现成资料的完全要依靠调查;一部分虽然有现成的资料,也要通过调查予以核实补充。所谓现状,当然不单是指今年或近几年,至少应该包括建国以来的三十多年,还应该包括当地最后一部旧志修成以后的一段时间。旧社会留下的现成资料,由于当时制度的腐败、多数作者立场的错误和长期的散失,需要重新调查,自不待言。即使是建国后各主管部门整理汇编的资料,也必须加以核实补充。因为毋庸讳言,在党的十一届三中全会召开以前,特别是在“文化大革命”的十年浩劫中,不少资料中或多或少有假话、大话、空话,少数甚至完全颠倒黑白。又由于“左”的影响,很多重要的资料被斥为“封资修”而任其散失或付之一炬。因此必须重新调查,改正假话,去掉大话,充实空话,填补空白。由于志是以现状为主的,所以大多数问题有可能通过调查采访得到解决。

编地方志比编写地方史需要的人力更多。一般说来,编地方史的工作可以由史学工作者担负起来,编地方志则需要有经济学者、社会学者、史学工作者、地学工作者等多方面的通力合作。

二、采用旧方志的材料必须仔细审核，不可轻信

流传至今的方志有八千多部，这是我国特有的巨大的文献宝库。这些方志中包含着大量可贵的史料，给我们今天进行社会科学和自然科学的研究，提供了重要资料。到目前为止，我们对这项遗产的研究、发掘和利用还是远远不够的。

但是这决不等于说，旧方志中的材料都是正确的、可信的。就我看到过的方志而论，修得好的是少数，大多数是差的，甚至是很差的。地方史一般是私人著作，作者多少是个学者，总的来说质量较高。而地方志除了少数几部出于名家手笔外，多数是地方官限于朝廷功令，召集地方上的举人、贡生、秀才等一些乡曲陋儒修成的。这些人大多只会做代圣立言的八股文，根本不懂得著述的体例，不懂得前朝的典章制度，更不会做学问，因此在他们的作品里往往夹杂着许多错误的记载，甚至是错误百出。有些地方志是每修一次便增加若干错误，越修越差，越修越错。

旧方志之所以具有保存价值，主要在于它们或多或少保留了一些不见于其他记载的原始史料。至于经过方志作者之手的记叙，那我们就必须对每一条都进行审慎的考核，决不能轻易置信。决不能因为旧方志上有了，现在修新的地方史志时就照抄照搬。

这里举几个具体例子，说明旧方志的记载往往靠不住：

（一）方志中有不少关于古城遗址的记载，其中有的与《汉书·地理志》、《水经注》以及《元和郡县志》、《太平寰宇记》等总志不同。一般人往往以为总志记载范围广，容易出差错，地方志出于本地人之手，一般都比较明确而具体，总要比总志靠得住些。特

别是对地方志上写着"故址犹存"等字样的，更以为凿凿有据，深信不疑。但事实并非如此。

70年代初，在湖南长沙马王堆三号汉墓中发现了一张西汉文帝年间长沙国西南部的地图（相当于今湖南省南部九嶷山周围几个县和相邻的广东、广西各一角）。这张地图从各方面看都是相当准确的。在地图上可以看到泠道（今湖南宁远东）、南平（今湖南蓝山东）、舂陵（今湖南宁远东北）这三个县的位置，和《水经注》及一些唐宋总志上的记载基本符合。而光绪《湖南通志》上关于这三个县故址的记载却不同于《水经注》和唐宋总志，核以马王堆地图，很明显是错误的。如南平县故址，据《水经注》、《太平寰宇记》、《舆地纪胜》的记载，应即今蓝山县东七里"古城"，与马王堆地图中的位置正相符合。光绪《湖南通志》却另创在今县东北五十里土桥墟之说，与马王堆地图明显不符，显然是错的。《通志》的根据是土桥墟所在的乡叫南平乡，其实明清时的乡名未必袭自秦汉县名，怎么能以此为据，否定《水经注》和唐宋总志的记载呢？关于泠道、舂陵二县的故址，情况也与此类似。而60年代新修的《湖南省志》偏偏不相信正确的《水经注》和唐宋总志的记载，竟沿袭了光绪《湖南通志》的错误。可能作者认为地方志总比《水经注》等可信，也可能只管照抄旧志，根本没有用其他古籍加以核对。（参拙撰《马王堆汉墓出土地图所说明的几个历史地理问题》一文，载《文物》1975年第6期；收入《长水集》下册，人民出版社1987年。）

（二）对一个地方的建置沿革，各种书里往往有不同的说法，不能认为说得越具体就越正确，更不能认为一定是后来居上。

以上海建镇的年代为例，方志上共有三种说法：嘉靖、万历《上海县志》等的"宋末"说；清初的方志和《大清一统志》的绍兴中说;嘉庆《上海县志》的熙宁七年说。表面看,后两说都比前一说明确,应该比较可信;特别是熙宁七年说有具体年代,似乎是最靠得住的。实际上这两说是完全错误的。而前一说虽然比较笼统,倒是符合历史事实的。

嘉庆《上海县志》载:"熙宁七年,改秀州为平江军。缘通海,海艘辐凑,即于华亭海设市舶提举司及榷货场为上海镇,上海之名始此。"这条记载至少有四点大错:1. 上海建镇根本不在熙宁七年(详下述);2. 宋制州分四等:节度、防御、团练、军事,惟节度州方得有军额。秀州是军事州,根本不可能有军额。而且平江乃苏州军额,苏、秀壤地相接,岂得亦以平江为名?! 3.《宋会要》有市舶司一章,详载北宋初至嘉定以前市舶司的建置沿革,绝未提到上海,因此不可能在熙宁七年设市舶司;4. 上海得名于聚落在上海浦上,并非初名华亭海,至是改名为上海。上海得名于聚落形成之初,约在五代或宋初。

成书于熙宁之后元丰年间的《元丰九域志》,在县下例载属镇,而秀州华亭县下只载青龙一镇,可见其时上海并未设镇。

成书于绍兴之后绍熙年间的《云间(即华亭)志》,卷上专立镇戍一目,所载还只有青龙一镇,可见其时上海仍未设镇。

而弘治《上海志》卷5《儒学》下,提到咸淳中已有"监镇"董楷,已称作为"诸生肄习所"的古修堂为"镇学",又在卷7《惠政》下称董楷以咸淳中"分司上海镇",可见宋末咸淳年间上海确已建镇。

60年代上海《文汇报》上曾进行过上海建镇年代的讨论。当时有的同志力主熙宁说,理由就是嘉庆《上海县志》的记载明确而具体,"言之凿凿,当必有据"。其实是上了嘉庆志错误的当。(参拙撰《上海得名和建镇的年代问题》,载《文汇报》1962年6月21

日;收入《长水集》下册。)

（三）对历史上一些名人,方志往往喜欢拉为本地人,用本地的古迹附会,更不可轻信。

秦末农民起义的领袖陈胜,《史记·陈涉世家》和《汉书·陈胜传》都说是阳城人。这个阳城究竟在哪里,原来只有两种说法:三国吴韦昭,唐张守节,元胡三省,清顾祖禹、齐召南、钱大昕认为是秦汉颍川郡的阳城县,故治在今河南登封县境;唐颜师古、清徐松认为是《汉书·地理志》汝南郡的阳城侯国,故治在今河南商水县境。但在《大明一统志》里又说阳城在今安徽宿县南,其说当以当地的方志为本,应该是一种流传于宿县一带的说法,所以凡是安徽的地方志,无论是《江南通志》、《凤阳府志》、《宿州志》等都采用了此说,而且指出当地还有阳城故址。1959 年有人就以此为据著文提出陈胜是宿县人,有的历史课本和辞书也曾采用过这种说法。

实际上宿县境内古有阳城,这在唐宋以前的记载里是找不到任何根据的。那么这个"阳城故城"又是从哪里来的呢？原来两汉时的沛郡(或沛国)领有一个谷阳城,在谷水之阳。曹魏时县废城存,东魏又置谷阳郡,隋唐废郡为县,唐显庆初县废,但城垣直到宋初可能还存在,所以《太平寰宇记》宿州蕲县下载有"谷阳城",而不作"谷阳故城"。谷阳故城在今灵璧县境西南隅,西去宿县不足十里。然则宿县一带相传旧说"阳城"故址在今县东南阳沟集一带,这个"阳城"显然是谷阳城之讹,也可能是当地人对谷阳城的简称。谷阳城变成了"阳城",大泽乡又在宿县境内,这就很自然地把这个"阳城"附会成陈胜的家乡了(参拙撰《陈胜乡里阳城考》,载《社会科学战线》1981 年第 2 期;收入《长水集》下册)。由此可见,安徽各种地方志里众口一词的陈胜是宿县人说是不可信的。

类似的例子很多,如杨家将的故事流传甚广,北方各省到处有其"遗迹",方志上记载得很多,这些十之八九是靠不住的。50年代我曾陪苏联专家游八达岭长城,见到有好几处竖着木牌介绍说杨延昭曾在此驻守练兵等。弄得我左右为难,说这些写得不对吧,让外国人以为我们的古迹说明都靠不住;照这样讲吧,明明是错的,因为宋兵最北只打到过幽州(今北京)城下,就在高粱河上打了败仗退回去了,宋朝的将领杨延昭怎能跑到幽州城以北去镇守或练兵呢?我想这些介绍大概也是根据地方志来的。我们新修方志的时候,千万不能不加分析研究,来个照抄不误。

再如孟姜女、梁山伯与祝英台的"遗迹"也到处都有,屡见于方志,当然都是传说而已,不能信以为真。我并不反对将传说、民间故事载入方志,美丽动人的传说是地方文化的一部分,当然应该在方志中有一席之地,问题是应该注明是传说,不能把传说当成历史。

在"文化大革命"中,"四人帮"曾经把《庄子》中盗跖骂孔子的寓言当作真人真事大肆宣扬,于是各地都从方志中找盗跖的遗迹。有的说他是某县人,有的说他曾在某地起义,又说在某地打过一个大胜仗,……多至二三十处。但真正靠得住的,敢说一处也没有。

(四)方志中有不少关于灾异的记载,有些可以补正史之不足,是非常宝贵的资料,但也有些是靠不住,不经过认真核对,决不能全部照抄。近几十年来又有些人不查正史和其他资料,单纯根据方志资料编制历史时期的地震、水旱灾年表,这种做法是不大可能得出正确的结论的。

现存的方志一般都是明清时修的,再远也不过宋元,所载灾异若与修志时间相去不远，大致是可信的。但如果讲到很古的时代，那就必须追查它的根据。如果没有可靠的古代文献为依据，那就决不可信。以明清方志为据，叙述上古三代如何如何，而不交代出处，这在史料学上是不允许的。作者是明人、清人，如果没有可靠的史料根据，怎么可能知道千年以前此地发生过地震、水灾或旱灾呢？不仅上古三代不可信，就是所载汉唐的灾异，若在汉唐记载中找不到依据，也不可信。有时我们可以找到它们的依据，无非是正史《五行志》。但由于各时代行政区划不同，前代《五行志》的资料用在明清方志里也不见得对。例如某一部山西县志可能记载一条唐开元某年大水，根据是《唐书·五行志》里记载着该年并州水，而此县唐时属并州。但《唐书》记载只是说该年并州遭水，并不等于并州每一县都遭水。这个县的情况如何，如没有其他材料，就不能肯定这一年必定也有水灾。如果根据这些方志作统计资料就更成问题。比如说此州辖十县，明清修方志时，有的县采用了这条材料，有的县却没有采用，同一史料来源，取舍不同，结果很可能统计成此年五县有灾，五县无灾。这样的结果能符合历史事实吗？

50年代，南京的一位老先生写过一篇《黄河中游历史上的大水和大旱》（载《地理学资料》第1期），作者的依据是清代和民国的五十一种方志，结果很不理想，显然不能正确反映历史上这一地区水旱灾害的实际情况。该文附表一《黄河中游历史上大水年份表》中西安府一栏，历史上大雨、暴雨、久雨年份四十八个，其中唐代占二十七个。有人根据两唐书《五行志》予以核对，发现有圣历二年（699）、开元二年（714）、开元二十九年（740）、天宝十二年（753）、至德三年（758）、永泰元年（765）、大历四年（769）、开成元年（836）等八个年份都是黄河中游大水，而表中脱载。另一份大旱表，如果我们拿正史《五行志》和《明实录》来核对，则发现脱漏更多。他在另一篇《地方志中关于黄河清的记载》中,也根据方志排出唐代有十五次河清,仅据《新唐书·五行志》就发现有四次脱漏。因此他得出的结论"1700多年来,共77年有河清记载,平均每百年'河清'五次许,每百年至少一二次"就无法使人接受了。

前一时期看到一份《山西省气候历史资料初步整理》,也是以方志为根据的。稍稍翻阅一下,就发现了不少问题。如浮山县置于唐武德二年(619),但表中却载该县公元前423年、前177年和前142年为大旱年;绛县置于汉,而表中载公元前661年为大旱年。这些资料的可靠性是非常值得怀疑的。

一般说来,明清人记载明清的灾异是可信的,但由于方志纂修人的粗枝大叶,不学无术,也往往会搞错。最近看到地震历史资料编委会1981年第4期简报,举了几个方志资料转抄改作致讹的例子,很能说明问题。转引二例:

其一,乾隆《邵武府志》卷24载"康熙六十年辛丑,光、泰旱。建宁地震。"而光绪《邵武府志》的纂修人却看漏了一个"旱"字,因此在该书卷30光泽县、泰宁县和建宁县条下分射记为"(康熙)六十年辛丑地震"。就这样,原来是一个县地震,竟变成了三个县地震。

其二,顺治十三年刊《高淳县志》卷1有这样一段史料:"顺治七年庚寅地震。八月十日恩诏,民间拖欠钱粮,前诏已免元、二、三年,今再免四年。"但二十六年后的康熙二十二年刊《高淳县志》卷20,这段文字变成了"顺治七年庚寅八月十日地震",把下诏的时间搞错为地震的时间了。其后的乾隆、光绪《高淳县志》及民国《江苏通志稿》以讹传讹,均作"七年庚寅八月十日地震"。《清史稿·灾异志》也记作"八月初十日,高淳地震"。

这两条记载原始资料并不错,但以后越修越错,这样的教训是值得我们在新修地方史志时吸取的。遇到不同的记载，一定要找齐各种方志相互核对，找出原始资料，才不至于因袭前志的错误。同时采用的资料一定要注明出处，搜集的口头材料也应该加以说明。

前面讲了许多方志记载不可靠的事例，这并不是要否定旧方志的价值。正如前面已经指出的，方志中保留了大量珍贵的原始资料，其中很多已经不见于其他记载了。关键在于我们如何利用，如何通过分析、比较、核对，确定哪些是第一手的材料，哪些是可靠的材料，哪些是可以利用的材料。我们议论分析旧方志的弊病，指出它们的谬误，正是为了更好地利用它们，最大限度地发挥它们的作用。

旧方志中不少材料不见于正史及其他史籍，因此成了解决历史问题的唯一依据。例如宋代是否曾在上海设置市舶司的问题，离开了方志就解决不了。

日本学者藤田丰八在《宋代之市舶司与市舶条例》一书中，根据《宋会要》、《宋史》未提及在上海设司，便认为明曹学佺《名胜志》中"宋即其地立市舶提举司"一语出于明人传说，不可置信。实际上《名胜志》之说当本于方志，而方志中此说却有确凿的史料依据。弘治《上海县志》载有宋人董楷在咸淳五年所作两篇文章。其一是《古修堂记》，篇中有云："前司缪君相之"。其二是《受福亭记》，篇首即曰："咸淳五年八月，楷忝市舶司，既逾二载。"据此，宋咸淳年间上海有市舶司无可置疑。

《宋会要》只修到宁宗朝为止；《宋史》修纂时以《实录》为依据，亦惟宁宗以前有完书，故于理宗、度宗二朝事多阙略。因此，《宋会要》、《宋史》不见上海设司，不能据此就断言上海在宋末也没有设司。但是如果没有方志保存董楷这篇文章，则此事就难以得出令人信服的结论，因为《名胜志》一语并非原始资料，仅凭这一点是不够作出定论的。

　　方志中的《艺文》一类，辑录了许多前人的诗文，这些文字一般没有经过修志者的改动，反映了各个时代各个方面的情况，是最可贵的第一手材料。但清代中叶以后，方志往往删去诗文，《艺文》但载书目，这并不是好办法。今后修方志，如果这些内容容纳不下，应该采取章学诚的办法，另编文征，使这些资料能保存下来。

　　方志中还有一些材料，尽管从正面看是绝不可信的，似乎是毫无价值的；但从反面看，这些史料却反映了历史的某一个侧面，是很能说明问题，很有价值的。例如方志中所载的户口，一般都不大可靠，我们如果相信了这些数字就要上当，但它们往往说明了当时政治、经济和社会的一个侧面。

　　如嘉庆《丹徒县志》记载该县永乐十二年有户四万二千三百七十五，成化十八年有户三万零九百五十九，正德六年有户三万零二百九十，万历二十四年有户二万九千零一十九。在没有发生大规模战乱灾害的情况下，该县一百八十多年间人口越来越少，这显然是不可信的。如果说丹徒县人口的减少是因为外流了，那么就应该有接纳这些人口的地区，而这些地区的人口增长率就应该高于正常的增长率。实际上并不存在这种情况。相反，像丹徒县这样的户口减少并非个别例子，因此这反映了明朝土地兼并严重，吏治日益腐败，册籍欺隐日甚一日这样一个普遍性的弊病。

　　再如隆庆《长洲县志》载隆庆五年该县总计人户十一万五千七百八十七户，男妇二十九万四千一百一十六，男子二十二万一千二百五十五口，妇女七万二千八百六十一口。男子数为女子数的三倍有余，显然是不可能的。这个数字本身不可信，但可以说明当时的户口统计从解决赋税对象出发，主要针对男子，重男不重女，因此妇女的统计极不完全(当然男子的统计也不完全,甚至根本不反映实际人口数)。

所以说,即使像这样错误的方志资料,对我们今天的研究工作还是有用的,我们还应该把它们保存下来。即使将来普遍修成了高质量的新地方史志,旧方志也不会失去它们的价值。以前在"左"的思想的影响下,特别是在十年内乱期间,旧方志大量损失流散,有的已经销毁散失,有的虽然还有那么几部,也已成了大图书馆的孤本秘籍,远远不能满足整理研究的需要。因此有计划地翻印一些价值高、流传少的旧方志和方志稿本,是当前一项十分紧迫的任务。

　* 本文是据作者1981年7月25日在太原市召开的中国地方史志协会成立大会上的讲演稿整理的,刊于《江海学刊》1982年第2期。其他报刊论文集也多有刊载,但大部分未经本人审阅。1982年,某刊拟编历史论文集,索此稿,作者因对《江海学刊》所刊稿再作校核,修改增补,但后因故未刊。现据原稿录出,并作了一些文字上的修改。

地方志与总志

　　1981年7月，我在太原的中国地方史志协会成立大会上做了一个报告，讲到地方志不同于地方史，二者不可偏废。我们既要搞地方史，又要搞地方志。我指出，地方史和地方志虽然同样是以一个地区为叙述对象，二者关系极为密切，但史和志不能混为一谈，二者是有所不同的。

　　今天，我想再补充说一点，即地方志不同于总志。地方志顾名思义是记载一个地方的事情的。地方志所记载的地方可大可小，大的一个省一种志，古代的大到一个州一种志，小的不管是一个县一个镇，也可以有县志或镇志。尽管可大可小，但总而言之是一个地方一种志。因为是记载一个地方的，所以地方志简称就叫方志。"方"是对全国而言的，"方"是"总"的对立体。凡是以全国为记载对象的，那就不能叫它地方志。清朝人编的《四库全书》，大家都知道，在地理类就有一部分叫总志之书，一部分叫方志之书，那就分得很清楚。凡是记载全国的，就在总志里头；记载一个地方的，就在方志里头。把各省的通志、府、州、县志叫做方志，这是很正确的，也是很科学的。可是这几年，我看到不少地方出版的地方志通讯一类刊物上所刊载的文章，往往把总志与方志混为一谈，这是很不应该的。我以为搞地方志工作，有必要把这两个概念分清楚。《禹贡》是《尚书》中的一篇，《汉书·地理志》是《汉书》中的一篇,因为没有单独成书,所以《四库全书》里头当然没有把它们列为地方总志,但是它们的性质无疑是总志。我们当然不能因为它们不列在《四库全书》的总志里头而不把它们当成总志。各地的地方志都不应该追溯到《禹贡》、《汉书·地理志》上去,要把总志和地方志分清楚。

既然说总志和地方志是两回事,那么我们搞地方志工作的人是不是可以不去理会总志呢?绝对不是,事实上不懂总志的人是搞不好地方志工作的。这是因为,修地方志虽然以记叙现在为主,但不能光讲现在,还必须追溯过去,这样才能了解历史发展的过程,才能看出历史发展的规律,正确地认识现在。因此修地方志必须了解旧方志,看旧方志。但光看旧方志一般说来并不能完全了解历史发展的全过程。因为现成的旧方志百分之九十几是明清时代的,明清修志的人只有少数是有学问的,多数是没有多大学问的,所以在旧方志中一般只能查到一些明清时代的情况。至于旧方志里追溯到明清以前的那一部分,它的正确性、可靠性往往大成问题。我们要追溯一个地方在明清以前的情况,就必须依靠旧方志以外的资料。旧方志以外记载各地方情况的资料有各种各样,而总志是其中比较重要的一种。总志包括二十四史中的各种地理志,以及唐宋以来的各种总志。因为它们都是讲全国的,所以我们要了解明清以前的各个地方的情况,查看这些总志都可以找到一部分资料。这样看来,修地方志的同志需要有总志的知识。

讲到有关总志的知识,我在这里觉得有必要对我国第一部地理总志,就是《尚书》里的《禹贡》做一些正确的解释。因为我发现近年来搞地方志工作的同志们,有许多人对《禹贡》是怎么一回事不理解。首先要讲明,《禹贡》不是大禹时代的作品,现在还有人认为是大禹时代的作品,这完全错了。这在"五四"以后的历史学界早已成为定论了。究竟是什么时代的作品呢？到现在为止还没有统一的意见。我们知道，在上古时代有许多人物只是一种传说，并不一定确有其人。我国历史悠久，但是有真实历史记载的时代并不是始于三皇五帝，也不是始于尧、舜、禹，这些都是传说。传说有一点历史的影子，但是传说不等于历史。我国真实的历史记载始于商朝。《尚书》里有一篇《盘庚》，大约是盘庚时代或稍后的人作的，那离开现在大约有三千三百多年了，这是最早的可靠的历史记载。此外，同志们大概都知道，我们河南安阳城西北是古代商朝的都城，因此后人称之为殷墟。在那里发现了甲骨文，都是刻在乌龟壳、兽骨上的文字。甲骨文就是商代的文字记载。甲骨文有早有晚，最早不超过盘庚时代。所以盘庚时代是我国有信史开端。在这以前，至今还没有发现有文字记载流传下来。现在很多历史学家认为，盘庚以前的历史都是春秋战国秦汉时代根据传说记载下来的。这种资料中不可靠的成分是相当多的。《禹贡》显然不是真正大禹时代的东西，不但不是真正的大禹时代的东西，也不可能是夏朝的东西、商朝的东西。因为在《尚书》里，譬如说《盘庚》是殷朝的东西，还有许多是西周初期的东西，这些文字都很难读懂。但是这《禹贡》篇却比较容易看懂，当然不可能是商、周以前的作品。因为历史发展规律是越古的东西越不好懂，越近的东西越好懂，《禹贡》比《盘庚》不知好懂多少倍，可见《禹贡》是在《盘庚》之后的。《禹贡》最古说是西周的，现在有人说是春秋时代的，不过绝大多数史学家相信是战国时代的，这几乎可以视为定论。这样的研究结果是在"五四"以后若干年才取得的，至于在"五四"以前，封建时代的旧史学把传说的东西完全看作信史。

因为封建时代的多数人都相信《禹贡》就是大禹时代的东西，所以旧方志一开始讲到当地的历史时，往往就从《禹贡》讲起，说当地在《禹贡》属某一州。当我们看到这样的记载时,第一点要搞清楚的是,属《禹贡》某州,只是说在《禹贡》篇中此地属于某州,并不等于说此地在大禹时代就属某州。其次还要搞清楚一点,过去认为在大禹时代就把全国分成九大行政区划,每一大行政区划叫做"州",共有九州,即幽、梁、冀、兖、益、青、徐、荆、扬。实际上这个九州不仅不是大禹时代的行政区划,而且也不是战国时代的行政区划。这是因为把全国划分成多少行政区划,只有在完成了全国统一实行中央集权以后才有可能,只有在秦始皇灭了六国,建立了我国第一个大一统的帝国之后才有可能。战国以前,中国分成几十个乃至几百个大大小小的诸侯国,每一个诸侯国都各自为政,周天子只是名义上的天子,他不可能把全国划分成几个行政区域。周朝如此,周朝以前更是如此。"五四"以来的史学家对这个问题早已做出了一个科学的结论:九州根本不是什么行政区划,而是战国时代的地理学家把其所知道的地理范围,即所谓"四海之内"划分成九个地区,把自己的认识假托为传说中的古代帝王的著作,当作当时的制度来记载。所以这个九州,实际上就等于现在全世界的五大洲、七大洲。五大洲、七大洲是一种地理区划,同样,古代的九州也就是一种地理区划。古人不明白这个道理,把《禹贡》九州误认为是古代的行政区划,所以各种方志里讲到当地的沿革,第一句都要说属《禹贡》某州之域。这种错误的认识早已被"五四"之后、解放以前的史学家所推翻了,今天我们新中国修新方志当然应该懂得这一点,而不应该再按照封建时代的说法把九州看成是我国最古的一种行政区划,在新方志里不要再讲什么《禹贡》某州之域一类话。但最近我看到一些地方志通讯里头讲到一个地方的沿革的时候,仍然把旧方志里的这些话照说不误,所以今天要讲上这一段提醒大家,要正确认为《禹贡》九州是怎么一回事。

《禹贡》之外，我国古代最有权威性的总志就要算《汉书·地理志》了。二十四史第一部是《史记》，但它没有地理志；第一部有地理志的正史是《汉书》。它把当时全国的大小政区一一记载清楚，这是很有用处的。而《汉书·地理志》不光是记载了西汉时期的行政区划，还兼顾了西汉以前的沿革。所以我们研究古代一个地方的地理沿革，都非要看《汉书·地理志》不可。《汉书》之后的正史，都学它的体例，一般都有地理志，因此才把中国各个历史时期全国的行政区划基本上都记载下来了。明清时代所修的地方志为什么能够知道明朝清朝以前的各地方的行政区划呢？这是根据正史地理志，根据唐宋总志。但是修方志的人，有些由于他的学问有限，往往并不能搞清楚明清以前的地方行政区划制度，并不能完全正确理解正史地理志的记载，所以有些地方志里建置沿革部分的记载，往往并不十分正确。我们今天修新地方志，不但要记载建国以来这三十多年的事情，也有责任把旧方志里的错误叙述改正过来。那么我们怎样才能够改正旧方志里的错误叙述呢？当然主要依靠正史地理志，依靠历代总志。我们要读懂正史地理志和历代总志，首先就必须要对历代地方行政区划制度有一个正确的认为。有了这方面的基础知识，才能够进一步对各地方的历代政区沿革有正确的理解。这应该是一个地方志工作者所必须具备的基础知识，否则就会在工作中引起差错。

（这是作者 1984 年 4 月在洛阳市的一次报告稿，原载洛阳市地方史志办公室《方志文摘》第 1 辑，题为《地方志与总志及历代地方行政区划》，以后多种刊物作过转载。本文是其中第一部分，题目是新加的，并作了一些文字上的修改。）

海盐县的建置沿革、县治迁移和辖境变迁

今浙江的海盐、平湖和上海的金山三县，自秦汉至唐天宝十载以前都是海盐县的辖境。三县各种旧方志里所载古代建置沿革时有歧义，或矛盾难解。1987年12月11日，三县县志办为了辨识旧志记载的正确与否，谋求能在新志中作出尽可能正确的叙述，特联合在海盐县开了一天的"古海盐疆域沿革研讨会"。除三县县志办同志之外，又邀请了包括我在内的嘉兴、海宁、上海三地有关同志。我在会前翻阅了一些古地志中有关记载，在会上就各个问题发表了不少自己的见解。会后见记下来的发言录音稿不尽明备，因再事补充整理，写成此篇。目前全国各地都在修新方志，应如何对待旧方志中关于建置沿革方面不尽可信的记载，大概是一个普遍存在的问题。近年来我曾一再劝告接触到的各地方志办的同志不能轻信旧方志；特别是旧方志中关于明清以前的古代建置沿革，必须用历代正史地理志、总志和《水经注》等一类地理专著相互参证考实。但口说无凭，听者未必信服。此篇考述范围虽限于古海盐一县，中间引用古籍辨正旧志的不确不实之处已不少；若能由于它的发表而引起一些修志同志们的注意，从而对旧志记载采取比较审慎的态度，那岂不是一件不算很小的好事？

一、建置沿革

Ⅰ．海盐县始建于秦，属会稽郡。新莽时改名展武。东汉复旧名，顺帝永建四年（129）改属吴郡。梁太清三年（549）于县置武原郡；旋罢郡，县还属吴郡。陈永定二年（558）改属新置于盐官县之海宁郡；未几罢海宁郡，海盐还属吴郡。

1.《汉书·地理志》会稽郡领有海盐县，不详置于何时。《宋书·州郡志》引《吴记》、《水经·沔水注》、《元和郡县志》皆谓始置于秦。海盐旧志谓始置于始皇二十一年，《吴地记》作始皇二十六年置，皆不足信据。《史记·始皇本纪》但谓二十五年"定荆江南地，降越君，置会稽郡"；此置郡之年也，不得谓凡见于《汉志》会稽郡之属县，皆此年所置。二十六年则为秦初并天下，海内悉为郡县之年，亦不得据以为凡秦县皆置于此年。

2.《汉志》"海盐，故武原乡，有盐官，莽曰展武"。据乾隆《乍浦志》、道光《乍浦备志》载，清初在乍浦南三里许海中，遇低潮时曾多次露出古遗址，中有"天凤五年展武县官秤锤"一个。

3.《水经·沔水注》：秦海盐县"后沦为柘湖，又徙治武原乡，改曰武原县，王莽曰展武。"按《汉书·地理志》以西汉末元始二年簿籍为据，所载县名作海盐不作武原。其时王莽已专政，后二三年即大事更易州、郡、县名称制度，则海盐与展武之间，殊难有以武原为县名之时日。《汉志》于海盐县名下叙及"故武原乡"，之所以点明莽改名展武乃导源于此乡名耳，非谓展武之前海盐为改名武原也。郦说殊不可信，而《吴地记》等旧志辄信用不疑，新志宜予以驳正。

4. 东汉永建四年分会稽郡，以浙江西为吴郡，东为会稽郡，见

《三国·吴志·虞翻传》裴松之注引《会稽典录》、《水经·浙江水注》、《元和郡县志》。《续汉书·郡国志》、《晋书·地理志》、《宋书·州郡志》、《南齐书·州郡志》吴郡皆领有海盐县。

5.《舆地纪胜》引《皇朝郡县志》云:东汉顺帝时海盐县又"移于故邑山,因为故邑县,晋复为海盐县"。按海盐县移治故邑山时山尚未有故邑之名(详下文),焉得因而改县名为故邑?孙吴时有海盐县见《三国·吴志·孙权传》赤乌五年、《孙休传》永安七年及《步骘传》,焉得谓自东汉顺帝时移治故邑山后即改名故邑县,至晋始复故名?又宋鲁应龙《闲窗括异录》云:县自"移治故邑山为故邑县,后又移于海塘,为海塘县,后废"。说更可哂。非特海塘县名不见任何史传,且海塘岂得为建立县治之所?宋人海盐曾改名故邑、海塘之说皆妄,乃《清统志》嘉兴府古迹海盐故城条下竟引鲁说而不予驳斥,诚难辞疏略之讥。然则诸旧方志之往往采鲁说入沿革,更不足怪矣。

6.《梁书·侯景传》:太清三年六月,"景乃分吴郡海盐、胥浦二县为武原郡。"罢郡确年无考。置郡九年后陈永定二年,"割吴郡盐官、海盐、前京三县置海宁郡",见《陈书·高祖纪》,知此前海盐已还属吴郡,武原郡必已废。颇疑当废于置郡后三年侯景败亡之际,《清统志》嘉兴府表谓"陈废",未必有据。《隋书·地理志》盐官县下不及海宁郡,则海宁郡当废于隋开皇平陈之前。

Ⅱ.隋开皇九年(589)平陈,罢海盐县并入杭州盐官县。唐武德七年(624)以其地改隶苏州嘉兴县;景云二年(711)分嘉兴县复置海盐县,先天元年(712)复废;开元五年(717)复置,属苏州。

7.《元和志》苏州海盐县:"隋开皇九年废县,北属杭州"。按海盐在杭州东,且县既罢废,不得谓"北属杭州"。《隋书·地理志》余杭郡领下有盐官县,盐官本与海盐接壤,大业中之余杭郡,即开皇中之杭州,故知"北属杭州"当系"地属杭州盐官"之脱误。《舆地纪胜》引《元和志》作"开皇元年废县,北属杭州",又引《武原志》谓"陈废入盐官县"。王象之按语谓当作"隋开皇元年陈废海盐县属杭州"。《清统志》亦谓海盐县陈省入盐官县,殆即以《纪胜》为本。今按,象之所见《元和志》海盐于隋开皇元年废县,但他本《元和志》"元年"多作"九年"。开皇元年大江以南尚为陈地,梁陈多析置州郡,宜无省废秦汉旧县之理。开皇九年隋氏平陈,实多所省并,仅江左丹阳、毗陵、吴、会稽、余杭五郡境内,《隋书·地理志》所载平陈之初被废郡县共有十三郡四十七县之多。故《元和志》异本"元""九"之歧,当自以作九为正。

8. 隋平陈废嘉兴县,唐武德七年复置,属苏州,见《旧唐书·地理志》。海盐以武德七年地入嘉兴,见《元和志》。盖隋并废嘉兴、海盐二县,以嘉兴地并入苏州之吴县,以海盐地并入杭州之盐官,至唐武德七年复置嘉兴,乃以原海盐县地改属嘉兴。

9. 景云二年分嘉兴复置海盐县,先天元年复废,见《旧唐志》、《寰宇记》。开元五年复置,见《元和志》、《旧唐志》、《寰宇记》。《寰宇记》谓海盐"隋初置,唐武德七年废","置"乃"废"之误,"废"当从《元和志》作地入嘉兴。

III. 五代初曾割属杭州。晋天福四年(939)后历北宋至南宋,前期属秀州,庆元元年(1195)后属嘉兴府。元属嘉兴路,元贞元年(1295)升为州。明清复为县,属嘉兴府。

10.《旧五代史·郡县志》、《新五代史·职方考》皆谓后晋天福中吴越割杭州之嘉兴县置秀州以治之。海盐居杭州嘉兴之间,嘉兴既自苏州改隶杭州,则海盐自当同时改隶。二县之改隶杭州当为时甚暂,旋即于嘉兴置秀州,海盐遂改隶秀州。故《太平寰宇记》、《吴郡图经续记》、《文献通考》等不及曾隶杭州,径作石晋时吴越置秀州于苏州之嘉兴。然为时虽暂,其事则不可没。惟宋人已不知二县改隶杭州之确年,故《舆地广记》、《舆地纪胜》皆只作嘉兴"五代属杭州"。《方舆纪要》于嘉兴府、县下,《清统志》于嘉兴县下作"五代初属杭州",是也;《清统志》又于嘉兴府下作"五代梁属杭州",海盐县下作"五代后唐初割属杭州",斯则未必有据。

11. 根据上文所考定,可将海盐自秦至清二千一百余年建置沿革总括为四点:

(1)建县后惟王莽时十余年曾改名展武,此外未尝改名。

(2)建县后惟隋开皇九年至唐景云二年,先天元年至开元五年,共约一百二十七年曾罢县地属盐官或嘉兴,此外未尝省废。

(3)建县后惟梁末曾为武原郡治数年,元元贞以后曾升为州,此外皆为县不变。

(4)建县后秦、两汉、吴、两晋、南朝八百有余年,东汉永建四年前约三百四十余年属会稽郡,此后约四百二十余年属吴郡,郡治皆在今苏州市。梁末曾自为郡治约三年,陈时属海宁郡(治今海宁盐官镇)约三十年。隋及唐初三十五年为杭州盐官县地,唐武德七年至景云二年,先天元年至开元五年,九十二年为苏州嘉兴县地。开元五年后二百有余年为苏州(治今苏州市)属县。五代初为杭州(治今杭州市)属县若干年。晋天福四年后二百五十六年为秀州属县;南宋庆元元年后为嘉兴府属县,元为嘉兴路属县或属州,明清为嘉兴府属县共七百一十六年;州府路皆治今嘉兴市。

——1912年以后县制、名称、治所不变,隶属关系从略。

二、县治迁移

Ⅳ. 秦海盐县故治在今上海金山县张堰镇南,西汉时沦于柘湖,徙治武原乡。

12. 秦县治后沦入柘湖,见《水经·沔水注》、《元和郡县志》;亦见《初学记》卷七"湖"引《吴越春秋》,而误柘为招。皆不及沦没与徙于何时。按《汉书·地理志》"海盐,故武原乡",则秦县之沦没与徙治,并当在西汉末年《汉志》所据元始二年簿籍以前。《方舆纪要》引《吴地记》作王莽时,非是。若秦县王莽时始沦于柘湖,则《汉志》所载海盐县不得已在武原乡。

13. 柘湖,《舆地纪胜》云"在华亭南,有山生柘,故名"。《方舆胜览》云"在华亭县南七十里,湖中有小山,生柘,因名"。《宋史·河渠志》载南宋前期秀州守臣言及境内水利有云:秀州境内有四湖:一曰柘湖,二曰淀山湖,三曰当湖,四曰陈湖。"东南则柘湖,自金山浦、小官浦入于海"。《绍熙云间志》云:"《吴地记》言柘湖周回五千一百一十九顷。其后堙塞,皆为芦苇之场。今为湖者无几。"《方舆纪要》柘湖条下历叙吴越两宋湖之利害与浚治功效之后又云:"自元以来,堙塞益甚,仅余积水,若陂泽然。《志》云:'今查山西南,张堰东南,黄茅白苇之场,即故柘湖矣。'"综上所引,盖柘湖在南宋前期犹为秀州四湖之一,中叶已多堙塞,至元益甚,入明遂为平陆,修方志者仅能约略指陈其故处而已。惟查山在张堰南偏东,查山西南,不得在张堪东南,疑当作查山西北。正德《金山卫志》谓柘山即今甸山,当是。今甸山正在张堰东南,查山西北,明人所指甸山一带黄茅白苇之场,殆为宋代柘湖之遗迹。宋时湖水东南自金山浦、西南自小官浦入海。今地图有一水于金山嘴入海,当即金山浦故道残余。今金山卫城西之张泾河下游,则为小官浦故道。二浦之上游今已不可踪迹。宋代距汉已远,宋代之柘湖,其深广殆已不及海盐县陷没于湖之时;故秦汉海盐故治,未必即陷在宋代柘湖范围内,言在今张堰之南则可大致不误。秦汉故治沦入此湖时,亦未必已名柘湖,但知东汉时已有此名,故为《吴越春秋》所载及。

14.天启《海盐县图经》谓秦县"在今华亭县橐林,于古为华亭乡",其言皆未可置信。"橐林"当作柘湖。盖橐柘以音近而讹,又误湖为林。若谓"橐林"指今奉贤县南柘林,此地在秦当紧迫东海岸,宜无设置县治之理。至"华亭"之名则始见于东汉建安二十四年(219年)孙权封陆逊为华亭侯(《三国志·陆逊传》),至西晋八王之乱时陆机为成都王颖所冤杀,遇害前有"华亭鹤唳,可复闻乎"之叹(《晋书·陆机传》),自后华亭遂以陆氏祖孙三代(逊、子抗、孙机、云)故宅所在著称后世(见《元和志》、《吴地记》等)。秦置海盐县远在陆氏祖孙之前四五百年,《图经》缘何得知置县之前已有华亭之名耶?

V. 武原乡之西汉故治在今平湖县东,至东汉永建二年(127)又陷而为当湖,移今平湖县东南"故邑山"旁。

15.《续汉书·郡国志》吴郡海盐刘昭注:"案今计偕簿,县之故治,顺帝时陷而为湖,今谓为当湖;大旱湖竭,城郭之处可识。"《水经·沔水注》:"汉安帝时武原之地又沦为湖,今之当湖也。后乃移此。""安帝"乃顺帝之误。《方舆纪要》引《吴地记》作顺帝永建二年,当是。

16.当湖,《舆地纪胜》谓"在海盐县北六十里,周四十里"。《方舆纪要》谓"在平湖县治东,周四十余里"。《清统志》云"在平湖县东门外,周四十余里,一名鹦鹉湖,俗呼东湖,即后汉时海盐县陷处"。《宋史·河渠志》为秀州四湖之一。盖亦犹柘湖宋后日渐淤淀。今地图平湖县东门外有东湖,其东北又有湖作圆圈形周十余里,殆其遗迹。

17. 上引《水经·沔水注》"后乃移此"之"此",当指东汉永建以后治所。《元和郡县志》亦谓"海盐本秦县,汉因之。其后县城陷为柘湖,移治武原乡;后又陷为当湖,移置山旁"。不言何山。《舆地纪胜》"故邑山在海盐东北三十五里。《舆地记》云,山下有城,汉安帝二十年(此纪年亦误)海盐沦陷为湖,移于山旁"。《清统志》引《旧志》:"故邑城在故邑山下,后汉永建二年移县治于此"。《纪要》:"故邑城在平湖县东南三十七里故邑山下。汉顺帝时海盐县沦没为湖,移治于此。后复徙马嗥城,以此尝为邑治,故曰故邑"。盖县治移此时山本无名,其后县治又他移,遂呼此故县治为故邑城,城旁之山为故邑山也。故邑城、故邑山之名皆当起于晋咸康移治之后,惟县今所记载则始于《纪胜》。故邑山疑即今地图上之益山;故邑省称为邑,又讹邑为益也。《清统志》故邑山在平湖县东南二十七里,与益山道里略符。二十七《纪要》作三十七,"三"殆"二"之字误。

VI. 东晋咸康七年(341)自"故邑城"移治今海盐县城稍东南"马嗥城"。隋初罢县,经唐景云复置,先天再废,至开元五年复置,治"昊御城",即今县治。

18. 马嗥城之名始见《沔水注》,但云此城乃"故司盐都尉城";《纪胜》但云"马嗥城在海盐东南三百步",皆不及尝为海盐县治。《纪要》始云"吴王濞于此置司盐校尉,晋咸康七年,移县治此"。殆本于旧志。《清统志》引《旧志》又引《府志》作晋咸宁间自故邑徙治马嗥。按晋咸宁间江东犹在孙吴统治下,晋不得有所措置,宁字应为康字之误。

19.《旧唐书·地理志》:"海盐,开元五年复置,治吴御城。"《纪要》:"今县城相传即开元中筑。"盖东晋南朝县治在马嗥,隋废县后城遂荒圮,至唐开元中复置县,始筑吴御城以为治,即今县治。《纪要》、《清统志》皆有或曰吴御即马嗥之说,殆非;二城虽相去甚近,但非一城。惟马嗥故址今已湮灭。

三、辖境变迁

VII. 自秦至南朝宋齐,海盐县之辖境约当于今海盐、平湖、金山三县,及奉贤县部分地。东至于海,西晋以前海岸在今奉贤冈身东缘,东晋后更东向扩展。南至于海。今金山海中大小金山、平湖海中王盘山、海盐海中塔山,当时皆在陆上。

20. 秦西汉故治在今金山境内,西汉后期至东晋咸康故治在今平湖境内,咸康始移治今县境内,故知三县皆在当时县境内。县之北界未必与今三县北界全同,其详须俟细考。东境南境海岸变迁,请参拙撰《上海市大陆部分的海陆变迁和开发过程》及其《后记》,载 1982 年《上海地方史资料》(并见《长水集》下册)。大致东岸公元 4 世纪前在冈身地带前沿,即今奉贤新寺、柘林一线;4世纪起迅速外展,5 世纪即齐末可能已达冈身以东十公里。南岸东晋时王盘山犹在陆上,见宋常棠《澉水志》;不知何时沦海。金山北宋时犹在陆上,南宋中叶始隔在海中。淳熙中许尚《华亭百咏》咏及金山北麓之前京城,不言在海中。绍熙《云间志·古迹》寒穴泉条"在金山,山居大海中",此为明确记载金山在海中之始。《舆地纪胜》记白沙塔、望虞山皆在海盐东南二十里,不言在海中。

白沙塔条记唐至德、宋建炎中事,言及"渚上"、"舣舟山下"。望虞
山条引《旧经》云"隔海望会稽上虞"。《清统志》望虞山条用旧文
无增损,白塔山条下云"在海中,旧有港通鲁港,海舟多泊于此"。
今图海盐秦山北偏东海中有三岛,统标白塔山,其中较高者疑即望
虞山。三岛沦海亦当在宋元之际。

21.《元和志》杭州盐官县:"本汉海盐县,有盐官。"《旧唐书·
地理志》杭州盐官县:"汉海盐县地,有盐官,吴遂名县。"《舆地广
记》杭州盐官县:"本汉海盐县地。吴王濞煮海为盐,盖在此;有盐
官,吴因置盐官县。"唐宋盐官县元改名海宁,自后明清方志《方舆
纪要》、《清统志》等皆从唐宋人之说谓海宁分自海盐。今按:《宋
书·州郡志》吴郡盐官条引《吴记》云:"盐官本属嘉兴,吴立为海
昌都尉治此,后改为县。"①《水经·沔水注》:"盐官县故城旧吴海
昌都尉治,晋太康中分嘉兴立。"《吴记》、《水经注》在《元和志》
前,是《元和志》所载与旧记不合。《汉书·地理志》"海盐,有盐
官",盖李吉甫误以为吴晋后盐官县治即西汉海盐县境内之盐官
治所,遂无视六朝旧记,臆造此说。实则汉初吴王濞置司盐都尉于
马嗥城,见《沔水注》。西汉海盐县治初在今金山县境,后移今平
湖县境,其盐官治所,当因吴王濞司盐都尉之旧置在马嗥城,岂得
因吴之海昌都尉后改盐官县,遂谓此城即西汉海盐盐官治所,此县
本两汉海盐县地?《汉书·地理志》在三十五郡县下皆注有"有盐
官",既不及盐官驻所,更无迹象表示盐官所驻即以盐官为城邑

---

① 《宋志》原文作"盐官令,汉旧县。《吴记》云:'……。'非也。"沈约误以盐官为
　　汉县,故以《吴记》盐官本吴海昌都尉后乃改县之语为非。本与盐官本属嘉兴
　　一语无涉。实则《汉志》会稽郡《续汉志》吴郡属且中明明只有海盐而无盐
　　官,沈约自误,《吴记》所言可信。据《三国志·陆逊传》,逊为海昌都尉并领
　　县事,事在东汉建安初年,其时孙氏已据有江东,故《吴记》以为吴事。

名,可见海盐下"有盐官"三字,亦与孙吴后之盐官县无涉。验以地理位置,海宁近于嘉兴而远于平湖、金山,则《吴记》、《水经注》之说,不仅著录在先,亦较《元和志》之说为合理。宋乐史撰《太平寰宇记》,见前人有异说而不能辨是非,因谓盐官"本海盐、由拳(嘉兴两汉时旧名)二县地",此乃调停之说,非必确有依据。

VIII. 萧梁分海盐东北境置前京、胥浦二县,海盐东界约当西移于今平湖东境。梁陈之际罢胥浦县,海盐东界有无变动无考。隋平陈罢海盐入盐官,前京入常熟(后九年前京故地改隶昆山)。至唐开元初复置海盐,仍有梁陈胥浦、前京之地,其时东海岸约已伸展至今奉贤县中部。

22.《方舆纪要》松江府南四十里有"胥浦城,相传梁大通六年筑,以地近胥浦而名"。《清统志》胥浦废县引《府志》:"大通六年析海盐东北境置,地接胥浦,因名。寻省。今为胥浦乡,在县西南四十里。又有古城,在县西南六十里,疑即故县也。"今金山西南有胥浦塘,胥浦县故址无可确考,约当在金山、平湖二县接壤处,其辖境亦当兼有此二县地。按大通仅二年,惟中大通有六年(534),盖《纪要》、《清统志》所据旧记"大通"之上皆脱一"中"字。太清三年(549)此县自吴郡改隶武原郡,见《梁书·侯景传》。陈永定二年(558)此县已废,见《陈书·高祖纪》。

23.《纪胜》前京城"在华亭县东南。《旧经》云:以近京浦,因以为名。其城梁天监七年(508年)筑,属信义郡"。《纪要》前京城"府东南八十五里,萧梁置,属信义郡,陈因之,隋省。《志》云城近海盐东北境"。故城在今金山县海中大金山北麓。五代吴越重筑后称金山城,但前京城之称不废,故南宋许尚《华亭百咏》中仍有诗咏前京城遗迹,抗日战争前金祖同至金山访古,当地人犹称之为"京城"，应为前京城之简称。南宋中叶城没于海中。"京浦"当即《宋史·河渠志》中之金山浦或小官浦。至元《嘉禾志》、正德《松江府志》、乾隆《金山县志》等方志皆误以此城为秦汉海盐县城。

24. 以梁前京县为信义郡属县，说本于《隋书·地理志》常熟县下云："旧曰南沙，梁置信义郡；平陈废，并所领海阳、前京、信义、海虞、兴国、南沙入焉。"按南沙故县在今常熟西北，距前京甚远，且中隔属吴郡之昆山县，故《清统志》前京旧县条云："疑《隋志》误，或别一城也。"然《隋志》可疑者乃其谓梁世前京属信义郡；证以陈永定二年前京自吴郡割隶海宁郡（见上文），可知其确误。至前京旧县在隋平陈后地入常熟，则毋庸置疑。隋平陈之初大事省并郡县，一县之地广袤至三数百里，不足为奇。又《隋志》昆山县下云："梁置，平陈废，开皇十八年复。"是则昆山、前京于开皇九年平陈之初皆并入常熟，中间并无阻隔，至十八年复置昆山，前京故地自应划入昆山，不复属常熟矣。惟《隋志》例详于平陈初所并省，不复载及后来之分并耳。

25.《舆地纪胜》海盐县东有顾亭林湖，有陈顾野王读书堆，金山显忠庙在海盐县东。《方舆胜览》"顾野王读书堆在海盐县东顾亭湖，即今宝云寺。"按顾亭林湖及野王故居、宝云寺皆在今金山县东亭林镇，上引《纪胜》、《胜览》记载盖采自天宝十载置华亭县以前旧籍，故作在海盐县东。由此可知开元复置海盐县后，复有梁陈胥浦、前京之地。《纪胜》宝云寺条作在华亭县南三十五里，则为华亭建县以后记载。

IX. 天宝十载（751）割县境东部入新置之华亭县，此后海盐东界遂同于今平湖县界，亦即浙沪省市界。经六百八十年至明宣德五年（1430），又分县之东境置平湖县，自此至今五百五十余年县界基本不变。

26.《元和志》"天宝十载割昆山、嘉兴、海盐三县置华亭县"，而《太平寰宇记》、《新唐书·地理志》以为华亭"本嘉兴县地"，《舆地纪胜》以为华亭"本昆山县地"，皆有所略，不及《元和志》详备。天宝后华亭县境何处原属何县，其详已不可考。以地势度之，大致今青浦县大部、松江县西北部本属昆山，今金山县大部、奉贤县西部本属海盐，中间今松江大部、金山西北一部分、青浦西南一部分及上海县西部本属嘉兴。

27. 明宣德五年分海盐之武原等四乡置平湖县于当湖镇，见《纪要》、《清统一志》、《明史·地理志》。

28. 附记今上海直辖市境内历代设治经过：秦置海盐县于今金山县境，是为上海境内设立县治之始。自西汉移海盐县治于今浙江平湖县境，此后约六百年上海全境无县治。梁天监、中大通先后置前京、胥浦二县于今金山县境，大同又置昆山县于今松江县境，上海全境乃有三县治。但胥浦立县二十余年即废于梁陈之际，前京立县约八十年，昆山立县约五十余年，俱废于隋平陈之初，上海全境又无县。至开皇十八年复立昆山，乃又有一县。至天宝十载立华亭县于今松江，移昆山县于今昆山，上海仍为一县。此后全市吴淞江以南诸县皆分自唐宋之华亭。元置松江府于华亭，析华亭置上海县（治今南市区旧城）。明析上海、华亭置青浦（嘉靖初置，治青龙镇，旋废，万历复置于今治）。清析华亭置娄县（与华亭同治府郭，民国初并二县为一，改称松江）与奉贤（初治奉城，后移南桥）；又析娄县置金山（初治金山卫城，后移朱泾），析上海置南汇，析上海、南汇置川沙。淞北则南宋析昆山置嘉定，清析嘉定置宝山；而崇明岛上则元始设县升州，明复为县。故综论上海城市，始于今金山境内之古海盐、前京、胥浦,次为今松江境内之古昆山,皆久废。今见在诸城,则始于唐之松江,次宋之嘉定,次元之崇明、上海,次明之青浦,次置于清雍正之金山、奉贤、南汇、宝山,最后为置厅于嘉庆民国改县之川沙。清初设分巡松(松江府)太(太仓直隶州)兵备道于上海,嘉庆兼巡苏州府,改称苏松太道,俗称上海道。鸦片战争后上海开埠对外通商,渐成为东南乃至全国最大城市。1927 年割上海、宝山、松江、南汇、青浦等县设上海市,直隶中央。1958 年割江苏上海、宝山、嘉定、松江、金山、青浦、奉贤、南汇、川沙、崇明十县改隶上海市,自此上海列为全国三十省、自治区、直辖市一级行政区之一。

(原载复旦大学中国历史地理研究所《历史地理研究》第二辑,复旦大学出版社 1990 年)

上海地方史志记述
建置沿革中的几个通病

近年来参加了多次上海市属县新编县志的审稿会议,又看到了几种讲到上海市沿革的著作,发现这些史志关于建置沿革的叙述,或多或少都存在着一些问题,其中有些问题可以说是通病。这些通病都不是新著的编者新闹出来的,而是沿袭了旧志的老毛病;由于编者不能察觉旧志的不实不妥之处,因而就不免以讹传讹。我除在几个县志审稿会上分别提过一些意见外,在此愿就几个各志都有的通病,指出其纰缪,希望能引起今后上海史志编者的注意。

一、昆山在秦为疁县说不可信

唐天宝十载分昆山、嘉兴、海盐三县地置华亭县,县境相当于今上海市的吴淞江以南杭州湾以北部分,即元明清的松江府全境;南宋嘉定十年分昆山县东境置嘉定县,县境相当于今上海市吴淞江以北长江南岸部分,即今嘉定县及宝山区。因此,今制昆山虽不属上海,讲到上海的沿革,不能不涉及昆山。昆山的前身在两汉至南朝前期是娄县,这不成问题。汉以前的秦代则有二说:一说也是娄县,一说在秦为疁县,汉始改为娄县。旧志及近人著作颇有采后说者。但后说实非,应从前说。后说始见于宋朱长文《吴郡图经续记》,说是"秦谓之娄,汉谓之娄,今之昆山,其地一也"。然不仅二《汉志》,至晋、宋、齐志,皆只作娄,不言娄以前曾作娄。《越绝书》也只提到春秋时候有娄田(田不耕、焚其草木而下种谓之娄),不言"娄"曾作为秦时县名。《元和郡县志》更明说昆山县。"本秦、汉娄县",即娄县之名秦已用之,不始于汉。可见朱长文之说于古无据,殆出于附会,不可信。

今嘉定县别称娄城,这倒是有来历的。《图书集成》苏州府古迹嘉定县"娄城"条:"在县南门外,唐有娄城乡。元时筑教场于此,得古冢碑石云:'唐咸通二年庄府君葬于娄城乡'。今名娄塘,又以避吴越王讳改娄塘。"嘉定在唐代是昆山县的娄城乡,唐以前当然可能已有此名,甚至早到秦汉。但今嘉定县在古代曾为娄城乡,不等于昆山县在秦代曾名娄县,不等于说,上海市的江南淞北部分在秦代是娄县地。总之,在上海市历代建置沿革篇里不应出现娄县。

二、上海市在汉初仍在会稽郡辖境内

上海市全境在秦代(除未成陆部分外)分属于会稽郡的娄、由拳(嘉兴的前身)、海盐三县。汉初复以部分郡县分封诸侯王,这三个县在高祖五年韩信的楚国、六年刘贾的荆国、十二年至景帝三年刘濞的吴国封地内,这是没有问题的。但一些上海史志上往往把这三县记作秦属会稽郡,汉初属荆国,后属吴国,至景帝时复属会稽郡,那就不对了。

汉初是以郡为单位封建诸侯王的,少则一二郡为一国,多至以六七郡为一国。会稽郡先后划入楚、荆、吴三国封域之内,娄、由拳、海盐是作为会稽郡的属县随郡成为三国的封地的,并不是说三县成为三国的封地时会稽郡就不存在了,三县便直接先后隶属于三国。荆、吴两国都领有东阳、鄣、会稽三郡。景帝三年诏削吴国鄣(史文或误作豫章)、会稽二郡,吴楚等七国举兵反,汉用兵平定,从此会稽郡不再属于诸侯王,直属于汉。会稽郡在汉初既从没有废除过,当然也谈不上何时恢复。这些史志理解为娄等三县属荆、吴时便不属会稽,要到吴国被废后才复属会稽郡,那是错误的。

还有几种旧志说成景帝三年吴国废除后又以娄县封江都国,至武帝元狩二年江都国除,才恢复会稽郡,那就错得更加荒唐。吴国除后汉廷以东阳、鄣二郡置江都国,会稽郡从没有属过江都,娄县是会稽郡的属县,绝无改属江都之理。

三、五代未曾改苏州为中吴军

唐分昆山、嘉兴、海盐三县置华亭县,属苏州;南宋又分昆山置嘉定县,也属苏州。所以记述上海沿革,又不免要讲到苏州。苏州始建于隋开皇,大业改为吴郡,唐武德复为苏州,天宝元年复曰吴郡,乾元初复为苏州,此后一直到北宋政和三年才升为平江府,中间未曾改变过建置。但有不少上海史志都说成五代时吴越曾改苏州为中吴军,这是由于不懂唐宋时地方行政区划而造成的错误。按,吴越宝大三年(即后唐同光三年),升苏州为中吴军,见《元丰九域志》、《舆地广记》、《吴越备史》等。这是说此年吴越将苏州从一个普通州提升为节度州,以中吴军为这个节度的称号(通称军额)。这个州仍叫苏州,并没有改为中吴军。中吴军节度至宋太平兴国三年又改名为平江军节度;政和三年始改州为府,即以原来的军名为府名;苏州之名至是始废,改称平江府。旧方志一般都出于不懂唐宋制度的明清人之手，因而将吴越"升苏州为中吴军"误解为改苏州为中吴军，有了中吴军的称号苏州即不复存在，这是很大的错误。其实在五代北宋自同光三年至政和三年的史乘里，苏州仍屡见记载，可见中吴军只是在苏州头上加一个称号，与政区建置无关，苏州依旧存在，要到政和三年才改苏州为平江府。

四、北宋未曾改秀州为嘉禾郡

五代后晋天福五年吴越置秀州于嘉兴，此后华亭遂自苏州改隶秀州。因此讲上海市沿革，又得牵涉到秀州。北宋政和七年，赐秀州郡名嘉禾，至南宋庆元元年升为嘉兴府，见《舆地纪胜》、《宋史地理志》等。按宋制州一级政区只有府、州、军、监四种，别无所谓"郡"。宋代舆地书在府州下所系郡名，那只是这个府、州的别称，犹如人在名外又有字或号一样。宋代的府州大多数都沿袭唐旧，这些旧府州在唐天宝元年至乾元元年十六年间都曾改称为某某郡，所以宋代府州的郡名，一般即袭用唐代旧称。但在乾元以后新置的州，本无郡名，那就有待于朝廷赐予。徽宗政和年间有一大批原无郡名的州被赐以郡名，如：河北的雄州、霸州皆后周所置，政和三年赐雄州为易阳郡，霸州为清河郡；保州为太平兴国六年所置，政和三年赐郡名清苑；淮南的通州为后周所置，政和七年赐名静海郡；真州为大中祥符六年所置，政和七年赐名仪真郡。秀州的情况也是如此：自五代置秀州至政和以前是没有郡名的，政和七年才赐以郡名嘉禾。从此有了嘉禾郡这个郡名，但不是说秀州便不存在了，秀州仍然是这个政区的正名。直到南宋庆元元年，才改称嘉兴府。明初人修元史，对宋代郡名的正确含义已不能理解，往往误以赐某州名某郡为改州为郡，钱大昕讥为笑柄，见《十驾斋养新录》卷9"《元史》不谙地理"条。明初人已有此误,那就难怪在明清方志中,都说成是政和七年改秀州为嘉禾郡了。近人新编上海市史志,一般都沿袭此误不改,却又发现政和至庆元间史乘屡见"秀州",乃不得不在改秀州为嘉禾郡之下擅增"寻复为秀州"一句,甚或杜撰一个复为秀州的年份,这是错上加错。

1990. 1. 19

(原载《上海修志向导》1990 年第 1 期)

再谈上海史志沿革部分的通病

去年刊载于本刊总第 1 期上拙撰《上海地方史志记述建置沿革中的几个通病》一文,只谈了当时所见到的秦汉至唐宋一段时期内的通病四点。今年开春以来,又发现了一种上海史、两种上海郊县新志(一已刊一未刊)所载先秦沿革,所出差错也几乎完全相同,显然也是由来有素业已形成的通病。因再草此文,仍希关心地方史志的同志们适当予以注意。

一、春秋时越未尝拓土至今上海南部

几种上海史志上都有春秋时越王允常拓土至今上海南部古海盐县境之说。追寻其来历,可知允常时"拓土"之说,本于《史记·越王勾践世家》"至于允常",《正义》引《舆地志》"周敬王时,有越侯夫谭,子曰允常,拓土始大"。古海盐县境地属越之说,本于《吴越春秋·勾践归国外传》:勾践被赦归国之初,吴王夫差初封以百里,后又"增之以封,东至于句甬,西至于檇李,南至于姑末,北至于平原,纵横八百里"。"平原"下元徐天祐注云:"《越绝》作武原,今海盐县"。允常乃勾践之父,允常拓土,与勾践三年吴败越于夫椒,勾践入臣于吴,又三年被赦归国,然后被封百里,旋又增封纵横八百里,北至于平原,相差多年,应是先后不相干的两件事。

— 307 —

旧方志如嘉庆《松江府志》等,竟胡乱将此二事拉扯成一事,显然是错误的。不仅越有平原乃允常卒后多年的勾践时事,并且是得之于吴的封赏,不是越自己的开疆拓土。再者,徐天祐认为《吴越春秋》的"平原"就是《越绝书》的"武原",并无确证;即使徐说正确,故武原乡是《汉书·地理志》《越绝书》时代的海盐县治所在,其时海盐已自秦时故治今金山县南境移治今浙江平湖县东,也只能说越的北境抵达了今之平湖县,不能说今上海市南境已属越。因为秦汉时的海盐县虽辖有今金山县地,一县应辖有几个乡,县治所在的武原乡,不可能竟大到有今金山县之地。

总之,勾践以前越未尝拓土至"平原";勾践所受封于吴的北境"平原"如果就是武原,也包括不了今上海市南境的金山县。

二、上海不是春秋战国时代吴越两国间的战场

把上海的吴淞江以南部分,说成是春秋战国时介于吴越之间,是当时两国长期频仍战争的战场所在,也常见于上海的地方史志。这种说法也与先秦两汉记载不符,不能成立。春秋对吴越战场:

见于《左传》的是檇李(定十四年、公元前496)、夫椒(哀元年、前494)、吴郊及泓上(哀十三年、前482)、笠泽(哀十七年,前478)。檇李在今嘉兴南四十五里①。夫椒当即《越绝书·记地传》之夫山,在今绍兴东南十五里。吴郊指吴都(今苏州)近郊。泓上指吴郊泓水之上。笠泽据《水经·沔水注》《史记·夏本纪》正义、《元和郡县志》,指松江流经吴南五十里处,江面展宽成泽,称笠泽,亦称笠泽江,当在今吴江县境。

---

① 《读史方舆纪要》引旧志。《清一统志》作西南七十里,当别有所据,确址待考。

见于《国语》的是江、姑熊夷、没（《吴语》），囿、五湖（《越语》）。江或指浙江，或指吴都之南松江。姑熊夷和没都是吴郊地名。囿指《左传》笠泽。五湖，即太湖。

见于《史记·吴太伯世家、越王勾践世家》、《吴越春秋》、《越绝书》又在已见《左传》、《国语》以外的，也只有吴郊的津、吴西城、南城和"江阳松陵"①。江阳松陵应指松江北岸今吴江县地。又见浙江、马嗥、语儿乡、柴辟亭②。浙江指今钱塘江。马嗥城在今海盐县稍东南。语儿乡即檇李。柴辟亭今桐乡县崇福镇北。

上举所有这些汉以前载籍所提到的吴越间历次战争，都发生在今浙江绍兴、海盐、嘉兴、江苏吴江、苏州一线以西，距离今浙沪、苏沪省市界还有好几十里，上海全市任何部分都没有成为两国之间战场的迹象。所以把上海说成是春秋战国时吴越之间的战场，只能是由于一些人摸不清楚当时史实而作出的想当然的揣测之辞。绝非有明确史料依据而作出的合乎逻辑推理的可信论断。

三、上海境内不存在春秋战国时吴越之间的交界地带

春秋战国时上海不仅不是吴越两国间的战场，也不存在两国之间的交界地带。

春秋时吴越之间基本上以浙江为界。故《史记·越世家》说，战国时楚威王伐越，"尽取吴故地，至浙江。"《货殖列传》论楚越之俗，指出"浙江南则越"。《吴越春秋》记勾践五年"入臣于吴，群臣皆送至浙江之上，临水祖道，军阵固陵"（今西兴）。及被赦归国，

---

① 《吴越春秋·勾践伐吴外传》。

② 《越绝书·记地传》。

行"至浙江之上,望见大越山川重秀"①。《越绝书》亦谓越战败"勾践将降,西至浙江,待始入吴。"②

但勾践之地"北至于御儿",不仅见于《越语》,《吴语》越大夫种为勾践谋,亦谓吴师者涉吾地,"吾用御儿临之",《越绝书·记地传》亦见语儿,可见至少有一时期越地是跨越杭州湾北以语(御)儿乡、柴辟亭即今嘉兴南西至桐乡南一线与吴为界的。这可能是由于当时杭州湾海面远较近代为狭,越人因而得跨海占有杭州湾北岸一块土地。在这里存在着一条渡海通道,即《越绝书·记吴地传》所谓"吴古故从由拳辟塞度会夷,奏山阴。辟塞者,吴备候塞也"。由拳今嘉兴。"夷",越语"海也",见同书《吴内传》。"会夷,去县(山阴)四十里",见同书《记地传》。度通渡。奏通凑。自吴而言是出由拳的辟塞,渡名为"会夷"的那一段海面,凑向越都山阴。自越而言当然也可以自山阴渡会夷北抵语儿、柴辟边塞。这条边塞可能即东起语儿,西至柴辟,故《越绝书》语儿乡下云:"故越界,名曰就李(即槜李),吴疆越地,以为战地,至于柴辟亭。"又说:"大越故界浙江至就李"。柴辟以西边界当与浙江相接,就李距今浙江省东界尚远,说故界"自浙江至就李",即不可能一直伸展到今上海境内。所以杭州湾北岸虽说有一片春秋越地,但全在今浙江境内,与上海无涉,今上海全境在春秋战国时期始终没有存在过介于吴越两国之间,部分属吴,部分属越的情况。春秋时应全部属吴(冈身以东尚未成陆);入战国越灭吴,又全部属越。至楚威王或怀王时伐越、尽取吴故地,上海又入楚。

---

① 《勾践入臣外传》。
② 《越绝书·记地传》。

绍熙《云间志》叙宋华亭县（相当元明清松江府、今上海吴淞江以南部分）先秦沿革，仅用"在周，为吴地；吴灭，入越；越灭，入楚"十三字，最为简单明确。明清府县志往往辞倍增而转失史实。所以我常劝告现在的修志工作者采用或参考旧志千万要慎重，事事都要经过一番认真审核。信其可信者，舍其不可信者。断不可认为详的就是正确完备的，简的就是有所缺误，以致弃所不当弃，取所不当取。

四、今上海境内无先秦古史可言，亦无古地可确指

讲上海史的第一章史前时期，内容丰富，好讲，因为从 50 年代末以来境内已发现过青浦崧泽、上海马桥、金山亭林、松江广富林等多处新石器时代遗址。可是第二章该讲到进入历史的早期了，就很难讲，因为可靠的历史文献记载里基本上没有发生在上海的史事与史迹。许多上海史志的编著者不愿意如实把这一段历史时期让它空白，硬要凑上几句，结果凑上的不是与上海无关的历史，便是不足征信的附会之谈，都不是上海史应有的内容。

例如，大禹东巡狩至会稽而崩；夏少康封庶子于会稽；周太伯、仲雍兄弟奔荆蛮，建立句吴，传至周章为周武王封为吴王；这些是应该写到浙江史、江苏史里去的史事，如今好多人把它们扯到上海史里，未免有点出题，有乖著述体例。

许多上海境内见于史志记载的所谓古迹，实际上往往并不是真正的古史遗迹。如金山县海中大金山北麓北宋以前有一个金山城，绍熙《云间志》引旧经说是"昔周康王东游，镇大海，遂筑此城，南接金山，因以为名"。实际周康王怎么可能来到这数千里外东南蛮夷中的海滨筑城？据《太平寰宇记》，这个苏州东南四百零五

里海边的山叫钊山。想必是由于有人知道周康王名钊，遂将山麓的金山城附会为周康王所筑。真正筑金山城的应为五代吴越钱氏，见《读史方舆纪要》、《清一统志》。

今松江县治是唐天宝以后民国以前的华亭县治。华亭之后始见于《三国志·陆逊传》：东汉末建安二十四年（219）孙权以陆逊克公安南郡功，封华亭侯。按东汉通例，有功之臣先封乡侯或亭侯，又有功则进封县侯。陆逊于次年又有被蜀将及秭归大姓招纳凡数万之功，进封娄侯。可见娄即吴郡娄县，先此所封华亭，应为一乡亭名。明正德《松江府志》作者大概是由于不懂东汉乡亭封侯之制，望文生义以华亭为一亭馆之亭。这位作者又见《史记·吴世家》谓吴至春秋中叶寿梦"始益大，称王"，遂凭臆造为寿梦时在"国都之东，松江以南，修筑华亭，作为停留宿会之所"之说。后此松江府县志多贸然采用此说，竟不问这位明朝人何以能知道过去两千年中绝不见于任何记载的这件寿梦时代的史事。《云间志》还实说华亭之名始见于陆逊封侯，可见寿梦筑亭之说是明朝人的创造，如何信得？

《云间志》和《弘治上海志》古迹部分都有一个阖闾城，在上海县的二十七保，"夹江二城相对，阖闾所筑以备越者"①。按，《汉书·地理志》娄县下有"南武城，阖闾所起以候越"。《越绝书·记吴地传》"娄北武城，阖闾所以候外越也，去县东三十里"。城名武城或南武城，不叫阖闾城。城址应在今昆山境内，不在上海。不知是什么时候的上海人，又把县境内的夹江东西二城（即《弘治上海志》中县北十里的二芦子城）指称为阖闾所筑，又成为一个冒牌春

---

① 《太平寰宇记》苏州县志襄山松城条下言及"城东三十里夹江有二城相对，阖闾所筑以备越处"，当即此城，但未有阖闾城之称。

秋古迹。

说到这里需要附带指出一点:《越绝书》此条"越"上有一"外"字,极为重要。外越指春秋吴越东海外的越族,屡见《越绝书·记吴地传》与《记地传》。外越有别于勾践的"大越"即于越。汉娄县治在今昆山县东北三里(《清一统志》),武城(南武城)在娄县东三十里,去当时的海岸已不远。吴筑此城并宿兵于宿甲、力士二地,都是为了备御自海上入侵的外越的。《汉书·地理志》此条在"越"上略去"外"字是不应该的。我们可千万不能据此得出阖闾时吴越之间疆界在今昆山附近的误解。

许多旧方志都说,黄浦江得名于江为战国时楚春申君黄歇所凿,故以歇浦、黄歇浦、春申江作为此江别称,因而申江和申也就成为上海的别称,实际也说明这是最荒唐的"古迹"。黄浦江的大部分即中游部分位于冈身以东,战国时这里尚未成陆,焉有在海中开凿江河之理?若战国时已有此江,何以绝不见于汉以后北宋以前任何文献包括水利专著之中,而要到南宋时才始见黄浦①,元代才称为大黄浦,明代才升格被称为江?可想而知将春申君黄歇附会为黄浦江的开凿者,必出于明代文人中好事者的附会。

以上这些相当著名的上海境内所谓先秦古迹,一经认真考核,原来都是靠不住的。那么全上海究竟有没有可靠的先秦古迹?我查遍了能查到的早期文献,总算找到了一个知名度很差的战国古城。《越绝书·记吴地传》"娄门外鸿城者,故越王城也,去县百五十里"。苏州城东百五十里,计程应在今上海境内。《清一统志》引明正德《姑苏志》:"坞城,在嘉定县南五十里吴淞江南,相传吴王所筑。"《清一统志》编者认为"鸿""坞"字相类,道里亦相近,盖

---

① 《宋会要辑稿·食货八》乾道七年。

一域也。明代的坞城是否即《越绝书》中的鸿城,尚难确定;又不知明代的坞城今日尚有踪迹可寻否? 所以,无论哪一位同志出于爱上海的心情想多讲一些上海先秦古史古地,恐怕都是徒劳的,不会取得令人信服的成果,还难免贻人嘲笑。在史前时期之后,接讲历史时期的上海史,大概只能从秦置海盐县于今金山县南境已淤成平陆的古柘湖内讲起。

(原载《上海修志向导》1991 年第 3 期)

对编纂第一部上海市志的几点期望

　　市地方志办公室邀请我作一次报告,题目是《对编纂上海市志的设想和期望》。设想需要拿出具体方案,这不太容易,要靠大家仔细讨论。我个人知识面很窄,谈不上什么设想,我只是对第一部上海市志提几点期望。当然很不全面,只讲想到的几点。

　　第一点,希望能贯彻三中全会党中央提出的实事求是的精神。希望能做到胡乔木同志在全国地方志第一次工作会议闭幕会上的讲话中提出的对编纂新方志的要求。"地方志是严肃的、科学的资料书"。以我的理解,在地方志里贯彻实事求是的精神,应该是:秉笔直书,好事要写,坏事也要写;成绩要写,失误也要写,不隐讳,更不能歪曲。要真实,切忌虚假。所谓严肃的、科学的,就是要所载的事皆有根有据,符合事实真相。"资料书"就是只提供资料,不事褒贬,不发议论,不作宣传。还有一点很重要,资料必须具体,不要空泛,不要含混。有人说,方志对建国以来的几次重大运动,记载宜粗不宜细。这点我赞成,方志不同于小说,不同于传记,不用也不应十分详细,但也不能粗到毫无具体内容。比如说,有的方志对历次运动,只说伤害了一批或一部分人,或一些群众、干部,制造了冤假错案,对破四旧只说一些古建筑被毁、被窃。这太含混,太不具体了。一点具体内容都没有,那就失去了载入方志的意义。因为所有运动都是全国性的,这样写法,势必处处相同,何必写入方志！方志的内容一定要有具体情况。至于写到怎样的具体程度，还可以斟酌。总之，上海应有上海的特色，写出不同于北京、天津的情况。如反右运动中，有多少人被错划为右派，党政机关有多少，教育界有多少，文艺界有多少，至少得有个约数。"文化大革命"中，"四人帮"以上海为基地、发祥地，记载更不能太略、太泛。

第二点，希望能通过上海市志的编纂，为全国较大的市（包括三个直辖市、上百个地级市）制订一套恰当的完美的体例。市制始于国民党时代，在此以前，行政区划并无市，只有省、府、州、县，所以几千部方志，都是省、府、州、县志。国民党设置了市，但并没有修出一部市志来，只有一部已成书的《首都志》和未成书的上海市通志。但当时市不辖县，所以这两部书，也不等同于现在我们所要编写的市志。现在的市分三等：直辖、地级、县级。县级市就是产业比较发达的县，所以这种志书基本上可采用县志体例。直辖市和地级市的大部分都辖县，市本身又分区，这种市志既不同于县志，也不同于省志。省志是全省几十个、上百个市、县的综合记载，各市县应基本上平均记载，省会所在市只能说所占比重较大，但不能说关于省会的记载就是省志的主体部分。而市志虽然也应记载辖县，却无疑应以市区为主体。市志不能单纯地把所辖的区志、县志抄集到一起。该如何才恰当、完美？无前例可援（全国已成市志仅威海、商丘，皆县级），故编上海市志的体例上有许多开创性的工作要做，不能认为等十二个区志、十个县志编成后合起来，删节一下就是一部市志。这是因为：许多项目合起来必须重写，全局性地综合，不是分区分县记载；有些内容为区县所无，即使记了也非重点，而作为市志必须记载。因此，先得规划一下，哪些内容可等区、县志成书后写，哪些必须现在就动手。

　　第三点，上海市志中，在使用"上海"这个词时，必须准确地使用，用不同的称呼表明它的地域范围，不能含混。这是作为一部严肃的、科学的著作所必须做到的。

　　现在，社会上使用"上海"这个词，至少有三种含义：1. 指我国三十个一级行政区之一的上海直辖市。这个意义的"上海"共有六千多平方公里，一千二百多万人口。2. 指包括十二个区的上海市市区，不包括十县。这个意义上的上海共有二百三十平方公里面积，约六百二十万人口。1984 年扩展了市区，面积扩至三百平方公里，人口约七百万。3. 指吴淞、闵行两区以外连成一片的十区。实际上一般人心目中的上海，也就是上海城市，而闵行、吴淞为卫星城市。但这个"上海"却不是制度上的上海。除这三种以外还有一种，姑名为第四种，范围比第三种"市中心区"更小，即指中心之中心，无明确范围，而人民习惯上都把从"市中心区"较靠边的地段到较繁华、热闹的地段，叫做到"上海"去，如复旦大学地属杨浦区，从复旦大学入市中心也叫"到上海去"。30 年代从曹家渡入市亦如是云。第三、第四两种皆非法制上的上海，却是人民心目中或口头上经常使用的上海。第四种大约不见于文字，口头上也在日渐停止使用，关系不大，只好任其渐次消灭。但第三种却常见于文字，且非于短期内消灭得了的，又是一个最常用的词，非予以充分的重视不可。总之，在使用"上海"一词时，要注意到它的实际含义，观念上不能混淆，在使用时应附加一个限定词，用以明确它的含义。这也是表述中的逻辑性与科学性问题。而我们常常在使用"上海"这个词时混淆了它的几个不同含义，因而时常产生许多模糊的、不科学的概念。现举两个例子：

　　其一，在报刊、文件上或人们口头上，经常有一句话，"上海是一个一千二百万人口的大城市"。这句话实在不通，原因就是混淆了不同含义的"上海"所致。城市相当于英文 city，是一个地理学名词，指的是具有相当繁荣的工商业，人口相当密集的聚落(居民点)，就上海而言，相当于上述的第三义。即连成一片的十个区。第二义都不能算是一个城市，更不用说第一义了。这句话是根本错误的，但人们习非成是，竟不以为非。我希望《上海市志》不要出现这种错误。

其二，去年报载："上海人均居住面积六平方米"，不少人见报纸后说是"政府在吹牛"。其实，这句话并非不实，而是市政府公布此数字的"上海"，不同于市民心目中的上海，市民想到的上海是第三义的上海，即城市，市政府公布消息所指的是第一义的上海，即上海直辖市全境。市区肯定不会有人均六平方米。

所以，我认为，在用第一义时可称"上海全市"；第二义可称"上海市区"；第三义可用"上海城市"，这样不易混淆。有些人把第一义称为"上海地区"，这也不妥，地区本为地理学上随意使用的概念，可大可小，用以指一定地域的词，如亚太地区，华东、东北、长江中下游、东南沿海等。在现代中国又作为一种行政区划名，即"专区"的改称，指省的派出机构，上海不属于这二者。

第四点，要注意上海一词的时代差别。1. 在两宋(11—13 世纪)是一个设置了酒务的聚落。2. 南宋末年到元至元初(1267—1291 年)是一个建制镇。3. 1291(至元二十八年)设县，辖有今市区苏州河以南及上海、南汇、川沙三县和青浦县的东北部；明万历后青浦建县，辖地缩减，清雍正三年南汇建县，嘉庆十五年川沙建厅，又一再缩减。4. 1928 年设上海市，1930 年全市面积五百二十七点五平方公里，1945 年为六百一十八平方公里。上海县不属上海市，而属江苏省。5. 1958 年将江苏十县(上海、松江、青浦、金山、奉贤、南汇、川沙、嘉定、宝山、崇明)划归上海市，从此才有今天第一义的上海。1958年变动最重要,一方面是成十倍地扩展了地域;另一方面是将原来只限于冈身以东的上海市,扩展到了冈身以西,直抵淀山湖,这对讲上海历史大有关系。

1958年以前,我们只能说上海由海而变成陆地,最多只有一千几百年历史。1958年后,就可以说上海的西部地区,成陆在五六千年以上,将上海成陆史向前推移了几倍。在1958年以前讲上海史,只能从一千几百年讲起,因此前这片陆地还都在海里。1958年后就要从六千年前讲起,因为青浦、金山、松江等县以至上海县的西端已属上海市,而这些地方在五六千年前已成陆。人类活动留下了著名的青浦崧泽、福泉山等新石器时代文化遗址。去年报纸上经常有人称"上海有六千年历史",此话也欠妥,马马虎虎讲可以,若在严肃的科学著作中不应这样提。这是因为:1. 新石器时代遗址都发现在冈身以西或冈身上,冈身以东没有,而冈身及冈身以西之地,于全上海只占一小部分,大约三分之一,所以上海只有三分之一的土地有六千年历史,我们不能以偏赅全。2. 通常所谓历史,指人类进入文明时代而言,即有阶级、有国家、有文字记载的时代而言,不包括未进入文明时代的石器时代。石器时代是史前时代,叙述史前时代的社会变化称史前史。所以说中国是一个有五千年或四千年历史的文明古国,有时就说成中国有四千年或五千年历史。如果把一国一地的历史包括史前时代,那么中国就有一百七十万年历史了。既然对中国只讲四五千年,那么对上海也不宜说有六千年历史。

各地方的人们总喜欢把本地历史尽可能地说得久一些,这大可不必。久不久相对而言,上海也要讲悠久,毫无意义。对上海(指一级政区)而言,历史若包括史前史,则云南有一百七十万年前的元谋人,历史最久,全国三十个一级行政区中的二十七个都有旧石器时代遗址。若就见地文字而言,上海全市无见于先秦的地名事迹,比中原晚,比江南的苏州、绍兴、常州、镇江、昆山、嘉兴、平湖都晚。就上海城市而言,北宋(11世纪)始见记载。在全国范围看,上海是一个较晚起的城市,不能说久,但也不是最晚的,比哈尔滨、长春、石家庄、呼和浩特都久。也不失为一个历史文化名城。古代史是历史,近代史也是历史,上海是中国近现代史上的一个名城。历史文化名城不一定这个城的历史很久。上海是国务院第二批公布的。在第一批公布的二十四个城中,就有遵义、延安,在古代史上并不有名,而在现代史上是大大有名的城市。

希望在市志中不要含混地说"上海历史悠久",应对具体事物一一说清楚,这样有好处。

第五点,为了保证做到"严肃的科学的资料",希望每一条材料下都注明根据、出处。当代的注明什么文件、档案、调查报告,古代的要注明什么文献资料或什么文物。这样做字数不多,意义却很大,有了根据才能取信于人,经得起检验,才可以不仅供一般人阅读,并可提供学者利用。费大力气编成一部志书,而人们对书中的记载不能全信,将信将疑,做研究工作时不敢采用,得另查原始资料,这是很大的浪费。注明了根据、出处,大大增加了权威性、可靠感,人们可依据注明的出处查原始资料,这样才能使这部资料书过硬。

第六点,记载古代的事情时,不能全部采用旧志材料。旧志当然要看,有一部分需要收到新志中去,但不能全用,可信则用,不可信的不用,要认真严格地予以鉴别,决定取舍。怎样知道可信与不可信呢?在此只能提一条:凡旧志所载当时(或在此前不久)的事物一般可信度较高,凡远在修志时代前几百年、上千年,而不见于前代记载的,一般可信度就低。

如清嘉庆《上海县志》里有一段"熙宁七年,改秀州为平江军,缘通海,海艘辐辏,即于华亭海设市舶提举司及榷货场,为上海镇,上海之名始此。"此条记载可以说全错:1. 宋制分州为四等,节度、防御、团练、军事,惟节度州方有军额,秀州乃军事州,根本不可能有军额,且平江乃苏州军额,苏、秀境地相接,焉得亦以平江为名? 2.《宋会要》有市舶司一章,详载北宋至嘉定以前市舶司的建置沿革,绝未提到上海,因此不可能在熙宁时上海已设市舶司。3.《元丰九域志》县下例载属镇,秀州华亭县下只载青龙一镇。《绍熙云间志》专立镇戍一目,所载仍为青龙一镇,可见熙宁七年设镇之说不可信。4. 以原文看来,似乎设镇之前地名华亭海,此说在明《弘治上海志》中已有,"上海县旧名华亭海,当宋时蕃商辐辏,乃以镇名,市舶提举司及榷货场在焉";当即嘉庆志所本,许多旧志及一统志皆沿用此说,实际乃以讹传讹,绝不可信。华亭海的原意应指华亭县的全部海面,不可能专指上海镇,华亭海是一片海面名称,不是一个降落名,只能说宋上海镇元初上海县城所在原来是华亭海的一部分。不能说上海镇这个点旧名华亭海。5.《宋会要》食货酒曲中载:秀州十七务旧额几何,熙宁十年租额几贯几文。上海为十七务之一。旧额乃天圣元年(1023)之额。则上海务最迟在天圣时已有,断非熙宁七年(1074)始有上海之名。短短四十三字一条,错误五处之多,可见旧志论前代之事,绝不能轻信。

旧志人物传中,往往喜欢拉一些历史上名人为本地人,又附会出这些人的古迹来。如陈胜是阳城人,秦汉时有两三个阳城,陈胜的家乡是哪个很难断言,但有一点可肯定,都在今河南境内,而安徽地方志竟说阳城在今宿县,又附会出有关陈胜的古迹。事实上所谓宿县东南的阳城故址,是汉代谷阳城的故址。谷阳被简称为阳城,就附会到陈胜身上了。又如北方各省方志里到处有杨家将遗迹,也十之有九靠不住。50 年代八达岭长城一带多据方志竖牌说杨廷昭在此驻守,但那个时代这里是契丹之地,作为宋将的杨延昭,怎么可能在此驻防练兵? 许多古迹立牌介绍历史,往往说错,多半自方志来。在今天修方志中,就要把这种错误记载删除或改正,有时也可以写明传说如此,不可信为事实。

旧志所记历代灾异,也往往有脱漏或错误。研究历史上的水旱灾和地震,对当前建设及防灾有重要参考价值。近年来,以此为研究课题的学者相当多,但他们往往上旧方志的当,以为内容全,实际上不全;以为可靠,实际上不可靠;结果花了大力气所取得的成果,并不反映历史实际情况。建议在编写新方志时,记历史灾异,必须参考历代正史五行志等原始资料,不能照抄方志。

旧志的荒唐之处实在太多。上海,别称沪,又称申,这三个词的来历,旧志中所讲都错。上海,弘治《上海志》云:"其名上海者,地居海之上洋故也"。实在不通。何谓上洋? 又为何叫上海而不称上洋? 我在 50 年代曾撰文指出,根据成书于熙宁的郏亶水利书,吴淞江五里一纵浦,下游南岸诸浦中有一上海浦,是从海边数起的第五条浦,往东是下海浦,再东还有三浦,再东即海,上海当因最早聚落兴起于上海浦岸上,因而得名。上海浦约在明中叶后已为黄浦江所并,下海浦岸上的下海庙则民国犹存,下海浦当即今大连路一线。此说已得上海学术界公认。沪,旧志以为东晋时见于记载的沪渎(松江下游)及渎旁所建沪渎垒(在今上海旧城西北),故称上海为沪。事实上东晋时上海市区尚未成陆,松江下游应在今上海县西北纪王附近入海,沪渎指青浦境内的松江下游,沪渎垒故地在今旧青浦之西。明清时此地犹称沪渎村。故沪应作青浦之别称,旧称上海县为沪,也不正确。申,旧志说黄浦江系战国时楚春申君黄歇所凿,因又称黄浦为黄歇浦、歇浦、春申江,进而又称上海为申。实则战国时黄浦江还在海里,春申君为何要在海里开凿一江? 这个传说显然系文人墨客从黄浦的黄字上附会到黄歇,因而以歇浦、春申江为黄浦之雅称。黄浦始见于南宋记载,其时不过是松江南岸的一条浦,可能因其水色黄而名黄浦。元已有大黄浦之名,至明而益大,乃有黄浦江之称,便被一些无聊文人附会为黄歇所凿耳。所以称沪还有一点道理,沪渎早期虽在青浦,晋后、唐宋时确是伸展到上海的。称申则完全是胡扯。当然,申作为上海别称已百年,仍可沿袭,但不应把春申君凿黄浦之旧志说法予以承认,收入新志中去。近年有人既知市区黄浦春申时犹在海中,却又不肯、不敢否定旧志之说,乃谓春申君所凿黄浦指松江青浦境内之黄浦上游,实大可不必。实际旧时黄浦江专指下游上海县市境内段。松青境内之黄浦上游则另有专名拦路港、泖港(以上青浦)、斜塘、横潦泾、竖潦泾(以上松江),又东始称黄浦。本不叫黄浦,当然与黄歇无关。

第七点,不能照抄旧志,因袭旧志之误。但旧志中有许多有价值的资料,千万不应误认为无用、无关紧要而删去。希望新志出来后,旧志基本可以不看,旧志有价值的资料必须采入新志。方志中有许多资料是正史或其他文献记载中所没有的,十分可贵。所以尽管多数方志内容错误甚多,仍应强调保存旧志。旧志传本不多,读者不易看到,所以其中的好资料应注意采录。例如:上海宋代设过市舶司没有? 这问题离了方志就解决不了。解决此问题的,正是那部修得很差的《弘治上海志》。《宋史》、《宋会要》中都未提到曾在上海设司,故藤田丰八怀疑明曹学佺《名胜志》中宋设司于上海一语是出于明人传说,不可置信。《弘治上海志》载有宋末人董楷所撰《古修堂记》、《受福亭记》二文,从而确认在南宋末咸淳年间上海确已设有市舶司,无可置疑。《名胜志》之说亦当本于方志,惟如无弘治志载此二文,《名胜志》非原始资料,即难以作此明确结论。

方志中艺文一类往往辑录许多前人的诗文,从中可以找到许多反映各时代、各方面的情况,是可贵的第一手资料。清中叶后,方志多删去诗文,艺文篇只载书目,并非好办法。新志中应尽量保存这种资料,容纳不下的话,应采取章学诚办法,另编文征,使这些有价值的原始资料能保存下来。总之,编纂新方志时,对旧方志的正确态度应该是既要剔除或改正旧志中的错误东西,又要把有价值的原始资料保存下来。

第八点,除极少数旧志修于五四以后外,绝大多数修于五四以前封建时代。封建时代对儒家经典绝对尊崇,不容怀疑。其实,有些并不符合历史实际。五四以后由于突破了儒家经典的禁锢,有些已被科学地予以否定。在修新志时当然不能仍然采取五四前旧志的态度。例如:《尚书·禹贡》中记禹治水后分天下为九州,五四前不敢否定。这实际上是荒唐的,是战国以来的附会,九州应为战国对地理学家对所知天下所作的区域划分,和实际古代政治毫不相关。中国统一于秦,秦汉时才可能把统治所及划为多少郡、多少州。秦以前的夏商周王朝统治范围限于黄河中下游,不可能管到九州这么大,其时只有大小百计千计的诸侯国,根本还没有行政区划,何来九州。修新志时对这种记载应删除。

（原载上海市地方志办公室编《上海市地方志高级讲习班讲义》,1988年6月内部发行）

评新编《金山县志》

在我所看到的上海市属几部新编县志中,《金山县志》是颇有突出成就的一部。没有通读全书,不可能对全书作出评价,专就其第一编建置、第三编金山三岛而言,其精确完善远过于旧志是很显著的。

新编方志的建置沿革部分,极大多数只是照抄旧志,很难做到有明显改进。这是因为旧志往往是新志编者能看到的、记载当地历代曾经设置过哪些州县及其省并和隶属关系沿革的唯一资料,当然只能如此。有时旧志有几种,所载互有出入;或同一事件通志府志县志记载彼此不同,新志编者便可以综合各志,编成一种并不全同于一种旧志的新制品,就算已尽了新编的能事。不论是照抄旧志或稍有改动,都不可能对旧志作出大改进,旧志的错误,一般都只能沿袭不改。金山新志的沿革却做到了能有大改进,纠正了旧志的几处大错误,这当然是值得赞扬的突出成就。

金山县始置于清雍正四年,现存旧志有两部:一部刊成于乾隆十六年,一部刊于光绪四年。此外,道光年间、民国年间都曾修而未成。两部旧志的沿草编得都很糟糕,新志一一予以改正,主要有三点:

一、清顺治十三年分华亭(今松江)置娄县,雍正四年又分娄县置金山。这个娄县与华亭县同治松江府郭下,顺治十三年初置时辖有原华亭县的西半部，至雍正四年又将其南境分置金山县。民国元年娄县又并入华亭，次年改名松江。古代另有一娄县始置于秦，两汉、吴、晋、宋、齐沿袭不改，至梁始废入新置的信义县。这个古娄县故治在今昆山县治稍东不足一里处，其辖境东至今嘉定县的冈身地带，东南约有今青浦县的东北部分，与今松江县并无关涉。今松江县在秦汉时应为由拳县即孙吴以后的嘉兴县地。所以清代的娄县，与一千多年前的秦汉六朝娄县名虽相同，地则不同。乾隆光绪两金山旧志竟把自秦至宋齐的娄县作为金山的沿革来叙述，认为在这七百多年里今金山都在娄县的辖境内，这是一个极大的错误。新志完全摒弃了旧志这种谬说，在沿革里只提到清代的娄县，只字不提秦汉六朝的娄县，显然是一个重大的改进。

二、秦置海盐县，县治故址在今金山县张堰镇南，西汉末年以前（确年无考）陷没为湖（后称柘湖），移治今浙江平湖县东门外，这是金山县境内也是全上海最早的一个县治。乾隆光绪两志的建置沿革章里竟然都不予载及。乾隆志卷首的历代建置图里倒画有"旧海盐县"一方框，却不画在柘湖里，错画在海中金山北麓后世萧梁置前京县处。新志沿革里正确地记载了秦置海盐县后陷为柘湖是金山境内建立县治之始。

三、南朝萧梁时在今金山境内先后设置过前京、胥浦二县。前京置于天监七年（508），至隋开皇九年（589）平陈罢废，存在八十二年，故治在今海中金山北麓。胥浦置于中火通六年（534），废于梁陈之际，存在约二十余年，故治约在今县西南胥浦塘上接近浙江平湖境。乾隆志建置章根本没提到胥浦，对前京则误以为置于太清中（547—549），寻废。在历代建置图中画有"旧胥浦县"一框，误以为置于大同初（535）；又在胥浦县说明中提到了前京，误以为唐初犹有此县；又将海中金山北麓误标为"旧海盐县"。光绪志沿革表中完全没提到前京、胥浦二县,将梁天监后的县境作为信义县地,大同后直到唐代初期都作为昆山县地。按,信义县故治在今昆山县西正仪镇,其辖境极东南不可能超出今青浦县境。今青浦县西南部分和松江县境在梁代当为嘉兴县地,金山在其南,岂得属信义?大同十八年置昆山县(治今松江小昆山麓)后,其辖境南界也只能到达今松江县治附近,不可能直达杭州湾,包有今金山县境。总之,乾隆光绪两志所载齐梁以后唐天宝十载置华亭县以前这一段金山沿革,可以说绝无一语不误,糟糕至极。新志能尽弃旧志错误记载,基本上将这一段时期前京、胥浦二县的设置、治所与并废过程交代清楚,这又是一个很重大的改进。

上述三点,可以充分说明金山新志的沿革部分,是对旧志做了一次大手术,是彻底割除旧志大段大段的谬误记载,代之以正确的有可信文献依据的叙述,绝非一般新志仅仅对旧志作一些小修小补所可比拟。此项贡献是值得大书特书的。

金山新志编者怎么能看出旧志的错误,又怎么能正确地理清楚金山古代沿革的呢?读者可以在这一编的编末所附"历史上在金山地区的三个古县"一文里了解其来历。原来这是根据1987年12月海盐县召开的有金山、平湖、海盐三县县志编者和许多专家学者参加的"古海盐历史沿革研讨会"上提出的史料和论文,经讨论后取得较为一致的意见。我看到了这篇附录,一方面对编者不掠众人之美、据为一己之功的诚实作风深感由衷的钦佩;另一方面,又想到了要把新编方志的质量尽可能提高,单单依靠本地方志办几位编者很可能力量不够;邀集有关单位和专家学者集体研讨,实有必要。假使没有87年的那次海盐县召开的研讨会,金山新志的沿革部分很可能摆脱不了旧志的错误记述,也就不可能换上今天这样一个令人赞叹的新面目。

金山新志的沿革也不是全无可议之处，如说："春秋时越拓土至今金山境"、"战国时吴越交战频繁，县境隶属屡变"等，与史实是有出入的。上述问题，在史志工作者的认识上不尽一致，应在尊重史实的前提下，通过学术探讨，澄清一些因讹传讹的错误和囿见。方志编者不可能都熟悉古代史，金山新志的沿革部分尽管也稍有不妥不确之处，当然瑕不掩瑜。

金山县得名于金山。金山本是陆上一山，后来沦入海中。山上山麓既有新石器时代的遗存，又有历史时期的聚落城堡寺庙港口见于记载。沦海后只露出三个顶峰在海面上，形成大金山、小金山、浮山三个岛屿。大金山顶的吴淞高程为 105.03 米，是上海市地面最高点。山上山麓古迹均已湮没，无可踪迹。

历史时期上海的海陆变迁是正确理解上海自然地理演变过程的一个重要方面。上海的海陆变迁不光是大陆逐渐向外伸展，大片海面由海变陆而已，还有历史早期的陆地后来沦海，由陆变海的一面。尽管后者的范围规模远比前者为差，但也不应予以忽视。金山由陆沦海，是金山县乃至全上海一个最显著的海陆变迁现象。但所有旧方志从县志府志到通志以及一统志，有的只说在县某向若干里，不说在陆上或海中，有的只说在海中，顶多提到"古与岸接，今在海中"，没有一种能说明何时以前在陆上，何时开始脱离大陆的。今金山新志特辟金山三岛一编，分为三章：第一章详记其自然状况，从山上的地貌地势土壤植被到金山沦海以后海潮冲激形成的海底近岸深槽；第二章详考历史变迁，先阐明金山沦海过程，又有专节记述山麓的古城堡和古港口；第三章列叙三岛的景观和见于宋人记载的山上寺庙和著名寒穴泉；对金山的历史与现状都作了远远超出旧志的详明记载。前人论及金山沦海，只能讲到北宋犹在陆上，南宋绍兴绍熙之间始隔在海中。发表于1973年的拙作《上海市大陆部分的海陆变迁和开发过程》一文(《考古》),即持此说。此编广事搜罗了宋人诗文中记载①,从而知绍兴中的金山已是"潮退乃可游山",反映金山已仅赖连岛沙堤与陆地连接,淳熙(1124—1189)间山已离陆。又据成书于绍熙四年(1193)的《云间志》既作"海中金山",又说"金山在县东南九十里",与华亭"南至海九十里"道里相等,指出其时金山应刚刚被潮切断连岛沙堤而离陆,从而估出金山沧海当在 12 世纪 80 年代的极为精确的论断。所以金山新志中这一编,既是全书中有突出成就的一篇,也可以说是对全上海的海陆变迁研究作出了重要的贡献。由此又使我联想到,历史时期上海由陆变海地带除以金山为标志的杭州湾北岸一带外,还有吴淞口外左右的川沙、宝山长江南岸地带,不知川沙宝山两县新志,在这方面能否有比得上金山新志这一编那样的高质量成就?

(原载《上海修志向导》1991 年第 2 期)

---

① 吴聿《观林诗话》、许尚《华亭百咏》。

《松江县志》序

　　承邀参加了两次新编松江县志的审稿会议,从而对这部新志有了一些粗略认识。现在这部志书即将问世了,特就我所了解到的两个显著优点予以揭出,希能获得读者的赏识。

　　优点之一是能够不沿袭旧志的谬说。例如:松江旧名华亭,华亭一名,明清旧志都说是始于春秋时吴王寿梦建华亭于此,为停留宿会之所。按秦汉时以郡统县,县以下设乡亭,乡有三老、有秩、啬夫、游徼,分掌教化、听讼、赋税、徼循,亭有亭长,主求捕盗贼。凡有功之臣封侯,功大者食县,小者食乡、亭(《汉书·百官公卿表》、《续汉书·百官志》)。东汉末建安二十四年吴陆逊以从吕蒙克蜀公安、南郡功,领宜都太守,封华亭侯。未几又连破蜀兵,斩获万计,进封娄侯(《三国志·陆逊传》)。可见"华亭"是乡亭之亭,故陆逊初封华亭,进封娄县。明人已不熟悉秦汉的乡亭和以乡亭封侯制度,致误认为华亭是一个国君在郊野所建的亭馆,又妄以始建者托为春秋中叶的吴王寿梦。然此事绝不见于先秦两汉下至六朝唐宋记载,如何信得? 旧方志的修撰者一般都好将乡邦事物托始于远古,初不问其是否确有古文献依据,故一经《正德松江府志》创为此说,后世府县诸志遂沿袭不改。直到最近新出的《上海史》和《中华人民共和国地名词典》上海市卷,仍然如此。在这部《松江县志》里独与众不同,在大事记建置沿革等篇中载及华亭,皆断自建安二十四年陆逊封华亭侯始,摒弃了旧志的寿梦已建亭说。

又如,松江华亭府县旧志以唐陆贽为华亭人,根据是陆贽同时人钱起的一首送陆贽擢第还乡诗:"乡路归何早,云间早擅名,华亭养仙鹤,计日再飞鸣。"钱起因为陆贽是汉晋时陆逊、陆抗、陆机、陆云一族的后裔,所以在诗中用了二陆故事中的两个著名地名云间与华亭,这是用典,不足以说明陆贽当时的乡贯。《两唐书》陆贽本传明载贽乃嘉兴人,不应有误。故《绍熙云间志》尽管提到了钱起这首诗,仍然不敢将陆贽收入人物篇。明清人修志多好附会,极不严肃,陆贽遂被列为松江人物。现在这部新志却能不为明清旧志所惑,恢复了宋志的严肃认真态度,不予收入。

即以上述二事为例,可见这部新志在处理历史资料时,是经过一番认真的考订才决定取舍的,其可信程度显然要比旧志强得多。

优点之二是妥善保存了民国元年撤除松江府以前元明清三代松江府和元以前这个地区的历史资料。民国三年始改故松江府附郭华亭县为松江县,至今已有七十六年。在此以前,历元明清三代,起公元1278年迄1911年长达一百三十二年,松江都是一个府名。松江府辖境相当于今松江、上海、青浦、金山、奉贤、南汇六县和上海市区及川沙县的吴淞江以南部分,约七倍于今松江县境,故民国以前历代文献中的松江,或泛指松江全府,或虽不指全府,却又不能确知其所指是今天的那几个县。这些资料是无法恰当地分配到今天新修的旧松江府属的各个县志里去的。而近年有些学者往往把旧松江府的资料径作为"上海地区"的元明清时代情况,显然也并不合适。因为旧松江府大致只相当于今上海市辖境的三分之二地域,另有三分之一旧吴淞江以北及长江江中的嘉定崇明二县和市区及川沙部分地域,并不在旧松江府境域之内。所以旧松江府的资料,既不能作为松江一县或旧松属哪几个县的资料编入这些县志的有关篇章内,也不能作上海全市的资料纳入上海市志的任何篇章内。这部松江县志特辟《松江府记略》一篇作为县志的特记,附载于志末,实在是最合适的办法,值得赞许。《纪略》分五章:一、建府前史略,二、松江府时期,三、松江府棉纺织业,四、松江府田赋,五、松江画派。由此,松江府这个地域在各个历史时期的概貌及其特色,从唐以前长期不设县治的海滨斥卤之地,到唐宋时期的东南大县,特别是到元明清时代成为农事最先进,物产最富饶,田赋最重,棉布之利衣被天下,诗文书画人才辈出,常足为一世表率的松江府,亦即明清时代全国最为人所艳称的经济文化最发达的"苏松"地区的松江部分各种情况,得以毕具于一篇。很难设想要是不设这么一篇,这个从草莱未辟到封建社会后期盛极一时的松江府地区的生产人文发展过程,将如何在市志县志的正规篇章中表达出来。

80 年代初在全国开展起来编写新中国的各级政区的新方志工作,估计目前已完成出版的仅居少数,大多数都在搜集整理资料或编写过程中,尚未定稿。对旧志资料如何审慎地予以抉择,对以已废旧政区为记叙对象的旧志资料如何妥善处理,无疑是两个值得各地编志工作者普遍予以重视的问题。鄙意认为这部新编《松江县志》对这两方面的工作做得很好,因此乐于将此意作为新志的序文,向各地方志工作者郑重提出,若能对正在进行定稿的各地市县新志产生一些足供参考借鉴的作用,则不胜幸甚!

1990 年 10 月 16 日

（原载《上海修志向导》1991 年第 5 期及《松江县志》,上海人民出版社 1991 年）

《〈水经注〉旧本集校》出版说明

6世纪初郦道元所撰的《水经注》,是我国古代一部具有高度科学价值和文学价值的地理学杰作,可惜自成书后经历了千数百年的传抄翻刻,很久以来,就没有一种本子能够保持原书的真面目,不仅错简脱文讹字极多,并且经和注往往混淆不清。明清两代学者数十辈曾下了很大工夫为此书做整理工作,全祖望、赵一清、戴震三家成绩最著。(戴本托名依据《永乐大典》,实系袭取赵书。)近人谓自全、赵、戴三家书出,郦《注》始有善本可读,洵非虚语。但三家的贡献主要在于分别经注,至于校正文字,所得虽以千计,讹误仍在所难免。而且也有许多字句,宋明旧本不误而三家皆误,《水经注》宋明旧本在版本本身以外的可贵处就在于此。

王国维晚年也致力于《水经注》的校勘工作。他的工作可分为两部分:一是以宋明旧本六种校明末清初通行的明万历刊本朱谋㙔《水经注》笺本,一是以全、赵两书及赵氏《朱笺刊误》所引诸家校本校清乾隆以后通行的戴本。本书就是他前一部分工作的成果。他所据以校勘的六种旧本是:

一、南宋初刊本。存卷5末7叶,又卷6至卷8、卷16至卷19、卷34、卷38至卷40,凡十一卷有奇,江安傅氏藏。

二、《永乐大典》本。存卷1至卷20,凡二十卷。归安蒋氏藏。

— 333 —

三、明钞本。全。海盐朱氏藏。

四、明嘉靖黄省曾刊本。

五、明万历吴官刊本。

六、清孙潜夫、袁寿阶校本。存卷 1 至卷 5、卷 9 至卷 16、卷 38 至卷 40，凡十五卷。江安傅氏藏。（按孙、袁虽系清人，此本孙先以正德柳大中抄本、万历赵清常校本校朱谋㙔本，袁复以吴门顾氏所藏明景宋抄本校之，所据皆宋明旧本。）

其中前三种和袁校所依据的景宋抄本都是全、赵所没有看到过的。戴氏虽得见《大典》本，但他专意袭赵，于《大典》本的佳处，实未能一一撷取。全、赵、戴而后，晚清治郦学的著名学者如王先谦、杨守敬等，所得见的旧本更少，因而王氏的合校《水经注》和杨氏的《水经注疏》中，也不可能具备旧本的佳处。本书所据旧本既远较全、赵以来诸家所见为广，故所得旧本胜处独多，正可以补足诸家在这方面的缺憾，这是本书价值的主要方面。其次，王氏的校勘方法颇为谨严，能集数本于一本之上而不失各本的原貌；所以读者只要手此一本，就不啻同时看到了九种（宋刊、《大典》、明抄、黄、吴、柳、赵、景宋、朱）旧本，对于了解自宋以来郦书抄刻诸本的源流沿递，大有裨益，这是本书价值的另一方面。

虽然王氏当时所得见的校在本书上的《永乐大典》本只有卷 1 至 20 前半部，今《大典》本全书已出现，并由商务印书馆影印出版，故本书在王氏当时可谓集明以前旧本之大成，到了今天，当然已不能那么说了。但是要弥补这一缺点，只要再把《大典》后半部校在本书之上就成了，尚非难事，如果只有《大典》本而没有本书，学者毕竟是难以窥见旧本的全豹的。

王氏身后，此书原本归上虞罗氏；1955 年，由罗继祖先生捐赠东北人民大学图书馆。这次出版就是由东北人民大学图书馆借给影印的。

　　原本书面题签作《明刻〈水经注〉校本》,这一个《〈水经注〉旧本集校》的书名是上海人民出版社代为拟订的。

　　《观堂集林》卷 12 载有王氏所作各本《水经注》的跋文六篇,内容可以说明王氏校勘工作的经过、心得和各本的短长,兹特附录于本书之末,以便读者参考。

1958 年 4 月

（《〈水经注〉旧本集校》一书后因故未刊,此文一直没有发表。编者据原稿录出,在作者逝世后载于《中国文化》1992 年第 2 期。）

《水经注通检今释》书后

　　研究中国历史地理和中国古代史的学者经常需要查阅《水经注》，但《水经注》这部书查起来很不容易。不仅书中的水道名称多数不同于今名，同一水道的经流又往往古今不同，加以分篇标准无原则可言，编排次序也缺乏系统，所以即使经常使用这部书的人，也会感觉十分困难。有时为了查一条中小水道要翻遍几卷书；有时查了几卷没有查到，几乎要断定整部《水经注》里没有这条水了，却又会在想不到的某水篇里发现这条水。正因为这样，所以千百年来不知多少学者研究《水经注》，却至今无一人能说清楚全书一共记载了多少条水，有多少水系见于此书记载，每一水系又记了多少支流。也正因为这样，《水经注》研究——即"郦学"虽然历史很悠久，但成绩却远远不能令人满意。

　　赵永复同志编写了这部《水经注通检今释》，把《水经注》全书所述及的水道不论巨细，一一按书中次序排列，注明见于一般学人常用的杨守敬《水经注疏》和王先谦《合校水经注》二书中的卷数页数；又根据古今人研究的成果，将其中一部分水道地望明确者一一予以今释；书末又附以按笔画排列的水名索引。这是一件很费工夫的艰巨的工作，编成的书无疑是一种大有功于"郦学"的很好的工具书。有了这部工具书，今后有关学术界使用起《水经注》来就方便多了。我相信复旦大学出版社出版这部书，必将深受广大史学、地学工作者的欢迎。

1983 年 6 月 22 日

（原载赵永复编《水经注通检今释》，复旦大学出版社 1985 年版。）

论《方舆胜览》的流传与评价问题

《方舆胜览》七十卷,宋祝穆编,穆子洙增补重订。

祝穆字和父,建宁府崇安县人。先世徽州歙县人,曾祖确,是朱熹的外祖父。父康国,始移家入闽。穆少时名丙,尝受业于朱熹。除本书外,又著有《事文类聚》前、后、续、别四集,共一百七十卷,今存;《四六妙语》(一作《四六宝苑》)若干卷,今佚。

洙字安道,宝祐四年(1256)进士。尝取诸家语录为朱熹《四书集注》作注,名曰《四书集注附录》,宰执录其书进呈。景定中除迪功郎,兴化军涵江书院山长,咸淳初转从政郎,监行在文思院。

《四库全书总目提要》说祝穆是建阳人是错的。穆父康国居建之崇安,见《朱文公文集》卷98《外大父祝公遗事》、嘉靖《建宁府志》卷18人物文学。《遗事》有云,康国“二子丙、癸相从于建阳”,这是说丙,癸二人到建阳受业于朱熹,不是说祝氏乃建阳人。本书卷首吕午序在“祝穆和父”上系以“建阳”二字,这是建宁府的郡名,不是县名。祝穆自序署乡贯作“建安”,各卷卷端署“建安祝穆和父编”,“建安”也是郡名。

洙字安道,见《经义考》卷253引胡炳文曰,仕履及著作见本书卷13兴化军涵江书院条、卷末跋及嘉靖《建宁府志》。《四库提要》将宰执录其所著书进呈、除迪功郎为涵江书院山长误作祝穆的履历,此点余嘉锡《四库提要辨证》已指出。

祝穆《方舆胜览》原本据卷首吕午序及穆自序,刻印于理宗嘉熙三年(1239)。全书分为前集四十三卷,后集七卷、续集二十卷、拾遗附录若干条。《季沧苇书目》载有此书,清季杨守敬在日本亦访得此书。据杨氏《日本访书志》云:自浙西路至广西路为前集,淮东、淮西两路为后集,自成都路至利西路为续集,"拾遗则自临安府至绍熙府每府州各补数条"。"其分数次开雕者,当困资费不足,随雕随印行,非别为起讫也"。"每卷标题《新编四六必用方舆胜览》,盖本为备四六之用也"。

祝洙增补重订本刻印于度宗咸淳二至三年(1266—1267),去原本梓行凡二十八年。祝洙跋文称"先君子编辑《方舆胜览》行于世者三十余年",可能是因为原本在刻印以前已经以钞本行世,所以算到咸淳初共有三十余年。重订本去"四六必用"四字,不复分前、后、续集名目,又将拾遗散附各府州下,新增五百余条,通编为七十卷,而各路次序仍同原本。《季沧苇书目》《天禄琳琅书目》、《皕宋楼藏书志》皆载有此书,《四库全书》所收也是这种本子;杨守敬在日本除访得原本外,也访得了这种本子。

祝穆原本在国内可能早已失传①,据近年调查,现在全国各地图书馆所藏,都属于祝洙重订本。北京图书馆和上海图书馆所藏同是重订本的宋刻本,但并非同一版刻。不仅字体不同,北图本中

---

① 傅增湘《藏园群书经眼录》中著录此书共四部,皆作"宋祝穆撰"。其中一部标题作"新编四六必用方舆胜览",系傅氏游日本时见于宫内省图书寮,当即四五十年前杨守敬所见,确为祝穆原本。此外见于国内的三部,二部标作"新编方舆胜览",一部只作"方舆胜览",应该都是祝洙重订本。傅氏因只看到卷首吕午序和祝穆自序,没看到咸淳祝洙的跋,所以只作"宋祝穆撰"而不及祝洙重订,因而也就误以咸淳本为嘉熙本。若此三部确系嘉熙祝穆原本,则标题不应无"四六必用"四字;傅氏见此书在1922至1929年时,距今不过五六十年,也不至于遽尔渺无下落。

的繁体字,上图本中又往往用简体字,如國作国,變作双,盡作尽。据此,可以认定,北图本较早,上图本较迟:上图本可能利用了一部分旧板,大部分是重刻的。重订本又有元明刻本,可是清朝和辛亥以来从没有刻印过。

现存的唐宋地理总志,共有唐代的《元和郡县志》,北宋的《太平寰宇记》、《元丰九域志》和《舆地广记》,南宋的《舆地纪胜》和《方舆胜览》六种。《元和志》、《九域志》和《舆地广记》,既有好几种清刻本,又有近时排印本,《寰宇记》和《舆地纪胜》,也各有几种清刻本,都是一般图书馆备有、市上比较易得之书。只有《方舆胜览》,由于没有清刻本和近时印本,所以需要参考此书的,非得上少数几家大图书馆的善本书库借阅不可,极为不便。1965 年,上海古籍出版社的前身中华书局上海编辑所,决定将北图、上图两个宋本中缺页较少的上图本(北图本缺正文十四页,上图本不缺)影印问世,又据北图本补足所缺祝洙跋四页、录白一页,和正文中的缺损文字。1966 年,已打出毛样,正在与北图本的照片逐字进行核校,约我写的前言也已写成大半,十年浩劫开始了,这部书当然属于"四旧"之列,"勒令"不许出版。版子埋没在仓库中达十多年,前年才翻了出来,上海古籍出版社当即积极将原影印计划付诸实现。赵而昌同志在把与北图本核校的工作做完之后,又做了一番很仔细的修版工作;这部宋季"学士大夫家有其书"的名著,终于不日可以以宋版的面目和广大读者见面了。这篇前言也就以旧稿为基础,稍加修订补充,谨以就正予读者。

本书编者生平和版本流传略如上述,下面请再就此书和《舆地纪胜》的关系,七百年来它在学术界里的遭遇,以及今天我们对它该如何评价等,陈述一下管见。

《方舆胜览》的体裁迥然不同于《元和郡县志》、《太平寰宇

记》、《元丰九域志》、《舆地广记》等早期总志,而极为接近于差相同时的王象之《舆地纪胜》。主要表现在:

一、《纪胜》与《胜览》两书的门类基本相同,只是《胜览》比《纪胜》少了县沿革和碑记二门。此外如《纪胜》的景物门在《胜览》里分成山川、井泉、楼阁、堂院、亭榭、馆驿、桥梁、寺观、祠墓等门;《纪胜》在人物之外另列仙释一门,《胜览》并入人物;《纪胜》将物产附见于风俗形势门,《胜览》别立土产一门(或有或无);都只是在分合上的不同,无关实际内容。

二、《元和志》和《寰宇记》等早期总志所有的州境、四至八到、户数乡数等门,《纪胜》和《胜览》都没有。《纪胜》有而为《元和志》、《寰宇记》等所没有的诗和四六二门,《胜览》也有,仅将诗改称为题咏。

三、《元和志》、《寰宇记》只是偶或引用前人诗文片言只语,《纪胜》和《胜览》除专辟诗(题咏)和四六二门外,又都搜罗了大量与一地风俗、形势、景物、人物有关的诗、赋、记叙文字,分系于各门各条之下。

为什么出于两个编者的两部书的体裁,会如此近似呢? 原因有二:一是在同一时代风尚影响之下,两书编者的纂辑旨趣本来就相去不远;二是《纪胜》成书于嘉定宝庆间,早于《胜览》十余年,《胜览》在制定体裁时又受到了《纪胜》的影响,这两个原因是相辅相成的。若不存在前一因素,则《胜览》就不会乐于沿用《纪胜》的体裁。若不存在后一条件,则尽管两个编者的纂辑旨趣略同,两书的体裁也不可能接近到这个程度。

《日本访书志》卷6载祝穆原本《胜览》卷首两浙转运司录白云:"据祝太傅宅干人吴吉状:本宅见刊《方舆胜览》,……系本宅贡士私自编辑,积岁辛勤,今来雕版,所费浩翰。窃恐书市嗜利之徒，辄将上件书板翻开，或改换名目，或以节略《舆地纪胜》等书为名，翻开攘夺。……"这是《胜览》的编者看到过《纪胜》的证据。但编者颇讳言其事，卷首吕午序和编者自序里，言及本书的编纂经过，竟连《纪胜》这部书名都没有提到。祝洙重订本删去了这篇录白，元明以后学者由于只看到重订本，故诸家题跋，未有能明确指出此点者。陆心源撰《宋椠方舆胜览跋》，察觉到了两书的相似，但又为本书序文所蔽，因而有"不相谋而相似"之说（《仪顾堂题跋》）。要是他看到了原本的录白的话，那就不会这样说了。

《胜览》的体裁既与《纪胜》极为近似，而《纪胜》共有二百卷，《胜览》仅七十卷，所以祝穆深恐刊行后，会被坊贾用节略《舆地纪胜》为名予以翻刻。实际《胜览》尽管部分沿袭了《纪胜》的体例，但就内容言，却跟《纪胜》并没什么关系。它根本没有采用《纪胜》作为蓝本，当然更谈不上是《纪胜》的节略本或改编本；它确是一部由编者"积岁辛勤"、"私自编辑"而成的新著。

《胜览》全书约有四分之三条目皆见于《纪胜》，相同条目的释文亦多雷同。粗看好像这些条文都有可能是从《纪胜》抄袭过来的。但仔细一对勘，就可以知道不是这么回事。因为《胜览》若以《纪胜》为蓝本，则《胜览》的文字只能与《纪胜》相同或较少于《纪胜》，但事实上合乎这种情况的只是极少数，多数条目尽管内容基本相同，却多少有几句话或几个字，或不同，或溢出于《纪胜》记载之外。由此可见，两书条目与文字之所以有这么多雷同之处，显然不是由于《胜览》袭用了《纪胜》的资料，而是由于两书的资料来源相同。来源相同而两个编者在选材与摘录文字时取舍不免稍有差异，因而出现了这种大同而小异的情况。同出于什么来源呢？从两书的序文和书中所征引的书目和篇名看来，主要应该是当时市上广泛流传着的那些各地图经（方志）和诸家诗文集，而采自图经的又较之直接采自诗文集者为多。

因为资料来源相同,所以两书往往犯同样的错误。例如:两书嘉兴府皆有"瀚海"一条。《纪胜》注云:"在华亭,西抵海盐,东抵松江,长一百五十里。"《胜览》同,惟省去"长一百五十里"一句。此所谓"瀚海",实系"捍海塘"之误,见《新唐书·地理志》杭州盐官县下。今按,《绍熙云间志》卷中堰闸载此塘作"旧瀚海塘",知误"捍"为"瀚",在宋代方志中已然。《纪胜》与《胜览》此条当同出于某一种嘉兴旧志,该志又将"瀚海塘"省作"瀚海"。

又如:《纪胜》赣州风俗形势引有王安石《虔州学记》一条云:"虔于江南,地最旷大,山长谷荒,交广闽越,道所出入。"查《临川先生文集》卷82《虔州学记》,此节原文作"虔州江南,地最旷,大山长谷,荒翳险阻;交广闽越,铜盐之贩,道所出入。"可见原文显然是以"地最旷"为一句,"大山长谷"为一句,"荒翳险阻"为一句,《纪胜》引文因误以"地最旷大"为一句,"山长谷荒"为一句,致脱去"翳险阻"三字。《胜览》赣州风俗也有这一条,径以"山长谷荒"四字为标题,引文为"虔于江南,地最旷大,云云,交广闽越,铜盐之贩,道所出入,椎埋盗夺鼓铸之奸,视天下为多。"句读之误和脱字与《纪胜》相同。这一错误一直沿袭到《明一统志》。余嘉锡《四库提要辨证》"明一统志"条追本溯源,乃谓误"始于王象之,而祝穆因之,《明一统志》又因之"。今按,《纪胜》引文略去"铜盐之贩"一句,截止于"道所出入",《胜览》引文不仅没有略去"铜盐之贩",又在"道所出入"之下多引了"椎埋盗夺鼓铸之奸,视天下为多"两句,足见《胜览》此条绝非出于《纪胜》,当系与《纪胜》同出于某一《赣州图经》。两书句读之误和脱字,都是从这一图经沿袭下来的,惟引文繁简则稍有不同。

《胜览》的体例和内容基本上与《纪胜》相同,但亦不尽相同,同的一面略如上述,至于不同的一面,除上面所提到的卷帙多寡不同、门数条目有出入外,两书又各有特色。构成《胜览》的特色的是下列两点:

一、编者特别重视四六一门,故原本以"四六必用"四字冠于书名之首。全书各门类皆较《纪胜》为简,独此门较《纪胜》为繁;内容亦异多同少。《纪胜》此门所载皆前人旧作,注明出处,此书所载不注出处,据卷首吕午序及编者自序,多数殆出自编者自撰。

二、在搜载诗文方面作了不同的处理。《纪胜》所载诗或整首全录,文则例只节取少数几句。此书不论诗文,凡被编者认为佳作的,往往整首整篇全录。卷首特分类开列了一个《引用文集》目录,诗文杂志,共计一千七百五十篇(内一百八十一篇系重订本新增)。"其一联片语不成章者"不在内。

这两点特色使《胜览》在行世后广泛流传了一个很长的时期。因为宋人在撰写表启文时,例须用四六俪语;为楼阁亭堂作记叙文的风气,也盛极一时。元明时代,四六之风虽渐衰歇,记叙文仍流行勿替。所以这部书正投合了这一段时期内文人墨客的需要。祝洙在重订本跋文里说原本行世三十余年,"学士大夫家有其书",殆非虚语。祝洙正是由于原书受人欢迎,而板已漫漶,才进行增补重订。重订本梓行不久,在宋末即曾重雕,在元明两代又迭经翻刻,可见它一直是一部畅销书。《胜览》一经畅销,在当时文人看来,《纪胜》已非必备之书,积久遂渐归湮没。明代金石家从《纪胜》中钞出碑记一门,别为《舆地碑记目》四卷,其时全书已亡佚七卷①。

---

① 清初钱曾《读书敏求记》著录《舆地纪胜》二百卷,有云:"镂刻精雅,楮墨如新,乃宋本之佳者。"或据此认为钱氏所藏仍系完帙。然钱所言仅及镂刻楮墨,不涉有无缺卷,不能得出这样的结论。

清乾隆间纂辑《四库全书》,《纪胜》竟以未见传本未收入。其后钱大昕始访得一影宋钞本,已佚三十一卷,另有十六卷有阙页。

可是到了清代乾嘉以后,学者竞尚舆地考证之学,《纪胜》与《胜览》二书的遭际就颠倒过来了。《纪胜》各门的条目本来比《胜览》丰富,并且几乎每条都注明出处,不像《胜览》那样时有时无;特别在建置沿革方面,《纪胜》的记载很详细,《胜览》则于州沿革甚简,又根本删除了县沿革;所以对考据学家说来,《纪胜》当然远比《胜览》有用。钱大昕《十驾斋养新录》"舆地纪胜"条云:"此书体裁,胜于祝氏《方舆胜览》",正代表了这种看法。因而《纪胜》自影宋抄本被发现后,不久就有广陵岑氏惧盈斋、南海伍氏粤雅堂两种刻本,《胜览》则终清一代未见重雕。

《胜览》盛行于宋末元明,不仅为缀文之士所重视,对当时的地志编纂,也产生了很大的影响。元代坊刻本《混一方舆胜览》,在南宋故土范围内,几乎全部内容都是根据《胜览》节抄下来的,极少差异。《元大一统志》的南宋故土部分,虽多取材于《舆地纪胜》,但其大段或全篇抄录诗文,还是沿用了《胜览》所开的例。明景泰中修《寰宇通志》,其初主其事者甚至定议"采事实凡例一准祝穆《方舆胜览》"(叶盛《水东日记》);后来虽有所更张,因袭之处还是不少,如景物方面的门类分得很烦碎,各卷之末仍有题咏门,记序文仍全篇登录等等。直到天顺间将《寰宇通志》改编为《明一统志》,归并了景物方面的门类,删除了题咏门,删除了记叙文,才基本上改变了《胜览》以来的地志面貌。可是在此以后,创修于成化十七年而增修于嘉靖九年的朝鲜《东国舆地胜览》,并没有采用《明一统志》的新样,还是沿袭了《胜览》的旧式。这部书实际上是搜集了《东文选》等书中的有关舆地的诗文,按祝穆《胜览》体例,逐项分条插入成化十四年修成的《八道地志》而成的。可见

《胜览》的影响，竟远达三百年以后的邻邦。

《四库提要》对《胜览》作了如下的评论：

> 书中体例，大抵于建置沿革、疆域、道里、田赋、户口、关塞险要，他志乘所详者，皆在所略；惟于名胜古迹，多所胪列，而诗赋序记，所载独备。盖为登临题咏而设，不为考证而设，名为地记，实则类书也。然采摭颇富，虽无裨于掌故，而有益于文章，撷藻掞华，恒所引用，故自宋元以来，操觚家不废其书焉。

这段话上半段将详于哪几方面，略于哪几方面，作为本书的特点，实际除略于建置沿革一点外，皆系沿袭《纪胜》而来，非本书所始创，这是由于四库馆臣没有看到过《纪胜》，致有此误解。下半段讲到本书的作用与性质，说得也不够确切。"为登临题咏而设"，这是王象之编《纪胜》的主要目的。《胜览》对登临题咏当然也有用处，但其纂辑的目的却主要是为了备作四六表启之用。这不仅从《纪胜》所采诗较《胜览》为富，《胜览》所录四六较多于《纪胜》可以看出来，在两书的自序里也都讲得很明白。"不为考证而设"，这句话是对的。但编者不为考证而设此书，不等于对后人治考证之学一无用处。关于这一点，留待下文再说。

就地志门类而言，此书并不齐备，这是确实的。书中采摭诗文颇富，足供操觚家撷藻掞华之用，并且这部书之所以得以流传不废，主要就是由于具有此种作用，这也是事实。但由此便作出"名为地记，实则类书也"这样的论断来，却是错误的。

一部书只要内容记载的是地理，就是地记，没有理由说哪几项阙略了就不能算地记。各种地志各有其所详所略，并不一样。《提要》所谓他志乘所详的那几项，其实他志乘并不一概都详。《元丰九域志》的建置沿革很简。《舆地广记》根本不载疆域、道里、田赋、户口。至于关塞险要，则唐宋地志全都不详。怎么能说阙略了这几项就算不得是地记？更没有理由说多载了名胜古迹诗赋序记，就不是地记，是类书。名胜古迹本是地志应有的内容，诗赋序记只要与一地风土有关，当然也可以收入地记，怎么能说多了就该算类书不算地记？

《提要》这种错误的看法，影响很大，竟为后来的藏书家陆心源（《仪顾堂题跋》）和目录学家余嘉锡（《四库提要辨证》"太平寰宇记"条）等所沿袭，因此不能不予以驳正。

若把《提要》"名为地记，实则类书也"这句话改为"其书虽为地记，实兼具类书之用"，那倒是比较恰当的。那么，能不能说这部书尽管是地志，但作为地志的价值很差，"无裨于掌故"，值得肯定的只是它所兼具的类书的作用，即"有益于文章"呢？也不能。《胜览》的地志价值比之于它的类书价值，至少应等量齐观，可以看成是有过而无不及。但它的地志价值不同于《提要》所谓"他志乘"，"他志乘"的价值主要在于有裨于考证建置沿革、疆域、道里，而此书的价值则主要在于提供了许多有关各地风土习俗的资料。

地志载述风土习俗，渊源甚早，在最早的地理著作如《山海经》、《禹贡》、《职方》里，都有关于这方面的记载。可是这一传统后世没有很好予以继承发展。在十六种正史地理志中，只有《汉书·地理志》、《南齐书·州郡志》、《隋书·地理志》、《宋史·地理志》四种，按当时的地理区域或大行政区作了一些很概括粗略的论述。在现存的历代地理总志中，《元和郡县志》、《元丰九域志》、《舆地广记》根本没有这方面的记载；《太平寰宇记》、《元大一统志》、《寰宇通志》、明、清《一统志》在各府州下虽有风俗一门，但简略已极，且一般只从古籍中摘录数语，只字不及当代的情况。唯独《纪胜》和《胜览》两书，其各府州风俗门采摭既相当丰富，内容古今并陈,而侧重于当代;此外在题咏(诗)和四六二门内,也有不少关于这方面的描述。所以从研究人文地理和经济地理这个角度来看,这两部书的价值,实远在其他地志之上。

兹举福建路为例,将《纪胜》、《胜览》两书的资料同《寰宇记》和《宋史·地理志》的记载作一对比:

福建一路八郡,《太平寰宇记》风俗门只在福,泉二州下有记载,建州、汀州下作同福州,南剑、邵武下又作同建州,漳州,兴化下又作同泉州。福州下面只引了唐《开元录》"即古东瓯,……皆夷种,有五姓,……"、《十道志》"嗜欲衣服,别是一方"这么几句,不及当代情况。泉州下面讲的是"泉郎,即州之夷户"的生活习惯,对当地汉族的风俗竟无只字道及。

《宋史·地理志》对一路经济人文情况作了如下的叙述:

> 有银铜葛越之产,茶盐海物之饶,民安土乐业。川源浸灌,田畴膏沃,无凶年之忧。
>
> 而土地迫隘,生籍繁夥,虽硗确之地,耕耨殆尽,亩直寖贵,故多田讼。
>
> 其俗信鬼尚祀,重浮屠之教,与江南二浙略同。
>
> 然多向学,喜讲诵,好为文辞,登科第者尤多。

其长处是简明而扼要,其短处是有所未备,或备而不详,又未能反映各郡之间的差异。

《纪胜》和《胜览》的体例是分郡分门分条纂辑资料,当然不可能作概括而全面的叙述,但二书辑录资料颇为详备,各郡之间可以进行比较,正可补《宋史·地理志》之不足。

《宋史·地理志》所未载而见于《纪胜》和《胜览》的,如关于泉州海港的对外贸易与都市繁雄:

> 云山百越路,市井十洲人。执玉来朝远,还珠入贡频。

（唐包何诗）（凡两书共见者不注出处）

岸隔诸蕃国，江通百粤舟。（谢履诗）（凡宋人不注时代）

涨海声中万国商。（李文敏诗）

州南有海浩无穷，每岁造舟通异域。（谢履诗）

异国悉归于互市。（陈说四六）

舶交岛夷，而财赋本裕。（陈说四六，《纪胜》）

水陆据七闽之会，梯航通九泽之重。（《樵楼上梁文》）

更夸蛮货，皆象犀珠贝之珍。（《胜览》四六）

四夷琛赆，聿来駃舌之民。（《胜览》四六）

诸蕃有黑白二种，皆居泉州，号蕃人巷。每岁以大舶浮海往来，致象、犀、玳瑁、珠玑、玻璃、玛瑙、异香，胡椒之属。（《胜览》土产蕃赞）

城内画坊八十，生齿无虑五十万。（《纪胜》陆守《修城记》）

舟车走集，繁华特盛于瓯闽。（《纪胜》傅诚四六）

富商巨贾，鳞集其间。（《胜览》引《图经》）

中藏阛阓余十万家。（《胜览》四六）

关于建宁府建阳县的刻书业：

麻沙、崇化两坊产书，号为图书之府。朱元晦《嘉禾县学藏书记》云："建阳版本书籍流四方者，无远不至。"（《胜览》土产"书籍行四方"条。按，建阳县于景定元年改为嘉禾，朱熹原文应作建阳县，祝洙从时制改嘉禾。）

关于福州城内的饮宴游乐之风：

饮宴直尝千户酒，盘餐唯候两潮鱼。（龙昌期诗）

百货随潮船入市，万家沽酒户垂帘。（同上）

万户管弦春卖酒。（《纪胜》黄裳诗）

　　新城歌舞万人家。（《纪胜》程师孟诗）

　　潮回画辑三千只，春满红楼十万家。（《纪胜》温益诗）

　　万户青帘卖酒家。（黄益民诗）

　　鱼虾入市不论钱，户无酒禁人争醉；……（鲍祗诗）

都是一些很值得珍视的资料。包何是中唐时人，他这首《送李使君赴泉州》诗，明显地说明了其时已为外商麕集之地。这是一条一直没有被近代学者发现的、记述泉州对外贸易的最早的资料。日本桑原骘藏著《蒲寿庚考》，其第一章注十"唐代泉州之外国贸易"，所征引的资料，只限于明何乔远《闽书》、陈懋仁《泉南杂志》对唐代泉州的追叙，和《全唐文》、《唐会要》里没有指明是泉州的、关于福建海外交通的记载，其价值当然远不及包何这一首诗。"泉州蕃人巷"一则，亦为《蒲寿庚考》第二章注二"蕃坊"征引所不及。建阳"书籍行四方"一则，也是现在已发现的一条关于建阳刻书业的最早的记载。

　　《宋史·地理志》所讲到的地狭人稠、佛教盛行、封建文化高度发达三点，在《纪胜》和《胜览》里都有比较更详细更具体更生动的描述。摘引如下：

　　邵武军：户口繁夥。（《纪胜》引建军奏疏）

　　　　　地狭山多，田高下百叠。（《胜览》引《郡志》）

　　建宁府：山多田少，溪峻水湍。（《胜览》引《郡志》）

　　　　　溪行石中，田垦山上。（《胜览》四六）

　　　　　桑麻被陇，知农力之甚勤。茶笋连山，喜土风之差胜。（《胜览》四六）

　　泉州：水无涓滴不为用，山至崔嵬犹力耕。（朱行中诗）

　　　　　泉州人稠山谷瘠，虽欲就耕无地辟。（谢履诗）

以上关于地狭人稠。这里面特别值得注意的是这些资料所反映出来的山区已普遍垦辟成梯田的情况。

    福州:山路逢人半是僧;城里三山千簇寺,夜间七塔万枝
        灯。(谢泌诗)

        三山鼎峙,疑海上之仙家;千刹星联,实人间之佛
        国。(陈师尚四六)

        除却弦歌庠序外,家家同念佛经声。(《胜览》连真
        诗)

    泉州:其人乐善,素号佛国。(张阐《赵都官契云录序》)

        多好佛法。(《胜览》引《图经》)

        五季以来,实共推于(为)佛国。(《胜览》四六)

以上关于佛教盛行。

    福州:文士莫如今日盛,方袍更比别州遍。(《纪胜》程师
        孟诗)

        城里人家半读书。(《纪胜》程师孟诗)

        百里三状元。(《胜览》风俗。按,此语指乾道丙
        戌、己丑、壬辰三科状元皆州之永福人。)

        海隅山谷间,人物最多处。(《胜览》王介甫诗)

        路逢十客九青衿,半是同窗旧弟兄。最忆市桥灯火
        静,巷南巷北读书声。(《胜览》吕伯恭诗)

    建宁府:家有伊洛之书,俗如邹鲁之国。(《胜览》四六)

    泉州:地推多士,素习诗书。(曹修睦《乞建州学表》)

        家尚礼乐。(《纪胜》《厅壁记》)

        气象宛同于伊洛。(《纪胜》傅诚四六)

        清源紫帽,素标图谍之传;石笋金鸡,屡谶衣冠之
        盛。(《谯楼上梁文》)

    邵武军:颇好儒,所至村落皆聚徒教授。(《纪胜》引《武

阳志》)

弦诵之声相闻。(叶祖洽《泰宁县记》)

斗绝一隅,在衣冠而独盛;云蒸多志,亦弦诵之相闻。(《胜览》四六)

南剑州:家乐教子,五步一塾,十步一庠,朝诵暮弦,洋洋盈耳。(《纪胜》引《延平志》)

了斋气节,冕仲声名,人才独盛;龟山渊源,延平学问,道统有传。(《胜览》四六。按,陈了斋瓘、黄冕仲裳、杨龟山时、李延平侗,皆郡人。)

兴化军:民物繁夥,比屋业儒,号衣冠盛处,至今公卿相望。(游酢《通判题名记》)

莆蓁尔介于福泉之间,井廛户版,不能五之一,而秀民特多焉。(陈俊卿《贡院记》)

十室九书堂。(《纪胜》引《莆阳志》)

以上关于封建文化高度发达。

上述这三点在《纪胜》、《胜览》二书中都是有几郡有资料,有几郡没有资料,可见这些情况在各郡之间是有差异的。有资料的总是情况比较突出的地区,没有资料的至少是情况不那么显著的地区。有时甚至相反:如漳州不是"地狭"而有"地旷而土沃"(傅自得《道院记》)之目,汀州不是"多向学"而是"民生尚武"(《郧江志》)。这都是在《宋史·地理志》里所看不出来的。

上引这些资料有的并见于二书,有的只见于《纪胜》,但也有不少只见于《胜览》。由此可见,《胜览》在这方面也自有其独特的贡献,其价值并不亚于《纪胜》。

《胜览》对建置沿革确是很不讲究。各府州下普遍存在的缺点是由于记叙过于求简而导致的毛病,举两浙路几个府州为例:

临安府，"隋平陈置杭州，唐改为余杭郡，后复为杭州；国朝钱俶纳土，改为宁海郡"。这一段按文义，应理解为：1. 改杭州为余杭郡始于唐；2. 余杭郡是唐前期的常制，后始为杭州；3. 北宋初吴越纳土，改杭州为宁海军。实际并不如此。查隋、唐、北宋诸地志，可知：隋开皇九年平陈置杭州，大业三年改为余杭郡，入唐复为杭州，天宝元年又改为余杭郡，乾元元年复为杭州。唐末移镇海军节度于杭州，宋淳化五年改曰宁海军。可见 1. 改杭州为余杭郡始于隋不始于唐；2. 唐前期称杭州不称余杭郡，天宝乾元间才称余杭郡；3. 宋初并不是改杭州为宁海军，而是改设置于杭州的镇海军节度军额为宁海军。《胜览》只是因为要省却隋大业改余杭郡，唐初复为杭州，唐末移置镇海军节度于杭州这三句，以致造成了上述这么些错误。

平江府，"隋平陈改苏州，唐因之；国朝太平兴国改为平江军，政和升平江府"。据文，似宋太平兴国改隋唐以来苏州为平江军，政和改平江军为平江府。实际是南唐置中吴军节度于苏州，宋太平兴国三年改军额为平江，政和三年改苏州为平江府。《胜览》因略致误。

安吉州，"隋置湖州，唐及皇朝因之，钱氏纳土，升昭庆军"。据文，似宋升湖州为昭庆军。实际是后周时吴越置宣德军节度于湖州，宋景祐元年改军额为昭庆。也是因略致误。

庆元府，"唐……置明州，……皇朝改奉国节度"。据文，似宋改明州为奉国军节度。实际是后梁时吴越置望海军节度于明州，宋建隆二年改军额为奉国。也是因略致误。

《宋史·地理志》临安府、平江府、湖州、庆元府等条下也不及宋以前置镇海军、中吴军、宣德军、望海军节度，而于府州名下径作改或升为宁海军、平江军、昭庆军、奉国军节度。初以为这是由于元人不谙前朝典制之故，读《胜览》方知祝穆父子已有这种疏谬的写法。修《宋史》者可能即以《胜览》为本，未遑考之于《会要》、《九域志》、《舆地广记》、《舆地纪胜》等书。

因简略而导致错误还不能算大错，但《胜览》叙建置沿革之疏误，殊不止此。略举数例：

湖南路衡州领县中脱载耒阳县。此县置于嘉定四年，在《胜览》原本成书前二十八年，重订本刻成前五十六年。

湖北路汉阳军领"汉川县"，"汉"应作"汉"。汉川是唐五代时旧名，宋初改义川，太平兴国二年又改汉川。

湖北路常德府沿革作"唐昭宗置武胜军节度"，"胜"应作"正"；"后唐为武平郡"，"郡"乃"军"之误。又，"国朝升武平军节度"，"武平军"应作"常德军"。且宋初此郡由节度州降为团练州，至政和七年又以为常德军节度，故曰"升"，今脱载降团练一节，"升"字遂无着落。

广东路新州沿革作唐新州，"国朝因之，升威塞军节度"。按，后唐置威塞军节度于河东道的新州，故治今河北涿鹿县。旋为石敬瑭割让于契丹，两宋三百年始终未尝有此新州之地，当然也不存在这个威塞军军额。《胜览》竟以移指宋代的广东路的新州（今新兴县），这是极大的错误。

不仅各府州叙沿革有误，就是卷首的目录，讹脱之处亦不下五十处之多。其中少数可能是刻工之误，多数因卷内文字与目录同，可见系编书者之误。

全书于州县名称建制，有断于祝穆原本成书年嘉熙以前的宝庆或绍定的，亦有载及嘉熙以后的淳祐、咸淳的，差距达四十年。大概编者只是就其耳目所及，随笔记录，既未尝留意于此，亦不识著作应有断限。

甚至府州和路的统隶关系,也有一处是搞错的。归州于南宋建炎四年自湖北路割隶夔州路,绍兴五年复隶湖北,二十一年又隶夔路,淳熙十四年复还湖北,但次年又有旨令夔州帅臣兼提举归、峡二州兵甲司公事:俱见《纪胜》。本书则将归州误列为夔州路所领,又于"建置沿革"下作"中兴割隶夔州,而夔帅兼提举归、峡兵甲"。这是很可笑的。由于淳熙十四年归州已还隶湖北,十五年又令夔帅提举不属于夔路的归、峡二州兵甲,是出于特旨,与常规不符,所以此后夔帅结衔就得加上"兼提举归峡兵甲司公事"一语。本书编者既然认为"中兴"以来归州一直是隶属于夔路的,那么归州兵甲当然应由夔帅统辖,是作为夔州一路统帅的分内事,"而夔帅兼提举归峡兵甲"一句岂不成了赘辞!祝穆父子对本朝制度懵懂至此,深可诧异;这就难怪元人所修《宋史·地理志》要把淳熙十五年令夔帅提举归峡兵甲一事竟误解为"又隶夔"了。

《胜览》对建置沿革很不讲究,错误相当多,那么,是不是全无用处呢?不能这么说。

首先,《胜览》保存了一份完整的南宋晚年监司军帅治所的资料,这是很值得珍视的。监司军帅治所是宋代各地区兵、民、财赋、刑狱诸政的行政中心所在,极其重要。可是《寰宇记》、《九域志》和《舆地广记》对此全无记载;《宋史·地理志》记载到的只是少数,多数缺载。《纪胜》从它的体例看来这方面该有全备的记载,但有一部分在今本缺卷缺页中;在今本卷帙内者亦间有脱误。此书尽管只是在府州沿革下注上一笔设治于该州的司名,不叙沿革,却是传世的唯一一份包括制置、经略、安抚、总领、转运、提刑、提举、茶马、坑冶以及市舶、宗正各司全部驻所的资料。

其次,就州县而言,本书所提供的一份南宋末年的建制名目及其从隶关系,也有一定的用处。《宋史·地理志》合两宋建制于一篇，往往未能将南渡前后的变革过程记叙清楚，且有脱误。北宋旧制有《寰宇记》、《九域志》、《舆地广记》足资验证，欲求核实南渡后的改制，则有赖于《纪胜》及此书。《纪胜》所载建置沿革详赡过于本书，可是今传本缺卷缺页太多；而本书则详赡虽不足，却完整无缺，这是它的可珍贵处。

兹先举《宋志》有脱误，可据《纪胜》及本书予以补正者数例如下：

《宋志》京西南路随州脱应山县，广南西路静江府脱阳朔县，淮南东路招信军脱郭下盱眙县；《纪胜》、本书不脱。

《宋志》荆湖北路沅州下列有元丰六年已改隶诚州的渠阳县，京西南路襄阳府下列有绍兴七年已省入襄阳的邓城县，随州下列有绍兴四年已省入随县的唐城县，广南西路吉阳军下列有熙宁六年已废的吉阳县（《志》云绍兴六年复，实际并未恢复），淮南东路扬州下列有熙宁五年已省入江都的广陵县，皆误；《纪胜》、本书皆不列。

江南西路南安军治大庾，《宋志》误作南康；京西南路光化军领县光化，《宋志》误作乾德；《纪胜》、本书皆不误。

《宋志》信阳军属京西北路，枣阳县隶京西北路随州，广南西路钦州治灵山县，这都是北宋的制度；《纪胜》、本书载明南渡后信阳军改隶湖北路，枣阳县升为军，钦州移治安远，《宋志》皆失载。

《纪胜》、本书载明南宋以利州东路剑门关为一郡，领剑门县，《宋志》失载。

再举《宋志》失载，亦不见于《纪胜》，独赖本书得以补正者数例如下：

福建路福州领县十三，较之《纪胜》、《宋志》所载十二县，多出福安一县。按，福安系淳祐四年分长溪所置，见《方舆纪要》及《清一统志》,二书当以方志为本。《纪胜》以成书在前故不及载,《宋志》应载脱载。

淮南西路安丰军领县三:寿春、安丰、霍丘。《纪胜》安丰军在今本阙卷中,《宋志》从北宋时建置作寿春府,领县四:下蔡、寿春、安丰、霍丘;下蔡下失去注南渡后罢领。

成都府路崇庆府领县四:晋原、新津、江原,永康。《纪胜》崇庆府在今本缺卷中。《宋志》亦作"领县四",但脱载江原一县。

除风土习俗、建置沿革外,山川、名胜、古迹、名宦、人物等门类,本书采摭虽不及《纪胜》繁富,但亦间有溢出《纪胜》所载之外者;或条目虽二书共有,而文字有所不同,这些资料当然也具有一定的参考价值。

《胜览》作为地志的价值略如上述。至于它所兼具的类书的作用,主要有下列两方面。

一、保存了数量很可观的宋代及宋代以前地志和诗文集中的资料。

《胜览》各府州一般都有许多注明采自地方志,即宋代所修郡志、图经和古地记中的资料。举今湖南省境为例。省境相当于《胜览》的湖南路一府(宝庆)、五州(潭、衡、道、郴、永)、三军(桂阳、武冈、茶陵),和湖北路一府(常德)、五州(岳、澧、辰、沅、靖),共十五郡;十五郡中只有道州一郡未见引用方志,其他十四郡共采录了:

> 盛弘之荆州记　罗含湘中记　郭仲产湘中记　甄烈湘中记　庾仲雍湘中记　湘水记　湘州记　湖南风土记　武陵记　长沙志　潭州图经　潭州旧志　南岳记　衡州图经　郴州图经　郴州郡志　永州风土记　永州旧经　零陵志　宝庆郡志　桂阳志　桂阳旧经　都梁志　武冈军志　茶陵图

经 茶陵郡 志 岳州郡志 岳州旧经 岳州风土记(即岳
阳风土记) 常 德郡志 常德图经 常德旧经 澧州图经
辰州图经 辰州 风土记 沅州图经 沅州郡志 靖州
图经

等三十八种。中间有些府州的"郡志"和"图经"可能实指一书,但
也有可能有些相同的书名所指实为两三种不同的书。因此全书一
百九十五郡虽未经清点,估计当有一百数十郡采录了方志资料,被
采录的方志约达四五百种。今传世宋及宋以前方志不过二十多
郡、四十多种,是则《胜览》所保存的资料,以郡数种数论,殆七、八
倍于传世者。尽管每种不过寥寥几条,也就弥足珍贵了。

再者,《胜览》为王谟《汉唐地理书钞》、陈运溶《麓山精舍丛
书》中湖南古地志辑本辑录所不及。因此,书中所征引的宋及宋
以前地志资料,多出于王、陈二氏辑本之外。王谟书成于《纪胜》
流传之前,所以连《纪胜》都没有看到。陈运溶书成于光绪,故《纪
胜》为辑录所及,何他也没有看到本书。今以本书与陈辑湖南地
志相核对,则本书所引不见于陈辑者得三十五条,又有若干条二书
并见,因陈氏系辑自他书,故文字有出入而互有短长。

方志之外,本书所录自其他古籍的条目,也往往出于今传本之
外。例如:湖南路郴州马岭山引《舆地志》一条,与《初学记》所引
马岭山条完全不同。潭州屈潭引《荆楚岁时记》一条,不见于今传
《汉魏丛书》本《岁时记》。今本《岁时记》非原本,乃明人从类书
中辑出,而检阅未周,挂漏殊多。余嘉锡在其《四库提要辨证》中
为补辑十余条,但亦未及《胜览》此条。

湖南一省如此,所以《胜览》全书可供辑录校勘古地理书之用
的资料,殆当十倍于此。

此书所搜集名家诗文,据卷首列目,共有二三百家,一千七百

五十篇。兹任取中间王安石和朱熹二家作品中的文与《四部丛刊》影印明刊本《临川先生文集》、《晦庵先生朱文公集》相核对，即发现卷 39 邕州风俗门所引王介甫《谕交趾文》(卷首目录作《谕俗文》)，为《临川集》所无；卷 17 南康军堂舍门所引朱元晦《直节堂记》，为《朱文公集》所无。各卷所录诗的数量远过于文，若一一核对，必能多所发现。除了所采大名家的作品可以补文集的阙佚外，更重要的是，多数人的集子今已不传，这些人的作品，端赖此书辑录而得以流传。所以此书对纂辑庸宋人的诗文，肯定能发挥很大的作用。

二、可用以校正传世宋以前名家诗文集中的讹脱。

《胜览》采录了大量前人诗文，它所依据的当然是宋本，若据以校勘近代传世各家诗文集，遇有差异，往往可以发现一些前者较胜于后者处。举几个例：

取江西路吉州名宦张中丞条所录唐皇甫湜《吉州刺史厅壁记》与《四部丛刊》影宋刊本《皇甫持正文集》中此文对校，至少有四处异文，都是《胜览》胜于《文集》：《胜览》"噫眙良久"；《文集》"眙"作"咍"。《胜览》"法防既周，铢两之奸无所容"；《文集》"周"作"用"。《胜览》"雌亦为铦，跖亦为廉"；《文集》"雌"作"雄"，"跖"作"路"。《胜览》"始绁而苦，终优以恬"；《文集》"而"作"始"。

《四部丛刊》影印宋务本堂本《集注分类东坡先生诗》卷 2 "虔川八境图八首"第一首第一句作"坐看奔滩逸石楼"，《纪胜》引此句"奔滩"作"奔湍"，《胜览》此二字作"惊湍"(江西路赣州亭台)。"滩"显系误字，"惊湍"又胜于"奔湍"。《四部丛刊》影印宋刊本《经进东坡文集事略》卷 55 "钱氏表忠观碑"末的铭文中"笃生异人，绝类离群"的"群"字，《胜览》作"伦"；"强弩谢江，江海为东"

的前一"江"字，《胜览》作"潮"（浙西路临安府名宦钱镠）。"伦"、"潮"也优于"群"、"江"。

以上这些例子是在随便核对十来篇诗文中发现的。可见，若能用《胜览》遍校今传本宋以前诗文集，收获必多。

在结束本文之前，还有一个问题需要提出来考证一下，即这部七十卷的宋刊本《胜览》是不是足本？这是一个不容易彻底解决的问题。而与此书成书年代相近体例相似的《舆地纪胜》，也存在着同样的问题，合应一并讨论。

《纪胜》卷首编者王象之自序云："东南十六路则效范蔚宗郡国志条例，以在所为首，而西北诸郡，亦次第编集。"似乎是说全书在"东南十六路"即南宋版图之外，也包括"西北诸郡"即绍兴和议割让于金的中原地区。而《读史方舆纪要》和《大清一统志》所引《纪胜》，又确有在北宋京东、京西、陕西、河东等路范围内的，这就更像《纪胜》全书应不限于南宋偏安版图，而是兼及北宋全盛时的提封的，那么怎样解释今本只有"东南十六路"呢？清道光中岑建功在刻印了《纪胜》后，又倩人辑录诸书所引《纪胜》不见于今本者，刻附于后，以《舆地纪胜补阙》为名，凡十卷。其卷10所录即系辑自《方舆纪要》、《清一统志》的中原地区十一条。在刘毓崧代岑氏所撰的自序①中，认为这几条是王象之在"东南诸路纂辑告成"后，"复就西北诸州别为续录"中的内容。又说，清初钱曾所藏的《纪胜》，犹是包括续录的完本，《纪要》、《清统志》所引中原诸条，即据此本，"亦未可知"。但到岑氏刻印《纪胜》时，便只剩下记载"东南十六路"的二百卷，记载"西北诸州"的"续录"则已归亡

---

① 此篇又收入刘氏《通义堂文集》卷7。

佚，只能就《纪要》、《清统志》中辑出此十数则了。

按刘氏此说，殊难成立。说《纪胜》在南宋疆域二百卷外另有记述中原的续录，那么为什么从与王象之差相同时而稍后的陈振孙《直斋书录解题》起，历代书目著录《纪胜》都只作二百卷，不说另有续录若干卷？何况陈振孙又明说《纪胜》于"关河版图之未复者，犹不与焉"；说钱曾藏本犹是包括续录的完本，那么为什么钱曾以前的本子反而不包括续录，如《舆地碑记目》所据以辑录的那个本子也只限于南渡后疆域？又为什么钱曾自己也有《纪胜》二百卷，"而幅员之版图未复者不与焉"（《读书敏求记》）这句话？可见《纪胜》有续录之说是不可信的，王象之只记述了南宋的版图，别无记述北宋版图的篇帙。

《胜览》的情况与《纪胜》几乎如出一辙。在卷首吕午序中，吕氏希望宋朝能恢复"故疆"，祝穆能把《胜览》的记述范围扩张到全部"禹迹"。在重订本祝洙跋的末尾，提到他在"泚笔以俟""雪耻百王，除凶千古"，准备"大书特书不一书，铺张金瓯之全盛"。这两段话本来很清楚，祝穆原本和祝洙重订本的内容，都只限于南宋版图；至于把中原郡县也包括进到这部书里，那只是表示了他们志存恢复，有此抱负而已，并没有见诸行事。但是，由于在《方舆纪要》和《清一统志》的直隶、陕西、河南三省境内，共有十来条记载引自《方舆胜览》，因而，清中叶以来学者如刘毓崧、刘师培等，便以为祝穆是在记述东南诸路的《胜览》"成书之后更有补编"（《舆地纪胜补阙序》），而今所传宋刊及抄本七十卷"殆非全书"（《左庵集》卷5《方舆胜览书后》）。这种说法也和《纪胜》在二百卷外另有续录之说一样，绝不可信。祝穆若有记述到中原的补编，祝洙在祝穆身后岂得还在说什么"泚笔以俟，铺张金瓯之全盛"？祝洙在跋里明明说全书为七十卷，正与今传本卷数符合，岂能说不是足本？何况原本的吕午序文、重订本的祝洙跋文，本身已足以证明这部书从没有记载到中原郡县。

我们否定了《纪胜》有续录、《胜览》有补编之说，那么何以解释《方舆纪要》、《清统志》引用了这两部书记述到中原的条文呢？当然，不能说顾祖禹和纂修《清统志》的学者们会无中生有，但是，很可能他们是上了当。他们所见到的记述中原郡县的《纪胜》和《胜览》。实际应并非出自王象之和祝穆、祝洙父子之手，而是后人依据其他资料编成的冒名的《舆地纪胜》、《方舆胜览》；就好像严观的《元和郡县补志》、陈兰森的《太平寰宇记补阙》，都并不是《元和志》、《寰宇记》原文，而是严、陈二氏杂采其他舆地书编集而成一样。可惜《纪要》和《清统志》所引用的本子现在已看不到了，所以这样的解释，还只能说是一种合理的推断而已；由于未能找到确证，不能说已彻底解决了这个问题。

1984 年 9 月 14 日

（原载《中华文史论丛》1984 年第 2 期）

《黄河史论丛》前言

　　研究黄河变迁的历史,在我国是有相当悠久的传统的。解放以后,为了总结历史时期治理黄河的历史经验,黄河水利史、黄河中上游自然环境和下游河道变迁等研究课题越来越受到有关同志的重视。50 年代出版了中山大学岑仲勉教授数十万言巨著《黄河变迁史》,前几年黄河水利委员会也编纂了《黄河水利史述要》。这些专著为当前的水利建设提供了宝贵的参考资料,同时也推动了水利史、历史地理等有关学科研究工作的深入。

　　作为历史地理工作者,我们也做过水系变迁方面的专题,包括对我国自然环境和社会经济影响最大的黄河变迁的研究。我们深切体会到,要真正搞清历史时期黄河变迁的原因及其规律,总结人们在治理黄河过程中正反两方面的经验,需要注意下列两个方面。

　　第一是实事求是的态度。党的十一届三中全会恢复了实事求是的优良传统,我们进行学术研究为的是探索真理,更需要遵循实事求是的原则,贯彻实事求是的精神。以前在研究历代河道变迁和水利工程方面也有"左"的干扰,强调与所谓"政治"挂起钩来。比如讲黄河变迁,有的同志总认为统一时期国力强盛,政治清明,河患较少;分裂时期战争频繁,政治黑暗,河患就一定很多。然而见于历史记载的情况却偏偏并不如此。统一强盛的西汉时代,特别是汉武帝以前百有余年河患很频繁,而魏晋南北朝长达四百年之久的分裂时期战争不绝，政府无暇顾及河事，河患却相对地大大减少。唐朝号称封建社会的极盛时期，河患也比魏晋南北朝多。宋金以后，不能说没有相对的太平盛世，但河患可以说一直是愈演愈烈。可见政治上的治乱至少与河事并不密切相关。有的同志为了坚持政治上治乱是黄河决溢频繁与否、黄河流域水灾多少的决定因素这种看法，硬说魏晋南北朝是黄河史上记载缺略时期，只是记载缺略而已，实际上那时河患不会很少。这当然完全出于主观臆测，谈不上有什么科学性。有的同志讲治河历史，总是说古代劳动人民如何伟大，治河成效如何显著，国民党反动统治时期河政如何腐败，解放后治河成效又何等显著，等等。这种说法更令人喷饭，试问：封建社会难道不算是反动统治吗？封建时代的河政难道比国民党时代远为高明吗？所以研究黄河变迁，同研究其他学术问题一样，不能简单化、公式化，应该先弄清史实，具体情况具体分析，实事求是，才能真正认识客观规律。

第二是全面看问题，要用辩证的研究方法，而不是片面地、形而上学地看问题。比如有人认为黄河的含沙量古今基本不变，因而历史时期黄河上中游水土保持状况的变化与下游河道变迁的关系不大，决定下游河床闹不闹决溢的关键在于防洪工程做得牢固与否。有的则认为先秦时期黄河中上游植被覆盖良好，水土流失轻微，所以河患很少。只是西汉以后，中上游森林植被破坏，水土流失加剧，才引起下游河道的不断改道，因而下游工程的意义不大，要消弭河患，主要在于中上游的水土保持。这两种观点都有其片面性。一方面，考古资料、文献资料都证明：在战国中期黄河下游全面筑堤以前，河道在河北平原上是经常决溢改道的；筑堤以后河道才固定下来，形成见于《汉书·地理志》、《水经注》记载的西汉大河故道，维持到王莽时代不变。可见在中上游植被良好时期，并不能使黄河的含沙量减少到下游即使没有堤防也不闹决溢。另一方面,后代如明万历年间潘季驯治河、清康熙年间靳辅治河,都致力于下游的河防工程,河患都有一定程度的减轻。解放以后,由于河防工程搞得好,尽管中上游水土流失仍然很严重,三十多年来没有发生过决口,有力地证明了下游工程的重要性。可话又得说回来,黄河中上游水土保持毕竟是消除下游河患的根本措施。东汉以后直至唐代,黄河在近千年时间里决溢很少,也没有发生过大的改道。如果完全归功于东汉初年王景主持下仅仅历时一年的治河工程,显然是说不通的。这不能不与中上游植被状况的改善、黄河水流泥沙相对减少有关。所以我们认为根据历史的经验,中上游的水土保持和下游工程措施是缺一不可的,只强调一个方面,就失之偏颇。

由此可见,要探求黄河变迁的规律,总结治黄的历史经验,首先要把黄河变迁的历史过程搞清楚。近年来收到不少同志(特别是年轻同志)来函询及黄河变迁的具体史实问题,当然在回信中是很难讲清楚的。于是我们考虑编一本集子,将一部分反映黄河历史基本概貌的论文汇集在一起,以便初学者对黄河的历史有一个轮廓的了解。有关黄河历史的论文很多,这里选的不一定恰当,不免挂一漏万。如果这本小册子对年轻历史地理工作者有一点帮助的话,也算是不违初衷了。

1985 年 4 月

(原载谭其骧主编《黄河史论丛》,复旦大学出版社 1986 年版)

一部高质量的读史工具书——《中国历史大事年表（古代）》

　　任何出版物都应该重视质量，工具书更该加倍重视质量，要求高质量。因为工具书的读者面广，使用频率高，发行量大，一般都十倍百倍于其他出版物，工具书的质量高低，其影响当然远过于专著、论文、资料汇编等。

　　近年来各地出版了大量工具书，但算得上高质量的几乎不多。这主要是由于具有高水平的学者肯花上几年工夫去编一部工具书的，绝无仅有；而当前社会上对各种工具书的需求甚为迫切，因此，一般都采用了集体编写的办法。邀集了大批人撰稿，请其中若干人做编委，又由其中几个人做主编、副主编，并制定了所有撰稿人写成的稿子都要由编委、主编逐级审定，才能交付出版社这一类的编纂工作条例。这种办法本来很好，可要每一个环节都认真负责，才能保证质量。而事实上很难办到。许多撰稿人心想反正有编委、主编负责把关，自己不必太认真，不妨马虎点。而当编委主编的，一般都只能把稿子粗略看一遍，只要文从字顺，不发现刺眼的错误就通过了，真正能做到仔细审核的极少；有的甚至连看都不看一遍就签上了名。书成众手而多数人不肯认真负责，这怎么能保证质量？

　　工具书的撰稿者、编委、主编们之所以不够负责，原因之一是由于这些人或其中一部分人的确太忙，他们不可能抽出足够的时间精力来认真对待这项工作。另一个重要原因则是由于近年来向钱看的社会风气侵袭了知识界。许多人都不愿把时间精力用在追求质量上，只想草草了事，反正稿费是按字数而不是按质量计算的。更有甚者，还有些人把编工具书作为生财之道来看待。因为写文章写书是不能抄袭别人的，自己写起来太吃力，写成了还未必能为刊物、出版社所接受。而编工具书则堂而皇之可以抄，只要从若干种旧工具书或原材料中把同一门类的内容抄下来，就可以成为一种新工具书。其书名往往是很趋时的，为广大读者所欢迎的，出版社当然也乐于接受并赶快予以出版。这真是一种文化人极妙的生财之道，可以在很短时期内捞取巨额稿费。这种人为了要多得、快得稿费，当然一心只想抄得多、抄得快，哪里还会去管抄下来的东西是否正确？就是原本正确的材料，也会被他们抄错。这样编出来的书，其质量之高低也就可想而知。

说近年出版的工具书高质量的不多，不等于说没有。别的方面我不清楚，就史学领域而言，沈起炜教授编著的、1983 年底由上海辞书出版社出版的《中国历史大事年表（古代）》一书，质量就很高。并且不是一般程度的高，而是高到大大超越了前此同类作品，可以当之无愧地称之为建国以来史学工具书中的高水平代表作。

我不可能将此书的高处一一列举，只举其荦荦大者：

一、古代史的最早部分原始社会时代，无论是见于考古资料的或文献资料的，都无确年可指，向例不入年表。本书作者意在"使读者既便检事，也可以通过浏览全编，略知我国古代史事要略"，特于篇首辟"原始社会"一章。对考古发现的旧石器时代，按距今××万年前，列举了自元谋猿人至扎赉诺尔人十三目。对新石器时代，分中原、西北、长江下游、中游四地区，按"约公元前×千×百年"，列举了自裴李岗文化至屈家岭文化十四目，目下又举出若干重要遗址。对文献中的传说时代,则列举了自有巢氏至禹十五目,每一目都作了简括的说明。

中国古代史的第二部分自夏代起至西周厉王以前,古籍记载历年不一,后世学者所作推算,更是众说纷纭。过去的年表或不予入表,则缩短了历史;或凭臆断择其一说入表,终觉欠妥。本书按约公元前×世纪及帝王继位次第排列,系以诸王在位时大事,并择要注出年代异说,既便查检,又可以避免使读者轻信一说。

二、通常历史年表所载大事一般只限于政治军事方面,本书则对经济文化等方面也多所反映。除采自史乘外,也还收入了考古发现。如见于《汉书·食货志》的大事,基本上都见于本书西汉诸年。经学上的大事如"今文尚书"的传习始于晁错受教于伏生,今古文之争始于刘歆请立《古文尚书》、《左传》、《毛诗》、《逸礼》于学官也都予以收载(见文帝前九年公元前171年、哀帝建平元年公元前6年)。高后二年(前186)条提到长沙国相轪侯利苍死,从而载及1973年长沙马王堆汉墓中所发现的地图(现存最古地图)、帛画和天文医药等书籍以及绚丽的丝织物。

许多事物如笔、纸等的起源,也都收载了考古成果,其正确性大大超过了文献中的记述。

通常年表只载名人卒年,不及其他,本书于卒年下都系以此人的字、号、谥、学说、著作等。所收人物亦较广博,除政治家、军事家外,兼及思想家、文学家、艺术家和科学家等。

三、封建帝王纪年的准确性本书也有超过前人处。如南明一般都作终于永历十五年公元1661年,本书改作永历十三年1659年。实际1659年初永历帝避清兵由云南走缅甸时,在边境上就被缅甸解除了随从武装,南明政权已不复存在,还要在1660、1661年列上"永历十四年"、"十五年"是没有道理的。1661年,不过是永历及其随从被缅甸在清军威胁之下转送于吴三桂军前,身份由缅甸监禁之下的逃亡集团变成清军的俘虏,不能说是南明政权至此才结束。

汉以后帝王用年号,改元不一定在元旦,又或一年改元几次,本书将改元的月份一一在某年号的元年下注出,加强了准确性。

大事发生年份有异说的,择要注出。如周武王伐纣之年共有十八说,注出了常见的前1122、前1066、前1075、前1027年诸说所本。绝对年份不明而大致时间可推定者,注明事在哪一段时间,姑系于某年。总之,全书的大事纪年极为谨慎。

四、全书二百多条注,分列在各页页末。几乎全是既必要又精辟的解说或考证。举几个例:

春秋齐鲁柯之盟,曹沫以匕首劫齐桓公反鲁侵地一事,既见于《荀子》《管子》《吕氏春秋》《战国策》,又数见于《史记》的《十二诸侯年表》、《齐世家》、《鲁世家》、《刺客列传》,然不见于《左传》,与《左传》前后记事亦不合,前人已多指出。本书21页庄公十三年条下提到此事时加上了"相传"二字,注中交代"或出于战国人伪造"。

《史记·赵世家》所载"赵氏孤儿"事,证明从《左传》及《史记》的《十二诸侯年表》及《晋世家》有关记载,显然不可信。本书33页注中作了简扼的考证。

孔子杀少正卯事虽见于《史记·孔子世家》,学者多谓出于虚构,本书46页定公十二年条下不收此事,注中有交代。

49页注中交代了我国进入封建社会始于何时的说法很多,大致有西周、春秋、战国、秦统一、东汉、魏晋六说。本书采用了当今史学界通行的郭沫若所主张的始于战国说,又将公元前475年作为战国始年,即周元王元年。但又指出元王元年有前476、前475

两说,《史记·六国年表》和郭沫若著作所取实系前476年。

60页载秦孝公统一度量衡,注用传世实物及出土古籍中记载,考证了折合今制的具体数字。

64页前318年条载公孙衍(犀首)发动五国合纵攻秦,注中说明公孙衍系与张仪同时的合纵倡导者,《国策》、《史记》所言苏秦为六国相、合纵抗秦及苏张同学等事,均误。

89页在汉武帝建元元年条下注明元鼎始用年号,元鼎之前建元等四号皆出于追定。

92页在元朔元年条"鲁共王馀死"下载"传共王有在孔壁中得古文经籍事"。注云:"《史记》无鲁共王坏孔子宅发现壁中藏书事。西汉末刘向、刘歆始有此说,不可信。《汉书·艺文志》谓在武帝末,时共王已死了多年,错误更是明显。"

96页在元封六年前105年下载"经学家孔安国至迟卒于本年"。注中指出:"《史记》记事止于太初(前104—前101年),《孔子世家》附述孔氏子孙,谓安国早卒,故其卒年必在太初以前。刘歆谓安国于天汉(前100—前97年)之后献《古文尚书》,显误。从《史记》的记事,可知司马迁见到过《古文尚书》和《春秋左传》。"

本书之所以能达到如此高质量,当是由于:一、作者本是一位高水平的积学之士;二、他是花了七八年工夫才编写修改而成此书的。这和书成于众手而无人把关,以及作为生财之道集抄而成的一些工具书,理所当然是不可同日而语的。

几年来我自己受惠于此书者殊不在少,所以我认为这本年表不仅可供一般读者检查史事、学习中国史之用,就是专攻史学的同志们,也应该在手头备此一册,随时翻用,肯定会对自己的工作和扩大巩固国史知识带来很大的方便和好处。

(原载《辞书研究》1987年第6期)

《中国古代地图集》序

　　搜集、整理、汇编古文献，虽不是创造性的文化建设工作，但对文化保存、传布所作出的贡献是很大的，可以说不下于，有时甚至有过于创作者。

　　最显著的例子是：作为中国上古文化的瑰宝《五经》，不论它们与周公、孔子有没有、有多大的关系，总之全是古代相传某一门类文献的汇编或整理本，而不是出于一时一人之手的创作。《易》是古人占卜之辞和解释这些辞的作品。《礼》是古人记载下来的关于礼仪典章的条文和论述。这两种文书都是到西汉时才被汇集写定成书，以后遂传习不绝。春秋时许多国家都有以"春秋"为名的编年史书，周、晋、燕、齐、宋等国的"春秋"都未能传诸后世，唯独鲁国史官所记鲁《春秋》传了下来，这多半是由于经过孔子的笔削整理，因而被后世儒者尊为经典之故。我们更不能设想要是没有人把几十篇商周至春秋战国的文件汇集为一部《书》，没有人把三百零五篇周初至春秋中叶的诗歌汇集为一部《诗》，这些诗、文能以散篇的形式一直流传下来。整理汇编的功绩之巨大，于兹可见。

　　《汉书·地理志》和《水经注》是两种具有重大价值的中国古代地理名著。中国文化宝库中能拥有这两部名著，当然得归功于班固和郦道元。但班、郦二人的贡献，主要不在于二人自己的撰述，而在于他们把许多有价值的原始地理著作搜罗汇编在一起，从而使这些宝贵资料不至于散佚失传，得以传诸后世以至于今。要是没有班、郦，这么许多价值很高而篇幅短小的原始作品，就不可能流传下来。

《汉书·地理志》卷首主要辑录《尚书·禹贡》、《周礼·职方》两篇；卷末主要辑录成帝时刘向所言"域分"和朱赣所条各地区"风俗"；中间正文部分叙述西汉后期郡和县二级政区的建置沿革、户口、山川、关塞、城邑、祠庙、古迹、特产等，则主要依据成帝元延、绥和之际（前9年左右）和平帝元始二年（2年）两份簿籍拼凑而成，可能还采录了一些其他资料。总的说来，全志属于班固自撰性质的章句极少，大致到不了十分之一；这篇重要文献的价值至少可以说什九在于辑录旧文。《禹贡》、《职方》由于早已被收入《尚书》、《周礼》，作为儒家经典的一部分篇幅而一直保存得完整无缺，所以班志卷首辑录这两篇，并不显得是一种大贡献。至于正文所辑两份郡刚簿籍和卷末所辑"域分"、"风俗"，那就太重要了，内容丰富多彩，是全志的精华部分。两份郡国簿籍记录了西汉后期的疆域政区、户口分布、水道源流……等等；"域分"和"风俗"把西汉各地区的经济人文情况铺陈得比《史记·货殖列传》更为详备。我们当然得感谢班固把这些原始资料辑录下来作为《汉书》篇幅的一部分而传诸永久，否则几乎可以肯定早已失传。

古今有许多学者认为，全部《水经注》内容除一些注明引自前人著作的词句外，便都是郦道元根据他自己调查、考察、研究所得写下来的，这是极大的误解。实际郦道元的足迹非但到不了南朝境界，就是在北魏境内，据《魏书》本传所载，也只到过很有限的几处。当然他到过的地方可能会比列传提到的多几处，但他自己在《水经注序》中就说过"少无寻山之趣，长违问津之性"，他的治学方法是"默室求深,闭舟问远",可见他决不是一个大旅行家,更不可能是一个从事大范围实地考察的地理工作者。《水经注》这部书是怎样写成的呢? 他在自序中也有所交代,那是"窃以多暇,空倾岁月,辄述水经,布广前文","脉其枝流之吐纳,诊其沿路之所躔,访渎搜渠,缉而缀之"。原来他是根据"前文"即前人作品所载水道源流和两岸经历,一渎一渠地缉缀下来的。可见郦注和班志一样,主要贡献也是在于郦道元纂集了大量的前人地理著作,而不是根据他自己亲见亲闻所记下来的那一小部分。

有些人可能会说,郦注在引用前人著作时不是都交代清楚了吗? 虽然引书多至四百多种,但引文所占全书篇幅并不多,不能因此便认为这部书的性质属于"述而不作"。殊不知古今撰述体制不同。今人著书写论文凡引用前人、他人著作,不论是整节或一句两句,都必须打上引号,注明出处,不这样便公认为是不谨严、不道德的行为。古人可没有这样严格,引用前人著作可以交代出处,也可以不交代,一随行文的方便。《水经注》正是这样做的。郦道元自己在序中说得很清楚,他是在"布广前文",他当然可以大段整节移录"前文",无需一一注明引自某书。例如,《江水注》中描述三峡景象的从"三峡七百里中"至"猿鸣三声泪沾裳"那一段,脍炙人口,向来被人们选为显示郦道元文学造诣的代表作;其实这一段是从盛弘之《荆州记》里抄过来的(见《太平御览》卷 53),并不是郦氏自己的创作。但在郦氏则认为可以径行采用,用不着交代出处。这是当时的习惯,并不可怪。一部《水经注》记载到的地域范围是那么辽阔,每处又都要既写地理情况,又写历史事迹,有些段落又描述得那么细致,这决不是凭个人的经历所写得出来的。所以全书采用前人著作而不注明出处的部分,肯定要比注明出处的那部分多上几倍。这也就是说,郦注基本上是一部地理著作的汇编,并不是个人的创作。

这样说决不是贬低《水经注》的价值,蔑视郦道元的贡献。《水经注》之价值连城,正在于它汇集了郦所见到的数以百计的两汉六朝地理著作中的大量资料。郦道元对中国古代地理学作出了杰出的贡献,正在于由于他的搜罗整理汇编,才使大量久已失传的原始地理著作中的一部分宝贵资料,得以流传下来。

上举这些例子,说明了将零篇短帙古文献汇为一编是何等的重要。文字资料如此,图画资料更是如此。

地理之学,非图不明。地图对表达地理情况所起的作用,往往比地理著作更大。我国具有悠久的制作地图的传统,在西周初期的文献记载和铜器铭文里,已有为营建洛邑而绘制的选定城址图(《尚书·洛诰》),为统治者指示"次序祭之"而绘的山川图(《诗·周颂》),记录重大军事行动的《武王成王伐商》,表示王畿以东诸侯疆界的《东国图》(宜侯矢簋铭)等等,足证在此以前必曾已有一段较长时间的制图技术发展过程。尽管目前还没有在原始社会遗存里发现过地图实物,也没有在甲骨文卜辞里找到有关记载,但我们不能排除我国在原始社会晚期、奴隶社会早期已有地图的可能性。

《周礼》中《天官》、《地官》、《春官》、《夏官》等篇所载地图品种极为繁多,有包括当时所知"天下""九州"的大面积图,有一遂(一万家)乃至一闾一里(二十五家)居住区的小地区图;内容则有山林、川泽、丘陵、坟衍,原隰等地貌,有邦、国、都、鄙、乡、里等政区,有农、牧、矿、动植物等物产,有交通路线,或民族分布,有可以据以判决闾里争讼的土地图,有贵族和庶民的墓葬图等等。《管子·地图篇》所载地图精确度极高,战争时可据以审知道里远近、地形险要,决定行军路线,举措先后。《周礼》、《管子》所说到的地图有一部分可能出于作者想象,未必实有;有一部分当系二书写成时代即战国时代的实况,也有一部分很可能反映了西周、春秋时的情况。

自秦汉至明清,地图的制作随着时代的进程日益普及、发展。单就唐宋时代而言,当时定制,全国各府州每三年或五年都要绘制一次本州地图,和本州的版籍一起上报尚书省。唐、五代、两宋以六百年、三百州,平均每四年一造送计,即有州图共四万五千。宋咸平后又令诸路十年一上本路图,则两宋又当绘有各路地图数百。尚书省由兵部职方司掌管各地送到的地图,并将备地的图拼合画成一大幅"天下图",唐五代称为"十道图",宋改称"九域图"。除统治所及地城内的政区图外,又画有域外的"四夷图"。域内外合起来则为"华夷图"。除疆域政区图外,又有边防、屯牧、邮驿、河渠水利等特种图。除政府各机构和各级地方政府所绘制者外,又有学者私人所制作的各种地图,包括有突出成就的裴秀《禹贡地域图》、贾耽《海内华夷图》、朱思本《舆地图》等等。总之,在这两千多年中曾经制作出来的地图应以万数计,其中有名目见于各正史艺文志、经籍志、纪、传和唐宋以来类书以及诸家书目、其他记载的,即不下数百种乃至上千种。

中国自古以来重视图不下于书,故图与书合称"图书"或"图籍",用以包括所有的传世文献资料。从历史时期的记载看来,图与书确是长期以来都受到同样的重视。可是,古籍在历经千百年来大灾人祸之余,流传至今的约计达十余万种,论卷数则应达数百万。而古代地图若以一幅图抵一种书,则流传下来的不及古籍百分之一;若以一幅图抵一卷书,则只有古籍的千分万分之一。古地图流传至今的为什么这么少,推原其故,当由于:

一、图的摹绘比书的传写要难得多,所以图的摹绘本一般都要比书的传写本少得多，流传到后世的机会也相应的减少。有些见于记载的图也许本来只有一幅原制品，从没有复制过，这种以孤本形式保藏起来的图，其存在时期当然不可能很久。

二、古代的制图技术还不大可能在等大的缣帛或纸张上，用多种不同比例尺来画出面积大小不同、内容多少不一的地图来，图幅的宽度长度一般都得跟着所画地域范围的大小和内容的多寡而或大或小或长或方。各种地图图幅大小和形状的差别很大，所以只能都以单幅形式收藏，难以装订成册。这就比成册成函的书籍保存起来难得多，一遇事故，更容易损失。有些地图如晋裴秀所见司空所藏"旧天下大图"，用缣八十四；唐贾耽所制《海内华夷图》，广三丈，纵三丈三尺。这么大的图幅，当然极难长期保存下来。

三、历代书籍或藏在官府，或散在民间；散在民间的比重大致随时代的推移而逐步增加。因而古书的大部分虽在多次劫难中被毁灭了，却还能有小部分保存下来。古代地图则几乎全部是收藏在官府里的，民间藏有地图虽不能说绝无，必然是很少的。因而劫难之来，凡是画在竹、木、纸、帛等材料上的地图，即无一能幸免于难；幸存下来的，只能是刻在石碑上的，或埋在坟墓里的。

四、还有一点就是古代的零碎文字资料可以被汇编为一部"经"而流传下来，可以被采入一朝的"正史"而流传下来，可以被辑缀成一部书而流传下来，而这几种"可以"对难以摹绘、大小不一的单幅地图而言，却都是不存在的。所以不仅经书里没有图，就是地理专著如《汉书·地理志》、《水经注》里，也都是只有文没有图，尽管班固、郦道元都看到过不少前代和当代的地图。这就注定了古地图能否流传下来的命运，完全取决于原制品和当时少量的复制品能否经历千百年来多次天灾人祸仍然保留下来。而事实上这种可能性是不存在的，除非已刻在石上或埋在地下。

　　正由于地图的流传要比书籍难得多,因而传世的地图不仅数里很少,年代也较近。近代学人所能看到的最早的地图,原来只有八百多年前宋代人所绘制的几幅。直到 1973 年在长沙马王堆三号汉墓出土了埋葬于汉文帝十二年(前 168)的画在帛上的地图,才使我们看到的古地图实物,一下提早到二千一百多年前。但比之于三千多年前的见于《诗》、《书》和甲骨钟鼎的商周文字记载,仍然要晚上千把年。并且,自汉文帝至北宋后期之间的一千多年,至今也还找不到一幅符合严格意义的地图。本图集所能搜集到的,只有几幅略具地理意义的建筑图和城市图。

　　古人在当时的技术条件限制之下,除了刻石、入土之外,即无法将地图长期保存下来,也无法把许多单幅地图汇为一编。时至今日,对古人说来是无法克服的限制早已为现代技术所突破。我们当然再也不能听任那些历经劫难幸存下来的古地图,仍然像过去那样只是将原制品或加上极少量的复制品庋藏在图书馆、博物馆、档案馆的善本珍品库里,不令广泛传播;仍然像过去那样以单幅零页的原貌或作为罕见版本书籍的插图而散在各处,不予汇集成编。利用照相缩印技术把古地图拍下来汇集成编,这是一种保存古文物、传播古文化必须做的工作。这种工作世界上有许多历史比较短的国家都已做了,我们这个文明古国到今天才来动手做,应该说是已到了不容许再推迟的时候。但是由于资料太分散,要汇集起来颇不容易。中国科学院自然科学史研究所为此特于 1983 年 9 月邀集有关庋藏研究单位,组成了《中国古代地图集》编委会。在社会主义大协作精神鼓舞之下,经过三年的努力,现在第一册即将定稿付印了。这是学术界一件很可喜可贺的大事。从此以后,目前传世的古地图就再也不会因原件偶然被毁而连图的内容也随之消灭了。从此以后,原来很难看到看全的很分散的许多珍品孤本,可以通过翻阅几册汇编起来的图集而窥其全豹了。所以这套地图集的出版,既具有保存文化遗产的作用,又可以促使有关学者较前更深入一步研究我国古代地理知识和测绘制图技术的发展过程,从而为发扬传播中华民族传统文化立功。就其贡献的性质而言,是可以与汉儒结集儒家经典、班固将西汉地理资料编入《汉书·地理志》、郦道元将汉魏两晋南北朝地理资料辑缀成为《水经注》差相媲美的。

本图集预定分三册陆续出版。第一册收集了元以前绘制的地图五十余种、一百多幅;第二册将收集明代绘制的地图;第三册将汇集清代前期绘制的地图。原则上凡古人画在帛上、纸上或壁上的,刻在石、砖、崖壁、木板上的,属于文物性质的,全收;原来是一些刻本、影印本书籍中的印刷图则不一定全收,一部书里有几十幅图的,一般选收其中有代表性的几幅。文物性质的图所以要规定全收,当然是由于其价值高,原件难以看到。所以我在此一方面热烈庆祝第一册即将与读者见面,一方面又迫切希望第二、第三册能尽快编定出版,因为我知道第二、三册中必将收集比第一册更多的属于文物性质的绘本地图,这些图原来都是我们极难看到的,深藏在博物馆、档案馆、图书馆里的孤本。

1986 年 7 月 3 日

(原载《文物》1987 年第 7 期)

《河山集》第四集序

军事地理学研究军事与地理条件之间的关系,是人文地理的一个分支,也是军事科学的一个组成部分;其研究成果对指导军事行动具有重要意义。了解古代的军事地理是更好地认识当代军事地理的重要条件,因此,历史军事地理学也是军事地理学中不可或缺的一部分篇章。

《孙子兵法》十三篇,其第十篇《地形》讲到军行所属的通、挂、支、隘、险、远六种地形,第十一篇《九地》讲到作战地区在整个战争中所处的散地、轻地、围地、死地九种地理位置,从而一一论述了为将者应采用何种因应之道。应付对了就可能得利、取胜,否则只能受损、取败。《管子·地图篇》讲到凡用兵必先"审知地图",了解战事范围内的山川,陵阜、草木、道里远近、城郭大小等各种地理因素,"然后可以行军袭邑,举措知先后"。可见早在春秋战国时代,我国的军事家们已十分重视军事行动与地理环境之间的关系。

遗憾的是古人写过多少、哪些军事著作,现在已无法查考清楚。在各史艺文志和历代各种书目中著录了大量的地理类和兵家类书目,这些书的绝大部分早已亡佚,光从书名上看是看不出其内容是否有军事地理方面的篇章来的。就留传至今的不多的有关军事地理的著作而言,除了研究明史的专家可能要注意到明代几部为防御北虏南倭的入侵而编著的有关"九边"和东南海防江防的著作外,一般学者所熟悉的,大致不外乎北宋仁宗时官修的《武经总要》和清初顾祖禹的《读史方舆纪要》二书。

《武经总要》四十卷中,"边防"占了五卷,这可能是今人能看到的最早军事地理专著。其前半部北边部分,即河北、河东、陕西等路与契丹、西夏接壤地带的山川、聚落、关津、道里,颇为详悉;聚落载及有户若干,把守兵丁若干,道路载及通骑或仅得步行通过,塘泺载及广袤浅深几许,应是为当时的边境军事防御而编集的实地调查记录,弥足珍贵。惟后半部四川、荆湖、广南部分,当由于仁宗朝以前边境基本无事,故所载大都抄自唐代旧记,既不能反映当时实际情况,又较简略,其价值远较北边部分为差。

《读史方舆纪要》是一部综述自上古至明代域内域外的历史地理不朽名著,内容自疆域变迁、政区沿革,至山林川泽、城郭都邑,无所不载;而其主要功力则端在阐述地形夷险,纵论攻守、经略、控制的形势执宜。故全书一百三十卷,首九卷按时代叙"历代州域形势",即从地理角度论述历史上各个政权的兴亡成败得失之陈迹;此下除末七卷为川渎异同、天文分野外,中间一百十四卷按明制两京十三省兼及其塞外,分地域叙政区沿革、山川城邑的方位里距与历史故实,而重点则仍在各京、省、府、州下详究其关山险阻,考求其形势利便与古今用兵史事。所以若把此书目为中国古往今来最重要的一部历史军事地理著作,应该是并不过分的。

可是顾氏此书尽管网罗了二十一史、历代地理总志和半数以上郡县志的资料,考核精详,编次有法,却存在着一个很大的缺点。他是一个生长于宛溪(无锡虞山常熟),大半辈子闭户读书,"足迹不出吴会(苏南与浙江)"的书生。年二十九创为此书,经二十年而书成。《自叙》谓"未尝溯江河,登恒岱,南穷岭海,北上燕冀;间有涉历,迫于期限,不获放旷优游,博观广询"。他曾到过"吴会"

以外的福建、北京,可能即包括在"间有涉历"之内,对他的书不发生什么影响。因此,整部书可以说全是整理疏通历史文献的成果,未能证之以实地调查考察。文献记载疏误之处,部分可能通过考证得到纠正,多数便只能以讹传讹。

在顾宛溪著《方舆纪要》之前四五十年,是伟大旅行家徐霞客(弘祖)遍历全国两京十二省(独四川一省未到),记下他的不朽旅游实录《徐霞客游记》之时。徐氏在地理考察方面所取得的成就是振古无比的。"他的游记不像是十七世纪学者所写的东西,倒像是二十世纪的野外考察纪录"(英国科技史专家李约瑟语)。徐顾二氏同处十七世纪,二氏之书可并传不朽,而所用方法却刚好相反。顾书详形势而略名胜,徐书则专事探索胜景,不问形势。所以这部根据实地考察记下来的游记与军事地理无涉。徐氏在旅途中所得而参证的历史文献大致只限于《大明一统志》和当地府州县志;他也并不想援古证今,盱衡战守形势,推究经略控制之道,所以更与历史军事地理无涉。

以上说的是在数千百年的中国学术史上,并没有产生过一部能将历史文献和野外考察结合起来研究的历史军事地理著作。新中国建立起来,在马克思主义的指引下,历史地理研究的其他方面虽然取得了一些较胜于前人的成就,但这一方面一直还是空白。今年六月,史筱苏(念海)同志过泸见访,谈及其所著《河山集》第四集专论历史军事地理,将付印刷,可能于近期内出版;这无疑是中国历史地理学界的一件大喜事,也定能对军事地理学作出重大贡献。

筱苏治历史地理之学已历半个世纪以上。早岁即以淹贯经史群籍,覃思卓识,著称当世。近三四十年来,既掌握历史唯物主义的观点方法,又能广泛利用考古文物方面的新发现与史料相印证。

70 年代起,更以花甲之年,对黄河流域中下游以及淮河下游、太湖周围作了十年以上有目的的深入细致的实地考察。治学方法的突破前规使《河山集》的风貌跟着显著改变。初集(定稿于 1963 年秋)所收论文,基本上还和包括我在内的一般老历史地理学工作者一样,都是利用历史文献写成的。从第二集起,就一变而为一部全是用历史资料(包括文献与遗址遗物)与实地调查考察密切结合的研究成果。这就使中国历史地理学开辟了一个新的阶段,其意义之重大,可不言而喻。第二集的论文,主要是论述黄河流域地貌和植被的变迁那几篇,篇篇都取得了惊人的成就。第三集由于稿子已送进了印刷厂,我无缘先睹为快。但作者在第二集《自序》中举了若干文献考证无法解决的问题,而一经实地考察便迎刃而解的例子中,就有永乐城、仙人关、萧关、祁山、函谷关、潼关以及战国与秦代长城遗址等在军事史上极关重要的条目。这篇序已使我极为欣慕感慨,欣慕的是筱苏作出了如此令人叹服、足以显示新中国高水平的杰出成果;感慨的是我老矣,不可能再追随筱苏之后也作些实地调查。以此例彼,我深信第四集的问世,必将是筱苏对中国历史地理学和军事学史作出的更大贡献。我希望历史地理界的同志们,特别是具有足够足力的中青年同志们,都能够通过读《河山集》第四集,引起研究历史军事地理的兴趣,并学习筱苏文献整理与实地调查密切结合的治学方法。

1987. 8. 5

(原载史念海主编《中国历史地理论丛》1988 年第 3 辑)

香港版《中国历史地图集》弁言

80年代地图出版社出版了《中国历史地图集》,图上注记和文字使用的是大陆通行的简体字。顷香港三联书店与地图出版社商定,要地图出版社另制一套将简体字翻成繁体字的图版,由三联书店在香港印制出版,向港、台地区和海外推销。承嘱为这个新版本写几句弁言,欣然从命。要说的话不多,只有两点。

一、历史地图理应尽可能符合历史记载。因此,历史地图上使用的文字,自应与历史文献一致。中国历史文献不仅在50年代颁布简化汉字以前通常都用繁体字,就是在颁行简体字后,除近现代人新著史学著作采用简体字外,重印古籍如《资治通鉴》、《二十四史》等,都还是用的繁体字。为配合读史需要而编制的《中国历史地图集》却采用了简体字,那就势必会影响它为读史者服务的功效。读者在史书上看到的地名会在图上找不到,在这套图上看到的地名又不见于史籍。并不是真正史籍与地图或此有彼无,或彼有此无,只是为了采用了不同字体之故。

历史地图上用简化字不利于读史者之处有两种情况:一种如简"學"为"学",简"義"为"义",一般读者看到后都能够知道是什么字的简化,可以说无伤大雅。即使改"衛"为"卫",改"戲"为"戏",改"鄧"为"邓",不熟悉简化字的也许会一下不认识,但一经查问便可明白,不至于误会搞错。另一种则是经常要造成混乱的:如馀、余同作余,後、后同作后,穀、谷同作谷,臺、台同作台,瀋、沈同作沈等,读者势难辨认使用这些字的地名的原名究竟是什么。例如,谁能知道汉代会稽郡的"余暨"、"余姚"、"余杭",豫章郡的"余汗",九真郡的"余发"的"余"都是"馀"的简化,而上党郡的"余吾"的"余"却是本字? 丹阳郡"春谷"、涿郡"谷丘"、沛郡"谷阳"、河南郡"谷成"、上党郡"谷远"、西河郡"谷罗"、敦煌郡"效谷"的"谷"都是"穀"的简化,而渔阳郡"平谷"、左冯翊"谷口"的"谷"却是本字? 又如,历代有许多地名使用臺字,简作台,但唐以后因天台山得名的台州却只能用台,不能作臺,读音是 tāi,不读 tǎi。简化字臺、台不分都作台,就使许多人把天台山,台州的"台"也误以为是"臺"的简化,从而误读为 tǎi。又如渤海、辽、金的瀋州,元为瀋阳路,明为瀋阳卫,民国为瀋阳县,简化字改瀋为沈,这便与春秋的沈国、西汉的沈阳(今陕西华县东北)、唐以后的沈丘县(今属河南)难以辨别孰为真沈了。又如,开封的開字简化为开,虽与汉天水郡罕幵县、安定郡泾阳幵头山的幵(quān)有所不同,但在地图上因字形太小,极难分辨。

所以我认为这个新版本改用繁体字,不仅可为不习惯于阅读简体字的港台同胞、海外汉字读者带来方便,并且亦将有利于熟悉简体字的大陆读音。因为这个本子能使读者正确了解历史地名的原名。我说这些话当然只表明我赞成历史地图上的注记文字采用繁体字,不是说大陆上日常所用汉字也应改用繁体。目前大陆上确有这种改简为繁的风气,流行于不少场合,这是不正确的,应该反对的。

二、《中国历史地图集》编制于 50、60 至 70 年代,70 年代出版了内部本,80 年代经过部分修改增补,出了公开发行本。现在出香港版,是 90 年代的事了。这套新版本是否可以比 80 年代的大陆版在内容上又有所改进呢？很遗憾，不仅 70 年代的编者队伍早已不存在了，就是 80 年代的修订人员，目前也都因为各有繁重任务在身，无暇对此作进一步的修订。所以这套香港版图集基本上就是用 80 年代原版更改字体的重印本，并不是一个对内容有所改进的新版本。其中 1 至 6 册在 80 年代中曾印过两次，在第二次印刷时作过极少量的修订，这次重印当然是采用的第二次印本。此外，我已与地图出版社约定，改简化字为繁体字这项工作由他们去做，但新版制成后应让我和我邀请的协作者校勘一过，以免大陆繁体字刊物上经常出现的将"后妃"之"后"排成"後"，将"台州"、"台端"、"台甫"的"台"排成"臺"那样的错误。在这个校勘字体的过程中，我们也将把一些新发现的内容上的问题予以修正，尽管只能是极少量的。

至于我在 80 年代版的"前言""后记"中所提到的各二点图集在科学上的不足之处，虽然时间已过去了好几年，限于我们这些人的精力和水平，基本上仍不能有所改变。但这并不是我们几个人力所能及的事。诚如我在"前言"中所说的：要消除这些缺点，"不是短期内所办得到的。这将伴随着我国历史学、考古学、地理学、民族学等学科的发展而逐步得到改正补充。"也就是说，这套图集质量的提高，不仅需要有较长的时间，还需要广大学术界人士作出各方面的有关学术研究成果，提供图集编者作为改进的依据，最迫切需要的是有更多的读者对图集提出具体的改进意见。80 年代本虽是向海内外公开发行的，但由于采用简化字和其他原因，实际流布到大陆以外的还不多。所以我对这个香港版的出版发行，寄以很大的希望，希望能借此博得更多的大陆内外的读者不吝指教。

1990. 10. 3. 中秋节

（原载《中国历史地图集》，香港三联书店 1992 年版。）

关于《北京历史地图集》的一封信

仁之同志：

　　承惠赠《北京历史地图集》一册，内附大札一封，于 10 月 29 日辗转递到。（弟未去安阳，此册乃由苏天钧同志交由上海唯一到会的上海历史研究所吕静同志带沪，亲自送到舍间。）连日翻阅一过，深感研订之精确，编制之得体，印刷之精美，皆属上上乘，诚足为历史地图之表率。唯实地考察至五十余次之多，行程达五千公里，其他省市恐无力效法耳。但愿首善之区有此首善之作，则他省市可取以为则，取法乎上，庶几可得乎其中，是此册之出版，不仅对研究北京之历史地理有重大价值，还可为全国编制省级历史地图之楷模也。后记提出存疑之处若干点尤可征编者之严肃谨慎，虚怀若谷。弟于《中国历史地图集》第八册后记中曾指出缺点几处，自以为此乃治学者应有之态度，不意竟遭人反对，主张删除，盖三十年之"左"风深入此辈头脑，迄未能改变也。

　　翻阅时发现几点，可能是由于我不了解编例因而置疑处，可能是编制时的疏略，兹录出供参考：

　　1、辽图州治旁例注军名，独奉圣州旁未注武定军。

　　2、金图遂州旁未注县名遂城，安肃州旁未注安肃。

　　3、明图"天津三卫"四字注记应移至卫河南，今在卫河北，可能引起读者误会，以为三卫在顺天府境内。

又图例只有省府州县村镇治所符号，无都司卫所符号。天津三卫符号用"。"，乃村镇符号，嫌太小。

又，战国图可否据《史记·孟子荀卿列传》补碣石宫，据《正义》可定于蓟西三十里宁台之东，如觉难以确定位置，可否再来一次实地踏勘！

……

专此，敬颂

撰祺

弟　谭其骧　1988 年 11 月 5 日

（原载《中国文化》第 2 期，1990 年 6 月）

《山海经》简介

　　中国古代以"山"和"海"为纲领,广泛辑录多种巫师、方士所记各地山川、神话、巫术的资料汇编。西汉末年由刘歆(后改名秀)编定。

　　《汉书·艺文志》本于刘秀所撰《七略》著录《山海经》十三篇。刘秀在《上〈山海经〉表》说:"所校《山海经》凡三十二篇,今定为十八篇。"其后,《山海经》在流传过程中又有变动,较重要的有晋代郭璞等版本。今本《山经》二十六篇,合为南山、西山、北山、东山、中山经五卷。《海经》十三篇、十三卷,凡海外南西北东经、海内南西北东经八篇,各篇一卷;大荒东西南北经海内经五篇,各篇一卷。全书共三十九篇、十八卷。《山经》约二万一千字强,《海经》约一万字弱。

　　《山经》末行云:"右五藏山经五篇。""藏",意同"内","山经"上加"五藏"两安,是说达五篇所记述的山川都在内地,即华夏范围之内。《海外四经》、《海内四经》的"海",用的是《尔雅·释地》"九夷、八狄、七戎、六蛮谓之四海"之义,指不在华夏范围内的地区。较近者为"海内",较远者为"海外","大荒"为极远之地。荒经是海经的补充,故一般将《山海经》全书分为山、海两部分时,荒经包括在海经之内。

　　刘秀在《上〈山海经〉表》中说:"《山海经》者,出于唐虞之际","禹别九州,任土作贡,而益等类物善恶,著《山海经》"。汉晋以后多沿胜其说。近今学者或认为它是战国中后期作品,或认为它成书于秦汉,或仍主它是战国以前的书籍。多数人认为非一时一人之作,而各经各篇孰先孰后,又众说纷纭。被公认的大致有4点:①司马迁在《史记·大宛列传》中已提到此书,故成书时代的下限是汉武帝时,即公元前2世纪后期。②编纂成书和书中资料是两回事,说此书成书于战国或秦汉,不等于否定书中有许多资料源出远古传闻。③成书以后在流传过程中,可能有后人的附益。④《海内东经》自"岷三江"以下二十六条水不是海经原文,疑本为郭璞所撰,后人抄附于此。

全书内容庞杂,自然方面的山、川、泽、林、野、动物、植物、矿物、天象,人文方面的邦国、民族、民俗、物产、信仰、服饰、疾病医药,以及古帝王世系、葬地和发明制作,无所不包。

《山经》所载山川大部分是历代巫师、方士、祠官的踏勘记录,经长期传写编纂,多少会有所夸饰,但仍具有较高的正确性。部分偏远地区资料采自传闻,无从核实,离地理实际就相当远。记述方式是先按大方位分成五区,即以南山经、北山经、东山经、中山经命名,次将每区的山分为若干行列,然后每一列从首山曰某山叙起,依次叙又某向若干里曰某山;山下叙某水出焉,某向流注于某水或泽或海,或无水。全部《山经》共载有四百四十七座山,其中见于汉晋以来记载,可以指实确切方位者为一百四十座左右,占总数三分之一弱。这一百四十座中的半数属于《中山经》,半数分属于南、西、北、东四经,而极不平衡。对今豫西、晋南、陕中地区的记载最为详确,离开这个地区越远,越疏略差谬。

《南山经》东起今浙江舟山岛(漆吴山),西抵湖南沅水下游(柜水),南抵广东南海(《南次三经》诸水所注海)。可指实的最北一座山"浮玉山"，即今浙江东天目山。连带叙及的"具区"，即今太湖。

《西山经》东起山西、陕西间的黄河，南达陕甘秦岭山脉，北抵今宁夏盐池西北（申首山）、陕西榆林东北（号山）一线，西南抵甘肃鸟鼠山及青海湖（西海）、倒淌河（淒水），西北可能到达新疆阿尔金山（翼望山）。

《北山经》西起今内蒙古腾格里沙漠（缝、滑、彭水注于此），东抵河北中部（北次三经所见河水下游），南起山西中条山，北抵内蒙古阴山以北，北纬43°迤北一线（嚣水所注敦题山所临）。

《东山经》西起今山东泰山，东抵成山角（胡射山），北抵长山岛（犲山），南尽安徽濉河（碨水）。

《中山经》自首山经至七山经，当今晋南豫西地。八山经为今鄂西地，十、十一山经为今豫西南地，十二山经为今湘北赣北地，皆在南、西、北、东四经之中。唯九山经地处西南，西起四川盆地西北边缘（来山、崌山、岷山、章山），东至四川东部，并不居中。

《海经》十三篇，内容几乎全是神话，地理学价值远不及《山经》。

（原载《中国大百科全书·地理学卷》，370—371 页，中国大百科全书出版社 1990 年）

论《五藏山经》的地域范围

一　绪论

　　《五藏山经》简称《山经》，是《山海经》全书中最为平实雅正的一部分。它不像《山海经》的其他部分（海外南西北东经、海内南西北东经、大荒东西南北经、海内经）那样，形式上是地志，内容则以记载神话为主，而是从形式到内容都以叙述各地山川物产为主，尽管也杂有神话，比重不大。所以《山海经》其他部分可以说都是语怪之书，而《五藏山经》则无疑是一部地理书。

　　《山经》先按方位对作者见闻所及的大地分为南山经、西山经、北山经、东山经、中山经五个区域，每一区域又分为某山经之首、某次二经、某次三经……若干山系，每一山系都按方向道里依次叙述每一山区的特征、物产及其形态和用途、出山之水及其流向归宿，等等；它的具体内容远比和它时代相去不远的《禹贡》来得详细，具有很高的地理学价值。

　　但是，要正确理解《山经》的地理学价值是困难的。这是因为：一、闳诞迂夸是《山海经》全书各部分的共性，《山经》作为这部书的一个组成部分，虽然大部分内容不同于其他部分，基本上是据实而书的，却免不了有一部分是诡谲荒怪的，或采自当时流传民间的神话性的传说，或出于作者的幻想和臆测。不先把这些予以剔除，当然就谈不上了解哪些是当时的实际地理知识。二、《山经》也和《山海经》其他部分一样，错简很多，文字讹舛很多，现在已无法恢复本来面目。三、书中的山水名大部分既不见于先秦其他文献，也不见于汉晋以后诸家舆地书，因而也就难以指实其确切地望。四、从郭璞、郦道元直到清代学者，对此书部分山川所作的解释，有可信的，但也有不可信的，需要一一予以重新审定。

今本《山经》总共记载着四百四十七座山（此系今本所载实数，各经结语凡若干山，与此稍有出入），其中见于汉晋以来记载，可以指实其确切地理位置者，约计为一百四十座山左右，不及总数三分之一。这一百四十座山的分布又极不平衡。其中半数属于中山经，另外半数分属于南西北东四山经。就各经而言：中山经共有一百九十七山，七十山可指实，占了三分之一以上。南山经共有三十九山，可指实的只有三座，仅占十三分之一。西山经共有七十七山，可指实者较多，约三十六座，还是不到半数。北山经共有八十八山，可指实者约二十五座，不及三分之一。东山经最差，四十六山中可指实者只有两座，仅占二十三分之一。在这种情况之下，要正确理解《山经》，就存在着一个突出的难以解决的问题，即《山经》所记载的地域范围有多大？它的四方极远处各达到了什么地方？本文之作，目的即在试图解决这个问题。

先让我们看看古今学者对这个问题曾经有过怎么样的论述。

郭璞注《山海经》，对各山所在只有极少数几个注以今地，极远诸山一般都不注。就以注释所及的几十座山而言，东南抵今浙江余姚（南次二经句余山），西南至今四川荥经（中次九经崃山），西北至今甘肃敦煌（西次三经三危山）、青海积石山（西次三经），东北至今河北昌黎（北次三经碣石山），东至今山东泰安（东山首经泰山）。

郦道元《水经注》在叙次某山某水时往往引证《山海经》,远比郭注所及为多,其地域范围亦较广大。南抵今广西桂林西北洛清江发源处(南次三经祷过山),西北抵今新疆巴音郭楞州北天山(北山首经敦薨山),北抵今内蒙古察右前旗(北次二经梁渠山),其余各方略同郭注。自此以后直到清代吴任臣的《山海经广注》、毕沅的《山海经新校正》、郝懿行的《山海经笺疏》,基本上都不超出《水经注》所提到的范围。

到了 19 世纪末叶,一方面域外地理知识传播到了中国,一方面《山海经》这部书引起了外国汉学家的注意,于是双方都有人把《山经》的四远所届解释到遥远的地区去。国内有吴承志的《山海经地理今释》,把西山经地域解释为远达新疆西部、帕米尔高原、阿富汗和西藏的阿里;北山经远达外蒙古、黑龙江和东西伯利亚;东山经远达奉天、吉林,黑龙江、朝鲜、日本和俄属远东地区与库页岛;只有南山经因原稿于作者身后散佚,未刊布,不知到达了哪里。国外有爱德华·维宁(Edward Vining)的《一个湮没无闻的哥伦布》(*An Inglorious Columbus*)①,把东山经解释为叙述到了北美洲和中美洲一些地区,把东次三经的无皋之山,指实为加利福尼亚州圣巴巴拉附近的两座山头,在山上"南望"所见"幼海",指实为圣巴巴拉海峡。吴承志的书刊布于 20 世纪 20 年代,但五六十年来,国内学者谁也没有理会更没有采用他的说法。郑德坤提到了这部著作②,认为吴氏的根本错误乃是要在古人粗浅的地理知识中求文明人的地理知识,结果是造成了天渊之差。可是在国外则维宁

---

① 未见原书,转引自《中国史研究动态》1981 年第 1 期所载《欧美学者对古代中国人到美洲问题的研究》一文。
② 《层化的河水流域地名及其解释》,载《燕京学报》第 11 期。

的说法近年来仍然有人在予以宣扬,并进一步有所发展①。

上举这些古今中外学者,谁也没有对《山经》四远所届这个问题作过全面的论述。从郭璞到郝懿行,只是解释了一小部分他们认为可释的山川,大部分处于边远地区的山川都没有注释。吴承志倒是注释了西山北山东山三经全部山川,但凭臆妄断,可信者殆十中无一。西方学者只是论述了他们所感兴趣的东山经。只有20世纪20年代末日本小川琢治在他的《支那历史地理研究》一书中,专题论述了"五藏山经所知的世界"(第七章第二十三节),结论很笼统,只说包括了"支那本部"的大部分地方,周边在什么地方不明确,没有一一论证四方极远的山川的具体位置。30年代顾颉刚先生在其《五藏山经试探》(载1934年北京大学《史学论丛》第1册),徐旭生在其《读山海经札记》(《中国古史的传说时代》附录3)都涉及这个问题,都是很简略地谈了一谈,主要根据前人的注释,基本上没有自己的新见解。正是因为如此,所以时至今日,居然还有人信从东山经讲到了美洲这样非常耸人听闻的说法。可见把这个问题再提出来认真探索一下,是十分必要的。

二 方向和里距

在具体探索《山经》各经极远处的几座山的地理位置之前,有必要先搞清楚《山经》记载的两个问题:

一、全书二十六经(南山三经、西山四经、北山三经、东山四经、中山十二经),每一经从第二山起都首叙"又某向若干里曰某山",所叙方向是否可信?

① 见1979年11月14日美国《星期日快报》。

1977 年我为了考证《山经》时代河水下游的经流,对北次三经自第十九谒戾山以下所出的水道作过一番比较仔细的研索①,幸喜除少数几条外,大多数都被我找到了相当的今水道。由水道推及其所出之山,也就知道了《山经》某水所出的某山的确切地理位置。从而使我对此经所载方向得出了如下两点认识:

1. 就某山在前一山的某向而言,完全正确的不多,二十四山中只有五山;完全错误的也不多,也只有五山。此外十四山全都是有偏离,多数偏离 45°,或以东南为东,或以东北为北,或以西北为北,……少数有偏离 90°的,如以东南为东北。

2. 就整个一经而言,所载大方向是正确的。此经共四十七山,自第一归山至第二十四锡山,八山作"又东北",八山作"又东",四山作"又北",二山作"又东南",一山作"又南",基本方向是自西南趋东北。实际锡山在今河北邯郸西北,归山指今山西中条山脉西端某山,锡山正在归山东北。自第二十五山景山以下经文全作"又北",实际是从邯郸北至山西长城以外,基本上是正北。

近来我又选择了另外几篇经就这个问题进行验证。这几经都有半数以上山岳有确地可指,据以探讨,结论应该是比较符合于实际情况的。

1. 西山首经凡十九山,自第一钱来山(今潼关东陕豫接壤地带)至第十四嶓冢山(今甘肃天水西南),基本上都可以指实地望,经文自第二山起皆作"又西"若干里曰某山,实际除少数为正西外,大多数都是西偏南或西偏北,而总方向则确为自东而西。

2. 西次四经凡十九山,自第一阴山(今陕西黄龙县北黄龙山脉中某山)至第十白于山(今同名,在陕西定边、吴旗境内),经文

---

① 《山经河水下游及其支流考》,载《中华文史论丛》第 7 辑,1978 年 7 月。

作北若干里者八,作西若干里者一,总方向应为北偏西,实则白于山在阴山正西北,稍有偏差。但就前一山与后一山之间的方位而言,则有时是完全错的。如经作区水所出申山"北二百里曰鸟山,辱水出焉",区水今陕西延河,发源靖边、安塞县界上,辱水今秀延河,发源今长子、安塞县界上,后者实在前者之东稍南。第十一申首山在白于山"西北三百里",当即今宁夏盐池县西北之山;申首山"又西五十五里"为泾谷山,实则泾谷山在今甘肃天水县东南,远在申首山之南偏西千余里(古里),二山根本连接不起来,当系错简所致。自泾谷山至第十八鸟鼠同穴山(今渭源县西南),经文皆作又西若干里,实际则为西向稍偏北。这七座山据经文当在一至十一诸山之西北,但实际在诸山之西南。第十九崦嵫山采自传闻,无可指实。

3. 中山首经凡千五山,前十山自甘枣山至吴林山,经文皆作"又东",所指为山西中条山脉自今永济蒲州镇南东抵平陆县北,确为自西而东。自吴林山至第十四阴山皆作"又北",指自平陆东北经浮山县北牛首山、霍山至介休县南阴山,方向基本符合。唯阴山至第十五垣曲县北鼓镫山,实为正南,而经作东北,那是错的。颇疑鼓镫山本当在吴林山、牛首山之间,则全经自第一甘枣山至第十五阴山,方位无一不合。

4. 中次四经凡九山,经文皆作"又西",实则自今河南宜阳东南之第一鹿蹄山起至今卢氏西南之第七熊耳山,应为西偏南,自熊耳山至今陕西洛南西北之第九讙举山,应为西偏北。

5. 中次六经凡十四山,经文皆作"又西",所指为谷洛之间与河洛之间诸山,起今河南洛阳西南近郊第一平逢山,迄灵宝西南第十四阳华山,方向为西偏南,基本符合。

6. 中次七经凡十九山,经文仅一山作"又东南",二山作"又北",其余皆作"又东"。可指实者十二山,起自第六放皋山即今河南伊川县南鸣皋山,东北经嵩山至第十七役山即今中牟县北牟山,实际方向为东偏北,基本符合。唯敏山实在役山西南,大騩山实在敏山南,经文皆误作"又东"。

由此可见,这六篇经中的方向,基本情况和见于北次三经的是一样的。可以补充两点:1. 山与山之间多数只是稍有偏差,基本正确;也有错误的,不多。但有时一个错误,可以影响全经,如西次四经中的申首山"又西五十五里曰泾谷之山",中山首经中的阴山"又东北四百里曰鼓镫之山。"2. 就全经或十个八个一组山而言,有的基本正确,有的仅稍有偏离,只有个别例外,如西次四经经文总方向是东南指向西北,而实际自泾谷山以下七山反在此前诸山的西南。

二、每一经自前一山至后一山之间皆载有里距,经末又载有此经自第一山至最后一山的总里数。二十六经中,只有东次二经、四经、中次四经、五经各山之间里距加起来与经末总数相符,其余二十二经都有出入。但除中山首经、三经、十二经出入甚大,可能出于后人窜改外,其余十九经出入都不大,当由于传抄致误。问题是,这些里数的可靠程度如何? 这也可以从上举北次三经等七篇中找出答案:

1. 北次三经共四十七山,四十六个里距相加共为一万二千四百四十里,经末所载总数为一万二千三百五十里,相差仅九十里,不及百分之一。各山之间的里距就《山经河水下游及其支流考》一文所考定地望的沁水发源处谒戾山以下二十九山而言,经文里距大于实际里距者十二处,小于实距者十处,基本符合者三处①。

① 按古里百里折合今里七十里计算。二十九山本应为二十八个里距数,因其中有三座山确址无考,并入下一山计算,故只有二十五个里距。

经文里距累计共得八千一百余里,折合今里约五千七百里,实际里距累计得四千五百,二者约为5:4,相差不算太大。但自谒戾山北抵末一山治水(今永定河)发源处锌于毋逢山,实际里距只有四百五六十里,故经文总数与实距约为 12.5:1,相差极大。若就此经全经而言,自第一归山北抵锌于毋逢山,经末总数为一万二千三百五十里,折合今里为八千六百四十五里,而实距只有千里稍赢,亦达 8.2:1。何以相差会如此之大?道理是很简单的。由于一经中各山并不在一条直线上,即使基本上是一个方向,例如东向,实际下一山在前一山的正东方向是绝无仅有的,什九都是或偏北,或偏南,呈 〰〰 或 〰 等形,所以自1至3的距离,当然小于1至2和2至3的和,自1至10的距离,当然要比九个间距之和差得很多。一经或多至数十山,经末例皆采用各山之间的累计数作为全经的总里距,那当然要比实距大上好几倍了。这种情况是各经普遍存在的。除此之外,这一经还有一个特殊原因,那就是由于末一个锌于毋逢山经文说在上面一个帝都山之北五百里,而实际前者反在后者之西南约四百八十今里,单是这一山的差误就达八百三十今里。要是没有这一差误,则锌于毋逢山应在谒戾山之北千二百八十九十今里,经文里距与实距就只有 4.4:1;全经自第一山至末一山相距应为千八百余里,经文里距与实距就只有 4.8:1了。

2. 西山首经自第二松果山(今陕西华阴县东南二十七里)起西至第十四嶓冢山(今甘肃天水县西南六十里),经文里距累计为一千四百一十二里,折合今里九百八十八,实际距离约为九百里,经距为实距的 1.1 倍,相差甚少。

3. 西次四经自第一阴山(今陕西黄龙县北约八十里)北偏西至第十一申首山(今宁夏盐池县西北),经文里距累计为一千七百二十里,折合今里一千二百,实际距离约为六百六十里,经文里距约为实距的 1.8 倍。自第十二泾谷山（今甘肃天水东南约七十里）西至第十八鸟鼠同穴山（今渭源县西南约二十五里），经文里距累计为一千四百五十里，折合今里一千有零，实距约四百里，经距为实距的 2.5 倍。两段都相差不多。但由于申首山泾谷山之间的方向错误（见上条），若把两段连接起来计算，则经文为西北二千二百六十今里，实距为东偏南一千零七十里，那就根本无法谈什么比数了。

4. 中山首经自第一甘枣山至第十吴林山，经文里距累计为三百八十里，折合今里二百六十六，实距约一百六十里，经距为实距的 1.7 倍。自吴林山北至第十四阴山，经文里距为一百五十七里，折合今里一百一十，实距约四百五十里，实距反大于经距四倍有余，这种情况是很少见的，但却不是唯一的。

此经又有一特点，即他经各山里距累计数与经末总数相差都不大，较大的也到不了一倍，独此经和中次三经相差达数倍之多。此经经末总数为六千六百七十里，而经文累计仅得九百三十七里，相差竟达 7:1。中次三经二数之差亦达 5.5:1。颇疑此二经经末总数是山经的原文，而各山里距乃出于后人窜改。改了各山之间的里距而未改经末总数，以致出现今本那样两个数字相差达五、七倍这种反常现象。若此种推断不为无理，则此经各山间里距原数，当六七倍于今本，自吴林山以上经距当在实距十倍以上；自吴林山以下，经距仍应大于实距，约为 1.5:1。

5. 中次四经自第一鹿蹄山至第九䕌举山，经文里距为一千六百七十，折合今里一千一百七十，实距约为四百五十里，经距约为实距的 2.6 倍。

6. 中次六经自第一平逢山西至第十四阳华山，经文里距累计为八百零二里（经末总数为七百九十里），折合今里五百六十里，实距约为三百六十里,经距为实距的 1.6 倍。

7. 中次七经自第六放皋山至第十七役山,经文累计里距为三百九十二里,折合二百七十四今里,实距约为三百二十里,实距反为经距的 1.1 倍强。若计入第十八、十九敏,大騩二山,则因实际在役山之西南而经文误作敏山在役山东三十五里,大騩在敏山东三十里,自放皋至大騩经文累计总凡四百五十七里,折合今里三百二十,而实距缩短为仅约二百一十里,经距乃为实距的 1.5 倍。

根据这七经的例子,可知《山经》所载里距的实际情况大致是:

1. 经文里数的可信程度很差,各山间的里距正确的极少,一般都不正确,至于经末总数,则与实际距离相去更远。

2. 经文各山之间的里距有的大于实距,有的小于实距,至经末总数或合计几个山的里距,则经文一般都大于实距,小于实际的只是个别例外。

3. 经末总数大于实距,有时可达七、八倍、十几倍。

另外还有一点也值得注意:《山经》对晋南、陕中、豫西河渭伊洛地区(中山首经至七经和西山首经渭南部分)记述得特别详细,而详细和正确一般是成正比例的,因此在这一地区之内,经文里距与实距相差最小,一般不到两倍。离开这一地区越远,就越不正确,经距与实距之比就可以从两倍多直到十多倍。

三 南山经

现在我们对经文中的方向和里距有了一定的认识,就可以书归正传,按《山经》原来的次序南西北东中逐一讨论其边远山川所到达的地域了。

南山经　南山三经,方向都是自西而东。

首经总名誰山,"凡十山,二千九百五十里"(今本所载只有九山,二千七百里)。"其首曰招摇之山,临于西海之上。……丽麐之水出焉,而西流注于海"。招摇以东依次为堂庭山;猨翼山;杻阳山,怪水出;柢山;亶爰山;基山;青丘山,英水出;"箕尾之山,其尾踆于东海。……汸水出焉,而南流注于淯"。

全经自堂庭以下八山皆不见他书记载,唯西首招摇山又见本书《大荒东经》:"有招摇山,融水出焉";又见《吕氏春秋·本味篇》:"招摇之桂",高诱注:"招摇,山名,在桂阳。"郭璞对此山也作了注:"在蜀伏山,山南之西头滨西海也。"

前人对此经的注释,亦即以此三条记载为据而予以推阐。

郭璞虽然作了注,但"在蜀伏山"四字疑有脱讹,无从据以证实招摇山的地望。毕沅《山海经新校注》、郝懿行《山海经笺疏》都说疑"伏"为"汶"字之讹,认为郭璞以招摇山为蜀地的汶山,即岷山。今按,蜀地于《山经》属中山经区域,不属南山经;岷山已见中次九经,安得又作为南山首经之首山?"在蜀伏山"无疑不能像毕郝二氏那样解释,但不知究应作何解释,更难推断郭注是否符合经文原意。

毕郝二氏的注都引了《大荒东经》那一条,毕曰"即此",郝曰"非此",二人判断不同,却都没有说明何以"即此"、"非此"。今按,广西兴安县西有大融江,一作大榕江,南流至灵川县界合漓江①。现今这条大融江首尾不过数十里,但我们设想当秦始皇以前,史禄尚未凿渠沟通湘漓分湘入漓时,大融江岂不正该被视为漓水的源头?其时自今灵川以下的漓江,当然很可能也被称为融水。

---

① 清《一统志》桂林府山川。

全祖望说："漓水一名融水"①,说盖本此。漓丽音近,漓水可能即丽麖水的省称。毕沅殆以此为据,故曰"即此"。是则招摇山应即今龙腾县东大融江发源处之山。

至于郝懿行何以断言"非是",那可能是由于此山去海甚远,漓水南流入西江,西江东流折南入海,与经文丽麖之水西流注海不合之故。

小川琢治继承并发展了毕说。他认为鹊(䧿)山乃鹳山之讹,鹳山即灌湘之山,本应列在此经,今本错入南次三经。灌湘山以在灌水、湘水之间得名,即今海洋山。招摇山在海洋山之西北,故经文列为鹊山之首;大融水即丽麖水发源于此山的西麓②。但他对这个招摇山何以去海那么远,何以丽麖水不是西流而是东南流,并未作出解释。

毕郝二注虽然都引了《吕氏春秋·本味篇》的高诱注,但对高说的是非皆不置一辞。小川氏则由于确信招摇山即大融水所出之山,所以他就明确指斥高说不确,认为招摇山应地属桂阳郡的西邻零陵郡。

徐旭生没有理会《大荒东经》那一条,只引用了《吕氏春秋》的高诱注。他说:高说"未知有误否? 如不误,则桂阳郡在今湖南南境,此经各山或指骑田,萌渚、大庚及赣闽二省各山矣"③。

徐氏对高说犹未敢遽尔置信。近年由于长沙马王堆汉墓出土了汉初长沙国西南隅深平防区图④,用这幅图来印证南山经的记

① 吴卓信《汉书地理志补注》引《地理志稽疑》有此语,王先谦《汉书补注》引此语作"全祖望云",查今通行本《汉书地理志稽疑》无此语。
② 《支那历史地理研究》,第214—220页。
③ 《中国古史的传说时代》附录三《读山海经札记》。
④ 谭其骧《二千一百年前的一幅地图》,载《文物》1975年第2期及《长水集》下册。

载,我们竟可以得出这样的结论:原来高诱招摇山在桂阳之说是确然可信的。

汉代既有桂阳郡,又有桂阳县。桂阳郡境相当于今湖南东南郴县附近及广东北江上游今韶关附近共二十余县地,桂阳县治即今广东连县治。桂阳县治见马王堆出土深平防区图。源出连县北方山的连江,实际上是东南流至英德县南连江口会合北江南流入海的,但在深平防区图内,则画作源出县北,流经县治西,西南偏西流一大段直到接近海边处才折东入海,基本上可以说是西流。由此可见高诱所谓"在桂阳",指的是桂阳县;以桂阳县北之山为招摇山,以出山之水为西流入海,这是完全符合于汉以前人对这一带的地理知识的。

然则招摇山即今连县北湘粤界上的方山。这座山现今距海约七百里,约当汉里千里,《山经》时珠江三角洲尚未成陆,经文所谓"临于西海之上"的"西海",丽麢水"西流注于海"的"海",应指今珠江三角洲一带当时的海面。这一带北距方山也还有将近五百里,经文说"临于西海之上"当然是不正确的,这反映了作者对岭南山川远近的知识是很模糊的。

招摇以东诸山,当即今湘粤、赣粤界上,并不应兼指萌渚岭。东端箕尾山"其尾踆于东海"的"踆"字,郭注"古蹲字,言临海上,音存"。箕尾山可能指广东潮汕附近滨海某山,也可能指福建厦门附近滨海某山,因为全经共计二千九百五十里,折合今里约二千里,自方山至潮汕海滨相距约千里,至厦门海滨约千二百里,按《山经》一般里距为实距的数倍估计,不能再远了。

我们作出这样的结论,并不等于否定《大荒东经》"有招摇山,融水出焉"这一条,否定招摇山指今大融江所出之山,融水指今漓江一说。但高诱以招摇山为在桂阳之说既然是符合于南山经的记载的，所以我们认为《大荒东经》的招摇山应是另一招摇山，不是这个南山经的招摇山。由此又可以得出这么一条结论：南山首经所载山川的地域应包括今广东连县以东之地，可能还包括福建西南一角，但不包括广西。广西在当时不属于《山经》地域范围内而属于《大荒经》。

此经所载四水，我们只能知道丽麐水指今连江，其他三水皆无可指实。当时人对这一组山的南麓的地理情况是不清楚的，只知道南有大海，却错误地认为丽麐水是西流入海的，看来对其他三水的记述也未必正确。

南次二经"凡十七山，七千二百里"（今本所载为七千二百一十里）。"首曰柜山，西临流黄"。柜山以东依次为长右山；尧光山；羽山；瞿父山；句余山；浮玉山，"北望具区，东望诸毗，……苕水出于其阴，北流注于具区"；成山；会稽山；夷山；仆勾山；咸阴山；洵山；虖勺山；区吴山；鹿吴山；漆吴山，"处于东海，望丘山其光载出载入，是惟日次"。

十七山中有三座山可证实今地：

一、句余山，郭注："今在会稽余姚县南句章县北，故此二县因此为名云。见张氏《地理志》。"《水经·沔水注》：余姚县"因句余山以名县，山在余姚之南，句章之北也"。余姚即浙江今县，句章故治在今鄞县南六十里，则句余山应指今四明山之东北隅。毕郝二注皆作在清归安县（今湖州）东，误。

二、浮玉山，山为苕水所出，故知即今天目山。具区即今太湖。今苕溪源出天目山，北流注太湖，与经文合。天目有东西二峰，浮玉山能北望具区，当指东天目。诸毗，郭注"水名"。"东望诸毗"，盖言自浮玉山"东望溪浦，溠牙相毗，并汇于太湖，因名之"，见《太平寰宇记·湖州乌程县》毗山条。

三、会稽山，即今绍兴县南会稽山。

会稽山在天目山东南，四明山又在会稽山之东，距海已近，而经文列句余山于浮玉山之西，显系错简。这三座山既在今浙江境内，应在此经的东半段，今乃列于西半段即前九山之中，更可见整个南次二经错乱之甚。唯漆吴山为全经东端一山则应不误，因为它已处于东海之中了。当指舟山群岛中某岛，可能即指舟山本岛。从漆吴山上望见的丘山，即舟山本岛以外的舟山群岛诸山。

此经的东端是很清楚的，但西端则很不清楚。由于除句余等东段三山外，其他十四山无一可考，所以我们只能作一个极粗略的推断，估计其西端柜山应指今湖南西部某山。这是因为：一、"柜山西临流黄"，流黄当即《海内西经》的"流黄酆氏国"，亦即《海内经》的"流黄辛氏国"，郭注："即酆氏也。"《海内经》说："西南有巴国，……有国曰流黄辛氏"，是则流黄应为巴族诸国之一。古代巴族分布地，约西起今四川嘉陵江流域，东包今鄂西南清江流域，及湘西土家族苗族自治州。此流黄国约当在今湘西土家族苗族自治州的东部，柜山约当为今常德、桃源西南某山。二、此经凡七千二百里，折今约五千里，约为自湖西东抵舟山岛二千二三百里的两倍有余，符合于经文所载里距的一般情况。

南次三经"凡一十四山，六千五百三十里"（今本所载为一十三山，五千七百三十里）。首曰天虞山；依次而东为祷过山，"浪水出焉，而南流注于海"；丹穴山，"丹水出焉，而南流注于勃海"；发爽山，"汎水出焉，而南流注于勃海"；旄山之尾；非山之首；阳夹山；灌湘山；鸡山，"黑水出焉，而南流注于海"；令丘山；仑者山；禹稾山；南禺山；"佐水出焉，而东南流注于海"。

此经最难证实。全经唯有浪水见于《水经》："浪水出武陵镡城县北界沅水谷，……至南海番禺县西分为二，其一南入于海，其一又东过县东南入于海。"郦注引此经祷过之山条为释。按秦汉镡成县辖有今湖南西南隅黔阳、靖县等县，兼包黔东南、桂北数县地，沅水迳其北界。若从《水经》之说，则浪水所出的祷过山应在今湘西黔东沅水河谷，《山经》这一组山大致应西起黔东南，东经湘南、赣中，达于闽北或浙南。但发源于沅水河谷的水道，绝不可能南流入海；湘南赣中诸水，皆北流归注长江，亦与丹水、汎水、黑水南流注海不合；可见祷过山不会在沅水河谷，这一组山不可能在黔东南、湘南、赣中一带。

杨守敬在他的《水经注疏》里指出浪水不可能出沅水谷，认为浪水上游应相当于源出广西义宁县北的义江。义宁今并入临桂，故治即今县西北五通镇。义江即今洛清江上游。徐旭生以杨说为据，又看到丹、汎、黑三水皆南流入海，遂谓"则此经所称各山，当为广西、广东北境各山"。他却忘记了他自己已说过南山首经各山"指骑田、萌渚、大庾及赣闽二省各山"，怎么可能三经各山又指广西广东北境各山呢？同一南岭山脉，怎能分属二经？可见此说也说不通。

吴任臣《山海经广注》引刘会孟说，谓鸡山在云南，黑水即澜沧江。郝氏笺疏据经文鸡山"其上多金"，而《汉书·地理志》、《续汉书·郡国志》益州郡滇池县下皆作"有黑水祠"，《续志》永昌郡博南县"南界出金"，刘昭注引《华阳国志》"西山高三十里，越得澜沧水，有金沙，洗取融为金"，因谓"博南西山疑即鸡山，澜沧水即黑水。"案博南县故址在今云南永平县南，博南西山即永平、保山间澜沧江东岸之山。徐旭生指出鸡山在祷过山东三千余里，而云南则在广西之西，认为郝说"盖误"。按南山首经西起今粤北，二经西起今湘西，皆在黔桂之东，何以三经竟得有黔桂以西云南境内的山川，这确是说不通的。黑水当以水呈黑色得名，天下水道水呈黑色者到处可有,怎么能说只有澜沧江才是黑水？

上引诸说皆不可信,那么此经诸山是不是无可推究了呢？这倒不见得。此经首列天虞山,郝氏笺疏:"山当在交广也。《艺文类聚》8 卷引顾微《广州记》云:南海始昌县西有夫卢山,高入云霄,……疑即斯山也。天虞夫卢字形相近,或传写之讹。"看来郝氏此疑是疑对了的。南朝始昌县故治在今广东四会县北。夫卢山,《太平寰宇记》作"芙芦山,一名扶卢山,在县东四十里,高千丈"。设使经文天虞山确指夫卢山,则迤东诸山,约当为南岭以南,北回归线南北南崑、罗浮、高矾、鸿图、铜鼓等山,其东段当指向东北在今福建省内;浪水、丹水、汎水约当今之滨江、流溪河、增江等水。海旁出为勃①,其时今广州以南中山以北大片珠江三角洲尚未成陆,南海在此伸入大陆形成一大海湾,当即经文丹水、汎水所注之勃海。黑水可能指韩江,佐水可能指九龙江或晋江。经文在祷过之山下有云:"多犀兕,多象";在发爽之山下有云:"多白猿。"这些动物虽然在南岭以北也有,但不会很多,经文这几个"多"字,正足以说明这一组山应在南岭以南。唯此经长达五六千里,比南山首经倍而有余,首经既约当于今连县以东的南岭,四会以东南岭以南,似难于容得下这么长一组山。不过我们在上面论述《山经》里距时业已指出过,《山经》的里距有时只有实距的七、八分之一乃至十几分之一,那么根据这一点,当然不足以否定我们三经在南岭以南这一结论。

总括上文所考,南山经地域范围,应东起今浙江舟山群岛,西抵湖南西部,南抵广东南海,包括今浙闽赣粤湘五省地,不包括今广西、贵州、云南等省,也不包括广东西南部高、雷一带和海南岛。

---

① 《史记·高祖本纪》索隐引崔浩云。

四　西山经

西山经　西山四经。

首经总名华山，自东而西"凡十九山，二千九百五十七里"（今本所载为二千八百一十七里）。自第一钱来山至第十三大时山，其水皆北流注于渭，相当于今陕西渭水南岸华山和秦岭山脉诸山。大时，《广韵》引作太時，毕释即今太白山，当是。第十四嶓冢山"汉水出焉"，即今甘肃天水西南西汉水发源处嶓冢山。自嶓冢以西天帝、皋涂、黄、翠四山皆无考。第十九"曰骢山，是镎于西海。……凄水出焉，西流注于海。"郭注："镎，犹堤埻也。"《玉篇》："埻，犹堤也。"西海，毕郝都说即今青海，当是。汉武帝时，"羌乃去湟中，依西海、盐池左右"，见《后汉书·西羌传》；王莽时讽羌酋使献西海之地，开以为西海郡，见《汉书·王莽传》、《后汉书·西羌传》；皆指今青海。骢山既"镎于西海"，当即今日月山。凄水出骢山，而西流注于海，当即今倒淌河。青海、日月山和倒淌河，是青藏高原与河西湟水流域之间的天然界线，西山首经所载山川正好西止于此。自华山山脉东端西距日月山约二千一百里，折合汉里约二千九百余里，与经文里数正相符合。

西次二经自东而西"凡十七山，四千一百四十里"（今本所载为四千六百七千里）。东起钤山，当即《水经·河水注》中黑水所出的西山，即今陕西延安县东南汾川河发源处。西至第六龙首山，毕释即今陕甘界上陇山，当是。此下十一山皆无考。第七鹿台山可能即今宁夏固原县南六盘山。自此以西，殆已出作者所掌握的实际知识之外，所载或采自传说，或出于臆度，故绝无一山可指实。第八鸟危山"鸟危之水出焉"，第十四皇人山"皇水出焉"，都是"西流注于赤水",而赤水正是一条无可指实,仅见于传说①的发源昆仑山东南流的大水。

鹿台以西既无文献可征,只得姑且依据里距推度:自钤山至鹿台经作一千二百二十里,实距约为今里六百有余;自鹿台至莱山经作三千六百五十里,三倍于钤山、鹿台间距离,合今里约当为二千里。西山首经在湟渭之南,西次三经约当今甘、青间祁连山脉,故此经西段应在河湟之北,祁连之南,西端莱山约当指今甘、青界上疏勒河、党河上游诸山中某山,可能即今青海祁连县西北的托来山。

西次三经自东而西"凡二十三山,六千七百四十四里"(今本所载为二十二山,六千六百四十里)。第一"曰崇吾之山,在河之南",当指今甘肃景泰以东,宁夏中宁以西黄河南岸某山。第八"曰昆仑之丘"。根据《十六国春秋·前凉录》张骏时酒泉太守马岌的话和《史记·秦本纪、司马相如传》正义所引《括地志》,昆仑山即酒泉南山,去县八十里,当即今地图上肃南裕固族自治县西北甘青界上的祁连山主峰,标高5,564。黑河、大通河、托来河、疏勒河皆发源于此峰附近,这几条河当即经文出于昆仑的河水、赤水、洋水和黑水。河水"南流而东注",赤水"东南流",洋水"西南流",黑水"西流"。今黑河在祁连山南一段及大通河皆东南流,疑经文"河水"指前者,赤水指后者;托来河、疏勒河皆西北流,疑即经文"洋水"、"黑水",而所载流向不尽合。古人不知河水真源,推想河为中原第一大水,则其发源处必为西方最高大的山岳,河出昆仑之说殆由此而起。又知昆仑在中原的西北,因而就认为自昆仑

---

① 见西次三经昆仑之丘、《庄子·天地篇》、《穆天子传》、《文选》注引《河图》,又屡见本书海外、海内及大荒经。

南流东注之水为河水上源。至于这条水的下游是否真的就是积石以下的河水，这在当时是无从验证的。赤水东南流而为皇水、鸟危水所注，则纯属想象。

经文所载自崇吾山至昆仑丘为二千四百一十里，约合今里一千七百弱，直距约为一千二百里左右。依此比例推度，则昆仑西去极西翼望山凡四千二百三十里，约合今里二千九百有余，直距约当为二千里有奇，翼望山应指今新疆婼羌县西南阿尔金山脉某山。

此经第三为不周之山，"东望泑泽，河水所潜也"。郭注、《水经·河水注》和《史记·大宛传》正义引《括地志》都说泑泽即盐泽（今本郭注盐泽讹作蒲泽），亦即蒲昌海。按，盐泽或蒲昌海即今新疆罗布泊。若泑泽果然就是罗布泊，那么西次三经的西境就该远在罗布泊以西，至少包有今新疆的大部分。但此说实际并不可靠。《唐韵》、《集韵》都说"泑音黝，水黑色也。"盖凡水与泽呈黑色者皆得以泑水、泑泽为名，非必专指一水一泽。不周山在崇吾山之西六百七十里，约当为今甘肃天祝藏族自治县境内之毛毛山。自此山东望所及之泑泽，很可能是腾格里沙漠中古代一盐池，不可能是远在西方数千里外的罗布泊。经言泑泽为"河水所潜"，当由于当时流俗率以沙漠中渊而不流的泑泽为河水所潜，还没有像汉以后那样专以蒲昌海为河水所潜。第二为长沙之山，"泚水出焉，北流注于泑水"，第七为槐江之山，"丘时之水出焉，而北流注于泑水"。泑水所注的泑水，可能指今石羊河，丘时水所注的泑水，可能指今额济纳河，都与泑泽无涉，与蒲昌海更不相干。毕郝皆以泑泽即蒲昌海释泚水所注泑水，非是。

自昆仑以西，第十三积石山、第十八三危山皆见于《禹贡》。但《禹贡》的积石山在今青海化隆回族自治县东南黄河北岸，远在昆仑山东南千数百里以外，显然不是这个在昆仑以西二千一百里的积石山。三危山有二说,一说在今甘肃渭源县鸟鼠山西南①一说即今敦煌县东三危山②。依前说则更在积石之东,且与西山首经的嶓冢山、西次四经的鸟鼠同穴山相近,而去此经所载诸山颇远,宜不得为此经之三危。依后说则翼望山在此山之西九百三十里,折合今里六百有余,约当在今甘新边界以西百数十里处。积石、三危二山,都有可能本在昆仑之东,今本列在昆仑之西,系错简所致。若然,则翼望东距昆仑应较今本为近,那就到不了甘肃省界以西了。

三危之西,第二十山曰天山。按《汉书·霍去病传》师古注:"匈奴呼天为祁连",此"天山"并指今祁连山脉或迤西阿尔金山脉中某山。传言霍去病"攻祁连山,扬武乎觻得",觻得即今张掖,估计这个天山很可能指的就是今张掖县西南的祁连山③,本应在昆仑之东,错简在此。

西次四经"凡十九山,三千六百八十里"(今本所载为三千五百八十五里)。先是自南而北从第一阴山到第十白于山。阴山即《水经·河水注》蒲水所出阴山,在今陕西黄龙县北。白于山今同名,为北洛水所出,在吴旗,定边、靖边三县境内。但实际第七诸次山为诸次水即今佳芦河所出,在今榆林县北,第八号山在佳县之北,都在白于山之北。第十一申首山在白于山西北三百里,可能指今宁夏盐池县西北标高 1,572 之山。此下当有错脱。从第十二泾谷山以下是自东而西。泾谷山见《水经·渭水注》,在今甘肃天水县东南。第十八山为渭水所出鸟鼠同穴山,在今渭源县西南。再

---

① 见《史记·夏本纪》索隐引郑玄、《续汉书·郡国志》刘昭注引《地道记》。

② 见《左传》昭九年杜预注、《史记·五帝本纪》、夏本纪》正义引《括地志》。

③ 古人专指张掖西南之山为祁连山,见《史记·李将军传》正义引《括地志》。

往西已超出作者的地理知识范围,便采用了见于《离骚》的传说中的日没所入的崦嵫山,作为这一列山的极西一山。经云:"苕(或作若)水出焉,而西流注于海",这个海当然也是想象中的海,并无真实依据。

西山首经以真实的海为西极,四经以想象中的海为西极,二、三经里距(四千一百四十、六千七百四十四)较大于首、四经而不说西抵于海,可见作者对这两列山的西极以外的地理情况虽然已不清楚,却确知并不是海。作者虽不免有时采用一些未经证验的传说,有时凭想象虚构一些情况,但总的说来,还是比较认真地反映了他所掌握的地理知识的。

总括西山经地域范围,东起山陕间黄河,南起陕甘秦岭山脉,北抵宁夏盐池西北、陕西榆林东北一线,西南抵鸟鼠山、青海湖一线,西北可能到达新疆东南角的阿尔金山,但不包括罗布泊以西以北。

五 北山经

北山三经:首经自南而北凡二十五山,五千四百九十里(今本所载为五千六百八十里)。

从第一单狐山北至第九石者山,虽不见于其他载籍,但据出山之水的流向与归宿,略可推知其大致方位。单狐山"漨水出焉,而西流注于泑水"。第二求如山"滑(涽)水出焉,而西流注于诸毗之水"。第三带山"彭水出焉,而西流注于芘湖之水"。这三座山应各为今宁夏、内蒙界上贺兰山的一部分;漨、滑、彭三水出山西注泑、诸毗、芘湖等水,这几条古水道今已消失于腾格里沙漠中。第四谯明山、第五涿光山、第六虢山、第七虢山之尾、第九石者山都有出山之水西流注于河;第八丹熏山"熏水出焉,而西流注于棠水",这几座山应各为今内蒙套内卓资山的一部分,熏水所注棠水亦当西流注于河。

自第十边春山北至第十七敦薨山,最难考索。边春山"多葱",郭注"或作春山"。按春山见《穆天子传》,旧释即葱岭;《水经·河水注》引《西河旧事》云葱岭"上生葱",引郭义恭《广志》曰葱岭"其山多大葱",因此毕郝都认为边春山"疑即葱岭"。敦薨山"敦薨之水出焉",山、水皆见于《水经·河水注》。郦道元所载敦薨山指今新疆焉耆北面的天山,敦薨水指今开都河。又,边春山有"杠水出焉",第十三灌题山有"匠韩之水出焉",杠水、匠韩水、敦薨水三水都"西流注于泑泽",故毕郝即以郦亭之敦薨山、水为此经之敦薨山、水,并以蒲昌海即今罗布泊为敦薨等三水所注的泑泽。但经文明说敦薨水西流注于泑泽,而《水经注》中的敦薨水则东西二源都是南流注于敦薨之薮,溢而为海,自海又南流注于河,既不是西流而是南流,又不是注于泑泽而是注于河,敦薨水注河后河水又东注于泑泽,也不是西注,显然与经文不合。可见郦氏指天山、开都河为敦薨山、水,尽管他引证了《山经》此条,却不等于郦所谓敦薨山、水就是《山经》的敦薨山、水。郦说应为后起之说,非《山经》本意。再者,今陕西甘肃于《山经》属西山经范围,新疆更在陕甘之西,《山经》若讲到新疆的山水,自应列入西山经,不可能列在北山经。

总之,毕郝二氏把这几座山解释成在新疆境内是错的。经文既列这八座山于套内谯明、石者等山之北,依地望推度,自应在河套之北。但套北只有自西而东的狼山和阴山山脉,事实上并不存在这么一列长达数千里的自南而北的山。看来经文这八座山之前都说"又北"若干里,其中极大部分"又北"应为"又东"之误。若然，则出于此诸山"西流"注于渤泽诸水，实际应为北流注于狼山阴山以后大漠以南沙碛中诸泽。所注非一泽，而色若黝黑，故概称为渤泽。对这八座山眼下我们只能姑作如此推度。虽然是一种极为大胆的推度，似乎总比旧说把它们放到新疆去要强一些。

自第十八少咸山起至第二十五堤山凡八山，可指实地望者一是少咸山，经曰："敦水出焉，东流注于雁门之水"，山及二水皆见《水经·漯水注》。雁门水即今山西阳高县、天镇县境内的南洋河，敦水即今自阳高县南东北流至天镇县西注入南洋河一水，少咸山即今大同、阳高二县界上标高 2,145 的采凉山。二是第十九狱法山，经云："漹泽之水出焉，而东北流注于泰泽。"三是第二十五堤山，经云："隄水出焉，而东流注于泰泽。"按泰泽见北次三经，在雁门山"北水行四百里"。雁门山见《水经·漯水注》，为雁门水即今南洋河所出，跨今山西阳高县北内蒙丰镇县东界上。故泰泽可能即今内蒙凉城县东之岱海，也可能是察哈尔右翼前旗东北的黄旗海（旧作奇尔泊，一名苏木海子）。此经漹泽水、堤水所注泰泽，看来应分指二泽，漹泽所注应为今之岱海，堤水所注应为今之黄旗海。岱海之南有二水自凉城东南长城北侧西北流折东北入海，当即此经之漹泽水。黄旗海北有二水自察哈尔右翼中旗境内东南流入海，当即此经之堤水。故狱法山当指凉城东南标高 2,046 的那座山，堤山当指察哈尔右翼中旗东或南堤水发源之山。

又有第二十北岳山，吴、毕、郝三家都认为就是今山西浑源县的北岳恒山。按，汉唐所谓北岳恒山，皆指今河北阜平县东北大茂山，至明代始移指今浑源的移恒山，是则《山经》之北岳，岂得已指今之恒山？若说今恒山在《水经·漯水注》里叫玄岳，玄为北方色，故玄岳于古可能早已有北岳之称；则以经云北岳山"诸怀之水出焉,而西流注于嚣水",第二十一浑夕山"嚣水出焉,而西北流注于海"相验证,也讲不通。发源于恒山的浑河确系西流,可以当经文诸怀水,但浑河所注的桑干河是列入北次三经的浴(治)水,不可能又是此经的嚣水。所以北岳山不可能是今之恒山。根据诸怀水和嚣水的流向推断,北岳山大体应指今大青山东段察右中旗与四子王旗界上的一座山,有水名大清河自此山西北注锡拉木伦河,即经文诸怀水;锡拉木伦河(一作塔布河)即经文嚣水,发源于武川县北耗赖山即经文浑夕山,北流至四子王旗北境潴为查干诺尔与哈沙图查干诺尔,古代水面应较今宽阔连成一片,故称为海。

此外第二十二北单山、第二十三罴差山、第二十四北鲜山虽无从指实,大致亦当在今内蒙乌兰察布盟东南部一带。北鲜山"鲜水出焉,而西北流注于涂吾之水"。今甘肃合黎山下张掖河,一名合黎水,一名鲜水,见《史记·夏本纪》正义引《括地志》。然张掖河于《山经》应属西山经范围,非此鲜水。汉时匈奴中有余吾水,见《汉书·匈奴传》,即今蒙古人民共和国境内土拉河,远在大漠之北,不得为此鲜水所注。

据上所考,狱法山不在少咸山之北而在西,浑夕山也不在北岳山之北而在西,这类方向的差误为经文所习见,不足为异。唯隄山不应反在北岳山、浑夕山之东南,可能系错简所致。

北次二经自南而北"凡十七山,五千六百九十里"(今本所载为十六山,五千二百四十里)。

第一至第四山皆可指实。首曰管涔山,即今山西宁武县西南管涔山。次曰少阳山,即今交城、静乐县界上关帝山。第三县雍山,即今太原市西南晋祠西山,一名龙山。第四狐岐山,在今孝义县西。唯四山次序实为自北而南,(少阳在管涔西南,县雍在少阳东南,狐岐又在县雍西南),而经文皆作又北若干里,方位全部颠倒①。

第五白沙山至第十一北嚣山皆无考,以第十二山以下在今长城以北推之,此诸山似当在今山西雁北地区。

第十二梁渠山,"脩水出焉,而东流注于雁门,"山、水皆见《水经·灅水注》。水即今东洋河,山即东洋河发源处,在今内蒙古与和县西南。第十四湖灌山,"湖灌之水出焉,而东流注于海"。水即沽水,今白河,东南流至天津入海;山即今河北独石口北白河发源处,沽源县境内大马群山②。据此推度,则梁渠、湖灌二山间的第十三姑灌山,约当在今张北、康保一带;湖灌山北千一百里第十六敦题山,"镎于北海",此北海疑即今克什克腾旗西达来诺尔,也有可能指今阿巴嘎旗南查千诺尔,敦题山即在这两个诺尔的近处。

北次三经总名太行山,"凡四十六山,万二千三百五十里"(今本所载为四十七山,万二千四百四十里)。西南起归山,指今山西中条山脉西端某山,东北至第二十四锡山,在今河北邯郸县西北。自此以下,北至第三十四泰戏山为虖沱水所出,在今山西繁峙县东;第三十七高是山为滱水即今唐河所出,在今灵丘县西北;第四十三伦山为伦水即今涞水所出,在今河北涞源县西;第四十四碣石山为绳水即《水经》圣水所出,即今北京房山县大房山;第四十五雁门山,即今山西阳高、内蒙兴和、丰镇界上雁门山;第四十六帝都山在泰泽中,泰泽约为今内蒙察右前旗黄旗海或凉城县岱海。全经所叙山川北止于此。第四十七镎于毋逢之山为浴水所出,"浴"

---

① 今本少阳山条作"又西二百五十里",郝引藏经本西作北。盖古本本作北,今本作西出于后人窜改。
② 考见《山经河水下游及其支流考》。

为治字之讹,治水即今桑干河①,桑干河发源于山西朔县,远在雁门山和泰泽的西南,经文列于泰泽之北是错的。

北山首、二、三三经,方位是自西而东,今本三经的北段诸山应多错简,以致首经的少咸山、二经的梁渠山反在三经的泰泽之东,二经的湖灌山反在三经的雁门山、泰泽之东。但总括北山三经而言,说北山经的地域范围是西起今内蒙古、宁夏腾格里沙漠贺兰山,东抵河北太行山东麓《山经》河水下游,南起山西中条山,北至内蒙古阴山以北直抵北纬43°迤北一线,这大概是不会错的。

前人自郭璞以下,都把北次三经的碣石山和《禹贡》导山、《汉志》骊城县、《水经·濡水注》的碣石山混为一谈,因而认为北山经东界到达了渤海北岸今河北东北部昌黎县的碣石山一带。唯有徐旭生指出《山经》碣石"所出之绳水东流注于河,则山在河西。河故道自今天津入海。北至今昌黎乐亭入海之说,以地势验之,殊无可能。考《后汉书·郡国志》九门县有碣石山,九门在今藁城一带。"徐氏知道《山经》碣石不是冀东的碣石,殊为有见,但他仍然未能找到这个碣石山的确切位置。拙撰《山经河水下游及其支流考》先考定了绳水即《水经》圣水,从而明确了碣石山在今北京市西南,北山经的东界限于冀中《山经》河水下游,东北不超过今天津市的渤海湾西岸。

渤海北岸的碣石山和碣石以北的燕山,燕山以东的辽西、辽东诸山,既不见于《北山经》,也不见于《东山经》。而这一地区是和北次二经的湖灌山、敦题山、北海一样,都是在公元前三世纪初业已加入了燕国的版图的。经文载及湖灌等山海而不及碣石等山,这是由于《山经》作者并没有掌握当时华夏诸国的全部山川,故书

---

① 此经山川方位的考证见《山经河水下游及其支流考》和本文北山首经。

中脱漏甚多,连中原的桐柏山、淮水都不见于《中山经》,《北山经》不载碣石以北、以东诸山,是不足为怪的。

六 东山经

东山四经,首经自北而南,"凡十二山,三千六百里"(今本所载为三千五百里)。

"首曰樕螽之山,北临乾昧,食水出焉,而东北流注于海"。郭注:乾昧"亦山名也。"毕释"以声求之,疑食水即时水也。"其说良是。东方于先秦为齐鲁之地,东山经从齐都附近叙起是很自然的。据《水经·淄水注》,时水源出齐城西南二十五里,距临淄最近。其水"平地出泉,……西北迳黄山东,又北历愚山东,……又屈而迳社山北"。《元和志》青州临淄:"社山在县西北二十五里,一名愚公山。"黄山当即樕螽山,愚山、社山即乾昧。

第二蘲山,"湖水出焉,东流注于食水"。毕谓湖水"疑即《地理志》之巨淀湖水",郝谓《地理志》"右北平俊靡灅水南至无终东入庚",疑蘲山因灅水为名,蘲灅声同;灅水即湖水,庚水即食水。毕是郝非。《汉志》蘲水即今河北遵化沙河,庚水即今蓟县蓟运河,去齐地甚远,不得因灅蘲声同妄相比附。《汉志》齐郡广县:"为山,浊水所出,东北至广饶入钜定。"《水经·淄水注》"巨淀即浊水所注也。……水出广县为山,……又北流注巨淀。"蘲,郭注"音诔"。蘲、为声近,故蘲山当即为山,即今益都县西四十里九回山;湖水即浊水及所注巨淀,即今益都、寿光县境内的北洋河和北洋河所潴寿光县北境业已湮废的清水泊。

第三枸牀山,"洔水出焉,而北流注于湖水。"洔,郭注"音枳";毕曰"以声求之,疑即淄水,"亦是。《水经·淄水注》:"淄水又东北,马车渎水注之,首受巨淀",盖马车渎受巨淀,故亦称湖水,淄、湖相会,此经作汜注湖,郦作马车渎注淄,实际是一回事。淄水发源今淄博市旧博山县东南岳阳山,当即经文枸祑山。

第四勃齐山无考。第五番条山"减水出焉,北流注于海";第六姑儿山,"姑儿之水出焉,北流注于海"。毕郦皆无释。疑减水即《水经·济水注》中的陇水,今孝妇河;姑儿水即《济水注》中的杨渚沟水,今獭河。孝妇河发源今博山西南凤凰山,即经文番条山,獭河发源今章丘、邹平界上长白山,即经文姑儿山。郦注陇水、杨渚沟水皆北流注济水,《山经》时济水、漯水下游当在今莱州湾以西入海,故减水、姑儿水得北流入海。

第七高氏山"诸绳之水出焉,东流注于泽"。毕郦皆以诸绳之水为《水经·淄水注》中的浭水。按浭水发源临淄城东,《山经》高氏山、诸绳水应在长白山以西南,地望不合。

第八岳山,"泺水出焉,东流注于泽"。泺水见《春秋》桓公十八年;《说文》:"齐鲁间水也。"《左传》杜注:"泺水在济南历城县西,北入济,"即今济南市泺河(小清河源)。故岳山应指市西南泺水发源处,是泰山的一个支脉。后世泺水或入济,或导为小清河源,《山经》时则东流注于泽,其泽约当在今历城县东或章丘县北。郦疏引用了《说文》、《水经注》关于泺水的记载,又说"计其道里,疑非此。"殊不知此经诸山起自东北迤逦西南来,自姑儿山即今长白山历高氏山至于岳山,经文的泺水,岂不正应该就是《说文》、郦注中的泺水?

第九豺山,第十独山,应在今历城、长清二县境内。第十一泰山,即今泰安县北泰山主峰。"环水出焉,东流注于江。"江,郭注"一作海"。按《水经·汶水注》,"环水出泰山南溪,南流……《山海经》曰'环水出泰山,东流注于汶',"知今本"注于江"固误,郭所见一本"江"作"海"，亦非，应作汶。

第十二竹山，"锌于江"。郝谓"江"亦当作汶，殆是。山当在今大汶河南岸，故得有"激水出焉，而东南流注于娿檀之水。"

总括此经所记山水，当北起莱州湾以西海滨，中经鲁中鲁山、泰山山地，南至于汶河以南。自第一山至第十二山，直距约为五百五十里，折合汉里七百八九十里，经文作三千五六百里，约为实距的四倍半左右。

东次二经自北而南，"凡十七山，六千六百四十里"。

首空桑山，郭注："此山出琴瑟材，见《周礼》也。"按《周礼·春官大司马》"空桑之琴瑟"，郑注："空桑，山名"，即郭注所本。但郑郭皆不及山在何处。今考《淮南子·本经训》，"共工振洪水以薄空桑"，高诱注："空桑，地名，在鲁也。"张衡《思玄赋》旧注："少皋金天氏居穷桑，在鲁北。"穷桑即空桑。《史记·孔子世家》正义引《括地志》："女陵山在兖州曲阜县南二十八里。干宝《三日纪》云，'征在生孔子空桑之地，今名空窦，在鲁南山之空窦中。……今俗名女陵山'"。《太平寰宇记》兖州曲阜县亦作少皋登帝位之穷桑在鲁北，引干宝所载孔子生地与上引略同，而空桑作穷桑，空窦作孔窦。是则空桑既是山名，又是地区名，地居鲁都曲阜之北，又兼有城南之地。依地势推断，空桑山当指曲阜北今小汶河南岸某山。经云此山"北临食水，……西望滑泽。"今小汶河即《水经·汶水注》的淄水，淄、食音近，故空桑山所临食水应指此水。滑，郭注音旻，毕郝都说疑即汶之异文。滑泽当在大小汶河会合处，汇而成泽。吴任臣与郝都认为食水即首经出楸蟊山的食水，这是错的。首经的食水是齐地的食水，是《水经·淄水注》中的时水，这个二经的食水则是鲁地的食水，是《水经·汶水注》中的淄水。两条食水中隔今鲁中山地，相去甚远。首经从齐都近郊楸蟊山叙起，此经从鲁都附近空桑山叙起,采用了同样的编写体例。

第三峄皋山,疑即今邹县东南峄山。《禹贡》徐州"峄阳孤桐",《史记》秦始皇二十八年"东行郡县,上邹峄山",这是周秦间一个很著名的山。

全经十七山,除以上二山外,其余皆无可指实。吴任臣以《水经·渠水注》中的今河南开封附近的沙水释出于第九卢其山的沙水;吴、毕、郝皆据《庄子·逍遥游》"藐姑射之山,汾水之阳",《隋书·地理志》临汾"有姑射山"释第十姑射山,在今山西临汾城西;据《汉书·地理志》河南郡有缑氏县,《隋志》县有缑氏山释第十四缑氏山,在今河南偃师,皆误。河南于《山经》地属中山经,山西于《山经》属北山经,东山经的山水,不可能在河南,更不可能在山西。以地势推之,诸山当在今鲁南滕、枣庄、苏北邳县、徐州,南至今皖北淮北、濉溪一带。第四葛山之尾,第五葛山之首,疑即今沛县东南之葛墟岭和邳县西南的葛峄山。第十七碨山,疑即今宿县西北睢阳山。山南临睢水,东北古有湣湖,在《水经·睢水注》里还是一个南北百余里,东西四十里的大泽,今湮。经云碨山"南临碨水,东望湖泽,"碨水殆即睢水,湖泽即指湣湖。

自小汶河南岸空桑山历峄皋山、葛山首尾南至睢水北岸碨山,约计为汉里千里左右,经作六千六百里,为实际里距的六倍有余。

东次三经"凡九山,六千九百里"(今本所载为六千四百里)。

九山皆无可指实。今按"首曰尸胡之山,北望𦍛山",郭注𦍛音详。尸胡山疑即今烟台市北之罘山,𦍛山疑即今蓬莱县北长山岛。尸胡音近之罘,𦍛长亦音近。《史记·秦始皇本纪》:二十八年登之罘,立石颂秦德;二十九年登之罘刻石;三十七年至之罘,射杀巨鱼。《封禅书》:始皇东游海上,祠齐地所谓八神,五曰阳主,祠之罘。之罘乃齐地海上名山，故《山经》列为一经之首。全经自一山至次一山皆作水行若干里，当由于山皆滨海，无陆路可通，"水行"就是遵海而行。

自尸胡山南二千里折东千里至第五胡射山，疑即今荣成县之成山角。又南三千四百里至第九无皋山，"南望幼海，东望榑木。"无皋山疑即劳山。幼海，郭注"即少海也"，指劳山西南的胶州湾。榑木，郭注"扶桑二音"。按《吕氏春秋·求人篇》"禹东至榑木之地"；《为欲篇》"西至三危，东至扶木"；《淮南子·览冥训》"朝发榑桑，日入落棠"；《海外东经》"汤谷上有扶桑，十日所浴"，是榑木即扶木，亦即榑桑、扶桑，故郭注云然。扶桑是传说中东方极远之地，自劳山东望，茫无涯涘，想象中彼岸应即扶桑，故曰"东望榑木。"

自之罘岛循海而东而南至劳山，约计得汉里千一二百里，经作六千九百里，也是实距的六倍有余。

东次四经"凡八山，一千七百二十里。"

"首曰北号之山，临于北海，……食水出焉，而东北流注于海。"郝疏认为北号山即首经"樴蠡之山，北临乾昧，食水出焉"之乾昧。按上文已考定乾昧应为临淄西北社山，距海尚远，不得为"临于北海"的北号山，北号山应为食水下游今小清河畔一丘阜，临于莱州湾。食水自临淄来流经山下，东北注海，故首经谓"樴蠡之山，食水出焉"，指源出，而此经所谓"北号之山，食水出焉"，应仅指流出。

自北号山南六百二十里为东始山，"泚水出焉，而东北流注于海。"东始山当指今临朐县东、昌乐县南某山，泚水当指《水经·巨洋水注》里的尧水（今尧河）、丹水（今大小丹河）、浙水（今大于河）中的某一水。

自东始山东南七百里折东北四百里为第八太山，"鉤水出焉，而北流注于劳水。"太山即《水经》巨洋水、汶水所出朱虚县泰山，《史记·封禅书》、《汉书·郊祀志》中和《汉书·地理志》琅邪郡朱虚县下的东泰山，一名沂山，《周礼·职方》青州山镇曰沂山，郑注"一名东泰山。"今仍名沂山或东泰山，在临朐县东南，接沂水县北界。鉤水疑当作朐水，即《水经》巨洋水，郦注；巨洋水"即《国语》所谓具水矣，袁宏谓之巨昧，王韶之以为巨蔑，亦或曰朐涨。"今名弥河。劳水疑即郦注尧水，今尧河。尧河下游与弥河合，弥大尧小，故郦注叙尧水作东北注巨洋水是正确的；此经颠倒了二水的干支关系，故曰朐水入劳。太山应在东始山之南或西南，经作东南七百里又东北四百里，东南应为西南之误。

自北号山南至太山，实距约为二百五六十里，折合汉里为三百五六十里，经文作一千七百二十里，约为实距的五倍。

总括东山经地域范围，北起莱州湾，东抵成山角，西包泰山山脉，除二经南段大致到达今苏皖二省北境外，其余三经首尾全在今山东省境内。

七 中山经

既称中山经，似应与《山经》地域的边界无涉，但实际中山经中的中次九经地处巴蜀，是夹在西山经和南山经之间的一个西南边区。

中次九经，总名岷山，自西而东偏北，"凡十六山，三千五百里"（今本所载为三千六百五十里）。

首女几山，"洛水出焉，东注于江。"毕谓山即《隋书·地理志》蜀郡双流县之女伎山，当是。但洛水实出什邡县西北章山，去双流甚远，经文误。

次岷山，"江水出焉，东北流注于海。"按古籍所谓岷山，范围甚广。《史记·夏本纪》正义引《括地志》："岷山在岷州溢乐县南一里，连绵至蜀二千里，皆名岷山。"溢乐县故城即今甘肃岷县。岷山的北端起于此。《汉书·地理志》蜀郡湔氐道："《禹贡》岷山在西徼外，江水所出。"湔氐道故城在今松潘县北，其西北徼外实为岷江发源地。然此经所谓岷山，宜不得指此。郭注"岷山今在汶山郡广阳县西，大江所出。"广阳县本汉汶江道，晋改名，隋改汶江县，即今茂汶羌族自治县。《元和志》茂州汶山县下云："按汶山即岷山也，南去青城石山百里，……即陇山之南首也。"盖自茂汶南至今灌县之青城山，是岷山的南段。自今双流北去松潘岷江发源处约当为汉里千里左右，去茂汶约为汉里三百有余，经云岷山在女几山东北三百里，则所指自应为茂汶之山，郭注是正确的。以岷江为出自茂汶的岷山，应为汉初以前人的认识，至汉武帝收冉駹之地置郡县，才知道江源出于湔氐道徼外。

第三来山，(来一本作崍)"江水出焉，东流注于大江"。郭注："邛来山，今在汉嘉严道县，南江水所自出也。"《汉志》蜀郡严道有"邛来山，邛水所出，东入青衣。"是则来山即邛来山，江水即《汉志》邛水，郭以为南江水。《初学记》卷8引此经作"崍山，邛水出焉"，"崍"系崍之讹，"邛"当为后人据《汉志》所改。按严道今四川荥经县，邛水即今荥经河，来山即荥经河所出县西南大相岭。荥经河东北至雅安注青衣江，故《汉志》谓邛水入青衣，经作江水东流注于大江，江水应兼指《汉志》邛水及受邛以下一段青衣水。

第四崌山，"江水出焉，东流注于大江"。郭于江水下注云"北江"。毕引《海内东经》"岷三江，北江出曼山"，谓崌山即曼山，曼蒙音近,即今四川名山县西蒙山。郝氏说同。蒙文通①不承认出于岷山的北江就是《海内东经》岷三江中的北江,但又认为崏字系岷字之讹,而这个岷山即《水经·沫水注》中所载沫水出于其西的岷山,"山即蒙山也"。蒙山据《水经·青衣水注》为青衣水所出,旧说或作在名山县西,或作在芦山县东,验以今图,既为青衣江发源处,则应指宝兴县北境山,与芦山、大邑、崇庆、汶川西境接壤。

第五高梁山,据《寰宇记》剑州剑门县:"大剑山亦曰梁山,《山海经》云:高梁之山,西境岷峨,东引荆衡。"则高梁山即今剑阁、广元县界上大剑山。

自第六蛇山至第十六贾超山凡十一山,今地皆无考,要之应在今剑阁以东四川东部。由此可见,见于中次九经的《山经》地域,西南边境是四川盆地的西北边缘,起自荥经西大相岭,经宝兴北蒙山、茂汶岷山,至剑阁北大剑山一线。自西而东,经文第三来山,应列第一,第四崏山应列第二,第二岷山应列第三,第一女几山应为章山列第四,下接第五高梁山。今本次序颠倒,或系错简所致,也可能《山经》作者对这几座山的方位本来并不清楚,是原文之误。

综上所考,作《山经》地域范围图如后:(图见插页)

八 后 论

摸清楚了《山经》地域范围,现在可以让我们试以《山经》地域与《禹贡》所载地城范围作一比较:

东方 《禹贡》"海岱惟青州","海岱及淮惟徐州","淮海惟

---

① 《略论山海经的写作时代及其产生地域》,载《中华文史论丛》1962 年第 1 辑。

扬州"，篇末言禹域四讫云，"东渐于海"。东山首经、三经、四经多次提到海，南次二经漯水东流注于海，漆吴山处东海。可见二书地域都是东至于海，基本相同。《禹贡》扬州东南境仅及三江、震泽，而《山经》提到了句余、浮玉、会稽、漆吴等山，比较详细，虽由于二书体制不同，也可能是反映了《山经》作者对东南沿海地区山川的了解有过于《禹贡》作者。

西方　《禹贡》"黑水西河惟雍州"，黑水指今甘肃额济纳河。"导弱水至于合黎，余波入于流沙"。弱水即今山丹河，西合黑水上游，此下弱水即黑水，西过合黎山后北流经额济纳沙碛注于汉唐时代的居延海（泽）。《禹贡》、《山经》时代还不知道有这个泽，故《禹贡》但云"余波入于流沙"，而西次三经有渤水为源出槐江山（今张掖县北）的丘时水所注，应即《禹贡》的黑水、弱水，经文亦不及此渤水所注。槐江山之东有泰器山，"观水出焉，西流注于流沙"。可见两书作者对这一带的知识只知道是一片流沙，都还不知道黑水下游穿过流沙潴成一海。《禹贡》既以黑水为雍州西界，篇末言禹域四讫，又说"西被于流沙"，这是由于黑水没入流沙，故或言黑水，或言流沙，所指地区实一。《禹贡》言禹域西尽于此，禹域之外附见于雍州的又有昆仑、析支、渠搜西域三国。渠搜确地无考。释者或以为即《汉书·地理志》朔方郡的渠搜县，在今内蒙古杭锦旗北，则在北而不在西；或据《隋书·西域传》谓即隋世之拨汗国，即今苏联境内费尔干纳盆地，则距雍州西界又过远。昆仑，当在昆仑山附近，今酒泉县南甘青界上一带。析支即河曲羌，在青海湖之南黄河屈流处。

昆仑、析支为域外，则雍州境内三苗所宅的三危，当然不可能是昆仑西北今敦煌东南的三危山，应从《尚书》郑注引《地记》在鸟鼠山西南，《续汉书·郡国志》刘昭注引《地道记》在汉陇西郡首阳县境内(故治今渭源县东北)。又,"浮于积石"的积石,也不可能是析支西南《括地志》、《元和志》中的大积石山,即今青海省东南的阿尼玛卿山,只能是《括地志》、《元和志》中的小积石山,即《水经·河水注》中的唐迷山,在今化隆县东南,今图或犹标出作积石峡。

据上考,则《禹贡》所载西境包括域内外,西止于北起额济纳河,西南经今酒泉附近一带,折东南至于今青海湖南黄河河曲一线。《山经》西山首经西至西海㳠水,略与析支远近相当。西次二经西至莱山,约与昆仑相当。唯西次三经西至更在昆仑丘之西十四山的翼望山,约在甘新接壤地带或新疆东南的阿尔金山,超出《禹贡》范围相当远。

《禹贡》"华阳黑水惟梁州",此黑水难以确指。胡渭《禹贡锥指》以汉世泸水当之,卢训黑,其说可通。汉魏泸水指今金沙江而以雅砻江为其上游。又,梁州"西倾因桓是来",导山中条亦首起西倾,西倾山今同名,在甘川界上,桓水即今白龙江发源于此。故《禹贡》梁州西境,较中山经范围为广。

南方　《禹贡》"荆及衡阳惟荆州",这是说荆州南界在衡山之南。衡山即今湖南衡山,南界虽未明说,要之不可能远抵五岭,更不可能达于南海。导水"导黑水至于三危,入于南海"。发源于敦煌或渭源的水都不可能入于南海,所以事实上并不存在这么一条黑水,说黑水入于南海,当然也只是凭臆测推度而已,并非实有所指。可以断言,《禹贡》所载地域南界距衡山不远。《山经》地域范围在这方面远远超出了《禹贡》,南山首经略当南岭山脉,南次三经更在南岭之南,此二经中的海、东海、勃海无疑皆指今南海。

北方　《禹贡》冀州不提北界,所见山川以恒水、卫水、碣石山为最北。又导山北条太行之北有恒山。碣石山古今同名,在今河北昌黎县北。恒山今河北阜平县东北大茂山,俗名神头。恒水以源出恒山之恒水为上游,自今唐县以下即《山经》滱水,今唐河。卫水以源出灵寿县境之卫水为上游,下游即《山经》虖沱水,今滹沱河。以此为据,则北山经正北方所包地域,远远超过《禹贡》。唯《山经》的碣石非《禹贡》的碣石,《禹贡》的碣石不见于《山经》,故《山经》东北方地域反较《禹贡》为近。

概括上文所作《禹贡》、《山经》二书所载地域的比较,可以简化为这么几句结论:《山经》地域南方从《禹贡》的约北纬 26°"衡阳"推广到了 22°的南海,北方从《禹贡》的不到北纬 40°的恒山、碣石扩展到了超过 43°的蒙古高原,南北都延伸了约纬度四度;东至于海二书相同,西方《山经》从《禹贡》的黑水、昆仑伸展到了"翼望",至少也有经度四度;唯西南、东北二隅《山经》地域较小于《禹贡》,相差约经度一二度。所以总的说来,《山经》地域要比《禹贡》大得多。

二书所载四至远近的不同,应该可以反映二书写作时地的不同,近人多据此以立说。但由于对二书,特别是对《山经》山川的地望没有搞清楚,因而据以得出的关于写作时地的结论,也就成了问题。略举数例如下:

顾颉刚先生①认为《山经》所载山川于周秦河汉间最详最合,故作者之国籍当不外乎此;《禹贡》、《山经》"境域广狭颇相似";《山经》于齐鲁吴越多以想象成篇,《禹贡》改正了《山经》"蹈虚"处;《禹贡》荆州南至衡阳,《山经》全书不见衡山,当由于"其时河汉间人犹未尝闻其名也";"因以推知《禹贡》之著作必在《山经》之后","《禹贡》若出于战国之季,则《山经》之作其在战国之初或春秋之末乎?"

———————

① 《五藏山经试探》,载北京大学《史学论丛》第 1 册,1934 年。

蒙文通根据碣石山在北山经里"绳水出焉,东流注于河",山距海尚远;在《禹贡》里冀州"夹右碣石入于河","导岍及岐……至于碣石入于海",山已滨海而犹在陆上;到《水经·禹贡山水泽地所在》里变成了"在临榆县南水中",则已沦入海中;认为历史上渤海海岸是逐渐向西扩展的,《山经》所载地理情况远在《禹贡》所反映的地理时代之前。又根据《山经》不载渠水,《水经注》中的役水注入渠水,而中次七经中的役水"北流注于河",渠水即战国梁惠王所开鸿沟,因而断定《山经》这部分的写作不能晚于公元前360年即梁惠王十年开凿鸿沟之前。又根据《山经》把巴蜀荆楚地区包括在中山经内,中次九经对岷江中上游地区记载了八水十六山,特别详细,认为《山经》系"属于西南地区的古巴蜀文化","很可能是接受巴蜀文化以后的楚国作品"。袁珂[①]根据徐炳昶(旭生)所释中山经地域大部分都在战国楚国统辖范围内,认为《山经》系战国中年以后楚人的作品。

上引诸说只有顾先生以《山经》作者为周秦河汉间人一条是合理的,因为《山经》所载山川确以这一带为最详最合;其他说法都不能成立。

《山经》的地域远比《禹贡》大,不能说"颇相似"。东山经所载齐鲁山川比《禹贡》多得多,一部分是可以证实的,一部分难以确指今地,当由于古今名称变异之故,遽以蹈虚目之是不妥当的。南次二经所载吴越山川就中可以证实的已比《禹贡》多,怎能说是想象成篇?南次三经和首经都在衡山之南,作者的南方知识远比《禹贡》丰富,怎能仅因其不见衡山便说它反不如《禹贡》?《山经》所载地域多为《禹贡》所不及,当然不能据以作出《禹贡》必在

---

① 《山经写作的时地及篇目考》,载《中华文史论丛》第7辑,1978年。

《山经》之后的推断。

见于古籍记载的碣石山有好几个。《禹贡》冀州、导山和北山经三处所见碣石实各有所指，蒙氏不知，遂以为同指渤海北岸秦皇汉武所登的碣石，即《禹贡》导山的碣石，从而得出的海岸西移，《山经》所反映的时代在《禹贡》之前的推断，当然也不可信。

《山经》虽专载山川，但名山大川不见于今本《山经》者多得很。江淮河济四渎中的淮水尚且不见于《山经》全书，北次三经中的泒水是否果如毕释即济水的上游沇水，也是问题。可见《山经》不载渠水，未必能作为其时尚无渠水的确证。《水经注》役水于中牟东北注渠，而渠水以北，又有济水、别濮水分河水东流，略与渠水平行，大河则更在别濮之北。若认为《山经》役水入河足证其时渠水未开，岂得谓济、濮亦未开？若说役水可穿济、濮二水入河，则何以不可以说穿渠、济、濮三水入河，其时实际上渠水也已存在？蒙氏之说能否作为中山经作于鸿沟未凿以前的确证既然还是问题，那么我们当然更不能像有的同志那样，据此便断言整部《山经》都写作于前360年以前的战国前期。

中山经虽然包括了中次九经所载巴蜀地区，但中山共十二经，只有九经一经是巴蜀山川①，八、十、十一，十二四经属战国楚地，

① 蒙氏又认为中次十经"有首阳山及涿山，首阳即鸟鼠，涿山即蜀山，则所载当是梁州西北地区。"按鸟鼠山在今甘肃渭源县西南，见西次四经，则此中次十经之首阳山不得为鸟鼠山。涿蜀古通，然谓此涿山即蜀山氏之国则无据。毕以《寰宇记》南阳县西三十里之蜀（一本作独）山当之，较优于蒙氏所从郝氏说。首阳山经文一作首山，在涿山东北二百四十里，今襄城县南五里有首山，横亘九里，县诸山迤逦直接嵩华起于此（《清统志》许州山川），在南阳蜀山之东北二百七八十里，疑即经文之首山。故中次十经诸山应在今河南南阳以东北，与中次十一经在今南阳西北及东南诸山相接，不可能与中次九经同在《禹贡》梁州今四川境内。

其余七经都在战国周秦韩魏之地,所以蒙袁二氏所说《山经》系战国楚人作品之说,当然也不可信。

然则根据《山经》的地域范围,应对《山经》的写作时地作出怎样的推断才比较合理? 答案是:

论写作地点,应该肯定顾颉刚先生的周秦河汉之间说。

论写作时代,先得把顾先生的《山经》早于《禹贡》说颠倒过来,明确认定《山经》在《禹贡》之后。因为《山经》的地域既比《禹贡》大,记载也比《禹贡》详密,人的知识是逐渐进步的,地域大而详密的《山经》自应在地域小而简略的《禹贡》之后。至于今本《山经》中有许多山川方位极不正确,一部分当然是由于当时观察未臻精密,但主要是后世错简所造成的,不能据此便认为《山经》作者的地理知识不及《禹贡》作者。

断定《山经》在《禹贡》之后比较容易,要进一步定出《山经》写作的具体时代来是比较困难的。

就华夏诸国军事、政治势力达到《山经》中的边区而言:"东至于海",春秋时即已如此,最早。北山经包括了赵武灵王北略胡地的全部地区和燕昭王将秦开所取东胡的部分地区,则已在战国后期公元前300年左右。南山经包括了秦始皇所开南越地的一部分,更在秦统一六国以后的公元前三世纪末。西山经超出了战国和秦时的以河为境,包有整个河西走廊,这更是汉武帝时代公元前121年匈奴浑邪王降汉以后的事。

我们当然不能认为一定要等到政始势力到达了这些地区,《山经》作者才能获得这些知识。边区地理知识不一定要通过军事征服、政权统辖到达该地才获得,往往在此前早已通过人民之间的来往,主要是为了通商而或由中原人亲历其境,或由接触到的边区人民口传而获得。但这种人民之间的来往除个别特例外,一般是不见于记载的。所以我们只能作这样的推断：经过河西走廊通向西域，是从远古以来一条沟通欧亚大陆东西方的交通贸易大道，位于这条大道上的河西走廊的地理情况，完全可以远在汉武帝以前即已为中原人所知。至于北方的蒙古高原和南方的五岭以南，都是一些经济文化很落后的地区，中原和这些地区间的通商不会很早，通商亦当限于边境接壤地带，不可能深入其地。《山经》能对这些地区记载得相当详细，很可能是在中原政权征服了这些地区以后，即使早一点也早不了好久。因此，《山经》的具体写作时代，估计不可能早于战国晚年，很可能已在秦始皇统一六国以后，也许是在对南越用兵而尚未完全征服的过程中，所以《南山经》只见广东的山川而不见广西山川。

元人吾丘衍在其《闲居录》中说过：《山海经》"中间凡有政字皆避去，则知秦时方士所集无疑。"他说的是《山海经》全书，当然包括《山经》在内。他的说法正好和我们的研究结果相符。可怪的是，六七百年来，吾丘氏的卓识，竟绝不为人所重视，现在是应该予以确认的时候了。

《山经》地域虽然较《禹贡》九州范围大得多，但比我国现在的版图却又小得多。如图：东北辽、吉、黑三省全部不在内，内蒙古、河北东北部也不在内，西北新疆最多只有东南一小角，极大部分不在内，西藏全部、青海大部分不在内；西南滇、黔、桂三省全部不在内，川、粤西部也不在内；东南台湾不在内，既然四至都到不了现今的国界，当然不可能超越国界到达邻国，更不可能远越太平洋到达北美洲。

那么吴承志和一些欧美学者为什么会把某些《山经》山川误解为远离中土的绝域呢？大概有这么两个原因：

一是由于他们不理解《五藏山经》与《海外四经》实质上是一

部著作的前后两部分,前者专叙海内山川,后者专叙海外,绝不相混,绝不复出。这一点蒙、袁二氏已经阐述得很清楚,无可置疑。所以《山经》里的山川,绝不能在海外,不可能在朝鲜、日本,更不可能在太平洋彼岸北美洲。

二是由于他们不懂得本文上文所阐释了的:《山经》所载方位不尽可信,特别是里距的可信程度更差;经文中的里距一般都大于实距,有时甚至可大到九倍乃至十几倍。既然不懂得这一点,那就难怪要把首尾长达六千余里的西次三经的一些山川放到帕米尔、阿富汗去,把首尾长达万两千余里的北次三经的一些山川放到外蒙古和西伯利亚去了。

不过东山经四篇,二经、三经较长,各为六千余里,折合今里为四千余里,从山东半岛往东,四千余里只到得了黑龙江或日本,到不了苏联远东地区和库页岛,更不用说北美洲了。何况首、二两经,根本不是自西而东,而是自北而南,三经中只有一山"又东水行千里";四经中作东向、东南向、东北向的五山合计不过千一百古里? 就是把东山四经的方向都作为"又东",把里距连接起来,总数也不过一万八千余里,折合今里一万三千余里[1],可是太平洋两岸相距至少在二万四五千里以上! 不管怎样算法,把东山经某些山川说成在北美洲、中美洲,把无皋山和幼海说成是北美加利福尼亚州圣巴巴拉的山头和海峡,那是无论如何说不通的。

(原载《中国科技史探索》国际版,上海古籍出版社 1982 年)

---

[1] 维宁把《山经》中的五百里折成一六六哩,三百里折成一百哩,可见他是按今华里三里折合一英里计算的,他不知道古今里距长短不同,古里只等于今里的 0.7 里。

海河水系的形成与发展

河北平原的几条主要河流，或从西北而东南，或从西而东，或从西南而东北，都流向今天津市，在市区内汇合成一条大河东流入海，这是海河水系的基本情况。这种情况是什么时候形成的呢？

清代学者认为《禹贡》篇里的河水（黄河）就是流经天津海河入海的，在入海之前，先已会合了河北平原的降（漳）、恒（滱）、卫（滹沱）诸大水，所以在《禹贡》时代，海河水系已基本形成，不过那时的海河只是黄河水系下游的一部分，尚未独立。到王莽时黄河离开河北平原改道从山东入海，海河水系随即成为一个独立的水系。现代的地理学者认为海河水系的形成决定于天津的成陆年代，天津未成陆时，河北平原诸大水应各自在天津市附近当时的渤海湾西岸入海，天津一经成陆，这几条大水也就在那时在天津合流而形成海河。

实际这两种看法都是错的。正确考释《禹贡》，就可以知道其时的黄河虽然流经河北平原，注入渤海，但并不流经今天津市区，所以就谈不上河北平原诸水在天津会合形成海河。见于《汉书·地理志》的西汉时代和见于《说文》、《水经》等书的东汉中叶以前的河北平原水系，也还是分流入海的，未曾汇合成为一河。海河水系的形成是在东汉末年建安年间，公元三世纪初。天津的成陆最近已由考古资料证明，最晚不迟于战国。可见天津成陆在前，海河形成远在其后,两事相距至少有四五百年。水系形成以后它所包括的范围曾经发生过多次变动。近代海河水系西南包括清水、小丹河,东北包括潮白河在内,这种情况大致南北朝后期或隋代即已出现。人工的疏凿对海河水系的形成和发展都起着很大的作用。

一、《禹贡》河水和《汉志》河水
下游不经天津海河

清初考据学大师胡渭在其所著《禹贡锥指》一书中,花了很大力气考证"禹河"(即《禹贡》中的河水故道),自谓"导河一章,余博考精思,久乃得之"。他对自河北平原中部至渤海湾西岸一段禹河故道所作出的结论是:汉代的漳水下游就是禹河故道,具体路线,"以今舆地言之"是"自巨鹿又北历南宫"等十五州县,"至天津镇注于渤海"。又说:漳水自成平(故治今交河县东)以下至入海一段,"在西汉时犹为大河"。胡渭所谓汉代的漳水,实指《水经注》中的漳水;天津镇即雍正以后的天津府城,今天津市旧城区。可见胡渭认为《禹贡》时代和西汉时代海河即已存在,是当时的黄河下游的一部分。

《禹贡锥指》刊行于康熙四十四年,即 1705 年。自此以后,乾隆年间官修的《大清一统志》,和有清一代乃至近代学者论述历代黄河变迁的著作,差不多全都沿用了胡渭这种说法,几乎已视为定论。可是这种说法实际上是经不起认真考核的,我们只要仔细研读一下《汉书·地理志》、《水经》和《水经注》,就可以知道《禹贡》时代的黄河应在今青县以东、黄骅以北、静海县东南、天津市南的北大港一带入海,西汉时代的黄河应在今黄骅县境入海,都不经过天津的海河,都在海河以南即已注入渤海。

在《禹贡锥指》以前,明季陈祖绶在其《皇明职方地图》的《河岳图》中,已把"古徒骇河"画作自天津入海。徒骇河即禹河下游分为九河后的最北一支,亦即河水干流。可见把禹河理解为从天津海河入海,这种说法并非创自胡渭。然清代以至近代学者之所以采用此说,实由于信从《锥指》的考证,因为《锥指》是过去二百几十年来一部声望极高,被大多数学者推崇为考证精详的权威性著作。所以我们今天要破除这一错误的说法,必须从驳倒《锥指》的论点入手。

《禹贡》导河末二句是"又北播为九河,同为逆河入于海"。这是说黄河下游岔分为九派,在入海之前都受到海水的顶托。《尔雅》释水列举"九河"之名,以徒骇居首。《汉书·沟洫志》载成帝时许商言:"古说九河之名,有徒骇、胡苏、鬲津,今见在成平、东光、鬲界,自鬲(津)以北至徒骇间,相去二百余里"。《锥指》卷三根据许商的话,推定徒骇河是九河中最北一派,亦即"禹河"的干流,这是可信的。又说许商上言三河,下言三县,则徒骇在成平,胡苏在东光,鬲津在鬲县,也是正确的。《汉书·地理志》在渤海郡成平县下有云:"虖池河,民曰徒骇河"①,更可见徒骇之名,至西汉时犹在成平县民间沿用。《锥指》卷十三中之下说:"《水经》所叙漳水自平恩以下皆禹河之故道",也是基本正确的②。问题是,《水经》漳水亦即禹河的河口段在哪里,在何处入海?胡渭认为《水

---

① 《清一统志》河间府古迹说成平故城在今交河县东;据《水经·浊漳水注》,应在交河县东北。

② 只能说基本正确,因《水经》平恩(今曲周东南)以下的漳水,不全是禹河故道。自乐成、陵县(今献县东南)西南至成平县东北一段,《水经》漳水经二县之南,而禹河故道则应为汉代的滹沱河,经二县之北。

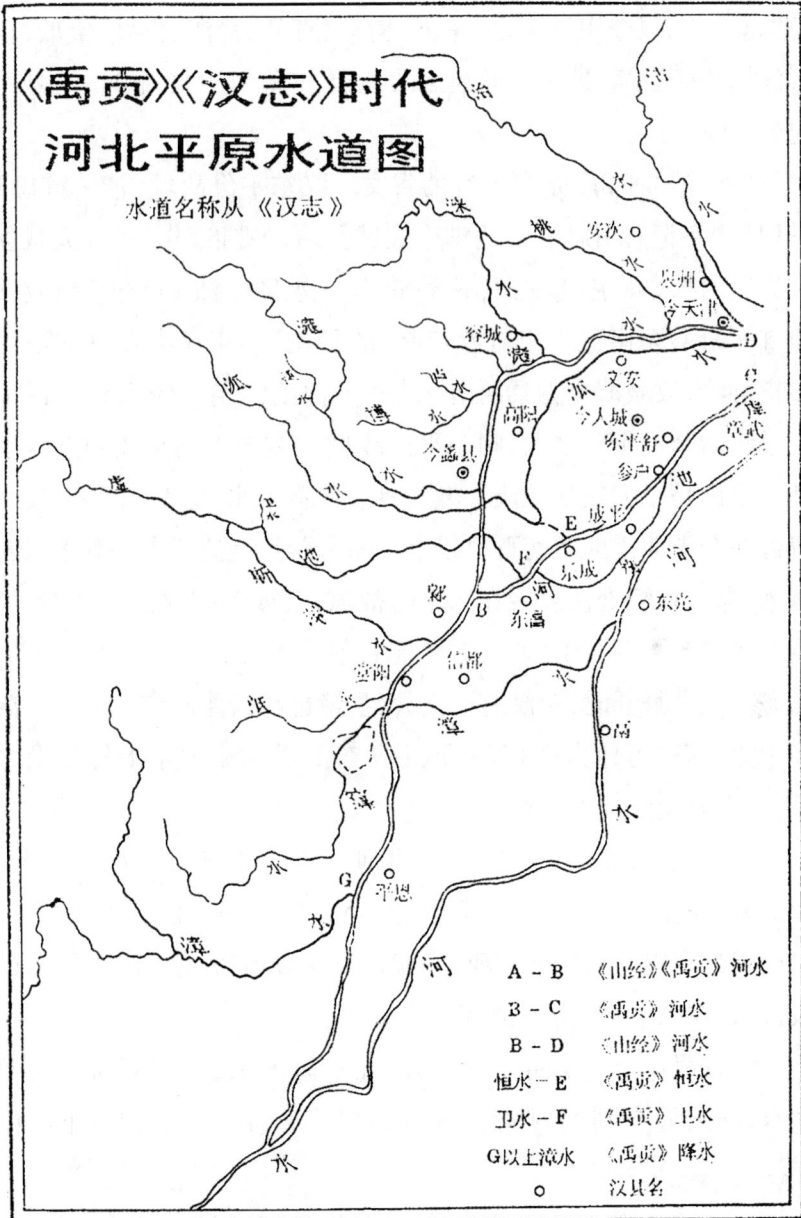

《禹贡》《汉志》时代
河北平原水道图

水道名称从《汉志》

A - B	《山经》《禹贡》河水
B - C	《禹贡》河水
B - D	《山经》河水
恒水 — E	《禹贡》恒水
卫水 — F	《禹贡》卫水
G以上漳水	《禹贡》降水
○	汉县名

经》漳水"径成平县南，又东北径章武县两，又东北径平舒南，东入海"这一段，以今舆地言之，是历"交河、青县、静海、大城、宝坻，至天津镇注于渤海，即古徒骇河之故道也"（卷13中之下）。这是不对的。

《水经》"平舒"是东平舒的省文。汉东平舒故城《清一统志》采用《寰宇记》的说法，认为即今大城县治；《锥指》作"在今大城县县界"。按，《寰宇记》之说不大确切。《水经·浊漳水注》引应劭曰："平舒县西南五十里有参户亭，故县也"。东汉参户亭即西汉参户县治，故城即今青县西南三十里木门镇（《清一统志》）。汉里一里约为今里十分之七，则东平舒故城应在今青县东北约五六里处。不论是今大城县治或大城县界或青县东北，总之，东平舒故城应远在今天津市区西南百里以上。漳水既然是流经东平舒南东入海的，那么入海处便只能在东平舒故城东，或东偏北一带，断不可能在经过东平舒县南后，又东北流百数十里经过天津市区才东流入海。东平舒县北，两汉有文安县，县境也在天津西南。漳水若流经天津入海，为什么《水经》和《注》都不说在流过东平舒县南之后，又东北流经文安县东？

西汉成平县境的虖池河，是禹河干流徒骇河的一段，《汉志》虖池河"东至参户入虖池别"[①]，虖池别河"东至平舒入海"[②]。所以西汉参户以下的虖池别河，也就是禹河故道《水经》漳水的河口段，也是在东平舒县境入海的。

大致写作于西汉初年的《山海经·海内东经》篇末所载二十六水，虖沱水作"东注渤海，入越章武北"。《汉志》参户以下的虖

---

① 见代郡卤城。"户"今本误作"合"。"别"下当脱"河"字。

② 见河间国弓高。

池别河,在这里被视为虖沱河,其入海处则说成在章武北。汉章武县,据《元和志》即唐沧州北一百里鲁城县治。据《清一统志》引《旧志》,在州东北八十里。按,唐宋沧州故城在今沧州市东南四十里,明初徙今市(《清一统志》沧州故城条)。汉章武故城在唐宋州北一百里,明清州东北八十里,应在今黄骅县西北隅,值青县之东,于汉为东平舒县之东偏南。故"入越章武北",与《汉志》虖池别河、《水经》漳水的过东平舒县南东入海正相符合。

今天津市区位于汉文安县的东偏北,泉州县的东南。如上所考,禹河河口段是《海内东经》的虖沱河,《汉志》的虖池别河,《水经》的漳水河口段,这三种记载都只说在章武北或东平舒东入海,都没有说在文安东北或泉州东南入海,所以禹河不会由今天津海河入海,应在今青县之东,黄骅之北,静海东南,天津市南境的北大港一带入海。

胡渭之所以以禹河为由天津海河入海,这是由于他先定西汉大河由此入海,又以为自汉成平县以下,禹河即西汉大河之故。殊不知《禹贡》河与《汉志》河的海口并不在一处,不特禹河不由天津海河入海,西汉河河口段也与今海河无涉。

胡渭不是不知道《汉志》明说河水"至章武入海",也不是不知道章武故城距今天津市甚远①,徒以近世有从沧州北流之卫河(南运河)至天津汇合大清河、北运河由海河入海,又见自章武故城以北,海河以南,卫河以东,汉世别无他县治所厕于其间,遂臆断今天津市区为汉章武县地,《汉志》"至章武入海"即指由天津海河入

---

① 《锥指》卷13中之下作汉章武县在沧州北一百里,盖以《元和志》为据而不知唐宋沧州在明清沧州之东南四十里。即使在今沧州北一百里,北距天津市犹在百里以上。

海。胡氏此说之不通是很明显的：

（一）西汉渔阳郡泉州县故城在今武清县旧治东南四十里①，天津旧城区西北去泉州故城不过六十余里，而南距章武故城约有一百二三十里之遥，按常理天津在汉代自应属泉州不属章武。

（二）《汉志》既有虖池别河东至东平舒入海，又有泒河"东至文安入海"②。东平舒、文安二县都在今天津西南，假使今天津在汉代是章武县的辖境，那么这二县怎么可能有濒海之地为虖池别河泒河入海所由？

（三）除虖池别河、泒河二水外，《汉志》又载有治水"东至泉州入海"，沽水"东南至泉州入海"③。假如大河北至今天津东入海，那么此四水就都该入河，不可能入海。四水既皆入海，足见汉大河不可能经由天津海河入海。

《锥指》专考大河故道，没有遍考汉代渤海湾西岸其他诸水，所以不容易发现他这种禹河西汉河都自今天津入海之说是说不通的。其后道光末陈澧著《汉书地理志水道图说》，光绪末杨守敬作《前汉地理志图》，都是将《汉志》所载水道全部画在图上的，那就似乎可以发现、纠正《锥指》的错误了。无如陈杨二氏皆见不及此，仍然采用《锥指》的说法，而对《汉志》关于虖池别、泒、沽、治四水的记载，则不惜肆意予以曲解。陈澧将虖池别河和"从河"（陈氏解作虖池河的别派）都画成自河西绝河而过东入海，又于海河之北画上两条治沽二水的尾闾与海河并行入海。杨守敬则强释《汉志》虖池别、泒、治、沽四水"入海"都是由河入海，干脆把渤海

---

① 《清一统志》顺天府古迹引县志。
② 见代郡卤城。今本"泒"讹作"从"，据杨守敬《晦明轩稿》《汉志从河为泒河之误说》改。杨氏此考极精密，无可置疑。
③ 见雁门郡阴馆，渔阳郡渔阳。

湾西岸诸水画得和近代海河水系基本一样，河水是今之卫河、海河、虖池别等四水都在天津或天津西南注入河水。按照陈氏的画法，四水都入海是符合于《汉志》了，无奈虖池别河、"从河"怎么可能绝河而东流入海？难道说是架了渡槽？有这样宏伟的工程的话，为何不见于记载？且章武怎么可能北越东平舒、文安二县辖境而有今天津市区之地？东平舒、文安二县又怎么可能东越章武县境而有濒海之地？陈氏大概也想到了这一矛盾，因而他索性在图说中把天津县注释为汉章武县，在图上把章武二字注于天津之侧。但章武故城在今沧州东北八十里，在汉文安、东平舒的东南，文献记载是明确而相互符合的，怎么可以任意把它搬到沧州之北二百二三十里，东平舒、文安二汉县的东北去呢？按照杨氏的画法，那么四水入海之地岂不应该和河水一样都在章武吗？何以《汉志》要把它们分别系于东平舒、文安和泉州？可见陈杨二氏既然采用了胡渭的汉大河由天津海河入海这种错误说法，那就无法把渤海湾西岸诸水画得符合于《汉志》的记载。

再者，《汉书·沟洫志》载许商言："自鬲（津）以北至徒骇间，相去二百余里；今河虽数移徙，不离此域。"徒骇于汉为成平的虖池河和参户以下至东平舒入海的虖池别河。单凭许商这两句话，即可知汉大河绝不可能逾成平、参户、东平舒（今交河东北、青县西南、东北）一线而北至今天津入海。想不到胡渭陈、澧杨守敬这三位著名学者，竟然都没有注意及此。

可能有人要为杨守敬辩护：《汉志》代郡灵丘县下载，"滱河东至文安入大河"；滱河上游即今唐河，其下游应在泒河之北，滱河既然是入大河的，那么在滱南的泒河、虖池别河当然也不可能独流入海，解释成由河入海应该是正确的。又，滱河既在文安县境泒河之北"入大河"，河滱合流处应距今天津旧城区已不远，那么把此下的河水解释成流经今天津会合治、沽二水后东流由今海河入海，也可以说基本上是合乎情理的。这种想法也许正是当年杨守敬在《前汉地理志图》中那样画法的根据。因为看到了《汉志》滱河这一条，就把《汉志》中其他许多不符合这样画法的记载全都视若无睹了。

实际《汉志》说滱河入大河显然是错的。在滱北的治、沽二水入海，在滱南的滹、虖池别也入海，夹在中间的滱河怎么可能入河？杨守敬情愿相信滱河入大河一条记载，而不相信治、沽等四水都作入海的记载，根本原因还是由于他和胡渭、陈澧一样，昧于历史时期的水系是在变化的，硬要以古水道比附今水道，先定下一个禹河、西汉河北流入海是循今卫河、海河入海的基调，对所有不符合于这一基调的记载，就只能或者予以曲解，或者置之不理了。

说到这里，可能又会有人要为《汉志》辩护：《山海经·北山经》也说"高是之山，滱水出焉，东流注于河"，《说文解字》也说"滱水起北地灵丘，东入河"，在《汉志》前的《山经》和在《汉志》后的《说文》都说滱水入河，岂不正可以证明《汉志》滱河入大河之说是正确的？

殊不知《山经》时代河水经河北平原中部北流至今蠡县东，循《汉志》涿郡、勃海郡境内之滱河东流入海，其时滱水约当在今蠡县东南入河，所以《山经》说滱水"东流注于河"是不错的，但入河处不在汉文安县境。《汉志》河水下游业已离开《山经》河水故道，不经河北平原中部而自豫东北经鲁西南、冀东南入海，故《山经》中的滱水入河以下的河水，在《汉志》时代即为滱河所经行，在此时记述滱河的归宿，自应作东至文安入海，不应仍作入河了。许慎不查一查当代的情况而直抄旧文献作入河，已属失误；而班固则杂采诸记,糅合成志,既根据当代的情况指出滱河下游"东至文安",却又采用了前一时期的旧文献仍作入河,那就更荒谬得可笑了。我们岂能因为《汉志》、《山经》、《说文》作入河相同,便不加分析,轻易肯定《汉志》这条记载,不惜无视或曲解与此不符的其他记载?

怎么会知道《汉志》涿郡、勃海郡境内的滱河,就是《山经》时代的河水下游呢? 这是先从《汉志》的记载中得到启发,然后用《山经》的记载予以证实的。

《汉志》泒水"东至堂阳入黄河"①,斯洨水"东至鄡入河",博水"东至高阳入河",卢水"亦至高阳入河",滱水"东南至容城入河",桃水"东至安次入河"。② 按,《汉志》河水自今鲁西北流经冀东南入海,堂阳、鄡、高阳、容城、安次这些县都在河北平原的中部③,都不是河水所经过的地方;用《汉志》所载河北诸水相互证验,则泒水和斯洨水实当入滹,博、卢、滱、桃四水实当入滱。古人以"河"为大河的专称,何以班固会对这六条水所注入的滹滱二水

---

① "泒"今本误作"沮",据王念孙《读书杂志》4之6、段玉裁《说字解字注》改。《汉志》例不称大河为黄河,此条原文当作"入河"。盖后人知堂阳非汉大河所经,见《汉志》信都国信都下载有"故章河在北"一语,堂阳去信都不远,乃在"河"上擅增一"章"字;隶书章、黄二字形近,后又讹章为黄。今按,"故章河"是《汉志》时代以前的章(漳)河,在《汉志》时代已为滹水的下游,和《汉志》中在滹水以东的漳水是两回事。泒水东至堂阳所入,是"故章河"而不是当时的漳水,所以在"河"上增一"章"或"漳"字,并不符合《汉志》所载水道经流。再者,若班固原意作入漳,则但当作"入漳",亦不得于"漳"下缀一"河"字。清代几位学者不明乎此,或以为本作章河;或以为本作漳河;或以为本作横河,"横""衡"古通,横河即《禹贡》衡漳,"黄"乃"横"之烂文;皆非。
② 泒水见常山郡元氏。斯洨水见真定国绵曼。博水见中山国望都。卢水见中山国北平。滱水见代郡广昌。桃水见涿郡涿。
③ 据《清一统志》,堂阳故城在新河县西,鄡县故城在束鹿县东,高阳故城在县东,容城故城在县北,安次故城在县西北。

不称窬滱而称河,这是很值得研索的问题。

按,《说文》水部也说涞水"东入河",《汉志》信都国下博县注引应劭曰亦作博水"入河",由此可见,《汉志》把这几条水记作入河,不会是班固偶然搞错或笔误,更不会是后世传抄传刻之误,而是和许慎、应劭一样,同出于某种古文献。这六条记载中所谓"河",指的确是大河,不是像清代几位学者那样认为指漳河、虖沱河或河水所汇注的淀泊①。这六条应该和滱河条下作入河一样,不是笔误,也不是无根之谈,班固所犯的错误乃是盲目地袭用旧文,没有能够按西汉后期的实际情况予以订正。《史记》八书中无地理篇,班固能在《汉书》中开创一篇《地理志》,纂录了多种资料,使这些珍贵资料得以流传于后世,厥功甚伟。但他不是一位地理学者,他也许根本发现不了他所纂录的资料是有矛盾的,也许发现了而没有能力辨别是非(即符合或不符合于西汉后期情况),作出判断,予以统一。正因为这样,所以在《汉志》里才会存在着一些使后人迷惑不解的记载。

然则《汉志》所录泒水等六水入河的记载,应该写作于什么时代?

《汉志》堂阳以下的窬水,即信都县北的"故章河",即漳水故道。胡渭论证这段漳水故道就是《禹贡》时代的河水经流,这是正

---

① 赵一清、王念孙、洪颐煊认为泒水所入是漳河,前文已予辨正。洪颐煊《汉志水道疏证》又以为斯洨水所入之"河"也是漳河,陈澧《汉书地理志水道图说》认为是虖沱河;实则斯洨水所入和泒水一样,也是窬水下游即"故章河"。陈澧又说博、卢、涞三水所入即今西淀,桃水所入即今东淀,二淀为河水所汇,故曰入河。此说更荒谬。二淀当形成于宋何承矩兴塘泺之后。《水经注》叙巨马、易、滱三水都没有提到入淀泊,且西汉大河下游远在今冀东南东光、南皮、沧州、黄骅一带,与后世二淀之间中隔与大河基本并行的虖池别、虖沱、泒等水,河水怎么可能穿越这些水道西北逆流数百里汇为东西二淀?

确的。所以《汉志》泒水、斯洨水作"入河",符合于《禹贡》时代的情况。唯禹河自汉信都以下即东北流循汉之虖池河、虖池别河入海,并不经过汉之高阳、容城、安次等县,可见《汉志》博、卢、滦、桃四水所入的"河",不是《禹贡》时代的河。遍稽古籍,发现《山海经·北山经》滱水"东流注于河",此下又有郪、般、燕、历虢、伦、绳六水都是"东流注于河",才悟到《山经》时代的河水,应不同于《禹贡》河水,禹河自汉信都以下东北流,《山经》河则自信都之北北流,自汉陆成县今蠡县以下,走的就是《汉志》中的滱河下游,北流经汉高阳县西,折而东流经容城等县南,又东入海,所以在《山经》中才会有六条水都在滱水之北东流入河。而《汉志》中的博、卢、滦、桃四水,验以地望,正当在高阳、容城、安次等县境内入滱,可见《汉志》此四水和博、滦之间的濡、徐、易等水,大致应相当于《山经》中的郪、般等六水,四水所入的"河",应即《山经》时代的河水。由此可见,《汉志》泒水等六水作入河确有来历,但其所本并非西汉后期的记载,而是相当于《山经》时代的古老记载。

总上所考,则西汉大河不由今天津海河入海应可成为定论。但单凭《汉志》河水"至章武入海"这句话,难以确定入海处在地图上的位置。所幸《志》末据成帝时刘向所言赵地"域分",提到了章武是渤海郡"河以北"诸县之一,因而属赵分。由此可见,西汉河水的河口段在章武县南。章武故城在今黄骅县两北隅已见上文,则西汉河应在今黄骅县境入海。

《禹贡》河和《汉志》河都不经过今天津市区,倒是上面提到的《山经》时代河水,其下游即《汉志》"至文安入大河"的滱河,亦即《水经》"东过泉州县南,东入于海"的易水①,文安东北、泉州东南

① 易、滱会合以下,《汉志》称为滱,《水经》称为易。

距今天津不远,其入海处很有可能在今天津市区或近郊,但绝无迹象已有市区以东的海河。且《山经》中并无从河水东南岸注入河水的水,见于《北次二经》的湖灌水,应即《汉志》《说文》中的沽水,其时亦与《汉志》《说文》时代同,入海而不入河,当然谈不上其时业已形成海河水系。

二、海河水系形成于东汉末建安年间

成书于东汉中叶公元二世纪初的《说文解字》,所载河北诸水的归宿,基本上和《汉书·地理志》相同;㳷水、沽水、灢水皆作入海,灢水即《汉志》的治水,㳛水亦误作入河。

《水经》一书中,各篇所反映的情况有先有后,大不相同。圣水下游即《汉志》桃水,《汉志》作"东至安次入河",而此作"东过安次县南,东入于海",似应采自早于《汉志》的记录,其时安次县南的㳛(易)、㳷等水下游还是一片汪洋,被目为海。易水、巨马河两篇应为比《汉志》晚一些的记录。易水下游即《汉志》㳛河下游,巨马河的下游亦即易水下游,《汉志》㳛河"东至文安",而《经》作易水"东过泉州县南,东入于海",巨马河"东过东平舒县北,东入于海";泉州在文安东北,东平舒在文安东南,反映了此时易水亦即巨马河的河口段比《汉志》时代的㳛河有所伸展。《浊漳水篇》中见"乐成陵县",郦《注》说本乐成县,陵字乃桓帝所加,则此篇应写作于桓帝即位之年(146)以后。其叙浊漳水下游作"东北过成平县南,又北过章武县西,又东北过平舒县南,东入海",与《汉志》虖池别河的经流相同,水名已变①,其入海处则仍在东平舒县东,

---

① 《水经》漳水下游,即《汉志》"故章河"及虖池别河。

海河水系形成图

A—B　清河第一期
A—C　清河第二期
A—D　清河第三期,称清河水
E—F　清河第四期,AD 间仍为清河水
G—F　清河第五期,GA 间为白沟
H—I　清河第六期,H—清渊为白沟,清渊—海口为清河

H—G　204 年所开白沟
J—K　206 年所开平虏渠
M—N　213 年所开利漕渠
O—P　226—232 年间所开白马渠
Q—R　238 年所开滹沱新河

与《汉志》时代同。以上这几篇反映直到东汉桓帝时代,河北平原自西南向东北流的漳水和自西向东流的易水(下游合巨马河后一称巨马河),都还是独流入海的,还没有汇合为一,海河水系尚未形成。

但是,反映在淇水、沽河两篇中的情况,却与漳、易等篇迥然不同。

《淇水篇》载淇水"东北过广宗县为清河",而清河下游在过浮阳县两之后①,又东北过㟃邑、乡邑、穷河邑、漂榆邑才入于海。㟃邑即章武故城,见《水经·浊漳水注》。乡邑、穷河邑虽无可确指,大致应在今静海县境和天津市西郊一带。漂榆邑更在下游,杨守敬《水经注图》置于天津以东,大致正确②。《沽河篇》载"又东南至泉州县与清河合,东入于海。清河者,沤河尾也。"可见在这两篇里,自西南向东北流的清河,已与自西北向东南流的沽河在泉州县境内汇合,东流入海,汇合处正应在今天津,汇合后的"沤河尾"正应相当于今之海河,海河水系此时已形成。

怎么会出现这种新情况的?是什么时候开始出现的?这需要从清河的变化说起。清河的逐步伸展,是海河水系形成的关键。

从最早的清河起到见于《水经》记载的清河,其起讫和经流都经过多次变迁。尽管文献记载疏略,但大致情况犹可考见,约可分为六期:

《水经·河水注》:"河水又东径遮害亭南,……又有宿胥口,

---

① 汉浮阳县隋改名清池,唐宋金元为沧州州治,在今沧州市东南四十里,见《清一统志》天津府古迹沧州故城。

② 《淇水注》引《魏土地记》曰:"高成县东北一百里,北尽漂榆,东临巨海,民咸煮海水,藉盐为业。"据《寰宇记》、《清一统志》引旧志,高成故城在今盐山县东南。漂榆约与高成东北百里处南北相值,可知应在天津市区以东。

旧河水北入处也"。《禹贡锥指》虽然把禹河的尾闾部分搞错了,惟其考定禹河应自汉黎阳今浚县西南汉遮害亭东的宿胥口,别《汉志》河水而北流,行《水经·淇水注》的宿胥故渎、白沟,至汉内黄县东北洹口以下,行《汉志》所载邺东"故大河",下接《水经》漳水东北流,则是正确的。又,见于《北山经》的河水,自汉信都县以下虽与禹河不同,自信都以上,依方位、地势推断,应与禹河相同,也是走的自宿胥口北流合漳这条道。

最早的清河,应出现于河水在宿胥口改道东流,走《汉志》大河的时候。河既东去,相当于《水经注》中自黎阳以上的白沟和宿胥故渎这一段《禹贡》《山经》河故渎,因地势高昂,应即断流。惟自黎阳以北的汉内黄县(故治今县西)境起,故道为出于黎阳诸山的泉流所汇注,仍循《水经》白沟《汉志》邺东"故大河"北流会合漳水。因此道本为河所经行,而向之浊流,至是变清,始被称为清河。此时清河首尾大约不超过三百里,源流不长,所受支流仅为今汤阴、安阳境内几条小水,流量亦不丰,故不见于记载。这是清河的第一期。

《战国策·齐策》一苏秦说齐王曰:齐"西有清河";《赵策》二苏秦说赵王曰:赵"东有清河";《史记·张仪列传》说齐湣王曰:秦攻齐,"悉赵兵渡清河,指博关";《赵策》二张仪说赵王曰:今秦"告齐使兴师度清河,军于邯郸之东":这是清河见于记载之始,约在公元前 300 年左右。此时清河当已不走邺东"故大河",东移于漳水大河之间,经流绵远倍于第一期,成为介于齐赵二国之间的巨川。但其始末经流,和《水经》中的清河尚有所不同。上游仍起于内黄同第一期。东北至内黄北受洹水,此下行《汉志》洹水北至汉清渊县(故治今临清西南)西北汇而为清渊,此段同《水经》。自清渊以下,《水经》清河过广宗县(故治今县东南)东、东武城县(故治今武城县西北）西东北去,在西汉清河郡治清阳县（故治今清河县东）之西北。按:水北为阳,则《水经》此段清河,当非清河旧道;战国时此段清河应自清渊折而东行经汉清阳县南,东流偏北略循《水经·河水注》中的屯氏别河故渎入大河。这是清河的第二期。

第二期清河大致持续到汉武帝中叶不变。元光三年（前132）河水先后在顿丘（故治今清丰西南）和濮阳（故治今县南）瓠子两处决徙①,决处都在大河东南岸,可能还不至于对清河发生影响。可是到了武帝后期,元封二年（前109）塞瓠子后,"河复北决于馆陶（故治即今县）,分为屯氏河,东北经魏郡、清河、信都、渤海入海,广深与大河等,故因其自然,不堤塞也";到了元帝永光五年（前39）,"河决清河灵（故治今高唐西南）鸣犊口,而屯氏河绝"②。不久屯氏河复通,故《汉志》魏郡馆陶下仍有"河水别出为屯氏河";清河郡灵县下仍有"河水别出为鸣犊河,东北至蓚（故治今景县南）入屯氏河"。又,清河郡信成下有"张甲河首受屯氏别河,东北至蓚入漳水";据《水经·河水注》,则屯氏别河出自馆陶之东屯氏河。自元封以后七八十年间,馆陶以下的清河,屡次为这些决河所截断分割,故道遂不复可问,因而在《汉书·地理志》里,清河郡境内也就只见这些决河,不见有清河了。其自内黄县北洹口以下至信成一段,则被视为洹水的下游。③ 自战国至西汉前期长达千数百里的清河,至是只剩下洹口以南百余里一小段仍称清河。《志》于魏郡内黄下云:"清河水出南",这是因为此时清河首尾都

---

① 顿丘之决在是年春,濮阳之决在夏,见《武帝纪》。决于濮阳之瓠子,见《沟洫志》。

② 这两次北决皆见《沟洫志》。

③ 河内郡隆虑下云:"洹水东北至信成入张甲河"。"洹",今本误作"国"。

在内黄县境内,故但著其出于县南,不用再提到它至某县入某水了。这是清河的第三期。

新莽始建国三年(公元11),河自濮阳西北之长寿津决而东去①,由今山东入海。从此馆陶、灵县既不再为大河所经行,屯氏、鸣犊二河及由屯氏河派出的屯氏别河、张甲河等,自当同归堙塞。但清渊是内黄的清河水和洹水所汇注,不能无所归,乃溢出东北流绝张甲河故渎,过广宗县东、东武城县西、广川县东,过蓨县南行屯氏故渎,又东北过东光县西,行大河故渎过南皮县西至北皮亭东会合漳水,这就是《水经》中清渊县东北的白沟和广宗东北至南皮北的清河。其时上游仍当仍西汉后期之旧称内黄以南为清河水,称清渊以南为洹水。自清渊以下,虽然不是战国至西汉前期的清河旧迹,因为它出自清渊,经行清河郡境,所以仍被称为清河②。清河从此又成为河北平原一条源远流长的大川,这是清河的第四期。

《续汉书·郡国志》以永和五年(140)版籍为据,仍同《汉志》仅在魏郡内黄县下系以"清河水出"四字,不及上承黎阳的白沟,此时应尚无白沟。《三国志·魏志·武帝纪》建安九年(204),"遏淇水入白沟以通粮运",不称遏淇水入清河水而作入白沟,知此前已有白沟。是则白沟应形成于永和之后,建安之前。据《淇水注》,淇水径黎阳西南合宿胥故渎,又东北流谓之白沟,东北径黎

---

① 决年见《汉书·王莽传》。决处见《水经·河水注》,《莽传》作"河决魏郡",盖决口北岸为魏郡地,南岸则为东郡濮阳县地。决后泛清河以东数郡,不塞。至东汉明帝永平十二年(69),始发卒数十万遣王景等修治河堤,明年功成,即《水经》及《注》中的长寿津以下的河水。
② 《汉志》魏郡清渊下注引应劭曰:"清河在西北"。《水经》白沟"又东北过广宗县东为清河"。据郦《注》清渊在清河县西北,盖清河自清渊溢出北流即入广宗县境。

阳西山即同山、白祀、枉人等山之东,下入内黄。宿胥口北黎阳西山东麓,原是《禹贡》《山经》时河水的故道,当时人何以不把这条水看作清河的上游,而别称为白沟呢? 这是由于:一、大河故道湮灭已久,不复为当对人记忆所及。二、这条水本不是自然形成的,而是由人工开凿成的。

黎阳西山东麓地势高昂少水源,因而自河徙宿胥口东去后六七百年来,这里从没有出现过川渎,只能在黎阳以北存在着清河水。所以这条永和后出现的白沟,其水源必别有所资。这在《淇水注》里可以看得出来。

《注》云:淇水"又东出山分为二水,水会立石堰,遏水以沃白沟,左为菀水,右则淇水"。淇水自元甫城东南流径朝歌县(故治今淇县东北)境,在建安九年以前,又东南流至黎阳西南遮害亭西十八里淇水口入河。至建安九年曹操于水口筑枋堰,才遏水东入白沟。菀水上承淇水于元甫城西北,自石堰东注菀城西南;又东南分一水西注淇水为天井沟;分二水东注台阴野:一注白祀山西麓白祀陂,一注同山西麓同山陂;又东南由菀口入淇水。淇水右合宿胥故渎,又东北流谓之白沟。由此可见,开凿白沟的工程是相当巧妙的:人们在淇水出山处建立了一个石堰,只让一部分水仍由淇水南流入河,分一部分东经菀城西南,东南流经淇水河谷和台阴野之间的高地,然后由菀口以建瓴之势注入经过疏浚的古大河故道即白沟。简单说,就是白沟的河道利用了《禹贡》《山经》时代的大河故道,而其水源则是由分淇为菀而来。郦《注》原文似说成立堰的目的即在遏淇、菀二水以沃白沟,不确;实则在立此淇水出山处石堰之初,枋堰未立,淇水犹南流入河,立堰的作用只是在遏部分淇水入菀水以沃白沟。要到建安九年曹操筑枋堰,淇水才也被遏东流入白沟(下详)。

根据桓帝以后写成的《水经·浊漳水篇》,自"北过堂阳县西"至"东北至昌亭与滹沱河合",即《汉志》"故章河","又东至乐成陵县北别出"以下①,即《汉志》滹池别河,"又东北过成平县南合清河②,又东北过章武县西,又东北过平舒县南,东入海"。则其时清河北止于成平之东。《淇水注》"清河又东北径南皮县故城西,又北径北皮城东,左会滹沱别河故渎,谓之合口,城谓之合城也。《地理风俗记》曰,'南皮城北五十里有北皮城',即是城矣"。《淇水注》中的滹沱别河故渎,实即《浊漳水经》中乐成陵县以下的漳水;北皮城东的合口,即《浊漳水经》中漳水自西南来经成平县南,又东北合清河之处。

合口以下,在《浊漳水经》里是漳水的下游,"又东北过章武县西,又东北过平舒县南,东入海";但在《淇水经》里则不提合漳水,而说在"东北过南皮县两"之后,"又东北过浮阳县西,又东北过涉邑北(西),又东北过乡邑南(东)③,又东北过穷河邑南,又东北过漂榆邑入于海。"这是《浊漳水经》写成以后的新发展。其中合口以北,浮阳县和涉邑以西一段,应即《浊漳水经》中"东北过章武县西"这一段漳水;水道是原有的,只是名称的改变。"又东北过乡邑"一段,则为建安以后新出现的水道(详下文)。

---

① 西汉东昌县东汉省为昌亭,西汉乐成县桓帝时成下加陵字,见郦《注》。东昌故城在今武邑县东北,乐成故城在今献县东南,见《清一统志》。

② "合清河"三字《大典》本无,吴琯本有;其后朱谋㙔、赵一清、杨守敬等从吴琯、戴震、王先谦等不从。吴琯殆以所见宋本为据,与《淇水注》所载清河北流形势亦合,宜可信。

③ 涉邑即章武县城,《经》文"涉邑"下"北"应作"西",杨守敬在《水经注疏》中已指出。清河过涉邑西后应继续北流,方得至泉州县境与沽河汇合,故"乡邑"下"南"应作"西"或"东"(杨守敬《水经注图》作东)。乡邑故址当在今静海县境。又东北"过穷河邑南",当已进入今天津市郊区,故址约当在今杨柳青一带。

　　如上所考，清河在永和以后建安以前五六十年间，上游出现了起于黎阳西南以荡水为源的白沟，下游仍在南皮县北五十里北皮城东注入漳水，这是清河的第五期。

　　清河的第六期开始于建安年间，由于在曹操主持下改造了白沟和开凿了平虏渠而形成。

　　《魏志·武帝纪》：建安九年（204）正月，"遏淇水入白沟，以通粮道"。建安十一年，将北征三郡乌丸，"凿渠自呼沲入泒水，名平虏渠"。这是见于《三国志》关于这两项工程的记载。

　　建安以前，白沟仅以荡水为源，荡水只分得淇水的一部分，已见上文。又据《荡水注》，荡水在未入白沟以前，已灌溉了两侧天井沟、台阴野的田地七十余顷。故注入白沟的流量，可以想见相当微弱，不足以资粮运。曹操为通粮运，就得改造原来的白沟。"遏淇水入白沟"，说得清楚一点就是以前只是分淇由荡入白沟，现在则遏淇水干流入白沟，使白沟的流量增加到足够通漕运。陈寿的记载是正确的，但毕竟太简单，看不出此役有哪些具体措施。郦道元在《淇水注》里提供了一些有关资料，由此可以看出，曹操主要是通过如下两项措施达到目的的。一是于淇水口北"下大枋木以成堰"[①]，遏淇水不使东南流循旧道入河，开渠导淇水东北注入白沟[②]。这就不仅增加了白沟的流量，也使白沟的河身从荡口上伸二三十里到达枋堰的东侧。二是在荡口稍下游白沟右合古大河故

----

①　《淇水注》作"魏武王于水口下大枋木以成堰"，欠确切。参以上下文，知枋堰应在水口稍北，堰南是淇水入河故道，立堰后淇水即被遏东入白沟。据《寰宇记》卫州卫县及《通鉴》永嘉六年胡注引宋白，枋堰旁的枋头城去河八里。

②　《淇水注》在"成堰"下接着说"遏淇水东入白沟"是正确的，而下文在"宿胥故渎"下说"魏武开白沟，因宿胥故渎而加其功也"则欠妥。魏武只是遏淇入白，改造白沟，并非创辟，不宜加"开"字。但其指出白沟乃因宿胥故渎而加其功，则又是正确的。

道"宿胥故渎"处立一石堰,使淇菀合流后的白沟水不至于南出宿胥故渎由宿胥口入河,"遏水令更东北注",保证白沟通航无阻。曹操此役取得了预期的效果,从此白沟及其下游清河便成为河北平原的主要水运通道,并在运道的起点即枋堰的东侧,兴起了一个在两晋南北朝时颇为著名的城镇,名为枋头。

《魏志·武帝纪》只提到开凿了一条自滹沱入泒水的平虏渠,没有提到这条渠的具体位置。《后汉书·光武纪》更始二年光武自饶阳南至呼沱河,李贤注:"呼沱河旧在饶阳南,至魏太祖曹操,因饶河故渎决令北注新沟水,所以今在饶阳县北"。《通典·州郡典》深州饶阳下注同。《方舆纪要》晋州饶阳滹沱河条下引《通典》此条后,又引宋白曰:"决处即平虏渠也"。又在饶河条下云:"本滹沱之支流,昔时引而北注,合乎易水,魏武开平虏渠,饶河为滹沱所夺"。自《纪要》后,一些清代著名学者的著作如谢锺英《补三国疆域志补注》、杨守敬《三国疆域图》、《水经濡水注疏》,都采用了这种说法。但此说实在是说不通的。

《水经注》原有滹沱河篇、泒水篇,惜今本已佚①,故平虏渠不见《水经》及郦《注》记载。可是今本《水经注》虽不见平虏渠,却载有平虏城。《浊漳水注》引应劭曰:"平舒县西南五十里有参户亭,故县也,世谓之平虏城。"按《魏志·武帝纪》,曹操在建安十一年既凿了平虏渠,"又从泃河口凿入潞河,名泉州渠"。泉州渠见于《水经·淇水注》和《鲍丘水注》,起自泉州县境内清河北合滹沱河的下游,北径泉州县东,又北径雍奴县(故治今武清旧城东)东

---

① 胡渭、赵一清据《初学记》、《寰宇记》等书辑得滹沱河泒水《经》、《注》各若干条,皆在中上游,不及下游。

入鲍丘水①。既然泉州渠是因为起自泉州县得名的,则平虏渠亦应起自平虏城附近或平虏城因在平虏渠首附近而得名。平虏城即西汉参户县治、东汉参户亭,今青县西南木门店,正是两汉滹沱河经流之地,那么,南起参户亭侧的滹沱河,北至文安县东注入泒水的平虏渠,应该可以断定,就是《水经·淇水篇》中自泧邑西"又东北过乡邑南(东)"一段清河。滹沱与漳水本汇合于参户亭侧近②,所以平虏渠一经凿通,清河水便得经由北皮亭至参户亭间的一段漳水,注入平虏渠,北会泒水。到了写作《淇水篇》时,竟把北皮亭参户亭间的漳水和参户泒水间的平虏渠,都看成是清河的一部分了。

---

① 《淇水注》:清河"东北至泉州县北入滹沱水,……又东泉州渠出焉"。《鲍丘水注》:鲍丘水径雍奴"县北,又东与泃河合","又东合泉州渠口。故渎上承滹沱水于泉州县,故以泉州为名。北径泉州县东,又北径雍奴县东。自滹沱北入,其下历水泽百八十里入鲍丘河,谓之泉州口。……今无水"。自魏明帝时决滹沱河自饶阳县境北入泒水(详下文),此后泒水下游即为滹沱所夺,故上引两郦《注》中的滹沱水,即《汉志》、《水经》、《魏志·武帝纪》中的泒水下游。清河北合滹沱水后互受通称,故《淇水注》称泉州渠出自清河,《鲍丘水注》称泉州渠故渎上承滹沱水。《沽河注》又云:"沽水又南径潞县为潞河,又东南至雍奴县西为笥沟,又东南至泉州县与清河合"。潞河下游也在泉州县境与清河合,合后清河潞河又得通称,所以《魏志·武帝纪》中的潞河,亦即《淇水注》中的清河,《鲍丘水注》中的滹沱水。据上引《鲍丘水注》,泉州渠北口应在泃河口之东;《魏志·武帝纪》作"从泃河口凿入潞河名泉州渠",与郦《注》稍有差异。这可能是由于陈寿记事稍病疏略,也可能是初议凿渠北起泃河口,工程实践中乃移于泃河口之东。要紧的是陈寿的记载虽不能算错,若无郦《注》,后人便不可能知道泉州渠的比较正确的应置及其起讫。又,陈寿作从泃河口凿入潞河,可能指施工工程序是自北而南;而淇水、鲍丘水两《注》都明说泉州渠水是自清河即滹沱水北流入鲍丘水的,这当然是渠成后的实际情况。

② 《水经·滹沱河篇》虽已佚,其见于《浊漳水篇》的自昌亭至乐成陵县与漳水合流一段,流路仍与西汉相同,则乐成陵以下,仍应流经成平县北参户亭东,亦与西汉同。东汉时的漳水经成平县南,东合自南皮县西北来的清河于北皮亭东,又"东北过章武县西,又东北过平舒县南",参户亭郊为所必经,滹沱河应即在此会合漳水。

这一推断是完全符合于当时的地理形势的。反之,若从李贤、杜佑、宋白、顾祖禹之说,则在情理上无法说得通。

白沟下接清河这条水道,在建安以前本已成为河北平原自西南通向东北最近捷的运道。清河已北合滹沱于今青县。曹操为了要用兵对付以辽西乌丸为首的右北平、辽西、辽东三郡乌丸而开凿平虏渠,这条渠当然应该从今青县的滹沱河北指今静海的泒水。其时泒水下游当已北合沽河于今天津,所以开平虏渠后接着又开泉州渠,使运道又北抵今宝坻县东的鲍丘水[①]。又有《三国志》缺载而见于《水经·濡水注》"与沟口俱导"的新河,自今宝坻县境鲍丘水东出,经右北平郡南境(今丰润、唐山一带),至辽西郡的海阳县东南(约在今滦县、乐亭之间)东会濡水(今滦河),直抵用兵乌丸的前线。总之,由于用兵的对象在东北三郡,粮秣军需自中原运来,当时所凿的运河当然只能是由原来的水运极东北处继续指向北或东,那就决定了平虏渠非在今青县、静海间不可。若说平虏渠开在饶阳县境内,自县南的滹沱河凿向县北的泒水,那么运道就得从今沧县(北皮亭故址在县西)、青县一带的清河溯漳水或滹沱而上,西退约三百里,才折向东北,又四五百里才抵达今静海县的泒水。曹操不是獃子,怎么可能做出这样的蠢事来?

决饶阳县南的滹沱河使它北入县北的泒水,在历史上确有其事,不过那是另一回事,与曹操凿平虏渠不相涉。《元和郡县志》深州饶阳县下有云:"州理城,晋鲁口城也。公孙泉(渊)叛,司马宣王征之,凿滹沱入派(泒)水以运粮,因筑此城。盖滹沱有鲁沱之名,因号鲁口。"同样记载又见于《太平寰宇记》深州饶阳县下。按,司马懿征公孙渊,事在魏明帝景初二年(238),其时河北水运

---

① 上游即今潮河,下游略当今蓟运河,中游久已堙塞。

形势，已不同于三十二年前开凿平虏渠时。曹操在凿平虏渠之后七年（213），又凿渠引漳水入白沟以通漕，取名利漕渠；引漳处在斥章县（治今曲周县东南）南，注白沟处在馆陶（今治）县西南；见《魏志·武帝纪》及《水经·淇水注、浊漳水注》。又十余年，约在魏明帝太和年间①，白马王彪又凿渠上承滹沱河于饶阳县（治今县东北）西南，东流经县南，至下博县（治今深县东南）界入漳水，史称白马渠，"渠"一作河，一作沟，见《水经·浊漳水注》及《寰宇记》饶阳县下引《水经·滹沱河注》、李公绪《赵记》、下博县下引隋《图经》。有了利漕渠，则漕运从白沟上游来，可经由此渠折入漳水，或溯流西入邺都，或顺流而下指向东北。有了白马渠在饶阳西南沟通滹沱与漳水，这就为废弃滹沱河旧经饶阳南会漳一段，使改道经饶阳北入泒准备了条件。所以到景初二年司马懿在饶阳凿滹沱入泒水时，这一工程的意义已不仅是利用滹沱泒水运粮而已，实际是在清河运道之西，另辟一条纵贯冀中平原的南北运道。这条运道取道漳水自西南而东北，到下博折而西北，由白马渠至饶阳西南，折而东北经由滹沱新河经县北入泒水，循泒水东北直达今天津。

明乎此理，当然就可以确信《元和志》《寰宇记》的记载是可靠的。李贤、杜佑、宋白等昧于汉魏之际河北水运形势的发展过程，又由于鲁口之鲁与平虏之虏同音②，鲁口滹沱新道也和平虏渠一

---

① 据《三国志·魏志·武文世王公传》，楚王彪以文帝黄初七年（226）自寿春徙封白马，是年文帝崩，明帝即位，太和六年（232）改封彪王楚，推定。

② 《寰宇记》饶阳县下或作虏口，或作鲁口。《纪要》饶阳滹沱河条下引宋白谓"旧于渠口置虏口镇，后讹为鲁，因置鲁口城"，以鲁为虏之讹。但鲁口城条下则引《寰宇记》及十六国、北魏时史事，皆作鲁口。核以《晋书·前后燕载记》《魏书·道武纪、周几传、地形志》则皆作鲁，无作虏者。

样,是沟通滹沱与浤水的,遂误以司马懿的鲁口滹沱决河当曹操的平房渠。清代学者顾祖禹、杨守敬辈大概是因为《后汉书·李贤注》和《通典》在《元和志》《寰宇记》之前,曹操开平房渠见于《三国志》,而司马懿决鲁口不见于正史,竟以李贤、杜佑、宋白之说为是,而以李吉甫、乐史的记载为非,这是颠倒了是非。

可能有人要提出疑问:既然曹操所凿平房渠就是《水经》中流经今青县静海二县的一段清河,那么《水经·淇水篇》为什么《经》《注》都不提到此事? 这是可以理解的。

《水经》文字极简略,对人工开凿的水道概不予以说明。如渠水即《竹书纪年》中梁惠成王十年"入河水于甫田,又为大沟而引甫水"的"大沟",亦即《史记·河渠书》中"荥阳下引河东南为鸿沟"的鸿沟,《纪年》《史记》都说系引河而成,至《水经》时犹以"渠"为名,顾名思义,可知出于人力开凿,但《渠水篇》并无一语道及。《淇水篇》对清河的上游也只说"淇水出河内隆虑县西大号山,东过内黄县南为白沟",不提曹操始遏淇入白沟。所以对清河的下游不提有一段是曹操所开平房渠,也就毫不可怪。清河东北流至泉州县境与沽河会合才东入于海,这对清河而言当然是很重要的一个关节,但《淇水篇》叙清河经流,最后只说过漂榆邑入于海,竟不及此事,此事只见于《沽河篇》。即此更可见《淇水篇》叙清河下游疏略之甚。

至于郦道元的《注》,有些地方很详,有些地方很略,全得看他搜集到多少前人记载。《淇水注》在《经》文"东北过泲邑"以下注得很简略,可见道元所得见的资料很少。由于这些资料没有提到清河下游与曹操的关系,道元自然也就不会提到。其实当地和附近的人民,至少一直到曹操凿渠后五百年,郦氏注《水经》后二百年的 8 世纪初叶唐神龙年间,还并没有忘记这件事,所以河北道监察兼支度营田使姜师度在附近傍海凿渠,被认为是"约魏武旧渠",仍以平虏为号①。

以上阐明了公元3世纪初,东汉末建安年间,曹操经略河北,南遏淇水入白沟而白沟自菀口上伸至枋头,北凿平虏渠而清河下游自滹沱河下展至泒水。此前泒水已东展至泉州县东南今天津市区与沽水合流,清既入泒,清泒合口以下亦号清河,所以《水经·淇水篇》作清河"东北过漂榆邑入于海",《沽河篇》作沽河"东南至泉州县与清河合,东入于海。清河者,泒河尾也"②。从此清河

---

① 《元和志》沧州鲁城县:"平虏渠在郭内,魏武北伐匈奴开之"。《寰宇记》沧州清池县废乾符县(唐末乾符中改鲁城为乾符,后周废入清池):"平虏渠在县南二百步,魏建安中穿平虏渠以通运漕,北伐匈奴,又筑城在渠之左。"这两条记载把曹操所凿平虏渠说成在唐鲁城县郭内或县治南二百步,这是错的。汉魏之际的平虏城,即西汉参户县治,今青县西南木门店,见上考。唐鲁城县"本汉章武县"(《元和志》),在今黄骅县西北隅,西距木门店约九十里,故曹操所凿平虏渠,不可能经过这里,渠左的城也不可能是曹操所筑。按《旧唐书·姜师度传》载,师度在神龙中"约魏武旧渠,傍海穿漕,号平虏渠,以避海艰";《新唐书·师度传》作"循魏武帝故迹,并海凿平虏渠以通饷路,罢海运,省功多"。则《元和志》、《寰宇记》所载平虏渠,应为姜师度所凿。这条渠首尾不详,约当在魏武旧渠之东数十里,去海已不远,故史称"傍海"。师度知道魏武旧渠约去此不甚远,故亦以平虏为名。《旧书》在"魏武旧渠"上用一"约"字是很妥善的,《新书》改用"循"字,径以虚拟为实迹,那就不对了。

② "泒"传世诸本皆作"派",独全祖望本赵一清本作"泒"。杨守敬《沽河篇·疏》中是派而非泒。以为郦《注》于《经》文末句下列举清、淇、漳洹、滱、易、涞、濡、沽、滹沱诸水同归于海以释《经》,"不及泒水,而漫以诸水为泒水之尾,尤非。盖《经》言派河尾者,谓众河之尾也;众河发源不同,至此同流归于海,故总括之曰派河尾矣。"按,《说文》:'派,别水也。一曰,水分流也。'左思《吴都赋》:'百川派别,归海而会'。郭璞《江赋》:'流九派乎浔阳',则派为众流之义甚明'骧按《水经》作于司马懿凿滹沱入泒水之前,故在泉州县会合沽河清河者乃泒河而非滹沱。泒沽会合在前,清河北展来会在后。泒沽既合于清河未来时,合流处泒殆盛于沽,因此称合流入海一段为泒河尾,这是合乎情理的。清河既来,又改称合流入海一段为清河,故《经》文特意说明沽清会合处这段清河就是泒河尾。郦《注》作于司马懿之后,泒水自饶阳以下,已为滹沱所夺,故《注》所列举在泉州同归于海诸水中,但有滹沱而无泒水,这是很自然

进入了它的第六期。

清河进入第六期之时，也就是海河水系开始形成之时。此前北来的沽河已与西来的㶟水会合，而灅水即《汉志》治水已在雍奴县境入沽，㶟水已在中游汇合了易、滱等水，至是清河又汇合了漳水、滹沱河南来与㶟、沽会合①；沽派清三河汇合了河北平原上大部分水道，包括近代所谓海河水系北运（沽）、永定（㶟）、大清（㶟）、子牙（滹沱）、南运（清）五大河，毕会于泉州县东南即今天津市区，然后东流入海，海河水系宣告形成。时间是东汉建安十一年即公元 206 年。

三、海河水系形成以后的发展过程

海河水系初形成时，它的范围西南止于淇水，淇水以西今卫河上游即当时的清水不包括在内。《水经·淇水篇》以淇水为白沟和清河的水源；另有《清水篇》"出河内修武县之北黑山，东北过获嘉县北，又东过汲县北，又东入于河"，正符合于这个时期的情况。而郦道元在《清水注》里认为曹操开白沟时清水即被遏会淇入白沟，这是错误的。

郦在《经》文"又东入于河"下作《注》云：

> 谓之清口，即淇河口也，盖互受其名耳。《地理志》曰：

的，不能因此遂断谓《经》文不得作"㶟河尾"。杨氏所征引许慎、左思、郭璞诸家文字，都只能说明一水分别为数水曰派，不能据以证数水合为一水亦曰派，派河尾就是众河之尾。故郦意此字当从全赵本作㶟。

① 漳水滹沱河大部分流量为清河挟而北流，应仍有部分流量循故道东流入海，至郦道元时其残余见于《淇水注》者，被称为清河枝津，盖郦已不知为漳水、滹沱之遗迹。

"清河水出内黄县南"。无清水可来,所有者,唯钟是水耳。

盖河徙南注,清水渎移,汇流径绝,余目尚存。故东川有清河
之称,相嗣不断。曹公开白沟,过水北注,方复故渎矣。

这段郦《注》需要作一番解释。这里包括了郦道元四点看法:
1.《经》文"又东入于河",应作又东合淇入河解,故入河处清口就
是淇口。2.《汉书·地理志》说清河水出内黄县南,但内黄县找不
到什么清水,《汉志》所谓"清河水",水源只能来自这条清水。
3. 清水既然在黎阳西南合淇入河,怎么又会出现在黎阳以北的内
黄境内呢? 这是由于古大河本自宿胥口北流,清水自汲县东流注
入大河,此下大河即兼有清河之称。河徙宿胥后,清水在会淇后即
折南注入大河,不再东注大河故道。可是尽管汇入大河故道的流
路断绝了,清河的名目尚残存在内黄以下,相嗣不断。4.曹操开白
沟,复过清水北注白沟,才以白沟、清河的名目,恢复了河徙宿胥以
前的大河故道。

郦道元这种看法,为郦后历代许多著名学者如胡三省、顾祖
禹、胡渭、赵一清、王先谦、杨守敬、熊会贞等所沿袭,寖寖乎几已成
为定论。但实际上这四点没有一点不错。推郦氏之所以致误,端
在于他未能推究古今之变,昧然将北魏当代的清、淇二水和清淇
与白沟的关系,傅会为汉魏旧迹之故。这和上文所讲到的胡渭杨
守敬等硬把《水经·淇水注》中的清河由今天津海河入海,解
释为《禹贡》河水、《汉志》河水的故道的情况是相同的。郦氏
一错,后人因郦说较详而古记较略,遇郦说与古记有出入处,总
认为详者应较略者为确,便率尔信从,不容易发现它的错误了。
下面请阐述一下何以知道上引《清水注》中的四点看法都是
错的。

(一)《汉志》河内郡共,"北山,淇水所出,东至黎阳入河"。

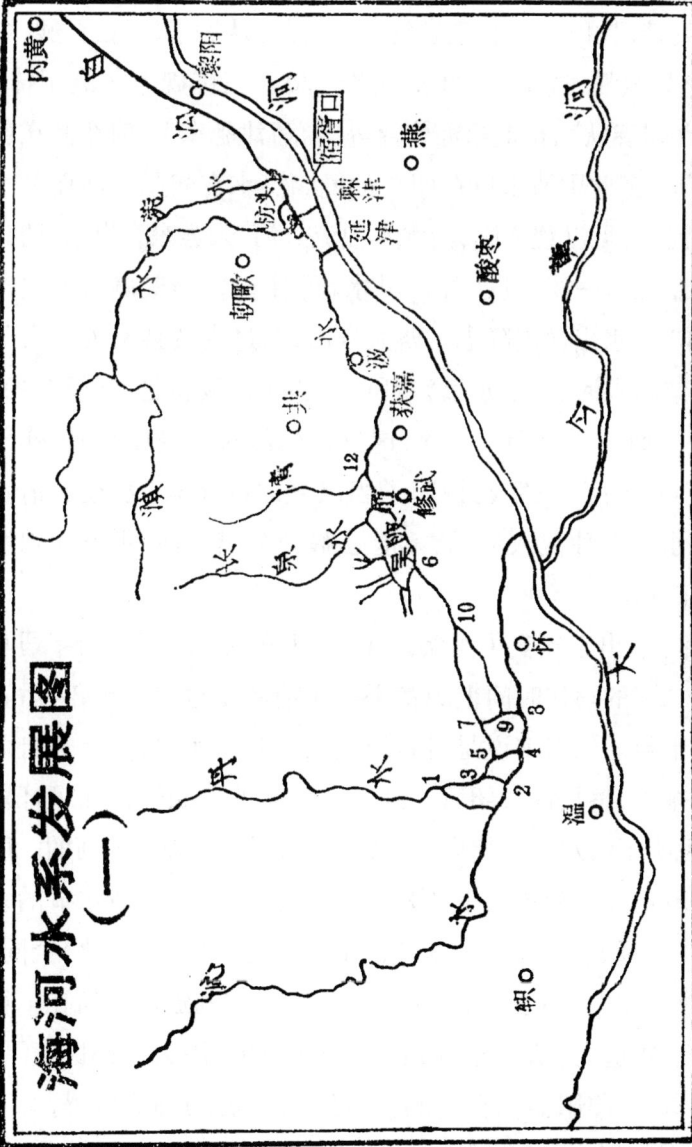

海河水系发展图（一）

1—2 光沟水　　3—4 界沟水　　5—6 长明沟水
7—8 白马沟水　9—10 蔡沟水　11—12 八光沟

《志》不载清水。《后汉书·袁绍传》:初平二年(191),冀州牧韩馥将以州让绍,馥从事赵浮、程涣自孟津率兵驰还,请以拒绍。《注》引《英雄记》曰:"绍在朝歌清水口,浮等从后来,船数百艘,众万余人,整兵骇鼓,过绍营,绍甚恶之。"又,《三国魏志·袁绍传》《注》引《九州春秋》,记此事亦作浮等"自孟津驰东下,时绍尚在朝歌清水口"。据此则清水口在朝歌县境。淇水在黎阳入河而清水在朝歌入河,可见汉魏之际,清水本独流入河,未尝东合淇水,清口与淇口不能混为一谈。《水经·淇水篇》作于曹操遏淇水入白沟之后,故作"淇水出河内隆虑县西大号山,东过内黄县南为白沟",而不及在黎阳入河。《清水篇》之所以在"东过汲县北"下径作"又东入于河",而不及至朝歌入河,这只是《经》文的省略,不能作别的解释。"入于河"三字已说明了当汉魏之际撰写《水经·清水篇》时,清水还是独流入河的,不能强解为会淇入河,更不能强解为清口即淇口。

《英雄记》出于建安中王粲之手。《九州春秋》西晋初年司马彪所撰。二书的写作时间上距初平二年前者不过二三十年,后者不过七八十年。二书都说是时袁绍屯兵朝歌清水口,赵浮等自孟津引舟师东下,整兵夜过绍营。这两条记载的正确性是无可怀疑的,那就说明了清水口在朝歌县境,也说明了清水确是入河的。所以赵浮等取道大河顺流而下的舟师,才会经过屯驻在清水口的袁绍的兵营。《通鉴》初平二年秋载此事文字几与《九州春秋》全同,独在"朝歌清水"下删去"口"字,不知司马光或刘攽用意何在? 很可能是受了郦道元《清水注》《淇水口》的影响,因为在郦氏笔下,清口即淇口,在黎阳而不在朝歌。《通鉴》作者为郦氏所惑,又不便改朝歌为黎阳,便只得删去"口"字。这个字其实是不应该删的。若袁绍营不在清水口而在不濒河的清水两岸某处,赵浮等舟师顺河而下就不可能过袁绍营,袁绍也用不着"恶之"了。胡三省在"朝歌清水"下注云:"据《水经》,清水出河内修武县,径获嘉汲县而入于河,不至朝歌;惟淇水则经朝歌耳。盖俗亦呼淇水为清水。据《九州春秋》,绍时在朝歌清水口,……清水口即淇口,南岸即延津"。胡氏因清水《经》《注》不及朝歌,便认为清水不至朝歌,这是很不应该的误解。《水经》对一水所经流的郡县,往往多所省略。如《淇水篇》在出隆虑县西后即接叙"东过内黄县南为白沟",中间脱载经朝歌黎阳二县。《浊漳水篇》在邺县以上即脱载襄垣、林虑、涉三县。这种例子多得举不胜举,怎么能因《清水篇》不及朝歌,便断谓清水不至朝歌? 至于郦《注》虽然比《经》文详细得多,却也并不见得每一个县都提到,没有脱漏。即如清水,郦认为清口即淇口,则清水过汲县后自应东过朝歌至黎阳合淇入河,可是在《清水注》里既没有提到朝歌,也没有提到黎阳。可见清水《经》《注》不及朝歌,都不足为清水不至朝歌之证。胡氏是看到了《九州春秋》里明写着"朝歌清水口"的,竟因为《水经·清水篇》不及朝歌,便不肯相信《九州春秋》,偏要去信从郦氏清口即淇口之说,甚至进一步说成"盖俗亦呼淇水为清水",可谓荒谬之至。这果然要怪胡氏自己不能辨别是非,但主要还是应由首创清口即淇口说的郦氏负责。

《九州春秋》载韩馥从事赵浮等自孟津引兵东下时,袁绍尚"在朝歌清水口"。《英雄记》所载同,惟无"尚"字。据《三国志·魏志·袁绍传》,则袁绍自"董卓西入关"后即"还军延津",下文即接叙袁绍胁诱韩馥让冀州,赵浮等请馥以兵拒绍。可见《魏志》所谓延津,指的就是《英雄记》《九州春秋》的朝歌清水口。《通鉴》上文先从《魏志》已作"会董卓入关,绍还军延津",下文又从《英雄记》《九州春秋》作"时绍在朝歌清水",所以胡三省注要在"清水口即淇口"下加一句"南岸即延津"。按,《左传》隐元年"至于廪延",杜注:"陈留酸枣北有延津"。胡氏盖因酸枣县 (故治今延津县西南) 在汉唐大河南岸,所以认为清水口的南岸才是延津。其实清水口明明在北岸,而史称绍军延津,可见延津一称,系兼指南北岸而言,并非专指南岸。又按,《水经·河水注》:"河水自酸枣县西,又东北,通谓之延津","又东径燕县故城北,河水于是有棘津之名,……又东淇水入焉"。清水在延津入河而淇水在延津下游棘津之东入河,这又是清水口与淇水口是二而非一的一个明证。

(二)《汉志》魏郡"内黄,清河水出南"。《续汉志》魏郡"内黄,清河水出"。"出南"是说水出县之南境,"出"是说水出县境。这两条记载说明了西汉和东汉永和以前,清河水源就在内黄本县境内;既与内黄西南朝歌、黎阳境内的淇水不相涉,当然与淇水以西修武、获嘉、汲县、朝歌境内的清水更不相涉。要到永和以后若干年,内黄以南的黎阳境内开凿了以菀水为源的白沟,白沟的下游依地望推断,应即注入清河水,这是清河水水源向上伸展超越内黄县界之始。至曹操遏淇入白,清河水才以全淇为源。在白沟通运后不久,人们也就把已成为白沟下游的清河水,视为白沟的一部分;所以在《水经·淇水篇》里,就说成是淇水"东过内黄县南为白沟",不再提到什么清河水了。三百年后的郦道元,不知道魏晋以后内黄境内的白沟原本是两汉的清河水,这倒并不可怪。可怪的是,天下水道以"清"为名者何可胜计,各自名"清"可耳,郦氏为什么硬要把淇水以西的清水断为淇水以东的内黄清河水的来源?何况两《汉志》内黄之水明明叫清河水,不叫清水?郦氏经常引用《汉志》,何以竟不懂《汉志》体例?《汉志》凡水之源流相当长远者,必著其出某县某处,至某县入某水;只有很少数源流甚短不出县境的水,《志》文才只作"在某县",不著其出入①。内黄清河水若果如郦说上承《水经》清水,那么《汉志》就得在修武县下写上"清水出北山,东至内黄为清河水"才符合体例。一条经历五六县首尾达数百里的水道,不可能只在内黄县下提一下"清河水出南"。

(三)郦道元认为在河水自宿胥口北流时代,在宿胥口稍北处接纳了清水的汇注,此下即有清河之称,这又是一种极不可通的说法。河水自积石入塞,经流数千里入海,接纳了许多支流,其中有些支流远比清水要大得多,为什么从没有听说接纳了汾水、渭水以下有汾河、渭河之称,接纳了雒水、沁水以下有雒河、沁河之称,独于接纳清水后会有清河之称?两条或两条以上水道在合流后因互受而通称,这在古代确是相当普遍的现象。如上文提到的清河与沤河、沽河会合后既称清河,又称沽河,又称沤河尾即其例。但必须是差相匹敌或相差不太多的两条或几条水,才有这种可能。清水即使果然在宿胥口稍北入河,河与清大小相去悬如,也谈不上互受通称。更何况互受通称是说两水会合后或称甲,或称乙,也从没有合称甲乙之理?再者,尽管河水在各个历史时期的含沙量不尽相同,但它穿行数千里的黄土高原是历古相同的,所以它的水色不可能不浊,不黄,因而它又被称为浊河、黄河②。清是浊的对立词,

---

① 例如右扶风漆县"漆水在县西";右北平郡字具"榆水出东";安定郡卤县"濩水出西"。

② 浊河始见《战国策·燕策》"齐虽有清济浊河,何足以为固"? 黄河始见《汉书·高惠高后孝文功臣表》封爵之誓曰:"使黄河如带"。王念孙《读书杂志》4之2认为《史记·高祖功臣表》作"使河如带",无"黄"字,《汉书》此"黄"字乃后人所加。但《汉纪》及《吴志·周瑜传》引誓词亦有黄字,王氏此说确否可疑。按向秀《思旧赋》有云:"济黄河以泛舟兮",则魏晋之际已有黄河之称是可以肯定的。

怎么可能同一条"河"，既称为浊河，又称为清河？

郦说河水在从宿胥口北流时已有清河之说既显然不能成立，那么他的自河徙宿胥改道东流后，河北的清河是原来清河的"余目尚存"之说，当然也不能成立。实际情形完全不是那么回事，有时刚刚相反。当河水自宿胥口北流走《禹贡》《山经》中的河道时，只称河水或浊河，不可能称为清河。到河水自宿胥口东流走《汉志》中的河道时，北流故道自内黄以下因浊流变清，始有清河之称。这是新出现的名称，而不是旧称的残存。其后又经过多次变迁，才形成《水经·淇水篇》中那样的清河。至于清水，则直到《水经》时代，和清河还并无关系。这些都已在上文阐述清楚，用不着再多说了。

（四）"曹公开白沟，遏水北注，方复故渎矣"。这句话有三点错误：一、曹公以前已有白沟，非曹公所开。二、曹操只是遏淇水入白沟，未尝遏淇水以西的清水一并入白沟。三、《水经·淇水篇》中的白沟和清河，并非古大河故道。说俱见前，不赘。

清水是在什么时候开始不从朝歌清水口入河，改变为象见于郦道元《清水注》《淇水注》中那样，自朝歌东北流会合北来的淇水于黎阳西南的枋头城下，又东北注入白沟，从而成为海河水系的一个组成部分的呢？这在历史文献中并找不到明确的记载，请先从分析论证郦《注》入手。

《淇水注》："汉建安九年，魏武王于水口下大枋木以成堰，遏淇水入白沟，以通漕运，故时人号其处为枋头。是以卢谌《征艰赋》曰：'后背洪枋巨堰，深渠高堤'者也。自后遂废，魏熙平中复通之。"

这段郦《注》有两点值得注意：

（一）卢谌及其父卢志在《晋书》里都有传。据《传》，《征艰赋》当作于永嘉之乱洛阳沦没（311年），谌随父北行投奔刘琨时。这篇赋描述枋头形势，所谓"洪枋巨堰"，指的当然是枋堰；所谓"深渠高堤"，应指见于《淇水注》的郦时已废的引淇水经枋头城北，东入白沟的"故渠"。由此可见，在曹操筑枋堰引淇入白沟后一百零七年，枋头城下的形势并未发生变化，枋堰和导淇入白的渠道和堤防仍是当地最引人注目的工程。清水显然还没有东展到这里；因为清水若已流经城下，不能设想赋家会不把它拿来与"后背"或"淇水"作绝好的对仗①。

（二）"自后遂废，魏熙平中复通之"这两句话，不能理解为，在卢谌北行经过枋头之后，紧接着枋头以东的运道即归埋废，直到魏熙平中才复通运道；也不能认为熙平中所复是建安年间的原状。

从卢谌北行过枋头之年（311）起到魏熙平中（516—517），历年二百有零。在这二百多年中，魏太平真君十一年、宋元嘉二十七年（450）以前一百四十年，枋头有十多次见于历史大事记载②，此后六十多年不见记载。从前一百四十年提到枋头的记载来看，那时的枋头显然是一个地居南北交通咽喉，兵家战守必争之地。枋头之地居冲要，当然是和白沟通航密切联系着的。不能设想城下的白沟早已埋废，而这个城市能历久不衰。所以郦《注》"自后遂废"的"后"，实际上应指此一百四十年之后；埋废的时间最多不会超过五六十年，至熙平中即复通之。

---

① 南北朝末年陈天嘉四年（563年）江德藻使齐，此前已导清于枋头城下会淇入白沟，其《北征道里记》就说枋头城"淇水经其后，清水经其前，"见《寰宇记》卫州卫县下引。江德藻事迹见《陈书·文学传》。《北征道里记》，《隋书经籍志》作《聘北道里记》。

② 《通鉴》晋永嘉六年（312）咸和八年（333）永和五年（349）八年（352）太和四年（369）五年（370）太元九年（384）十年（385）义熙十二年（416）宋景平元年（423）元嘉二十七年（450），都有关于枋头的记载。

见于郦《注》中的枋头城郊清、淇、白沟形势,当然是熙平以后的情况。清水已不在朝歌清水口入河,改道东北流会合淇水;一部分由淇河口入河,所以说"清口即淇河口也";一部分注入白沟,因而被误认为曹操时即已如此(《清水注》)。此时曹操遏淇水入白沟的两大工程"洪枋巨堰"和"深渠高堤"已归破废,被称为"故堰"、"故渠";淇水恢复"故渎",南径枋城西,又南分为二水:一水南注清水,水流上下,更相通注,河清水盛,北入故渠,自此始矣;一水东流径枋城南,东与菀口合,右合宿胥故渎,又东北流谓之白沟(《淇水注》)。杨守敬《疏》指出这段《注》文中的"故渎"、"故渠",都是淇水在建安以前的入河故道,是正确的。所以此时的白沟已不再以被枋堰所阻遏的淇水为唯一水源,而是兼纳在枋头城郊会合的淇、清二水。但二水有一部分是循淇水故道南流入河的。遇河清水盛时,河水、清水便可以倒灌入淇。然则熙平后的白沟,不仅兼纳淇、清,有时还会接受来自大河的若干流量。海河水系西南方向的范围,较之三百年前海河水系初形成时,扩展了一大步。

上面对《淇水注》所作的分析与论证虽然说明了一些问题:1. 永嘉之乱时白沟上游形势与曹操遏淇入白之初基本相同;2. 永嘉以后,至少有一百四十年枋头城下的白沟仍能维持通航;3. 熙平以前,枋头城下白沟曾堙废一个时期;4. 见于郦《注》熙平以后的枋头城郊清、淇、与白沟形势,已迥非建安、永嘉之旧。但是,最重要的问题仍未解决,见于郦《注》的情况是什么时候开始的? 可以肯定,应该并不始于熙平。因为熙平若不光是因旧迹"复通之",而是有所改作,郦道元生当其时,不会不知道,知道了便不会不在《淇水注》或《清水注》中记下来。在郦《注》中找不到线索,那就还得求之于有关枋头的历史记载。

史载:东晋太和四年(369)桓温伐燕,六月,引舟师自清水入河①,舳舻数百里;七月,至枋头;九月,以数战不利,粮储复竭,又闻秦救兵将至,焚舟弃辎重铠仗,自陆道奔还②。桓温的舟师可以从大河下游溯河而上,直达枋头,可见其时枋头大河间有水道可通,形势应已略同《淇水注》所载。若说曹操虽筑枋堰遏淇水入白沟,堰南洪水入河故道犹存,那么这段故道既然断绝了淇水的冲刷,何以在经历了一百六十多年黄河水的倒灌填淤之后,还能通航"舳舻数百里"的舟师? 那是不可设想的。所以只能作出这样的推断:见于《淇水注》的枋头城下清、淇交会,南注大河,东注白沟的局势业已形成。桓温舟师以七月至枋头,正是清淇会合后所谓"水流上下,更相通注,河、清水盛,北入故渠"的时候。但是到了九月河水消落,不复倒灌"北入",清、淇水南注大河者浅涩不胜舟,舟师无法撤退,便只得焚舟弃辎重,自陆道奔还了。

卢谌北行时枋头城下的水运还是曹操时的旧格局,桓温伐燕时已变成了《淇水注》所载那样新格局,两事相去达五十八年之久,可不可以把发生这一变局的时间再推定得具体一点呢?可以。

史载:晋咸和八年(333),略阳氐帅苻洪帅户二万降于后赵石虎。洪说虎徙关中豪杰及氐羌以实东方,虎从之;以洪为龙骧将军、流民都督,使居枋头。永和五年(349)虎死,赵乱,秦雍流民相率西归,路由枋头,共推洪为主,众至十余万。六年(350),洪卒,子健代统其众;初治宫室于枋头,置戍温、怀;既而悉众西行,夺据

---

① 自巨野泽北灉入河一段济水又名清水,见《济水注》。
② 《晋书·废帝海西公纪》、《桓温传》、《前燕慕容暐载记》、《通鉴》。

关中①。苻氏居枋头历年十七,部众以万计,看来改造枋头城下的
水道经流,借以改进枋头的水运,完全有可能出于苻氏之手。

由于这一改造工程施工于后赵统治中原,臣服于赵而具有半
独立性质的苻氏屯驻枋头时期,所以既为后赵政权记载所不及,又
为后来建国于关中的前秦政权记载所脱略。其后将近二百年,郦
道元注《水经》,他只知道熙平以前枋头城下水道曾经堙废,熙平
复通之,已经无从知道永嘉以后熙平以前这里的水道曾被改造过,
那就难怪他要把当时的清水、淇水、白沟经流,错认为魏武以来即
已如此了。

以上论证了清水加入海河水系,应为十六国后赵时期,即四世
纪三四十年代的事。这是海河水系西南界很重要的一次扩展。从
此以后,这条发源于辉县西北,南流折东经新乡、汲县,与淇水会合
于淇县、浚县界上的水,便代替淇水成为白沟、永济渠、御河、卫河
的河源,直到今天还是如此。

据《沁水注》、《清水注》,其时丹水出太行山径郊城(今泌阳县
东北四十里)西后,又南流西转,有光沟水出丹水,东南流分出界
沟水,南入沁水;界沟水出光沟东南流分出长明沟水,南入沁水;长
明沟水分界沟东流入吴陂。又有白马沟水分长明沟南入沁水,蔡
沟水分白马沟东流入长明沟。吴陂南北二十许里,东西三十里,在
修武县故城西北二十里。陂水东流为八光沟,东注清水。《清一
统志》怀庆府山川说长明沟"今曰小丹河";杨守敬《水经注图》将
光沟水和界沟水东南流一段画作今小丹河的西段,长明沟水画作

---

① 《晋书·前秦苻洪、苻健载记》《通鉴》。温,故治今县西。怀,故治今武陟县
西。自枋头西至修武(今获嘉)晋属汲郡;自此以西历怀、温至轵(今济源)晋
属河内郡。苻健置戍温、怀,可见苻氏居枋头时,至少其后期的势力范围已囊
括河内、汲二郡。

小丹河的中段(白马沟水蔡沟水在小丹河之南),吴陂画在今获嘉县西北,八光沟画在获嘉县北;应该是基本正确的。光沟、界沟、长明沟、八光沟、白马沟、蔡沟都以沟为名;整条小丹河分丹东南流入武陟县境后,不依地势又东南近注沁河,而折向东北经修武、获嘉远至新乡入卫河;所以这几条沟都不像是天然水道,应出于人工开凿①。《元和志》怀州河内县下所谓丹水北去县七里,"分沟灌溉,百姓资其利焉",正是此意。尽管开凿于何时何人之手已无从查考,可能在导清会淇之前,也可能在其后;总之,在郦道元以前,丹水已有一部分通过今之小丹河注入卫河,从而使海河水系的西南界和今天完全相同②。

然而仅以清、淇二水和部分丹水为源的白沟运道虽能通航,却不胜重载;加以白沟和大河之间只能在夏秋水盛时经由枋头城南的一段淇水通航,秋深水落即不通;所以这条航道并不能满足统治者,特别是建立了一统王朝的统治者,要把河淮以南的大量粮食物资北运的需求。因此自隋以后,这条运道多次被改造,海河水系南侧所包括的范围就跟着发生变化。

第一次,也是历史上最著名的一次,是隋炀帝大业四年(608年)正月,"诏发河北诸郡男女百余万,开永济渠,引沁水南达于

---

① 不包括吴陂。吴陂一作吴泽,一作吴泽陂,春秋已见记载。《左传》定公元年,魏献子"田于大陆";杜预《春秋释例》:"大陆,修武县西北吴泽"。据《清水注》,陂系吴渎、苟泉水、皇母泉、马鸣泉、覆釜堆南三泉及长泉水所钟。《寰宇记》怀州获嘉:"吴泽陂在县西北一十五里"。《清一统志》卫辉府山川引《获嘉县志》:陂在县西南十三里,名三桥陂,亦名太白陂。但康熙《皇舆全图》已无此陂,但有小丹河下游经获嘉县北。盖此前陂已淤平,只剩自西而东一线水。

② 据《清一统志》怀庆府山川丹水条,康熙中定"每岁三月初塞入河渠,使水归小丹河入卫济漕,至五月尽则开入河渠,塞小丹河口以防山水漫溢,至今民称便焉。"类似的制度前代未必没有,惟不见记载耳。

海河水系发展图
(二)
A－B 隋引沁入清（永济渠的一部分）
C－D 解放后所开的人民胜利渠

河,北通涿郡”①。

沁水本来是南流入河的,所以“南达于河”不过是加以疏浚而

① 《隋书·炀帝纪》。《食货志》亦作“引沁水南达于河,北通涿郡”,不及以永济渠为名。《大业杂记》作三年六月,敕开永济渠,引汾水入河,又自汾水东北开渠,合渠水至于涿郡二千余里,通龙舟。“汾”系“沁”之字误,指出在沁水东北。开渠则较《隋书》为详确。

已,此役的关键工程是在沁水下游东北岸开渠,引沁水东北流会清水入白沟,从而使从河南北来的运艘,达于河后能溯沁水至渠口,顺流而下抵今天津,又溯流而上抵涿郡城(故址在今北京市宣武区)南。当即将这一河北运道全程总名为永济渠。永济渠的开通,使沁水也加入了海河水系,这是海河水系西南界扩展得最远的时期。

炀帝在大业七年坐龙船从江都(今扬州市)北上,经由邗沟入淮,溯淮入通济渠,渡黄河入永济渠;以二月乙亥起程,四月庚午到达涿郡行宫,全航程共五十五天。自七年至十年,屡征天下兵集涿郡,百万大军的粮秣军需都由水道运到涿郡①,"舳舻相次千余里"。这是河北水运史上的空前壮举,也是永济渠通航的极盛时期。

隋炀帝这次改造河北水运所取得的成就并不能持久,"南达于河,北通涿郡"全线畅通,可能只限于渠成之初不到十年的时间之内。自唐以后,在历史上既找不到自沁口北上进入河北平原的航运记载,在各史的地理志、河渠志和传世的几种总志中,也都仅以清、淇水为永济渠,亦即唐宋金元的御河、明以后的卫河的水源,不及沁水。

但自隋以后的沁水并没有和海河水系断绝关系。

沁水下游武陟县境地势高于卫河上游获嘉、新乡,每遇沁水决溢,很自然就会向获嘉、新乡漫流,汇入卫(御)河。有时沁水的决流还可以通航,与黄河卫河水运相衔接,仿佛隋代永济渠情况。又由于卫河常患胶浅滞运,历代统治者有的对沁水决流主张不予堵塞,有的还建议按决流开渠引沁入卫以利漕;议多不果行,也有见

---

① 以涿郡为大本营,由此东指辽河前线,三次用兵辽东。

诸实施的。终因"卫小沁大,其势难容,卫清沁浊,其流必淤",沁水入卫的结果不仅使卫河上游两岸遭受田庐被淹没之灾,即运道也有被泥沙淤阻之患,故不论是决溢造成的,或人工开浚的,不久皆筑塞。在决流和引渠被塞后,有时还会有沁水的支流入卫①。

① 《金史·河渠志》、《侯挚传》;《元史·五行志二》、《董文用传》;《明英宗实录》景泰三年至五年;《明史·河渠志》卫河、沁河《方舆纪要》怀庆府武陟县莲花池。

上述这些情况集中见于金元明三代记载,此前的唐宋时代和入清以后则罕闻。清代前期有一条孟姜女河,起新乡西南,东北经延津至汲县入卫河;每当天雨时有水,否则仅有其形。《卫辉府志》作为沁河故道载入古迹①,但不知是什么时代的故道。

为了要沟通大河南北的水运,并解决卫(御)河的浅涩滞漕问题,比引沁入卫更大胆的设想和举措是引黄入卫。北宋熙宁八年(1075)秋,曾在卫州(治汲县)西南王供埽开旧沙河,引大河水注之御河,九年春,功成。"行水才百余日,卫州界御河淤浅已及三万八千余步,沙河左右民田潴浸者几千顷。"言者又深以穴堤引河,恐黄河由此决溢为虑。"未几,河果决卫州"。元丰中又在临清的徐曲分河入御,通纲运,开而又闭,闭而又有人请开②。明景泰中又有人建议"通河于卫",未行③。解放后开人民胜利渠,自武陟东南引黄东北至新乡入卫,那是为了灌溉,而不是用以通航。

北宋黄河曾三次北流经河北平原入海。第一次为庆历八年(1048)澶州(濮阳)商胡埽之决所形成,历二十一年至熙宁二年(1069)导东流而北流闭。第二次为元丰四年(1081)澶州小吴埽之决所形成,历十三年至绍圣元年(1094)尽障北流,全河东去。第三次为元符二年(1099)内黄口之决所形成,历二十九年至南宋建炎二年(1128)因决河由泗入淮以阻金兵而北流绝④。凡北流在今青县以上都占压部分御河,青县以下即与御河合流北抵今天津,

① 《清一统志》卫辉府山川孟姜女河条引。
② 《宋史·河渠志》御河篇。此篇所谓"未几,河果决卫州",黄河篇作十年"七月,河复溢卫州王供"等地。临清故治即今临西,徐曲在临清见黄河篇。
③ 《明史·河渠志》卫河篇。
④ 北宋三次北决两次闭塞见《宋史·河渠志》,建炎事见《宋史·高宗纪》。

折东循今海河入海①。三次共计六十三年。胡渭、杨守敬等所构想的大禹至西汉的黄河近海一段流路,实际是到这时才出现的。也就是说,海河水系被并入黄河水系,在历史上只限于这 11 世纪中叶至 12 世纪初叶断续六十三年。

海河水系形成以后东南侧发生的重大变化,在于汶水的加入与退出。元至元二十六年(1289)开会通河,起自须城(今东平)安山西南,北抵临清入御河。会通河的水源来自六年以前所开自济州(今济宁)北注济水(大清河)的济州河;而济州河的水源则来自宁阳东北堽城堰,遏汶水西南流注济州城下的汶水。所以会通河一经开通,汶水的一部分开始加入了海河水系②。

元代的会通河岸狭水浅,不任重载,故终元一代南漕北运,以海运为主。末年,会通河废而不用。明洪武二十四年,河决原武而东,会通河尽淤。至永乐九年(1411),复开会通河而制作与元代不尽相同:在汶上东北筑戴村坝,遏汶水西南流尽趋南旺水脊,南北分流济运,六分北下至临清入卫,四分南下至鲁桥入泗。自此以后,汶水通过南旺以北山东运河成为海河水系的一个组成部分,历时达四百数十年之久,只有几次黄河北决,穿运而东,汶水被挟由大清河入海时例外。明清两代黄河多次北决夺大清河,每次皆不久被塞。但最后到了清咸丰五年(1855)兰阳铜瓦厢那次决口,清政府正忙于对付太平天国,无暇顾及塞决,从此汶水既不能穿越黄河,也就脱离了海河水系。

---

① 参《宋史·河渠志》黄河、御河及《元丰九域志》。
② 济州河南段自济州南注泗水,以来自兖州西注济州城下的泗水为源。汶水另一部分由堽城滚水坝循旧道注大清河入海。

咸丰五年以后,黄河以北临清以南这段运河,只得"借黄济运",即引黄河水注入运河。黄水多沙,每年旋浚旋淤,劳费不堪。其时海运已兴,每年漕粮仅极少数仍由河运。勉强维持了四十多年,至光绪二十七年(1901),漕粮全数改折,漕运罢而运河不复挑浚。三五年后,黄河以北百余里几成平陆①。

总结历史的经验,可知海河水系的南侧只能以清、淇及部分丹水为源。以扩展航运为目的的引沁入卫和引黄入卫,都是害多利少,引汶入卫则只有在黄河夺泗、淮在苏北入海时才能做到。

现在的白河汉代叫沽水,现在的潮河汉代叫鲍丘水,二水的下游历史上时有变迁。《汉书·地理志》只在渔阳郡渔阳县下见沽水,"出塞外,东南至泉州入海",失载鲍丘水。《水经》于二水皆有较详记载:

> 沽河从塞外来,南过渔阳狐奴县北,西南与灅余水合为潞河,又东南至雍奴县西为笥沟,又东南至泉州县与清河合,东入于海。清河者,泒河尾也。

> 鲍丘水从塞外来,南过渔阳县东,又南过潞县两,又南至雍奴县北,屈东入于海。

沽河条只及与灅余水(今温榆河)、清河合,而不说与鲍丘水合,鲍丘水条也不说与沽河合,可见汉世沽与鲍丘本各自入海;方建安十一年曹操凿通平虏渠,海河水系最初形成时,水系的东北界只包括沽水,不包括鲍丘水。但就在这一年,由于曹操继平虏渠之后又开凿了泉州渠和新河,海河水系便东向扩展了两大步。

---

① 此节据《元史》、《明史》、《清史稿》的《河渠志》、《食货志》,参《明会典》、《行水金鉴》、《淮系年表》。

《魏志·武帝纪》载建安十一年，"凿渠自呼沲入泒水，名平虏渠；又从泃河口凿入潞河，名泉州渠，以通海。"据《水经·淇水注》《鲍丘水注》，泉州渠南起泉州县境清、沽（潞）合口下游不远处，北流至雍奴县东泃河口以东泉州口入鲍丘水。这说明与平虏渠同年开凿的泉州渠，南起今天津市区以东的海河，北抵今宝坻县境大致相当古鲍丘水下游的今蓟运河，从而使海河水系东展到了蓟运河流域。

《魏志·武帝纪》失载新河。《水经·濡水注》说新河是"魏太祖征蹋顿，与泃口俱导也"，上承雍奴县东鲍丘水于盐关口，东北绝庚、巨梁等水，东至海阳县东南，"东会于濡"。濡水即今滦河，在汉辽西郡境内，正是曹操用兵三郡乌丸的前线，所以郦道元说新河"与泃口俱导"是可信的。导泃口即指凿泉州渠。平虏渠、泉州渠、新河三渠皆为征蹋顿而凿，时间都在建安十一年，施工应稍有先后，基本上可以说是同时"俱导"。盐关口不见《鲍丘水注》，惟《鲍丘水注》说鲍丘水"东合泉州渠口，又东庚水注之"，而《濡水注》说新河"自雍奴县承鲍丘水东出，谓之盐关口，又东北绝庚水"，泉州口盐关口都在庚水（今蓟县沽河）之西，二者宜相去不远。疑盐关口应在泉州口稍东，这样才能使新河承受来自鲍丘水汇合泉州渠以后更为丰富的水源。这说明了由于新河的开通，使海河水系更东展一步到达了滦河流域。

海河水系向西南的扩展是逐步接受更多更远的水源，由淇而清，而丹，而沁。向东北的扩展则相反，是逐步将海河水通过人工开凿的河渠导向东北，由潞（沽）而鲍丘水，而濡水；这当然是地势所决定的。

平虏渠、泉州渠、新河为同一目的开凿于同一年，其后果却大不一样。平虏渠从此成为清河、永济渠、御河、卫河的一部分，直到今天不变。泉州渠在《鲍丘水注》中被称为"故渎",又说"今无水";新河在《濡水注》中亦作"故渎";可见在郦道元前,此二渠已仅存遗迹。此后即不见于记载,估计郦后不久已归湮灭。

郦道元时代海河水系不仅已与鲍丘水、濡水隔绝,据《沽河注》《鲍丘水注》,雍奴、泉州间沽河的下游笥沟"今无水",而鲍丘水的上游自渔阳"西南历狐奴城(今顺义东北)东,又西南注于沽河",合流至雍奴县北,鲍丘水"旧分笥沟水东出,今笥沟水断,众川东注,混同一渎"归海。这就是说,连沽河都东合鲍丘水由今蓟运河入海了,也退出了海河水系。

《汉志》的治水,于《水经》为㶟水。《汉志》治水"东至泉州入海",《水经》㶟水改为在雍奴县西入笥沟。故东汉末年清河北合沽河,㶟水即作为沽河的一条支流加入了海河水系。至郦道元时笥沟水断,退出海河水系的就不仅是沽河干流,也包括了支流㶟水即今永定河及其上游桑乾河。所以在郦道元时代,海河水系的东北界较之《水经》时代大大缩进,仅以圣水为限。圣水上游是今房山县境的琉璃河,下游即《汉志》桃水,经今固安、永清县北,安次县南,注入《汉志》的滱水,《水经》的巨马河。

隋炀帝开永济渠,《隋书》只说是"引沁水南达于河,北通涿群"。"北通涿郡"的南段是开渠引沁水入白沟,循白沟、清河北上,释见上文。清河只能北抵今天津市区,自此以北达于涿郡该怎么走法,文献并无明白记载。按《通鉴》大业八年,炀帝在大军云集涿郡之后,出发东征之前,在涿郡举行了三种祭礼,其中"宜社"礼是在城南桑乾水上举行的。又,《寰宇记》幽州蓟县:桑乾水流经城西城南,引《隋图经》云,"㶟水即桑乾水也。……至雍奴入笥沟,俗谓之合口"。据此可推定:永济渠在雍奴"合口"以南至今天津应为当时的笥沟,即今北运河;从合口西至涿郡城南应为当时的桑乾水，故道在今永定河北，大致自今石景山出山后东流经涿郡故城南，又东自今南苑以下约当于今之凤河，东南流至武清旧县城东，东注北运河①。由此又可知，在隋炀帝以前，或就是由于炀帝的开凿永济渠，沽河已恢复了《汉志》《水经》时代自雍奴南出泉州的故道，不复东合鲍丘水。其时鲍丘水上游和桑乾水都是沽河的支流，沽河一经恢复南注清河的故道，海河水系的北界也就包括了潮河流域和桑乾河流域。

隋以后沽河下游不复东合鲍丘水，鲍丘水的下游遂为唐宋记载所不及。但其部分故道犹或称鲍丘河，或称潮河，见于明、清、近代图籍中，起三河、密云界上，南经三河县夏垫镇，东南经宝坻林亭口至八门城入蓟运河。在一般情况下，鲍丘河和下游蓟运河与海河水系不相涉。惟每遇白河或北运河决溢，往往由此分泄入海。为了维持北运河的航运，每决必塞。直到民国二年（1913），白河决于顺义县东南李遂镇，夺箭杆河南下香河，东趋宝坻由蓟运河入海。时漕运已废，无需再塞，从此潮、白河便退出海河水系，北运河仅以温榆河即《汉志》《水经》中的㶟余水为源。

本文阐论海河水系的发展，只限于与水系扩展、减缩有关的变化，略如上述。至于在水系内部诸水流路的改变，包括永定河、滹沱河、漳河等的频繁改道，因其改变并不影响水系范围的展缩，一概置而不论。

总括海河水系形成与发展的历史，大致可以得出这样的结论：

---

① 《寰宇记》幽州永清县："桑乾水在县北十里，东南流"；安次县："县东枕永济渠"；这种情况只能开始出现于唐代。在隋代，自应以《隋图经》为准，桑乾水东至雍奴合笥沟，自涿郡城南至雍奴的桑乾水和雍奴以南的笥沟，就是当时的永济渠北段；隋永济渠不会流经宋永清县北十里处，也不会经安次城下。

历代封建统治者为了要发展航运，主要是为了要满足漕运——把粮食运向军事前线和首都——的需要，把原来分流入海的几条大川改造成为汇合入海，因而形成了海河水系；又为了要延长运道，增加运河的水源，把原来与海河水系不相干的几条水道导使加入进来，因而扩展了水系。有时人为的扩展超越了自然条件许可的范围，那就不可能持久。经过多次的改造，并殚精竭虑地予以维护，确是取得相当可观的成就。明清两代漕粮岁额四百万石，加耗三至四成，岁运京、通两仓至五百多万石。可是，由于河北平原众流毕集于天津，使海河担负了它所担负不了的宣泄量，一遇伏秋盛涨，就难免到处漫溢溃决成灾。再者，凡运道所经，旱则民欲启涵洞以溉田，官必闭涵洞以养船；迨运河水溢，官又开闸坝以保堤，置民田被淹没于不问。所以历史时期讲到河北水利，航运与防洪、灌溉之间始终存在着不可调和的矛盾。清末既罢漕运，至民初乃有多开减河，北运、永定等河下游另辟新河，五大河应分由北中南三口达海之议。但解放以前历届政府因循苟且，不以民命为重，此议一直未能见诸实施。解放后历年无多，已有所改进；相信在若干年后，河北平原的水系，必将得到彻底的改造。

后　记

此文初稿是一篇报告提纲及其附考，写成于 1957 年 5 月 20 日，打印后在 27 日的复旦大学校庆学术报告讨论会上分送与会同志，并邮赠历史地理、水利史等有关学术界同志和单位。继而各方来函索取者甚多，原印五十份不够应付，又添印了一次，也已分完。二十多年来，好几位朋友多次催我把这篇东西改写成通行论文体公开发表。可是我因为集中精力于集体任务，基本上顾不到自己写文章。偶尔能抽出一点时间来,也只肯把一些新的所见所得写出来;至于这篇《海河水系的形成与发展》,自以为既然已通过打印稿的分发公诸有关学术界,那就无需急于改写、发表了。直到不久以前,才悟到这种想法是不对的。一是打印稿的分发,范围毕竟不够广,不利于学术交流,甚至到今年还有人因未能看到此稿而来函索取。二是打印稿的报告提纲部分太简略了,附考部分用的又是文言文,的确未能把自己对这一论题的研究成果充分阐述清楚。三是你不公开发表,就难免会有人将你的研究成果作为自己的发明创造。时间拖得越长,越容易造成混乱。适逢《历史地理》第四辑需要稿子,这才促成了我下决心把这篇一搁搁了二十七年的旧作予以改写。

为时间精力所限,我只得严定断限,改写就是对旧作的改写,不增加任何新的内容。既不吸收二十七年来有关方面新的研究或调查成果,也不提二十七年来在社会主义建设过程中对水系改造所取得的令人感奋的辉煌成就。但也不是说,对旧作绝无改动、补充。例如,旧作只说导清合淇入白沟约当在十六国时,现在便进一步推定应在后赵石虎统治中原时期。另外,还加了不少脚注,或交代各个论点的资料依据,或说明一些与正文有关而不宜阑入正文的问题;总之,旧作取材只限于普通史书、《水经注》、历代地理总志,清人著作等旧籍,这个改写稿还是不出此范围。我可不是主张抱残守缺,研究历史地理可以只在故纸堆中讨生活;这是因为寒斋只有这些旧籍勉强齐备,过此就得跑图书馆、资料室,就不是我这个衰老而残废的人所能办得到的了。

1984.7.15.改写脱稿后挥汗书此。

(原载《历史地理》第4辑,上海人民出版社1986年)

《通鉴》胡注纠谬一则

《通鉴》卷 67：汉献帝建安十九年夏四月，刘备入成都，"领益州牧，以军师中郎将诸葛亮为军师将军，益州太守南郡董和为掌军中郎将，并署左将军府事。"胡注："此益州太守非汉武帝所开置之益州郡也。武帝所置之益州郡，刘蜀为南中地宅。盖刘璋置益州太守与蜀郡太守并治成都郭下。"

按：胡注误也。本卷下文有云："初，董和在郡，清俭公直，为民夷所爱信。"可见和所守益州郡即南中之益州郡，故境内有民有夷。又《三国志·蜀志》卷 9《董和传》云：刘璋迁和为"益州太守，其清约如前，与蛮夷从事，务推诚心，南土爱而信之。"此益州即汉武所开处于南土蛮夷中之益州甚明，身之不检《董和传》，遽臆断成都郭下另外一益州郡与蜀郡同城而治，疏矣。

（原载中国地理学会历史地理专业委员会编《历史地理》第 2 辑，上海人民出版社 1982 年。署名禾子。）

秦关中北边长城

读《史记·匈奴列传》,可知秦时关中北边长城有二:一筑于战国秦昭襄王伐灭义渠戎后,"于是秦有陇西、北地、上郡,筑长城以拒胡。"此城不仅见载于《水经注》、《元和郡县志》、《太平寰宇记》等六朝、唐、宋古籍,至今犹有遗迹断续可寻。一为始皇时使蒙恬"北击胡,悉收河南地,因河为塞"而筑(《始皇本纪》作"城河上为塞"),史所谓"起临洮至辽东万余里"之万里长城,其中关中北边一段应指此。蒙恬死后,秦汉之际,匈奴"复稍度河南,与中国界于故塞"。"故塞"指秦昭襄王时所筑,用以别于蒙恬所新筑。匈奴冒顿单于既立,"悉复收秦所使蒙恬所夺匈奴地者,与汉关故河南塞,至朝那、肤施"。"故河南塞"即位于黄河以南之昭襄故塞,此塞正在汉朝那(故治今宁夏固原县东南)、肤施(故治今陕西榆林县东南)二县之北各数十里。此时蒙恬所夺河南地及因河而筑之塞悉已入匈奴。至武帝元朔二年卫青"取河南地,筑朔方,复缮故秦时蒙恬所为塞,因河为固";汉之北境于是又自河南之昭襄故塞扩展至河上之蒙恬所为塞。

旧说辄谓始皇时万里长城之关中一段即因战国秦长城稍加修葺增筑而成,上引《匈奴列传》文足以证其非是。今人或又谓关中万里长城之西段在黄河西岸依贺兰山而筑,其北段则沿用循阴山而筑之战国赵长城,亦非。姑不论所谓西段纯出臆断,其以黄河以北阴山上之赵长城当蒙恬所筑秦长城,亦显与史文"因河为塞","城河上为塞"不合。《列传》于"起临洮至辽东万余里"下又云:"又度河,据阳山北假中";《始皇本纪》于"城河上为塞"下又云:"又使蒙恬渡河取高阙、陶山、北假中,筑亭障以逐戎人,徙谪实之初县";可见始皇时蒙恬虽已占有黄河北岸之阳("陶"系"阳"之字误)山,北假至于高阙,但其地已在长城之外,所赖以保卫此河北新辟地者乃亭障而非长城。要之,恬所筑乃河上塞而非山上或山麓塞,则其不用故赵长城甚明。惟此塞遗址不见于后世记载,亦为近世考古学者考察所不及,殆因其逼临河浒,久已为河水所冲毁矣。

（原载中国地理学会历史地理专业委员会编《历史地理》第 3 辑,上海人民出版社 1983 年。署名禾子。）

秦泗水郡治

《水经·睢水注》："相县，故宋地也，秦始皇二十三年以为泗水郡，汉高帝四年曰沛郡，治此。"又《泗水注》："沛县，于秦为泗水郡治"。二说迥异，以何为是？按《元和郡县志》河南道徐州沛县："本秦旧县，泗水郡理于此，……汉兴四年，改名沛郡，……理相城，以此为小沛。"《水经注疏》泗水篇熊为贞据此谓治相"盖汉徙也"；又曰："相不滨泗。"其意盖谓秦以泗水名郡，则秦郡治应在泗滨之沛，汉高帝四年改郡名始徙治也。然以《史记·高祖本纪》所载高祖初起兵时取沛城事证之，则其时沛中但有沛令，绝不言有守，足见秦二世时郡治必不在沛。盖初置郡时治沛，故以泗水名郡，二世时已徙治相，汉高帝四年乃改郡名曰沛，不得谓高帝始移治也。

（原载中国地理学会历史地理专业委员会编《历史地理》第3辑，上海人民出版社 1983 年。署名禾子。）

北宋南康军隶江南东路

　　《宋史·地理志》江南东路南康军下云："本隶西路，绍兴初来属。"十年前编绘内部本《中国历史地图集》，例于绘制每一图组之前，先定一标准年代，排出此年之政区表。其时北宋图组定以政和元年为准，排表者盖迳据此语断作南康军于北宋隶江南西路，至南宋绍兴间始改隶东路，旋即据以制图。顷者王曾瑜同志因见《元丰九域志》南康军隶江南东路，颇疑《宋史·地理志》之语能否作为北宋一代南康军皆隶西路之证。承以此疑相质。时余方事审阅《地图集》第六册公开发行本清样，此疑自急需解决，乃验诸有关记载。

　　上引《宋志》二语，当本于《舆地纪胜》。《纪胜》江南东路南康军沿革云："旧隶江南西路，绍兴初始隶东路。《南康志》云因郡守逢汝霖之请也。"但《纪胜》所谓"旧隶西路"，《宋志》所谓"本隶西路"，皆不应作绍头以前自北宋至南宋初南康军皆隶西路之证。何者？盖不仅《九域志》列此军于东路下，《舆地广记》亦然，可见所谓"旧"，所谓"本"，自不能包括北宋一代。《图集》北宋组既以政和元年建置为准，而《广记》成书于政和四年至八年间（见《校勘札记》），未尝言前此曾隶西路，则《图集》内部本以南康军划归西路，必误无疑，乃即于公开本上改正。

　　然《纪胜》、《宋志》谓南康军曾隶西路，亦不能绝无来由。今按《宋会要辑稿》方域六载:绍兴元年正月十日尚书言:"今措置建康府、池、饶、宣、徽、信、抚,太平州、广德、建昌军为江南东路,江,洪、筠、袁、处(此字衍)、虔、吉州、兴国、南康、临江、南安军为江南西路"。下文又载:绍兴四年七月二十六日,"诏抚州、建昌军依旧隶江西路,南康军依旧隶江东路"。则南康军之自东路改隶西路,实在绍兴元年,至四年即还隶东路。《纪胜》、《宋志》之所谓"旧"或"本隶西路",仅指此三年耳;而所谓"绍兴初来属",实指绍兴四年;皆脱载自北宋至绍兴以前本隶东路。

《图集》赖王曾瑜同志之质疑而得以改正此误,谨致谢意。

(原载中国地理学会历史地理专业委员会编《历史地理》第4辑,上海人民出版社1986年。署名禾子。)

涂 山 考

《左传·哀公七年》：“禹合诸侯于涂山，执玉帛者万国。”杜预注：“山在寿春东北。”《汉书·地理志》九江郡当涂县（故城今怀远县东南）下应劭曰：“禹所娶涂山侯国也。有禹虚。”《水经·淮水注》于当涂故城下再次提及禹墟。《元和郡县志》濠州钟离县（治今临淮关）下有涂山，在县西九十五里。又曰：“当涂县故城，本涂山氏国，在县西南一百一十七里。禹娶于涂山，即此也。”

前人释涂山地望，众说纷纭，惟此今怀远县东南淮水南岸一说，合于汉晋旧籍，宜以为正。上举数条，即此说所本。又，唐柳宗元、宋苏轼之涂山铭与诗，亦指此山。

1986 年 9 月应蚌埠博物馆雅令，谭其骧

（原载水利电力部《淮河志》编纂办公室《淮河志通讯》1987 年第 1 期）

唐称长安为西京不始于天宝元年

  《旧唐志》:天宝元年"以京师为西京"。《新唐志》:"上都初曰京师,天宝元年曰西京"。据此,则长安称西京应始于天宝元年。然而《唐书·玄宗纪》天宝元年皆作以"东都为东京,北都为北京",而不言以京师为西京;《旧纪》开元二十四年冬十月,"车驾发东都,还西京";《通鉴》于开元二十四年、二十六年、二十八年皆见西京,则西京之称,初不始于天宝元年。然而《唐志》之言亦不得谓无依据。疑开元后期已习称京师为西京,而未尝明见诏敕,至天宝元年始正式颁行耳。

(原载中国地理学会历史地理专业委员会编《历史地理》
第 5 辑,上海人民出版社 1987 年。署名禾子。)

辨《十七史商榷》
魏武有三都说之妄

　　王鸣盛《十七史商榷》"许邺洛三都"条谓魏武之世先后三都：建安元年初迎天子都许；至九年灭袁氏迁都邺；至末年又自邺迁洛。所以知末年自邺迁洛者，谓自《魏志·武帝纪》于建安元年后每有征伐事毕，下辄书"公还许"；九年后屡书"公还邺"或"至邺"；而二十四年则书"还洛阳"，二十五年又书"至洛阳"知之。又谓操死于洛阳，至其子丕受禅即帝位皆在洛，因又谓陈寿独于建安元年备载都许事，其后迁邺迁洛，皆未能直揭明数语，使观者醒眼，稍病蒙昧云。今按王氏此条，无一语不误，试列举之：

　　有国方有都，故叙魏都应自建安十八年操受封为魏公（二十一年晋爵为王）始建魏国起，其前不得有魏都，一也。许自建安元年八月汉献帝自洛迁来之时起，至延康元年十月禅魏止，始终为汉都；建安九年前既不得目为魏都，至九年亦未尝迁都邺，二也。邺自建安十八年以前，只为冀州州治所在，建安九年操但以汉辅臣自领冀州牧自许出临治所耳，不得目为迁都，三也。自建安十八年魏国既建，自是邺以冀州州治兼为魏国国都，终操之世不改。陈寿书法凡言"还"言"至"，所还所至之地非必国都所在，观《魏志·武帝纪》文义甚明，四也。《纪》建安二十三年九月至长安，二十四年三月遂至阳平，五月引军还长安，岂得谓其时魏都长安、阳平乎？二十四年十月之还洛阳,亦犹是年五月之还长安耳。是时都邺,邺在东,故自阳平东至长安,自长安东至洛阳,皆得谓之还也。"至"者行军所至,二十五年正月之至洛阳,亦犹其前之至长安、至阳平,更与建都无涉。

不特终操之世魏国都邺未尝迁洛,即操死之后至其子丕嗣位为魏王及受禅之初,亦未尝迁洛,迁洛实在黄初元年十二月,备见《魏志》诸纪传中,不应熟视无睹,五也。操死于建安二十五年正月,凶问至邺,太子丕即日嗣王位,见《贾逵传》。《陈矫传》称操死于洛阳为"王薨于外",是洛阳非国都明甚。是年十月(已改元廷康)丕受汉禅称帝,十二月幸洛阳遂定都,见《文帝纪》及注,其他记载足以证实此段经过者甚多,无须备引。

夫建安延康之世,汉都在许而魏都在邺,曹丕篡汉,魏始迁洛,其事本至明至显;王氏读书疏略,既不解何为国都,未能细核纪传所载,又好强作解人,妄指"还""至"二字为建都地之专用辞,遂创为魏武先后有三都之谬说,转讥陈寿为叙事蒙昧,读之殊堪令人喷饭也。然今世学人仍有为所蔽惑者,故不可以不辨。

1959. 6. 16.

(原载中国地理学会历史地理专业委员会编《历史地理》第 7 辑,上海人民出版社 1990 年。署名禾子。)

值得怀念的三年图书馆生活

1932年初，我结束了在燕京大学研究院的学习生活，走上了我一生中第一个工作岗位——进"国立北平图书馆"当馆员。

我的伯父谭新嘉（志贤）先生是这个图书馆的开国元老，从民初京师图书馆时代起，一直担任着中文编目组组长的职务。由于他的推荐、请求，馆长袁同礼（守和）先生卖他的老面子，录用了我。

我一进馆就把汇编馆藏方志目录这件工作交给了我。

在我进馆以前，由于图书馆的历史关系，馆藏的方志分载于六种书目之中，六种书目的体例又互有出入，翻检至为不易。我的任务就是要把这六种书目中的方志按同一体例汇总起来，编成一部目录，并对原目进行核对，改正其疏谬或不恰当处。

这部目录的凡例，有一部分是沿用了旧目中的旧例，有一部分则出于我的新创。新创的是哪几条现在已记不清了，只记得其中最重要的是第七条：

凡省志、府志、直隶州志及领有属县之直隶厅用黑体字排印，散州及厅县用普通字排印，志有名为直隶州而实际但志本州一邑者，亦用普通字排印，有不标直隶之名而所志兼及全郡者，亦用黑体字排印。

我认为编方志目录首先应该告诉读者每一部志的记载范围有

多大，是一县或相当于一县之地，还是一省、一府或相当于一省一府之地？当然绝大多数是一看书名就清楚的，但也有一些书名用的是别称而不用正式府州县名，就不容易辨别清楚是一郡（相当于一府）还是一邑（相当于一县）的志。明代有些州隶于府而领有属县，这种州的州志有的但志本州，有的兼及属县，更难以从书名上予以分辨。特别是清代的直隶州，都领有属县，而这些州的州志有时书名作某某直隶州而实际只载本州一邑之事，不及属县，有时书名并不标出直隶二字，而内容却包括属县，最使读者迷惑。所以我创立了用黑体字和普通字分别郡邑的办法，使读者一看字体就知道这是一郡之志还是一邑之志。

这一条是这部目录的一个特点，我所看到过的其他任何方志目录都没有采用与此相同或类似的办法。我做到这一条是付出了相当可观的劳动的，但我认为这是值得的，因为这样做为读者带来了不少方便。

这部目录的另一个特点是凡例中的第十二条：

金石目录之学，时人所重，本编为切应此种需求起见，凡各志之有此二类者并标出之。

这是沿用了六种旧书目中某几种的旧例。我自己并不以此为然。我认为金石目录并不是方志中最重要的内容，不应该予以特殊的待遇。但由于旧目的编者已为此付出了劳动，也就不便删除。既然保留了这一条，为了划一体例，就不得不把原来不采用这一条的那几种书目中的各志一一查对一下。

此外又有乡土志、乡镇志不入正目，别为附录，和不采丛书中的方志这两条，也是沿用了旧例，其实是不见得恰当的。

编方志目录最费事的是查考、确定修纂人姓名、刻板年月，辨别是创修、重修、续修还是增补，为此往往不得不把所有序跋翻遍，甚至还得翻检书的内容。我尽可能做得仔细,但诚如凡例所指出的,仍不免有疏漏舛谬之处。

我的工作进度很慢,编了一年只编了差不多一半。馆长急于要出书,决定不等我编完,从 1933 年 5 月起先把已编好的几省付印,其余则编好一省印一省,大约到 1934 年下半年才全部竣工出书。收入方志以 1932 年年底以前入藏者为限,都凡五千二百余部,其中有许多是同一书的复本,除去复本共计有三千八百余种。这就是毛边纸铅印排印本《国立北平图书馆方志目录》初编四册的编印经过。书的里封面题"民国二十二年五月国立北平图书馆印行",实际就是开始付印的年月而不是印成的年月。序文末行作"徐水袁同礼序",实际上的执笔人是我。

在我离馆之后,1936 年我的伯父志贤先生又把从 1933 年起至 1936 年 6 月陆续入藏的八百六十二部方志编成《国立北平图书馆方志目录二编》一册。由于他是中文编目组的主任,没有可能花很多时间在这上面,所以二编的体例虽然大致与初编相同,独于用字体分别郡志邑志这一条没有采用。

我的编目进度之所以慢,工作比较仔细只是一部分原因,主要原因实由于我并没有把全部精力放在此项工作上。这是因为我在进馆之初,即 1932 年年初进馆后约个把星期,就开始在辅仁大学兼课;第一年上半年还只在辅仁一校开中国沿革地理一门,后来又陆续在北大、燕京二校也兼过课;除沿革地理外,又开过魏晋南北朝和隋庸五代两段断代史,每周或四小时,或多至六小时。上两小时课就得在馆里缺勤半天,一个星期就有两到四个半天不能到馆上班。虽然我备课主要放在晚上,但有时在白天办公时间也免不了要为备课查查书。特别是到 1934 年,我又协助我的老师顾颉刚先生创办"禹贡学会",主编《禹贡》半月刊,馆外的任务越多,馆内的工作当然更要受影响。我身为图书馆馆员,放在编目或其他为图书馆做的工作上的时间,大概最多三分之二,有时可能只有一半。我这种情况袁馆长当然是很不以为然的,但又不便下令阻止或公开批评。我自己心中有数,所以一等到《方志目录》编成,1935年春节一过,我赶紧提出辞呈,袁馆长随即欣然接受了我的辞呈。

我在北平图书馆整整待了三年,编《方志目录》之外虽然也零零碎碎打了些杂,如在馆里开展览会时起草一些介绍和说明,偶然也为袁馆长代笔写点应酬文字等,总的说来实在没有做多少事。至于为馆办的《图书季刊》、《大公报·图书副刊》写稿子,那是有稿费可拿的。

我没有为北平图书馆做多少事,北平图书馆却为我提供了最好的做学问的条件和环境。我之所以懂得一点学问的路子,在结束研究生生活后紧接着又在图书馆里待上这三年,是起了很大的作用的。

我的办公桌摆在主楼楼下东首向南的那一间里(楼下地下室是舆图部),在这间屋里工作的只有我和我的助手两个人,很安静。但我一天平均得翻上五六至七八部方志,都要从书库里借出搬到办公室来翻阅太费事了,所以我在办公桌上工作的时间少,大部分时间干脆就在书库里的书架前面摆一张小桌子工作。可是我虽然为了查方志而进书库,进了书库,却往往并不限于翻方志了,而是东翻翻,西翻翻,只要看到书名觉得值得翻一翻的我都翻。这样长期翻阅的结果尽管所得的知识是很肤浅的,但毕竟是大大扩充了我的知识面。

那时的北平图书馆不光是一个专司采购、编目、庋藏,借阅图书的机构,同时也是一个学术研究机构。除了各部的主任、馆员之外,还特设编纂委员一职,网罗了向达(觉明)、贺昌群(藏云)、刘节(子植)、王庸(以中)、谢国桢(刚主)、赵万里(斐云)、孙楷第(子书)、王重民(有三)等一批中年学者在馆从事与图书整理有关的研究工作。现在回想起来,真可以说是俊彦萃集,极一时之盛。这几位先生年龄都要比我大十岁左右,早就在学术上取得了显著的成就,我以一个后辈的身份和他们亦师亦友地相与游处,关系远比在大学里的同事密切,因此我得到这几位前辈再加上同年辈的萧璋(仲圭)、张秀民(涤澹)等同事的熏陶切磋之益,也有过于后来单纯在大学里教书的年代。

那时我还没有结婚,单身住在景山西门陟山门大街图书馆办的宿舍里,但住在这个宿舍里的却并不一定是馆里的职员,只要是文化界中人,通过介绍,都可以住进来。因而我在宿舍里又结识了女子文理学院教师谢兴尧(五知)、翻译工作者刘国平等几位朋友。我和馆里和宿舍里的同事和朋友除谈论学术外,还经常一起逛书铺,一起上小馆子,有时一起看京戏。这三年的图书馆生活,确是我一生中最值得怀念的岁月。

1982 年 6 月 26 日

(原载《文献》1982 年第 14 期)

怀念吴晗同志

吴晗同志原名春晗,字辰伯,浙江义乌人,约30年代中期去春字改以一个晗字为名。

20年代末我在上海真如暨南大学读书,就听说吴淞中国公学学生中有一个叫吴春晗的,天分高而用力甚勤,很了不起,为该校校长胡适所激赏。这是我知道吴晗同志之始。

1930年我进北平燕京大学研究院当研究生,听人说起他也进了燕大,不是读书而是在图书馆工作,可是竟无缘相识。我和他初次相识大约是在1931年北平城里一个会上,其时他已辞掉燕大的工作,进清华大学读书了。燕京、清华两校校址虽相距甚近,一般是互不来往的;但清华历史系中有吴晗、夏鼐两个最出色的学生,那是传遍了燕京历史系的。

1936年秋,我到清华任兼任讲师。1937年初,我从城里移家住到清华园里。吴晗同志在1934年毕业后留校当历史系教员(清华大学那时在助教之上设有教员一级,教员之上是讲师、教授,不设副教授),尚未结婚,住在单身宿舍里。那一段时间我曾多次到他宿舍里谈天说地。那时的大学讲台上青年教师很不少,就历史系而言,他和我而外,还有邵循正同志。我们三人都不到三十岁。

在清华同事的时间很短,不久就爆发了"七七"事变。吴晗同志在"七七"以前已接受了原清华数学系主任新任云南大学校长熊庆来教授之聘,去云大当教授。大约就在事变初起,中日双方尚未正式开战那段时间里,离开北平去了昆明。那时他大学毕业才三年,在清华的职称是"教员",月薪不过百元左右,熊庆来一下子把他请去当教授,月薪三百元,这一方面可见当时大学校长权力之大,熊庆来不愧为一个有识力又有魄力的校长;另一方面当然是由于吴晗同志在学术上的成就已为学术界所一致公认。

"七七"以后我转入燕京,又在北平留了两年半,到1940年年初才取道大沽、沪、港、越南经云南到贵州就浙江大学之聘。三月初旬道经昆明,停留了约一星期。我在到昆后第二三天就去找吴晗同志,他又陪我步行二十多里到黑龙潭去找向达同志,在黑龙潭抵足而眠谈了一宵。其实分别不过两年多,见了面好像有说不完的话要说似的。这两年多的变化使他感受最深的可能是通货膨胀,物价飞涨。他说,他初到昆明时每月薪水三百元大洋,换成滇币就是三千元。物价以滇币计,非常便宜,老觉得口袋里有的是花不完的钱。那时他是一个受人羡慕的阔教授。曾几何时,收入不止三百元了(他已在西南联大兼了课),物价却涨得使阔教授变成了被人瞧不起的穷教书匠。我们不谈政治,不谈时局,但是他对国民党统治的腐朽,愤慨之情,已溢于言表。

昆明一别,约有十来年既未见面,也不通信。可是由于他不久投入了反对国民党腐朽统治的政治斗争,成为昆明有名的民主战士,他的名字经常能在报上看到。他的勇气使我非常钦佩,当然也为他的安全担心。1946年李公朴、闻一多先后被特务暗杀,更觉得他的性命已危在旦夕,深为着急。后来知道他已离开昆明,才松了一口气。

直到全国解放后的第二年,浙江大学停办历史系,教师一部分被遣散,一部分留下来的要改教文学院他系的中国近代史。我不愿意,转念头想离开浙大转到别的大学历史系去。不久就有三个大学来邀。但我总觉得要研究历史,北京的条件远比别处强。抗战时离开北平,那是不得已,现在就该回去。那时吴晗同志已出任北京市副市长,分管文教。我当即给他去信要他设法把我调到北京去。他回信说,现在到处都是一样为革命干工作,北京的大学暂对不便从南方调人,你还是安心在南方教书吧。当时我认为是碰了他一个软钉子;不久,我就应了复旦之聘。

1954年冬有一天,复旦的陈望道校长突然亲自来到我的宿舍里看我。坐谈之下,才知道高教部下令借调我去北京编绘历史地图,为期一年,要我一过春节就去报到。

事后才知道,这件事的原委是这样的:有一天毛主席和吴晗同志谈起,《资治通鉴》这部书写得好,尽管立场观点是封建统治阶级的,但叙事有法,历代兴衰治乱本末毕具,我们可以批判地读这部书,借以熟悉历史事件,从中吸取经验教训。但旧本没有标点,不分段落,今人读起来不方便,市上流传亦已不多,应该找些人把它整理出一个用标点分段落的新本子来,付诸排印,以广流传。又讲到读历史不能没有一部历史地图放在手边,以便随时检查历史地名的方位。解放前一些书局虽然出版过几种历史地图,但都失之过简,一般只画出一代的几个大行政区划,极大多数历史地名在图上都查不到。这种图只能对付着作中小学教学之用,满足不了读《资治通鉴》之类详细的史书时的要求。吴晗同志想起清末民初杨守敬所编绘的《历代舆地图》一朝一册,凡见于诸史《地理志》的州县一般全部上图,正符合毛主席所提出的配合读史的需要。不过杨守敬的图用木板雕刻,用古墨今朱套色印在连史纸上,把一朝版图分割成几十块,按自东而西、自北而南的次序排列装订成册,全书共三十四册,翻检起来极为不便。再者,杨守敬图的"今"

是清同治初年胡林翼刻的《大清一统舆图》，许多州县的名称、治所已不同于 50 年代的今制，势必也要给读者带来许多麻烦。因此，他建议在标点《通鉴》的同时，也应把杨守敬图予以改造，今图改用 50 年代的今制，绘制印刷装订采用现代技术。毛主席赞许他的建议，就把这两件事都交给他负责办理。吴晗同志当即邀集科学院两个历史所的范文澜、尹达、侯外庐、刘大年，北京大学的翦伯赞、出版总局的金灿然同志和高教部、地图出版社的负责同志等人，由范老和他两人领衔，组成了一个"标点《通鉴》改编《杨图》委员会"作为主办机构；标点《通鉴》的具体工作则聘请顾颉刚先生等十来位在京的史学家分担，改绘《杨图》则由于吴晗同志的推荐，委员会通过，找我担任，责成高教部向复旦大学借调。

1955 年 2 月 12 日我到了北京（先住地图出版社，两三个月后移住历史一、二所）。15 日上午，先到历史三所找到了王崇武同志，由他陪我到西长安街六部口的市政府去会见吴晗同志。虽然已有十五年之久未见面，见面之后他给我的印象是并不见得老了许多；尽管已做了官，不失书生本色，谈话还是那么直截了当，滔滔不绝。中午他就在附近的文化俱乐部为我接风，王崇武同志作陪。

吴晗同志和杨图委员会诸公原来把改编《杨图》的工作看得过于简单了一些，所以预计只要借调我一年，顶多两年，就可以完工放我回复旦。工作一经开展就晓得不是那么回事。首先是怎样搞法老定不下来。计划几经修改，很快一年就过去了，复旦催我回校，又通过高教部向杨图委员会要求如期归还借调人员。委员会已经知道这项工作短期内完成不了，就想索性由科学院出面，向高教部交涉，改借为调。但复旦和高教部坚决不同意，结果又拖了一年，双方才协议决定让我回复旦，可是除担任学校方面的工作外，仍需把编图这项工作继续做下去，并由复旦配备人员协助。1957年1月13日我回到了上海。

这次我在北京差不多耽搁了整整两年。由于吴晗同志公务繁忙，我们见面机会并不多，一共大约不过六七次。到过他北长街九十一号家里一次，时在1955年年底。由他和夫人袁震同志一起出来招待王庸先生和我两人同进晚餐，谈些旧话，当然也谈了编图工作。由于袁震同志有肺病，他俩虽然早已相爱，结婚很晚，所以他们只有一个女儿，那时还不过三四岁。我见了就对吴晗同志说，怎么你的孩子还那么小？他笑道："是啊，说是孙子人家也会相信"。一次在1956年3月，是他和范老二人做东，在东城一家馆子里宴请杨图委员会诸公和我，主要谈的是我的留京或返沪问题。此外几次便都是在《杨图》会议上讨论工作。

《杨图》工作移到上海后，除1957年只通信汇报工作未见面外，从1958年起直到1965年，每年都要开杨图的工作会议一两次。只有一次在上海开，其余都在北京开。图的编绘计划一改再改，大致直到1963年才算完全决定下来，最主要的是：①底图不再用《杨图》用的《大清一统舆图》了，改用以最新测绘资料为依据新编的底图；②历史图也不再像《杨图》那样局限于中原王朝版图了，改以1840年以前的全中国为范围，在这个范围内的历代边区部族及其所建立的政权辖境全部予以画出；③每一个历史时期的政区，不再像《杨图》那样往往将不同年代的建置错陈于一图之中，改为选定一个年代为准；每一时期图幅的编绘，先根据这个时期的具体情况制订编例，排出政区表，然后根据原始资料经过一番缜密考证，确定每一个点每一条线在今地图上的位置。并尽量采用考古调查考察成果，不再以《杨图》为依据。事实上我们的工作从 60 年代初起早已不是改编《杨图》，而是新编中国历史地图了，但"杨图委员会"仍沿用旧称不改，大家也仍然把此项工作称为《杨图》工作。

自 1957 年后范老已不再过问图的工作，杨图委员会改由吴晗同志和尹达同志负责。编绘工作先由复旦一家承担，工作人员由五人逐步增加到三十多人；1960 年以后科学院考古所、民族所、近代史所和中央民族学院、南京大学、云南大学等单位陆续参加进来，最后全体人员不下六七十人。制图工作的承担单位也在地图出版社、武汉测绘学院、国家测绘总局之间转移了好几次。所有这些组织工作和确定编绘方案工作，吴晗同志都为之付出了大量的心血。

吴晗同志是委员会的主要负责人，我是编绘工作的具体负责人，我们之间是相互信任的。我相信没有他的认真负责主持其事，这么多的单位这么多的人（其中包括好几位学术界的知名之士），是组织不到一起来齐心协力，花这么多时间干这件很艰巨的工作的。每次开会，多数由他亲自主持，尽心尽力协调各单位之间的意见分歧，尽可能解决实际工作中的各种障碍和困难；会后还往往要由他掏腰包请与会人员吃一顿。他也相信我对工作的态度是认真的，不止一次在会上当众郑重宣布："委员会不接受没有你签字的图稿，所有图稿，最后都要由你主编审查通过后签字，才由委员会交付出版社。"集体搞的著作不赋予主编以裁决的权力是不行的，我们这套图必须认真实行主编负责制。你是主编，你得对每一幅图的内容的正确性负责"。我当时听到他这些话，一方面深有知遇之感，一方面却害怕这么多图幅，这么多点、线、注记，我怎么能够担保做到完全不出差错。

尽管我们二人相互信任，但在历次《杨图》会议上，我们经常吵架。有时还吵得很凶。所以要吵起来的原因有两种：一种是由于吴晗同志原先预期标点《通鉴》和改编《杨图》两件工作同时起步，差不多可以同时告竣。实际工作展开后，证明这种预期是极大的错误，改编《杨图》要比标点《通鉴》复杂得多，费事得多。一年之后，标点工作已告完成，而改编工作则大政方针还未确定下来。但他总觉得一年完成不了，只能加码到二年三年，三年完成不了，只能加码到四年五年，否则就无法向毛主席交账。有一时期甚至为此怕见毛主席，生怕见面时要问起此事。因此，他急于求成，在速度和质量这一对矛盾之间，有时为了求快，宁愿降低质量标准。而我则认为标准虽不能定得太高，但也不能降得太低，争吵即因此而起。事隔多年，已记不清吵过几次，吵些什么。只记得其中两次：

一次是 1955 年 5 月他要采用地图出版社欧阳缨先生的建议，底图的山川框架仍从《杨图》用《大清一统舆图》，只是把图中的晚清府厅州县名称改按今制标名。这是符合于他原来的"改编杨图"的想法的，他以为这样做一二年内就可以完工，所以他赞成。他没想到清季和今（50 年代）制政区的差异不仅是建制和名称有所不同而已，今市县中还有许多是清季以后的新建置，还有许多建制名称虽同而治所已非旧址，《大清一统舆图》的山川框架有些地区与今地图差别很大，这些新建、移建的市县大部分无法画上去。何况《大清一统舆图》是 19 世纪 60 年代根据 18 世纪测绘的《内府舆图》缩编而成的，其精密度在当时虽然是比较先进的，但实际上错误很多，解放后我们根据新的测绘成果所编制的地图的精密度已远远超过了它，我们怎么可以不采用精确的新图，仍然采用这二百年前不精确的旧图作底图呢？所以我当即表示不能同意他的主张。可是当时并没有能说服他使他改变主意，后来还是由于事实上行不通,到 9 月间才决定改用新图作底图。

再有一次是 1963 年年初在上海会议上的事。他接受国家测绘总局白敏同志的建议,要删去底图上的今地名,这样就可以节省许多制图的工作量。我认为古今对照是我国历史地图的优良传统,我们应该尽可能继承下来;底图上删去今地名,就不能充分发挥古今对照的作用,将给读者带来许多不便,所以我主张不要删。这一争端后来是怎样解决的记不得了,结果是采用了底图上县治不全部画出,但画出的都注上今名的办法。

虽然由于他急于求成,有些主意行不通或不恰当,但当我们提出《杨图》以中原王朝为限,不能算是全中国的历史地图,新中国编绘的历史地图必须改以全中国为范围时,他却立即表示赞同,并且毫不推诿地把扩大编绘人员队伍的职责担当了起来。可见他并不是无原则地求快,一旦发现他的"改编杨图"的原计划行不通时,他就毅然决定改变原计划,宁愿把成图年限推迟几年。

我和他发生争吵的第二种原因是:复旦在 1959 年就成立了历史地理研究室,1960 年就在历史系里办起了历史地理专业,开始招生。为了办好研究室和专业,多搞一些复旦自己的事业出来,当然不愿意让我们全班人马长期陷在《杨图》工作里拔不出来。自从《杨图》工作扩大为编绘全中国的历史地图,相应扩大了编绘队伍以后,学校领导的想法认为扩大的地区应由新参加的单位承担,不应再增加复旦的负担。所以每次杨图委员会开会,我临走时校领导总要再三嘱咐:"再也不能答应增加新任务了,要顶住。"我是复旦的教师,不能不听复旦领导的话,却因此又和吴晗同志争吵起来。吵得最厉害的一次是 1963 年 5 月间在北京和平宾馆召开的一次会议上,有些在《杨图》范围以外的地区,别的单位不肯承担,吴晗同志就要复旦包下来,我硬是不同意,会议几乎陷于僵局。散会后他又单独邀我在宾馆八楼上茶叙一次,从我们三十年来的交谊谈起,谈到编绘这套图的主要责任在我们两人身上,无可逃避。他说:"那些别的单位不肯承担的地区,你作为主编单位的负责人也不管,难道要我好意思反而去压别的单位吗?"最后我只好顾不了学校领导的嘱咐,接受下来。这次争吵现在回想起来,当然是我的不是,尽管我也有我的苦衷。

最后一次《杨图》会议是在 1965 年七八月间召开的,也在和平宾馆。这次会议到的人最多,历时也最久,会上除审查了已成图幅外,决议争取在 1969 年全部完成,又决定加画大比例尺历代首都城市图,由侯仁之同志负责。会议在 8 月 11 日结束,次日吴晗同志又在新侨饭店请尹达、夏鼐、韩儒林、方国瑜、侯仁之和我吃了一顿,这是我最后一次见到他。

这次会议结束后,我又留京搞了两个星期的审图工作才回上海。回到上海后才两个多月,反动文痞姚文元就抛出了黑文《评新编历史剧〈海瑞罢官〉》。先由《文汇报》向上海史学界广泛分发一册用上等道林纸大字排印的单行本,两天之后就召集一些"知名"人士征求意见。参加这个会的当然谁也不会赞同黑文中的观点,后来这些人在会上的发言就成为各人反对"无产阶级司令部"的罪状。周予同先生愤慨地直言:"吴晗是我的老朋友,我深知他是一个好人。他解放前是一个勇敢的反对国民党法西斯统治的民主战士,解放后忠诚地跟着党走,深得毛主席信任,怎么能说他反党反社会主义?"半年之后,"四人帮"就抓住这几句话判定周予同和吴晗同样是"反共老手"。

《文汇报》召开座谈会后不多几天,11 月 10 日,姚文元的黑文公开见报。这天刚巧吴晗同志一个最熟的老朋友、中山大学的梁方仲同志在北京会见吴晗之后途经上海准备回广州,复旦几个和他相识的朋友假座莫有财饭店公请他吃饭。大家在饭店里把刚出版的《文汇报》传观了一遍,都觉得这哪里是文艺批判,满纸都是随心所欲、蛮横无理的诬蔑之辞,报纸上为什么要发表这样的文章?前几天大家在座谈会上指出了文中不少明显歪曲史实的地方,为什么完全置之不理,一字不改?大家面面相觑,迷惑不解。当然这些可怜的书生们哪里会知道这是一场浩劫即将来临,林彪、"四人帮"阴谋篡党夺权的一声号炮!

说起《海瑞罢官》这本京剧,吴晗同志还亲自请我看过。那是在1960年9月的一次《杨图》会议期间的一个休息日,他亲自到我下榻的饭店来接我一起去看。记得剧场是虎坊桥的工人俱乐部,由马连良演海瑞,裘盛戎演徐阶。在去剧场的车上我问他:"我记得你是不看京戏的,你怎么倒会编起戏来?"他说:"京戏的唱还不是几句十字句和七字句,只要韵脚合十三辙就行了;加上念白还不就成了戏?学起来并不难。"言下颇有得意之色,谁知竟闯下了日后杀身之祸!

看完戏回饭店在车上他问我:"怎么样?好不好?"我直截了当回答说:"不好。"

我虽不会唱更不会编京戏,但我30年代在北平看过不少戏,我自以为是懂戏的。京戏(地方戏也一样)重在唱做,不是重在故事情节。有些老京戏故事极为简单,甚至不合情理;唱词粗鄙,甚至根本不通;只要唱得好听做得动人,给观众以一种视听结合的美的享受,那便是好戏。为了看故事去看戏,那是十足的外行。《海瑞罢官》这出戏由于是新编的,匆促上演,唱做都没有经过锤炼,所以没有什么好听好看的。演员虽然是第一流的,可是让善于演诸葛亮,以台风潇洒飘逸著称的马连良去演刚正不阿,敢于冒死上谏的硬汉海瑞,让善于演包公戏,唱做醇厚稳重的裘盛戎去演老奸巨猾的巧宦徐阶，在角色分配上来了个阴阳颠倒，那怎么演得好？我是根据我的老观念完全从表演艺术去评价一出戏，根本不考虑故事好不好看，社会效果如何（这当然是不对的）。而吴晗同志却是相反。他是抱着满腔热忱想通过这出戏里的故事去宣扬他所热烈歌颂的敢于和一切恶势力作斗争的海瑞精神的，当然不以我的评价为然。我们两人可谓"道不同不相为谋"，算他倒霉，好意请我看他自己的得意之作，却挨了我一顿批。不过我的批当然和姚文元的批截然不同。

"文化大革命"一开始，我既是"反动学术权威"，又和"三家村黑帮分子"吴晗关系颇为密切，当然不久就被揪了出来。批我的主题之一，就是《杨图》的主编负责制。"伟大领袖毛主席把编绘历史地图这样重要的任务托付吴晗主持，吴晗竟任用反党反社会主义的资产阶级反动学术权威谭其骧做主编，并且再三强调主编负责制，赋予谭其骧以定稿大权，真是罪该万死！""谭其骧利用当主编的大权，把这套图完全按照资产阶级的要求设计编绘，搞烦琐哲学，工农兵根本看不懂，也是罪该万死！"这是典型的资产阶级专无产阶级的政的事例！打倒谭其骧！砸烂主编负责制"！所以三年之后恢复工作，我是仅仅以"专政对象"的身份在革命群众监督之下"一批二用"参加工作的。并没有谁来担任新主编，确是取消了主编负责制。编绘工作改由"革命领导班子"负责，最后所有图幅是怎样定稿的，我无权过问，也不敢不愿过问。

就这样到70年代出版了内部本《中国历史地图集》。"四人帮"大言不惭地说《杨图》在黑帮分子吴晗把持之下，搞了十一年一册图也出不了，无产阶级司令部接管后只花了三五年工夫，就一册册出来了。"其实极大部分图稿都是在"文革"以前画好了的，1969年"四人帮"接管后删掉了不少原已编好的图稿，新画的只是少数几幅,质量也赶不上"文革"前画的,又改动了一些"文革"前所画图幅中的内容,改得对的是少数,倒把许多原来画对了的改成错的。

总之,没有吴晗同志历时十一年的努力,就不会有《中国历史地图集》。"四人帮"接管后一方面肆意破坏,一方面又匆匆把大部分"文革"前原稿只加上少数新编稿交给出版社印制出版,从而据为己功,十足显示了这帮人的不知羞耻。

粉碎"四人帮"以后,1980年中国社会科学院决定将内部本《中国历史地图集》再作一番必要的修订后,改为公开发行。两年来我们在修订过程中,发现内部本有些地方错得十分离奇,一查当年的编审记录,原来这些点线是由在"文革"中掺沙子进来的红卫兵定的。要是吴晗同志能够始终主持此项工作,当然决不至于闹出这样的笑话来。

现在我们的修订工作已经结束,公开本第一二两册业已出版,全套八册将于一年后出齐。限于时间和目前的人力,我们肯定未能把内部本的所有错误全部改正,被砍掉的图幅一时也无法再补画,不过我们还是尽了我们的力量,总的说来质量显然有所提高。吴晗同志为之付出大量心血和精力的这套图,生前未能看到它的出版,到今天我们只能以此消息告慰于他在天之灵了!

*　　　*　　　*

吴晗同志既是一个扎实严谨卓有成就的学者,又是一个才气横溢下笔千言的才子,也是一个精力充沛勇于任事的领导干部。从30年代发表《胡惟庸党案考》、《明成祖生母考》到40年代写成《朱元璋传》,材料的丰富,论证的缜密,使他声誉鹊起,学术界一致公认为研究明史的权威。40年代后期他积极参加了政治斗争,便配合他的活动写了一些旨在"投枪"的短文。解放后他当上了首都的副市长，一方面时代不同，不需要投枪了，一方面政务繁忙，不可能再写几万字的学术论文、几十万字的专著了，但他的笔还是没有搁起来，写了许多以传播历史知识为目的的札记和杂文。他这些短文文笔流畅而犀利，一般都不登在学术性刊物上，而发表在人民、光明、北京等日报上和一些综合性通俗刊物上，所以其所发生的社会影响远在先前那些严谨的学术论文之上。尽管史学界有些同志对他这些短文不免觉得稍病粗率，但对作者才思之敏捷，笔力之雄健，莫不交口赞扬，为之倾倒。并且承认他对历史知识的普及作出了贡献。可就是这些短文，人民群众欢迎，却刺痛了阴谋篡党夺权的"四人帮"，以致他终于被残酷迫害致死。所以吴晗同志若单是一个学者还不要紧，不幸他既是学者，又是才子，一旦浩劫来临，那就难逃劫运了。

吴晗同志出于对发展社会主义文化事业的满腔热忱，他不辞劳累，勇于承担并不属于他分内的许多文化事业的领导工作。除了主持《中国历史地图集》的编绘出版工作外，他又是中国史学会的理事，又是北京市史学会的会长，为这两个学会做了不少工作。他又是《中国历史小丛书》的主编，在他主持下，出版了一百几十种小册子，对推广历史知识，宣扬爱国主义，作出了卓越的贡献。他虽然不是一个地理学者，却又担任了《中国地理小丛书》的主编，可见只要是一件好事，需要他出力，他就决不推辞。像吴晗同志这样的一个第一流学者，有学、有才、勇于任事的好干部，我敢说在全国范围内找起来也是不会很多的。"文革"以前，他还不过五十多岁，是一个身体很健实的、生龙活虎般的中年领导干部、社会活动家。如果不是十年浩劫首先拿他开刀，我相信他完全可以再活二三十年，为祖国的社会主义事业作出更多的贡献。他的被迫害致死不仅是我们史学界的重大损失，也是党和国家的重大损失！

我们今天怀念吴晗同志,就该把他一生的立身行事作为我们学习的榜样,像他那样刻苦治学,像他那样全心全意鞠躬尽瘁地为社会主义事业奋斗终生!

1983. 11. 29.

(原名《学者、才子,为社会主义事业奋斗终生的干部——怀念吴晗同志》,原载《吴晗纪念文集》,北京出版社 1984 年。)

编　后　记

　　季龙先师的《长水集》上下册所收论文止于1981年，此后他发表的论著，多数都将原稿命我校读，出版后也都将他亲自改定的副本交我保存。积累渐多，我就请示他是否考虑编为续编，但他总是忙于各项科研任务，往往以"慢慢来"、"不必急"作答。我深知这是他的一贯想法："文章已经发表了，编论文集的事以后你们可以做；如果有时间，我还不如再多写一点，该写的题目多得很。"

　　先师另一批未刊的论著就是他从50年代开始编绘《中国历史地图集》期间所写的各类释文和考证。这些资料大多未加整理，只是在编绘工作基本结束后，由复旦大学中国历史地理研究所汇编装订。他所写的与其他人所写的考释一起，由汇编者分省按字头编排，除供所内同人因工作之需查阅，也准备进一步整理后正式出版，与《中国历史地图集》一并流布。早在50、60年代，先师在编绘过程中，曾将研究成果整理成若干篇考释文章，刊印出来供同人讨论参考，也供刚参加编绘的青年同志学习。80年代初，他也曾整理出《元代的水达达路和开元路》、《唐北陲二都护府建置沿革与治所迁移》二文，并提议新创刊的《历史地理》专门辟一"编绘《中国历史地图集》札记"栏目，陆续发表这方面的论文①。但以后他并无时间继续整理,所以留下的绝大多数还是未经加工的原稿。1982 年后,我曾将先师的手稿抄录了一部分,以便他修改增补。但当他得知所内有全面整理这部分释文的打算,考虑到如果将他写的先行出版,势必影响这部释文的价值,所以他要我暂停抄录。但所里的计划因种种原因未能实行,先师这一部分资料的整理也就拖了下来。

1990 年,为了庆祝先师 80 寿辰暨从事学术活动 60 周年,《历史地理》出版专辑,编辑部要我编一份他的著作目录。这份目录编成后,我特意送先师审阅。他仔细看过后,又补充了两篇,这是在我出国的那一年发表的,所以我这里没有留底。我又问及他编续编的事,他说:"你先准备起来,要选一下,不必都收。"

进入 1991 年后,先师虽然还是像往常一样工作不息,但经常在他身边的我却感到他的精力和体力都明显地衰退了。7 月 30 日我随他飞抵北京参加中国科学院学部会议,住在京西宾馆。当天午夜 12 时左右,他临睡前在座椅上失去知觉,送 301 医院急救后才清醒过来(1988 年夏天也是在京西宾馆发生过同样的事)。这使我产生了一种不祥的预感,尽管我没有料到这次竟是最后一次随他外出开会。这件事促使我加紧了整理工作,在 9 月间打印出续编目录请他审定。

---

① 《元代的水达达路和开元路》一文即刊于《历史地理》创刊号。《唐北陲二都护府建置沿革与治所迁移》本拟刊于该刊第二辑,而《顾颉刚先生诞生九十周年纪念论文集》编委会适有稿约,先师遂以此文为应。因《纪念论文集》原定 1984 年出版,故编辑《长水集》时将此文作已刊文章预先收入。不料至 1987 年《长水集》出版时,论文集仍未问世,但《长水集》下册第 276 页该文之末已注为"原载《顾颉刚先生诞生九十周年纪念论文集》,上海古籍出版社版",未及改正。此文既已发表在先,遂征得论文集编委会同意,以《唐代羁縻州述论》替换,后刊于《纪念顾颉刚学术论文集》下册(巴蜀书社 1990 年版)。

10月初,先师打电话给我,问我哪一天上午去他家(因白天交通拥挤,我一般都是晚上去的),他说上午家里没有人,中午就在他家吃饭,这样可以有时间谈些事。我知道他有重要的事情要我办,就约定了时间。7日上午9点多我到他家时,一向晚起的他已经端坐在客厅的沙发上。果然,他郑重地向我交代了捐资二万元,作为设立一项资助历史地理研究的基金的首批捐款;还对我谈了他对身后事的安排,包括骨灰撒海的意愿。我尽力用理智克服感情,认真记下他的嘱咐,并请示了一些细节问题。午饭后,他拿来续编目录初稿,告诉我已经想了几个栏目。我看到在《秦关中北边长城》一条后面写着"四毋斋丛考",旁边空白处还写着"方志论丛"。他说可以将补白一类编在一起,名为"四毋斋丛考",取孔子"毋意、毋必、毋固、毋我"(《论语·子罕》)之意。又说:"这几年有关方志的文章倒有好几篇,可以编为'方志论丛'或'地方史志论丛。'不过有两篇内容差不多,可以合起来。""有几篇文章是不是可以称为'悼念故旧',但这个名称不大好,你帮我再想想。""集子的名称也不一定再用《长水集》,可以换一个,但我一时还想不出,以后再说吧。"

回家后,我根据他的意愿起草了一份"捐资意愿书"和邹逸麟先生与我的"接受委托书",将它们同又作了修改的续编目录一起邮寄给他。18日中午12点时,他打电话到所里来,正好是我接的。在谈完了其他事后,我问他信收到没有。他说:"收到了,你什么时候来我就签字。目录也没有意见,就这样编吧。"我与他约定第二天晚上去取回这两份文书和目录。可是就在放下电话后不久,他就在餐桌上发病倒下,从此直到次年8月28日逝世,再也没有能够说过一句话,写过一个字。

现在编定的《长水集》续编,基本上就是根据先师在1991年

10月7日确定的目录,但补入了几篇原来漏收的文章。遵照先师的嘱咐,有的文章作了合并和删节,有的文章重新拟定了题目。这些本应由他最后审定,但再也没有可能,失当之处只能由我负责了,所有此类处理均已在文末注明。与《长水集》上下册的原则一样,凡先生没有亲自执笔的文章一律不收,如他与张修桂先生合著的《鄱阳湖演变的历史过程》、《正史地理志汇释丛刊前言》等。但《积极开展历史人文地理》一文虽由我执笔,却已由先师续写为《历史人文地理研究发凡与举例》并作为该文的上篇一并发表。此文是先师未完成的绝笔,故全文收入,其过程以注文说明。

《长水集》上下册编定后,先师曾写了长篇自序,以所收论文为纲,概述了各个时期治学述作的经过,以其谨严、直率、求实而备受学术界赞许。我曾请他为续编准备一篇类似的自序,他说恐怕没有时间了,要我先编出来再说。而今面对这一叠文稿——这个没有先师自己的序跋文字的集子,我一次次泫然泣下,不能自已。记得他在看蒋天枢先生所著《陈寅恪传》时,见陈先生的助手因受文革影响不敢答应为老师作传之命一节,曾经不胜感慨,并嘱我以后为他作一学传,把他做学问的方法和尚未写成文字的观点记载下来。我将尽力写好这部学传,庶几无负于先师的重托,或许也能弥补续集所缺自序于万一。

在续编过程中,复旦大学中国历史地理研究所所长邹逸麟教授、赵永复教授、周振鹤教授和其他同人以及中国历史博物馆洪廷彦研究员、上海研究中心朱弘先生等曾给予支持和协助;本书的出版一直得到人民出版社吕一方先生(《长水集》上、下册责任编辑)和乔还田先生的大力支持,责任编辑张维训先生更付出了辛勤的劳动;在此谨表示由衷的感激。

葛剑雄谨记,1993 年 5 月 2 日

图书在版编目(CIP)数据

长水集/谭其骧 著. —北京:人民出版社,2022.7
ISBN 978-7-01-009450-2

Ⅰ.①长… Ⅱ.①谭… Ⅲ.①历史地理-中国-文集
Ⅳ.①K928.6-53

中国版本图书馆 CIP 数据核字(2010)第 223803 号

长 水 集
CHANGSHUI JI

谭其骧 著

人民出版社 出版发行
(100706 北京市东城区隆福寺街 99 号)

天津文林印务有限公司印刷 新华书店经销

2011 年 9 月第 1 版 2022 年 7 月天津第 3 次印刷
开本:710 毫米×1000 毫米 1/16
印张:96.5 字数:1200 千字

ISBN 978-7-01-009450-2 定价:288.00 元

邮购地址 100706 北京市东城区隆福寺街 99 号
人民东方图书销售中心 电话 (010)65250042 65289539

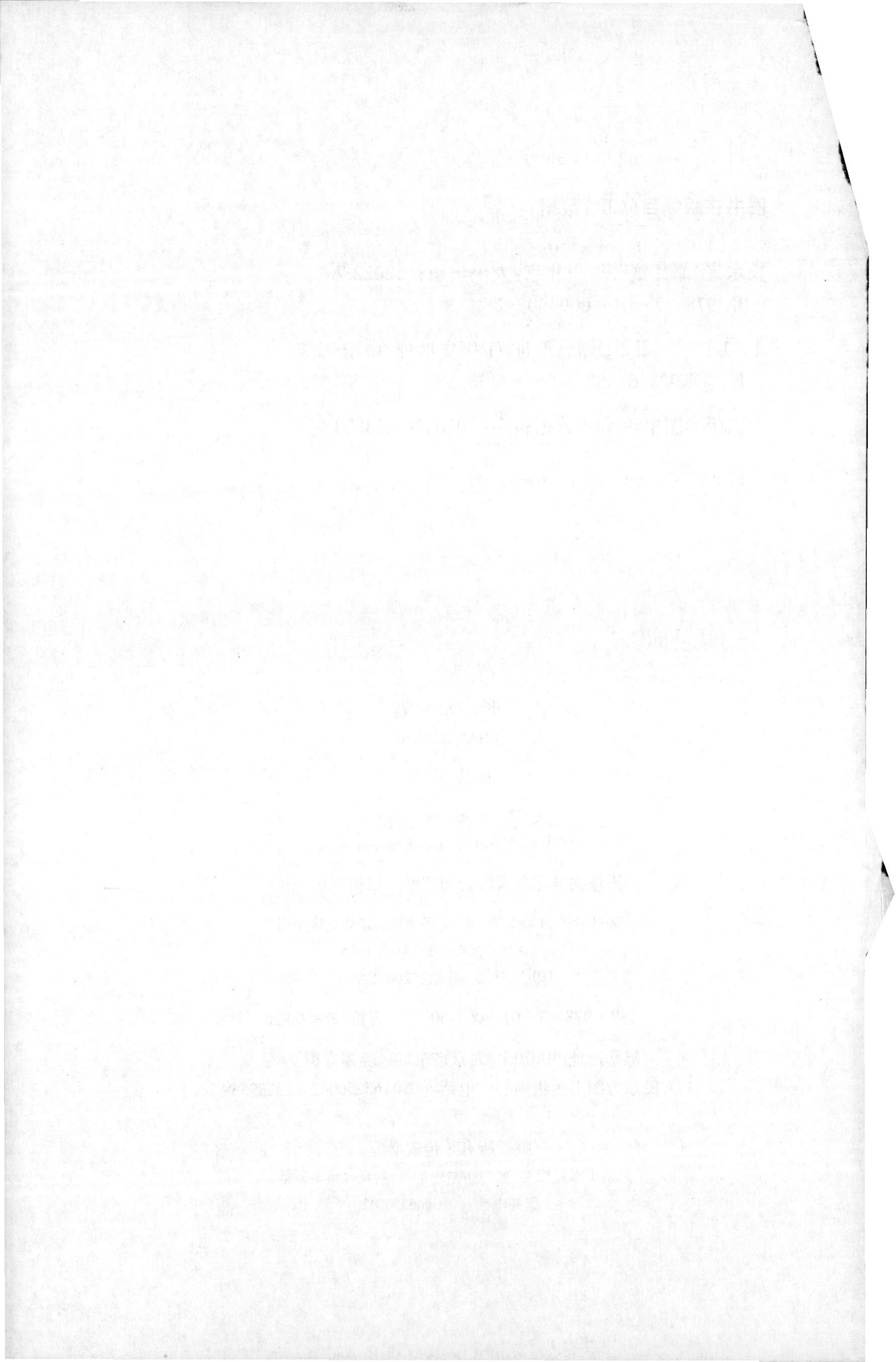